경비지도사 2차 [기계경비]

한권으로 끝내기

SD에듀
(주)시대고시기획

2024 SD에듀 경비지도사
2차 한권으로 끝내기 [기계경비]

Always **with you**

사람의 인연은 길에서 우연하게 만나거나 함께 살아가는 것만을 의미하지는 않습니다.
책을 펴내는 출판사와 그 책을 읽는 독자의 만남도 소중한 인연입니다.
SD에듀는 항상 독자의 마음을 헤아리기 위해 노력하고 있습니다. 늘 독자와 함께하겠습니다.

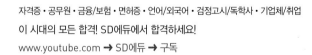

머리말

"생명과 재산을 지켜주는 수호자! 경비지도사"

현대인들은 자신의 의지와 상관없이 외부로부터 가해지는 각종의 위협에 노출되어 있다. 그러나 국가 경찰력이 각종 범죄의 급격한 증가 추세를 따라잡기에는 현실적으로 한계가 있으며, 이에 국가가 사회의 다변화 및 범죄의 증가에 효과적으로 대응하고 경찰력을 보완할 수 있는 전문인력을 양성하고자 경비지도사 국가자격시험을 시행한 지도 27년이 되었다.

경비지도사는 사람의 신변보호, 국가중요시설의 방호, 시설에 대한 안전업무 등을 담당하는 경비인력을 효율적으로 관리, 감독할 수 있는 전문인력으로서 그 중요성이 나날이 커지고 있으며, 그 수요 역시 꾸준히 증가하고 있지만, 합격 인원을 한정하고 있기 때문에 경비지도사를 준비하는 수험생들의 부담감 역시 커지고 있다. 해마다 높아지고 있는 합격점에 대한 부담감을 안고 시험 준비에 어려움을 겪고 있을 수험생들을 위하여 본서를 권하는 바이다.

더 이상 단순 암기만으로는 합격에 도달할 수 없는 현시점에서, 지금 수험생들에게 가장 필요한 것은 "선택과 집중 그리고 이해 위주의 학습"이다. 점차 확장되고 있는 출제범위 내에서 과목별로 적절한 분량과 학습에 필요한 자료들만을 선택하여 이해 위주의 학습을 하는 것이야말로 시간 대비 가장 효율적인 학습방법인 것과 동시에 합격으로 향하는 가장 확실한 지름길이라 할 수 있을 것이다.

이에 따라 국가자격시험 전문출판사인 SD에듀가 수험생의 입장에서 더 필요하고 중요한 것을 생각하며 본서를 내놓게 되었다.

"2024 SD에듀 경비지도사 2차 한권으로 끝내기 [기계경비]"의 특징은 다음과 같다.

❶ 최근 개정법령과 최신 기출문제의 출제경향을 완벽하게 반영하여 수록하였다.

❷ SD에듀 교수진의 철저한 검수를 통해 교재상의 오류를 없애고 최신 학계 동향을 정확하게 반영하여 출제 가능성이 높은 테마를 빠짐없이 학습할 수 있도록 하였다.

❸ 다년간 경비지도사 수험분야 최고의 자리에서 축적된 본사만의 노하우(Know-how)를 바탕으로 시험에 자주 출제되는 중요 포인트를 선별하여 꼭 학습해야 할 핵심내용을 중심으로 교재를 구성하였다.

❹ 경비지도사 시험의 기출문제를 완벽하게 분석하여 상세한 해설을 수록하였으며, 기출표기를 통해 해당 문항의 중요도를 한눈에 파악할 수 있도록 하였다.

끝으로 본서가 모든 수험생들에게 합격의 지름길을 제시하는 안내서가 될 것을 확신하면서 본서로 공부하는 모든 수험생들에게 행운이 함께하기를 기원한다.

대표 편저자 씀

도서의 구성 및 특징

STEP1

핵심이론

최신 출제경향 및 개정법령을 반영하여 체계적으로 정리한 핵심이론 및 심화내용 BOX를 통해 꼭 학습해야 할 핵심내용을 위주로 꼼꼼하게 학습할 수 있다.

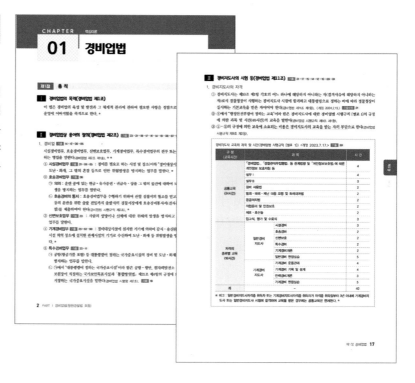

STEP2

심화문제

경비지도사 제1회부터 제25회까지의 기출문제 중 중요 기출만을 엄선하였으며, 실전감각을 향상시킬 수 있는 적중예상문제를 추가로 수록하였다.

STEP3

부록

기계경비시스템 설치기준

핵심이론 학습 및 문제 풀이 시 활용할 수 있는 기계경비 규격집을 별책으로 구성하였다.

STEP4

부록

최신 3개년 기출문제해설

보기 지문에 대한 첨삭해설까지 확인할 수 있는 최신 3개년(2023~2021년) 기계경비지도사 제2차 시험 기출문제해설을 별책으로 구성하였다.

경비지도사 소개 및 시험안내

⬡ 경비지도사란?

경비원을 지도 · 감독 및 교육하는 자를 말하며, 일반경비지도사와 기계경비지도사로 구분한다.

⬡ 주요업무

경비업자가 대통령령이 정하는 바에 따라 선임한 경비지도사의 직무는 다음과 같다(경비업법 제12조 제2항, 동법 시행령 제17조 제1항).

1. 경비원의 지도 · 감독 · 교육에 관한 계획의 수립 · 실시 및 그 기록의 유지
2. 경비현장에 배치된 경비원에 대한 순회점검 및 감독
3. 경찰기관 및 소방기관과의 연락방법에 대한 지도
4. 집단민원현장에 배치된 경비원에 대한 지도 · 감독
5. 그 밖에 대통령령이 정하는 직무
   [1] 기계경비업무를 위한 기계장치의 운용 · 감독(기계경비지도사의 경우에 한한다)
   [2] 오경보방지 등을 위한 기기관리의 감독(기계경비지도사의 경우에 한한다)

⬡ 응시자격 및 결격사유

응시자격	제한 없음
결격사유	경비업법 제10조 제1항 각호의 1에 해당하는 자

※ 결격사유에 해당하는 자는 시험 합격 여부와 관계없이 시험을 무효처리한다.

⬡ 합격기준

구 분	합격기준
제1차 시험	매 과목 100점을 만점으로 하여 매 과목 40점 이상, 전 과목 평균 60점 이상 득점한 자
제2차 시험	• 선발예정인원의 범위 안에서 전 과목 평균 60점 이상을 득점한 자 중에서 고득점순으로 결정 • 동점자로 인하여 선발예정인원이 초과되는 때에는 동점자 모두를 합격자로 결정

※ 제1차 시험 불합격자는 제2차 시험을 무효로 한다.

2024년 일반 · 기계경비지도사 시험 일정(사전공고 기준)

회 차	응시원서 접수기간	제1차 · 제2차 시험 동시 실시	합격자 발표일
26	9.23.~9.27./10.31.~11.1.(추가)	11.9.(토)	12.26.(목)

경비지도사 자격시험

구 분	과목구분	일반경비지도사	기계경비지도사	문항수	시험시간	시험방법
제1차 시험	필 수	1. 법학개론 2. 민간경비론		과목당 40문항 (총 80문항)	80분 (09:30~10:50)	객관식 4지택일형
제2차 시험	필 수	1. 경비업법(청원경찰법 포함)		과목당 40문항 (총 80문항)	80분 (11:30~12:50)	객관식 4지택일형
	선택(택1)	1. 소방학 2. 범죄학 3. 경호학	1. 기계경비개론 2. 기계경비기획 및 설계			

기계경비지도사 제2차 시험 검정현황

❖ 제2차 시험 응시인원 및 합격률

구 분	대상자	응시자	합격자	합격률
2019년(제21회)	661	430	71	16.51%
2020년(제22회)	573	386	71	18.39%
2021년(제23회)	538	352	65	18.47%
2022년(제24회)	540	365	75	20.55%
2023년(제25회)	458	316	73	23.10%

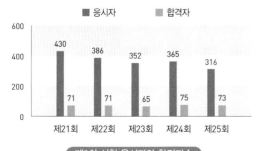

제2차 시험 응시자와 합격자수

제2차 시험 합격률

이 책의 차례

경비업법
(청원경찰법 포함)

01 경비업법

제1절 총 칙

Ⅰ 경비업법의 목적(경비업법 제1조)

이 법은 경비업의 육성 및 발전과 그 체계적 관리에 관하여 필요한 사항을 정함으로써 경비업의 건전한 운영에 이바지함을 목적으로 한다.★

Ⅱ 경비업법상 용어의 정의(경비업법 제2조) 기출 23 · 21 · 18 · 17 · 16 · 14 · 10 · 08 · 07 · 04

1. 경비업 기출 14 · 12 · 06 · 05

시설경비업무, 호송경비업무, 신변보호업무, 기계경비업무, 특수경비업무의 전부 또는 일부를 도급받아 행하는 영업을 말한다(경비업법 제2조 제1호).★★

① **시설경비업무** 기출 21 · 06 · 05 : 경비를 필요로 하는 시설 및 장소(이하 "경비대상시설"이라 한다)에서의 도난 · 화재, 그 밖의 혼잡 등으로 인한 위험발생을 방지하는 업무를 말한다.★

② **호송경비업무** 기출 06

ⓐ 의의 : 운반 중에 있는 현금 · 유가증권 · 귀금속 · 상품 그 밖의 물건에 대하여 도난 · 화재 등 위험발생을 방지하는 업무를 말한다.

ⓑ 호송경비의 통지 : 호송경비업무를 수행하기 위하여 관할 경찰서의 협조를 얻고자 하는 때에는 현금 등의 운반을 위한 출발 전일까지 출발지의 경찰서장에게 호송경비통지서(전자문서로 된 통지서 포함)를 제출하여야 한다(경비업법 시행규칙 제2조).★

③ **신변보호업무** 기출 23 : 사람의 생명이나 신체에 대한 위해의 발생을 방지하고 그 신변을 보호하는 업무를 말한다.

④ **기계경비업무** 기출 23 · 02 · 99 : 경비대상시설에 설치한 기기에 의하여 감지 · 송신된 정보를 그 경비대상시설 외의 장소에 설치한 관제시설의 기기로 수신하여 도난 · 화재 등 위험발생을 방지하는 업무를 말한다.★

⑤ **특수경비업무** 기출 23 · 11

ⓐ 공항(항공기를 포함) 등 대통령령이 정하는 국가중요시설의 경비 및 도난 · 화재 그 밖의 위험발생을 방지하는 업무를 말한다.

ⓑ ⓐ에서 "대통령령이 정하는 국가중요시설"이라 함은 공항 · 항만, 원자력발전소 등의 시설 중 국가정보원장이 지정하는 국가보안목표시설과 「통합방위법」 제21조 제4항의 규정에 의하여 국방부장관이 지정하는 국가중요시설을 말한다(경비업법 시행령 제2조). 기출 18

2. 경비업자

경비업법 제4조 제1항의 규정에 의하여 경비업의 허가를 받은 법인(法人)을 말한다.

3. 경비지도사 _{기출} 21 · 17 · 11 · 07 · 05 · 99

경비원을 지도·감독 및 교육하는 자를 말하며 일반경비지도사와 기계경비지도사로 구분한다(경비업법 제2조 제2호, 동법 시행령 제10조).

① 일반경비지도사 : 다음 경비업무에 종사하는 경비원을 지도·감독 및 교육하는 경비지도사
  (두 : 시·호·신·특)
  ㉠ 시설경비업무
  ㉡ 호송경비업무
  ㉢ 신변보호업무
  ㉣ 특수경비업무
② 기계경비지도사 : 기계경비업무에 종사하는 경비원을 지도·감독 및 교육하는 경비지도사

4. 경비원 _{기출} 21 · 04 · 99

경비원은 경비업의 허가를 받은 법인(경비업자)이 채용한 피고용인으로 일반경비원(시설경비업무, 호송경비업무, 신변보호업무, 기계경비업무 담당)과 특수경비원(특수경비업무 담당)으로 구분한다.★

| 일반경비원 | 시설경비업무, 호송경비업무, 신변보호업무, 기계경비업무를 수행하는 자를 말한다.★ |
| 특수경비원 | 특수경비업무를 수행하는 자를 말한다. |

5. 무 기

인명 또는 신체에 위해를 가할 수 있도록 제작된 권총, 소총 등을 말한다(경비업법 제2조 제4호). 따라서 인명이나 신체에 위해를 가할 수 없는 모형 플라스틱 권총은 무기로 볼 수 없다.★

6. 집단민원현장 _{기출} 22 · 21 · 18 · 17 · 16 · 15 · 14

집단민원현장은 다음의 장소를 말한다(경비업법 제2조 제5호).

① 「노동조합 및 노동관계조정법」에 따라 노동관계 당사자가 노동쟁의 조정신청을 한 사업장 또는 쟁의행위가 발생한 사업장(가목)★
② 「도시 및 주거환경정비법」에 따른 정비사업과 관련하여 이해대립이 있어 다툼이 있는 장소(나목)★
③ 특정 시설물의 설치와 관련하여 민원이 있는 장소(다목)★
④ 주주총회와 관련하여 이해대립이 있어 다툼이 있는 장소(라목)★
⑤ 건물·토지 등 부동산 및 동산에 대한 소유권·운영권·관리권·점유권 등 법적 권리에 대한 이해대립이 있어 다툼이 있는 장소(마목)★
⑥ 100명 이상의 사람이 모이는 국제·문화·예술·체육 행사장(바목)
⑦ 「행정대집행법」에 따라 대집행을 하는 장소(사목)★

Ⅲ 경비법인(경비업법 제3조)

경비업은 법인이 아니면 이를 영위할 수 없다. 따라서 경비업법에서 경비업자라고 하면 경비법인을 가리키며, 개인은 해당되지 않는다. ★

제2절 **경비업의 허가 등**

Ⅰ 경비업의 허가 `기출` 20 · 18 · 15 · 14 · 10 · 09 · 08 · 02

1. 경비업 허가의 주체와 객체 `기출` 08 · 05 · 01 · 99

① **경비업 허가의 주체 – 시 · 도 경찰청장** : 경비업을 영위하고자 하는 법인은 도급받아 행하고자 하는 경비업무를 특정하여 그 법인의 주사무소의 소재지를 관할하는 시 · 도 경찰청장의 허가를 받아야 한다. 도급받아 행하고자 하는 경비업무를 변경하는 경우에도 시 · 도 경찰청장의 변경허가를 받아야 한다(경비업법 제4조 제1항). ★

② **경비업 허가의 객체 – 경비업자** : 경비업은 법인(法人)이 아니면 이를 영위할 수 없다(경비업법 제3조).

2. 경비업의 허가신청절차

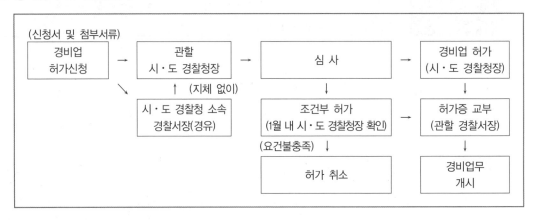

3. 경비업 허가(변경허가)신청서의 제출 `기출` 20

① 경비업의 허가를 받으려는 경우에는 허가신청서에, 경비업의 허가를 받은 법인(경비업자)이 허가를 받은 경비업무를 변경하거나 새로운 경비업무를 추가하려는 경우에는 변경허가신청서에 행정안전부령으로 정하는 서류를 첨부하여 법인의 주사무소를 관할하는 시 · 도 경찰청장 또는 해당 시 · 도 경찰청 소속의 경찰서장에게 제출하여야 한다. 이 경우 신청서를 제출받은 경찰서장은 지체 없이 관할 시 · 도 경찰청장에게 보내야 한다(경비업법 시행령 제3조 제1항). ★★

② ①에서 행정안전부령으로 정하는 서류란 다음과 같다(경비업법 시행규칙 제3조 제1항). ★ `기출` 23

  ㉠ 법인의 정관 1부

  ㉡ 법인 임원의 이력서 1부

  ㉢ 경비인력 · 시설 및 장비의 확보계획서 각 1부(경비업 허가의 신청 시 이를 갖출 수 없는 경우에 한한다)

③ ②에 따른 신청서를 제출받은 시·도 경찰청장은 「전자정부법」 제36조 제1항에 따른 행정정보의 공동이용을 통하여 법인의 등기사항증명서를 확인하여야 한다(경비업법 시행규칙 제3조 제2항).

4. 경비업의 시설 등의 기준(허가요건) 기출 21·20·19·17·15·12·11·09·08·07·06·04·02·01·99

① 허가를 받으려는 법인(경비업자)은 다음의 요건을 갖추어야 한다(경비업법 제4조 제2항). 〈개정 2022.11.15.〉

　㉠ 대통령령으로 정하는 1억원 이상의 자본금의 보유

　㉡ 다음의 경비인력 요건
　　• 시설경비업무 : 경비원 10명 이상 및 경비지도사 1명 이상
　　• 시설경비업무 외의 경비업무 : 대통령령으로 정하는 경비인력

　㉢ 경비인력을 교육할 수 있는 교육장을 포함하여 대통령령(경비업법 시행령 제3조)으로 정하는 시설과 장비의 보유

　㉣ 그 밖에 경비업무 수행을 위하여 대통령령으로 정하는 사항

② 경비인력·자본금·시설 및 장비 보유 : 허가 또는 변경허가신청서를 제출하는 법인은 [별표 1] 규정에 의한 경비인력·자본금·시설 및 장비를 갖추어야 한다(경비업법 시행령 제3조 제2항 본문).

③ 허가신청 시 시설 등을 갖출 수 없는 경우(= 조건부 허가)★ : 경비업의 허가 또는 변경허가를 신청하는 때에 [별표 1] 규정에 의한 시설 등(자본금을 제외)을 갖출 수 없는 경우에는 허가 또는 변경허가의 신청 시 시설 등의 확보계획서를 제출한 후 허가 또는 변경허가를 받은 날부터 1월 이내에 [별표 1] 규정에 의한 시설 등을 갖추고 시·도 경찰청장의 확인을 받아야 한다(경비업법 시행령 제3조 제2항 단서).

④ 허가 또는 신고의 절차, 신고의 기한 등 허가 및 신고에 관하여 필요한 사항은 대통령령으로 정한다(경비업법 제4조 제4항).★

경비업의 시설 등의 기준(경비업법 시행령 [별표 1]) 〈개정 2023.5.15.〉

구 분	경비인력	자본금	시 설	장비 등
1. 시설경비업무	• 일반경비원 10명 이상 • 경비지도사 1명 이상	1억원 이상	기준 경비인력 수 이상을 동시에 교육할 수 있는 교육장	기준 경비인력 수 이상의 경비원 복장 및 경적, 단봉, 분사기
2. 호송경비업무	• 무술유단자인 일반경비원 5명 이상★ • 경비지도사 1명 이상	1억원 이상	기준 경비인력 수 이상을 동시에 교육할 수 있는 교육장	• 호송용차량 1대 이상★ • 현금호송백 1개 이상★ • 기준 경비인력 수 이상의 경비원 복장 및 경적, 단봉, 분사기
3. 신변보호업무	• 무술유단자인 일반경비원 5명 이상★ • 경비지도사 1명 이상	1억원 이상	기준 경비인력 수 이상을 동시에 교육할 수 있는 교육장	• 기준 경비인력 수 이상의 무전기 등 통신장비★ • 기준 경비인력 수 이상의 경적, 단봉, 분사기
4. 기계경비업무	• 전자·통신분야 기술자격증 소지자 5명을 포함한 일반경비원 10명 이상★ • 경비지도사 1명 이상	1억원 이상	• 기준 경비인력 수 이상을 동시에 교육할 수 있는 교육장★ • 관제시설	• 감지장치·송신장치 및 수신장치★ • 출장소별로 출동차량 2대 이상★ • 기준 경비인력 수 이상의 경비원 복장 및 경적, 단봉, 분사기
5. 특수경비업무	• 특수경비원 20명 이상★ • 경비지도사 1명 이상	3억원 이상★	기준 경비인력 수 이상을 동시에 교육할 수 있는 교육장	기준 경비인력 수 이상의 경비원 복장 및 경적, 단봉, 분사기

1. 자본금의 경우 하나의 경비업무에 대한 자본금을 갖춘 경비업자가 그 외의 경비업무를 추가로 하려는 경우 자본금을 갖춘 것으로 본다. 다만, 특수경비업자 외의 자가 특수경비업무를 추가로 하려는 경우에는 이미 갖추고 있는 자본금을 포함하여 특수경비업무의 자본금 기준에 적합하여야 한다.★
2. 교육장의 경우 하나의 경비업무에 대한 시설을 갖춘 경비업자가 그 외의 경비업무를 추가로 하려는 경우에는 경비인력이 더 많이 필요한 경비업무에 해당하는 교육장을 갖추어야 한다.
3. "무술유단자"란 대한체육회에 가맹된 단체 또는 문화체육관광부에 등록된 무도 관련 단체가 무술유단자로 인정한 사람을 말한다.
4. "호송용 차량"이란 현금이나 그 밖의 귀중품의 운반에 필요한 견고성 및 안전성을 갖추고 무선통신시설 및 경보시설을 갖춘 자동차를 말한다.★
5. "현금호송백"이란 현금이나 그 밖의 귀중품을 운반하기 위한 이동용 호송장비로서 경보시설을 갖춘 것을 말한다.★
6. "전자·통신 분야 기술자격증소지자"란 「국가기술자격법」에 따라 전자 및 통신 분야에서 기술자격을 취득한 사람을 말한다.

5. 경비업 허가의 제한 기출 20

① 누구든지 적법한 허가를 받은 경비업체와 동일한 명칭으로 경비업 허가를 받을 수 없다(경비업법 제4조의2 제1항).★
② 경비업법 제19조 제1항 제2호(③의 ㉠) 및 제7호(③의 ㉡)의 사유로 경비업체의 허가가 취소된 경우 허가가 취소된 날부터 10년이 지나지 아니한 때에는 누구든지 허가가 취소된 경비업체와 동일한 명칭으로 허가를 받을 수 없다(경비업법 제4조의2 제2항).★
③ 경비업법 제19조 제1항 제2호(㉠) 및 제7호(㉡)의 사유로 허가가 취소된 법인은 법인명 또는 임원의 변경에도 불구하고 허가가 취소된 날부터 5년이 지나지 아니한 때에는 허가를 받을 수 없다(경비업법 제4조의2 제3항).
  ㉠ 경비업자는 허가받은 경비업무 외의 업무에 경비원을 종사하게 하여서는 아니 된다(법 제7조 제5항)는 규정을 위반하여 허가받은 경비업무 외의 업무에 경비원을 종사하게 한 때(경비업법 제19조 제1항 제2호)★
  ㉡ 누구든지 경비원으로 하여금 경비업무의 범위를 벗어난 행위를 하게 하여서는 아니 된다(법 제15조의2 제2항)는 규정에 위반하여 소속 경비원으로 하여금 경비업무의 범위를 벗어난 행위를 하게 한 때(경비업법 제19조 제1항 제7호)★

6. 경비업 허가절차 등에 관한 사항

① 허가심사 기출 20 : 시·도 경찰청장은 허가 또는 변경허가의 신청을 받은 때에는 다음의 사항을 검토하여 허가 여부를 결정하여야 한다(경비업법 시행령 제4조 제1항).
  ㉠ 경비업을 영위하고자 하는 법인의 임원 중 결격사유에 해당하는 자가 있는지의 유무
  ㉡ 경비인력·시설 및 장비의 확보 또는 확보가능성의 여부
  ㉢ 자본금과 대표자·임원의 경력 및 신용 등
② 임원의 결격사유 : 다음 중 어느 하나에 해당하는 자는 경비업을 영위하는 법인의 임원이 될 수 없다(경비업법 제5조). 기출 23·22·21·20·19·18·17·16·15·14·12·11·10·08·07·05 (두 : 피·파·실·삼·삼·오)
  ㉠ 피성년후견인(제1호)
  ㉡ 파산선고를 받고 복권되지 아니한 자(제2호)

ⓒ 금고 이상의 형의 선고를 받고 그 형이 실효되지 아니한 자(제3호)

ⓔ 특수경비업무를 수행하는 법인인 경우 : 경비업법 또는 「대통령 등의 경호에 관한 법률」에 위반하여 벌금형의 선고를 받고 3년이 지나지 아니한 자(제4호)

ⓜ 허가취소사유에 해당하는 경비업무와 동종의 경비업무를 수행하는 법인인 경우 : 경비업법(제19조 제1항 제2호·제7호 제외) 또는 경비업법에 의한 명령에 위반하여 허가가 취소된 법인의 허가취소 당시의 임원이었던 자로서 그 취소 후 3년이 지나지 아니한 자(제5호)

ⓗ 경비업법 제19조 제1항 제2호·제7호의 사유로 허가가 취소된 법인의 허가취소 당시의 임원이었던 자로서 허가가 취소된 날부터 5년이 지나지 아니한 자(제6호)

임원의 결격사유 ⓜ과 ⓗ
- 임원의 결격사유 ⓜ은 뜻을 잘 파악하여야 한다. 즉, 동종의 경비업무를 수행하는 법인이라고 하였으므로, 허가취소 전에 시설경비업무를 수행하는 법인이었다면, 허가취소 당시의 임원이었던 사람은 허가취소 후 3년 동안은 시설경비업무를 수행하는 법인의 임원이 될 수 없다는 뜻이다. 따라서 시설경비업무가 아닌 호송경비업무, 신변보호업무, 기계경비업무, 특수경비업무를 수행하는 법인의 임원은 될 수 있다. 사례유형으로 출제가 되고 있기 때문에 의미를 반드시 파악해야 한다.
- 임원의 결격사유 ⓜ과 ⓗ의 차이점도 반드시 정리해야 한다. ⓗ은 법인의 허가취소사유가 경비업법 제19조 제2호·제7호 위반인 경우 허가취소 당시의 임원은 5년간 동종이든 이종이든 경비법인의 임원이 될 수 없다는 의미이나, ⓜ은 위에서 설명한 바와 같이 경비업법 제19조 제2호·제7호를 제외한 허가취소사유인 경우에는 동종인 경비법인에만 3년간 임원이 될 수 없다는 의미이다.

미성년자 임원결격사유 해당 여부
미성년자는 경비업법 제5조의 규정상 임원의 결격사유에 해당하지 않으므로 경비업을 영위하는 법인의 임원이 될 수 있다.

---

③ 허가증의 발급 [기출] 20 : 시·도 경찰청장은 ①의 규정에 따른 사항 등을 검토 한 후 경비업을 허가하거나 변경허가를 한 경우에는 해당 법인의 주사무소를 관할하는 경찰서장을 거쳐 신청인에게 허가증을 발급하여야 한다(경비업법 시행령 제4조 제2항). ★

허가증 포함내용(경비업법 시행규칙 [별지 제3호 서식])
- 법인의 명칭
- 법인의 소재지
- 대표자의 성명
- 허가번호
- 허가경비업무
- 허가유효기간

---

④ 허가의 유효기간과 갱신허가 [기출] 16·08·06·05·04
  ㉠ 경비업 허가의 유효기간은 허가받은 날부터 5년으로 한다(경비업법 제6조 제1항). ★
  ㉡ 유효기간이 만료된 후 계속하여 경비업을 하고자 하는 법인은 행정안전부령(경비업법 시행규칙 제6조)이 정하는 바에 의하여 갱신허가를 받아야 한다(경비업법 제6조 제2항). ★

ⓒ ⓛ에 따라 경비업의 갱신허가를 받으려는 자는 유효기간 만료일 30일 전까지 별지 제2호 서식의 경비업 갱신허가신청서(전자문서로 된 신청서를 포함한다)에 허가증 원본 및 정관(변경사항이 있는 경우만 해당한다)을 첨부하여 법인의 주사무소를 관할하는 시·도 경찰청장 또는 해당 시·도 경찰청 소속의 경찰서장에게 제출하여야 한다. 경비업 갱신허가신청서를 제출받은 경찰서장은 이를 지체 없이 관할 시·도 경찰청장에게 보내야 한다(경비업법 시행규칙 제6조 제1항).★

ⓔ ⓒ에 따른 신청서를 제출받은 시·도 경찰청장은「전자정부법」제36조 제1항에 따른 행정정보의 공동이용을 통하여 법인의 등기사항증명서를 확인하여야 한다(경비업법 시행규칙 제6조 제2항).★

ⓜ 시·도 경찰청장은 ⓛ의 규정에 의하여 갱신허가를 하는 때에는 유효기간이 만료되는 허가증을 회수한 후 별지 제3호 서식의 허가증을 교부하여야 한다(경비업법 시행규칙 제6조 제3항).★

⑤ **허가증의 재발급 및 첨부서류** 기출 20 : 경비업자는 경비업 허가증을 잃어버리거나 경비업 허가증이 못쓰게 된 경우에는 허가증 재교부신청서에 다음의 구분에 따른 서류를 첨부하여 법인의 주사무소를 관할하는 시·도 경찰청장 또는 해당 시·도 경찰청 소속의 경찰서장에게 재발급을 신청하여야 하고, 신청서를 제출받은 경찰서장은 지체 없이 관할 시·도 경찰청장에게 보내야 한다(경비업법 시행령 제4조 제3항).★
  ㉠ 허가증을 잃어버린 경우에는 그 사유서
  ㉡ 허가증이 못쓰게 된 경우에는 그 허가증

7. 신고사항 기출 21·19·18·17·16·15·13·11·10·07·06·04·01·99

① **신고사유 및 신고기한** : 경비업의 허가를 받은 법인은 다음의 경우에는 시·도 경찰청장에게 신고하여야 한다(경비업법 제4조 제3항). 신고는 사유가 발생한 날부터 ㉠은 7일 이내, ㉡~㉻은 30일 이내에 하여야 한다(동법 시행령 제5조).
  ㉠ 영업을 폐업하거나 휴업한 때(7일)★
  ㉡ 법인의 명칭이나 대표자·임원을 변경한 때(30일)
  ㉢ 법인의 주사무소나 출장소를 신설·이전 또는 폐지한 때(30일)
  ㉣ 기계경비업무의 수행을 위한 관제시설을 신설·이전 또는 폐지한 때(30일)★
  ㉤ 특수경비업무를 개시하거나 종료한 때(30일)★
  ㉥ 그 밖에 대통령령이 정하는 중요사항(정관의 목적)을 변경한 때(30일)★

② **폐업 또는 휴업 등의 신고절차**★★
  ㉠ **폐업 신고** : 경비업자는 폐업을 한 경우에는 폐업을 한 날부터 7일 이내에 폐업신고서에 허가증을 첨부하여 법인의 주사무소를 관할하는 시·도 경찰청장 또는 해당 시·도 경찰청 소속의 경찰서장에게 제출하여야 한다. 이 경우 폐업신고서를 제출받은 경찰서장은 지체 없이 관할 시·도 경찰청장에게 보내야 한다(경비업법 시행령 제5조 제1항).★
  ㉡ **휴업 및 재개 신고** : 경비업자는 휴업을 한 경우에는 휴업한 날부터 7일 이내에 휴업신고서를 법인의 주사무소를 관할하는 시·도 경찰청장 또는 해당 시·도 경찰청 소속의 경찰서장에게 제출하여야 하고, 휴업신고서를 제출받은 경찰서장은 지체 없이 관할 시·도 경찰청장에게 보내야 한다. 이 경우 휴업신고를 한 경비업자가 신고한 휴업기간이 끝나기 전에 영업을 다시 시작하거나 신고한 휴업기간을 연장하려는 경우에는 영업을 다시 시작한 후 7일 이내에 또는 신고한 휴업기간이 끝난 후 7일 이내에 영업재개신고서 또는 휴업기간연장신고서를 제출하여야 한다(경비업법 시행령 제5조 제2항).★

ⓒ 법인의 주사무소나 출장소를 신설·이전 또는 폐지한 때에 신고를 하여야 하는 출장소는 주사무소 외의 장소로서 일상적으로 일정 지역안의 경비업무를 지휘·총괄하는 영업거점인 지점·지사 또는 사업소 등의 장소로 한다(경비업법 시행령 제5조 제3항).

③ **폐업 또는 휴업 등의 신고서류**(경비업법 시행규칙 제5조)

ⓐ 폐업 또는 휴업의 신고에 필요한 서류는 폐업신고서, 휴업신고서·영업재개신고서 및 휴업기간연장 신고서이다(제1항).

ⓑ 법인의 명칭·대표자·임원, 주사무소·출장소나 정관의 목적이 변경되어 신고를 하는 경우에는 경비업 허가사항 등의 변경신고서(전자문서로 된 신고서를 포함)에 다음 서류(전자문서를 포함)를 첨부하여 법인의 주사무소를 관할하는 시·도 경찰청장 또는 해당 시·도 경찰청 소속의 경찰서장에게 제출하여야 한다. 변경신고서를 제출받은 경찰서장은 이를 지체 없이 관할 시·도 경찰청장에게 보내야 한다(제2항).
  - **명칭 변경의 경우** : 허가증 원본
  - **대표자 변경의 경우** : 법인 대표자의 이력서 1부, 허가증 원본★
  - **임원 변경의 경우** : 법인 임원의 이력서 1부(허가증 원본 ×)★★
  - **주사무소 또는 출장소 변경의 경우** : 허가증 원본
  - **정관의 목적 변경의 경우** : 법인의 정관 1부(허가증 원본 ×)★★

ⓒ 신고서를 제출받은 시·도 경찰청장은 「전자정부법」 제36조 제1항에 따른 행정정보의 공동이용을 통하여 법인의 등기사항증명서를 확인하여야 한다(제3항).

ⓓ 특수경비업무의 개시 또는 종료의 신고에 필요한 서류는 「특수경비업무(개시, 종료)신고서」(별지 제7호 서식)이다(제4항).

④ **특수경비업자의 업무개시 신고 전 조치사항**(경비업법 시행령 제6조)

ⓐ 비밀취급인가 : 특수경비업무를 수행하는 경비업자는 첫 업무개시의 신고를 하기 전에 시·도 경찰청장의 비밀취급인가를 받아야 한다.★

ⓑ 보안측정 : 시·도 경찰청장은 특수경비업자에게 비밀취급인가를 하고자 하는 때에는 특수경비업자로 하여금 경찰청장을 거쳐 국가정보원장에게 보안측정을 요청하도록 하여야 한다.★

경비업법령상 구비서류

1. 경비업 허가사항 등의 변경신고서 구비서류(경비업법 시행규칙 [별지 제6호 서식])

구 분	신고인(대표자) 제출서류	담당 공무원 확인사항
명칭 변경	허가증 원본	법인의 등기사항증명서
대표자 변경	• 법인 대표자의 이력서 1부★ • 허가증 원본★	
임원 변경	법인 임원의 이력서 1부★	
주사무소 또는 출장소 변경	허가증 원본	
정관의 목적 변경의 경우	법인의 정관 1부★	

2. 그 밖의 신고서 구비서류 : 특수경비업무 개시·종료 신고서, 경비원 배치·배치폐지 신고서는 구비서류가 없다(기계경비업무의 수행을 위한 관제시설을 신설·이전 또는 폐지한 때는 서식규정이 없다).

3. 허가신청 시 또는 허가증재교부 신청 시 구비서류(경비업법 시행규칙 [별지 제2호·제4호 서식])

구 분	신청인(대표자) 제출(첨부)서류	담당 공무원 확인사항
신규·변경 허가신청 시	• 법인의 정관 1부★ • 법인 임원의 이력서 1부★ • 경비인력·시설 및 장비의 확보계획서 각 1부 　(경비업 허가의 신청 시 이를 갖출 수 없는 경우에 　한한다)★	법인의 등기사항증명서
갱신 허가신청 시	• 허가증 원본 • 법인의 정관 1부(변경사항이 있는 경우)	
허가증 재교부 신청 시	• 사유서(허가증을 잃어버린 경우)★ • 허가증(허가증이 못쓰게 된 경우)★	–

Ⅱ　경비업자 및 경비업무 도급인의 의무

1. **경비업자의 의무**(경비업법 제7조) 기출 23·19·14·11·10·09·07·05·04·02·01·99

① **타인의 자유와 권리 침해금지의무**(제1항) : 경비업자는 <u>경비대상시설의 소유자 또는 관리자(시설주)의 관리권의 범위 안에서</u> 경비업무를 수행하여야 하며, 다른 사람의 자유와 권리를 침해하거나 그의 정당한 활동에 간섭하여서는 아니 된다.

② **법령준수의무 및 성실의 의무**(제2항) : 경비업자는 경비업무를 성실하게 수행하여야 하고, <u>도급을 의뢰받은 경비업무가 위법 또는 부당한 것일 때에는 이를 거부하여야 한다.</u>★

③ **경비원 권익침해금지 및 공정계약의무**(제3항) : 경비업자는 불공정한 계약으로 경비원의 권익을 침해하거나 경비업의 건전한 육성과 발전을 해치는 행위를 하여서는 아니 된다.

④ **직무상 비밀준수의무**(제4항) : 경비업자의 임·직원이거나 임·직원이었던 자는 다른 법률에 특별한 규정이 있는 경우를 제외하고는 그 직무상 알게 된 비밀을 누설하거나 다른 사람에게 제공하여 이용하도록 하는 등 부당한 목적을 위하여 사용하여서는 아니 된다.

⑤ **경비업무 외 업무 강제금지의무**(제5항) : 경비업자는 허가받은 경비업무 외의 업무에 경비원을 종사하게 하여서는 아니 된다.

> 헌법재판소는 2023년 3월 23일 재판관 6:3의 의견으로 시설경비업을 허가받은 경비업자로 하여금 허가받은 경비업무 외의 업무에 경비원을 종사하게 하는 것을 금지하고, 이를 위반한 경비업자에 대한 허가를 취소하도록 정하고 있는 **경비업법 제7조 제5항 중 '시설경비업무'에 관한 부분과 경비업법 제19조 제1항 제2호 중 '시설경비업무'에 관한 부분이 헌법에 합치되지 아니하여 법원 기타 국가기관 및 지방자치단체는 입법자가 2024.12.31.까지 위 법률조항을 개정할 때까지 위 법률조항의 적용을 중지하여야 한다는 적용중지 헌법불합치 결정을 선고하였다(헌재결[전] 2023.3.23. 2020헌가19). 구체적으로 <u>헌법재판소는 심판대상조항이 과잉금지원칙에 위반(침해의 최소성 및 법익의 균형성 위반)하여 시설경비업을 수행하는 경비업자의 직업의 자유를 침해한다고 보았다.</u>

⑥ 집단민원현장에 경비지도사 선임·배치의무(제6항)

  ㉠ 경비업자는 집단민원현장에 경비원을 배치하는 때에는 경비지도사를 선임하고 그 장소에 배치하여 행정안전부령으로 정하는 바에 따라 경비원을 지도·감독하게 하여야 한다. ★★

  ㉡ ㉠에 따라 경비업자는 집단민원현장에 선임·배치된 경비지도사로 하여금 법 제15조의2에 따른 경비원 등의 의무 위반행위 예방 및 제지, 법 제16조에 따른 경비원의 복장 착용 등에 대한 지도·감독, 법 제16조의2에 따른 경비원의 장비 휴대 및 사용에 대한 지도·감독, 법 제18조 제1항에 따른 집단민원현장에 비치된 경비원 명부의 관리직무를 수행하도록 하여야 한다(경비업법 시행규칙 제6조의2).

⑦ 특수경비업자의 경비대행업자 지정의무(제7항) : 특수경비업자는 특수경비업무의 개시신고를 하는 때에는 국가중요시설에 대한 특수경비업무의 수행이 중단되는 경우 시설주의 동의를 얻어 다른 특수경비업자 중에서 경비업무를 대행할 자(경비대행업자)를 지정하여 허가관청에 신고하여야 한다. 경비대행업자의 지정을 변경하는 경우에도 또한 같다. ★★

⑧ 특수경비업자의 경비대행업자에 대한 통보의무 및 경비대행업자의 인수의무(제8항) : 특수경비업자는 국가중요시설에 대한 특수경비업무를 중단하게 되는 경우에는 미리 이를 경비대행업자에게 통보하여야 하며, 경비대행업자는 통보받은 즉시 그 경비업무를 인수하여야 한다. 이 경우 ⑦의 규정은 경비대행업자에 대하여 이를 준용한다. ★

⑨ 특수경비업자의 경비관련업 외의 영업금지의무(제9항)

  ㉠ 특수경비업자는 경비업법에 의한 경비업과 경비장비의 제조·설비·판매업, 네트워크를 활용한 정보산업, 시설물 유지관리업 및 경비원 교육업 등 대통령령이 정하는 경비관련업 외의 영업을 하여서는 아니 된다. ★★

  ㉡ ㉠에서 "대통령령이 정하는 경비관련업"이란 다음의 영업을 말한다(경비업법 시행령 제7조의2 제1항).
    • 시행령 [별표 1의2]에 따른 특수경비업자가 할 수 있는 영업
    • 시행령 [별표 1의2]에 따른 영업에 부수되는 것으로서 경찰청장이 지정·고시하는 영업 ★

  ㉢ 영업의 범위에 관하여는 경비업법 또는 동법 시행령에 특별한 규정이 있는 경우를 제외하고는 통계법에 따라 통계청장이 고시하는 한국표준산업분류표에 따른다(경비업법 시행령 제7조의2 제2항). ★

특수경비업자가 할 수 있는 영업(경비업법 시행령 [별표 1의2]) 기출 14·12·08

분 야	해당 영업
금속가공제품 제조업 (기계 및 가구 제외)	• 일반철물 제조업(자물쇠제조 등 경비 관련 제조업에 한정) • 금고 제조업
그 밖의 기계 및 장비제조업	분사기 및 소화기 제조업
전기장비 제조업	전기경보 및 신호장치 제조업
전자부품, 컴퓨터, 영상, 음향 및 통신장비 제조업	• 전자카드 제조업 ★ • 통신 및 방송 장비 제조업 • 영상 및 음향기기 제조업
전문직별 공사업	• 소방시설 공사업 • 배관 및 냉·난방 공사업(소방시설 공사 등 방재 관련 공사에 한정) • 내부 전기배선 공사업 • 내부 통신배선 공사업

도매 및 상품중개업	통신장비 및 부품 도매업
통신업	전기통신업
부동산업	부동산 관리업★
컴퓨터 프로그래밍, 시스템 통합 및 관리업	• 컴퓨터 프로그래밍 서비스업 • 컴퓨터시스템 통합 자문, 구축 및 관리업
건축기술, 엔지니어링 및 관련기술 서비스업	• 건축설계 및 관련 서비스업(소방시설 설계 등 방재 관련 건축설계에 한정) • 건물 및 토목엔지니어링 서비스업(소방공사 감리 등 방재 관련 서비스업에 한정)
사업시설 관리 및 조경 서비스업	• 사업시설 유지관리 서비스업 • 건물 산업설비 청소 및 방제 서비스업
사업지원 서비스업	• 인력공급 및 고용알선업★ • 경비, 경호 및 탐정업★
교육서비스업	• 직원훈련기관 • 그 밖의 기술 및 직업훈련학원(경비 관련 교육에 한정)
수리업	• 일반 기계 수리업 • 전기, 전자, 통신 및 정밀기기 수리업
창고 및 운송 관련 서비스업	주차장 운영업★

2. 경비업무 도급인 등의 의무(경비업법 제7조의2)

① 직접고용금지와 관여금지

㉠ 누구든지 경비업의 허가를 받지 아니한 자에게 경비업무를 도급하여서는 아니 된다(제1항).★

㉡ 누구든지 집단민원현장에 경비인력을 20명 이상 배치하려고 할 때에는 그 경비인력을 직접 고용하여서는 아니 되고, 경비업자에게 경비업무를 도급하여야 한다. 다만, 시설주 등이 집단민원현장 발생 3개월 전까지 직접 고용하여 경비업무를 수행하는 피고용인의 경우에는 그러하지 아니하다(제2항).★★

㉢ 경비업무를 도급하는 자는 그 경비업무를 수급한 경비업자의 경비원 채용 시 무자격자나 부적격자 등을 채용하도록 관여하거나 영향력을 행사해서는 아니 된다(제3항).

㉣ 무자격자 및 부적격자의 구체적인 범위 등은 대통령령(경비업법 시행령 제7조의3)으로 정한다(경비업법 제7조의2 제4항).★

② 무자격자 및 부적격자 등의 범위(경비업법 시행령 제7조의3) : 다음의 경비업무를 도급하려는 자는 다음의 구분에 해당하는 사람을 그 경비업무를 수급한 경비업자의 경비원으로 채용하도록 관여하거나 영향력을 행사해서는 아니 된다.

㉠ 시설경비업무, 신변보호업무(집단민원현장의 시설경비업무 또는 신변보호업무는 제외), 호송경비업무 또는 기계경비업무(제1호)

• 경비지도사 또는 일반경비원이 될 수 없는 결격사유 있는 사람

• 「아동·청소년의 성보호에 관한 법률」 제56조 제1항 제14호에 따라 경비업무에 종사할 수 없는 사람

ⓛ 특수경비업무(제2호)
- 특수경비원이 될 수 없는 결격사유 있는 사람
- 「아동·청소년의 성보호에 관한 법률」 제56조 제1항 제14호에 따라 경비업무에 종사할 수 없는 사람
ⓒ 집단민원현장의 시설경비업무 또는 신변보호업무(제3호)
- 경비지도사 또는 일반경비원이 될 수 없는 결격사유 있는 사람
- 집단민원현장에 일반경비원으로 배치할 수 없는 사람
- 「아동·청소년의 성보호에 관한 법률」 제56조 제1항 제14호에 따라 경비업무에 종사할 수 없는 사람

제3절 기계경비업무

I 기계경비업자의 의무 기출 19 · 18 · 17 · 15 · 14 · 12 · 11 · 09 · 08 · 05 · 99

1. 대응체제 구축의무 기출 11 · 07 · 06 · 02 · 01

① 기계경비업무를 수행하는 경비업자(기계경비업자)는 경비대상시설에 관한 경보를 수신한 때에는 신속하게 그 사실을 확인하는 등 필요한 대응조치를 취하여야 하며, 이를 위한 대응체제를 갖추어야 한다(경비업법 제8조). ★

② 기계경비업자는 관제시설 등에서 경보를 수신한 때에는 경보를 수신한 때부터 늦어도 25분 이내에는 도착시킬 수 있는 대응체제를 갖추어야 한다(경비업법 시행령 제7조). ★★

2. 오경보의 방지 등 의무(경비업법 제9조)

① 기계경비업자는 경비계약을 체결하는 때에는 오경보를 막기 위하여 계약상대방에게 기기사용요령 및 기계경비운영체계 등에 관하여 서면 또는 전자문서로 설명하여야 하며, 각종 기기가 오작동되지 아니하도록 관리하여야 한다(제1항). ★★

② 기계경비업자는 대응조치 등 업무의 원활한 운영과 개선을 위하여 대통령령(경비업법 시행령 제9조)이 정하는 바에 따라 관련 서류를 작성·비치하여야 한다(제2항). ★

3. 오경보의 방지를 위한 설명 및 교부의무(경비업법 시행령 제8조) 기출 23 · 20 · 10 · 07

① 기계경비업자가 계약상대방에게 하여야 하는 설명은 다음의 사항을 기재한 서면 또는 전자문서(이하 "서면등", 여기서 전자문서는 계약상대방이 원하는 경우에 한한다)를 교부하는 방법에 의한다(제1항). ★
ⓖ 당해 기계경비업무와 관련된 관제시설 및 출장소의 명칭·소재지(제1호)
ⓛ 기계경비업자가 경비대상시설에서 발생한 경보를 수신한 경우에 취하는 조치(제2호)

      ⓒ 기계경비업무용 기기의 설치장소 및 종류와 그 밖의 기계장치의 개요(제3호)

      ⓔ 오경보의 발생원인과 송신기기의 유지·관리방법(제4호)

  ② 기계경비업자는 ①의 사항을 기재한 서면등과 함께 손해배상의 범위와 손해배상액에 관한 사항을 기재한 서면등을 계약상대방에게 교부하여야 한다(제2항). ★★

4. 기계경비업자의 관리 서류(경비업법 시행령 제9조) [기출] 23 · 21 · 16 · 11 · 09 · 07

  ① 기계경비업자는 출장소별로 다음의 사항을 기재한 서류를 갖추어 두어야 한다.

    ㄱ 경비대상시설의 명칭·소재지 및 경비계약기간★

    ㄴ 기계경비지도사의 명단·배치일자·배치장소와 출동차량의 대수★

    ㄷ 경보의 수신 및 현장도착 일시와 조치의 결과(1년간 보관)★

    ㄹ 오경보인 경우 오경보가 발생한 경비대상시설 및 그 오경보에 대한 조치의 결과(1년간 보관)★

  ② ①의 ㄷ, ㄹ에 의한 사항을 기재한 서류는 당해 경보를 수신한 날부터 1년간 이를 보관하여야 한다.★

Ⅱ 기계경비지도사의 임무

1. 기계경비지도사의 정의(경비업법 시행령 제10조 제2호)

기계경비업무에 종사하는 경비원을 지도·감독·교육하는 경비지도사를 말한다.

2. 기계경비지도사의 직무(경비업법 시행령 제17조 제1항·제2항)

다음은 기계경비지도사에 한정된 직무이고, 이를 월 1회 이상 수행하여야 한다.★ [기출] 23

  ① 기계경비업무를 위한 기계장치의 운용·감독★

  ② 오경보방지 등을 위한 기기관리의 감독★

제4절 경비지도사 및 경비원

Ⅰ 경비지도사 및 경비원의 결격사유(경비업법 제10조) [기출] 21 · 19 · 18 · 14

1. 경비지도사 또는 일반경비원의 결격사유(경비업법 제10조 제1항) [기출] 22 · 21 · 15 · 12 · 11 · 10 · 07 · 99

다음에 해당하는 자는 경비지도사 또는 일반경비원이 될 수 없다.

  ① 18세 미만인 사람, 피성년후견인(제1호)★

  ② 파산선고를 받고 복권되지 아니한 자(제2호)

  ③ 금고 이상의 실형의 선고를 받고 그 집행이 종료(집행이 종료된 것으로 보는 경우를 포함)되거나 집행이 면제된 날부터 5년이 지나지 아니한 자(제3호)★

④ 금고 이상의 형의 집행유예선고를 받고 그 유예기간 중에 있는 자(제4호)★

⑤ 다음 중 어느 하나에 해당하는 죄를 범하여 벌금형을 선고받은 날부터 10년이 지나지 아니하거나 금고 이상의 형을 선고받고 그 집행이 종료된 날(종료된 것으로 보는 경우를 포함) 또는 집행이 유예·면제된 날부터 10년이 지나지 아니한 자(제5호)

   ㉠ 「형법」 제114조(범죄단체 등의 조직)의 죄(가목)

   ㉡ 「폭력행위 등 처벌에 관한 법률」 제4조(단체 등의 구성·활동)의 죄(나목)

   ㉢ 「형법」 : 제297조(강간), 제297조의2(유사강간), 제298조(강제추행), 제299조(준강간·준강제추행), 제300조[미수범(제297조, 제297조의2, 제298조 및 제299조의 미수범)], 제301조(강간 등 상해·치상), 제301조의2(강간 등 살인·치사), 제302조(미성년자 등에 대한 간음), 제303조(업무상 위력 등에 의한 간음), 제305조(미성년자에 대한 간음·추행), 제305조의2[상습범(제297조, 제297조의2, 제298조부터 제300조까지, 제302조, 제303조 또는 제305조의 상습범)](다목)

   ㉣ 「성폭력범죄의 처벌 등에 관한 특례법」 : 제3조(특수강도강간 등), 제4조(특수강간 등), 제5조(친족관계에 의한 강간 등), 제6조(장애인에 대한 강간·강제추행 등), 제7조(13세 미만의 미성년자에 대한 강간·강제추행 등), 제8조(강간 등 상해·치상), 제9조(강간 등 살인·치사), 제10조(업무상 위력 등에 의한 추행), 제11조(공중 밀집 장소에서의 추행), 제15조[미수범(제3조부터 제9조까지의 미수범)](라목)

   ㉤ 「아동·청소년의 성보호에 관한 법률」 : 제7조(아동·청소년에 대한 강간·강제추행 등), 제8조(장애인인 아동·청소년에 대한 간음 등)(마목)

   ㉥ ㉢~㉤ 세 항목의 죄로서 다른 법률에 따라 가중처벌되는 죄(바목)

⑥ 다음 중 어느 하나에 해당하는 죄를 범하여 벌금형을 선고받은 날부터 5년이 지나지 아니하거나 금고 이상의 형을 선고받고 그 집행이 유예된 날부터 5년이 지나지 아니한 자(제6호)

   ㉠ 「형법」 : 제329조(절도), 제330조(야간주거침입절도), 제331조(특수절도), 제331조의2(자동차 등 불법사용), 제332조[상습범(제329조 내지 제331조의2의 상습범)], 제333조(강도), 제334조(특수강도), 제335조(준강도), 제336조(인질강도), 제337조(강도상해·치상), 제338조(강도살인·치사), 제339조(강도강간), 제340조(해상강도), 제341조[상습범(제333조, 제334조, 제336조 또는 제340조 제1항의 해상강도)], 제342조[미수범(제329조 내지 제341조의 미수범)], 제343조(강도 예비·음모) (가목)

   ㉡ ㉠의 죄로서 다른 법률에 따라 가중처벌되는 죄(나목)

⑦ ⑤의 ㉢~㉥의 어느 하나에 해당하는 죄를 범하여 치료감호를 선고받고 그 집행이 종료된 날 또는 집행이 면제된 날부터 10년이 지나지 아니한 자 또는 ⑥의 어느 하나에 해당하는 죄를 범하여 치료감호를 선고받고 그 집행이 면제된 날부터 5년이 지나지 아니한 자(제7호)

⑧ 경비업법이나 경비업법에 따른 명령을 위반하여 벌금형을 선고받은 날부터 5년이 지나지 아니하거나 금고 이상의 형을 선고받고 그 집행이 유예된 날부터 5년이 지나지 아니한 자(제8호)★

2. 특수경비원의 결격사유(경비업법 제10조 제2항) `기출` 23 · 21 · 15 · 11 · 08 · 06 · 04

특수경비원의 결격사유는 1.의 경비지도사 또는 일반경비원의 결격사유를 모두 포함(제3호)하는 외에 다음과 같이 특수경비원에만 해당하는 것이 있다.

① 18세 미만인 사람 또는 피성년후견인은 경비지도사 또는 경비원의 공통된 결격사유에 해당하나, 60세 이상인 사람은 특수경비원에게만 해당되는 결격사유이다(제1호).★

② 심신상실자, 알코올 중독자 등 대통령령으로 정하는 정신적 제약이 있는 자(제2호)★

> **특수경비원의 결격사유(경비업법 시행령 제10조의2)**
> 법 제10조 제2항 제2호에서 "심신상실자, 알코올 중독자 등 대통령령으로 정하는 정신적 제약이 있는 자"란 다음 각호의 사람을 말한다.
> 1. 심신상실자
> 2. 마약 · 대마 · 향정신성의약품 또는 알코올 중독자
> 3. 「치매관리법」제2조 제1호에 따른 치매, 조현병 · 조현정동장애 · 양극성정동장애(조울병) · 재발성우울장애 등의 정신질환이나 정신 발육지연, 뇌전증 등이 있는 사람. 다만, 해당 분야 전문의가 특수경비원으로서 적합하다고 인정하는 사람은 제외한다.

③ 금고 이상의 형의 선고유예를 받고 그 유예기간 중에 있는 자(제4호)★

④ 행정안전부령(경비업법 시행규칙 제7조)이 정하는 신체조건(팔과 다리가 완전하고 두 눈의 맨눈시력 각각 0.2 이상 또는 교정시력 각각 0.8 이상)에 미달되는 자(제5호)★

3. 채용 또는 근무 금지(경비업법 제10조 제3항)

경비업자는 상기의 결격사유에 해당하는 자를 경비지도사 또는 경비원으로 채용 또는 근무하게 하여서는 아니 된다.

Ⅱ 특수경비원의 당연 퇴직(경비업법 제10조의2)

1. 입법 취지

특수경비원 인력을 원활히 운영하기 위하여 특수경비원이 결격사유에 해당하게 되면 당연 퇴직되도록 하되, 유사직무 종사자와의 형평성을 고려하여 당연 퇴직 요건을 규정하기 위해 2022.11.15. 본조를 신설하였다.

2. 내 용

① 특수경비원이 경비업법 제10조 제2항에 따른 결격사유에 해당하게 될 때에는 당연 퇴직된다(본문).

② 다만, 제10조 제2항 제1호는 나이가 60세가 되어 퇴직하는 경우에는 60세가 된 날이 1월부터 6월 사이에 있으면 6월 30일에, 7월부터 12월 사이에 있으면 12월 31일에 각각 당연 퇴직된다(단서 전단).

③ 또한 제10조 제2항 제3호 중 제10조 제1항 제2호는 파산선고를 받은 사람으로서 「채무자 회생 및 파산에 관한 법률」에 따라 신청기한 내에 면책신청을 하지 아니하였거나 면책불허가 결정 또는 면책 취소가 확정된 경우만 당연 퇴직되며, 제10조 제2항 제4호는 「성폭력범죄의 처벌 등에 관한 특례법」제2조, 「아동 · 청소년의 성보호에 관한 법률」제2조 제2호 및 직무와 관련하여 「형법」제355조 또는 제356조에 규정된 죄를 범한 사람으로서 금고 이상의 형의 선고유예를 받은 경우만 당연 퇴직된다(단서 후단).

Ⅲ 경비지도사의 시험 등(경비업법 제11조) 기출 21·17·15·14·12·10·09·01

1. 경비지도사의 자격

① 경비지도사는 제10조 제1항 각호의 어느 하나에 해당하지 아니하는 자(결격사유에 해당하지 아니하는 자)로서 경찰청장이 시행하는 경비지도사 시험에 합격하고 대통령령으로 정하는 바에 따라 경찰청장이 실시하는 기본교육을 받은 자이어야 한다(경비업법 제11조 제1항). 〈개정 2024.2.13.〉 기출수정 21

② 경비지도사 기본교육에 소요되는 비용은 경비지도사의 교육을 받은 자의 부담으로 한다(경비업법 시행규칙 제9조 제2항).

경비지도사 교육의 과목 및 시간(경비업법 시행규칙 [별표 1]) 〈개정 2023.7.17.〉 기출 20

구 분 (교육시간)	과 목		시 간
공통교육 (24시간)	「경비업법」, 「경찰관직무집행법」 등 관계법령 및 「개인정보보호법」에 따른 개인정보 보호지침 등		4
	실무Ⅰ		4
	실무Ⅱ		3
	장비 사용법		2
	범죄·테러·재난 대응 요령 및 화재대처법		2
	응급처치법		2
	직업윤리 및 인권보호		2
	체포·호신술		2
	입교식, 평가 및 수료식		3
자격의 종류별 교육 (16시간)	일반경비 지도사	시설경비	3
		호송경비	2
		신변보호	2
		특수경비	2
		기계경비개론	2
		일반경비 현장실습	5
	기계경비 지도사	기계경비 운용관리	4
		기계경비 기획 및 설계	4
		인력경비개론	3
		기계경비 현장실습	5
계	–		40

※ 비고 : 일반경비지도사자격증 취득자 또는 기계경비지도사자격증 취득자가 자격증 취득일부터 3년 이내에 기계경비지도사 또는 일반경비지도사 시험에 합격하여 교육을 받은 경우에는 공통교육은 면제한다. ★

2. 경비지도사자격증 교부

경찰청장은 경비지도사 (기본)교육을 받은 자에게 행정안전부령(경비업법 시행규칙 제11조)이 정하는 바에 따라 경비지도사자격증을 교부하여야 한다(경비업법 제11조 제2항). ★

> **경비지도사자격증의 교부(경비업법 시행규칙 제11조)**
> 경찰청장은 법 제11조에 따른 경비지도사 시험에 합격하고 제9조에 따른 경비지도사 교육을 받은 사람에게는 별지 제9호 서식의 경비지도사자격증 교부대장에 정해진 사항을 기재한 후, 별지 제10호 서식의 경비지도사자격증을 교부해야 한다. ★

3. 경비지도사 시험의 실시 `기출` `22`

경비지도사 시험은 매년 1회 이상 시행하며, 시험과목, 시험공고, 시험의 일부가 면제되는 자의 범위 그 밖에 경비지도사 시험에 관하여 필요한 사항은 대통령령으로 정한다(경비업법 제11조 제3항). ★

4. 시험응시원서 등(경비업법 시행규칙 제8조)

① 경비업법 제11조의 규정에 의한 경비지도사 시험에 응시하고자 하는 자는 별지 제8호 서식의 응시원서 (전자문서로 된 원서를 포함한다)를 경비지도사 시험의 관리를 위탁받은 기관 또는 단체(시험관리기관)에 제출해야 한다(제1항).

② 경비지도사 제1차 시험을 면제받으려는 사람은 면제 사유를 증명할 수 있는 서류로서 공고에서 정하는 서류를 시험관리기관에 제출해야 한다(제2항).

③ 시험관리기관은 서류 중 재직증명서 또는 경력증명서를 제출받은 경우에는 「전자정부법」 제36조 제1항에 따른 행정정보의 공동이용을 통하여 제출인의 국민연금가입자가입증명 또는 건강보험자격득실확인서를 확인해야 한다. 다만, 제출인이 확인에 동의하지 않는 경우에는 해당 서류를 제출하도록 해야 한다(제3항).

5. 경비지도사 시험의 시행 및 공고(경비업법 시행령 제11조) `기출` `23·22`

① 경찰청장은 경비지도사 시험의 실시계획을 매년 수립해야 한다(제1항).

② 경찰청장은 경비지도사 시험의 실시계획에 따라 시험을 실시하고자 하는 때에는 응시자격·시험과목·시험일시·시험장소 및 선발예정인원 등을 시험 시행일 90일 전까지 공고하여야 한다(제2항). ★★

③ 공고는 관보게재와 각 시·도 경찰청 게시판 및 인터넷 홈페이지에 게시하는 방법에 의한다(제3항). ★

6. 시험의 방법 및 과목 등(경비업법 시행령 제12조)

① 경비지도사 시험은 필기시험의 방법에 의하되, 제1차 시험과 제2차 시험으로 구분하여 실시한다. 이 경우 경찰청장이 필요하다고 인정하는 때에는 제1차 시험과 제2차 시험을 병합하여 실시할 수 있다(제1항).

`기출` `23`

② 제1차 시험 및 제2차 시험은 각각 선택형으로 하되, 제2차 시험에 있어서는 선택형 외에 단답형을 추가할 수 있다(제2항).

③ 제1차 시험 및 제2차 시험의 과목은 [별표 2]와 같다(제3항).

경비지도사의 시험과목(경비업법 시행령 제12조 제3항 관련 [별표 2])

구 분	제1차 시험	제2차 시험
	선택형	선택형 또는 단답형
일반경비지도사	• 법학개론 • 민간경비론	• 경비업법(청원경찰법 포함) • 소방학 · 범죄학 또는 경호학 중 1과목
기계경비지도사		• 경비업법(청원경찰법 포함) • 기계경비개론 또는 기계경비기획 및 설계 중 1과목

④ 제2차 시험은 제1차 시험에 합격한 자에 대하여 실시한다. 다만, 제1차 시험과 제2차 시험을 병합하여 실시하는 경우에는 그러하지 아니하다(제4항).

⑤ 제1차 시험과 제2차 시험을 병합하여 실시하는 경우에는 제1차 시험에 불합격한 자가 치른 제2차 시험은 이를 무효로 한다(제5항).

⑥ 제1차 시험에 합격한 자에 대하여는 다음 회의 시험에 한하여 제1차 시험을 면제한다(제6항).

7. 시험의 일부면제(경비업법 시행령 제13조) 기출 23 · 22 · 21 · 20 · 18 · 17 · 16 · 07

다음 중 어느 하나에 해당하는 사람은 경비지도사 제1차 시험을 면제한다.

① 「경찰공무원법」에 따른 경찰공무원으로 7년 이상 재직한 사람(제1호)

② 「대통령 등의 경호에 관한 법률」에 따른 경호공무원 또는 별정직공무원으로 7년 이상 재직한 사람(제2호)★

> **별정직 공무원**
> 특정 업무를 담당하기 위하여 별도의 자격기준에 의하여 임용되는 공무원으로서 법령에서 별정직으로 지정하는 공무원을 말한다.

③ 「군인사법」에 따른 각 군 전투병과 또는 군사경찰병과 부사관 이상 간부로 7년 이상 재직한 사람(제3호)

④ 「경비업법」에 따른 경비업무에 7년 이상(특수경비업무의 경우에는 3년 이상) 종사하고 행정안전부령(경비업법 시행규칙 제10조)으로 정하는 교육과정을 이수한 사람(제4호)

> **경비지도사 시험의 일부면제(경비업법 시행규칙 제10조)**
> 영 제13조 제4호에서 "행정안전부령으로 정하는 교육과정을 이수한 사람"이란 다음 각호의 어느 하나에 해당하는 사람을 말한다.
> 1. 고등교육법에 의한 전문대학 이상의 교육기관(경비지도사의 시험과목 3과목 이상이 개설된 교육기관에 한한다)에서 1년 이상의 경비업무 관련과정을 마친 사람★
> 2. 경찰청장이 지정하는 기관 또는 단체에서 실시하는 64시간 이상의 경비지도사 양성과정을 마치고 수료시험에 합격한 사람★

⑤「고등교육법」에 따른 대학 이상의 학교를 졸업한 자로서 재학 중 경비지도사 시험과목을 3과목 이상을 이수하고 졸업한 후 경비업무에 종사한 경력이 3년 이상인 사람(제5호)★

⑥「고등교육법」에 따른 전문대학을 졸업한 자로서 재학 중 경비지도사 시험과목을 3과목 이상을 이수하고 졸업한 후 경비업무에 종사한 경력이 5년 이상인 사람(제6호)★

⑦ 일반경비지도사의 자격을 취득한 후 기계경비지도사의 시험에 응시하는 사람 또는 기계경비지도사의 자격을 취득한 후 일반경비지도사의 시험에 응시하는 사람(제7호)

⑧「공무원임용령」에 따른 행정직군 교정직렬 공무원으로 7년 이상 재직한 사람(제8호)★

8. 시험합격자의 결정(경비업법 시행령 제14조)

① 제1차 시험의 합격결정에 있어서는 매 과목 100점을 만점으로 하며, 매 과목 40점 이상, 전과목 평균 60점 이상 득점한 자를 합격자로 결정한다(제1항).

② 제2차 시험의 합격결정에 있어서는 선발예정인원의 범위 안에서 60점 이상을 득점한 자 중에서 고득점 순으로 합격자를 결정한다. 이 경우 동점자로 인하여 선발예정인원이 초과되는 때에는 동점자 모두를 합격자로 한다(제2항).

③ 경찰청장은 제2차 시험에 합격한 자에 대하여 합격공고를 하고, 합격 및 교육소집 통지서를 교부하여야 한다(제3항).

9. 시험출제위원의 임명·위촉 등(경비업법 시행령 제15조)

① 경찰청장은 시험문제의 출제를 위하여 다음에 해당하는 자 중에서 시험출제위원을 임명 또는 위촉한다 (제1항).

  ㉠「고등교육법」에 의한 전문대학 이상의 교육기관에서 경찰행정학과 등 경비업무 관련학과 및 법학과 의 부교수(전문대학의 경우에는 교수) 이상으로 재직하고 있는 자(제1호)★

  ㉡ 석사 이상의 학위소지자로 경찰청장이 정하는 바에 의하여 경비업무에 관한 연구실적이나 전문경력 이 인정되는 자(제2호)★

  ㉢ 방범·경비업무를 3년 이상 담당한 경감 이상 경찰공무원의 경력이 있는 자(제3호)★

② 시험출제위원의 수는 시험과목별로 2인 이상으로 한다(제2항).★

③ 시험출제위원으로 임명 또는 위촉된 자는 경찰청장이 정하는 준수사항을 성실히 이행하여야 한다(제3항).

④ 시험출제위원과 시험관리업무에 종사하는 자에 대하여는 예산의 범위 안에서 수당과 여비를 지급할 수 있다. 다만, 공무원인 위원이 그 소관업무와 직접적으로 관련하여 시험관리업무에 종사하는 경우에는 그러하지 아니하다(제4항).

Ⅳ 경비지도사의 보수교육(경비업법 제11조의2)

제12조 제1항에 따라 선임된 경비지도사는 대통령령으로 정하는 바에 따라 경찰청장이 실시하는 보수교육을 받아야 한다.

[본조신설 2024.2.13.]

Ⅴ 경비지도사의 교육기관의 지정 및 교육의 위탁 등(경비업법 제11조의3)

1. 경비지도사 교육기관의 지정 및 교육의 위탁

경찰청장은 경비지도사에 대한 기본교육 및 보수교육에 관한 업무를 전문인력 및 시설 등을 갖춘 법인으로서 경찰청장이 지정하는 기관 또는 단체(이하 "경비지도사 교육기관"이라 한다)에 위탁할 수 있다(제1항).

2. 필요한 지침 마련 및 시행

경찰청장은 경비지도사에 대한 기본교육 및 보수교육의 전국적 균형을 유지하기 위하여 교육수준 및 교육방법 등에 필요한 지침을 마련하여 시행할 수 있다(제2항).

3. 시정명령

경찰청장은 경비지도사 교육기관이 제2항에 따른 교육지침을 위반한 경우에는 기간을 정하여 시정을 명할 수 있다(제3항).

4. 경비지도사 교육기관의 지정기준 및 절차 등

그 밖에 경비지도사 교육기관의 지정기준 및 절차 등에 필요한 사항은 대통령령으로 정한다(제4항).

[본조신설 2024.2.13.]

Ⅵ 경비지도사 교육기관의 지정취소 등(경비업법 제11조의4)

1. 경비지도사 교육기관의 지정취소 또는 업무의 정지

경찰청장은 경비지도사 교육기관이 다음 중 어느 하나에 해당하는 경우에는 그 지정을 취소하거나 1년의 범위에서 기간을 정하여 업무의 전부 또는 일부를 정지할 수 있다. 다만, ①의 경우에는 그 지정을 취소하여야 한다(제1항).
① 거짓이나 그 밖의 부정한 방법으로 경비지도사 교육기관의 지정을 받은 경우(제1호)
② 지정받은 사항을 위반하여 업무를 행한 경우(제2호)
③ 제11조의3 제3항에 따른 시정명령을 받고도 정당한 사유 없이 정하여진 기간 이내에 시정하지 아니한 경우(제3호)
④ 제11조의3 제4항에 따른 지정기준에 적합하지 아니하게 된 경우(제4호)

2. 경비지도사 교육기관의 지정취소 및 업무정지에 관한 세부기준 및 절차

그 밖에 경비지도사 교육기관의 지정취소 및 업무정지에 관한 세부기준 및 절차는 그 위반행위의 유형과 위반의 정도 등을 고려하여 행정안전부령으로 정한다(제2항).

[본조신설 2024.2.13.]

Ⅶ 경비지도사의 선임 · 배치

1. 경비지도사의 선임 · 배치기준 [기출] 23 · 21 · 18 · 17 · 14 · 11 · 10 · 09 · 08 · 07 · 05 · 02 · 01 · 99

경비업자는 대통령령이 정하는 바에 따라 경비지도사를 선임하여야 한다(경비업법 제12조 제1항).

경비지도사의 선임 · 배치기준(경비업법 시행령 제16조 제1항 관련)(경비업법 시행령 [별표 3]) <개정 2023.5.15.>

1. 경비업자는 경비원을 배치하여 영업활동을 하고 있는 지역을 관할하는 시 · 도 경찰청의 관할구역별로 경비원 <u>200명까지는</u> 경비지도사 1명을 선임 · 배치하고, 경비원이 200명을 초과하는 경우 <u>200명을 초과하는 경비원</u> 100명 단위로 경비지도사 1명씩을 추가로 선임 · 배치해야 한다.
2. 제1호에 따라 경비지도사가 선임 · 배치된 시 · 도 경찰청의 관할구역과 경계를 맞닿아 인접한 시 · 도 경찰청의 관할구역에 배치된 경비원이 <u>30명 이하인</u> 경우에는 제1호에도 불구하고 경비지도사를 따로 선임 · 배치하지 않을 수 있다. 이 경우 제주특별자치도경찰청과 전라남도경찰청은 경계를 맞닿아 인접한 것으로 본다. ★
3. 제2호에 따라 경비지도사를 따로 선임 · 배치하지 않는 경우 <u>경비지도사 1명이 지도 · 감독 및 교육할 수 있는 경비원의 총수(경계를 맞닿아 인접한 시 · 도 경찰청의 관할구역에 배치된 경비원의 수를 합산한다)는 200명을 초과할 수 없다.</u> ★★

※ 비 고
1. 시설경비업무 · 호송경비업무 · 신변보호업무 또는 특수경비업무를 하는 경비업자는 <u>일반경비지도사를 선임 · 배치하고,</u> 시설경비업무 · 호송경비업무 · 신변보호업무 또는 특수경비업무 중 둘 이상의 경비업무를 하는 경우에는 각 경비업무에 종사하는 <u>경비원의 수를 합산한 인원을 기준으로</u> 경비지도사를 선임 · 배치해야 한다. 다만, 특수경비업무를 수행하는 경비업자는 제19조 제1항에 따른 <u>특수경비원 신임교육을 이수한 일반경비지도사를 선임 · 배치해야 한다.</u>
2. 기계경비업무를 하는 경비업자는 <u>기계경비지도사를 선임 · 배치해야</u> 한다.

---

2. 경비지도사의 충원 [기출] 23 · 21 · 12 · 99

경비업자는 선임 · 배치된 경비지도사에 결원이 있거나 자격정지 등의 사유로 그 직무를 수행할 수 없는 때에는 <u>15일 이내에</u> 경비지도사를 새로이 충원하여야 한다(경비업법 시행령 제16조 제2항). ★

Ⅷ 경비지도사의 직무 [기출] 23 · 22 · 21 · 19 · 16 · 12 · 11 · 09 · 07 · 02 · 01 · 99

1. 경비지도사의 직무(경비업법 제12조 제2항)

① 선임된 경비지도사의 직무는 다음과 같다(괄호는 직무주기).
  ㉠ 경비원의 지도 · 감독 · 교육에 관한 계획의 수립 · 실시 및 그 기록의 유지(월 1회 이상)★
  ㉡ 경비현장에 배치된 경비원에 대한 순회점검 및 감독(월 1회 이상)
  ㉢ 경찰기관 및 <u>소방기관</u>과의 연락방법에 대한 지도★★
  ㉣ 집단민원현장에 배치된 경비원에 대한 지도 · 감독
  ㉤ 그 밖에 대통령령(경비업법 시행령 제17조 제1항)이 정하는 직무(기계경비지도사의 경우에 한함)★
    • 기계경비업무를 위한 기계장치의 운용 · 감독(월 1회 이상)
    • 오경보방지 등을 위한 기기관리의 감독(월 1회 이상)

② 선임된 경비지도사는 직무를 대통령령이 정하는 바에 따라 성실하게 수행하여야 한다(경비업법 제12조 제3항). ★

③ 경비지도사는 경비원에 대한 (직무)교육을 실시하고, 행정안전부령으로 정하는 경비원 직무교육 실시대장에 그 내용을 기록하여 2년간 보존하여야 한다(경비업법 시행령 제17조 제3항). ★

2. 집단민원현장에 선임 · 배치된 경비지도사의 직무(경비업법 시행규칙 제6조의2)

경비업자는 집단민원현장에 선임 · 배치된 경비지도사로 하여금 다음의 직무를 수행하도록 하여야 한다.
① 경비원 등의 의무 위반행위 예방 및 제지
② 경비원의 복장 착용 등에 대한 지도 · 감독
③ 경비원의 장비 휴대 및 사용에 대한 지도 · 감독
④ 집단민원현장에 비치된 경비원 명부의 관리★

Ⅸ 경비지도사의 선임 · 해임 신고의 의무(경비업법 제12조의2)

경비업자는 경비지도사를 선임하거나 해임하는 때에는 행정안전부령으로 정하는 바에 따라 해당 경비현장을 관할하는 시 · 도 경찰청장 또는 경찰서장에게 신고하여야 한다.

[본조신설 2024.2.13.]

Ⅹ 경비원의 교육 등(경비업법 제13조) 기출 21 · 20 · 19 · 18 · 16 · 14 · 12 · 11 · 10 · 09 · 07 · 06

1. 일반경비원 신임교육 및 직무교육

경비업자는 경비업무를 적정하게 실시하기 위하여 경비원으로 하여금 대통령령(경비업법 시행령 제18조)으로 정하는 바에 따라 경비원 신임교육 및 직무교육을 받게 하여야 한다. 다만, 경비업자는 대통령령으로 정하는 경력 또는 자격을 갖춘 일반경비원을 신임교육대상에서 제외할 수 있다(경비업법 제13조 제1항). ★

① 일반경비원 신임교육기관 기출 23 · 19 : 경비업자는 일반경비원을 채용한 경우 해당 일반경비원에게 경비업자의 부담으로 다음의 기관 또는 단체에서 실시하는 일반경비원 신임교육을 받도록 하여야 한다 (경비업법 시행령 제18조 제1항).

　㉠ 경비협회

　㉡ 「경찰공무원 교육훈련규정」에 따른 경찰교육기관

　㉢ 경비업무 관련 학과가 개설된 대학 등 경비원에 대한 교육을 전문적으로 수행할 수 있는 인력과 시설을 갖춘 기관 또는 단체 중 경찰청장이 지정하여 고시하는 기관 또는 단체

② 일반경비원 신임교육 제외대상 기출 23 · 22 · 21 · 19 · 14 : 경비업자는 다음 중 어느 하나에 해당하는 사람을 일반경비원으로 채용한 경우에는 해당 일반경비원을 일반경비원 신임교육대상에서 제외할 수 있다(경비업법 시행령 제18조 제2항).

　㉠ 일반경비원 또는 특수경비원 신임교육을 받은 사람으로서 채용 전 3년 이내에 경비업무에 종사한 경력이 있는 사람★

　㉡ 「경찰공무원법」에 따른 경찰공무원으로 근무한 경력이 있는 사람

© 「대통령 등의 경호에 관한 법률」에 따른 경호공무원 또는 별정직공무원으로 근무한 경력이 있는 사람

② 「군인사법」에 따른 부사관 이상으로 근무한 경력이 있는 사람

⑩ 경비지도사자격이 있는 사람★

⑭ 채용 당시 일반경비원 신임교육을 받은 지 3년이 지나지 아니한 사람★

③ **일반경비원 직무교육** 기출 20 : 경비업자는 소속 일반경비원에게 선임한 경비지도사가 수립한 교육계획에 따라 매월 행정안전부령이 정하는 시간(매월 2시간) 이상의 직무교육을 받도록 하여야 한다(경비업법 시행령 제18조 제3항).

④ 신임교육의 과목 및 시간, 직무교육의 과목 등 일반경비원의 교육 실시에 필요한 사항은 행정안전부령으로 정한다(경비업법 시행령 제18조 제5항).★★ 기출 20

⑤ **일반경비원에 대한 신임교육의 실시 등**(경비업법 시행규칙 제12조)

㉠ 일반경비원 신임교육은 10과목(입교식, 평가 및 수료식은 교육과목이 아님) 총 24시간으로 3일에 걸쳐 진행된다(경비업법 시행규칙 [별표 2]).

일반경비원 신임교육의 과목 및 시간(경비업법 시행규칙 [별표 2]) <개정 2023.7.17.>

구 분 (교육시간)	과 목	시 간
이론교육 (4시간)	「경비업법」 등 관계법령	2
	범죄예방론	2
실무교육 (19시간)	시설경비실무	4
	호송경비실무	2
	신변보호실무	2
	기계경비실무	2
	사고예방대책	3
	체포·호신술	2
	장비사용법	2
	직업윤리 및 서비스	2
기타(1시간)	입교식, 평가 및 수료식	1
계	–	24

㉡ 경찰청장은 일반경비원에 대한 신임교육의 실시를 위하여 연도별 교육계획을 수립하고, 일반경비원 신임교육기관 또는 단체가 교육계획에 따라 교육을 실시하도록 하여야 한다(제2항).★

㉢ 영 제18조 제1항에 따른 일반경비원 신임교육기관 또는 단체의 장은 제1항에 따른 일반경비원 신임교육과정을 마친 사람에게 별지 제11호 서식의 신임교육이수증을 교부하고 그 사실을 별지 제12호 서식의 신임교육이수증 교부대장에 기록해야 하며, 교육기관, 교육일, 교육이수증 교부번호 등을 포함한 신임교육 이수자 현황을 경찰청장에게 통보해야 한다(제4항).★

ⓔ 경비업자는 일반경비원이 신임교육을 받은 때에는 경비원의 명부에 그 사실을 기재하여야 한다(제5항). ★

ⓜ 시·도 경찰청장 또는 경찰서장은 제1항에 따른 일반경비원 신임교육을 받은 사람이 요청하는 경우에는 별지 제12호의2 서식의 신임교육 이수 확인증을 발급할 수 있다(제6항). ★

⑥ **일반경비원에 대한 직무교육의 시간 등**(경비업법 시행규칙 제13조)

ⓖ 영 제18조 제3항에서 "행정안전부령으로 정하는 시간"이란 2시간을 말한다(제1항). 〈개정 2023.7.17.〉

ⓛ 영 제18조 제3항에 따른 일반경비원에 대한 직무교육의 과목은 일반경비원의 직무수행에 필요한 이론·실무과목 및 직업윤리 등으로 한다(제2항). 〈개정 2023.7.17.〉

2. 일반경비원 사전 신임교육 기출 21 · 20

경비원이 되려는 사람은 대통령령으로 정하는 교육기관(일반경비원 신임교육 지정기관 또는 단체)에서 미리 일반경비원 신임교육을 받을 수 있다(경비업법 제13조 제2항). ★

① 경비원이 되려는 사람은 경비업법 제13조 제2항에 따라 동법 제18조 제1항 각호의 교육기관(일반경비원 신임교육 지정기관 또는 단체)에서 미리 일반경비원 신임교육을 받을 수 있고, 이 경우 일반경비원 신임교육대상에서 제외할 수 있다(경비업법 시행령 제18조 제2항).

② 일반경비원 사전 신임교육의 유효기간은 3년으로 한다(경비업법 시행령 제18조 제2항 제6호). 채용 당시 3년 이내 일반경비원 사전 신임교육을 받은 사람도 일반경비원 신임교육대상에서 제외될 수 있으므로(경비업법 시행령 제18조 제2항 제6호) 일반경비원 사전 신임교육의 유효기간은 3년이라고 할 수 있다. ★★

③ 일반경비원 신임교육의 과목 및 시간, 직무교육의 과목 등의 교육 실시에 필요한 사항은 행정안전부령으로 정한다(경비업법 시행령 제18조 제5항).

④ 채용 후 일반경비원 신임교육은 경비업자의 부담이지만, 신설된 일반경비원 사전 신임교육은 교육을 받는 사람의 부담이다. ★★

3. 특수경비원 신임교육 및 직무교육(경비업법 제13조 제3항) 기출 21 · 19 · 17 · 15 · 14 · 12 · 09 · 08

특수경비업자는 대통령령(경비업법 시행령 제19조)으로 정하는 바에 따라 특수경비원으로 하여금 특수경비원 신임교육과 정기적인 직무교육을 받게 하여야 하고, 특수경비원 신임교육을 받지 아니한 자를 특수경비업무에 종사하게 하여서는 아니 된다(경비업법 제13조 제3항). 특수경비원의 교육 시 관할 경찰서 소속 경찰공무원이 교육기관에 입회하여 대통령령(경비업법 시행령 제19조)이 정하는 바에 따라 지도·감독하여야 한다(경비업법 제13조 제4항). ★★

① **특수경비원 신임교육기관**(경비업법 시행령 제19조 제1항) : 특수경비업자는 특수경비원을 채용한 경우 해당 특수경비원에게 특수경비업자의 부담으로 다음의 기관 또는 단체에서 실시하는 특수경비원 신임교육을 받도록 하여야 한다. ★

ⓖ 「경찰공무원 교육훈련규정」에 따른 경찰교육기관 ★

ⓛ 행정안전부령으로 정하는 기준에 적합한 기관 또는 단체 중 경찰청장이 지정하여 고시하는 기관 또는 단체 ★

② **특수경비원 신임교육 제외대상**(경비업법 시행령 제19조 제2항) : 특수경비업자는 채용 전 3년 이내에 특수경비업무에 종사하였던 경력이 있는 사람을 특수경비원으로 채용한 경우에는 해당 특수경비원을 특수경비원 신임교육대상에서 제외할 수 있다. ★★

③ **특수경비원 직무교육**(경비업 시행령 제19조 제3항) : 특수경비업자는 소속 특수경비원에게 선임한 경비지도사가 수립한 교육계획에 따라 매월 행정안전부령으로 정하는 시간(매월 3시간) 이상 직무교육을 받도록 하여야 한다. ★★

④ 신임교육의 과목 및 시간, 직무교육의 과목 등 특수경비원의 교육 실시에 필요한 사항은 행정안전부령으로 정한다(경비업법 시행령 제19조 제4항). ★★

⑤ **특수경비원 신임교육기관 또는 단체의 지정 등**(경비업법 시행규칙 제14조)

　㉠ 특수경비원 신임교육의 과정을 개설하고자 하는 기관 또는 단체는 경비업법 시행규칙 [별표 3]의 규정에 의한 시설 등을 갖추고 경찰청장에게 지정을 요청하여야 한다. ★

　㉡ 경찰청장은 교육과정을 개설하고자 하는 기관 또는 단체가 지정을 요청한 때 경비업법 시행규칙 [별표 3]에 의한 기준에 적합한지의 여부를 확인 후 그 기준에 적합한 경우 특수경비원 신임교육을 실시할 수 있는 기관 또는 단체로 지정할 수 있다.

구분	기준
시설 기준	• 100인 이상 수용이 가능한 165m² 이상의 강의실★ • 감지장치·수신장치 및 관제시설을 갖춘 132m² 이상의 기계경비실습실★ • 100인 이상이 동시에 사용할 수 있는 330m² 이상의 체육관 또는 운동장 • 소총에 의한 실탄사격이 가능하고 10개 사로 이상을 갖춘 사격장
강사 기준	• 고등교육법에 의한 대학 이상의 교육기관에서 교육과목 관련학과의 전임강사(전문대학의 경우에는 조교수) 이상의 직에 1년 이상 종사한 경력이 있는 사람★ • 박사학위를 소지한 사람으로서 교육과목 관련 분야의 연구 실적이 있는 사람★ • 석사학위를 소지한 사람으로서 교육과목 관련 분야의 실무업무에 3년 이상 종사한 경력(학위 취득 전의 경력을 포함한다)이 있는 사람★ • 교육과목 관련 분야에서 공무원으로 5년 이상 근무한 경력이 있는 사람★ • 교육과목 관련 분야의 실무업무에 10년 이상 종사한 경력이 있는 사람★ • 체포·호신술 과목의 경우 무도사범의 자격이 있는 사람으로서 교육과목 관련 분야에서 2년 이상 실무경력(자격 취득 전의 경력을 포함한다)이 있는 사람★ • 폭발물 처리요령 및 예절교육 과목의 경우 교육과목 관련 분야에서 2년 이상 실무경력이 있는 사람★

특수경비원 교육기관 시설 및 강사의 기준(경비업법 시행규칙 [별표 3]) <개정 2022.12.19.>

※ 비고 : 교육시설이 교육기관의 소유가 아닌 경우에는 임대 등을 통하여 교육기간 동안 이용할 수 있도록 하여야 한다.★

　㉢ 지정을 받은 기관 또는 단체는 신임교육의 과정에서 필요한 경우에는 관할 경찰관서장에게 경찰관서 시설물의 이용이나 전문적인 소양을 갖춘 경찰관의 파견을 요청할 수 있다. ★

⑥ **특수경비원에 대한 신임교육 실시 등**(경비업법 시행규칙 제15조)

　㉠ 특수경비원 신임교육의 과목 및 시간은 [별표 4]와 같다. 즉, 특수경비원 신임교육은 이론교육(15시간), 실무교육(61시간), 기타 입교식·평가 수료식(4시간) 포함 총 80시간이다. ★

　㉡ 영 제19조 제1항에 따른 특수경비원 신임교육기관 또는 단체의 장은 제1항에 따른 특수경비원 신임교육과정을 마친 사람에게 별지 제11호 서식의 신임교육이수증을 교부하고 그 사실을 별지 제12호 서식의 신임교육이수증 교부대장에 기록해야 하며, 교육기관, 교육일, 교육이수증 교부번호 등을 포함한 신임교육 이수자 현황을 경찰청장에게 통보해야 한다(제2항).

ⓒ 경비업자는 특수경비원이 신임교육을 받은 때에는 경비원의 명부에 그 사실을 기재하여야 한다 (제3항). ★

ⓔ 시·도 경찰청장 또는 경찰서장은 제1항에 따른 특수경비원 신임교육을 받은 사람이 요청하는 경우에는 별지 제12호의2 서식의 신임교육 이수 확인증을 발급할 수 있다(제4항). 기출 19

특수경비원 신임교육의 과목 및 시간(경비업법 시행규칙 [별표 4]) <개정 2023.7.17.> 기출 20·15·14

구 분 (교육시간)	과 목	시 간
이론교육 (15시간)	「경비업법」 및 「경찰관직무집행법」 등 관계법령	8
	「헌법」 및 형사법	4
	범죄예방론	3
실무교육 (61시간)	테러 및 재난 대응요령	4
	폭발물 처리요령	6
	화재대처법	3
	응급처치법	3
	장비사용법	3
	출입통제요령	3
	직업윤리 및 서비스	4
	기계경비실무	3
	정보보호 및 보안업무	6
	시설경비요령	4
	민방공	4
	총기조작	3
	사 격	8
	체포·호신술	4
	관찰·기록기법	3
기타(4시간)	입교식, 평가 및 수료식	4
계	-	80

⑦ **특수경비원에 대한 직무교육의 시간 등**(경비업법 시행규칙 제16조)

ⓐ "행정안전부령으로 정하는 시간"이란 3시간을 말한다. 즉, 특수경비원에 대한 직무교육의 시간은 매월 3시간으로 한다. ★★ <개정 2023.7.17.>

ⓑ 관할 경찰서장 및 공항경찰대장 등 국가중요시설의 경비책임자(이하 "관할 경찰관서장")는 필요하다고 인정하는 경우에는 특수경비원이 배치된 경비대상시설에 소속공무원을 파견하여 직무집행에 필요한 교육을 실시할 수 있다.

ⓒ 영 제19조 제3항에 따른 특수경비원에 대한 직무교육의 과목은 특수경비원의 직무수행에 필요한 이론·실무과목 및 직업윤리 등으로 한다. ★ <개정 2023.7.17.>

XI 경비원 교육기관의 지정 및 지정취소 등

1. 경비원 교육기관의 지정 등(경비업법 제13조의2)

① 경찰청장은 제13조 제1항부터 제3항까지에 따른 경비원에 대한 신임교육의 효율성을 제고하기 위하여 전문인력 및 시설 등을 갖춘 기관 또는 단체를 경비원 교육기관으로 지정할 수 있다(제1항).

② 경찰청장은 경비원에 대한 신임교육의 전국적 균형을 유지하기 위하여 교육수준 및 교육방법 등에 필요한 지침을 마련하여 시행할 수 있다(제2항).

③ 경찰청장은 경비원 교육기관이 제2항에 따른 교육지침을 위반한 경우에는 기간을 정하여 시정을 명할 수 있다(제3항).

④ 그 밖에 경비원 교육기관의 지정기준 및 절차 등에 필요한 사항은 대통령령으로 정한다(제4항).

[본조신설 2024.2.13.]

2. 경비원 교육기관의 지정취소 등(경비업법 제13조의3)

① 경찰청장은 경비원 교육기관이 다음 중 어느 하나에 해당하는 경우에는 그 지정을 취소하거나 1년 이내의 기간을 정하여 업무의 전부 또는 일부를 정지할 수 있다. 다만, ㉠의 경우에는 그 지정을 취소하여야 한다(제1항).

㉠ 거짓이나 그 밖의 부정한 방법으로 경비원 교육기관의 지정을 받은 경우(제1호)

㉡ 지정받은 사항을 위반하여 업무를 행한 경우(제2호)

㉢ 제13조의2 제3항에 따른 시정명령을 받고도 정당한 사유 없이 정하여진 기간 이내에 시정하지 아니한 경우(제3호)

㉣ 제13조의2 제4항에 따른 지정기준에 적합하지 아니하게 된 경우(제4호)

② 그 밖에 경비원 교육기관의 지정취소 및 업무정지에 관한 세부기준 및 절차는 그 위반행위의 유형과 위반의 정도 등을 고려하여 행정안전부령으로 정한다(제2항).

[본조신설 2024.2.13.]

XII 특수경비원의 직무 및 무기사용 등 [기출] 21·19·18·17·16·15·12·11·08

1. 특수경비원의 직무 및 무기사용 등(경비업법 제14조)

① 특수경비업자는 특수경비원으로 하여금 배치된 경비구역 안에서 관할 경찰서장 및 공항경찰대장 등 국가중요시설의 경비책임자(이하 "관할 경찰관서장")와 국가중요시설의 시설주의 감독을 받아 시설을 경비하고 도난·화재, 그 밖의 위험의 발생을 방지하는 업무를 수행하게 하여야 한다(제1항). ★

② 특수경비원은 국가중요시설에 대한 경비업무 수행 중 국가중요시설의 정상적인 운영을 해치는 장해를 일으켜서는 아니 된다(제2항).

③ 시·도 경찰청장은 국가중요시설에 대한 경비업무의 수행을 위하여 필요하다고 인정하는 때에는 시설주의 신청에 의하여 무기를 구입한다. 이 경우 시설주는 그 무기의 구입대금을 지불하고, 구입한 무기를 국가에 기부채납(寄附採納)하여야 한다(제3항). ★★ 기출 23·21

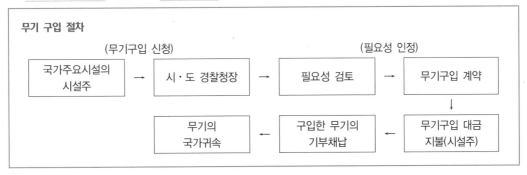

④ 시·도 경찰청장은 국가중요시설에 대한 경비업무의 수행을 위하여 필요하다고 인정하는 때에는 관할 경찰관서장으로 하여금 시설주의 신청에 의하여 시설주로부터 국가에 기부채납된 무기를 대여하게 하고, 시설주는 이를 특수경비원으로 하여금 휴대하게 할 수 있다. 이 경우 특수경비원은 정당한 사유 없이 무기를 소지하고 배치된 경비구역을 벗어나서는 아니 된다(제4항). ★★

⑤ 시설주가 대여받은 무기에 대하여 시설주 및 관할 경찰관서장은 무기의 관리책임을 지고, 관할 경찰관서장은 시설주 및 특수경비원의 무기관리상황을 대통령령(경비업법 시행령 제21조)이 정하는 바에 따라 지도·감독하여야 한다(제5항). ★★ 기출 21

⑥ 관할 경찰관서장은 ⑤의 규정에 의하여 시설주 및 특수경비원의 무기관리상황을 매월 1회 이상 점검하여야 한다(경비업법 시행령 제21조). ★★ 기출 21

⑦ 관할 경찰관서장은 무기의 적정한 관리를 위하여 무기를 대여받은 시설주에 대하여 필요한 명령을 발할 수 있다(제6항).

⑧ 시설주로부터 무기의 관리를 위하여 지정받은 책임자(이하 "관리책임자")는 다음에 의하여 이를 관리하여야 한다(제7항).
    ㉠ 무기출납부 및 무기장비운영카드를 비치·기록하여야 한다. ★
    ㉡ 무기는 관리책임자가 직접 지급·회수하여야 한다. ★★

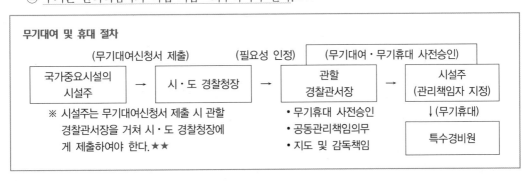

⑨ 특수경비원은 국가중요시설의 경비를 위하여 무기를 사용하지 아니하고는 다른 수단이 없다고 인정되는 때에는 필요한 한도 안에서 무기를 사용할 수 있다. 다만, 다음에 해당하는 때를 제외하고는 사람에게 위해를 끼쳐서는 아니 된다(제8항). ★★
  ㉠ 무기 또는 폭발물을 소지하고 국가중요시설에 침입한 자가 특수경비원으로부터 3회 이상 투기(投棄) 또는 투항(投降)을 요구받고도 이에 불응하면서 계속 항거하는 경우 이를 억제하기 위하여 무기를 사용하지 아니하고는 다른 수단이 없다고 인정되는 때(제1호) ★
  ㉡ 국가중요시설에 침입한 무장간첩이 특수경비원으로부터 투항(投降)을 요구받고도 이에 불응한 때(제2호) ★
⑩ 특수경비원의 무기휴대, 무기종류, 그 사용기준 및 안전검사의 기준 등에 관하여 필요한 사항은 대통령령(경비업법 시행령 제20조)으로 정한다(제9항). ★

2. 특수경비원 무기휴대의 절차 등(경비업법 시행령 제20조) 기출 23 · 21 · 20

① 시설주는 특수경비원이 휴대할 무기를 대여받고자 하는 때에는 무기대여신청서를 관할 경찰서장 및 공항경찰대장 등 국가중요시설의 경비책임자(이하 "관할 경찰관서장")를 거쳐 시 · 도 경찰청장에게 제출하여야 한다(제1항). ★★
② 시설주는 관할 경찰관서장으로부터 대여받은 무기를 특수경비원에게 휴대하게 하는 경우에는 관할 경찰관서장의 사전승인을 얻어야 한다(제2항). ★★
③ 사전승인을 함에 있어서 관할 경찰관서장은 국가중요시설에 총기 또는 폭발물의 소지자나 무장간첩 침입의 우려가 있는지의 여부 등을 고려하는 등 특수경비원에게 무기를 지급하여야 할 필요성이 있는지의 여부에 관하여 판단하여야 한다(제3항).
④ 시설주는 무기지급의 필요성이 해소되었다고 인정되는 때에는 특수경비원으로부터 즉시 무기를 회수하여야 한다(제4항). ★
⑤ 특수경비원이 휴대할 수 있는 무기종류는 권총 및 소총으로 한다(제5항). ★
⑥ 「위해성 경찰장비의 사용기준 등에 관한 규정」 제18조 및 [별표 2]의 규정은 법 제14조 제9항의 규정에 의한 안전검사의 기준에 관하여 이를 준용한다(제6항).
⑦ 시설주, 관리책임자와 특수경비원은 행정안전부령이 정하는 무기관리수칙을 준수하여야 한다(제7항). ★★

3. 무기의 관리수칙 등(경비업법 시행규칙 제18조) 기출 23 · 22 · 20 · 19 · 18 · 12 · 10 · 09 · 08 · 07 · 06 · 05 · 04

① 무기를 대여받은 국가중요시설의 시설주 또는 관리책임자는 다음의 관리수칙에 따라 무기(탄약을 포함)를 관리해야 한다(제1항).
  ㉠ 무기의 관리를 위한 책임자를 지정하고 관할 경찰관서장에게 이를 통보할 것(제1호) ★
  ㉡ 무기고 및 탄약고는 단층에 설치하고 환기 · 방습 · 방화 및 총받침대 등의 시설을 할 것(제2호) ★
  ㉢ 탄약고는 무기고와 사무실 등 많은 사람을 수용하거나 많은 사람이 오고 가는 시설과 떨어진 곳에 설치할 것(제3호) ★
  ㉣ 무기고 및 탄약고에는 이중 잠금장치를 하여야 하며, 열쇠는 관리책임자가 보관하되, 근무시간 이후에는 열쇠를 당직책임자에게 인계하여 보관시킬 것(제4호) ★★

⑩ 관할 경찰관서장이 정하는 바에 의하여 무기의 관리실태를 매월 파악하여 다음 달 3일까지 관할 경찰 관서장에게 통보할 것(제5호)★★

⑭ 대여받은 무기를 빼앗기거나 대여받은 무기가 분실·도난 또는 훼손되는 등의 사고가 발생한 때에는 관할 경찰관서장에게 그 사유를 지체 없이 통보할 것(제6호)★

㉠ 대여받은 무기를 빼앗기거나 대여받은 무기가 분실·도난 또는 훼손된 때에는 경찰청장이 정하는 바에 의하여 그 전액을 배상할 것. 다만, 전시·사변, 천재·지변 그 밖의 불가항력의 사유가 있다고 시·도 경찰청장이 인정한 때에는 그러하지 아니하다(제7호).★

㉢ 시설주는 자체계획을 수립하여 보관하고 있는 무기를 매주 1회 이상 손질할 수 있게 할 것(제8호)★

② 시설주 또는 관리책임자는 고의 또는 과실로 무기(부속품을 포함)를 빼앗기거나 무기가 분실·도난 또는 훼손되도록 한 특수경비원에 대하여 특수경비업자에게 교체 또는 징계 등의 조치를 요청할 수 있다. 이 경우 특수경비업자는 특별한 사유가 없는 한 이에 응하여야 한다(제2항).★

③ 무기를 대여받은 시설주 또는 관리책임자가 특수경비원에게 무기를 출납하고자 하는 때에는 다음의 관리수칙에 따라 무기를 관리하여야 한다(제3항).

㉠ 관할 경찰관서장이 무기를 회수하여 집중적으로 관리하도록 지시하는 경우 또는 출납하는 탄약의 수를 증감하거나 출납을 중지하도록 지시하는 경우에는 이에 따를 것(제1호)

㉡ 탄약의 출납은 소총에 있어서는 1정당 15발 이내, 권총에 있어서는 1정당 7발 이내로 하되, 생산된 후 오래된 탄약을 우선적으로 출납할 것(제2호)★

㉢ 무기를 지급받은 특수경비원으로 하여금 무기를 매주 1회 이상 손질하게 할 것(제3호)★

㉣ 수리가 필요한 무기가 있는 때에는 그 목록과 무기장비운영카드를 첨부하여 관할 경찰관서장에게 수리를 요청할 것(제4호)★★

④ 시설주로부터 무기를 지급받은 특수경비원은 다음의 관리수칙에 따라 무기를 관리하여야 한다(제4항).

㉠ 무기를 지급받거나 반납하는 때 또는 무기의 인계인수를 하는 때에는 반드시 "앞에 총"의 자세에서 "검사 총"을 할 것(제1호)★

㉡ 무기를 지급받은 때에는 별도의 지시가 없는 한 탄약은 무기로부터 분리하여 휴대하여야 하며, 소총은 "우로 어깨걸어 총"의 자세를 유지하고, 권총은 "권총집에 넣어 총"의 자세를 유지할 것(제2호)★

㉢ 지급받은 무기를 다른 사람에게 보관·휴대 또는 손질시키지 아니할 것(제3호)★

㉣ 무기를 손질 또는 조작하는 때에는 총구를 반드시 공중으로 향하게 할 것(제4호)★★

㉤ 무기를 반납하는 때에는 손질을 철저히 한 후 반납하도록 할 것(제5호)

㉥ 근무시간 이후에는 무기를 시설주에게 반납하거나 교대근무자에게 인계할 것(제6호)★★

⑤ 시설주는 형사사건으로 인하여 조사를 받고 있는 사람, 사직 의사를 표명한 사람, 정신질환자, 그 밖에 무기를 지급하기에 부적합하다고 인정되는 사람에 해당하는 특수경비원에 대하여 무기를 지급하여서는 안 되며, 지급된 무기가 있는 경우 이를 즉시 회수해야 한다(제5항). 기출수정 16

⑥ 시설주는 무기를 수송하는 때에는 출발하기 전에 관할 경찰서장에게 그 사실을 통보하여야 하며, 통보를 받은 관할 경찰서장은 1인 이상의 무장경찰관을 무기를 수송하는 자동차 등에 함께 타도록 하여야 한다(제6항).★★

4. 특수경비원의 의무(경비업법 제15조) 기출 23·22·20·19·16·15·14·12·09·08·07·05·04·99

① 특수경비원은 직무를 수행함에 있어 시설주·관할 경찰관서장 및 소속상사의 직무상 명령에 복종하여야 한다(제1항). ★

② 특수경비원은 소속상사의 허가 또는 정당한 사유 없이 경비구역을 벗어나서는 아니 된다(제2항). ★

③ 특수경비원은 파업·태업 그 밖에 경비업무의 정상적인 운영을 저해하는 일체의 쟁의행위를 하여서는 아니 된다(제3항). ★

④ 특수경비원이 무기를 휴대하고 경비업무를 수행하는 때에는 다음에서 정하는 무기의 안전사용수칙을 지켜야 한다(제4항).

 ㉠ 특수경비원은 사람을 향하여 권총 또는 소총을 발사하고자 하는 때에는 미리 구두 또는 공포탄에 의한 사격으로 상대방에게 경고하여야 한다. 다만, 다음에 해당하는 경우로서 부득이한 때에는 경고하지 아니할 수 있다(제1호). ★★

  • 특수경비원을 급습하거나 타인의 생명·신체에 대한 중대한 위험을 야기하는 범행이 목전에 실행되고 있는 등 상황이 급박하여 경고할 시간적 여유가 없는 경우(가목)

  • 인질·간첩 또는 테러사건에 있어서 은밀히 작전을 수행하는 경우(나목)

 ㉡ 특수경비원은 무기를 사용하는 경우에 있어서 범죄와 무관한 다중의 생명·신체에 위해를 가할 우려가 있는 때에는 이를 사용하여서는 아니 된다. 다만, 무기를 사용하지 아니하고는 타인 또는 특수경비원의 생명·신체에 대한 중대한 위험을 방지할 수 없다고 인정되는 때에는 필요한 최소한의 범위 안에서 이를 사용할 수 있다(제2호). ★

 ㉢ 특수경비원은 총기 또는 폭발물을 가지고 대항하는 경우를 제외하고는 14세 미만의 자 또는 임산부에 대하여는 권총 또는 소총을 발사하여서는 아니 된다(제3호). ★★

5. 경비원 등의 의무(경비업법 제15조의2) 기출 23·19·08

① 경비원은 직무를 수행함에 있어 타인에게 위력을 과시하거나 물리력을 행사하는 등 경비업무의 범위를 벗어난 행위를 하여서는 아니 된다(제1항).

② 누구든지 경비원으로 하여금 경비업무의 범위를 벗어난 행위를 하게 하여서는 아니 된다(제2항).

XIII 경비원의 복장·장비·출동차량 등 기출 21·19·18·16·15·14·12·11·10·07·02·99

1. 경비원의 복장 등(경비업법 제16조) 기출 22·21·19

① 경비업자는 경찰공무원 또는 군인의 제복과 색상 및 디자인 등이 명확히 구별되는 소속 경비원의 복장을 정하고 이를 확인할 수 있는 사진을 첨부하여 주된 사무소를 관할하는 시·도 경찰청장에게 행정안전부령으로 정하는 바에 따라 신고하여야 한다(제1항). ★

② 경비업자는 경비업무 수행 시 경비원에게 소속 경비업체를 표시한 이름표를 부착하도록 하고, 시·도 경찰청장에게 신고된 동일한 복장을 착용하게 하여야 하며, 복장에 소속 회사를 오인할 수 있는 표시를 하거나 다른 회사의 복장을 착용하게 하여서는 아니 된다. 다만, 집단민원현장이 아닌 곳에서 신변보호 업무를 수행하는 경우 또는 경비업무의 성격상 부득이한 사유가 있어 관할 경찰관서장이 허용하는 경우에는 그러하지 아니하다(제2항). ★

③ 시·도 경찰청장은 ①에 따라 제출받은 사진을 검토한 후 경비업자에게 복장 변경 등에 대한 시정명령을 할 수 있다(제3항). ★

④ 시정명령을 받은 경비업자는 이를 이행하여야 하고, 시·도 경찰청장에게 행정안전부령으로 정하는 바에 따라 이행보고를 하여야 한다(제4항). ★

⑤ 그 밖에 경비원의 복장 등에 필요한 사항은 행정안전부령(경비업법 시행규칙 제19조)으로 정한다(제5항). ★

경비원의 복장 등 신고 등(경비업법 시행규칙 제19조) 기출 19

① 경비원의 복장 신고(변경신고를 포함)를 하려는 경비업자는 소속 경비원에게 복장을 착용하도록 하기 전에 경비원 복장 등 신고서(전자문서로 된 신고서를 포함)를 경비업자의 주된 사무소를 관할하는 시·도 경찰청장에게 제출하여야 한다.

② 경비원 복장 시정명령에 대한 이행보고를 하려는 경비업자는 시정명령 이행보고서(전자문서로 된 보고서를 포함)에 이행사실을 입증할 수 있는 사진 등의 서류를 첨부하여 시정명령을 한 시·도 경찰청장에게 제출하여야 한다.

③ 경비업자는 신고서 또는 이행보고서를 경비업자의 주된 사무소를 관할하는 시·도 경찰청장 소속 경찰서장을 거쳐 제출할 수 있다. 이 경우 신고서 또는 이행보고서를 받은 경찰서장은 지체 없이 경비업자의 주된 사무소를 관할하는 시·도 경찰청장에게 해당 신고서 또는 이행보고서를 보내야 한다. ★★

④ 경비원은 경비업무 수행시 이름표를 경비원 복장의 상의 가슴 부위에 부착하여 경비원의 이름을 외부에서 알아볼 수 있도록 하여야 한다. ★

---

2. 경비원의 장비 등(경비업법 제16조의2) 기출 23·22·21·19

① 경비원이 휴대할 수 있는 장비의 종류는 경적·단봉·분사기 등 행정안전부령(경비업법 시행규칙 제20조)으로 정하되, 근무 중에만 이를 휴대할 수 있다(제1항). ★★

② 경비업자가 경비원으로 하여금 분사기를 휴대하여 직무를 수행하게 하는 경우에는 「총포·도검·화약류 등 단속법」에 따라 미리 분사기의 소지허가를 받아야 한다(제2항). ★

「총포·도검·화약류 등의 안전관리에 관한 법률」 부칙 제6조(2015.1.6. 개정)

이 법 시행 당시 다른 법률에서 종전의 「총포·도검·화약류 등 단속법」 또는 그 규정을 인용한 경우 이 법 또는 이 법의 해당 규정을 각각 인용한 것으로 본다.

---

③ 누구든지 휴대장비를 임의로 개조하여 통상의 용법과 달리 사용함으로써 다른 사람의 생명·신체에 위해를 가하여서는 아니 된다(제3항).

④ 경비원은 경비업무를 위하여 필요하다고 인정되는 상당한 이유가 있을 때에는 필요한 최소한도에서 장비를 사용할 수 있다(제4항).

⑤ 그 밖에 경비원의 장비 등에 관하여 필요한 사항은 행정안전부령(경비업법 시행규칙 제20조)으로 정한다(제5항). ★

경비원의 휴대장비(경비업법 시행규칙 제20조) 기출 23·18

① 경비원은 근무 중 경적, 단봉, 분사기, 안전방패, 무전기 및 그 밖에 경비업무 수행에 필요한 것으로서 공격적인 용도로 제작되지 아니하는 장비를 휴대할 수 있으며, 안전모 및 방검복 등 안전장비를 착용할 수 있다.

② 경비원 장비의 구체적인 기준은 [별표 5]에 따른다.

경비원 휴대장비의 구체적인 기준(경비업법 시행규칙 [별표 5]) <개정 2023.7.17.> 기출 20

장 비	장비기준
1. 경 적	금속이나 플라스틱 재질의 호루라기
2. 단 봉	금속(합금 포함)이나 플라스틱 재질의 전장 700mm 이하의 호신용 봉
3. 분사기	「총포·도검·화약류 등의 안전관리에 관한 법률」에 따른 분사기
4. 안전방패	플라스틱 재질의 폭 500mm 이하, 길이 1,000mm 이하의 방패로 경찰공무원이 사용하는 안전방패와 색상 및 디자인이 명확히 구분되어야 함
5. 무전기	무전기 송신 시 실시간으로 수신이 가능한 것
6. 안전모	얼굴을 가리지 아니하면서, 머리를 보호하는 장비로 경찰공무원이 사용하는 방석모와 색상 및 디자인이 명확히 구분되어야 함
7. 방검복	경찰공무원이 사용하는 방검복과 색상 및 디자인이 명확히 구분되어야 함

3. 출동차량 등(경비업법 제16조의3) 기출 22·21·14

① 경비업자는 출동차량 등의 도색 및 표지를 경찰차량 및 군차량과 명확히 구별될 수 있게 하여야 한다(제1항).★
② 경비업자는 출동차량 등의 도색 및 표지를 정하고 이를 확인할 수 있는 사진을 첨부하여 주된 사무소를 관할하는 시·도 경찰청장에게 행정안전부령(경비업법 시행규칙 제21조)으로 정하는 바에 따라 신고하여야 한다(제2항).★
③ 시·도 경찰청장은 제출받은 사진을 검토한 후 경비업자에게 도색 및 표지 변경 등에 대한 시정명령을 할 수 있다(제3항).
④ 시정명령을 받은 경비업자는 이를 이행하여야 하고, 시·도 경찰청장에게 행정안전부령으로 정하는 바에 따라 이행보고를 하여야 한다(제4항).★
⑤ 그 밖에 출동차량 등에 필요한 사항은 행정안전부령(경비업법 시행규칙 제21조)으로 정한다(제5항).

출동차량 등의 신고 등(경비업법 시행규칙 제21조)
① 출동차량 등에 대한 신고(변경신고를 포함)를 하려는 경비업자는 출동차량 등을 운행하기 전에 출동차량 등 신고서(전자문서로 된 신고서를 포함)를 경비업자의 주된 사무소를 관할하는 시·도 경찰청장에게 제출하여야 한다.
② 출동차량 등의 시정명령에 대한 이행보고를 하려는 경비업자는 시정명령 이행보고서에 이행사실을 입증할 수 있는 사진 등의 서류를 첨부하여 시정명령을 한 시·도 경찰청장에게 제출하여야 한다.
③ 경비업자는 신고서 및 이행보고서를 경비업자의 주된 사무소를 관할하는 시·도 경찰청장 소속의 경찰서장을 거쳐 제출할 수 있다. 이 경우 신고서 또는 이행보고서를 받은 경찰서장은 지체 없이 경비업자의 주된 사무소를 관할하는 시·도 경찰청장에게 해당 신고서 또는 이행보고서를 보내야 한다.★

4. 결격사유 확인을 위한 범죄경력조회 등(경비업법 제17조) 기출 23·22·20·18·17·16·14

① 경찰청장, 시·도 경찰청장 또는 관할 경찰관서장은 직권으로 또는 범죄경력조회 요청이 있는 경우에는 경비업자의 임원, 경비지도사 또는 경비원이 제5조 제3호·제4호, 제10조 제1항 제3호부터 제8호까지 또는 같은 조 제2항 제3호·제4호에 따른 결격사유에 해당하는지를 확인하기 위하여 「형의 실효 등에 관한 법률」 제6조에 따른 범죄경력조회를 할 수 있다(제1항).★★

② 경비업자는 선출·선임·채용 또는 배치하려는 임원, 경비지도사 또는 경비원이 제5조 제3호·제4호, 제10조 제1항 제3호부터 제8호까지 또는 같은 조 제2항 제3호·제4호에 따른 결격사유에 해당하는지를 확인하기 위하여 주된 사무소, 출장소 또는 배치장소를 관할하는 시·도 경찰청장 또는 경찰관서장에게 「형의 실효 등에 관한 법률」 제6조에 따른 범죄경력조회를 요청할 수 있다(제2항).★

③ 범죄경력조회 요청을 받은 시·도 경찰청장 또는 관할 경찰관서장은 경비업자에게 그 결과를 통보할 때에는 경비업자의 임원, 경비지도사 또는 경비원이 제5조 제3호·제4호, 제10조 제1항 제3호부터 제8호까지 또는 같은 조 제2항 제3호·제4호에 따른 결격사유에 해당하는지 여부만을 통보하여야 한다(제3항).★

④ 시·도 경찰청장 또는 관할 경찰관서장은 경비업자의 임원, 경비지도사 또는 경비원이 제5조 각호, 제10조 제1항 각호 또는 제2항 각호의 결격사유에 해당하는 사실을 알게 되거나 이 법 또는 이 법에 따른 명령을 위반한 때에는 경비업자에게 그 사실을 통보하여야 한다(제4항).

> **결격사유 확인을 위한 범죄경력조회 요청(경비업법 시행규칙 제22조)** 기출 23
> ① 범죄경력조회 요청은 범죄경력조회 신청서(전자문서로 된 신청서를 포함)에 따른다.
> ② 경비업자는 범죄경력조회를 요청하는 경우 다음의 서류를 첨부하여야 한다.★
>   1. 경비업 허가증 사본
>   2. 취업자 또는 취업예정자 범죄경력조회 동의서

XIV 경비원의 명부와 배치허가 등 기출 22·21·20·19·18·17·16·14·05·99

1. 경비원의 명부와 배치허가 등

① 경비업자는 행정안전부령(경비업법 시행규칙 제23조)이 정하는 바에 따라 경비원의 명부를 작성·비치하여야 한다. 다만, 집단민원현장에 배치되는 일반경비원의 명부는 그 경비원이 배치되는 장소에도 작성·비치하여야 한다(경비업법 제18조 제1항).

> **경비원의 명부(경비업법 시행규칙 제23조)** 기출 20
> 경비업자는 다음 각호의 장소에 경비원 명부(제2호 및 제3호의 경우에는 해당 장소에 배치된 경비원의 명부를 말한다)를 작성·비치하여 두고, 이를 항상 정리하여야 한다. (두 : 사·출·집)
>   1. 주된 사무소
>   2. 출장소
>   3. 집단민원현장

② 경비업자가 <u>경비원을 배치하거나 배치를 폐지한 경우에는 행정안전부령이 정하는 바에 따라 관할 경찰</u>
<u>관서장에게 신고하여야 한다</u>(경비업법 제18조 제2항 본문). 다만, 다음 ㉠의 경우에는 경비원을 배치하기
48시간 전까지 행정안전부령으로 정하는 바에 따라 배치허가를 신청하고, 관할 경찰관서장의 배치허가
를 받은 후에 경비원을 배치하여야 하며(㉡ 및 ㉢의 경우에는 경비원을 배치하기 전까지 신고하여야
한다), 이 경우 관할 경찰관서장은 배치허가를 함에 있어 필요한 조건을 붙일 수 있다(경비업법 제18조
제2항 단서). ★★ 기출 22 · 21 · 20 · 19

㉠ 시설경비업무 또는 <u>신변보호업무 중 집단민원현장에 배치된 일반경비원 → 배치허가 신청(배치하기</u>
<u>48시간 전까지)</u>(제1호)★★

㉡ <u>집단민원현장이 아닌 곳에서 신변보호업무를 수행하는 일반경비원 → 배치신고(배치하기 전까지)</u>
(제2호)★★

㉢ <u>특수경비원 → 배치신고(배치하기 전까지)</u>(제3호)★★

③ <u>관할 경찰관서장은 배치허가 신청을 받은 경우 다음의 사유에 해당하는 때에는 배치허가를 하여서는</u>
<u>아니 된다</u>. 이 경우 <u>관할 경찰관서장은 다음의 사유를 확인하기 위하여 소속 경찰관으로 하여금 그 배치</u>
<u>장소를 방문하여 조사하게 할 수 있다</u>(경비업법 제18조 제3항). ★ 기출 21

㉠ <u>경비업무의 범위를 벗어난 행위를 할 우려가 있는 경우</u>(제1호)

㉡ 경비원 중 <u>결격자나 신임교육을 받지 아니한 사람이 대통령령으로 정하는 기준(21%) 이상으로 포함</u>
되어 있는 경우(경비업법 제18조 제3항 제2호에서 "대통령령으로 정하는 기준"이란 <u>100분의 21을</u>
말한다 : 경비업법 시행령 제22조)(제2호)

㉢ 경비원의 <u>복장 · 장비 등에 대하여 내려진 필요한 명령을 이행하지 않은 경우</u>(제3호)

④ 배치허가 신청을 받은 관할 경찰관서장은 배치되는 <u>경비원 중 결격자가 있는 경우에는 그 사람을 제외하</u>
<u>고 배치허가를 하여야 한다</u>(경비업법 제18조 제4항). ★

⑤ <u>경비업자는 경비원을 배치하여 경비업무를 수행하게 하는 때에는 행정안전부령으로 정하는 바에 따라</u>
배치된 경비원의 인적사항과 배치일시 · 배치장소 등 <u>근무상황을 기록하여 보관하여야 한다</u>(경비업법 제18
조 제5항). ★★ 기출 22

⑥ 경비업자는 다음 중 어느 하나에 해당하는 죄를 범하여 <u>벌금형을 선고받고 5년이 지나지 아니하거나</u>
<u>금고 이상의 형을 선고받고 그 집행이 유예된 날부터 5년이 지나지 아니한 자를 집단민원현장에 일반경</u>
<u>비원으로 배치하여서는 아니 된다</u>(경비업법 제18조 제6항).

㉠ 「형법」 제257조부터 제262조까지(상해, 존속상해, 중상해, 존속중상해, 특수상해, 상해치사, 폭행,
존속폭행, 특수폭행, 폭행치사상), 제276조부터 제281조까지(체포, 감금, 존속체포, 존속감금, 중체
포, 중감금, 존속중체포, 존속중감금, 특수체포, 특수감금, 체포 · 감금등의 치사상)의 죄, 제284조의
죄(특수협박), 제320조의 죄(특수주거침입), 제324조 제2항의 죄(특수강요), 제350조의2의 죄(특수
공갈), 제351조의 죄(상습 공갈, 상습 특수공갈), 제369조 제1항의 죄(특수손괴)(제1호)
※ ㉠에서 상습 및 미수범은 생략하였다.

㉡ 「폭력행위 등 처벌에 관한 법률」 제2조(폭행 등) 또는 제3조의 죄(집단적 폭행 등)(제2호)

⑦ 경비업자는 <u>경비원 명부에 없는 자를 경비업무에 종사하게 하여서는 아니 되고</u>, 경비원을 배치하는 경우
에는 <u>신임교육을 이수한 자를 배치하여야 한다</u>(경비업법 제18조 제7항).

⑧ 관할 경찰관서장은 경비업자가 다음 중 어느 하나에 해당하는 때에는 <u>배치폐지를 명할 수 있다</u>(경비업법 제18조 제8항). ★★ [기출] 23 · 20 · 14

  ㉠ <u>배치허가를 받지 아니하고</u> 경비원을 배치하거나 경비원 명단 및 배치일시·배치장소 등 <u>배치허가 신청의 내용을 거짓</u>으로 한 때(제1호)★

  ㉡ <u>결격사유</u>에 해당하는 자(결격자)를 <u>집단민원현장</u>에 일반경비원으로 배치한 때(제2호)★

  ㉢ <u>신임교육</u>을 이수하지 아니한 자를 경비원으로 배치한 때(제3호)

  ㉣ 경비업자 또는 <u>경비원</u>이 위력이나 흉기 또는 그 밖의 <u>위험한 물건</u>을 사용하여 <u>집단적 폭력사태</u>를 <u>일으킨 때</u>(제4호)★

  ㉤ 경비업자가 <u>신고하지 아니하고</u> 일반경비원을 <u>배치한 때</u>(제5호)★

2. 경비원의 배치 및 배치폐지의 신고(경비업법 시행규칙 제24조) [기출] 22 · 20 · 15 · 14 · 12 · 99

① 경비업자는 법 제18조 제2항에 따라 경비업무를 수행하기 위하여 20일 이상 경비원을 배치하거나 그 기간을 연장하려는 때에는 경비원을 배치한 후 7일 이내에 별지 제15호 서식의 경비원 배치신고서(전자문서로 된 신고서를 포함하며, 이하 "배치신고서"라 한다)를 배치지를 관할하는 경찰관서장에게 제출해야 한다. 다만, 법 제18조 제2항 제2호 및 제3호에 해당하는 경비원을 배치하는 경우에는 경비원을 배치하는 기간과 관계없이 경비원을 배치하기 전까지 제출해야 한다(제1항).

② 법 제18조 제2항 제3호에 해당하는 특수경비원을 배치하는 경비업자는 배치신고서에 특수경비원 전원의 별지 제15호의2 서식의 병력(病歷)신고 및 개인정보 이용 동의서(이하 이 조에서 "동의서"라 한다)를 첨부하여 관할 경찰관서장에게 제출해야 한다(제2항).

③ 제2항에 따른 동의서를 제출받은 관할 경찰관서장은 국민건강보험공단 등 관계기관에 치료경력의 조회를 요청할 수 있다(제3항).

④ 관할 경찰관서장은 제2항에 따른 동의서의 기재내용 또는 관계기관의 조회결과를 확인하여 필요한 경우 경비업자에게 다음 각호의 서류를 제출하도록 요청할 수 있다. 이 경우 경비업자는 해당 특수경비원의 서류(제출일 기준 6개월 이내에 발급된 서류에 한정한다)를 관할 경찰관서장에게 제출해야 한다(제4항).

  ㉠ 영 제10조의2 각호에 해당하지 않음을 증명하는 해당 분야 전문의의 진단서 1부(제1호)

  ㉡ 영 제10조의2 제3호 단서에 해당하는 경우 이를 증명하는 해당 분야 전문의의 진단서 1부(제2호)

⑤ 제1항의 규정에 의하여 경비원의 배치신고를 한 경비업자가 경비원의 배치를 폐지한 때에는 배치폐지를 한 날부터 7일 이내에 별지 제15호 서식의 경비원 배치폐지신고서(전자문서로 된 신고서를 포함한다)를 배치지의 관할 경찰관서장에게 제출하여야 한다. 다만, 경비원 배치신고 시에 기재한 배치폐지 예정일에 경비원의 배치를 폐지한 경우에는 그러하지 아니하다(제5항).

⑥ 시·도 경찰청장 또는 경찰서장은 일반경비원 또는 특수경비원이나 일반경비원 또는 특수경비원으로 근무했던 사람이 요청하는 경우에는 별지 제12호의2 서식의 배치폐지 또는 현재 배치 여부 확인증을 발급할 수 있다(제6항). 〈개정 2023.7.17.〉

3. 집단민원현장에의 일반경비원 배치허가 신청 등(경비업법 시행규칙 제24조의2)

① 집단민원현장에 일반경비원 배치허가를 신청하려는 경비업자는 집단민원현장 일반경비원 배치허가 신청서(전자문서에 의한 신청서를 포함하며, 이하 "배치허가 신청서"라 한다)에 집단민원현장에 배치될 일반경비원의 신임교육 이수증(일반경비원 신임교육 면제대상의 경우 신임교육 면제 대상에 해당함을 입증할 수 있는 서류) 각 1부를 첨부하여 관할 경찰관서장에게 제출해야 한다(제1항). ★

② 배치허가 신청서를 받은 관할 경찰관서장은 경비원 배치예정 일시 전까지 배치허가 여부를 결정하여 경비업자에게 통보하여야 한다(제2항). ★★

③ 일반경비원 배치허가를 받은 경비업자가 경비원 배치기간을 연장하려는 경우에는 배치기간이 만료되기 48시간 전까지 배치허가 신청서를 관할 경찰관서장에게 제출하여 허가를 받아야 한다(제3항). ★★

④ 일반경비원 배치허가를 받은 경비업자가 집단민원현장에 새로운 경비원을 배치하려는 경우에는 새로운 경비원을 배치하기 48시간 전까지 배치허가 신청서를 관할 경찰관서장에게 제출하여 허가를 받아야 한다(제4항). ★★

⑤ 일반경비원 배치허가를 받은 경비업자가 경비원의 배치를 폐지한 때에는 배치폐지를 한 날부터 48시간 이내에 집단민원현장 일반경비원 배치폐지 신고서(전자문서로 된 신고서를 포함)를 관할 경찰관서장에게 제출해야 한다(제5항). ★

⑥ 일반경비원 배치허가를 받은 경비업자가 집단민원현장에 배치된 경비지도사를 변경한 경우에는 변경된 내용을 관할 경찰관서장에게 통보하여야 한다(제6항). ★★

4. 경비원의 근무상황기록부(경비업법 시행규칙 제24조의3)

① 경비업자는 경비업무를 수행하는 경비원의 인적사항, 배치일시, 배치장소, 배치폐지일시 및 근무여부 등 근무상황을 기록한 근무상황기록부(전자문서로 된 근무상황기록부를 포함)를 작성하여 주된 사무소 및 출장소에 갖추어 두어야 한다(제1항). ★

② 경비업자는 근무상황기록부를 1년 동안 보관하여야 한다(제2항). ★

5. 경비전화의 가설(경비업법 시행규칙 제25조)

① 관할 경찰관서장은 시설주의 신청에 의하여 특수경비원이 배치된 국가중요시설 등에 경비전화를 가설할 수 있다(제1항). ★

② 경비전화를 가설하는 경우의 소요경비는 시설주의 부담으로 한다(제2항). ★

6. 갖추어 두어야 하는 장부 또는 서류(경비업법 시행규칙 제26조) 기출 17·14·12·11·10·08·06·04

시설주	관할 경찰관서장
특수경비원을 배치한 시설주는 다음의 장부 및 서류를 갖추어 두어야 한다(제1항). • 근무일지 • 근무상황카드 • 경비구역배치도 • 순찰표철 • 무기탄약출납부 • 무기장비운영카드	특수경비원을 배치한 국가중요시설의 관할 경찰관서장은 다음의 장부 및 서류를 갖추어 두어야 한다(제2항). • 감독순시부 • 특수경비원 전·출입관계철 • 특수경비원 교육훈련실시부 • 무기·탄약대여대장 • 그 밖에 특수경비원의 관리 등을 위하여 필요한 장부 또는 서류

※ 갖추어 두어야 하는 장부 또는 서류의 서식은 경찰관서에서 사용하는 서식을 준용한다(제3항).

7. 경비가 필요한 시설 등에 대한 경비의 요청(경비업법 시행령 제30조)

시·도 경찰청장은 행사장 그 밖에 많은 사람이 모이는 시설 또는 장소에서 혼잡 등으로 인한 위험의 발생을 방지하기 위하여 경비업법 제2조 제3호의 규정에 의한 경비원에 의한 경비가 필요하다고 인정되는 때에는 행사개최일 전에 당해 행사의 주최자에게 경비원에 의한 경비를 실시하거나 부득이한 사유로 그것을 실시할 수 없는 경우에는 행사개최 24시간 전까지 시·도 경찰청장에게 그 사실을 통지하여 줄 것을 요청할 수 있다. ★★

제5절   행정처분 등

I 경비업 허가의 취소 등

1. 경비업 허가의 취소 등(경비업법 제19조)

기출 23 · 22 · 21 · 20 · 19 · 18 · 16 · 15 · 14 · 12 · 11 · 10 · 09 · 08 · 06 · 05 · 04 · 02 · 99

① **필요적 허가취소사유**(제1항) : 허가관청은 경비업자가 다음의 사유에 해당하는 때에는 그 허가를 취소하여야 한다.

　㉠ 허위 그 밖의 부정한 방법으로 허가를 받은 때(제1호)

　㉡ 허가받은 경비업무 외의 업무에 경비원을 종사하게 한 때(제2호)★

> 헌법재판소는 2023년 3월 23일 재판관 6:3의 의견으로 시설경비업을 허가받은 경비업자로 하여금 허가받은 경비업무 외의 업무에 경비원을 종사하게 하는 것을 금지하고, 이를 위반한 경비업자에 대한 허가를 취소하도록 정하고 있는 경비업법 제7조 제5항 중 '시설경비업무'에 관한 부분과 경비업법 제19조 제1항 제2호 중 '시설경비업무'에 관한 부분이 헌법에 합치되지 아니하여 법원 기타 국가기관 및 지방자치단체는 입법자가 2024.12.31.까지 위 법률조항을 개정할 때까지 위 법률조항의 적용을 중지하여야 한다는 적용중지 헌법불합치 결정을 선고하였다(헌재결[전] 2023.3.23. 2020헌가19). 구체적으로 헌법재판소는 심판대상조항이 과잉금지원칙에 위반(침해의 최소성 및 법익의 균형성 위반)하여 시설경비업을 수행하는 경비업자의 직업의 자유를 침해한다고 보았다.

　㉢ 경비업 및 경비관련업 외의 영업을 한 때(제3호)★

　㉣ 정당한 사유 없이 허가를 받은 날부터 2년 이내에 경비 도급실적이 없거나 계속하여 1년 이상 휴업한 때(제4호)★

　㉤ 정당한 사유 없이 최종 도급계약 종료일의 다음 날부터 2년 이내에 경비 도급실적이 없을 때(제5호)★

　㉥ 영업정지처분을 받고 계속하여 영업을 한 때(제6호)

　㉦ 소속 경비원으로 하여금 경비업무의 범위를 벗어난 행위를 하게 한 때(제7호)★

　㉧ 관할 경찰관서장의 배치폐지명령에 따르지 아니한 때(제8호)

② **임의적 허가취소 또는 영업정지사유**(제2항) : 허가관청은 경비업자가 다음 중 어느 하나에 해당하는 때에는 대통령령(경비업법 시행령 [별표 4])으로 정하는 행정처분의 기준에 따라 그 허가를 취소하거나 6개월 이내의 기간을 정하여 영업의 전부 또는 일부에 대하여 영업정지를 명할 수 있다.

　㉠ 시·도 경찰청장의 허가 없이 경비업무를 변경한 때(제1호)★★

　㉡ 도급을 의뢰받은 경비업무가 위법한 것임에도 이를 거부하지 아니한 때(제2호)★

ⓒ 경비지도사를 집단민원현장에 선임·배치하지 아니한 때(제3호)

ⓔ 기계경비업자가 경비대상시설에 관한 경보 대응체제를 갖추지 아니한 때(제4호)

ⓜ 기계경비업자가 법 제9조 제2항 규정을 위반하여 관련 서류를 작성·비치하지 아니한 때(제5호)

ⓗ 제10조 제3항을 위반하여 결격사유에 해당하는 경비원을 배치하거나 결격사유에 해당하는 경비지도사를 선임·배치한 때(제6호)

ⓢ 경비지도사의 선임·배치기준을 위반하여 경비지도사를 선임한 때(제7호)

ⓞ 경비원으로 하여금 (신임·직무)교육을 받게 하지 아니한 때(제8호)

ⓩ 경비원의 복장 등에 관한 규정을 위반한 때(제9호)

ⓧ 경비원의 장비 등에 관한 규정을 위반한 때(제10호)

ⓚ 경비원의 출동차량 등에 관한 규정을 위반한 때(제11호)

ⓣ 제18조 제1항 단서를 위반하여 집단민원현장에 일반경비원 명부를 작성·비치하지 아니한 때(제12호)

ⓟ 제18조 제2항 각호 외의 부분 단서를 위반하여 배치허가를 받지 아니하고 경비원을 배치하거나 경비원 명단 및 배치일시·배치장소 등 배치허가 신청의 내용을 거짓으로 한 때(제13호)★★

ⓗ 법 제18조 제6항을 위반하여 결격사유에 해당하는 일반경비원을 집단민원현장에 배치한 때(제14호)★

㉮ 법 제24조에 따른 감독상 명령에 따르지 아니한 때(제15호)★

㉯ 법 제26조를 위반하여 손해를 배상하지 아니한 때(제16호)★

③ 허가관청은 허가취소 또는 영업정지처분을 하는 때에는 경비업자가 허가받은 경비업무 중 허가취소 또는 영업정지사유에 해당되는 경비업무에 한하여 처분을 하여야 한다. 다만, ①의 ⓛ(허가받은 경비업무 외의 업무에 경비원을 종사하게 한 때) 및 ⓢ(소속 경비원으로 하여금 경비업무의 범위를 벗어난 행위를 하게 한 때)에 해당하여 허가취소를 하는 때에는 그러하지 아니하다(제3항).

2. 행정처분의 기준(경비업법 시행령 [별표 4]) `기출` 23 · 21 · 17 · 16 · 15 · 12

① 개별기준

위반행위	해당 법조문	행정처분 기준		
		1차 위반	2차 위반	허가취소
가. 법 제4조 제1항 후단을 위반하여 시·도 경찰청장의 허가 없이 경비업무를 변경한 때★★	법 제19조 제2항 제1호	경고	영업정지 6개월	허가취소
나. 법 제7조 제2항을 위반하여 도급을 의뢰받은 경비업무가 위법한 것임에도 이를 거부하지 않은 때	법 제19조 제2항 제2호	영업정지 1개월	영업정지 3개월	허가취소
다. 법 제7조 제6항을 위반하여 경비지도사를 집단민원현장에 선임·배치하지 않은 때	법 제19조 제2항 제3호	영업정지 1개월	영업정지 3개월	허가취소
라. 법 제8조를 위반하여 경비대상시설에 관한 경보 대응체제를 갖추지 않은 때★	법 제19조 제2항 제4호	경고	경고	영업정지 1개월
마. 법 제9조 제2항을 위반하여 관련 서류를 작성·비치하지 않은 때★	법 제19조 제2항 제5호	경고	경고	영업정지 1개월
바. 법 제10조 제3항을 위반하여 결격사유에 해당하는 경비원을 배치하거나 결격사유에 해당하는 경비지도사를 선임·배치한 때	법 제19조 제2항 제6호	영업정지 1개월	영업정지 3개월	허가취소
사. 법 제12조 제1항(선임규정)을 위반하여 경비지도사를 선임한 때	법 제19조 제2항 제7호	영업정지 1개월	영업정지 3개월	허가취소

아. 법 제13조를 위반하여 경비원으로 하여금 교육을 받게 하지 않은 때★	법 제19조 제2항 제8호	경 고	경 고	영업정지 1개월
자. 법 제16조에 따른 경비원의 복장 등에 관한 규정을 위반한 때	법 제19조 제2항 제9호	경 고	영업정지 1개월	영업정지 3개월
차. 법 제16조의2에 따른 경비원의 장비 등에 관한 규정을 위반한 때	법 제19조 제2항 제10호	경 고	영업정지 1개월	영업정지 3개월
카. 법 제16조의3에 따른 경비원의 출동차량 등에 관한 규정을 위반한 때	법 제19조 제2항 제11호	경 고	영업정지 1개월	영업정지 3개월
타. 법 제18조 제1항 단서를 위반하여 집단민원현장에 일반경비원 명부를 작성·비치하지 않은 때	법 제19조 제2항 제12호	영업정지 1개월	영업정지 3개월	허가취소
파. 법 제18조 제2항 각호 외의 부분 단서를 위반하여 배치허가를 받지 아니하고 경비원을 배치하거나 경비원 명단 및 배치일시·배치장소 등 배치허가 신청의 내용을 거짓으로 한 때	법 제19조 제2항 제13호	영업정지 1개월	영업정지 3개월	허가취소
하. 법 제18조 제6항을 위반하여 결격사유에 해당하는 일반경비원을 집단민원현장에 배치한 때	법 제19조 제2항 제14호	영업정지 1개월	영업정지 3개월	허가취소
거. 법 제24조에 따른 감독상 명령에 따르지 않은 때★★	법 제19조 제2항 제15호	경 고	영업정지 3개월	허가취소
너. 법 제26조를 위반하여 손해배상을 하지 않은 때★★	법 제19조 제2항 제16호	경 고	영업정지 3개월	영업정지 6개월

② 일반기준 [기출] 21·16

  ㉠ ①의 개별기준에 따른 행정처분이 영업정지인 경우에는 위반행위의 동기, 내용 및 위반의 정도 등을 고려하여 가중하거나 감경할 수 있다(가목).★

  ㉡ 위반행위가 2 이상인 경우로서 그에 해당하는 각각의 처분기준이 다른 경우에는 그중 중한 처분기준에 따르며, 2 이상의 처분기준이 동일한 영업정지인 경우에는 중한 처분기준의 2분의 1까지 가중할 수 있다. 다만, 가중하는 경우에도 각 처분기준을 합산한 기간을 초과할 수 없다(나목).

  ㉢ 위반행위의 횟수에 따른 행정처분 기준은 최근 2년간 같은 위반행위로 행정처분을 받은 경우에 적용한다. 이 경우 기준 적용일은 위반행위에 대한 행정처분일과 그 처분 후의 위반행위가 다시 적발된 날을 기준으로 한다(다목).★★

  ㉣ 영업정지처분에 해당하는 위반행위가 적발된 날 이전 최근 2년간 같은 위반행위로 2회 영업정지처분을 받은 경우에는 ①의 개별기준에도 불구하고 그 위반행위에 대한 행정처분기준은 허가취소로 한다(라목).★★

3. 위반행위의 보고·통보(경비업법 시행령 제23조)

① 경비업자의 출장소 또는 경비대상시설을 관할하는 시·도 경찰청장 또는 경찰관서장은 출장소의 임·직원이나 경비원이 법 또는 법에 의한 명령에 위반한 사실을 안 때에는 지체 없이 그 사실을 서면등으로 당해 경비업을 허가한 시·도 경찰청장에게 통보하거나 보고하여야 한다.★

② 통보 또는 보고를 받은 시·도 경찰청장은 그 위반행위에 대하여 행정처분을 한 때에는 이를 해당 시·도 경찰청장 또는 경찰관서장에게 통보하여야 한다.★

Ⅱ 경비지도사자격의 취소 등 [기출] 17·16·12·11·08

1. 경비지도사자격의 취소 등(경비업법 제20조) [기출] 23·22·21·20·19·16·14·10·02·99·97

① **경비지도사의 자격취소사유**(제1항) : <u>경찰청장</u>은 경비지도사가 다음 중 어느 하나에 해당하는 때는 자격을 <u>취소하여야 한다.</u>
   ㉠ 법 제10조 제1항 각호의 <u>결격사유</u>에 <u>해당</u>하게 된 때(제1호)
   ㉡ <u>허위</u> 그 밖의 <u>부정한 방법</u>으로 경비지도사자격증을 <u>교부</u>받은 때(제2호)
   ㉢ 경비지도사자격증을 다른 사람에게 <u>빌려주거나 양도</u>한 때(제3호)
   ㉣ <u>자격정지 기간 중</u>에 경비지도사로 <u>선임</u>되어 <u>활동</u>한 때(제4호)

② **경비지도사의 자격정지사유**(제2항) : <u>경찰청장</u>은 경비지도사가 다음 중 어느 하나에 해당하는 때에는 대통령령이 정하는 바에 따라 <u>1년의 범위 내</u>에서 그 자격을 <u>정지</u>시킬 수 있다.
   ㉠ 선임된 경비지도사가 경비업법 제12조 제3항의 <u>규정을 위반</u>하여 직무를 성실하게 수행하지 아니한 때(제1호)
   ㉡ 선임된 경비지도사가 법 제24조의 규정에 의한 경찰청장 또는 시·도 경찰청장의 <u>명령</u>을 <u>위반</u>한 때(제2호)

③ <u>경찰청장</u>은 경비지도사의 자격을 취소한 때에는 경비지도사자격증을 <u>회수하여야</u> 하고, 경비지도사의 자격을 정지한 때에는 그 정지기간 동안 경비지도사자격증을 <u>회수하여 보관하여야</u> 한다. ★

2. 경비지도사 자격정지처분 기준(경비업법 시행령 [별표 5]) [기출] 20·19·18·16·14·10·09·07·04·02

해당 법조문	위반행위	행정처분 기준		
		1차	2차	3차 이상
법 제20조 제2항 제1호	법 제12조 제3항의 규정에 위반하여 <u>직무를 성실하게 수행하지</u> 아니한 때	자격정지 3월	자격정지 6월	자격정지 12월
법 제20조 제2항 제2호	법 제24조의 규정에 의한 <u>경찰청장·시·도 경찰청장의 명령</u>을 위반한 때	자격정지 1월	자격정지 6월	자격정지 9월

※ 비고 : 위반행위의 횟수에 따른 행정처분의 기준은 당해 위반행위가 있은 이전 최근 2년간 같은 위반행위로 행정처분을 받은 경우에 적용한다.

Ⅲ 청문(경비업법 제21조) [기출] 23·22·19·18·17·16·15·14·12·11

<u>경찰청장</u> 또는 <u>시·도 경찰청장</u>은 다음 중 어느 하나에 해당하는 처분을 하고자 하는 경우에는 <u>청문을 실시하여야 한다.</u> ★★ 〈개정 2020.12.22., 2024.2.13.〉
① 제11조의4에 따른 <u>경비지도사 교육기관의 지정취소 또는 업무의 정지</u>(제1호)
② 제13조의3에 따른 <u>경비원 교육기관의 지정취소 또는 업무의 정지</u>(제2호)
③ 제19조의 규정에 의한 <u>경비업 허가의 취소 또는 영업정지</u>(제3호)
④ 제20조 제1항 또는 제2항의 규정에 의한 <u>경비지도사자격의 취소 또는 정지</u>(제4호)

I 경비협회(경비업법 제22조) 기출 23·22·19·17·16·15·14·11·09·08·07·04

1. 경비협회의 설립

① 목적 : 경비업자는 경비업무의 건전한 발전과 경비원의 자질향상 및 교육훈련 등을 위하여 대통령령이
   정하는 바에 따라 경비협회를 설립할 수 있다(경비업법 제22조 제1항). ★
② 주체 : 경비협회는 법인(法人)으로 한다(경비업법 제22조 제2항). ★
③ 설립 : 경비업자가 경비협회를 설립하려는 경우에는 정관을 작성하여야 한다(경비업법 시행령 제26조 제1항). ★
④ 회비징수 : 협회는 정관이 정하는 바에 의하여 회원으로부터 회비를 징수할 수 있다(경비업법 시행령 제26조
   제2항). ★★

2. 경비협회의 업무(경비업법 제22조 제3항) 기출 23·22·18·17·12·08·05·02·99·97

① 경비업무의 연구
② 경비원 교육·훈련 및 그 연구★
③ 경비원의 후생·복지에 관한 사항★
④ 경비진단에 관한 사항
⑤ 그 밖에 경비업무의 건전한 운영과 육성에 관하여 필요한 사항

3. 사단법인에 관한 규정 준용(경비업법 제22조 제4항)

경비협회에 관하여 경비업법에 특별한 규정이 있는 것을 제외하고는 민법 중 사단법인(社團法人)에 관한
규정을 준용한다. ★

II 공제사업(경비업법 제23조) 기출 23·22·21·20·19·18·16·15·08·01

1. 공제사업의 범위

경비협회는 다음의 공제사업을 할 수 있다(제1항).
① 제26조에 따른 경비업자의 손해배상책임을 보장하기 위한 사업(제1호)★
② 경비업자가 경비업을 운영할 때 필요한 입찰보증, 계약보증(이행보증을 포함한다), 하도급보증을 위한
   사업(제2호)
③ 경비원의 복지향상과 업무상 재해로 인한 손실을 보상하는 사업(제3호)★
④ 경비업무와 관련한 연구 및 경비원 교육·훈련에 관한 사업(제4호)★

2. 공제규정의 제정

① 경비협회는 공제사업을 하고자 하는 때에는 공제규정을 제정하여야 한다(제2항).
② 공제규정에는 공제사업의 범위, 공제계약의 내용, 공제금, 공제료 및 공제금에 충당하기 위한 책임준비
   금 등 공제사업의 운영에 관하여 필요한 사항을 정하여야 한다(제3항). ★★

3. 공제사업의 감독 등

① 경찰청장은 공제사업의 건전한 육성과 가입자의 보호를 위하여 <u>공제사업의 감독에 관한 기준을 정할 수 있다</u>(제4항).★

② 경찰청장은 <u>공제규정을 승인하거나 공제사업의 감독에 관한 기준을 정하는 경우에는 미리 금융위원회와 협의하여야 한다</u>(제5항).★★

③ 경찰청장은 <u>공제사업에 대하여 「금융위원회의 설치 등에 관한 법률」에 따른 금융감독원의 원장에게 검사를 요청할 수 있다</u>(제6항).★

4. 공제사업의 회계(경비업법 시행령 제27조 제1항)

경비협회는 공제사업을 하는 경우 <u>공제사업의 회계는 다른 사업의 회계와 구분하여 경리하여야 한다</u>.★

제7절　보 칙

Ⅰ　감독 및 보안지도 · 점검 등 ［기출］ 21 · 18 · 15 · 14 · 11

1. 지도 · 감독(경비업법 제24조)　［기출］ 22 · 21 · 20 · 17 · 16 · 15 · 14 · 09 · 08

① 경찰청장 또는 시 · 도 경찰청장은 경비업무의 적정한 수행을 위하여 <u>경비업자 및 경비지도사를 지도 · 감독하며 필요한 명령을 할 수 있다</u>(제1항).★★

② 시 · 도 경찰청장 또는 관할 경찰관서장은 소속 경찰공무원으로 하여금 관할구역 안에 있는 경비업자의 주사무소 및 출장소와 경비원 배치장소에 출입하여 근무상황 및 교육훈련상황 등을 감독하며 필요한 명령을 하게 할 수 있다. 이 경우 <u>출입하는 경찰공무원은 그 권한을 표시하는 증표를 관계인에게 내보여야 한다</u>(제2항).

③ 시 · 도 경찰청장 또는 관할 경찰관서장은 경비업자 또는 배치된 경비원이 경비업법이나 경비업법에 따른 명령, 「폭력행위 등 처벌에 관한 법률」을 위반하는 행위를 하는 경우 그 <u>위반행위의 중지를 명할 수 있다</u>(제3항).★

④ 시 · 도 경찰청장 또는 관할 경찰관서장은 경비업무 장소가 집단민원현장으로 판단되는 경우에는 그때부터 <u>48시간 이내에 경비업자에게 경비원 배치허가를 받을 것을 고지하여야 한다</u>(제4항).★

2. 보안지도 · 점검 등(경비업법 제25조)　［기출］ 22 · 21 · 20 · 19 · 15 · 05

① 시 · 도 경찰청장은 대통령령(경비업법 시행령 제29조)이 정하는 바에 따라 특수경비업자에 대하여 <u>보안지도 · 점검을 실시하여야 하고, 필요한 경우 관계기관에 보안측정을 요청하여야 한다</u>.★

② 시 · 도 경찰청장은 <u>특수경비업자에 대하여 연 2회 이상의 보안지도 · 점검을 실시하여야 한다</u>(경비업법 시행령 제29조).★★

3. 손해배상 등(경비업법 제26조) [기출] 22·20·18·17·16·08

① 경비업자는 경비원이 업무수행 중 고의 또는 과실로 경비대상에 손해가 발생하는 것을 방지하지 못한 때에는 그 손해를 배상하여야 한다(제1항). ★
② 경비업자는 경비원이 업무수행 중 고의 또는 과실로 제3자에게 손해를 입힌 경우에는 이를 배상하여야 한다(제2항). ★

Ⅱ 그 밖의 보칙

1. 위임 및 위탁(경비업법 제27조) [기출] 23·22·21·20·19·18·17·16·15·14·06·05·01

① 경찰청장의 권한 중 시·도 경찰청장에게 위임하는 사항 : 경찰청장의 권한은 대통령령이 정하는 바에 따라 그 일부를 시·도 경찰청장에게 위임할 수 있다(경비업법 제27조 제1항). 즉, 경찰청장은 다음의 권한을 시·도 경찰청장에게 위임한다(경비업법 시행령 제31조 제1항). ★★
  ㉠ 경비지도사자격의 취소 및 정지에 관한 권한
  ㉡ 경비지도사자격의 취소 및 정지에 관한 청문의 권한
② 경찰청장의 권한 중 관계전문기관 등에게 위탁하는 사항 : 경찰청장은 경비지도사의 시험에 관한 업무를 대통령령이 정하는 바에 따라 관계전문기관 또는 단체에 위탁할 수 있다(경비업법 제27조 제2항) 〈개정 2024.2.13.〉. 이에 따라 경찰청장 또는 경찰관서장은 경비지도사 시험의 관리와 경비지도사의 교육에 관한 업무를 경비업무에 관한 인력과 전문성을 갖춘 기관으로서 경찰청장이 지정하여 고시하는 기관 또는 단체에 위탁한다(경비업법 시행령 제31조 제2항). ★

2. 허가증 등의 수수료(경비업법 제27조의2, 동법 시행령 제28조) [기출] 23·22·20·17·15

경비업법에 따른 경비업의 허가를 받거나 허가증을 재교부 받고자 하는 자는 대통령령이 정하는 바에 따라 수수료를 납부하여야 한다(경비업법 제27조의2). ★

① 법에 의한 경비업의 허가를 받거나 허가증을 재교부 받고자 하는 자는 다음의 수수료를 납부하여야 한다(경비업법 시행령 제28조 제1항).
  ㉠ 경비업의 허가(추가·변경·갱신허가를 포함)의 경우에는 1만원 ★★
  ㉡ 허가사항의 변경신고로 인한 허가증 재교부의 경우에는 2천원 ★
② 수수료는 허가 등의 신청서에 수입인지를 첨부하여 납부한다(경비업법 시행령 제28조 제2항).
③ 시험에 응시하고자 하는 자는 경찰청장이 정하여 고시하는 수수료를 납부하여야 한다(경비업법 시행령 제28조 제3항). ★
④ 경찰청장은 다음 중 어느 하나에 해당하는 경우에는 받은 응시수수료의 전부 또는 일부를 다음의 구분에 따라 반환하여야 한다(경비업법 시행령 제28조 제4항).
  ㉠ 응시수수료를 과오납한 경우 : 과오납한 금액 전액(제1호)
  ㉡ 시험 시행기관의 귀책사유로 시험에 응시하지 못한 경우 : 응시수수료 전액(제2호)

ⓒ 시험 시행일 20일 전까지 접수를 취소하는 경우 : 응시수수료 전액(제3호)★

ⓔ 시험 시행일 10일 전까지 접수를 취소하는 경우 : 응시수수료의 100분의 50(제4호)★

⑤ 경찰청장 및 시·도 경찰청장은 정보통신망을 이용하여 전자화폐·전자결제 등의 방법으로 수수료를 납부하게 할 수 있다(경비업법 시행령 제28조 제5항).★

3. 벌칙 적용에서 공무원 의제(경비업법 제27조의3) 기출 21·19

제27조 제2항(경비지도사의 시험 및 교육에 관한 업무)에 따라 위탁받은 업무에 종사하는 관계전문기관 또는 단체의 임직원은 「형법」제129조부터 제132조[수뢰·사전수뢰, 제3자뇌물제공, 수뢰후부정처사·사후수뢰, 알선수뢰]까지의 규정을 적용할 때에는 공무원으로 본다.

4. 민감정보 및 고유식별정보의 처리(경비업법 시행령 제31조의2) 기출 23·21·15

경찰청장, 시·도 경찰청장, 경찰서장 및 경찰관서장(제31조에 따라 경찰청장 및 경찰관서장의 권한을 위임·위탁받은 자를 포함한다)은 다음 각 호의 사무를 수행하기 위하여 불가피한 경우 「개인정보보호법」제23조에 따른 건강에 관한 정보(제1호의2 및 제4호의 사무로 한정한다), 같은 법 시행령 제18조 제2호에 따른 범죄경력자료에 해당하는 정보(제1호의2 및 제9호의 사무로 한정한다), 같은 영 제19조 제1호 또는 제4호에 따른 주민등록번호 또는 외국인등록번호가 포함된 자료를 처리할 수 있다. 〈개정 2022.12.20.〉

① 법 제4조 및 제6조에 따른 경비업의 허가 및 갱신허가 등에 관한 사무(제1호)

② 법 제5조 및 제10조에 따른 임원, 경비지도사 및 경비원의 결격사유 확인에 관한 사무(제1호의2)

③ 법 제11조에 따른 경비지도사 시험 등에 관한 사무(제2호)

④ 법 제13조에 따른 경비원의 교육 등에 관한 사무(제3호)

⑤ 법 제14조에 따른 특수경비원의 직무 및 무기사용 등에 관한 사무(제4호)

⑥ 삭제 〈2021.7.13.〉

⑦ 법 제18조에 따른 경비원 배치허가 등에 관한 사무(제6호)

⑧ 법 제19조 및 제20조에 따른 행정처분에 관한 사무(제7호)

⑨ 법 제24조에 따른 경비업자 및 경비지도사의 지도·감독에 관한 사무(제8호)

⑩ 법 제25조에 따른 보안지도·점검 및 보안측정에 관한 사무(제9호)

⑪ 삭제 〈2022.12.20.〉

5. 규제의 재검토(경비업법 시행령 제31조의3) 기출 23·19

경찰청장은 다음의 사항에 대하여 각 기준일을 기준으로 3년마다(매 3년이 되는 해의 기준일과 같은 날 전까지를 말한다) 그 타당성을 검토하여 개선 등의 조치를 해야 한다. 〈개정 2021.3.2.〉

① 제3조 제2항 및 [별표 1]에 따른 경비업의 시설 등의 기준 : 2014년 6월 8일

② 제22조에 따른 집단민원현장 배치 불허가 기준 : 2014년 6월 8일

③ 제24조 및 [별표 4]에 따른 행정처분 기준 : 2014년 6월 8일 → 삭제 〈2021.3.2.〉

④ 제32조 제1항 및 [별표 6]에 따른 과태료의 부과기준 : 2014년 6월 8일 → 삭제 〈2021.3.2.〉

I 벌칙(경비업법 제28조) 기출 22 · 21 · 20 · 19 · 18 · 16 · 15 · 14 · 11 · 10 · 09 · 08 · 07 · 06 · 05 · 04 · 01

1. 5년 이하의 징역 또는 5천만원 이하의 벌금(경비업법 제28조 제1항)

제14조 제2항의 규정에 위반하여 (국가중요시설에 대한 경비업무 수행 중) 국가중요시설의 정상적인 운영을 해치는 장해를 일으킨 특수경비원★

2. 3년 이하의 징역 또는 3천만원 이하의 벌금(경비업법 제28조 제2항)

① 제4조 제1항의 규정에 의한 허가를 받지 아니하고 경비업을 영위한 자(제1호)★
② 제7조 제4항의 규정에 위반하여 직무상 알게 된 비밀을 누설하거나 부당한 목적을 위하여 사용한 자(제2호)★
③ 제7조 제8항의 규정에 위반하여 경비업무의 중단을 통보하지 아니하거나 경비업무를 즉시 인수하지 아니한 특수경비업자 또는 경비대행업자(제3호)★★
④ 집단민원현장에 경비원을 배치하면서 제7조의2 제1항을 위반하여 제4조 제1항에 따른 허가를 받지 아니한 자에게 경비업무를 도급한 자(제4호)★
⑤ 제7조의2 제2항을 위반하여 집단민원현장에 20명 이상의 경비인력을 배치하면서 그 경비인력을 직접 고용한 자(제5호)★
⑥ 제7조의2 제3항을 위반하여 경비업자의 경비원 채용 시 무자격자나 부적격자 등을 채용하도록 관여하거나 영향력을 행사한 도급인(제6호)★★
⑦ 과실로 인하여 제14조 제2항의 규정에 위반하여 (국가중요시설에 대한 경비업무 수행 중) 국가중요시설의 정상적인 운영을 해치는 장해를 일으킨 특수경비원(제7호)★★
⑧ 특수경비원으로서 경비구역 안에서 시설물의 절도, 손괴, 위험물의 폭발 등의 사유로 인한 위급사태가 발생한 때에 제15조 제1항 또는 제2항의 규정에 위반한 자(즉, 시설주·관할 경찰관서장 및 소속상사의 직무상 명령에 불복종하거나 소속상사의 허가 또는 정당한 사유 없이 경비구역을 벗어난 자)(제8호)★★
  예 특수경비원이 직무수행 중 경비구역 안에서 위험물의 폭발로 인한 위급사태가 발생한 때에 소속상사의 직무상 명령에 복종하지 아니한 경우
⑨ 제15조의2 제2항의 규정을 위반하여 경비원에게 경비업무의 범위를 벗어난 행위를 하게 한 자(제9호)★

3. 2년 이하의 징역 또는 2천만원 이하의 벌금(경비업법 제28조 제3항)

제14조 제4항 후단의 규정에 위반하여 (국가중요시설에 대한 경비업무 중) 정당한 사유 없이 무기를 소지하고 배치된 경비구역을 벗어난 특수경비원★

4. 1년 이하의 징역 또는 1천만원 이하의 벌금(경비업법 제28조 제4항)

① 제14조 제7항(무기출납부 및 무기장비운영카드 비치·기록의무, 무기 직접 지급·회수의무)의 규정에 위반한 관리책임자(제1호)★★
  예 시설주로부터 무기의 관리를 위하여 지정받은 책임자가 특수경비원에게 무기를 직접 지급 또는 회수하지 아니한 경우

② 제15조 제3항(파업·태업 그 밖에 경비업무의 정상적인 운영을 저해하는 일체의 쟁의행위금지)의 규정에 위반하여 쟁의행위를 한 특수경비원(제2호)★

③ 제15조의2 제1항을 위반하여 경비업무의 범위를 벗어난 행위를 한 경비원(제3호)

   예 물리력을 행사한 경비원

④ 제16조의2 제1항에서 정한 장비 외에 흉기 또는 그 밖의 위험한 물건을 휴대하고 경비업무를 수행한 경비원 또는 경비원에게 이를 휴대하고 경비업무를 수행하게 한 자(제4호)★

⑤ 제18조 제8항을 위반하여 경찰관서장의 배치폐지명령을 따르지 아니한 자(제5호)★★

   예 경비업자가 법령상의 신고의무를 위반하여 일반경비원을 배치한 경우 관할 경찰관서장의 배치폐지명령을 이행하지 아니한 경우

⑥ 제24조 제3항에 따른 시·도 경찰청장 또는 관할 경찰관서장의 중지명령에 따르지 아니한 자(제6호)★

II 형의 가중처벌 및 양벌규정 기출 23·22·21·20·18·17·15·14·13·12·10

1. 특수경비원에 대한 형의 가중처벌(경비업법 제29조 제1항)

특수경비원이 무기를 휴대하고 경비업무를 수행 중에 제14조 제8항의 규정 및 제15조 제4항의 규정에 의한 무기의 안전수칙을 위반하여 형법 제258조의2(특수상해죄) 제1항{제257조 제1항(상해)의 죄로 한정}·제2항{제258조 제1항·제2항(중상해)의 죄로 한정}, 제259조 제1항(상해치사죄), 제260조 제1항(폭행죄), 제262조(폭행치사상죄), 제268조(업무상과실·중과실치사상죄), 제276조 제1항(체포 또는 감금죄), 제277조 제1항(중체포 또는 중감금죄), 제281조 제1항(체포·감금등의 치사상죄), 제283조 제1항(협박죄), 제324조 제2항(특수강요죄), 제350조의2(특수공갈죄) 및 제366조(재물손괴 등)의 죄를 범한 때에는 그 죄에 정한 형의 2분의 1까지 가중처벌한다.

2. 경비원에 대한 형의 가중처벌(경비업법 제29조 제2항)

경비원이 경비업무 수행 중에 제16조의2 제1항에서 정한 장비 외에 흉기 또는 그 밖의 위험한 물건을 휴대하고 형법 제258조의2(특수상해죄) 제1항{제257조 제1항(상해)의 죄로 한정}·제2항{제258조 제1항·제2항(중상해)의 죄로 한정}, 제259조 제1항(상해치사죄), 제261조(특수폭행죄), 제262조(폭행치사상죄), 제268조(업무상과실·중과실치사상죄), 제276조 제1항(체포 또는 감금죄), 제277조 제1항(중체포 또는 중감금죄), 제281조 제1항(체포·감금등의 치사상죄), 제283조 제1항(협박죄), 제324조 제2항(특수강요죄), 제350조의2(특수공갈죄) 및 제366조(재물손괴 등)의 죄를 범한 때에는 그 죄에 정한 형의 2분의 1까지 가중처벌한다.

적용 범위의 비교

구 분	경비원	특수경비원
공 통	특수상해, 중상해, 상해치사, 폭행치사상, 업무상과실·중과실치사상, 체포·감금, 중체포·중감금, 체포·감금등의 치사상, 협박, 특수강요, 특수공갈, 재물손괴	
차 이	특수폭행	폭 행

3. 양벌규정(경비업법 제30조) [기출] 23·21·19·18·17·14

법인의 대표자나 법인 또는 개인의 대리인, 사용인, 그 밖의 종업원이 그 법인 또는 개인의 업무에 관하여 제28조의 위반행위를 하면 그 행위자를 벌하는 외에 그 법인 또는 개인에게도 해당 조문의 벌금형을 과(科)한다. 다만, 법인 또는 개인이 그 위반행위를 방지하기 위하여 해당 업무에 관하여 상당한 주의와 감독을 게을리하지 아니한 경우에는 그러하지 아니하다. ★

Ⅲ 과태료(경비업법 제31조) [기출] 21·20·19·18·17·16·15·14·12·11·04

1. 3천만원 이하의 과태료(경비업법 제31조 제1항)

다음 중 어느 하나에 해당하는 경비업자에게는 3천만원 이하의 과태료를 부과한다.
① 법 제16조 제1항을 위반하여 경비원의 복장에 관한 신고를 하지 아니하고 집단민원현장에 경비원을 배치한 자(제1호)
② 법 제16조 제2항을 위반하여 이름표를 부착하게 하지 아니하거나, 신고된 동일 복장을 착용하게 하지 아니하고 집단민원현장에 경비원을 배치한 자(제2호)
③ 법 제18조 제1항 단서를 위반하여 집단민원현장에 일반경비원을 배치하면서 경비원의 명부를 배치장소에 작성·비치하지 아니한 자(제3호)
④ 법 제18조 제2항 각호 외의 부분 단서를 위반하여 배치허가를 받지 아니하고 경비원을 배치하거나 경비원 명단 및 배치일시·배치장소 등 배치허가 신청의 내용을 거짓으로 한 자(제4호)★★
⑤ 법 제18조 제7항을 위반하여 제13조에 따른 신임교육을 이수하지 아니한 자를 제18조 제2항 각호의 경비원으로 배치한 자(제5호)★

2. 500만원 이하의 과태료(경비업법 제31조 제2항)

다음 중 어느 하나에 해당하는 경비업자, 경비지도사 또는 시설주에게는 500만원 이하의 과태료를 부과한다. 〈개정 2024.2.13.〉
① 제4조 제3항(시·도 경찰청장에게 신고의무) 또는 제18조 제2항(관할 경찰관서장에게 배치신고의무)의 규정에 위반하여 신고를 하지 아니한 자(제1호)
② 제7조 제7항(특수경비업자의 경비대행업자 지정신고의무)의 규정에 위반하여 경비대행업자 지정신고를 하지 아니한 자(제2호)
③ 제9조 제1항(기계경비업자의 계약자에 대한 오경보를 막기 위한 기기설명의무)의 규정에 위반하여 설명의무를 이행하지 아니한 자(제3호)
④ 제11조의2(경비지도사의 보수교육)를 위반하여 정당한 사유 없이 보수교육을 받지 아니한 경비지도사(제3호의2)★
⑤ 제12조 제1항(경비지도사의 선임·배치기준)의 규정에 위반하여 경비지도사를 선임하지 아니한 자(제4호)
⑥ 제12조의2를 위반하여 경비지도사의 선임 또는 해임의 신고를 하지 아니한 자(제4호의2)★
⑦ 제14조 제6항의 규정에 의한 감독상 필요한 명령을 정당한 이유 없이 이행하지 아니한 자(제5호)★★

⑧ 제10조 제3항을 위반하여 결격사유에 해당하는 경비원을 배치하거나 결격사유에 해당하는 경비지도사를 선임·배치한 자(제6호)

⑨ 제16조 제1항의 복장 등에 관한 신고규정을 위반하여 신고를 하지 아니한 자(제7호)

⑩ 제16조 제2항을 위반하여 이름표를 부착하게 하지 아니하거나, 신고된 동일 복장을 착용하게 하지 아니하고 경비원을 경비업무에 배치한 자(제8호)

⑪ 제18조 제1항 본문을 위반하여 명부를 작성·비치하지 아니한 자(제9호)

⑫ 제18조 제5항을 위반하여 경비원의 근무상황을 기록하여 보관하지 아니한 자(제10호)★★

3. 과태료의 부과·징수권자(경비업법 제31조 제3항)

과태료는 대통령령이 정하는 바에 의하여 시·도 경찰청장 또는 경찰관서장이 부과·징수한다.★★

4. 과태료의 부과기준 등(경비업법 시행령 제32조) 기출 23·22·19

① 과태료 부과기준은 다음의 경비업법 시행령 [별표 6]과 같다(제1항).

위반행위	해당 법조문	과태료 금액(단위 : 만원)		
		1회 위반	2회 위반	3회 이상
1. 법 제4조 제3항 또는 제18조 제2항을 위반하여 신고를 하지 않은 경우★★ 가. 1개월 이내의 기간 경과 나. 1개월 초과 6개월 이내의 기간 경과 다. 6개월 초과 12개월 이내의 기간 경과 라. 12개월 초과의 기간 경과	법 제31조 제2항 제1호	50 100 200 400		
2. 법 제7조 제7항을 위반하여 경비대행업자 지정신고를 하지 않은 경우★★ 가. 허위로 신고한 경우 나. 그 밖의 사유로 신고하지 않은 경우	법 제31조 제2항 제2호	400 300		
3. 법 제9조(기계경비업자의 오경보의 방지 등) 제1항을 위반하여 설명의무를 이행하지 않은 경우★	법 제31조 제2항 제3호	100	200	400
4. 법 제10조 제3항을 위반하여 결격사유에 해당하는 경비원을 배치하거나 결격사유에 해당하는 경비지도사를 선임·배치한 경우	법 제31조 제2항 제6호	100	200	400
5. 법 제12조 제1항(선임규정)을 위반하여 경비지도사를 선임하지 않은 경우	법 제31조 제2항 제4호	100	200	400
6. 법 제14조 제6항에 따른 감독상 필요한 명령을 정당한 이유 없이 이행하지 않은 경우★	법 제31조 제2항 제5호	500		
7. 법 제16조 제1항을 위반하여 복장 등에 관한 신고규정을 위반하여 신고를 하지 않은 경우	법 제31조 제2항 제7호	100	200	400
8. 법 제16조 제1항을 위반하여 경비원의 복장에 관한 신고를 하지 않고 집단민원현장에 경비원을 배치한 경우★	법 제31조 제1항 제1호	600	1,200	2,400
9. 법 제16조 제2항을 위반하여 이름표를 부착하게 하지 않거나, 신고된 동일복장을 착용하게 하지 않고 경비원을 경비업무에 배치한 경우	법 제31조 제2항 제8호	100	200	400
10. 법 제16조 제2항을 위반하여 이름표를 부착하게 하지 않거나, 신고된 동일복장을 착용하게 하지 않고 집단민원현장에 경비원을 배치한 경우★	법 제31조 제1항 제2호	600	1,200	2,400

위반행위	해당 법조문			
11. 법 제18조 제1항 본문을 위반하여 명부를 작성·비치하지 않은 경우★	법 제31조 제2항 제9호			
가. 경비원 명부를 비치하지 않은 경우		100	200	400
나. 경비원 명부를 작성하지 않은 경우		50	100	200
12. 법 제18조 제1항 단서를 위반하여 집단민원현장에 배치되는 일반 경비원의 명부를 그 배치장소에 작성·비치하지 않은 경우★	법 제31조 제1항 제3호			
가. 경비원 명부를 비치하지 않은 경우		600	1,200	2,400
나. 경비원 명부를 작성하지 않은 경우		300	600	1,200
13. 법 제18조 제2항 각호 외의 부분 단서를 위반하여 배치허가를 받지 않고 경비원을 배치하거나, 경비원 명단 및 배치일시·배치장소 등 배치허가 신청의 내용을 거짓으로 한 경우★★	법 제31조 제1항 제4호	1,000	2,000	3,000
14. 법 제18조 제5항을 위반하여 경비원의 근무상황을 기록하여 보관하지 않은 경우★★	법 제31조 제2항 제10호	50	100	200
15. 법 제18조 제7항을 위반하여 법 제13조에 따른 신임교육을 이수하지 않은 자를 법 제18조 제2항 각호의 경비원으로 배치한 경우★★	법 제31조 제1항 제5호	600	1,200	2,400

※ 비고 : 위반행위의 횟수에 따른 과태료의 부과기준은 최근 2년간 같은 위반행위로 과태료 부과처분을 받은 경우에 적용한다. 이 경우 기준 적용일은 위반행위에 대한 과태료 부과처분일과 그 처분 후의 위반행위가 다시 적발된 날을 기준으로 한다.

② 시·도 경찰청장 또는 경찰관서장은 「질서위반행위규제법」 제14조 각호의 사항을 고려하여 경비업법 시행령 [별표 6]에 따른 금액의 100분의 50의 범위에서 경감하거나 가중할 수 있다(제2항). 다만, 가중하는 때에는 법 제31조 제1항(3천만원 이하) 및 제2항(500만원 이하)에 따른 과태료 금액의 상한을 초과할 수 없다(제3항). ★★

> **과태료의 산정기준(질서위반행위규제법 제14조)**
> 1. 질서위반행위의 동기·목적·방법·결과
> 2. 질서위반행위 이후의 당사자의 태도와 정황
> 3. 질서위반행위자의 연령·재산상태·환경
> 4. 그 밖에 과태료의 산정에 필요하다고 인정되는 사유

01 경비업법

01 기출 23

☑ 확인Check! ○ △ ✕

경비업법령상 용어의 정의이다. ( )에 들어갈 내용이 바르게 나열된 것은?

- 신변보호업무 : 사람의 생명이나 신체에 대한 (ㄱ)의 발생을 방지하고 그 신변을 보호하는 업무
- 특수경비업무 : 공항(항공기를 포함) 등 대통령령이 정하는 국가중요시설의 (ㄴ) 및 도난·화재 그 밖의 위험발생을 방지하는 업무
- 기계경비업무 : 경비대상시설에 설치한 기기에 의하여 감지·송신된 정보를 그 경비대상시설 외의 장소에 설치한 (ㄷ)의 기기로 수신하여 도난·화재 등 위험발생을 방지하는 업무

① ㄱ : 위해, ㄴ : 경비, ㄷ : 관제시설
② ㄱ : 위해, ㄴ : 보호, ㄷ : 관제시설
③ ㄱ : 침해, ㄴ : 경비, ㄷ : 감지시설
④ ㄱ : 침해, ㄴ : 보호, ㄷ : 감지시설

쏙쏙 해설

( )에 들어갈 내용은 ㄱ : 위해, ㄴ : 경비, ㄷ : 관제시설이다(경비업법 제2조 제1호).

정답 ❶

관계법령

정의(경비업법 제2조)★
이 법에서 사용하는 용어의 정의는 다음과 같다.
1. "경비업"이라 함은 다음 각목의 1에 해당하는 업무(경비업무)의 전부 또는 일부를 도급받아 행하는 영업을 말한다.
   가. 시설경비업무 : 경비를 필요로 하는 시설 및 장소(경비대상시설)에서의 도난·화재 그 밖의 혼잡 등으로 인한 위험발생을 방지하는 업무
   나. 호송경비업무 : 운반 중에 있는 현금·유가증권·귀금속·상품 그 밖의 물건에 대하여 도난·화재 등 위험발생을 방지하는 업무
   다. 신변보호업무 : 사람의 생명이나 신체에 대한 위해의 발생을 방지하고 그 신변을 보호하는 업무
   라. 기계경비업무 : 경비대상시설에 설치한 기기에 의하여 감지·송신된 정보를 그 경비대상시설 외의 장소에 설치한 관제시설의 기기로 수신하여 도난·화재 등 위험발생을 방지하는 업무
   마. 특수경비업무 : 공항(항공기를 포함) 등 대통령령이 정하는 국가중요시설의 경비 및 도난·화재 그 밖의 위험발생을 방지하는 업무

경비업법령상 용어에 관한 설명으로 옳은 것은?

① "시설경비업무"란 경비대상시설에 설치한 기기에 의하여 감지·송신된 정보를 수신하여 도난·화재 등 위험발생을 방지하는 업무를 말한다.

② "경비지도사"란 경비원을 지도·감독 및 교육하는 자를 말하며 일반경비지도사와 특수경비지도사로 구분한다.

③ "특수경비원"은 공항(항공기 포함) 등 대통령령이 정하는 국가중요시설의 경비 및 도난·화재 그 밖의 위험발생을 방지하는 경비업무를 수행하는 자이다.

④ 110명의 사람이 모이는 문화 행사장은 "집단민원현장"이 아니다.

쓱쓱 해설

③ 경비업법 제2조 제3호 나목

① 시설경비업무는 경비를 필요로 하는 시설 및 장소(경비대상시설)에서의 도난·화재 그 밖의 혼잡 등으로 인한 위험발생을 방지하는 업무이다(경비업법 제2조 제1호 가목).

② 경비지도사는 일반경비지도사와 기계경비지도사로 구분한다(경비업법 제2조 제2호).

④ 100명 이상의 사람이 모이는 국제·문화·예술·체육 행사장은 집단민원현장에 해당한다(경비업법 제2조 제5호 바목).

정답 ❸

관계법령

정의(경비업법 제2조)★

이 법에서 사용하는 용어의 정의는 다음과 같다.

1. "경비업"이라 함은 다음 각목의 1에 해당하는 업무(경비업무)의 전부 또는 일부를 도급받아 행하는 영업을 말한다.

   가. 시설경비업무 : 경비를 필요로 하는 시설 및 장소(경비대상시설)에서의 도난·화재 그 밖의 혼잡 등으로 인한 위험발생을 방지하는 업무

   나. 호송경비업무 : 운반 중에 있는 현금·유가증권·귀금속·상품 그 밖의 물건에 대하여 도난·화재 등 위험발생을 방지하는 업무

   다. 신변보호업무 : 사람의 생명이나 신체에 대한 위해의 발생을 방지하고 그 신변을 보호하는 업무

   라. 기계경비업무 : 경비대상시설에 설치한 기기에 의하여 감지·송신된 정보를 그 경비대상시설 외의 장소에 설치한 관제시설의 기기로 수신하여 도난·화재 등 위험발생을 방지하는 업무

   마. 특수경비업무 : 공항(항공기를 포함) 등 대통령령이 정하는 국가중요시설의 경비 및 도난·화재 그 밖의 위험발생을 방지하는 업무

2. "경비지도사"라 함은 경비원을 지도·감독 및 교육하는 자를 말하며 일반경비지도사와 기계경비지도사로 구분한다.

3. "경비원"이라 함은 제4조 제1항의 규정에 의하여 경비업의 허가를 받은 법인(경비업자)이 채용한 고용인으로서 다음 각목의 1에 해당하는 자를 말한다.

   가. 일반경비원 : 제1호 가목 내지 라목의 경비업무를 수행하는 자

   나. 특수경비원 : 제1호 마목의 경비업무를 수행하는 자

4. "무기"라 함은 인명 또는 신체에 위해를 가할 수 있도록 제작된 권총·소총 등을 말한다.

5. "집단민원현장"이란 다음 각목의 장소를 말한다.

   가. 「노동조합 및 노동관계조정법」에 따라 노동관계 당사자가 노동쟁의 조정신청을 한 사업장 또는 쟁의행위가 발생한 사업장

   나. 「도시 및 주거환경정비법」에 따른 정비사업과 관련하여 이해대립이 있어 다툼이 있는 장소

   다. 특정 시설물의 설치와 관련하여 민원이 있는 장소

라. 주주총회와 관련하여 이해대립이 있어 다툼이 있는 장소

마. 건물·토지 등 부동산 및 동산에 대한 소유권·운영권·관리권·점유권 등 법적 권리에 대한 이해대립이 있어 다툼이 있는 장소

바. 100명 이상의 사람이 모이는 국제·문화·예술·체육 행사장

사. 「행정대집행법」에 따라 대집행을 하는 장소

03 기출 18

☑ 확인 Check! ○ △ ×

경비업법령상 규정된 용어에 관한 설명으로 옳은 것은?

① 경비지도사는 일반경비지도사와 특수경비지도사로 구분한다.

② 국가중요시설에는 공항·항만, 원자력발전소 등의 시설 중 국가정보원장이 지정하는 국가보안목표시설도 해당된다.

③ 무기라 함은 인명을 살상할 수 있도록 제작·판매된 권총·소총·분사기를 말한다.

④ 특수경비원은 시설경비, 호송경비, 신변보안, 특수경비업무를 수행하는 자이다.

쏙쏙 해설

경비업법 제2조 제1호 마목에서 "대통령령이 정하는 국가중요시설"이라 함은 공항·항만, 원자력발전소 등의 시설 중 국가정보원장이 지정하는 국가보안목표시설과 「통합방위법」 제21조 제4항의 규정에 의하여 국방부장관이 지정하는 국가중요시설을 말한다(경비업법 시행령 제2조). ★★

정답 ❷

핵심만 콕

① 경비지도사는 일반경비지도사와 기계경비지도사로 구분한다(경비업법 제2조 제2호).

③ 무기라 함은 인명 또는 신체에 위해를 가할 수 있도록 제작된 권총·소총 등을 말한다(경비업법 제2조 제4호).

④ 특수경비원은 공항(항공기를 포함한다) 등 대통령령이 정하는 국가중요시설(이하 "국가중요시설"이라 한다)의 경비 및 도난·화재 그 밖의 위험발생을 방지하는 업무를 수행하는 경비원을 말한다(경비업법 제2조 제3호 나목).

04 기출 12

☑확인 Check! ○ △ ✕

경비업법령상 다음 내용에 해당하는 경비업무는?

> 경비대상시설에 설치한 기기에 의하여 감지·송신된 정보를 그 경비대상시설 외의 장소에 설치한 관제시설의 기기로 수신하여 도난·화재 등 위험발생을 방지하는 업무

① 시설경비업무
② 호송경비업무
③ 기계경비업무
④ 특수경비업무

05 기출 17·06·05

☑확인 Check! ○ △ ✕

경비업법상 용어에 관한 설명으로 옳지 않은 것은?

① 시설경비업무는 경비를 필요로 하는 시설 및 장소에서의 도난 등으로 인한 위험발생을 방지하는 업무이다.
② 호송경비업무는 운반 중에 있는 현금 등 물건에 대하여 도난 등 위험발생을 방지하는 업무이다.
③ 신변보호업무는 사람의 생명이나 신체에 대한 위해발생을 방지하고 그 신변을 보호하는 업무이다.
④ 특수경비업무는 경비대상시설에 설치한 기기에 의하여 감지·송신된 정보를 그 경비대상시설 외의 장소에 설치한 관제시설의 기기로 수신하여 도난 등 위험발생을 방지하는 업무이다.

06 기출 11

☑확인Check! ○ △ ✕

경비업법령에 대한 내용으로 옳지 않은 것은?

① 일반경비원은 공항 등 국가중요시설의 특수경비업무를 수행할 수 없다.

② 국가중요시설은 공항·항만, 원자력발전소 등의 시설 중 국가정보원장이 지정하는 국가안보시설과 행정안전부장관이 지정하는 국가보안시설을 말한다.

③ "경비지도사 및 경비원의 신분증명서는 경비지도사 또는 경비원이 소속된 경비업자가 발급한다"는 규정은 2014년 6월 5일 개정 시행규칙에서 삭제되었다.

④ 인명이나 신체에 위해를 가할 수 없는 모형 플라스틱 권총은 무기로 볼 수 없다.

쏙쏙 해설

경비법 제2조 제1호 마목에서 "대통령령이 정하는 국가중요시설"이라 함은 공항·항만, 원자력발전소 등의 시설 중 국가정보원장이 지정하는 국가보안목표시설과 통합방위법 제21조 제4항의 규정에 의하여 국방부장관이 지정하는 국가중요시설을 말한다(경비업법 시행령 제2조).

두 : 정·보·국·중

정답 ❷

핵심만 콕

① 특수경비업무는 특수경비원이 수행하고, 일반경비원은 특수경비업무를 수행할 수 없다.

③ 경비원의 계급장·모장·흉장·표지장 및 신분증명서는 그간 경찰의 그것과 유사한 것이 문제되었고, 민간기업의 내부직책과 사원증에 해당하는 신분증명서를 법령으로 규정하는 것이 타당하지 않다는 이유로 경비업법 시행규칙 제27조가 2014년 6월 5일 개정 시행규칙에서 삭제되었다.

④ 무기라 함은 인명 또는 신체에 위해를 가할 수 있도록 제작된 권총·소총 등을 말한다(경비업법 제2조 제4호).

---

07 기출 22

☑확인Check! ○ △ ✕

경비업법령상 집단민원현장으로 옳지 않은 것은?

① 「노동조합 및 노동관계조정법」에 따라 노동관계 당사자가 노동쟁의 조정신청을 한 사업장 또는 쟁의행위가 발생한 사업장

② 「공유토지분할에 관한 특례법」에 따라 공유토지에 대한 소유권행사와 토지의 이용에 문제가 있는 장소

③ 「도시 및 주거환경정비법」에 따른 정비사업과 관련하여 이해대립이 있어 다툼이 있는 장소

④ 「행정대집행법」에 따라 대집행을 하는 장소

쏙쏙 해설

② 경비업법 제2조 제5호의 집단민원현장에 해당하지 않는다.

①·③·④는 각각 경비업법 제2조 제5호 가목, 나목, 사목의 집단민원현장에 해당한다.

정답 ❷

08 기출 18

☑ 확인Check! ○ △ ✕

경비업법령상 '집단민원현장'에 해당하지 않는 것은?

① 「노동조합 및 노동관계조정법」에 따라 노동관계 당사자가 노동쟁의 조정신청을 한 사업장
② 특정 시설물의 설치와 관련하여 민원이 있는 장소
③ 주주총회와 관련하여 이해대립이 있어 다툼이 있는 장소
④ 「행정절차법」에 따라 대집행을 하는 장소

09 기출 20

☑ 확인Check! ○ △ ✕

경비업법령상 경비업 허가신청 등에 관한 설명으로 옳은 것은?

① 경비업 허가신청 시 시설을 갖출 수 없는 경우에는 시설 확보계획서를 제출한 후 허가를 받은 날부터 1월 이내에 법령 규정에 의한 시설을 갖추고 시·도 경찰청장의 확인을 받아야 한다.
② 경비업의 허가를 받은 법인은 기계경비업무 수행을 위한 관제시설을 이전한 때에는 관할 경찰서장에게 신고하여야 한다.
③ 경비업 변경허가신청 시 자본금을 갖출 수 없는 경우에는 자본금 확보계획서를 제출한 후 변경허가를 받은 날부터 1월 이내에 자본금을 갖추고 시·도 경찰청장의 확인을 받아야 한다.
④ 경비업자가 허가받은 경비업무를 변경하려는 경우에는 변경허가신청서를 경찰청장 또는 관할 시·도 경찰청장에게 제출하여야 한다.

핵심만 콕

② 경비업의 허가를 받은 법인이 기계경비업무의 수행을 위한 관제시설을 신설·이전 또는 폐지한 때에는 시·도 경찰청장에게 신고하여야 한다(경비업법 제4조 제3항 제4호).
③ 자본금은 경비업의 변경허가신청 시 반드시 갖추고 있어야 한다(경비업법 시행령 제3조 제2항 단서 반대해석).
④ 경비업의 허가를 받은 법인이 허가를 받은 경비업무를 변경하거나 새로운 경비업무를 추가하려는 경우에는 변경허가신청서에 행정안전부령으로 정하는 서류를 첨부하여 법인의 주사무소를 관할하는 시·도 경찰청장 또는 해당 시·도 경찰청 소속의 경찰서장에게 제출하여야 한다(경비업법 시행령 제3조 제1항 전문).

10 기출 21

☑ 확인 Check! ○ △ ✕

경비업법령상 특수경비업의 경비인력 및 자본금의 허가요건으로 옳은 것은?

① 특수경비원 10명 이상, 경비지도사 1명 이상, 자본금 1억원 이상
② 특수경비원 20명 이상, 경비지도사 1명 이상, 자본금 1억원 이상
③ 특수경비원 10명 이상, 경비지도사 1명 이상, 자본금 3억원 이상
④ 특수경비원 20명 이상, 경비지도사 1명 이상, 자본금 3억원 이상

쏙쏙 해설

특수경비업은 경비인력으로 특수경비원 20명 이상과 경비지도사 1명 이상, 자본금으로 3억원 이상이 요구된다(경비업법 시행령 [별표 1] 제5호).

정답 ❹

관계법령

경비업의 시설 등의 기준(경비업법 시행령 [별표 1]) 〈개정 2023.5.15.〉★

시설 등 기준 / 업무별	경비인력	자본금	시설	장비 등
1. 시설경비 업무	• 일반경비원 10명 이상 • 경비지도사 1명 이상	1억원 이상	기준 경비인력 수 이상을 동시에 교육할 수 있는 교육장	기준 경비인력 수 이상의 경비원 복장 및 경적, 단봉, 분사기
2. 호송경비 업무	• 무술유단자인 일반경비원 5명 이상 • 경비지도사 1명 이상	1억원 이상	기준 경비인력 수 이상을 동시에 교육할 수 있는 교육장	• 호송용 차량 1대 이상 • 현금호송백 1개 이상 • 기준 경비인력 수 이상의 경비원 복장 및 경적, 단봉, 분사기
3. 신변보호 업무	• 무술유단자인 일반경비원 5명 이상 • 경비지도사 1명 이상	1억원 이상	기준 경비인력 수 이상을 동시에 교육할 수 있는 교육장	• 기준 경비인력 수 이상의 무전기 등 통신장비 • 기준 경비인력 수 이상의 경적, 단봉, 분사기
4. 기계경비 업무	• 전자 · 통신 분야 기술자격증 소지자 5명을 포함한 일반경비원 10명 이상 • 경비지도사 1명 이상	1억원 이상	• 기준 경비인력 수 이상을 동시에 교육할 수 있는 교육장 • 관제시설	• 감지장치 · 송신장치 및 수신장치 • 출장소별로 출동차량 2대 이상 • 기준 경비인력 수 이상의 경비원 복장 및 경적, 단봉, 분사기
5. 특수경비 업무	• 특수경비원 20명 이상 • 경비지도사 1명 이상	3억원 이상	기준 경비인력 수 이상을 동시에 교육할 수 있는 교육장	기준 경비인력 수 이상의 경비원 복장 및 경적, 단봉, 분사기

11 기출수정 19

☑ 확인 Check! ○ △ ✕

경비업법령상 시설경비업의 허가를 받고자 하는 법인의 경비인력 요건으로 옳은 것은?

① 일반경비원 10명 이상 및 경비지도사 1명 이상
② 일반경비원 10명 이상 및 경비지도사 2명 이상
③ 무술유단자인 일반경비원 5명 이상 및 경비지도사 1명 이상
④ 무술유단자인 일반경비원 10명 이상 및 경비지도사 2명 이상

쏙쏙 해설

경비업법령상 시설경비업무의 경비인력 기준은 <u>일반경비원 10명 이상, 경비지도사 1명 이상</u>이다(경비업법 시행령 [별표 1] 제1호).

정답 ❶

---

12 기출 17

☑ 확인 Check! ○ △ ✕

경비업법령상 경비업의 허가요건으로 옳은 것을 모두 고른 것은?

ㄱ. 시설경비업무와 특수경비업무를 경업하고자 하는 경우 자본금은 1억원 이상을 보유하여야 한다.

ㄴ. 호송경비업무의 장비 등의 기준은 호송용 차량 1대 이상, 현금호송백 1개 이상, 기준 경비인력 수 이상의 경비원 복장 및 경적, 단봉, 분사기가 구비되어야 한다.

ㄷ. 기계경비업무의 시설은 기준 경비인력 이상을 동시에 교육할 수 있는 교육장·관제시설이 있어야 한다.

ㄹ. 기계경비업무의 경비인력은 전자·통신 분야 기술자격증 소지자 3명을 포함한 일반경비원 10명 이상, 경비지도사 1명 이상이 있어야 한다.

ㅁ. 특수경비업자 외의 자가 특수경비업무를 추가하려는 경우에는 이미 갖추고 있는 자본금을 포함하여 특수경비업무의 자본금 기준에 적합하여야 한다.

① ㄱ, ㄴ, ㄷ
② ㄱ, ㄹ, ㅁ
③ ㄴ, ㄷ, ㄹ
④ ㄴ, ㄷ, ㅁ

쏙쏙 해설

경비업법령상 경비업의 허가요건으로 옳은 것은 ㄴ, ㄷ, ㅁ이다(경비업법 시행령 [별표 1]).

ㄱ. (✕) 특수경비업무는 특수경비원 20명 이상의 경비인력 및 경비지도사 1명과 3억원 이상의 자본금을 갖추어야 한다.

ㄹ. (✕) 기계경비업무는 전자·통신분야 기술자격증소지자 5명을 포함한 10명 이상의 경비인력 및 경비지도사 1명과 1억원 이상의 자본금을 갖추어야 한다.

정답 ❹

13 기출수정 14

☑ 확인Check! ○ △ ✕

경비업법령상 경비업의 허가에 관한 설명으로 옳지 않은 것은?

① 경비업의 허가를 받고자 하는 법인은 대통령령으로 정하는 1억원 이상의 자본금을 보유해야 한다.

② 시설경비업의 허가를 받고자 하는 법인은 경비원 20명 이상 및 경비지도사 1명 이상을 확보해야 한다.

③ 기계경비업무의 수행을 위한 관제시설의 신설·이전에 관해서는 시·도 경찰청장의 허가를 받아야 한다.

④ 경비업의 허가를 받은 법인은 영업을 폐업하거나 휴업한 때에는 시·도 경찰청장에게 신고해야 한다.

쏙쏙 해설

③ 기계경비업무의 수행을 위한 관제시설의 신설·이전에 관해서는 시·도 경찰청장에게 신고하여야 한다(경비업법 제4조 제3항 제4호).
① 경비업법 제4조 제2항 제1호
② 경비업법 시행령 [별표 1] 제1호
④ 경비업법 제4조 제3항 제1호

정답 ❸

---

14 기출 20

☑ 확인Check! ○ △ ✕

경비업법령상 경비업 허가에 관한 설명으로 옳은 것은?

① 시·도 경찰청장은 경비업 변경허가를 한 경우 해당 법인의 주사무소를 관할하는 지구대장을 거쳐 신청인에게 허가증을 발급하여야 한다.

② 경비업자는 경비업 허가증이 못쓰게 된 경우에는 그 사유서를 첨부하여 해당 시·도 경찰청 소속의 경찰서장에게 재발급을 신청하여야 한다.

③ 시·도 경찰청장이 경비업 허가를 신청받아 허가 여부를 결정할 때, 임원의 신용은 검토대상이 아니다.

④ 누구든지 허가를 받은 경비업체와 동일한 명칭으로 경비업 허가를 받을 수 없다.

쏙쏙 해설

누구든지 제4조 제1항에 따른 허가를 받은 경비업체와 동일한 명칭으로 경비업 허가를 받을 수 없다(경비업법 제4조의2 제1항).

정답 ❹

핵심만 콕

① 시·도 경찰청장은 경비업을 허가하거나 변경허가를 한 경우에는 해당 법인의 주사무소를 관할하는 경찰서장을 거쳐 신청인에게 허가증을 발급하여야 한다(경비업법 시행령 제4조 제2항).
② 경비업자는 경비업의 허가증을 잃어버리거나 경비업 허가증이 못쓰게 된 경우에는 허가증 재교부 신청서에 다음 서류(허가증을 잃어버린 경우에는 그 사유서, 허가증이 못쓰게 된 경우에는 그 허가증)를 첨부하여 법인의 주사무소를 관할하는 시·도 경찰청장 또는 해당 시·도 경찰청 소속의 경찰서장에게 재발급을 신청하여야 하고, 신청서를 제출받은 경찰서장은 지체 없이 시·도 경찰청장에게 보내야 한다(경비업법 시행령 제4조 제3항).
③ 임원의 신용은 시·도 경찰청장이 경비업 허가를 신청받아 허가 여부를 결정할 때 검토할 대상에 해당한다(경비업법 시행령 제4조 제1항).

15

경비업법령상 경비업의 허가 등에 관한 설명으로 옳은 것은?

① 경비업은 원칙적으로 법인만이 영위할 수 있으나, 법률이 정한 일정규모 이상의 시설이나 자본금을 갖춘 경우 조합이나 법인이 아닌 사단도 경비업을 영위할 수 있다.

② 징역형을 받고 그 형이 실효되지 아니한 자는 경비업을 영위하는 법인의 임원이 될 수 없다.

③ 경비업을 영위하고자 하는 경우 법인 주사무소의 소재지를 관할하는 시·도 경찰청장의 허가를 받아야 하는데 허가 시에 행하고자 하는 경비업무를 특정할 필요는 없다.

④ 영업을 폐업하거나 휴업한 때는 관할 시·도 경찰청장에게 신고하여야 하지만 대통령령이 정하는 중요사항을 변경하고자 하는 때에는 허가를 받아야 한다.

쏙쏙 해설

금고 이상의 형의 선고를 받고 그 형이 실효되지 아니한 자는 경비업을 영위하는 법인의 임원이 될 수 없다(경비업법 제5조 제3호).

정답 ②

핵심만 콕

① 경비업은 법인이 아니면 이를 영위할 수 없다(경비업법 제3조).

③ 경비업을 영위하고자 하는 법인은 도급받아 행하고자 하는 경비업무를 특정하여 그 법인의 주사무소의 소재지를 관할하는 시·도 경찰청장의 허가를 받아야 한다. 도급받아 행하고자 하는 경비업무를 변경하는 경우에도 또한 같다(경비업법 제4조 제1항).

④ 영업을 폐업하거나 휴업한 때뿐만 아니라 그 밖에 대통령령이 정하는 중요사항을 변경한 때에도 관할 시·도 경찰청장에게 신고하여야 한다(경비업법 제4조 제3항 제1호·제6호).

16 기출 21

☑ 확인 Check! ○ △ ✕

경비업법령상 경비업자가 시·도 경찰청장에게 신고하여야 하는 경우가 아닌 것은?

① 법인의 출장소를 신설·이전한 경우
② 정관의 목적을 변경한 경우
③ 영업을 폐업하거나 휴업한 경우
④ 시설경비업무를 개시하거나 종료한 경우

쏙쏙 해설

④ 시설경비업무가 아닌 **특수경비업무**를 개시하거나 종료한 때가 경비업자(경비업의 허가를 받은 법인)가 시·도 경찰청장에게 신고하여야 할 경우에 해당한다(경비업법 제4조 제3항 제5호).
① 경비업법 제4조 제3항 제3호
② 경비업법 제4조 제3항 제6호, 동법 시행령 제5조 제4항
③ 경비업법 제4조 제3항 제1호

정답 ④

관계법령

경비업의 허가(경비업법 제4조)
③ 제1항의 규정에 의하여 경비업의 허가를 받은 법인은 다음 각호의 어느 하나에 해당하는 때에는 시·도 경찰청장에게 신고하여야 한다. 〈개정 2024.2.13.〉
 1. 영업을 폐업하거나 휴업한 때
 2. 법인의 명칭이나 대표자·임원을 변경한 때
 3. 법인의 주사무소나 출장소를 신설·이전 또는 폐지한 때
 4. 기계경비업무의 수행을 위한 관제시설을 신설·이전 또는 폐지한 때
 5. 특수경비업무를 개시하거나 종료한 때
 6. 그 밖에 대통령령이 정하는 중요사항을 변경한 때

> 폐업 또는 휴업 등의 신고(경비업법 시행령 제5조)
> ④ 법 제4조 제3항 제6호에서 "그 밖에 대통령령이 정하는 중요사항"이라 함은 정관의 목적을 말한다.

17 기출 16

☑ 확인 Check! ○ △ ✕

경비업법상 경비업 허가를 받은 법인이 시·도 경찰청장에게 신고해야 하는 경우가 아닌 것은?

① 영업을 폐업한 때
② 도급받아 행하고자 하는 경비업무를 변경하는 때
③ 법인의 주사무소를 이전한 때
④ 특수경비업무를 개시한 때

쏙쏙 해설

②의 경우 시·도 경찰청장의 신고가 아닌 허가를 받아야 한다(경비업법 제4조 제1항). 나머지 ①·③·④의 경우는 신고해야 하는 사항이다(경비업법 제4조 제3항).

정답 ②

18 기출 17

☑ 확인Check! ○ △ ✕

경비업법령상 경비업자의 신고 등에 관한 설명으로 옳지 않은 것은?

① 특수경비업무를 개시한 때에는 개시한 날부터 30일 이내에 시·도 경찰청장에게 신고하여야 한다.

② 법인의 대표자·임원을 변경한 때에는 변경한 날로부터 30일 이내에 시·도 경찰청장에게 신고하여야 한다.

③ 기계경비업무의 수행을 위한 관제시설을 이전한 때에는 이전한 날로부터 30일 이내에 관할 경찰서장에게 신고하여야 한다.

④ 경비업을 폐업한 경우에는 폐업을 한 날부터 7일 이내에 폐업신고서에 허가증을 첨부하여 법인의 주사무소를 관할하는 시·도 경찰청 소속의 경찰서장에게 제출하여야 한다.

쏙쏙 해설

③ 기계경비업무의 수행을 위한 관제시설을 신설·이전 또는 폐지한 때에는 그날로부터 30일 이내에 시·도 경찰청장에게 신고하여야 한다 (경비업법 제4조 제3항 제4호).★

① 경비업법 제4조 제3항 제5호

② 경비업법 제4조 제3항 제2호

④ 경비업법 제4조 제3항 제1호, 동법 시행령 제5조 제1항

정답 ❸

핵심만 콕

경비업자의 신고사항과 신고기한(경비업법 제4조 제3항)★★
경비업의 허가를 받은 법인은 다음에 해당하는 때에는 시·도 경찰청장에게 신고하여야 한다.

1. 영업을 폐업하거나 휴업한 때 → 7일 이내
2. 법인의 명칭이나 대표자·임원을 변경한 때 → 30일 이내
3. 법인의 주사무소나 출장소를 신설·이전 또는 폐지한 때 → 30일 이내
4. 기계경비업무의 수행을 위한 관제시설을 신설·이전 또는 폐지한 때 → 30일 이내
5. 특수경비업무를 개시하거나 종료한 때 → 30일 이내
6. 그 밖에 대통령령이 정하는 중요사항을 변경한 때 : 정관의 목적을 변경한 때 → 30일 이내

---

19 기출 23

☑ 확인Check! ○ △ ✕

경비업법령상 경비업 허가를 받으려는 자가 신청서에 첨부하여야 하는 서류를 모두 고른 것은?

> ㄱ. 법인의 정관 1부
> ㄴ. 법인 임원의 이력서 1부
> ㄷ. 법인 임원의 인감증명서 1부

① ㄱ, ㄴ
② ㄱ, ㄷ
③ ㄴ, ㄷ
④ ㄱ, ㄴ, ㄷ

쏙쏙 해설

ㄷ(법인 임원의 인감증명서 1부)은 ㄱ(법인의 정관 1부), ㄴ(법인 임원의 이력서 1부)과 달리 경비업법령상 경비업 허가를 받으려는 자가 신청서에 첨부하여야 할 서류에 해당하지 않는다.

정답 ❶

허가신청 등(경비업법 시행규칙 제3조)

① 법 제4조 제1항 및 「경비업법 시행령」(이하 "영"이라 한다) 제3조 제1항에 따라 경비업의 허가를 받으려는 경우 또는 경비업자가 허가를 받은 경비업무를 변경하거나 새로운 경비업무를 추가하려는 경우에는 별지 제2호 서식의 경비업 허가신청서 또는 변경허가신청서(전자문서로 된 신청서를 포함한다)에 다음 각호의 서류(전자문서를 포함한다)를 첨부하여 법인의 주사무소를 관할하는 시·도 경찰청장 또는 해당 시·도 경찰청 소속의 경찰서장에게 제출하여야 한다. 이 경우 신청서를 제출받은 경찰서장은 지체 없이 관할 시·도 경찰청장에게 보내야 한다.
1. 법인의 정관 1부
2. 법인 임원의 이력서 1부
3. 경비인력·시설 및 장비의 확보계획서 각 1부(경비업 허가의 신청 시 이를 갖출 수 없는 경우에 한한다)
② 제1항에 따른 신청서를 제출받은 시·도 경찰청장은 「전자정부법」 제36조 제1항에 따른 행정정보의 공동이용을 통하여 법인의 등기사항증명서를 확인하여야 한다.

20 기출 22

☑확인Check! ○ △ ✕

경비업법령상 경비업 허가사항 등의 변경신고서 제출 시 첨부서류로 허가증 원본을 필요로 하는 경우가 아닌 것은?

① 법인의 임원 변경
② 법인의 대표자 변경
③ 법인의 명칭 변경
④ 법인의 주사무소 또는 출장소 변경

쏙쏙 해설

법인의 임원이 변경되어 신고를 하는 경우에는 경비업 허가사항 등의 변경신고서에 법인 임원의 이력서 1부를 첨부하여 법인의 주사무소를 관할하는 시·도 경찰청장 또는 해당 시·도 경찰청 소속의 경찰서장에게 제출하여야 한다(경비업법 시행규칙 제5조 제2항 전문).

정답 ❶

폐업 또는 휴업 등의 신고(경비업법 시행규칙 제5조)

② 법 제4조 제3항 제2호에 따른 법인의 명칭·대표자·임원, 같은 항 제3호에 따른 주사무소·출장소나 영 제5조 제4항에 따른 정관의 목적이 변경되어 법 제4조 제3항에 따른 신고를 하는 경우에는 별지 제6호 서식의 경비업 허가사항 등의변경신고서(전자문서로 된 신고서를 포함한다)에 다음 각호의 서류(전자문서를 포함한다)를 첨부하여 법인의 주사무소를 관할하는 시·도 경찰청장 또는 해당 시·도 경찰청 소속의 경찰서장에게 제출하여야 한다. 변경신고서를 제출받은 경찰서장은 이를 지체 없이 관할 시·도 경찰청장에게 보내야 한다.
1. 명칭 변경의 경우 : 허가증 원본
2. 대표자 변경의 경우
   가. 삭제 〈2006.9.7.〉
   나. 법인 대표자의 이력서 1부
   다. 허가증 원본
3. 임원 변경의 경우 : 법인 임원의 이력서 1부
4. 주사무소 또는 출장소 변경의 경우 : 허가증 원본
5. 정관의 목적 변경의 경우 : 법인의 정관 1부

21 기출 23

☑확인 Check! ○ △ ✕

경비업법령상 특수경비업을 영위하는 법인 임원의 결격사유를 모두 고른 것은?

> ㄱ. 경비업법에 위반하여 벌금형의 선고를 받고 3년이 지나지 아니한 자
> ㄴ. 「대통령 등의 경호에 관한 법률」에 위반하여 벌금형의 선고를 받고 3년이 지나지 아니한 자
> ㄷ. 금고 이상의 형의 선고를 받고 그 형이 실효되지 아니한 자

① ㄷ

② ㄱ, ㄴ

③ ㄴ, ㄷ

④ ㄱ, ㄴ, ㄷ

관계법령

임원의 결격사유(경비업법 제5조)★★

다음 각호의 어느 하나에 해당하는 자는 경비업을 영위하는 법인(제4호에 해당하는 자의 경우에는 특수경비업무를 수행하는 법인, 제5호에 해당하는 자의 경우에는 허가취소사유에 해당하는 경비업무와 동종의 경비업무를 수행하는 법인)의 임원이 될 수 없다.

1. 피성년후견인
2. 파산선고를 받고 복권되지 아니한 자
3. 금고 이상의 형의 선고를 받고 그 형이 실효되지 아니한 자
4. 이 법 또는 「대통령 등의 경호에 관한 법률」에 위반하여 벌금형의 선고를 받고 3년이 지나지 아니한 자
5. 이 법(제19조 제1항 제2호 및 제7호는 제외) 또는 이 법에 의한 명령에 위반하여 허가가 취소된 법인의 허가취소 당시의 임원이었던 자로서 그 취소 후 3년이 지나지 아니한 자
6. 제19조 제1항 제2호(허가받은 경비업무 외의 업무에 경비원을 종사하게 한 때) 및 제7호(소속 경비원으로 하여금 경비업무의 범위를 벗어난 행위를 하게 한 때)의 사유로 허가가 취소된 법인의 허가취소 당시의 임원이었던 자로서 허가가 취소된 날부터 5년이 지나지 아니한 자

22 기출 21

☑확인 Check! ○ △ ✕

경비업법령상 경비업을 영위하는 법인의 임원이 될 수 없는 자는?

① 징역형의 선고를 받고 형이 실효된 자
② 파산선고를 받고 복권된 자
③ 허위의 방법으로 허가를 받아 허가가 취소된 법인의 허가취소 당시의 임원이었던 자로서 그 취소 후 3년이 지난 자
④ 허가받은 경비업무 외의 업무에 경비원을 종사하게 하여 허가가 취소된 법인의 허가취소 당시의 임원이었던 자로서 그 취소 후 3년이 지난 자

23 ☑ 확인Check! ○ △ ✕

경비업법령상 경비업을 영위하는 법인의 임원 결격사유에 관한 설명으로 옳은 것은?

① 성년후견인은 임원이 될 수 없다.

② 이 법에 위반하여 벌금형의 선고를 받고 5년이 지나지 아니한 자는 임원이 될 수 없다.

③ 「대통령 등의 경호에 관한 법률」에 위반하여 벌금형의 선고를 받고 3년이 지나지 아니한 자는 특수경비업무를 수행하는 법인의 임원이 될 수 없다.

④ 관할 경찰관서장의 배치폐지명령에 따르지 아니하여 허가가 취소된 법인의 허가취소 당시의 임원이었던 자로서 허가가 취소된 날부터 5년이 지나지 아니한 자는 특수경비업무를 수행하는 법인의 임원이 될 수 없다.

쏙쏙 해설

「대통령 등의 경호에 관한 법률」에 위반하여 벌금형의 선고를 받고 3년이 지나지 아니한 자는 특수경비업무를 수행하는 법인의 임원이 될 수 없다(경비업법 제5조 제4호).

정답 ❸

핵심만 콕

① 피성년후견인이 경비업을 영위하는 법인의 임원 결격사유에 해당한다(경비업법 제5조 제1호).

② 경비업법을 위반하여 벌금형의 선고를 받고 3년이 지나지 아니한 자는 특수경비업무를 수행하는 법인의 임원이 될 수 없다(경비업법 제5조 제4호).

④ 관할 경찰관서장의 배치폐지명령에 따르지 아니하여(경비업법 제19조 제1항 제8호 위반) 허가가 취소된 법인의 허가취소 당시의 임원이었던 자로서 허가가 취소된 날부터 3년이 지나지 아니한 자는 허가취소된 경비업무와 동종의 경비업무를 수행하는 법인의 임원이 될 수 없다(경비업법 제5조 제5호).

24 ☑ 확인Check! ○ △ ✕

경비업법령상 경비업을 영위하는 법인의 임원이 될 수 없는 자는?

① 파산선고를 받고 복권된 지 3년이 지나지 아니한 갑(甲)

② 금고 이상의 형의 선고를 받고 그 형이 실효된 후 3년이 지난 을(乙)

③ 「대통령 등의 경호에 관한 법률」에 위반하여 벌금형의 선고를 받은 후 1년이 지나지 않고 특수경비업무를 수행하는 법인의 임원이 되려는 병(丙)

④ 「경비업법」을 위반하여 벌금형의 선고를 받고 3년이 지난 후 특수경비업무를 수행하는 법인의 임원이 되려는 정(丁)

쏙쏙 해설

대통령 등의 경호에 관한 법률에 위반하여 벌금형의 선고를 받은 후에 3년이 지나지 않은 丙은 특수경비업무를 수행하는 법인의 임원이 될 수 없다.

정답 ❸

25 기출 18

☑ 확인Check! ○ △ ✕

경비업법령상 2018년 11월 16일을 기준으로 특수경비업무를 수행하는 법인의 임원이 될 수 없는 자는?(단, 경비업법 제19조 제1항 제2호 및 제7호는 제외)

① 2015년 11월 14일 파산선고를 받고 2018년 11월 14일 복권된 자

② 호송경비업무를 수행하던 법인이 경비업법에 의한 명령에 위반하여 2015년 11월 14일 허가가 취소된 경우 해당 법인의 허가 취소 당시의 임원이었던 자

③ 「대통령 등의 경호에 관한 법률」을 위반하여 2015년 11월 14일에 벌금형의 선고를 받은 자

④ 2015년 11월 14일 상해죄로 징역 1년에 집행유예 3년의 형을 선고받고 그 형이 실효되지 아니한 자

핵심만 콕

① 경비업법 제5조 제2호에 해당하지 않아 법인의 임원이 될 수 있다.
② 경비업법 제5조 제5호의 결격사유는 허가취소사유에 해당하는 경비업무와 동종의 경비업무를 수행하는 법인의 경우를 전제로 한다. 따라서 허가 취소 당시 법인이 수행하던 업무(호송경비업무)가 아닌 특수경비업무를 수행하는 경우에는 임원의 결격사유에 해당하지 않는다.★
③ 벌금형의 선고를 받은 후 3년이 경과하였기 때문에 경비업법 제5조 제4호의 결격사유에 해당하지 않는다.

26 기출 16

☑ 확인Check! ○ △ ✕

경비업법상 경비업을 영위하는 법인의 임원이 될 수 있는 자는?

① 60세인 사람

② 피성년후견인

③ 파산선고를 받고 복권되지 아니한 자

④ 금고 이상의 형의 선고를 받고 그 형이 실효되지 아니한 자

27 기출수정 12

☑ 확인 Check! ○ △ X

경비업법령상 경비업을 영위하는 법인의 임원의 결격사유에 관한 설명으로 옳은 것은?

① 피성년후견인은 신변보호업무를 수행하는 법인의 임원이 될 수 있다.

② 파산선고를 받고 복권되지 아니한 자는 시설경비업무를 수행하는 법인의 임원이 될 수 있다.

③ 내란죄로 징역 1년에 집행유예 3년의 형의 선고를 받고 그 형이 실효된 자는 특수경비업무를 수행하는 법인의 임원이 될 수 없다.

④ 집회 및 시위에 관한 법률에 위반하여 200만원의 벌금형의 선고를 받고 그 형이 실효되지 아니한 자는 호송경비업무를 수행하는 법인의 임원이 될 수 있다.

28 기출 11

☑ 확인 Check! ○ △ X

경비업법령상 (　) 안에 들어갈 숫자의 합은?

- 경비업법에 위반하여 벌금형의 선고를 받고 (　)년이 지나지 아니한 자는 특수경비업무를 수행하는 법인의 임원이 될 수 없다.
- 경비업 허가의 유효기간은 허가받은 날로부터 (　)년으로 한다.
- 고등교육법에 따른 전문대학을 졸업한 사람으로서 재학 중 경비지도사 시험과목을 3과목 이상 이수하고 졸업한 후 경비업무에 종사한 경력이 (　)년 이상인 사람은 경비지도사 제1차 시험을 면제한다.

① 9　　　　　　　② 11

③ 13　　　　　　 ④ 15

핵심만 콕

- 경비업법에 위반하여 벌금형의 선고를 받고 3년이 지나지 아니한 자는 특수경비업무를 수행하는 법인의 임원이 될 수 없다(경비업법 제5조 제4호). ★
- 경비업 허가의 유효기간은 허가받은 날로부터 5년으로 한다(경비업법 제6조 제1항).
- 고등교육법에 따른 전문대학을 졸업한 사람으로서 재학 중 경비지도사 시험과목을 3과목 이상 이수하고 졸업한 후 경비업무에 종사한 경력이 5년 이상인 사람은 경비지도사 제1차 시험을 면제한다(경비업법 시행령 제13조 제6호).

29 기출 15

☑ 확인Check! ○ △ ✕

경비업법상 경비업을 영위하는 법인의 임원 결격사유에 해당하지 않는 것은?

① 피성년후견인

② 파산선고를 받고 복권되지 아니한 자

③ 금고 이상의 형의 선고를 받고 그 형이 실효되지 아니한 자

④ 시설경비업무를 수행하는 법인의 경우, 경비업법에 위반하여 벌금형의 선고를 받고 3년이 지나지 아니한 자

쏙쏙 해설

특수경비업무를 수행하는 법인의 경우, 경비업법 또는 대통령 등의 경호에 관한 법률에 위반하여 벌금형의 선고를 받고 3년이 지나지 아니한 자는 임원이 될 수 없다(경비업법 제5조 제4호).★

정답 ④

30 기출수정 08

☑ 확인Check! ○ △ ✕

A는 특수경비업무를 수행하는 ○○ 경비법인의 임원으로 2007년 3월 5일부터 현재까지 근무하고 있다. 경비업법령상 다음 설명 중 틀린 것은?

① A는 피성년후견인이 아니다.

② A는 2000년 1월 1일 금고 이상의 형의 선고를 받고 2007년 1월 1일 그 형이 실효되었다.

③ A는 2006년 10월 5일 파산선고를 받고 2007년 7월 20일 복권되었다.

④ A는 2007년 6월 7일 도로교통법 위반으로 벌금형을 선고받고 벌금을 납부하였다.

쏙쏙 해설

경비업법 제5조 제2호에 따라 파산선고를 받고 복권되지 아니한 자는 임원이 될 수 없다. 즉, A는 2006년에 파산선고를 받고 2007년 7월에 복권되었으므로, 근무를 시작한 시점인 2007년 3월에는 복권되지 않은 상태이므로 임원이 될 수 없다.

정답 ③

핵심만 콕

① A는 2007년 3월 5일부터 현재까지 임원으로 근무하고 있으므로 경비업법 제5조 제1호에 따라 A는 피성년후견인이 아니다.

② A는 2000년 1월 1일 금고 이상의 형의 선고를 받고 2007년 1월 1일 그 형이 실효되었으므로 2007년 3월 5일부터 특수경비업무를 수행하는 법인의 임원으로 근무할 수 있다.

④ 경비업법 제5조 제4호는 "특수경비업무를 수행하는 법인인 경우, 경비업법 또는 대통령 등의 경호에 관한 법률에 위반하여 벌금형의 선고를 받고 3년이 지나지 아니한 자는 임원이 될 수 없다"고 규정하고 있을 뿐이고 그 밖에 다른 벌금형에 대한 제재는 없으므로, 도로교통법 위반으로 벌금형을 선고받고 벌금을 납부한 A는 임원이 될 수 있다.★

31 [기출] 22

☑ 확인 Check! ○ △ ✕

경비업법령상 경비업을 영위하는 법인의 임원 결격사유에 해당하지 않는 것은?

① 피성년후견인

② 피한정후견인

③ 파산선고를 받고 복권되지 아니한 자

④ 금고 이상의 형의 선고를 받고 그 형이 실효되지 아니한 자

32 [기출] 05

☑ 확인 Check! ○ △ ✕

경비업의 갱신허가를 받고자 하는 경비업자는 허가의 유효기간 만료일 며칠 전까지 갱신허가신청서를 제출하여야 하는가?

① 7일 전
② 10일 전
③ 15일 전
④ 30일 전

관계법령

허가갱신(경비업법 시행규칙 제6조)

① 법 제6조 제2항에 따라 경비업의 갱신허가를 받으려는 자는 허가의 유효기간 만료일 30일 전까지 별지 제2호 서식의 경비업 갱신허가신청서(전자문서로 된 신청서를 포함한다)에 허가증 원본 및 정관(변경사항이 있는 경우만 해당한다)을 첨부하여 법인의 주사무소를 관할하는 시·도 경찰청장 또는 해당 시·도 경찰청 소속의 경찰서장에게 제출하여야 한다. 경비업 갱신허가신청서를 제출받은 경찰서장은 이를 지체 없이 관할 시·도 경찰청장에게 보내야 한다. ★★

② 제1항에 따른 신청서를 제출받은 시·도 경찰청장은 전자정부법 제36조 제1항에 따른 행정정보의 공동이용을 통하여 법인의 등기사항증명서를 확인하여야 한다. ★

③ 시·도 경찰청장은 법 제6조 제2항의 규정에 의하여 갱신허가를 하는 때에는 유효기간이 만료되는 허가증을 회수한 후 별지 제3호 서식의 허가증을 교부하여야 한다. ★

33 기출 19

☑확인 Check! ○ △ ✕

경비업법령상 경비업의 폐업 또는 휴업 등의 신고에 관한 설명으로 옳지 않은 것은?

① 경비업자는 폐업을 한 경우에는 폐업을 한 날부터 7일 이내에 신고하여야 한다.

② 경비업자는 휴업을 한 경우에는 휴업한 날부터 7일 이내에 신고하여야 한다.

③ 휴업신고를 한 경비업자가 신고한 휴업기간이 끝나기 전에 영업을 다시 시작하려는 경우에는 영업을 다시 시작하기 전 7일 이내에 영업재개신고서를 제출하여야 한다.

④ 경비업자는 특수경비업무를 개시하거나 종료한 때에는 개시 또는 종료한 날부터 30일 이내에 신고하여야 한다.

핵심만 콕

① 경비업법 시행령 제5조 제1항 전문
② 경비업법 시행령 제5조 제2항 전문
④ 경비업법 시행령 제5조 제5항, 경비업법 제4조 제3항 제5호

34 기출 23

☑확인 Check! ○ △ ✕

경비업법령상 경비업자 및 경비원의 의무에 관한 설명으로 옳지 않은 것은?

① 경비업자는 경비대상시설의 소유자 또는 관리자의 관리권의 범위 안에서 경비업무를 수행하여야 한다.

② 경비업자는 도급을 의뢰받은 경비업무가 위법 또는 부당한 것일 때에는 시·도 경찰청장에게 보고하여야 한다.

③ 경비업자의 임·직원이거나 임·직원이었던 자는 다른 법률에 특별한 규정이 있는 경우를 제외하고는 그 직무상 알게 된 비밀을 누설하거나 다른 사람에게 제공하여 이용하도록 하는 등 부당한 목적을 위하여 사용하여서는 아니 된다.

④ 경비원은 직무를 수행함에 있어 타인에게 위력을 과시하거나 물리력을 행사하는 등 경비업무의 범위를 벗어난 행위를 하여서는 아니 된다.

35 기출 19

☑ 확인Check! ○ △ ✕

경비업법령상 경비업자의 의무에 관한 설명으로 옳은 것은?

① 경비업자는 허가받은 경비업무 외의 업무에 경비원을 종사하게 하는 경우 관할 경찰서장에게 보고하여야 한다.

② 경비업자는 도급을 의뢰받은 경비업무가 위법 또는 부당한 것일 때에는 이를 거부하여야 한다.

③ 경비업자는 경비대상시설의 소유자 또는 관리자의 관리권의 범위와 상관없이 독립적으로 경비업무를 수행하여야 한다.

④ 특수경비업자는 부동산 관리업을 할 수 없다.

핵심만 콕

① 경비업자가 허가받은 경비업무 외의 업무에 경비원을 종사하게 하는 경우는 경비업법 제19조 제1항 제2호의 경비업 허가의 필요적 취소사유였으나, 헌법재판소는 2023.3.23. 해당 법률조항에 대하여 적용중지 헌법불합치 결정을 선고하였다.

③ 경비업법 제7조 제1항 전단에 반한다. 즉, 경비업자는 경비대상시설의 소유자 또는 관리자의 관리권의 범위 안에서 경비업무를 수행하여야 한다.

④ 부동산 관리업은 특수경비업자가 할 수 있는 영업에 해당한다(경비업법 시행령 [별표 1의2]).

36 기출 11

☑ 확인Check! ○ △ ✕

경비업법령상 경비업자에 관한 설명으로 옳지 않은 것은?

① 특수경비업자는 국가중요시설에 대한 특수경비업무의 수행이 중단되는 경우 시설주의 동의를 얻어 다른 특수경비업자 중에서 경비업무를 대행할 자를 지정하여 관할 시·도 경찰청의 허가를 받아야 한다.

② 경비업자는 불공정한 계약으로 경비원의 권익을 침해하는 행위를 하여서는 아니 된다.

③ 특수경비업자가 할 수 있는 경비관련업에는 전기 및 정밀기기 수리업이 포함된다.

④ 경비업자는 경비대상 시설주의 관리권의 범위 안에서 경비업무를 수행하여야 한다.

경비업자의 의무(경비업법 제7조)

① 경비업자는 경비대상시설의 소유자 또는 관리자(이하 "시설주"라 한다)의 관리권의 범위 안에서 경비업무를 수행하여야 하며, 다른 사람의 자유와 권리를 침해하거나 그의 정당한 활동에 간섭하여서는 아니 된다.

② 경비업자는 경비업무를 성실하게 수행하여야 하고, 도급을 의뢰받은 경비업무가 위법 또는 부당한 것일 때에는 이를 거부하여야 한다.★

③ 경비업자는 불공정한 계약으로 경비원의 권익을 침해하거나 경비업의 건전한 육성과 발전을 해치는 행위를 하여서는 아니 된다.★

④ 경비업자의 임·직원이거나 임·직원이었던 자는 다른 법률에 특별한 규정이 있는 경우를 제외하고는 그 직무상 알게 된 비밀을 누설하거나 다른 사람에게 제공하여 이용하도록 하는 등 부당한 목적을 위하여 사용하여서는 아니 된다.

⑤ 경비업자는 허가받은 경비업무 외의 업무에 경비원을 종사하게 하여서는 아니 된다.

> 헌법재판소는 2023년 3월 23일 재판관 6:3의 의견으로 시설경비업을 허가받은 경비업자로 하여금 허가받은 경비업무 외의 업무에 경비원을 종사하게 하는 것을 금지하고, 이를 위반한 경비업자에 대한 허가를 취소하도록 정하고 있는 경비업법 제7조 제5항 중 '시설경비업무'에 관한 부분과 경비업법 제19조 제1항 제2호 중 '시설경비업무'에 관한 부분이 헌법에 합치되지 아니하여 법원 기타 국가기관 및 지방자치단체는 입법자가 2024.12.31.까지 위 법률조항을 개정할 때까지 위 법률조항의 적용을 중지하여야 한다는 적용중지 헌법불합치 결정을 선고하였다(헌재결[전] 2023.3.23. 2020헌가19).

⑥ 경비업자는 집단민원현장에 경비원을 배치하는 때에는 경비지도사를 선임하고 그 장소에 배치하여 행정안전부령으로 정하는 바에 따라 경비원을 지도·감독하게 하여야 한다.★

⑦ 특수경비업무를 수행하는 경비업자(이하 "특수경비업자"라 한다)는 제4조 제3항 제5호의 규정에 의한 특수경비업무의 개시신고를 하는 때에는 국가중요시설에 대한 특수경비업무의 수행이 중단되는 경우 시설주의 동의를 얻어 다른 특수경비업자 중에서 경비업무를 대행할 자(이하 "경비대행업자"라 한다)를 지정하여 허가관청에 신고하여야 한다. 경비대행업자의 지정을 변경하는 경우에도 또한 같다.★

⑧ 특수경비업자는 국가중요시설에 대한 특수경비업무를 중단하게 되는 경우에는 미리 이를 제7항의 규정에 의한 경비대행업자에게 통보하여야 하며, 경비대행업자는 통보받은 즉시 그 경비업무를 인수하여야 한다. 이 경우 제7항의 규정은 경비대행업자에 대하여 이를 준용한다.

⑨ 특수경비업자는 이 법에 의한 경비업과 경비장비의 제조·설비·판매업, 네트워크를 활용한 정보산업, 시설물 유지관리업 및 경비원 교육업 등 대통령령이 정하는 경비관련업 외의 영업을 하여서는 아니 된다.★

37 기출 08

☑ 확인 Check! ○ △ ✕

경비업법령상 특수경비업자가 할 수 있는 전자부품 컴퓨터 · 영상 · 음향 및 통신장비 제조업 분야의 경비관련업에 해당하지 않는 것은?

① 전자카드 제조업
② 컴퓨터시설 관리업
③ 통신 및 방송장비 제조업
④ 영상 및 음향기기 제조업

쏙쏙 해설

컴퓨터시설 관리업은 전자부품, 컴퓨터, 영상, 음향 및 통신장비 제조업 분야 경비관련업에 해당되지 않는다(경비업법 시행령 [별표 1의2]).

정답 ❷

관계법령

특수경비업자가 할 수 있는 영업(경비업법 시행령 [별표 1의2])

분 야	해당 영업
금속가공제품 제조업 (기계 및 가구 제외)	• 일반철물 제조업(자물쇠제조 등 경비 관련 제조업에 한정) • 금고 제조업
그 밖의 기계 및 장비제조업	분사기 및 소화기 제조업
전기장비 제조업	전기경보 및 신호장치 제조업
전자부품, 컴퓨터, 영상, 음향 및 통신장비 제조업	• 전자카드 제조업★ • 통신 및 방송 장비 제조업 • 영상 및 음향기기 제조업
전문직별 공사업	• 소방시설 공사업 • 배관 및 냉·난방 공사업(소방시설 공사 등 방재 관련 공사에 한정한다) • 내부 전기배선 공사업 • 내부 통신배선 공사업
도매 및 상품중개업	통신장비 및 부품 도매업
통신업	전기통신업
부동산업	부동산 관리업★
컴퓨터 프로그래밍, 시스템 통합 및 관리업	• 컴퓨터 프로그래밍 서비스업 • 컴퓨터시스템 통합 자문, 구축 및 관리업
건축기술, 엔지니어링 및 관련기술 서비스업	• 건축설계 및 관련 서비스업(소방시설 설계 등 방재 관련 건축설계에 한정) • 건물 및 토목엔지니어링 서비스업(소방공사 감리 등 방재 관련 서비스업에 한정)
사업시설 관리 및 조경 서비스업	• 사업시설 유지관리 서비스업 • 건물 산업설비 청소 및 방제 서비스업
사업지원 서비스업	• 인력공급 및 고용알선업★ • 경비, 경호 및 탐정업★
교육서비스업	• 직원훈련기관 • 그 밖의 기술 및 직업훈련학원(경비 관련 교육에 한정)
수리업	• 일반 기계 수리업 • 전기, 전자, 통신 및 정밀기기 수리업
창고 및 운송 관련 서비스업	주차장 운영업★

38 기출 23

☑ 확인 Check! ○ △ ✕

경비업법령상 기계경비업자가 오경보의 방지를 위해 계약상대방에게 설명하여야 하는 사항이 아닌 것은?

① 당해 기계경비업무와 관련된 관제시설 및 출장소의 명칭·소재지
② 기계경비업무용 기기의 설치장소 및 종류와 그 밖의 기계장치의 개요
③ 기계경비지도사의 명단·배치일자·배치장소와 출동차량의 대수
④ 기계경비업자가 경비대상시설에서 발생한 경보를 수신한 경우에 취하는 조치

쏙쏙 해설

③ 기계경비업자가 출장소별로 갖추어 두어야 하는 서류의 기재사항에 해당한다(경비업법 시행령 제9조 제1항 제2호).
① 경비업법 시행령 제8조 제1항 제1호
② 경비업법 시행령 제8조 제1항 제3호
④ 경비업법 시행령 제8조 제1항 제2호

정답 ❸

관계법령

오경보의 방지를 위한 설명 등(경비업법 시행령 제8조)

① 법 제9조 제1항의 규정에 의하여 기계경비업자가 계약상대방에게 하여야 하는 설명은 다음 각호의 사항을 기재한 서면 또는 전자문서(이하 "서면등"이라 하며, 이 조에서 전자문서는 계약상대방이 원하는 경우에 한한다)를 교부하는 방법에 의한다.

1. 당해 기계경비업무와 관련된 관제시설 및 출장소(제5조 제3항의 규정에 의한 출장소를 말한다. 이하 같다)의 명칭·소재지
2. 기계경비업자가 경비대상시설에서 발생한 경보를 수신한 경우에 취하는 조치
3. 기계경비업무용 기기의 설치장소 및 종류와 그 밖의 기계장치의 개요
4. 오경보의 발생원인과 송신기기의 유지·관리방법

② 기계경비업자는 제1항 각호의 사항을 기재한 서면등과 함께 법 제26조의 규정에 의한 손해배상의 범위와 손해배상액에 관한 사항을 기재한 서면등을 계약상대방에게 교부하여야 한다.

기계경비업자의 관리 서류(경비업법 시행령 제9조)★

① 기계경비업자는 출장소별로 다음 각호의 사항을 기재한 서류를 갖추어 두어야 한다.

1. 경비대상시설의 명칭·소재지 및 경비계약기간
2. 기계경비지도사의 명단·배치일자·배치장소와 출동차량의 대수
3. 경보의 수신 및 현장도착 일시와 조치의 결과
4. 오경보인 경우 오경보가 발생한 경비대상시설 및 그 오경보에 대한 조치의 결과

② 제1항 제3호 및 제4호의 규정에 의한 사항을 기재한 서류는 당해 경보를 수신한 날부터 1년간 이를 보관하여야 한다.

39 기출 20

☑ 확인Check! ○ △ ✕

경비업법령상 기계경비업자가 오경보의 방지를 위하여 계약상대방에게 하여야 하는 설명은 서면등을 교부하는 방법에 의한다. 이때 서면등에 기재하는 사항을 모두 고른 것은?

> ㄱ. 기계경비업무용 기기의 설치장소 및 종류
> ㄴ. 오경보의 발생원인과 송신기기의 유지·관리방법
> ㄷ. 당해 기계경비업무와 관련된 관제시설 및 출장소의 명칭·소재지

① ㄱ, ㄴ
② ㄱ, ㄷ
③ ㄴ, ㄷ
④ ㄱ, ㄴ, ㄷ

쏙쏙 해설

해당 내용은 모두 기계경비업자가 오경보의 방지를 위하여 계약상대방에게 서면등을 교부하는 방법에 의한 설명 시 서면등에 기재하는 사항에 해당한다(경비업법 시행령 제8조 제1항).

정답 ❹

40 기출 18

☑ 확인Check! ○ △ ✕

경비업법령상 기계경비업자의 기계경비업무에 관한 설명으로 옳지 않은 것은?

① 경비계약을 체결하는 때에는 오경보를 막기 위하여 계약상대방에게 기기사용요령 및 기계경비운영체계 등에 관하여 설명하여야 한다.

② 관제시설 등에서 경보를 수신한 때에는 경보를 수신한 때부터 늦어도 25분 이내에는 도착시킬 수 있는 대응체제를 갖추어야 한다.

③ 기계경비업무의 수행을 위한 관제시설의 이전에 관해서는 시·도 경찰청장의 허가를 받아야 한다.

④ 출장소별로 경보의 수신 및 현장 도착 일시와 조치의 결과를 기재한 서류를 당해 경보를 수신한 날로부터 1년간 이를 보관하여야 한다.

쏙쏙 해설

③ 기계경비업무의 수행을 위한 관제시설의 이전에 관해서는 시·도 경찰청장에게 신고하여야 한다(경비업법 제4조 제3항 제4호).
① 경비업법 제9조 제1항
② 경비업법 시행령 제7조
④ 경비업법 시행령 제9조 제2항

정답 ❸

경비업의 허가(경비업법 제4조)★★

③ 제1항의 규정에 의하여 경비업의 허가를 받은 법인은 다음 각호의 어느 하나에 해당하는 때에는 시·도경찰청장에게 신고하여야 한다. 〈2024.2.13.〉

1. 영업을 폐업하거나 휴업한 때
2. 법인의 명칭이나 대표자·임원을 변경한 때
3. 법인의 주사무소나 출장소를 신설·이전 또는 폐지한 때
4. 기계경비업무의 수행을 위한 관제시설을 신설·이전 또는 폐지한 때
5. 특수경비업무를 개시하거나 종료한 때
6. 그 밖에 대통령령이 정하는 중요사항을 변경한 때 : 정관의 목적을 변경한 때(경비업법 시행령 제5조 제4항)

기계경비업자의 관리 서류(경비업법 시행령 제9조)★

① 기계경비업자는 출장소별로 다음 각호의 사항을 기재한 서류를 갖추어 두어야 한다.

1. 경비대상시설의 명칭·소재지 및 경비계약기간
2. 기계경비지도사의 명단·배치일자·배치장소와 출동차량의 대수
3. 경보의 수신 및 현장도착 일시와 조치의 결과
4. 오경보인 경우 오경보가 발생한 경비대상시설 및 그 오경보에 대한 조치의 결과

② 제1항 제3호 및 제4호의 규정에 의한 사항을 기재한 서류는 당해 경보를 수신한 날부터 1년간 이를 보관하여야 한다.

41 기출 17

☑ 확인 Check! ○ △ ✕

경비업법령상 기계경비업자의 직무에 해당하지 않는 것은?

① 경비대상시설에 관한 경보를 수신한 때에는 신속하게 그 사실을 확인하는 등 필요한 대응조치를 취하여야 한다.

② 경비업과 경비장비의 제조·설비·판매업 등 대통령령이 정하는 경비관련업 외의 영업을 하여서는 안 된다.

③ 기계경비업무를 위한 기계장치의 운용·감독을 하여야 한다.

④ 대응조치 등 업무의 원활한 운영과 개선을 위하여 대통령령이 정하는 바에 따라 관련 서류를 작성·비치하여야 한다.

쏙쏙 해설

② 특수경비업자는 이 법에 의한 경비업과 경비장비의 제조·설비·판매업, 네트워크를 활용한 정보산업, 시설물 유지관리업 및 경비원 교육업 등 대통령령이 정하는 경비관련업 외의 영업을 하여서는 아니 된다(경비업법 제7조 제9항).★

① 경비업법 제8조
③ 경비업법 시행령 제7조 제1항 제1호
④ 경비업법 제9조 제2항★

정답 ❷

☑ 확인Check! ○ △ ✕

경비업법령상 기계경비업자의 기계경비업무에 관한 설명으로 옳은 것은?

① 경비계약을 체결하는 때에는 계약상대방의 요청이 없는 한 손해배상에 관한 사항을 기재한 서면을 교부할 의무는 없다.

② 경비계약을 체결하는 때에는 오경보를 막기 위하여 계약상대방에게 기기사용요령 및 기계경비운영체계 등에 관하여 구두 또는 서면에 의하여 설명해야 한다.

③ 업무의 원활한 운영과 개선을 위하여 경비대상시설의 명칭·소재지 및 경비계약 기간에 관한 서류를 주사무소에 비치한 경우, 이를 출장소에 비치할 필요는 없다.

④ 경보의 수신 및 현장도착 일시와 조치의 결과 사항을 기재한 서류는 당해 경보를 수신한 날부터 1년간 이를 보관해야 한다.

핵심만 콕

① 상대방의 요청이 없더라도 교부의무가 있다(경비업법 시행령 제8조 제2항). 상대방이 원하는 경우(상대방이 요청하는 경우)에만 하는 것은 전자문서를 교부하는 경우이다(경비업법 시행령 제8조 제1항).

② 경비업법 제9조 제1항, 동법 시행령 제8조 제1항

③ 기계경비업자의 관리 서류는 출장소별로 비치하여야 한다(경비업법 시행령 제9조 제1항).

43 기출 12

☑ 확인Check! ○ △ ✕

경비업법령상 기계경비업무에 관한 설명으로 옳지 않은 것은?

① 기계경비업자는 경비대상시설에 관한 경보를 수신한 때에는 신속하게 그 사실을 확인하는 등 필요한 대응조치를 취하여야 하며, 이를 위한 대응체제를 갖추어야 한다.

② 기계경비업자는 경비계약을 체결하는 때에 계약상대방에게 기기사용요령 및 기계경비운영체계 등에 관하여 서면 또는 구두로 설명하여야 한다.

③ 기계경비업자가 경보의 수신 및 현장도착일시와 조치의 결과에 의한 사항을 기재한 서류는 당해 경보를 수신한 날부터 1년간 이를 보관하여야 한다.

④ 기계경비업자는 경비계약을 체결하는 때에는 오경보를 막기 위하여 각종 기기가 오작동되지 아니하도록 관리하여야 한다.

쏙쏙 해설

② 기계경비업자는 경비계약을 체결하는 때에 계약상대방에게 기기사용요령 및 기계경비운영체계 등에 관하여 서면 또는 전자문서(여기서 전자문서는 상대방이 원하는 경우에 한한다)로 설명하여야 한다(경비업법 제9조 제1항, 동법 시행령 제8조 제1항).
① 경비업법 제8조
③ 경비업법 시행령 제9조 제2항
④ 경비업법 제9조 제1항

정답 ②

44 기출 19

☑ 확인Check! ○ △ ✕

경비업법령상 기계경비업무에 관한 설명으로 옳은 것은?

① 기계경비업자는 기계경비지도사의 명단·배치일자·배치장소와 출동차량의 대수를 기재한 서류를 1년간 보관하여야 한다.

② 기계경비업자는 오경보가 발생한 경비대상시설 및 그 오경보에 대한 조치의 결과를 기재한 서류를 당해 경보를 수신한 날부터 1년간 보관하여야 한다.

③ 기계경비업자는 관제시설 등에서 경보를 수신한 때에는 경보를 수신한 때부터 늦어도 30분 이내에는 도착시킬 수 있는 대응체제를 갖추어야 한다.

④ 기계경비업자는 경비대상시설의 명칭·소재지 및 경비계약기간을 기재한 서류를 주사무소에 갖추어 두어야 한다.

쏙쏙 해설

경비업법 시행령 제9조 제2항·제9조 제1항 제4호

정답 ②

핵심만 콕

① 경비업법 시행령 제9조 제1항 제2호는 제2항의 당해 경보를 수신한 날부터 1년간 보관하여야 하는 사항을 기재한 서류에 해당하지 않는다(경비업법 시행령 제9조 제2항 반대해석).
③ 기계경비업무를 수행하는 경비업자는 관제시설 등에서 경보를 수신한 때에는 경보를 수신한 때부터 늦어도 25분 이내에는 도착시킬 수 있는 대응체제를 갖추어야 한다(경비업법 시행령 제7조).
④ 기계경비업자는 출장소별로 경비대상시설의 명칭·소재지 및 경비계약기간을 기재한 서류를 갖추어 두어야 한다(경비업법 시행령 제9조 제1항 제1호).

45 기출 21

☑ 확인 Check! ○ △ ✕

경비업법령상 기계경비업자의 출장소별 관리 서류에 관한 설명으로 옳지 않은 것은?

① 기계경비지도사의 명단·배치일자·배치장소와 출동차량의 대수를 기재한 서류를 갖추어 두어야 한다.
② 오경보인 경우 오경보가 발생한 경비대상시설 및 그 오경보에 대한 조치의 결과를 기재한 서류를 갖추어 두어야 한다.
③ 경보의 수신 및 현장도착 일시와 조치의 결과를 기재한 서류를 갖추어 두어야 한다.
④ 오경보에 대한 조치의 결과를 기재한 서류는 당해 경보를 수신한 날부터 2년간 이를 보관하여야 한다.

46 기출 22

☑ 확인 Check! ○ △ ✕

경비업법령상 기계경비업자가 오경보의 방지를 위해 계약상대방에게 설명하여야 할 사항으로 옳지 않은 것은?

① 당해 기계경비업무와 관련된 관제시설 및 출장소의 명칭·소재지
② 기계경비업자가 경비대상시설에서 발생한 경보를 수신한 경우에 취하는 조치
③ 기계경비업무용 기기의 설치장소 및 종류와 그 밖의 기계장치의 개요
④ 기계경비지도사의 명단·배치일자·배치장소와 출동차량의 대수

관계법령

오경보의 방지를 위한 설명 등(경비업법 시행령 제8조)★★
① 법 제9조 제1항의 규정에 의하여 기계경비업자가 계약상대방에게 하여야 하는 설명은 다음 각호의 사항을 기재한 서면 또는 전자문서(이하 "서면등"이라 하며, 이 조에서 전자문서는 계약상대방이 원하는 경우에 한한다)를 교부하는 방법에 의한다.
  1. 당해 기계경비업무와 관련된 관제시설 및 출장소(제5조 제3항의 규정에 의한 출장소를 말한다. 이하 같다)의 명칭·소재지★
  2. 기계경비업자가 경비대상시설에서 발생한 경보를 수신한 경우에 취하는 조치★
  3. 기계경비업무용 기기의 설치장소 및 종류와 그 밖의 기계장치의 개요★
  4. 오경보의 발생원인과 송신기기의 유지·관리방법★

47 기출 23

☑확인 Check! ○ △ ✕

경비업법령상 특수경비원의 결격사유로 옳지 않은 것은?

① 심신미약자

② 마약·대마·향정신성의약품 또는 알코올 중독자

③ 경비업법에 따른 명령을 위반하여 벌금형을 선고받은 날부터 5년이 지나지 아니한 자

④ 인질강도죄(「형법」 제336조)를 범하여 벌금형을 선고받은 날부터 5년이 지나지 아니한 자

쏙쏙 해설

① 심신미약자가 아닌 심신상실자가 특수경비원의 결격사유에 해당한다(경비업법 제10조 제2항 제2호, 동법 시행령 제10조의2 제1호).
② 경비업법 시행령 제10조의2 제2호
③ 경비업법 제10조 제2항 제3호 - 제1항 제8호
④ 경비업법 제10조 제2항 제3호 - 제1항 제6호 가목

정답 ❶

관계법령

경비지도사 및 경비원의 결격사유(경비업법 제10조)★★

② 다음 각호의 어느 하나에 해당하는 자는 특수경비원이 될 수 없다.

1. 18세 미만이거나 60세 이상인 사람 또는 피성년후견인

2. 심신상실자, 알코올 중독자 등 대통령령으로 정하는 정신적 제약이 있는 자

> **특수경비원의 결격사유(경비업법 시행령 제10조의2)**
> 법 제10조 제2항 제2호에서 "심신상실자, 알코올 중독자 등 대통령령으로 정하는 정신적 제약이 있는 자"란 다음 각호의 사람을 말한다.
> 1. 심신상실자
> 2. 마약·대마·향정신성의약품 또는 알코올 중독자
> 3. 「치매관리법」 제2조 제1호에 따른 치매, 조현병·조현정동장애·양극성정동장애(조울병)·재발성 우울장애 등의 정신질환이나 정신 발육지연, 뇌전증 등이 있는 사람. 다만, 해당 분야 전문의가 특수경비원으로서 적합하다고 인정하는 사람은 제외한다.
> [본조신설 2021.7.13.]

3. 제1항 제2호부터 제8호까지의 어느 하나에 해당하는 자

4. 금고 이상의 형의 선고유예를 받고 그 유예기간 중에 있는 자

5. 행정안전부령으로 정하는 신체조건에 미달되는 자

> **특수경비원의 신체조건(경비업법 시행규칙 제7조)**
> 법 제10조 제2항 제5호에서 "행정안전부령이 정하는 신체조건"이라 함은 팔과 다리가 완전하고 두 눈의 맨눈시력 각각 0.2 이상 또는 교정시력 각각 0.8 이상을 말한다. 〈개정 2023.7.17.〉

경비업법령상 경비지도사 및 경비원의 결격사유에 해당하지 않는 것은?

① 벌금형의 선고유예를 받고 그 유예기간이 끝난 날부터 5년이 지나지 아니한 자

② 징역 3년의 실형의 선고를 받고 그 집행이 면제된 날부터 5년이 지나지 아니한 자

③ 「형법」 제114조(범죄단체 등의 조직)의 죄를 범하여 벌금형을 선고받은 날부터 5년이 지나지 아니한 자

④ 「형법」 제297조(강간)의 죄를 범하여 치료감호를 선고받고 그 집행이 종료된 날 또는 집행이 면제된 날부터 5년이 지나지 아니한 자

핵심만 콕

② 금고 이상의 실형의 선고를 받고 그 집행이 면제된 날부터 5년이 지나지 아니한 자는 경비지도사 또는 경비원이 될 수 없다(경비업법 제10조 제1항 제3호·제2항 제3호).

③ 「형법」 제114조의 죄를 범하여 벌금형을 선고받은 날부터 10년이 지나지 아니한 자는 경비지도사 또는 경비원이 될 수 없다(경비업법 제10조 제1항 제5호 가목·제2항 제3호).

④ 「형법」 제297조의 죄를 범하여 치료감호를 선고받고 그 집행이 종료된 날 또는 집행이 면제된 날부터 10년이 지나지 아니한 자는 경비지도사 또는 경비원이 될 수 없다(경비업법 제10조 제1항 제7호·제2항 제3호).

관계법령

경비지도사 및 경비원의 결격사유(경비업법 제10조)★★

① 다음 각호의 어느 하나에 해당하는 자는 경비지도사 또는 일반경비원이 될 수 없다.

1. 18세 미만인 사람, 피성년후견인

2. 파산선고를 받고 복권되지 아니한 자

3. 금고 이상의 실형의 선고를 받고 그 집행이 종료(집행이 종료된 것으로 보는 경우를 포함)되거나 집행이 면제된 날부터 5년이 지나지 아니한 자

4. 금고 이상의 형의 집행유예선고를 받고 그 유예기간 중에 있는 자

5. 다음 각목의 어느 하나에 해당하는 죄를 범하여 벌금형을 선고받은 날부터 10년이 지나지 아니하거나 금고 이상의 형을 선고받고 그 집행이 종료된(종료된 것으로 보는 경우를 포함) 날 또는 집행이 유예·면제된 날부터 10년이 지나지 아니한 자

   가. 「형법」 제114조의 죄

   나. 「폭력행위 등 처벌에 관한 법률」 제4조의 죄

   다. 「형법」 제297조, 제297조의2, 제298조부터 제301조까지, 제301조의2, 제302조, 제303조, 제305조, 제305조의2의 죄

   라. 「성폭력범죄의 처벌 등에 관한 특례법」 제3조부터 제11조까지 및 제15조(제3조부터 제9조까지의 미수범만 해당)의 죄

   마. 「아동·청소년의 성보호에 관한 법률」 제7조 및 제8조의 죄

   바. 다목부터 마목까지의 죄로서 다른 법률에 따라 가중처벌되는 죄

6. 다음 각목의 어느 하나에 해당하는 <u>죄를 범하여 벌금형을 선고받은 날부터 5년이 지나지 아니하거나 금고 이상의 형을 선고받고 그 집행이 유예된 날부터 5년이 지나지 아니한 자</u>
   가. 「형법」 제329조부터 제331조까지, 제331조의2 및 제332조부터 제343조까지의 죄
   나. 가목의 죄로서 다른 법률에 따라 가중처벌되는 죄
   다. 삭제 〈2014.12.30.〉
   라. 삭제 〈2014.12.30.〉

7. <u>제5호 다목부터 바목까지의 어느 하나에 해당하는 죄를 범하여 치료감호를 선고받고 그 집행이 종료된 날 또는 집행이 면제된 날부터 10년이 지나지 아니한 자</u> 또는 <u>제6호 각목의 어느 하나에 해당하는 죄를 범하여 치료감호를 선고받고 그 집행이 면제된 날부터 5년이 지나지 아니한 자</u>

8. <u>이 법이나 이 법에 따른 명령을 위반하여 벌금형을 선고받은 날부터 5년이 지나지 아니하거나 금고 이상의 형을 선고받고 그 집행이 유예된 날부터 5년이 지나지 아니한 자</u>

② 다음 각호의 어느 하나에 해당하는 자는 특수경비원이 될 수 없다.
1. 18세 미만이거나 60세 이상인 사람 또는 피성년후견인
2. 심신상실자, 알코올 중독자 등 대통령령으로 정하는 정신적 제약이 있는 자
3. <u>제1항 제2호부터 제8호까지의 어느 하나에 해당하는 자</u>
4. <u>금고 이상의 형의 선고유예를 받고 그 유예기간 중에 있는 자</u>
5. 행정안전부령으로 정하는 신체조건에 미달되는 자

49 기출 22

☑ 확인Check! ○ △ ×

경비업법령상 경비지도사 및 경비원의 결격사유로 옳지 않은 것은?

① 「형법」 제114조(범죄단체 등의 조직)의 죄를 범하여 벌금형을 선고받은 날부터 10년이 지나지 아니하거나 금고 이상의 형을 선고받고 그 집행이 종료된(종료된 것으로 보는 경우를 포함한다) 날 또는 집행이 유예·면제된 날부터 10년이 지나지 아니한 자

② 「형법」 제330조(야간주거침입절도)의 죄를 범하여 벌금형을 선고받은 날부터 5년이 지나지 아니하거나 금고 이상의 형을 선고받고 그 집행이 유예된 날부터 5년이 지나지 아니한 자

③ 「아동·청소년의 성보호에 관한 법률」 제7조(아동·청소년에 대한 강간·강제추행 등)의 죄를 범하여 치료감호를 선고받고 그 집행이 종료된 날 또는 집행이 면제된 날부터 10년이 지나지 아니한 자

④ 「성폭력범죄의 처벌 등에 관한 특례법」 제3조(특수강도강간 등)의 죄를 범하여 벌금형을 선고받은 날부터 5년이 지나지 아니하거나 금고 이상의 형을 선고받고 그 집행이 유예된 날부터 5년이 지나지 아니한 자

쏙쏙 해설

④ 「성폭력범죄의 처벌 등에 관한 특례법」 제3조(특수강도강간 등)의 죄를 범하여 벌금형을 선고받은 날부터 <u>10년</u>이 지나지 아니하거나 금고 이상의 형을 선고받고 그 집행이 유예된 날부터 <u>10년</u>이 지나지 아니한 자가 경비업법 제10조 제1항 제5호 라목의 결격사유에 해당한다.

① 경비업법 제10조 제1항 제5호 가목의 결격사유에 해당한다.
② 경비업법 제10조 제1항 제6호 가목의 결격사유에 해당한다.
③ 경비업법 제10조 제1항 제7호 전단의 결격사유에 해당한다.

정답 ❹

50 기출수정 18

☑ 확인 Check! ○ △ ✕

경비업법령상 경비지도사 및 경비원의 결격사유에 관한 설명으로 옳은 것은?

① 경비지도사의 결격사유는 일반경비원의 결격사유와 구별된다.
② 19세인 사람은 특수경비원이 될 수 없다.
③ 금고 이상의 형의 선고유예를 받고 그 유예기간 중에 있는 자는 경비지도사가 될 수 있다.
④ 일반경비원이 되기 위해서는 팔과 다리가 완전하고 두 눈의 맨눈시력 각각 0.2 이상 또는 교정시력 각각 0.8 이상이어야 한다.

쏙쏙 해설

금고 이상의 형의 선고유예를 받고 그 유예기간 중에 있는 자는 특수경비원 결격사유일 뿐이고 일반경비원이나 경비지도사의 결격사유는 아니다(경비업법 제10조 제2항 제4호).★

정답 ③

핵심만 콕

① 경비지도사의 결격사유와 일반경비원의 결격사유는 동일하다(경비업법 제10조 제1항).
② 18세 미만인 사람이 특수경비원 결격사유에 해당한다(경비업법 제10조 제2항 제1호).
④ 특수경비원이 되기 위해서는 팔과 다리가 완전하고 두 눈의 맨눈시력이 각각 0.2 이상 또는 교정시력이 각각 0.8 이상이어야 한다(경비업법 시행규칙 제7조).

51 기출 15

☑ 확인 Check! ○ △ ✕

경비업법령상 특수경비원은 될 수가 없으나 경비지도사가 될 수 있는 자는?(단, 다른 결격사유는 고려하지 않음)

① 팔과 다리가 완전하고 두 눈의 교정시력이 각각 0.8인 자
② 금고 이상의 형의 선고유예를 받고 그 유예기간 중에 있는 자
③ 금고 이상의 형의 집행유예선고를 받고 그 유예기간 중에 있는 자
④ 「형법」 제114조(범죄단체 등의 조직)의 죄를 범하여 벌금형을 선고받은 날부터 10년이 지나지 아니한 자

쏙쏙 해설

금고 이상의 형의 선고유예를 받고 그 유예기간 중에 있는 자는 특수경비원에만 해당되는 결격사유이므로 정답이다.

정답 ②

핵심만 콕

① 두 눈의 교정시력이 각각 0.8인 자는 특수경비원이 될 수 있다.
③ 금고 이상의 형의 집행유예선고를 받고 그 유예기간 중에 있는 자는 특수경비원과 경비지도사의 공통되는 결격사유이다.
④ 경비지도사의 결격사유로 경비업법 제10조 제1항 제5호 가목에서 형법 제114조(범죄단체 등의 조직)의 죄를 범하여 벌금형을 선고받은 날로부터 10년이 지나지 아니한 자를 규정하고 있다. 또한 이는 특수경비원의 결격사유이기도 하다(경비업법 제10조 제2항 제3호).

52 기출 08

☑ 확인Check! ○ △ ✕

경비업법령상 일반경비원과 특수경비원 사이에 차이점이 없는 것은?

① 직무교육시간
② 경비원이 될 수 있는 신체조건
③ 파업 또는 태업을 할 수 있는 점
④ 피성년후견인이 경비원이 될 수 없는 점

쏙쏙 해설

법 제10조 제1항 각호의 규정은 일반경비원과 특수경비원 모두를 제한하는 결격사유에 해당하는 것이므로 ④는 둘을 구분하는 차이가 아닌 공통점에 해당한다.

정답 ④

핵심만 콕

일반경비원과 특수경비원의 비교★★

구 분		일반경비원	특수경비원
–		18세 미만인 사람	18세 미만 또는 60세 이상인 사람

공통 사유	* 피성년후견인 * 파산선고를 받고 복권되지 아니한 자 * 금고 이상의 실형의 선고를 받고 그 집행이 종료(집행이 종료된 것으로 보는 경우를 포함)되거나 집행이 면제된 날부터 5년이 지나지 아니한 자 * 금고 이상의 형의 집행유예선고를 받고 그 유예기간 중에 있는 자 * 범죄와 관련한 결격사유(경비업법 제10조 제1항 제3호~제8호)

	구 분		일반범죄 (제3호~제4호)	재산범죄 (제6호)*	성범죄 등의 중한 범죄(제5호)*	명령 위반 (제8호)
	–		–	자동차 등 불법사용 죄, 강도강간죄 포함	범죄단체 등의 조직의 죄, 단체 등의 구성활동의 죄 포함	–
	벌금형		✕	5년	10년	5년
	금고이상	집행유예	유예 중	5년	10년	5년
		집행종료	5년	✕	10년	✕
		집행면제	5년	✕	10년	✕
	치료감호(제7호)		✕	종료 : ✕ 면제 : 5년	종료 : 10년 면제 : 10년	✕

※ 비 고
  경비업법 제10조 제1항 제3호부터 제8호까지의 규정을 위와 같이 표로 정리하였다. 규정되어 있는 죄를 일반, 재산, 성범죄 등의 중한 범죄 등으로 구분하였고, 각 범죄에 따르는 제한 년수를 표기하였다.

신체 조건 등	–	* 금고 이상의 형의 선고유예를 받고 그 유예기간 중에 있는 자 * 행정안전부령이 정하는 신체조건(팔과 다리가 완전하고 두 눈의 맨눈시력 각각 0.2 이상 또는 교정시력 각각 0.8 이상)에 미달되는 자
파업·태업	–	특수경비원은 파업·태업 그 밖에 경비업무의 정상적인 운영을 저해하는 일체의 쟁의행위를 하여서는 아니 된다.
직무교육	2시간 이상	3시간 이상

53 기출수정 19 ☑확인Check! ○ △ ✕

경비업법상 경비원의 결격사유에 관한 설명으로 옳지 않은 것은?

① 18세 미만 또는 60세 이상인 사람은 일반경비원이 될 수 없다.

② 금고 이상의 형의 선고유예를 받고 그 유예기간 중에 있는 자는 특수경비원이 될 수 없다.

③ 금고 이상의 형의 집행유예선고를 받고 그 유예기간 중에 있는 자는 일반경비원이 될 수 없다.

④ 형법 제297조(강간)의 죄로 금고 이상의 형을 선고받고 그 집행이 유예된 날부터 10년이 지나지 아니한 자는 일반경비원 및 특수경비원이 될 수 없다.

핵심만 콕

② 금고 이상의 형이 선고유예를 받고 그 유예기간 중에 있는 자는 특수경비원에 특유한 결격사유이다(경비업법 제10조 제2항 제4호).

③ 금고 이상의 형의 집행유예선고를 받고 그 유예기간 중에 있는 자는 일반경비원·특수경비원에 공통된 결격사유에 해당한다(경비업법 제10조 제1항 제4호·동조 제2항 제3호).

④ 형법 제297조(강간)죄는 경비업법 제10조 제1항 제5호 다목의 형사범죄로 금고 이상의 형을 선고받고 그 집행이 유예된 날부터 10년이 지나지 아니한 자는 일반경비원·특수경비원에 공통된 결격사유이다(경비업법 제10조 제1항 제5호 다목·동조 제2항 제3호).

54 기출 23 ☑확인Check! ○ △ ✕

경비업법령상 경비지도사 시험 등에 관한 설명으로 옳지 않은 것은?

① 경비업법에 따른 일반경비업무에 3년 이상 종사하고 행정안전부령으로 정하는 교육과정을 이수한 사람은 경비지도사 1차시험을 면제한다.

② 경비지도사 시험은 필기시험의 방법에 의하되 제1차시험과 제2차시험으로 구분하여 실시한다.

③ 경비지도사 시험의 공고는 관보게재와 각 시·도 경찰청 게시판 및 인터넷 홈페이지에 게시하는 방법에 의한다.

④ 「대통령 등의 경호에 관한 법률」에 따른 경호공무원 또는 별정직 공무원으로 7년 이상 재직한 사람은 경비지도사 1차시험을 면제한다.

55 기출수정 21

☑ 확인 Check! ○ △ ✕

경비업법령상 경비지도사의 시험 등에 관한 설명으로 옳지 않은 것은?

① 경비지도사는 경비지도사의 결격사유가 없는 자로서 경찰청장이 시행하는 경비지도사 시험에 합격하고 대통령령으로 정하는 바에 따라 경찰청장이 실시하는 기본교육을 받은 자이어야 한다.

② 「군인사법」에 따른 각 군 전투병과 또는 군사경찰병과 부사관 이상 간부로 6년 재직한 사람은 경비지도사 제1차 시험을 면제한다.

③ 일반경비지도사의 자격을 취득한 후 기계경비지도사의 시험에 응시하는 사람은 경비지도사 제1차 시험을 면제한다.

④ 「고등교육법」에 따른 전문대학을 졸업한 사람으로서 재학 중 경비지도사 시험과목을 3과목 이상을 이수하고 졸업한 후 경비업무에 6년 종사한 사람은 경비지도사 제1차 시험을 면제한다.

쏙쏙 해설

② 「군인사법」에 따른 각 군 전투병과 또는 군사경찰병과 부사관 이상 간부로 7년 이상 재직한 사람은 경비지도사 제1차 시험을 면제한다(경비업법 시행령 제13조 제3호).
① 경비업법 제11조 제1항
③ 경비업법 시행령 제13조 제7호
④ 경비업법 시행령 제13조 제6호

정답 ②

관계법령

시험의 일부면제(경비업법 시행령 제13조)★

법 제11조(경비지도사의 시험 등) 제3항에 따라 다음 각호의 어느 하나에 해당하는 사람은 경비지도사 제1차 시험을 면제한다.

1. 「경찰공무원법」에 따른 경찰공무원으로 7년 이상 재직한 사람
2. 「대통령 등의 경호에 관한 법률」에 따른 경호공무원 또는 별정직공무원으로 7년 이상 재직한 사람
3. 「군인사법」에 따른 각 군 전투병과 또는 군사경찰병과 부사관 이상 간부로 7년 이상 재직한 사람
4. 「경비업법」에 따른 경비업무에 7년 이상(특수경비업무의 경우에는 3년 이상) 종사하고 행정안전부령으로 정하는 교육과정을 이수한 사람

> **경비지도사 시험의 일부면제(경비업법 시행규칙 제10조)★**
>
> 영 제13조 제4호에서 "행정안전부령으로 정하는 교육과정을 이수한 사람"이란 다음 각호의 하나에 해당하는 사람을 말한다.
>
> 1. 고등교육법에 의한 전문대학 이상의 교육기관(경비지도사의 시험과목 3과목 이상이 개설된 교육기관에 한한다)에서 1년 이상의 경비업무 관련과정을 마친 사람
> 2. 경찰청장이 지정하는 기관 또는 단체에서 실시하는 64시간 이상의 경비지도사 양성과정을 마치고 수료시험에 합격한 사람

5. 「고등교육법」에 따른 대학 이상의 학교를 졸업한 사람으로서 재학 중 제12조 제3항에 따른 경비지도사 시험과목을 3과목 이상을 이수하고 졸업한 후 경비업무에 종사한 경력이 3년 이상인 사람
6. 「고등교육법」에 따른 전문대학을 졸업한 사람으로서 재학 중 제12조 제3항에 따른 경비지도사 시험과목을 3과목 이상을 이수하고 졸업한 후 경비업무에 종사한 경력이 5년 이상인 사람
7. 일반경비지도사의 자격을 취득한 후 기계경비지도사의 시험에 응시하는 사람 또는 기계경비지도사의 자격을 취득한 후 일반경비지도사의 시험에 응시하는 사람
8. 「공무원임용령」에 따른 행정직군 교정직렬 공무원으로 7년 이상 재직한 사람

56 20

☑ 확인Check! ○ △ ✕

경비업법령상 경비지도사 시험의 일부를 면제하는 사람에 해당하지 않는 것은?

① 「대통령 등의 경호에 관한 법률」에 따른 경호공무원으로 7년 이상 재직한 사람
② 경비업무에 7년 이상 종사하고 경찰청장이 지정하는 기관에서 실시하는 44시간의 경비지도사 양성과정을 마치고 수료시험에 합격한 사람
③ 「공무원임용령」에 따른 행정직군 교정직렬 공무원으로 7년 이상 재직한 사람
④ 특수경비업무에 3년 이상 종사하고 「고등교육법」에 의한 전문대학 이상의 교육기관(경비지도사의 시험과목 3과목 이상이 개설된 교육기관)에서 1년 이상의 경비업무 관련과정을 마친 사람

57 17

☑ 확인Check! ○ △ ✕

경비업법령상 경비지도사의 1차 시험면제에 관한 내용이다. ( ) 안에 알맞은 것은?

• 고등교육법에 의한 전문대학 이상의 교육기관에서 (ㄱ)년 이상의 경비업무 관련 과정을 마친 사람
• 경찰청장이 지정하는 기관 또는 단체에서 실시하는 (ㄴ)시간 이상의 경비지도사 양성과정을 마치고 수료시험에 합격한 사람

① ㄱ : 1, ㄴ : 64
② ㄱ : 2, ㄴ : 68
③ ㄱ : 1, ㄴ : 72
④ ㄱ : 2, ㄴ : 78

58 기출 18

☑ 확인Check! ○ △ ✕

경비업법령상 경비지도사 시험 등에 관한 설명으로 옳은 것은?

① 경찰청장은 시험을 실시하고자 하는 때에는 시험일시 등을 시험 시행일 60일 전까지 공고하여야 한다.

② 경찰청장은 경비지도사 시험의 실시계획을 매년 수립해야 한다.

③ 「공무원임용령」에 따른 행정직군 소방직렬 공무원으로 7년 이상 재직한 사람은 1차 시험을 면제한다.

④ 경찰청장이 지정하는 기관 또는 단체에서 실시하는 44시간 이상 의 경비지도사 양성과정을 마치고 수료시험에 합격하면 1차 시험 을 면제한다.

쏙쏙 해설

경찰청장은 법 제11조 제1항에 따른 경비지도사시험(이하 "시험"이라 한다)의 실시계획을 매년 수립해야 한다(경비업법 시행령 제11조 제1항).

정답 ②

핵심만 콕

① 경찰청장은 시험을 실시하고자 하는 때에는 시험일시 등을 시험 시행일 90일 전까지 공고하여야 한다(경비업법 시행령 제11조 제2항).★

③ 「공무원임용령」에 따른 행정직군 교정직렬 공무원으로 7년 이상 재직한 사람은 1차 시험을 면제한다(경비업법 시행령 제13조 제8호).★

④ 경찰청장이 지정하는 기관 또는 단체에서 실시하는 64시간 이상의 경비지도사 양성과정을 마치고 수료시험에 합격하면 1차 시험을 면제한다(경비업법 시행규칙 제10조 제2호).★

제1장

제2장

---

59 기출 22

☑ 확인Check! ○ △ ✕

경비업법령상 경비지도사 시험 등에 관한 설명으로 옳은 것은?

① 경비지도사 시험은 매년 1회 이상 시행한다.

② 경비지도사 시험에 관하여 필요한 사항은 행정안전부령으로 정한다.

③ 경찰청장은 경비지도사 시험의 실시계획에 따라 시험을 실시하고자 하는 때에는 응시자격·시험과목·시험일시·시험장소 및 선발예정인원 등을 시험 시행일 6개월 전까지 공고하여야 한다.

④ 「경비업법」에 따른 특수경비업무에 2년 이상 종사하고 행정안전부령으로 정하는 교육과정을 이수한 사람은 경비지도사 제1차 시험을 면제한다.

쏙쏙 해설

경비업법 제11조 제3항 전단

정답 ❶

② 경비지도사 시험에 관하여 필요한 사항은 <u>대통령령으로</u> 정한다(경비업법 제11조 제3항 후단).

③ 경찰청장은 경비지도사 시험의 실시계획에 따라 시험을 실시하고자 하는 때에는 응시자격·시험과목·시험일시·시험장소 및 선발예정인원 등을 <u>시험 시행일 90일 전까지</u> 공고하여야 한다(경비업법 시행령 제11조 제2항).

④ 「경비업법」에 따른 특수경비업무에 <u>3년 이상 종사하고</u> 행정안전부령으로 정하는 교육과정을 이수한 사람이 경비지도사 제1차 시험 면제대상이다(경비업법 시행령 제13조 제4호).

60 기출수정 21 ☑확인Check! ○ △ ✕

경비업법령상 경비지도사의 선임 등에 관한 설명으로 옳지 않은 것은?

① 경비현장에 배치된 경비원에 대한 순회점검 및 감독의 직무는 선임된 경비지도사의 직무에 해당한다.

② 경비업자는 선임·배치된 경비지도사가 자격정지의 사유로 그 직무를 수행할 수 없는 때에는 7일 이내에 경비지도사를 새로이 충원하여야 한다.

③ 경비지도사는 경비원에 대한 교육을 실시하고, 행정안전부령으로 정하는 경비원 직무교육 실시대장에 그 내용을 기록하여 2년간 보존하여야 한다.

④ 경비지도사가 선임·배치된 시·도 경찰청의 관할구역과 경계를 맞닿아 인접한 시·도 경찰청의 관할구역에 배치된 경비원이 30명 이하인 경우에는 경비지도사를 따로 선임·배치하지 않을 수 있다.

쏙쏙 해설

② 경비업자는 선임·배치된 경비지도사에 결원이 있거나 자격정지 등의 사유로 그 직무를 수행할 수 없는 때에는 <u>15일 이내에</u> 경비지도사를 새로이 충원하여야 한다(경비업법 시행령 제16조 제2항).

① 경비업법 제12조 제2항 제2호
③ 경비업법 시행령 제17조 제3항
④ 경비업법 시행령 [별표 3] 제2호 전문

정답 ②

61

☑ 확인Check! ○ △ ✕

A회사는 다음과 같이 경비원을 배치하였다. 경비업법령상 선임·배치하여야 할 일반경비지도사의 인원은?

- 시설경비업무 : 서울 250명, 인천 35명, 대전 44명, 부산 150명
- 기계경비업무 : 제주 30명

① 3명
② 4명
③ 5명
④ 6명

핵심만 콕

선임·배치하여야 할 일반경비지도사의 인원을 묻고 있으므로 우선 기계경비업무를 제외한 시설경비업무만을 기준으로 필요한 일반경비지도사의 인원을 산정하여야 한다. 다음으로 관할 시·도 경찰청의 관할구역별로 경비원 200명까지는 일반경비지도사 1명을 선임·배치하고, 경비원이 200명을 초과하는 경우 200명을 초과하는 경비원 100명 단위로 일반경비지도사 1명씩을 추가로 선임·배치해야 하므로 서울의 경우 최소 2명, 대전의 경우 최소 1명, 부산의 경우 최소 1명을 선임하고, 인천은 서울의 인접 관할구역이나 배치된 경비원이 30명을 초과하고 있으므로 인천도 최소 1명의 일반경비지도사를 선임해야 한다. 따라서 A회사가 선임·배치해야 하는 일반경비지도사 인원은 최소 5명 이상이어야 한다.

관계법령

경비지도사의 선임·배치기준(경비업법 시행령 제16조 제1항 관련)(경비업법 시행령 [별표 3]) 〈개정 2023.5.15.〉

1. 경비업자는 경비원을 배치하여 영업활동을 하고 있는 지역을 관할하는 시·도 경찰청의 관할구역별로 <u>경비원 200명까지는</u> 경비지도사 1명을 선임·배치하고, 경비원이 200명을 초과하는 경우 <u>200명을 초과하는 경비원 100명 단위로</u> 경비지도사 1명씩을 추가로 선임·배치해야 한다.
2. 제1호에 따라 경비지도사가 선임·배치된 시·도 경찰청의 관할구역과 경계를 맞닿아 인접한 시·도 경찰청의 관할구역에 배치된 경비원이 <u>30명 이하인</u> 경우에는 제1호에도 불구하고 경비지도사를 따로 선임·배치하지 않을 수 있다. 이 경우 <u>제주특별자치도경찰청과 전라남도경찰청은 경계를 맞닿아 인접한 것으로 본다.</u>★
3. 제2호에 따라 경비지도사를 따로 선임·배치하지 않는 경우 <u>경비지도사 1명이 지도·감독 및 교육할 수 있는 경비원의 총수(경계를 맞닿아 인접한 시·도 경찰청의 관할구역에 배치된 경비원의 수를 합산한다)는 200명을 초과할 수 없다.</u>★★

※ 비 고

1. 시설경비업무·호송경비업무·신변보호업무 또는 특수경비업무를 하는 경비업자는 <u>일반경비지도사를 선임·배치하고</u>, 시설경비업무·호송경비업무·신변보호업무 또는 특수경비업무 중 둘 이상의 경비업무를 하는 경우에는 <u>각 경비업무에 종사하는 경비원의 수를 합산한 인원을 기준으로 경비지도사를 선임·배치해야 한다.</u> <u>다만, 특수경비업무를 수행하는 경비업자는 제19조 제1항에 따른 특수경비원 신임교육을 이수한 일반경비지도사를 선임·배치해야 한다.</u>
2. 기계경비업무를 하는 경비업자는 <u>기계경비지도사를 선임·배치해야</u> 한다.

62 기출수정 14 ☑확인Check! ○△✕

경비업법령상 경비지도사의 선임·배치기준에 관한 설명으로 옳지 않은 것은?

① 특수경비업의 경우 특수경비원 신임교육을 이수한 일반경비지도사를 선임·배치해야 한다.

② 기계경비지도사의 경우 기계경비업과 특수경비업에 한하여 선임·배치해야 한다.

③ 관할하는 시·도 경찰청의 관할구역별로 경비원 200명까지는 경비지도사 1명을 선임·배치해야 한다.

④ 관할하는 시·도 경찰청의 관할구역별로 경비원 200명을 초과하는 경우 200명을 초과하는 경비원 100명 단위로 경비지도사 1명씩을 추가로 선임·배치해야 한다.

63 기출 23 ☑확인Check! ○△✕

경비업법령상 경비지도사에 관한 설명으로 옳지 않은 것은?

① 경비지도사는 경비원의 지도·감독·교육에 관한 계획의 수립·실시 및 그 기록의 유지를 월 1회 이상 수행하여야 한다.

② 경비업자는 선임·배치된 경비지도사에 결원이 있는 경우에는 15일 이내에 경비지도사를 새로이 충원하여야 한다.

③ 경비지도사는 경비원에 대한 교육을 실시하고, 행정안전부령으로 정하는 경비원 직무교육 실시대장에 그 내용을 기록하여 1년간 보존하여야 한다.

④ 경비지도사가 선임·배치된 시·도 경찰청의 관할구역과 경계를 맞닿아 인접한 시·도 경찰청의 관할구역에 배치된 경비원이 30명 이하인 경우에는 경비지도사를 따로 선임·배치하지 않을 수 있다.

☑ 확인 Check! ○ △ ✕

경비업법령상 경비지도사에 관한 설명으로 옳지 않은 것은?

① 경비지도사는 경비원에 대한 직무교육을 실시하고, 행정안전부령으로 정하는 경비원 직무교육 실시대장에 그 내용을 기록하여 2년간 보존하여야 한다.

② 일반경비지도사자격증 취득자가 자격증 취득일부터 3년 이내에 기계경비지도사 시험에 합격하여 교육을 받을 경우에는 공통교육은 면제한다.

③ 일반경비지도사란 시설경비업무, 호송경비업무, 신변보호업무, 특수경비업무에 종사하는 경비원을 지도·감독 및 교육하는 경비지도사를 말한다.

④ 경비업자는 선임·배치된 경비지도사에 결원이 있거나 자격정지 등의 사유로 그 직무를 수행할 수 없는 때에는 90일 이내에 경비지도사를 새로이 충원하여야 한다.

쏙쏙 해설

④ 경비업자는 선임·배치된 경비지도사에 결원이 있거나 자격정지 등의 사유로 그 직무를 수행할 수 없는 때에는 15일 이내에 경비지도사를 새로이 충원하여야 한다(경비업법 시행령 제16조 제2항).
① 경비업법 시행령 제17조 제3항
② 경비업법 시행규칙 [별표 1] 비고
③ 경비업법 시행령 제10조 제1호

정답 ❹

☑ 확인 Check! ○ △ ✕

경비업법령상 (   ) 안에 들어갈 숫자로 알맞은 것은?

- 경비업자는 선임·배치된 경비지도사에 결원이 있거나 자격정지 등의 사유로 그 직무를 수행할 수 없는 때에는 (ㄱ)일 이내에 경비지도사를 새로이 충원하여야 한다.
- 기계경비업자는 관제시설 등에서 경보를 수신한 때에는 경보를 수신한 때부터 늦어도 (ㄴ)분 이내에는 도착시킬 수 있는 대응체제를 갖추어야 한다.

① ㄱ - 15,   ㄴ - 20
② ㄱ - 15,   ㄴ - 25
③ ㄱ - 20,   ㄴ - 20
④ ㄱ - 20,   ㄴ - 25

쏙쏙 해설

ㄱ에는 15가, ㄴ에는 25가 순서대로 들어가야 한다.

정답 ❷

핵심만 콕

- 경비업자는 선임·배치된 경비지도사에 결원이 있거나 자격정지 등의 사유로 그 직무를 수행할 수 없는 때에는 15일 이내에 경비지도사를 새로이 충원하여야 한다(경비업법 시행령 제16조 제2항).
- 기계경비업무를 수행하는 경비업자는 관제시설 등에서 경보를 수신한 때에는 경보를 수신한 때부터 늦어도 25분 이내에는 도착시킬 수 있는 대응체제를 갖추어야 한다(경비업법 시행령 제7조).

66 기출 22

☑ 확인Check! ○ △ ✕

경비업법령상 경비지도사의 직무로 규정되지 않은 것은?

① 경비업체와의 연락방법에 대한 지도
② 경비현장에 배치된 경비원에 대한 순회점검 및 감독
③ 경비원의 지도·감독·교육에 관한 계획의 수립·실시 및 그 기록의 유지
④ 집단민원현장에 배치된 경비원에 대한 지도·감독

관계법령

경비지도사의 선임 등(경비업법 제12조)
① 경비업자는 대통령령이 정하는 바에 따라 경비지도사를 선임하여야 한다.
② 제1항의 규정에 의하여 선임된 경비지도사의 직무는 다음과 같다.
  1. 경비원의 지도·감독·교육에 관한 계획의 수립·실시 및 그 기록의 유지
  2. 경비현장에 배치된 경비원에 대한 순회점검 및 감독
  3. 경찰기관 및 소방기관과의 연락방법에 대한 지도
  4. 집단민원현장에 배치된 경비원에 대한 지도·감독
  5. 그 밖에 대통령령이 정하는 직무

> **경비지도사의 직무 및 준수사항(경비업법 시행령 제17조)**
> ① 법 제12조 제2항 제5호에서 "대통령령이 정하는 직무"란 다음 각호의 직무를 말한다.
>   1. 기계경비업무를 위한 기계장치의 운용·감독(기계경비지도사의 경우에 한한다)
>   2. 오경보방지 등을 위한 기기관리의 감독(기계경비지도사의 경우에 한한다)

③ 선임된 경비지도사는 제2항 각호의 규정에 의한 직무를 대통령령이 정하는 바에 따라 성실하게 수행하여야 한다.

---

67 기출 17

☑ 확인Check! ○ △ ✕

경비업법령상 일반경비지도사의 직무에 관한 설명으로 옳은 것을 모두 고른 것은?

> ㄱ. 경비원의 지도·감독·교육에 관한 계획의 수립
> ㄴ. 경비현장에 배치된 경비원에 대한 순회점검 및 감독
> ㄷ. 오경보방지 등을 위한 기기관리의 감독
> ㄹ. 집단민원현장에 배치된 경비원에 대한 지도·감독

① ㄱ, ㄴ, ㄷ
② ㄱ, ㄴ, ㄹ
③ ㄱ, ㄷ, ㄹ
④ ㄴ, ㄷ, ㄹ

68 기출 19

☑ 확인 Check! ○ △ ✕

경비업법령상 경비지도사의 직무에 관한 설명으로 옳지 않은 것은?

① 경비지도사는 집단민원현장에 배치된 경비원에 대한 지도·감독을 성실하게 수행하여야 한다.

② 경비지도사는 소방기관과의 연락방법에 대한 지도를 월 1회 이상 수행하여야 한다.

③ 경비지도사는 경비원 직무교육 실시대장에 경비원 교육 내용을 기록하여 2년간 보존하여야 한다.

④ 기계경비지도사는 오경보방지 등을 위한 기기관리의 감독을 월 1회 이상 수행하여야 한다.

쏙쏙 해설

② 소방기관과의 연락방법에 대한 지도는 법령상 횟수 제한이 없다.

① 경비업법 제12조 제3항·동조 제2항 제4호

③ 경비업법 시행령 제17조 제3항

④ 경비업법 시행령 제17조 제2항·동조 제1항 제2호

정답 ②

---

69 기출 23

☑ 확인 Check! ○ △ ✕

경비업법령상 경비원의 교육 등에 관한 설명으로 옳지 않은 것은?

① 「경찰공무원 교육훈련규정」에 따른 경찰교육기관은 일반경비원 신임교육이 가능하다.

② 「군인사법」에 따른 부사관 이상으로 근무한 경력이 있는 사람은 일반경비원 신임교육대상에서 제외할 수 있다.

③ 특수경비업자는 채용 전 5년 이내에 특수경비업무에 종사하였던 경력이 있는 사람을 특수경비원으로 채용한 경우에는 해당 특수경비원을 특수경비원 신임교육대상에서 제외할 수 있다.

④ 경비업자는 특수경비원이 신임교육을 받은 때에는 경비원의 명부에 그 사실을 기재하여야 한다.

쏙쏙 해설

③ 특수경비업자는 채용 전 3년 이내에 특수경비업무에 종사하였던 경력이 있는 사람을 특수경비원으로 채용한 경우에는 해당 특수경비원을 특수경비원 신임교육대상에서 제외할 수 있다(경비업법 시행령 제19조 제2항).

① 경비업법 시행령 제18조 제1항 제2호

② 경비업법 시행령 제18조 제2항 제4호

④ 경비업법 시행규칙 제15조 제3항

정답 ③

70 기출 22

☑ 확인 Check! ○ △ ✕

경비업법령상 일반경비원 신임교육의 제외대상이 아닌 사람은?

① 「경찰공무원법」에 따른 경찰공무원으로 근무한 경력이 있는 사람
② 「대통령 등의 경호에 관한 법률」에 따른 경호공무원 또는 별정직 공무원으로 근무한 경력이 있는 사람
③ 「소방공무원법」에 따른 소방공무원으로 근무한 경력이 있는 사람
④ 「군인사법」에 따른 부사관 이상으로 근무한 경력이 있는 사람

쏙쏙 해설

③ 경비업법령상 일반경비원 신임교육의 제외대상에 해당하지 않는다(경비업법 시행령 제18조 제2항 참조).
①·②·④는 각각 경비업법 시행령 제18조 제2항 제2호, 제3호, 제4호의 신임교육 제외대상자에 해당한다.

정답 ❸

관계법령

일반경비원에 대한 교육(경비업법 시행령 제18조)

② 경비업자는 법 제13조 제1항 단서에 따라 다음 각호의 어느 하나에 해당하는 사람을 일반경비원으로 채용한 경우에는 해당 일반경비원을 일반경비원 신임교육대상에서 제외할 수 있다.

1. 법 제13조 제1항 본문 및 같은 조 제3항에 따른 일반경비원 또는 특수경비원 신임교육을 받은 사람으로서 채용 전 3년 이내에 경비업무에 종사한 경력이 있는 사람
2. 「경찰공무원법」에 따른 경찰공무원으로 근무한 경력이 있는 사람
3. 「대통령 등의 경호에 관한 법률」에 따른 경호공무원 또는 별정직공무원으로 근무한 경력이 있는 사람
4. 「군인사법」에 따른 부사관 이상으로 근무한 경력이 있는 사람
5. 경비지도사자격이 있는 사람
6. 채용 당시 법 제13조 제2항에 따른 일반경비원 신임교육을 받은 지 3년이 지나지 아니한 사람

71 기출 11

☑확인 Check! ○ △ ✕

경비업법령상 특수경비원에 대한 신임교육기관의 시설 기준으로 옳은 것은?

① 100인 이상 수용이 가능한 132m² 이상의 강의실

② 감지장치·수신장치 및 관제시설을 갖춘 99m² 이상의 기계경비 실습실

③ 소총에 의한 실탄사격이 가능하고 10개 사로 이상을 갖춘 사격장

④ 100인 이상이 동시에 사용할 수 있는 132m² 이상의 체육관 또는 운동장

관계법령

특수경비원 교육기관 시설 및 강사의 기준(경비업법 시행규칙 [별표 3]) 〈개정 2022.12.19.〉★

구 분	기 준
1. 시설기준	• 100인 이상 수용이 가능한 165m² 이상의 강의실 • 감지장치·수신장치 및 관제시설을 갖춘 132m² 이상의 기계경비실습실 • 100인 이상이 동시에 사용할 수 있는 330m² 이상의 체육관 또는 운동장 • 소총에 의한 실탄사격이 가능하고 10개 사로 이상을 갖춘 사격장
2. 강사기준	• 고등교육법에 의한 대학 이상의 교육기관에서 교육과목 관련학과의 전임강사(전문대학의 경우에는 조교수) 이상의 직에 1년 이상 종사한 경력이 있는 사람 • 박사학위를 소지한 사람으로서 교육과목 관련 분야의 연구 실적이 있는 사람 • 석사학위를 소지한 사람으로서 교육과목 관련 분야의 실무업무에 3년 이상 종사한 경력(학위 취득 전의 경력을 포함한다)이 있는 사람 • 교육과목 관련 분야에서 공무원으로 5년 이상 근무한 경력이 있는 사람 • 교육과목 관련 분야의 실무업무에 10년 이상 종사한 경력이 있는 사람 • 체포·호신술 과목의 경우 무도사범의 자격이 있는 사람으로서 교육과목 관련 분야에서 2년 이상 실무 경력(자격 취득 전의 경력을 포함한다)이 있는 사람 • 폭발물 처리요령 및 예절교육 과목의 경우 교육과목 관련 분야에서 2년 이상 실무 경력이 있는 사람

제1장

제2장

경비업법령상 경비지도사 교육과 특수경비원 신임교육의 공통적인 교육과목에 해당하는 것을 모두 고른 것은?

> ㄱ. 범죄예방론
> ㄴ. 장비사용법
> ㄷ. 화재대처법
> ㄹ. 테러 대응요령
> ㅁ. 직업윤리 및 인권보호

① ㄱ, ㄴ, ㄷ   ② ㄱ, ㄴ, ㅁ
③ ㄴ, ㄷ, ㄹ   ④ ㄷ, ㄹ, ㅁ

쏙쏙 해설

범죄예방론(ㄱ)은 특수경비원 신임교육 과목에 해당하고, 직업윤리 및 인권보호(ㅁ)은 경비지도사의 교육과목에 해당한다(경비업법 시행규칙 [별표 1]·[별표 4] 참조).

정답 ❸

핵심만 콕

경비지도사 교육의 과목 및 시간과 특수경비원 신임교육의 과목 및 시간의 비교 〈개정 2023.7.17.〉★★

구 분 (교육시간)	경비지도사 교육의 과목 및 시간 (경비업법 시행규칙 [별표 1])		구 분 (교육시간)	특수경비원 신임교육의 과목 및 시간 (경비업법 시행규칙 [별표 4])
공통교육 (24h)	「경비업법」, 「경찰관직무집행법」 등 관계법령 및 「개인정보보호법」에 따른 개인정보 보호지침 등(4h), 실무Ⅰ(4h), 실무Ⅱ(3h), 장비사용법(2h), 범죄·테러·재난 대응요령 및 화재대처법(2h), 응급처치법(2h), 직업윤리 및 인권보호(2h), 체포·호신술(2h), 입교식, 평가 및 수료식(3h)		이론교육 (15h)	「경비업법」 및 「경찰관직무집행법」 등 관계법령(8h), 「헌법」 및 형사법(4h), 범죄예방론(3h)
자격의 종류별 교육 (16h)	일반경비 지도사	• 시설경비(3h) • 호송경비(2h) • 신변보호(2h) • 특수경비(2h) • 기계경비개론(2h) • 일반경비 현장실습(5h)	실무교육 (61h)	• 테러 및 재난 대응요령(4h) • 폭발물 처리요령(6h) • 화재대처법(3h) • 응급처치법(3h) • 장비사용법(3h) • 출입통제 요령(3h) • 직업윤리 및 서비스(4h) • 기계경비실무(3h) • 정보보호 및 보안업무(6h) • 시설경비 요령(4h) • 민방공(4h) • 총기조작(3h) • 사격(8h) • 체포·호신술(4h) • 관찰·기록기법(3h)
	기계경비 지도사	• 기계경비 운용관리(4h) • 기계경비 기획 및 설계(4h) • 인력경비개론(3h) • 기계경비 현장실습(5h)		
			기타(4h)	입교식, 평가 및 수료식(4h)
계	40h		계	80h

73 기출수정 12 ☑ 확인Check! ○ △ ✕

경비업법령상 일반경비원과 특수경비원의 신임교육과목으로 공통된 과목이 아닌 것은?

① 경비업법
② 헌법 및 형사법
③ 범죄예방론
④ 체포·호신술

핵심만 콕

일반경비원과 특수경비원의 신임교육과목 비교 〈개정 2023.7.17.〉★★

구 분 (교육시간)	일반경비원 (경비업법 시행규칙 [별표 2])	구 분 (교육시간)	특수경비원 (경비업법 시행규칙 [별표 4])
이론교육 (4h)	「경비업법」 등 관계법령(2h), 범죄예방론(2h)	이론교육 (15h)	「경비업법」 및 「경찰관직무집행법」 등 관계법령(8h), 「헌법」 및 형사법(4h), 범죄예방론(3h)
실무교육 (19h)	시설경비실무(4h), 호송경비실무(2h), 신변보호실무(2h), 기계경비실무(2h), 사고예방대책(3h), 체포·호신술(2h), 장비사용법(2h), 직업윤리 및 서비스(2h)	실무교육 (61h)	테러 및 재난대응요령(4h), 폭발물 처리요령(6h), 화재대처법(3h), 응급처치법(3h), 장비사용법(3h), 출입통제 요령(3h), 직업윤리 및 서비스(4h), 기계경비실무(3h), 정보보호 및 보안업무(6h), 시설경비 요령(4h), 민방공(4h), 총기조작(3h), 사격(8h), 체포·호신술(4h), 관찰·기록기법(3h)
기 타 (1h)	입교식, 평가 및 수료식(1h)	기 타 (4h)	입교식, 평가 및 수료식(4h)
계	24h	계	80h

74 기출수정 10

☑ 확인 Check! ○ △ ✕

경비업법령상 일반경비원 신임교육의 이론교육과목에 해당하는 것은?

① 「경비법」 등 관계법령
② 경찰관직무집행법
③ 체포·호신술
④ 응급처치법

75 기출수정 20

☑ 확인 Check! ○ △ ✕

경비업법령상 일반경비원의 교육에 관한 설명으로 옳지 않은 것은?

① 경비원이 되려는 사람은 대통령령으로 정하는 교육기관에서 미리 일반경비원 신임교육을 받을 수 있다.
② 경비업자는 소속 일반경비원에게 매월 2시간 이상의 직무교육을 받도록 하여야 한다.
③ 일반경비원의 교육 실시에 필요한 사항은 대통령령으로 정한다.
④ 일반경비원에 대한 직무교육의 과목은 일반경비원의 직무수행에 필요한 이론·실무과목 및 직업윤리 등으로 한다.

76 기출수정 19

☑ 확인Check! ○ △ ✕

경비업법령상 경비원의 교육에 관한 설명으로 옳은 것을 모두 고른 것은?

> ㄱ. 경비업자는 일반경비원을 채용한 경우 해당 일반경비원에게 경비업자의 부담으로 일반경비원 신임교육을 받도록 하여야 한다.
> ㄴ. 경비업자는 경비지도사자격이 있는 사람을 일반경비원으로 채용한 경우에는 해당 일반경비원을 일반경비원 신임교육대상에서 제외할 수 있다.
> ㄷ. 특수경비업자는 소속 특수경비원에게 관할 경찰관서장이 수립한 교육계획에 따라 매월 3시간 이상의 직무교육을 받도록 하여야 한다.
> ㄹ. 경비업자는 특수경비원 신임교육을 받은 사람이 요청하는 경우에는 신임교육 이수 확인증을 발급할 수 있다.

① ㄱ, ㄴ ② ㄱ, ㄷ
③ ㄴ, ㄹ ④ ㄷ, ㄹ

쏙쏙 해설

제시된 내용 중 옳은 설명은 ㄱ과 ㄴ이다.
ㄱ. (○) 경비업법 시행령 제18조 제1항
ㄴ. (○) 경비업법 시행령 제18조 제2항 제5호

정답 ①

핵심만 콕

ㄷ. (✕) 특수경비업자는 소속 특수경비원에게 경비지도사가 수립한 교육계획에 따라 매월 행정안전부령으로 정하는 시간(3시간) 이상의 직무교육을 받도록 하여야 한다(경비업법 시행령 제19조 제3항).
ㄹ. (✕) 시·도 경찰청장 또는 경찰서장은 특수경비원 신임교육을 받은 사람이 요청하는 경우에는 신임교육 이수 확인증을 발급할 수 있다(경비업법 시행규칙 제15조 제4항).

77 기출 21

☑ 확인Check! ○ △ ✕

경비업법령상 경비원의 교육 등에 관한 설명으로 옳은 것은?

① 경비업자는 일반경비원 신임교육을 받은 사람으로서 채용 전 3년 이내에 경비업무에 종사한 경력이 있는 사람을 일반경비원 신임교육대상에서 제외할 수 있다.
② 경비원이 되려는 사람은 경비협회에서 미리 일반경비원 신임교육을 받을 수 없다.
③ 특수경비업자는 특수경비원으로 하여금 특수경비원 신임교육을 받게 하여서는 아니 된다.
④ 특수경비원의 교육 시 경비업자가 교육기관에 입회하여 행정안전부령이 정하는 바에 따라 지도·감독하여야 한다.

쏙쏙 해설

경비업법 시행령 제18조 제2항 제1호
정답 ①

78 기출 23

☑ 확인Check! ○ △ ✕

경비업법령상 특수경비원의 직무 및 무기사용 등에 관한 설명으로 옳은 것을 모두 고른 것은?

ㄱ. 시·도 경찰청장이 시설주의 신청에 의하여 무기를 구입한 경우, 시설주는 그 무기의 구입대금을 지불하고, 구입한 무기를 국가에 기부채납하여야 한다.

ㄴ. 시설주는 관할 경찰관서장으로부터 대여받은 무기를 특수경비원에게 휴대하게 하는 경우에는 관할 경찰관서장의 사전승인을 얻어야 한다.

ㄷ. 무기를 대여받은 시설주는 관할 경찰관서장이 정하는 바에 의하여 무기의 관리실태를 매월 파악하여 다음 달 5일까지 관할 경찰관서장에게 통보하여야 한다.

ㄹ. 무기를 대여받은 시설주는 수리가 필요한 무기가 있는 때에는 그 목록과 무기장비운영카드를 첨부하여 특수경비업자에게 수리를 요청하여야 한다.

① ㄱ, ㄴ
② ㄱ, ㄷ
③ ㄴ, ㄹ
④ ㄷ, ㄹ

쏙쏙 해설

제시된 내용 중 옳은 것은 ㄱ과 ㄴ이다.

정답 ❶

핵심만 콕

ㄱ. (○) 경비업법 제14조 제3항

ㄴ. (○) 경비업법 시행령 제20조 제2항

ㄷ. (✕) 무기를 대여받은 국가중요시설의 시설주 또는 관리책임자는 관할 경찰관서장이 정하는 바에 의하여 무기의 관리실태를 매월 파악하여 다음 달 3일까지 관할 경찰관서장에게 통보하여야 한다(경비업법 시행규칙 제18조 제1항 제5호).

ㄹ. (✕) 무기를 대여받은 국가중요시설의 시설주 또는 관리책임자는 수리가 필요한 무기가 있는 때에는 그 목록과 무기장비운영카드를 첨부하여 관할 경찰관서장에게 수리를 요청하여야 한다(경비업법 시행규칙 제18조 제3항 제4호).

79 기출 18

경비업법령상 특수경비원의 권리와 의무에 관한 설명으로 옳은 것은?

① 특수경비원은 총기 또는 폭발물을 가지고 대항하는 경우를 제외하고는 18세 미만의 자에 대하여는 권총을 발사하여서는 아니 된다.

② 특수경비원은 단결권을 행사할 수 없다.

③ 시설주는 고의 또는 과실로 무기를 분실한 특수경비원에 대하여 특수경비업자에게 징계 등의 조치를 요청할 수 있다.

④ 테러사건에 있어서 은밀히 작전을 수행하는 경우에는 부득이한 때에도 미리 상대방에게 경고한 후 권총을 사용하여야 한다.

쏙쏙 해설

시설주 또는 관리책임자는 고의 또는 과실로 무기(부속품을 포함한다)를 빼앗기거나 무기가 분실·도난·훼손되도록 한 특수경비원에 대하여 특수경비업자에게 교체 또는 징계 등의 조치를 요청할 수 있다(경비업법 시행규칙 제18조 제2항 전문).

정답 ③

핵심만 콕

① 특수경비원은 총기 또는 폭발물을 가지고 대항하는 경우를 제외하고는 14세 미만의 자 또는 임산부에 대해서는 권총 또는 소총을 발사하여서는 아니 된다(경비업법 제15조 제4항 제3호).

② 특수경비원은 파업·태업 그 밖에 경비업무의 정상적인 운영을 저해하는 일체의 쟁의행위를 하여서는 아니 된다(경비업법 제15조 제3항)는 조문에 대하여, 헌법재판소는 "청원경찰과 같이 무기를 휴대하고 국가중요시설의 경비업무를 수행하는 특수경비원의 경우에도, 쟁의행위가 금지될 뿐 단결권과 단체교섭권은 제한되지 않는다"라고 판단하였다(2015헌마653 결정). 특별한 사정이 없는 한 단결권이라는 의미는 노동3권(단결권, 단체교섭권, 단체행동권) 중 단결권을 의미한다.

④ 특수경비원은 사람을 향하여 권총 또는 소총을 발사하고자 하는 때에는 미리 구두 또는 공포탄에 의한 사격으로 상대방에게 경고하여야 한다. 다만 부득이한 경우에는 경고하지 아니할 수 있는데, 테러사건에 있어서 은밀히 작전을 수행하는 등의 경우가 이에 해당한다(경비업법 제15조 제4항 제1호 나목).

경비업법령상 특수경비원의 직무 및 무기사용 등에 관한 설명으로 옳은 것은?

① 무기는 관리책임자가 직접 지급·회수하여야 한다.

② 시·도 경찰청장은 필요한 경우에 관할 경찰관서장의 신청에 의하여 시설주로부터 국가에 기부채납된 무기를 대여하게 할 수 있다.

③ 관할 경찰관서장은 무기지급의 필요성이 해소되었다고 인정되는 때에는 특수경비원으로부터 즉시 무기를 회수하여야 한다.

④ 국가중요시설에 대한 경비업무의 수행을 위하여 필요한 경우에 시설주는 경찰청장의 승인에 의하여 무기를 구입한다.

쏙쏙 해설

무기는 관리책임자가 직접 지급·회수하여야 한다(경비법 제14조 제7항 제2호).

정답 ❶

핵심만 콕

② 시·도 경찰청장은 국가중요시설에 대한 경비업무의 수행을 위하여 필요하다고 인정하는 때에는 관할 경찰관서장으로 하여금 시설주의 신청에 의하여 시설주로부터 국가에 기부채납된 무기를 대여하게 하고, 시설주는 이를 특수경비원으로 하여금 휴대하게 할 수 있다(경비업법 제14조 제4항).★

③ 시설주는 무기지급의 필요성이 해소되었다고 인정되는 때에는 특수경비원으로부터 즉시 무기를 회수하여야 한다(경비업법 시행령 제20조 제4항).★

④ 시·도 경찰청장은 국가중요시설에 대한 경비업무의 수행을 위하여 필요하다고 인정하는 때에는 시설주의 신청에 의하여 무기를 구입한다. 이 경우 시설주는 그 무기의 구입대금을 지불하고, 구입한 무기를 국가에 기부채납하여야 한다(경비업법 제14조 제3항).★

81 기출 12

☑ 확인Check! ○ △ ✕

경비업법령상 무기의 휴대 및 사용에 관한 설명으로 옳은 것은?

① 일반경비원과 특수경비원은 권총을 휴대할 수 있다.

② 관할 경찰관서장으로부터 대여받은 무기를 특수경비원에게 휴대하게 하는 경우 시설주는 관할 경찰관서장의 사후승인을 얻어야 한다.

③ 시·도 경찰청장은 국가중요시설에 대한 경비업무의 수행을 위하여 필요하다고 인정하는 때에는 시설주의 신청에 의하여 무기를 구입하고, 그 구입대금은 시설주가 지불한다.

④ 관할 경찰관서장은 무기지급의 필요성이 해소되었다고 인정되는 때에는 특수경비원으로부터 즉시 무기를 회수하여야 한다.

82 기출 21

☑ 확인Check! ○ △ ✕

경비업법령상 특수경비원의 직무 및 무기사용 등에 관한 설명으로 옳은 것은?

① 시·도 경찰청장은 국가중요시설에 대한 경비업무의 수행을 위하여 필요하다고 인정하는 때에는 경비업자의 신청에 의하여 무기를 구입한다.

② 시설주가 대여받은 무기에 대하여 시설주 및 관할 경찰관서장은 무기의 관리책임을 지고, 관할 경찰관서장은 시설주 및 특수경비원의 무기관리상황을 대통령령이 정하는 바에 따라 지도·감독하여야 한다.

③ 시설주는 무기지급의 필요성이 해소되었다고 인정되는 때에는 특수경비원으로부터 24시간 이내에 무기를 회수하여야 한다.

④ 관할 경찰관서장은 시설주 및 특수경비원의 무기관리상황을 매주 1회 이상 점검하여야 한다.

핵심만 콕

① 시·도 경찰청장은 국가중요시설에 대한 경비업무의 수행을 위하여 필요하다고 인정하는 때에는 시설주의 신청에 의하여 무기를 구입한다(경비업법 제14조 제3항 전문).

③ 시설주는 제3항의 규정에 의한 무기지급의 필요성이 해소되었다고 인정되는 때에는 특수경비원으로부터 즉시 무기를 회수하여야 한다(경비업법 시행령 제20조 제4항).

④ 관할 경찰관서장은 법 제14조 제5항의 규정에 의하여 시설주 및 특수경비원의 무기관리상황을 매월 1회 이상 점검하여야 한다(경비업법 시행령 제21조).

83

☑ 확인 Check! ○ △ ✕

경비업법령상 특수경비원의 무기관리수칙 등에 관한 설명으로 옳은 것은?

① 무기를 대여받은 국가중요시설의 시설주는 무기를 지급받은 특수경비원으로 하여금 무기를 매주 1회 이상 손질하게 하여야 한다.

② 무기를 대여받은 국가중요시설의 시설주는 특수경비원에게 무기를 출납하고자 하는 때에는 탄약의 출납은 권총에 있어서는 1정당 15발 이내, 소총에 있어서는 1정당 7발 이내로 하여야 한다.

③ 무기를 대여받은 국가중요시설의 시설주는 고의 또는 과실로 무기(부속품을 포함한다)를 빼앗기거나 무기가 분실·도난 또는 훼손되도록 한 특수경비원에 대하여 특수경비업자에게 교체 또는 징계 등의 조치를 요청하여야 한다.

④ 무기를 대여받은 국가중요시설의 시설주는 무기를 수송하는 때에는 출발하기 전에 관할 경찰서장에게 그 사실을 통보하여야 하며, 통보를 받은 관할 경찰서장은 2인 이상의 무장경찰관을 무기를 수송하는 자동차 등에 함께 타도록 하여야 한다.

쏙쏙 해설

경비업법 시행규칙 제18조 제3항 제3호

정답 ❶

핵심만 콕

② 무기를 대여받은 국가중요시설의 시설주가 특수경비원에게 무기를 출납하고자 하는 때에는 탄약의 출납은 소총에 있어서는 1정당 15발 이내, 권총에 있어서는 1정당 7발 이내로 하여야 한다(경비업법 시행규칙 제18조 제3항 제2호 전단).

③ 무기를 대여받은 국가중요시설의 시설주는 고의 또는 과실로 무기(부속품을 포함한다)를 빼앗기거나 무기가 분실·도난 또는 훼손되도록 한 특수경비원에 대하여 특수경비업자에게 교체 또는 징계 등의 조치를 요청할 수 있다(경비업법 시행규칙 제18조 제2항 전문).

④ 무기를 대여받은 국가중요시설의 시설주는 무기를 수송하는 때에는 출발하기 전에 관할 경찰서장에게 그 사실을 통보하여야 하며, 통보를 받은 관할 경찰서장은 1인 이상의 무장경찰관을 무기를 수송하는 자동차 등에 함께 타도록 하여야 한다(경비업법 시행규칙 제18조 제6항).

☑ 확인 Check! ○ △ ✕

경비업법령상의 내용으로 옳은 것을 모두 고른 것은?

ㄱ. 군인사법에 따른 각 군 전투병과 또는 군사경찰병과 부사관 이상 간부로 7년 이상 재직한 사람은 경비지도사 제1차 시험을 면제한다.

ㄴ. 경비업자는 도급을 의뢰받은 경비업무가 위법 또는 부당한 것일 때에는 거부하여야 한다.

ㄷ. 특수경비업자는 특수경비원으로 하여금 배치된 경비구역 안에서 시·도 경찰청장 및 공항경찰대장 등 국가중요시설의 경비책임자의 감독을 받아 경비하는 것이며, 국가중요시설 시설주의 감독은 받지 않는다.

ㄹ. 국가중요시설의 시설주는 형사사건으로 인하여 조사를 받고 있는 특수경비원에 대해서는 무기를 지급할 수 있으나, 형사사건으로 기소된 특수경비원에 대하여는 무기를 지급해서는 안 된다.

① ㄱ, ㄴ   ② ㄱ, ㄷ
③ ㄴ, ㄹ   ④ ㄷ, ㄹ

쏙쏙 해설

제시된 내용 중 옳은 것은 ㄱ과 ㄴ이다.
ㄱ. (○) 경비업법 시행령 제13조 제3호
ㄴ. (○) 경비업법 제7조 제2항

정답 ❶

핵심만 콕

ㄷ. (✕) 특수경비업자는 특수경비원으로 하여금 배치된 경비구역 안에서 관할 경찰서장 및 공항경찰대장 등 국가중요시설의 경비책임자와 국가중요시설의 시설주의 감독을 받아 시설을 경비하고 도난·화재 그 밖의 위험의 발생을 방지하는 업무를 수행하게 하여야 한다(경비업법 제14조 제1항).

ㄹ. (✕) 국가중요시설의 시설주는 형사사건으로 인하여 조사를 받고 있는 특수경비원에 대해서도 무기를 지급해서는 안 된다(경비업법 시행규칙 제18조 제5항 제1호).

85 기출 20

☑ 확인Check! ○ △ ✕

경비업법령상 특수경비원의 무기휴대 및 관리에 관한 설명으로 옳은 것은?

① 시설주는 특수경비원이 휴대할 무기를 대여받고자 하는 때에는 무기대여신청서를 관할 경찰관서장을 거쳐 경찰청장에게 제출하여야 한다.

② 시설주는 무기의 관리를 위한 책임자를 지정하고 관할 경찰관서장에게 이를 통보하여야 한다.

③ 특수경비원이 휴대할 수 있는 무기종류는 권총에 한한다.

④ 시설주는 자체계획을 수립하여 보관하고 있는 무기를 매월 1회 이상 손질할 수 있게 하여야 한다.

쏙쏙 해설

경비업법 시행규칙 제18조 제1항 제1호

정답 ❷

핵심만 콕

① <u>시설주는</u> 특수경비원이 휴대할 무기를 대여받고자 하는 때에는 <u>무기대여신청서를 관할 경찰서장 및 공항경찰대장 등 국가중요시설의 경비책임자</u>(이하 "관할 경찰관서장"이라 한다)를 거쳐 <u>시·도 경찰청장에게</u> 제출하여야 한다(경비업법 시행령 제20조 제1항).

③ 특수경비원이 휴대할 수 있는 무기종류는 <u>권총 및 소총으로 한다</u>(경비업법 시행령 제20조 제5항).

④ 시설주는 자체계획을 수립하여 보관하고 있는 무기를 <u>매주 1회 이상</u> 손질할 수 있게 하여야 한다(경비업법 시행규칙 제18조 제1항 제8호).

---

86 기출 19

☑ 확인Check! ○ △ ✕

경비업법령상 특수경비원의 무기사용 및 무기관리수칙에 관한 설명으로 옳지 않은 것은?

① 관할 경찰관서장은 시설주 및 특수경비원의 무기관리상황을 매월 1회 이상 점검하여야 한다.

② 국가중요시설의 시설주는 자체계획을 수립하여 보관하고 있는 무기를 매주 1회 이상 손질할 수 있게 하여야 한다.

③ 국가중요시설에 침입한 무장간첩이 특수경비원으로부터 투항을 요구받고도 이에 불응한 때에는 무기를 사용하여 위해를 끼칠 수 있다.

④ 국가중요시설의 시설주는 수리가 필요한 무기가 있는 때에는 그 목록과 무기장비운영카드를 첨부하여 시·도 경찰청장에게 수리를 요청하여야 한다.

쏙쏙 해설

④ 국가중요시설의 시설주는 수리가 필요한 무기가 있는 때에는 그 목록과 무기장비운영카드를 첨부하여 관할 경찰관서장에게 수리를 요청하여야 한다(경비업법 시행규칙 제18조 제3항 제4호).

① 경비업법 시행령 제21조

② 경비업법 시행규칙 제18조 제1항 제8호

③ 경비업법 제14조 제8항 단서 제2호

정답 ❹

87 기출 19

☑ 확인 Check! ○ △ ✕

경비업법령상 특수경비원이 경고하지 아니하고 사람을 향하여 권총을 발사할 수 있는 부득이한 때가 아닌 것은?

① 특수경비원이 급습을 받아 상황이 급박하여 경고할 시간적 여유가 없는 경우

② 타인의 생명·신체에 대한 중대한 위험을 야기하는 범행이 목전에 실행되고 있는 등 상황이 급박하여 경고할 시간적 여유가 없는 경우

③ 경비업무 수행 중 절도범과 마주친 경우

④ 테러사건에 있어서 은밀히 작전을 수행하는 경우

쏙쏙 해설

③ 특수경비원이 절도범에게 미리 구두 또는 공포탄에 의한 사격으로 경고하여야 한다(경비업법 제15조 제4항 제1호 본문).

①·② 경비업법 제15조 제4항 제1호 단서 가목

④ 경비업법 제15조 제4항 제1호 나목

정답 ❸

88 기출 16

☑ 확인 Check! ○ △ ✕

경비업법령상 특수경비원에 관한 내용으로 옳지 않은 것은?

① 특수경비원은 소속 상사의 허가 또는 정당한 사유 없이 경비구역을 벗어나서는 아니 된다.

② 특수경비원의 교육 시 관할 경찰서 소속 경찰공무원이 교육기관에 입회하여 대통령령이 정하는 바에 따라 지도·감독하여야 한다.

③ 특수경비원은 국가중요시설에 대한 경비업무 수행 중 국가중요시설의 정상적인 운영을 해치는 장해를 일으켜서는 아니 된다.

④ 특수경비원은 총기 또는 폭발물을 가지고 대항하는 경우를 제외하고는 만 18세 미만의 자에 대하여는 권총을 발사하여서는 아니 된다.

쏙쏙 해설

특수경비원은 총기 또는 폭발물을 가지고 대항하는 경우를 제외하고는 14세 미만의 자 또는 임산부에 대하여는 권총 또는 소총을 발사하여서는 아니 된다(경비업법 제15조 제4항 제3호).

정답 ❹

특수경비원의 의무(경비업법 제15조)★★

① 특수경비원은 직무를 수행함에 있어 시설주·관할 경찰관서장 및 소속상사의 직무상 명령에 복종하여야 한다.

② 특수경비원은 소속상사의 허가 또는 정당한 사유 없이 경비구역을 벗어나서는 아니 된다.

③ 특수경비원은 파업·태업 그 밖에 경비업무의 정상적인 운영을 저해하는 일체의 쟁의행위를 하여서는 아니 된다.

④ 특수경비원이 무기를 휴대하고 경비업무를 수행하는 때에는 다음 각호의 어느 하나에서 정하는 무기의 안전사용 수칙을 지켜야 한다. 〈개정 2024.2.13.〉

　1. 특수경비원은 사람을 향하여 권총 또는 소총을 발사하고자 하는 때에는 미리 구두 또는 공포탄에 의한 사격으로 상대방에게 경고하여야 한다. 다만, 다음 각목의 1에 해당하는 경우로서 부득이한 때에는 경고하지 아니할 수 있다.

　　가. 특수경비원을 급습하거나 타인의 생명·신체에 대한 중대한 위험을 야기하는 범행이 목전에 실행되고 있는 등 상황이 급박하여 경고할 시간적 여유가 없는 경우

　　나. 인질·간첩 또는 테러사건에 있어서 은밀히 작전을 수행하는 경우

　2. 특수경비원은 무기를 사용하는 경우에 있어서 범죄와 무관한 다중의 생명·신체에 위해를 가할 우려가 있는 때에는 이를 사용하여서는 아니 된다. 다만, 무기를 사용하지 아니하고는 타인 또는 특수경비원의 생명·신체에 대한 중대한 위협을 방지할 수 없다고 인정되는 때에는 필요한 최소한의 범위 안에서 이를 사용할 수 있다.

　3. 특수경비원은 총기 또는 폭발물을 가지고 대항하는 경우를 제외하고는 14세 미만의 자 또는 임산부에 대하여는 권총 또는 소총을 발사하여서는 아니 된다.

89 기출 23

☑ 확인Check! ○ △ ✕

경비업법령상 특수경비원의 의무에 관한 설명으로 옳지 않은 것은?

① 특수경비원은 소속 상사의 허가 또는 정당한 사유 없이 경비구역을 벗어나서는 아니 된다.

② 특수경비원은 쟁의행위 유형 중 태업은 할 수 있지만, 파업은 할 수 없다.

③ 특수경비원은 총기 또는 폭발물을 가지고 대항하는 경우를 제외하고는 14세 미만의 자 또는 임산부에 대하여는 권총 또는 소총을 발사하여서는 아니 된다.

④ 특수경비원은 사람을 향하여 권총 또는 소총을 발사하고자 하는 때에는 미리 구두 또는 공포탄에 의한 사격으로 상대방에게 경고하는 것이 원칙이다.

② 특수경비원은 파업·태업 그 밖에 경비업무의 정상적인 운영을 저해하는 일체의 쟁의행위를 하여서는 아니 된다(경비업법 제15조 제3항).
① 경비업법 제15조 제2항
③ 경비업법 제15조 제4항 제3호
④ 경비업법 제15조 제4항 제1호 본문

정답 ❷

90 기출 22

☑ 확인Check! ○ △ ✕

경비업법령상 특수경비원의 의무에 관한 설명으로 옳은 것은?

① 특수경비원은 직무를 수행함에 있어 시설주·관할 경찰관서장 및 소속 상사의 직무상 명령에 복종하여야 한다.

② 특수경비원은 시설주의 허가 또는 정당한 사유 없이 경비구역을 벗어나서는 아니 된다.

③ 특수경비원은 경비업무의 정상적인 운영을 저해한다 하더라도 파업·태업이 아닌 다른 방법에 의한 쟁의행위는 가능하다.

④ 특수경비원은 14세 미만의 자 또는 임산부에 대하여는 어떠한 경우라도 소총을 발사하여서는 아니 된다.

핵심만 콕

② 특수경비원은 <u>소속 상사의 허가</u> 또는 정당한 사유 없이 경비구역을 벗어나서는 아니 된다(경비업법 제15조 제2항).

③ 특수경비원은 파업·태업 그 밖에 경비업무의 정상적인 운영을 저해하는 일체의 쟁의행위를 하여서는 아니 된다(경비업법 제15조 제3항).

④ 특수경비원은 <u>총기 또는 폭발물을 가지고 대항하는 경우를 제외하고는</u> 14세 미만의 자 또는 임산부에 대하여는 권총 또는 소총을 발사하여서는 아니 된다(경비업법 제15조 제4항 제3호).

91 기출 14

☑ 확인Check! ○ △ ✕

경비업법령상 특수경비원의 의무에 관한 설명으로 옳은 것은?

① 쟁의행위 유형 중 태업은 할 수 있지만, 파업은 할 수 없다.

② 관할 경찰관서장의 허가 없이 경비구역을 벗어나서는 아니 된다.

③ 직무를 수행함에 있어 시설주·관할 경찰관서장 및 소속상사의 직무상 명령에 복종해야 한다.

④ 사람을 향하여 권총을 발사하고자 하는 때에는 구두에 의한 경고가 아닌 공포탄 사격에 의한 경고가 선행되어야 한다.

핵심만 콕

① 특수경비원은 파업·태업 그 밖에 경비업무의 정상적인 운영을 저해하는 일체의 쟁의행위를 하여서는 아니 된다(경비업법 제15조 제3항).

② 관할 경찰관서장이 아닌 소속상사의 허가 또는 정당한 사유 없이 경비구역을 벗어나서는 아니 된다(경비업법 제15조 제2항).

④ 특수경비원은 사람을 향하여 권총 또는 소총을 발사하고자 하는 때에는 미리 구두 또는 공포탄에 의한 사격으로 상대방에게 경고하여야 한다(경비업법 제15조 제4항 제1호).

92 기출 21

☑ 확인 Check! ○ △ ×

경비업법령상 특수경비원의 의무에 관한 설명으로 옳은 것은?

① 소속상사의 허가 또는 정당한 사유 없이 경비구역을 벗어나서는 아니 된다.

② 사람을 향하여 권총 또는 소총을 발사하고자 하는 때에는 인질사건에 있어서 은밀히 작전을 수행하는 경우로서 부득이한 때에도 공포탄에 의한 사격으로 상대방에게 경고하여야 한다.

③ 무기를 사용하지 아니하고는 타인의 생명·신체에 대한 중대한 위협을 방지할 수 없다고 인정되는 때에는 필요한 최대한의 범위 안에서 이를 사용하여야 한다.

④ 임산부가 총기 또는 폭발물을 가지고 대항하는 경우에도 임산부에 대하여 소총을 발사하여서는 아니 된다.

핵심만 콕

② 특수경비원은 사람을 향하여 권총 또는 소총을 발사하고자 하는 때에는 미리 구두 또는 공포탄에 의한 사격으로 상대방에게 경고하여야 한다. 다만, 특수경비원을 급습하거나 타인의 생명·신체에 대한 중대한 위험을 야기하는 범행이 목전에 실행되고 있는 등 상황이 급박하여 경고할 시간적 여유가 없는 경우, 인질·간첩 또는 테러사건에 있어서 은밀히 작전을 수행하는 경우로서 부득이한 경우에는 경고하지 아니할 수 있다(경비업법 제15조 제4항 제1호).

③ 특수경비원은 무기를 사용하는 경우에 있어서 범죄와 무관한 다중의 생명·신체에 위해를 가할 우려가 있는 때에는 이를 사용하여서는 아니 된다. 다만, 무기를 사용하지 아니하고는 타인 또는 특수경비원의 생명·신체에 대한 중대한 위협을 방지할 수 없다고 인정되는 때에는 필요한 최소한의 범위 안에서 이를 사용할 수 있다(경비업법 제15조 제4항 제2호).

④ 특수경비원은 임산부가 총기 또는 폭발물을 가지고 대항하는 경우에는 임산부에 대하여 권총 또는 소총을 발사할 수 있다(경비업법 제15조 제4항 제3호 반대해석).

93 기출 20

☑ 확인 Check! ○ △ ×

경비업법령상 특수경비원이 직무상 복종하여야 하는 명령권자로 명시되지 않은 자는?

① 시·도 경찰청장

② 관할 경찰관서장

③ 시설주

④ 소속상사

94 기출 12

☑ 확인 Check! ○ △ ✕

경비업법령상 특수경비원의 의무에 관한 설명으로 옳지 않은 것은?

① 특수경비원은 소속상사의 허가 또는 정당한 사유 없이 경비구역을 벗어나서는 아니 된다.

② 특수경비원은 직무를 수행함에 있어 시설주·관할 경찰관서장 및 소속 상사의 직무상 명령에 복종하여야 한다.

③ 특수경비원이 무기를 휴대하고 경비업무를 수행하는 때에는 14세 미만의 자가 총기를 가지고 대항하는 경우에도 그에 대하여 권총을 발사하여서는 아니 된다.

④ 특수경비원은 파업·태업 그 밖에 경비업무의 정상적인 운영을 저해하는 일체의 쟁의행위를 하여서는 아니 된다.

쏙쏙 해설

특수경비원은 총기 또는 폭발물을 가지고 대항하는 경우를 제외하고는 14세 미만의 자 또는 임산부에 대하여는 권총 또는 소총을 발사하여서는 아니 된다(경비업법 제15조 제4항 제3호).

정답 ❸

95 기출 19

☑ 확인 Check! ○ △ ✕

경비업법령상 경비원 등의 의무에 관한 내용이다. (   )에 들어갈 내용이 옳은 것은?

> 경비원은 직무를 수행함에 있어 타인에게 (   )을 과시하거나 물리력을 행사하는 등 경비업무의 범위를 벗어난 행위를 하여서는 아니 된다.

① 위 력 ② 권 력

③ 사술(詐術) ④ 공권력

쏙쏙 해설

제시된 내용은 경비업법 제15조의2 제1항의 내용으로 (   ) 안에는 위력이 들어간다.

정답 ❶

관계법령

경비원 등의 의무(경비업법 제15조의2)
① 경비원은 직무를 수행함에 있어 타인에게 위력을 과시하거나 물리력을 행사하는 등 경비업무의 범위를 벗어난 행위를 하여서는 아니 된다.
② 누구든지 경비원으로 하여금 경비업무의 범위를 벗어난 행위를 하게 하여서는 아니 된다.

96 기출 23

☑ 확인Check! ○ △ ✕

경비업법령상 경비원의 복장·장비 등에 관한 설명으로 옳지 않은 것은?

① 경비원은 근무 중 경비업무 수행에 필요한 것으로서 공격적인 용도로 제작된 장비를 휴대할 수 있다.

② 경비업자는 출동차량 등의 도색 및 표지를 정하고 이를 확인할 수 있는 사진을 첨부하여 주된 사무소를 관할하는 시·도 경찰청장에게 행정안전부령으로 정하는 바에 따라 신고하여야 한다.

③ 경비원이 휴대할 수 있는 장비의 종류는 경적·단봉·분사기 등 행정안전부령으로 정하되, 근무 중에만 이를 휴대할 수 있다.

④ 누구든지 장비를 임의로 개조하여 통상의 용법과 달리 사용함으로써 다른 사람의 생명·신체에 위해를 가하여서는 아니 된다.

쏙쏙 해설

① 경비원은 근무 중 경적, 단봉, 분사기, 안전방패, 무전기 및 그 밖에 경비업무 수행에 필요한 것으로서 공격적인 용도로 제작되지 아니하는 장비를 휴대할 수 있으며, 안전모 및 방검복 등 안전장비를 착용할 수 있다(경비업법 시행규칙 제20조 제1항).
② 경비업법 제16조의3 제2항
③ 경비업법 제16조의2 제1항
④ 경비업법 제16조의2 제3항

정답 ❶

---

97 기출 21

☑ 확인Check! ○ △ ✕

경비업법령상 경비원의 복장, 장비, 출동차량 등에 관한 설명으로 옳지 않은 것은?

① 경비원은 근무 중 경적, 단봉, 분사기 등 장비를 휴대할 수 있다.

② 경비업자는 경비업무 수행 시 경비원에게 소속 경비업체를 표시한 이름표를 부착하도록 하여야 한다.

③ 집단민원현장에서 신변보호업무를 수행하는 경우에는 동일한 복장을 착용하지 아니할 수 있다.

④ 경비업자는 출동차량 등의 도색 및 표지를 경찰차량 및 군차량과 명확히 구별될 수 있게 하여야 한다.

쏙쏙 해설

경비업법 제16조 제2항 단서(집단민원현장이 아닌 곳에서 신변보호업무를 수행하는 경우 또는 경비업무의 성격상 부득이한 사유가 있어 관할 경찰관서장이 허용하는 경우에는 그러하지 아니하다)의 반대해석상 경비업자는 경비원이 집단민원현장에서 신변보호업무를 수행하는 경우에는 동일한 복장을 착용하게 하여야 한다.

정답 ❸

핵심만 콕

① 경비원이 휴대할 수 있는 장비의 종류는 경적·단봉·분사기 등 행정안전부령으로 정하되, 근무 중에만 이를 휴대할 수 있다(경비업법 제16조의2 제1항).

② 경비업자는 경비업무 수행 시 경비원에게 소속 경비업체를 표시한 이름표를 부착하도록 하고, 제1항에 따라 신고된 동일한 복장을 착용하게 하여야 하며, 복장에 소속 회사를 오인할 수 있는 표시를 하거나 다른 회사의 복장을 착용하게 하여서는 아니 된다(경비업법 제16조 제2항 본문).

④ 경비업법 제16조의3 제1항

98 기출 18

☑ 확인Check! ○ △ ✕

경비업법령상 경비원의 복장 및 장비 등에 관한 설명으로 옳은 것은?

① 경비원은 근무 중 경비업무 수행에 필요한 것으로서 공격적인 용도로 제작되지 아니하는 장비를 휴대할 수 있다.

② 경비업자는 경비업무 수행상 필요한 경우 경비원에게 소속 경비업체를 표시한 이름표를 부착하도록 할 수 있다.

③ 집단민원현장에서 신변보호업무를 수행하는 경우에 경비업자는 신고된 동일한 복장과 다른 복장을 경비원에게 착용하게 할 수 있다.

④ 경비업무 수행 시 경비원의 이름표는 경비업자가 지정한 부위에 부착하여야 한다.

쏙쏙 해설

경비원은 근무 중 경적, 단봉, 분사기, 안전방패, 무전기 및 그 밖에 경비 업무 수행에 필요한 것으로서 공격적인 용도로 제작되지 아니하는 장비를 휴대할 수 있으며, 안전모 및 방검복 등 안전장비를 착용할 수 있다(경비업법 시행규칙 제20조 제1항).

정답 ❶

핵심만 콕

② 경비업자는 경비업무 수행상 필요한 경우 경비원에게 소속 경비업체를 표시한 이름표를 부착하도록 하여야 한다(경비업법 제16조 제2항 본문).

③ 경비업법 제16조 제2항 단서(다만, 집단민원현장이 아닌 곳에서 신변보호업무를 수행하는 경우 또는 경비업무의 성격상 부득이한 사유가 있어 관할 경찰관서장이 허용하는 경우에는 그러하지 아니하다)의 반대해석상 경비업자는 집단민원현장에서 신변보호업무를 수행하는 경우에 신고된 복장과 다른 복장을 경비원에게 착용하게 할 수 없다.

④ 경비원은 경비업무 수행 시 이름표를 경비원 복장의 상의 가슴 부위에 부착하여 경비원의 이름을 외부에서 알아볼 수 있도록 하여야 한다(경비업법 시행규칙 제19조 제4항). 경비업자가 지정한 부위에 이름표를 부착하여야 한다는 규정은 없다.

99 기출 22

☑ 확인 Check! ○ △ ✕

경비업법령상 출동차량에 관한 내용이다. ( )에 들어갈 내용으로 옳은 것은?

경비업자는 출동차량 등의 도색 및 표지를 (ㄱ)차량 및 (ㄴ) 차량과 명확히 구별될 수 있게 하여야 한다.

① ㄱ : 소방, ㄴ : 군
② ㄱ : 소방, ㄴ : 구급
③ ㄱ : 경찰, ㄴ : 군
④ ㄱ : 경찰, ㄴ : 구급

100 기출 19

☑ 확인 Check! ○ △ ✕

경비업법령상 경비원의 복장에 관한 내용이다. ( )에 들어갈 내용이 바르게 연결된 것은?

경비업자는 경찰공무원 또는 군인의 제복과 색상 및 디자인 등이 명확히 구별되는 소속 경비원의 복장을 정하고 이를 확인할 수 있는 사진을 첨부하여 주된 사무소를 관할하는 (ㄱ)에게 행정안전부령으로 정하는 바에 따라 신고하여야 한다. (ㄱ)은 제출받은 사진을 검토한 후 경비업자에게 복장 변경 등에 대한 (ㄴ)을 할 수 있다.

① ㄱ : 경찰서장, ㄴ : 시정명령
② ㄱ : 경찰서장, ㄴ : 이행명령
③ ㄱ : 시·도 경찰청장, ㄴ : 이행명령
④ ㄱ : 시·도 경찰청장, ㄴ : 시정명령

관계법령

경비원의 복장 등(경비업법 제16조)
① 경비업자는 경찰공무원 또는 군인의 제복과 색상 및 디자인 등이 명확히 구별되는 소속 경비원의 복장을 정하고 이를 확인할 수 있는 사진을 첨부하여 주된 사무소를 관할하는 시·도 경찰청장에게 행정안전부령으로 정하는 바에 따라 신고하여야 한다.
③ 시·도 경찰청장은 제1항에 따라 제출받은 사진을 검토한 후 경비업자에게 복장 변경 등에 대한 시정명령을 할 수 있다.

101 기출 14

☑ 확인Check! ○ △ ✕

경비업법령상 경비원의 복장·장비 등에 관한 설명으로 옳지 않은 것은?

① 경비원은 근무 중 경비업무 수행에 필요한 것으로서 공격적인 용도로 제작된 장비를 휴대할 수 있다.

② 경비업자가 경비원으로 하여금 분사기를 휴대하여 직무를 수행하게 하는 경우에는 「총포·도검·화약류 등 단속법」에 따라 미리 분사기의 소지허가를 받아야 한다.

③ 경비원은 경비업무 수행 시 이름표를 경비원복장의 상의 가슴 부위에 부착하여 경비원의 이름을 외부에서 알아볼 수 있도록 해야 한다.

④ 경비업자는 출동차량 등의 도색 및 표지를 정하고 이를 확인할 수 있는 사진을 첨부하여 운행하기 전에 주된 사무소를 관할하는 시·도 경찰청장에게 신고해야 한다.

102 기출 22

☑ 확인Check! ○ △ ✕

경비업법령상 경비원의 복장과 장비에 관한 설명으로 옳지 않은 것은?

① 경비업자는 경찰공무원 또는 군인의 제복과 색상 및 디자인 등이 명확히 구별되는 소속 경비원의 복장을 정하여야 한다.

② 경비업자는 집단민원현장이 아닌 곳에서 신변보호업무를 수행하는 경비원에게도 소속 경비업체를 표시한 이름표를 부착하도록 해야 한다.

③ 누구든지 경비원이 휴대할 수 있는 장비를 임의로 개조하여 통상의 용법과 달리 사용함으로써 다른 사람의 생명·신체에 위해를 가하여서는 아니 된다.

④ 경비원은 경비업무를 위하여 필요하다고 인정되는 상당한 이유가 있을 때에는 필요한 최소한도에서 경비업법령에서 정한 장비를 사용할 수 있다.

103 기출 15

☑ 확인Check! ○ △ ✕

경비업법령상 경비원의 복장·장비 등에 관한 설명으로 옳지 않은 것은?

① 경비업자는 경찰공무원 또는 군인의 제복과 색상 및 디자인 등이 명확히 구별되는 소속 경비원의 복장을 정하여 주된 사무소를 관할하는 경찰서장에게 신고하여야 한다.

② 경비원은 근무 중 경적, 단봉, 분사기, 안전방패, 무전기 및 그 밖에 경비 업무 수행에 필요한 것으로서 공격적인 용도로 제작되지 아니한 장비를 휴대할 수 있다.

③ 경비업자가 경비원으로 하여금 분사기를 휴대하여 직무를 수행하게 하는 경우에는 「총포·도검·화약류 등 단속법」에 따라 미리 분사기의 소지허가를 받아야 한다.

④ 장비를 임의로 개조하여 통상의 용법과 달리 사용함으로써 다른 사람의 생명·신체에 위해를 가하여서는 아니 된다.

경비업자는 경찰공무원 또는 군인의 제복과 색상 및 디자인 등이 명확히 구별되는 소속 경비원의 복장을 정하고 이를 확인할 수 있는 사진을 첨부하여 주된 사무소를 관할하는 시·도 경찰청장에게 행정안전부령으로 정하는 바에 따라 신고하여야 한다(경비업법 제16조 제1항).

정답 ❶

핵심만 콕

② 경비원은 근무 중 경적, 단봉, 분사기, 안전방패, 무전기 및 그 밖에 경비업무 수행에 필요한 것으로서 공격적인 용도로 제작되지 아니하는 장비를 휴대할 수 있으며, 안전모 및 방검복 등 안전장비를 착용할 수 있다(경비업법 시행규칙 제20조 제1항).

③ 경비업법 제16조의2 제2항

④ 누구든지 장비를 임의로 개조하여 통상의 용법과 달리 사용함으로써 다른 사람의 생명·신체에 위해를 가하여서는 아니 된다(경비업법 제16조의2 제3항).

104 기출 20

☑확인 Check! ○ △ ✕

경비업법령상 경비원의 휴대장비의 구체적 기준으로 옳지 않은 것은?

① 경적 : 금속이나 플라스틱 재질의 호루라기
② 단봉 : 금속(합금 포함)이나 플라스틱 재질의 전장 700mm 이하의 호신용 봉
③ 분사기 : 「경찰관직무집행법」에 따른 분사기
④ 안전방패 : 플라스틱 재질의 폭 500mm 이하, 길이 1,000mm 이하의 방패로 경찰공무원이 사용하는 안전방패와 색상 및 디자인이 명확히 구분되어야 함

쏙쏙 해설

분사기는 「총포·도검·화약류 등의 안전관리에 관한 법률」에 따른 분사기를 기준으로 한다(경비업법 시행규칙 [별표 5]).

정답 ③

관계법령

경비원 휴대장비의 구체적인 기준(경비업법 시행규칙 [별표 5]) 〈개정 2023.7.17.〉

장 비	장비기준
1. 경 적	금속이나 플라스틱 재질의 호루라기
2. 단 봉	금속(합금 포함)이나 플라스틱 재질의 전장 700mm 이하의 호신용 봉
3. 분사기	「총포·도검·화약류 등의 안전관리에 관한 법률」에 따른 분사기
4. 안전방패	플라스틱 재질의 폭 500mm 이하, 길이 1,000mm 이하의 방패로 경찰공무원이 사용하는 안전방패와 색상 및 디자인이 명확히 구분되어야 함
5. 무전기	무전기 송신 시 실시간으로 수신이 가능한 것
6. 안전모	얼굴을 가리지 아니하면서, 머리를 보호하는 장비로 경찰공무원이 사용하는 방석모와 색상 및 디자인이 명확히 구분되어야 함
7. 방검복	경찰공무원이 사용하는 방검복과 색상 및 디자인이 명확히 구분되어야 함

105 기출 19

☑ 확인Check! ○ △ X

경비업법령상 경비업자가 경비원으로 하여금 직무를 수행하게 하는 경우, 총포·도검·화약류 등의 안전관리에 관한 법률(총포·도검·화약류 등 단속법)에 따라 미리 소지허가를 받아야 하는 것은?

① 경 적
② 단 봉
③ 분사기
④ 안전방패

관계법령

경비원의 장비 등(경비업법 제16조의2)
② 경비업자가 경비원으로 하여금 분사기를 휴대하여 직무를 수행하게 하는 경우에는 「총포·도검·화약류 등 단속법」에 따라 미리 분사기의 소지허가를 받아야 한다.

다른 법률과의 관계(총포, 도검, 화약류 등의 안전관리에 관한 법률 부칙 제6조) 〈법률 제12960호, 2015.1.6.〉
이 법 시행 당시 다른 법률에서 종전의 「총포·도검·화약류 등 단속법」 또는 그 규정을 인용한 경우 이 법 또는 이 법의 해당 규정을 각각 인용한 것으로 본다.

106 기출 23

☑ 확인Check! ○ △ X

경비업법령상 결격사유 확인을 위한 범죄경력조회 등에 관한 설명으로 옳지 않은 것은?

① 시·도 경찰청장 또는 관할 경찰관서장은 경비업자의 임원, 경비지도사 또는 경비원이 결격사유에 해당하는 사실을 알게 된 때에는 경비업자에게 그 사실을 통보하여야 한다.
② 범죄경력조회 요청을 받은 관할 경찰관서장은 경비업자에게 그 결과를 통보할 때에는 경비업자의 임원, 경비지도사 또는 경비원이 결격사유에 해당하는지 여부만을 통보하여야 한다.
③ 경비업자는 선출하려는 임원, 경비지도사 또는 경비원이 결격사유에 해당하는지를 확인하기 위하여 주된 사무소, 출장소 또는 배치장소를 관할하는 시·도 경찰청장 또는 경찰관서장에게 「형의 실효 등에 관한 법률」 제6조에 따른 범죄경력조회를 요청할 수 있다.
④ 경비업자는 범죄경력조회를 요청하는 경우 취업자 또는 취업예정자 범죄경력조회 동의서와 주민등록초본을 첨부하여야 한다.

결격사유 확인을 위한 범죄경력조회 등(경비업법 제17조)

① 경찰청장, 시·도 경찰청장 또는 관할 경찰관서장은 직권으로 또는 제2항에 따른 범죄경력조회 요청이 있는 경우에는 경비업자의 임원, 경비지도사 또는 경비원이 제5조 제3호·제4호, 제10조 제1항 제3호부터 제8호까지 또는 같은 조 제2항 제3호·제4호에 따른 결격사유에 해당하는지를 확인하기 위하여 「형의 실효 등에 관한 법률」 제6조에 따른 범죄경력조회를 할 수 있다. 〈개정 2021.1.12.〉

② 경비업자는 선출·선임·채용 또는 배치하려는 임원, 경비지도사 또는 경비원이 제5조 제3호·제4호, 제10조 제1항 제3호부터 제8호까지 또는 같은 조 제2항 제3호·제4호에 따른 결격사유에 해당하는지를 확인하기 위하여 주된 사무소, 출장소 또는 배치장소를 관할하는 시·도 경찰청장 또는 경찰관서장에게 「형의 실효 등에 관한 법률」 제6조에 따른 범죄경력조회를 요청할 수 있다. 〈개정 2021.1.12.〉

③ 제2항에 따른 범죄경력조회 요청을 받은 시·도 경찰청장 또는 관할 경찰관서장은 경비업자에게 그 결과를 통보할 때에는 경비업자의 임원, 경비지도사 또는 경비원이 제5조 제3호·제4호, 제10조 제1항 제3호부터 제8호까지 또는 같은 조 제2항 제3호·제4호에 따른 결격사유에 해당하는지 여부만을 통보하여야 한다. 〈개정 2021.1.12.〉

④ 시·도 경찰청장 또는 관할 경찰관서장은 경비업자의 임원, 경비지도사 또는 경비원이 제5조 각호, 제10조 제1항 각호 또는 제2항 각호의 결격사유에 해당하는 사실을 알게 되거나 이 법 또는 이 법에 따른 명령을 위반한 때에는 경비업자에게 그 사실을 통보하여야 한다.

---

107 기출 20 ☑ 확인Check! ○ △ ✕

경비업법령상 경비원 등의 결격사유 확인을 위한 범죄경력조회 등에 관한 설명으로 옳지 않은 것은?

① 관할 경찰관서장은 직권으로 경비업자의 임원, 경비지도사 또는 경비원이 결격사유에 해당하는지를 확인하기 위하여 「형의 실효 등에 관한 법률」에 따른 범죄경력조회를 할 수 있다.

② 관할 경찰관서장은 경비업자의 임원, 경비지도사 또는 경비원이 결격사유에 해당하는 사실을 알게 된 때에는 경비업자의 요청이 있는 경우에만 그 사실을 통보하여야 한다.

③ 경비업자는 범죄경력조회를 요청하는 경우 경비업 허가증 사본과 취업자 또는 취업예정자 범죄경력조회 동의서를 첨부하여야 한다.

④ 범죄경력조회 요청을 받은 관할 경찰관서장은 경비업자에게 그 결과를 통보할 때에는 경비업자의 임원, 경비지도사 또는 경비원이 결격사유에 해당하는지 여부만을 통보하여야 한다.

쏙쏙 해설

② 시·도 경찰청장 또는 관할 경찰관서장은 경비업자의 임원, 경비지도사 또는 경비원이 제5조 각호, 제10조 제1항 각호 또는 제2항 각호의 결격사유에 해당하는 사실을 알게 되거나 이 법 또는 이 법에 따른 명령을 위반한 때에는 경비업자에게 그 사실을 통보하여야 한다(경비업법 제17조 제4항).
① 경비업법 제17조 제1항
③ 경비업법 시행규칙 제22조 제2항
④ 경비업법 제17조 제3항

정답 ❷

108 기출 22

☑ 확인 Check! ○ △ ✕

경비업법령상 결격사유 확인을 위한 범죄경력조회 등에 관한 설명으로 옳지 않은 것은?

① 관할 경찰관서장은 범죄경력조회 요청이 있는 경우에만 범죄경력조회를 할 수 있다.

② 경비업자는 선출하려는 임원이 결격사유에 해당하는지를 확인하기 위하여 범죄경력조회를 요청할 수 있다.

③ 범죄경력조회 요청을 받은 시·도 경찰청장 또는 관할 경찰관서장은 경비업자에게 그 결과를 통보할 때에는 결격사유에 해당하는지 여부만을 통보하여야 한다.

④ 시·도 경찰청장 또는 관할 경찰관서장은 경비업자의 임원, 경비지도사 또는 경비원이 결격사유에 해당하는 사실을 알게 된 때에는 경비업자에게 그 사실을 통보하여야 한다.

쏙쏙 해설

① 경찰청장, 시·도 경찰청장 또는 관할 경찰관서장은 직권으로 또는 제2항에 따른 범죄경력조회 요청이 있는 경우에는 경비업자의 임원, 경비지도사 또는 경비원이 제5조 제3호·제4호, 제10조 제1항 제3호부터 제8호까지 또는 같은 조 제2항 제3호·제4호에 따른 결격사유에 해당하는지를 확인하기 위하여 「형의 실효 등에 관한 법률」 제6조에 따른 범죄경력조회를 할 수 있다(경비업법 제17조 제1항).
② 경비업법 제17조 제2항
③ 경비업법 제17조 제3항
④ 경비업법 제17조 제4항

정답 ❶

109 기출 18

☑ 확인 Check! ○ △ ✕

경비업법령상 범죄경력조회 등에 관한 설명으로 옳은 것은?

① 경찰청장은 범죄경력조회 요청이 있는 경우에만 경비업자의 임원에 대한 범죄경력조회를 할 수 있다.

② 시·도 경찰청장은 직권으로 경비지도사에 대한 범죄경력조회를 할 수 없다.

③ 경비업자는 선출하려는 임원이 결격사유에 해당하는지를 확인하기 위하여 범죄경력조회를 요청할 수 있다.

④ 관할 경찰관서장이 경비업자에게 범죄경력조회 결과를 통보할 때에는 결격사유에 해당하는 일정한 범죄사실을 통보하여야 한다.

쏙쏙 해설

경비업자는 선출·선임·채용 또는 배치하려는 임원, 경비지도사 또는 경비원이 결격사유에 해당하는지를 확인하기 위하여 주된 사무소, 출장소 또는 배치장소를 관할하는 시·도 경찰청장 또는 경찰관서장에게 「형의 실효 등에 관한 법률」 제6조에 따른 범죄경력조회를 요청할 수 있다(경비업법 제17조 제2항).

정답 ❸

핵심만 콕

① 경찰청장, 시·도 경찰청장 또는 관할 경찰관서장은 직권으로 또는 제2항에 따른 범죄경력조회 요청이 있는 경우에는 경비업자의 임원, 경비지도사 또는 경비원이 결격사유에 해당하는지를 확인하기 위하여 「형의 실효 등에 관한 법률」 제6조에 따른 범죄경력조회를 할 수 있다(경비업법 제17조 제1항).

② 시·도 경찰청장은 직권으로 경비지도사에 대한 범죄경력조회를 할 수 있다(경비업법 제17조 제1항).

④ 범죄경력조회 요청을 받은 시·도 경찰청장 또는 관할 경찰관서장은 경비업자에게 그 결과를 통보할 때에는 경비업자의 임원, 경비지도사 또는 경비원이 결격사유에 해당하는지 여부만을 통보하여야 한다(경비업법 제17조 제3항).

110 기출 21

✅ 확인 Check! ○ △ ✕

경비업법령상 경비원의 배치에 관한 설명으로 옳지 않은 것은?

① 시설경비업무 중 집단민원현장에 일반경비원을 배치하는 경우에는 배치하기 48시간 전까지 배치허가를 신청하여야 한다.

② 신변보호업무 중 집단민원현장에 일반경비원을 배치하는 경우에는 배치하기 전까지 배치허가를 신청하여야 한다.

③ 집단민원현장이 아닌 곳에서 신변보호업무를 수행하는 일반경비원을 배치하는 경우에는 경비원을 배치하기 전까지 신고하여야 한다.

④ 특수경비원을 배치하는 경우에는 경비원을 배치하기 전까지 신고하여야 한다.

관계법령

경비원의 명부와 배치허가 등(경비업법 제18조)★

② 경비업자가 경비원을 배치하거나 배치를 폐지한 경우에는 행정안전부령으로 정하는 바에 따라 관할 경찰관서장에게 신고하여야 한다. 다만, 다음 제1호의 경우에는 경비원을 배치하기 48시간 전까지 행정안전부령으로 정하는 바에 따라 배치허가를 신청하고, 관할 경찰관서장의 배치허가를 받은 후에 경비원을 배치하여야 하며(제2호 및 제3호의 경우에는 경비원을 배치하기 전까지 신고하여야 한다), 이 경우 관할 경찰관서장은 배치허가를 함에 있어 필요한 조건을 붙일 수 있다.

1. 제2조 제1호 가목에 따른 시설경비업무 또는 같은 호 다목에 따른 신변보호업무 중 집단민원현장에 배치된 일반경비원
2. 집단민원현장이 아닌 곳에서 제2조 제1호 다목의 규정에 의한 신변보호업무를 수행하는 일반경비원
3. 특수경비원

111 기출 19

✅ 확인 Check! ○ △ ✕

경비업법령상 경비업자가 경비원 배치 48시간 전까지 행정안전부령에 따라 배치허가를 신청하고 관할 경찰관서장의 배치허가를 받은 후에 경비원을 배치하여야 하는 경우는?

① 시설경비업무 중 집단민원현장에 일반경비원을 배치하는 경우
② 특수경비업무 중 집단민원현장에 특수경비원을 배치하는 경우
③ 기계경비업무 중 집단민원현장에 일반경비원을 배치하는 경우
④ 호송경비업무 중 집단민원현장에 일반경비원을 배치하는 경우

112

☑ 확인Check! ○ △ ✕

경비업법령상 경비원 배치 등에 관한 설명으로 옳지 않은 것은?

① 시설경비업무에 배치되는 일반경비원은 경비원을 배치하기 48시간 전까지 관할 경찰관서장에게 배치허가를 받아야 한다.

② 경비업자는 시설경비업무를 수행하기 위하여 20일 이상 경비원을 배치하거나 그 기간을 연장하려는 때에는 경비원을 배치한 후 7일 이내에 배치지를 관할하는 경찰관서장에게 배치신고서를 제출해야 한다.

③ 특수경비원을 배치하는 경우에는 경비원을 배치하는 기간과 관계없이 경비원을 배치하기 전까지 배치지를 관할하는 경찰관서장에게 배치신고서를 제출해야 한다.

④ 경비업무범위 위반 및 신임교육 유무 등을 확인하기 위해 관할 경찰관서장은 그 배치장소를 방문하여 조사하여야 한다.

① 경비원을 배치하기 48시간 전까지 관할 경찰관서장에게 배치허가를 신청해야 하는 경비업무는 시설경비업무 또는 신변보호업무 중 집단민원현장에 일반경비원을 배치하는 경우이다(경비업법 제18조 제2항 단서 제1호). 따라서 해당 지문은 옳지 않다.

④ 경비업무범위 위반 및 신임교육 유무 등을 확인하기 위하여 관할 경찰관서장은 소속 경찰관으로 하여금 그 배치장소를 방문하여 조사하게 할 수 있다(경비업법 제18조 제3항 후문 제1호·제2호).

② 경비업법 제18조 제2항 및 동법 시행규칙 제24조 제1항 본문의 해석상 해당 지문은 옳다고 해석된다. 참고로 해당 내용은 2015년 기출문제로 출제된 바 있다.

③ 경비업법 시행규칙 제24조 제1항 단서

정답 ❶·❹

경비원 명부와 배치허가 등(경비업법 제18조)

② 경비업자가 경비원을 배치하거나 배치를 폐지한 경우에는 행정안전부령으로 정하는 바에 따라 관할 경찰관서장에게 신고하여야 한다. 다만, 다음 제1호의 경우에는 경비원을 배치하기 48시간 전까지 행정안전부령으로 정하는 바에 따라 배치허가를 신청하고, 관할 경찰관서장의 배치허가를 받은 후에 경비원을 배치하여야 하며(제2호 및 제3호의 경우에는 경비원을 배치하기 전까지 신고하여야 한다), 이 경우 관할 경찰관서장은 배치허가를 함에 있어 필요한 조건을 붙일 수 있다.

1. 제2조 제1호 가목에 따른 시설경비업무 또는 같은 호 다목에 따른 신변보호업무 중 집단민원현장에 배치된 일반경비원
2. 집단민원현장이 아닌 곳에서 제2조 제1호 다목의 규정에 의한 신변보호업무를 수행하는 일반경비원
3. 특수경비원

경비원의 배치 및 배치폐지의 신고(경비업법 시행규칙 제24조)★

① 경비업자는 법 제18조 제2항에 따라 경비업무를 수행하기 위하여 20일 이상 경비원을 배치하거나 그 기간을 연장하려는 때에는 경비원을 배치한 후 7일 이내에 별지 제15호 서식의 경비원 배치신고서(전자문서로 된 신고서를 포함하며, 이하 "배치신고서"라 한다)를 배치지를 관할하는 경찰관서장에게 제출해야 한다. 다만, 법 제18조 제2항 제2호 및 제3호에 해당하는 경비원을 배치하는 경우에는 경비원을 배치하는 기간과 관계없이 경비원을 배치하기 전까지 제출해야 한다.

---

113 기출 22

☑ 확인 Check! ○ △ ✕

경비업법령상 경비원의 명부와 배치허가 등에 관한 설명으로 옳지 않은 것은?

① 경비업자는 시설경비업무 또는 신변보호업무 중 집단민원현장에 일반경비원을 배치하는 경우에는 경비원을 배치하기 24시간 전까지 행정안전부령으로 정하는 바에 따라 배치허가를 신청하여야 한다.

② 경비업자가 집단민원현장이 아닌 곳에서 신변보호업무를 수행하는 일반경비원을 배치하는 경우에는 경비원을 배치하기 전까지 관할 경찰관서장에게 신고하여야 한다.

③ 경비업자가 특수경비원을 배치하는 경우에는 경비원을 배치하기 전까지 관할 경찰관서장에게 신고하여야 한다.

④ 경비업자는 경비원을 배치하여 경비업무를 수행하게 하는 때에는 배치된 경비원의 인적 사항과 배치일시·배치장소 등 근무상황을 기록하여 보관하여야 한다.

114 기출 16

☑ 확인 Check! ○ △ ✕

경비업법령상 경비원의 명부와 배치허가 등에 관한 설명으로 옳지 않은 것은?

① 관할 경찰관서장은 신임교육을 받지 아니한 경비원이 100분의 21 이상인 경우 배치허가를 하여서는 아니 된다.

② 경비업자가 특수경비원을 배치한 경우에는 대통령령이 정하는 바에 따라 경비원을 배치하기 48시간 전까지 관할 경찰관서장에게 신고하여야 한다.

③ 경비업자 또는 경비원이 위력이나 흉기 또는 그 밖의 위험한 물건을 사용하여 집단적 폭력사태를 일으킨 때에는 관할 경찰관서장은 배치폐지를 명할 수 있다.

④ 경비업자는 상해죄를 범하여 벌금형을 선고받고 5년이 지나지 아니한 자를 집단민원현장에 일반경비원으로 배치하여서는 아니 된다.

115 기출 22

☑ 확인Check! ○ △ ✕

경비업법령상 경비원의 배치신고에 관한 내용이다. ( )에 들어갈 숫자로 옳은 것은?

> 경비업자는 경비업무를 수행하기 위하여 (ㄱ)일 이상 경비원을 배치하거나 그 기간을 연장하려는 때에는 경비원을 배치한 후 (ㄴ)일 이내에 경비원 배치신고서를 배치지를 관할하는 경찰관서장에게 제출해야 한다.

① ㄱ : 10, ㄴ : 7
② ㄱ : 15, ㄴ : 10
③ ㄱ : 20, ㄴ : 7
④ ㄱ : 30, ㄴ : 10

쏙쏙 해설

제시문의 ( )에 들어갈 숫자는 ㄱ : 20, ㄴ : 7이다(경비업법 시행규칙 제24조 제1항 본문).

정답 ❸

---

116 기출 21

☑ 확인Check! ○ △ ✕

경비업법령상 관할 경찰관서장이 집단민원현장에 일반경비원 배치허가 신청을 받은 경우에 배치허가를 하여서는 아니 되는 경우로 옳지 않은 것은?

① 경비업무의 범위를 벗어난 행위를 할 우려가 있는 경우
② 결격자가 100분의 21 이상 포함되어 있는 경우
③ 경비원의 복장·장비 등에 대하여 내려진 필요한 명령을 이행하지 아니하는 경우
④ 직무교육을 받지 아니한 사람이 대통령령으로 정하는 기준 이상으로 포함되어 있는 경우

쏙쏙 해설

④ 직무교육이 아닌 신임교육을 받지 아니한 사람이 대통령령으로 정하는 기준 이상으로 포함되어 있는 경우가 배치 불허가 기준에 해당한다(경비업법 제18조 제3항 제2호).
① 경비업법 제18조 제3항 제1호
② 경비업법 제18조 제3항 제2호, 동법 시행령 제22조
③ 경비업법 제18조 제3항 제3호

정답 ❹

관계법령

경비원의 명부와 배치허가 등(경비업법 제18조)★

③ 관할 경찰관서장은 제2항 각호 외의 부분 단서에 따른 배치허가 신청을 받은 경우 다음 각호의 사유에 해당하는 때에는 배치허가를 하여서는 아니 된다. 이 경우 관할 경찰관서장은 다음 각호의 사유를 확인하기 위하여 소속 경찰관으로 하여금 그 배치장소를 방문하여 조사하게 할 수 있다.

1. 제15조의2 제1항 및 제2항을 위반하여 경비업무의 범위를 벗어난 행위를 할 우려가 있는 경우
2. 경비원 중 제10조 제1항 또는 제2항에 해당하는 결격자나 제13조에 따른 신임교육을 받지 아니한 사람이 대통령령으로 정하는 기준 이상으로 포함되어 있는 경우

> 집단민원현장 배치 불허가 기준(경비업법 시행령 제22조)
> 법 제18조 제3항 제2호에서 "대통령령으로 정하는 기준"이란 100분의 21을 말한다.

3. 제24조에 따라 경비원의 복장·장비 등에 대하여 내려진 필요한 명령을 이행하지 아니하는 경우

117

☑ 확인Check! ○ △ ✕

경비업법령상 관할 경찰관서장이 배치폐지를 명할 수 있는 경우가 아닌 것은?

① 경비원 명단 및 배치일시·배치장소 등 배치허가 신청의 내용을 거짓으로 한 때

② 70세인 일반경비원을 경비업무에 종사하게 한 때

③ 상해죄(「형법」제257조 제1항)로 벌금형을 선고받고 5년이 지나지 아니한 자를 집단민원현장에 일반경비원으로 배치한 때

④ 경비업자 또는 경비원이 위력이나 흉기 또는 그 밖의 위험한 물건을 사용하여 집단적 폭력사태를 일으킨 때

쏙쏙 해설

② 관할 경찰관서장이 배치폐지를 명할 수 있는 사유에 해당하지 않는다. 참고로 경비업법령상 일반경비원은 특수경비원과 달리 '60세 이상'이라는 나이 상한의 결격사유가 존재하지 않는다(경비업법 제10조 제1항 제1호·제2항 제1호 참조).
① 경비업법 제18조 제8항 제1호
③ 경비업법 제18조 제8항 제2호
④ 경비업법 제18조 제8항 제4호

정답 ②

관계법령

경비원의 명부와 배치허가 등(경비업법 제18조)★

⑥ 경비업자는 다음 각호의 어느 하나에 해당하는 죄를 범하여 벌금형을 선고받고 5년이 지나지 아니하거나 금고 이상의 형을 선고받고 그 집행이 유예된 날부터 5년이 지나지 아니한 자를 집단민원현장에 일반경비원으로 배치하여서는 아니 된다.

1. 「형법」제257조부터 제262조까지, 제264조, 제276조부터 제281조까지의 죄, 제284조의 죄, 제285조의 죄, 제320조의 죄, 제324조 제2항의 죄, 제350조의2의 죄, 제351조의 죄(제350조, 제350조의2의 상습범으로 한정한다), 제369조 제1항의 죄

2. 「폭력행위 등 처벌에 관한 법률」제2조 또는 제3조의 죄

⑧ 관할 경찰관서장은 경비업자가 다음 각호의 어느 하나에 해당하는 때에는 배치폐지를 명할 수 있다.

1. 제2항 각호 외의 부분 단서를 위반하여 배치허가를 받지 아니하고 경비원을 배치하거나 경비원 명단 및 배치일시·배치장소 등 배치허가 신청의 내용을 거짓으로 한 때

2. 제6항의 결격사유에 해당하는 자를 집단민원현장에 일반경비원으로 배치한 때

3. 제7항을 위반하여 신임교육을 이수하지 아니한 자를 제2항 각호의 경비원으로 배치한 때

4. 경비업자 또는 경비원이 위력이나 흉기 또는 그 밖의 위험한 물건을 사용하여 집단적 폭력사태를 일으킨 때

5. 경비업자가 제2항 각호 외의 부분 본문을 위반하여 신고하지 아니하고 일반경비원을 배치한 때

118 기출 20

☑ 확인 Check! ○ △ ✕

경비업법령상 관할 경찰관서장이 경비업자에 대하여 경비원 배치폐지를 명할 수 있는 경우로서 명시되지 않은 것은?

① 경비원의 복장·장비 등에 대하여 내려진 필요한 명령을 이행하지 아니한 때
② 경비원 명단 및 배치일시·배치장소 등 배치허가 신청의 내용을 거짓으로 한 때
③ 결격사유에 해당하는 자를 집단민원현장에 일반경비원으로 배치한 때
④ 경비업자 또는 경비원이 위력이나 흉기 또는 그 밖의 위험한 물건을 사용하여 집단적 폭력사태를 일으킨 때

119 기출 14

☑ 확인 Check! ○ △ ✕

경비업법령상 관할 경찰관서장이 경비원의 배치폐지를 명할 수 있는 경우가 아닌 것은?

① 경비업법상 배치허가를 필요로 하는 경우 배치허가 신청의 내용을 거짓으로 한 경우
② 경비업자가 경비업법을 위반하여 신고를 하지 아니하고 일반경비원을 배치한 경우
③ 경비원 신임교육을 이수하지 아니한 자를 경비원으로 배치한 경우
④ 형법상 사기죄로 기소된 자를 경비원으로 배치한 경우

120 기출 20

☑확인 Check! ○ △ ✕

경비업법령상 경비원의 명부를 작성·비치하여 두어야 하는 장소가 아닌 것은?

① 집단민원현장
② 관할 경찰관서
③ 주된 사무소
④ 신설 출장소

쏙쏙 해설

관할 경찰관서는 경비업법령상 경비원 명부를 작성·비치하여 두어야 하는 장소에 해당하지 않는다(경비업법 시행규칙 제23조).

정답 ❷

관계법령

경비원의 명부(경비업법 시행규칙 제23조)

경비업자는 법 제18조 제1항에 따라 다음 각호의 장소에 별지 제14호 서식의 경비원 명부(제2호 및 제3호의 경우에는 해당 장소에 배치된 경비원의 명부를 말한다)를 작성·비치하여 두고, 이를 항상 정리하여야 한다.

1. 주된 사무소
2. 영 제5조 제3항에 따른 출장소

> **폐업 또는 휴업 등의 신고(경비업법 시행령 제5조)**
> ③ 법 제4조 제3항 제3호의 규정에 의하여 신설·이전 또는 폐지한 때에 신고를 하여야 하는 출장소는 주사무소 외의 장소로서 일상적으로 일정 지역안의 경비업무를 지휘·총괄하는 영업거점인 지점·지사 또는 사업소 등의 장소로 한다.

3. 집단민원현장

121 기출 18

☑확인 Check! ○ △ ✕

경비업법령상 경비원 명부 등에 관한 설명으로 옳지 않은 것은?

① 경비업자는 배치되는 일반경비원의 명부를 그 경비원이 배치되는 모든 장소에 작성·비치하여야 한다.
② 경비업자는 경비원의 근무상황기록부를 1년 동안 보관하여야 한다.
③ 관할 경찰관서장은 시설주의 신청에 의하여 특수경비원이 배치된 국가중요시설 등에 경비전화를 가설할 수 있다.
④ 경비전화를 가설하는 경우의 소요경비는 시설주의 부담으로 한다.

쏙쏙 해설

① 경비업자는 행정안전부령으로 정하는 바에 따라 주된 사무소, 출장소, 집단민원현장에 경비원의 명부를 작성·비치하여야 한다(경비업법 제18조 제1항 본문).
② 경비업법 시행규칙 제24조의3 제2항
③ 경비업법 시행규칙 제25조 제1항
④ 경비업법 시행규칙 제25조 제2항

정답 ❶

122 ☑ 확인Check! ○ △ ✕

경비업법령상 경비원의 명부와 배치 등에 관한 설명으로 옳은 것은?

① 경비업자는 주된 사무소, 출장소, 집단민원현장에 경비원의 명부를 작성·비치하여 두고 이를 항상 정리해야 한다.

② 경비업자는 경비원을 배치하여 경비업무를 수행하게 하는 때에는 근무상황기록부를 작성하여 2년 동안 보관해야 한다.

③ 경비업자는 형법상 상해죄 또는 폭행죄를 범하여 벌금형을 선고받고 7년이 지나지 아니한 자를 집단민원현장에 일반경비원으로 배치하여서는 아니 된다.

④ 관할 경찰관서장은 경비원이 위력이나 흉기 또는 그 밖의 위험한 물건을 사용하여 집단적 폭력사태를 일으킨 때에는 경비업의 허가를 취소해야 한다.

핵심만 콕

② 경비업자는 경비원을 배치하여 경비업무를 수행하게 하는 때에는 근무상황기록부를 작성하여 1년 동안 보관해야 한다(경비업법 시행규칙 제24조의3 제2항).

③ 경비업자는 형법상 상해죄 또는 폭행죄를 범하여 벌금형을 선고받고 5년이 지나지 아니한 자를 집단민원현장에 일반경비원으로 배치하여서는 아니 된다(경비업법 제18조 제6항 제1호).

④ 허가의 취소가 아닌 배치폐지를 명할 수 있다(경비업법 제18조 제8항).

123 기출 23

☑ 확인Check! ○ △ ✕

경비업법령상 경비업 허가를 취소하여야 하는 경우가 아닌 것은?

① 정당한 사유 없이 최종 도급계약 종료일의 다음 날부터 1년 이내에 경비 도급실적이 없을 때

② 정당한 사유 없이 허가를 받은 날부터 2년 이내에 경비 도급실적이 없거나 계속하여 1년 이상 휴업한 때

③ 영업정지처분을 받고 계속하여 영업을 한 때

④ 관할 경찰관서장의 배치폐지명령에 따르지 아니한 때

쏙쏙 해설

① 허가관청은 경비업자가 정당한 사유 없이 최종 도급계약 종료일의 다음 날부터 2년 이내에 경비 도급실적이 없을 때 그 허가를 취소하여야 한다(경비업법 제19조 제1항 제5호).
② 경비업법 제19조 제1항 제4호
③ 경비업법 제19조 제1항 제6호
④ 경비업법 제19조 제1항 제8호

정답 ❶

핵심만 콕

경비업 허가의 취소 등(경비업법 제19조)★★★

절대적(필요적) 허가취소사유 (제1항)	허가관청은 경비업자가 다음 중 어느 하나에 해당하는 때에는 그 허가를 취소하여야 한다. 1. 허위 그 밖의 부정한 방법으로 허가를 받은 때 2. 경비업자가 허가받은 경비업무 외의 업무에 경비원을 종사하게 한 때 – 적용중지 헌법불합치 결정 (2020헌가19) 3. 특수경비업자가 경비업 및 경비관련업 외의 영업을 한 때 4. 정당한 사유 없이 허가를 받은 날부터 2년 이내에 경비 도급실적이 없거나 계속하여 1년 이상 휴업한 때 5. 정당한 사유 없이 최종 도급계약 종료일의 다음 날부터 2년 이내에 경비 도급실적이 없을 때 6. 영업정지처분을 받고 계속하여 영업을 한 때 7. 소속 경비원으로 하여금 경비업무의 범위를 벗어난 행위를 하게 한 때 8. 관할 경찰관서장의 배치폐지명령에 따르지 아니한 때
상대적(임의적) 허가취소 · 영업정지사유 (제2항)	허가관청은 경비업자가 다음 중 어느 하나에 해당하는 때에는 대통령령으로 정하는 행정처분의 기준에 따라 그 허가를 취소하거나 6개월 이내의 기간을 정하여 영업의 전부 또는 일부에 대하여 영업정지를 명할 수 있다. 1. 시 · 도 경찰청장의 허가 없이 경비업무를 변경한 때 2. 도급을 의뢰받은 경비업무가 위법한 것임에도 이를 거부하지 아니한 때 3. 경비지도사를 집단민원현장에 선임 · 배치하지 아니한 때 4. 경비대상시설에 관한 경보 대응체제를 갖추지 아니한 때 5. 관련 서류를 작성 · 비치하지 아니한 때 6. 결격사유에 해당하는 경비원을 배치하거나 결격사유에 해당하는 경비지도사를 선임 · 배치한 때 7. 대통령령이 정하는 바에 따르지 아니하고 이를 위반하여 경비지도사를 선임한 때 8. 경비원으로 하여금 교육을 받게 하지 아니한 때 9. 경비원의 복장 등에 관한 규정을 위반한 때 10. 경비원의 장비 등에 관한 규정을 위반한 때 11. 경비원의 출동차량 등에 관한 규정을 위반한 때 12. 집단민원현장에 일반경비원 명부를 작성 · 비치하지 아니한 때 13. 배치허가를 받지 아니하고 경비원을 배치하거나 경비원 명단 및 배치일시 · 배치장소 등 배치허가 신청의 내용을 거짓으로 한 때 14. 결격사유에 해당하는 일반경비원을 집단민원현장에 배치한 때 15. 경찰청장, 시 · 도 경찰청장, 관할 경찰관서장의 감독상 명령에 따르지 아니한 때 16. 업무수행 중 고의 또는 과실로 발생한 경비대상 및 제3자의 손해를 배상하지 아니한 때

124 기출수정 20

☑ 확인 Check! ○ △ ✕

경비업법령상 경비업 허가의 취소사유에 해당하지 않는 것은?

① 허위 그 밖의 부정한 방법으로 허가를 받은 때

② 정당한 사유 없이 계속하여 15개월 동안 휴업한 때

③ 정당한 사유 없이 최종 도급계약 체결일부터 2년 이내에 경비 도급 실적이 없을 때

④ 영업정지처분을 받고 계속하여 영업한 때

쏙쏙 해설

정당한 사유 없이 <u>최종 도급계약 종료 일의 다음 날부터 2년 이내</u>에 경비 도급실적이 없을 때가 경비업 허가의 절대적 취소사유에 해당한다(경비업법 제19조 제1항 제5호).

정답 ❸

125 기출 21

☑ 확인 Check! ○ △ ✕

경비업법령상 허가관청이 의무적으로 경비업 허가를 취소해야 하는 사유가 아닌 것은?

① 도급을 의뢰받은 경비업무가 위법한 것임에도 이를 거부하지 아니한 때

② 정당한 사유 없이 허가를 받은 날부터 2년 이내에 경비 도급실적이 없거나 계속하여 1년 이상 휴업한 때

③ 소속 경비원으로 하여금 경비업무의 범위를 벗어난 행위를 하게 한 때

④ 관할 경찰관서장의 배치폐지명령에 따르지 아니한 때

쏙쏙 해설

①은 상대적 허가취소 · 영업정지사유이나(경비업법 제19조 제2항 제2호), ② · ③ · ④는 각각 절대적 허가취소사유이다(경비업법 제19조 제1항 제4호 · 제7호 · 제8호).

정답 ❶

126 기출 20

☑ 확인 Check! ○ △ ✕

경비업법령상 6개월 이내의 기간을 정하여 영업의 전부 또는 일부에 대하여 경비업자에게 영업정지를 명할 수 있는 사유로 명시되지 않은 것은?

① 경비원의 출동차량 등에 관한 규정을 위반한 때

② 배치경비원 인원 및 배치시간 등 배치허가 신청의 내용을 과실로 누락한 때

③ 경비원으로 하여금 교육을 받게 하지 아니한 때

④ 경비원의 복장 · 장비에 관한 규정을 위반한 때

쏙쏙 해설

<u>경비원 명단 및 배치일시 · 배치장소 등 배치허가 신청의 내용을 거짓으로 한 때</u>가 상대적 허가취소 · 영업정지사유에 해당한다(경비업법 제19조 제2항 제13호).

정답 ❷

127 기출수정 22

☑ 확인Check! ○ △ ✕

경비업법령상 경비업 허가의 취소사유로 옳지 않은 것은?

① 경비업자가 허위 그 밖의 부정한 방법으로 허가를 받은 때

② 특수경비업자가 경비업 및 경비관련업 외의 영업을 한 때

③ 경비업자가 소속 경비원으로 하여금 경비업무의 범위를 벗어난 행위를 하게 한 때

④ 경비업자가 정당한 사유 없이 최종 도급계약 종료일의 다음 날부터 1년 이내에 경비 도급실적이 없을 때

쏙쏙 해설

④ 허가관청은 경비업자가 정당한 사유 없이 <u>최종 도급계약 종료일의 다음 날부터 2년 이내</u>에 경비 도급실적이 없을 때 그 허가를 취소하여야 한다(경비업법 제19조 제1항 제5호).

① 경비업법 제19조 제1항 제1호

② 경비업법 제19조 제1항 제3호

③ 경비업법 제19조 제1항 제7호

정답 ❹

128 기출수정 19

☑ 확인Check! ○ △ ✕

경비업법령상 경비업 허가의 취소사유가 아닌 것은?

① 경비업자가 허위 그 밖의 부정한 방법으로 허가를 받은 때

② 경비업자가 정당한 사유 없이 최종 도급계약 종료일의 다음 날부터 1년 이내에 경비 도급실적이 없을 때

③ 경비업자가 소속 경비원으로 하여금 경비업무의 범위를 벗어난 행위를 하게 한 때

④ 경비업자가 관할 경찰관서장의 배치폐지명령에 따르지 아니한 때

쏙쏙 해설

② 정당한 사유 없이 최종 도급계약 종료일의 다음 날부터 2년 이내에 경비 도급실적이 없을 때가 경비업 허가의 취소사유에 해당한다(경비업법 제19조 제1항 제5호).

① 경비업법 제19조 제1항 제1호

③ 경비업법 제19조 제1항 제7호

④ 경비업법 제19조 제1항 제8호

정답 ❷

129 기출 16

☑ 확인 Check! ○ △ ✕

경비업법상 경비업의 영업정지를 명할 수 있는 사유가 아닌 것은?

① 특수경비업자가 시 · 도 경찰청장의 감독상 명령에 따르지 아니한 경우
② 특수경비업자가 경비관련업 외의 영업을 한 경우
③ 특수경비업자가 도급을 의뢰받은 경비업무가 위법한 것임에도 이를 거부하지 아니한 경우
④ 특수경비업자가 신임교육을 받지 않은 사람을 경비원으로 배치한 경우

쏙쏙 해설

②의 경우 절대적(필요적) 경비업의 허가 취소사유에 해당한다.

정답 ②

130 기출 06

☑ 확인 Check! ○ △ ✕

다음 중 시 · 도 경찰청장이 경비업자에 대하여 6개월 이내의 기간을 정하여 영업의 전부 또는 일부에 대하여 영업정지를 명할 수 있는 경우는?

① 허위 그 밖의 부정한 방법으로 허가를 받은 때
② 경비업 및 경비관련업 외의 영업을 할 때
③ 경비지도사를 집단민원현장에 선임 · 배치하지 아니한 때
④ 정당한 사유 없이 허가를 받은 날로부터 2년 이내에 경비 도급실적이 없거나 계속하여 1년 이상 휴업한 때

쏙쏙 해설

③ 경비업법 제19조 제2항 제3호
①·②·④는 절대적 허가취소사유이 다(경비업법 제19조 제1항 제1호·제3호·제4호).

정답 ③

131 기출수정 11

☑ 확인 Check! ○ △ ✕

경비업법령상 경비업 허가의 취소사유로 옳지 않은 것은?

① 허위 그 밖의 부정한 방법으로 허가를 받은 때
② 관할 경찰관서장의 배치폐지명령에 따르지 아니한 때
③ 정당한 사유 없이 최종 도급계약 종료일의 다음 날부터 2년 이내에 경비 도급실적이 없을 때
④ 정당한 사유 없이 허가를 받은 날부터 1년 이내에 경비 도급실적이 없거나 계속하여 1년 이상 휴업한 때

132 기출 06

☑ 확인 Check! ○ △ ✕

경비업체가 도급을 의뢰받은 경비업무가 위법한 것임에도 이를 거부하지 아니한 경우, 처벌로 맞는 것은?

① 1차 위반 시 경고
② 2차 위반 시 영업정지 1월
③ 3차 위반 시 영업정지 3월
④ 4차 위반 시 허가취소

관계법령

행정처분 기준(경비업법 시행령 [별표 4])
　　2. 개별기준

위반행위	행정처분 기준		
	1차 위반	2차 위반	3차 이상 위반
나. 경비업자가 규정을 위반하여 도급을 의뢰받은 경비업무가 위법한 것임에도 이를 거부하지 않은 때	영업정지 1개월	영업정지 3개월	허가취소

133 ☑ 확인Check! ○ △ ✕

경비업법령상 행정처분의 일반기준에 관한 설명으로 옳은 것은?

① 행정처분이 영업정지인 경우에는 가중하거나 감경할 수 없다.

② 위반행위가 2 이상인 경우로서 그에 해당하는 각각의 처분기준이 다른 경우에는 그중 경한 처분기준에 따른다.

③ 위반행위의 횟수에 따른 행정처분 기준 적용일은 위반행위에 대한 행정처분일과 그 처분 후의 위반행위가 다시 적발된 날을 기준으로 한다.

④ 영업정지처분에 해당하는 위반행위가 적발된 날 이전 최근 2년간 같은 위반행위로 3회 이상 영업정지처분을 받은 경우에는 그 위반행위에 대한 행정처분 기준은 허가취소로 한다.

쏙쏙 해설

경비업법 시행령 [별표 4] 제1호 다목 후문

정답 ❸

핵심만 콕

① 제2호(개별기준)에 따른 행정처분이 영업정지인 경우에는 위반행위의 동기, 내용 및 위반의 정도 등을 고려하여 가중하거나 감경할 수 있다(경비업법 시행령 [별표 4] 제1호 가목).

② 위반행위가 2 이상인 경우로서 그에 해당하는 각각의 처분기준이 다른 경우에는 그중 중한 처분기준에 따른다(경비업법 시행령 [별표 4] 제1호 나목 본문 전단).

④ 영업정지처분에 해당하는 위반행위가 적발된 날 이전 최근 2년간 같은 위반행위로 2회 영업정지처분을 받은 경우에는 제2호(개별기준)의 기준에도 불구하고 그 위반행위에 대한 행정처분 기준은 허가취소로 한다(경비업법 시행령 [별표 4] 제1호 라목).

관계법령

행정처분 기준(경비업법 시행령 [별표 4])★

1. 일반기준
   가. 제2호(개별기준)에 따른 행정처분이 영업정지인 경우에는 위반행위의 동기, 내용 및 위반의 정도 등을 고려하여 가중하거나 감경할 수 있다.
   나. 위반행위가 2 이상인 경우로서 그에 해당하는 각각의 처분기준이 다른 경우에는 그중 중한 처분기준에 따르며, 2 이상의 처분기준이 동일한 영업정지인 경우에는 중한 처분기준의 2분의 1까지 가중할 수 있다. 다만, 가중하는 경우에도 각 처분기준을 합산한 기간을 초과할 수 없다.
   다. 위반행위의 횟수에 따른 행정처분 기준은 최근 2년간 같은 위반행위로 행정처분을 받은 경우에 적용한다. 이 경우 기준 적용일은 위반행위에 대한 행정처분일과 그 처분 후의 위반행위가 다시 적발된 날을 기준으로 한다.
   라. 영업정지처분에 해당하는 위반행위가 적발된 날 이전 최근 2년간 같은 위반행위로 2회 영업정지처분을 받은 경우에는 제2호(개별기준)의 기준에도 불구하고 그 위반행위에 대한 행정처분 기준은 허가취소로 한다.

134 기출 16

☑ 확인Check! ○ △ ×

경비업법령상 행정처분의 일반기준에 관한 설명으로 옳지 않은 것은?

① 행정처분이 영업정지인 경우에는 위반행위의 동기, 내용 및 위반의 정도 등을 고려하여 가중하거나 감경할 수 있다.

② 위반행위가 2 이상인 경우로서 그에 해당하는 각각의 처분기준이 다른 경우에는 그중 중한 처분기준에 따른다.

③ 위반행위가 2 이상인 경우로서 2 이상의 처분기준이 동일한 영업정지인 경우에는 각 처분기준을 합산한 기간으로 한다.

④ 영업정지처분에 해당하는 위반행위가 적발된 날 이전 최근 2년간 같은 위반행위로 2회 영업정지처분을 받은 경우에는 개별기준에도 불구하고 그 위반행위에 대한 행정처분 기준은 허가취소로 한다.

쏙쏙 해설

③ 위반행위가 2 이상인 경우로서 2 이상의 처분기준이 동일한 영업정지인 경우에는 중한 처분기준의 2분의 1까지 가중할 수 있다. 다만, 가중하는 경우에도 각 처분기준을 합산한 기간을 초과할 수 없다(경비업법 시행령 [별표 4] 제1호 일반기준 나목).
① 경비업법 시행령 [별표 4] 제1호 일반기준 가목
② 경비업법 시행령 [별표 4] 제1호 일반기준 나목
④ 경비업법 시행령 [별표 4] 제1호 일반기준 라목

정답 ③

135 기출 17

☑ 확인Check! ○ △ ×

경비업법령상 경비업 허가취소처분 사유에 해당하지 않는 것은?

① 경비업자가 집단민원현장에 경비지도사를 선임·배치하여야 함에도 불구하고 이를 3차례 위반한 때

② 경비업자가 특수폭행죄를 범하여 벌금형을 선고받고 5년이 지나지 아니한 자를 일반경비원으로 집단민원현장에 배치해서는 아니 됨에도 불구하고 이를 2차례 위반한 때

③ 경비업자가 영업정지처분을 받고 계속하여 영업을 한 때

④ 경비업자가 관할 경찰관서장의 배치폐지명령에 따르지 아니한 때

쏙쏙 해설

②의 사유에 따른 경비업법령상 행정처분 기준은 1차 위반 시 영업정지 1개월, 2차 위반 시 영업정지 3개월, 3차 이상 위반 시 허가취소이다(경비업법 시행령 [별표 4] 제2호 하목).
① 경비업법 시행령 [별표 4] 제2호 다목
③ 경비업법 제19조 제1항 제6호
④ 경비업법 제19조 제1항 제8호

정답 ②

136 기출 21

☑ 확인Check! ○ △ ×

경비업법령상 행정처분의 기준이 3차 위반 시 영업정지 3개월인 위반행위에 해당하는 것은?

① 집단민원현장에 일반경비원 명부를 작성·비치하지 않은 때

② 경비원의 복장 등에 관한 규정을 위반한 때

③ 손해를 배상하지 않은 때

④ 경비대상시설에 관한 경보 대응체제를 갖추지 않은 때

쏙쏙 해설

3차 위반 시 행정처분이 영업정지 3개월인 것은 ②이다.

정답 ②

행정처분 기준(경비업법 시행령 [별표 4])★
 2. 개별기준

위반행위	해당 법조문	행정처분 기준		
		1차 위반	2차 위반	3차 이상 위반
가. 법 제4조 제1항 후단을 위반하여 시·도 경찰청장의 허가 없이 경비업무를 변경한 때	법 제19조 제2항 제1호	경 고	영업정지 6개월	허가취소
나. 법 제7조 제2항을 위반하여 도급을 의뢰받은 경비업무가 위법한 것임에도 이를 거부하지 않은 때	법 제19조 제2항 제2호	영업정지 1개월	영업정지 3개월	허가취소
다. 법 제7조 제6항을 위반하여 경비지도사를 집단민원현장에 선임·배치하지 않은 때	법 제19조 제2항 제3호	영업정지 1개월	영업정지 3개월	허가취소
라. 법 제8조를 위반하여 경비대상시설에 관한 경보 대응체제를 갖추지 않은 때	법 제19조 제2항 제4호	경 고	경 고	영업정지 1개월
마. 법 제9조 제2항을 위반하여 관련 서류를 작성·비치하지 않은 때	법 제19조 제2항 제5호	경 고	경 고	영업정지 1개월
바. 법 제10조 제3항을 위반하여 결격사유에 해당하는 경비원을 배치하거나 결격사유에 해당하는 경비지도사를 선임·배치한 때	법 제19조 제2항 제6호	영업정지 1개월	영업정지 3개월	허가취소
사. 법 제12조 제1항(선임규정)을 위반하여 경비지도사를 선임한 때	법 제19조 제2항 제7호	영업정지 1개월	영업정지 3개월	허가취소
아. 법 제13조를 위반하여 경비원으로 하여금 교육을 받게 하지 않은 때	법 제19조 제2항 제8호	경 고	경 고	영업정지 1개월
자. 법 제16조에 따른 경비원의 복장 등에 관한 규정을 위반한 때	법 제19조 제2항 제9호	경 고	영업정지 1개월	영업정지 3개월
차. 법 제16조의2에 따른 경비원의 장비 등에 관한 규정을 위반한 때	법 제19조 제2항 제10호	경 고	영업정지 1개월	영업정지 3개월
카. 법 제16조의3에 따른 경비원의 출동차량 등에 관한 규정을 위반한 때	법 제19조 제2항 제11호	경 고	영업정지 1개월	영업정지 3개월
타. 법 제18조 제1항 단서를 위반하여 집단민원현장에 일반경비원 명부를 작성·비치하지 않은 때	법 제19조 제2항 제12호	영업정지 1개월	영업정지 3개월	허가취소
파. 법 제18조 제2항 각호 외의 부분 단서를 위반하여 배치허가를 받지 아니하고 경비원을 배치하거나 경비원 명단 및 배치일시·배치장소 등 배치허가 신청의 내용을 거짓으로 한 때	법 제19조 제2항 제13호	영업정지 1개월	영업정지 3개월	허가취소
하. 법 제18조 제6항을 위반하여 결격사유에 해당하는 일반경비원을 집단민원현장에 배치한 때	법 제19조 제2항 제14호	영업정지 1개월	영업정지 3개월	허가취소
거. 법 제24조에 따른 감독상 명령에 따르지 않은 때	법 제19조 제2항 제15호	경 고	영업정지 3개월	허가취소
너. 법 제26조를 위반하여 손해를 배상하지 않은 때	법 제19조 제2항 제16호	경 고	영업정지 3개월	영업정지 6개월

137 기출 23

☑확인 Check! ○ △ ✕

경비업법령상 2차 위반 시 행정처분의 기준이 가장 중한 행위는?

① 경비업자가 경비원의 복장 등에 관한 규정을 위반한 때
② 경비업자가 결격사유에 해당하는 일반경비원을 집단민원현장에 배치한 때
③ 경비업자가 경비원의 출동차량 등에 관한 규정을 위반한 때
④ 기계경비업자가 관련서류를 작성·비치하지 않은 때

138 기출 23

☑확인 Check! ○ △ ✕

경비업법령상 경비지도사자격의 취소사유를 모두 고른 것은?

> ㄱ. 경비지도사자격증을 다른 사람에게 양도한 때
> ㄴ. 자격정지 기간 중에 경비지도사로 선임되어 활동한 때
> ㄷ. 파산선고를 받고 복권되지 아니한 자
> ㄹ. 금고 이상의 형의 집행유예선고를 받고 그 유예기간 중에 있는 자

① ㄱ, ㄴ
② ㄱ, ㄷ, ㄹ
③ ㄴ, ㄷ, ㄹ
④ ㄱ, ㄴ, ㄷ, ㄹ

관계법령

경비지도사자격의 취소 등(경비업법 제20조)
① 경찰청장은 경비지도사가 다음 각호의 어느 하나에 해당하는 때에는 그 자격을 취소하여야 한다. 〈개정 2024.2.13.〉
  1. 제10조 제1항 각호의 결격사유에 해당하게 된 때
  2. 허위 그 밖의 부정한 방법으로 경비지도사자격증을 교부받은 때
  3. 경비지도사자격증을 다른 사람에게 빌려주거나 양도한 때
  4. 자격정지 기간 중에 경비지도사로 선임되어 활동한 때

② 경찰청장은 경비지도사가 다음 각호의 어느 하나에 해당하는 때에는 대통령령이 정하는 바에 따라 1년의 범위 내에서 그 자격을 정지시킬 수 있다. 〈개정 2024.2.13.〉
   1. 제12조 제3항의 규정에 위반하여 직무를 성실하게 수행하지 아니한 때
   2. 제24조의 규정에 의한 경찰청장 또는 시·도 경찰청장의 명령을 위반한 때
③ 경찰청장은 제1항의 규정에 의하여 경비지도사의 자격을 취소한 때에는 경비지도사자격증을 회수하여야 하고, 제2항의 규정에 의하여 경비지도사의 자격을 정지한 때에는 그 정지기간 동안 경비지도사자격증을 회수하여 보관하여야 한다.

139 기출 21

☑ 확인Check! ○ △ ✕

경비업법령상 경비지도사자격의 취소사유에 해당하지 않는 것은?

① 허위 그 밖의 부정한 방법으로 경비지도사자격증을 교부받은 때
② 경비지도사자격증을 다른 사람에게 빌려주거나 양도한 때
③ 경찰청장 또는 시·도 경찰청장의 명령을 위반한 때
④ 자격정지 기간 중에 경비지도사로 선임되어 활동한 때

140 기출 22

☑ 확인Check! ○ △ ✕

경비업법령상 경비지도사자격의 취소 등에 관한 설명으로 옳지 않은 것은?

① 경찰청장은 기계경비지도사가 오경보방지 등을 위한 기기관리 감독의 직무를 위반하여 직무를 성실하게 수행하지 아니한 때에는 1년의 범위 내에서 그 자격을 정지시킬 수 있다.
② 경찰청장은 경비지도사의 자격을 정지한 때에는 그 정지기간 동안 경비지도사자격증을 회수하여 보관하여야 한다.
③ 경찰청장은 경비지도사가 경찰청장 또는 시·도 경찰청장의 명령을 위반한 때에는 1년의 범위 내에서 그 자격을 정지시킬 수 있다.
④ 경찰청장은 경비지도사가 자격정지 기간 중에 경비지도사로 선임되어 활동한 때에는 1년의 범위 내에서 그 자격을 정지시킬 수 있다.

141 기출 20

☑ 확인 Check! ○ △ ✕

경비업법령상 경비지도사자격의 취소와 정지에 관한 설명으로 옳지 않은 것은?

① 경찰청장은 경비지도사가 자격정지 기간 중에 경비지도사로 선임되어 활동한 때에는 1년의 범위 내에서 정지기간을 연장시킬 수 있다.

② 경찰청장은 경비지도사가 허위로 경비지도사자격증을 교부받은 때에는 그 자격을 취소하여야 한다.

③ 경찰청장은 경비지도사가 시·도 경찰청장의 명령을 위반한 때에는 1년의 범위 내에서 그 자격을 정지시킬 수 있다.

④ 경찰청장은 경비지도사의 자격을 정지한 때에는 그 정지기간 동안 경비지도사자격증을 회수하여 보관하여야 한다.

쏙쏙 해설

① 경찰청장은 경비지도사가 자격정지 기간 중에 경비지도사로 선임되어 활동한 때에는 그 자격을 취소하여야 한다(경비업법 제20조 제1항 제4호).
② 경비업법 제20조 제1항 제2호
③ 경비업법 제20조 제2항 제2호
④ 경비업법 제20조 제3항 후단

정답 ❶

142 기출 19

☑ 확인 Check! ○ △ ✕

경비업법령상 경비지도사 자격취소처분의 사유가 아닌 것은?

① 허위 그 밖의 부정한 방법으로 경비지도사자격증을 교부받은 때

② 경비지도사자격증을 다른 사람에게 빌려주거나 양도한 때

③ 자격정지 기간 중에 경비지도사로 선임되어 활동한 때

④ 「경비업법」 제24조의 규정에 의한 경찰청장 또는 시·도 경찰청장의 명령을 위반한 때

쏙쏙 해설

④는 경비업법 제20조 제2항 제2호 나목의 상대적 자격정지사유이다. 반면, ①·②·③은 경비업법 제20조 제1항 제2호 내지 제4호의 절대적 자격취소사유이다.

정답 ❹

143 기출 18

☑ 확인Check! ○ △ ✕

경비업법령상 경비지도사가 경찰청장의 명령을 위반한 때 부과되는 자격정지처분 기준으로 옳은 것은?

① 1차 위반 : 1월,　2차 위반 : 3월
② 1차 위반 : 1월,　2차 위반 : 6월
③ 1차 위반 : 3월,　2차 위반 : 6월
④ 1차 위반 : 3월,　2차 위반 : 9월

쏙쏙 해설

경비업법 시행령 [별표 5] 제2호에 의할 때 경비지도사가 경찰청장의 명령을 위반한 경우 1차 위반 시에는 자격정지 1월, 2차 위반은 자격정지 6월의 행정처분을 받게 된다.

정답 ❷

144 기출 20

☑ 확인Check! ○ △ ✕

경비업법령상 경비지도사 자격정지처분 기준에 관한 설명으로 옳은 것은?

① 위반행위의 횟수에 따른 행정처분의 기준은 당해 위반행위가 있은 이전 최근 1년간 같은 위반행위로 행정처분을 받은 경우에 적용된다.
② 위반행위의 횟수에 따른 행정처분의 기준은 당해 위반행위가 있은 이전 최근 2년간 동일성 여부와 관계없이 위반행위로 행정처분을 받은 누적 횟수에 적용한다.
③ 경찰청장의 명령을 1차 위반한 때 행정처분 기준은 자격정지 6월이다.
④ 시·도 경찰청장의 명령을 2차 위반한 때 행정처분 기준은 자격정지 6월이다.

쏙쏙 해설

경비업법 시행령 [별표 5] 제2호

정답 ❹

관계법령

경비지도사의 자격정지처분 기준(경비업법 시행령 [별표 5])★★

위반행위	해당 법조문	행정처분 기준		
		1차	2차	3차 이상
1. 법 제12조 제3항의 규정에 위반하여 직무를 성실하게 수행하지 아니한 때	법 제20조 제2항 제1호	자격정지 3월	자격정지 6월	자격정지 12월
2. 법 제24조의 규정에 의한 경찰청장, 시·도 경찰청장의 명령을 위반한 때	법 제20조 제2항 제2호	자격정지 1월	자격정지 6월	자격정지 9월

※ 비고 : 위반행위의 횟수에 따른 행정처분의 기준은 당해 위반행위가 있은 이전 최근 2년간 같은 위반행위로 행정처분을 받은 경우에 적용한다.

145

☑ 확인Check! ○ △ ✕

경비업법령상 경비지도사에 관한 자격정지처분의 사유에 해당하는 것은?

① 경비지도사 갑(甲)은 자격정지 기간 중에 경비지도사로 선임되어 활동하였다.
② 경비지도사 을(乙)은 허위 그 밖의 부정한 방법으로 경비지도사자격증을 교부 받았다.
③ 경비지도사 병(丙)은 시·도 경찰청장의 적정한 경비업무수행을 위하여 필요한 지도·감독상 명령을 위반하였다.
④ 경비지도사 정(丁)은 경비지도사자격증을 무(戊)에게 빌려주거나 양도하였다.

쏙쏙 해설

③ 경찰청장은 경비지도사가 직무를 성실하게 수행하지 아니한 때, 경찰청장 또는 시·도 경찰청장의 명령을 위반한 때에는 대통령령이 정하는 바에 따라 1년의 범위 내에서 그 자격을 정지시킬 수 있다(경비업법 제20조 제2항).
①·②·④는 경비업법 제20조 제1항 규정에 의해 자격취소처분의 사유에 해당한다.

정답 ❸

핵심만 콕

경비지도사의 자격취소·정지사유(경비업법 제20조)

자격취소사유(제1항)	자격정지사유(제2항)
경찰청장은 경비지도사가 다음 중 어느 하나에 해당하는 때에는 그 자격을 취소하여야 한다. 1. 제10조(경비지도사 및 경비원의 결격사유) 제1항 각호의 결격사유에 해당하게 된 때 2. 허위 그 밖의 부정한 방법으로 경비지도사자격증을 교부받은 때 3. 경비지도사자격증을 다른 사람에게 빌려주거나 양도한 때 4. 자격정지 기간 중에 경비지도사로 선임되어 활동한 때	경찰청장은 경비지도사가 다음 중 어느 하나에 해당하는 때에는 대통령령이 정하는 바에 따라 1년의 범위 내에서 그 자격을 정지시킬 수 있다. 1. 선임된 경비지도사가 법 규정을 위반하여 직무를 성실하게 수행하지 아니한 때 **선임된 경비지도사의 직무** 선임된 경비지도사의 직무(경비업법 제12조 제2항) 1. 경비원의 지도·감독·교육에 관한 계획의 수립·실시 및 그 기록의 유지 2. 경비현장에 배치된 경비원에 대한 순회점검 및 감독 3. 경찰기관 및 소방기관과의 연락방법에 대한 지도 4. 집단민원현장에 배치된 경비원에 대한 지도·감독 5. 그 밖에 대통령령(경비업법 시행령 제17조)이 정하는 직무 2. 선임된 경비지도사가 법 제24조(감독)의 규정에 의한 경찰청장 또는 시·도 경찰청장의 명령을 위반한 때

146 기출 16

☑확인 Check! ○ △ ✕

경비업법상 경비지도사자격을 정지시킬 수 있는 경우는?

① 집단민원현장에 배치된 경비원에 대한 지도·감독 직무를 성실하게 수행하지 아니한 때
② 자격정지 기간 중에 경비지도사로 선임되어 활동한 때
③ 허위 그 밖의 부정한 방법으로 경비지도사자격증을 교부받은 때
④ 경비지도사자격증을 다른 사람에게 빌려주거나 양도한 때

147 기출 12

☑확인 Check! ○ △ ✕

경비업법령상 경비지도사자격의 취소사유에 해당하는 것을 모두 고른 것은?

> ㄱ. 성년후견개시의 심판을 받은 경우
> ㄴ. 경비지도사자격증을 다른 사람에게 빌려주거나 양도한 경우
> ㄷ. 허위 그 밖의 부정한 방법으로 경비지도사자격증을 교부 받은 경우
> ㄹ. 경비업무의 적절한 수행을 위한 경찰청장 또는 시·도 경찰청장의 감독상의 명령을 위반한 경우

① ㄱ, ㄴ
② ㄴ, ㄷ
③ ㄱ, ㄴ, ㄷ
④ ㄴ, ㄷ, ㄹ

148 기출 19

☑확인 Check! ○ △ ✕

경비업법령상 경비지도사가 직무를 성실하게 수행하지 아니한 경우, 1차 위반 시 행정처분 기준으로 옳은 것은?

① 경비지도사 자격정지 1월
② 경비지도사 자격정지 3월
③ 경비지도사 자격정지 6월
④ 경비지도사 자격정지 9월

149 기출 14

☑확인 Check! ○ △ ✕

다음 표는 경비업법 시행령 별표에서 정한 경비지도사 자격정지처분 기준이다. ( ) 안에 들어갈 내용으로 옳은 것은?

위반행위	1차 위반	2차 위반	3차 위반
경비업법 제12조 제3항의 규정에 위반하여 직무를 성실하게 수행하지 아니한 때	자격정지 3월	자격정지 (ㄱ)월	자격정지 (ㄴ)월
경비업법 제24조의 규정에 의한 경찰청장, 시·도 경찰청장의 명령을 위반한 때	자격정지 (ㄷ)월	자격정지 6월	자격정지 9월

① ㄱ : 6, ㄴ : 9, ㄷ : 1
② ㄱ : 6, ㄴ : 9, ㄷ : 3
③ ㄱ : 6, ㄴ : 12, ㄷ : 1
④ ㄱ : 9, ㄴ : 12, ㄷ : 3

관계법령

경비지도사의 자격정지처분 기준(경비업법 시행령 [별표 5])★★

위반행위	해당 법조문	행정처분 기준		
		1차	2차	3차 이상
1. 법 제12조 제3항의 규정에 위반하여 직무를 성실하게 수행하지 아니한 때	법 제20조 제2항 제1호	자격정지 3월	자격정지 6월	자격정지 12월
2. 법 제24조의 규정에 의한 경찰청장, 시·도 경찰청장의 명령을 위반한 때	법 제20조 제2항 제2호	자격정지 1월	자격정지 6월	자격정지 9월

※ 비고 : 위반행위의 횟수에 따른 행정처분의 기준은 당해 위반행위가 있은 이전 최근 2년간 같은 위반행위로 행정처분을 받은 경우에 적용한다.

150 ☑ 확인Check! ○ △ ✕

경비업법령상 경찰청장 또는 시·도 경찰청장이 행정처분을 하기 위하여 청문을 실시하여야 하는 경우를 모두 고른 것은?

> ㄱ. 경비업자가 허위 그 밖의 부정한 방법으로 허가를 받아 그 허가를 취소하는 경우
> ㄴ. 허위 그 밖의 부정한 방법으로 경비지도사자격증을 교부받아 그 자격을 취소하는 경우
> ㄷ. 경비지도사가 경찰청장 또는 시·도 경찰청장의 명령을 위반하여 그 자격을 정지하는 경우

① ㄱ, ㄴ
② ㄱ, ㄷ
③ ㄴ, ㄷ
④ ㄱ, ㄴ, ㄷ

쏙쏙 해설

경찰청장 또는 시·도 경찰청장은 경비업 허가의 취소(ㄱ), 경비지도사자격의 취소(ㄴ) 및 정지(ㄷ) 처분을 하려는 경우 반드시 청문을 실시하여야 한다 (경비업법 제21조).

정답 ④

관계법령

청문(경비업법 제21조)★★
경찰청장 또는 시·도 경찰청장은 다음 중 어느 하나에 해당하는 처분을 하고자 하는 경우에는 청문을 실시하여야 한다. 〈개정 2020.12.22., 2024.2.13.〉
  1. 제11조의4에 따른 경비지도사 교육기관의 지정취소 또는 업무의 정지
  2. 제13조의3에 따른 경비원 교육기관의 지정취소 또는 업무의 정지
  3. 제19조의 규정에 의한 경비업 허가의 취소 또는 영업정지
  4. 제20조 제1항 또는 제2항의 규정에 의한 경비지도사자격의 취소 또는 정지

151 ☑ 확인Check! ○ △ ✕

경비업법령상 청문을 실시하여야 하는 행정처분에 해당하지 않는 것은?

① 경비업 허가취소처분
② 경비업 영업정지처분
③ 경비지도사 자격정지처분
④ 경비업자에 대한 과태료 부과처분

쏙쏙 해설

경비업에 대한 허가취소 및 영업정지, 경비지도사에 대한 자격취소 및 자격정지가 청문사유에 해당한다. 벌칙에 있는 징역, 벌금, 과태료는 청문을 실시하지 않더라도 그 과벌 절차가 법정되어 있기 때문에 굳이 청문규정을 둘 필요가 없다.

정답 ④

152 기출수정 18 ☑확인Check! ○ △ ×

경비업법령상 청문을 실시하여야 하는 경우로 옳지 않은 것은?

① 관할 경찰관서장의 배치폐지명령에 따르지 아니하여 경비업 허가의 취소처분을 하고자 하는 경우

② 경비업자가 집단민원현장에 특수경비원 명부를 작성·비치하지 않아 9개월 영업정지처분을 하고자 하는 경우

③ 경비지도사가 자격정지 기간 중에 경비지도사로 선임되어 활동하다가 적발되어 경비지도사 자격취소처분을 하고자 하는 경우

④ 경비현장에 배치된 경비원에 대한 순회점검 및 감독을 수행하지 않아 경비지도사 자격정지처분을 하고자 하는 경우

핵심만 콕

① 경비업법 제21조 제3호(경비업법 제19조 제1항 제8호 사유)
③ 경비업법 제21조 제4호(경비업법 제20조 제1항 제4호 사유)
④ 경비업법 제21조 제4호(경비업법 제20조 제2항 제1호 사유)

153 기출 19 ☑확인Check! ○ △ ×

경비업법령상 경찰청장 또는 시·도 경찰청장이 청문을 실시해야 하는 행정처분이 아닌 것은?

① 경비업자에 대한 과태료 부과처분

② 경비업 영업정지처분

③ 경비지도사 자격취소처분

④ 경비지도사 자격정지처분

154 기출 16

☑ 확인Check! O △ X

경비업법에 관한 설명으로 옳지 않은 것은?

① 시・도 경찰청장이 경비업 허가의 취소 또는 영업정지를 하고자 하는 경우에는 청문을 실시하여야 한다.

② 시・도 경찰청장은 경비지도사의 자격을 정지하는 때에는 청문을 실시하지 않는다.

③ 경찰청장이 경비지도사의 자격을 정지한 때에는 그 정지기간 동안 경비지도사자격증을 회수하여 보관하여야 한다.

④ 허가관청은 경비업자가 영업정지처분을 받고 계속하여 영업을 한 때에는 그 허가를 취소하여야 한다.

쏙쏙 해설

경찰청장 또는 시・도 경찰청장은 경비지도사자격의 취소 또는 정지의 처분을 하고자 하는 경우에는 청문을 실시하여야 한다(경비업법 제21조).

정답 ❷

155 기출 22

☑ 확인Check! O △ X

경비업법령상 경찰청장 또는 시・도 경찰청장이 청문을 실시해야 하는 행정처분에 해당하는 것을 모두 고른 것은?

ㄱ. 경비업 허가의 취소
ㄴ. 경비업 영업정지
ㄷ. 경비지도사자격의 취소
ㄹ. 경비지도사자격의 정지

① ㄱ, ㄷ
② ㄴ, ㄹ
③ ㄱ, ㄴ, ㄷ
④ ㄱ, ㄴ, ㄷ, ㄹ

쏙쏙 해설

제시된 내용은 모두 경비업법령상 경찰청장 또는 시・도 경찰청장이 청문을 실시해야 하는 행정처분에 해당한다(경비업법 제21조).

정답 ❹

156 기출 12

☑ 확인Check! ○ △ ✕

경비업법령상 경찰청장 또는 시·도 경찰청장이 처분을 하고자 하는 경우에 청문을 실시하여야만 하는 경우가 아닌 것은?

① 허위의 방법으로 받은 경비업 허가의 취소
② 경비업법에 위반하여 받은 경비업의 영업정지
③ 경비지도사자격증의 양도로 인한 경비지도사자격의 취소
④ 경비업의 영업허가

157 기출 19

☑ 확인Check! ○ △ ✕

경비업법령상 경비협회에 관한 설명으로 옳지 않은 것은?

① 경비업자는 경비업무의 건전한 발전과 경비원의 자질향상 및 교육훈련 등을 위하여 대통령령이 정하는 바에 따라 경비협회를 설립할 수 있다.
② 경비협회는 정관이 정하는 바에 의하여 회원으로부터 회비를 징수할 수 있다.
③ 경비협회의 업무에는 경비업무의 연구도 포함된다.
④ 경비협회에 관하여 「경비업법」에 특별한 규정이 있는 것을 제외하고는 「민법」 중 재단법인에 관한 규정을 준용한다.

관계법령

경비협회(경비업법 제22조)
① 경비업자는 경비업무의 건전한 발전과 경비원의 자질향상 및 교육훈련 등을 위하여 대통령령이 정하는 바에 따라 경비협회를 설립할 수 있다.

> **경비협회(경비업법 시행령 제26조)**
> ① 경비업자가 법 제22조 제1항에 따라 경비협회(이하 "협회"라 한다)를 설립하려는 경우에는 정관을 작성하여야 한다.
> ② 협회는 정관이 정하는 바에 의하여 회원으로부터 회비를 징수할 수 있다.

② 경비협회는 법인으로 한다.
③ 경비협회의 업무는 다음과 같다.
  1. 경비업무의 연구
  2. 경비원 교육·훈련 및 그 연구
  3. 경비원의 후생·복지에 관한 사항
  4. 경비진단에 관한 사항
  5. 그 밖에 경비업무의 건전한 운영과 육성에 관하여 필요한 사항
④ 경비협회에 관하여 이 법에 특별한 규정이 있는 것을 제외하고는 민법 중 사단법인에 관한 규정을 준용한다.

158 기출 23

☑ 확인 Check! ○ △ ×

경비업법령상 경비협회에 관한 설명으로 옳은 것은?

① 경비업자는 행정안전부령이 정하는 바에 따라 경비협회를 설립할 수 있다.
② 경비협회는 경비업법에 특별한 규정이 있는 경우를 제외하고는 「민법」 중 사단법인에 관한 규정을 준용한다.
③ 경비협회는 회원으로부터 회비를 징수할 수 없다.
④ 경비진단에 관한 사항은 경비협회의 업무가 아니다.

② 경비업법 제22조 제4항
① 경비업자는 경비업무의 건전한 발전과 경비원의 자질향상 및 교육훈련 등을 위하여 대통령령이 정하는 바에 따라 경비협회를 설립할 수 있다(경비업법 제22조 제1항).
③ 협회는 정관이 정하는 바에 의하여 회원으로부터 회비를 징수할 수 있다(경비업법 시행령 제26조 제2항).
④ 경비진단에 관한 사항도 경비협회의 업무에 해당한다(경비업법 제22조 제3항 제4호).

정답 ❷

159 기출 22

☑ 확인 Check! ○ △ ×

경비업법령상 경비협회에 관한 설명으로 옳지 않은 것은?

① 경비업자는 경비업무의 건전한 발전과 경비원의 자질향상 및 교육훈련 등을 위하여 대통령령이 정하는 바에 따라 경비협회를 설립할 수 있다.
② 경비협회에 관하여 경비업법에 특별한 규정이 있는 것을 제외하고는 민법 중 조합에 관한 규정을 준용한다.
③ 경비협회의 업무로는 경비원의 후생·복지에 관한 사항도 포함된다.
④ 경비협회는 법인으로 한다.

② 경비협회에 관하여 경비업법에 특별한 규정이 있는 것을 제외하고는 민법 중 사단법인에 관한 규정을 준용한다(경비업법 제22조 제4항).
① 경비업법 제22조 제1항
③ 경비업법 제22조 제3항 제3호
④ 경비업법 제22조 제2항

정답 ❷

160 기출 18

경비업법령상 경비협회에 관한 설명으로 옳지 않은 것은?

① 경비업자가 경비협회를 설립하려는 경우에는 정관을 작성하여야 하며, 협회는 행정안전부령에 따라 회비를 징수할 수 있다.

② 경비업자는 경비업무의 건전한 발전과 경비원의 자질 향상 및 교육훈련 등을 위하여 대통령령이 정하는 바에 따라 경비협회를 설립할 수 있다.

③ 경비협회의 업무에는 경비원의 후생・복지・경비 진단에 관한 사항 등도 포함된다.

④ 경비업법에 특별한 규정이 있는 것을 제외하고는 「민법」 중 사단법인에 관한 규정을 준용한다.

쏙쏙 해설

① 경비업자가 경비협회를 설립하려는 경우에는 정관을 작성하여야 하며(경비업법 시행령 제26조 제1항), 협회는 정관이 정하는 바에 따라 회원으로부터 회비를 징수할 수 있다(동법 시행령 제26조 제2항).
② 경비업법 제22조 제1항
③ 경비업법 제22조 제3항
④ 경비업법 제22조 제4항

정답 ❶

---

161 기출 14

경비업법령상 경비협회에 관한 설명으로 옳은 것은?

① 경비업자가 경비협회를 설립하려는 경우에는 정관을 작성하여야 한다.

② 경비협회에 관하여 경비업법 규정 이외에는 민법 중 재단법인에 관한 규정을 준용한다.

③ 경비협회는 경비원의 후생・복지를 위하여 공제사업을 할 수 있다.

④ 경비협회는 공제사업의 회계를 다른 사업의 회계와 통합하여 경리하여야 한다.

쏙쏙 해설

① 경비업법 시행령 제26조 제1항
② 민법 중 사단법인에 관한 규정을 준용한다(경비업법 제22조 제4항).
③ 경비원의 후생・복지에 관한 사항은 경비협회의 업무이고, 공제사업의 범위는 아니다. ★★
④ 경비협회는 공제사업을 하는 경우 공제사업의 회계는 다른 사업의 회계와 구분하여 경리하여야 한다(경비업법 시행령 제27조 제1항).

정답 ❶

162 기출수정 17 ☑ 확인Check! ○ △ ✕

경비업법령상 경비협회에 관한 설명으로 옳지 않은 것은?

① 경비협회는 행정안전부령이 정하는 바에 의하여 회원으로부터 회비를 징수할 수 있다.
② 경비협회는 경비업자의 손해배상책임을 보장하기 위한 사업의 공제사업을 할 수 있다.
③ 경비협회에 관하여 경비업법에 특별한 규정이 있는 것을 제외하고는 민법상 사단법인에 관한 규정을 준용한다.
④ 경비협회가 공제사업을 하고자 하는 때는 공제규정을 제정하여야 하고, 경찰청장이 이 공제규정을 승인하는 경우는 미리 금융위원회와 협의를 하여야 한다.

쏙쏙 해설

① 경비협회는 정관이 정하는 바에 의하여 회원으로부터 회비를 징수할 수 있다(경비업법 시행령 제26조 제2항).★
② 경비업법 제23조 제1항 제1호
③ 경비업법 제22조 제4항
④ 경비업법 제23조 제2항·제5항★

정답 ❶

163 기출 16 ☑ 확인Check! ○ △ ✕

경비업법령상 경비협회의 업무 등에 관한 내용으로 옳지 않은 것은?

① 경비협회의 업무에는 경비원의 후생·복지에 관한 사항이 포함된다.
② 경비협회는 경비업자가 경비업을 운영할 때 필요한 이행보증을 포함한 계약보증을 위한 공제사업을 할 수 있다.
③ 경비업자는 경비업무의 건전한 발전과 경비원의 자질향상 및 교육훈련 등을 위하여 행정안전부령이 정하는 바에 따라 경비협회를 설립할 수 있다.
④ 경찰청장은 경비업법에 따른 공제사업의 건전한 육성과 가입자의 보호를 위하여 공제사업의 감독에 관한 기준을 정할 수 있다.

쏙쏙 해설

③ 경비업자는 경비업무의 건전한 발전과 경비원의 자질향상 및 교육훈련 등을 위하여 대통령령이 정하는 바에 따라 경비협회를 설립할 수 있다(경비업법 제22조 제1항).★
① 경비업법 제22조 제3항 제3호
② 경비업법 제23조 제1항 제2호
④ 경비업법 제23조 제4항

정답 ❸

164 기출 23

확인Check! ○ △ ×

경비업법령상 경비협회의 공제사업에 관한 설명으로 옳지 않은 것은?

① 경비협회는 공제사업을 하는 경우 공제사업의 회계는 다른 사업의 회계와 통합하여 경리하여야 한다.

② 경비협회는 경비원의 복지향상과 업무상 재해로 인한 손실을 보상하는 공제사업을 할 수 있다.

③ 경비협회는 경비업자의 손해배상책임을 보장하기 위한 공제사업을 할 수 있다.

④ 경비협회는 경비업을 운영할 때 필요한 입찰보증, 계약보증(이행보증 포함), 하도급 보증을 위한 공제사업을 할 수 있다.

① 협회는 법 제23조 제1항의 규정에 의하여 공제사업을 하는 경우 공제사업의 회계는 다른 사업의 회계와 구분하여 경리하여야 한다(경비업법 시행령 제27조 제1항).
② 경비업법 제23조 제1항 제3호
③ 경비업법 제23조 제1항 제1호
④ 경비업법 제23조 제1항 제2호

정답 ①

관계법령

공제사업(경비업법 제23조)★

① 경비협회는 다음 각호의 공제사업을 할 수 있다.

　1. 제26조에 따른 경비업자의 손해배상책임을 보장하기 위한 사업

　2. 경비업자가 경비업을 운영할 때 필요한 입찰보증, 계약보증(이행보증을 포함), 하도급보증을 위한 사업

　3. 경비원의 복지향상과 업무상 재해로 인한 손실을 보상하는 사업

　4. 경비업무와 관련한 연구 및 경비원 교육·훈련에 관한 사업

② 경비협회는 제1항의 규정에 의한 공제사업을 하고자 하는 때에는 공제규정을 제정하여야 한다.

③ 제2항의 공제규정에는 공제사업의 범위, 공제계약의 내용, 공제금, 공제료 및 공제금에 충당하기 위한 책임준비금 등 공제사업의 운영에 관하여 필요한 사항을 정하여야 한다.

④ 경찰청장은 제1항에 따른 공제사업의 건전한 육성과 가입자의 보호를 위하여 공제사업의 감독에 관한 기준을 정할 수 있다.

⑤ 경찰청장은 제2항에 따른 공제규정을 승인하거나 제4항에 따라 공제사업의 감독에 관한 기준을 정하는 경우에는 미리 금융위원회와 협의하여야 한다.

⑥ 경찰청장은 제1항에 따른 공제사업에 대하여 「금융위원회의 설치 등에 관한 법률」에 따른 금융감독원의 원장에게 검사를 요청할 수 있다.

165 기출 20

☑ 확인 Check! ○ △ ✕

경비업법령상 경비협회가 할 수 있는 공제사업에 해당하지 않는 것은?

① 경비원의 손해배상책임을 보장하기 위한 사업
② 경비원의 복지향상과 업무상 재해로 인한 손실을 보상하는 사업
③ 경비원 교육·훈련에 관한 사업
④ 경비업자가 경비업을 운영할 때 필요한 하도급보증을 위한 사업

쏙쏙 해설

경비원이 아닌 <u>경비업자의 손해배상책임을 보장하기 위한 사업</u>이 경비협회가 할 수 있는 공제사업에 해당한다(경비업법 제23조 제1항 제1호).

정답 ❶

166 기출 20

☑ 확인 Check! ○ △ ✕

경비업법령상 경비협회의 공제사업 등에 관한 설명으로 옳지 않은 것은?

① 경비협회는 공제사업을 하고자 하는 때에는 공제계약의 내용 등 필요한 사항을 정한 공제규정을 제정하여야 한다.
② 행정안전부장관은 가입자의 보호를 위하여 공제사업의 감독에 관한 기준을 정할 수 있다.
③ 경찰청장은 공제규정을 승인하는 경우에는 미리 금융위원회와 협의하여야 한다.
④ 경찰청장은 공제사업에 대하여 금융감독원의 원장에게 검사를 요청할 수 있다.

쏙쏙 해설

② <u>경찰청장</u>은 가입자의 보호를 위하여 공제사업의 감독에 관한 기준을 정할 수 있다(경비업법 제23조 제4항).
① 경비업법 제23조 제2항
③ 경비업법 제23조 제5항
④ 경비업법 제23조 제6항

정답 ❷

167 기출 21

☑ 확인 Check! ○ △ ✕

경비업법령상 경비협회의 공제사업에 관한 설명으로 옳지 않은 것은?

① 경비협회는 경비업자가 경비업을 운영할 때 필요한 입찰보증을 위한 공제사업을 할 수 있다.
② 공제규정에는 공제사업의 범위, 공제계약의 내용 등 공제사업의 운영에 관하여 필요한 사항을 정하여야 한다.
③ 경찰청장은 공제규정을 승인하는 경우에는 미리 금융감독원과 협의하여야 한다.
④ 공제사업을 하는 경우 공제사업의 회계는 다른 사업의 회계와 구분하여 경리하여야 한다.

쏙쏙 해설

③ <u>경찰청장</u>은 공제규정을 승인하거나 공제사업의 감독에 관한 기준을 정하는 경우에는 <u>미리 금융위원회와 협의하여야 한다</u>(경비업법 제23조 제5항).
① 경비업법 제23조 제1항 제2호
② 경비업법 제23조 제3항
④ 경비업법 시행령 제27조 제1항

정답 ❸

168 기출 16

☑ 확인 Check! ○ △ ✕

경비업법령상 경비협회, 공제사업에 관한 설명으로 옳지 않은 것은?

① 경비협회는 법인으로 한다.

② 경비협회는 정관이 정하는 바에 의하여 회원으로부터 회비를 징수할 수 있다.

③ 경찰청장은 경비협회의 공제규정을 승인하는 때에는 미리 금융위원회와 협의하여야 한다.

④ 경비협회에 관하여 경비업법에 특별한 규정이 있는 것을 제외하고는 민법 중 재단법인에 관한 규정을 준용한다.

쏙쏙 해설

④ 경비협회에 관하여 경비업법에 특별한 규정이 있는 것을 제외하고는 민법 중 사단법인에 관한 규정을 준용한다(경비업법 제22조 제4항).
① 경비업법 제22조 제2항
② 경비업법 시행령 제26조 제2항
③ 경비업법 제22조 제4항

정답 ④

169 기출 14

☑ 확인 Check! ○ △ ✕

경비업법령상 경비협회에 관한 설명으로 옳은 것은?

① 경비업자가 경비협회를 설립하려는 경우에는 정관을 작성하지 않아도 된다.

② 경비협회에 관하여 경비업법에 특별한 규정이 있는 것을 제외하고는 민법 중 재단법인에 관한 규정을 준용한다.

③ 경비협회는 경비업자의 손해배상책임을 보장하기 위한 공제사업과 소속 경비원의 고용안정 보장을 위한 공제사업을 운영할 수 있다.

④ 경비협회의 업무에는 경비원의 후생·복지에 관한 사항 외에도 경비진단에 관한 사항도 포함된다.

쏙쏙 해설

④ 경비업법 제22조 제3항 제3호·제4호의 내용으로 옳다.
① 경비업자가 경비협회를 설립하려는 경우에는 정관을 작성하여야 한다(경비업법 시행령 제26조 제1항).
② 민법 중 사단법인에 관한 규정을 준용한다(경비업법 제22조 제4항).
③ 소속 경비원의 고용안정 보장을 위한 공제사업은 명문의 규정이 없다(경비업법 제23조 제1항 참고).

정답 ④

170 기출 22

☑ 확인Check! ○ △ ✕

경비업법령상 경비협회의 공제사업에 관한 내용으로 옳지 않은 것은?

① 경비협회는 경비업자의 손해배상책임을 보장하기 위한 공제사업을 할 수 있다.

② 경비협회는 경비원의 복지향상을 위한 공제사업을 할 수 없다.

③ 경비협회는 공제사업을 하고자 하는 때에는 공제규정을 제정하여야 한다.

④ 경비협회는 경비업자가 경비업을 운영할 때 필요한 입찰보증, 계약보증(이행보증을 포함한다), 하도급보증을 위한 공제사업을 할 수 있다.

171 기출 15

☑ 확인Check! ○ △ ✕

경비업법령상 경비협회에 관한 설명으로 옳은 것은?

① 경비협회를 설립하려면 경비업자 10인 이상으로 구성된 발기인을 필요로 한다.

② 경비협회의 업무에는 경비진단에 관한 사항도 포함된다.

③ 경비협회는 공익법인이므로 회원으로부터 회비를 징수하여서는 아니 된다.

④ 경비협회에 관하여 경비업법에 특별한 규정이 있는 것을 제외하고는 「민법」 중 재단법인에 관한 규정을 준용한다.

172 기출 19

☑ 확인 Check! ○ △ ✕

경비업법령상 공제사업을 하려는 경비협회가 공제규정의 내용으로 정할 수 없는 것은?

① 공제사업의 범위
② 공제계약의 내용
③ 공제사업의 감독에 관한 기준
④ 공제금에 충당하기 위한 책임준비금

173 기출 15

☑ 확인 Check! ○ △ ✕

경비업법상 경비협회가 할 수 있는 공제사업에 해당하지 않는 것은?

① 경비지도사의 손해배상책임과 형사책임을 보장하기 위한 사업
② 경비원의 복지향상과 업무상 재해로 인한 손실을 보상하는 사업
③ 경비업무와 관련한 연구 및 경비원 교육·훈련에 관한 사업
④ 경비업자가 경비업을 운영할 때 필요한 입찰보증, 계약보증, 하도급보증을 위한 사업

174 기출 20

☑ 확인 Check! ○ △ ✕

경비업법령상 시·도 경찰청장 등의 감독과 보안지도점검에 관한 내용이다. ( )에 들어갈 숫자가 순서대로 옳은 것은?

> • 시·도 경찰청장 또는 관할 경찰관서장은 경비업무 장소가 집단민원현장으로 판단되는 경우에는 그때부터 ( )시간 이내에 경비업자에게 경비원 배치허가를 받을 것을 고지하여야 한다.
> • 시·도 경찰청장은 특수경비업자에 대하여 연 ( )회 이상의 보안지도·점검을 실시하여야 한다.

① 24, 2   ② 24, 4
③ 48, 2   ④ 48, 4

175

☑ 확인Check! ○ △ ✕

경비업법령상 감독 및 보안지도·점검 등에 관한 설명으로 옳지 않은 것은?

① 시·도 경찰청장은 경비업무의 적정한 수행을 위하여 경비업자 및 경비지도사를 지도·감독하며 필요한 명령을 할 수 있다.

② 시·도 경찰청장은 경비업무 장소가 집단민원현장으로 판단되는 경우에는 그때부터 24시간 이내에 경비업자에게 경비원 배치허가를 받을 것을 고지하여야 한다.

③ 시·도 경찰청장은 특수경비업자에 대하여 연 2회 이상의 보안지도·점검을 실시하여야 한다.

④ 시·도 경찰청장은 배치된 경비원이 「폭력행위 등 처벌에 관한 법률」을 위반하는 행위를 하는 경우 그 위반행위의 중지를 명할 수 있다.

쏙쏙 해설

② 시·도 경찰청장 또는 관할 경찰관서장은 경비업무 장소가 집단민원현장으로 판단되는 경우에는 그때부터 48시간 이내에 경비업자에게 경비원 배치허가를 받을 것을 고지하여야 한다(경비업법 제24조 제4항).

① 경비업법 제24조 제1항
③ 경비업법 제25조, 동법 시행령 제29조
④ 경비업법 제24조 제3항

정답 ②

관계법령

감독(경비업법 제24조)★

① 경찰청장 또는 시·도 경찰청장은 경비업무의 적정한 수행을 위하여 경비업자 및 경비지도사를 지도·감독하며 필요한 명령을 할 수 있다.

② 시·도 경찰청장 또는 관할 경찰관서장은 소속 경찰공무원으로 하여금 관할구역 안에 있는 경비업자의 주사무소 및 출장소와 경비원배치장소에 출입하여 근무상황 및 교육훈련상황 등을 감독하며 필요한 명령을 하게 할 수 있다. 이 경우 출입하는 경찰공무원은 그 권한을 표시하는 증표를 관계인에게 내보여야 한다.

③ 시·도 경찰청장 또는 관할 경찰관서장은 경비업자 또는 배치된 경비원이 이 법이나 이 법에 따른 명령, 「폭력행위 등 처벌에 관한 법률」을 위반하는 행위를 하는 경우 그 위반행위의 중지를 명할 수 있다.

④ 시·도 경찰청장 또는 관할 경찰관서장은 경비업무 장소가 집단민원현장으로 판단되는 경우에는 그때부터 48시간 이내에 경비업자에게 경비원 배치허가를 받을 것을 고지하여야 한다.

보안지도·점검 등(경비업법 제25조)

시·도 경찰청장은 대통령령이 정하는 바에 따라 특수경비업자에 대하여 보안지도·점검을 실시하여야 하고, 필요한 경우 관계기관에 보안측정을 요청하여야 한다.

보안지도점검(경비업법 시행령 제29조)

시·도 경찰청장은 법 제25조의 규정에 의하여 특수경비업자에 대하여 연 2회 이상의 보안지도·점검을 실시하여야 한다.

176 기출 15

☑ 확인Check! ○ △ ✕

경비업법상 경비업자 및 경비지도사에 대한 감독에 관한 설명으로 옳지 않은 것은?

① 경찰청장 또는 시·도 경찰청장은 경비업무의 적정한 수행을 위하여 경비업자 및 경비지도사를 지도·감독하며 필요한 명령을 할 수 있다.

② 관할 경찰관서장은 배치된 경비원이 경비업법을 위반하는 행위를 하는 경우 그를 지도·감독하는 경비지도사의 자격을 취소하여야 한다.

③ 시·도 경찰청장 또는 관할 경찰관서장은 경비업무 장소가 집단민원현장으로 판단되는 경우에는 그때부터 48시간 이내에 경비업자에게 경비원 배치허가를 받을 것을 고지하여야 한다.

④ 시·도 경찰청장 또는 관할 경찰관서장은 소속 경찰공무원으로 하여금 관할구역 안에 있는 경비업자의 주사무소 및 출장소와 경비원배치장소에 출입하여 근무상황 및 교육훈련 상황 등을 감독하며 필요한 명령을 하게 할 수 있다.

쏙쏙 해설

② 경비업법 제20조의 경비지도사의 자격취소사유와 자격정지사유에 비춰볼 때 자격취소사유에는 해당될 수 없다. 다만, 법 경비업법 제12조 제3항을 위반하여 경비지도사가 직무를 성실하게 수행하지 아니한 때에 해당될 경우에는 1년의 범위 내에서 자격을 정지시킬 수 있다. 또한 시·도 경찰청장 또는 관할 경찰관서장은 경비업자 또는 배치된 경비원이 이 법이나 이 법에 따른 명령, 「폭력행위 등 처벌에 관한 법률」을 위반하는 행위를 하는 경우 그 위반행위의 중지를 명할 수 있다(경비업법 제24조 제3항).

① 경비업법 제24조 제1항
③ 경비업법 제24조 제4항
④ 경비업법 제24조 제2항

정답 ②

177 기출 17

☑ 확인Check! ○ △ ✕

경비업법령상 경찰청장 등의 지도·감독·점검에 관한 사항으로 옳지 않은 것은?

① 시·도 경찰청장은 특수경비업자에 대하여 보안지도·점검을 연 2회 이상 실시하여야 한다.

② 관할 경찰관서장은 경비업자가 경비업법을 위반하는 행위를 하는 경우 그 위반 행위의 중지를 명할 수 있다.

③ 시·도 경찰청장은 경비업무 장소가 집단민원현장으로 판단되는 경우에는 그때부터 7일 이내에 경비업자에게 경비원 배치허가를 받을 것을 고지하여야 한다.

④ 관할 경찰관서장은 소속 경찰공무원으로 하여금 관할구역 안에 있는 경비업자의 주사무소 및 출장소와 경비원 배치장소에 출입하여 근무상황 및 교육훈련상황 등을 감독하며 필요한 명령을 하게 할 수 있다.

쏙쏙 해설

③ 시·도 경찰청장 또는 관할 경찰관서장은 경비업무 장소가 집단민원현장으로 판단되는 경우에는 그때부터 48시간 이내에 경비업자에게 경비원 배치허가를 받을 것을 고지하여야 한다(경비업법 제24조 제4항).

① 경비업법 시행령 제29조
② 경비업법 제24조 제3항
④ 경비업법 제24조 제2항

정답 ③

178 기출 22

☑ 확인 Check! ○ △ ✕

경비업법령상 감독 및 보안지도·점검에 관한 설명으로 옳지 않은 것은?

① 시·도 경찰청장 또는 관할 경찰관서장은 소속 경찰공무원으로 하여금 관할구역 안에 있는 경비업자의 주사무소 및 출장소와 경비원 배치장소에 출입하여 근무상황 및 교육훈련상황 등을 감독하며 필요한 명령을 하게 할 수 있다.

② 시·도 경찰청장 또는 관할 경찰관서장은 경비업자 또는 배치된 경비원이 「폭력행위 등 처벌에 관한 법률」을 위반하는 행위를 하는 경우 그 위반행위의 중지를 명할 수 있다.

③ 관할 경찰서장은 특수경비업자에 대하여 연 2회 이상의 보안지도·점검을 실시하여야 한다.

④ 경찰청장 또는 시·도 경찰청장은 경비업무의 적정한 수행을 위하여 경비업자 및 경비지도사를 지도·감독하며 필요한 명령을 할 수 있다.

③ 시·도 경찰청장은 법 제25조의 규정에 의하여 특수경비업자에 대하여 연 2회 이상의 보안지도·점검을 실시하여야 한다(경비업법 시행령 제29조).
① 경비업법 제24조 제2항 전문
② 경비업법 제24조 제3항
④ 경비업법 제24조 제1항

정답 ❸

---

179 기출 20

☑ 확인 Check! ○ △ ✕

경비업법령상 경비업자의 책임에 관한 설명으로 옳지 않은 것은?

① 경비업자는 경비원이 업무수행 중 고의로 경비대상에 손해가 발생하는 것을 방지하지 못한 때에는 그 손해를 배상하여야 한다.

② 경비업자는 경비원이 업무수행 중 고의로 제3자에게 손해를 입힌 경우에는 이를 배상하여야 한다.

③ 경비업자는 경비원이 업무수행 중 과실로 제3자에게 손해를 입힌 경우에는 이를 배상할 책임이 없다.

④ 경비업자는 경비원이 업무수행 중 과실로 경비대상에 손해가 발생하는 것을 방지하지 못한 때에는 그 손해를 배상하여야 한다.

경비업자는 경비원이 업무수행 중 과실로 제3자에게 손해를 입힌 경우에도 이를 배상하여야 한다(경비업법 제26조 제2항).

정답 ❸

손해배상 등(경비업법 제26조)
① 경비업자는 경비원이 업무수행 중 고의 또는 과실로 경비대상에 손해가 발생하는 것을 방지하지 못한 때에는 그 손해를 배상하여야 한다.
② 경비업자는 경비원이 업무수행 중 고의 또는 과실로 제3자에게 손해를 입힌 경우에는 이를 배상하여야 한다.

180 기출 18

경비업법령상 경비업자의 손해배상책임이 발생하는 것을 모두 고른 것은?

> ㄱ. 경비원이 업무수행 중 고의로 경비대상에 손해가 발생하는 것을 방지하지 못한 경우
> ㄴ. 경비원이 업무수행 중 고의로 제3자에게 손해를 입힌 경우
> ㄷ. 경비원이 업무수행 중 과실로 경비대상에 손해가 발생하는 것을 방지하지 못한 경우
> ㄹ. 경비원이 업무수행 중 과실로 제3자에게 손해를 입힌 경우

① ㄱ, ㄴ
② ㄱ, ㄷ, ㄹ
③ ㄴ, ㄷ, ㄹ
④ ㄱ, ㄴ, ㄷ, ㄹ

쏙쏙 해설

ㄱ과 ㄷ은 경비업법 제26조 제1항의 사유에 해당하고, ㄴ과 ㄹ은 경비업법 제26조 제2항의 사유에 해당한다.

정답 ❹

181 기출 22

경비업법령상 경비업자의 손해배상책임이 발생하는 것은?

① 경비원이 업무수행 중이 아닌 때에 고의로 경비대상에 손해가 발생하는 것을 방지하지 못한 경우
② 경비원이 업무수행 중 무과실로 경비대상에 손해가 발생하는 것을 방지하지 못한 경우
③ 경비원이 업무수행 중 고의로 제3자에게 손해를 입힌 경우
④ 경비원이 업무수행 중이 아닌 때에 과실로 제3자에게 손해를 입힌 경우

쏙쏙 해설

경비업자는 경비원이 업무수행 중 고의 또는 과실로 제3자에게 손해를 입힌 경우에는 이를 배상하여야 한다(경비업법 제26조 제2항).

정답 ❸

핵심만 콕

① 경비업자의 손해배상책임은 <u>경비원이 업무수행 중 고의 또는 과실로 경비대상에 손해가 발생하는 것을 방지하지 못한 때</u> 발생한다(경비업법 제26조 제1항).
② 경비업자의 손해배상책임은 무과실책임이 아니다.
④ 경비업자의 손해배상책임은 <u>경비원이 업무수행 중 고의 또는 과실로 제3자에게 손해를 입힌 경우</u>에 발생한다(경비업법 제26조 제2항).

182 ^{기출} 06

☑ 확인Check! ○ △ ✕

A경비법인에 소속된 경비원 B는 근무가 없는 일요일 자신이 파견되어 있는 ○○은행 앞에서 우연히 지나가던 행인과 말다툼을 하다가 행인을 폭행하였다. 행인은 전치 3주의 상해를 입었다. 이에 관한 설명으로 맞는 것은?

① 경비업자 A는 소속경비원이 타인에게 가한 손해이므로 배상책임을 진다.
② 업무수행 중의 손해가 아니기 때문에 경비원 B가 개인적으로 손해배상책임을 진다.
③ 관할 경찰서장이 손해배상책임을 진다.
④ 만약 경비원이 업무수행 중에 제3자에게 과실로 손해를 가한 경우라면 이에 대한 배상책임은 경비원이 진다.

183 ^{기출} 23

☑ 확인Check! ○ △ ✕

경비업법령상 경찰청장이 시·도 경찰청장에게 위임하는 권한은?

① 경비협회의 공제사업에 대한 금융감독원장의 검사요청권한
② 경비지도사자격증의 교부권한
③ 경비지도사자격의 취소에 관한 권한
④ 경비지도사 시험의 관리에 관한 권한

관계법령

위임 및 위탁(경비업법 제27조)
① 이 법에 의한 경찰청장의 권한은 대통령령이 정하는 바에 따라 그 일부를 시·도 경찰청장에게 위임할 수 있다.

권한의 위임 및 위탁(경비업법 시행령 제31조)★
① 경찰청장은 법 제27조 제1항의 규정에 의하여 다음 각호의 권한을 시·도 경찰청장에게 위임한다.
　1. 법 제20조의 규정에 의한 경비지도사자격의 취소 및 정지에 관한 권한
　2. 법 제21조 제2호의 규정에 의한 경비지도사자격의 취소 및 정지에 관한 청문의 권한

② 경찰청장은 제11조의 규정에 의한 경비지도사의 시험에 관한 업무를 대통령령이 정하는 바에 따라 관계전문기관 또는 단체에 위탁할 수 있다. 〈개정 2024.2.13.〉

> **권한의 위임 및 위탁(경비업법 시행령 제31조)★**
> ② 경찰청장 또는 경찰관서장은 법 제27조 제2항의 규정에 의하여 법 제11조 제1항의 규정에 의한 경비지도사 시험의 관리와 경비지도사의 교육에 관한 업무를 경비업무에 관한 인력과 전문성을 갖춘 기관으로서 경찰청장이 지정하여 고시하는 기관 또는 단체에 위탁한다.

184 기출 21
☑ 확인Check! ○ △ ✕

경비업법령상 경찰청장의 권한이 시·도 경찰청장에게 위임되어 있는 것을 모두 고른 것은?

> ㄱ. 경비지도사자격의 정지
> ㄴ. 경비지도사자격의 취소
> ㄷ. 경비지도사자격의 취소 및 정지에 관한 청문

① ㄱ

② ㄱ, ㄴ

③ ㄴ, ㄷ

④ ㄱ, ㄴ, ㄷ

쏙쏙 해설

제시된 내용은 모두 경비업법령상 시·도 경찰청장에게 위임되어 있는 경찰청장의 권한에 해당한다.

정답 ❹

185 기출 18
☑ 확인Check! ○ △ ✕

경비업법령상 경찰청장이 시·도 경찰청장에게 위임하는 권한에 해당하지 않는 것은?

① 경비지도사자격의 정지에 관한 권한

② 경비지도사자격의 취소에 관한 권한

③ 경비지도사자격증의 교부에 관한 권한

④ 경비지도사자격의 취소에 관한 청문의 권한

쏙쏙 해설

경비지도사자격증의 교부는 위임사항이 아니다. 경찰청장은 경비지도사 시험에 합격하고 경비지도사 교육을 받은 사람에게는 경비지도사자격증 교부대장에 정해진 사항을 기재한 후, 경비지도사자격증을 교부해야 한다(경비업법 시행규칙 제11조).

정답 ❸

186 기출수정 20

☑ 확인 Check! ○ △ ✕

경비업법령상 경찰청장 권한의 위임사항에 해당하지 않는 것은?

① 경비지도사 시험
② 경비지도사자격의 취소
③ 경비지도사자격의 정지
④ 경비지도사자격의 취소 및 정지에 관한 청문

187 기출 19

☑ 확인 Check! ○ △ ✕

경비업법령상 위임에 관한 내용이다. (   )에 들어갈 내용이 바르게 연결된 것은?

경비업법에 의한 경찰청장의 권한은 대통령령이 정하는 바에 따라 그 일부를 (ㄱ)에게 위임할 수 있다고 하는데, 위임되는 권한에는 (ㄴ)에 관한 권한이 포함된다.

① ㄱ : 시・도 경찰청장
  ㄴ : 경비지도사 시험 관리 및 경비지도사 교육업무
② ㄱ : 관할 경찰서장
  ㄴ : 경비지도사 시험 관리 및 경비지도사 교육업무
③ ㄱ : 시・도 경찰청장
  ㄴ : 경비지도사자격의 취소 및 정지
④ ㄱ : 관할 경찰서장
  ㄴ : 경비지도사자격의 취소 및 정지

188 기출 17

☑ 확인 Check! ○ △ ✕

경비업법령상 경찰청장이 시·도 경찰청장에게 위임한 권한에 해당하는 것은?

① 경비업의 허가권한
② 경비지도사자격증의 교부권한
③ 경비지도사의 자격의 취소·정지에 관한 청문의 권한
④ 경비협회의 공제사업에 대한 금융감독원장의 검사요청권한

쏙쏙 해설

③ 경찰청장은 경비지도사의 자격의 취소 및 정지에 관한 권한, 경비지도사자격의 취소 및 정지에 관한 청문의 권한을 시·도 경찰청장에게 위임한다(경비업법 시행령 제31조 제1항).★
① 경비업의 허가권한은 법령상 시·도 경찰청장의 고유 권한이다(경비업법 제4조 제1항 전문).★
② 경비업법 시행규칙 제11조
④ 경비업법 제23조 제6항

정답 ❸

189 기출수정 22

☑ 확인 Check! ○ △ ✕

경비업법령상 경찰청장이 시·도 경찰청장에게 위임할 수 있는 사항에 해당하지 않는 것은?

① 경비지도사의 자격의 취소 및 정지에 관한 청문
② 경비지도사의 시험에 관한 업무
③ 경비지도사의 자격의 취소
④ 경비지도사의 자격의 정지

쏙쏙 해설

경비지도사의 시험에 관한 업무는 경찰청장이 위임할 수 있는 사항이 아닌 대통령령이 정하는 바에 따라 관계전문기관 또는 단체에 위탁할 수 있는 사항이다(경비업법 제27조 제2항).

정답 ❷

관계법령

위임 및 위탁(경비업법 제27조)
① 이 법에 의한 경찰청장의 권한은 대통령령이 정하는 바에 따라 그 일부를 시·도 경찰청장에게 위임할 수 있다.

> 권한의 위임 및 위탁(경비업법 시행령 제31조)
> ① 경찰청장은 법 제27조 제1항의 규정에 의하여 다음 각호의 권한을 시·도 경찰청장에게 위임한다.
> 1. 법 제20조의 규정에 의한 경비지도사의 자격의 취소 및 정지에 관한 권한
> 2. 법 제21조 제2호의 규정에 의한 경비지도사자격의 취소 및 정지에 관한 청문의 권한

② 경찰청장은 제11조의 규정에 의한 경비지도사의 시험에 관한 업무를 대통령령이 정하는 바에 따라 관계전문기관 또는 단체에 위탁할 수 있다. 〈개정 2024.2.13.〉

> 권한의 위임 및 위탁(경비업법 시행령 제31조)
> ② 경찰청장 또는 경찰관서장은 법 제27조 제2항의 규정에 의하여 법 제11조 제1항의 규정에 의한 경비지도사 시험의 관리와 경비지도사의 교육에 관한 업무를 경비업무에 관한 인력과 전문성을 갖춘 기관으로서 경찰청장이 지정하여 고시하는 기관 또는 단체에 위탁한다.

190 기출 19

☑ 확인 Check! ○ △ ✕

경비업법령상 보안지도·점검의 내용이다. ( )에 들어갈 내용이 바르게 연결된 것은?

> (ㄱ)은 특수경비업자에게 비밀취급인가를 하고자 하는 때에는 특수경비업자로 하여금 (ㄴ)을 거쳐 국가정보원장에게 보안측정을 요청하도록 하여야 한다.

① ㄱ : 관할 경찰서장,　　ㄴ : 시·도 경찰청장
② ㄱ : 관할 경찰서장,　　ㄴ : 경찰청장
③ ㄱ : 시·도 경찰청장,　　ㄴ : 경찰청장
④ ㄱ : 경찰청장,　　　　　ㄴ : 시·도 경찰청장

관계법령

보안지도·점검 등(경비업법 제25조)
시·도 경찰청장은 대통령령이 정하는 바에 따라 특수경비업자에 대하여 보안지도·점검을 실시하여야 하고, 필요한 경우 관계기관에 보안측정을 요청하여야 한다.

> 보안지도점검(경비업법 시행령 제29조)
> 시·도 경찰청장은 법 제25조의 규정에 의하여 특수경비업자에 대하여 연 2회 이상의 보안지도·점검을 실시하여야 한다.

특수경비업자의 업무개시 전의 조치(경비업법 시행령 제6조)
① 법 제2조 제1호 마목의 규정에 의한 특수경비업무를 수행하는 경비업자(이하 "특수경비업자"라 한다)는 법 제4조 제3항 제5호의 규정에 의하여 첫 업무개시의 신고를 하기 전에 시·도 경찰청장의 비밀취급인가를 받아야 한다.
② 시·도 경찰청장은 제1항의 규정에 의하여 특수경비업자에게 비밀취급인가를 하고자 하는 때에는 법 제25조의 규정에 의하여 특수경비업자로 하여금 경찰청장을 거쳐 국가정보원장에게 보안측정을 요청하도록 하여야 한다.

191 기출 23

☑ 확인 Check! ○ △ ✕

경비업법령상 허가증 등의 수수료에 관한 설명으로 옳지 않은 것은?

① 경비업 허가사항의 변경신고로 인한 허가증 재교부의 경우에는 1만원의 수수료를 납부하여야 한다.

② 경찰청장은 시험 시행기관의 귀책사유로 시험에 응시하지 못한 경우 납부한 응시수수료 전액을 반환하여야 한다.

③ 경찰청장 및 시·도 경찰청장은 정보통신망을 이용하여 전자화폐·전자결제 등의 방법으로 수수료를 납부하게 할 수 있다.

④ 경비지도사 시험에 응시하고자 하는 자는 경찰청장이 정하여 고시하는 수수료를 납부하여야 한다.

관계법령

수수료(경비업법 제27조의2)
이 법에 따른 경비업의 허가를 받거나 허가증을 재교부 받고자 하는 자는 대통령령이 정하는 바에 따라 수수료를 납부하여야 한다.

허가증 등의 수수료(경비업법 시행령 제28조)
① 법에 의한 경비업의 허가를 받거나 허가증을 재교부 받고자 하는 자는 다음 각호의 수수료를 납부하여야 한다.
   1. 법 제4조 제1항 및 법 제6조 제2항의 규정에 의한 경비업의 허가(추가·변경·갱신허가를 포함한다)의 경우에는 1만원
   2. 허가사항의 변경신고로 인한 허가증 재교부의 경우에는 2천원
② 제1항의 규정에 의한 수수료는 허가 등의 신청서에 수입인지를 첨부하여 납부한다.
③ 시험에 응시하고자 하는 자는 경찰청장이 정하여 고시하는 수수료를 납부하여야 한다.
④ 경찰청장은 다음 각호의 어느 하나에 해당하는 경우에는 제3항에 따라 받은 응시수수료의 전부 또는 일부를 다음 각호의 구분에 따라 반환하여야 한다.
   1. 응시수수료를 과오납한 경우 : 과오납한 금액 전액
   2. 시험 시행기관의 귀책사유로 시험에 응시하지 못한 경우 : 응시수수료 전액
   3. 시험 시행일 20일 전까지 접수를 취소하는 경우 : 응시수수료 전액
   4. 시험 시행일 10일 전까지 접수를 취소하는 경우 : 응시수수료의 100분의 50
⑤ 경찰청장 및 시·도 경찰청장은 제2항 및 제3항의 규정에 불구하고 정보통신망을 이용하여 전자화폐·전자결제 등의 방법으로 수수료를 납부하게 할 수 있다.

192 기출 20

☑ 확인Check! ○ △ ✕

경비업법령상 허가증 등의 수수료에 관한 설명으로 옳지 않은 것은?

① 경비업의 허가사항의 변경신고로 인한 허가증을 재교부 받고자 하는 자는 2천원의 수수료를 납부하여야 한다.

② 경찰청장 및 시·도 경찰청장은 정보통신망을 이용하여 전자화폐·전자결제 등의 방법으로 수수료를 납부하게 할 수 있다.

③ 경비지도사 시험에 응시하고자 하는 자는 경찰청장이 정하여 고시하는 수수료를 납부하여야 한다.

④ 시·도 경찰청장은 경비지도사 시험 시행일 20일 전까지 접수를 취소하는 경우 응시수수료 전액을 반환하여야 한다.

쏙쏙 해설

④ 경찰청장은 경비지도사 시험 시행일 20일 전까지 접수를 취소하는 경우 응시수수료 전액을 반환하여야 한다(경비업법 시행령 제28조 제4항 제3호).
① 경비업법 시행령 제28조 제1항 제2호
② 경비업법 시행령 제28조 제5항
③ 경비업법 시행령 제28조 제3항

정답 ❹

193 기출 22

☑ 확인Check! ○ △ ✕

경비업법령상 허가증 등의 수수료에 관한 설명으로 옳은 것은?

① 경비업 허가사항의 변경신고로 인한 허가증 재교부의 경우에는 1만원의 수수료를 납부하여야 한다.

② 경비지도사 시험 응시수수료를 과오납한 경우에는 경찰청장은 과오납한 금액의 100분의 50을 반환하여야 한다.

③ 경비업의 갱신허가를 받고자 하는 경우에는 2천원의 수수료를 납부하여야 한다.

④ 경비지도사 시험 시행일 20일 전까지 접수를 취소하는 경우에는 경찰청장은 응시수수료 전액을 반환하여야 한다.

쏙쏙 해설

경비업법 시행령 제28조 제4항 제3호

정답 ❹

194 기출 21

☑ 확인Check! ○ △ ✕

경비업법령상 경찰청장으로부터 경비지도사의 시험 및 교육에 관한 업무를 위탁받은 단체의 임직원이 공무원으로 의제되어 적용받는 형법상의 규정에 해당하지 않는 것은?

① 형법 제127조(공무상 비밀의 누설)
② 형법 제129조(수뢰, 사전수뢰)
③ 형법 제130조(제3자뇌물제공)
④ 형법 제132조(알선수뢰)

쏙쏙 해설

형법 제127조는 벌칙 적용에서 공무원으로 의제되는 형법상 대상범죄에 해당하지 않는다(경비업법 제27조의3).

정답 ❶

관계법령

벌칙 적용에서 공무원 의제(경비업법 제27조의3)★
제27조 제2항에 따라 위탁받은 업무에 종사하는 관계전문기관 또는 단체의 임직원은 「형법」 제129조부터 제132조(수뢰·사전수뢰, 제3자뇌물제공, 수뢰후부정처사·사후수뢰, 알선수뢰)까지의 규정을 적용할 때에는 공무원으로 본다.

195 기출수정 19

☑ 확인Check! ○ △ ✕

경비업법령상 경찰청장으로부터 경비지도사의 시험에 관한 업무를 위탁받은 단체의 임직원이 공무원으로 의제되어 적용받는 형법상의 규정은?

① 형법 제123조(직권남용)
② 형법 제127조(공무상 비밀의 누설)
③ 형법 제129조(수뢰, 사전수뢰)
④ 형법 제227조(허위공문서작성 등)

쏙쏙 해설

경비업법 제27조 제2항에 따라 위탁받은 업무에 종사하는 관계전문기관 또는 단체의 임직원은 형법 제129조부터 제132조까지의 규정(뇌물범죄)을 적용할 때에는 공무원으로 본다(경비업법 제27조의3).

정답 ❸

제1장

제2장

196 ☑확인Check! ○ △ ✕

경비업법령상 경찰청장 등이 불가피한 경우 민감정보 및 고유식별정보를 처리할 수 있는 사무가 아닌 것은?

① 경비지도사 시험 등에 관한 사무
② 특수경비원의 직무 및 무기사용 등에 관한 사무
③ 경비업자 및 경비지도사의 지도·감독에 관한 사무
④ 경비업자의 손해배상책임에 관한 사무

쏙쏙 해설

④ 경비업자의 손해배상책임에 관한 사무는 경찰청장 등이 불가피하게 민감정보 및 고유식별정보를 처리할 수 있는 사무에 해당하지 않는다 (경비업법 시행령 제31조의2).
① 경비업법 시행령 제31조의2 제2호
② 경비업법 시행령 제31조의2 제4호
③ 경비업법 시행령 제31조의2 제8호

정답 ④

관계법령

민감정보 및 고유식별정보의 처리(경비업법 시행령 제31조의2)

경찰청장, 시·도 경찰청장, 경찰서장 및 경찰관서장(제31조에 따라 경찰청장 및 경찰관서장의 권한을 위임·위탁받은 자를 포함한다)은 다음 각호의 사무를 수행하기 위하여 불가피한 경우 「개인정보보호법」 제23조에 따른 건강에 관한 정보(제1호의2 및 제4호의 사무로 한정한다), 같은 법 시행령 제18조 제2호에 따른 범죄경력자료에 해당하는 정보(제1호의2 및 제9호의 사무로 한정한다), 같은 영 제19조 제1호 또는 제4호에 따른 주민등록번호 또는 외국인등록번호가 포함된 자료를 처리할 수 있다. 〈개정 2021.7.13., 2022.12.20.〉

1. 법 제4조 및 제6조에 따른 경비업의 허가 및 갱신허가 등에 관한 사무
1의2. 법 제5조 및 제10조에 따른 임원, 경비지도사 및 경비원의 결격사유 확인에 관한 사무
2. 법 제11조에 따른 경비지도사 시험 등에 관한 사무
3. 법 제13조에 따른 경비원의 교육 등에 관한 사무
4. 법 제14조에 따른 특수경비원의 직무 및 무기사용 등에 관한 사무
5. 삭제 〈2021.7.13.〉
6. 법 제18조에 따른 경비원 배치허가 등에 관한 사무
7. 법 제19조 및 제20조에 따른 행정처분에 관한 사무
8. 법 제24조에 따른 경비업자 및 경비지도사의 지도·감독에 관한 사무
9. 법 제25조에 따른 보안지도·점검 및 보안측정에 관한 사무
10. 삭제 〈2022.12.20.〉

---

197 ☑확인Check! ○ △ ✕

경비업법령상 경찰청장 등이 처리할 수 있는 민감정보 및 고유식별정보가 아닌 것은?

① 건강에 관한 정보
② 범죄경력자료에 해당하는 정보
③ 주민등록번호 또는 외국인등록번호가 포함된 자료
④ 신용카드사용내역이 포함된 자료

쏙쏙 해설

신용카드사용내역이 포함된 자료는 경비업법령상 경찰청장 등이 처리할 수 있는 민간정보 및 고유식별정보에 해당하지 않는다(경비업법 시행령 제31조의2).

정답 ④

198 기출수정 15 　　　☑ 확인Check! ○ △ ✕

경비업법령상 민감정보 및 고유식별정보를 처리할 수 있는 사무가 아닌 것은?

① 기계경비운영체계의 오작동여부 확인에 관한 사무
② 경비업 허가의 취소에 따른 행정처분에 관한 사무
③ 임원, 경비지도사 및 경비원의 결격사유 확인에 관한 사무
④ 특수경비업자에 대한 보안지도·점검 및 보안측정에 관한 사무

쏙쏙 해설

① 경비업법 시행령 제31조의2(민감정보 및 고유식별정보의 처리)에 의하면 기계경비운영체계의 오작동여부 확인에 관한 사무는 포함되지 않는다.
② 경비업법 시행령 제31조의2 제7호
③ 경비업법 시행령 제31조의2 제1호의2
④ 경비업법 시행령 제31조의2 제9호

정답 ❶

199 기출 19 　　　☑ 확인Check! ○ △ ✕

특수경비원 갑(甲)이 국가중요시설에 대한 경비업무 수행 중 국가중요시설의 정상적인 운영을 해치는 장해를 발생시킨 경우, 경비업법령상 벌칙규정에 관한 설명으로 옳은 것을 모두 고른 것은?

ㄱ. 갑(甲)이 고의로 위와 같은 행위를 했다면, 그 처벌기준은 5년 이하의 징역 또는 5천만원 이하의 벌금이다.
ㄴ. 갑(甲)이 과실로 위와 같은 행위를 했다면, 그 처벌기준은 1년 이하의 징역 또는 1천만원 이하의 벌금이다.
ㄷ. 양벌규정에 의하면 갑(甲)이 소속된 법인의 처벌기준은 1천만원 이하의 벌금이다.
ㄹ. 갑(甲)을 고용한 법인의 대표자에게는 3천만원 이하의 과태료가 부과된다.

① ㄱ
② ㄱ, ㄴ
③ ㄱ, ㄷ
④ ㄴ, ㄹ

쏙쏙 해설

제시된 내용 중 옳은 것은 ㄱ뿐이다.
ㄱ. (○) 특수경비원 갑(甲)이 고의로 국가중요시설에 대한 경비업무 수행 중 국가중요시설의 정상적인 운영을 해치는 장해를 발생시킨 경우에는 5년 이하의 징역 또는 5천만원 이하의 벌금에 처한다(경비업법 제28조 제1항).

정답 ❶

핵심만 콕

ㄴ. (✕) 과실로 동일한 행위를 한 경우에는 3년 이하의 징역 또는 3천만원 이하의 벌금에 처한다(경비업법 제28조 제2항 제7호).
ㄷ. (✕) 양벌규정에 의하면 갑(甲)이 소속된 법인에게는 해당 조문의 벌금형이 부과된다(경비업법 제30조 본문). 따라서 갑이 고의인 경우 5천만원 이하의 벌금이, 갑이 과실인 경우에는 3천만원 이하의 벌금이 부과된다.
ㄹ. (✕) 양벌규정에 의하여 행위자를 벌하는 외에 그 법인 또는 개인에게도 벌금이 부과되는 것이지 과태료가 부과되는 것은 아니다.

200

☑ 확인Check! ○ △ ✕

경비업법령상 법정형의 최고한도가 높은 것부터 순서대로 나열된 것은?(단, 가중처벌 등은 고려하지 않음)

> ㄱ. 경찰관서장의 배치폐지명령을 따르지 아니한 자
> ㄴ. 경비원에게 경비업무의 범위를 벗어난 행위를 하게 한 자
> ㄷ. 국가중요시설의 정상적인 운영을 해치는 장해를 일으킨 특수경비원

① ㄴ - ㄱ - ㄷ
② ㄴ - ㄷ - ㄱ
③ ㄷ - ㄱ - ㄴ
④ ㄷ - ㄴ - ㄱ

쏙쏙 해설

경비업법령상 법정형의 최고한도가 높은 것부터 순서대로 나열하면 ㄷ(5년 이하의 징역 또는 5천만원 이하의 벌금) - ㄴ(3년 이하의 징역 또는 3천만원 이하의 벌금) - ㄱ(1년 이하의 징역 또는 1천만원 이하의 벌금) 순이다.

정답 ④

핵심만 콕

벌칙(경비업법 제28조)★★

5년 이하의 징역 또는 5천만원 이하의 벌금(제1항)	국가중요시설의 정상적인 운영을 해치는 장해를 일으킨 특수경비원
3년 이하의 징역 또는 3천만원 이하의 벌금(제2항)	1. 허가를 받지 아니하고 경비업을 영위한 자 2. 직무상 알게 된 비밀을 누설하거나 부당한 목적을 위하여 사용한 자 3. 경비업무의 중단을 통보하지 아니하거나 경비업무를 즉시 인수하지 아니한 특수경비업자 또는 경비대행업자 4. 집단민원현장에 경비원을 배치하면서 허가를 받지 아니한 자에게 경비업무를 도급한 자 5. 집단민원현장에 20명 이상의 경비인력을 배치하면서 그 경비인력을 직접 고용한 자 6. 경비업자의 경비원 채용 시 무자격자나 부적격자 등을 채용하도록 관여하거나 영향력을 행사한 도급인 7. 과실로 인하여 국가중요시설의 정상적인 운영을 해치는 장해를 일으킨 특수경비원 8. 특수경비원으로서 경비구역 안에서 시설물의 절도, 손괴, 위험물의 폭발 등의 사유로 인한 위급사태가 발생한 때에 명령에 불복종한 자 또는 경비구역을 벗어난 자 9. 경비원에게 경비업무의 범위를 벗어난 행위를 하게 한 자
2년 이하의 징역 또는 2천만원 이하의 벌금(제3항)	정당한 사유 없이 무기를 소지하고 배치된 경비구역을 벗어난 특수경비원
1년 이하의 징역 또는 1천만원 이하의 벌금(제4항)	1. 시설주로부터 무기의 관리를 위하여 지정받은 관리책임자가 법이 정한 의무를 위반한 경우 2. 파업·태업 그 밖에 경비업무의 정상적인 운영을 저해하는 일체의 쟁의행위를 한 특수경비원 3. 직무를 수행함에 있어 타인에게 위력을 과시하거나 물리력을 행사하는 등 경비업무의 범위를 벗어난 행위를 한 경비원 4. 제16조의2 제1항에서 정한 장비 외에 흉기 또는 그 밖의 위험한 물건을 휴대하고 경비업무를 수행한 경비원 또는 경비원에게 이를 휴대하고 경비업무를 수행하게 한 자 5. 경찰관서장의 배치폐지명령을 따르지 아니한 자 6. 시·도 경찰청장 또는 관할 경찰관서장의 중지명령에 따르지 아니한 자

201 기출 20

☑확인 Check! ○ △ ✕

경비업법령상 벌칙에 관한 설명으로 옳은 것을 모두 고른 것은?

> ㄱ. 과실로 인하여 국가중요시설의 정상적인 운영을 해치는 장해를 일으킨 특수경비원은 3년 이하의 징역 또는 3천만원 이하의 벌금에 처한다.
> ㄴ. 정당한 사유 없이 무기를 소지하고 배치된 경비구역을 벗어난 특수경비원은 2년 이하의 징역 또는 2천만원 이하의 벌금에 처한다.
> ㄷ. 허가를 받지 아니하고 경비업을 영위한 자는 2년 이하의 징역 또는 2천만원 이하의 벌금에 처한다.

① ㄱ, ㄴ
② ㄱ, ㄷ
③ ㄴ, ㄷ
④ ㄱ, ㄴ, ㄷ

202 기출 18

☑확인 Check! ○ △ ✕

경비업법령상 국가중요시설에 대한 경비업무 중 정당한 사유 없이 무기를 소지하고 배치된 경비구역을 벗어난 특수경비원의 처벌기준은?

① 1년 이하의 징역 또는 1천만원 이하의 벌금
② 2년 이하의 징역 또는 2천만원 이하의 벌금
③ 3년 이하의 징역 또는 3천만원 이하의 벌금
④ 5년 이하의 징역 또는 5천만원 이하의 벌금

203 기출 10

☑ 확인Check! ○ △ ✕

경비업법령상 가장 무거운 벌칙사유에 해당하는 것은?

① 경비업자가 법령상의 신고의무를 위반하여 일반경비원을 배치한 경우 관할 경찰관서장의 배치폐지명령을 이행하지 아니한 경우
② 특수경비원이 직무수행 중 경비구역 안에서 위험물의 폭발로 인한 위급사태가 발생한 때에 소속 상사의 직무상 명령에 복종하지 아니한 경우
③ 법령에 의하여 무기를 대여받은 시설주가 관할 경찰관서장의 무기의 적정한 관리를 위한 감독상 필요한 명령을 정당한 이유 없이 이행하지 아니한 경우
④ 특수경비원이 경비업무의 정상적인 운영을 저해하는 쟁의행위를 한 경우

쏙쏙 해설

② 특수경비원으로서 경비구역 안에서 시설물의 절도, 손괴, 위험물의 폭발 등의 사유로 인한 위급사태가 발생한 때에 시설주·관할 경찰관서장 및 소속 상사의 직무상 명령에 복종하지 않거나 소속 상사의 허가 또는 정당한 사유 없이 경비구역을 벗어나는 경우 3년 이하의 징역 또는 3천만원 이하의 벌금에 처한다 (경비업법 제28조 제2항 제7호).
①·④ 1년 이하의 징역 또는 1천만원 이하의 벌금에 처한다(경비업법 제28조 제4항 제2호·제5호).
③ 법령에 의하여 무기를 대여받은 시설주가 관할 경찰관서장의 무기의 적정한 관리를 위한 감독상 필요한 명령을 정당한 이유 없이 이행하지 아니한 경우에는 500만원 이하의 과태료에 처한다(경비업법 제31조 제2항 제5호).

정답 ❷

204 기출 19

☑ 확인Check! ○ △ ✕

경비업법령상 1년 이하의 징역이나 1천만원 이하의 벌금형에 해당하는 행위를 한 사람을 모두 고른 것은?

ㄱ. 직무수행 중 경비업무의 범위를 벗어나 타인에게 물리력을 행사한 경비원
ㄴ. 정당한 사유 없이 무기를 소지하고 배치된 경비구역을 벗어난 특수경비원
ㄷ. 법률에 근거없이 직무상 알게 된 비밀을 누설한 경비업체의 임원
ㄹ. 「경비업법」에서 정한 장비 외에 흉기를 휴대하고 경비업무를 수행한 경비원

① ㄱ, ㄴ
② ㄱ, ㄹ
③ ㄴ, ㄷ
④ ㄷ, ㄹ

쏙쏙 해설

제시된 내용 중 옳은 것은 ㄱ과 ㄹ이다.
ㄱ. (○) 경비업법 제28조 제4항 제3호
ㄹ. (○) 경비업법 제28조 제4항 제4호
ㄴ. (✕) 경비업법 제28조 제3항의 사유로 2년 이하의 징역 또는 2천만원 이하의 벌금에 처해진다.
ㄷ. (✕) 경비업법 제28조 제2항 제2호 사유로 3년 이하의 징역 또는 3천만원 이하의 벌금에 처해진다.

정답 ❷

205 기출 22

☑ 확인Check! ○ △ ✕

경비업법령상 위반행위를 한 행위자에 대한 법정형이 다른 것은?

① 경비업무 도급인이 그 경비업무를 수급한 경비업자의 경비원 채용 시 무자격자나 부적격자 등을 채용하도록 관여하거나 영향력을 행사한 경우

② 경비원이 경비업법령에서 정한 장비 외에 흉기 또는 그 밖의 위험한 물건을 휴대하고 경비업무를 수행한 경우

③ 경비원이 직무를 수행함에 있어 타인에게 위력을 과시하는 등 경비업무의 범위를 벗어난 행위를 한 경우

④ 경비업자가 배치허가 신청의 내용을 거짓으로 한 것이 발각되어 경찰관서장이 배치폐지명령을 하였으나 이에 따르지 아니한 경우

206 기출 23

☑ 확인Check! ○ △ ✕

경비업법령상 특수경비원이 무기를 휴대하고 경비업무 수행 중에 경비업법령의 규정에 의한 무기의 안전수칙을 위반하여 형법에 규정된 범죄를 범한 경우, 그 법정형의 2분의 1까지 가중처벌하는 범죄가 아닌 것은?

① 특수상해죄(「형법」 제258조의2 제1항)

② 특수폭행죄(「형법」 제261조)

③ 특수강요죄(「형법」 제324조 제2항)

④ 특수공갈죄(「형법」 제350조의2)

관계법령

형의 가중처벌(경비업법 제29조)★

① 특수경비원이 무기를 휴대하고 경비업무를 수행 중에 제14조 제8항의 규정 및 제15조 제4항의 규정에 의한 무기의 안전수칙을 위반하여 형법 제258조의2(특수상해죄) 제1항(제257조 제1항의 상해죄로 한정, 존속상해죄는 제외)·제2항(제258조 제1항·제2항의 중상해죄로 한정, 존속중상해죄는 제외), 제259조 제1항(상해치사죄), 제260조 제1항(폭행죄), 제262조(폭행치사상죄), 제268조(업무상과실·중과실치사상죄), 제276조 제1항(체포 또는 감금죄), 제277조 제1항(중체포 또는 중감금죄), 제281조 제1항(체포·감금등의 치사상죄), 제283조 제1항(협박죄), 제324조 제2항(특수강요죄), 제350조의2(특수공갈죄) 및 제366조(재물손괴등죄)의 죄를 범한 때에는 그 죄에 정한 형의 2분의 1까지 가중처벌한다.

② 경비원이 경비업무 수행 중에 제16조의2 제1항에서 정한 장비 외에 흉기 또는 그 밖의 위험한 물건을 휴대하고 형법 제258조의2(특수상해죄) 제1항(제257조 제1항의 상해죄로 한정, 존속상해죄는 제외)·제2항(제258조 제1항·제2항의 중상해죄로 한정, 존속중상해죄는 제외), 제259조 제1항(상해치사죄), 제261조(특수폭행죄), 제262조(폭행치사상죄), 제268조(업무상과실·중과실치사상죄), 제276조 제1항(체포 또는 감금죄), 제277조 제1항(중체포 또는 중감금죄), 제281조 제1항(체포·감금등의 치사상죄), 제283조 제1항(협박죄), 제324조 제2항(특수강요죄), 제350조의2(특수공갈죄) 및 제366조(재물손괴등죄)의 죄를 범한 때에는 그 죄에 정한 형의 2분의 1까지 가중처벌한다.

207 기출 21

☑ 확인 Check! ○ △ ✕

경비업법령상 특수경비원이 무기를 휴대하고 경비업무를 수행 중에 경비업법의 규정에 의한 무기의 안전수칙을 위반하여 범죄를 범한 경우 그 법정형의 2분의 1까지 가중처벌되는 형법상의 범죄가 아닌 것은?

① 형법 제261조(특수폭행죄)
② 형법 제268조(업무상과실·중과실치사상죄)
③ 형법 제350조의2(특수공갈죄)
④ 형법 제366조(재물손괴죄)

쏙쏙 해설

형법 제261조(특수폭행죄)는 경비업법 제29조 제1항이 아닌 경비업법 제29조 제2항에 의해 가중처벌되는 형법상 대상범죄에 해당한다.

정답 ❶

208 기출 20

☑ 확인 Check! ○ △ ✕

경비업법령상 경비원이 경비업무 수행 중에 경비업법령에서 정한 장비 외에 흉기 또는 그 밖의 위험한 물건을 휴대하고 죄를 범한 경우, 그 죄에 정한 형의 2분의 1까지 가중처벌하는 형법상 범죄에 해당하지 않는 것은?

① 형법 제268조(업무상과실치사상죄)
② 형법 제276조 제1항(체포·감금죄)
③ 형법 제283조 제1항(협박죄)
④ 형법 제314조(업무방해죄)

쏙쏙 해설

형법 제314조(업무방해죄)는 경비업법 제29조 제2항의 가중처벌 대상범죄에 해당하지 않는다.

정답 ❹

209 기출 18

☑ 확인 Check! ○ △ ✕

경비업법령상 경비원이 경비업무 수행 중에 경비업법에서 정한 장비 외에 흉기 등을 휴대하고 범죄를 범한 경우 그 법정형의 2분의 1까지 가중 처벌되는 형법상의 범죄가 아닌 것은?

① 폭행죄
② 재물손괴죄
③ 중체포 또는 중감금죄
④ 협박죄

쏙쏙 해설

폭행죄(형법 제260조 제1항)는 특수경비원이 무기를 휴대하고 경비업무 수행 중에 무기의 안전수칙을 위반하여 죄를 범한 경우 그 법정형의 2분의 1까지 가중처벌되는 경비업법 제29조 제1항의 형법상 대상범죄이다. 참고로 재물손괴죄(형법 제366조), 중체포 또는 중감금죄(형법 제277조 제1항), 협박죄(형법 제283조 제1항)는 모두 경비업법 제29조 제1항 또는 제2항에 의해 가중처벌되는 형법상 대상범죄에 해당된다.

정답 ❶

210 기출 14

☑ 확인Check! ○ △ ✕

경비업법령상 경비원이 경비업무 수행 중에 경비업법에 규정된 장비 외에 흉기 그 밖의 위험한 물건을 휴대하고 일정한 형법상의 범죄를 범한 경우 그 법정형의 2분의 1까지 가중처벌된다. 다음 중 이에 해당되는 형법상 범죄는?

① 형법 제324조의2(인질강요죄)
② 형법 제261조(특수폭행죄)
③ 형법 제136조(공무집행방해죄)
④ 형법 제333조(강도죄)

쏙쏙 해설

경비업법 제29조 제2항이 적용되어 가중처벌되는 형법상 대상범죄는 형법 제261조(특수폭행죄)이다. 인질강요죄, 공무집행방해죄, 강도죄는 경비업법령상 가중처벌되는 형법상 대상범죄가 아니다.

정답 ②

211 기출 17

☑ 확인Check! ○ △ ✕

경비업법상 경비원이 경비업무 수행에 경비장비 외의 흉기를 휴대하고 형법상의 죄를 범한 경우 형의 가중처벌에 해당하지 않는 것은?

① 폭행죄(형법 제260조 제1항)
② 체포죄(형법 제276조 제1항)
③ 협박죄(형법 제283조 제1항)
④ 재물손괴죄(형법 제366조)

쏙쏙 해설

폭행죄(형법 제260조 제1항)는 특수경비원이 무기를 휴대하고 경비업무 수행 중에 무기의 안전수칙을 위반하여 죄를 범한 경우 그 법정형의 2분의 1까지 가중처벌되는 경비업법 제29조 제1항의 형법상 대상범죄이다. 참고로 체포죄(형법 제276조 제1항), 협박죄(형법 제283조 제1항), 재물손괴죄(형법 제366조)는 모두 경비업법 제29조 제1항 또는 제2항에 의해 가중처벌되는 형법상 대상범죄에 해당된다.

정답 ①

212 기출 22

☑ 확인Check! ○ △ ✕

경비업법령상 경비원이 경비업무 수행 중에 경비업법령에서 정한 장비 외에 흉기 또는 그 밖의 위험한 물건을 휴대하고 죄를 범한 경우, 그 죄에 정한 형의 2분의 1까지 가중처벌되는 형법상의 범죄가 아닌 것은?

① 특수폭행죄(형법 제261조)
② 폭행치사상죄(형법 제262조)
③ 특수협박죄(형법 제284조)
④ 특수공갈죄(형법 제350조의2)

쏙쏙 해설

특수협박죄(형법 제284조)가 아닌 협박죄(형법 제283조 제1항)가 경비업법 제29조 제2항의 가중처벌되는 형법상 대상범죄에 해당한다(경비업법 제29조 제2항).

정답 ③

213 기출 21

☑ 확인 Check! ○ △ ✕

경비업법령상 양벌규정이 적용되는 경우에 해당하지 않는 것은?(단, 법인 또는 개인이 그 위반행위를 방지하기 위하여 해당 업무에 관하여 상당한 주의와 감독을 게을리하지 아니한 경우는 고려하지 않음)

① 경비업자의 경비원 채용 시 부적격자 등을 채용하도록 관여한 도급인

② 배치허가를 받지 아니하고 경비원을 배치한 자

③ 허가를 받지 아니하고 경비업을 영위한 자

④ 경비업무의 범위를 벗어난 행위를 한 경비원

관계법령

양벌규정(경비업법 제30조)★
법인의 대표자나 법인 또는 개인의 대리인, 사용인, 그 밖의 종업원이 그 법인 또는 개인의 업무에 관하여 법 제28조(벌칙)의 위반행위를 하면 그 행위자를 벌하는 외에 그 법인 또는 개인에게도 해당 조문의 벌금형을 과(科)한다. 다만, 법인 또는 개인이 그 위반행위를 방지하기 위하여 해당 업무에 관하여 상당한 주의와 감독을 게을리하지 아니한 경우에는 그러하지 아니하다.

214 기출 23

☑ 확인 Check! ○ △ ✕

경비업법령상 양벌규정이 적용될 수 없는 자는?

① 법인의 대표자

② 법인의 대리인

③ 사용인

④ 사용인의 배우자

215 기출 18

☑ 확인 Check! ○ △ ✕

경비업법령상 양벌규정이 적용되는 행위자가 될 수 없는 자는?

① 법인의 대표자

② 개인의 대리인

③ 사용인

④ 직계비속

216 기출 17

☑확인Check! ○ △ ✕

경비업법령상 벌칙 및 양벌규정에 관한 설명으로 옳지 않은 것은?

① 특수경비원이 국가중요시설의 정상적인 운영을 해치는 장해를 일으킨 경우에는 행위자뿐만 아니라 법인과 개인에게도 동일한 법정형을 과한다.

② 법인 또는 개인이 특수경비원의 위 ①과 같은 행위를 방지하기 위하여 해당 업무에 관한 상당한 주의와 감독을 게을리하지 아니하였다면 벌금형이 면책된다.

③ 경비업자의 경비원 채용 시 무자격자나 부적격자 등을 채용하도록 관여하거나 영향력을 행사한 도급인에게는 3년 이하의 징역 또는 3천만원 이하의 벌금에 처한다.

④ 경비업무의 정상적인 운영을 저해하는 쟁의행위를 한 특수경비원은 1년 이하의 징역 또는 1천만원 이하의 벌금에 처한다.

① 양벌규정은 직접적인 위반 행위를 한 행위자를 벌하는 외의 해당 업무 관하여 주의·감독의 책임이 있는 법인 또는 개인에게도 벌을 과하도록 하는 규정으로 이때, 법인 또는 개인에게는 과해질 수 있는 법정형은 해당 조문의 벌금형만을 의미하고, 징역형까지 과할 수 있게 되어 있는 것은 아니다(경비업법 제30조). ★

② 경비업법 제30조 단서

③ 경비업법 제28조 제2항 제6호

④ 경비업법 제28조 제4항 제2호

정답 ❶

---

217 기출 23

☑확인Check! ○ △ ✕

경비업법령상 2회 위반 시 과태료 부과기준의 금액이 다른 경우는?

① 기계경비업자가 계약상대방에게 설명의무를 이행하지 않은 경우

② 경비업자가 결격사유에 해당하는 경비지도사를 선임·배치한 경우

③ 경비업자가 경비원의 근무상황을 기록하여 보관하지 않은 경우

④ 경비업자가 경비원의 복장 등에 관한 신고규정을 위반하여 신고를 하지 않은 경우

③ 2회 위반 시 부과되는 과태료 금액은 100만원이다(경비업법 시행령 [별표 6] 제14호).

① 2회 위반 시 부과되는 과태료는 200만원이다(경비업법 시행령 [별표 6] 제3호).

② 2회 위반 시 부과되는 과태료는 200만원이다(경비업법 시행령 [별표 6] 제4호).

④ 2회 위반 시 부과되는 과태료는 200만원이다(경비업법 시행령 [별표 6] 제7호).

정답 ❸

과태료 부과기준(경비업법 시행령 [별표 6])★★

위반행위	해당 법조문	과태료 금액(단위 : 만원)		
		1회 위반	2회 위반	3회 이상
3. 법 제9조 제1항을 위반하여 설명의무를 이행하지 않은 경우	법 제31조 제2항 제3호	100	200	400
4. 법 제10조 제3항을 위반하여 결격사유에 해당하는 경비원을 배치하거나 결격사유에 해당하는 경비지도사를 선임·배치한 경우	법 제31조 제2항 제6호	100	200	400
7. 법 제16조 제1항을 위반하여 복장 등에 관한 신고규정을 위반하여 신고를 하지 않은 경우	법 제31조 제2항 제7호	100	200	400
14. 법 제18조 제5항을 위반하여 경비원의 근무상황을 기록하여 보관하지 않은 경우	법 제31조 제2항 제10호	50	100	200

218 기출 20

☑ 확인Check! ○ △ ✕

경비업법령상 과태료 부과기준이 다른 하나는?

① 경비업자가 기계경비업자의 계약자에 대한 오경보를 막기 위한 기기설명의무를 위반하여 설명의무를 이행하지 않은 경우
② 경비업자가 신고된 동일 복장을 착용하게 하지 아니하고 집단민원 현장에 경비원을 배치한 경우
③ 경비업자가 행정안전부령에 따라 경비원 명부를 비치하지 않은 경우
④ 경비업자가 대통령령이 정하는 바에 따라 경비지도사를 선임하지 않은 경우

①·③·④와는 달리 ②는 경비업법 제31조 제1항 제2호 사유로 경비업자에게는 3천만원 이하의 과태료가 부과된다.

정답 ❷

219

☑ 확인Check! ○ △ ✕

경비업법령상 과태료의 부과기준이 다른 것은?

① 경비업자가 경비원의 복장에 관한 신고를 하지 않고 집단민원현장에 경비원을 배치한 경우

② 경비업자가 집단민원현장에 배치되는 일반경비원의 명부를 그 배치장소에 비치하지 않은 경우

③ 경비업자가 신임교육을 이수하지 않은 자를 특수경비원으로 배치한 경우

④ 경비업자가 결격사유에 해당하는 경비지도사를 선임·배치한 경우

쏙쏙 해설

경비업자가 결격사유에 해당하는 경비지도사를 선임·배치한 경우는 500만원 이하의 과태료 부과대상(경비업법 제31조 제2항 제6호), 나머지는 모두 3천만원 이하의 과태료 부과대상에 해당한다(경비업법 제31조 제1항 제1호·제3호·제5호).

정답 ④

관계법령

과태료(경비업법 제31조)★★★

① 다음 각호의 어느 하나에 해당하는 경비업자에게는 3천만원 이하의 과태료를 부과한다.

1. 제16조 제1항을 위반하여 경비원의 복장에 관한 신고를 하지 아니하고 집단민원현장에 경비원을 배치한 자

2. 제16조 제2항을 위반하여 이름표를 부착하게 하지 아니하거나, 신고된 동일 복장을 착용하게 하지 아니하고 집단민원현장에 경비원을 배치한 자

3. 제18조 제1항 단서를 위반하여 집단민원현장에 일반경비원을 배치하면서 경비원의 명부를 배치장소에 작성·비치하지 아니한 자

4. 제18조 제2항 각호 외의 부분 단서를 위반하여 배치허가를 받지 아니하고 경비원을 배치하거나 경비원 명단 및 배치일시·배치장소 등 배치허가 신청의 내용을 거짓으로 한 자

5. 제18조 제7항을 위반하여 제13조에 따른 신임교육을 이수하지 아니한 자를 제18조 제2항 각호의 경비원으로 배치한 자

② 다음 각호의 어느 하나에 해당하는 경비업자, 경비지도사 또는 시설주에게는 500만원 이하의 과태료를 부과한다. 〈개정 2024.2.13.〉

1. 제4조 제3항(시·도 경찰청장에게 신고의무) 또는 제18조 제2항(관할 경찰관서장에게 배치신고의무)의 규정에 위반하여 신고를 하지 아니한 자

2. 제7조 제7항(특수경비업자의 경비대행업자 지정신고의무)의 규정에 위반하여 경비대행업자 지정신고를 하지 아니한 자

3. 제9조 제1항(기계경비업자의 계약자에 대한 오경보를 막기 위한 기기설명의무)의 규정에 위반하여 설명의무를 이행하지 아니한 자

3의2. 제11조의2(경비지도사의 보수교육)를 위반하여 정당한 사유 없이 보수교육을 받지 아니한 경비지도사

4. 제12조 제1항(경비지도사의 선임·배치기준)의 규정에 위반하여 경비지도사를 선임하지 아니한 자

4의2. 제12조의2를 위반하여 경비지도사의 선임 또는 해임의 신고를 하지 아니한 자

5. 제14조 제6항의 규정에 의한 감독상 필요한 명령을 정당한 이유 없이 이행하지 아니한 자

6. 제10조 제3항을 위반하여 결격사유에 해당하는 경비원을 배치하거나 결격사유에 해당하는 경비지도사를 선임·배치한 자

7. 제16조 제1항의 복장 등에 관한 신고규정을 위반하여 신고를 하지 아니한 자

8. 제16조 제2항을 위반하여 이름표를 부착하게 하지 아니하거나, 신고된 동일 복장을 착용하게 하지 아니하고 경비원을 경비업무에 배치한 자

9. 제18조 제1항 본문을 위반하여 명부를 작성·비치하지 아니한 자

10. 제18조 제5항을 위반하여 경비원의 근무상황을 기록하여 보관하지 아니한 자

③ 제1항 및 제2항의 규정에 의한 과태료는 대통령령이 정하는 바에 의하여 시·도 경찰청장 또는 경찰관서장이 부과·징수한다.

☑ 확인Check! ○ △ ✕

경비업법령상 과태료 부과기준이다. (   )에 들어갈 숫자의 연결이 옳은 것은?

위반행위	과태료 금액(단위 : 만원)		
	1회 위반	2회 위반	3회 이상
경비업자가 경비원의 복장 등에 관한 신고규정을 위반하여 신고를 하지 않은 경우	100	200	(ㄱ)
경비업자가 경비원의 복장에 관한 신고를 하지 않고 집단민원현장에 경비원을 배치한 경우	(ㄴ)	1,200	2,400

① ㄱ : 300, ㄴ : 300

② ㄱ : 400, ㄴ : 600

③ ㄱ : 500, ㄴ : 800

④ ㄱ : 600, ㄴ : 1,000

관계법령

과태료의 부과기준(경비업법 시행령 [별표 6])★

번 호	해당 법조문	위반행위	과태료 금액(단위 : 만원)		
			1회 위반	2회 위반	3회 이상 위반
7호	법 제31조 제2항 제7호	법 제16조 제1항을 위반하여 복장 등에 관한 신고규정을 위반하여 신고를 하지 않은 경우	100	200	400
8호	법 제31조 제1항 제1호	법 제16조 제1항을 위반하여 경비원의 복장에 관한 신고를 하지 않고 집단민원현장에 경비원을 배치한 경우	600	1,200	2,400

☑ 확인 Check! ○ △ ✕

경비업법령상 과태료의 부과기준에 관한 설명으로 옳은 것은?

① 경비원의 복장에 관한 신고를 하지 않고 집단민원현장에 경비원을 배치한 경우에는 위반 횟수가 2회이면 부과되는 과태료 금액은 600만원이다.

② 관할 경찰관서장이 무기의 적정 관리를 위하여 무기를 대여받은 시설주에 대하여 감독상 필요한 명령을 하였으나 정당한 이유 없이 이행하지 않은 경우에는 위반 횟수에 관계없이 부과되는 과태료 금액은 500만원이다.

③ 이름표를 부착하게 하지 않거나, 신고된 동일 복장을 착용하게 하지 않고 집단민원현장에 경비원을 배치한 경우에는 위반 횟수가 1회이면 부과되는 과태료 금액은 300만원이다.

④ 집단민원현장에 배치되는 일반경비원의 명부를 그 배치장소에 비치하지 않은 경우에는 위반 횟수가 3회 이상이면 부과되는 과태료 금액은 1,200만원이다.

쏙쏙 해설

② 경비업법 시행령 [별표 6] 제6호
① 1,200만원의 과태료가 부과된다(경비업법 시행령 [별표 6] 제8호).
③ 600만원의 과태료가 부과된다(경비업법 시행령 [별표 6] 제10호).
④ 2,400만원의 과태료가 부과된다(경비업법 시행령 [별표 6] 제12호 가목).

정답 ❷

관계법령

과태료 부과기준(경비업법 시행령 [별표 6]) ★

위반행위	해당 법조문	과태료 금액(단위 : 만원)		
		1회 위반	2회 위반	3회 이상
6. 법 제14조 제6항에 따른 감독상 필요한 명령을 정당한 이유 없이 이행하지 않은 경우	법 제31조 제2항 제5호	500		
8. 법 제16조 제1항을 위반하여 경비원의 복장에 관한 신고를 하지 않고 집단민원현장에 경비원을 배치한 경우	법 제31조 제1항 제1호	600	1,200	2,400
10. 법 제16조 제2항을 위반하여 이름표를 부착하게 하지 않거나, 신고된 동일 복장을 착용하게 하지 않고 집단민원현장에 경비원을 배치한 경우	법 제31조 제1항 제2호	600	1,200	2,400
12. 법 제18조 제1항 단서를 위반하여 집단민원현장에 배치되는 일반경비원의 명부를 그 배치장소에 작성·비치하지 않은 경우 가. 경비원 명부를 비치하지 않은 경우 나. 경비원 명부를 작성하지 않은 경우	법 제31조 제1항 제3호	600 300	1,200 600	2,400 1,200

제1장

제2장

222 기출 19

☑ 확인Check! ○ △ ✕

경비업법령상 2회 위반의 경우 과태료 부과기준이 다른 것은?

① 경비업자가 결격사유에 해당하는 경비원을 배치한 경우
② 경비업자가 경비지도사를 선임하지 않은 경우
③ 특수경비업무를 수행하는 경비업자가 경비대행업자 지정신고를 허위로 한 경우
④ 경비업자가 복장 등에 관한 신고규정을 위반하여 신고를 하지 않은 경우

쏙쏙 해설

③ 경비업법 시행령 [별표 6] 제2호 가목 – 400
① 경비업법 시행령 [별표 6] 제4호 – 100/200/400
② 경비업법 시행령 [별표 6] 제5호 – 100/200/400
④ 경비업법 시행령 [별표 6] 제7호 – 100/200/400

정답 ③

관계법령

과태료의 부과기준(경비업법 시행령 [별표 6])★

위반행위	해당 법조문	과태료 금액(단위 : 만원)		
		1회 위반	2회 위반	3회 이상
2. 법 제7조 제7항을 위반하여 경비대행업자 지정신고를 하지 않은 경우 　가. 허위로 신고한 경우 　나. 그 밖의 사유로 신고하지 않은 경우	법 제31조 제2항 제2호		400 300	
4. 법 제10조 제3항을 위반하여 결격사유에 해당하는 경비원을 배치하거나 결격사유에 해당하는 경비지도사를 선임·배치한 경우	법 제31조 제2항 제6호	100	200	400
5. 법 제12조 제1항(선임규정)을 위반하여 경비지도사를 선임하지 않은 경우	법 제31조 제2항 제4호	100	200	400
7. 법 제16조 제1항을 위반하여 복장 등에 관한 신고규정을 위반하여 신고를 하지 않은 경우	법 제31조 제2항 제7호	100	200	400

223 기출 15

☑ 확인Check! ○ △ ✕

경비업법령상 과태료의 부과기준으로서 과태료 금액이 가장 많은 것은?(단, 최초 1회 위반을 기준으로 함)

① 집단민원현장에 일반경비원을 배치하면서 일반경비원 명부를 그 배치장소에 비치하지 아니한 경우
② 경비업법상 복장 등에 관한 신고규정을 위반하여 신고를 하지 않은 경우
③ 경비원 명단 및 배치일시·배치장소 등 배치허가 신청의 내용을 거짓으로 한 경우
④ 기계경비업자가 경비계약을 체결하면서, 오경보를 막기 위하여 계약상대방에게 기기사용요령 및 기계경비운영체계 등에 관한 설명의무를 이행하지 아니한 경우

쏙쏙 해설

최초 1회 위반을 기준으로 할 경우에 ①은 600만원, ②는 100만원, ③은 1,000만원, ④는 100만원이 되므로 정답은 ③이 된다.

정답 ③

184 PART 1 경비업법(청원경찰법 포함)

이 문제는 과태료와 관련하여 경비업법 제31조를 적용하면 안 되고, 경비업법 시행령 [별표 6]의 과태료 부과기준을 적용하여야 한다. 질문에서 "최초 1회 위반을 기준으로 함"에서 힌트를 얻어야 한다. 경비업법 시행령 [별표 6]을 적용하면 다음과 같다.

번호	위반행위	해당 법조문	과태료 금액(단위 : 만원)		
			1회 위반	2회 위반	3회 이상
①	법 제18조 제1항 단서를 위반하여 집단민원현장에 배치되는 일반경비원의 명부를 그 배치장소에 작성·비치하지 않은 경우 가. 경비원 명부를 비치하지 않은 경우 나. 경비원 명부를 작성하지 않은 경우	법 제31조 제1항 제3호	600 300	1,200 600	2,400 1,200
②	법 제16조 제1항을 위반하여 복장 등에 관한 신고규정을 위반하여 신고를 하지 않은 경우	법 제31조 제2항 제7호	100	200	400
③	법 제18조 제2항 각호 외의 부분 단서를 위반하여 배치허가를 받지 않고 경비원을 배치하거나, 경비원 명단 및 배치일시·배치장소 등 배치허가 신청의 내용을 거짓으로 한 경우	법 제31조 제1항 제4호	1,000	2,000	3,000
④	법 제9조 제1항을 위반하여 설명의무를 이행하지 않은 경우	법 제31조 제2항 제3호	100	200	400

224 기출 14

☑ 확인Check! ○ △ ✕

경비업법령상 경비업법 위반 횟수에 관계없이 과태료 금액이 동일한 것은?

① 기계경비업자가 경비계약을 체결하면서 계약상대방에게 설명의무를 이행하지 않은 경우
② 무기의 적정관리를 위해 관할 경찰관서장이 감독상 필요한 명령을 발하였으나 무기를 대여받은 시설주가 정당한 이유 없이 이를 이행하지 않은 경우
③ 경비업자가 경비업법을 위반하여 경비원의 복장에 관한 신고를 하지 않고 집단민원현장에 경비원을 배치한 경우
④ 경비업자가 경비업법을 위반하여 경비원의 근무상황을 기록하여 보관하지 않은 경우

무기의 적정관리를 위해 관할 경찰관서장이 감독상 필요한 명령을 발하였으나 무기를 대여받은 시설주가 정당한 이유 없이 이를 이행하지 않은 경우는 과태료 금액이 500만원으로 동일하다(경비업법 시행령 [별표 6] 제6호).

정답 ❷

① 1회 위반 100만원, 2회 위반 200만원, 3회 이상 위반 400만원이다(경비업법 시행령 [별표 6] 제3호).
③ 1회 위반 600만원, 2회 위반 1,200만원, 3회 이상 위반 2,400만원이다(경비업법 시행령 [별표 6] 제8호).
④ 1회 위반 50만원, 2회 위반 100만원, 3회 이상 위반 200만원이다(경비업법 시행령 [별표 6] 제14호).

225

☑ 확인Check! ○ △ ✕

경비업법령상 경찰청장이 3년마다 타당성을 검토하여 개선 등의 조치를 해야 하는 것을 모두 고른 것은?

> ㄱ. 경비업의 시설 등의 기준
> ㄴ. 집단민원현장 배치 불허가 기준
> ㄷ. 행정처분 기준
> ㄹ. 과태료 부과기준

① ㄱ, ㄴ

② ㄱ, ㄷ, ㄹ

③ ㄴ, ㄷ, ㄹ

④ ㄱ, ㄴ, ㄷ, ㄹ

쏙쏙 해설

제시된 내용 중 경비업법령상 경찰청장이 3년마다 타당성을 검토하여 개선 등의 조치를 해야 하는 것은 ㄱ과 ㄴ이다 (경비업법 시행령 제31조의3). ㄷ과 ㄹ은 2021.3.2. 동 시행령 개정 시 규제의 재검토 사항에서 삭제되었다.

정답 ❶

관계법령

규제의 재검토(경비업법 시행령 제31조의3)

경찰청장은 다음 각호의 사항에 대하여 다음 각호의 기준일을 기준으로 3년마다(매 3년이 되는 해의 기준일과 같은 날 전까지를 말한다) 그 타당성을 검토하여 개선 등의 조치를 해야 한다.
1. 제3조 제2항 및 [별표 1]에 따른 경비업의 시설 등의 기준 : 2014년 6월 8일
2. 제22조에 따른 집단민원현장 배치 불허가 기준 : 2014년 6월 8일
3. 제24조 및 [별표 4]에 따른 행정처분 기준 : 2014년 6월 8일 → 삭제〈2021.3.2.〉
4. 제32조 제1항 및 [별표 6]에 따른 과태료의 부과기준 : 2014년 6월 8일 → 삭제〈2021.3.2.〉

226

☑ 확인Check! ○ △ ✕

경비업법령상 경찰청장이 3년마다 타당성을 검토하여 개선 등의 조치를 해야 하는 규제사항인 것은?

① 벌금형 부과기준

② 행정처분 기준

③ 과태료 부과기준

④ 경비원이 휴대하는 장비

쏙쏙 해설

2021.3.2. 경비업법 시행령 개정으로 인하여 본 설문 등을 수정하였다.

정답 ❹

02 청원경찰법

제1절 청원경찰의 배치장소와 직무

I 청원경찰의 개념 및 배치장소 기출 23·21·20·14·11·04·02·99

1. 청원경찰의 정의(청원경찰법 제2조)

"청원경찰"이란 다음에 해당하는 기관의 장 또는 시설·사업장 등의 경영자가 경비(이하 청원경찰경비)를 부담할 것을 조건으로 경찰의 배치를 신청하는 경우 그 기관·시설 또는 사업장 등의 경비를 담당하게 하기 위하여 배치하는 경찰을 말한다.

① 국가기관 또는 공공단체와 그 관리하에 있는 중요시설 또는 사업장(제1호)

② 국내 주재 외국기관(제2호)★

③ 그 밖에 행정안전부령으로 정하는 중요시설·사업장 또는 장소(제3호)

> **청원경찰법의 목적(청원경찰법 제1조)** 기출 23·20·14
> 청원경찰법은 청원경찰의 직무·임용·배치·보수·사회보장 및 그 밖에 필요한 사항을 규정함으로써 청원경찰의 원활한 운영을 목적으로 한다.

2. 행정안전부령으로 정하는 중요시설·사업장 또는 장소(청원경찰법 시행규칙 제2조)

① 선박·항공기 등 수송시설

② 금융 또는 보험을 업으로 하는 시설 또는 사업장★

③ 언론·통신·방송 또는 인쇄를 업으로 하는 시설 또는 사업장★★

④ 학교 등 육영시설★

⑤ 의료법에 따른 의료기관★

⑥ 그 밖에 공공의 안녕질서 유지와 국민경제를 위하여 고도의 경비가 필요한 중요시설, 사업체 또는 장소

> **청원경찰의 신분(청원경찰법 시행령 제18조)** 기출 23
> 청원경찰은 형법이나 그 밖의 법령에 따른 벌칙을 적용하는 경우와 청원경찰법 및 청원경찰법 시행령에서 특별히 규정한 경우를 제외하고는 공무원으로 보지 아니한다.★

Ⅱ 청원경찰의 직무

1. 직무범위(청원경찰법 제3조) `기출` 23·22·21·17·15·14·12·10·09·06·05·02·01·99

청원경찰은 청원경찰의 배치결정을 받은 자(청원주)와 배치된 기관·시설 또는 사업장 등의 구역을 관할하는 경찰서장의 감독을 받아 그 경비구역만의 경비를 목적으로 필요한 범위에서 「경찰관직무집행법」에 따른 경찰관의 직무를 수행한다. ★★

2. 직무상 주의사항(청원경찰법 시행규칙 제21조) `기출` 23·22

① 청원경찰이 직무를 수행할 때에는 경비 목적을 위하여 필요한 최소한의 범위에서 하여야 한다. ★
② 청원경찰은 「경찰관직무집행법」에 따른 직무 외의 수사활동 등 사법경찰관리의 직무를 수행해서는 아니 된다. ★★

3. 근무요령(청원경찰법 시행규칙 제14조) `기출` 23·22·21·19·15·14·09·01·99·97

① 자체경비를 하는 입초근무자는 경비구역의 정문이나 그 밖의 지정된 장소에서 경비구역의 내부, 외부 및 출입자의 움직임을 감시한다. ★ (**두** : 자·입)
② 업무처리 및 자체경비를 하는 소내근무자는 근무 중 특이한 사항이 발생하였을 때에는 지체 없이 청원주 또는 관할 경찰서장에게 보고하고 그 지시에 따라야 한다. ★★ (**두** : 업·자·소)
③ 순찰근무자는 청원주가 지정한 일정한 구역을 순회하면서 경비 임무를 수행한다. 이 경우 순찰은 단독 또는 복수로 정선순찰(정해진 노선을 규칙적으로 순찰하는 것)을 하되, 청원주가 필요하다고 인정할 때에는 요점순찰(순찰구역 내 지정된 중요지점을 순찰하는 것) 또는 난선순찰(임의로 순찰지역이나 노선을 선정하여 불규칙적으로 순찰하는 것)을 할 수 있다. ★★ (**두** : 정·요·난)
④ 대기근무자는 소내근무에 협조하거나 휴식하면서 불의의 사고에 대비한다. ★ (**두** : 대·소·협·휴)

제2절 청원경찰의 배치, 임용, 교육, 징계

Ⅰ 청원경찰의 배치 `기출` 23·22·21·20·19·16·10·09·08·04·02·01·99·97

1. 청원경찰의 배치신청(청원경찰법 제4조)

청원경찰을 배치받으려는 자는 대통령령(청원경찰법 시행령 제2조)으로 정하는 바에 따라 관할 시·도 경찰청장에게 청원경찰 배치를 신청하여야 한다(제1항). ★★
① **청원경찰의 배치신청 등**(청원경찰법 시행령 제2조) : 청원경찰의 배치를 받으려는 자는 청원경찰 배치신청서에 다음의 서류(㉠ 및 ㉡)를 첨부하여 국가기관 또는 공공단체와 그 관리하에 있는 중요시설 또는 사업장, 국내 주재 외국기관, 그 밖에 행정안전부령으로 정하는 중요시설, 사업장 또는 장소의 소재지를 관할하는 경찰서장을 거쳐 시·도 경찰청장에게 제출하여야 한다. 이 경우 배치장소가 둘 이상의 도(특별시, 광역시, 특별자치시 및 특별자치도를 포함)일 때에는 주된 사업장의 관할 경찰서장을 거쳐 시·도 경찰청장에게 일괄 신청할 수 있다. ★★

      ⊙ 경비구역 평면도 1부(제1호)

      ⓛ 배치계획서 1부(제2호)

  ② 청원경찰 배치신청서 등(청원경찰법 시행규칙 제3조)

      ⊙ 청원경찰 배치신청서는 별지 제1호 서식에 따른다.

      ⓛ 청원경찰 배치결정 통지 또는 청원경찰 배치불허 통지는 별지 제2호 서식에 따른다.

2. 배치결정 및 요청(청원경찰법 제4조)

① 시·도 경찰청장은 청원경찰 배치신청을 받으면 지체 없이 그 배치 여부를 결정하여 신청인에게 알려야
한다(제2항). ★

② 시·도 경찰청장은 청원경찰의 배치가 필요하다고 인정하는 기관의 장 또는 시설·사업장의 경영자에게
청원경찰을 배치할 것을 요청할 수 있다(제3항). ★

3. 배치 및 이동(청원경찰법 시행령 제6조) [기출] 21·19

① 청원주는 청원경찰을 신규로 배치하거나 이동배치하였을 때에는 배치지(이동배치의 경우에는 종전의
배치지)를 관할하는 경찰서장에게 그 사실을 통보하여야 한다(제1항). ★★

② 위의 통보를 받은 경찰서장은 이동배치지가 다른 관할구역에 속할 때에는 전입지를 관할하는 경찰서장
에게 이동배치한 사실을 통보하여야 한다(제2항). ★

4. 배치의 폐지 등(청원경찰법 제10조의5) [기출] 21·19

① 청원주는 청원경찰이 배치된 시설이 폐쇄되거나 축소되어 청원경찰의 배치를 폐지하거나 배치인원을
감축할 필요가 있다고 인정하면 청원경찰의 배치를 폐지하거나 배치인원을 감축할 수 있다. 다만, 청원
주는 다음 ⊙과 ⓛ의 어느 하나에 해당하는 경우에는 청원경찰의 배치를 폐지하거나 배치인원을 감축할
수 없다(제1항). ★

      ⊙ 청원경찰을 대체할 목적으로 경비업법에 따른 특수경비원을 배치하는 경우(제1호)

      ⓛ 청원경찰이 배치된 기관·시설 또는 사업장 등이 배치인원의 변동사유 없이 다른 곳으로 이전하는
경우(제2호)

② 청원주가 청원경찰을 폐지하거나 감축하였을 때에는 청원경찰 배치결정을 한 경찰관서의 장에게 알려야
한다(제2항 전단). ★★

③ ②의 사업장이 법 제4조 제3항(시·도 경찰청장은 청원경찰 배치가 필요하다고 인정하는 기관의 장 또는
시설·사업장의 경영자에게 청원경찰을 배치할 것을 요청할 수 있다)에 따라 시·도 경찰청장이 청원경
찰의 배치를 요청한 사업장일 때에는 그 폐지 또는 감축 사유를 구체적으로 밝혀야 한다(제2항 후단). ★

④ 청원경찰의 배치를 폐지하거나 배치인원을 감축하는 경우 해당 청원주는 배치폐지나 배치인원 감축으로
과원(過員)이 되는 청원경찰 인원을 그 기관·시설 또는 사업장 내의 유사업무에 종사하게 하거나 다른
시설·사업장 등에 재배치하는 등 청원경찰의 고용이 보장될 수 있도록 노력하여야 한다(제3항). ★

5. 근무배치 등의 위임(청원경찰법 시행령 제19조)

① 경비업법에 따른 경비업자가 중요시설의 경비를 도급받았을 때에는 청원주는 그 사업장에 배치된 청원경찰의 근무배치 및 감독에 관한 권한을 당해 경비업자에게 위임할 수 있다(제1항). ★

② 청원주는 경비업자에게 청원경찰의 근무배치 및 감독에 관한 권한을 위임한 경우에 이를 이유로 청원경찰의 보수나 신분상의 불이익을 주어서는 아니 된다(제2항). ★

Ⅱ 청원경찰의 임용 기출 22·20·19·15·14·12·11·10·09·08·07·06·05·04·02·01·99

1. 시·도 경찰청장의 승인(청원경찰법 제5조)

① 청원경찰은 청원주가 임용하되, 임용을 할 때에는 미리 시·도 경찰청장의 승인을 받아야 한다(제1항). ★★

② 청원경찰 임용결격사유(제2항) : 국가공무원법 제33조의 어느 하나의 결격사유에 해당하는 사람은 청원경찰로 임용될 수 없다.

> **결격사유(국가공무원법 제33조)**
> 다음 각호의 어느 하나에 해당하는 자는 공무원으로 임용될 수 없다. 〈개정 2022.12.27., 2023.4.11.〉
> 1. 피성년후견인
> 2. 파산선고를 받고 복권되지 아니한 자
> 3. 금고 이상의 실형을 선고받고 그 집행이 끝나거나(집행이 끝난 것으로 보는 경우를 포함한다) 집행이 면제된 날부터 5년이 지나지 아니한 자
> 4. 금고 이상의 형의 집행유예를 선고받고 그 유예기간이 끝난 날부터 2년이 지나지 아니한 자
> 5. 금고 이상의 형의 선고유예를 받은 경우에 그 선고유예 기간 중에 있는 자
> 6. 법원의 판결 또는 다른 법률에 따라 자격이 상실되거나 정지된 자
> 6의2. 공무원으로 재직기간 중 직무와 관련하여 「형법」 제355조 및 제356조에 규정된 죄를 범한 자로서 300만원 이상의 벌금형을 선고받고 그 형이 확정된 후 2년이 지나지 아니한 자
> 6의3. 다음 각목의 어느 하나에 해당하는 죄를 범한 사람으로서 100만원 이상의 벌금형을 선고받고 그 형이 확정된 후 3년이 지나지 아니한 사람
>   가. 「성폭력범죄의 처벌 등에 관한 특례법」 제2조에 따른 성폭력범죄
>   나. 「정보통신망 이용촉진 및 정보보호 등에 관한 법률」 제74조 제1항 제2호 및 제3호에 규정된 죄
>   다. 「스토킹범죄의 처벌 등에 관한 법률」 제2조 제2호에 따른 스토킹범죄
> 6의4. 미성년자에 대한 다음 각목의 어느 하나에 해당하는 죄를 저질러 파면·해임되거나 형 또는 치료감호를 선고받아 그 형 또는 치료감호가 확정된 사람(집행유예를 선고받은 후 그 집행유예 기간이 경과한 사람을 포함한다)
>   가. 「성폭력범죄의 처벌 등에 관한 특례법」 제2조에 따른 성폭력범죄
>   나. 「아동·청소년의 성보호에 관한 법률」 제2조 제2호에 따른 아동·청소년대상 성범죄
> 7. 징계로 파면처분을 받은 때부터 5년이 지나지 아니한 자
> 8. 징계로 해임처분을 받은 때부터 3년이 지나지 아니한 자
>
> [헌법불합치, 2020헌마1181, 2022.11.24., 국가공무원법(2018.10.16. 법률 제15857호로 개정된 것) 제33조 제6호의4 나목 중 아동복지법(2017.10.24. 법률 제14925호로 개정된 것) 제17조 제2호 가운데 '아동에게 성적 수치심을 주는 성희롱 등의 성적 학대행위로 형을 선고받아 그 형이 확정된 사람은 국가공무원법 제2조 제2항 제1호의 일반직공무원으로 임용될 수 없도록 한 것'에 관한 부분은 헌법에 합치되지 아니한다. 위 법률조항들은 2024.5.31.을 시한으로 입법자가 개정할 때까지 계속 적용된다.]

[헌법불합치, 2020헌마1605, 2022헌마1276(병합), 2023.6.29., 국가공무원법(2018.10.16. 법률 제15857호로 개정된 것) 제33조 제6호의4 나목 중 구 아동·청소년의 성보호에 관한 법률(2014.1.21. 법률 제12329호로 개정되고, 2020.6.2. 법률 제17338호로 개정되기 전의 것) 제11조 제5항 가운데 '아동·청소년이용음란물임을 알면서 이를 소지한 죄로 형을 선고받아 그 형이 확정된 사람은 국가공무원법 제2조 제2항 제1호의 일반직공무원으로 임용될 수 없도록 한 것'에 관한 부분 및 지방공무원법(2018.10.16. 법률 제15801호로 개정된 것) 제31조 제6호의4 나목 중 구 아동·청소년의 성보호에 관한 법률(2014.1.21. 법률 제12329호로 개정되고, 2020.6.2. 법률 제17338호로 개정되기 전의 것) 제11조 제5항 가운데 '아동·청소년이용음란물임을 알면서 이를 소지한 죄로 형을 선고받아 그 형이 확정된 사람은 지방공무원법 제2조 제2항 제1호의 일반직공무원으로 임용될 수 없도록 한 것'에 관한 부분은 모두 헌법에 합치되지 아니한다. 위 법률조항들은 2024.5.31.을 시한으로 입법자가 개정할 때까지 계속 적용된다.]

③ 청원경찰의 임용자격·임용방법·교육 및 보수에 관하여는 대통령령으로 정한다(제3항). ★★

2. 청원경찰의 임용자격 등 [기출] 23·22·21·20·19

① 임용자격(청원경찰법 시행령 제3조)

  ㉠ 18세 이상인 사람(제1호)★

  ㉡ 행정안전부령(청원경찰법 시행규칙 제4조)으로 정하는 신체조건에 해당하는 사람(제2호)★

    • 신체가 건강하고 팔다리가 완전할 것

    • 시력(교정시력을 포함)은 양쪽 눈이 각각 0.8 이상일 것

② 임용 방법 등(청원경찰법 시행령 제4조)★★

  ㉠ 청원경찰의 배치결정을 받은 자(청원주)는 그 배치결정의 통지를 받은 날부터 30일 이내에 배치결정된 인원수의 임용예정자에 대하여 청원경찰 임용승인을 시·도 경찰청장에게 신청하여야 한다(제1항). ★

  ㉡ 청원주가 청원경찰을 임용하였을 때에는 임용한 날부터 10일 이내에 그 임용사항을 관할 경찰서장을 거쳐 시·도 경찰청장에게 보고하여야 한다. 청원경찰이 퇴직하였을 때에도 또한 같다(제2항). ★

임용승인신청서 등(청원경찰법 시행규칙 제5조)
① 법 제4조 제2항에 따라 청원경찰의 배치결정을 받은 자[이하 "청원주(請願主)"라 한다]가 영 제4조 제1항에 따라 시·도 경찰청장에게 청원경찰 임용승인을 신청할 때에는 별지 제3호 서식의 청원경찰 임용승인신청서에 그 해당자에 관한 다음 각호의 서류를 첨부해야 한다.
  1. 이력서 1부
  2. 주민등록증 사본 1부
  3. 민간인 신원진술서(「보안업무규정」 제36조에 따른 신원조사가 필요한 경우만 해당한다) 1부
  4. 최근 3개월 이내에 발행한 채용신체검사서 또는 취업용 건강진단서 1부
  5. 가족관계등록부 중 기본증명서 1부
② 제1항에 따른 신청서를 제출받은 시·도 경찰청장은 「전자정부법」 제36조 제1항에 따라 행정정보의 공동이용을 통하여 해당자의 병적증명서를 확인하여야 한다. 다만, 그 해당자가 확인에 동의하지 아니할 때에는 해당 서류를 첨부하도록 하여야 한다.

1. 청원경찰의 신임교육(청원경찰법 시행령 제5조)

① 청원주는 청원경찰로 임용된 사람으로 하여금 경비구역에 배치하기 전에 경찰교육기관에서 직무수행에 필요한 교육을 받게 하여야 한다. 다만, 경찰교육기관의 교육계획상 부득이하다고 인정할 때에는 우선 배치하고 임용 후 1년 이내에 교육을 받게 할 수 있다(제1항). ★

② 경찰공무원(의무경찰을 포함) 또는 청원경찰에서 퇴직한 사람이 퇴직한 날부터 3년 이내에 청원경찰로 임용된 때에는 제1항에 따른 교육을 면제할 수 있다(제2항).

③ 교육기간 · 교육과목 · 수업시간 및 그 밖에 교육의 시행에 필요한 사항은 행정안전부령(청원경찰법 시행규칙 제6조)으로 정한다(제3항). ★

2. 청원경찰의 신임교육기간 등(청원경찰법 시행규칙 제6조)

신임교육기간은 2주로 하고, 교육과목 및 수업시간은 다음과 같다. ★

청원경찰 신임교육과목 및 수업시간표(청원경찰법 시행규칙 [별표 1])

학과별	과 목		시 간
정신교육	정신교육		8
학술교육	형사법		10
	청원경찰법		5
실무교육	경 무	경찰관직무집행법	5
	방 범	방범업무	3
		경범죄 처벌법	2
	경 비	시설경비	6
		소 방	4
	정 보	대공이론	2
		불심검문	2
	민방위	민방공	3
		화생방	2
	기본훈련		5
	총기조작		2
	총검술		2
	사 격		6
술 과	체포술 및 호신술		6
기 타	입교 · 수료 및 평가		3
교육시간 합계	–		76

3. 청원경찰의 직무교육(청원경찰법 시행규칙 제13조) 기출 16·11

① 청원주는 소속 청원경찰에게 그 직무집행에 관하여 필요한 교육을 매월 4시간 이상 하여야 한다(제1항). ★

② 청원경찰이 배치된 사업장의 소재지를 관할하는 경찰서장은 필요하다고 인정하는 경우에는 그 사업장에 소속 공무원을 파견하여 직무집행에 필요한 교육을 할 수 있다(제2항). ★

Ⅳ 청원경찰의 복무 및 징계 기출 23·22·20·16·15·14·12·11·10·07·04

1. 복무(청원경찰법 제5조 제4항) 🐾 : 복·직·비·거)

① 청원경찰의 복무에 관하여는 「국가공무원법」 제57조(복종의 의무), 제58조 제1항(직장이탈금지), 제60조(비밀엄수의 의무) 및 「경찰공무원법」 제24조(거짓보고 등의 금지)의 규정을 준용한다. ★★

② 상기 규정 외에 청원경찰의 복무에 관하여는 해당 사업장의 취업규칙에 따른다(청원경찰법 시행령 제7조). ★

2. 청원경찰의 징계(청원경찰법 제5조의2) 기출 21·19

① 청원주는 청원경찰이 다음에 해당하는 때에는 대통령령(청원경찰법 시행령 제8조)으로 정하는 징계절차를 거쳐 징계처분을 하여야 한다(제1항). ★★

　　㉠ 직무상의 의무를 위반하거나 직무를 태만히 한 때(제1호)

　　㉡ 품위를 손상하는 행위를 한 때(제2호)

② 청원경찰에 대한 징계의 종류는 파면, 해임, 정직, 감봉 및 견책으로 구분한다(제2항). ★★

③ 청원경찰의 징계에 관하여 그 밖에 필요한 사항은 대통령령(청원경찰법 시행령 제8조)으로 정한다(제3항).

3. 청원경찰의 징계절차(청원경찰법 시행령 제8조) 기출 21·19

① 관할 경찰서장은 청원경찰이 징계사유의 어느 하나에 해당한다고 인정되면 청원주에게 해당 청원경찰에 대하여 징계처분을 하도록 요청할 수 있다(제1항). ★

② 정직(停職)은 1개월 이상 3개월 이하로 하고, 그 기간에 청원경찰의 신분은 보유하나 직무에 종사하지 못하며, 보수의 3분의 2를 줄인다(제2항). ★

③ 감봉은 1개월 이상 3개월 이하로 하고, 그 기간에 보수의 3분의 1을 줄인다(제3항). ★

④ 견책(譴責)은 전과(前過)에 대하여 훈계하고 회개하게 한다(제4항). ★

⑤ 청원주는 청원경찰 배치결정의 통지를 받았을 때에는 통지를 받은 날부터 15일 이내에 청원경찰에 대한 징계규정을 제정하여 관할 시·도 경찰청장에게 신고하여야 한다. 징계규정을 변경할 때에도 또한 같다(제5항). ★★

⑥ 시·도 경찰청장은 징계규정의 보완이 필요하다고 인정할 때에는 청원주에게 그 보완을 요구할 수 있다(제6항). ★★

4. 청원경찰의 표창(청원경찰법 시행규칙 제18조) 기출 20

시·도 경찰청장, 관할 경찰서장 또는 청원주는 청원경찰에게 다음의 구분에 따라 표창을 수여할 수 있다. ★

① 공적상 : 성실히 직무를 수행하여 근무성적이 탁월하거나 헌신적인 봉사로 특별한 공적을 세운 경우(제1호)

② 우등상 : 교육훈련에서 교육성적이 우수한 경우(제2호)

I 청원경찰경비(청원경찰법 제6조) 기출 22·21·20·19·17·16·15·14·11·10·09·08·07·06·05·04·01

1. 청원주의 부담경비

청원주는 다음의 청원경찰경비를 부담하여야 한다(제1항).

① 청원경찰에게 지급할 봉급과 각종 수당(제1호)

② 청원경찰의 피복비(제2호)★

③ 청원경찰의 교육비(교육비는 청원주가 해당 청원경찰의 입교 3일 전에 해당 경찰교육기관에 납부함)(제3호)★

④ 보상금 및 퇴직금(제4호)

2. 청원경찰의 보수

① 국가기관 또는 지방자치단체에 근무하는 청원경찰의 보수는 다음에 따라 같은 재직기간에 해당하는 경찰공무원의 보수를 감안하여 대통령령(청원경찰법 시행령 제9조·제10조·제12조)으로 정한다(제2항).★

　㉠ 재직기간 15년 미만 : 순경

　㉡ 재직기간 15년 이상 23년 미만 : 경장

　㉢ 재직기간 23년 이상 30년 미만 : 경사

　㉣ 재직기간 30년 이상 : 경위

② 청원주의 봉급·수당의 최저부담기준액(국가기관 또는 지방자치단체에 근무하는 청원경찰의 봉급·수당은 제외)과 피복비와 교육비 비용의 부담기준액은 경찰청장이 정하여 고시한다(제3항).★★ 기출 19

③ 국가기관 또는 지방자치단체에 근무하는 청원경찰의 보수(청원경찰법 시행령 제9조)

　㉠ 국가기관 또는 지방자치단체에 근무하는 청원경찰의 봉급은 [별표 1]과 같다.

　㉡ 국가기관 또는 지방자치단체에 근무하는 청원경찰의 각종 수당은 공무원수당 등에 관한 규정에 따른 수당 중 가계보전수당, 실비변상 등으로 하며, 그 세부 항목은 경찰청장이 정하여 고시한다.★★

　㉢ ①의 재직기간은 청원경찰로서 근무한 기간으로 한다.

④ 국가기관 또는 지방자치단체에 근무하는 청원경찰 외의 청원경찰의 보수(청원경찰법 시행령 제10조)

　㉠ 국가기관 또는 지방자치단체에 근무하는 청원경찰 외의 청원경찰의 봉급과 각종 수당은 경찰청장이 고시한 최저부담기준액 이상으로 지급하여야 한다(본문).★★

　㉡ 다만, 고시된 최저부담기준액이 배치된 사업장에서 같은 종류의 직무나 유사 직무에 종사하는 근로자에게 지급하는 임금보다 적을 때에는 그 사업장에서 같은 종류의 직무나 유사 직무에 종사하는 근로자에게 지급하는 임금에 상당하는 금액을 지급하여야 한다(단서).★

3. 보수 산정 시의 경력 인정 등(청원경찰법 시행령 제11조)

① 청원경찰의 보수 산정에 관하여 그 배치된 사업장의 취업규칙에 특별한 규정이 없는 경우에는 다음의 경력을 봉급 산정의 기준이 되는 경력에 산입(算入)하여야 한다(제1항).

　㉠ 청원경찰로 근무한 경력(제1호)

　㉡ 군 또는 의무경찰에 복무한 경력(제2호)

ⓒ 수위·경비원·감시원 또는 그 밖에 청원경찰과 비슷한 직무에 종사하던 사람이 해당 사업장의 청원주에 의하여 청원경찰로 임용된 경우에는 그 직무에 종사한 경력(제3호)

ⓓ 국가기관 또는 지방자치단체에서 근무하는 청원경찰에 대해서는 국가기관 또는 지방자치단체에서 상근으로 근무한 경력(제4호)

② 국가기관 또는 지방자치단체에 근무하는 청원경찰 보수의 호봉 간 승급기간은 경찰공무원의 승급기간에 관한 규정을 준용한다(제2항).

③ 국가기관 또는 지방자치단체에 근무하는 청원경찰 외의 청원경찰 보수의 호봉 간 승급기간 및 승급액은 그 배치된 사업장의 취업규칙에 따르며, 이에 관한 취업규칙이 없을 때에는 순경의 승급에 관한 규정을 준용한다(제3항). ★

4. 청원경찰경비의 고시 등(청원경찰법 시행령·제12조) 기출 19

① 청원경찰경비의 지급방법 또는 납부방법은 행정안전부령(청원경찰법 시행규칙 제8조)으로 정한다(제1항). ★

② 청원경찰법 제6조 제3항에 따른 청원경찰경비의 최저부담기준액 및 부담기준액은 경찰공무원 중 순경의 것을 고려하여 다음 연도분을 매년 12월에 고시하여야 한다. 다만, 부득이한 사유가 있을 때에는 수시로 고시할 수 있다(제2항). ★

5. 청원경찰경비의 지급방법 등(청원경찰법 시행규칙 제8조) 기출 21·19

청원경찰경비의 지급방법 및 납부방법은 다음과 같다.

① 봉급과 각종 수당은 청원주가 그 청원경찰이 배치된 기관·시설·사업장 또는 장소(이하 "사업장")의 직원에 대한 보수 지급일에 청원경찰에게 직접 지급한다(제1호). ★

② 피복은 청원주가 제작하거나 구입하여 다음 [별표 2]에 따른 정기지급일 또는 신규 배치 시에 청원경찰에게 현품으로 지급한다(제2호). ★

③ 교육비는 청원주가 해당 청원경찰의 입교 3일 전에 해당 경찰교육기관에 낸다(제3호). ★★

청원경찰 급여품표(청원경찰법 시행규칙 [별표 2]) 기출 19

품 명	수 량	사용기간	정기지급일
근무복(하복)	1	1년	5월 5일
근무복(동복)	1	1년	9월 25일
한여름 옷	1	1년	6월 5일
외투·방한복 또는 점퍼	1	2~3년	9월 25일
기동화 또는 단화	1	단화 1년, 기동화 2년	9월 25일
비 옷	1	3년	5월 5일
정 모	1	3년	9월 25일
기동모	1	3년	필요할 때
기동복	1	2년	필요할 때
방한화	1	2년	9월 25일
장 갑	1	2년	9월 25일
호루라기	1	2년	9월 25일

Ⅱ 보상금 및 퇴직금 `기출` 23 · 21 · 20 · 19 · 16 · 11 · 08 · 06

1. 보상금(청원경찰법 제7조)

① 청원주는 청원경찰이 다음에 해당하게 되면 대통령령(청원경찰법 시행령 제13조)으로 정하는 바에 따라 청원경찰 본인 또는 그 유족에게 보상금을 지급하여야 한다. ★★
  ㉠ 직무수행으로 인하여 부상을 입거나, 질병에 걸리거나 또는 사망한 경우(제1호)
  ㉡ 직무상의 부상·질병으로 인하여 퇴직하거나, 퇴직 후 2년 이내에 사망한 경우(제2호)
② 청원주는 보상금의 지급을 이행하기 위하여 산업재해보상보험에 가입하거나, 보상금을 지급하기 위한 재원(財源)을 따로 마련하여야 한다(청원경찰법 시행령 제13조). ★

2. 퇴직금(청원경찰법 제7조의2)

① 청원주는 청원경찰이 퇴직할 때에는 「근로자퇴직급여보장법」에 따른 퇴직금을 지급하여야 한다(본문). ★
② 다만, 국가기관이나 지방자치단체에 근무하는 청원경찰의 퇴직금에 관하여는 따로 대통령령으로 정한다(단서). ★★

제4절 청원경찰의 제복착용과 무기휴대, 비치부책

Ⅰ 제복착용과 무기휴대(청원경찰법 제8조) `기출` 19 · 17 · 16 · 10 · 08

① 청원경찰은 근무 중 제복을 착용하여야 한다(제1항).
② 시·도 경찰청장은 청원경찰이 직무를 수행하기 위하여 필요하다고 인정하면 청원주의 신청을 받아 관할 경찰서장으로 하여금 청원경찰에게 무기를 대여하여 지니게 할 수 있다(제2항). ★★
③ 청원경찰의 복제(服制)와 무기 휴대에 필요한 사항은 대통령령(청원경찰법 시행령 제14조, 제16조)으로 정한다(제3항). ★★

Ⅱ 청원경찰의 복제(服制) `기출` 21 · 19 · 05 · 01

1. 복제(청원경찰법 시행령 제14조)

① 청원경찰의 복제는 제복·장구 및 부속물로 구분한다(제1항). ★★
② 청원경찰의 제복·장구 및 부속물에 관하여 필요한 사항은 행정안전부령(청원경찰법 시행규칙 제9조)으로 정한다(제2항). ★★
③ 청원경찰이 그 배치지의 특수성 등으로 특수복장을 착용할 필요가 있을 때에는 청원주는 시·도 경찰청장의 승인을 받아 특수복장을 착용하게 할 수 있다(제3항). ★★★ `기출` 23 · 21 · 19

2. 행정안전부령으로 정하는 복제(청원경찰법 시행규칙 제9조)

① 청원경찰의 제복·장구 및 부속물의 종류(제1항)

ㄱ 제복 : 정모(正帽), 기동모(활동에 편한 모자를 말한다. 이하 같다), 근무복(하복, 동복), 한여름 옷, 기동복, 점퍼, 비옷, 방한복, 외투, 단화, 기동화 및 방한화(제1호)

ㄴ 장구 : 허리띠, 경찰봉, 호루라기 및 포승(제2호)★★ 기출 21

ㄷ 부속물 : 모자표장, 가슴표장, 휘장, 계급장, 넥타이핀, 단추 및 장갑(제3호)★★

② 청원경찰의 제복·장구 및 부속물의 형태·규격 및 재질(제2항)

ㄱ 제복의 형태·규격 및 재질은 청원주가 결정하되, 경찰공무원 또는 군인 제복의 색상과 명확하게 구별될 수 있어야 하며, 사업장별로 통일해야 한다(제1호 본문).★

ㄴ 다만, 기동모와 기동복의 색상은 진한 청색으로 하고, 기동복의 형태·규격은 별도 1과 같이 한다(제1호 단서).★★ 기출 21

ㄷ 장구의 형태·규격 및 재질은 경찰 장구와 같이 한다(제2호).★★

ㄹ 부속물의 형태·규격 및 재질은 다음과 같이 한다(제3호).

- 모자표장의 형태·규격 및 재질은 별도 2와 같이 하되, 기동모의 표장은 정모 표장의 2분의 1 크기로 할 것(가목)
- 가슴표장, 휘장, 계급장, 넥타이핀 및 단추의 형태·규격 및 재질은 별도 3부터 별도 7까지와 같이 할 것(나목)

③ 청원경찰은 평상근무 중에는 정모, 근무복, 단화, 호루라기, 경찰봉 및 포승을 착용하거나 휴대하여야 하고, 총기를 휴대하지 아니할 때에는 분사기를 휴대하여야 하며, 교육훈련이나 그 밖의 특수근무 중에는 기동모, 기동복, 기동화 및 휘장을 착용하거나 부착하되, 허리띠와 경찰봉은 착용하거나 휴대하지 아니할 수 있다(제3항).★★ 기출 21·19

④ 가슴표장, 휘장 및 계급장을 달거나 부착할 위치는 별도 8과 같다(제4항).

⑤ 동·하복의 착용시기는 사업장별로 청원주가 결정하되, 착용시기를 통일하여야 한다(청원경찰법 시행규칙 제10조).

신분증명서(청원경찰법 시행규칙 제11조)

① 청원경찰의 신분증명서는 청원주가 발행하며, 그 형식은 청원주가 결정하되 사업장별로 통일하여야 한다.

② 청원경찰은 근무 중에는 항상 신분증명서를 휴대하여야 한다.

---

3. 급여품 및 대여품(청원경찰법 시행규칙 제12조) 기출 21·19·17·15

① 청원경찰에게 지급하는 급여품은 [별표 2]와 같고, 품명은 근무복(하복·동복), 한여름 옷, 외투·방한복 또는 점퍼, 기동화 또는 단화, 비옷, 정모, 기동모, 기동복, 방한화, 장갑, 호루라기이다(제1항).

② 청원경찰에게 지급하는 대여품은 [별표 3]과 같으며, 품명은 허리띠, 경찰봉, 가슴표장, 분사기, 포승이다(제1항).★★

청원경찰 대여품표(청원경찰법 시행규칙 [별표 3]) 기출 21·20·19

품 명	허리띠	경찰봉	가슴표장★	분사기	포 승
수 량	1	1	1	1	1

③ 청원경찰이 퇴직할 때에는 대여품을 청원주에게 반납하여야 한다(제2항). ★
④ 급여품은 반납하지 아니한다. ★

Ⅲ 무기휴대와 무기관리수칙

1. 분사기휴대(청원경찰법 시행령 제15조)

청원주는 「총포·도검·화약류 등의 안전관리에 관한 법률」에 따른 분사기의 소지허가를 받아 청원경찰로 하여금 그 분사기를 휴대하여 직무를 수행하게 할 수 있다. ★

2. 무기휴대(청원경찰법 시행령 제16조) 기출 19

① 청원주가 청원경찰이 휴대할 무기를 대여받으려는 경우에는 관할 경찰서장을 거쳐 시·도 경찰청장에게 무기대여를 신청하여야 한다(제1항). ★★
② 무기대여 신청을 받은 시·도 경찰청장이 무기를 대여하여 휴대하게 하려는 경우에는 청원주로부터 국가에 기부채납된 무기에 한정하여 관할 경찰서장으로 하여금 무기를 대여하여 휴대하게 할 수 있다(제2항). ★
③ 무기를 대여하였을 때에는 관할 경찰서장은 청원경찰의 무기관리상황을 수시로 점검하여야 한다(제3항). ★★★
④ 청원주 및 청원경찰은 행정안전부령(청원경찰법 시행규칙 제16조)으로 정하는 무기관리수칙을 준수하여야 한다(제4항). ★★★

3. 무기관리수칙(청원경찰법 시행규칙 제16조) 기출 23·22·21·19·16·15·14·12·11·10·09·07·06·05·02·01·99

① 청원주의 무기관리 : 무기와 탄약을 대여받은 청원주는 다음에 따라 무기와 탄약을 관리해야 한다(제1항).
ㄱ 청원주가 무기와 탄약을 대여받았을 때에는 경찰청장이 정하는 무기·탄약 출납부 및 무기장비 운영카드를 갖춰 두고 기록하여야 한다(제1호).
ㄴ 청원주는 무기와 탄약의 관리를 위하여 관리책임자를 지정하고 관할 경찰서장에게 그 사실을 통보하여야 한다(제2호). ★★
ㄷ 무기고 및 탄약고는 단층에 설치하고 환기·방습·방화 및 총받침대 등의 시설을 갖추어야 한다(제3호).
ㄹ 탄약고는 무기고와 떨어진 곳에 설치하고, 그 위치는 사무실이나 그 밖에 여러 사람을 수용하거나 여러 사람이 오고 가는 시설로부터 격리되어야 한다(제4호).
ㅁ 무기고와 탄약고에는 이중 잠금장치를 하고, 열쇠는 관리책임자가 보관하되, 근무시간 이후에는 숙직책임자에게 인계하여 보관시켜야 한다(제5호). ★★
ㅂ 청원주는 경찰청장이 정하는 바에 따라 매월 무기와 탄약의 관리실태를 파악하여 다음 달 3일까지 관할 경찰서장에게 통보하여야 한다(제6호). ★★
ㅅ 청원주는 대여받은 무기와 탄약이 분실되거나 도난당하거나 빼앗기거나 훼손되는 등의 사고가 발생했을 때에는 지체 없이 그 사유를 관할 경찰서장에게 통보해야 한다(제7호). ★
ㅇ 청원주는 무기와 탄약이 분실되거나 도난당하거나 빼앗기거나 훼손되었을 때에는 경찰청장이 정하는 바에 따라 그 전액을 배상해야 한다. 다만, 전시·사변·천재지변이나 그 밖의 불가항력적인 사유가 있다고 시·도 경찰청장이 인정하였을 때에는 그렇지 않다(제8호). ★

② **무기·탄약 출납 시 주의사항** : 무기와 탄약을 대여받은 청원주가 청원경찰에게 무기와 탄약을 출납하려는 경우에는 다음에 따라야 한다. 다만, 관할 경찰서장의 지시에 따라 탄약의 수를 늘리거나 줄일 수 있고, 무기와 탄약의 출납을 중지할 수 있으며, 무기와 탄약을 회수하여 집중관리 할 수 있다(제2항). ★

   ⊙ 무기와 탄약을 출납하였을 때에는 무기·탄약 출납부에 그 출납사항을 기록하여야 한다(제1호).

   ⓛ 소총의 탄약은 1정당 15발 이내, 권총의 탄약은 1정당 7발 이내로 출납하여야 한다(제2호 전문). ★

   ⓒ ⓛ의 경우 생산된 후 오래된 탄약을 우선하여 출납하여야 한다(제2호 후문). ★

   ⓔ 청원경찰에게 지급한 무기와 탄약은 매주 1회 이상 손질하게 하여야 한다(제3호). ★★

   ⓜ 수리가 필요한 무기가 있을 때에는 그 목록과 무기장비 운영카드를 첨부하여 관할 경찰서장에게 수리를 요청할 수 있다(제4호). ★★

③ **청원경찰의 준수사항** : 청원주로부터 무기 및 탄약을 지급받은 청원경찰은 다음 사항을 준수하여야 한다(제3항).

   ⊙ 무기를 지급받거나 반납할 때 또는 인계인수할 때에는 반드시 "앞에 총" 자세에서 "검사 총"을 하여야 한다(제1호). ★

   ⓛ 무기와 탄약을 지급받았을 때에는 별도의 지시가 없으면 무기와 탄약을 분리하여 휴대하여야 하며, 소총은 "우로 어깨 걸어 총"의 자세를 유지하고, 권총은 "권총집에 넣어 총"의 자세를 유지하여야 한다(제2호). ★

   ⓒ 지급받은 무기는 다른 사람에게 보관 또는 휴대하게 할 수 없으며 손질을 의뢰할 수 없다(제3호). ★★

   ⓔ 무기를 손질하거나 조작할 때에는 반드시 총구를 공중으로 향하게 하여야 한다(제4호). ★★

   ⓜ 무기와 탄약을 반납할 때에는 손질을 철저히 하여야 한다(제5호).

   ⓗ 근무시간 이후에는 무기와 탄약을 청원주에게 반납하거나 교대근무자에게 인계하여야 한다(제6호). ★

④ **무기 및 탄약의 지급 제한** : 청원주는 다음 중 어느 하나에 해당하는 청원경찰에게 무기와 탄약을 지급해서는 안 되며, 지급한 무기와 탄약은 즉시 회수해야 한다(제4항). 〈개정 2022.11.10.〉

   ⊙ 직무상 비위(非違)로 징계대상이 된 사람(제1호)

   ⓛ 형사사건으로 조사대상이 된 사람(제2호)

   ⓒ 사직 의사를 밝힌 사람(제3호)

   ⓔ 치매, 조현병, 조현정동장애, 양극성 정동장애(조울병), 재발성 우울장애 등의 정신질환으로 인하여 무기와 탄약의 휴대가 적합하지 않다고 해당 분야 전문의가 인정하는 사람(제4호)

   ⓜ 제1호부터 제4호까지의 규정 중 어느 하나에 준하는 사유로 청원주가 무기와 탄약을 지급하기에 적절하지 않다고 인정하는 사람(제5호)

⑤ **무기 및 탄약의 지급 제한 또는 회수 결정 통지서 및 통보서**

   ⊙ 청원주는 ④에 따라 무기와 탄약을 지급하지 않거나 회수할 때에는 별지 제5호의2 서식의 결정 통지서를 작성하여 지체 없이 해당 청원경찰에게 통지해야 한다. 다만, 지급한 무기와 탄약의 신속한 회수가 필요하다고 인정되는 경우에는 무기와 탄약을 먼저 회수한 후 통지서를 내줄 수 있다(제5항). 〈신설 2022.11.10.〉

   ⓛ 청원주는 ④에 따라 청원경찰에게 무기와 탄약을 지급하지 않거나 회수한 경우 7일 이내에 관할 경찰서장에게 별지 제5호의3 서식의 결정 통보서를 작성하여 통보해야 한다(제6항). 〈신설 2022.11.10.〉

⑥ 무기 및 탄약의 지급 제한 또는 회수의 적정성 판단을 위한 조치 : ⑤의 ㉡에 따라 통보를 받은 관할 경찰서장은 통보받은 날부터 14일 이내에 무기와 탄약의 지급 제한 또는 회수의 적정성을 판단하기 위해 현장을 방문하여 해당 청원경찰의 의견을 청취하고 필요한 조치를 할 수 있다(제7항). 〈신설 2022.11.10.〉

⑦ 무기 및 탄약의 지급 제한 사유 소멸 후 지급 : 청원주는 ④의 사유가 소멸하게 된 경우에는 청원경찰에게 무기와 탄약을 지급할 수 있다(제8항). 〈신설 2022.11.10.〉

Ⅳ 비치부책(청원경찰법 시행규칙 제17조) 기출 23 · 22 · 21 · 19 · 16 · 15 · 14 · 12 · 11

청원주 · 관할 경찰서장 · 시 · 도 경찰청장은 다음의 문서와 장부를 갖춰 두어야 한다.

청원주(제1항)	관할 경찰서장(제2항)	시 · 도 경찰청장(제3항)
• 청원경찰명부 • 근무일지 • 근무 상황카드 • 경비구역배치도 • 순찰표철★ • 무기 · 탄약 출납부★ • 무기장비 운영카드 • 봉급지급 조서철 • 신분증명서 발급대장 • 징계 관계철★ • 교육훈련 실시부★ • 청원경찰 직무교육계획서 • 급여품 및 대여품 대장 • 그 밖에 청원경찰의 운영에 필요한 문서와 장부	• 청원경찰 명부★ • 감독 순시부★ • 전출입 관계철 • 교육훈련 실시부★★ • 무기 · 탄약 대여대장★★ • 징계요구서철★ • 그 밖에 청원경찰의 운영에 필요한 문서와 장부	• 배치결정 관계철★ • 청원경찰 임용승인 관계철★ • 전출입 관계철★ • 그 밖에 청원경찰의 운영에 필요한 문서와 장부

※ 서식의 준용 : 문서와 장부의 서식은 경찰관서에서 사용하는 서식을 준용한다(제4항).

제5절 보칙(감독, 권한위임, 면직 및 퇴직 등)

Ⅰ 감독 등 기출 11 · 04 · 01 · 97

1. 감독 및 교육(청원경찰법 제9조의3) 기출 23 · 22 · 19

① 청원주는 항상 소속 청원경찰의 근무 상황을 감독하고 근무 수행에 필요한 교육을 하여야 한다(제1항).

② 시 · 도 경찰청장은 청원경찰의 효율적인 운영을 위하여 청원주를 지도하며 감독상 필요한 명령을 할 수 있다(제2항).★

2. 감독대상(청원경찰법 시행령 제17조) 기출 23

관할 경찰서장은 매월 1회 이상 청원경찰을 배치한 경비구역에 대하여 다음의 사항을 감독하여야 한다.

① 복무규율과 근무상황★

② 무기의 관리 및 취급사항★★

3. 감독자의 지정(청원경찰법 시행규칙 제19조) 기출 23·21·20·17·15

① 2명 이상의 청원경찰을 배치한 사업장의 청원주는 청원경찰의 지휘·감독을 위하여 청원경찰 중에서 유능한 사람을 선정하여 감독자로 지정하여야 한다.★

② 감독자는 조장, 반장 또는 대장으로 하며, 그 지정기준은 [별표 4]와 같다.

감독자 지정기준(청원경찰법 시행규칙 [별표 4])★★

근무인원	직급별 지정기준		
	대 장	반 장	조 장
9명까지			1명
10명 이상 29명 이하		1명	2~3명
30명 이상 40명 이하		1명	3~4명
41명 이상 60명 이하	1명	2명	6명
61명 이상 120명 이하	1명	4명	12명

경비전화의 가설(청원경찰법 시행규칙 제20조)

① 관할 경찰서장은 청원주의 신청에 따라 경비를 위하여 필요하다고 인정할 때에는 청원경찰이 배치된 사업장에 경비전화를 가설할 수 있다.★★

② 경비전화를 가설할 때 드는 비용은 청원주가 부담한다.★

4. 청원경찰의 보고(청원경찰법 시행규칙 제22조) 기출 23

청원경찰이 직무를 수행할 때에 경찰관직무집행법 및 같은 법 시행령에 따라 하여야 할 모든 보고는 관할 경찰서장에게 서면으로 보고하기 전에 지체 없이 구두로 보고하고 그 지시에 따라야 한다.★

II 쟁의행위의 금지, 직권남용금지 및 배상책임 등

1. 쟁의행위의 금지(청원경찰법 제9조의4) 기출 20

청원경찰은 파업, 태업 또는 그 밖에 업무의 정상적인 운영을 방해하는 일체의 쟁의행위를 하여서는 아니 된다.

2. 직권남용금지(청원경찰법 제10조) 기출 23·19·17·16·11·08·04·02·01·99

① 청원경찰이 직무를 수행할 때 직권을 남용하여 국민에게 해를 끼친 경우에는 6개월 이하의 징역이나 금고에 처한다(제1항).★★

② 청원경찰업무에 종사하는 사람은 「형법」이나 그 밖의 법령에 따른 벌칙을 적용할 때에는 공무원으로 본다(제2항).★

3. 청원경찰의 불법행위에 대한 배상책임(청원경찰법 제10조의2) [기출] 23·20·19·14·07·05

청원경찰(국가기관이나 지방자치단체에 근무하는 청원경찰은 제외)의 직무상 불법행위에 대한 배상책임에 관하여는 「민법」의 규정을 따른다. ★★ 반면 국가기관이나 지방자치단체에 근무하는 청원경찰의 직무상 불법행위에 대한 배상책임에 관하여는 국가배상법의 규정을 따른다(청원경찰법 제10조의2 반대해석, 국가배상법 제2조 및 대판 1993.7.13. 92다47564 참고).

Ⅲ 권한의 위임 [기출] 23·22·20·17·12·11·09·01

1. 관할 경찰서장에게 위임(청원경찰법 제10조의3)

청원경찰법에 따른 시·도 경찰청장의 권한은 그 일부를 대통령령으로 정하는 바에 따라 관할 경찰서장에게 위임할 수 있다.

2. 권한위임의 내용(청원경찰법 시행령 제20조)★★★

시·도 경찰청장은 다음의 권한을 관할 경찰서장에게 위임한다. 다만, 청원경찰을 배치하고 있는 사업장이 하나의 경찰서 관할구역 안에 있는 경우에 한한다.
① 청원경찰 배치의 결정 및 요청에 관한 권한(제1호)
② 청원경찰의 임용승인에 관한 권한(제2호)
③ 청원주에 대한 지도 및 감독상 필요한 명령에 관한 권한(제3호)
④ 과태료 부과·징수에 관한 권한(제4호)★★

Ⅳ 면직 및 퇴직 등 [기출] 23·22·20·19·17·10·07·06

1. 의사에 반한 면직금지(청원경찰법 제10조의4)

① 청원경찰은 형의 선고, 징계처분 또는 신체상·정신상의 이상으로 직무를 감당하지 못할 때를 제외하고는 그 의사에 반하여 면직되지 아니한다(제1항). ★★
② 청원주가 청원경찰을 면직시켰을 때에는 그 사실을 관할 경찰서장을 거쳐 시·도 경찰청장에게 보고하여야 한다(제2항). ★★

2. 당연 퇴직(청원경찰법 제10조의6)

청원경찰이 다음 중 어느 하나에 해당할 때에는 당연 퇴직된다. 〈개정 2022.11.15.〉
① 제5조 제2항에 따른 임용결격사유에 해당될 때. 다만 「국가공무원법」 제33조 제2호는 파산선고를 받은 사람으로서 「채무자 회생 및 파산에 관한 법률」에 따라 신청기한 내에 면책신청을 하지 아니하였거나 면책불허가 결정 또는 면책 취소가 확정된 경우만 해당하고, 「국가공무원법」 제33조 제5호는 「형법」 제129조부터 제132조까지, 「성폭력범죄의 처벌 등에 관한 특례법」 제2조, 「아동·청소년의 성보호에 관한 법률」 제2조 제2호 및 직무와 관련하여 「형법」 제355조 또는 제356조에 규정된 죄를 범한 사람으로서 금고 이상의 형의 선고유예를 받은 경우만 해당한다(제1호).

[단순위헌, 2017헌가26, 2018.1.25., 청원경찰법(2010.2.4. 법률 제10013호로 개정된 것) 제10조의6 제1호 중 제5조 제2항에 의한 국가공무원법 제33조 제5호(금고 이상의 형의 선고유예를 받은 경우에 그 선고유예 기간 중에 있는 자)에 관한 부분은 헌법에 위반된다.]

② 제10조의5에 따라 청원경찰의 배치가 폐지되었을 때(제2호)

③ 나이가 60세가 되었을 때. 다만, 그날이 1월부터 6월 사이에 있으면 6월 30일에, 7월부터 12월 사이에 있으면 12월 31일에 각각 당연 퇴직된다(제3호).

3. 휴직 및 명예퇴직(청원경찰법 제10조의7)

국가기관이나 지방자치단체에 근무하는 청원경찰의 휴직 및 명예퇴직에 관하여는 「국가공무원법」 제71조부터 제73조까지(휴직, 휴직 기간, 휴직의 효력) 및 제74조의2(명예퇴직 등)를 준용한다. ★

4. 민감정보 및 고유식별정보의 처리(청원경찰법 시행령 제20조의2)★★

시·도 경찰청장 또는 경찰서장은 다음 사무를 수행하기 위하여 불가피한 경우 「개인정보보호법」에 따른 건강에 관한 정보와 범죄경력자료에 해당하는 정보, 주민등록번호 또는 외국인등록번호가 포함된 자료를 처리할 수 있다.

① 청원경찰의 임용, 배치 등 인사관리에 관한 사무(제1호)

② 청원경찰의 제복 착용 및 무기 휴대에 관한 사무(제2호)

③ 청원주에 대한 지도·감독에 관한 사무(제3호)

④ ①부터 ③까지의 규정에 따른 사무를 수행하기 위하여 필요한 사무(제4호)

제6절 벌칙과 과태료

I 벌칙(청원경찰법 제11조) 기출 22·19·17·02·01

청원경찰로서 법 제9조의4(쟁의행위의 금지)를 위반하여 파업, 태업 또는 그 밖에 업무의 정상적인 운영을 방해하는 쟁의행위를 한 사람은 1년 이하의 징역 또는 1천만원 이하의 벌금에 처한다.

II 과태료 기출 20·19·16·15·12·11·10·07·04

1. 500만원 이하의 과태료(청원경찰법 제12조)★★

① 다음에 해당하는 자는 500만원 이하의 과태료를 부과한다(제1항). ★ 기출 23·22·20·19

   ㉠ 시·도 경찰청장의 배치결정을 받지 아니하고 청원경찰을 배치하거나 시·도 경찰청장의 승인을 받지 아니하고 청원경찰을 임용한 자(제1호)

   ㉡ 정당한 사유 없이 경찰청장이 고시한 최저부담기준액 이상의 보수를 지급하지 아니한 자(제2호)

   ㉢ 감독상 필요한 명령을 정당한 사유 없이 이행하지 아니한 자(제3호)

② 과태료는 대통령령(청원경찰법 시행령 제21조)으로 정하는 바에 의하여 시·도 경찰청장이 부과·징수한다(제2항). ★★ 기출 23·20

2. 과태료의 부과기준 등(청원경찰법 시행령 제21조)

① 과태료의 부과기준은 다음 [별표 2]와 같다(제1항). 기출 21·18

위반행위	해당 법조문	과태료 금액
1. 법 제4조 제2항에 따른 시·도 경찰청장의 배치결정을 받지 않고 다음의 시설에 청원경찰을 배치한 경우 (🔟 : 배·5·4) 가. 국가 중요시설(국가정보원장이 지정하는 국가보안목표시설을 말한다)인 경우 나. 가목에 따른 국가중요시설 외의 시설인 경우	법 제12조 제1항 제1호	500만원 400만원
2. 법 제5조 제1항에 따른 시·도 경찰청장의 승인을 받지 않고 다음의 청원경찰을 임용한 경우 (🔟 : 승·5·3) 가. 법 제5조 제2항에 따른 임용결격사유에 해당하는 청원경찰 나. 법 제5조 제2항에 따른 임용결격사유에 해당하지 않는 청원경찰	법 제12조 제1항 제1호	500만원 300만원
3. 정당한 사유 없이 법 제6조 제3항에 따라 경찰청장이 고시한 최저부담기준액 이상의 보수를 지급하지 않은 경우	법 제12조 제1항 제2호	500만원
4. 법 제9조의3 제2항에 따른 시·도 경찰청장의 감독상 필요한 다음의 명령을 정당한 사유 없이 이행하지 않은 경우 가. 총기·실탄 및 분사기에 관한 명령 나. 가목에 따른 명령 외의 명령	법 제12조 제1항 제3호	500만원 300만원

② 시·도 경찰청장은 위반행위의 동기, 내용 및 위반의 정도 등을 고려하여 과태료 부과기준에 따른 과태료 금액의 100분의 50의 범위에서 그 금액을 줄이거나 늘릴 수 있다. 다만, 늘리는 경우에는 과태료 금액의 상한인 500만원 이상을 초과할 수 없다(제2항). ★ 기출 20·19

③ 과태료 부과 고지서(청원경찰법 시행규칙 제24조)
  ㉠ 과태료 부과의 사전통지는 과태료 부과 사전통지서에 따른다(제1항).
  ㉡ 과태료의 부과는 과태료 부과 고지서에 따른다(제2항).
  ㉢ 경찰서장은 과태료처분을 하였을 때에는 과태료 부과 및 징수 사항을 과태료 수납부에 기록하고 정리하여야 한다(제3항). ★ 기출 20·19

질서위반행위규제법

1. 이의제기(질서위반행위규제법 제20조)★
   ① 행정청의 과태료 부과에 불복하는 당사자는 과태료 부과 통지를 받은 날부터 60일 이내에 해당 행정청에 서면으로 이의제기를 할 수 있다.
   ② 이의제기가 있는 경우에는 행정청의 과태료 부과처분은 그 효력을 상실한다.
   ③ 당사자는 행정청으로부터 통지를 받기 전까지는 행정청에 대하여 서면으로 이의제기를 철회할 수 있다.
2. 가산금 징수 및 체납처분 등(질서위반행위규제법 제24조)★
   ① 행정청은 당사자가 납부기한까지 과태료를 납부하지 아니한 때에는 납부기한을 경과한 날부터 체납된 과태료에 대하여 100분의 3에 상당하는 가산금을 징수한다. 〈개정 2016.12.2.〉
   ② 체납된 과태료를 납부하지 아니한 때에는 납부기한이 경과한 날부터 매 1개월이 경과할 때마다 체납된 과태료의 1천분의 12에 상당하는 가산금(중가산금)을 제1항에 따른 가산금에 가산하여 징수한다. 이 경우 중가산금을 가산하여 징수하는 기간은 60개월을 초과하지 못한다.
   ③ 행정청은 당사자가 기한 이내에 이의를 제기하지 아니하고 가산금을 납부하지 아니한 때에는 국세 또는 지방세 체납처분의 예에 따라 징수한다.
   ④ 삭제 〈2018.12.18.〉

02 청원경찰법

01 기출 23　　　　　　　☑ 확인 Check! ○ △ ✕

청원경찰법령상 청원경찰의 배치대상 기관·시설·사업장 등에 해당하는 것은 모두 몇 개인가?

- 학교 등 육영시설
- 언론, 통신, 방송 또는 인쇄를 업으로 하는 시설 또는 사업장
- 「의료법」에 따른 의료기관
- 선박, 항공기 등 수송시설
- 금융 또는 보험을 업(業)으로 하는 시설 또는 사업장

① 2개　　　　　　　② 3개
③ 4개　　　　　　　④ 5개

관계법령

정의(청원경찰법 제2조)

이 법에서 "청원경찰"이란 다음 각호의 어느 하나에 해당하는 기관의 장 또는 시설·사업장 등의 경영자가 청원경찰경비를 부담할 것을 조건으로 경찰의 배치를 신청하는 경우 그 기관·시설 또는 사업장 등의 경비(警備)를 담당하게 하기 위하여 배치하는 경찰을 말한다.

1. 국가기관 또는 공공단체와 그 관리하에 있는 중요시설 또는 사업장
2. 국내 주재(駐在) 외국기관
3. 그 밖에 행정안전부령으로 정하는 중요시설, 사업장 또는 장소

> **배치대상(청원경찰법 시행규칙 제2조)★**
>
> 청원경찰법 제2조 제3호에서 "그 밖에 행정안전부령으로 정하는 중요시설, 사업장 또는 장소"란 다음 각호의 시설, 사업장 또는 장소를 말한다.
>
> 1. 선박, 항공기 등 수송시설
> 2. 금융 또는 보험을 업(業)으로 하는 시설 또는 사업장
> 3. 언론, 통신, 방송 또는 인쇄를 업으로 하는 시설 또는 사업장
> 4. 학교 등 육영시설
> 5. 의료법에 따른 의료기관(의원급 의료기관, 조산원, 병원급 의료기관)
> 6. 그 밖에 공공의 안녕질서 유지와 국민경제를 위하여 고도의 경비(警備)가 필요한 중요시설, 사업체 또는 장소

02 기출 21 ☑확인Check! ○ △ ✕

청원경찰법령상 청원경찰의 배치대상이 아닌 것은?

① 「의료법」에 따른 의료기관
② 인쇄를 업으로 하는 사업장
③ 「사회복지사업법」에 따른 사회복지시설
④ 학교 등 육영시설

쏙쏙 해설

「사회복지사업법」에 따른 사회복지시설은 청원경찰법령상 청원경찰의 배치대상에 해당하지 않는다(청원경찰법 제2조, 동법 시행규칙 제2조).

정답 ❸

03 기출 20 ☑확인Check! ○ △ ✕

청원경찰법령상 청원경찰의 배치대상으로 명시되지 않은 것은?

① 국가기관
② 공공단체
③ 국내 주재(駐在) 외국기관
④ 대통령령으로 정하는 중요시설

쏙쏙 해설

행정안전부령으로 정하는 중요시설, 사업장 또는 장소가 청원경찰의 배치대상에 해당한다(청원경찰법 제2조 제3호).

정답 ❹

04 기출 18 ☑확인Check! ○ △ ✕

청원경찰법령상 명시된 청원경찰의 배치대상이 아닌 것은?

① 선박, 항공기 등 수송시설
② 보험을 업으로 하는 시설
③ 「의료법」에 따른 의료기관
④ 「사회복지사업법」에 따른 사회복지시설

쏙쏙 해설

「사회복지사업법」에 따른 사회복지시설은 청원경찰의 배치대상이 아니다(청원경찰법 제2조, 동법 시행규칙 제2조).

정답 ❹

05 기출 22

☑ 확인Check! ○ △ ✕

청원경찰법령상 청원경찰의 배치대상 기관·시설·사업장에 해당하는 것을 모두 고른 것은?

> ㄱ. 금융을 업으로 하는 시설 또는 사업장
> ㄴ. 국내 주재(駐在) 외국기관
> ㄷ. 인쇄를 업으로 하는 시설 또는 사업장
> ㄹ. 대통령령으로 정하는 중요시설, 사업장 또는 장소

① ㄱ, ㄴ
② ㄴ, ㄷ
③ ㄱ, ㄴ, ㄷ
④ ㄱ, ㄴ, ㄹ

06 기출 21

☑ 확인Check! ○ △ ✕

청원경찰법령상 청원경찰에 관한 설명으로 옳지 않은 것은?

① 청원주 등이 경비(經費)를 부담할 것을 조건으로 사업장 등의 경비(警備)를 담당하게 하기 위하여 배치하는 경찰이다.
② 청원주와 배치된 사업장 등의 구역을 관할하는 시·도지사 및 시·도 경찰청장의 감독을 받는다.
③ 선박, 항공기 등 수송시설에도 배치될 수 있다.
④ 배치된 경비구역만의 경비를 목적으로 필요한 범위에서 「경찰관 직무집행법」에 따른 경찰관의 직무를 수행한다.

07 기출 23

☑ 확인 Check! ○ △ ✕

청원경찰법령상 청원경찰의 직무에 관한 설명으로 옳지 않은 것은?

① 청원경찰은 청원주와 관할 경찰서장의 감독을 받아 그 경비구역만의 경비를 목적으로 필요한 범위에서 「경찰관직무집행법」에 따른 경찰관의 직무를 수행한다.

② 청원경찰이 직무를 수행할 때에 「경찰관직무집행법」 및 같은 법 시행령에 따라 하여야 할 모든 보고는 관할 경찰서장에게 서면으로 보고하기 전에 지체 없이 구두로 보고하고 그 지시에 따라야 한다.

③ 청원경찰은 「형법」이나 그 밖의 법령에 따른 벌칙을 적용하는 경우와 청원경찰법 및 같은 법 시행령에서 특별히 규정한 경우를 제외하고는 공무원으로 본다.

④ 청원경찰은 「경찰관직무집행법」에 따른 직무 외의 수사활동 등 사법경찰관리의 직무를 수행해서는 아니 된다.

쏙쏙 해설

③ 청원경찰은 「형법」이나 그 밖의 법령에 따른 벌칙을 적용하는 경우와 법 및 이 영에서 특별히 규정한 경우를 제외하고는 공무원으로 보지 아니한다(청원경찰법 시행령 제18조).
① 청원경찰법 제3조
② 청원경찰법 시행규칙 제22조
④ 청원경찰법 시행규칙 제21조 제2항

정답 ❸

08 기출 22

☑ 확인 Check! ○ △ ✕

청원경찰법령상 청원경찰의 직무에 관한 설명으로 옳지 않은 것은?

① 청원경찰은 청원경찰의 배치결정을 받은 자와 배치된 기관·시설 또는 사업장 등의 구역을 관할하는 시·도 경찰청장의 감독을 받는다.

② 청원경찰은 「경찰관직무집행법」에 따른 직무 외의 수사활동 등 사법경찰관리의 직무를 수행해서는 아니 된다.

③ 청원경찰은 그 경비구역만의 경비를 목적으로 필요한 범위에서 「경찰관직무집행법」에 따른 경찰관의 직무를 수행한다.

④ 청원경찰이 직무를 수행할 때에는 경비 목적을 위하여 필요한 최소한의 범위에서 하여야 한다.

쏙쏙 해설

① 청원경찰은 청원경찰의 배치결정을 받은 자(청원주)와 배치된 기관·시설 또는 사업장 등의 구역을 관할하는 경찰서장의 감독을 받아 그 경비구역만의 경비를 목적으로 필요한 범위에서 「경찰관직무집행법」에 따른 경찰관의 직무를 수행한다(청원경찰법 제3조).
② 청원경찰법 시행규칙 제21조 제2항
③ 청원경찰법 제3조
④ 청원경찰법 시행규칙 제21조 제1항

정답 ❶

09 기출 18

☑ 확인 Check! ○ △ ✕

청원경찰법령상 청원경찰의 직무 등에 관한 설명으로 옳지 않은 것은?

① 「경찰관직무집행법」에 따른 직무 외의 수사활동 등 사법경찰관리의 직무를 수행해서는 아니 된다.

② 청원경찰 업무에 종사하는 사람은 「형법」이나 그 밖의 법령에 따른 벌칙을 적용할 때에는 공무원으로 본다.

③ 청원경찰이 직무를 수행할 때 직권을 남용하여 국민에게 해를 끼친 경우에는 6개월 이하의 징역이나 금고에 처한다.

④ 관할 경찰서장은 매달 2회 이상 청원경찰의 복무규율과 근무상황을 감독하여야 한다.

10 기출 15

☑ 확인 Check! ○ △ ✕

청원경찰법령상 청원경찰에 관한 설명으로 옳지 않은 것은?

① 청원경찰은 「경찰관직무집행법」에 따른 직무 외의 수사활동 등 사법경찰관리의 직무를 수행해서는 아니 된다.

② 청원경찰은 「형법」이나 그 밖의 법령에 따른 벌칙을 적용하는 경우를 제외하고는 공무원으로 본다.

③ 청원경찰이 직무를 수행할 때에는 경비 목적을 위하여 필요한 최소한의 범위에서 하여야 한다.

④ 청원경찰이 직무를 수행할 때에 「경찰관직무집행법」 및 같은 법 시행령에 따라 하여야 할 모든 보고는 관할 경찰서장에게 서면으로 보고하기 전에 지체 없이 구두로 보고하고 그 지시에 따라야 한다.

핵심만 콕

① 청원경찰은 「경찰관직무집행법」에 따른 직무 외의 수사활동 등 사법경찰관리의 직무를 수행해서는 아니 된다(청원경찰법 시행규칙 제21조 제2항). ★

③ 청원경찰이 직무를 수행할 때에는 경비 목적을 위하여 필요한 최소한의 범위에서 하여야 한다(청원경찰법 시행규칙 제21조 제1항).

④ 청원경찰이 직무를 수행할 때에 「경찰관직무집행법」 및 같은 법 시행령에 따라 하여야 할 모든 보고는 관할 경찰서장에게 서면으로 보고하기 전에 지체 없이 구두로 보고하고 그 지시에 따라야 한다(청원경찰법 시행규칙 제22조). ★★

11 기출 14

☑ 확인Check! ○ △ ✕

청원경찰법령상 청원경찰의 직무에 관한 설명으로 옳지 않은 것은?

① 경비구역 내에서의 입초근무, 소내근무, 순찰근무, 대기근무를 수행한다.
② 청원경찰의 배치결정을 받은 자의 지시와 감독에 의해서만 직무를 수행해야 한다.
③ 직무를 수행할 때에는 경비 목적을 위하여 필요한 최소한의 범위에서 해야 한다.
④ 경찰관직무집행법에 따른 직무 외의 수사활동 등의 직무를 수행해서는 아니 된다.

쏙쏙 해설

② 청원경찰은 청원경찰의 배치결정을 받은 자와 배치된 기관·시설 또는 사업장 등의 구역을 관할하는 경찰서장의 감독을 받아 그 경비구역만의 경비를 목적으로 필요한 범위에서 경찰관직무집행법에 따른 경찰관의 직무를 수행한다(청원경찰법 제3조).
① 청원경찰법 시행규칙 제14조 해석상
③ 청원경찰법 시행규칙 제21조 제1항
④ 청원경찰법 시행규칙 제21조 제2항

정답 ❷

☑ 확인 Check! ○ △ ✕

청원경찰법령상 청원경찰의 근무요령에 관한 설명으로 옳은 것은 모두 몇 개인가?

- 대기근무자는 소내근무에 협조하거나 휴식하면서 불의의 사고에 대비한다.
- 순찰근무자는 청원주가 지정한 일정한 구역을 순회하면서 경비임무를 수행한다. 이 경우 순찰은 단독 또는 복수로 정선순찰을 하되, 청원주가 필요하다고 인정할 때에는 요점순찰 또는 난선순찰을 할 수 있다.
- 소내근무자는 근무 중 특이한 사항이 발생하였을 때에는 지체 없이 청원주 또는 관할 경찰서장에게 보고하고 그 지시에 따라야 한다.
- 입초근무자는 경비구역의 정문이나 그 밖의 지정된 장소에서 경비구역의 내부, 외부 및 출입자의 움직임을 감시한다.

① 1개
② 2개
③ 3개
④ 4개

관계법령

근무요령(청원경찰법 시행규칙 제14조)
① 자체경비를 하는 입초근무자는 경비구역의 정문이나 그 밖의 지정된 장소에서 경비구역의 내부, 외부 및 출입자의 움직임을 감시한다.
② 업무처리 및 자체경비를 하는 소내근무자는 근무 중 특이한 사항이 발생하였을 때에는 지체 없이 청원주 또는 관할 경찰서장에게 보고하고 그 지시에 따라야 한다.
③ 순찰근무자는 청원주가 지정한 일정한 구역을 순회하면서 경비 임무를 수행한다. 이 경우 순찰은 단독 또는 복수로 정선순찰(정해진 노선을 규칙적으로 순찰하는 것)을 하되, 청원주가 필요하다고 인정할 때에는 요점순찰(순찰구역 내 지정된 중요지점을 순찰하는 것) 또는 난선순찰(임의로 순찰지역이나 노선을 선정하여 불규칙적으로 순찰하는 것)을 할 수 있다. 〈개정 2021.12.31.〉
④ 대기근무자는 소내근무에 협조하거나 휴식하면서 불의의 사고에 대비한다.

13 기출 21 ☑ 확인 Check! ○ △ ×

청원경찰법령상 청원경찰의 근무요령으로 옳지 않은 것은?

① 자체경비를 하는 입초근무자는 경비구역의 정문이나 그 밖의 지정된 장소에서 경비구역의 내부, 외부 및 출입자의 움직임을 감시한다.
② 업무처리 및 자체경비를 하는 소내근무자는 근무 중 특이한 사항이 발생하였을 때에는 지체 없이 청원주 또는 관할 경찰서장에게 보고하고 그 지시에 따라야 한다.
③ 대기근무자는 소내근무에 협조하거나 휴식하면서 불의의 사고에 대비한다.
④ 순찰근무자는 단독 또는 복수로 요점순찰을 하되, 청원주가 필요하다고 인정할 때에는 정선순찰 또는 난선순찰을 할 수 있다.

14 기출 15 ☑ 확인 Check! ○ △ ×

청원경찰법령상 근무요령 중 '업무처리 및 자체경비를 하며, 근무 중 특이한 사항이 발생하였을 때에는 지체 없이 청원주 또는 관할 경찰서장에게 보고하고 그 지시에 따라야 하는' 근무자는 누구인가?

① 입초근무자
② 순찰근무자
③ 소내근무자
④ 대기근무자

15 기출 19 ☑확인Check! ○ △ ✕

청원경찰법령상 청원경찰의 근무요령에 관한 설명으로 옳지 않은 것은?

① 대기근무자는 소내근무에 협조하거나 휴식하면서 불의의 사고에 대비한다.

② 자체경비를 하는 입초근무자는 경비구역의 정문이나 그 밖의 지정된 장소에서 경비구역의 내부, 외부 및 출입자의 움직임을 감시한다.

③ 업무처리 및 자체경비를 하는 소내근무자는 근무 중 특이한 사항이 발생하였을 때에는 지체 없이 청원주 또는 관할 경찰서장에게 보고하고 그 지시에 따라야 한다.

④ 순찰근무자는 청원주가 지정한 일정한 구역을 요점순찰을 하되, 청원주가 필요하다고 인정할 때에는 정선순찰을 할 수 있다.

16 기출 22 ☑확인Check! ○ △ ✕

청원경찰법령상 청원경찰의 근무요령에 관한 설명으로 옳은 것은?

① 소내근무자는 근무 중 특이한 사항이 발생하였을 때에는 지체 없이 청원주 또는 시·도 경찰청장에게 보고하고 그 지시에 따라야 한다.

② 대기근무자는 입초근무에 협조하거나 휴식하면서 불의의 사고에 대비한다.

③ 순찰근무자는 청원주가 지정한 일정한 구역을 단독 또는 복수로 난선순찰을 하되, 청원주가 필요하다고 인정할 때에는 정선순찰 또는 요점순찰을 할 수 있다.

④ 입초근무자는 경비구역의 정문이나 그 밖의 지정된 장소에서 경비구역의 내부, 외부 및 출입자의 움직임을 감시한다.

핵심만 콕

① 업무처리 및 자체경비를 하는 소내근무자는 근무 중 특이한 사항이 발생하였을 때에는 지체 없이 청원주 또는 관할 경찰서장에게 보고하고 그 지시에 따라야 한다(청원경찰법 시행규칙 제14조 제2항).

② 대기근무자는 소내근무에 협조하거나 휴식하면서 불의의 사고에 대비한다(청원경찰법 시행규칙 제14조 제4항).

③ 순찰근무자는 청원주가 지정한 일정한 구역을 단독 또는 복수로 정선순찰을 하되, 청원주가 필요하다고 인정할 때에는 요점순찰 또는 난선순찰을 할 수 있다(청원경찰법 시행규칙 제14조 제3항).

17 기출 16

확인 Check! ○ △ ✕

청원경찰법령에 관한 설명으로 옳지 않은 것은?

① 청원경찰은 청원주가 임용하되, 임용을 할 때에는 미리 시·도 경찰청장의 승인을 받아야 한다.

② 청원경찰의 배치결정을 받은 자는 그 배치결정의 통지를 받은 날부터 30일 이내에 임용예정자에 대한 임용승인을 관할 경찰서장에게 신청하여야 한다.

③ 청원주가 청원경찰을 임용하였을 때에는 임용한 날부터 10일 이내에 그 임용사항을 관할 경찰서장을 거쳐 시·도 경찰청장에게 보고하여야 한다.

④ 청원주가 청원경찰을 면직시켰을 때에는 그 사실을 관할 경찰서장을 거쳐 시·도 경찰청장에게 보고하여야 한다.

② 청원경찰의 배치결정을 받은 자는 그 배치결정의 통지를 받은 날부터 30일 이내에 배치결정된 인원수의 임용예정자에 대하여 청원경찰 임용승인을 시·도 경찰청장에게 신청하여야 한다(청원경찰법 시행령 제4조 제1항). ★★

① 청원경찰법 제5조 제1항
③ 청원경찰법 시행령 제4조 제2항
④ 청원경찰법 제10조의4 제2항

정답 ❷

---

18 기출 22

확인 Check! ○ △ ✕

청원경찰법령상 청원경찰의 배치에 관한 설명으로 옳지 않은 것은?

① 청원경찰을 배치받으려는 자는 대통령령으로 정하는 바에 따라 관할 시·도 경찰청장에게 청원경찰 배치를 신청하여야 한다.

② 시·도 경찰청장은 청원경찰 배치신청을 받으면 지체 없이 그 배치 여부를 결정하여 신청인에게 알려야 한다.

③ 시·도 경찰청장은 청원경찰 배치가 필요하다고 인정하는 기관의 장 또는 시설·사업장의 경영자에게 청원경찰을 배치할 것을 요청할 수 있다.

④ 청원경찰의 배치를 받으려는 자는 청원경찰 배치신청서에 경비구역 평면도 1부 또는 배치계획서 1부를 첨부해야 한다.

④ 청원경찰의 배치를 받으려는 자는 청원경찰 배치신청서에 <u>경비구역 평면도 1부와 배치계획서 1부를 첨부</u>하여 사업장의 소재지를 관할하는 경찰서장을 거쳐 시·도 경찰청장에게 제출하여야 한다(청원경찰법 시행령 제2조 전문).

① 청원경찰법 제4조 제1항
② 청원경찰법 제4조 제2항
③ 청원경찰법 제4조 제3항

정답 ❹

214 PART 1 경비업법(청원경찰법 포함)

19 기출 23

☑ 확인 Check! ○ △ ✕

청원경찰법령상 청원경찰의 배치 및 이동에 관한 설명으로 옳은 것은?

① 청원경찰 배치신청서 제출 시, 배치 장소가 둘 이상의 도(道)일 때에는 경찰청장에게 한꺼번에 신청할 수 있다.

② 청원경찰의 배치를 받으려는 자는 청원경찰 배치신청서에 경비구역 평면도 1부와 청원경찰 명부 1부를 첨부하여야 한다.

③ 청원경찰을 배치받으려는 자는 대통령령으로 정하는 바에 따라 경찰청장에게 청원경찰 배치를 신청하여야 한다.

④ 청원주는 청원경찰을 신규로 배치하거나 이동배치하였을 때에는 배치지(이동배치의 경우에는 종전의 배치지)를 관할하는 경찰서장에게 그 사실을 통보하여야 한다.

④ 청원경찰법 시행령 제6조 제1항

① 청원경찰 배치신청서 제출 시, 배치 장소가 둘 이상의 도(道)일 때에는 주된 사업장의 관할 경찰서장을 거쳐 시·도 경찰청장에게 한꺼번에 신청할 수 있다(청원경찰법 시행령 제2조 후문).

② 청원경찰의 배치를 받으려는 자는 청원경찰 배치신청서에 경비구역 평면도 1부와 배치계획서 1부를 첨부하여야 한다(청원경찰법 시행령 제2조 전문).

③ 청원경찰을 배치받으려는 자는 대통령령으로 정하는 바에 따라 관할 시·도 경찰청장에게 청원경찰 배치를 신청하여야 한다(청원경찰법 제4조 제1항).

정답 ④

관계법령

청원경찰의 배치(청원경찰법 제4조)

① 청원경찰을 배치받으려는 자는 대통령령으로 정하는 바에 따라 관할 시·도 경찰청장에게 청원경찰 배치를 신청하여야 한다.

> **청원경찰의 배치신청 등(청원경찰법 시행령 제2조)**
> 「청원경찰법」 제4조 제1항에 따라 청원경찰의 배치를 받으려는 자는 청원경찰 배치신청서에 다음 각호의 서류를 첨부하여 법 제2조 각호의 기관·시설·사업장 또는 장소(이하 "사업장"이라 한다)의 소재지를 관할하는 경찰서장(이하 "관할 경찰서장"이라 한다)을 거쳐 시·도 경찰청장에게 제출하여야 한다. 이 경우 배치장소가 둘 이상의 도(특별시, 광역시, 특별자치시 및 특별자치도를 포함한다. 이하 같다)일 때에는 주된 사업장의 관할 경찰서장을 거쳐 시·도 경찰청장에게 한꺼번에 신청할 수 있다.
>   1. 경비구역 평면도 1부
>   2. 배치계획서 1부

② 시·도 경찰청장은 제1항의 청원경찰 배치신청을 받으면 지체 없이 그 배치 여부를 결정하여 신청인에게 알려야 한다.

③ 시·도 경찰청장은 청원경찰 배치가 필요하다고 인정하는 기관의 장 또는 시설·사업장의 경영자에게 청원경찰을 배치할 것을 요청할 수 있다.

20 기출 20

☑ 확인Check! ○ △ ✕

청원경찰법령상 청원경찰의 배치에 관한 설명으로 옳지 않은 것은?

① 청원경찰 배치신청서 제출 시 배치장소가 둘 이상의 도(道)일 때에는 주된 사업장의 관할 경찰서장을 거쳐 시·도 경찰청장에게 한꺼번에 신청할 수 있다.

② 청원경찰을 배치받으려는 자는 대통령령으로 정하는 바에 따라 관할 시·도 경찰청장에게 청원경찰 배치를 신청하여야 한다.

③ 청원경찰 배치신청서에 첨부하여야 할 서류는 경비구역 평면도와 청원경찰 직무교육계획서이다.

④ 시·도 경찰청장은 청원경찰 배치가 필요하다고 인정하는 기관의 장 또는 시설·사업장의 경영자에게 청원경찰을 배치할 것을 요청할 수 있다.

21 기출 19

☑ 확인Check! ○ △ ✕

청원경찰법령상 청원경찰의 배치에 관한 설명으로 옳은 것은?

① 청원경찰 배치신청서에 첨부할 서류는 경비구역 평면도와 청원경찰 명부이다.

② 시·도 경찰청장은 청원경찰 배치신청을 받으면 30일 이내에 그 배치 여부를 결정하여 신청인에게 알려야 한다.

③ 경찰청장은 청원경찰 배치가 필요하다고 인정하는 기관의 장에게 청원경찰을 배치할 것을 요청하여야 한다.

④ 청원경찰 배치신청서상 배치장소가 둘 이상의 도(道)일 때에는 주된 사업장의 관할 경찰서장을 거쳐 시·도 경찰청장에게 한꺼번에 신청할 수 있다.

22 기출 08 ☑ 확인Check! ○ △ ✕

청원경찰법령상 청원경찰의 배치에 관한 설명으로 틀린 것은?

① KBS와 같은 언론사는 청원경찰의 배치대상이 되는 시설에 해당한다.

② 청원경찰의 배치를 받으려는 자는 청원경찰 배치신청서를 사업장의 소재지를 관할하는 경찰서장을 거쳐 시·도 경찰청장에게 제출하여야 한다.

③ 청원경찰의 배치를 받으려는 배치장소가 둘 이상의 도(道)일 때에는 주된 사업장의 관할 경찰서장을 거쳐 시·도 경찰청장에게 한꺼번에 신청할 수 있다.

④ 청원경찰의 배치를 받으려는 자는 청원경찰 배치신청서에 경비구역 평면도 1부 또는 배치계획서 1부를 첨부하여야 한다.

23 기출 22 ☑ 확인Check! ○ △ ✕

청원경찰법령상 청원경찰의 임용권자로 옳은 것은?

① 청원주
② 경찰서장
③ 경찰청장
④ 시·도 경찰청장

청원경찰법령상 청원경찰에 관한 설명으로 옳은 것은?

① 군복무를 마친 55세의 남자는 청원경찰이 될 수 없다.

② 청원경찰의 신체조건으로서 두 눈의 교정시력이 각각 0.2 이상이어야 한다.

③ 금고 이상의 형의 집행유예를 선고받고 그 유예기간이 끝난 날부터 2년이 지나지 아니한 자는 청원경찰로 임용될 수 없다.

④ 청원경찰의 복무와 관련하여 경찰공무원법상의 교육훈련에 관한 규정이 준용된다.

핵심만 콕

① 청원경찰의 임용자격으로 나이 조건은 18세 이상인 사람이다(청원경찰법 시행령 제3조 제1호). 따라서 군복무를 마친 55세의 남자는 청원경찰이 될 수 있다.

② 청원경찰의 임용자격으로 시력(교정시력을 포함한다)은 양쪽 눈이 각각 0.8 이상이어야 한다(청원경찰법 시행규칙 제4조 제2호).

④ 청원경찰의 복무에 관하여는 국가공무원법 제57조(복종의무), 제58조 제1항(직장이탈금지), 제60조(비밀엄수의무) 및 경찰공무원법 제24조(거짓보고 등 금지)를 준용한다(청원경찰법 제5조 제4항). 청원경찰법령에 준용 규정 중 경찰공무원법 준용 규정은 경찰공무원법 제24조뿐이다.★

관계법령

청원경찰의 임용 등(청원경찰법 제5조)

② 「국가공무원법」 제33조 각호의 어느 하나의 결격사유에 해당하는 사람은 청원경찰로 임용될 수 없다.

결격사유(국가공무원법 제33조)

다음 각호의 어느 하나에 해당하는 자는 공무원으로 임용될 수 없다. 〈개정 2022.12.27., 2023.4.11.〉

1. 피성년후견인
2. 파산선고를 받고 복권되지 아니한 자
3. 금고 이상의 실형을 선고받고 그 집행이 끝나거나(집행이 끝난 것으로 보는 경우를 포함한다) 집행이 면제된 날부터 5년이 지나지 아니한 자
4. 금고 이상의 형의 집행유예를 선고받고 그 유예기간이 끝난 날부터 2년이 지나지 아니한 자
5. 금고 이상의 형의 선고유예를 받은 경우에 그 선고유예 기간 중에 있는 자
6. 법원의 판결 또는 다른 법률에 따라 자격이 상실되거나 정지된 자

6의2. 공무원으로 재직기간 중 직무와 관련하여 「형법」 제355조 및 제356조에 규정된 죄를 범한 자로서 300만원 이상의 벌금형을 선고받고 그 형이 확정된 후 2년이 지나지 아니한 자

6의3. 다음 각목의 어느 하나에 해당하는 죄를 범한 사람으로서 100만원 이상의 벌금형을 선고받고 그 형이 확정된 후 3년이 지나지 아니한 사람

　가. 「성폭력범죄의 처벌 등에 관한 특례법」 제2조에 따른 성폭력범죄

　나. 「정보통신망 이용촉진 및 정보보호 등에 관한 법률」 제74조 제1항 제2호 및 제3호에 규정된 죄

　다. 「스토킹범죄의 처벌 등에 관한 법률」 제2조 제2호에 따른 스토킹범죄

6의4. 미성년자에 대한 다음 각목의 어느 하나에 해당하는 죄를 저질러 파면·해임되거나 형 또는 치료감
　　호를 선고받아 그 형 또는 치료감호가 확정된 사람(집행유예를 선고받은 후 그 집행유예 기간이 경과한
　　사람을 포함한다)
　　가.「성폭력범죄의 처벌 등에 관한 특례법」제2조에 따른 성폭력범죄
　　나.「아동·청소년의 성보호에 관한 법률」제2조 제2호에 따른 아동·청소년대상 성범죄
　7. 징계로 파면처분을 받은 때부터 5년이 지나지 아니한 자
　8. 징계로 해임처분을 받은 때부터 3년이 지나지 아니한 자

[헌법불합치, 2020헌마181, 2022.11.24., 국가공무원법(2018.10.16. 법률 제15857호로 개정된 것) 제33조
제6호의4 나목 중 아동복지법(2017.10.24. 법률 제14925호로 개정된 것) 제17조 제2호 가운데 '아동에게 성적
수치심을 주는 성희롱 등의 성적 학대행위로 형을 선고받아 그 형이 확정된 사람은 국가공무원법 제2조 제2항
제1호의 일반직공무원으로 임용될 수 없도록 한 것'에 관한 부분은 헌법에 합치되지 아니한다. 위 법률조항들
은 2024.5.31.을 시한으로 입법자가 개정할 때까지 계속 적용된다.]

[헌법불합치, 2020헌마1605, 2022헌마276(병합), 2023.6.29., 국가공무원법(2018.10.16. 법률 제15857호로
개정된 것) 제33조 제6호의4 나목 중 구 아동·청소년의 성보호에 관한 법률(2014.1.21. 법률 제12329호로
개정되고, 2020.6.2. 법률 제17338호로 개정되기 전의 것) 제11조 제5항 가운데 '아동·청소년이용음란물임
을 알면서 이를 소지한 죄로 형을 선고받아 그 형이 확정된 사람은 국가공무원법 제2조 제2항 제1호의 일반직
공무원으로 임용될 수 없도록 한 것'에 관한 부분 및 지방공무원법(2018.10.16. 법률 제15801호로 개정된
것) 제31조 제6호의4 나목 중 구 아동·청소년의 성보호에 관한 법률(2014.1.21. 법률 제12329호로 개정되고,
2020.6.2. 법률 제17338호로 개정되기 전의 것) 제11조 제5항 가운데 '아동·청소년이용음란물임을 알면서
이를 소지한 죄로 형을 선고받아 그 형이 확정된 사람은 지방공무원법 제2조 제2항 제1호의 일반직공무원으로
임용될 수 없도록 한 것'에 관한 부분은 모두 헌법에 합치되지 아니한다. 위 법률조항들은 2024.5.31.을 시한
으로 입법자가 개정할 때까지 계속 적용된다.]

25 기출 21

☑ 확인Check! ○ △ ✕

청원경찰법령상 청원경찰의 임용자격에 관한 내용이다. ( )에 들어갈 숫자가 순서대로 옳은 것은?

> 청원경찰의 임용자격은 ( )세 이상으로 신체가 건강하고 팔다리가 완전하며 시력(교정시력을 포함한다)은 양쪽 눈이 각각 ( ) 이상인 사람이다.

① 18, 0.5

② 18, 0.8

③ 19, 0.8

④ 19, 1.0

쏙쏙 해설

( )에 들어갈 숫자는 순서대로 18, 0.8이다(청원경찰법 시행령 제3조, 동법 시행규칙 제4조).

정답 ②

관계법령

임용자격(청원경찰법 시행령 제3조)★
법 제5조 제3항에 따른 청원경찰의 임용자격은 다음 각호와 같다.
1. 18세 이상인 사람
2. 행정안전부령으로 정하는 신체조건에 해당하는 사람

> **임용의 신체조건(청원경찰법 시행규칙 제4조)**
> 영 제3조 제2호에 따른 신체조건은 다음 각호와 같다.
> 1. 신체가 건강하고 팔다리가 완전할 것
> 2. 시력(교정시력을 포함)은 양쪽 눈이 각각 0.8 이상일 것

---

26 기출 21

☑ 확인Check! ○ △ ✕

청원경찰법령상 청원경찰의 배치와 이동에 관한 설명으로 옳지 않은 것은?

① 청원경찰을 배치받으려는 자는 대통령령으로 정하는 바에 따라 관할 시·도 경찰청장에게 청원경찰 배치를 신청하여야 한다.

② 시·도 경찰청장은 청원경찰 배치가 필요하다고 인정하는 기관의 장 또는 시설·사업장의 경영자에게 청원경찰을 배치할 것을 요청할 수 있다.

③ 청원주는 청원경찰을 이동배치하였을 때에는 전입지를 관할하는 경찰서장에게 그 사실을 통보하여야 한다.

④ 청원주는 청원경찰이 배치된 기관·시설 또는 사업장 등이 배치인원의 변동사유 없이 다른 곳으로 이전하는 경우에는 청원경찰의 배치인원을 감축할 수 없다.

쏙쏙 해설

③ 청원주는 청원경찰을 이동배치하였을 때에는 종전의 배치지를 관할하는 경찰서장에게 그 사실을 통보하여야 한다(청원경찰법 시행령 제6조 제1항).
① 청원경찰법 제4조 제1항
② 청원경찰법 제4조 제3항
④ 청원경찰법 제10조의5 제1항 단서 제2호

정답 ③

청원경찰의 배치(청원경찰법 제4조)

① 청원경찰을 배치받으려는 자는 대통령령으로 정하는 바에 따라 관할 시·도 경찰청장에게 청원경찰 배치를 신청하여야 한다.

② 시·도 경찰청장은 제1항의 청원경찰 배치신청을 받으면 지체 없이 그 배치 여부를 결정하여 신청인에게 알려야 한다.

③ 시·도 경찰청장은 청원경찰 배치가 필요하다고 인정하는 기관의 장 또는 시설·사업장의 경영자에게 청원경찰을 배치할 것을 요청할 수 있다.

배치 및 이동(청원경찰법 시행령 제6조)

① 청원주는 청원경찰을 신규로 배치하거나 이동배치하였을 때에는 배치지(이동배치의 경우에는 종전의 배치지)를 관할하는 경찰서장에게 그 사실을 통보하여야 한다.

② 제1항의 통보를 받은 경찰서장은 이동배치지가 다른 관할구역에 속할 때에는 전입지를 관할하는 경찰서장에게 이동배치한 사실을 통보하여야 한다.

배치의 폐지 등(청원경찰법 제10조의5)

① 청원주는 청원경찰이 배치된 시설이 폐쇄되거나 축소되어 청원경찰의 배치를 폐지하거나 배치인원을 감축할 필요가 있다고 인정하면 청원경찰의 배치를 폐지하거나 배치인원을 감축할 수 있다. 다만, 청원주는 다음 각호의 어느 하나에 해당하는 경우에는 청원경찰의 배치를 폐지하거나 배치인원을 감축할 수 없다.

　1. 청원경찰을 대체할 목적으로 「경비업법」에 따른 특수경비원을 배치하는 경우

　2. 청원경찰이 배치된 기관·시설 또는 사업장 등이 배치인원의 변동사유 없이 다른 곳으로 이전하는 경우

---

27 기출 19

☑확인 Check! ○ △ ✕

청원경찰법령상 청원경찰의 배치와 이동 등에 관한 설명으로 옳지 않은 것은?

① 청원경찰이 배치된 사업장이 배치인원의 변동사유 없이 다른 곳으로 이전하는 경우 청원주는 청원경찰의 배치를 폐지하거나 배치인원을 감축할 수 없다.

② 청원주는 배치폐지나 배치인원 감축으로 과원(過員)이 되는 청원경찰의 고용이 보장될 수 있도록 노력하여야 한다.

③ 청원주는 청원경찰을 신규로 배치하였을 때에는 배치지를 관할하는 경찰서장에게 그 사실을 통보하여야 한다.

④ 청원경찰의 이동배치의 통보를 받은 경찰서장은 이동배치지가 다른 관할구역에 속할 때에는 전입지를 관할하는 시·도 경찰청장에게 이동배치한 사실을 통보하여야 한다.

쏙쏙 해설

④ 청원경찰의 이동배치의 통보를 받은 경찰서장은 이동배치지가 다른 관할구역에 속할 때에는 전입지를 관할하는 경찰서장에게 이동배치한 사실을 통보하여야 한다(청원경찰법 시행령 제6조 제2항).

① 청원경찰법 제10조의5 제1항 단서 제2호

② 청원경찰법 제10조의5 제3항

③ 청원경찰법 시행령 제6조 제1항

정답 ④

28 기출 17

☑ 확인 Check! ○ △ ✕

청원경찰법령상 청원경찰의 배치폐지 등에 관한 설명으로 옳지 않은 것은?

① 청원주는 청원경찰을 대체할 목적으로 특수경비원을 배치하는 경우에 청원경찰의 배치를 폐지하거나 배치인원을 감축할 수 없다.
② 청원주가 청원경찰의 배치폐지하였을 때에는 청원경찰 배치결정을 한 경찰관서장에게 알려야 한다.
③ 청원주가 청원경찰의 배치폐지하는 경우에는 배치폐지로 과원(過員)이 되는 그 사업장 내의 유사업무에 종사하게 하는 등 청원경찰의 고용을 보장하여야 한다.
④ 청원주는 청원경찰이 배치된 사업장이 배치인원의 변동사유 없이 다른 곳으로 이전하는 경우에 배치인원을 감축할 수 없다.

쏙쏙 해설

③ 청원경찰의 배치를 폐지하거나 배치인원을 감축하는 경우 해당 청원주는 배치폐지나 배치인원 감축으로 과원(過員)이 되는 청원경찰 인원을 그 기관·시설 또는 사업장 내 유사업무에 종사하게 하거나 다른 시설·사업장 등에 재배치하는 등 청원경찰의 고용이 보장될 수 있도록 노력하여야 한다(청원경찰법 제10조의5 제3항).★
① 청원경찰법 제10조의5 제1항 단서 제1호
② 청원경찰법 제10조의5 제2항
④ 청원경찰법 제10조의5 제1항 단서 제2호

정답 ❸

29 기출 20

☑ 확인 Check! ○ △ ✕

청원경찰법령상 청원경찰의 임용 등에 관한 설명으로 옳은 것은?

① 청원주는 청원경찰 배치결정의 통지를 받은 날로부터 10일 이내에 배치결정된 인원수의 임용예정자에 대하여 청원경찰 임용승인을 시·도 경찰청장에게 신청하여야 한다.
② 청원주가 청원경찰을 임용하였을 때에는 임용한 날부터 10일 이내에 그 임용사항을 관할 경찰서장을 거쳐 시·도 경찰청장에게 보고하여야 한다.
③ 청원경찰의 임용자격·임용방법·교육 및 보수에 관하여는 행정안전부령으로 정한다.
④ 청원경찰의 복무에 관하여는 「국가공무원법」 및 「경찰법」을 준용한다.

쏙쏙 해설

청원경찰법 시행령 제4조 제2항 전문

정답 ❷

핵심만 콕

① 청원주는 배치결정의 통지를 받은 날부터 30일 이내에 배치결정된 인원수의 임용예정자에 대하여 청원경찰 임용승인을 시·도 경찰청장에게 신청하여야 한다(청원경찰법 시행령 제4조 제1항).
③ 청원경찰의 임용자격·임용방법·교육 및 보수에 관하여는 대통령령으로 정한다(청원경찰법 제5조 제3항).
④ 청원경찰의 복무에 관하여는 「국가공무원법」 제57조(복종의 의무), 제58조 제1항(직장이탈금지), 제60조(비밀엄수의 의무) 및 「경찰공무원법」 제24조(거짓보고 등의 금지)를 준용한다(청원경찰법 제5조 제4항).

30 기출 18

☑ 확인Check! ○ △ ✕

청원경찰법령상 청원경찰의 임용 등에 관한 설명으로 옳은 것은?

① 청원경찰은 나이가 58세가 되었을 때 당연 퇴직된다.
② 청원경찰의 복무에 관하여는 「경찰관직무집행법」을 준용한다.
③ 청원경찰은 청원주가 임용하되, 임용을 할 때에는 「경찰공무원법」이 정하는 특별한 경우를 제외하고는 미리 경찰청장의 승인을 받아야 한다.
④ 청원주가 청원경찰을 임용하였을 때에는 임용한 날부터 10일 이내에 그 임용사항을 관할 경찰서장을 거쳐 시·도 경찰청장에게 보고하여야 한다.

쏙쏙 해설

청원주가 청원경찰을 임용하였을 때에는 임용한 날부터 10일 이내에 그 임용사항을 관할 경찰서장을 거쳐 시·도 경찰청장에게 보고하여야 한다(청원경찰법 시행령 제4조 제2항 전문).

정답 ④

핵심만 콕

① 청원경찰은 나이가 60세가 되었을 때 당연 퇴직된다. 다만, 그날이 1월부터 6월 사이에 있으면 6월 30일에, 7월부터 12월 사이에 있으면 12월 31일에 각각 당연 퇴직된다(청원경찰법 제10조의6 제3호).
② 청원경찰의 복무에 관하여는 「국가공무원법」 제57조, 제58조 제1항, 제60조 및 「경찰공무원법」 제24조를 준용한다(청원경찰법 제5조 제4항).★
③ 청원경찰은 청원주가 임용하되, 임용을 할 때에는 미리 시·도 경찰청장의 승인을 받아야 한다(청원경찰법 제5조 제1항).

청원경찰의 복무에 관한 준용 규정(청원경찰법 제5조 제4항)과 비준용 규정★

준용 규정	비준용 규정
• 국가공무원법 제57조(복종의무) • 국가공무원법 제58조 제1항(직장이탈금지) • 국가공무원법 제60조(비밀엄수의무) • 경찰공무원법 제24조(거짓보고 등의 금지) (**두** : 복·직·비/거)	• 국가공무원법 제56조(성실의무) • 국가공무원법 제59조(친절·공정의 의무) • 국가공무원법 제59조의2(종교중립의무) • 국가공무원법 제61조(청렴의무) • 국가공무원법 제62조(외국정부의 영예 등을 받을 경우 허가의무) • 국가공무원법 제63조(품위유지의무) • 국가공무원법 제64조(영리업무 및 겸직금지) • 국가공무원법 제65조(정치운동금지) • 국가공무원법 제66조 제1항(집단행위금지)

31 기출 09

☑ 확인 Check! ○ △ ✕

청원경찰법령상 청원경찰의 임용 등에 관한 설명으로 옳지 않은 것은?

① 20세의 여자의 경우로서 행정안전부령으로 정하는 신체조건에 해당하는 사람은 임용자격이 있다.
② 청원주가 청원경찰을 임용하였을 때에는 임용한 날부터 10일 이내에 그 임용사항을 관할 경찰서장을 거쳐 시·도 경찰청장에게 보고하여야 한다.
③ 청원주는 청원경찰이 직무수행으로 인하여 부상을 입거나, 질병에 걸리거나 또는 사망한 때에는 대통령령으로 정하는 바에 따라 보상금을 지급하여야 한다.
④ 지방자치단체에 근무하는 청원경찰이 퇴직할 때는 행정안전부령으로 정하는 바에 따라 근로자퇴직급여보장법에 따른 퇴직금을 청원주가 지급하여야 한다.

핵심만 콕

① 청원경찰법 시행령 제3조
② 청원경찰법 시행령 제4조 제2항
③ 청원경찰법 제7조 제1항

32 기출 10

☑ 확인 Check! ○ △ ✕

청원경찰법령상 청원경찰에 관한 설명으로 옳은 것은?

① 청원경찰은 청원주 사업장 소재지의 관할 경찰서장이 임용하며 그 임용을 할 때에는 시·도 경찰청장의 승인을 얻어야 한다.
② 징계에 의하여 파면처분을 받고 3년이 지난 자는 청원경찰로 임용될 수 있다.
③ 청원주는 청원경찰을 대체할 목적으로 경비업법에 따른 특수경비원을 배치하는 경우 청원경찰의 배치를 폐지하거나 배치인원을 감축할 수 없다.
④ 청원주는 청원경찰의 자녀교육비를 부담하여야 한다.

33 기출 09

☑ 확인 Check! ○ △ ✕

청원경찰법령상 청원경찰에 관한 설명으로 옳은 것은?

① 청원경찰의 복무에 관하여는 지방공무원법에 관한 규정을 준용한다.

② 지방자치단체에 근무하는 청원경찰의 직무상 불법행위에 대한 배상책임에 관하여는 민법의 규정을 따른다.

③ 청원주는 형사사건으로 조사대상이 된 청원경찰에게는 무기와 탄약을 지급해서는 아니 된다.

④ 경찰서장은 관할 청원경찰에게 그 직무집행에 필요한 교육을 매월 4시간 이상 하여야 한다.

쏙쏙 해설

청원주는 형사사건으로 조사대상이 된 청원경찰에게는 무기와 탄약을 지급해서는 아니 되며, 지급한 무기와 탄약은 회수하여야 한다(청원경찰법 시행규칙 제16조 제4항 제2호). ★

정답 ❸

34 기출 23

☑ 확인Check! ○ △ ✕

청원경찰법령상 청원경찰 임용승인신청서의 첨부서류에 해당하지 않는 것은?

① 이력서 1부

② 주민등록등본 1부

③ 가족관계등록부 중 기본증명서 1부

④ 최근 3개월 이내에 발행한 채용신체검사서 1부

관계법령

임용승인신청서 등(청원경찰법 시행규칙 제5조)

① 법 제4조 제2항에 따라 청원경찰의 배치결정을 받은 자[이하 "청원주"(請願主)라 한다]가 영 제4조 제1항에 따라 시·도 경찰청장에게 청원경찰 임용승인을 신청할 때에는 별지 제3호 서식의 청원경찰 임용승인신청서에 그 해당자에 관한 다음 각호의 서류를 첨부해야 한다. 〈개정 2021.3.30.〉

  1. 이력서 1부

  2. 주민등록증 사본 1부

  3. 민간인 신원진술서(「보안업무규정」 제36조에 따른 신원조사가 필요한 경우만 해당한다) 1부

  4. 최근 3개월 이내에 발행한 채용신체검사서 또는 취업용 건강진단서 1부

  5. 가족관계등록부 중 기본증명서 1부

---

35 기출수정 08

☑ 확인Check! ○ △ ✕

청원경찰법령상 청원경찰에 관한 설명으로 옳은 것은?

① 청원경찰의 복무에 관하여는 국가공무원법상 공무원의 복종의무, 직장이탈금지의무, 비밀엄수의무, 집단행위의 금지의무가 준용되며, 경찰공무원법상의 준용 규정은 존재하지 않는다.

② 청원주가 관할 시·도 경찰청장에게 청원경찰 임용승인을 신청할 때 첨부해야 할 서류는 이력서 1부, 주민등록증 사본 1부, 민간인 신원진술서(「보안업무규정」에 따른 신원조사가 필요한 경우만 해당) 1부, 사진 4장의 네 가지 종류이다.

③ 청원주는 청원경찰을 신규로 배치하거나 이동배치하였을 때에는 배치지(이동배치의 경우에는 종전의 배치지)를 관할하는 경찰서장에게 그 사실을 통보하여야 한다.

④ 청원경찰의 임용자격은 20세 이상 50세 미만의 사람으로 한정한다.

36 기출 15

☑ 확인Check! ○ △ ✕

청원경찰법상 청원경찰의 복무에 관하여 경찰공무원법 규정이 준용되는 것은?

① 거짓보고 등의 금지
② 비밀엄수의 의무
③ 직장이탈의 금지
④ 복종의 의무

37

☑ 확인 Check! ○ △ ✕

청원경찰법령상 청원경찰을 배치하기 전에 직무수행에 필요한 교육의 내용으로 옳지 않은 것은?(단, 교육대상 제외자는 해당하지 않는다)

① 학술교육은 형사법 10시간, 청원경찰법 5시간을 이수하여야 한다.

② 정신교육은 정신교육 과목을 8시간 이수하여야 한다.

③ 실무교육은 경범죄처벌법 및 사격 과목 등을 포함하여 40시간을 이수하여야 한다.

④ 술과는 체포술 및 호신술 과목 6시간을 이수하여야 한다.

쏙쏙 해설

실무교육시간은 경범죄처벌법 및 사격 과목 등을 포함하여 총 44시간이다(청원경찰법 시행규칙 [별표 1]).

정답 ❸

관계법령

청원경찰의 교육과목 및 수업시간표(청원경찰법 시행규칙 [별표 1])

학과별		과 목	시 간
정신교육(8H)		정신교육	8
학술교육(15H)		형사법 청원경찰법	10 5
실무교육(44H)	경 무	경찰관직무집행법	5
	방 범	방범업무 경범죄처벌법	3 2
	경 비	시설경비 소 방	6 4
	정 보	대공이론 불심검문	2 2
	민방위	민방공 화생방	3 2
	기본훈련		5
	총기조작		2
	총검술		2
	사 격		6
술 과(6H)	체포술 및 호신술		6
기 타(3H)	입교·수료 및 평가		3
총계(2주간)			76시간

38 기출 20

☑ 확인Check! ○ △ ✕

청원경찰법령상 청원경찰의 교육 등에 관한 설명으로 옳지 않은 것은?

① 청원주는 청원경찰로 임용된 사람으로 하여금 경비구역에 배치하기 전에 경찰교육기관에서 직무수행에 필요한 교육을 받게 하여야한다. 다만, 경찰교육기관의 교육계획상 부득이하다고 인정할 때에는 우선 배치하고 임용 후 1년 이내에 교육을 받게 할 수 있다.

② 경비지도사자격증을 취득한 사람이 청원경찰로 임용되었을 때에는 경찰교육기관에서 직무수행에 필요한 교육을 면제할 수 있다.

③ 청원경찰의 직무수행에 필요한 교육과목 및 수업시간표는 행정안전부령으로 정한다.

④ 청원경찰의 직무수행에 필요한 교육의 교육과목 중 정신교육의 수업시간은 8시간이다.

쏙쏙 해설

② 청원경찰법령은 직무수행에 필요한 교육을 면제할 수 있는 경우로 '경찰공무원(의무경찰을 포함한다) 또는 청원경찰에서 퇴직한 사람이 퇴직한 날부터 3년 이내에 청원경찰로 임용되었을 때'만을 규정하고 있다 (청원경찰법 시행령 제5조 제2항).

① 청원경찰법 시행령 제5조 제1항
③ 청원경찰법 시행령 제5조 제3항, 동법 시행규칙 [별표 1]
④ 청원경찰법 시행규칙 [별표 1] 참고

정답 ❷

39 기출 12

☑ 확인Check! ○ △ ✕

청원경찰법령상 청원경찰의 교육에 관한 내용으로 옳은 것을 모두 고른 것은?

ㄱ. 청원경찰에서 퇴직한 자가 퇴직한 날부터 3년 이내에 청원경찰로 임용되었을 때에는 경비구역에 배치하기 전에 경찰교육기관에서 시행하는 직무수행에 필요한 교육을 면제할 수 있다.

ㄴ. 청원경찰로 임용된 자가 받는 교육과목 중 학술교육과목으로 형사법, 청원경찰법이 있다.

ㄷ. 청원경찰로 임용된 자가 경찰교육기관에서 받는 직무수행에 필요한 교육의 기간은 4주로 한다.

ㄹ. 청원주는 소속 청원경찰에게 그 직무집행에 필요한 교육을 매년 4시간 이상 하여야 한다.

① ㄱ, ㄴ
② ㄱ, ㄷ
③ ㄴ, ㄷ
④ ㄷ, ㄹ

쏙쏙 해설

ㄱ. (○) 청원경찰법 시행령 제5조 제2항
ㄴ. (○) 청원경찰법 시행규칙 [별표 1]

정답 ❶

핵심만 콕

ㄷ. (✕) 교육기간은 2주로 한다(청원경찰법 시행규칙 제6조).
ㄹ. (✕) 청원주는 소속 청원경찰에게 그 직무집행에 필요한 교육을 매월 4시간 이상 하여야 한다(청원경찰법 시행규칙 제13조 제1항).

40

☑ 확인 Check! ○ △ ✕

청원경찰법령상 청원경찰의 교육에 관한 설명으로 옳지 않은 것은?

① 경찰공무원(의무경찰을 포함한다)에서 퇴직한 사람이 퇴직한 날부터 3년 이내에 청원경찰로 임용되었을 때에는 직무수행에 필요한 교육을 면제할 수 있다.

② 청원주는 청원경찰로 임용된 사람으로 하여금 경비구역에 배치하기 전에 경찰교육기관에서 직무수행에 필요한 교육을 받게 하여야 한다. 다만, 경찰교육기관의 교육계획상 부득이하다고 인정할 때에는 우선 배치하고 임용 후 1년 이내에 교육을 받게 할 수 있다.

③ 청원경찰의 교육과목에는 법학개론, 민사소송법, 민간경비론이 있다.

④ 청원주는 소속 청원경찰에게 그 직무집행에 필요한 교육을 매월 4시간 이상 하여야 한다.

쏙쏙 해설

③ 청원경찰의 교육과목에는 법학개론, 민사소송법, 민간경비론이 들어가지 않는다.
① 청원경찰법 시행령 제5조 제2항
② 청원경찰법 시행령 제5조 제1항
④ 청원경찰법 시행규칙 제13조 제1항

정답 ❸

41

☑ 확인 Check! ○ △ ✕

청원경찰법령상 청원경찰의 교육에 관한 설명으로 옳지 않은 것은?

① 청원경찰은 배치하기 전에 직무수행에 필요한 교육을 받게 해야 한다. 다만 부득이한 경우에는 임용 후 2년 이내에 교육을 받게 할 수 있다.

② 청원경찰의 신임교육기간은 2주이다.

③ 청원주는 소속 청원경찰에게 매월 4시간 이상의 직무교육을 실시해야 한다.

④ 청원경찰의 신임교육과목에는 형사법, 경찰관직무집행법, 화생방 등이 있다.

쏙쏙 해설

① 청원주는 청원경찰로 임용된 사람으로 하여금 경비구역에 배치하기 전에 경찰교육기관에서 직무수행에 필요한 교육을 받게 하여야 한다. 다만, 경찰교육기관의 교육계획상 부득이하다고 인정할 때에는 우선 배치하고 임용 후 1년 이내에 교육을 받게 할 수 있다(청원경찰법 제5조 제1항).
② 청원경찰법 시행규칙 제6조
③ 청원경찰법 시행규칙 제13조 제1항
④ 청원경찰법 시행규칙 [별표 1]

정답 ❶

42 기출 19

☑확인 Check! ○ △ ✕

청원경찰법령상 청원경찰의 임용과 교육에 관한 설명으로 옳은 것은?

① 청원경찰의 임용자격으로는 19세 이상인 사람으로 남자의 경우에는 군복무를 마친 사람으로 한다.

② 경찰공무원에서 퇴직한 사람이 퇴직한 날부터 3년 이내에 청원경찰로 임용되었을 때에는 직무수행에 필요한 교육을 면제할 수 있다.

③ 청원주가 청원경찰을 임용하였을 때에는 임용한 날부터 15일 이내에 그 임용사항을 관할 경찰서장을 거쳐 시·도 경찰청장에게 보고하여야 한다.

④ 경찰교육기관의 교육계획상 부득이하다고 인정할 때에는 청원주는 청원경찰로 임용된 사람을 경비구역에 우선 배치하고 임용 후 2년 이내에 교육을 받게 할 수 있다.

쏙쏙 해설

청원경찰법 시행령 제5조 제2항

정답 ❷

핵심만 콕

① 청원경찰의 임용자격은 18세 이상인 사람이다(청원경찰법 시행령 제3조 제1호).

③ 청원주가 청원경찰을 임용하였을 때에는 임용한 날부터 10일 이내에 그 임용사항을 관할 경찰서장을 거쳐 시·도 경찰청장에게 보고하여야 한다(청원경찰법 시행령 제4조 제2항).

④ 경찰교육기관의 교육계획상 부득이하다고 인정할 때에는 우선 배치하고 임용 후 1년 이내에 교육을 받게 할 수 있다(청원경찰법 시행령 제5조 제1항 단서).

---

43 기출 22

☑확인 Check! ○ △ ✕

청원경찰법령상 청원경찰에 대한 징계의 종류로 옳은 것은?

① 강 등　　　　② 견 책
③ 면 직　　　　④ 직위해제

쏙쏙 해설

청원경찰법령상 청원경찰에 대한 징계의 종류는 파면, 해임, 정직, 감봉 및 견책으로 구분한다(청원경찰법 제5조의2 제2항).

정답 ❷

청원경찰법령상 청원경찰의 징계에 관한 설명으로 옳은 것은?

① 청원경찰에 대한 징계의 종류는 파면, 해임, 정직, 감봉 및 경고로 구분한다.

② 청원주는 청원경찰이 품위를 손상하는 행위를 한 때 행정안전부령으로 정하는 징계절차를 거쳐 징계처분을 할 수 있다.

③ 관할 경찰서장은 청원경찰이 직무를 태만히 한 것으로 인정되면 청원주에게 해당 청원경찰에 대하여 징계처분을 하도록 요청할 수 있다.

④ 청원주는 청원경찰 배치결정의 통지를 받았을 때에는 통지를 받은 날부터 30일 이내에 청원경찰에 대한 징계규정을 제정하여 관할 시·도 경찰청장에게 신고하여야 한다.

쏙쏙 해설

③ 청원경찰법 시행령 제8조 제1항

① 청원경찰에 대한 징계의 종류는 파면, 해임, 정직, 감봉 및 견책으로 구분한다(청원경찰법 제5조의2 제2항).

② 청원주는 청원경찰이 품위를 손상하는 행위를 한 때에는 대통령령으로 정하는 징계절차를 거쳐 징계처분을 하여야 한다(청원경찰법 제5조의2 제1항 제2호).

④ 청원주는 청원경찰 배치결정의 통지를 받았을 때에는 통지를 받은 날부터 15일 이내에 청원경찰에 대한 징계규정을 제정하여 관할 시·도 경찰청장에게 신고하여야 한다(청원경찰법 시행령 제8조 제5항 전문).

정답 ③

관계법령

청원경찰의 징계(청원경찰법 제5조의2)★

① 청원주는 청원경찰이 다음 각호의 어느 하나에 해당하는 때에는 대통령령으로 정하는 징계절차를 거쳐 징계처분을 하여야 한다.

1. 직무상의 의무를 위반하거나 직무를 태만히 한 때
2. 품위를 손상하는 행위를 한 때

② 청원경찰에 대한 징계의 종류는 파면, 해임, 정직, 감봉 및 견책으로 구분한다.

③ 청원경찰의 징계에 관하여 그 밖에 필요한 사항은 대통령령으로 정한다.

> **징계(청원경찰법 시행령 제8조)**
>
> ① 관할 경찰서장은 청원경찰이 법 제5조의2 제1항 각호의 어느 하나에 해당한다고 인정되면 청원주에게 해당 청원경찰에 대하여 징계처분을 하도록 요청할 수 있다.
>
> ② 법 제5조의2 제2항의 정직(停職)은 1개월 이상 3개월 이하로 하고, 그 기간에 청원경찰의 신분은 보유하나 직무에 종사하지 못하며, 보수의 3분의 2를 줄인다.
>
> ③ 법 제5조의2 제2항의 감봉은 1개월 이상 3개월 이하로 하고, 그 기간에 보수의 3분의 1을 줄인다.
>
> ④ 법 제5조의2 제2항의 견책(譴責)은 전과(前過)에 대하여 훈계하고 회개하게 한다.
>
> ⑤ 청원주는 청원경찰 배치결정의 통지를 받았을 때에는 통지를 받은 날부터 15일 이내에 청원경찰에 대한 징계규정을 제정하여 관할 시·도 경찰청장에게 신고하여야 한다. 징계규정을 변경할 때에도 또한 같다.
>
> ⑥ 시·도 경찰청장은 제5항에 따른 징계규정의 보완이 필요하다고 인정할 때에는 청원주에게 그 보완을 요구할 수 있다.

45 기출 21

확인Check! ○ △ ✕

청원경찰법령상 청원경찰의 징계에 관한 설명으로 옳은 것은?

① 시·도 경찰청장은 청원경찰이 품위를 손상하는 행위를 한 때에는 대통령령으로 정하는 징계절차를 거쳐 징계처분을 할 수 있다.

② 청원경찰에 대한 징계의 종류는 파면, 해임, 강등, 정직, 감봉 및 견책으로 구분한다.

③ 청원주는 청원경찰 배치결정의 통지를 받았을 때에는 통지를 받은 날부터 15일 이내에 청원경찰에 대한 징계규정을 제정하여 관할 시·도 경찰청장에게 신고하여야 한다.

④ 정직은 1개월 이상 3개월 이하로 하고, 그 기간에 청원경찰의 신분은 보유하나 직무에 종사하지 못하며, 보수는 전액을 감한다.

③ 청원경찰법 시행령 제8조 제5항 전문

① 청원주는 청원경찰이 품위를 손상하는 행위를 한 때에는 대통령령으로 정하는 징계절차를 거쳐 징계처분을 하여야 한다(청원경찰법 제5조의2 제1항 제2호).

② 강등은 청원경찰법상 징계의 종류에 해당하지 않는다(청원경찰법 제5조의2 제2항 참고).

④ 정직의 경우 보수의 3분의 2를 줄인다(청원경찰법 시행령 제8조 제2항).

정답 ❸

---

46 기출 19

확인Check! ○ △ ✕

청원경찰법령상 청원경찰의 징계에 관한 설명으로 옳지 않은 것은?

① 청원주는 청원경찰이 품위를 손상하는 행위를 한 때에는 징계절차를 거쳐 징계처분을 하여야 한다.

② 관할 경찰서장은 청원경찰이 「청원경찰법」상의 징계사유에 해당한다고 인정되면 청원주에게 해당 청원경찰에 대하여 징계처분을 하도록 요청할 수 있다.

③ 감봉은 1개월 이상 3개월 이하로 하고, 그 기간에 보수의 3분의 1을 줄인다.

④ 청원주는 청원경찰 배치결정의 통지를 받은 날부터 15일 이내에 청원경찰에 대한 징계규정을 제정하여 관할 경찰서장에게 신고하여야 한다.

④ 청원주는 청원경찰 배치결정의 통지를 받았을 때에는 통지를 받은 날부터 15일 이내에 청원경찰에 대한 징계규정을 제정하여 관할 시·도 경찰청장에게 신고하여야 한다(청원경찰법 시행령 제8조 제5항).

① 청원경찰법 제5조의2 제1항 제2호

② 청원경찰법 시행령 제8조 제1항

③ 청원경찰법 시행령 제8조 제3항

정답 ❹

47 기출 14

☑확인 Check! ○ △ ✕

청원경찰법령상 청원경찰의 징계에 관한 설명으로 옳은 것은?

① 청원경찰에 대한 징계의 종류는 파면, 해임, 강등, 정직, 감봉 및 견책으로 구분한다.

② 정직은 1개월 이상 6개월 이하로 하고, 그 기간에 직무에 종사하지 못하며, 보수의 2분의 1을 줄인다.

③ 감봉은 1개월 이상 3개월 이하로 하고, 그 기간에 보수의 3분의 2을 줄인다.

④ 국가기관에 근무하는 청원경찰의 보수는 재직기간 15년 이상 23년 미만인 경우, 경장에 해당하는 경찰공무원의 보수를 감안하여 대통령령으로 정한다.

48 기출 15

☑확인 Check! ○ △ ✕

청원경찰법령상 청원경찰의 징계 및 불법행위 책임에 관한 설명으로 옳지 않은 것은?

① 청원경찰이 직무를 수행할 때 직권을 남용하여 국민에게 해를 끼친 경우에는 6개월 이하의 징역이나 금고에 처한다.

② 국가기관이나 지방자치단체에 근무하는 청원경찰의 직무상 불법행위에 대한 배상책임에 관하여는 「민법」의 규정을 따른다.

③ 청원주는 청원경찰이 직무상의 의무를 위반하거나 직무를 태만히 한 때, 품위를 손상하는 행위를 한 때에는 대통령령으로 정하는 징계절차를 거쳐 징계처분을 하여야 한다.

④ 청원경찰에 대한 징계처분 중 정직(停職)은 1개월 이상 3개월 이하로 하고, 그 기간에 청원경찰의 신분은 보유하나 직무에 종사하지 못하며, 보수의 3분의 2를 줄인다.

49 기출 12

☑ 확인 Check! ○ △ ✕

청원경찰법령상 청원경찰의 징계에 관한 내용으로 옳지 않은 것은?

① 청원경찰이 품위를 손상하는 행위를 하는 경우 청원주는 징계절차에 따라 징계처분을 하여야 한다.

② 관할 경찰서장은 청원경찰이 직무상 의무 위반에 해당한다고 인정되면 청원주에게 해당 청원경찰에 대하여 징계처분을 하도록 요청할 수 있다.

③ 정직은 1개월 이상 3개월 이하로 하고, 그 기간에 청원경찰의 신분은 보유하나 직무에 종사하지 못하며, 보수의 3분의 1을 줄인다.

④ 감봉은 1개월 이상 3개월 이하로 하고, 그 기간에 보수의 3분의 1을 줄인다.

쏙쏙 해설

③ 정직은 1개월 이상 3개월 이하로 하고, 그 기간에 청원경찰의 신분은 보유하나 직무에 종사하지 못하며, 보수의 3분의 2를 줄인다(청원경찰법 시행령 제8조 제2항).
① 청원경찰법 제5조의2 제1항 제2호
② 청원경찰법 시행령 제8조 제1항
④ 청원경찰법 시행령 제8조 제3항

정답 ❸

50 기출 20

☑ 확인 Check! ○ △ ✕

청원경찰법령상 표창에 관한 설명으로 옳지 않은 것은?

① 경찰청장은 성실히 직무를 수행하여 근무성적이 탁월하거나 헌신적인 봉사로 특별한 공적을 세운 청원경찰에게 공적상을 수여할 수 있다.

② 청원주는 성실히 직무를 수행하여 근무성적이 탁월한 청원경찰에게 공적상을 수여할 수 있다.

③ 관할 경찰서장은 헌신적인 봉사로 특별한 공적을 세운 청원경찰에게 공적상을 수여할 수 있다.

④ 시·도 경찰청장은 교육훈련에서 교육성적이 우수한 청원경찰에게 우등상을 수여할 수 있다.

쏙쏙 해설

청원경찰법령상 청원경찰에게 표창을 수여할 수 있는 자는 시·도 경찰청장, 관할 경찰서장 또는 청원주이다(청원경찰법 시행규칙 제18조).

정답 ❶

관계법령

표창(청원경찰법 시행규칙 제18조)
시·도 경찰청장, 관할 경찰서장 또는 청원주는 청원경찰에게 다음 각호의 구분에 따라 표창을 수여할 수 있다.
　1. 공적상 : 성실히 직무를 수행하여 근무성적이 탁월하거나 헌신적인 봉사로 특별한 공적을 세운 경우
　2. 우등상 : 교육훈련에서 교육성적이 우수한 경우

51 기출 21

☑ 확인Check! ○ △ ✕

청원경찰법령상 청원경찰의 경비에 관한 설명으로 옳은 것은?

① 국가기관 또는 지방자치단체에 근무하는 청원경찰의 보수는 재직기간 15년 이상 23년 미만인 경우 같은 재직기간에 해당하는 경찰공무원 '경장'의 보수를 감안하여 대통령령으로 정한다.

② 청원경찰의 피복비는 청원주가 부담하여야 하는 청원경찰경비에 해당하지 않는다.

③ 청원경찰이 직무상의 부상·질병으로 인하여 퇴직 후 3년 이내에 사망한 경우 청원주는 대통령령으로 정하는 바에 따라 그 유족에게 보상금을 지급하여야 한다.

④ 교육비는 청원주가 경찰교육기관 입교(入校) 3일 전에 해당 청원경찰에게 지급하여 납부하게 한다.

쏙쏙 해설

① 청원경찰법 제6조 제2항 제2호
② 청원경찰의 피복비는 청원주가 부담하여야 하는 청원경찰경비에 해당한다(청원경찰법 제6조 제1항 제2호).
③ 청원경찰이 직무상의 부상·질병으로 인하여 퇴직하거나, 퇴직 후 2년 이내에 사망한 경우 청원주는 대통령령으로 정하는 바에 따라 그 유족에게 보상금을 지급하여야 한다(청원경찰법 제7조 제2호).
④ 교육비는 청원주가 해당 청원경찰의 입교(入校) 3일 전에 해당 경찰교육기관에 낸다(청원경찰법 시행규칙 제8조 제3호).

정답 ❶

52 기출 18

☑ 확인Check! ○ △ ✕

청원경찰법령상 국가기관에 근무하는 청원경찰의 보수는 재직기간에 해당하는 경찰공무원 보수를 감안하여 정한다. 이에 관한 예시로 옳은 것은?

① 16년 : 경장, 20년 : 경장, 25년 : 경사, 32년 : 경사

② 16년 : 순경, 20년 : 경장, 25년 : 경사, 32년 : 경사

③ 16년 : 경장, 20년 : 경장, 25년 : 경사, 32년 : 경위

④ 16년 : 순경, 20년 : 경장, 25년 : 경사, 32년 : 경위

쏙쏙 해설

청원경찰법 제6조 제2항에 의하면 16년, 20년 재직한 청원경찰의 보수는 경장, 25년 재직한 경우에는 경사, 32년 재직한 경우에는 경위에 해당하는 경찰공무원의 보수를 감안하여 대통령령으로 정한다.

정답 ❸

관계법령

청원경찰경비(청원경찰법 제6조)★

② 국가기관 또는 지방자치단체에 근무하는 청원경찰의 보수는 다음 각호의 구분에 따라 같은 재직기간에 해당하는 경찰공무원의 보수를 감안하여 대통령령으로 정한다.

1. 재직기간 15년 미만 : 순경
2. 재직기간 15년 이상 23년 미만 : 경장
3. 재직기간 23년 이상 30년 미만 : 경사
4. 재직기간 30년 이상 : 경위

53 기출 20

☑ 확인 Check! ○ △ ✕

청원경찰법령상 청원주가 부담하여야 하는 청원경찰경비에 해당하지 않는 것은?

① 청원경찰의 경조사비
② 청원경찰의 피복비
③ 청원경찰의 교육비
④ 청원경찰에게 지급할 봉급과 각종 수당

관계법령

청원경찰경비(청원경찰법 제6조)★
① 청원주는 다음 각호의 청원경찰경비를 부담하여야 한다.
    1. 청원경찰에게 지급할 봉급과 각종 수당
    2. 청원경찰의 피복비
    3. 청원경찰의 교육비
    4. 제7조에 따른 보상금 및 제7조의2에 따른 퇴직금

54 기출 20

☑ 확인 Check! ○ △ ✕

청원경찰법령상 청원경찰경비 등에 관한 설명으로 옳지 않은 것은?

① 국가기관 또는 지방자치단체에 근무하는 청원경찰의 보수는 청원경찰법에서 정한 구분에 따라 같은 재직기간에 해당하는 경찰공무원의 보수를 감안하여 대통령령으로 정한다.
② 청원주의 청원경찰에 대한 봉급·수당의 최저부담기준액(국가기관 또는 지방자치단체에 근무하는 청원경찰의 봉급·수당은 제외한다)은 경찰청장이 정하여 고시(告示)한다.
③ 청원주는 청원경찰이 직무수행으로 인하여 부상을 입거나, 질병에 걸리거나 또는 사망한 경우 대통령령으로 정하는 바에 따라 청원경찰 본인 또는 그 유족에게 보상금을 지급하여야 한다.
④ 국가기관이나 지방자치단체에 근무하는 청원경찰의 퇴직금에 관하여는 행정안전부령으로 정한다.

청원경찰경비(청원경찰법 제6조)★

② 국가기관 또는 지방자치단체에 근무하는 청원경찰의 보수는 다음 각호의 구분에 따라 같은 재직기간에 해당하는 경찰공무원의 보수를 감안하여 대통령령으로 정한다.
  1. 재직기간 15년 미만 : 순경
  2. 재직기간 15년 이상 23년 미만 : 경장
  3. 재직기간 23년 이상 30년 미만 : 경사
  4. 재직기간 30년 이상 : 경위

③ 청원주의 제1항 제1호에 따른 봉급·수당의 최저부담기준액(국가기관 또는 지방자치단체에 근무하는 청원경찰의 봉급·수당은 제외한다)과 같은 항 제2호 및 제3호에 따른 비용의 부담기준액은 경찰청장이 정하여 고시(告示)한다.

보상금(청원경찰법 제7조)★

청원주는 청원경찰이 다음 각호의 어느 하나에 해당하게 되면 대통령령으로 정하는 바에 따라 청원경찰 본인 또는 그 유족에게 보상금을 지급하여야 한다.
  1. 직무수행으로 인하여 부상을 입거나, 질병에 걸리거나 또는 사망한 경우
  2. 직무상의 부상·질병으로 인하여 퇴직하거나, 퇴직 후 2년 이내에 사망한 경우

퇴직금(청원경찰법 제7조의2)

청원주는 청원경찰이 퇴직할 때에는 「근로자퇴직급여보장법」에 따른 퇴직금을 지급하여야 한다. 다만, 국가기관이나 지방자치단체에 근무하는 청원경찰의 퇴직금에 관하여는 따로 대통령령으로 정한다.

55 기출 18 ☑ 확인Check! ○ △ ×

청원경찰법령상 청원경찰경비(經費)에 관한 설명으로 옳지 않은 것은?

① 청원경찰경비는 봉급과 각종 수당, 피복비, 교육비, 보상금 및 퇴직금을 말한다.

② 봉급·수당의 최저부담기준액(국가기관 또는 지방자치단체에 근무하는 청원경찰의 봉급·수당은 제외)은 경찰청장이 정하여 고시한다.

③ 국가기관 또는 지방자치단체에 근무하는 청원경찰의 각종 수당은 「공무원수당 등에 관한 규정」에 따른 수당 중 가계보전수당, 실비변상 등으로 한다.

④ 교육비는 청원주가 해당 청원경찰의 입교 7일 전에 청원경찰에게 직접 지급한다.

교육비는 청원주가 해당 청원경찰의 입교(入校) 3일 전에 해당 경찰교육기관에 낸다(청원경찰법 시행규칙 제8조 제3호).

정답 ❹

① 청원경찰법 제6조 제1항
② 청원주의 봉급·수당의 최저부담기준액(국가기관 또는 지방자치단체에 근무하는 청원경찰의 봉급·수당은 제외한다)은 경찰청장이 정하여 고시(告示)한다(청원경찰법 제6조 제3항). ★
③ 국가기관 또는 지방자치단체에 근무하는 청원경찰의 각종 수당은 「공무원수당 등에 관한 규정」에 따른 수당 중 가계보전수당, 실비변상 등으로 하며, 그 세부 항목은 경찰청장이 정하여 고시한다(청원경찰법 시행령 제9조 제2항). ★

56 기출 16

☑ 확인Check! ○ △ ✕

청원경찰법상 청원경찰경비 등에 관한 설명으로 옳지 않은 것은?

① 지방자치단체에 근무하는 청원경찰의 각종 수당에는 공무원수당 등에 관한 규정에 따른 수당 중 가계보전수당은 포함되지 않는다.
② 지방자치단체에 근무하는 재직기간이 22년인 청원경찰의 보수는 같은 재직기간에 해당하는 경찰공무원 중 경장의 보수를 감안하여 대통령령으로 정한다.
③ 국가기관 또는 지방자치단체에 근무하는 청원경찰 보수의 호봉 간 승급기간은 경찰공무원의 승급 기간에 관한 규정을 준용한다.
④ 청원경찰의 피복비의 지급 방법은 행정안전부령으로 정한다.

57 기출 15

☑ 확인Check! ○ △ ✕

청원경찰법령상 청원경찰경비 등에 관한 설명으로 옳지 않은 것은?

① 청원경찰의 교육비는 청원주가 해당 청원경찰의 입교 후 3일 이내에 해당 경찰교육기관에 낸다.
② 청원주는 보상금의 지급을 이행하기 위하여 「산업재해보상보험법」에 따른 산업재해보상보험에 가입하거나, 「근로기준법」에 따라 보상금을 지급하기 위한 재원을 따로 마련하여야 한다.
③ 봉급과 각종 수당은 청원주가 그 청원경찰이 배치된 기관·시설·사업장 또는 장소의 직원에 대한 보수 지급일에 청원경찰에게 직접 지급한다.
④ 청원주는 청원경찰이 직무상의 부상·질병으로 인하여 퇴직하거나, 퇴직 후 2년 이내에 사망한 경우 청원경찰 본인 또는 그 유족에게 보상금을 지급하여야 한다.

58 기출 17

☑ 확인 Check! ○ △ ✕

청원경찰법령상 청원경찰의 경비(經費)에 관한 설명으로 옳은 것은?

① 청원주는 대통령령이 정하는 바에 따라 청원경찰에게 봉급과 각종 수당 등을 지급하여야 한다.

② 청원주는 대통령령이 정하는 바에 따라 청원경찰이 직무수행 중 부상을 당한 경우에 본인에게 보상금을 지급하여야 한다.

③ 청원주는 청원경찰이 퇴직할 때에는 행정안전부령이 정하는 바에 따라 근로자퇴직급여보장법에 따른 퇴직금을 지급하여야 한다.

④ 지방자치단체에 근무하는 청원경찰의 각종 수당은 공무원수당 등에 관한 규정에 따른 수당 중 가계보전수당, 실비변상 등으로 하며, 그 세부 항목은 대통령령으로 정하여 고시한다.

쏙쏙 해설

청원주는 대통령령이 정하는 바에 따라 청원경찰이 직무수행 중 부상을 당한 경우에 본인에게 보상금을 지급하여야 한다(청원경찰법 제7조 제1호 참고).

정답 ❷

핵심만 콕

① 청원주는 청원경찰에게 봉급과 각종 수당을 지급하여야 하며, 그 최저부담기준액(국가기관 또는 지방자치단체에 근무하는 청원경찰의 봉급·수당은 제외한다)은 경찰청장이 정하여 고시(告示)한다(청원경찰법 제6조 제1항 및 제3항). 국가기관 또는 지방자치단체에 근무하는 청원경찰의 보수는 재직기간에 따른 구분에 따라 같은 재직기간에 해당하는 경찰공무원의 보수를 감안하여 대통령령으로 정한다(동법 제6조 제2항). ★

③ 청원주는 청원경찰이 퇴직할 때에는 「근로자퇴직급여보장법」에 따른 퇴직금을 지급하여야 한다. 다만, 국가기관이나 지방자치단체에 근무하는 청원경찰의 퇴직금에 관하여는 따로 대통령령으로 정한다(청원경찰법 제7조의2). ★

④ 국가기관 또는 지방자치단체에 근무하는 청원경찰의 각종 수당은 「공무원수당 등에 관한 규정」에 따른 수당 중 가계보전수당, 실비변상 등으로 하며, 그 세부항목은 경찰청장이 정하여 고시한다(청원경찰법 시행령 제9조 제2항). ★

59 기출 10

청원경찰법령상 청원경찰경비 등에 관한 설명으로 옳지 않은 것은 몇 개인가?

> ㄱ. 청원주는 청원경찰이 퇴직할 때에는 국민연금법에 따른 퇴직금을 지급하여야 한다.
> ㄴ. 법령에 따라 청원주는 청원경찰의 피복비를 부담하여야 한다.
> ㄷ. 국가기관 또는 지방자치단체에 근무하는 청원경찰의 보수산정시의 기준이 되는 재직기간은 청원경찰로서 근무한 기간으로 한다.
> ㄹ. 국가기관 또는 지방자치단체에 근무하는 청원경찰 외의 청원경찰의 봉급과 각종 수당은 시·도 경찰청장이 고시한 최저부담기준액 이상으로 지급하여야 한다.

① 1개
② 2개
③ 3개
④ 4개

쏙쏙 해설

ㄴ, ㄷ이 옳고, ㄱ, ㄹ이 옳지 않으므로 옳지 않은 것은 2개이다.

정답 ❷

핵심만 콕

ㄱ. (×) 청원주는 청원경찰이 퇴직할 때에는 「근로자퇴직급여보장법」에 따른 퇴직금을 지급하여야 한다. 다만, 국가기관이나 지방자치단체에 근무하는 청원경찰의 퇴직금에 관하여는 따로 대통령령으로 정한다(청원경찰법 제7조의2). 국가기관이나 지방자치단체에 근무하는 청원경찰인 경우에는 공무원연금법령에 따른 퇴직금(퇴직급여)을 지급한다(∵ 공무원, 군인, 사립교사 등은 국민연금법의 적용대상이 아니라 각각 공무원연금법, 군인연금법, 사립학교교직원연금법의 적용대상이다).★

ㄹ. (×) 국가기관 또는 지방자치단체에 근무하는 청원경찰 외의 청원경찰의 봉급과 각종 수당은 경찰청장이 고시한 최저부담기준액 이상으로 지급하여야 한다(청원경찰법 시행령 제10조). 최저부담기준액은 시·도 경찰청장이 고시하는 것이 아니라 경찰청장이 고시한다.★

60 기출 15

☑ 확인Check! ○ △ ✕

청원경찰법령상 청원경찰의 보수에 관한 설명으로 옳지 않은 것은?

① 국가기관 또는 지방자치단체에 근무하는 청원경찰 보수의 호봉 간 승급기간은 경찰공무원의 승급기간에 관한 규정을 준용한다.

② 국가기관에 근무하는 청원경찰의 보수는 그 재직기간이 25년인 경우, 경찰공무원 경사의 보수를 감안하여 대통령령으로 정한다.

③ 국가기관 또는 지방자치단체에 근무하는 청원경찰의 봉급·수당에 관한 청원주의 최저부담기준액은 경찰청장이 정하여 고시한다.

④ 국가기관 또는 지방자치단체에 근무하는 청원경찰의 각종 수당은 「공무원수당 등에 관한 규정」에 따른 수당 중 가계보전수당, 실비변상 등으로 하며, 그 세부 항목은 경찰청장이 정하여 고시한다.

쏙쏙 해설

국가기관 또는 지방자치단체에 근무하는 청원경찰 외의 청원경찰의 봉급·수당에 관한 청원주의 최저부담기준액은 경찰청장이 정하여 고시한다(청원경찰법 제6조 제3항). 국가기관 또는 지방자치단체에 근무하는 청원경찰의 봉급은 청원경찰법 시행령 [별표 1]로 정하고(청원경찰법 시행령 제9조 제1항), 각종 수당은 「공무원수당 등에 관한 규정」에 따른 수당 중 가계보전수당, 실비변상 등으로 하며, 그 세부 항목은 경찰청장이 정하여 고시한다(청원경찰법 시행령 제9조 제2항).★★

정답 ❸

61 기출 19

☑ 확인Check! ○ △ ✕

청원경찰법령상 경비의 부담과 고시 등에 관한 설명으로 옳지 않은 것은?

① 청원경찰의 피복비 및 교육비의 부담기준액은 시·도 경찰청장이 정하여 고시한다.

② 부득이한 사유가 있는 경우를 제외하고, 청원경찰경비의 최저부담기준액 및 부담기준액은 순경의 것을 고려하여 다음 연도분을 매년 12월에 고시하여야 한다.

③ 청원경찰의 교육비는 청원주가 해당 청원경찰의 입교 3일 전에 해당 경찰교육기관에 낸다.

④ 청원주는 청원경찰이 직무상의 질병으로 인하여 퇴직하게 되면 청원경찰 본인에게 보상금을 지급하여야 한다.

쏙쏙 해설

① 청원경찰의 피복비 및 교육비의 부담기준액은 경찰청장이 정하여 고시한다(청원경찰법 제6조 제3항).
② 청원경찰법 시행령 제12조 제2항
③ 청원경찰법 시행규칙 제8조 제3호
④ 청원경찰법 제7조 제2호

정답 ❶

62 기출 22

☑ 확인Check! ○ △ ✕

청원경찰법령상 청원주가 부담하여야 하는 청원경찰경비에 해당하지 않는 것은?

① 청원경찰에게 지급할 봉급과 각종 수당
② 청원경찰의 피복비
③ 청원경찰의 교육비
④ 청원경찰의 업무추진비

쏙쏙 해설

청원경찰의 업무추진비는 청원경찰법령상 청원주가 부담하여야 하는 청원경찰경비에 해당하지 않는다(청원경찰법 제6조 제1항 참조).

정답 ④

63 기출 08

☑ 확인Check! ○ △ ✕

A는 군 복무를 마치고 청원경찰로 2년간 근무하다가 퇴직하였다. 그 후 다시 청원경찰로 임용되었다면 청원경찰법령상 봉급 산정에 있어서 산입되는 경력은?(단, A가 배치된 사업장의 취업규칙에 특별한 규정이 없는 것을 전제로 한다)

① 군 복무경력과 청원경찰로 근무한 경력 중 어느 하나만 산입하여야 한다.
② 군 복무경력은 반드시 산입하여야 하고, 청원경찰경력은 산입하지 않아도 된다.
③ 군 복무경력과 청원경찰의 경력을 모두 산입하여야 한다.
④ 군 복무경력은 산입하지 않아도 되고, 청원경찰경력은 산입하여야 한다.

쏙쏙 해설

군 복무경력과 청원경찰로 근무한 경력은 모두 봉급 산정의 기준이 되는 경력에 산입되어야 한다(청원경찰법 시행령 제11조 제1항 제1호·제2호).

정답 ③

관계법령

보수 산정 시의 경력 인정 등(청원경찰법 시행령 제11조)
① 청원경찰의 보수 산정에 관하여 그 배치된 사업장의 취업규칙에 특별한 규정이 없는 경우에는 다음 각호의 경력을 봉급 산정의 기준이 되는 경력에 산입하여야 한다.
  1. 청원경찰로 근무한 경력
  2. 군 또는 의무경찰에 복무한 경력
  3. 수위·경비원·감시원 또는 그 밖에 청원경찰과 비슷한 직무에 종사하던 사람이 해당 사업장의 청원주에 의하여 청원경찰로 임용된 경우에는 그 직무에 종사한 경력★★
  4. 국가기관 또는 지방자치단체에서 근무하는 청원경찰에 대해서는 국가기관 또는 지방자치단체에서 상근(常勤)으로 근무한 경력★
② 국가기관 또는 지방자치단체에 근무하는 청원경찰 보수의 호봉 간 승급기간은 경찰공무원의 승급기간에 관한 규정을 준용한다.
③ 국가기관 또는 지방자치단체에 근무하는 청원경찰 외의 청원경찰 보수의 호봉 간 승급기간 및 승급액은 그 배치된 사업장의 취업규칙에 따르며, 이에 관한 취업규칙이 없을 때에는 순경의 승급에 관한 규정을 준용한다.

64 기출 22

☑ 확인Check! ○ △ ✕

청원경찰법령상 청원경찰의 봉급 산정의 기준이 되는 경력에 산입되지 않는 것은?

① 청원경찰로 근무한 경력
② 군 또는 의무경찰에 복무한 경력
③ 수위·경비원·감시원 또는 그 밖에 청원경찰과 비슷한 직무에 종사하던 사람이 해당 사업장의 청원주에 의하여 청원경찰로 임용된 경우에는 그 직무에 종사한 경력
④ 국가기관 또는 공공단체에서 근무하는 청원경찰에 대해서는 국가기관 또는 공공단체에서 비상근(非常勤)으로 근무한 경력

65 기출 14

☑ 확인Check! ○ △ ✕

청원경찰법령상 청원경찰의 경비와 보상 등에 관한 설명으로 옳은 것은?

① 지방자치단체에 근무하는 청원경찰의 봉급·수당의 최저부담기준액은 경찰청장이 정하여 고시한다.
② 지방자치단체에 근무하는 청원경찰의 퇴직금에 관하여는 따로 행정안전부령으로 정한다.
③ 청원경찰이 퇴직할 때에는 급여품 및 대여품을 청원주에게 반납해야 한다.
④ 국가기관에 근무하는 청원경찰의 보수는 재직기간 15년 이상 23년 미만인 경우, 경장에 해당하는 경찰공무원의 보수를 감안하여 대통령령으로 정한다.

66 기출 23

☑ 확인 Check! ○ △ ✕

청원경찰법령상 청원경찰의 보상금 지급사유가 아닌 것은?

① 청원경찰이 직무수행으로 인하여 부상을 입은 경우
② 청원경찰이 직무수행으로 인하여 질병에 걸린 경우
③ 청원경찰이 직무수행으로 인하여 사망한 경우
④ 청원경찰이 직무상의 부상으로 인하여 퇴직 후 3년 이내에 사망한 경우

쏙쏙 해설

청원경찰이 직무상의 부상으로 인하여 퇴직 후 2년 이내에 사망한 경우가 청원경찰의 보상금 지급사유에 해당한다(청원경찰법 제7조 제2호).

정답 ❹

관계법령

보상금(청원경찰법 제7조)★

청원주는 청원경찰이 다음 각호의 어느 하나에 해당하게 되면 대통령령으로 정하는 바에 따라 청원경찰 본인 또는 그 유족에게 보상금을 지급하여야 한다.
  1. 직무수행으로 인하여 부상을 입거나, 질병에 걸리거나 또는 사망한 경우
  2. 직무상의 부상·질병으로 인하여 퇴직하거나, 퇴직 후 2년 이내에 사망한 경우

67 기출 16

☑ 확인 Check! ○ △ ✕

청원경찰법상 청원주가 청원경찰 본인 또는 그 유족에게 보상금을 지급해야 하는 경우가 아닌 것은?

① 청원경찰이 직무상의 부상·질병으로 인하여 퇴직한 경우
② 청원경찰이 직무수행으로 인하여 부상을 입은 경우
③ 청원경찰이 고의·과실에 의한 위법행위로 타인에게 손해를 가한 경우
④ 청원경찰이 직무수행으로 인하여 사망한 경우

쏙쏙 해설

청원경찰이 직무수행으로 인하여 부상을 입거나, 질병에 걸리거나 또는 사망한 경우, 직무상의 부상·질병으로 인하여 퇴직하거나, 퇴직 후 2년 이내에 사망한 경우에 청원주는 청원경찰 본인 또는 그 유족에게 보상금을 지급하여야 한다(청원경찰법 제7조). 청원경찰이 고의·과실에 의한 위법행위로 타인에게 손해를 가한 경우는 직무수행성이 부정되기에 보상금을 지급하여야 하는 경우에 해당하지 않는다.

정답 ❸

68 기출 11 ☑확인 Check! ○ △ ✕

청원경찰법령상 청원경찰에 관한 내용으로 옳지 않은 것은?

① 국가기관이나 지방자치단체에 근무하는 청원경찰의 명예퇴직에 관하여는 국가공무원법을 준용한다.

② 청원경찰은 형의 선고, 징계처분 또는 신체상·정신상의 이상으로 직무를 감당하지 못할 때를 제외하고는 그 의사에 반하여 면직되지 아니한다.

③ 청원주가 청원경찰을 면직시켰을 때에는 그 사실을 관할 경찰서장을 거쳐 시·도 경찰청장에게 보고하여야 한다.

④ 청원주는 청원경찰이 퇴직할 때에는 고용보험법에 따른 퇴직금을 지급하여야 한다.

핵심만 콕

① 국가기관이나 지방자치단체에 근무하는 청원경찰의 휴직 및 명예퇴직에 관하여는 국가공무원법 제71조부터 제73조까지 및 제74조의2를 준용한다(청원경찰법 제10조의7). ★★

② 청원경찰은 형의 선고, 징계처분 또는 신체상·정신상의 이상으로 직무를 감당하지 못할 때를 제외하고는 그 의사에 반하여 면직되지 아니한다(청원경찰법 제10조의4 제1항). ★

③ 청원주가 청원경찰을 면직시켰을 때에는 그 사실을 관할 경찰서장을 거쳐 시·도 경찰청장에게 보고하여야 한다(청원경찰법 제10조의4 제2항). ★

69 기출 18 ☑확인 Check! ○ △ ✕

청원경찰법령에 관한 설명으로 옳지 않은 것은?

① 청원경찰의 신분증명서는 청원주가 발행하며, 그 형식은 시·도 경찰청장이 결정한다.

② 청원주는 소속 청원경찰에게 그 직무집행에 필요한 교육을 매월 4시간 이상 하여야 한다.

③ 청원경찰이 퇴직할 때에는 대여품을 청원주에게 반납하여야 한다.

④ 청원경찰은 국내 주재 외국기관에도 배치될 수 있다.

70 기출 21

☑확인 Check! ○ △ ✕

청원경찰법령상 청원경찰의 복제에 관한 설명으로 옳은 것은?

① 청원경찰의 기동모와 기동복의 색상은 진한 청색으로 한다.

② 청원경찰은 평상근무 중에는 정모, 근무복, 단화, 호루라기를 착용하거나 휴대하여야 하고, 경찰봉 및 포승은 휴대하지 아니할 수 있다.

③ 청원경찰이 그 배치지의 특수성 등으로 특수복장을 착용할 필요가 있을 때에는 청원주는 관할 경찰서장의 승인을 받아 특수복장을 착용하게 할 수 있다.

④ 청원경찰 장구의 종류는 경찰봉, 호루라기, 수갑 및 포승이다.

쏙쏙 해설

청원경찰법 시행규칙 제9조 제2항 제1호 단서

정답 ❶

핵심만 콕

② 청원경찰은 평상근무 중에는 정모, 근무복, 단화, 호루라기, 경찰봉 및 포승을 착용하거나 휴대하여야 하고, 총기를 휴대하지 아니할 때에는 분사기를 휴대하여야 하며, 교육훈련이나 그 밖의 특수근무 중에는 기동모, 기동복, 기동화 및 휘장을 착용하거나 부착하되, 허리띠와 경찰봉은 착용하거나 휴대하지 아니할 수 있다(청원경찰법 시행규칙 제9조 제3항).

③ 청원경찰이 그 배치지의 특수성 등으로 특수복장을 착용할 필요가 있을 때에는 청원주는 시·도 경찰청장의 승인을 받아 특수복장을 착용하게 할 수 있다(청원경찰법 시행령 제14조 제3항).

④ 청원경찰 장구의 종류는 허리띠, 경찰봉, 호루라기 및 포승(捕繩)이다(청원경찰법 시행규칙 제9조 제1항 제2호).

---

71 기출 19

☑확인 Check! ○ △ ✕

청원경찰법령상 청원경찰의 복제(服制)와 무기 휴대에 관한 설명으로 옳지 않은 것은?

① 시·도 경찰청장은 청원경찰이 직무를 수행하기 위하여 필요하다고 인정하면 청원주의 신청을 받아 관할 경찰서장으로 하여금 청원경찰에게 무기를 대여하여 지니게 할 수 있다.

② 청원경찰이 특수복장을 착용할 필요가 있을 때에는 청원주는 관할 경찰서장의 승인을 받아 특수복장을 착용하게 할 수 있다.

③ 청원주에게 무기를 대여하였을 때에는 관할 경찰서장은 청원경찰의 무기관리상황을 수시로 점검하여야 한다.

④ 청원경찰은 평상근무 중에는 정모, 근무복, 단화, 호루라기, 경찰봉 및 포승을 착용하거나 휴대하여야 한다.

쏙쏙 해설

② 청원경찰이 특수복장을 착용할 필요가 있을 때에는 청원주는 시·도 경찰청장의 승인을 받아 특수복장을 착용하게 할 수 있다(청원경찰법 시행령 제14조 제3항).

① 청원경찰법 제8조 제2항
③ 청원경찰법 시행령 제16조 제3항
④ 청원경찰법 시행규칙 제9조 제3항

정답 ❷

72 기출 21

☑ 확인 Check! ○ △ ✕

쏙쏙 해설

청원경찰법령상 청원경찰의 대여품에 해당하는 것은?

① 기동모
② 방한화
③ 허리띠
④ 근무복

기동모, 방한화, 근무복은 급여품(청원경찰법 시행규칙 [별표 2]), 허리띠는 대여품(청원경찰법 시행규칙 [별표 3])에 해당한다.

정답 ❸

관계법령

청원경찰 급여품표(청원경찰법 시행규칙 [별표 2])

품 명	수 량	사용기간	정기지급일
근무복(하복)	1	1년	5월 5일
근무복(동복)	1	1년	9월 25일
한여름 옷	1	1년	6월 5일
외투·방한복 또는 점퍼	1	2~3년	9월 25일
기동화 또는 단화	1	단화 1년 기동화 2년	9월 25일
비 옷	1	3년	5월 5일
정 모	1	3년	9월 25일
기동모	1	3년	필요할 때
기동복	1	2년	필요할 때
방한화	1	2년	9월 25일
장 갑	1	2년	9월 25일
호루라기	1	2년	9월 25일

청원경찰 대여품표(청원경찰법 시행규칙 [별표 3])

품 명	수 량
허리띠	1
경찰봉	1
가슴표장	1
분사기	1
포 승	1

73 기출 19

☑ 확인 Check! ○ △ ✕

쏙쏙 해설

청원경찰법령상 급여품과 대여품에 관한 설명으로 옳지 않은 것은?

① 근무복과 기동화는 청원경찰에게 지급하는 급여품에 해당한다.
② 청원경찰에게 지급하는 대여품에는 허리띠, 경찰봉, 가슴표장, 분사기, 포승이 있다.
③ 급여품 중 호루라기, 방한화, 장갑의 사용기간은 2년이다.
④ 청원경찰이 퇴직할 때에는 급여품과 대여품을 청원주에게 반납하여야 한다.

④ 청원경찰이 퇴직할 때에는 대여품을 청원주에게 반납하여야 한다(청원경찰법 시행규칙 제12조 제2항).
①·③ 청원경찰법 시행규칙 [별표 2]
② 청원경찰법 시행규칙 [별표 3]

정답 ❹

74 기출 15

☑ 확인 Check! ○ △ ✕

청원경찰법령상 청원경찰이 퇴직할 때 청원주에게 반납해야 하는 것은?

① 장 갑
② 허리띠
③ 방한화
④ 호루라기

관계법령

급여품 및 대여품(청원경찰법 시행규칙 제12조)
① 청원경찰에게 지급하는 급여품은 [별표 2]{근무복(하복), 근무복(동복), 한여름 옷, 외투·방한복 또는 점퍼, 기동화 또는 단화, 비옷, 정모, 기동모, 기동복, 방한화, 장갑, 호루라기 등}와 같고, 대여품은 [별표 3](허리띠, 경찰봉, 가슴표장, 분사기, 포승 등)과 같다.★★
② 청원경찰이 퇴직할 때에는 대여품을 청원주에게 반납하여야 한다.★

75 기출 08

☑ 확인 Check! ○ △ ✕

청원경찰법령상 청원경찰의 제복착용과 무기휴대에 대한 설명으로 옳은 것은?

① 청원경찰은 근무 중 제복을 착용하여야 한다.
② 청원경찰의 제복·장구 및 부속물에 관하여 필요한 사항은 대통령령으로 정한다.
③ 경찰청장은 청원경찰이 직무를 수행하기 위하여 필요하다고 인정하면 관할 경찰서장의 신청을 받아 시·도 경찰청장으로 하여금 청원경찰에게 무기를 대여하여 지니게 할 수 있다.
④ 청원경찰의 복제(服制)와 무기휴대에 필요한 사항은 경찰청장령으로 정한다.

핵심만 콕

② 청원경찰의 제복·장구 및 부속물에 관하여 필요한 사항은 행정안전부령으로 정한다(청원경찰법 시행령 제14조 제2항).★
③ 시·도 경찰청장은 청원경찰이 직무를 수행하기 위하여 필요하다고 인정하면 청원주의 신청을 받아 관할 경찰서장으로 하여금 청원경찰에게 무기를 대여하여 지니게 할 수 있다(청원경찰법 제8조 제2항).
④ 청원경찰의 복제(服制)와 무기휴대에 필요한 사항은 대통령령으로 정한다(청원경찰법 제8조 제3항).★

제복착용과 무기 휴대(청원경찰법 제8조)

① 청원경찰은 근무 중 제복을 착용하여야 한다.

② 시·도 경찰청장은 청원경찰이 직무를 수행하기 위하여 필요하다고 인정하면 청원주의 신청을 받아 관할 경찰서장으로 하여금 청원경찰에게 무기를 대여하여 지니게 할 수 있다.

③ 청원경찰의 복제(服制)와 무기휴대에 필요한 사항은 대통령령으로 정한다.

76 기출 18

☑ 확인 Check! ○ △ ✕

청원경찰법령상 청원경찰의 분사기 및 무기휴대에 관한 설명으로 옳은 것은?

① 관할 경찰서장은 대여한 청원경찰의 무기관리상황을 월 1회 이상 점검하여야 한다.

② 청원경찰은 평상근무 중에 총기를 휴대하지 아니할 때에는 분사기를 휴대하여야 한다.

③ 청원주는 「위험물안전관리법」에 따른 분사기의 소지허가를 받아 청원경찰로 하여금 그 분사기를 휴대하여 직무를 수행하게 할 수 있다.

④ 관할 경찰서장은 청원경찰이 직무를 수행하기 위하여 필요하다고 인정하면 직권으로 청원경찰에게 무기를 대여하여 지니게 할 수 있다.

쏙쏙 해설

청원경찰은 평상근무 중에는 정모, 근무복, 단화, 호루라기, 경찰봉 및 포승을 착용하거나 휴대하여야 하고, 총기를 휴대하지 아니할 때에는 분사기를 휴대하여야 하며, 교육훈련이나 그 밖의 특수근무 중에는 기동모, 기동복, 기동화 및 휘장을 착용하거나 부착하되, 허리띠와 경찰봉은 착용하거나 휴대하지 아니할 수 있다(청원경찰법 시행규칙 제9조 제3항). ★

정답 ❷

핵심만 콕

① 관할 경찰서장은 대여한 청원경찰의 무기관리상황을 수시로 점검하여야 한다(청원경찰법 시행령 제16조 제3항). ★★

③ 청원주는 「총포·도검·화약류 등의 안전관리에 관한 법률」에 따른 분사기의 소지허가를 받아 청원경찰로 하여금 그 분사기를 휴대하여 직무를 수행하게 할 수 있다(청원경찰법 시행령 제15조). ★

④ 무기대여 신청을 받은 시·도 경찰청장은 (청원주에게) 무기를 대여하여 (청원경찰에게) 휴대하게 하려는 경우에는 청원주로부터 국가에 기부채납된 무기에 한정하여 관할 경찰서장으로 하여금 무기를 대여하여 휴대하게 할 수 있다(청원경찰법 시행령 제16조 제2항). ★ 따라서 관할 경찰서장이 직권으로 청원경찰에게 무기를 대여하여 지니게 할 수는 없다.

77 기출수정 18

☑확인Check! ○ △ ✕

청원경찰법령상 청원경찰의 복제(服制)에 관한 설명으로 옳은 것은?

① 청원경찰의 복제는 제복·장구 및 부속물로 구분하며, 이 가운데 모자표장, 계급장, 장갑 등은 부속물에 해당한다.
② 청원주는 청원경찰이 특수복장을 착용할 필요가 있을 때에는 관할 경찰서장에게 보고하고 특수복장을 착용하게 할 수 있다.
③ 청원경찰의 제복의 형태·규격 및 재질은 시·도 경찰청장이 결정하되, 사업장별로 통일해야 한다.
④ 청원경찰은 특수근무 중에는 정모, 근무복, 단화, 호루라기, 경찰봉 및 포승을 착용하거나 휴대하여야 한다.

쏙쏙 해설

청원경찰의 복제(服制)는 제복·장구 (裝具) 및 부속물로 구분한다(청원경찰법 시행령 제14조 제1항). 모자표장, 가슴표장, 휘장, 계급장, 넥타이핀, 단추 및 장갑은 부속물에 해당한다(청원경찰법 시행규칙 제9조 제1항 제3호). ★

정답 ❶

핵심만 콕

② 청원경찰이 그 배치지의 특수성 등으로 특수복장을 착용할 필요가 있을 때에는 청원주는 시·도 경찰청장의 승인을 받아 특수복장을 착용하게 할 수 있다(청원경찰법 시행령 제14조 제3항). ★
③ 청원경찰의 제복의 형태·규격 및 재질은 청원주가 결정하되, 사업장별로 통일해야 한다(청원경찰법 시행규칙 제9조 제2항 제1호 본문).
④ 청원경찰은 평상근무 중에는 정모, 근무복, 단화, 호루라기, 경찰봉 및 포승을 착용하거나 휴대하여야 한다(청원경찰법 시행규칙 제9조 제3항). ★

78 기출수정 16

☑확인Check! ○ △ ✕

청원경찰법령상 무기관리수칙에 관한 설명으로 옳지 않은 것은?

① 청원주는 대여받은 무기와 탄약이 분실되거나 도난당하거나 빼앗기거나 훼손되는 등의 사고가 발생했을 때에는 지체 없이 그 사유를 지방자치단체장에게 통보해야 한다.
② 청원주가 무기와 탄약을 대여받았을 때에는 경찰청장이 정하는 무기·탄약 출납부 및 무기장비 운영카드를 갖춰 두고 기록하여야 한다.
③ 청원주는 수리가 필요한 무기가 있을 때에는 그 목록과 무기장비 운영카드를 첨부하여 관할 경찰서장에게 수리를 요청할 수 있다.
④ 청원주는 사직 의사를 밝힌 청원경찰에게 무기와 탄약을 지급해서는 안 되며, 지급한 무기와 탄약은 즉시 회수해야 한다.

쏙쏙 해설

① 청원주는 대여받은 무기와 탄약이 분실되거나 도난당하거나 빼앗기거나 훼손되는 등의 사고가 발생했을 때에는 지체 없이 그 사유를 관할 경찰서장에게 통보해야 한다(청원경찰법 시행규칙 제16조 제1항 제7호).
② 청원경찰법 시행규칙 제16조 제1항 제1호★
③ 청원경찰법 시행규칙 제16조 제2항 제4호★
④ 청원경찰법 시행규칙 제16조 제4항 제3호

정답 ❶

79 기출 23

☑확인 Check! ○ △ ×

청원경찰법령상 무기관리수칙에 관한 설명으로 옳지 않은 것은?

① 무기고와 탄약고에는 이중 잠금장치를 하고, 열쇠는 관리책임자가 보관하되, 근무시간 이후에는 숙직책임자에게 인계하여 보관시켜야 한다.

② 소총의 탄약은 1정당 10발 이내, 권총의 탄약은 1정당 5발 이내로 출납하여야 한다.

③ 청원주는 무기와 탄약이 분실되거나 도난당하거나 빼앗기거나 훼손되었을 때에는 경찰청장이 정하는 바에 따라 그 전액을 배상하는 것이 원칙이다.

④ 청원경찰에게 지급한 무기와 탄약은 매주 1회 이상 손질하게 하여야 한다.

80 기출 22

☑확인 Check! ○ △ ×

청원경찰법령상 청원주의 무기관리수칙에 관한 설명으로 옳지 않은 것은?

① 청원주가 무기와 탄약을 대여받았을 때에는 경찰청장이 정하는 무기·탄약 출납부 및 무기장비 운영카드를 갖춰 두고 기록하여야 한다.

② 청원주는 무기와 탄약의 관리를 위하여 관리책임자를 지정하고 관할 경찰서장에게 그 사실을 통보하여야 한다.

③ 무기고와 탄약고에는 이중 잠금장치를 하고, 열쇠는 숙직책임자가 보관하되, 근무시간 이후에는 관리책임자에게 인계하여 보관시켜야 한다.

④ 청원주는 경찰청장이 정하는 바에 따라 매월 무기와 탄약의 관리실태를 파악하여 다음 달 3일까지 관할 경찰서장에게 통보하여야 한다.

관계법령

무기관리수칙(청원경찰법 시행규칙 제16조)

① 영 제16조에 따라 <u>무기와 탄약을 대여받은 청원주</u>는 다음 각호에 따라 무기와 탄약을 관리해야 한다. 〈개정 2021.12.31.〉

1. 청원주가 무기와 탄약을 대여받았을 때에는 경찰청장이 정하는 무기·탄약 출납부 및 무기장비 운영카드를 갖춰 두고 기록하여야 한다.
2. 청원주는 무기와 탄약의 관리를 위하여 관리책임자를 지정하고 관할 경찰서장에게 그 사실을 통보하여야 한다.
3. 무기고 및 탄약고는 단층에 설치하고 환기·방습·방화 및 총받침대 등의 시설을 갖추어야 한다.
4. 탄약고는 무기고와 떨어진 곳에 설치하고, 그 위치는 사무실이나 그 밖에 여러 사람을 수용하거나 여러 사람이 오고 가는 시설로부터 격리되어야 한다.
5. <u>무기고와 탄약고에는 이중 잠금장치를 하고, 열쇠는 관리책임자가 보관하되, 근무시간 이후에는 숙직책임자에게 인계하여 보관</u>시켜야 한다.
6. 청원주는 경찰청장이 정하는 바에 따라 매월 무기와 탄약의 관리실태를 파악하여 <u>다음 달 3일까지 관할 경찰서장에게 통보</u>하여야 한다.
7. 청원주는 대여받은 무기와 탄약이 분실되거나 도난당하거나 빼앗기거나 훼손되는 등의 사고가 발생했을 때에는 지체 없이 그 사유를 관할 경찰서장에게 통보해야 한다.
8. 청원주는 무기와 탄약이 분실되거나 도난당하거나 빼앗기거나 훼손되었을 때에는 경찰청장이 정하는 바에 따라 그 전액을 배상해야 한다. 다만, 전시·사변·천재지변이나 그 밖의 불가항력적인 사유가 있다고 시·도 경찰청장이 인정하였을 때에는 그렇지 않다.

---

81 기출수정 15

☑ 확인Check! ○ △ ✕

청원경찰법령상 무기관리수칙에 관한 설명으로 옳지 않은 것은?

① 청원주는 청원경찰에게 지급한 무기와 탄약을 매주 1회 이상 손질하게 하여야 한다.

② 청원주는 사직 의사를 밝힌 청원경찰에게 무기와 탄약을 지급해서는 안 된다.

③ 청원주는 수리가 필요한 무기가 있을 때에는 그 목록과 무기장비 운영카드를 첨부하여 관할 시·도 경찰청장에게 수리를 요청할 수 있다.

④ 청원경찰은 무기를 지급받거나 반납할 때 또는 인계인수할 때에는 반드시 '앞에 총' 자세에서 '검사 총'을 하여야 한다.

쏙쏙 해설

③ 청원주는 수리가 필요한 무기가 있을 때에는 그 목록과 무기장비 운영카드를 첨부하여 관할 경찰서장에게 수리를 요청할 수 있다(청원경찰법 시행규칙 제16조 제2항 제4호).
① 청원경찰법 시행규칙 제16조 제2항 제3호
② 청원경찰법 시행규칙 제16조 제4항 제3호
④ 청원경찰법 시행규칙 제16조 제3항 제1호

정답 ❸

82 기출수정 14

☑ 확인Check! ○ △ ✕

다음 중 청원경찰법령상 청원주가 무기와 탄약을 지급해서는 안 되는 청원경찰로 명시된 자는?

① 민사소송의 피고로 소송 계류 중인 사람
② 사직 의사를 밝힌 사람
③ 주벽(酒癖)이 심한 사람
④ 변태적 성벽(性癖)이 있는 사람

쏙쏙 해설

청원주는 사직 의사를 밝힌 사람에게는 무기와 탄약을 지급해서는 안 된다(청원경찰법 시행규칙 제16조 제4항 제3호).

정답 ②

83 기출수정 21

☑ 확인Check! ○ △ ✕

다음 중 청원경찰법령상 청원주가 명시적으로 무기와 탄약을 지급해서는 안 되는 사람을 모두 고른 것은?

> ㄱ. 형사사건으로 조사대상이 된 사람
> ㄴ. 사직 의사를 밝힌 사람
> ㄷ. 평소에 불평이 심하고 염세적인 사람
> ㄹ. 변태적 성벽(性癖)이 있는 사람

① ㄱ, ㄴ
② ㄱ, ㄴ, ㄷ
③ ㄴ, ㄷ, ㄹ
④ ㄱ, ㄴ, ㄷ, ㄹ

쏙쏙 해설

2022.11.10. 개정된 청원경찰법 시행규칙 제16조 제4항에 따르면 설문에 해당하는 자는 ㄱ과 ㄴ이다.

정답 ①

관계법령

무기관리수칙(청원경찰법 시행규칙 제16조)
④ 청원주는 다음 각호의 어느 하나에 해당하는 청원경찰에게 무기와 탄약을 지급해서는 안 되며, 지급한 무기와 탄약은 즉시 회수해야 한다. 〈개정 2022.11.10.〉
1. 직무상 비위(非違)로 징계대상이 된 사람
2. 형사사건으로 조사대상이 된 사람
3. 사직 의사를 밝힌 사람
4. 치매, 조현병, 조현정동장애, 양극성 정동장애(조울병), 재발성 우울장애 등의 정신질환으로 인하여 무기와 탄약의 휴대가 적합하지 않다고 해당 분야 전문의가 인정하는 사람
5. 제1호부터 제4호까지의 규정 중 어느 하나에 준하는 사유로 청원주가 무기와 탄약을 지급하기에 적절하지 않다고 인정하는 사람
6. 삭제 〈2022.11.10.〉

84 기출수정 16

☑ 확인Check! ○ △ ✕

청원경찰법령상 청원주가 무기와 탄약을 지급할 수 있는 청원경찰은?

① 직무상 비위(非違)로 징계대상이 된 사람
② 사직 의사를 밝힌 사람
③ 형사사건으로 조사대상이 된 사람
④ 근무 중 휴대전화를 자주 사용하는 사람

쏙쏙 해설

단순히 근무 중 휴대전화를 자주 사용하는 사람은 청원경찰법 시행규칙 제16조 제4항의 무기·탄약 지급금지 대상자에 해당하지 않는다.

정답 ❹

85 기출수정 09

☑ 확인Check! ○ △ ✕

청원경찰법령상 청원경찰의 무기대여 및 무기관리에 관한 설명으로 옳은 것은?

① 청원주는 대여받은 무기와 탄약이 분실되거나 도난당하거나 빼앗기거나 훼손되는 등의 사고가 발생했을 때에는 지체 없이 그 사유를 관할 경찰서장에게 통보해야 한다.
② 청원주 및 청원경찰은 대통령령으로 정하는 무기관리수칙을 준수하여야 한다.
③ 청원주는 자신이 국가에 기부채납하지 않은 무기도 대여신청 후 국가로부터 대여받아 휴대할 수 있다.
④ 청원경찰은 무기를 손질하거나 조작할 때에는 반드시 총구를 바닥으로 향하게 하여야 한다.

쏙쏙 해설

청원경찰법 시행규칙 제16조 제1항 제7호

정답 ❶

핵심만 콕

② 청원주 및 청원경찰은 행정안전부령으로 정하는 무기관리수칙을 준수하여야 한다(청원경찰법 시행령 제16조 제4항).
③ 무기대여 신청을 받은 시·도 경찰청장이 무기를 대여하여 휴대하게 하려는 경우에는 청원주로부터 국가에 기부채납된 무기에 한정하여 관할 경찰서장으로 하여금 무기를 대여하여 휴대하게 할 수 있다(청원경찰법 시행령 제16조 제2항).
④ 무기를 손질하거나 조작할 때에는 반드시 총구를 공중으로 향하게 하여야 한다(청원경찰법 시행규칙 제16조 제3항 제4호).

86 기출 19

☑확인Check! ○ △ X

청원경찰법령상 무기와 탄약을 지급받은 청원경찰의 준수사항으로 옳지 않은 것은?

① 무기를 지급받거나 반납할 때 또는 인계인수할 때에는 반드시 "앞에 총" 자세에서 "검사 총"을 하여야 한다.

② 무기와 탄약을 지급받았을 때에는 별도의 지시가 없으면 무기와 탄약을 분리하여 휴대하여야 한다.

③ 지급받은 무기는 다른 사람에게 보관 또는 휴대하게 할 수 없으며 손질을 의뢰할 수 없다.

④ 근무시간 이후에는 무기와 탄약을 관리책임자에게 반납하여야 한다.

쏙쏙 해설

④ 근무시간 이후에는 무기와 탄약을 청원주에게 반납하거나 교대근무자에게 인계하여야 한다(청원경찰법 시행규칙 제16조 제3항 제6호).

① 청원경찰법 시행규칙 제16조 제3항 제1호

② 청원경찰법 시행규칙 제16조 제3항 제2호 전단

③ 청원경찰법 시행규칙 제16조 제3항 제3호

정답 ④

관계법령

무기관리수칙(청원경찰법 시행규칙 제16조)

③ 청원주로부터 무기와 탄약을 지급받은 청원경찰은 다음 각호의 사항을 준수하여야 한다.

1. 무기를 지급받거나 반납할 때 또는 인계인수할 때에는 반드시 "앞에 총" 자세에서 "검사 총"을 하여야 한다.
2. 무기와 탄약을 지급받았을 때에는 별도의 지시가 없으면 무기와 탄약을 분리하여 휴대하여야 하며, 소총은 "우로 어깨 걸어 총"의 자세를 유지하고, 권총은 "권총집에 넣어 총"의 자세를 유지하여야 한다.
3. 지급받은 무기는 다른 사람에게 보관 또는 휴대하게 할 수 없으며 손질을 의뢰할 수 없다.
4. 무기를 손질하거나 조작할 때에는 반드시 총구를 공중으로 향하게 하여야 한다.
5. 무기와 탄약을 반납할 때에는 손질을 철저히 하여야 한다.
6. 근무시간 이후에는 무기와 탄약을 청원주에게 반납하거나 교대근무자에게 인계하여야 한다.

---

87 기출 05

☑확인Check! ○ △ X

청원경찰의 무기휴대에 관한 사항 중 틀린 것은?

① 청원주가 청원경찰이 휴대할 무기를 대여받으려는 경우에는 관할 경찰서장을 거쳐 시·도 경찰청장에게 무기대여를 신청하여야 한다.

② 청원경찰은 별도의 허가를 받지 아니하고도 분사기를 휴대할 수 있다.

③ 무기를 대여하였을 때에는 관할 경찰서장은 청원경찰의 무기관리 상황을 수시로 점검하여야 한다.

④ 청원주는 경찰청장이 정하는 바에 따라 매월 무기와 탄약의 관리 실태를 파악하여 다음 달 3일까지 관할 경찰서장에게 통보하여야 한다.

쏙쏙 해설

청원주는 「총포·도검·화약류 등의 안전관리에 관한 법률」에 따른 분사기의 소지허가를 받아 청원경찰로 하여금 그 분사기를 휴대하여 직무를 수행하게 할 수 있다(청원경찰법 시행령 제15조).

정답 ②

① 청원주가 청원경찰이 휴대할 무기를 대여받으려는 경우에는 관할 경찰서장을 거쳐 시·도 경찰청장에게 무기대여를 신청하여야 한다(청원경찰법 시행령 제16조 제1항).★

③ 무기를 대여하였을 때에는 관할 경찰서장은 청원경찰의 무기관리상황을 수시로 점검하여야 한다(청원경찰법 시행령 제16조 제3항).★★

④ 청원주는 경찰청장이 정하는 바에 따라 매월 무기와 탄약의 관리 실태를 파악하여 다음 달 3일까지 관할 경찰서장에게 통보하여야 한다(청원경찰법 시행규칙 제16조 제1항 제6호).★

88 기출 23   ☑ 확인 Check! ○ △ ✕

청원경찰법령상 청원주가 갖추어야 할 문서와 장부가 아닌 것은?

① 청원경찰 임용승인 관계철
② 청원경찰 명부
③ 경비구역 배치도
④ 무기·탄약 출납부

청원경찰 임용승인 관계철은 시·도 경찰청장이 갖춰 두어야 할 문서와 장부에 해당한다(청원경찰법 시행규칙 제3항 제2호).

정답 ❶

문서와 장부의 비치(청원경찰법 시행규칙 제17조)★★★

청원주(제1항)	관할 경찰서장(제2항)	시·도 경찰청장(제3항)
• 청원경찰 명부 • 근무일지 • 근무 상황카드 • 경비구역 배치도 • 순찰표철 • 무기·탄약 출납부 • 무기장비 운영카드 • 봉급지급 조서철 • 신분증명서 발급대장 • 징계 관계철 • 교육훈련 실시부 • 청원경찰 직무교육계획서 • 급여품 및 대여품 대장 • 그 밖에 청원경찰의 운영에 필요한 문서와 장부	• 청원경찰 명부 • 감독 순시부 • 전출입 관계철 • 교육훈련 실시부 • 무기·탄약 대여대장 • 징계요구서철 • 그 밖에 청원경찰의 운영에 필요한 문서와 장부	• 배치결정 관계철 • 청원경찰 임용승인 관계철 • 전출입 관계철 • 그 밖에 청원경찰의 운영에 필요한 문서와 장부

89 기출 21

☑ 확인 Check! ○ △ ✕

청원경찰법령상 청원주가 갖추어 두어야 할 문서와 장부에 해당하는 것을 모두 고른 것은?

> ㄱ. 청원경찰 명부
> ㄴ. 경비구역 배치도
> ㄷ. 청원경찰 직무교육계획서
> ㄹ. 전출입 관계철

① ㄱ, ㄷ
② ㄱ, ㄴ, ㄷ
③ ㄱ, ㄴ, ㄹ
④ ㄴ, ㄷ, ㄹ

쏙쏙 해설

전출입 관계철은 청원경찰법령상 관할 경찰서장 또는 시·도 경찰청장이 갖추어 두어야 할 문서와 장부에 해당한다(청원경찰법 시행규칙 제17조 제2항 제3호·제3항 제3호).

정답 ❷

90 기출 11

☑ 확인 Check! ○ △ ✕

청원경찰법령상 청원주와 관할 경찰서장이 갖추어 두어야 할 문서와 장부로서 공통적인 것은?

① 청원경찰 명부, 교육훈련 실시부
② 근무일지, 징계요구서철
③ 경비구역 배치도, 감독 순시부
④ 무기장비 운영카드, 전출입 관계철

쏙쏙 해설

청원경찰법령상 청원주와 관할 경찰서장이 공통적으로 비치해야 할 부책은 청원경찰 명부와 교육훈련 실시부 2개뿐이다.

정답 ❶

91 기출 19

청원경찰법령상 관할 경찰서장이 갖춰 두어야 할 문서와 장부가 아닌 것은?

① 청원경찰 명부
② 전출입 관계철
③ 교육훈련 실시부
④ 청원경찰 임용승인 관계철

쏙쏙 해설

청원경찰 임용승인 관계철은 시·도 경찰청장이 갖춰 두어야 할 문서와 장부에 해당한다.

정답 ④

92 기출 11

청원경찰법령상 내용으로 옳지 않은 것은?

① 2명 이상의 청원경찰을 배치한 사업장의 청원주는 청원경찰의 지휘·감독을 위하여 청원경찰 중에서 유능한 사람을 선정하여 감독자로 지정하여야 한다.
② 관할 경찰서장은 청원주의 신청에 따라 경비를 위하여 필요하다고 인정할 때에는 청원경찰이 배치된 사업장에 경비전화를 가설할 수 있으며, 가설에 드는 비용은 관할 경찰서장이 부담한다.
③ 청원경찰이 직무를 수행할 때에는 경비목적을 위하여 필요한 최소한의 범위에서 하여야 한다.
④ 시·도 경찰청장, 관할 경찰서장 또는 청원주는 청원경찰에게 표창을 수여할 수 있다.

쏙쏙 해설

관할 경찰서장은 청원주의 신청에 따라 경비를 위하여 필요하다고 인정할 때에는 청원경찰이 배치된 사업장에 경비전화를 가설할 수 있다(청원경찰법 시행규칙 제20조 제1항). 경비전화를 가설할 때 드는 비용은 청원주가 부담한다(동법 시행규칙 제20조 제2항).

정답 ②

핵심만 콕

① 2명 이상의 청원경찰을 배치한 사업장의 청원주는 청원경찰의 지휘·감독을 위하여 청원경찰 중에서 유능한 사람을 선정하여 감독자로 지정하여야 한다(청원경찰법 시행규칙 제19조 제1항).
③ 청원경찰이 직무를 수행할 때에는 경비목적을 위하여 필요한 최소한의 범위에서 하여야 한다(청원경찰법 시행규칙 제21조 제1항).
④ 시·도 경찰청장, 관할 경찰서장 또는 청원주는 청원경찰에게 표창(공적상, 우등상)을 수여할 수 있다(청원경찰법 시행규칙 제18조).

93 기출 21

☑ 확인 Check! ○ △ ✕

청원경찰법령상 감독자 지정기준에 관한 내용으로 옳은 것은?

① 근무인원이 10명 이상 29명 이하 : 반장 1명, 조장 1명

② 근무인원이 30명 이상 40명 이하 : 반장 1명, 조장 3~4명

③ 근무인원이 41명 이상 60명 이하 : 대장 1명, 반장 2명, 조장 4~5명

④ 근무인원이 61명 이상 120명 이하 : 대장 1명, 반장 3명, 조장 10명

관계법령

감독자 지정기준(청원경찰법 시행규칙 [별표 4])★

근무인원	직급별 지정기준		
	대 장	반 장	조 장
9명까지	-	-	1명
10명 이상 29명 이하	-	1명	2~3명
30명 이상 40명 이하	-	1명	3~4명
41명 이상 60명 이하	1명	2명	6명
61명 이상 120명 이하	1명	4명	12명

94 기출 20

☑ 확인 Check! ○ △ ✕

청원경찰법령상 청원경찰의 배치 근무인원별 감독자 지정기준으로 옳지 않은 것은?

① 근무인원 7명 : 조장 1명

② 근무인원 37명 : 반장 1명, 조장 5명

③ 근무인원 57명 : 대장 1명, 반장 2명, 조장 6명

④ 근무인원 97명 : 대장 1명, 반장 4명, 조장 12명

95 기출 23

☑확인 Check! ○ △ ✕

청원경찰법령상 청원경찰의 감독에 관한 설명으로 옳지 않은 것은?

① 청원주는 항상 소속 청원경찰의 근무상황을 감독하고, 근무 수행에 필요한 교육을 하여야 한다.

② 시·도 경찰청장은 청원경찰의 효율적인 운영을 위하여 청원주를 지도하며 감독상 필요한 명령을 할 수 있다.

③ 관할 경찰서장은 매주 1회 이상 청원경찰을 배치한 경비구역에 대하여 복무규율과 근무상황, 무기의 관리 및 취급사항을 감독하여야 한다.

④ 2명 이상의 청원경찰을 배치한 사업장의 청원주는 청원경찰의 지휘·감독을 위하여 청원경찰 중에서 유능한 사람을 선정하여 감독자로 지정하여야 한다.

③ 관할 경찰서장은 매달 1회 이상 청원경찰을 배치한 경비구역에 대하여 복무규율과 근무상황, 무기의 관리 및 취급사항을 감독하여야 한다(청원경찰법 시행령 제17조).
① 청원경찰법 제9조의3 제1항
② 청원경찰법 제9조의3 제2항
④ 청원경찰법 시행규칙 제19조 제1항

정답 ❸

96 기출 22

☑확인 Check! ○ △ ✕

청원경찰법령상 청원경찰의 효율적인 운영을 위하여 청원주를 지도하며 감독상 필요한 명령을 할 수 있는 자는?

① 경찰서장
② 시·도 경찰청장
③ 지구대장 또는 파출소장
④ 경찰청장

시·도 경찰청장은 청원경찰의 효율적인 운영을 위하여 청원주를 지도하며 감독상 필요한 명령을 할 수 있으며(청원경찰법 제9조의3 제2항), 관할 경찰서장은 청원경찰을 배치하고 있는 사업장이 하나의 경찰서의 관할구역에 있는 경우 청원경찰법 제9조의3 제2항에 따른 청원주에 대한 지도 및 감독상 필요한 명령에 관한 권한을 시·도 경찰청장의 위임을 받아 행사할 수 있다(청원경찰법 시행령 제20조 제3호). 따라서 「청원경찰법령상」 청원경찰의 효율적인 운영을 위하여 청원주를 지도하며 감독상 필요한 명령을 할 수 있는 자는 시·도 경찰청장 또는 관할 경찰서장이다.

정답 ❶·❷

97 기출 23

☑ 확인Check! ○ △ ✕

청원경찰법령에 관한 설명으로 옳지 않은 것은?

① 청원경찰법은 청원경찰의 직무·임용·배치·보수·사회보장 및 그 밖에 필요한 사항을 규정함으로써 청원경찰의 원활한 운영을 목적으로 한다.

② 청원경찰은 청원주가 경비(經費)를 부담할 것을 조건으로 사업장 등의 경비(警備)를 담당하게 하기 위하여 배치하는 경찰을 말한다.

③ 청원경찰의 직무상 불법행위에 대한 배상책임에 관하여는 「경찰관직무집행법」의 규정을 따른다.

④ 청원경찰은 형의 선고, 징계처분 또는 신체상·정신상의 이상으로 직무를 감당하지 못할 때를 제외하고는 그 의사에 반하여 면직되지 아니한다.

쏙쏙 해설

③ 청원경찰(국가기관이나 지방자치단체에 근무하는 청원경찰은 제외한다)의 직무상 불법행위에 대한 배상책임에 관하여는 「민법」의 규정을 따른다(청원경찰법 제10조의2).

① 청원경찰법 제1조
② 청원경찰법 제2조
④ 청원경찰법 제10조의4 제1항

정답 ❸

98 기출 23

☑ 확인Check! ○ △ ✕

청원경찰법령상 청원경찰에 관한 설명으로 옳지 않은 것은?

① 청원경찰이 그 배치지의 특수성 등으로 특수복장을 착용할 필요가 있을 때에는 청원주는 시·도 경찰청장의 승인을 받아 특수복장을 착용하게 할 수 있다.

② 청원주는 배치폐지나 배치인원 감축으로 과원(過員)이 되는 청원경찰 인원을 그 기관·시설 또는 사업장 내의 유사 업무에 종사하게 하거나 다른 시설·사업장 등에 재배치하는 등 청원경찰의 고용이 보장될 수 있도록 노력하여야 한다.

③ 청원경찰이 배치된 사업장이 하나의 경찰서의 관할구역에 있는 경우에는 시·도 경찰청장은 청원주에 대한 지도 및 감독상 필요한 명령의 권한을 관할 경찰서장에게 위임한다.

④ 청원경찰이 직무를 수행할 때 직권을 남용하여 국민에게 해를 끼친 경우에는 1년 이하의 징역이나 금고에 처한다.

쏙쏙 해설

④ 청원경찰이 직무를 수행할 때 직권을 남용하여 국민에게 해를 끼친 경우에는 6개월 이하의 징역이나 금고에 처한다(청원경찰법 제10조 제1항).

① 청원경찰법 시행령 제14조 제3항
② 청원경찰법 제10조의5 제3항
③ 청원경찰법 시행령 제20조 제3호

정답 ❹

99 기출 19

☑ 확인Check! ○ △ ✕

청원경찰법령의 내용으로 옳은 것은?

① 청원주는 항상 소속 청원경찰의 근무 상황을 감독하고, 근무 수행에 필요한 교육을 하여야 한다.

② 청원경찰 업무에 종사하는 사람은 「형법」에 따른 벌칙을 적용할 때에도 공무원으로 보지 않는다.

③ 청원경찰(국가기관이나 지방자치단체에 근무하는 청원경찰은 제외)의 직무상 불법행위에 대한 배상책임에 관하여는 「국가배상법」의 규정을 따른다.

④ 청원경찰이 직무를 수행할 때 직권을 남용하여 국민에게 해를 끼친 경우에는 6개월 이하의 금고나 구류에 처한다.

쏙쏙 해설

청원경찰법 제9조의3 제1항

정답 ❶

핵심만 콕

② 청원경찰 업무에 종사하는 사람은 「형법」이나 그 밖의 법령에 따른 벌칙을 적용할 때에는 공무원으로 본다(청원경찰법 제10조 제2항).

③ 청원경찰(국가기관이나 지방자치단체에 근무하는 청원경찰은 제외한다)의 직무상 불법행위에 대한 배상책임에 관하여는 「민법」의 규정을 따른다(청원경찰법 제10조의2).

④ 청원경찰이 직무를 수행할 때 직권을 남용하여 국민에게 해를 끼친 경우에는 6개월 이하의 징역이나 금고에 처한다(청원경찰법 제10조 제1항).

100 기출 18

☑ 확인 Check! ○ △ ✕

청원경찰법령상 청원경찰의 신분 및 직무수행에 관한 설명으로 옳지 않은 것은?

① 청원경찰은 파업, 태업 또는 그 밖에 업무의 정상적인 운영을 방해하는 일체의 쟁의행위를 하여서는 아니 된다.

② 국가기관에 근무하는 청원경찰의 직무상 불법행위에 대한 배상책임은 「민법」의 규정을 따른다.

③ 청원경찰은 형의 선고, 징계처분 또는 신체상·정신상의 이상으로 직무를 감당하지 못할 때를 제외하고는 그 의사에 반하여 면직되지 아니한다.

④ 청원경찰의 근무구역 순찰은 단독 또는 복수로 정선순찰을 하되, 청원주가 필요하다고 인정할 때에는 요점순찰 또는 난선순찰을 할 수 있다.

쏙쏙 해설

② 청원경찰(국가기관이나 지방자치단체에 근무하는 청원경찰은 제외한다)의 직무상 불법행위에 대한 배상책임에 관하여는 「민법」의 규정을 따른다(청원경찰법 제10조의2). 해당 규정의 반대해석, 국가배상법 제2조 및 대판 1993.7.13. 92다47564에 의하면, 국가기관이나 지방자치단체에 근무하는 청원경찰의 직무상 불법행위에 대한 배상책임에 관하여는 「국가배상법」의 규정을 따른다. ★
① 청원경찰법 제9조의4
③ 청원경찰법 제10조의4 제1항
④ 청원경찰법 시행규칙 제14조 제3항 후문

정답 ❷

101 기출 17

☑ 확인 Check! ○ △ ✕

청원경찰법령상 청원경찰의 근무 등에 관한 설명으로 옳지 않은 것은?

① 청원경찰은 형법에 따른 벌칙을 적용할 때에는 공무원으로 간주하지 않는다.

② 청원경찰은 근무 중에는 행정안전부령이 정하는 제복을 착용하여야 한다.

③ 청원경찰이 직무수행 시에 직권을 남용하여 국민에게 해를 끼친 경우에는 6개월 이하의 징역이나 금고에 처한다.

④ 시·도 경찰청장은 직무수행에 필요하면 청원주의 신청을 받아 관할 경찰서장으로 하여금 청원경찰에게 무기를 대여하여 지니게 할 수 있다.

쏙쏙 해설

① 청원경찰 업무에 종사하는 사람은 「형법」이나 그 밖의 법령에 따른 벌칙을 적용할 때에는 공무원으로 본다(청원경찰법 제10조 제2항).
② 청원경찰법 시행령 제14조 제2항
③ 청원경찰법 제10조 제1항
④ 청원경찰법 제8조 제2항

정답 ❶

102 기출 11

☑ 확인Check! ○ △ ✕

청원경찰법령상의 내용으로 옳은 것은?

① 지방자치단체에 근무하는 청원경찰의 직무상 불법행위에 대한 배상책임에 관하여는 민법의 규정을 따른다.

② 청원경찰 업무에 종사하는 사람은 「형법」이나 그 밖의 법령에 따른 벌칙을 적용할 때에는 공무원으로 본다.

③ 청원경찰은 불가피한 사정이 있는 경우 경찰관직무집행법에 따른 직무 외의 수사활동 등 사법경찰관리의 직무를 수행할 수 있다.

④ 청원경찰이 직무를 수행할 때 직권을 남용하여 국민에게 해를 끼친 경우에는 1년 이하의 징역이나 금고에 처한다.

쏙쏙 해설

청원경찰 업무에 종사하는 사람은 「형법」이나 그 밖의 법령에 따른 벌칙을 적용할 때에는 공무원으로 본다(청원경찰법 제10조 제2항).

정답 ❷

핵심만 콕

① 국가기관이나 지방자치단체에 근무하는 청원경찰의 직무상 불법행위에 대한 배상책임에 관하여는 국가배상법의 규정을 따른다.

③ 청원경찰은 그 경비구역만의 경비를 목적으로 필요한 범위에서 경찰관직무집행법에 따른 경찰관의 직무를 수행한다(청원경찰법 제3조). 수사활동 등 사법경찰관리의 직무를 수행할 수는 없다.

④ 청원경찰이 직무를 수행할 때 직권을 남용하여 국민에게 해를 끼친 경우에는 6개월 이하의 징역이나 금고에 처한다(청원경찰법 제10조 제1항).

103 기출 19

☑ 확인Check! ○ △ ✕

청원경찰법령에 관한 내용이다. (   )에 들어갈 내용이 옳은 것은?

청원경찰은 형의 선고, 징계처분 또는 신체상·정신상의 이상으로 직무를 감당하지 못할 때를 제외하고는 그 의사에 반하여 (   )되지 아니한다.

① 파 면　　　　② 강 등
③ 면 직　　　　④ 견 책

쏙쏙 해설

제시된 내용은 청원경찰법 제10조의4(의사에 반한 면직)와 관련된 법규정으로 (   ) 안에는 면직이 들어간다.

정답 ❸

104 20

☑ 확인Check! ○ △ ✕

청원경찰법령상 청원경찰의 퇴직과 면직에 관한 설명으로 옳은 것은?

① 국가기관이나 지방자치단체에 근무하는 청원경찰의 휴직 및 명예퇴직에 관하여는「국가공무원법」관련규정을 준용한다.

② 청원경찰은 65세가 되었을 때 당연 퇴직된다.

③ 청원경찰의 배치폐지는 당연 퇴직사유에 해당하지 않는다.

④ 청원주가 청원경찰을 면직시켰을 때에는 그 사실을 관할 시·도 경찰청장을 거쳐 경찰청장에게 보고하여야 한다.

① 청원경찰법 제10조의7
② 65세가 아닌 60세가 되었을 때가 청원경찰의 당연 퇴직사유에 해당한다(청원경찰법 제10조의6 제3호).
③ 청원경찰의 배치폐지는 당연 퇴직사유에 해당한다(청원경찰법 제10조의6 제2호).
④ 청원주가 청원경찰을 면직시켰을 때에는 그 사실을 관할 경찰서장을 거쳐 시·도 경찰청장에게 보고하여야 한다(청원경찰법 제10조의4 제2항).

정답 ❶

관계법령

의사에 반한 면직(청원경찰법 제10조의4)

① 청원경찰은 형의 선고, 징계처분 또는 신체상·정신상의 이상으로 직무를 감당하지 못할 때를 제외하고는 그 의사(意思)에 반하여 면직(免職)되지 아니한다.

② 청원주가 청원경찰을 면직시켰을 때에는 그 사실을 관할 경찰서장을 거쳐 시·도 경찰청장에게 보고하여야 한다.

당연 퇴직(청원경찰법 제10조의6)

청원경찰이 다음 중 어느 하나에 해당할 때에는 당연 퇴직된다. 〈개정 2022.11.15.〉

1. 제5조 제2항에 따른 임용결격사유에 해당될 때. 다만「국가공무원법」제33조 제2호는 파산선고를 받은 사람으로서「채무자 회생 및 파산에 관한 법률」에 따라 신청기한 내에 면책신청을 하지 아니하였거나 면책불허가 결정 또는 면책 취소가 확정된 경우만 해당하고,「국가공무원법」제33조 제5호는「형법」제129조부터 제132조까지,「성폭력범죄의 처벌 등에 관한 특례법」제2조,「아동·청소년의 성보호에 관한 법률」제2조 제2호 및 직무와 관련하여「형법」제355조 또는 제356조에 규정된 죄를 범한 사람으로서 금고 이상의 형의 선고유예를 받은 경우만 해당한다.

2. 제10조의5에 따라 청원경찰의 배치가 폐지되었을 때

3. 나이가 60세가 되었을 때. 다만, 그날이 1월부터 6월 사이에 있으면 6월 30일에, 7월부터 12월 사이에 있으면 12월 31일에 각각 당연 퇴직된다.

[단순위헌, 2017헌가26, 2018.1.25., 청원경찰법(2010.2.4. 법률 제10013호로 개정된 것) 제10조의6 제1호 중 제5조 제2항에 의한 국가공무원법 제33조 제5호(금고 이상의 형의 선고유예를 받은 경우에 그 선고유예 기간 중에 있는 자)에 관한 부분은 헌법에 위반된다.]

휴직 및 명예퇴직(청원경찰법 제10조의7)

국가기관이나 지방자치단체에 근무하는 청원경찰의 휴직 및 명예퇴직에 관하여는「국가공무원법」제71조부터 제73조까지 및 제74조의2를 준용한다.

105 기출 17

☑ 확인 Check! ○ △ ✕

청원경찰을 배치한 A은행은 서울 서초구 서초동에 소재하고 있다. 이 경우 청원경찰법령상 서울특별시경찰청장이 서초경찰서장에게 위임할 수 있는 권한으로 옳지 않은 것은?

① 청원경찰 배치의 결정 및 요청에 관한 권한
② 청원경찰의 임용승인에 관한 권한
③ 청원주에 대한 지도 및 감독상 필요한 명령에 관한 권한
④ 청원경찰의 무기대여 및 휴대에 관한 권한

106 기출 17

☑ 확인 Check! ○ △ ✕

청원경찰법령상 배상책임과 권한의 위임에 관한 설명으로 옳은 것은?

① 시·도 경찰청장은 청원경찰의 임용승인에 관한 권한을 대통령령으로 관할 경찰서장에게 위임할 수 있다.
② 경비업자가 중요시설의 경비를 도급받았을 때에는 청원주는 그 사업장에 배치된 청원경찰의 근무 배치 및 감독에 관한 권한을 해당 경비업자에게 위임할 수 없다.
③ 공기업에 근무하는 청원경찰의 직무상 불법행위로 인한 배상책임은 국가배상법에 의한다.
④ 국가기관에 근무하는 청원경찰의 직무상 불법행위로 인한 배상책임에 관해서는 민법의 규정에 의한다.

107 기출 14

☑ 확인Check! ○ △ ✕

청원경찰법령상 청원경찰의 신분 및 근무 등에 관한 설명으로 옳지 않은 것은?

① 청원경찰은 형법이나 그 밖의 법령에 따른 벌칙을 적용할 때에는 공무원으로 본다.

② 국가기관에 근무하는 청원경찰의 직무상 불법행위에 대한 배상책임에 관하여는 민법의 규정을 적용해야 한다.

③ 청원경찰이 직무를 수행할 때 직권을 남용하여 국민에게 해를 끼친 경우에는 6개월 이하의 징역이나 금고에 처한다.

④ 청원경찰은 형의 선고, 징계처분 또는 신체상·정신상의 이상으로 직무를 감당하지 못할 때를 제외하고는 그 의사에 반하여 면직되지 아니한다.

쏙쏙 해설

② 국가기관 또는 지방자치단체에 근무하는 청원경찰의 직무상 불법행위에 대한 배상책임에 관하여는 국가배상법의 규정을 적용해야 한다 (청원경찰법 제10조의2).
① 청원경찰법 제10조 제2항
③ 청원경찰법 제10조 제1항
④ 청원경찰법 제10조의4 제1항

정답 ②

108 기출 20

☑ 확인Check! ○ △ ✕

청원경찰법령에 관한 설명으로 옳지 않은 것은?

① 청원경찰법은 1962년에 제정되었다.

② 청원경찰법은 청원경찰의 직무·임용·배치·보수·사회보장 및 그 밖의 필요한 사항을 규정함으로써 청원경찰의 원활한 운영을 목적으로 한다.

③ 청원경찰은 파업, 태업 또는 그 밖에 업무의 정상적인 운영을 방해하는 일체의 쟁의행위를 하여서는 아니 된다.

④ 지방자치단체에 근무하는 청원경찰의 직무상 불법행위에 대한 배상책임에 관하여는 「민법」의 규정을 따른다.

쏙쏙 해설

청원경찰(국가기관이나 지방자치단체에 근무하는 청원경찰은 제외한다)의 직무상 불법행위에 대한 배상책임에 관하여는 「민법」의 규정에 따른다(청원경찰법 제10조의2). 이 규정에서 제외하고 있는 국가기관이나 지방자치단체에 근무하는 청원경찰의 직무상 불법행위에 대한 배상책임에 관하여는 국가배상법이 적용된다(청원경찰법 제10조의2 반대해석, 국가배상법 제2조 및 대판 1993.7.13. 92다47564 참고).

정답 ④

핵심만 콕

① 청원경찰법은 1962.4.3. 제정·시행되었다.
② 이 법은 청원경찰의 직무·임용·배치·보수·사회보장 및 그 밖에 필요한 사항을 규정함으로써 청원경찰의 원활한 운영을 목적으로 한다(청원경찰법 제1조).
③ 청원경찰은 파업, 태업 또는 그 밖에 업무의 정상적인 운영을 방해하는 일체의 쟁의행위를 하여서는 아니 된다(청원경찰법 제9조의4).

109 기출 20

☑ 확인Check! ○ △ ✕

청원경찰법령상 청원경찰을 배치하고 있는 사업장이 하나의 경찰서의 관할구역에 있는 경우, 시·도 경찰청장이 관할 경찰서장에게 위임하는 권한으로 명시되지 않은 것은?

① 청원경찰 배치의 결정 및 요청에 관한 권한
② 청원경찰의 임용승인에 관한 권한
③ 무기의 관리 및 취급사항을 감독하는 권한
④ 청원주에 대한 지도 및 감독상 필요한 명령에 관한 권한

관계법령

권한의 위임(청원경찰법 제10조의3)
이 법에 따른 시·도 경찰청장의 권한은 그 일부를 대통령령으로 정하는 바에 따라 관할 경찰서장에게 위임할 수 있다.

권한의 위임(청원경찰법 시행령 제20조)
시·도 경찰청장은 법 제10조의3에 따라 다음 각호의 권한을 관할 경찰서장에게 위임한다. 다만, 청원경찰을 배치하고 있는 사업장이 하나의 경찰서의 관할구역에 있는 경우로 한정한다.
  1. 법 제4조 제2항 및 제3항에 따른 청원경찰 배치의 결정 및 요청에 관한 권한
  2. 법 제5조 제1항에 따른 청원경찰의 임용승인에 관한 권한
  3. 법 제9조의3 제2항에 따른 청원주에 대한 지도 및 감독상 필요한 명령에 관한 권한
  4. 법 제12조에 따른 과태료 부과·징수에 관한 권한

---

110 기출 12

☑ 확인Check! ○ △ ✕

청원경찰법령에 관한 내용으로 옳지 않은 것은?

① 청원경찰업무에 종사하는 사람은 형법이나 그 밖의 법령에 따른 벌칙을 적용할 때에는 공무원으로 본다.
② 경비업법에 따른 경비업자가 중요시설의 경비를 도급받았을 때에는 시·도 경찰청장은 그 사업장에 배치된 청원경찰의 근무 배치 및 감독에 관한 권한을 해당 경비업자에게 위임할 수 있다.
③ 청원경찰을 배치하고 있는 사업장이 하나의 경찰서의 관할구역에 있는 경우 시·도 경찰청장은 청원주에 대한 지도 및 감독상 필요한 명령에 관한 권한을 관할 경찰서장에게 위임한다.
④ 관할 경찰서장은 매달 1회 이상 청원경찰을 배치한 경비구역에 대하여 복무규율과 근무상황, 무기의 관리 및 취급사항을 감독하여야 한다.

111 기출 06

☑ 확인 Check! ○ △ ✕

청원경찰법상 청원경찰의 신분보장에 관한 설명으로 옳은 것은?

① 청원주는 청원경찰을 대체할 목적으로 경비업법에 따른 특수경비원을 배치하는 경우에 청원경찰배치를 폐지하거나 배치인원을 감축할 수 있다.

② 청원경찰이 배치된 시설이 폐쇄되거나 축소된 경우에도 청원주는 청원경찰의 배치를 폐지하거나 배치인원을 감축할 수 없다.

③ 시·도 경찰청장이 배치를 요청한 사업장에 배치된 청원경찰은 그 배치를 폐지하거나 감축할 수 없다.

④ 국가기관이나 지방자치단체에 근무하는 청원경찰의 휴직 및 명예퇴직에 관하여는 국가공무원법의 관련규정을 준용한다.

쏙쏙 해설

국가기관이나 지방자치단체에 근무하는 청원경찰의 휴직 및 명예퇴직에 관하여는 국가공무원법 제71조부터 제73조까지 및 제74조의2를 준용한다(청원경찰법 제10조의7).

정답 ❹

핵심만 콕

①·② 청원주는 청원경찰이 배치된 시설이 폐쇄되거나 축소되어 청원경찰의 배치를 폐지하거나 배치인원을 감축할 필요가 있다고 인정하면 청원경찰의 배치를 폐지하거나 배치인원을 감축할 수 있다. 다만, 청원주는 청원경찰을 대체할 목적으로 경비업법에 따른 특수경비원을 배치하는 경우와 청원경찰이 배치된 기관·시설 또는 사업장 등이 배치인원의 변동사유 없이 다른 곳으로 이전하는 경우에는 청원경찰의 배치를 폐지하거나 배치인원을 감축할 수 없다(청원경찰법 제10조의5 제1항).

③ 청원주가 청원경찰을 폐지하거나 감축하였을 때에는 청원경찰 배치결정을 한 경찰관서의 장에게 알려야 하며, 그 사업장이 시·도 경찰청장이 청원경찰의 배치를 요청한 사업장일 때에는 그 폐지 또는 감축 사유를 구체적으로 밝혀야 한다(청원경찰법 제10조의5 제2항). 시·도 경찰청장이 배치를 요청한 사업장에 배치된 청원경찰도 그 배치를 폐지하거나 감축할 수 있는데, 다만 그 폐지 또는 감축 사유를 구체적으로 밝혀야 한다.★

---

112 기출 05

☑ 확인 Check! ○ △ ✕

청원경찰의 신분보장을 위한 규정이 아닌 것은?

① 의사에 반한 면직금지

② 해임명령권 보장

③ 배치폐지 또는 감축사유의 명시

④ 특수경비원 배치를 목적으로 한 배치폐지의 금지

쏙쏙 해설

관할 경찰서장의 징계요청권이 있지만, 해임명령권은 없다. 또한 이러한 감독기관의 징계요청권이 청원경찰의 신분보장을 위한 규정이 될 수 없다.★

정답 ❷

113 기출 22

☑ 확인Check! ○ △ ✕

청원경찰법령상 청원경찰의 퇴직에 관한 설명으로 옳지 않은 것은?

① 임용결격사유에 해당될 때 당연 퇴직된다.

② 청원경찰의 배치가 폐지되었을 때 당연 퇴직된다.

③ 나이가 60세가 되었을 때 당연 퇴직된다.

④ 국가기관이나 지방자치단체에 근무하는 청원경찰의 명예퇴직에 관하여는 「경찰공무원법」을 준용한다.

쏙쏙 해설

①과 ④는 청원경찰법령상 청원경찰의 퇴직에 관한 설명으로 옳지 않다.

정답 ❶ · ❹

핵심만 콕

① 청원경찰은 제5조 제2항에 따른 임용결격사유에 해당될 때 당연 퇴직된다(청원경찰법 제10조의6 제1호 본문). 그러나, 제5조 제2항에 의한 국가공무원법 제33조 제5호(금고 이상의 형의 선고유예를 받은 경우에 그 선고유예 기간 중에 있는 자)에 관한 부분은 헌법에 위반(헌재결 2018.1.25. 2017헌가26)되므로 ①이 옳은 내용이 되려면 임용결격사유에 해당될 때 원칙적으로 당연 퇴직된다고 표현하거나 헌법재판소 단순위헌 결정의 내용이 추가되어야 한다.
* 출제자는 ①의 용어 표현이 미흡하거나 부정확하여 평균 수준의 응시자에게 답항의 종합 · 분석을 통해서도 진정한 출제의도의 파악과 정답 선택에 있어 장애를 주었다고 판단하여 복수정답을 인정한 것으로 보인다(대판 2009.9.10. 2008두2675 참고).
④ 국가기관이나 지방자치단체에 근무하는 청원경찰의 휴직 및 명예퇴직에 관하여는 「국가공무원법」 제71조부터 제73조까지 및 제74조의2를 준용한다(청원경찰법 제10조의7).
② 청원경찰법 제10조의6 제2호
③ 청원경찰법 제10조의6 제3호 본문

---

114 기출 23

☑ 확인Check! ○ △ ✕

청원경찰법령상 과태료에 관한 설명으로 옳지 않은 것은?

① 과태료는 대통령령으로 정하는 바에 따라 시 · 도 경찰청장이 부과 · 징수한다.

② 정당한 사유 없이 경찰청장이 고시한 최저부담기준액 이상의 보수를 지급하지 아니한 자에게는 300만원 이하의 과태료를 부과한다.

③ 시 · 도 경찰청장의 배치결정을 받지 아니하고 청원경찰을 배치하거나 시 · 도 경찰청장의 승인을 받지 아니하고 청원경찰을 임용한 자에게는 500만원 이하의 과태료를 부과한다.

④ 시 · 도 경찰청장은 위반행위의 동기, 내용 및 위반의 정도 등을 고려하여 과태료 금액의 100분의 50의 범위에서 그 금액을 줄이거나 늘릴 수 있다.

쏙쏙 해설

② 정당한 사유 없이 경찰청장이 고시한 최저부담기준액 이상의 보수를 지급하지 아니한 자에게는 500만원 이하의 과태료를 부과한다(청원경찰법 제12조 제1항 제2호).
① 청원경찰법 제12조 제2항
③ 청원경찰법 제12조 제1항 제1호
④ 청원경찰법 시행령 제21조 제2항 본문

정답 ❷

115 기출 20

☑ 확인Check! ○ △ X

청원경찰법령상 과태료에 관한 설명으로 옳지 않은 것은?

① 시·도 경찰청장의 배치결정을 받지 아니하고 청원경찰을 배치한 자에게는 500만원 이하의 과태료를 부과한다.

② 과태료는 대통령령으로 정하는 바에 따라 시·도 경찰청장이 부과·징수한다.

③ 경찰서장은 과태료처분을 하였을 때에는 과태료 부과 및 징수 사항을 과태료 수납부에 기록하고 정리하여야 한다.

④ 경찰서장은 위반행위의 동기, 내용 및 위반의 정도 등을 고려하여 과태료 금액의 3분의 1의 범위에서 그 금액을 줄이거나 늘릴 수 있다.

쏙쏙 해설

④ 시·도 경찰청장은 위반행위의 동기, 내용 및 위반의 정도 등을 고려하여 [별표 2]에 따른 과태료 금액의 100분의 50의 범위에서 그 금액을 줄이거나 늘릴 수 있다(청원경찰법 시행령 제21조 제2항 본문).
① 청원경찰법 제12조 제1항
② 청원경찰법 제12조 제2항
③ 청원경찰법 시행규칙 제24조 제3항

정답 ❹

관계법령

과태료(청원경찰법 제12조)
① 다음 각호의 어느 하나에 해당하는 자에게는 500만원 이하의 과태료를 부과한다.
　1. 제4조 제2항에 따른 시·도 경찰청장의 배치결정을 받지 아니하고 청원경찰을 배치하거나 제5조 제1항에 따른 시·도 경찰청장의 승인을 받지 아니하고 청원경찰을 임용한 자
　2. 정당한 사유 없이 제6조 제3항에 따라 경찰청장이 고시한 최저부담기준액 이상의 보수를 지급하지 아니한 자
　3. 제9조의3 제2항에 따른 감독상 필요한 명령을 정당한 사유 없이 이행하지 아니한 자
② 제1항에 따른 과태료는 대통령령으로 정하는 바에 따라 시·도 경찰청장이 부과·징수한다.

> **과태료의 부과기준 등(청원경찰법 시행령 제21조)**
> ① 법 제12조 제1항에 따른 과태료의 부과기준은 [별표 2]와 같다.
> ② 시·도 경찰청장은 위반행위의 동기, 내용 및 위반의 정도 등을 고려하여 [별표 2]에 따른 과태료 금액의 100분의 50의 범위에서 그 금액을 줄이거나 늘릴 수 있다. 다만, 늘리는 경우에는 법 제12조 제1항에 따른 과태료 금액의 상한을 초과할 수 없다.

과태료 부과 고지서 등(청원경찰법 시행규칙 제24조)
① 법 제12조 제1항에 따른 과태료 부과의 사전통지는 별지 제7호 서식의 과태료 부과 사전통지서에 따른다.
② 법 제12조 제1항에 따른 과태료의 부과는 별지 제8호 서식의 과태료 부과 고지서에 따른다.
③ 경찰서장은 과태료처분을 하였을 때에는 과태료 부과 및 징수 사항을 별지 제9호 서식의 과태료 수납부에 기록하고 정리하여야 한다.

116 21

☑ 확인 Check! ○ △ ×

청원경찰법령상 과태료의 부과기준에서 과태료 금액이 다른 것은?

① 시·도 경찰청장의 배치결정을 받지 않고 국가중요시설(국가정보원장이 지정하는 국가보안목표시설을 말한다)에 청원경찰을 배치한 경우

② 시·도 경찰청장의 승인을 받지 않고 임용결격사유에 해당하는 청원경찰을 임용한 경우

③ 시·도 경찰청장의 감독상 필요한 복무규율과 근무상황에 관한 명령을 정당한 사유 없이 이행하지 않은 경우

④ 정당한 사유 없이 경찰청장이 고시한 최저부담기준액 이상의 보수를 지급하지 않은 경우

①·②·④는 500만원의 과태료 부과대상이나(청원경찰법 시행령 [별표 2] 제1호 가목·제2호 가목·제3호), ③은 300만원의 과태료 부과대상이다(청원경찰법 시행령 [별표 2] 제4호 나목).

정답 ❸

과태료의 부과기준(청원경찰법 시행령 [별표 2])★

위반행위	해당 법조문	과태료 금액
1. 법 제4조 제2항에 따른 시·도 경찰청장의 배치결정을 받지 않고 다음 각목의 시설에 청원경찰을 배치한 경우 가. 국가중요시설(국가정보원장이 지정하는 국가보안목표시설)인 경우 나. 가목에 따른 국가중요시설 외의 시설인 경우	법 제12조 제1항 제1호	500만원 400만원
2. 법 제5조 제1항에 따른 시·도 경찰청장의 승인을 받지 않고 다음 각목의 청원경찰을 임용한 경우 가. 법 제5조 제2항에 따른 임용결격사유에 해당하는 청원경찰 나. 법 제5조 제2항에 따른 임용결격사유에 해당하지 않는 청원경찰	법 제12조 제1항 제1호	500만원 300만원
3. 정당한 사유 없이 법 제6조 제3항에 따라 경찰청장이 고시한 최저부담기준액 이상의 보수를 지급하지 않은 경우	법 제12조 제1항 제2호	500만원
4. 법 제9조의3 제2항에 따른 시·도 경찰청장의 감독상 필요한 다음 각목의 명령을 정당한 사유 없이 이행하지 않은 경우 가. 총기·실탄 및 분사기에 관한 명령 나. 가목에 따른 명령 외의 명령	법 제12조 제1항 제3호	500만원 300만원

117 기출 18

☑확인Check! ○ △ ✕

청원경찰법령상 과태료 부과기준 금액이 500만원에 해당하지 않는 경우는?

① 임용결격사유에 해당하지 않는 청원경찰을 시·도 경찰청장의 승인을 받지 않고 임용한 경우

② 시·도 경찰청장의 배치결정을 받지 않고 국가정보원장이 지정하는 국가보안목표시설에 청원경찰을 배치한 경우

③ 정당한 사유 없이 경찰청장이 고시한 최저부담기준액 이상의 보수를 지급하지 않은 경우

④ 시·도 경찰청장의 감독상 필요한 총기·실탄 및 분사기에 관한 명령을 정당한 사유 없이 이행하지 않은 경우

쏙쏙 해설

① 임용결격사유에 해당하지 않는 청원경찰을 시·도 경찰청장의 승인을 받지 않고 임용한 경우, 과태료 금액은 300만원이다(청원경찰법 시행령 [별표 2] 제2호 나목).

② 청원경찰법 시행령 [별표 2] 제1호 가목

③ 청원경찰법 시행령 [별표 2] 제3호

④ 청원경찰법 시행령 [별표 2] 제4호 가목

정답 ①

118 기출 16

☑확인Check! ○ △ ✕

청원경찰법 제12조(과태료) 제2항에 관한 규정이다. ( ) 안에 들어갈 내용으로 옳은 것은?

> 제1항에 따른 과태료는 대통령령으로 정하는 바에 따라 ( )이 (가) 부과·징수한다.

① 경찰청장

② 시·도 경찰청장

③ 지방자치단체장

④ 청원주

쏙쏙 해설

제1항에 따른 과태료는 대통령령으로 정하는 바에 따라 시·도 경찰청장이 부과·징수한다.

정답 ②

119 기출 15·10·07

☑확인Check! ○ △ ✕

청원경찰법상 500만원 이하의 과태료를 부과하는 대상이 아닌 자는?

① 시·도 경찰청장의 배치결정을 받지 아니하고 청원경찰을 배치한 자

② 정당한 사유 없이 경찰청장이 고시한 최저부담기준액 이상의 보수를 지급하지 아니한 자

③ 시·도 경찰청장의 감독상 필요한 명령을 정당한 사유 없이 이행하지 아니한 자

④ 청원경찰로서 직무에 관하여 허위로 보고한 자

쏙쏙 해설

"청원경찰로서 직무에 관하여 허위로 보고한 자"에 대한 청원경찰법상 벌칙이나 과태료 규정은 없다.★

정답 ④

120 기출 19

☑ 확인Check! ○ △ ×

청원경찰법령상 벌칙과 과태료에 관한 설명으로 옳지 않은 것은?

① 시·도 경찰청장의 승인을 받지 아니하고 청원경찰을 임용한 자에게는 500만원 이하의 과태료를 부과한다.

② 시·도 경찰청장은 위반행위의 동기, 내용 및 위반의 정도 등을 고려하여 대통령령에서 정한 과태료 금액의 100분의 50의 범위에서 그 금액을 줄일 수 있다.

③ 경찰청장은 과태료처분을 하였을 때에는 과태료 부과 및 징수 사항을 과태료 수납부에 기록하고 정리하여야 한다.

④ 파업 등 쟁의행위를 한 청원경찰은 1년 이하의 징역 또는 1천만원 이하의 벌금에 처한다.

쏙쏙 해설

③ 경찰서장은 과태료처분을 하였을 때에는 과태료 부과 및 징수 사항을 별지 제9호 서식의 과태료 수납부에 기록하고 정리하여야 한다(청원경찰법 시행규칙 제24조 제3항).

① 청원경찰법 제12조 제1항 제1호

② 청원경찰법 시행령 제21조 제2항 본문

④ 청원경찰법 제11조

정답 ③

121 기출 22

☑ 확인Check! ○ △ ×

청원경찰법령상 벌칙과 과태료에 관한 설명으로 옳은 것은?

① 파업, 태업 또는 그 밖에 업무의 정상적인 운영을 방해하는 쟁의행위를 한 청원경찰은 1년 이하의 징역 또는 1천만원 이하의 벌금에 처한다.

② 시·도 경찰청장의 배치결정을 받지 아니하고 청원경찰을 배치하거나 시·도 경찰청장의 승인을 받지 아니하고 청원경찰을 임용한 청원주는 1년 이하의 징역 또는 1천만원 이하의 벌금에 처한다.

③ 정당한 사유 없이 경찰청장이 고시한 최저부담기준액 이상의 보수를 지급하지 아니한 청원주는 1년 이하의 징역 또는 1천만원 이하의 벌금에 처한다.

④ 시·도 경찰청장의 감독상 필요한 명령을 정당한 사유 없이 이행하지 아니한 청원주는 1년 이하의 징역 또는 1천만원 이하의 벌금에 처한다.

쏙쏙 해설

① 청원경찰법 제11조

②·③·④ 500만원 이하의 과태료가 부과된다(청원경찰법 제12조 제1항 제1호 내지 제3호).

정답 ①

당신이 저지를 수 있는 가장 큰 실수는,
실수를 할까 두려워하는 것이다.

− 앨버트 하버드 −

경비지도사 2차

PART **02**

기계경비개론

01 기계경비의 기초이론

제1절 서론

I 기계경비의 의의

경비는 수단에 따라 인력경비와 기계경비로 구분할 수 있다. 사람에 의해 직접적으로 이루어지는 경비를 인력경비라고 하며, 각종 경비기기에 의존하여 이루어지는 경비를 기계경비라고 한다. 경비업법 제2조에서는 "경비대상시설에 설치한 기기에 의하여 감지·송신된 정보를 그 경비대상시설 외의 장소에 설치한 관제시설의 기기로 수신하여 도난·화재 등 위험발생을 방지하는 업무"라고 기계경비업무를 규정하고 있다.

1. 기계경비

① **형식적 의미** : 경비대상시설에 설치한 기기에 의하여 감지·송신된 정보를 그 경비대상시설 외의 장소에 설치한 관제시설의 기기로 수신하여 도난·화재 등 위험발생을 방지하는 업무를 말한다.

② **실질적 의미** : 기계경비는 경비기기 자체만으로는 경비업무의 수행이 불가능하고, 실질적인 운용을 위해선 운용인력을 필요로 한다는 점에서 한계를 지닌다. 따라서 실질적 의미의 기계경비란 "경비기기와 사람이 함께 수행하는 경비"라고 해석할 수 있다.

2. 시스템경비

기계경비장치는 안전요원들이 좀 더 정확하고 신속하게 정보를 얻게 하여 적절한 조치를 취할 수 있도록 기계경비장치와 이를 운용하는 안전요원과의 유기적인 행위가 요구된다는 관점에서 시스템경비라고도 한다.

II 기계경비의 기능

1. 목적

① 완전한 경비업무 제공을 전제로 한다.

② 침입경로(창문, 출입문, 금고, 공간) 등에 감지기를 설치하여 사용자의 인명과 재산을 보호한다.

③ 사람에 의해 초래될 수 있는 근무효율의 저하와 인건비 상승으로 인한 원가절감의 효과를 추구한다.

2. 기능 기출 13

① **방범 서비스의 제공** : 각종 센서를 입체적으로 조작하여 도난, 불법침입, 장난, 파괴 등을 예방 또는 조기에 발견하고 확대를 방지하는 기능(방범 업무는 보통 퇴근 시에 세트하고 출근 시에 해제하는 형태로 운영된다. 단, 공휴일은 24시간 세트 상태로 경계가 지속된다)

② **방재감시 및 화재통보** : 센서를 요소요소에 배치하여 화재나 가스누출을 감시하고 화재 시 119에 통보하고 대처하는 기능(24시간 감시)

③ **각종 설비에 대한 감시** : 엘리베이터, 에어컨, 조명, 냉동고, 물탱크, 발전기, 만수(滿水), 감수(減水) 등을 감시하는 기능(24시간 감시)

④ **비상통보** : 위험을 느꼈을 때 버튼을 눌러서 지령센터와 112에 통보하는 동시에 긴급 대처하는 기능(24시간 감시)

⑤ **구급통보** : 급작스러운 발병이나 부상 등으로 구조가 필요한 때에 버튼을 눌러 지령센터와 119에 통보하고 긴급 대처하는 기능

⑥ **위협통보** : 강도 등의 외부침입자를 부저나 패트롤 라이트(Patrol Light) 등으로 위협하고 알리는 기능

⑦ **출입관리(출입자 및 출입문 통제)** : 열쇠의 일괄 보관, 숫자키(Ten Key)나 카드에 의한 전기자물쇠 및 자동문의 제어, 출입기록의 처리, 출입관리 서비스를 행하는 기능

⑧ **설비제어** : 엘리베이터, 출입문, 에어컨, 조명, 셔터, 공조기 등의 프로그램 제어를 운용스케줄에 맞추어 행하는 기능

기계경비의 대상

- 관공서(시 · 구청 및 동사무소 등)
- 학교(초 · 중 · 고는 의무화, 대학은 자율)
- 일반 상가 및 점포, 주택, 아파트
- 기업체, 사무실 및 공장, 빌딩
- 금융기관(금융기관은 의무화, 제2금융은 자율)
- 주요 부대시설
- 기 타

Ⅲ 기계경비의 특징

1. 기계경비와 인력경비의 장 · 단점 비교 `기출` 18 · 12

구 분	기계경비	인력경비
장 점	• 경비 소요 비용의 절감, 경제성이 탁월하다. • 감시구역 전체를 동시에 제압 가능하다. • 첨단 컴퓨터의 정밀성으로 정확성, 신속성, 계속성이 있다. • 출동체제 완비로 긴급동원이 가능하다. • 표시장치에 시계 및 프린터를 결합시킴으로써 사고의 정확한 기록이 작성된다. • 화재 위험성이 배제되고 부가비용이 불필요하다. • 최첨단 기계경비시스템으로 신뢰성이 제공된다. • 강력범 출현 시 인명피해 방지가 가능하다.	• 경비업무 외 다른 업무수행이 가능하다. • 현장에서 신속한 대처가 가능하다.
단 점	현장 자체에서의 신속한 대처가 불가능하며, 시간이 소요된다(긴급출동 · 차량출동 전까지).	• 경비 소요 비용이 과다하다. • 인명피해의 우려가 있다. • 비상시 상황연락을 전화로 통보해야 한다.

2. 기계경비의 과제

① **즉응체제의 구축** : 상주경비원이 없기 때문에 이상사태의 발생을 확인하고 나서 대처하기까지 시간이 소요된다. 이때 소요되는 시간을 최대한 줄이고 그때그때의 상황마다 곧바로 응할 수 있는 '즉응체제를 구축'해야 한다.

> **즉응체제 구축 시 고려사항**
> • 기기의 개량 및 유지관리 철저
> • 경비원과 경찰기관과의 협조체제 개선
> • 경비업무 대상의 수, 규모, 종류 또는 현장에 대한 사실 확인
> • 범죄 등의 발생 상황 등을 고려해서 필요한 수의 경비원, 차량 등을 배치

② **대응체제 구축** : 기계경비업무를 수행하는 경비업자는 경비대상시설에 관한 경보를 수신한 때에는 신속하게 그 사실을 확인하는 등 필요한 대응조치를 취하여야 하며, 이를 위한 대응체제를 갖추어야 한다(경비업법 제8조). 따라서 기계경비업자는 관제시설 등에서 경보를 수신한 때에는 경보를 수신한 때부터 늦어도 25분 이내에는 도착시킬 수 있는 대응체제를 갖추어야 한다(경비업법 시행령 제7조).

③ **예방조치의 강구 불가** : 경비기기는 이상현상이 발생하지 않는 한 작동하지 않기 때문에 예방조치를 취할 수 없다. 인접건물에서 화재가 발생하거나 절도범이 근처를 배회하더라도 아무런 예방조치를 강구할 수 없는 것이다.

④ **오보가 많이 발생하는 원인** : 고객의 취급미숙, 전기회로 고장, 조정불량, 내구연한 경과, 자연현상의 격변 등이다.

⑤ **이상현상의 탐지 불가** : 경비기기를 설치장소에 고정시키기 때문에 예정한 곳 이외의 장소에서 발생한 이상현상은 탐지할 수 없다.

3. 기계경비의 필요성

① 사회 불안심리의 성향으로 개인의 생명과 재산의 안정욕구 등이 팽배해지고 있다.
② 경찰력만으로는 치안유지 및 범죄예방이 부족하다.
③ 숙직 등 야간근무 회피 성향이 커지고 있다.
④ 범죄 성향의 대담성 및 잔인성에 대한 인력경비의 불안감이 커지고 있다.
⑤ 범죄의 지능화에 따른 대응책이 요구되고 있다.

4. 기계경비서비스의 제공절차

기계경비업체에서 용역의 형태로 제공되는 기계경비서비스는 각 경비 회사마다 차이가 있을 수 있으나 일반적으로 다음과 같은 제공절차를 거치게 된다.

고객 상담 → 경비 진단 → 시스템 설계 → 제안서 제출 → 계약 체결 → 기기 설치 → 시험 후 경비 개시 → 고객 상담

Ⅳ 기계경비시스템의 흐름과 통합화 현상

1. 기계경비시스템의 흐름

① 각종 센서가 이상을 감지하면 컨트롤러에 의해 전화회선을 통해서 기지국(관제실, 상황실)에 송신된다.

② 기지국에서는 수신한 정보를 분석하여 이상사태라고 판단되면 현장주변의 대처요원에게 지령하는 한편, 경찰·소방·가스회사 등의 관계기관에 통보한다.

③ 대처요원이 현장의 사태를 판단한 후 조치를 취하고 그 결과를 기지국에 통보하면, 기지국에서는 기록한다.

2. 경비업무의 통합화

오늘날의 '민간경비'는 종래의 방범기능뿐만 아니라 우리가 일반적으로 안전이라고 칭하는 모든 영역을 담당한다. 특히 기계경비업무는 경비업무용 기계장치와 인적 요소가 유기적으로 결합하여야만 충분한 효과를 기대할 수 있다는 특징이 있다. 인적 요소로는 지령업무, 대처업무, 보수업무, 기기설치업무를 들 수 있다.

① **지령업무** : 상황본부(중앙통제본부)에서 기계경비원이 행하는 업무로, 신호를 확인하여 출동차량에 전달하고 확인하는 업무를 말한다.★

ㄱ 현장에 출동한 대처요원을 통해서 사고의 내용, 규모 등의 확인

ㄴ 정보의 수신에 의거한 사고내용 및 규모의 식별

ㄷ 대처요원의 사고현장으로의 출동 및 현장에서의 사고조치에 대한 지시

② **대처업무** : 현장에서 직접 활동하는 업무를 말한다. 기계경비시스템의 현장 출동 시 대처요원이 경비대상시설에 접근하는 방법으로는 스퀴즈(squeeze), 더블 백 접근(double back approach), 개구리식 접근(frog jump approach) 등이 있다. <mark>기출</mark> 14

③ **보수업무** : 기계장치의 기능을 정상적으로 유지·관리하기 위해 보수점검을 실시하는 것이다.

④ **기기설치업무**

경비업무용 기계장치의 유지·관리 및 개량	
통상 점검	**세부점검**
일상적인 점검으로 계약처와 양호한 커뮤니케이션을 확립한다. • 수량 점검 • 주장치의 점검 • 배터리 점검 • 외관 점검	기능 점검 등을 하는 것보다 기기 장해, 배선 불량 등을 발견하고 요구되는 조치를 취하는 것을 목적으로 하는 것이다. • 기기 기능시험 • 기기를 설치한 불량장소의 수정(증설, 재설치) • 각종 배선의 재접속 • 와이어 등의 재설치 • 기기 교환 등

I 용어의 정의 기출 21

> **정의(경비업법 제2조)**
>
> 이 법에서 사용하는 용어의 정의는 다음과 같다.
>
> 1. "경비업"이라 함은 다음 각목의 1에 해당하는 업무(이하 "경비업무"라 한다)의 전부 또는 일부를 도급받아 행하는 영업을 말한다.
>   가. 시설경비업무 : 경비를 필요로 하는 시설 및 장소(이하 "경비대상시설"이라 한다)에서의 도난·화재 그 밖의 혼잡 등으로 인한 위험발생을 방지하는 업무
>   나. 호송경비업무 : 운반 중에 있는 현금·유가증권·귀금속·상품 그 밖의 물건에 대하여 도난·화재 등 위험발생을 방지하는 업무
>   다. 신변보호업무 : 사람의 생명이나 신체에 대한 위해의 발생을 방지하고 그 신변을 보호하는 업무
>   라. 기계경비업무 : 경비대상시설에 설치한 기기에 의하여 감지·송신된 정보를 그 경비대상시설 외의 장소에 설치한 관제시설의 기기로 수신하여 도난·화재 등 위험발생을 방지하는 업무
>   마. 특수경비업무 : 공항(항공기를 포함한다) 등 대통령령이 정하는 국가중요시설(이하 "국가중요시설"이라 한다)의 경비 및 도난·화재 그 밖의 위험발생을 방지하는 업무
> 2. "경비지도사"라 함은 경비원을 지도·감독 및 교육하는 자를 말하며 일반경비지도사와 기계경비지도사로 구분한다.
> 3. "경비원"이라 함은 제4조 제1항의 규정에 의하여 경비업의 허가를 받은 법인(이하 "경비업자"라 한다)이 채용한 고용인으로서 다음 각목의 1에 해당하는 자를 말한다.
>   가. 일반경비원 : 제1호 가목 내지 라목의 경비업무를 수행하는 자
>   나. 특수경비원 : 제1호 마목의 경비업무를 수행하는 자

II 기계경비업자의 경비업법령상 의무

1. 대응체제 구축의무(경비업법 제8조, 동법 시행령 제7조)

① 기계경비업무를 수행하는 경비업자(기계경비업자)는 경비대상시설에 관한 경보를 수신한 때에는 신속하게 그 사실을 확인하는 등 필요한 대응조치를 취하여야 하며, 이를 위한 대응체제를 갖추어야 한다(경비업법 제8조).

② 기계경비업자는 관제시설 등에서 경보를 수신한 때에는 경보를 수신한 때부터 늦어도 25분 이내에는 도착시킬 수 있는 대응체제를 갖추어야 한다(경비업법 시행령 제7조). 기출 23·12·11

2. 오경보의 방지 등 의무(경비업법 제9조)

① 기계경비업자는 경비계약을 체결하는 때에는 오경보를 막기 위하여 계약상대방에게 기기사용요령 및 기계경비운영체계 등에 관하여 서면 또는 전자문서로 설명하여야 하며, 각종 기기가 오작동되지 아니하도록 관리하여야 한다. 기출 17·11

② 기계경비업자는 대응조치 등 업무의 원활한 운영과 개선을 위하여 대통령령(경비법 시행령 제9조)이 정하는 바에 따라 관련 서류를 작성·비치하여야 한다. 기출 18·11

3. **오경보의 방지를 위한 설명 및 교부의무**(경비업법 시행령 제8조) 기출 21 · 14 · 12 · 10

① 기계경비업자가 계약상대방에게 하여야 하는 설명은 다음의 사항을 기재한 서면 또는 전자문서(이하 "서면등", 여기서 전자문서는 계약상대방이 원하는 경우에 한한다)를 교부하는 방법에 의한다.

    ㉠ 당해 기계경비업무와 관련된 관제시설 및 출장소의 명칭 · 소재지

    ㉡ 기계경비업자가 경비대상시설에서 발생한 경보를 수신한 경우에 취하는 조치

    ㉢ 기계경비업무용 기기의 설치장소 및 종류와 그 밖의 기계장치의 개요

    ㉣ 오경보의 발생원인과 송신기기의 유지 · 관리방법

② 기계경비업자는 ①의 사항을 기재한 서면등과 함께 손해배상의 범위와 손해배상액에 관한 사항을 기재한 서면등을 계약상대방에게 교부하여야 한다.

4. **기계경비업자의 관리 서류**(경비업법 시행령 제9조) 기출 20

① 기계경비업자는 출장소별로 다음의 사항을 기재한 서류를 갖추어 두어야 한다.

    ㉠ 경비대상시설의 명칭 · 소재지 및 경비계약기간

    ㉡ 기계경비지도사의 명단 · 배치일자 · 배치장소와 출동차량의 대수

    ㉢ 경보의 수신 및 현장도착 일시와 조치의 결과(1년간 보관)

    ㉣ 오경보인 경우 오경보가 발생한 경비대상시설 및 그 오경보에 대한 조치의 결과(1년간 보관)

② 위에서 ㉢, ㉣에 의한 사항을 기재한 서류는 당해 경보를 수신한 날부터 1년간 이를 보관하여야 한다.

기출 11

5. **과태료**(경비업법 제31조) 기출 17 · 13

① 법 제9조 제1항(오경보 방지 등의 설명의무)을 위반하여 설명의무를 이행하지 않은 경우에는 1회 위반 시 과태료 100만원, 2회 위반 시 과태료 200만원, 3회 이상 위반 시 과태료 400만원을 부과한다(경비업법 시행령 [별표 6]). 기출 13

② 법 제18조 제5항을 위반하여 경비원의 근무상황을 기록하여 보관하지 않은 경우에는 1회 위반 시 과태료 50만원, 2회 위반 시 과태료 100만원, 3회 이상 위반 시 과태료 200만원을 부과한다(경비업법 시행령 [별표 6] 제14호). 기출 17

과태료의 부과기준(경비업법 시행령 [별표 6])

위반행위	해당 법조문	과태료 금액(단위 : 만원)		
		1회 위반	2회 위반	3회 이상
3. 법 제9조 제1항을 위반하여 설명의무를 이행하지 않은 경우	법 제31조 제2항 제3호	<u>100</u>	200	400
14. 법 제18조 제5항을 위반하여 경비원의 근무상황을 기록하여 보관하지 않은 경우	법 제31조 제2항 제10호	<u>50</u>	100	200

※ 비고 : 위반행위의 횟수에 따른 행정처분의 기준은 당해 위반행위가 있은 이전 최근 2년간 같은 위반행위로 행정처분을 받은 경우에 적용한다. 이 경우 기준 적용일은 위반행위에 대한 과태료 부과처분일과 그 처분 후의 위반행위가 다시 적발된 날을 기준으로 한다.

제1장

제2장

제3장

제4장

제5장

제6장

Ⅲ 기계경비업 허가의 취소 등

1. 필요적 허가취소사유 [기출] 21

허가관청은 경비업자가 다음 중 어느 하나에 해당하는 때에는 그 허가를 취소하여야 한다(경비업법 제19조 제1항).

① 허위 그 밖의 부정한 방법으로 허가를 받은 때(제1호)

② 제7조 제5항의 규정에 위반하여 허가받은 경비업무 외의 업무에 경비원을 종사하게 한 때(제2호)
  - 적용중지 헌법불합치 결정(2020헌가19)

③ 제7조 제9항의 규정에 위반하여 경비업 및 경비관련업 외의 영업을 한 때(제3호)

④ 정당한 사유 없이 허가를 받은 날부터 2년 이내에 경비 도급실적이 없거나 계속하여 1년 이상 휴업한 때(제4호)

⑤ 정당한 사유 없이 최종 도급계약 종료일의 다음 날부터 2년 이내에 경비 도급실적이 없을 때(제5호)

⑥ 영업정지처분을 받고 계속하여 영업을 한 때(제6호)

⑦ 제15조의2 제2항을 위반하여 소속 경비원으로 하여금 경비업무의 범위를 벗어난 행위를 하게 한 때(제7호)

⑧ 제18조 제8항에 따른 관할 경찰관서장의 배치폐지명령에 따르지 아니한 때(제8호)

2. 임의적 허가취소 또는 영업정지사유

허가관청은 경비업자가 다음 중 어느 하나에 해당하는 때에는 대통령령으로 정하는 행정처분의 기준에 따라 그 허가를 취소하거나 6개월 이내의 기간을 정하여 영업의 전부 또는 일부에 대하여 영업정지를 명할 수 있다(경비업법 제19조 제2항).

① 제4조 제1항 후단을 위반하여 시·도 경찰청장의 허가 없이 경비업무를 변경한 때(제1호)

② 제7조 제2항을 위반하여 도급을 의뢰받은 경비업무가 위법한 것임에도 이를 거부하지 아니한 때(제2호)

③ 제7조 제6항을 위반하여 경비지도사를 집단민원현장에 선임·배치하지 아니한 때(제3호)

④ 제8조를 위반하여 경비대상시설에 관한 경보 대응체제를 갖추지 아니한 때(제4호)

⑤ 제9조 제2항을 위반하여 관련 서류를 작성·비치하지 아니한 때(제5호)

⑥ 제10조 제3항을 위반하여 결격사유에 해당하는 경비원을 배치하거나 결격사유에 해당하는 경비지도사를 선임·배치한 때(제6호)

⑦ 제12조 제1항을 위반하여 경비지도사를 선임한 때(제7호)

⑧ 제13조를 위반하여 경비원으로 하여금 교육을 받게 하지 아니한 때(제8호)

⑨ 제16조에 따른 경비원의 복장 등에 관한 규정을 위반한 때(제9호)

⑩ 제16조의2에 따른 경비원의 장비 등에 관한 규정을 위반한 때(제10호)

⑪ 제16조의3에 따른 경비원의 출동차량 등에 관한 규정을 위반한 때(제11호)

⑫ 제18조 제1항 단서를 위반하여 집단민원현장에 일반경비원 명부를 작성·비치하지 아니한 때(제12호)

⑬ 제18조 제2항 각호 외의 부분 단서를 위반하여 배치허가를 받지 아니하고 경비원을 배치하거나 경비원 명단 및 배치일시·배치장소 등 배치허가 신청의 내용을 거짓으로 한 때(제13호)

⑭ 제18조 제6항을 위반하여 결격사유에 해당하는 일반경비원을 집단민원현장에 배치한 때(제14호)

⑮ 제24조에 따른 감독상 명령에 따르지 아니한 때(제15호)

⑯ 제26조를 위반하여 손해를 배상하지 아니한 때(제16호)

Ⅳ 기계경비지도사의 경비업법령상 임무

1. 기계경비지도사의 정의(경비업법 시행령 제10조 제2호) 기출 12

기계경비업무에 종사하는 경비원을 지도·감독·교육하는 경비지도사를 말한다.

2. 기계경비지도사의 직무(경비업법 시행령 제17조 제1항·제2항)

다음은 기계경비지도사에 한정된 직무이고, 이를 월 1회 이상 수행하여야 한다.
① 기계경비업무를 위한 기계장치의 운용·감독
② 오경보방지 등을 위한 기기관리의 감독

경비지도사의 직무 주기	
월 1회 이상	• 경비원의 지도·감독·교육에 관한 계획의 수립·실시 및 그 기록의 유지 • 경비현장에 배치된 경비원에 대한 순회점검 및 감독 • 기계경비업무를 위한 기계장치의 운용·감독(기계경비지도사의 경우에 한한다) • 오경보방지 등을 위한 기기관리의 감독(기계경비지도사의 경우에 한한다)
규정 없음(수시)	• 경찰기관 및 소방기관과의 연락방법에 대한 지도★ • 집단민원현장에 배치된 경비원에 대한 지도·감독★

3. 경비지도사자격의 취소 등(경비업법 제20조)

① **자격의 취소** : 경찰청장은 경비지도사가 다음의 하나에 해당하는 때에는 그 자격을 취소하여야 한다 (제1항).

ㄱ 제10조 제1항 각호의 결격사유에 해당하게 된 때
ㄴ 허위 그 밖의 부정한 방법으로 경비지도사자격증을 교부받은 때
ㄷ 경비지도사자격증을 다른 사람에게 빌려주거나 양도한 때
ㄹ 자격정지 기간 중에 경비지도사로 선임되어 활동한 때

② **자격의 정지** : 경찰청장은 경비지도사가 다음의 하나에 해당하는 때에는 대통령령이 정하는 바에 따라 1년의 범위 내에서 그 자격을 정지시킬 수 있다(제2항).

ㄱ 제12조 제3항(경비지도사의 선임 등)의 규정에 위반하여 직무를 성실하게 수행하지 아니한 때
ㄴ 제24조(감독)의 규정에 의한 경찰청장 또는 시·도 경찰청장의 명령을 위반한 때

경비지도사 자격정지처분 기준(경비업법 시행령 [별표 5])				
위반행위	해당 법조문	행정처분 기준		
		1차	2차	3차 이상
1. 법 제12조 제3항의 규정에 위반하여 직무를 성실하게 수행하지 아니한 때	법 제20조 제2항 제1호	자격정지 3월	자격정지 6월	자격정지 12월
2. 법 제24조의 규정에 의한 경찰청장·시·도 경찰청장의 명령을 위반한 때	법 제20조 제2항 제2호	자격정지 1월	자격정지 6월	자격정지 9월

※ 비고 : 위반행위의 횟수에 따른 행정처분의 기준은 당해 위반행위가 있은 이전 최근 2년간 같은 위반행위로 행정처분을 받은 경우에 적용한다.

감독(경비업법 제24조)

① 경찰청장 또는 시·도 경찰청장은 경비업무의 적정한 수행을 위하여 경비업자 및 경비지도사를 지도·감독하며 필요한 명령을 할 수 있다.

② 시·도 경찰청장 또는 관할 경찰관서장은 소속 경찰공무원으로 하여금 관할구역 안에 있는 경비업자의 주사무소 및 출장소와 경비원 배치장소에 출입하여 근무상황 및 교육훈련상황 등을 감독하며 필요한 명령을 하게 할 수 있다. 이 경우 출입하는 경찰공무원은 그 권한을 표시하는 증표를 관계인에게 내보여야 한다.

③ 시·도 경찰청장 또는 관할 경찰관서장은 경비업자 또는 배치된 경비원이 이 법이나 이 법에 따른 명령, 「폭력행위 등 처벌에 관한 법률」을 위반하는 행위를 하는 경우 그 위반행위의 중지를 명할 수 있다.

④ 시·도 경찰청장 또는 관할 경찰관서장은 경비업무 장소가 집단민원현장으로 판단되는 경우에는 그때부터 48시간 이내에 경비업자에게 경비원 배치허가를 받을 것을 고지하여야 한다.

③ **경비지도사자격증의 회수 및 보관** : 경찰청장은 경비지도사의 자격을 취소한 때에는 경비지도사자격증을 회수하여야 하고, 경비지도사의 자격을 정지한 때에는 그 정지기간 동안 경비지도사자격증을 회수하여 보관하여야 한다(제3항).

▣ V 경비업의 시설 등의 기준 기출 22 · 21 · 20

경비업의 시설 등의 기준(경비업법 시행령 [별표 1]) ★ <개정 2023.5.15.>

시설 등 기준 / 업무별	경비인력	자본금	시설	장비 등
1. 시설경비 업무	• 일반경비원 10명 이상 • 경비지도사 1명 이상	1억원 이상	기준 경비인력 수 이상을 동시에 교육할 수 있는 교육장	기준 경비인력 수 이상의 경비원 복장 및 경적, 단봉, 분사기
2. 호송경비 업무	• 무술유단자인 일반경비원 5명 이상 • 경비지도사 1명 이상	1억원 이상	기준 경비인력 수 이상을 동시에 교육할 수 있는 교육장	• 호송용 차량 1대 이상 • 현금호송백 1개 이상 • 기준 경비인력 수 이상의 경비원 복장 및 경적, 단봉, 분사기
3. 신변보호 업무	• 무술유단자인 일반경비원 5명 이상 • 경비지도사 1명 이상	1억원 이상	기준 경비인력 수 이상을 동시에 교육할 수 있는 교육장	• 기준 경비인력 수 이상의 무전기 등 통신장비 • 기준 경비인력 수 이상의 경적, 단봉, 분사기
4. 기계경비 업무	• 전자·통신 분야 기술자격증 소지자 5명을 포함한 일반경비원 10명 이상 • 경비지도사 1명 이상	1억원 이상	• 기준 경비인력 수 이상을 동시에 교육할 수 있는 교육장 • 관제시설	• 감지장치·송신장치 및 수신장치 • 출장소별로 출동차량 2대 이상 • 기준 경비인력 수 이상의 경비원 복장 및 경적, 단봉, 분사기
5. 특수경비 업무	• 특수경비원 20명 이상 • 경비지도사 1명 이상	3억원 이상	기준 경비인력 수 이상을 동시에 교육할 수 있는 교육장	기준 경비인력 수 이상의 경비원 복장 및 경적, 단봉, 분사기

I 전기이론의 기초

1. 전기회로의 구성

① **전기회로** : 전류가 흐르는 통로를 전기회로(Electric Circuit)라 하며, 전원과 부하, 전선 등으로 구성되어 있다.

② **직류 전기회로** : 일정 크기의 전류가 한 방향으로만 흐르는 전기회로를 직류 전기회로라 한다.

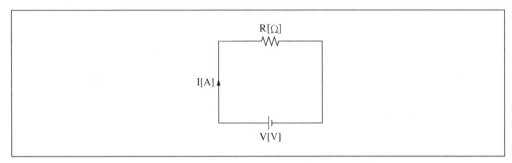

전류(Electric current) `기출` 22
- 전류는 전자의 흐름을 의미한다.
- 전류의 흐름은 전자가 이동하는 방향과 반대이다.
- 전류의 세기는 1초 동안에 얼마만큼의 전기량이 이동했는가에 따라 정해지며, 전류의 크기를 측정하기 위한 단위로는 암페어(Ampere, 기호 A)를 사용한다.
- 전류량의 측정은 전류계를 사용하며, 전원에 연결된 부하(Load)와 직렬로 연결하여 측정한다.

---

③ **전원** : 전기회로에서 건전지와 같이 전류를 흐르게 하는 것을 전원(Power Source)이라 한다.
　예 건전지, 축전지, 수은 전기, 발전기 등

④ **부하** : 전기회로에서 꼬마전구와 같이 전류가 흐르면 빛을 내는 기구, 즉 전류를 공급받아 일을 하는 장치를 부하(Load)라 한다.
　예 전등, 전열기, 전동기 등

⑤ **전압** : 전기회로에서 부하에 전류가 흐르는 것은 전원에서 나오는 전기적인 압력 때문인데, 이러한 전기적인 압력을 전압(Voltage)이라 한다.

전압과 전류의 관계
전기회로에서 같은 부하일 때, 전압이 높으면 전압의 크기에 비례하여 많은 전류가 흐르게 된다.

---

⑥ **저항** : 전류의 흐름을 방해하는 것을 저항 또는 전기 저항이라 한다.

저항과 전류의 관계
전기회로에서 전압이 일정할 때, 전류는 저항값의 크기에 반비례하여 흐른다.

---

⑦ 전압, 전류, 저항의 단위

㉠ 전압의 단위 : 볼트(Volt)를 사용하고 [V]로 표시한다.

㉡ 전류의 단위 : 암페어(Ampere)를 사용하고 [A]로 표시한다.

㉢ 저항의 단위 : 옴(Ohm)을 사용하고 [Ω]으로 표시한다.

2. 옴의 법칙(Ohm's law) 기출 22 · 20 · 18 · 12

① 옴의 법칙 : 전기회로에서 전압과 전류, 저항 사이에 나타나는 전기적인 법칙이다. 즉, 회로에 흐르는 전류는 전압의 크기에 비례하고, 저항의 크기에 반비례한다.

② 전압, 전류, 저항 사이의 관계 : 전기회로에서 저항값 $R[\Omega]$인 부하에 직류 전압 $V[V]$를 걸어 주면, 회로에 흐르는 전류 $I[A]$는 다음과 같다.

$$I = \frac{V}{R}[A], \ R = \frac{V}{I}, \ V = I \times R$$

예제 전기회로에서 $V = 100[V]$고 $R = 50[\Omega]$이면, 회로에 흐르는 전류 $I[A]$는 얼마인지 계산하여라.

풀이 $I = \dfrac{V}{R}$ 로부터 $I = \dfrac{100}{50} = 2[A]$

---

3. 저항의 연결★

① 저항의 직렬연결 : 직렬연결이란 2개 이상의 저항을 일렬로 연결하는 것을 말한다.

㉠ 합성저항 : 합성저항이란 저항의 총합, 즉 여러 개의 저항과 같은 역할을 하는 한 개의 저항을 말한다. 직렬접속에서의 합성저항은 각각의 저항을 합한 값과 같다.

$$R_t = R_1 + R_2 + R_3 \ [\Omega]$$

ⓒ 각 저항에 흐르는 전류 : 각 저항에 흐르는 전하량이 같으므로 I_1, I_2, I_3은 전체 전류 $I[A]$와 같다.

$$I = I_1 = I_2 = I_3$$

$R_t = R_1 + R_2 + R_3$ 이고, $I = \dfrac{V}{R}$ 이므로 다음과 같이 나타낼 수 있다.

$$I = \frac{V}{R_t} = \frac{V}{R_1 + R_2 + R_3}[A]$$

ⓒ 각 저항에 걸리는 전압 : R_1, R_2, R_3에 걸리는 전압 V_1, V_2, V_3은 전체 전압 V가 각 저항의 크기에 비례로 분배된다.

$$V_1 = I \times R_1[V], \ \ V_2 = I \times R_2[V], \ \ V_3 = I \times R_3[V]$$

ⓔ 전체 전압 : 전체 전압 $V[V]$는 각 저항에 걸리는 전압 V_1, V_2, V_3의 합과 같다.

$$V = V_1 + V_2 + V_3[V]$$

예제 위의 회로도에서 $R_1 = 100[\Omega]$이고, $R_2 = 200[\Omega]$, $R_3 = 300[\Omega]$이고, $V = 150$ $[V]$일 때 이 회로에 흐르는 전류 $I[A]$를 구하고 각 저항에 걸리는 전압 V_1, V_2, V_3의 $[V]$를 구하라.

풀이 전류 $I = \dfrac{150}{100 + 200 + 300}[A] = 0.25[A]$이고

$V_1 = I \times R = 0.25 \times 100 = 25[V]$

$V_2 = 0.25 \times 200 = 50[V]$

$V_3 = 0.25 \times 300 = 75[V]$이다.

---

② **저항의 병렬연결** : 병렬연결이란 2개 이상의 저항의 양 끝을 한 개소로 연결하는 방식이다.

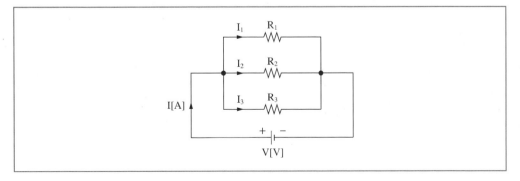

ⓐ 각 저항에 걸리는 전압 : 저항 R_1, R_2, R_3에는 전압 [V]가 걸린다. 즉, 각 저항에 걸리는 전압은 전체 전압 V[V]와 같다.

ⓑ 각 저항에 흐르는 전류 : 각 저항에 흐르는 전류 I_1, I_2, I_3은 옴의 법칙에 의해 다음과 같다.

$$I_1 = \frac{V}{R_1}[A], \; I_2 = \frac{V}{R_2}[A], \; I_3 = \frac{V}{R_3}[A]$$

ⓒ 전체 전류 : 회로에 흐르는 전체 전류 I[A]는 각 저항에 흐르는 전류 I_1, I_2, I_3의 합과 같다. 즉, 각 저항에 흐르는 전류는 전체 전류 I가 저항의 크기에 반비례하여 배분된다.

$$I = I_1 + I_2 + I_3 = \frac{V}{R_1} + \frac{V}{R_2} + \frac{V}{R_3} = V\left(\frac{1}{R_1} + \frac{1}{R_2} + \frac{1}{R_3}\right)[A]$$

ⓓ 합성저항 : 병렬로 접속한 3개의 저항 R_1, R_2, R_3의 합성저항을 R_t라 하면, 옴의 법칙에 의해 $I = \frac{V}{R}$이고, 이것은 전체 전류와 같아야 하므로 다음과 같이 나타낼 수 있다.

$$I = \frac{V}{R_t} = V\left(\frac{1}{R_1} + \frac{1}{R_2} + \frac{1}{R_3}\right)$$

양변을 V로 나누면 합성저항 R_t는 다음과 같이 나타낼 수 있다.

$$\frac{1}{R_t} = \frac{1}{R_1} + \frac{1}{R_2} + \frac{1}{R_3} = \frac{R_1 R_2 + R_2 R_3 + R_3 R_1}{R_1 \times R_2 \times R_3}$$

$$\therefore \text{합성저항} \; R_t = \frac{R_1 R_2 R_3}{R_1 R_2 + R_2 R_3 + R_3 R_1}[\Omega]$$

예제 위 회로도에서 $R_1 = 100(\Omega)$, $R_2 = 200(\Omega)$, $R_3 = 300(\Omega)$이고, $V = 150$[V]일 때 이 회로의 각 저항에 흐르는 전류 I_1, I_2, I_3[A]를 구하고 전체 전류 I[A]를 구하여라.

풀이 $I_1 = \frac{150[A]}{100[\Omega]} = 1.5[A]$,

$I_2 = \frac{150[V]}{200[\Omega]} = 0.75[A]$,

$I_3 = \frac{150[V]}{300[\Omega]} = 0.5[A]$이므로,

전체 전류 $I = 1.5 + 0.75 + 0.5 = 2.75[A]$이다.

③ 저항의 직렬·병렬연결 기출 21

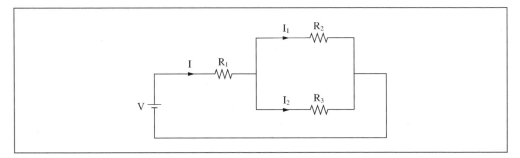

㉠ 합성저항

$$R_t = R_1 + \frac{R_2 \times R_3}{R_2 + R_3}[\Omega]$$

㉡ 전체전류

$$I = \frac{V}{R_1 + \dfrac{R_2 \times R_3}{R_2 + R_3}}[A]$$

㉢ 전류 I_1

$$I_1 = \frac{R_3}{R_2 + R_3} \times I$$

㉣ 전류 I_2

$$I_2 = \frac{R_2}{R_2 + R_3} \times I$$

4. 전지의 연결★

① **전지의 단자전압** : 내부저항이란 건전지 속에 있는 저항을 말하며, 내부저항 때문에 전압이 약간 줄어들어 단자전압은 기전력(전기를 발생시키는 힘)보다 약간 작아진다. 또 건전지 내부에 있는 내부저항 때문에 전압이 약간 줄어드는 것을 전압강하가 일어났다고 한다. 즉, 1.5볼트 건전지는 전압강하로 없어진 만큼의 전압을 빼고 남은 전압을 전기 회로에 사용한다. 이때의 전압을 단자전압이라고 하며 이것을 식으로 써보면 다음과 같다.

$$단자전압 = 기전력 - 전압강하$$
$$V = E - rI[V], \ I = \frac{E}{R+r}[A]$$

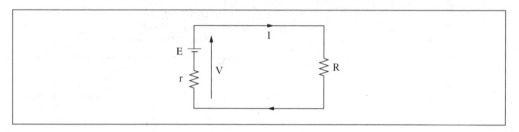

② **전지의 직렬연결** : 전지를 줄줄이 일렬로 연결한 형태로 이 경우 전지의 전체 내부 저항은 각각의 내부 저항을 줄줄이 더해주면 된다.

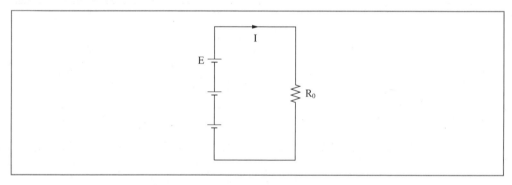

㉠ 전체 전압은 각 전지의 전압의 합과 같다.

$$V = V_1 + V_2 + V_3 + \cdots\cdots$$

㉡ **전지의 직렬연결의 특징** : 높은 전압을 얻을 수 있지만, 전지의 수명은 전지 1개일 때와 같다.

㉢ 기전력과 내부 저항이 각각 $V_1, \ V_2, \ \cdots\cdots, \ V_n$; $R_1, \ R_2, \ \cdots\cdots, \ R_n$ 인 전지를 직렬로 외부 저항 R_0와 함께 접속할 때 흐르는 전류 i는 $i = \dfrac{V_1 + V_2 + \cdots\cdots + V_n}{R_0 + R_1 + R_2 + \cdots\cdots + R_n} = \dfrac{\sum\limits_{i=1}^{n} V_i}{R_0 + \sum\limits_{i=1}^{n} R_i}[A]$

이 식에서 전지가 기전력이 $V[V]$이고 내부저항이 $r[\Omega]$으로 모두 같다면

$$i = \frac{nV}{R_0 + nr}[A]$$

③ 전지의 병렬연결

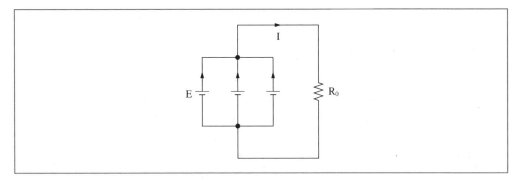

㉠ 전체전압은 전지 1개의 전압과 같다.

$$V = V_1 = V_2 = V_3 = \cdots\cdots$$

㉡ **전지의 병렬연결의 특징** : 전지를 오래 사용할 수 있다.

㉢ 기전력이 V이고 내부저항이 r인 전지를 병렬로 접속할 때 흐르는 전류 i는 $i = \dfrac{V}{R_0 + \dfrac{r}{n}}[A]$

5. 전력과 전력량 [기출] 23 · 12

① **전력** : 전기가 하는 일의 능력을 전력(Electric Power)이라 하고, 단위는 와트[Watt]를 사용하고 [W]로 표시한다. 또 전력 $P[W]$는 전압과 전류의 곱으로 구하고, 다음과 같은 식으로 나타낸다.

$$\text{전력 } P = V(\text{전압}) \times I(\text{전류})$$

직렬연결에서는 I값이 일정하므로, $V = IR$ 이용하면, $P = I^2 R$

병렬에서는 V값이 일정하므로, $I = \dfrac{V}{R}$ 이용하면, $P = \dfrac{V^2}{R}$ 로 나타낼 수 있다.

> **예제** 병렬접속 회로에서 전압 $V = 100[V]$이고, $R_1 = 100(\Omega)$, $R_2 = 200(\Omega)$,
> $R_3 = 250(\Omega)$일 때 각 저항에서 소비되는 전력은 각각 얼마인가?
>
> **풀이** $P = \dfrac{V^2}{R}$에서 $P_1 = \dfrac{V^2}{R_1} = \dfrac{100^2}{100} = 100[W]$, $P_2 = \dfrac{V^2}{R_2} = \dfrac{100^2}{200} = 50[W]$,
> $P_3 = \dfrac{V^2}{R_3} = \dfrac{100^2}{250} = 40[W]$이다.

② **전력량** : 저항에 일정 시간 동안 전류가 흐르면 전기 에너지가 소비되어 일을 하게 되는데, 이와 같이 일정 시간 동안 전류가 행한 일 또는 전기 에너지가 한 일의 양을 전력량(Electric Energy)이라 한다.

　㉠ **전력량의 계산** : 전력 P와 시간 [h]의 곱으로 나타낸다.

$$전력량 \ W = P(전력) \times t(시간) \ 또는 \ V \times I \times t \ 또는 \ I^2 \times R \times t \ [Wh]$$

　㉡ **전력량의 단위** : 와트시[Wh]이지만 일상생활에서는 와트시[Wh]의 1,000배인 킬로와트시[kWh]를 많이 사용한다.

> **예제** 저항값이 100[Ω]인 백열 전구에 직류 전압 100[V]를 가했을 때 소비되는 전력 [W]는 얼마인가? 또 이 백열 전구를 15시간 사용했을 때의 소비 전력량은 몇 킬로와트시[kWh]인가?
>
> **풀이** 백열 전구에서 소비되는 전력 $P = \dfrac{V^2}{R} = \dfrac{100^2}{100} = 100[W]$,
>
> 소비 전력량 $W = P \times t = 100 \times 15 = 1,500[Wh] = 1.5[kWh]$이다.

6. 교류전압

① **가정용 전기** : 저항체에 직류전압이 가해지면 일정 크기의 직류전류가 계속 흐름으로써 전력이 소비되고 일을 하게 되어 열이 발생한다. 그러나 실제로 가정에서 사용하는 전기는 교류전압이다.
② **직류전압** : 시간이 지나도 그 크기와 방향이 변하지 않는다. → 건전지, 축전지, 직류 발전기 등
③ **교류전압** : 시간이 지남에 따라 그 크기와 방향이 일정한 모양으로 변한다.

　㉠ **주기와 주파수** 기출 22·21·13 : 주기는 신호가 한 사이클을 이루는 데 걸린 시간을 의미하며, 주파수는 초당 생성되는 사이클의 수를 의미한다.

$$주기와 \ 주파수의 \ 관계는 \ T = \frac{1}{f}[s], \ f = \frac{1}{T}[Hz]이다[T : 주기, \ f = 주파수].$$

　㉡ **실횻값** : 교류 전압의 실횻값은 최댓값의 0.707배가 되며, 같은 크기의 직류전압과 같은 효과를 나타낸다.

$$실횻값 = \frac{최댓값}{1.414} = 0.707 \times 최댓값$$

7. 교류전력

① **유효전력**(Active Power, 평균전력) : 전원에서 공급되어 부하에서 유효하게 이용되는 전력, 즉 전원에서 부하로 실제로 소비되는 전력이다. 단위는 $[W]$이다.

$$P = E \cdot I \cos\theta \, [W]$$

② **무효전력**(Reactive Power) : 실제로 아무런 일을 하지 않아 부하에서 이용될 수 없는 전력을 의미한다. 단위는 $[Var]$이다.

$$P = E \cdot I \sin\theta \, [Var]$$

③ **피상전력**(Apparent Power) : 교류의 부하 또는 전원의 용량을 표시하는 전력, 즉 전원에서 공급되는 전력이다. 피상전력은 유효전력과 무효전력을 합친 개념이다. 이에 따라 유효전력(평균전력)의 최댓값은 피상전력이다. [기출] 23 단위는 $[VA]$이다.

$$P = E \cdot I \, [VA], \quad P = \sqrt{(유효전력)^2 + (무효전력)^2}$$

④ **소비전력** : $P =$ 피상전력 × 역률

⑤ **역률** : 피상전력 중에서 유효전력으로 사용되는 비율을 의미한다. [기출] 23

  ㉠ **역률의 표현** : $\cos\theta = \dfrac{VI\cos\theta}{VI} = \dfrac{P}{P_0}$

  ㉡ **역률의 개선** : 부하의 역률을 1에 가깝게 높이는 것을 의미한다.

  ㉢ **역률 개선 방법** : 소자에 흐르는 전류의 위상이 소자에 걸리는 전압보다 앞서는 용량성 부하인 콘덴서를 부하에 연결한다.

  ㉣ **유효·무효·피상전력 사이의 관계** : $P_0 = \sqrt{P^2 + P_r^2} \, [W]$

〈참고〉이강열, 「기계경비개론」, 진영사, 2021, P. 33~34

[예제] 교류전압 110$[V]$를 100$[\Omega]$의 백열전구에 가했을 때 전구에 흐르는 교류전류와 소비전력을 구하여라.

[풀이] 교류전류 $= \dfrac{교류전압}{저항} = \dfrac{110[V]}{100[\Omega]} = 1.1[A]$

소비전력 $=$ 교류전압 × 교류전류 $= 110[V] \times 1.1[A] = 121[W]$

※ 피상전력 : 교류회로에서 전압 및 전류의 실횻값의 곱이다.

  즉, $P = V \cdot I$(V, I는 각각 전압과 전류의 실횻값)

제1장

제2장

제3장

제4장

제5장

제6장

Ⅱ 전자이론

1. 저 항

① **저항의 특징** : 전류의 흐름을 방해한다.

② **저항의 유형** `기출` `13`

ㄱ **고유저항** : 전류의 흐름을 방해하는 물질의 고유한 성질이다.

ㄴ **전기저항** : 물체에 전류가 통과하기 어려운 정도를 나타내는 수치를 말한다.

  • 전기저항은 도체의 고유저항, 길이에 비례하고, 단면적에 반비례한다.
  • 전기저항은 전류의 흐름을 저지하여 열로 발산시키는 작용을 한다.
  • 도체의 전기저항은 재료의 종류, 온도, 길이, 단면적에 따라 결정된다.

ㄷ **종단저항(End of Line Resistor)** : Block 또는 Zone(구역 또는 지역)에서 출력결선의 끝부분에 설치하는 저항으로, 말단저항이라고도 한다. `기출` `11`

  • Block 또는 Zone의 종단에 설치하여 선로의 이상상태를 감시하는 기능이다. `기출` `22`
  • 컨트롤러에서 맨 끝부분 감지기까지의 선로감시[감지회로의 단선(Open) 또는 감지회로의 단락(Short)]를 한다.
  • 감지기 회로에 종단저항을 설치할 때에는 a접점 방식을 병렬로 설치 시, 마지막 감지기에 병렬로 설치한다. `기출` `22`

③ **저항이 사용되는 곳** : 전압분배, 과전류 보호용 등

④ **저항의 단위** : [Ω](Ohm : 옴)

⑤ **저항값 읽는 방법** : 전자회로를 구성하는 소자로 전류의 흐름을 제지하는 기능을 가진 저항기에는 저항이 얼마인지가 표시되어 있는데, 4색의 색깔띠로 나타내며, 저항값표를 이용하면 읽을 수 있다.

구 분	첫째자리수	둘째자리수	배 수	허용오차
흑(검정)	0	0	10^0	–
갈(갈색)	1	1	10^1	±1%
적(빨강)	2	2	10^2	±2%
등(주황)	3	3	10^3	–
황(노랑)	4	4	10^4	–
녹(녹색)	5	5	10^5	±0.5%
청(파랑)	6	6	10^6	±0.25%
자(보라)	7	7	10^7	±0.10%
회(회색)	8	8	10^8	±0.05%
백(흰색)	9	9	10^9	–
금(금색)	–	–	10^{-1}	±5%
은(은색)	–	–	10^{-2}	±10%
무(무색)	–	–	–	±20%

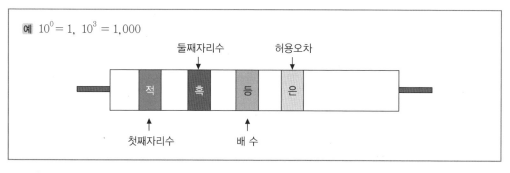

예 $10^0 = 1$, $10^3 = 1,000$

둘째자리수 → 적 흑 등 은 ← 허용오차

첫째자리수 ↑ 배 수 ↑

ㄱ 저항값 읽는 법 : (첫째자리수 둘째자리수) × 배수 ± 허용오차

ㄴ 저항의 첫째자리수를 찾는 방법은 저항띠가 가장 밖에 있는 것이 90%가 첫째자리이다. 또 다른 방법은 허용오차를 보고 알 수 있다. 허용오차는 대부분 금색, 은색을 많이 사용하므로, 손쉽게 첫째자리수를 찾을 수 있다.

ㄷ 허용오차는 (첫째자리수 둘째자리수)에 배수를 곱한 값에서 허용오차만큼의 %를 뺀 값과 더한 값의 사이에 저항값이 된다. 즉, 저항값이 완벽하게 정확하지 않고, 조금의 오차가 있을 수 있다는 뜻이다.

ㄹ 위의 저항의 값을 읽어 보면
첫째자리가 빨강이므로 2
둘째자리수는 검정이므로 0
배수는 주황이므로 $10^3 = 1,000$
허용오차는 은색이므로 ±10%
위의 저항값 읽는 법을 이용해서
$(20) \times 1,000 \pm 10\% \rightarrow 20,000 \pm 10\% \rightarrow 18,000 \sim 22,000 [\Omega]$이 된다.

2. 콘덴서★

① 콘덴서는 전기를 축적하는 기능을 가지고 있다. 그러나 일반적으로는 전기를 축적하는 기능 이외에 직류 전류를 차단하고 교류전류를 통과시키려는 목적에도 사용된다.

② 회로도의 기호는 ──┤├── 으로 표시한다.

③ 콘덴서는 기본적으로는 2장의 전극판을 대향시킨 구조로 되어 있다.

④ 테스터의 접속 방법(콘덴서의 리드에 접속하는 테스터의 측정봉)을 반대로 하면 역시 순간 전류가 흐른다는 것을 알 수 있다. 그러므로 직류전압이 콘덴서에 가해진 경우, 순간적으로 전류가 흐르지만 후에는 흐르지 않기 때문에 직류를 통과시키지 않으려는(직류 커트) 용도에도 사용된다. 그러나 교류의 경우에는 앞서 언급한 테스터의 측정봉을 항상 교대로 바꾸어 접속하는 것과 같으므로 그때마다 전류가 흐르게 되어, 교류전류는 흐르는 것이다.

⑤ 두 극판의 전극간에 절연체(유전체)를 넣어(절연체를 전극으로 삽입) 콘덴서를 만드는데, 이 재질에 따라 여러 종류의 콘덴서가 있다. 아무것도 삽입하지 않고 공기를 유전체로 하는 콘덴서도 있다.

⑥ 콘덴서의 용량을 나타내는 단위로는 패러드(Farad : F)가 사용된다. 일반적으로 콘덴서에 축적되는 전하용량은 매우 작기 때문에, μF(마이크로 패러드 : $10^{-6}F$)나 pF(피코 패러드 : $10^{-12}F$) 단위가 사용된다. 최근 슈퍼 커패시터라는 명칭으로 패러드 단위의 용량을 가진 콘덴서도 등장했다.

⑦ 콘덴서의 용량 표시에는 대부분 3자리 숫자가 사용된다. 이 경우에는 앞의 두 자리의 숫자가 용량의 제1숫자와 제2숫자이고, 3자리째가 승수가 된다. 표시의 단위는 pF(피코 패러드)로 되어 있다. 예를 들면 103이면 $10 \times 10^3 = 10,000pF = 0.01\mu F$가 된다.

224는 $22 \times 10^4 = 220,000pF = 0.22\mu F$이다. $100pF$ 이하의 콘덴서는 용량을 그대로 표시하고 있다. 즉, 47은 $47pF$를 의미한다.

⑧ 적용회로

㉠ 전원회로의 평활회로

㉡ 마이크로 컴퓨터 등의 백업회로

㉢ 기타 타이머회로, 필터회로, 주파수 특성을 고려해야 하는 회로 등

전원회로 `기출` `13 · 11`

• 평활회로 : 교류를 직류로 바꾸는 과정 중 맥류(교류 성분을 포함한 직류전류)를 완전한 직류로 만드는 회로이다.

• 정류회로 : 교류를 맥류로 만드는 회로이다.

– 반파 정류회로의 정류효율은 약 40.6%이고, 전파 정류회로의 정류효율은 81.2%이다.

– 전파 정류회로의 맥동률은 약 0.482이다.

– 브리지 정류회로는 다이오드 4개로 정류하는 회로이다.

---

3. 코 일

① 코일의 개요

㉠ 코일이란 동선과 같은 선재(線材)를 나선 모양으로 감은 것이다.

㉡ 코일의 성질 정도를 나타내는 단위로 헨리(Henry : H)가 사용된다. ★

㉢ 선재를 감으면 감을수록 코일의 성질이 강해지며 헨리의 값도 커진다. 코일은 내부에 아무것도 넣지 않은 공심으로 하는 것보다 철심에 감거나 코어라 부르는 철분말을 응고시킨 것에 감는 편이 보다 큰 헨리값을 얻을 수 있는 방법이다. ★

㉣ 통상적으로 전기회로에서 사용하는 코일은 마이크로 헨리(μH)부터 헨리(H)까지 폭넓게 사용된다.

② 상호 · 자기인덕턴스★

㉠ **상호인덕턴스** : 코일에 교류전류가 흐른 경우, 코일에 발생하는 자속이 변화한다. 그 코일에 다른 코일을 가까이 했을 경우, 상호유도작용(Mutual Induction)에 의해, 접근시킨 코일에 교류전압이 발생한다. 이 상호유도작용의 정도를 상호인덕턴스(단위는 헨리 : H)로 표시한다. [H]의 기준은 어떤 코일에 매초 $1A$의 비율($1A/s$)로 전류가 변화할 때, 다른 쪽의 코일에 $1V$의 기전력을 유도하는 두 코일간의 상호인덕턴스를 1헨리(H)로 정하고 있다.

㉡ **자기인덕턴스** : 코일이 하나만 있는 경우에도 자신이 발생하는 자속의 변화가 자신에게 영향을 준다. 이것을 자기유도작용이라고 하며, 그 정도를 자기인덕턴스(Self Inductance)로 나타낸다. 전류의 변화율이 $1A/s$일 때 $1V$의 기전력이 발생하는 경우의 자기인덕턴스를 $1H$로 정하고 있다.

③ 코일의 성질

　㉠ 전류의 변화를 안정시키려고 하는 성질이 있다.

　　• 전류가 흐르려고 하면 코일은 전류를 흘리지 않으려고 하며, 전류가 감소하면 계속 흘리려고 하는 성질이다. 이것을 '렌츠의 법칙'이라 부르는데, 전자유도작용에 의해 회로에 발생하는 유도전류는 항상 유도작용을 일으키는 자속의 변화를 방해하는 방향으로 흐른다는 것이다. 기출 20

그 외의 법칙과 효과★★

• 앙페르(암페어)의 법칙 : 전류가 흐르고 있는 도체 주위에는 자기장이 발생하며, 자기장의 방향을 오른 나사의 회전방향으로 잡으면 전류의 방향은 그 나사의 진행방향이 된다는 법칙 기출 20

• 플레밍의 왼손 법칙 : 왼손의 첫째, 둘째, 셋째 손가락을 서로 직각으로 벌렸을 때, 첫째 손가락은 전자기력의 방향, 둘째 손가락은 자기장의 방향, 셋째 손가락은 전류의 방향과 일치하는 법칙

• 플레밍의 오른손 법칙 : 자기장 속에서 도선이 움직일 때 전자유도 작용에 의하여 코일에 유기기전력이 발생하는 법칙

• 홀효과 : 전류를 흘려 직각 방향으로 자장을 가하면 플레밍의 왼손법칙에 의해 전류와 자장 모두 직각방향으로 기전력이 생기는 현상이다. 1879년 미국 물리학자 에드윈 홀이 발견하였다.

• 줄의 법칙 : 도체에 전류가 흘렀을 때 발생하는 열량은 전류의 제곱과 도체의 저항을 곱한 것에 비례한다는 법칙이다. $Q = I^2 \times R \times T$($Q$는 열량, I는 전류, R은 저항, T는 전류가 흐른 시간)

　　• 이 성질을 이용하여 교류를 직류로 변환하는 평활회로에 사용된다. 교류를 정류기에 의해 직류로 변환한 경우, 그대로는 맥류(리플 : Ripple)라고 하여 교류성분이 많은 직류이며 완전한 직류가 아니다. 플러스의 직류로 정류한 경우, 마이너스 전압성분은 없어지지만, 0 V와 플러스 전압을 왕래하고 있다.

　　• 평활회로에 콘덴서와 코일을 조합한 회로를 사용하면 코일은 전류의 변화를 저지하려는 작용을 하고, 콘덴서는 입력전압이 0 V로 되어도 축적한 전기를 그때 토출하기 때문에 안정적인 직류를 얻을 수 있다.

　㉡ 상호유도작용이 있다.

　　• 두 코일을 가까이 하면 한쪽 코일의 전력을 다른 쪽 코일에 전달할 수 있다. 이 성질을 이용한 것이 트랜스이다.

　　• 전력을 공급하는 쪽의 코일(입력)을 1차측, 전력을 꺼내는 쪽(출력)을 2차측이라고 한다. 1차측 권선수와 2차측 권선수의 비율에 따라 2차측의 전압이 변화한다.

권선수와 전압의 비례관계 기출 14 · 10

$N_1 : N_2 = V_1 : V_2$

　　• 전원 트랜스에는 2차측에서 권선의 도중에 선을 내어(Tap이라고 한다) 복수의 전압을 얻을 수 있도록 한 것이 많다.

　㉢ 전자석의 성질이 있다.

　　• 전류가 흐르면 철이나 니켈을 흡착하는 성질이 있다. 이 성질을 이용한 것으로 계전기(릴레이)와 차임벨이 있다.

ⓔ 공진하는 성질이 있다.
- 코일과 콘덴서를 조합 시 어떤 주파수의 교류전류가 흐르지 않거나, 쉽게 흐르기도 한다.
- 라디오의 방송국을 선택하는 튜너는 이 성질을 이용하여 특정한 주파수만을 선택하고 있는 것이다.
ⓜ 금속관 공사와 관련된 용어들★
- 부싱 : 절연을 목적으로 사용되는 원통모양의 부품. 배관 끝의 피복 벗어짐을 방지하기 위해 쓴다.
- 노멀밴드 : 배관할 때 직각으로 구부러진 부분에 사용하는 부품
- 커플링 : 전선관끼리 연결할 때 사용하는 부품
- 로크너트 : 금속관과 박스를 접속할 때 사용하는 부품

4. 반도체

① 반도체의 개요★
  ㉠ 반도체 : 전기 전도율이 도체와 부도체의 중간 정도 되는 물질
  ㉡ N형 반도체 : 규소, 게르마늄의 14족 원소에 안티몬, 비소 같은 15족 원소를 첨가해 전자가 하나 남아 자유 전자처럼 반도체 내부를 움직인다.
  ㉢ P형 반도체 : 규소, 게르마늄의 14족 원소에 붕소, 인듐 같은 13족 원소를 첨가해 전자가 하나 부족한 반도체로 전자가 모자라는 곳을 홀(Hole, 정공)이라고 하며 (+)전하에 해당된다.

② 다이오드★★
  ㉠ P형 반도체와 N형 반도체를 접합시켜 놓은 것으로 한 방향으로만 전류를 흐르게 한다.
  ㉡ 2극 진공관과 같이 교류를 직류로 바꾸는 작용을 한다(정류 작용).
  ㉢ P형 부분에 (+), N형 부분에 (−)의 전압을 가해야만 회로에 전류가 흐른다.

다이오드의 종류 기출 18 · 16 · 14

- 정류 다이오드 : 일반적으로 평균 전류 1A 이상의 것을 가리키며 전원의 정류회로에 이용한다. 교류를 직류로 바꾸어 주는 역할을 하며, 속도가 빠를수록 역방향 전류 통과 시간이 짧아 회로에 무리를 주지 않는다. 정류관은 다이오드에 비해 전압 딜레이 효과가 있어 진공관에 히터전원으로 히터가 가열된 후, B전원이 공급되므로 출력관을 보호할 수 있다.
- 제너 다이오드 : 역방향 전압을 가했을 때 발생하는 제너 효과에 의해 정전압 작용을 하는 다이오드로 정전압 다이오드라고도 한다. 역방향 전압을 가해 어느 특정전압을 넘으면 전류는 급격히 증가하지만 특정전압을 거의 일정하게 유지하는 특성을 이용하여, 정전압 회로인 기준 전압을 필요로 하는 회로에 이용된다.
- 발광 다이오드 : 전류를 순방향으로 흘렸을 때에 발광하는 다이오드이다. 색깔은 적, 녹, 청색이 있고 인간의 눈으로 보기엔 흰색인 LED도 있다. 이 흰색 LED는 그 응용이 활발히 진행 중이며 주로 조명이나 옥외광고, 표시, LCD의 Backlight에 적용될 예정이다. LED 동작 시 극성이 중요한데 일반적으로 LED의 두 개의 리드선들 중 긴 쪽이 +, 짧은 쪽이 −이다.
- 다이오드 브리지 : 교류전압을 직류전압으로 바꾸기 위해 정류용 다이오드를 사용한다. 하나의 다이오드에서는 반파정류(플러스와 마이너스가 교대로 변화하는 전압의 플러스 측 또는 마이너스 측 중에서 어느 한쪽만 사용한다) 밖에 할 수 없지만, 다이오드를 4개 조합하면 전파 정류를 할 수 있다. 다이오드 4개를 조합한 것이 다이오드 브리지(Diode Bridge)이다.
- 가변용량 다이오드(배리캡 또는 버랙터) : 전압을 역방향으로 가했을 경우에 다이오드가 가지고 있는 콘덴서 용량(접합 용량)이 변화하는 것을 이용하여, 전압의 변화에 따라 발진주파수를 변화시키는 등의 용도에 사용한다. 역방향의 전압을 높이면 접합 용량은 작아지는 가변 용량 다이오드이다.

③ 트랜지스터
　　㉠ $P-N-P$ 또는 $N-P-N$ 형태로 반도체를 연결하여 접합부에 흐르는 홀과 전자를 제어한다.
　　㉡ 작은 신호를 큰 신호로 바꿔주는 증폭 작용을 한다.

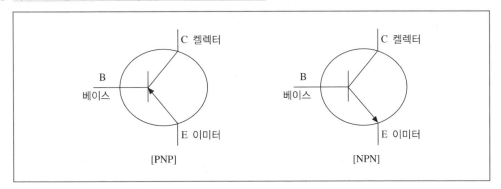

[PNP]　　　　　　　[NPN]

　　㉢ 집적 회로(IC) : 전기 회로를 구성하는 저항, 축전기, 다이오드, 트랜지스터 등을 작은 기판 위에 모아 놓은 전자 회로를 말한다.

5. 불대수와 조합 논리회로

① 불대수
　　㉠ 불대수의 개념 : 논리를 수학적으로 해석하기 위한 수단으로 불에 의해 제안되었으며, 불대수는 스위치가 열린 상태 0(False)과 닫힌 상태 1(True)의 두 가지로 논리회로의 간소화나 조작이 가능하다.
　　㉡ 불대수의 정리 : 불대수의 정리를 이용하여 여러 가지 형태의 논리 회로를 설계할 수 있으며 각종 논리 회로를 간소화시키거나 설계할 수 있다.
　　※ 불대수(Boolean Algebra)는 어떤 명제가 참인지 거짓인지 논하기 때문에 논리 대수라고 하며, 전화 교환기나 컴퓨터의 논리 회로에 응용할 수 있기 때문에 스위칭 대수(Switching Algebra)라고도 한다.

② 수의 표현 　기출 23 · 22
　　㉠ 10진법
　　　• 10개의 숫자로 표현하는 방식으로 일상생활에서 가장 많이 사용하는 진법이다.
　　　• 10개가 수를 표현하는 기준이 되며, 다른 진법에서도 이렇게 기준이 되는 수를 밑수(base)라 한다.
　　　• $129 = 1 \times 10^2 + 2 \times 10^1 + 9 \times 10^0 = 1 \times 100 + 2 \times 10 + 9 \times 1 = (129)_{10}$

　　㉡ 2진법
　　　• 0과 1의 숫자로만 표현하는 방식이다.
　　　• 2진법의 밑수는 2이며, 2진수의 각 자리에 2^0, 2^1, 2^2, … 과 같은 자릿값을 가지고 있다.
　　　• 2진수 1101을 10진법으로 바꾸는 방법 :
　　　　$(1101)_2 = 1 \times 2^3 + 1 \times 2^2 + 0 \times 2^1 + 1 \times 2^0$
　　　　$\qquad\quad = 1 \times 8 + 1 \times 4 + 0 \times 2 + 1 \times 1 = (13)_{10}$

　　　• 10진수를 2진법으로 변환하는 방법 : 10진수를 밑수인 2로 나누어서 몫과 나머지를 분리해서 표기하고 몫이 완전히 나누어질 때까지 과정을 반복한 후 나머지를 발생된 역순으로 정렬해서 표기하면 2진수가 된다.

> 예 10진수 9를 2진수로 변환하면,
>
> $\begin{array}{r|l} 2) & 9 \\ 2) & 4 \quad \rightarrow 1 \\ 2) & 2 \quad \rightarrow 0 \\ 2) & 1 \quad \rightarrow 0 \\ & 0 \quad \rightarrow 1 \end{array}$
>
> $(9)_{10} = (1001)_2$

③ 기본 논리회로 기출 23 · 22 · 21 · 20 · 19 · 18 · 12 · 11

> • 기본 회로 : AND, OR, NOT, NAND, NOR, XOR, XNOR 회로
> • 응용 회로 : 조합 회로(Combination Circuit) ← 가산기 회로……
>   순서 회로(Sequential Circuit) ← Flip Flop 회로……

㉠ AND 회로(논리곱) : 2개(A, B)의 입력 변수가 모두 1일 때 출력도 1이 되며, 입력 변수가 어느 하나라도 0인 경우 출력은 0이 된다(스위치 회로는 직렬회로). 환경이 열악하여 오경보가 수시로 발생하는 지역에 방범용 감지기를 다수 설치할 경우에 적합한 경보신호 구성방식이다.

㉡ OR 회로(논리합) : 2개(A, B)의 입력 변수가 모두 0일 때 출력은 0이 되고, 하나라도 1이면 출력은 1이 된다(스위치 회로는 병렬 회로). 2개의 감지기능을 가진 콤비네이션 감지기가 설치된 장소에서 1개의 감지기능이 감지를 하더라도 경보신호를 출력하는 결선(회로) 방법이다.

㉢ NOT 회로(논리 부정) : 입력 변수가 0이면 출력은 1로, 입력 변수가 1이면 출력은 0이 된다.

㉣ NOR 회로(부정논리합) : 2개(A, B)의 입력 변수가 모두 0일 때는 출력은 1이고, 입력 변수가 하나라도 1일 때는 출력은 0이 된다.

㉤ NAND 회로(부정논리곱) : 2개(A, B)의 입력 변수가 하나라도 0이면 출력은 1이 되고, 1을 동시에 공급하면 출력은 0이 된다.

㉥ XOR 회로(배타논리합) : 2개(A, B)의 입력 변수가 다른 경우 출력은 1이 되고, 같은 경우 출력은 0이 된다. ★

㉦ XNOR 회로(배타부정논리합) : 2개(A, B)의 입력 변수가 서로 같으면 출력은 1이 되고, 다른 경우 출력은 0이 된다. XOR 회로의 역을 나타내는 회로이다.

㉧ 버퍼(Buffer) 회로 : 입력과 출력의 결과가 같은 회로이다.

기본 논리회로	논리 기호	논리식	논리 동작	진리표		
				입 력		출 력
				A	B	Y
논리곱 (AND) 회로	A━⌐Y B	$Y = A \cdot B$	A, B가 직렬로 접속되어 있는 경우 양 스위치가 모두 1일 때만 결과도 1이 됨	0	0	0
				0	1	0
				1	0	0
				1	1	1
논리합 (OR) 회로	A━⌐Y B	$Y = A + B$	A, B가 병렬로 접속되어 있는 경우 A 또는 B 중 어느 하나만 1이 되어도 결과는 1이 됨	0	0	0
				0	1	1
				1	0	1
				1	1	1
부정 (NOT) 회로	A━▷○━Y	$Y = \overline{A}$	1개의 입력 단자와 1개의 출력 단자를 가지며, 2진 데이터의 논리값이 1일 때는 0으로, 0일 때는 1로 바꾸는 논리 연산자	0		1
				1		0
부정논리곱 (NAND) 회로	A━⌐○Y B	$Y = \overline{A \cdot B}$ $= \overline{A} + \overline{B}$	NOT와 AND의 복합어이며, A, B 중 적어도 하나가 거짓이면 참값을, 모두가 참이면 거짓값을 갖는 연산자로 모든 입력이 1일 때 출력이 0임	0	0	1
				0	1	1
				1	0	1
				1	1	0

부정논리합 (NOR) 회로	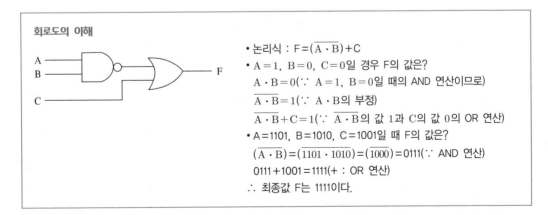	$Y = \overline{A+B}$ $= \overline{A} \cdot \overline{B}$	NOT와 OR의 복합어이며, 입력이 하나라도 1이면 출력이 0이 되고, 2개의 입력 신호가 모두 다 0인 경우에만 1의 출력 신호를 내는 디지털 회로	0	0	1
				0	1	0
				1	0	0
				1	1	0
배타논리합 (XOR) 회로		$Y = A \oplus B$ $= A\overline{B} + \overline{A}B$	입력이 서로 상반될 때 나타내는 게이트로 입력이 0과 1이거나 1과 0이면 출력이 1로 나타나는 게이트	0	0	0
				0	1	1
				1	0	1
				1	1	0
버퍼(Buffer) 회로		$Y = A$	입력과 출력의 결과가 같은 회로이다.	0		0
				1		1
XNOR 회로		$Y = \overline{A \oplus B}$	2개의 입력이 서로 같을 때 1의 출력을 나타내는 회로로 XOR 게이트의 역을 나타내는 게이트로서 입력 단자 A와 B에 0과 0, 또는 1과 1처럼 서로 같은 신호가 가해졌을 때 1의 출력을 나타냄	0	0	1
				0	1	0
				1	0	0
				1	1	1

※ 불대수의 정의 : +(합집합), ·(교집합), 1(전체집합–U), 0(공집합을 의미)

※ 논리회로(Logic Circuit) : 불대수의 기본 연산인 논리합, 논리곱, 논리 부정 등의 연산을 실행하기 위한 회로이며, 논리 게이트(Logic Gate)라고도 한다.

④ 불대수의 간략화 기출 23

ㄱ 항이 2개인 경우

$$X + \overline{X} \cdot Y = (X + \overline{X}) \cdot (X + Y) \qquad \cdots \text{ 분배법칙을 행한다.}$$
$$= 1 \cdot (X + Y) \qquad \cdots \; X + \overline{X} = 1 \text{ 이용}$$
$$= X + Y$$

ㄴ 항이 3개인 경우

$$X \cdot \overline{Y} + \overline{X} \cdot Y + X \cdot Y = X \cdot \overline{Y} + Y(\overline{X} + X) \qquad \cdots \text{ 마지막 2항 중에 공통인자를 찾는다.}$$
$$= X \cdot \overline{Y} + Y \qquad \cdots \; X + \overline{X} = 1 \text{ 이용}$$
$$= (X + Y) \cdot (\overline{Y} + Y) \qquad \cdots \text{ 분배법칙을 행한다.}$$
$$= (X + Y) \cdot 1 \qquad \cdots \; \overline{Y} + Y = 1 \text{ 이용}$$
$$= X + Y$$

회로도의 이해

- 논리식 : $F = (\overline{A \cdot B}) + C$
- A=1, B=0, C=0일 경우 F의 값은?
  $A \cdot B = 0$(∵ A=1, B=0일 때의 AND 연산이므로)
  $\overline{A \cdot B} = 1$(∵ A·B의 부정)
  $\overline{A \cdot B} + C = 1$(∵ $\overline{A \cdot B}$의 값 1과 C의 값 0의 OR 연산)
- A=1101, B=1010, C=1001일 때 F의 값은?
  $(\overline{A \cdot B}) = (\overline{1101 \cdot 1010}) = (\overline{1000}) = 0111$(∵ AND 연산)
  $0111 + 1001 = 1111$(+ : OR 연산)
  ∴ 최종값 F는 1110이다.

⑤ 조합 논리회로

  ㉠ 조합 논리회로의 개념

   • 조합 논리회로는 입력에 의해서만 출력이 결정되기 때문에 기억 능력이 없으며, 반가산기, 전가산
     기, 부호기(엔코더), 해독기(디코더), 멀티플렉서, 디멀티플렉서 등이 있다.
   • 조합 논리회로는 입력 변수, 논리 게이트(기본 논리 연산의 기호), 출력 변수로 구성된다.
   • n개의 입력은 $2n$개의 입력 조합이 가능하고, 주어진 입력 변수에 의해 단 하나의 출력 조합이
     가능하다.

  ㉡ 반가산기(Half Adder)

   • 반가산기는 두 개의 입력 변수를 통해서 두 개의 출력 변수, 즉 합(S)과 자리올림수(C)를 만들어
     내는 회로이다.
   • OR 회로와 AND 회로, NOT 회로의 결합에 의해 구성된 회로이다.
   • A와 B의 양쪽에 1을 입력(1+1의 계산)시키면 C(Carry)와 S(Sum)에서는 자리
     올림이 있고 C와 S에서 1, 0이 출력된다.
   • 논리식 : $S = \overline{A} \cdot B + A \cdot \overline{B} = A \oplus B$
             $C = A \cdot B$

$$\begin{array}{r} 1 \\ + \ 1 \\ \hline 1 \ 0 \end{array}$$
자리올림 합

입 력		출 력	
A	B	합(Sum)	올림수(C)
0	0	0	0
0	1	1	0
1	0	1	0
1	1	0	1

[진리표]

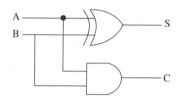

[논리회로]

  ㉢ 전가산기(Full Adder)

   • 전가산기는 세 개의 입력 변수를 통해서 두 개의 출력 변수, 즉 합과 자리올림수를 만들어내는
     회로이다.
   • 2개의 반가산기와 OR 회로로 구성된 회로이다.
   • 논리식 : $S = A \oplus B \oplus C_0$
             $C_1 = A \cdot B + (A \oplus B) \cdot C_0$

입 력			출 력	
A	B	C_0	C_1	S
0	0	0	0	0
0	0	1	0	1
0	1	0	0	1
0	1	1	1	0
1	0	0	0	1
1	0	1	1	0
1	1	0	1	0
1	1	1	1	1

[전가산기의 진리표]

A : 피가수(더해지는 수)
B : 가수(더하는 수)
C_0 : 전회의 가산(덧셈)에 의해
　생긴 아래자리에서의 자리
　올림
S : 합(솜)
C_1 : 위자리로 자리올림

ⓔ 디코더(Decorder, 해독기)
- 2진 정보를 다른 코드로 해독하며, 입력은 n개이고, 출력은 2^n개로 구성된다.
- AND 회로로 구성한다.

입 력		출 력			
A	B	D_0	D_1	D_2	D_3
0	0	1	0	0	0
0	1	0	1	0	0
1	0	0	0	1	0
1	1	0	0	0	1

[진리표]

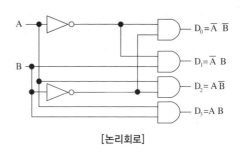

[논리회로]

ⓜ 엔코더(Encoder, 부호기)
- 입력신호를 2진수로 부호화하며, 입력은 2^n개이고, 출력은 n개로 구성된다.
- OR 회로로 구성한다.
- 논리식 : $X = I_1 + I_2$
　　　　 $Y = I_1 + I_3$

I_1	I_2	I_3	I_4^*	X	Y
0	0	0	1	0	0
0	0	1	0	0	1
0	1	0	0	1	0
1	0	0	0	1	1

[진리표]

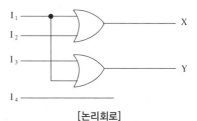

[논리회로]

제1장

제2장

제3장

제4장

제5장

제6장

ⓗ 멀티플렉서(Multiplexer)
- 여러 개의 입력값 중에서 하나만을 선택하여 출력한다(어떠한 경우에도 출력값은 1개이다).
- 입력이 2^n개이고, 제어선은 n개를 갖는다.

S_0	S_1	출력
0	0	입력0
0	1	입력1
1	0	입력2
1	1	입력3

[입력이 4개인 멀티플렉서의 진리표]

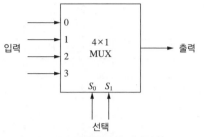

[4×1 멀티플렉서의 논리기호]

ⓢ 디멀티플렉서(Demultiplexer)
- 입력은 1개이고 여러 개의 출력을 갖는다.
- 출력이 2^n개이고, 제어선은 n개를 갖는다.

S_0	S_1	출력
0	0	출력0
0	1	출력1
1	0	출력2
1	1	출력3

[1×4 디멀티플렉서의 진리표]

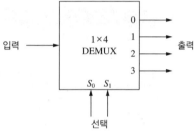

[1×4 디멀티플렉서의 논리기호]

조합 논리회로로 구성되는 장치들

반가산기 : $C = A \cdot B$, $S = A \oplus B$

전가산기 : $C_0 = (A \oplus B)C_1 + AB$, $S = (A \oplus B) \oplus C_1$

병렬가산기 : n개의 전가산기를 연결하여 구현

반감산기 : $B_0 = \overline{A} \cdot B$, $D = A \oplus B$

디코더 : $n \rightarrow 2^n$

인코더 : $2^n \rightarrow n$

DeMUX : $1 \rightarrow 2^n$
       $\uparrow$
    n선택선

MUX : $2^n \rightarrow 1$
    $\uparrow$
   n선택선

3상 버퍼 : 3종류의 상태를 출력, MUX 또는 DeMUX 대신 사용

⑥ 순서 논리회로

　㉠ 순서 논리회로의 개념

　　• 컴퓨터의 자료 처리를 위해서는 전기가 꺼진 0의 상태와 전기가 통과한 1의 상태를 기본으로 하는데 이러한 0의 상태와 1의 상태를 기억시켜주는 회로로 구성된 것을 순서 회로라 한다.

　　• GATE(조합 논리회로)와 플립플롭으로 구성되어 있기 때문에 기억 기능이 있다.

　　• 플립플롭은 레지스터 및 카운터 등의 구성소자이며, 1비트를 기억할 수 있는 기억 회로이다.

　㉡ 순서 논리회로의 종류

　　• 플립플롭(Flip-Flop)

　　• RST 플립플롭

　　• JK 플립플롭

　　• T 플립플롭

　　• D 플립플롭

　　• 기 타

구 분	조합 논리회로	순서 논리회로
기억 기능	없 음	있 음
구성 요소	논리 게이트	논리 게이트, 플립플롭
출력 신호	입력 신호에 의해서만 결정	입력 신호와 현재의 상태에 의해서 결정
종 류	반가산기, 전가산기, 병렬이진 가산기, 감산기, 디코더, 인코더, 디멀티플렉서, 멀티플렉서, 다수결회로, 비교기(일치회로, 반일치회로)	이진카운터, 시프트레지스터 등의 각종 레지시터, RAM, ROM 등 기억 기능을 가지는 모든 회로

I 데이터의 구성 기출 20 · 19

① 비트(bit) : 정보의 최소 단위이다.

② 바이트(byte) : 8개의 비트가 모여 1바이트가 되며, 문자 표현의 최소 단위이다. 4비트를 니블(nibble)이라 한다.

③ 워드(word) : 바이트의 모임으로 크게, 반워드, 전워드, 배워드로 구성된다. 즉, 반워드(half word) = 2 byte, 전워드(full word) = 4 byte, 더블워드(double word) = 8 byte이다.

④ 필드(field) : 자료 처리의 최소 단위로, 이에는 레코드(하나 이상의 필드들이 모여 구성), 논리 레코드(데이터 처리의 기본 단위), 물리 레코드(하나 이상의 논리 레코드가 모여 물리 레코드를 구성)가 있다.

⑤ 파일(file) : 레코드의 모임을 의미한다.

⑥ 데이터베이스(data base) : 파일들의 집합을 의미하며, 가장 큰 데이터 집단이다.

II 데이터 통신

1. 의 의

컴퓨터 상호 간에 전기 통신매체를 통하여 데이터를 송수신하는 것을 말한다.

2. 통신망의 분류

LAN(Local Area Network) : 근거리 통신망	특정 건물 안에 설치된 네트워크로, 분산된 다양한 데이터 통신장비를 상호 연결하여 다양한 서비스를 제공하는 정보 통신망이다.
WAN(Wide Area Network) : 원거리 통신망	광범위한 지역에 설치되는 광역망으로, 둘 이상의 LAN이 넓은 지역에 걸쳐 연결되어 있는 네트워크를 말한다.

3. 통신 방식

직렬전송과 병렬전송	직렬전송	• 하나의 전송 회선을 통해 순차적으로 한 비트씩 전송하는 방식이다. • 장점 : 에러가 적고, 원거리 전송에 적합하다. • 단점 : 속도가 느리다.
	병렬전송	• 여러 개의 전송 회선을 통해서 비트를 동시에 전송하는 방식이다. • 장점 : 다량의 데이터를 빠른 속도로 전송이 가능하다. • 단점 : 전송 회선이 많이 필요하며, 전송이 길어지면 에러 발생 가능성이 높으므로, 원거리 통신에 부적합하다.
비동기 전송과 동기 전송	비동기 전송	• 문자 단위의 비트 블록을 전송의 기본단위로 하여, 한 문자를 전송할 때마다 동기화시킨다. • 송 · 수신 측의 동기화를 위하여 각 비트 블록의 앞뒤에 시작 비트와 정지 비트를 덧붙여서 전송한다.
	동기 전송	• 비동기 방식의 비효율성을 보완하기 위한 방식이다. • 한 번에 큰 크기의 텍스트 단위의 문자 프레임을 전송하는 고속 전송방식이다. • 동기화를 위해서 전송의 시작과 끝을 나타내는 제어 정보를 데이터의 앞뒤에 붙여서 프레임을 구성한다.

전송 방향에 따른 방식	단방향 통신 방식	• 정보의 흐름이 언제나 일정한 방향으로 고정되어 있으며, 역방향의 정보 전달이 불가능한 방식이다. • 저속 통신 방식에 적합하다.
	반이중 통신 방식	양쪽 방향으로 통신하는 방식이나 동시에 통신하지 못하고, 한쪽씩 통신하는 방식이다.
	전이중 통신 방식	• 송수신을 동시에 할 수 있는 양방향 통신 방식이다. • 정해진 시간 내에 많은 데이터를 송·수신할 수 있다는 장점이 있다.

4. 통신회선 접속방식

점-대-점 회선 (point to point) 방식	• 컴퓨터 시스템과 단말기를 전용 회선으로 직접 연결하는 방식이다. • 언제든지 송·수신이 가능하다. • 응답 속도가 빠르므로 고속 처리에 이용된다.
다중연결 (Multi-Link) 방식	• 데이터 링크가 여러 개 있는 것으로, 다중 연결을 구성하는 데이터 링크는 각각의 링크 프로토콜로 제어된다. • 네트워크 데이터 링크가 다중화한 것 이외에 네트워크의 두 개의 노드(node)를 연결하는 경로가 두 개 이상의 데이터 링크로 구성되어 있는 상태를 가리킨다.
멀티 드롭 (Multi Drop) 방식 = 멀티 포인트 (Multi point) 방식	• 컴퓨터 시스템에 연결된 한 개의 전송회선에 여러 대의 단말기를 연결한 형식이다. • 전송회선은 대부분 한 개의 전용회선이므로, 한 시점에는 한 단말기만이 컴퓨터로 데이터를 전송할 수 있으나, 컴퓨터로부터 데이터 수신은 여러 대의 단말기가 동시에 할 수 있다. • 장점 : 회선을 공유하기에 효용도가 높고, 가격이 저렴하다. 또한 전송할 데이터의 양과 회선 사용 시간이 적을 때 매우 효율적이다. • 단점 : 통신회선 고장 시 고장 지점 이후의 단말기들을 운용할 수 없게 된다. • 단말기와 컴퓨터의 통신로를 구성하는 방법에는 폴링(polling)과 선택(selection)등이 있다. 표 아래 참조

통신로 구성 방법	특 징
폴링(polling) 기출 14	• 단말기에서 컴퓨터로 데이터를 전송할 경우에 이용된다. 즉, 각 단말기로부터 송신을 제어하기 위한 방식이다. • 폴링은 일반적으로 적당한 주기를 갖고 반복된다.
선택(selection)	• 컴퓨터가 특정 단말기를 지정하여 데이터를 전송할 경우에 이용된다. 물론 여러 대의 단말기에 동시에 전송할 수 있다. • 특정 단말기를 지정하는 제어 문자를 데이터의 앞에 포함시켜 데이터를 전송한다.

5. 교환방식

전용선 (Leased Line) 방식	두 지점의 DTE만이 사용하는 전용회선으로 직접 연결되어 있으므로, 두 지점의 DTE가 통신할 준비가 된 상태라면 언제든지 통신이 가능하다.	
교환 (Switching) 방식	평상시는 접속이 되어 있지 않다가 통신할 때마다 교환기가 경로를 설정해 주어야만 통신이 가능한 방식이다.	
	회선 교환 (Circuit Switching)	• 데이터를 전송하기 전에 전화망의 교환기가 송신기와 수신기 사이의 물리적 통신로를 설정해 주는 방식이다. • 장점 : 일단 설정된 통신은 안정적이다. 다른 요인에 의해 통신이 방해를 받지 않는다. • 단점 : 효율성이 떨어진다.
	메시지 교환 (Message Switching)	• 데이터의 블록(메시지) 단위로 축적과 재전송을 수행하는 방법이다. • 장점 : 데이터 블록의 크기에 제한이 없다. 즉, 데이터 전송 효율이 좋다. • 단점 : 큰 버퍼의 영역이 필요하며, 메시지를 전송하고 처리하는 데 걸리는 지연시간이 길어지므로 대화형 통신에는 적합하지 않다.
	패킷 교환 (Packet Switching)	• 전체 데이터 블록을 패킷이라고 부르는 일정한 크기 이하의 데이터 단위로 나누어 처리하는 방식이다. • 장점 : 전체 메시지의 전송 시간을 줄일 수 있어 대화형 방식(짧은 데이터)의 통신 지원이 가능한 방식이다. • 단점 : 패킷마다 타임 슬롯이 고정적으로 할당되지 않으므로 순간적인 버퍼 오버플로우 현상으로 데이터 전송 오류가 발생할 우려가 있다.

〈참고〉 이강열, 「기계경비개론」, 진영사, P. 597~606

Ⅲ   기억소자(Memory Devices)

1. RAM(Random Access Memory)

전원이 끊어지면 기억되어 있는 데이터들이 소멸되므로 휘발성 메모리(Volatile Memory)라 표현한다. 읽고 쓰기가 가능한 기억장치이다. 기출 23 · 21

RAM의 종류	특징
SRAM (Static RAM, 정적램)	DRAM에 비해 속도가 5배 정도 빠르나, 용량은 적고 가격이 비싸다는 단점이 있다.
DRAM (Dynamic RAM, 동적램)	IC집적도가 SRAM에 비해 높기 때문에 용량은 크고 가격이 저렴하나, 속도가 느리다는 단점이 있다. 저장공간마다 축전기[Capacitor(전기 저장)]를 사용하기 때문에 전원이 연결된 상태로 시간이 흘러 축전기(Capacitor)에 있는 전기가 누설될 경우 데이터가 유실될 수 있다.
PSRAM (Pseudo SRAM)	내부에 전하 충전회로를 내장하여 DRAM의 단점을 보완한 RAM이다. 주기적으로 전하 충전이 되기 때문에 데이터 유실을 막을 수 있으며, SRAM처럼 사용할 수 있다.
SDRAM (Synchronous DRAM)	100MHz 이상의 버스 속도를 유지하는 기능을 개발하여 내장한 DRAM의 일종이다. 시스템의 클럭속도(일반적으로 CPU의 속도)와 동기화하여 CPU가 동작할 때 DRAM도 함께 움직여 CPU가 수행할 수 있는 명령어를 증가시킴으로써 최고의 효율로 작동시킬 수 있다.
DDR SDRAM (Double Data Rate SDRAM)	SDRAM보다 처리속도가 2배 빠른 RAM이다.

2. ROM(Read Only Memory)

전원이 차단되어도 기록된 데이터들이 소멸되지 않는 비휘발성 메모리(Non-Volatile Memory)이다. `기출` 23·19 원칙적으로 읽기 전용 기억장치이다. `기출` 23·21

ROM의 종류	특 징	
Mask ROM	가장 기본적인 ROM으로서, 제조사가 프로그램화된 생산을 하여, 사용자가 저장된 데이터를 수정할 수 없다.	
PROM (Programmable ROM)	ROM에 저장된 데이터를 사용자가 1회 수정할 수 있는 ROM이다. 수정 이후에는 읽기만 가능하다.	
EPROM (Erasable PROM)	메모리에 저장된 데이터를 지우고, 다시 저장할 수 있는 ROM이다. 데이터를 지우는 방식에 따라 UV-EPROM과 E-EPROM으로 분류된다.	
	UV-EPROM (Ultraviolet EPROM)	자외선을 이용하여 저장된 데이터를 지울 수 있는 ROM이다.
	E-EPROM (Electrically EPROM)	전기적인 방법을 이용하여 저장된 데이터를 지울 수 있는 ROM이다.
EAROM (Electrically Alterable ROM)	전기적인 특성을 이용하여 기록된 일부를 바꿀 수 있는 ROM이다.	

주기억장치와 보조기억장치 `기출` 21

주기억장치는 컴퓨터 내부에서 현재 CPU가 처리하고 있는 데이터를 읽거나 쓸 수 있는 기억장치로서 ROM과 RAM이 있다. 반면 보조기억장치는 컴퓨터 외부에서 연결되는 물리적 기억장치로서 컴퓨터의 전원이 차단되더라도 저장된 데이터가 사라지지 않고, 영구적으로 보관할 수 있다는 점을 특징으로 한다. 보조기억장치의 종류에는 HDD(Hard Disk Driver), 플래시 메모리(USB, SD카드 등), 자기 테이프, 광디스크(CD) 등이 있다.

Ⅳ 컴퓨터의 기능 `기출` 21

① **연산기능** : 데이터를 가공해서 처리하며, 각종 수치데이터를 사용한 계산작업을 수행하는 기능이다. 수치연산 및 논리연산이 이에 해당된다.

② **입력기능** : 컴퓨터 외부의 데이터를 컴퓨터 내부로 읽어 들이는 기능으로, 입력장치의 종류에는 키보드, 마우스, 펜 마우스, 마이크 등이 있다.

③ **출력기능** : 컴퓨터가 처리한 결과를 다양한 형태로 출력하는 기능으로, 출력장치의 종류에는 모니터, 프린터물(종이 등의 인쇄물), 스피커(sound) 등이 있다.

④ **저장기능** : 각종 프로그램이나 데이터 등을 저장하는 기능으로, 저장장치의 종류에는 HDD(Hard Disk Drive), Floppy Disk Drive, DVD drive, CD-ROM drive 등이 있다.

⑤ **제어기능** : 컴퓨터를 구성하고 있는 각종 장치들이 잘 작동될 수 있도록 조절해 주는 기능으로, 제어기능을 담당하고 있는 하드웨어는 CPU이다.

01 기계경비의 기초이론

01 기출 23

☑ 확인 Check! ○ △ ✕

반도체 기억소자에 관한 설명으로 옳지 않은 것은?

① ROM은 읽기 전용 기억소자이다.

② ROM은 재충전해야 하는 휘발성 기억소자이다.

③ RAM은 읽기와 쓰기가 모두 가능한 기억소자이다.

④ RAM은 SRAM과 DRAM으로 구분한다.

핵심만 콕

① ROM(Read Only Memory)은 읽기 전용 기억소자이다.

③ RAM(Random Access Memory)은 읽고 쓰기가 가능한 기억소자이다. ROM과 달리 전원이 끊어지면 기억되어 있는 데이터들이 소멸되므로 휘발성 메모리(Volatile Memory)이다.

④ RAM은 크게 SRAM(Static RAM, 정적램)과 DRAM(Dynamic RAM, 동적램)으로 구분되며, 세부적으로는 PSRAM(Pseudo SRAM), SDRAM(Synchronous DRAM), DDR SDRAM(Double Data Rate SDRAM) 등으로 구분할 수 있다.

02 기출 21

기억소자에 관한 설명으로 옳은 것은?

① ROM : 읽기만 가능한 비휘발성 기억소자
② PROM : 기억된 내용을 지울 수 있는 기억소자
③ RAM : 쓰기만 가능한 비휘발성 기억소자
④ DRAM : 가시광선으로 정보를 지울 수 있는 기억소자

확인Check! ○ △ ✕

① ROM(Read Only Memory) : 읽기 전용 비휘발성 기억소자이다.
② PROM(Programmable Read Only Memory) : ROM에 사용자가 한 번만 내용을 기입할 수 있으며, 이후에는 읽기만 가능한 기억소자이다.
③ RAM(Random Access Memory) : 읽고 쓰기가 가능한 휘발성(전원 공급이 차단되면 기억하고 있는 데이터가 삭제) 기억소자이다.
④ DRAM(Dynamic Random Access Memory) : 플립플롭(Flip-Flop) 방식으로 작동하여 전류신호가 오기 전에는 상태가 변화하지 않는 SRAM과 달리 축전지(Capacitor) 방식으로 작동하는 DRAM은 시간의 흐름에 따라 메모리가 자연적으로 변화한다[주기적으로 재충전(Refresh)해 주어야 기억된 정보가 유지됨].

정답 ❶

03 기출 19

ROM(Read Only Memory)의 종류가 아닌 것은?

① PROM
② EPROM
③ EEPROM
④ EDPROM

확인Check! ○ △ ✕

ROM의 종류가 아닌 것은 EDPROM이다.

정답 ❹

ROM의 종류 및 특징

Mask ROM	가장 기본적인 ROM으로서, 제조사가 프로그램화된 생산을 하여, 사용자가 저장된 데이터를 수정할 수 없다.	
PROM (Programmable ROM)	ROM에 저장된 데이터를 사용자가 1회 수정할 수 있는 ROM이다. 수정 이후에는 읽기만 가능하다.	
EPROM (Erasable PROM)	메모리에 저장된 데이터를 지우고, 다시 저장할 수 있는 ROM이다. 데이터를 지우는 방식에 따라 UV-EPROM과 E-EPROM으로 분류된다.	
	UV-EPROM (Ultraviolet EPROM)	자외선을 이용하여 저장된 데이터를 지울 수 있는 ROM이다.
	E-EPROM (Electrically EPROM)	전기적인 방법을 이용하여 저장된 데이터를 지울 수 있는 ROM이다.
EAROM (Electrically Alterable ROM)	전기적인 특성을 이용하여 기록된 일부를 바꿀 수 있는 ROM이다.	

제1장 기계경비의 기초이론 313

04 기출 21

☑확인 Check! ○ △ ✕

경비업법상 다음 (   )에 들어가는 시설은?

> 경비대상시설에 설치한 기기에 의하여 감지·송신된 정보를 그 경비대상시설 외의 장소에 설치한 (   )의 기기로 수신하여 도난·화재 등 위험발생을 방지하는 업무

① 통제시설
② 출동시설
③ 통신시설
④ 관제시설

쏙쏙 해설

제시된 내용은 경비업법상 기계경비업무에 대한 정의로서 (   )에 들어가는 시설은 관제시설이다(경비업법 제2조 제1호 라목).

정답 ❹

관계법령

정의(경비업법 제2조)

이 법에서 사용하는 용어의 정의는 다음과 같다.
1. "경비업"이라 함은 다음 각목의 1에 해당하는 업무(이하 "경비업무"라 한다)의 전부 또는 일부를 도급받아 행하는 영업을 말한다.
    라. 기계경비업무 : 경비대상시설에 설치한 기기에 의하여 감지·송신된 정보를 그 경비대상시설 외의 장소에 설치한 관제시설의 기기로 수신하여 도난·화재 등 위험발생을 방지하는 업무

05 [기출] 22

☑확인Check! ○ △ ✕

경비업법령상 기계경비사업자가 갖추어야 할 항목으로 옳지 않은 것은?

① 출장소별 출동차량 2대 이상 보유
② 기준 경비인력 수 이상을 동시에 교육할 수 있는 교육장
③ 전자·통신분야 기술자격자 3명 이상
④ 기계경비지도사 1명 이상

관계법령

경비업의 시설 등의 기준(경비업법 시행령 [별표 1]) 〈개정 2023.5.15.〉

시설 등 기준 / 업무별	경비인력	자본금	시설	장비 등
1. 시설경비 업무	• 일반경비원 10명 이상 • 경비지도사 1명 이상	1억원 이상	기준 경비인력 수 이상을 동시에 교육할 수 있는 교육장	기준 경비인력 수 이상의 경비원 복장 및 경적, 단봉, 분사기
2. 호송경비 업무	• 무술유단자인 일반경비원 5명 이상 • 경비지도사 1명 이상	1억원 이상	기준 경비인력 수 이상을 동시에 교육할 수 있는 교육장	• 호송용 차량 1대 이상 • 현금호송백 1개 이상 • 기준 경비인력 수 이상의 경비원 복장 및 경적, 단봉, 분사기
3. 신변보호 업무	• 무술유단자인 일반경비원 5명 이상 • 경비지도사 1명 이상	1억원 이상	기준 경비인력 수 이상을 동시에 교육할 수 있는 교육장	• 기준 경비인력 수 이상의 무전기 등 통신장비 • 기준 경비인력 수 이상의 경적, 단봉, 분사기
4. 기계경비 업무	• 전자·통신 분야 기술자격증소지자 5명을 포함한 일반경비원 10명 이상 • 경비지도사 1명 이상	1억원 이상	• 기준 경비인력 수 이상을 동시에 교육할 수 있는 교육장 • 관제시설	• 감지장치·송신장치 및 수신장치 • 출장소별 출동차량 2대 이상 • 기준 경비인력 수 이상의 경비원 복장 및 경적, 단봉, 분사기
5. 특수경비 업무	• 특수경비원 20명 이상 • 특수지도사 1명 이상	3억원 이상	기준 경비인력 수 이상을 동시에 교육할 수 있는 교육장	기준 경비인력 수 이상의 경비원 복장 및 경적, 단봉, 분사기

제1장

06 기출 20

☑ 확인Check! ○ △ ✕

기계경비업무의 허가 기준으로 옳은 것은?

① 전자·통신분야 기술자격증 소지자 3명 이상 보유

② 기계경비지도사 1명 이상 보유

③ 자본금 5천만원 이상 보유

④ 출장소별 차량 1대 이상 보유

쏙쏙 해설

기계경비업무의 허가 기준으로 경비인력은 전자·통신분야 기술자격증 소지자 5명을 포함한 일반경비원 10명 이상 및 기계경비지도사 1명 이상이 필요하고, 자본금은 1억원 이상 보유해야 하며 출장소별 출동차량은 2대 이상 보유해야 한다.

정답 ❷

07 기출 21

☑ 확인Check! ○ △ ✕

경비업법상 기계경비업자가 갖추어야 할 사항으로 옳지 않은 것은?

① 계약상대방에게 감지장치·송신장치·수신장치의 설치 방법 및 고장 시 조치 방법에 대해 서면으로 설명해야 한다.

② 손해배상의 범위와 손해배상액에 관한 사항을 기재한 서면등을 계약상대방에게 교부하여야 한다.

③ 기계경비업 허가를 받기 위해 출장소별로 출동차량 2대 이상을 갖추어야 한다.

④ 기계경비업 허가를 받기 위해 기준 경비인력 수 이상의 경비원 복장 및 경적, 단봉, 분사기를 갖추어야 한다.

쏙쏙 해설

① 감지장치·송신장치·수신장치의 설치 방법 및 고장 시 조치 방법은 경비업법령상 기계경비업자가 계약상대방에게 설명 시 교부하는 "서면등"에 기재하는 내용에 해당하지 않는다(경비업법 시행령 제8조 제1항).

② 경비업법 시행령 제8조 제2항

③ 경비업법 시행령 [별표 1] 제4호

④ 경비업법 시행령 [별표 1] 제4호

정답 ❶

08 기출 21

☑ 확인Check! ○ △ ✕

경비업법상 기계경비업의 허가를 받기 위하여 갖추어야 할 장비가 아닌 것은?

① 감지장치

② 송신장치

③ 수신장치

④ 기록장치

쏙쏙 해설

경비업법령상 기계경비업의 허가를 받기 위하여 갖추어야 할 장비 등은 감지장치·송신장치 및 수신장치, 출장소별 출동차량 2대 이상, 기준 경비인력 수 이상의 경비원 복장, 경적, 단봉 및 분사기이다(경비업법 시행령 [별표 1]).

정답 ❹

09 기출 19

☑ 확인Check! ○ △ ✕

경비업법상 경비업자는 선임·배치된 경비지도사에 결원이 있거나 자격정지 등의 사유로 그 직무를 수행할 수 없는 때에는 몇 일 이내에 경비지도사를 새로이 충원하여야 하는가?

① 15
② 20
③ 25
④ 30

쏙쏙 해설

15일 이내에 경비지도사를 새로이 충원하여야 한다(경비업법 시행령 제16조 제2항).

정답 ❶

관계법령

경비지도사의 선임·배치(경비업법 시행령 제16조)
① 경비업자는 법 제12조 제1항의 규정에 의하여 [별표 3]의 기준에 따라 경비지도사를 선임·배치하여야 한다.
② 경비업자는 제1항의 규정에 의하여 선임·배치된 경비지도사에 결원이 있거나 자격정지 등의 사유로 그 직무를 수행할 수 없는 때에는 15일 이내에 경비지도사를 새로이 충원하여야 한다.

제1장

제2장

제3장

제4장

제5장

제6장

10 기출 23

☑ 확인Check! ○ △ ✕

경비업법령상 다음 (   )에 들어갈 숫자는?

법 제2조 제1호 라목의 규정에 의한 기계경비업무를 수행하는 경비업자(이하 "기계경비업자"라 한다)는 법 제8조의 규정에 의하여 관제시설 등에서 경보를 수신한 때에는 경보를 수신한 때부터 늦어도 (   )분 이내에는 도착시킬 수 있는 대응체제를 갖추어야 한다.

① 15
② 20
③ 25
④ 30

쏙쏙 해설

제시문의 (   )에 들어갈 숫자는 25이다(경비업법 시행령 제7조).

정답 ❸

11 기출 20

☑ 확인 Check! ○ △ ✕

기계경비업자가 갖추어야 할 서류의 기재사항에 해당하지 않는 것은?

① 경비대상시설의 명칭
② 출동차량 종류
③ 경비계약기간
④ 기계경비지도사의 명단

관계법령

기계경비업자의 관리 서류(경비업법 시행령 제9조)
① 기계경비업자는 법 제9조 제2항의 규정에 의하여 출장소별로 다음 각호의 사항을 기재한 서류를 갖추어 두어야 한다.
  1. 경비대상시설의 명칭·소재지 및 경비계약기간
  2. 기계경비지도사의 명단·배치일자·배치장소와 출동차량의 대수
  3. 경보의 수신 및 현장도착 일시와 조치의 결과
  4. 오경보인 경우 오경보가 발생한 경비대상시설 및 그 오경보에 대한 조치의 결과
② 제1항 제3호 및 제4호의 규정에 의한 사항을 기재한 서류는 당해 경보를 수신한 날부터 1년간 이를 보관하여야 한다.

12 기출 18

☑ 확인 Check! ○ △ ✕

경비업법령상 다음 (   )에 들어갈 용어를 순서대로 나열한 것은?

> 기계경비업자는 (   ) 등 업무의 원활한 운영과 개선을 위하여 (   )령이 정하는 바에 따라 관련 서류를 작성·비치하여야 한다.

① 대응조치, 대통령
② 대응조치, 행정안전부
③ 대응체계, 대통령
④ 대응체계, 행정안전부

관계법령

오경보의 방지 등(경비업법 제9조)
① 기계경비업자는 경비계약을 체결하는 때에는 오경보를 막기 위하여 계약상대방에게 기기사용요령 및 기계경비운영체계 등에 관하여 설명하여야 하며, 각종 기기가 오작동되지 아니하도록 관리하여야 한다.
② 기계경비업자는 대응조치 등 업무의 원활한 운영과 개선을 위하여 대통령령이 정하는 바에 따라 관련 서류를 작성·비치하여야 한다.

13 기출 17

☑ 확인Check! ○ △ ✕

기계경비업법령상 다음 (   )에 들어갈 용어를 순서대로 나열한 것은?

> 기계경비업자는 경비계약을 체결할 때, (   )을(를) 막기 위하여 계약상대방에게 기기사용요령 및 기계경비운영체계 등에 관하여 설명하여야 하며, 각종 기기가 (   )되지 않도록 관리하여야 한다.

① 오경보, 오경보
② 오작동, 오경보
③ 오경보, 오작동
④ 오작동, 오작동

14 기출 21

☑ 확인Check! ○ △ ✕

기계경비업 허가의 취소사유가 아닌 것은?

① 허위 그 밖의 부정한 방법으로 허가를 받은 때
② 영업정지처분을 받고 계속하여 영업을 한 때
③ 정당한 사유 없이 허가를 받은 날부터 1년 이내에 경비 도급실적이 없을 때
④ 정당한 사유 없이 허가를 받은 날부터 계속하여 1년 이상 휴업한 때

관계법령

경비업 허가의 취소 등(경비업법 제19조)
① 허가관청은 경비업자가 다음 각호의 어느 하나에 해당하는 때에는 그 허가를 취소하여야 한다.
  1. 허위 그 밖의 부정한 방법으로 허가를 받은 때
  2. 제7조 제5항의 규정에 위반하여 허가받은 경비업무 외의 업무에 경비원을 종사하게 한 때 – 적용중지 헌법불합치 결정(2020헌가19)
  3. 제7조 제9항의 규정에 위반하여 경비업 및 경비관련업 외의 영업을 한 때
  4. 정당한 사유 없이 허가를 받은 날부터 2년 이내에 경비 도급실적이 없거나 계속하여 1년 이상 휴업한 때
  5. 정당한 사유 없이 최종 도급계약 종료일의 다음 날부터 2년 이내에 경비 도급실적이 없을 때
  6. 영업정지처분을 받고 계속하여 영업을 한 때
  7. 제15조의2 제2항을 위반하여 소속 경비원으로 하여금 경비업무의 범위를 벗어난 행위를 하게 한 때
  8. 제18조 제8항에 따른 관할 경찰관서장의 배치폐지명령에 따르지 아니한 때

제1장

제2장

제3장

제4장

제5장

제6장

15 기출 97

☑ 확인Check! ○ △ ✕

다음 중 경비 제공 절차에 대한 순서가 맞는 것은?

① 고객상담 → 시스템설계 → 경비진단 → 계약체결 → 기기설치 → 경비개시

② 고객상담 → 경비진단 → 시스템설계 → 계약체결 → 기기설치 → 경비개시

③ 고객상담 → 시스템설계 → 경비진단 → 계약체결 → 테스트 → 고객상담 → 경비 개시

④ 고객상담 → 경비진단 → 시스템설계 → 테스트 → 기기설치 → 고객상담 → 경비 개시

쏙쏙 해설

경비 제공 절차는 고객상담 → 경비진단 → 시스템설계 → 제안서제출 → 계약체결 → 기기설치 → 테스트 → 경비개시 순이다.

정답 ❷

16 기출 99

☑ 확인Check! ○ △ ✕

다음 중 기계경비업무의 특질이 아닌 것은?

① 소수의 경비원으로 다수의 경비업무 대상시설을 경비할 수 있다.

② 사람이 직접 감시하는 경우에는 보지 못하고 빠뜨리기 쉬운 정보를 감지할 수가 있다.

③ 기기를 이용해서 감시하기 때문에 정확한 상황 판단이 가능하다.

④ 정보의 내용이 기기의 성능 등에 크게 좌우된다.

쏙쏙 해설

기계경비는 경비기기를 이용해서 감시를 하기 때문에, 사람이 직접 감시할 경우와 같은 정확한 상황 판단을 할 수 없을 때가 많다.

정답 ❸

17

☑ 확인Check! ○ △ ✕

기계경비업무는 경비업무용 기계장치와 인적 요소가 유기적으로 결합하여야 충분한 효과를 기대할 수 있다. 4개의 인적 요소가 아닌 것은?

① 보안업무

② 지령업무

③ 대처업무

④ 보수업무

쏙쏙 해설

인적 요소에는 기기설치업무, 지령업무, 대처업무, 보수업무가 있다.

정답 ❶

18

다음은 기계경비의 사업 전망에 관한 설명이다. 해당되지 않는 것은?

① 숙직 등 야간근무 회피 성향이 커짐

② 범죄 성향의 대담성, 잔인성에 대한 인력경비의 불안감 고조

③ 개인의 생명과 재산의 안정 욕구가 팽배해짐

④ 경찰력의 증대로 인한 기계경비 규모의 축소

☑ 확인 Check! ○ △ ✕

쏙쏙 해설

경찰력만으로는 치안 유지 및 범죄 예방에 역부족이다.

정답 ❹

---

19 기출 97

다음 중 지령업무에 관한 내용으로 볼 수 없는 것은 어느 것인가?

① 현장에 출동한 대처요원을 통해서 사고의 내용, 규모 등의 확인

② 정보의 수신에 의거한 진보와 오보의 구별

③ 정보의 수신에 의거한 사고내용의 식별

④ 대처요원의 사고현장으로의 출동 및 현장에서의 사고조치에 대한 지시

☑ 확인 Check! ○ △ ✕

쏙쏙 해설

지령업무는 신호를 확인하여 출동차량에 전달하고 확인하는 업무이다.

정답 ❷

---

20 기출 97

다음 중 지령업무에 관한 내용으로 볼 수 없는 것은 어느 것인가?

① 현장에서 직접 활동하는 대처업무도 포함된다.

② 대처요원을 통해서 사고의 내용, 규모 등의 확인업무도 포함된다.

③ 상황본부(중앙통제본부)에서 기계경비원이 행하는 업무를 지령업무라고 한다.

④ 현장대처요원을 현장으로 보내고 현장에서의 대처에 대한 지시도 지령업무에 속한다.

☑ 확인 Check! ○ △ ✕

쏙쏙 해설

현장에서 직접 활동하는 대처업무는 지령업무에 속하지 않는다.

정답 ❶

제1장

제2장

제3장

제4장

제5장

제6장

21 기출 97

통상점검 실시 항목인 것은?

① 기기 기능시험

② 주장치의 점검

③ 각종 배선의 재접속

④ 기기의 교환

☑ 확인 Check! ○ △ ✕

쏙쏙 해설

통상점검은 일상적인 점검으로서 점검 실시 항목에는 수량·주장치·배터리·외관점검이 포함된다.

정답 ❷

22 기출 97

다음 중 경비기기의 세부점검 실시 항목의 내용은 어느 것인가?

① 외관점검

② 배터리점검

③ 경비기기 기능시험

④ 수량점검

☑ 확인 Check! ○ △ ✕

쏙쏙 해설

경비기기의 기능시험이 세부점검 실시 항목에 해당한다.

정답 ❸

핵심만 콕

세부점검 실시 항목
- 기기의 기능시험
- 기기를 설치한 불량 장소의 수정
- 각종 배선의 재접속
- 와이어 등의 재설치
- 기기의 교환 등

23

☑ 확인 Check! ○ △ ✕

즉응체제의 정비에 관한 설명 중 틀린 것은?

① 기계경비는 계약에 의해 경비하는 것이지만 반드시 경찰기관과 같은 유관기관과 협조를 하여 필요한 조치를 강구해야 한다.
② 기계경비업자에 있어서 즉응체제의 정비는 가장 기본적인 의무이다.
③ 즉응체제의 정비에 관하여는 대기소부터 경비업무 대상시설에 도달하는 데 필요로 하는 시간이 가장 기본적 사항이다.
④ 경비업무 대상 시설의 수, 규모, 종류, 범죄 발생 상황 등을 고려해서 필요한 수의 경비원, 차량 등을 배치하여야 한다.

쏙쏙 해설

기계경비는 계약에 의한 경비이므로 경찰기관 등에 의하지 않고 스스로 필요한 조치를 강구하는 것이 원칙이다.

정답 ❶

24 기출 97

☑ 확인 Check! ○ △ ✕

다음 중 기계경비업무용 기계장치의 관리에 관한 내용으로 옳지 않은 것은?

① 경비업무용 기계장치의 기능을 정상적으로 유지하는 것은 대상 시설의 안전을 지키기 위해 필요한 것이다.
② 주된 점검 항목에서는 수량점검, 배터리점검, 외관 점검, 기기의 기능시험 등이 있다.
③ 보수점검은 미리 결정한 점검주기, 점검요령에 의거해 확실히 실시하는 것이 중요하다.
④ 보수점검에는 내용에 의한 통상점검과 세부점검, 특별점검의 3종류가 있다.

쏙쏙 해설

보수점검은 내용에 따라 통상점검과 세부점검의 두 종류로 분류된다.

정답 ❹

25 기출 14

☑ 확인 Check! ○ △ ✕

경비업법령상 기계경비업자의 관리서류에 관한 내용으로 옳지 않은 것은?

① 경보의 수신 및 현장도착 일시와 조치의 결과
② 경비대상시설의 명칭·소재지 및 경비계약기간
③ 오경보의 발생원인과 송신기기의 유지·관리방법
④ 기계경비지도사의 명단·배치일자·배치장소와 출동차량의 대수

쏙쏙 해설

오경보의 발생원인과 송신기기의 유지·관리방법은 경비업법 시행령 제8조의 오경보 방지를 위한 설명 등에 해당한다.

정답 ❸

관계법령

기계경비업자의 관리서류(경비업법 시행령 제9조 제1항)
1. 경비대상시설의 명칭·소재지 및 경비계약기간
2. 기계경비지도사의 명단·배치일자·배치장소와 출동차량의 대수
3. 경보의 수신 및 현장도착 일시와 조치의 결과
4. 오경보인 경우 오경보가 발생한 경비대상시설 및 그 오경보에 대한 조치의 결과

26

☑ 확인 Check! ○ △ ✕

다음 중 경비회사가 침입감지시스템(무인경비시스템)을 이용하여 기계경비업무를 사업적으로 할 수 있게 되었던 가장 중요한 계기는?

① 경보장치의 발달
② 센서기술의 발달
③ 영상기술의 발달
④ 통신기술의 발달

쏙쏙 해설

정보통신기술의 발달에 의해 고도의 기계경비장치가 급속한 속도로 개발, 보급되었다.

정답 ❹

27 기출 15

교류전력을 나타내는 방법 중 피상전력을 나타내는 식은?(단, V, I는 각각 전압과 전류의 실횻값이다)

① $P = V \cdot I \cos\theta \, [W]$

② $P = V \cdot I \sin\theta \, [Var]$

③ $P = V \cdot I \, [VA]$

④ $P = I^2 \cdot R \, [W]$

쏙쏙 해설

교류회로에서 전압이 V, 전류가 I일 때 피상전력은 전압과 전류의 곱을 말한다.

정답 ③

28 기출문제

전압 $12\,V$, 저항 $4k\Omega$일 때 전류값은?

① $3mA$ ② $3A$

③ $5mA$ ④ $5A$

쏙쏙 해설

전류$(A) = \dfrac{\text{전압}(V)}{\text{저항}(\Omega)}$이다.

주어진 저항의 단위가 $k\Omega$이므로 이것을 Ω단위로 바꿔서 대입한다. 즉, $4k\Omega = 4{,}000\Omega$이므로

전류$(A) = \dfrac{12\,V}{4{,}000\Omega} = 0.003A = 3mA$

이다.

정답 ①

제1장

제2장

제3장

제4장

제5장

제6장

29 기출 99

☑ 확인Check! ○ △ ✕

다음 중 감지기 소모전류를 측정하기 위한 올바른 방법은 어느 것인가?

① 감지기의 전원을 차단하고, 전류계를 직렬로 접속한 후 측정한다.

② 전류계를 감지기와 병렬로 접속한 후 측정을 실시한다.

③ 전류계를 감지기와 직렬로 접속한 후 측정한다.

④ 감지기의 전원을 차단한 후 전류계를 병렬로 접속한 후 측정한다.

쏙쏙 해설

전류계는 감지기와 직렬로, 전압계는 병렬로 접속한 후 측정한다.

정답 ❸

30 기출 97

☑ 확인Check! ○ △ ✕

다음 중 유전원 감지기에 쓰이는 전원의 크기는?

① 5 V

② 12 V

③ 24 V

④ 36 V

쏙쏙 해설

대부분의 방범용 센서는 DC12를 사용한다.

정답 ❷

31 기출 18

☑ 확인Check! ○ △ ✕

정류회로의 맥동률이 1%이고, 출력 직류전압이 400 V일 때, 리플 전압(V)은?

① 2

② 4

③ 20

④ 40

쏙쏙 해설

리플 전압은 정류된 전압의 교류전압이므로, 아래의 맥동률을 구하는 식을 활용하면 된다.

$$맥동률 = \frac{직류전압에 포함된 교류전압}{직류전압} \times 100$$

$$1\% = \frac{리플\ 전압}{400\ V} \times 100\%$$

∴ 리플 전압은 4 V이다.

정답 ❷

32 기출 17

☑ 확인 Check! ○ △ ×

맥동률이 2.3%이고 교류전압이 5.06 V일 때, 직류전압(V)은?

① 110

② 220

③ 330

④ 440

핵심만 콕

맥동률이란 직류 속에 포함되는 교류 성분의 정도를 의미하는데, 맥동률을 구하는 식은 아래와 같다.

$$\text{맥동률} = \frac{\text{직류전압에 포함된 교류전압}}{\text{직류전압}} \times 100$$

맥동률이 2.3%이고, 교류전압이 5.06 V이므로 $2.3 = \dfrac{5.06}{V} \times 100$

$2.3\,V = 506,\quad V = \dfrac{506}{2.3} = 220$

따라서 직류전압은 220 V이다.

---

33 기출 22

☑ 확인 Check! ○ △ ×

전류(I)에 관한 설명으로 옳지 않은 것은?

① 전자의 흐름을 말한다.

② 전자가 이동하는 방향과 반대방향으로 흐른다.

③ 전류의 세기는 1초 동안 이동한 전기량을 의미한다.

④ 전류의 측정은 부하에 병렬로 연결하여 측정한다.

34 기출문제

다음 중 전류의 흐름을 방해하는 것은?

☑ 확인 Check! ○ △ ✕

① V　　　　　　　　　　② Ω

③ A　　　　　　　　　　④ F

35 기출 20

다음 설명에 해당하는 것은?

☑ 확인 Check! ○ △ ✕

> 유도기전력의 방향은 코일면을 통과하는 자속의 변화를 방해하는 방향으로 나타난다.

① 줄의 법칙
② 렌츠의 법칙
③ 옴의 법칙
④ 앙페르 법칙

핵심만 콕

① 줄의 법칙 : 도체에 전류가 흘렀을 때 발생하는 열량은 전류의 제곱과 도체의 저항을 곱한 것에 비례한다는 법칙이다. $Q = I^2 \times R \times T$($Q$는 열량, I는 전류, R은 저항, T는 전류가 흐른 시간)
② 렌츠의 법칙 : 전자유도작용에 의해 회로에 발생하는 유도전류는 항상 유도작용을 일으키는 자속의 변화를 방해하는 방향으로 흐른다는 법칙이다.
③ 옴의 법칙 : 전기회로에서 전압과 전류, 저항 사이의 관계를 나타낸 것으로 전류는 전압의 크기에 비례하고, 저항의 크기에 반비례한다는 법칙이다. $I = \dfrac{V}{R}$[I는 전류(A), V는 전압(V), R은 저항(Ω)]
④ 앙페르(암페어) 법칙 : 전류가 흐르고 있는 도체 주위에는 자계가 발생하며, 자계의 방향을 오른 나사의 회전방향으로 잡으면 전류의 방향은 그 나사의 진행방향이 된다는 법칙이다.

36 기출 18

☑ 확인Check! ○ △ ✕

전류, 전압, 저항의 3가지 요소의 관계를 나타낸 것으로, 전류는 전압에 비례하고 저항에 반비례하는 법칙은?

① 옴의 법칙
② 렌츠의 법칙
③ 암페어의 법칙
④ 키르히호프의 법칙

쏙쏙 해설

전기회로에서 전압과 전류, 저항 사이에 나타나는 전기적인 법칙으로 전류는 전압의 크기에 비례하고, 저항의 크기에 반비례한다는 내용은 옴의 법칙이다.

정답 ❶

핵심만 콕

② 렌츠의 법칙 : 전자유도 작용에 의해 회로에 발생하는 유도전류는 항상 유도작용을 일으키는 자속의 변화를 방해하는 방향으로 흐른다는 것이다.
③ 암페어의 법칙 : 전류가 흐르고 있는 도체 주위에는 자계가 발생하며, 자계의 방향을 오른 나사의 회전방향으로 잡으면 전류의 방향은 그 나사의 진행방향이 된다는 것이다.
④ 키르히호프의 법칙
  • 제1법칙(전류법칙) : 회로의 한 접속점에서 접속점에 흘러들어 오는 전류의 합과 흘러 나가는 전류의 합은 같다.
  • 제2법칙(전압법칙) : 회로망 중의 임의 폐회로 내에서 일주 방향에 따른 전압강하의 합은 기전력의 합과 같다.

37 기출 16

☑ 확인Check! ○ △ ✕

자기장 속에서 도선이 움직일 때 전자유도 작용에 의하여 코일에 유기기전력이 발생하는 원리는?

① 렌츠의 법칙
② 암페어(앙페르)의 법칙
③ 플레밍의 왼손 법칙
④ 플레밍의 오른손 법칙

쏙쏙 해설

플레밍의 오른손 법칙에 대한 내용이다.

정답 ❹

핵심만 콕

① 전자유도 작용에 의해 회로에 발생하는 유도전류는 항상 유도작용을 일으키는 자속의 변화를 방해하는 방향으로 흐른다는 것이다.
② 전류가 흐르고 있는 도체 주위에는 자계가 발생하며, 자계의 방향을 오른 나사의 회전방향으로 잡으면 전류의 방향은 그 나사의 진행방향이 된다는 것이다.
③ 왼손의 첫째, 둘째, 셋째 손가락을 서로 직각으로 벌렸을 때, 첫째 손가락은 전자기력의 방향, 둘째 손가락은 자기장의 방향, 셋째 손가락은 전류의 방향과 일치하는 법칙이다.

38 기출 17

☑ 확인Check! ○ △ ✕

다음 회로에서 전류 I 의 값(A)은?

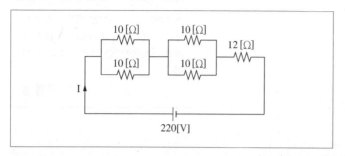

① 1
② 5
③ 10
④ 12

핵심만 콕

병렬로 접속한 2개의 저항을 R_t 라 한다면, R_t 는 다음과 같다.

$$R_t[\Omega] = \frac{1}{\dfrac{1}{R_1} + \dfrac{1}{R_2}} = \frac{1}{\dfrac{R_1 + R_2}{R_1 R_2}} = \frac{R_1 R_2}{R_1 + R_2}[\Omega]$$

R_1, R_2 는 각각 10Ω이므로 병렬로 접속한 2개의 저항의 합은 5Ω이다.

---

39 기출 22

☑ 확인Check! ○ △ ✕

다음 전기회로에서 저항에 흐르는 전류 $I(A)$는?

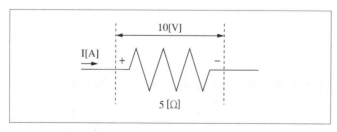

① 0.5
② 2
③ 4
④ 50

40 기출문제 ☑확인Check! ○ △ ✕

다음은 옴의 법칙(Ohm's Law)에 대한 설명이다. 괄호 안에 알맞은 용어는?

전류는 ( )에 비례하고 ( )에 반비례한다.

① 저항, 전압
② 전압, 교류
③ 전압, 저항
④ 전압, 직류

쏙쏙 해설

전류의 세기는 전압에 비례하고 전기저항에 반비례한다는 법칙으로서, 1827년 독일의 물리학자 옴에 의해 이루어졌다.

정답 ❸

41 기출 14 ☑확인Check! ○ △ ✕

변압기를 이용하여 교류 220 V를 110 V로 낮추어 사용하려고 한다. 1차 코일의 권선수가 500회일 때 2차 코일의 권선수는?

① 100회
② 150회
③ 200회
④ 250회

쏙쏙 해설

권선수와 전압의 비례관계
$N_1 : N_2 = V_1 : V_2$
→ 500회 : N_2 = 220 V : 110 V
∴ N_2 = 250회

정답 ❹

42 기출 13 ☑확인Check! ○ △ ✕

저항에 관한 설명으로 옳지 않은 것은?

① 도체의 전기저항은 재료의 종류, 온도, 길이, 단면적에 따라 결정된다.
② 고유저항은 전류의 흐름을 방해하는 물질의 고유한 성질이다.
③ 전기저항은 도체의 고유저항, 길이 및 단면적에 비례한다.
④ 전기저항은 전류의 흐름을 저지하여 열로 발산시키는 작용을 한다.

쏙쏙 해설

전기저항은 도체의 고유저항 및 길이에 비례하고, 단면적에 반비례한다.

정답 ❸

43 기출 18

☑ 확인Check! ○ △ ✕

열에 민감하고 (−)의 온도계수를 가지는 소자로서 온도측정, 온도제어, 계전기 등에 이용되는 것은?

① 바리스터
② UJT
③ 서미스터
④ 다이액

44 기출문제

☑ 확인Check! ○ △ ✕

전선 단면적의 반지름이 2배 증가한 경우 선로저항은?

① 4배 증가
② 1/2배 감소
③ 2배 증가
④ 1/4 감소

핵심만 콕

저항값 구하는 공식

$$R = 고유저항(비저항) \times \frac{길이}{단면적}$$

$R = 선로저항[\Omega], \quad L = 선로길이[m], \quad S = 단면적[SQ]$

그런데 문제에서 주어진 것은 단면적이 아니라 단면적을 구할 수 있는 전선의 반지름이다.
전선의 단면적은 원의 면적을 구하는 공식과 같아서 반지름 × 반지름 × 3.14이다.
문제에서는 정확한 수치를 구하는 것이 아니라 몇 배나 감소 또는 증가했는지만 알면 되므로 공통으로 들어가는 3.14는 생략하고 구한다.
처음 전선 단면적의 반지름이 1이라고 하면 단면적도 1이고, 반지름이 2배 증가했을 때는 단면적은 4가 된다. 따라서 선로저항은 1/4배 감소한다.

45 기출 14

☑ 확인Check! ○ △ ✕

출력전압이 무부하 시 441 V, 정격부하 시 420 V인 정류회로의 전압변동률(%)은?

① 0.9

② 1.1

③ 5

④ 5.7

46 기출 22

☑ 확인Check! ○ △ ✕

기계경비시스템의 컨트롤러에서 사용하는 종단저항에 관한 설명으로 옳지 않은 것은?

① 회로의 마지막 부분에 설치한다.

② a접점 감지회로에서는 사용하지 않는다.

③ 선로 감시(open, short)에 사용된다.

④ 컨트롤러에서 요구하는 저항값은 각각 상이할 수 있다.

47 기출 13

☑ 확인Check! ○ △ ✕

감지기 회로에 종단저항을 설치하는 방법으로 옳은 것은?

① a접점 방식을 직렬로 설치 시 마지막 감지기에 직렬로 설치한다.

② a접점 방식을 병렬로 설치 시 마지막 감지기에 병렬로 설치한다.

③ b접점 방식을 직렬로 설치 시 맨 앞 감지기에 설치한다.

④ b접점 방식을 병렬로 설치 시 생략해도 된다.

핵심만 콕

• 방재용 접점 방식 : 평상시 열려 있다가 감지 시 닫히는 방식, a접점 방식(no방식)

• 방범용 접점 방식 : 평상시 닫혀 있다가 감지 시 열리는 방식, b접점 방식(nc방식)

• 종단저항 설치 목적 : 선로의 단선 유무 확인★

• 실제로 직렬로 연결된 감지기 회로는 없으며, 모두 병렬 연결되어 있음★

---

48 기출문제

☑ 확인Check! ○ △ ✕

전기계통에서 단위 시간당 전하의 이동량이 가장 적은 것은?

① $0.0015kA$

② $220,000\mu A$

③ $0.05A$

④ $30mA$

핵심만 콕

이동량을 비교하려면 단위를 하나로 통일해서 비교하는 것이 좋다.

• $1\mu A$(마이크로암페어) $= 0.001mA$

• $1mA$(밀리암페어) $= 0.001A$

• $1kA$(킬로암페어) $= 1,000A$

• $1MA$(메가암페어) $= 1,000kA$

따라서 ① $0.0015kA = 1.5A$, ② $220,000\mu A = 0.22A$, ④ $30mA = 0.03A$이므로, 이동량이 가장 적은 것은 ④이다.

49 기출 01

☑ 확인Check! ○ △ ✕

종단저항에 대한 다음 설명 중 틀린 것은 어느 것인가?

① Block 또는 Zone에서 출력결선의 끝부분에 설치하는 저항이다.

② 컨트롤러마다 요구하는 저항값은 각각 같다.

③ 컨트롤러에서 맨끝부분 감지기까지의 선로감시(Open 또는 Short)를 한다.

④ 말단저항이라고도 한다.

쏙쏙 해설

종단저항은 Block의 끝부분 감지기에 설치하여 선로감시를 하는 역할로 컨트롤러마다 제각각 다르다.

정답 ❷

50 기출 01

☑ 확인Check! ○ △ ✕

다음의 배선방법 중 내용상 맞지 않는 것은 어느 것인가?

① 배선 시 최대한으로 접속부를 작게 하여 선로저항을 작게 한다.

② 전원선의 1회로에는 전압강하를 고려하여 감지기는 최소로 설치한다.

③ 배선의 길이가 길어질수록 선로저항은 증가하므로 최대한 짧게 한다.

④ 선로의 굵기가 가늘수록 선로저항은 감소하므로 장거리 배선은 가는 선을 사용한다.

쏙쏙 해설

선로저항은 굵기에 반비례하고 길이에 비례한다.

정답 ❹

51 기출문제

☑ 확인Check! ○ △ ✕

금속관 공사 시 배관 끝에 피복 벗어짐을 방지하기 위해 사용하는 관 부속품은?

① 커플링

② 노멀밴드

③ 부 싱

④ 로크너트

쏙쏙 해설

설문은 부싱에 대한 내용이다.

① 커플링 : 전선관끼리 연결할 때 사용하는 부품

② 노멀밴드 : 배관할 때 직각으로 구부러진 부분에 사용하는 부품

④ 로크너트 : 금속관과 박스를 접속할 때 사용하는 부품

정답 ❸

제1장

제2장

제3장

제4장

제5장

제6장

52

☑ 확인Check! ○ △ ✕

내부저항이 작고 동작속도가 빨라서 PC의 전원장치와 같이 고속, 고효율이 요구되는 환경에 사용되는 다이오드는?

① 발광 다이오드
② 제너 다이오드
③ 터널 다이오드
④ 쇼트키 다이오드

핵심만 콕

다이오드의 종류

- 발광 다이오드 : 전류를 순방향으로 흘렸을 때에 발광하는 다이오드이다. 색깔은 적, 녹, 청색이 있고 인간의 눈으로 보기엔 흰색인 LED도 있다. 이 흰색 LED는 그 응용이 활발히 진행 중이며 주로 조명이나 옥외광고, 표시, LCD의 Backlight에 적용된다. LED 동작 시 극성이 중요한데 일반적으로 LED의 두 개의 리드선들 중 긴 쪽이 +, 짧은 쪽이 −이다.
- 제너 다이오드 : 역방향 전압을 가했을 때 발생하는 제너 효과에 의해 정전압 작용을 하는 다이오드로 정전압 다이오드라고도 한다. 역방향 전압을 가해 어느 특정전압을 넘으면 전류는 급격히 증가하지만 특정전압을 거의 일정하게 유지하는 특성을 이용하여, 정전압 회로인 기준 전압을 필요로 하는 회로에 이용된다.
- 정류 다이오드 : 일반적으로 평균 전류 1A 이상의 것을 가리키며 전원의 정류회로에 이용한다. 교류를 직류로 바꾸어 주는 역할을 하며, 속도가 빠를수록 역방향 전류 통과 시간이 짧아 회로에 무리를 주지 않는다. 정류관은 다이오드에 비해 전압 딜레이 효과가 있어 진공관에 히터전원으로 히터가 가열된 후, B전원이 공급되므로 출력관을 보호할 수 있다.
- 브리지 다이오드 : 교류전압을 직류전압으로 바꾸기 위해 정류용 다이오드를 사용한다. 하나의 다이오드에서는 반파 정류(플러스와 마이너스가 교대로 변화하는 전압의 플러스 측 또는 마이너스 측 중에서 어느 한쪽만 사용한다)밖에 할 수 없지만, 다이오드를 4개 조합하면 전파 정류를 할 수 있다. 다이오드 4개를 조합한 것이 다이오드 브리지(Diode Bridge)이다.
- 가변용량 다이오드(배리캡 또는 버랙터) : 전압을 역방향으로 가했을 경우에 다이오드가 가지고 있는 콘덴서 용량(접합 용량)이 변화하는 것을 이용하여, 전압의 변화에 따라 발진주파수를 변화시키는 등의 용도에 사용한다. 역방향의 전압을 높이면 접합 용량은 작아지는 가변 용량 다이오드이다.
- 터널 다이오드(= 에사키 다이오드) : 일반 다이오드에서 나타나는 항복점이 없어 방향성이 없고 일정전압 이상 전압을 가하면 전류가 감소하는 독특한 특징이 있다. 따라서 약간의 전압을 가해도 전류가 흐르며, 전압변화에 매우 빠르게 반응하는 마이크로파의 발진기, 증폭기 등에 사용되고 고속 논리회로의 스위칭 소자로 사용된다.

53 기출문제

☑ 확인 Check! ○ △ ✕

반도체에 대한 설명 중 틀린 것은?

① 전기 전도도가 도체와 절연체의 중간에 있는 것을 의미한다.

② P형 반도체와 N형 반도체로 나눠진다.

③ $10\,\Omega\mathrm{m}$ 이하의 고유저항을 가진 물질이다.

④ 반도체 재료로는 게르마늄, 실리콘 등으로 제조된 것이 있다.

쏙쏙 해설

일반적으로 실온에서 $10^{-3}\sim10^{10}[\Omega\mathrm{m}]$ 정도의 비저항을 갖는다. 그러나 그 범위가 엄격하게 정해져 있지는 않다.

정답 ❸

핵심만 콕

반도체

- 도체와 부도체의 중간영역에 속하는 물질
- 순수한 상태에서는 부도체와 비슷하지만 불순물의 첨가나 기타 조작에 의해 전기전도도가 늘어나기도 한다.
- 일반적으로 실온에서 $10^{-3}\sim10^{10}[\Omega\mathrm{m}]$ 정도의 비저항을 갖는다. 그러나 그 범위가 엄격하게 정해져 있지는 않다.
- 주기율표상에 14족에 위치하는 게르마늄, 규소(실리콘) 등이 대표적인 반도체이다.

54 기출 18

☑ 확인 Check! ○ △ ✕

콘덴서를 다음과 같이 접속할 경우 합성정전용량(F)은?

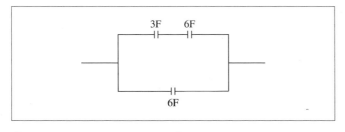

① 2

② 4

③ 6

④ 8

쏙쏙 해설

콘덴서를 직렬로 연결한 형태는 저항과 같으나 합성용량의 값은 저항과 반대로 나타난다. 반면 병렬로 연결한 경우에는 합성정전용량은 저항의 직렬과 같이 각각의 용량의 합이 된다.

따라서 $3F$와 $6F$를 직렬로 연결했을 때 합성정전용량(F)은

$$\dfrac{1}{\dfrac{1}{3}+\dfrac{1}{6}}=\dfrac{1}{\dfrac{6+3}{3\times6}}=\dfrac{3\times6}{6+3}=2\text{이고,}$$

$2F$와 $6F$를 병렬로 연결했을 때 합성정전용량(F)은 $8F$이다.

정답 ❹

제1장
제2장
제3장
제4장
제5장
제6장

55 기출문제

☑ 확인 Check! ○ △ ✕

다음 중 빛을 발생하는 데 사용되는 소자는?

① 다이오드
② 트랜지스터
③ 저 항
④ 콘덴서

쏙쏙 해설

다이오드란 전류를 한쪽 방향으로만 흘리는 반도체 부품이다. 반도체란 원래 이러한 성질을 가지고 있기 때문에 반도체라 부르는 것이다. 트랜지스터도 반도체이지만, 다이오드는 특히 이와 같이 한쪽 방향으로만 전류가 흐르도록 하는 것을 목적으로 하고 있다. 다이오드에 전류를 흘리면 광자가 발생해 빛을 내는 소자로도 쓰인다.

정답 ❶

56 기출문제

☑ 확인 Check! ○ △ ✕

P형 반도체와 N형 반도체를 조합한 요소는?

① 저 항
② 트랜지스터
③ 콘덴서
④ 다이오드

쏙쏙 해설

$P - N$ 접합 다이오드
N형 반도체와 P형 반도체를 접합하여 만든 것으로 한쪽 방향으로만 전류를 흐르게 하므로 2극 진공관과 같이 교류를 직류로 바꾸는 정류작용을 한다.

정답 ❹

57 기출문제

☑ 확인 Check! ○ △ ✕

$P-N$ 접합·다이오드에 대한 설명 중 맞는 것은?

① P형 반도체에서는 자유전자가 다수 반송자이다.
② N형 반도체에서는 홀(전공)이 다수 반송자이다.
③ P형 반도체에서는 (−)전원을, N형 반도체 (+)전원을 연결하면 다이오드에 전류가 흐른다.
④ 다이오드가 역방향 바이어스되었을 때는 높은 역방향 저항을 갖는다.

핵심만 콕

① P형 반도체는 +, 즉 정공이 많은 반도체로, 물체의 극성으로는 중성이며 내부분자 결합구조가 전자가 결합하기 쉬운 상태이다.
② N형 반도체는 −, 즉 전자가 많은 반도체로, 물체의 극성으로는 중성이며 내부분자 결합구조가 전자가 탈출하기 쉬운 상태이다.
③ 이 두 개(P형, N형)의 반도체를 서로 접합시키면, 접합부분에서 N형 반도체에서 빠져나온 소량의 전자가 P형 반도체로 이동, 안정화된다. 이렇게 서로 안정화되면서 P형 반도체에는 전자가, N형 반도체에는 정공이 많이 생기는 현상이 나타난다.

58 기출문제

☑ 확인 Check! ○ △ ✕

다음 중 CCTV카메라의 렌즈에 의해 결상된 광학상을 전기적 신호로 변환하는 소자는 어느 것인가?

① 열전소자
② 촬상소자
③ 광전소자
④ 압전소자

59 기출문제

☑ 확인 Check! ○ △ ✕

인간의 망막에 해당하는 부분으로 피사체를 전기적 신호로 변환하여 주는 것은?

① 촬상소자
② 열전소자
③ 압전소자
④ 광전소자

핵심만 콕

② 열전소자 : 열전현상(Thermoelectric Effect)은 열과 전기 사이의 에너지 변환을 의미하며 변환소자의 양단에 온도차이가 있을 때 소자 내부의 Carrier가 이동함으로 기전력이 발생하는 현상으로, 이러한 열전은 양단간의 온도차를 이용하여 기전력을 얻어내는 Seebeck 효과, 기전력으로 냉각과 가열을 하는 Peltier 효과, 도체의 선상의 온도차에 의해 기전력이 발생하는 Tomson 효과로 나눌 수 있다.
③ 압전소자 : 기계적 힘을 주면 전기가 발생하거나, 반대로 전기를 주면 기계적 힘이 발생하는 소자이다.
④ 광전소자 : 빛 에너지를 전기 에너지로 변환하는 소자이다.

60 기출 23

☑ 확인 Check! ○ △ ✕

2진수 $(11001)_2$를 10진수로 옳게 변환한 것은?

① 24
② 25
③ 49
④ 50

61 기출 22

☑ 확인Check! ○ △ ✕

십진수 $(9)_{10}$를 이진수로 변환한 것은?

① $(1000)_2$
② $(1001)_2$
③ $(1010)_2$
④ $(1011)_2$

쏙쏙 해설

10진수 9를 이진수로 바꾸는 방법은 10진수 9를 2로 몫이 0이 될 때까지 나누면서 나오는 나머지를 역순으로 정렬하면 된다.

$$
\begin{array}{r}
2\,)\,\underline{9} \\
2\,)\,\underline{4} \quad \rightarrow 1 \\
2\,)\,\underline{2} \quad \rightarrow 0 \\
2\,)\,\underline{1} \quad \rightarrow 0 \\
0 \quad \rightarrow 1
\end{array}
$$

$(9)_{10} = (1001)_2$

정답 ❷

62 기출 21

☑ 확인Check! ○ △ ✕

복합형 감지기의 적외선 감지기능이 침입을 감지하고, 마이크로웨이브 감지기능은 침입을 감지하지 못하는 경우에 출력을 발생하는 논리회로는?

① OR
② NOT
③ XAND
④ XNOT

쏙쏙 해설

설문은 논리합(OR) 회로에 관한 설명에 해당한다. 논리합(OR) 회로는 2개의 입력 변수가 모두 0일 때 출력은 0이 되고, 하나라도 1이면 출력은 1이 되는 회로이다.

정답 ❶

핵심만 콕

기본 논리회로

- AND 회로(논리곱) : 2개(A, B)의 입력 변수가 모두 1일 때 출력도 1이 되며, 입력 변수가 어느 하나라도 0인 경우 출력은 0이 된다. 환경이 열악하여 오경보가 수시로 발생하는 지역에 방범용 감지기를 다수 설치할 경우에 적합한 경보신호 구성방식이다.
- OR 회로(논리합) : 2개(A, B)의 입력 변수가 모두 0일 때 출력은 0이 되고, 하나라도 1이면 출력은 1이 된다. 2개의 감지기능을 가진 콤비네이션 감지기가 설치된 장소에서 1개의 감지기능이 감지를 하더라도 경보신호를 출력하는 결선(회로) 방법이다.
- NOT 회로(논리 부정) : 입력 변수가 0이면 출력은 1로, 입력 변수가 1이면 출력은 0이 된다.
- NOR 회로(부정논리합) : 2개(A, B)의 입력 변수가 모두 0일 때에는 출력은 1이고, 입력 변수가 하나라도 1일 때에는 출력은 0이 된다.
- NAND 회로(부정논리곱) : 2개(A, B)의 입력 변수가 어느 하나라도 0인 경우 출력은 1이 되고, 1을 동시에 공급하면 출력은 0이 된다.
- XOR 회로(배타논리합) : 2개(A, B)의 입력 변수가 다른 경우 출력은 1이 되고, 같은 경우 출력은 0이 된다.
- XNOR 회로(배타부정논리합) : 2개(A, B)의 입력 변수가 서로 같으면 출력은 1이 되고, 다른 경우 출력은 0이 된다. XOR 회로의 역을 나타내는 회로이다.
- 버퍼 회로 : 입력과 출력의 결과가 같은 회로이다.

63 기출 20·15

☑ 확인Check! ○ △ X

오경보를 줄이기 위하여 감지기를 다수 설치할 경우 적합한 결선(회로) 방법은?

① OR 회로
② NOR 회로
③ NOT 회로
④ AND 회로

64 기출 19

☑ 확인Check! ○ △ X

입력이 0과 1이거나 1과 0이면 출력이 1이 되는 논리회로는?

① 배타적논리합 회로
② 논리곱 회로
③ 부정 회로
④ 버퍼 회로

65 기출 17

☑ 확인Check! ○ △ X

입력이 0이면 출력이 1이고, 입력이 1이면 출력이 0이 되는 논리 게이트로 옳은 것은?

① AND
② EX-OR
③ NOT
④ OR

66 기출문제

☑ 확인 Check! ○ △ ✕

다음 표는 어느 회로의 참값인가?

A	B	Y
0	0	1
0	1	1
1	0	1
1	1	0

① NAND
② OR
③ AND
④ NOR

핵심만 콕

② OR 회로(논리합) : 2개(A, B)의 입력 변수가 모두 0일 때 출력은 0이 되고, 하나라도 1이면 출력은 1이 된다.
③ AND 회로(논리곱) : 2개(A, B)의 입력 변수가 모두 1일 때 출력도 1이 되며, 입력 변수가 어느 하나라도 0인 경우 출력은 0이 된다.
④ NOR 회로(부정논리합) : 2개(A, B)의 입력 변수가 모두 0일 때는 출력은 1이고, 입력 변수가 하나라도 1일 때는 출력은 0이 된다.

회로명	OR			AND			NOR		
	A	B	Y	A	B	Y	A	B	Y
진리표	0	0	0	0	0	0	0	0	1
	0	1	1	0	1	0	0	1	0
	1	0	1	1	0	0	1	0	0
	1	1	1	1	1	1	1	1	0

☑ 확인Check! ○ △ ✕

입력이 모두 같을 때 출력이 0이고, 입력이 서로 다를 때는 출력이 1이 되는 논리 게이트는?

① AND
② EX-OR
③ NOT
④ OR

쏙쏙 해설

배타논리합(XOR)회로는 입력이 서로 상반될 때 나타내는 게이트로 입력이 0과 1이거나 1과 0이면 출력이 1로 나타나는 게이트이다.

정답 ❷

핵심만 콕

일반적 논리 게이트 기호

기본 논리 회로	논리식	논리 동작	진리표		
			입력		출력
			A	B	Y
논리곱 (AND)회로	$Y = A \cdot B$	A, B가 직렬로 접속되어 있는 경우 양 스위치가 모두 1일 때만 결과도 1이 됨	0 0 1 1	0 1 0 1	0 0 0 1
논리합 (OR)회로	$Y = A + B$	A, B가 병렬로 접속되어 있는 경우 A 또는 B 중 어느 하나만 1이 되어도 결과는 1이 됨	0 0 1 1	0 1 0 1	0 1 1 1
부정 (NOT)회로	$Y = \overline{A}$	1개의 입력 단자와 1개의 출력 단자를 가지며, 2진 데이터의 논리값이 1일 때는 0으로, 0일 때는 1로 바꾸는 논리 연산자	0 1		1 0
부정논리곱 (NAND)회로	$Y = \overline{A \cdot B}$ $= \overline{A} + \overline{B}$	NOT와 AND의 복합어이며, A, B 중 적어도 하나가 거짓이면 참값을, 모두가 참이면 거짓값을 갖는 연산자로 모든 입력이 1일 때 출력이 0임	0 0 1 1	0 1 0 1	1 1 1 0
부정논리합 (NOR)회로	$Y = \overline{A + B}$ $= \overline{A} \cdot \overline{B}$	NOT와 OR의 복합어이며, 입력이 하나라도 1이면 출력이 0이 되고, 2개의 입력 신호가 모두 다 0인 경우에만 1의 출력 신호를 내는 디지털 회로	0 0 1 1	0 1 0 1	1 0 0 0
배타논리합 (XOR)회로	$Y = A \oplus B$ $= A\overline{B} + \overline{A}B$	입력이 서로 상반될 때 나타내는 게이트로 입력이 0과 1이거나 1과 0이면 출력이 1로 나타나는 게이트	0 0 1 1	0 1 0 1	0 1 1 0
버퍼(Buffer) 회로	$Y = A$	입력과 출력의 결과가 같은 회로이다.	0 1		0 1
XNOR 회로	$Y = \overline{A \oplus B}$	2개의 입력이 서로 같을 때 1의 출력을 나타내는 회로로 XOR 게이트의 역을 나타내는 게이트로서 입력 단자 A와 B에 0과 0, 또는 1과 1처럼 서로 같은 신호가 가해졌을 때 1의 출력을 나타냄	0 0 1 1	0 1 0 1	1 0 0 1

68 기출 14

☑ 확인 Check! ○ △ ✕

2개의 감지기능을 가진 콤비네이션 감지기가 설치된 장소에서 1개의 감지기능만이 감지를 하더라도 경보신호를 출력하는 결선(회로) 방법은?

① AND 회로

② OR 회로

③ NAND 회로

④ NOR 회로

69 기출 23

☑ 확인 Check! ○ △ ✕

다음 디지털 논리회로에서 입력신호 A, B에 대한 출력 C의 논리식을 간소화한 것은?

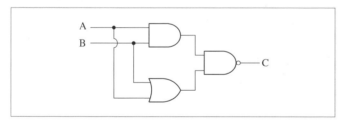

① $A + B$

② $A + \overline{B}$

③ $\overline{A} + B$

④ $\overline{A} + \overline{B}$

70 기출 22

☑ 확인 Check! ○ △ ✕

다음 디지털 논리회로에서 출력신호(C) 값이 '0'이 되게 하는 입력신호(A, B) 값은?

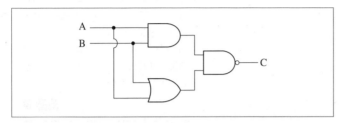

① 0, 0
② 0, 1
③ 1, 0
④ 1, 1

핵심만 콕

기본 논리회로의 진리표

AND 회로			OR 회로			NAND(AND + NOT) 회로			NOR(OR + NOT) 회로		
입력		출력	입력		출력	입력		출력	입력		출력
A	B	C	A	B	C	A	B	C	A	B	C
0	0	0	0	0	0	0	0	1	0	0	1
0	1	0	0	1	1	0	1	1	0	1	0
1	0	0	1	0	1	1	0	1	1	0	0
1	1	1	1	1	1	1	1	0	1	1	0

71 기출 15

☑ 확인 Check! ○ △ ✕

주기(T)의 단위는 초(sec)로 나타낸다. 주기가 가장 짧은 주파수는?

① 1Hz
② 1kHz
③ 1MHz
④ 1GHz

72 기출 22

☑ 확인 Check! ○ △ ✕

다음 사인파 신호의 주파수(Hz)는?

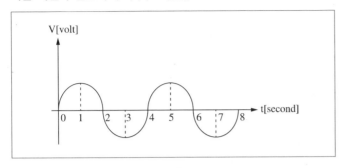

① 0.25

② 2.5

③ 25

④ 250

73 기출 21

☑ 확인 Check! ○ △ ✕

1초 동안에 신호의 반복 회수가 500회일 때 신호의 반복 주기는?

① 0.2[s]

② 2[ms]

③ 20[μs]

④ 200[ns]

74 기출 13

☑ 확인 Check! ○ △ ✕

1주기가 $10ms$ 인 사인파의 주파수(Hz)는?

① 10

② 100

③ 1,000

④ 10,000

주파수는 사인파가 1초 동안에 이루는 사이클의 수를 의미한다.

$$f(주파수) = \frac{1}{T(1주기에 걸리는 시간)}$$

$$= \frac{1}{10ms} = \frac{1}{\frac{10}{1,000}} = \frac{1}{\frac{1}{100}}$$

$$= 100\,Hz$$

정답 ❷

---

75 기출 16

☑ 확인 Check! ○ △ ✕

정전압 회로, 안정화 전원회로에 입력전압의 제어소자로 사용되는 것은?

① 제너 다이오드

② 터널 다이오드

③ 발광 다이오드

④ 가변용량 다이오드

설문은 제너 다이오드에 대한 내용이다.

② 반도체 PN 접합의 불순물 농도를 높여 그 터널 효과를 이용한 다이오드이다.

③ 전류를 순방향으로 흘렸을 때에 발광하는 다이오드이다.

④ 전압을 역방향으로 가했을 경우 전극 사이에는 전류가 거의 흐르지 않는 정전용량만이 되고, 다시 그 값이 가한 역전압에 의해 변화하는 성질을 이용한 다이오드이다.

정답 ❶

76 기출 14

☑ 확인 Check! ○ △ ✕

역방향 전압을 가해 어느 특정전압을 넘으면 전류는 급격히 증가하지만 특정전압을 거의 일정하게 유지하는 특성을 가진 다이오드는?

① 정류 다이오드
② 발광 다이오드
③ 제너 다이오드
④ 브리지 다이오드

쏙쏙 해설

제너 다이오드는 역방향 전압을 가했을 때 발생하는 제너 효과에 의해 정전압 작용을 하는 다이오드로 정전압 다이오드라고도 한다. 역방향 전압을 가해 어느 특정전압을 넘으면 전류는 급격히 증가하지만 특정전압을 거의 일정하게 유지하는 특성을 이용하여, 정전압 회로인 기준 전압을 필요로 하는 회로에 이용된다.

정답 ❸

77 기출 17

☑ 확인 Check! ○ △ ✕

다음 회로에서 전류 I의 값(A)은?

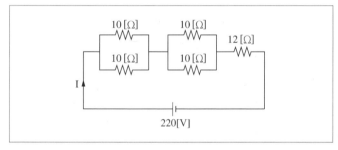

① 1
② 5
③ 10
④ 12

쏙쏙 해설

$$I = \frac{V}{R} = \frac{220[V]}{5[\Omega] + 5[\Omega] + 12[\Omega]}$$
$$= 10[A]$$

정답 ❸

핵심만 콕

병렬로 접속한 2개의 저항을 R_t라 한다면, R_t는 다음과 같다.

$$R_t = \frac{1}{\dfrac{1}{R_1} + \dfrac{1}{R_2}} = \frac{1}{\dfrac{R_1 + R_2}{R_1 R_2}} = \frac{R_1 R_2}{R_1 + R_2}[\Omega]$$

R_1, R_2는 각각 10Ω이며, 따라서 병렬로 접속한 2개의 저항의 합은 5Ω이다.
병렬로 접속한 저항은 2개이며, 직렬로 접속한 저항은 12Ω이므로, 전체적인 저항의 값은 22Ω이다.

전체 전류 I의 값은 다음과 같다.

$$I = \frac{V}{R} = \frac{220[V]}{5[\Omega] + 5[\Omega] + 12[\Omega]} = 10[A]$$

따라서 전류의 값은 10[A]이다.

78 기출 15

☑ 확인 Check! ○ △ ✕

$R[\Omega]$의 동일한 저항 n개를 직렬연결 시 합성저항 값은 병렬연결 시 합성저항 값의 몇 배인가?

① $\dfrac{1}{n^2}$

② $\dfrac{1}{n}$

③ n

④ n^2

쏙쏙 해설

직렬연결 시 합성저항은 각 저항을 합한 값과 같으므로 $R_t = R_1 + R_2 + \cdots + R_n$이 되고, 병렬 시의 합성저항은 각 저항의 역수를 더한 값과 같으므로

$$R_t = \dfrac{1}{\dfrac{1}{R_1} + \dfrac{1}{R_2} + \cdots + \dfrac{1}{R_n}}$$

이 된다.

따라서 직렬연결 시 합성저항 값은 병렬연결 시 합성저항 값의 n^2배가 된다.

정답 ④

핵심만 콕

직렬연결 시 합성저항은 각 저항을 합한 값과 같으므로 $R_t = R_1 + R_2 + \cdots + R_n$이 되고, 병렬 시의 합성저항은 각 저항의 역수를 더한 값과 같으므로 $R_t = \dfrac{1}{\dfrac{1}{R_1} + \dfrac{1}{R_2} + \cdots + \dfrac{1}{R_n}}$ 이 된다.

예를 들어, 100Ω의 저항 3개를 연결했을 경우 합성저항 값은

직렬연결 시 : $100 + 100 + 100 = 300(\Omega)$, 병렬연결 시 : $\dfrac{1}{\dfrac{1}{100} + \dfrac{1}{100} + \dfrac{1}{100}} = \dfrac{100}{3}(\Omega)$이다.

$300 = \dfrac{100}{3} \times 3^2$이므로 직렬연결 시 합성저항 값은 병렬연결 시 합성저항 값의 n^2배가 된다.

---

79 기출 21

☑ 확인 Check! ○ △ ✕

다음과 같이 저항을 접속할 경우 합성저항용량(R_t) 식은?

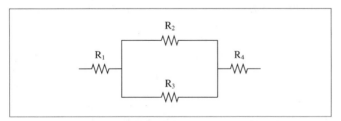

① $R_t = R_1 + R_2 + R_3 + R_4$

② $R_t = R_1 + R_2/(R_2 + R_3) + R_4$

③ $R_t = R_1 + R_3/(R_2 + R_3) + R_4$

④ $R_t = R_1 + (R_2 \times R_3)/(R_2 + R_3) + R_4$

쏙쏙 해설

같은 크기 값을 갖는 저항 R을 n개 직렬연결 시 합성저항 $R_t = nR[\Omega]$로서 n배만큼 저항값이 증가하는 반면, 병렬연결 시 합성저항 $R_t = \dfrac{1}{n}R[\Omega]$로서 $\dfrac{1}{n}$배만큼 저항값이 감소한다.

따라서 그림과 같이 저항을 직렬과 병렬로 연결할 경우 합성저항용량은

$$R_t = R_1 + [\dfrac{1}{\dfrac{1}{R_2} + \dfrac{1}{R_3}} = \dfrac{1}{\dfrac{R_2 + R_3}{R_2 \times R_3}}$$

$$= \dfrac{R_2 \times R_3}{R_2 + R_3}] + R_4[\Omega]$$이다.

정답 ④

80 기출 13

☑ 확인 Check! ○ △ ✕

저항을 직·병렬로 연결한 경우 합성저항(Ω)은?

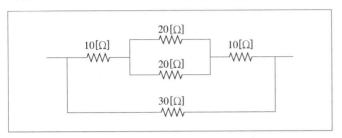

① 10

② 15

③ 20

④ 25

핵심만 콕

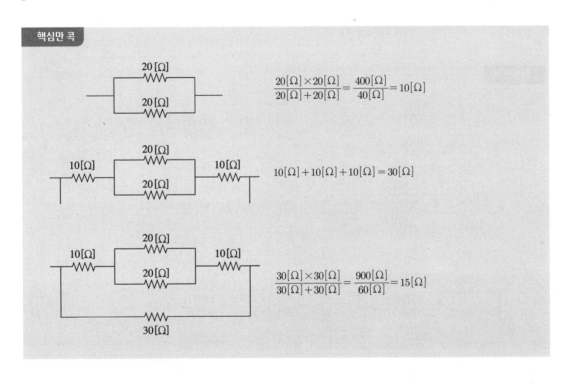

$\dfrac{20[\Omega] \times 20[\Omega]}{20[\Omega] + 20[\Omega]} = \dfrac{400[\Omega]}{40[\Omega]} = 10[\Omega]$

$10[\Omega] + 10[\Omega] + 10[\Omega] = 30[\Omega]$

$\dfrac{30[\Omega] \times 30[\Omega]}{30[\Omega] + 30[\Omega]} = \dfrac{900[\Omega]}{60[\Omega]} = 15[\Omega]$

제1장

제2장

제3장

제4장

제5장

제6장

81 기출문제

☑ 확인 Check! ○ △ ✕

다음 회로에 흐르는 전류 $I[A]$는?

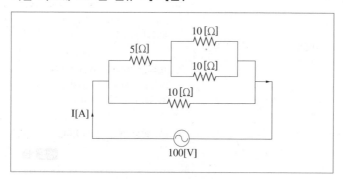

① 10[A]　　　② 20[A]

③ 30[A]　　　④ 40[A]

$$I = \frac{V}{R} = \frac{100}{5} = 20[A]$$

정답 ❷

핵심만 콕

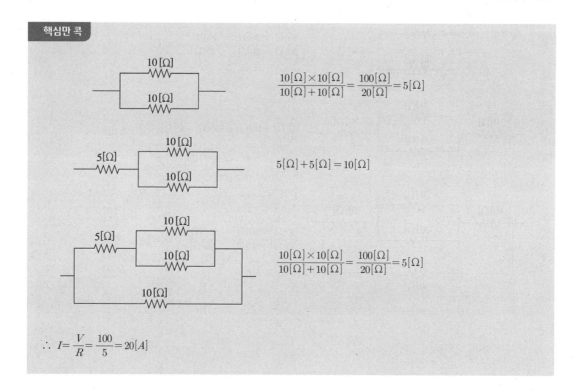

$$\frac{10[\Omega] \times 10[\Omega]}{10[\Omega] + 10[\Omega]} = \frac{100[\Omega]}{20[\Omega]} = 5[\Omega]$$

$$5[\Omega] + 5[\Omega] = 10[\Omega]$$

$$\frac{10[\Omega] \times 10[\Omega]}{10[\Omega] + 10[\Omega]} = \frac{100[\Omega]}{20[\Omega]} = 5[\Omega]$$

$$\therefore I = \frac{V}{R} = \frac{100}{5} = 20[A]$$

82 기출수정 23   ☑ 확인Check! ○ △ ✕

임의의 회로에서 $3mA$의 전류가 흐를 때, 저항 $5K\Omega$에 소비되는 전력(W)은?

① 0.8   ② 1.6

③ 15   ④ 45

쏙쏙 해설

소비전력 $P = VI = I^2 R = \dfrac{V^2}{R}$ 이다

[옴의 법칙($V = IR$)이용].
여기에
설문의 내용[$I = 3mA$, $R = 5K\Omega$]을 대입하면,
소비전력 $P = I^2(0.009A) \times R(5000\Omega)$
$= 45[W]$ 이다.
(∵ $1A = 1000mA$이고, $1K\Omega = 1000\Omega$)

정답 ④

83 기출 18   ☑ 확인Check! ○ △ ✕

임의의 회로에서 전류가 $5A$일 때, 저항 10Ω에 소비되는 전력(W)은?

① 2   ② 50

③ 250   ④ 500

쏙쏙 해설

P(소비전력) $= V \times I$

I(전류) $= \dfrac{V(전압)}{R(저항)} = \dfrac{V}{10\Omega} = 5A$

∴ $V = 50$

$P = 50V \times 5A = 250W$

정답 ③

84 기출문제

☑ 확인Check! ○ △ ✕

전압 220[V]를 저항 100[Ω]의 백열전구에 가했을 때 전구에 흐르는 전류와 소비전력의 값은?

① 전류 0.45[A], 소비전력 100[W]

② 전류 0.90[A], 소비전력 100[W]

③ 전류 1.10[A], 소비전력 121[W]

④ 전류 2.20[A], 소비전력 484[W]

쏙쏙 해설

$$I(전류) = \frac{V(전압)}{R(저항)} = \frac{220}{100} = 2.2[A],$$

$$P(소비전력) = V \times I = 220 \times 2.2 = 484[W]$$

정답 ❹

---

85 기출 13

☑ 확인Check! ○ △ ✕

전원회로에 관한 설명으로 옳은 것을 모두 고른 것은?

> ㄱ. 정류회로는 교류를 맥류로 만드는 회로이다.
> ㄴ. 평활회로는 맥류를 완전한 교류로 만드는 회로이다.
> ㄷ. 반파 정류회로의 정류효율은 약 81.2%이다.
> ㄹ. 전파 정류회로의 맥동률은 약 0.482이다.
> ㅁ. 브리지 정류회로는 다이오드 2개로 정류하는 회로이다.

① ㄱ, ㄷ

② ㄱ, ㄹ

③ ㄴ, ㅁ

④ ㄹ, ㅁ

쏙쏙 해설

제시된 내용 중 옳은 설명은 ㄱ과 ㄹ이다.

ㄴ. (✕) 교류를 직류로 바꾸는 과정 중 맥류를 완전한 직류로 만드는 회로이다.

ㄷ. (✕) 반파 정류회로의 정류효율은 약 40.6%이고, 전파 정류회로의 정류효율이 81.2%이다.

ㅁ. (✕) 브리지 정류회로는 다이오드 4개로 정류하는 회로이다.

 정답 ❷

86 기출문제

☑ 확인Check! ○ △ ✕

다음 자료를 통해 저항값을 구하면?

- 첫째 자리 : 빨강
- 둘째 자리 : 검정
- 배수 : 주황
- 허용오차 : 금색

① $18,000 \sim 22,000[\Omega]$

② $19,000 \sim 21,000[\Omega]$

③ $1,800 \sim 2,200[\Omega]$

④ $1,900 \sim 2,100[\Omega]$

쏙쏙 해설

첫째 자리가 빨강이므로 2,
둘째 자리가 검정이므로 0,
배수는 주황이므로 $10^3 = 1,000$,
허용오차는 금색이므로 ±5%이다.
∴ $(20) \times 1,000 \pm 5\%$
　$= 20,000 \pm 5\%$
　$= 19,000 \sim 21,000[\Omega]$

정답 ❷

87 기출문제

☑ 확인Check! ○ △ ✕

저항의 색깔띠 배열 중 저항값이 가장 낮은 것은?

① 백색 – 회색 – 적색 – 흑색

② 회색 – 청색 – 갈색 – 적색

③ 갈색 – 갈색 – 적색 – 청색

④ 적색 – 황색 – 갈색 – 흰색

쏙쏙 해설

저항값 읽는 법
: (첫째자리수 둘째자리수) × 배수
　± 허용오차
저항의 색깔띠 배열을 보고 저항값의
크기를 가늠할 때 가장 먼저 살펴보아
야 할 것은 배수이다.
①·③은 10^2, ②·④는 10^1이므로
②와 ④의 저항값이 ①과 ③보다 낮음
을 알 수 있다.
② 회색(8) – 청색(6) – 갈색(10^1)
　– 적색(±2%) → 860±2%
④ 적색(2) – 황색(4) – 갈색(10^1)
　– 흰색 → 240
∴ ④의 저항값이 가장 낮다.

정답 ❹

88 기출 22

☑ 확인 Check! ○ △ ✕

통신선로에서 전송하는 거리가 멀어 신호가 약해질 때 전송거리를 연장시키는 것은?

① 리피터(Repeater)

② 잡음(Noise) 제거기

③ 서지보호구(Surge Protector)

④ 리니어(Linear)

쏙쏙 해설

리피터(Repeater)는 네트워크를 통해서 전송되는 신호의 감쇄문제를 해결하기 위한 장치이다. 즉, 장거리 전송을 위해서 신호를 증폭시키는 장치이다.

정답 ❶

핵심만 콕

② 잡음(Noise) 제거기는 초단파대(30~300MHz)를 사용하는 무선국 수신기, 자동차 엔진의 점화 따위에 의한 충격성 잡음을 방지하기 위하여 개발된 장치이다.

③ 서지보호구(Surge Protector)는 과도전압과 노이즈를 감쇄시키는 장치이다.

④ 리니어(Linear)는 전자회로에서 입력과 출력 관계가 비례관계인 것을 의미한다.

89 기출 20

☑ 확인 Check! ○ △ ✕

정보통신 용어에 관한 설명으로 옳은 것은?

① baud는 정보를 표시하는 최소 단위이다.

② bit는 초당 몇 개의 신호 변화가 있었는지의 단위이다.

③ word는 반워드, 전워드, 배워드, 필드로 구성된다.

④ byte는 8개의 bit가 모인 단위이다.

쏙쏙 해설

1Byte는 8Bit로 문자 표현의 최소 단위에 해당한다.

정답 ❹

핵심만 콕

① 정보를 표시하는 최소 단위는 Bit이다.

② 매 초당 몇 개의 신호 변화가 있었는지 또는 초당 몇 개의 다른 상태의 변화가 있었나를 나타내는 신호 속도의 단위는 Baud이다.

③ Word는 Byte의 모임으로 크게 반워드(Half-word, 2Byte), 전워드(Full-word, 4Byte), 배워드(Double-word, 8Byte)로 구성된다. 필드는 자료 처리의 최소 단위(항목)를 의미한다.

90 기출 19

☑ 확인 Check! ○ △ ✕

정보의 단위로 가장 적은 것은?

① 바이트(Byte)

② 워드(Word)

③ 비트(Bit)

④ 니블(Nibble)

쏙쏙 해설

정보의 최소 단위는 비트(Bit)이다.

정답 ❸

핵심만 콕

- 바이트(Byte) : 8개의 비트가 모여 1바이트가 되며(1Byte = 8Bit), 문자 표현의 최소 단위이다.
- 워드(Word) : 바이트의 모임으로 크게 반워드, 전워드, 더블워드로 구성된다. 반워드는 2바이트, 전워드는 4바이트, 더블워드는 8바이트로 구성된다.
- 니블(Nibble) : 1바이트(Byte)의 절반으로, 보통 4비트(Bit)를 가리킨다.
- 필드(Field) : 자료 처리의 최소단위이다.
- 데이터베이스(Database) : 파일들의 집합을 의미하며, 가장 큰 집단이다.

---

91 기출 18

☑ 확인 Check! ○ △ ✕

주기억장치의 동작속도가 CPU의 처리속도를 따라잡지 못해 발생하는 병목현상을 해결하기 위하여 컴퓨터에서 중앙처리장치와 주기억장치 사이에 사용되는 고속메모리로 옳은 것은?

① 가상기억장치

② 분리기억장치

③ 캐시기억장치

④ 연관기억장치

쏙쏙 해설

속도가 빠른 중앙처리장치(CPU)와 CPU에 비하여 상대적으로 속도가 느린 주기억장치 사이에서 원활한 정보의 교환을 위하여, 주기억장치의 정보를 일시적으로 저장하는 고속 기억장치는 캐시기억장치이다.

정답 ❸

핵심만 콕

① 가상기억장치는 주기억장치의 용량확대를 위해 보조기억장치를 주기억장치처럼 사용하는 방식(소프트웨어적인 기법)이다.

④ 연관기억장치는 일반적인 기억장치와 달리 기억된 내용의 일부를 이용하여 원하는 정보가 기억된 위치를 찾아내서 접근하는 기억장치로, CAM(Content Addressable Memory)이라고도 한다. 기억장치의 주소를 이용해서 데이터에 접근하는 방식보다 고속의 Access가 가능하다.

92 기출 19

☑ 확인Check! ○ △ ✕

컴퓨터의 보조기억장치가 아닌 것은?

① 자기 드럼
② 자기 코어
③ 자기 디스크
④ 자기 테이프

쏙쏙 해설

자기 코어는 컴퓨터의 보조기억장치가 아니라 주기억장치이다.

정답 ❷

핵심만 콕

컴퓨터 보조기억장치

DASD(direct access storage device : 직접 접근 기억장치)		
자기 디스크	• 자성 물질을 입힌 금속 원판을 여러 장 겹쳐서 만든 기억매체로 용량이 크고 접근속도가 빠르다. • 순차, 비순차(직접)적으로 데이터 처리가 가능하다. • 개인용 컴퓨터에는 디스켓이나 하드디스크 형태로 많이 사용한다.	
	트랙	디스크 표면에서 회전축을 중심으로 데이터가 기록되는 동심원이다.
	섹터	트랙들을 일정한 크기로 구분한 부분으로, 정보의 기록 단위이다.
	실린더	서로 다른 면들에 있는 동일 위치의 트랙의 모임을 말한다.
자기 드럼	• 원통 표면에 track과 selector를 구성하고 각 track마다 고정된 R/W Head를 두고 있어 자기 디스크에 비해 속도가 빠르다. • 순차, 비순차(직접)적으로 데이터 처리가 가능하다. • 크기에 비해 용량이 적어 현재는 거의 사용하지 않는다.	
하드 디스크	• 전원이 꺼지더라도 저장된 데이터는 유지되는 비휘발성 메모리의 일종이다. • 순차접근이 가능한 보조기억장치이다.	
SASD(sequential access storage device : 순차 접근 기억장치)		
자기 테이프	• 순차처리만 할 수 있는 대용량 저장 매체이다. • 가격이 저렴하고 용량이 커서 자료의 백업용으로 많이 사용한다. • 자성물질이 코팅된 얇은 플라스틱 테이프를 동그란 릴에 감아놓은 형태이다.	

---

93 기출 21

☑ 확인Check! ○ △ ✕

보조기억장치에 해당하지 않는 것은?

① 마이크로프로세서
② 자기 테이프
③ 컴팩트 디스크
④ USB메모리

쏙쏙 해설

마이크로프로세서(Microprocessor)는 컴퓨터의 중앙처리장치(CPU)에 해당한다.

정답 ❶

94 기출 21

☑ 확인 Check! ○ △ ✕

컴퓨터의 연산기능에 관한 설명으로 옳은 것은?

① 데이터 가공, 처리 및 계산을 수행하는 기능
② 입출력장치, 연산장치, 기억장치 등을 관리하는 기능
③ 외부의 데이터를 내부로 읽어 들이는 기능
④ 각종 프로그램이나 정보를 저장하는 기능

쏙쏙 해설

① 지문은 연산기능에 관한 설명에 해당한다.
② 제어기능에 관한 설명이다.
③ 입력기능에 관한 설명이다.
④ 저장기능에 관한 설명이다.

정답 ❶

95 기출 22

☑ 확인 Check! ○ △ ✕

암호화 과정의 역과정으로 암호문을 평문으로 변화시키는 과정은?

① 복호화
② 양자화
③ 표본화
④ 부호화

쏙쏙 해설

암호화 과정의 역과정으로 암호문을 평문으로 변화시키는 과정을 복호화라고 한다. 즉, 복호화(Decryption) 또는 디코딩(Decoding)은 부호화(Encoding)된 정보를 부호(Code)화되기 전으로 되돌리는 처리 혹은 그 처리 방식을 말한다.

정답 ❶

02 기계경비시스템

제1절 기계경비시스템의 개요

I 기계경비 관련 용어

1. 일반 사항★★

세트(Set)	기기를 감지할 수 있는 경계 상태로 조작하는 것★ 기출 23
해제(Reset)	기기를 감지할 수 없는 미경계 상태로 조작하는 것★
경보(Alarm)	침입, 화재, 비상, 가스누출, 설비이상 등을 알리는 것
오경보(False Alarm)	조작자 실수, 주변 환경 문제, 소동물 등에 의한 경보 ※ 오보의 원인 : 조작자 실수, 설계 실수, 공사 실수, 기기품질 이상, 공사설계 실수, 환경변화, 소동물, 노후 시설로 인한 흔들림, 기기신뢰성 저하
세트 실수(Set miss)	세트 시 완전한 확인 조치를 취하지 않은 상태에서 조작하여 경보가 발생하는 것 기출 23
해제 실수(Open miss)	해제 시 완전한 확인 조치를 취하지 않은 상태에서 조작하여 경보가 발생하는 것 기출 23
탬퍼(Tamper)	경보시스템 기기 자체에 대한 고의의 방해를 감지하기 위한 기능 기출 23
NC상태(Normaly Close)	평상시 닫혀 있는 상태의 접점. b접점, 방범용 감지기
NO상태(Normaly Open)	평상시 열려 있는 상태의 접점. a접점, 방재용 감지기
노 세트(no-set)	약정된 시간에 통보 없이 세트(set)시키지 않는 것 기출 17
비정기 해제(irregular open)	약정된 시간 외에 해제를 하는 것 기출 17

2. 장치 용어 기출 21 · 19

주장치(콘트롤러)	감지기에서 발생되는 신호를 수신하여 관제실로 다시 송신하는 장치이다.
감지기(sensor)	전기량, 물리량, 자계량 등의 변화를 감지하여 변화상태를 전기적 출력으로 발생시키는 기기이다.
전원장치	안정된 DC전원을 공급하는 장치로 정전을 대비하여 배터리가 있다. 방범용 감지기 및 주변기기는 대부분 DC 12V를 사용한다.
전기정	전기적 제어신호로 출입문을 개폐하는 장치이다.
영상감시 시스템(cctv)	특정장소의 상태를 감시카메라를 이용하여 모니터에서 영상으로 상황을 파악할 수 있는 시스템이다.
출입관리기	주장치의 세트, 해제를 조작하는 기기로, 카드로 조작하는 카드리더와 비밀번호를 이용하는 키패드 등이 있다.
경보등	이상 발생 시 Flash Light가 반복적으로 동작하여 침입상태를 외부에 알리는 기기이다.
상품도난방지시스템	물품에 태그나 라벨을 부착하여 떼어내지 않고 출입문으로 가지고 나가면 경보가 발생하는 시스템이다.

Ⅱ 기계경비(Local)시스템

기계경비시스템은 Local이라고도 하며 기계경비 + 인력경비의 혼합경비시스템으로 대표적인 기기가 CCTV 이다.

[기계경비시스템 기능]

구 분	적용대상	기 능
CCTV (폐쇄회로)★	건물의 출입문, 생산공장의 현장, 창고의 입출고 현장, 금융 기관의 객장, 금고, 주택의 출입문, 제반 건물의 내외곽	• 접근금지 구역의 무단 출입 시 경보 • 일정 기간 동안 모든 출입자 녹화 • 작업, 생산의 공정 감시 감독 • 일정 지역의 출입자 행동 감시 • 모니터 1대에 16개의 카메라 수용 가능
Tenant System (거주자보호시스템) Building Automatic (빌딩자동화)	연구 기관, 호텔, 대형 건물, 오피스텔 (별개의 많은 사무실을 중앙에서 통제 가능)	• system 1대로 40개소의 출입 상태를 감시 통제할 수 있음 • 매출입장마다 카드키를 부착하며 별도의 카드가 지급됨
Home-automatic System★ (가정자동화시스템)	단독 주택, 아파트, 빌라, 오피스텔	• 내방객 화면 감시 확인 • 조명장치 자동 조정 • 가스 화재 탐지 • 전자 제품 자동 조정
Guard Wire System (감시케이블시스템) Fence-detector (펜스 감지)★	공장 외곽, 중요 물자 보관소, 농장, 목장, 보안시설 외곽	• 광범위 지역 외곽 펜스에 설치하는 케이블 센서로서 인원 배치가 필요 없음 • 외부에서의 침입, 파괴, 절단 등을 감지하여 중앙 감시 통제 소에 경보되며 소수 인원으로 보호할 수 있음
Time-keeper System (시간관리시스템)	회사, 공장, 작업 현장, 병원	• 본점 및 원격지점의 직원 출·퇴근 상황 및 외출, 출장상황 을 중앙에서 컴퓨터입력으로 확보 가능 • 작업 현장의 실작업 시간과 병원의 외래자를 전산처리 확인 가능

1. 로컬시스템(Local System)

① 의 의

ㄱ 로컬시스템이란 센서, 제어장치 및 전송장치와 경비대상시설의 방재센터 등에 설치된 중앙감시반(中央監視盤) 사이에 정보를 교환하여 상주하는 경비원의 판단에 신속하게 조치하는 방식이다.★

ㄴ 예컨대 대형빌딩 등의 지하에 자체 중앙통제실을 두고 CCTV 등을 통하여 상주하는 경비원이 감시하고 있다가 이상이 발생한 때에 그 현장에 출동하는 것으로, 대규모 빌딩, 공장, 공항 및 항만 등의 감시 범위가 넓은 지역에 적합한 시스템이다. 기출 09

ㄷ 로컬시스템은 특정 시설에만 국한된 기계화 시스템으로서 '종합관리시스템' 혹은 '집중관리시스템'이라고도 한다.★

② **로컬시스템의 구성요소** : 침입자를 감지하는 감지장치, 감지 시 경보하는 경보장치, 감지된 장소의 영상을 확인하는 영상장치, 각종 감지기에서 송신된 신호를 처리하는 통제장치, 상주하는 경비원 등으로 구성되어 있다. 기출 19·17·09

③ **로컬경비시스템 처리과정** : 경비대상시설물 → 감지기, CCTV, 출입통제 → 자체 관제센터 → 상주 경비원★

2. 무인경비시스템 `기출` 11 · 09

① 의 의

　㉠ 경비대상물에 각종 감지기 및 통신장치(컨트롤러)를 설치하여 원격지의 관제 센터에서 관리하는 시스템으로, 컨트롤러에서 감지 신호를 분석하고 각종 신호를 제어하고 출력한다.★

　㉡ 상황 발생에 대한 내용은 통신회선을 통해 관제센터로 전송되고, 이상 신호가 관제센터에 수신되면 출동차량으로 지령하고 대처하는 시스템이다.

② 설치하는 감지기 `기출` 11

　㉠ 침입 감지기

　㉡ 화재 감지기

　㉢ 비상 스위치

　㉣ 가스누설 감지기

　㉤ 기 타

③ 설치 기준★ `기출` 20 · 19

　㉠ 주장치는 경비구역 내에 설치하는 것을 원칙으로 한다.

　㉡ 출입관리기는 사각지대와 지연신호를 없애기 위하여 경비구역 밖에 설치하는 것이 좋다.

　㉢ 출입관리기는 밑부분을 바닥에서 1.2m 이상 떨어진 위치에 설치한다.

　㉣ 출입관리기는 간섭이나 노이즈 등의 영향이 없는 곳에 설치한다.

　㉤ 열선감지기는 가급적 창이나 창문을 향하여 설치하지 않는다.

　㉥ 철문에 자석감지기 설치 시 자력상실을 방지하기 위해 스페이서(spacer)를 사용한다. `기출` 14

무인경비시스템 설치기준(설치규격) `기출` 20

1. 주장치(Control Panel)

• 인테리어, 공사의 편리성, 주장치 성능을 최대한 발휘할 수 있는 곳에 설치한다.
• 콘크리트 벽면에 설치할 경우 칼블럭을 이용하여 고정한다.

　칼블럭 : 시멘트나 벽돌로 된 벽에 나사를 고정시키기 위해 박는 플라스틱 앙카(앵커)

• 외부 침입자가 쉽게 접근할 수 없는 곳에 설치하여 기기파손을 방지한다.
• 가스배관으로부터 3m 이상 떨어진 곳에 설치한다.
• 연결된 선은 최소 15~30cm 정도 여유가 있어야 한다.
• 주전원 박스 또는 전기 분전반으로부터 60cm 이상 떨어진 곳에 설치한다.
• 배수관, 습기가 있는 곳, 화기 근처에는 설치하지 않는다.
• 전원은 상시 전원이 들어오는 곳에서 분기하며 누전차단기를 사용한다.
• 전원부의 FG(Frame Ground)는 분전반 접지와 결선한다.

　FG(Frame Ground) – 보안접지 : 장비의 외함, 분전반의 외함 등 금속제에 접지하는 것으로 전기적인 이상 발생 시 누설전류를 접지로 방류하여 인체 접촉 시 전기적 충격을 받지 않도록 하고 공중파 또는 유도장애를 차단하여 기기를 보호한다. 보안접지는 전원접지점으로부터 분기하여 접속되는 전원접지의 일종이다.

• 뚜껑을 쉽고 안전하게 열 수 있도록 한다.
• 경비구역 내에 설치하는 것을 원칙으로 한다.

---

④ **수시 개량** : 무인기계경비시스템의 구성 및 설치는 건물구조의 변화, 주위상황의 변화, 위협의 정도, 규모 및 업종의 변화 등에 따라 또는 경비계획의 재검토에 의해서 시스템의 개량이 필요하다.

⑤ **처리과정** : 경비대상시설물 → 감지기 → 주장치 → 통신회선 → 관제센터 → 출동요원 `기출` 17 · 13

⑥ **제공 업무** `기출` 23

ⓐ **방범 업무** : 세트(경계) 시부터 해제 시까지 경비대상물에 대한 도난, 파손을 감시하여 출동하는 업무이다. 보통 퇴근 시에 세트하고 출근 시에 해제하는 형태로 운영된다. 공휴일은 24시간 세트 상태로 경계가 지속된다.

ⓑ **방재 업무** : 화재, 가스누출을 24시간 주장치(컨트롤러)의 세트, 해제와 관계없이 감시하며, 신호 발생 시 관제센터에서 119신고와 긴급출동을 하는 업무이다.

ⓒ **비상통보 업무** : 위급, 비상시 무선 또는 유선의 비상스위치를 동작시켜 주장치(컨트롤러)의 세트, 해제와 관계없이 24시간 원격지의 관제센터로 신호 송신이 가능하며, 관제선테에 신호가 수신되면 긴급신호로 구분되어 112신고와 동시에 긴급출동하는 업무이다.

ⓓ **설비제어 업무** : 365일 자동화 프로그램이나 주장치(컨트롤러)에 연동되어 출입문, 셔터, 전등, 에어컨, 공조기, 보일러 등을 연간 스케줄에 의해 제어하는 업무이다.

ⓔ **설비감시 업무** : 물탱크, 저수조의 만수상태, 수전설비의 정전, 발전기 및 에어컨의 동작상태와 냉장고의 온도감시 등의 설비상태를 24시간 주장치(컨트롤러)에서 감시하여 이상 시 가입자에게 통보하거나 또는 출동하여 조치하는 업무이다.

〈출처〉 이강열, 「기계경비개론」, 진영사, 2021, P. 129~130

3. 무인화 경비시스템★

① Tact System이라고도 하며 금융기관이 고객 서비스 차원에서 금융기관별로 무인화 은행경비시스템을 개발·사용하고 있다.

② 금융기관의 각종 무인은행을 경비하는 시스템으로 CD·ATM 코너의 운용은 물론 경비까지도 연중무휴로 24시간 가동이 가능하다.

③ 무인은행 제어시스템의 기능으로는 조명, 안내 방송, CD·ATM기 에러 감지, 셔터 및 출입문 자동 개폐 등의 프로그램을 월간 또는 연간 입력하여 자동으로 운영하게 된다.

4. 로컬시스템과 무인경비시스템 비교

구 분	로컬시스템	무인경비시스템
원격지 관제센터	×	○
구성장치	감지장치 경보장치 확인장치(영상장치) 통제장치 경비원 (검색장치×)	감지장치 주장치(콘트롤러) 통신장치 관제장치 출동요원과 지원기관 (녹화장치×)
감시 범위	대규모 빌딩, 공장 등의 넓은 지역	일반 빌딩, 은행, 점포, 단독주택 등
처리 과정	경비대상시설물 → 감지기, CCTV, 출입통제 → 자체 관제센터 → 상주경비원	경비대상시설물 → 감지기 → 주장치 → 통신회선 → 원격지 관제센터 → 출동요원

제1장
제2장
제3장
제4장
제5장
제6장

Ⅲ 융합보안

1. 의 의★

① 출입통제, 접근 감시, 잠금장치 등과 불법 침입자 정보인식시스템 등을 상호 연계하여 보안의 효과성을 높이는 활동이다. 즉, 물리적 · 기술적 · 관리적 보안요소를 상호 연계하여 보안의 효과성을 높이는 것을 내용으로 한다.

② 전통 보안산업은 물리영역과 정보(IT)영역으로 구분되어 성장해 왔으나, 현재 보안산업은 출입통제, 주차시설 관리, CCTV, 영상보안 등 물리적 환경에서 이뤄지는 전통적 물리보안산업이 컴퓨터 네트워크상의 정보를 보호하는 IT 정보보안 기술과의 접목을 통해 차세대 고부가가치 융합보안 서비스산업으로 부상하고 있다.

③ 융합보안은 각종 내 · 외부적 정보 침해에 따른 대응은 물론 물리적 보안 장비 및 각종 재난 · 재해 상황에 대한 관제까지를 포함한 개념이다.

> **융합보안의 개념 [기출] 22**
> • 정부가 지식정보 보안산업을 정보보안, 물리보안, 융합보안 등 3가지로 분류하면서 제시한 융합보안의 개념이 일반적으로 사용되고 있다.
> • 이에 의하면 물리보안과 정보보안의 융합이라는 통합보안 관점과 비 IT 산업에 보안을 적용하는 복합보안 관점 등을 통칭하여 융합보안이라고 한다.
>
> 〈출처〉 남기효, 「융합보안 기술 동향 및 이슈」, 주간기술동향 제1672호, 2014

2. 등장배경

① 물리보안 시스템의 IT화에 따른 운영 효율성 및 원가절감 측면
② 기업의 정보자산 가치의 증가에 따른 보안수준 향상 측면
③ 기업의 영속성 계획 위험관리에 대한 통합보안 요구 측면
④ 위협의 복합화 · 다채널화에 따른 사용자 편리성 제고 측면

3. 융합보안의 적용

① 통합인증(Single Sign On)
  ㉠ 물리보안과 정보보안의 융합사례로 가장 대표적인 것은 통합인증이다.
  ㉡ 물리보안 측면에서 카드 · 지문 등으로 출입을 위하여 사용자를 인증하는 출입관리 체계와 정보보안의 측면에서 PC 로그인 · 사내 인트라넷 접속을 위하여 ID · 패스워드 등을 입력함으로써 사용자를 인증하는 체계를 통합하는 것이 통합인증이다.

② **출력물 보안** : 출력물 보안에서 가장 중요한 이슈는 출력물의 무단 반출을 어떻게 막을 것인가 하는 것이다. 인쇄 시 전자감응 특수용지를 사용하여 출입통제에서 출력물에 대한 무단 반출을 탐지하는 솔루션의 적용과 복합기 등에 카드리더를 연동하여 인쇄 시 사용자를 인증하는 체계, 인쇄물에 출력자의 신상정보 및 워터마크를 자동 인쇄하도록 하는 방안 등이 적용되고 있다.

③ 융합관제 : 물리보안 관제는 센싱 단계(물리적 침입을 탐지) – 통신단계(각종 센싱 신호를 전송) – 모니터링 단계(전송된 신호를 분석하여 이상상황을 파악) – 대처단계(이상상황에 대하여 출동요원이 현장에 출동하여 상황을 정리)로 구성되어 있고, 정보보안 관제에서도 물리보안 관제와 마찬가지로 탐지단계(해킹, 불법침입을 탐지) – 통신단계(탐지된 신호를 전송) – 모니터링 단계(전송된 신호를 분석하여 이상상황을 파악) – 조치단계(이상상황으로 파악된 경우 원격접속 등을 통하여 사이버 대응)로 유사하게 구성되어 있기에 전체 체계를 통합하는 경우 시너지 창출이 가능하다.

④ 복합보안 관점 : 사용자의 인증 및 암호화 등의 융합보안기술이 자동차, 헬스케어, 에너지 등의 非 IT 산업에 활용되는 추세이다.

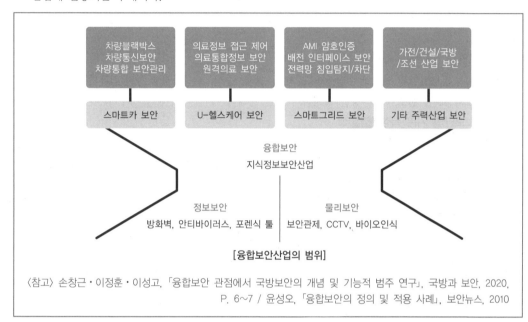

[융합보안산업의 범위]

〈참고〉손창근·이정훈·이성고, 「융합보안 관점에서 국방보안의 개념 및 기능적 범주 연구」, 국방과 보안, 2020, P. 6~7 / 윤성오, 「융합보안의 정의 및 적용 사례」, 보안뉴스, 2010

4. 물리보안

① 의의 : 물리보안은 범죄 등 고의적 위협으로부터 인명·시설·정보를 물리적으로 보호하고, 인가자·비인가자의 출입관리와 물리적 위협에 대응하며, 물리적 취약성을 통제하는 활동이다.

② 구성 요소 : 건축물이나 출입문, 시건장치와 같은 보안관련 설비 등의 구조적 요소와 경비시스템, 출입통제시스템 등의 전자적 요소와 경비원 등의 인적 요소로 구성된다.

구조적 요소	• 담장, 펜스 : 기본적인 통제수단, 물리적 1차 통제선·경계선 • 건물 외벽, 지붕, 출입문, 창문, 셔터 : 물리적 2차 통제선·경계선 • 시건장치, 볼라드 : 인원, 차량의 출입통제장치
전자적 요소	• 침입경보시스템 : 무단침입 경보, 통보(무인경비서비스, 로컬경비시스템) • 영상감시시스템 : 실시간 감시, 영상녹화, 영상인식 및 경보, 영상전송, 지능형 영상감시에 의한 물체, 배회자 감시 및 통보 • 출입통제시스템 : 인가·비인가자 출입통제, 출입문의 개폐상태, 비정상 개폐 감지 및 통보 • 화재감지장치 : 열, 연기, 불꽃을 감지하여 경보 발생 및 통보 • 외곽감지장치 : 외곽 펜스, 담장의 침입 감지 및 통보
인적 요소	• 경비원 : 외곽 초소에서 침입자 감시와 출입구 경비실에서 출입자를 통제함 • 보안요원 : 경비시스템, 출입통제시스템, CCTV 등을 통해 상황을 판단하고 통제·대응함

제1장

제2장

제3장

제4장

제5장

제6장

③ 경계선에 따른 물리보안 : 물리보안의 경계선은 외부(외곽)지역, 건물 입구, 건물 내부, 주요 시설물로 구분한다.

④ 물리적 구역의 정의
  ⊙ 접견 구역 : 접견구역 등 외부인 출입이 허용된 구역으로 외부인이 별다른 통제 없이 출입이 가능한 구역이다.
  ⓒ 제한 구역 : 내부 직원 및 인가된 외부 직원이 출입하는 사무실 구역이다. 비인가자의 접근을 통제하기 위해 출입통제장치 및 감시시스템을 설치, 출입 시 출입카드가 필요한 장소이다.
  ⓒ 통제 구역 : 관제실, 전산실, 서버실, 기계실 등 출입을 위해 추가적인 절차가 필요하며, 사전에 인가된 직원만 출입이 가능한 구역이다.

5. 정보보안

① 의의 : 정보보안은 정보의 수집, 가공, 저장, 검색, 송신, 수신과정에 있는 컴퓨터 또는 네트워크상의 정보의 훼손, 변조, 유출 등을 방지하기 위한 관리적·기술적 수단을 강구하는 것을 의미한다.

② 정보보안의 기본 특성 `기출 23`
  ⊙ 정보보안의 3요소 `기출 22·21`

기밀성 (Confidentiality)	허락되지 않은 사용자 또는 객체가 정보의 내용을 알 수 없도록 하는 것으로 도어락 비밀번호나 자물쇠 열쇠를 가지고 있는 사람만이, 즉 인가된 사용자만이 정보자산에 접근할 수 있는 것을 의미한다.
무결성 (Intergrity)	허락된 사용자에 의해 인가된 방법으로만 정보를 변경할 수 있도록 하는 것으로 정보를 수신했을 때 또는 저장되어 있는 정보를 확인했을 때 정보가 위조되거나 변조됨이 없이 완전하게 유지되는 것을 의미한다. 무결성에 대한 위험요소로는 백도어, 바이러스가 이에 해당된다.
가용성 (Availability)	허가된 사용자가 정보자산을 원하는 시간에 언제든지 접근할 수 있다는 것을 의미한다. 가용성에 대한 위험요소로는 서비스 거부 공격인 DDos(Distributed Denial of Service)가 이에 해당된다.

  ⓒ 정보보안의 요구사항

인증 (Authentication)	• 정보를 보내오는 사람의 신원을 확인하여 사용자를 식별하고, 사용자의 접근권한을 검증하는 것을 의미한다. • 정보교환에 의해 실체의 식별을 확인하게 하거나 임의 정보에 접근할 수 있는 객체의 자격이나 내용을 검증하는데 사용하는 성질이며, 사용자 진위 여부를 확인하는 것이다.
무결성 (Intergrity)	데이터의 정확성과 일관성을 유지하고, 데이터에 결손과 부정함이 없음을 보증하는 것으로 위변조를 할 수 없도록 데이터 무결성을 유지하는 것을 의미한다.
기밀성 (Confidentiality)	어떤 정보에 제약을 두거나 접근을 제한하는 약속이나 일련의 규칙으로 정보 내용을 알 수 없도록 암호화하는 것을 의미한다.
부인방지 (Non-Repudiation)	데이터를 송신한 자가 송신 사실을 허위로 부인하는 것으로부터 수신자를 보호하기 위하여 송신자의 발신 증거를 제공하거나, 수신자가 수신 사실을 거짓으로 부인하는 것으로부터 송신자를 보호하기 위하여 수신 증거를 제공하는 것을 의미한다.
책임추적성 (Accountability)	시스템 내의 각 개인은 유일하게 식별되어야 한다는 정보보호원칙으로 사용자를 식별하고 활동을 추적하여 정보보호규칙을 위반한 개인을 추적할 수 있는 것을 의미한다.
권한부여 (Authorization)	사용자에게 자원에 대한 접근을 허락하거나, 어떤 수준의 권한과 서비스를 부여하는 것으로 다중 사용자 컴퓨터 시스템에서 어떠한 사람이 해당 시스템에 접근할 수 있는지 권한의 범위를 부여하는 것을 의미한다.

③ 정보보안의 위협

　㉠ 위협의 유형

가로막기(Interruption)	정보의 정상적인 전달을 가로막아 흐름을 방해하는 행위(가용성 저해, 흐름 차단)를 의미한다.
가로채기(Interception)	정보의 송·수신 과정에서 몰래 보거나 도청하여 정보를 유출하는 행위(기밀성 저해)를 의미한다.
수정(Modification)	전송된 데이터를 원래의 데이터가 아닌 다른 내용으로 바꾸는 행위(무결성 저해)를 의미한다.
위조(Fabrication)	다른 송신자로부터 데이터가 송신된 것처럼 꾸미는 행위(무결성 저해)를 의미한다.

　㉡ **위협의 형태** : 정보보안을 위협하는 형태에는 웜(Worm), 해킹(Hacking), 트로이 목마(Trojan Horse), 백도어(Back Door), 스니핑(Sniffing), 스푸핑(Spoofing), 피싱(Phishing), 키로거(Key Logger), 피기배킹(Piggybacking), 분산 서비스 거부 공격(DDos) 등이 있다.

④ 네트워크 보안

　㉠ **의의** : 컴퓨터를 서로 연결하여 데이터를 상호 교환하며, 자원을 공유할 수 있는 방법을 네트워크라 하는데, 네트워크에 부당한 엑세스, 우발적 또는 고장에 의한 조작에의 개입이나 파괴로부터 네트워크를 보호하기 위한 수단을 네트워크 보안이라고 한다.

　㉡ 유 형

DDos 차단시스템	• 대량의 트래픽을 전송해 시스템을 마비시키는 DDos를 차단시키는 시스템이다. • 대량으로 유입되는 트래픽을 분석해 유해트래픽을 차단하여 네트워크와 정보자산을 보호한다.
방화벽(Firewall)	• 미리 정의된 보안규칙에 기반하여 송·수신하는 네트워크의 데이터 트래픽을 모니터링하고 제어하는 시스템이다. • 일반적으로 신뢰할 수 있는 내부 네트워크와 신뢰할 수 없는 외부 네트워크 간의 장벽으로, 외부로부터의 불법침입과 내부의 불법 정보유출을 방지하고, 내·외부의 네트워크 상호 간 영향을 차단하기 위한 보안시스템이다.
침입방지시스템 (IPS : Intrusion Prevention System)	• 기존에 정의되지 않은 침입이 발생하기 전에 실시간으로 침입을 막고 외부침입으로부터 정보자산을 보호하는 시스템이다. • 침입방지시스템(IPS)은 각종 바이러스, 악성코드, 웜, 해킹 등 비정상적인 트래픽을 탐지하고 사전예방하여 공격이 발생하는 것을 근본적으로 차단하는 시스템이다.
가상사설망 (VPN : Virtual Private Network)	• 인터넷망 또는 공중망을 사용하여 둘 이상의 네트워크를 안전하게 연결하기 위하여 가상의 터널을 만들어 암호화된 데이터를 전송할 수 있도록 만든 네트워크이다. • 누구에게나 개방되어 있는 공중망상에서 구축되는 논리적인 전용망이다.

⑤ 시스템 보안

　㉠ **의의** : 허가받지 않은 사용자가 파일, 폴더 및 장치 등을 사용하지 못하도록 제한하여 보호하는 시스템 기능이다.

　㉡ 시스템 보안 사항

계정과 패스워드 관리	적절한 권한을 가진 사용자를 식별하기 위한 기본적인 인증수단으로, 계정과 패스워드 관리는 시스템에서 보안의 시작이다.
세션 관리	사용자와 시스템 또는 두 시스템 간의 활성화된 접속에 대한 관리로서, 일정 시간이 지날 경우 적절히 세션을 종료하고, 비안가자에 의한 세션 가로채기를 통제한다.

제1장

제2장

제3장

제4장

제5장

제6장

접근 제어	시스템이 네트워크 안에서 다른 시스템으로부터 적절히 보호될 수 있도록 네트워크 관점에서 접근을 통제하는 것을 의미한다.
권한 관리	시스템의 각 사용자가 적절한 권한으로 적절한 정보자산에 접근할 수 있도록 통제하는 것을 의미한다.
로그 관리	시스템 내부 또는 네트워크를 통한 외부에서 시스템에 어떤 영향을 미칠 경우 해당 사항을 기록하는 것을 의미한다.
취약점 관리	시스템은 시스템 자체의 결함에 의해 보안적인 문제가 발생할 수 있는데, 이 결함을 체계적으로 관리하는 것을 취약점 관리라 한다.

⑥ 암호(인증)

보안 토큰 (HSM : Hardware Security Module)	• 전자서명 생성 키 등 비밀정보를 안전하게 저장하는 장치이다. • 기기 내부에 프로세스 및 암호 연산장치가 있어 전자서명 생성 및 검증을 하는 하드웨어 장치이다. • 저장된 전자서명 생성 키 등 비밀정보는 장치 외부로 복사 또는 재생성되지 않는다. • 스마트 카드, USB 토큰 등 다양한 형태가 있다.
일회용 비밀번호 (OTP : One Time Password)	• 시스템에 접근하기 위해 로그인할 때마다 새로운 패스워드를 생성하는 보안시스템이다. • 무작위로 생성되는 난수의 일회용 패스워드로 사용자를 인증하는 방식이다.
공개키 기반구조 (PKI : Public Key Infrastructure)	• 공개키 알고리즘을 통한 암호화 및 전자서명을 제공하기 위한 복합적인 보안시스템 환경으로 암호화와 복호화 키로 구성된 공개키를 이용하여 송수신 데이터를 암호화하고, 디지털 인증서를 통해 사용자를 인증하는 시스템이다. • 데이터를 암호화하는 방법에는 공개키와 비밀키 방식이 있다. • 비밀키 암호시스템이 송수신자 양측에서 똑같은 비밀키를 공유하는 데 반해, 공개키 암호시스템은 암호화와 복호화가 다르기 때문에 데이터를 암호화하고 이를 다시 풀 수 있는 키가 달라 거의 완벽한 데이터 보안이 가능하고 정보유출의 가능성이 낮은 시스템이다. 기출 23
싱글 사인온 (SSO : Single Sign-On)	한 번으로 로그인(인증)으로 여러 사이트나 서비스를 이용할 수 있는 시스템이다.

〈출처〉 이강열, 「기계경비개론」, 진영사, 2021, P. 636~646

I　컨트롤러

1. **컨트롤러(주장치)의 개요** 기출 19·13

① 개 념

㉠ 경비 대상 시설물 및 경비 대상 지역 내에 설치하는 가장 핵심이 되는 기기이다.

㉡ 각종 감지기에서 발생하는 신호를 수신하여 그 신호를 분석·판별하여 통신장치 및 표시장치에 출력하여 신호를 인식시킨다.

㉢ 입력장치, 출력 단말기 등과 상호 데이터를 교환한다.

㉣ 감시부는 감지기에서 보내오는 감지신호를 감지한다.

㉤ 컨트롤러는 조작부에 의해 세트·해제의 설정이 된다.

② 기능
  ㉠ 지역별 감시 및 제어
  ㉡ 신호전송(통신)
  ㉢ 감지신호의 수신과 판별
  ㉣ 키패드, 카드리더에 의한 세트 및 해제로 각종 출력 발생
  ㉤ 세트 시 감지신호 수신에 의한 출력발생 및 이상 표시 기능
  ㉥ 전원공급 : AC 220 V, 110 V를 정류하여 DC 12 V의 출력발생, 정전 시 배터리에 의한 전원공급 등
  ※ 컨트롤러 전원을 안정적으로 공급하기 위한 장치 : CVCF(정전압 정주파 전원 장치), 예비배터리, 서지(surge)
    방지 장치(전기 회로에서 전류나 전압이 순간적으로 크게 증가하는 충격성이 높은 펄스인 서지를 방지하는 장치)
③ 구성 **기출** 23 · 21 · 17 · 09 : 전원부, 제어부, 표시부, 조작부, 출력부, 감지부, 경보부 등으로 구성되며
  기기에 따라 부가기능이나 편리기능(설비제어, 전등제어, HA시스템 등)과 연동될 수 있다.

전원부	• 주장치(컨트롤러) 자체의 제어, 표시, 경보, 통신 등을 위한 공급 전원뿐만 아니라 감지기, 사이렌 등의 외부기기를 동작시키기 위한 전원을 공급 • 출력전원은 방범용이므로, 각 기기를 상시 안정적으로 동작시키기 위한 전원회로, 보호회로, 배터리, 충전회로 등이 내장되어 있음	
제어부	• 조작부에서 제어모드 설정 • 출입관리기로 세트모드나 해제모드 등 조작 • 감지기로부터의 신호 입력을 받아서 상태를 표시 • 각종 출력(경보, 통신) 제어와 외부 기기와의 연동을 자동적으로 제어	
표시부	• 전원, 경계, 상태 표시(컨트롤러 감지 Block) 경보, 감지 메모리 표시 등 시스템의 모든 부분을 LED 또는 7세그먼트, LCD 등으로 상태를 표시 • 조작의 안내표시 또는 음성 안내장치로 상태나 조작에 대한 설명이 가능	
조작부	사용자 조작 (기기표면)	세트(경계), 해제 등의 경계모드 입력, Block의 상태 확인, 경보 정지 및 복구, 전기정 시정 · 해정(입실 · 퇴실) 등
	설치자 설정 (기기 내부)	주장치 기본기능 입력, 전원 ON/OFF
출력부	감지기에 의한 감지신호 발생 시 스피커 · 부저의 경보음, 그리고 각종 제어장치와 통신장치에 출력하는 부분	

2. 감지장치(센서)

① **개념** : 대상물이 어떠한 정보를 가지고 있는가를 기계의 힘으로 감지하여 전자신호로 변환시켜 인간이 확인 가능하도록 하는 것이다.
② **기능** : 인간의 감각을 대신하고 감각으로 대신할 수 없는 적외선 등의 전자파, 에너지가 작은 소음파 등을 검출할 수 있는 기기이다.
③ **종류**

센 서	유 형
스위치 센서	기계 스위치, 마그네틱 스위치, 리드 스위치, 관성 스위치, 수은 스위치, 비상 스위치, 공기압 스위치, 튜브와 호일, 압력 매트, 감지선
적외선 센서	반사식, 대향식
초음파 센서	정상파 시스템, 레이더 시스템
유리파괴 센서	진동 센서, 압전 센서
셔터 센서	적외선 반사식 셔터 센서, 자기식 셔터 센서

제1장

제2장

제3장

제4장

제5장

제6장

Ⅱ 통신장치

1. 구성도

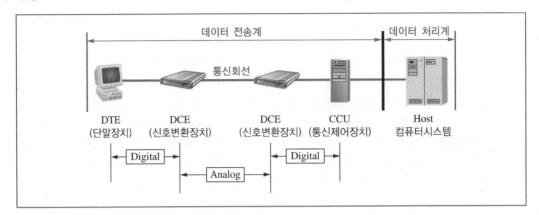

① 모뎀 : 통신 채널을 통해 데이터를 전송할 수 있도록 디지털 신호를 아날로그 신호로 바꾸어 주는 장치이다.

② 통신제어장치(CCU) : 통신회선을 통해 송수신되는 데이터를 제어하고 감시하는 역할을 한다.

③ DTE(Data Terminal Equipment[데이터 단말 장치]) : 중앙에 있는 컴퓨터와 통신망으로 연결되어 데이터를 입력하거나 처리 결과를 출력하는 장치이다.

④ DCE(Data Circuit-terminating Equipment[데이터 회선 종단 장치]) : 주로 데이터의 전송을 담당하는 장치로, 아날로그망과의 인터페이스 기능을 할 때는 모뎀이 되며, 데이터 전송 전용일 때에는 DSU(Data Service Unit/CSU(Channel Service Unit) 등이 된다.

단말장치의 종류	특 징
MODEM	• MOdulator - DEModulator의 약어이다. • 디지털 데이터를 아날로그 신호로 바꾸거나, 아날로그 데이터를 디지털로 바꾸는 기능을 수행하고, 아날로그 회선에 사용한다.
DSU (Data Service Unit)	디지털용 회선에 사용하는 장비로서 디지털 데이터를 디지털 신호로 변환해주는 역할을 한다.
HSM (High Speed Modem)	• 56Kbps 이상의 고속데이터 전송용 DSU이다. • 회선에 다수의 채널이 분할되어 있고 구성된 만큼 대역폭이 넓어진 것이므로 다량의 데이터를 전송할 수 있다.
CSU (Channel Service Unit)	• 통신회선의 전송속도는 1channel은 64Kbps, 2channel은 128Kbps, 4channel은 256Kbps이다. • MUX라 불리우는 집중장비가 여러 개의 채널들을 모아서 하나의 대용량 전송로를 통하여 한꺼번에 트렁크 방식으로 전송된다. • CSU는 트렁크라인(T1 또는 E1)을 수용하는 장비이며, 전송방식의 차이로 T1은 24channel을, E1은 30channel을 수용할 수 있다.

〈참고〉 이강열, 「기계경비개론」, 진영사, P. 600, 602~603

2. 통신회선★★

① **가입전화회선(공중회선) 방식** : 전국에 널리 둘러 싸여 있는 가입전화의 회선망을 이용하는 방식이다. 전용회선의 사용이 곤란하고 업종과 위험도의 크기에 따라 선별적인 시스템을 사용해야 하는 경우에 선택한다.

  ㉠ **장 점**
  - 관제소로 접수되는 신호가 적어 관제부담이 적고, 기계경비업 전용의 전화회선을 별도로 설치할 필요가 없다.
  - 대상시설 수가 큰 폭으로 증가하지 않는 한 상황본부의 가입전화선 수를 증설할 필요가 없기 때문에 경제적인 기계경비업무를 제공할 수 있는 이점이 있다.
  - 전화가 설치된 곳이면 어디든지 설치가 가능하므로 계약이행이 쉽다(단, 구내전화나 공중전화는 제외).
  - 통신료를 고객이 부담하므로 외형상 계약료가 낮아 계약유도가 용이하다.

  ㉡ **단 점**
  - 통신회선 상태를 상시 감시할 수 없다.★
  - 가입전화회선망에 이상(교환기 장애 등)이 있는 경우 기계경비업무에서의 영향이 크다.
  - 단선검출이 곤란하고 신호 전송 시 많은 시간이 소요되어 안전의 질이 낮다(통화 중인 경우에는 더욱 많은 시간이 소요).★

② **전용회선 방식** 기출 12 : 대상 시설과 상황본부의 수신장치 사이에 기계경비업무 전용의 통신회선을 사용하는 것으로, 가장 신뢰할 수 있는 통신망 방식이다.

  ㉠ **장 점**
  - 통신회선 상태를 상시 감시해서 통신회선의 이상을 조기에 발견할 수 있고, 시간에 관계없이 24시간 어느 시간에도 통신이 가능하다.
  - 독자적인 망구축이 가능하고 통신회선 일부를 독점사용하고 전화국의 교환기를 거치지 않는 직통 회선이므로 "통화 중" 현상의 발생 없이 사용할 수 있다.
  - 통신량에 관계없이 매월 일정회선요금을 사용할 수 있다.
  - 다양한 단말기접속이 가능하고 선로가 단선될 경우에 관제소에서 단선을 확인할 수 있으므로 안전성이 뛰어나다.

  ㉡ **단 점**
  - 전용회선의 시설이 되지 않는 지역은 제약을 받는다.
  - 통신료의 원가계상으로 계약료가 비싸서 계약유도가 어렵다.
  - 시설이 복잡하고 신호의 다량 접수로 인한 관제부담이 크다.★
  - 설비 코스트(Cost)와 통신 코스트(Cost)가 올라가기 때문에 고도의 안전성을 요구하는 금융기관, 위험물 보관 취급장소, 24시간 사람이 잔류하는 장소, 고가물품이나 중요물품의 보관장소 및 공공 관계 시설의 중요한 대상 시설에서 주로 사용되고 있다.

ⓒ 디지털 전용회선의 규격★

회선망		내 용
저속도 회선	제1규격	50bps까지 비음성 통신이 가능한 회선
	제2규격	300bps까지 비음성 통신이 가능한 회선
중속도 회선		2,400~9,600bps까지 데이터 통신을 위해 만든 회선으로 제1규격부터 제3규격까지 있다.
고속도 회선		56kbps~2,048Mbps까지의 전화 또는 데이터 통신을 위한 회선으로 제1규격부터 제11규격까지 있다.

네트워크 접속형태 `기출` 16
- 트리형(tree network) : 트리 형태의 단말장치(노드)에 전송 제어장치를 두고 노드를 연결
- 링형(ring network) : 컴퓨터와 단말기기의 연결을 서로 이웃하는 기기끼리만 연결
- 버스형(bus network) : 모든 노드 및 주변장치가 일자형 케이블(버스)에 연결
- 성형(star network) : 중앙의 제어점을 중심으로 분산된 모든 단말기가 1:1 방식으로 연결

3. 단말장치

단말장치는 센서 등이 감지한 대상 시설의 이상 신호를 모아서 데이터로 상황본부에 송신하는 장치이다.

① 가입전화회선용 장치

ㄱ 입력회로 `기출` 09 : 이상(異常)을 감지한 센서의 접점동작을 감시하고, 입력회로로부터 센서 측에 직류전압을 더해주고, 이상의 발생 시에 센서의 NC접점이 열리는 것에 의해 전류가 차단된 것을 검지하도록 되어 있다. 또한 센서가 NO접점인 경우에는 NC접점의 경우와는 반대로 전류가 흐르는 것을 검지하게 된다.

ㄴ 제어회로 : 입력회로 등으로부터 신호를 처리하고, 상황본부에 데이터의 전송이 필요한 경우에는 망제어회로를 동작시켜 상황본부와의 회선을 구성하는 것과 함께 전송하는 데이터를 구성한다. 아울러 표시, 조작부의 통제도 이 회로가 행하고 있다.

ㄷ 망제어회로(NCU) `기출` 09 : 가입전화회선망에 대한 모든 제어를 행하며, 주요한 기능은 다음과 같다.
- 단말장치에 접속된 전화기의 사용상태를 확인하고, 데이터의 송신이 가능하면 국선을 전화기로부터 단말장치로 바꾼다. 통화 중에 송신이 불가능하면 통화가 끝날 때까지 대기하든지 또는 강제로 끼어들기 등을 행한다.
- 상황본부를 불러내기 위하여 디지털 신호를 송출하고, 상황본부의 수신장치와의 회선을 구성한다.
- 수신장치에서 보내온 응답신호를 확인한 후, 단말장치를 특정하기 위하여 단말번호, 감시정보 등을 데이터로 송신한다.
- 수신장치 측의 국선이 통화 중이거나 수신장치의 장해 등에 의해 응답신호를 확인할 수 없을 때는 국선을 개방하고 자동 재발신을 행한다. 재발신을 해도 결국 수신장치와 접속할 수 없는 경우에는 합성 음성에 의해 상황본부에 있는 다른 전화기에 이상을 통보할 수 있는 기능을 구비한 것도 있다.
- 모든 데이터를 송신하고 수신장치로부터의 종료(End)신호를 확인한 후 국선을 개방한다.

ⓔ **전원부 · 충전부**
- **전원부** : AC전력을 공급받아 그것을 변압 · 정류해서 다른 각 회로에 필요한 DC전원을 공급한다.
- **충전부** : 정전에 대비한 예비전원으로서 배터리를 충전하는 것으로, 평상시에 배터리를 끊기지 않게 한다.

ⓜ **다이얼신호(선택신호)★**
- 전용회선을 사용하는 경우에는 단말장치와 수신장치는 늘 접속되어 있지만 가입전화회선을 사용하는 경우에는 그때마다 단말장치에서 특정의 번호(가입번호)를 송신하고, 수신장치를 불러낸다.
- 호출을 위한 신호에는 펄스신호(다이얼식)와 PB신호(Push식)가 있고, 사용하는 국선에 따라 어느 쪽의 방식을 채용해야 하는가가 결정된다.
- 단말장치 내장의 스위치에 의해, 펄스신호 또는 PB신호의 어느 쪽인가에 변환이 가능하도록 되어 있다.

ⓗ **데이터신호★** : 가입전화회선 방식에서 데이터 전송에는 PB신호에 의한 것과 모뎀을 사용하여 데이터를 변조시켜 전송하는 것이 있다. 확실하고 동시에 고속으로 데이터를 전송하기에는 모뎀을 사용한 방식이 더 낫지만, 현재는 장치가 간단하게 해결되는 PB신호에 의한 방식이 주류이다.

PB신호
2개의 저군(低群)과 고군(高群)의 주파수에 의해 1개의 문자부호를 나타내는 방식이다. 저군과 고군에 4개의 다른 주파수를 할당하는 것에 따라 16개의 부호를 구성할 수 있다.

---

② **전용회선용 장치** : 가입전화회선과 다른 것은 망제어회로 대신에 전용회선에 데이터를 송출하기 위한 신호송출회로가 설치되어 있는 것이다.
ⓐ **기능** : 전용 방식은 사업소 등에서 사용하기 위해 감시 항목수를 많게 취하도록 설계되기도 하고, 이상발생의 상황을 기억해서 급히 달려온 경비원의 조작으로 표시부에 대상 시설의 이상(異常)상황을 재현할 수 있는 기능을 구비한 것이다.
ⓑ **데이터 전송 방식★**

비동기식 전송방식	• 한 문자씩(character bit) 송수신하는 방식 • 각 문자 간에는 유휴 시간이 있을 수 있음 • 송신 측과 수신 측이 항상 동기를 맞출 필요가 없음
동기식 전송방식	• 한 문자 단위가 아니라 여러 문자를 수용하는 데이터 블록 단위로서 전송하는 방식 • 송수신 양쪽의 동기를 유지하기 위해서 타이밍을 계속 맞추며(동기화하며) 전송한다.
혼합형 동기식 전송방식	• 동기식 전송처럼 송수신 측이 서로 동기 상태에 있어야 함 • 비동기식 전송처럼 스타트 비트와 스톱 비트를 가짐 • 각 문자 사이에는 유휴 시간이 존재 • 전송 속도가 비동기식 전송보다 빠름

제1장

제2장

제3장

제4장

제5장

제6장

ⓒ 정보 신호 변환 방식

베이스밴드 전송 방식 (기저 대역 전송 방식)	<ul><li>컴퓨터나 단말장치 등에서 처리된 디지털 데이터를 다른 주파수 대역으로 변조하지 않고 직류 펄스 형태 그대로 전송하는 것</li><li>전용회선 접속의 기술수준에는 어느 신호 방식을 사용해야 한다는 규정은 없지만 장거리 구간을 전송하기 위해 도중에서 신호중계기와 반송장치를 경유하는 것도 있으나, 일반적으로 복류방식을 채용하고 있다.</li></ul>		
대역 전송 방식 (반송 대역 전송 방식)	<ul><li>부호를 모뎀에 의해 교류신호로 변환해서 전송하는 방식</li><li>디지털 혹은 아날로그 신호의 변화에 따라 진폭, 주파수, 위상을 대응시켜서 변환시키는 방식</li></ul>		
	아날로그 변조방식 : 아날로그 데이터 → 아날로그 신호로 변환하는 방식		
	진폭변조(AM)	<ul><li>변조 파형에 따라 진폭을 변조하는 방식</li><li>장점 : 회로가 간단함</li><li>단점 : 잡음에 약하고, 전력 효율이 나쁨</li></ul>	
	주파수변조(FM)	<ul><li>변조 파형에 따라 주파수를 변조하는 방식</li><li>장점 : 잡음에 강함</li><li>단점 : 회로가 복잡함</li></ul>	
	위상변조(PM)	<ul><li>변조 파형에 따라 위상을 변조하는 방식</li><li>장점 : 고밀도 전송에 적합하고, 잡음에 강함</li><li>단점 : 회로가 다소 복잡하고, 대역폭을 넓게 차지함</li></ul>	
	디지털 변조방식 : 디지털 데이터 → 아날로그 신호로 변환하는 방식 `기출 22·15`		
	진폭 편이 변조 (ASK ; Amplitude Shift Keying)	<ul><li>0(낮은 진폭)과 1(높은 진폭)의 디지털 신호에 따라 서로 다른 진폭을 대비시켜 아날로그 신호를 만든다.</li><li>장점 : 구조와 원리가 간단해 가격이 저렴하다.</li><li>단점 : 상대적으로 잡음에 약해 데이터 전송용으로는 거의 사용되지 않는다.</li></ul>	
	주파수 편이 변조 (FSK ; Frequency Shift Keying)	<ul><li>디지털 클릭이 '0'일 때는 낮은 주파수를, '1'일 때에는 높은 주파수를 보내는 방식이다.</li><li>장점 : 전송 선로에서 감쇄, 왜곡, 간섭 등이 발생하나 주파수 변화는 없다.</li><li>단점 : 불연속 부분이 생김으로 순간적으로 대역폭이 넓어지는 단점이 있다. 이로 인해 대용량 통신에서는 사용이 불가능하고, 1m 이하의 저속 통신에 사용한다.</li></ul>	
	위상 편이 변조 (PSK ; Phase Shift Keying)	<ul><li>0과 1을 서로 다른 위상을 갖는 신호로 변조하는 방식이다. **예** 비트 0을 표시하기 위해 위상 0°를 이용하고, 비트 1을 나타내기 위해 위상 180°인 신호로 변경하는 것이다.</li><li>장점 : 주파수 변조와 마찬가지로 잡음에 크게 영향을 받지 않는다.</li><li>단점 : 수신 측에서 변조된 신호의 위상을 추적하기 위한 고가의 위상 동기화 회로가 필요하다.</li></ul>	
	직교 진폭 변조 (QAM ; Quadrature Amplitude Modulation)	<ul><li>진폭과 위상을 상호 변환하여 신호를 얻는 변조 방식이다.</li><li>장점 : 제한된 전송 대역 내에서 고속 전송이 가능하다.</li><li>단점 : 잡음에 민감하고 취약하다.</li></ul>	

4. 수신장치★

① 수신장치는 단말장치에서 송신한 데이터를 수신, 가공해서 기계경비업무를 실시하기 위해 필요한 정보로서 CRT 등에 표시하는 것이다. 상황본부는 기계경비업무를 운용하는 거점이 되기 때문에 일보, 월보의 작성 등 시스템 전체를 관리하고 경비정보를 프린트하여 자기기록 매체에 기록하는 기능이 필요하다.

통신제어처리장치	단말장치에서 데이터를 수신하여 오류가 없는가를 확인하고, 컴퓨터가 처리하기 쉬운 형식으로 데이터를 변환하고, 중앙처리장치로 보낸다.
중앙처리장치	수신 데이터에 포함되어 있는 단말번호를 기초로, 대상 시설 정보파일(단말번호, 대상 시설명, 주소 등을 기록한 파일)을 검색하고, 등록되어 있는 단말번호인가를 확인한다. 확인 후 감시항목의 번호를 표시하는 데이터에서 이상(異常)의 내용을 분석하고, 그 내용을 수신 시각, 대상 시설에 관한 정보와 함께 CRT 등에 표시한다. 또한 수신 조치 기록파일에는 수신 일시, 이상의 내용, 응답확인 시각, 조치결과 등의 정보를 기록하고, 일보·월보의 작성에 이용될 수 있도록 하고 있다.
표시장치	이상상황 발생 수신기에는 부저를 울리게 하여 경비원의 주의를 환기시키고, 경비정보를 영자 등의 약자를 이용하지 않고 한글로서 표시하도록 하고, 긴급한 정도의 차이를 색별로 표시한다. 게다가 상황본부 경비원의 응답확인에 의해 CRT의 표시색을 변화시켜 조치오류가 없도록 한다.

표시장치에 표시되는 항목
- 단말번호(대상 시설명)
- 수신 일시
- 감시항목(이상의 내용)
- 응답 확인시간
- 취급자
- 조치방법, 결과
- 보조 정보로서 대상 시설의 주소, 연락처, 전화번호, 인근 대기소명, 대기소 전화번호 등이 함께 표시된다.

---

② 수신기의 종류

P형	• 신호를 직접 또는 중계기를 통하여 공통신호로서 수신 • 선로수가 많이 필요해 선로공사 비용이 많이 든다. • 소규모 건물에 주로 설치
R형	• 신호를 직접 또는 중계기를 통하여 고유신호로서 수신 • 선로수가 적게 들어 경제적 • 신호의 전달이 정확하다. • 발생구역을 선명하게 숫자로 표시할 수 있다. • 대형건물에 주로 설치
GP형 / GR형	• 가스누설탐지기의 수신과 겸용으로 사용하는 수신기 • Gas의 첫문자 G를 사용하며 이러한 G형 수신기에 P형 또는 R형 수신기의 성능을 함께 갖는 수신기를 말한다.
M형	M형 발신기에서 나온 신호를 수신한다.

수신기의 종류에 따른 자동화재 탐지설비의 구성(수신기, 벨, 발신기, 사이렌)

P형 1급 수신기
주음향 장치 ─ 지구 음향장치
각종 감지기 ─ P형 1급 발신기 ─ 표시등
중계기 각종 감지기 (종단저항 등) 표지판

P형 2급 수신기
주음향 장치 ─ 지구 음향장치
각종 감지기 ─ P형 2급 발신기 ─ 표시등
중계기 각종 감지기 누름버튼 표지판

R형 수신기
주음향 장치 ─ 지구 음향장치
중계기 ─ 각종 감지기 ─ P형 1급 발신기 ─ 표시등
(종단저항 등) 표지판

부속장치 - 부수신기, 순회장치, 순회전시동장치, 비상전화장치, 비상경보장치

5. 지령장치★

① 지령은 일반적으로는 지령원의 음성에 의해 행해진다. 음성에 의한 지령의 방식에는 가입전화 또는 전용 전화의 유선기기에 의한 것과 이동하는 경비원에 의한 무선기기에 의한 것이 있다.

② 상황본부 경비원(지령원)이 대기소 및 관계기관 등에 지령 또는 연락을 하기 위한 통신기기가 지령 장치의 중심이다.

③ 대규모의 상황본부에서는 대기소에 설치된 컴퓨터의 출력용 프린터가 지령의 수신장치 역할을 하고, 직접 지령 내용을 프린트 아웃한다. 그러나 이 경우에도 음성에 의한 지령 전달이 큰 역할을 한다.

6. 통신 프로토콜(통신규약) `기출` 13

① 의의 : 컴퓨터나 원거리 통신 장비 사이에서 메시지를 주고받는 양식과 규칙의 체계이다. 프로토콜은 하드웨어 또는 소프트웨어 그리고 때로는 모두를 사용하여 구현되기도 한다.

② 통신 프로토콜의 3대 요소
 ㉠ 구문(syntax) : 특정 통신서비스 또는 기능 제공을 위해 정의하는 메시지의 종류와 형식
 ㉡ 의미(semantics) : 특정 메시지의 교환에 따라 실행해야 할 행위에 대한 정의
 ㉢ 타이밍(timing) : 메시지의 교환 절차에 대한 정의

ISO(국제표준화기구)의 OSI(개방형 시스템 간 상호접속) 7계층 구조 `기출` 23 · 22 · 15 · 10

7	Application Layer(응용)	하위 계층과 더불어 사용자에게 편리한 응용 환경을 제공하고 데이터베이스 관리 및 기타 서비스를 제공	사용자 지원계층
6	Presentation Layer(표현)	데이터의 의미와 표현방법의 처리	
5	Session Layer(세션)	원격파일 전송 또는 원격 로그인 및 일시적 전송 장애 해결을 위한 동기 기능	
4	Transport Layer(전송)	최종 사용자 사이의 연결을 통해 데이터를 주고받도록 하는 기능	전송층
3	Network Layer(네트워크)	각 시스템 간의 연결통로 제공	네트워크 지원계층
2	Data Link Layer(데이터링크)	물리 계층에서 발생할 수 있는 에러 감지 및 해결	
1	Physical Layer(물리)	데이터 전송을 위한 물리적 장치의 설정 및 유지	

TCP/IP `기출` 20

- 정의 : 컴퓨터와 컴퓨터 간의 지역네트워크(LAN) 혹은 광역네트워크(WAN)에서 원활한 통신을 가능하도록 하기 위한 통신규약(Protocol)으로 정의할 수 있다. 최초 미국방성에서 구축한 ARPANET에서 시작되었으며, 후에 미국 방위통신청(DCA ; Defense Communication Agency)에서 컴퓨터 간 통신을 위해서 TCP/IP를 사용하도록 한 것이 그 시초가 되었다.
- 특징 : TCP/IP는 TCP와 IP 2개의 프로토콜로 이루어져 있는데, TCP(Transmission Control Protocol)란 서버와 클라이언트 간의 데이터를 신뢰성 있게 전달하기 위해 만들어진 규약이다. TCP는 데이터 패킷에 일련의 번호를 부여함으로써, 데이터 손실을 찾아내서 교정하고, 순서를 재조합하여 클라이언트에게 전달할 수 있게 하므로 신뢰성이 높다는 장점이 있다. 반면 IP(Internet Protocol)는 TCP와는 달리 데이터의 재조합이나 손실여부 확인이 불가능하며, 단지 데이터를 전달하는 역할만을 담당한다.
- 방식 : 다음의 4가지 Layer로 구성되어 있다.
  1. Application Layer : 이 계층은 Network을 사용하는 응용프로그램 등으로 이루어지며, OSI 계층의 Application Layer와 Presentation Layer를 모두 포함한다.
  2. Transport Layer : 이 계층은 도착을 원하는 시스템까지 데이터를 전송하기 위한 일을 하는 계층이다. OSI 계층의 Session Layer와 Transport Layer를 포함하고 있으며, 각각의 시스템을 연결하고, TCP 프로토콜을 이용하여 데이터를 전송한다.
  3. Internet Layer : 이 계층은 데이터를 정의하고 데이터의 경로를 배정하는 일(라우팅)을 담당한다. 데이터를 정확히 라우팅 하기 위해서 IP 프로토콜을 사용한다. OSI 계층의 Network Layer와 Data Link Layer를 포함한다.
  4. Physical Layer : 이 계층은 이더넷 카드와 같은 하드웨어를 말한다.

인터넷 프로토콜(IP, Internet Protocol) 주소 길이 `기출` 22

IPv6의 주소 길이는 128Bit이며, IPv4의 주소 길이는 32Bit이다.

제1장

제2장

제3장

제4장

제5장

제6장

제3절　기계경비 설계

Ⅰ　기계경비 설계의 기초

1. 도면의 기능

　① 정보의 작성 : 설계자의 의사를 도면으로 표현

　② 정보의 전달 : 설계자의 의사를 제작자에게 정확하게 전달

　③ 정보의 보존 기능 : 도면으로 정보의 보존, 다른 설계에 참고

2. 도면의 종류

　① 용도에 따른 종류 `기출` 22 · 20

　　㉠ 상세도 : 제작도와 같은 도면의 일부를 확대하여 나타낸 도면

　　㉡ 설명도 : 제품의 구조와 기능, 사용 방법 등을 나타낸 도면

　　㉢ 제작도 : 제품을 만들거나 건설 구조물을 지을 때에 필요한 정보를 나타낸 도면

② 내용에 따른 종류 `기출` 22 · 20
　　㉠ **조립도** : 제품을 구성하는 부품들의 조립 상태와 조립 치수 등을 나타낸 도면
　　㉡ **부품도** : 제품을 구성하는 부품들을 나타낸 도면
　　㉢ **배선도** : 배선 기구의 위치와 전선의 종류, 굵기, 가닥수 등을 나타낸 도면
　　㉣ **배치도** : 대지 위의 건물의 위치, 기계의 설치 위치 등을 나타낸 도면

3. 도면의 크기 `기출` 22 · 20

처음 용지의 긴 변을 반으로 접으면 다음 용지가 된다. 예를 들어 A1은 A0을 반으로 접었을 때 도면의 크기이고, A2는 A1을 반으로 접었을 때 도면의 크기이다.

4. 척 도 `기출` 23 · 22 · 20

척도는 도면에 그린 물체의 크기와 실제 물체의 크기의 비로, 척도의 종류에는 축척, 실척, 배척이 있다.
① **축척** : 도면상의 물체를 실물보다 작게 그리는 방법이다.
② **실척** : 도면상의 물체를 실물의 크기와 같이 그리는 방법이다.
③ **배척** : 도면상의 물체를 실물보다 크게 그리는 방법이다.

〈출처〉 이강열, 「기계경비개론」, 진영사, 2021, P. 539~541

Ⅱ 기계경비시스템 구축을 위한 설계단계 `기출` 23

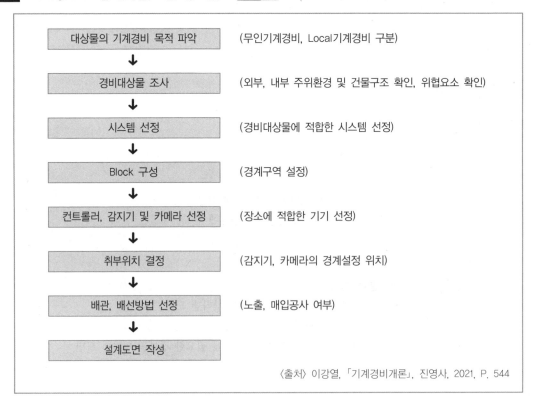

대상물의 기계경비 목적 파악	(무인기계경비, Local기계경비 구분)
경비대상물 조사	(외부, 내부 주위환경 및 건물구조 확인, 위협요소 확인)
시스템 선정	(경비대상물에 적합한 시스템 선정)
Block 구성	(경계구역 설정)
컨트롤러, 감지기 및 카메라 선정	(장소에 적합한 기기 선정)
취부위치 결정	(감지기, 카메라의 경계설정 위치)
배관, 배선방법 선정	(노출, 매입공사 여부)
설계도면 작성	

〈출처〉 이강열, 「기계경비개론」, 진영사, 2021, P. 544

1. 경비기획의 의의

① 경비기획(Security Planning)이란 경비대상물에 경비를 제공하는 도입단계이며 경비기획이 없고서는 안전을 제공할 수 없다. 즉, 경비대상물의 입지조건, 건물구조, 취약부분을 관찰하고 위협을 분석하여 고객의 요구를 충족시킬 수 있는 안전시스템을 입안하는 것을 말한다.

② 경비기획은 경비를 위탁하는 고객의 요구를 충분히 반영하면서도 경비를 제공하는 측이 주도권을 쥐고 입안하여야 한다.

③ 경비보장에 있어서는 경비를 제공하는 측의 주도권 획득이 중요하며, 스스로 입안한 경비기획에 기초한 경비시스템을 제공하여야 한다.

2. 경비진단

① **경비진단 기술향상의 요구** : 최근의 범죄는 지능화되고 흉폭화되고 있다. 그에 대비하기 위해서는 경비 진단의 연구가 대단히 중요하며 단순한 상식 수준의 판단은 통용되지 않는다. 따라서 센서의 은닉, 증거 의 보전, 파괴에 대비한 강력설비 등의 경비진단(경비의 소프트웨어)에 관한 조사연구가 급선무이다.

② **신뢰성의 향상** : 신뢰성의 향상에는 기기 고장률의 감소, 환경조건에 적합한 센서의 감지능력, 판단능력 의 문제와 공사상의 문제가 있다. 센서를 비롯한 방범기기의 국산화와 형식승인제도의 확립, 나아가 개발에 대한 정부지원 등으로 신뢰성을 향상시켜야 한다.

3. 경비기획의 사고

① 경비기획의 기본 사고

㉠ 경비기획을 할 때에는 '안전의 질'을 고려하여 이를 구체적으로 실현하기 위한 경비기획을 세워야 한다.

㉡ 경비기획 시에 고객의 시설설비가 불완전하다고 판단된 경우에는 고객에게 그 개선을 요청하고, 협의 후에 안전하다고 판단될 때에만 서비스를 제공하여야 한다.

㉢ 경비대상물이 경비구역 전역에 분포되어 있을 경우에는 전체적인 방호력을 강화하고 이상을 조기에 감지할 수 있도록 경비기획을 수립하여야 한다.

㉣ 경비기획에 있어서는 고객의 요구를 충분히 반영하여 경비기획을 수립하며 경비기획한 도면은 계약 서의 일부가 될 수 있으므로 알기 쉽고 이해하기 쉽게 설계하여야 한다.

㉤ 금고가 있는 시설물일 경우에는 금고가 노출되지 않도록 하여야 하며 동시에 금고가 움직이지 않도록 고정시켜야 한다.

기계경비 조사설계(security planning) - 금고의 규제★
• 금고에 귀중품이나 현금이 있는 경우 금고감지기로 규제한다.
• 금고는 반드시 고정시키고 눈에 잘 띄지 않는 곳으로 옮기도록 고객에게 요청한다.
• 동일한 장소에 여러 개의 금고가 설치될 경우 한 블록에 3개 이내로 구성한다.
• 금고가 층(層)이나 방(房)별로 분산되어 있는 경우에는 금고마다 단독으로 블록을 구성한다.
• 고가품과 중요물품이 많은 장소임에도 불구하고 금고가 설치되어 있지 않은 곳에는 금고를 설치하도록 요청하고 규제한다.

- 금고는 금고감지기로 규제하고, 금고에 접근하면 감지되는 열선감지기로 보강규제를 실시한다.
- 금고를 창문이나 벽에 밀착하여 두는 것을 피하고 부득이한 경우에는 충격감지기 등으로 추가 규제한다.

〈출처〉이강열, 「기계경비개론」, 진영사, 2018, P. 523~524

② 안전제공의 개념★

ㄱ 고객의 요구(Needs) : 안정요구, 서비스요구

ㄴ 위협분석 : 입지조건, 경비대상물의 용도, 경비대상물의 구조, 경비대상물의 환경을 분석

ㄷ 운용의 검토 : 고객운용의 검토, 대처요원 운용의 검토, 역(逆)체크의 검토

ㄹ 시스템의 선택 : 경비대상물의 규모 및 위험도 파악, 고객사용의 용이성, 경비대상물의 업종별 분류

ㅁ 규제방법의 선택 : 외곽(외주)규제, 외부·내부규제, 구조물에 맞는 규제, 대처거리 및 시간 고려

ㅂ 감지기의 선택 : 경비대상물의 환경 조사, 설치조건의 확인

4. 경비기획의 조건

① 경비의 목적을 충분히 만족시켜야 한다.

② 최소의 비용으로 기획되어야 한다.★

ㄱ 설치 비용의 최소화 : 기기 원가의 절감, 공사비의 절감

ㄴ 운용 비용의 최소화

- 오보 없는 계획 수립 → 불필요한 출동의 감소
- 성능이 우수한 기기의 선정(사용기한의 연장, 고장의 방지)

5. 경비기획의 작성요령★

① 고객의 요구를 최대한 만족시킬 수 있어야 한다.

② 다양한 안전요구에 대응할 수 있는 계획을 수립하여야 한다.

③ 미래지향적인 안전을 구축하여야 한다.

④ 질 위주의 서비스를 제공하며 지속적인 안전확보를 해야 한다.

⑤ 도덕성을 바탕으로 하는 기획을 하여야 한다.

[경비기획 시 위협분석의 항목]

항 목	확인방법
입지조건	• 침입의 난이도는? • 경찰 및 소방기관의 대응거리는?
대상시설	• 경비 대상 시설은 무엇인가? • 위험물은 없는가?
건물구조	• 예상되는 침입경로 및 침입 시 범행의 예상 소요시간은? • 외부에서 볼 때 침입하고자 하는 충동감의 정도는? • 불안전한 시설물은 없는가?
중요물의 보관방법	• 보관장소가 쉽게 보이는 장소인가? • 보관장소에 대한 강도(强度)의 정도는? • 금고는 고정되어 있는가?

사고의 위험도	• 사고발생 시 고객에게 미치는 영향은? • 사고가 발생할 빈도는? • 사고발생으로 인한 사회적 영향의 정도는?
설 비	• 설비 이상 발생에 의한 피해 정도는? • 설비 담당자의 연락처는?

6. 경비기획의 수립절차

① 경비대상물의 선정 : 제공업무의 결정, 경비대상물의 선정

② 위협의 분석 : 침입경로의 분석, 침입요인의 분석, 침입위협의 분석

③ 경비수단 : 적정한 센서의 선정, 불완전한 시설물의 보완, 철저한 경비계획의 수립

④ 최종 침입위협의 분석 : 중복규제의 조정, 무감지구역의 체크 및 조정, 루프(Loop)의 조정

⑤ 경비기획 시의 유의사항 [기출] 19·14

　　㉠ 센서는 반드시 단일목적으로 사용한다.

　　㉡ 무감지 및 오보가 없도록 경비계획을 수립한다.

　　㉢ 중복(과잉)규제는 피한다.

　　㉣ 경비대상물(목적물)은 반드시 규제한다.

　　㉤ 귀중품, 현금 등은 규정된 금고를 설치하여 규제한다.

　　㉥ 일괄 규제는 지양하고 입지조건에 따라 차등 규제를 한다.

　　㉦ 위협의 정도, 규모, 업종에 따라 시스템을 결정한다.

Ⅳ 경비기획의 구성기준

1. 통신회선

① **공중회선** : 신호의 전송로로 이용하는 통신회선이 각 전화국을 통과할 때마다 교환기를 경유하여 회선이 구성되는 방식이다. 이러한 선로구성은 일반가입전화의 통신시스템과 동일하다. 따라서 일반전화를 이용할 수 있는 곳에서는 그 전화를 이용하여 신호를 송·수신할 수 있어서 편리하다.

② **전용회선** : 전용회선 방식이 공중회선 방식과 다른 점은 통신회선이 몇 곳의 전화국을 통과하더라도 교환기를 경유하지 않는다는 점이다. 이 방식은 한국통신공사(현 KT)와 일정한 조건하에 전기통신설비 계약을 맺고 특정 구간(예컨대 경비대상시설과 감시장치를 둔 관제실 사이)에 전용설비를 설치하여, 양자만 이용할 수 있는 시스템이다.

③ **공중회선과 전용회선 비교** [기출] 19

구 분	공중회선	전용회선
장 점	• 별도의 통신망 구축 없이 일반 전화회선을 곧바로 이용 • 경제적인 기계경비 업무 제공	• 시간에 관계없이 24시간 어느 시간에도 통신이 가능하고, 통화 중 발생이 없음 • 통신량에 관계없이 매월 일정회선 요금으로 사용가능 • 독자적인 망 구축과 다양한 단말기 접속이 가능 • 통신망 중 가장 신뢰할 수 있으며, 기계경비용 통신회선으로 가장 적합
단 점	• 회선상태를 상시 감시할 수 없다. • 전화 회선망 이상 시 신호송신 불가능하다. • 신호 송신 시마다 통화요금이 발생한다.	• 사용요금이 공중회선 사용에 비하여 비싸다. • 회선구축에 시간이 걸린다.

2. 컨트롤러 및 센서의 설치 기준

① 컨트롤러의 설치조건 **기출** 14

   ㉠ 컨트롤러는 반드시 경비구역 내에 설치하고, 습기가 많은 곳은 피한다. ★

   ㉡ 컨트롤러의 위치는 임의로 선정하지 말고 반드시 고객과 협의하여 고객이 불편하지 않게 한다.

   ㉢ 경량(輕量)벽면에는 설치하여서는 안 되며, 직사광선을 피하고 진동이 많은 곳에는 설치할 수 없다.
다만, 주장치를 설치하는 벽면이 주장치의 중량을 충분히 수용할 수 있을 경우 경량벽을 사용할 수
있다. ★★

   ㉣ 보수점검 및 조작이 용이하여야 한다.

   ㉤ 경비대상 지역 내 출입구에서 가까운 곳에 설치하되, 제3자나 어린이들이 쉽게 접촉할 수 없도록
설치한다. ★

   ㉥ 주위에 강전계(强電界)나 강자계(强磁界)가 있는 장소는 피한다. ★

   ㉦ 전원은 상시 전원이 들어오는 곳에서 분기하며 누전차단기를 사용한다. ★

② 센서의 선정방법

   ㉠ 센서는 기능에 맞도록 선정하여 부착하고 불필요한 센서를 설치하는 등 중복규제를 하지 않도록 한
다. ★

   ㉡ 센서는 반드시 단일목적의 용도로 사용하여야 한다. 다목적으로 사용될 경우에는 경비효과가 감소된
다. ★

   ㉢ 무감지구역이 생기지 않도록 적절한 위치에 설치하고 센서의 규제범위가 경비구역을 벗어나서는 안
된다.

   ㉣ 설치장소가 센서의 부착조건의 범위 안에 있어야 한다. 옥내용 센서를 옥외에 설치하면 오보나 기기
불량의 원인이 된다.

   ㉤ 문·창·셔터 등이 불량한 장소에 마그네트 센서 또는 셔터 센서를 설치하면 오보의 원인이 되므로
현장 조사 시 반드시 확인할 필요가 있다. ★

   ㉥ 주된 경비대상물을 규제하는 센서는 최종루프로 구성하는 경우를 제외하고는 단독루프로 구성하도
록 한다. ★

   ㉦ 모든 센서는 'AND결선'을 할 수 없다. 출입문규제에 한하여 AND결선을 할 수 있으나 반드시 외부규
제 및 내부규제를 아울러 행해야 한다. ★

3. 비상램프의 설치 기준★

① 비상램프는 주요도로변을 향하도록 설치하며 부가적으로 세트 미스(Set Miss)도 확인할 수 있도록 최종
출입문의 부근에 설치하도록 한다.

② 최종출입문의 위치가 대로변 쪽에 위치하지 않은 경우에는 대처요원의 확인이 용이한 곳에 복수로 설치
한다.

③ 최종출입문의 위치가 대로변 쪽에 위치하지 않은 장소에는 외부 카드리더나 보이스 인디게이터 등을
설치할 수 있으며, 이때 비상램프는 반드시 대로변 쪽에 설치하도록 한다.

④ 비상램프의 확인이 어려운 장소(2층 이상)에는 대처요원이 쉽게 확인할 수 있는 곳에 설치하고, 최종출
입문에는 보이스 인디게이터를 설치한다.

4. 비상버튼의 설치 기준

① **설치대수** : 비상버튼의 설치수량은 유사시에 비상신호가 확실하게 통보될 수 있도록 복수를 설치한다. 금융기관이나 개인주택은 고객의 요구에 따라 설치하지만 최저 3개 이상을 기본으로 한다.

② **설치위치** 기출 19

　㉠ 역체크가 가능한 위치를 선정하여 사람이 가장 편안한 자세에서 누를 수 있도록 높이를 조정하여 설치한다.

　㉡ 사람의 유동이 거의 없는 장소를 선정하며 위험발생을 쉽게 확인할 수 있는 장소를 선정한다.

　㉢ 문 근처에 설치하는 경우에는 문이 열리는 쪽에 설치한다.

　㉣ 제3자나 아이들의 손이 닿기 쉬운 장소에는 설치할 수 없다.

　㉤ 고객이 사용하지 않는 장소나 조작하기 어려운 장소에는 설치할 수 없다.

제1장

제2장

제3장

제4장

제5장

제6장

02 기계경비시스템

01 기출 23

☑ 확인Check! ○ △ ✕

기계경비시스템의 용어에 관한 설명으로 옳지 않은 것은?

① 세트(Set) : 출입관리기로 주장치를 조작하여 기기를 감지할 수 있는 경계 상태로 조작하는 것

② 존(Zone) : 감지기나 주장치의 뚜껑이 무단 개방되는 것을 감지하는 것

③ 해제실수(Open Miss) : 가입자가 해제 시 완전한 확인조치를 취하지 않은 상태에서 조작하여 경보가 발생하는 것

④ 세트실수(Set Miss) : 가입자가 세트 시 완전한 확인조치를 취하지 않은 상태에서 조작하여 경보가 발생하는 것

핵심만 콕

기계경비 관련 용어★★

용 어	의 미
세트(Set)	기기를 감지할 수 있는 경계 상태로 조작하는 것★
해제(Reset)	기기를 감지할 수 없는 미경계 상태로 조작하는 것★
경보(Alarm)	침입, 화재, 비상, 가스누출, 설비이상 등을 알리는 것
오경보(False Alarm)	조작자 실수, 주변 환경 문제, 소동물 등에 의한 경보 ※ 오보의 원인 : 조작자 실수, 설계 실수, 공사 실수, 기기품질 이상, 공사설계 실수, 환경 변화, 소동물, 노후 시설로 인한 흔들림, 기기신뢰성 저하
세트 실수(Setmiss)	세트 시 완전한 확인 조치를 취하지 않은 상태에서 조작하여 경보가 발생하는 것
해제 실수(Open miss)	해제 시 완전한 확인 조치를 취하지 않은 상태에서 조작하여 경보가 발생하는 것
탬퍼(Tamper)	경보시스템 기기 자체에 대한 고의의 방해를 감지하기 위한 기능★
NC상태(Normaly Close)	평상시 닫혀 있는 상태의 접점. b접점, 방범용 감지기★
NO상태(Normaly Open)	평상시 열려 있는 상태의 접점. a접점, 방재용 감지기★
노 세트(no-set)	약정된 시간에 통보 없이 세트(set)시키지 않는 것★
비정기 해제(irregular open)	약정된 시간 외에 해제를 하는 것★

02 기출 17

☑ 확인 Check! ○ △ ✕

기계경비시스템에 관한 용어의 설명으로 옳지 않은 것은?

① 경비계획에 따라 감시 구역별로 구분해 놓은 일정영역을 존(Zone)이라 한다.
② 약정된 시간에 통보 없이 세트(Set)시키지 않는 것을 비정기해제(irregular open)라 한다.
③ 실제 위험 출현 외의 우연한 자극이나 설계기준과 다른 요인에 의하여 발생된 신호를 오경보라 한다.
④ 경비구역에 설계자가 방문하여 경비계획을 수립하는 것을 조사설계(security planning)라 한다.

03 기출 19

☑ 확인 Check! ○ △ ✕

기계경비시스템 용어 중 전기정에 관한 설명으로 옳은 것은?

① DC 전원을 공급하는 장치
② 전기적 제어신호로 출입문을 개폐하는 장치
③ 신호를 수신하여 관제실로 다시 송신하는 장치
④ 전기량, 물리량 등의 변화 상태를 감시하는 장치

핵심만 콕

기계경비시스템 장치용어의 정리

주장치(콘트롤러)	감지기에서 발생되는 신호를 수신하여 관제실로 다시 송신하는 장치이다.
감지기(sensor)	전기량, 물리량, 자계량 등의 변화를 감지하여 변화상태를 전기적 출력으로 발생시키는 기기이다.
전원장치	안정된 DC전원을 공급하는 장치로 정전을 대비하여 배터리가 있다. 방범용 감지기 및 주변기기는 대부분 DC 12V를 사용한다.
전기정	전기적 제어신호로 출입문을 개폐하는 장치이다.
영상감시 시스템(cctv)	특정장소의 상태를 감시카메라를 이용하여 모니터에서 영상으로 상황을 파악할 수 있는 시스템이다.
출입관리기	주장치의 세트, 해제를 조작하는 기기로, 카드로 조작하는 카드리더와 비밀번호를 이용하는 키패드 등이 있다.
경보등	이상 발생 시 Flash Light가 반복적으로 동작하여 침입상태를 외부에 알리는 기기이다.
상품도난방지시스템	물품에 태그나 라벨을 부착하여 떼어내지 않고 출입문으로 가지고 나가면 경보가 발생하는 시스템이다.

제1장
제2장
제3장
제4장
제5장
제6장

04 기출 19

☑ 확인Check! ○ △ ✕

로컬 기계경비시스템의 구성요소가 아닌 것은?

① 감지장치
② 경보장치
③ 통제장치
④ 조향장치

05 기출 17

☑ 확인Check! ○ △ ✕

무인기계경비시스템의 처리 과정을 옳게 나열한 것은?

① 감지기 → 경비대상물 → 주장치 → 관제센터 → 통신장치 → 출동차량
② 감지기 → 경비대상물 → 통신장치 → 주장치 → 관제센터 → 출동차량
③ 경비대상물 → 감지기 → 통신장치 → 관제센터 → 주장치 → 출동차량
④ 경비대상물 → 감지기 → 주장치 → 통신장치 → 관제센터 → 출동차량

06 기출 23

☑ 확인Check! ○ △ ✕

기계경비시스템의 업무로 옳지 않은 것은?

① 방범 업무
② 비상통보 업무
③ 설비감시 업무
④ 범죄수사 업무

07 기출 15·13

☑확인Check! ○ △ ✕

기계경비의 제공 업무에 해당되지 않는 것은?

① 방범 업무
② 설비제어 업무
③ 비상통보 업무
④ 침입자 추적 및 체포 업무

쏙쏙 해설

침입자 추적 및 체포 업무는 기계경비의 제공 업무에 해당되지 않는다.

① 방범 업무 : 각종 센서를 입체적으로 조작하여 도난, 불법 침입, 장난, 파괴 등을 예방하거나 조기에 발견한다.
② 설비제어 업무 : 엘리베이터, 에어컨, 조명, 셔터 등의 프로그램을 운용 스케줄에 맞춰 제어한다.
③ 비상통보 업무 : 위험을 느꼈을 때 버튼을 눌러서 지령센터와 112에 동시에 통보하여 긴급대처한다.

정답 ④

08 기출문제

☑확인Check! ○ △ ✕

무인기계경비시스템이 제공하는 업무 중 24시간 세트 상태로 경계가 지속되는 업무가 아닌 것은?

① 방범 업무
② 방재 업무
③ 비상통보 업무
④ 설비감시 업무

쏙쏙 해설

방범 업무는 보통 퇴근 시에 세트하고 출근 시에 해제하는 형태로 운영된다. 단, 공휴일은 24시간 세트 상태로 경계가 지속된다.

정답 ❶

09 기출 14

☑확인Check! ○ △ ✕

무인 기계경비시스템의 제공업무 중 해제 상태에서도 제공이 가능한 서비스가 아닌 것은?

① 가스누출
② 방범통보
③ 설비감시
④ 화재신호

쏙쏙 해설

방범업무는 보통 퇴근 시에 세트하고 출근 시에 해제하는 형태로 운영되므로, 해제 상태에서는 제공이 불가능하다.

정답 ❷

제1장
제2장
제3장
제4장
제5장
제6장

10 기출 23

☑ 확인 Check! ○ △ ✕

기계경비시스템에서 주장치의 구성으로 옳지 않은 것은?

① 전원부
② 제어부
③ 표시부
④ 촬상부

11 기출 20

☑ 확인 Check! ○ △ ✕

기계경비 주장치의 설치에 관한 설명으로 옳은 것은?

① 가스배관으로부터 2.5m 이상 떨어진 곳에 설치한다.
② 작동상태가 보이지 않도록 내부에 설치한다.
③ 전원부의 접지는 분전반 접지와 동일하게 한다.
④ 경비구역 밖에 설치한다.

관계법령

무인경비시스템 설치기준(설치규격)

1. 주장치 (Control Panel)	• 인테리어, 공사의 편리성, 주장치 성능을 최대한 발휘할 수 있는 곳에 설치한다. • 콘크리트 벽면에 설치할 경우 칼블럭을 이용하여 고정한다. 　　칼블럭 : 시멘트나 벽돌로 된 벽에 나사를 고정시키기 위해 박는 플라스틱 앙카(앵커) • 외부 침입자가 쉽게 접근할 수 없는 곳에 설치하여 기기파손을 방지한다. • 가스배관으로부터 3m 이상 떨어진 곳에 설치한다. • 연결된 선은 최소 15~30cm 정도 여유가 있어야 한다. • 주전원 박스 또는 전기 분전반으로부터 60cm 이상 떨어진 곳에 설치한다. • 배수관, 습기가 있는 곳, 화기 근처에는 설치하지 않는다. • 전원은 상시 전원이 들어오는 곳에서 분기하며 누전차단기를 사용한다. • 전원부의 FG(Frame Ground)는 분전반 접지와 결선한다. 　　FG(Frame Ground) - 보안접지 : 장비의 외함, 분전반의 외함 등 금속제에 접지하는 것으로 전기적인 이상 발생 시 누설전류를 접지로 방류하여 인체 접촉 시 전기적 충격을 받지 않도록 하고 공중파 또는 유도장애를 차단하여 기기를 보호한다. 보안접지는 전원접지점으로부터 분기하여 접속되는 전원접지의 일종이다. • 뚜껑을 쉽고 안전하게 열 수 있도록 한다. • 경비구역 내에 설치하는 것을 원칙으로 한다.

12 기출 19

☑ 확인 Check! ○ △ ✕

무인경비시스템 설치기준에 관한 설명으로 옳은 것은?

① 전기 분전반으로부터 30cm 이하 떨어진 곳에 설치한다.

② 열선감지기는 반드시 창이나 창문을 향하여 설치한다.

③ 주장치는 경비구역 내부에 설치하는 것을 원칙으로 한다.

④ 철문에 진동감지기는 전력상실을 방지하기 위해 스페이서(spacer)를 사용한다.

쏙쏙 해설

무인경비시스템 설치기준 중 주장치는 경비구역 내부에 설치하는 것을 원칙으로 한다.

정답 ❸

관계법령

무인경비시스템 설치기준(설치규격)

1. 주장치 (Control Panel)	• 인테리어, 공사의 편리성, 주장치 성능을 최대한 발휘할 수 있는 곳에 설치한다. • 콘크리트 벽면에 설치할 경우 칼블럭을 이용하여 고정한다. 　칼블럭 : 시멘트나 벽돌로 된 벽에 나사를 고정시키기 위해 박는 플라스틱 앙카(앵커) • 외부 침입자가 쉽게 접근할 수 없는 곳에 설치하여 기기파손을 방지한다. • 가스배관으로부터 3m 이상 떨어진 곳에 설치한다. • 연결된 선은 최소 15~30cm 정도 여유가 있어야 한다. • 주전원 박스 또는 전기 분전반으로부터 60cm 이상 떨어진 곳에 설치한다. • 배수관, 습기가 있는 곳, 화기 근처에는 설치하지 않는다. • 전원은 상시 전원이 들어오는 곳에서 분기하며 누전차단기를 사용한다. • 전원부의 FG(frame ground)는 분전반 접지와 결선한다. • 뚜껑을 쉽고 안전하게 열 수 있도록 한다. • 경비구역 내에 설치하는 것을 원칙으로 한다.
11. 자석감지기 (magnetic sensor)	• 창문이나 출입문 틀에는 센서부를 문짝에는 자석부를 부착한다. • 선로 인출부는 부싱(bushing) 등을 끼워 깔끔하게 처리한다. • 센서부와 자석부의 거리는 10mm 내로 한다. • 철문에는 자력상실을 방지하기 위하여 반드시 스페이셔(spacer)를 사용한다. • 센서부와 자석부는 일직선이 되도록 부착한다. • 내측 창이 열리면서 센서부가 파손될 수 있으므로 필요시 스토퍼(stopper)를 부착한다. • 감지기 설치완료 후 동작시켜 작동여부를 확인한다.
12. 열선감지기 (passive infrared sensor)	• 설치 높이는 지면으로부터 2~3m에 설치함을 원칙으로 한다. • 센서가 외부의 영향으로 오작동 할 수 있는 장소는 부착을 피한다(무선국 설비, 고주파 발생지역, 고압선). • 급격한 온도변화를 일으킬 수 있는 에어컨, 환풍기, 난방기 등 주위에서는 물체로부터 최대한 멀리 떨어진 곳에 부착한다. • 햇빛이나 자동차의 헤드라이트 등의 영향을 받을 수 있으므로 센서에 외부광선이 직접 닿지 않는 곳에 부착한다. • 가급적 창이나 창문을 향하여 부착하지 않는다. • 감지기 경계 존(zone)을 가로지르는 방향으로 부착한다. • 옥외에는 설치할 수 없으며 차광물이 있는 곳에는 부착을 피한다. • 선로인입 부분은 실리콘 등으로 막아 바퀴벌레 및 공기가 유입되지 못하게 한다. • 감지기 설치완료 후 동작시켜 작동여부를 확인한다.

〈출처〉 한국표준협회 / 한국경비협회규격

제1장

제2장

제3장

제4장

제5장

제6장

13 기출 18

☑ 확인 Check! ○ △ ✕

무인 기계경비시스템의 운용 목적이라고 할 수 없는 것은?

① 24시간 지속적인 경비 가능
② 인력경비에 비해 비용의 절감
③ 범죄에 대한 예방과 사건에 대한 적절한 대응
④ 인력경비에 비해 신속한 현장 대응조치가 가능

핵심만 콕

기계경비와 인력경비의 장·단점 비교★

구 분	기계경비	인력경비
장 점	• 경비 소요 비용의 절감, 경제성이 탁월하다. • 감시구역 전체를 동시에 제압 가능하다. • 첨단 컴퓨터의 정밀성으로 정확성, 신속성, 계속성이 있다. • 출동체제 완비로 긴급동원이 가능하다. • 표시장치에 시계 및 프린터를 결합시킴으로써 사고의 정확한 기록이 작성된다. • 화재 위험성이 배제되고 부가비용이 불필요하다. • 최첨단 기계경비시스템으로 신뢰성이 제공된다. • 강력범 출현 시 인명피해 방지가 가능하다.	• 경비업무 외 다른 업무수행이 가능하다. • 현장에서 신속한 대처가 가능하다.
단 점	현장 자체에서의 신속한 대처가 불가능하며, 시간이 소요된다(긴급출동·차량출동 전까지).	• 경비 소요 비용이 과다하다. • 인명피해의 우려가 있다. • 비상 시 상황연락을 전화로 통보해야 한다.

---

14 기출 11

☑ 확인 Check! ○ △ ✕

무인기계경비시스템에 관한 설명으로 옳지 않은 것은?

① 무인기계경비시스템은 방범 서비스에 한정하여 제공한다.
② 원격지의 관제센터에서 신호를 관리하는 시스템이다.
③ 상황 발생에 대한 내용은 통신회선을 통해 관제센터로 전송된다.
④ 이상 신호가 관제센터에 수신되면 출동차량으로 지령하고 대처하는 시스템이다.

15 기출 11

☑ 확인 Check! ○ △ ✕

무인기계경비시스템의 제공 업무로 적합하지 않은 것은?

① 방재 업무는 화재, 가스 누출을 24시간 감시한다.
② 비상통보 업무는 세트 상태에서만 비상신호를 송신한다.
③ 설비제어 업무는 출입문, 셔터, 공조기 등을 스케줄에 의해 제어한다.
④ 설비감시 업무는 물탱크, 저수조, 발전기 등의 설비 상태를 24시간 감시한다.

쏙쏙 해설

비상신호는 24시간 감시한다.

비상통보 업무
위험을 느꼈을 때 버튼을 눌러 지령센터와 112에 통보하여 긴급 대처하는 기능

정답 ❷

16 기출 22

☑ 확인 Check! ○ △ ✕

물리보안과 정보보안 간의 통합 또는 보안기술이 비(非) IT 기술과 통합되는 서비스는?

① 방화벽
② 융합보안
③ CCTV시스템
④ 시설보안

쏙쏙 해설

융합보안은 물리보안과 정보보안의 융합이라는 통합보안 관점과 비 IT 산업에 보안을 적용하는 복합보안 관점 등을 통칭한다.

정답 ❷

17 기출 23

☑ 확인 Check! ○ △ ✕

정보보호의 목적으로 옳지 않은 것은?

① 기밀성
② 무결성
③ 인 증
④ 변 조

쏙쏙 해설

변조는 정보보호의 목적에 해당하지 않는다. 기밀성, 무결성, 가용성을 정보보호의 3대 핵심목표(CIA)라고 하고, 인증, 책임 추적성, 신뢰성, 부인방지를 추가적 목표라고 한다.

정답 ❹

18 기출 21

☑확인Check! ○ △ ✕

침해행위에 대응하기 위하여 요구되는 정보보호의 기본사항이 아닌 것은?

① 기밀성
② 무결성
③ 실용성
④ 가용성

쏙쏙 해설

실용성은 정보보안(보호)의 기본 3원칙(CIA)에 해당하지 않는다. CIA는 Confidentiality(기밀성), Integrity(무결성), Availability(가용성)를 뜻한다.

정답 ❸

19 기출 22

☑확인Check! ○ △ ✕

정보보호의 기밀성에 관한 설명으로 옳은 것은?

① 허가된 사람 이외에는 그 내용을 알 수 없게 한다.
② 외부의 요인으로 데이터가 변조되었는지 알 수 있게 한다.
③ 정보의 송수신 과정에서 몰래 보거나 도청하여 정보를 유출하는 행위를 말한다.
④ 허가되지 않는 사람이 시스템에 거짓 정보를 삽입하여 수신자가 착각하게 만드는 것을 말한다.

쏙쏙 해설

① 기밀성(비밀성)에 관한 설명이다.
② 무결성에 관한 설명이다.
③ 가로채기에 관한 설명이다. 이는 기밀성(비밀성)에 대한 위협에 해당한다.
④ 위조에 관한 설명이다. 이는 무결성에 대한 위협에 해당한다.

정답 ❶

핵심만 콕

정보보호의 기본 3원칙(CIA)

• 기(비)밀성(Confidentiality) : 비인가된 접근이나 지능적 차단으로부터 중요한 정보를 보호하고, 허가받은 사람만이 정보와 시스템을 사용할 수 있다는 원칙이다.
• 무결성(Integrity) : 정보와 정보처리 방법의 완전성·정밀성·정확성을 유지하기 위해 한 번 생성된 정보는 원칙적으로 수정되어서는 안 되고, 만약 수정이 필요한 경우에는 허가받은 사람에 의해 허용된 절차와 방법에 따라 수정되어야 한다는 원칙이다.
• 가용성(Availability) : 정보와 시스템의 사용을 허가받은 사람이 이를 사용하고자 할 경우, 언제든지 사용할 수 있도록 보장되어야 한다는 원칙이다.

20 기출 23 ☑확인Check! ○ △ ✕

공개키 암호 시스템에 관한 설명으로 옳지 않은 것은?

① 공개키 암호는 암호화 키와 복호화 키가 서로 다르다.
② 공개키 암호는 소인수 분해의 어려움에 기반을 두고 설계되었다.
③ 공개키 암호는 암호화 키를 공개함으로써 키의 생성과 분배가 쉽다.
④ 공개키 암호의 대표적인 알고리즘으로는 RSA, DES 방식이 있다.

쏙쏙 해설

공개키 암호의 대표적인 알고리즘인 RSA 방식과 달리 DES 방식은 대표적인 비밀키 암호(대칭키 암호)의 알고리즘이다.

정답 ❹

핵심만 콕

① 공개키 암호(비대칭키 암호)는 암호화에 사용되는 키와 복호화에 사용되는 키가 서로 다르다.
② 소인수 분해의 어려움에 기반을 두고 설계된 공개키 암호(비대칭키 암호)는 RSA 방식이다.
③ 공개키 암호(비대칭키 암호)는 암호화 키를 공개함으로써 비밀키 암호(대칭키 암호)보다 키의 생성과 분배가 쉽다는 장점이 있으나, 처리속도가 느리다는 단점이 있다.

제1장

제2장

제3장

제4장

제5장

제6장

21 기출 17 ☑확인Check! ○ △ ✕

기계경비시스템에서 주장치의 기본구성으로 옳은 것은?

① 정류부, 평활부, 표시부, 감시부, 출력부
② 전원부, 정류부, 평활부, 조작부, 출력부
③ 전원부, 제어부, 표시부, 조작부, 출력부
④ 충전부, 제어부, 절체부, 감시부, 출력부

쏙쏙 해설

주장치는 전원부, 제어부, 표시부, 조작부, 출력부로 구성된다.

정답 ❸

핵심만 콕

주장치의 구성은 기본적으로 전원부, 제어부, 표시부, 조작부, 출력부로 구성되며 기기에 따라 부가기능(근태관리시스템)이나 편리기능(설비제어, 전등제어 등)과 연동될 수 있는 형태와 조작부가 분리되어 있는 기기 등 여러 형태로 구성된다.

22 기출 17

☑ 확인Check! ○ △ ✕

기계경비시스템에서 주장치의 구성요소가 아닌 것은?

① 주제어기
② 공중교환망
③ 영역확장기
④ 구분표시기

쏙쏙 해설

공중교환망은 데이터전송을 위한 통신 네트워크이다.

정답 ❷

23 기출문제

☑ 확인Check! ○ △ ✕

컨트롤러 전원을 안정적으로 공급하기 위한 장치가 아닌 것은?

① CVCF
② 예비배터리 사용
③ 써지 방지
④ 피뢰침, 접지

쏙쏙 해설

④는 대지와 설비 간의 전기적 접속을 통해 사람 및 전기설비 혹은 전기기기의 안전을 확보하며, 전기·전자·통신·제어설비의 안정적 운용을 확보하기 위한 장치이다.

정답 ❹

24 기출 16

☑ 확인Check! ○ △ ✕

기계경비시스템에 사용되는 주장치에 관한 설명으로 옳지 않은 것은?

① 감지기에서 송신되는 감지신호를 분석한다.
② 원거리 통신 장비 사이에서 메시지를 주고받는 양식과 규칙의 체계이다.
③ 입력 신호를 분석하여 출력으로 경보 등을 동작시킨다.
④ 입력장치, 출력 단말기 등과 상호 데이터를 교환한다.

쏙쏙 해설

②는 통신 프로토콜(통신규약)에 대한 설명이다.

정답 ❷

25 기출 13

☑ 확인 Check! ○ △ ✕

기계경비시스템의 주장치에 관한 설명으로 옳지 않은 것은?

① 주장치는 감시부, 제어부, 경보부 등으로 구성된다.

② 감시부는 감지기에서 보내오는 감지신호를 감지한다.

③ 주장치는 경비대상 지역 내에 설치한다.

④ 주장치는 전계나 자계가 강한 곳에 설치한다.

쏙쏙 해설

주장치는 주위에 강전계나 강자계가 없는 장소에 설치해야 한다.

정답 ❹

핵심만 콕

주장치(컨트롤러)의 설치
- 반드시 경비구역 내에 설치한다.
- 습기가 많은 곳은 피한다.
- 경량 벽면에는 설치하지 않는다.
- 직사광선이 드는 곳에 설치하지 않는다.
- 주위에 강전계나 강자계가 없는 장소에 설치한다.
- 최종 출입문 근처에 설치하되 제3자나 아이들이 쉽게 접촉할 수 없도록 한다.

26 기출문제

☑ 확인 Check! ○ △ ✕

다음은 기계경비시스템 주장치(컨트롤러)의 주요기능이다. 틀린 것은?

① 지역별 감시 및 제어

② 신호전송(통신)

③ 이상 표시기능

④ 상황에 대한 즉각 대처

쏙쏙 해설

상황에 대한 즉각 대처는 인력경비에 해당된다.

정답 ❹

제1장

제2장

제3장

제4장

제5장

제6장

27 기출 21

☑ 확인 Check! ○ △ ✕

주장치(콘트롤러)의 제어부에 관한 설명으로 옳지 않은 것은?

① 조작부에서 입력되는 신호에 따라 모드를 변경

② 감시부에서 입력되는 이상신호를 제어

③ 표시부, 경보부, 출력부 및 통신부를 제어

④ 각종 물리량이나 화학량을 신호로 변환

28 기출문제

☑ 확인 Check! ○ △ ✕

무인기계경비시스템의 장치는 필요에 의해 수시 개량이 필요하다. 그 이유 중 잘못된 것은?

① 건물구조의 변화

② 주위상황의 변화

③ 제공업무의 축소

④ 경비계획의 재검토

29 기출 20

☑ 확인 Check! ○ △ ✕

TCP/IP에 관한 설명으로 옳지 않은 것은?

① TCP/IP는 인터넷에 엑세스할 수 있게 한다.

② TCP는 종단 간의 신뢰성 있는 데이터 전송 서비스를 제공한다.

③ IP는 사용자의 데이터를 패킷 형태로 전송한다.

④ TCP/IP는 호스트 도메인 이름을 호스트의 네트워크 주소로 바꾼다.

30 기출 19

☑ 확인Check! ○ △ ✕

전용회선 통신방식의 단점이 아닌 것은?

① 시설이 복잡하고 관제부담이 크다.

② 회선구축을 위한 시간이 소요된다.

③ 전용회선 시설이 되지 않은 지역은 제약을 받는다.

④ 독자적인 망 구축 및 다양한 단말기 접속이 가능하다.

쏙쏙 해설

독자적인 망 구축 및 다양한 단말기 접속이 가능한 것은 전용회선의 장점에 해당한다.

정답 ④

핵심만 콕

전용회선의 특징

장 점	단 점
• 통신회선 상태를 상시 감시할 수 있다. • 시간에 관계없이 24시간 통신이 가능하다. • 독자적인 망 구축이 가능하고, 직통회선이므로 통화 중 발생 없이 사용 가능하다. • 통신량에 관계없이 매월 일정회선요금을 부담한다. • 다양한 단말기접속이 가능하고, 관제소에서 선로 단선을 확인할 수 있어 안정성이 뛰어나다.	• 전용회선 시설이 설치되지 않는 지역은 제약을 받는다. • 통신료의 원가계상으로 계약료가 비싸서 계약유도가 어렵고, 회선구축을 위한 시간이 소요된다. • 시설이 복잡하고 신호의 다량 접수로 인한 관제부담이 크다. • 설비 비용과 통신 비용이 올라가기 때문에 고도의 안전성을 요구하는 장소 및 대상 시설에서 주로 사용되고 있다.

31 기출문제

☑ 확인Check! ○ △ ✕

다음 중 전용회선의 장점이라고 보기 어려운 것은?

① 시간에 관계없이 24시간 어느 시간에도 통신이 가능하다.

② 직통회선이므로 통화 중 발생이 없다.

③ 통신량에 관계없이 매월 일정회선요금으로 사용한다.

④ 독자적인 망 구축이 불가능하고, 다양한 단말기접속이 불가능하다.

쏙쏙 해설

독자적인 망 구축이 가능하고, 다양한 단말기 접속이 가능하다.

정답 ④

32 기출 16

다음에서 설명하는 통신망은?

☑ 확인Check! ○ △ ✕

- 근거리 통신망에 주로 사용한다.
- 장애가 발생한 호스트를 쉽게 찾을 수 있다.
- 컴퓨터와 단말기기의 연결을 서로 이웃하는 기기끼리만 연결한다.

① 트리형(tree network)
② 링형(ring network)
③ 버스형(bus network)
④ 성형(star network)

쏙쏙 해설

지문들은 링형에 대한 설명이다.

정답 ❷

핵심만 콕

① 트리 형태의 단말장치(노드)에 전송 제어장치를 두고 노드를 연결하는 형태
③ 모든 노드 및 주변장치가 일자형 케이블(버스)에 연결되는 형태
④ 중앙의 제어점을 중심으로 분산된 모든 단말기가 1:1 방식으로 연결되는 형태

33 기출문제

다음 중 가장 신뢰할 수 있는 통신망은?

☑ 확인Check! ○ △ ✕

① 전용회선
② 공중회선
③ ISDN
④ LAN

쏙쏙 해설

전용회선은 24시간 통화 중 없이 사용이 가능하고, 선로의 이상 상태를 지속적으로 감시할 수 있어 기계경비용 통신회선으로 가장 적합하다.

정답 ❶

34 기출문제

☑ 확인Check! ○ △ ✕

방범경보시스템(무인기계경비시스템)에 사용되는 전용회선의 특성이 아닌 것은?

① 전화국의 교환기를 경유한다.

② 24시간 회선감시가 가능하다.

③ 독자적인 망구축이 가능하다.

④ 매월 일정요금을 지불한다.

35 기출문제

☑ 확인Check! ○ △ ✕

다음 중 저속도 디지털 전용회선의 제2규격의 내용은 어느 것인가?

① 매초당 50비트에서 비음성 통신이 가능한 회선

② 매초당 300비트까지 비음성 통신이 가능한 회선

③ 매초당 50비트까지 음성 통신이 가능한 회선

④ 매초당 300비트까지 음성 통신이 가능한 회선

36

☑ 확인Check! ○ △ ✕

통신회선 중 전용회선의 장점이라고 할 수 없는 것은?

① 별도의 통신망 구축 없이 경제적으로 사용할 수 있다.

② 24시간 회선 감시가 가능하다.

③ 통신회선의 이상을 조기에 발견할 수 있다.

④ 통신량에 관계없이 매월 일정회선요금으로 사용할 수 있다.

37

☑ 확인 Check! ○ △ ✕

다음 중 통신회선에 관한 설명이 맞는 것은?

① 가입전화회선 방식에서는 경비대상시설에 기계경비업무용 전화회선을 별도로 마련할 필요가 있다.
② 전용회선 방식에서는 통신회선을 상시 감시할 수 없다.
③ 가입전화회선 방식에서는 안전성이 뛰어나게 요구되는 시설에서 주로 사용한다.
④ 전용회선 방식은 금융기관 등의 고도의 안전성이 요구되는 시설에서 주로 사용된다.

쏙쏙 해설

전용회선 방식은 통신회선 상태를 상시 감시해서 통신회선의 이상을 조기에 발견하는 것이 가능하기 때문에 고도의 안전성을 요구하는 금융기관, 공공관계시설 등 중요한 대상시설에서 사용되고 있다.

정답 ④

38

☑ 확인 Check! ○ △ ✕

다음 중 가입전화회선 방식에 관한 설명이 잘못 기술된 것은?

① 전국에 있는 가입전화의 회선망을 이용하는 방식이다.
② 대상시설에 기계경비업 전용의 전화회선을 별도로 설치할 필요가 없다.
③ 통신회선 상태를 상시 감시할 수 있다.
④ 가입전화회선망에 이상이 있는 경우에는 기계경비업무에 영향이 크다.

쏙쏙 해설

가입전화회선 방식은 통신회선 상태를 상시 감시할 수 없는 단점이 있다.

정답 ③

39 `기출 23`

☑ 확인 Check! ○ △ ✕

전용회선에 관한 설명으로 옳지 않은 것은?

① 직통회선, 분기회선, 집중분기회선 등이 있다.
② 독자적인 통신망 구축이 가능하다.
③ 회선 교환과 축적 교환으로 구분할 수 있다.
④ 특정 상대방과 회선으로 항상 접속되어 있다.

쏙쏙 해설

회선 교환(공간 분할, 시간 분할)과 축적 교환(메시지 교환, 패킷 교환)은 전용회선이 아닌 교환회선에 관한 분류이다.

정답 ③

40 기출 15

☑ 확인 Check! ○ △ ✕

기계경비시스템에 관한 설명으로 옳지 않은 것은?

① 부적합한 감지기 선정과 위치 선정은 오경보의 원인이 된다.

② 탬퍼는 주장치나 감지기의 뚜껑을 열 때 감지하는 기능이다.

③ 복수의 감지기는 1개의 존이나 블록으로 구성이 가능하다.

④ 존(zone) 선로단락이나 감지기 탈락을 감지하기 위해 설치하는 종단 저항값은 모든 주장치별로 동일하다.

쏙쏙 해설

존(zone) 선로단락이나 감지기탈락을 감시하기 위해 종단 감지기에 설치하는 종단저항은 주장치별로 저항값이 각각 다르다.

정답 ④

41

☑ 확인 Check! ○ △ ✕

다음 중 센서의 설치 기준 중 틀린 것은?

① 열선 센서를 설치할 때는 직사광선의 영향을 받지 않도록 한다.

② 주된 경비대상물을 규제하는 센서는 최종루프를 구성하는 경우를 제외하고는 단독루프로 구성한다.

③ 불필요한 센서의 설치는 규제하고 중복규제를 하여야 한다.

④ 무감지구역이 생기지 않도록 적절한 위치에 설치하고 규제범위가 벗어나지 않게 한다.

쏙쏙 해설

불필요한 센서를 설치하는 등 중복규제를 하지 않도록 하여야 한다.

정답 ③

42 기출문제

☑ 확인 Check! ○ △ ✕

무인기계경비시스템에 대한 설명 중 틀린 것은?

① 설치하는 감지기는 침입 감지기, 화재 감지기, 비상 스위치, 가스 누설 감지기 등이다.

② 대규모 빌딩, 공장 등의 감시 범위가 넓은 지역에 적합한 시스템이다.

③ 경비대상물에 각종 감지기 및 컨트롤러를 설치하여 원격지의 관제센터에서 관리하는 시스템이다.

④ 컨트롤러에서 감지 신호를 분석하고 각종 신호를 제어하고 출력한다.

쏙쏙 해설

②는 로컬경비시스템에 대한 내용이다.

정답 ②

43 기출 13

☑ 확인 Check! ○ △ ✕

무인경비시스템 설치 기준에 관한 설명으로 옳지 않은 것은?

① 주장치는 경비구역 내에 설치하는 것을 원칙으로 한다.

② 출입관리기는 사각지대와 지연신호를 없애기 위하여 경비구역 안에 설치하여야 한다.

③ 열선 감지기는 가급적 창이나 창문을 향하여 설치하지 않는다.

④ 철문에 자석감지기 설치 시 자력상실을 방지하기 위해 스페이서(spacer)를 사용한다.

핵심만 콕

그 밖의 출입관리기 설치 기준

• 출입관리기는 밑부분을 바닥에서 1.2m 이상 떨어진 위치에 설치한다.

• 간섭이나 노이즈 등의 영향이 없는 곳에 설치한다.

---

44 기출 13

☑ 확인 Check! ○ △ ✕

무인경비시스템의 처리 과정이다. ( ) 안에 들어갈 알맞은 용어를 순서대로 나열한 것은?

> 경비대상시설물 → 감지기 → ( ) → ( ) → ( ) → 출동요원

① 통신회선, 관제센터, 주장치

② 주장치, 통신회선, 관제센터

③ 관제센터, 주장치, 통신회선

④ 통신회선, 주장치, 관제센터

45 기출 16

☑ 확인 Check! ○ △ ✕

기계경비시스템의 주요 구성요소가 아닌 것은?

① 감지기
② 주장치
③ 경보장치
④ 지능형 영상인식장치

46 기출문제

☑ 확인 Check! ○ △ ✕

다음 중 Local 기계경비시스템의 구성요소에 해당하지 않는 것은?

① 감지장치
② 출동차량
③ 확인장치
④ 경비원

47

☑ 확인 Check! ○ △ ✕

다음 중 가정자동화시스템(Home-automatic System)의 기능에 해당되지 않는 것은?

① 내방객 화면 감시 확인
② 침입자 탐지 녹화
③ 가스화재 탐지
④ 전자제품 자동 조정

제1장

제2장

제3장

제4장

제5장

제6장

48 기출문제

☑ 확인Check! ○ △ ✕

가정자동화시스템(Home-automatic System)의 기능이라고 볼 수 없는 것은?

① 전자제품 자동 조정
② 가스화재 탐지
③ 조명장치 제어
④ 소음공해의 차단

쏙쏙 해설

가정자동화시스템의 기능에는 비디오폰, 전자제품 제어, 단순방범, 방재기능 등이 있다.

정답 ❹

49 기출 20

☑ 확인Check! ○ △ ✕

기계경비 설계에 관한 설명으로 옳지 않은 것은?

① 실척은 도면상의 물체를 실물보다 작게 그리는 방법이다.
② A3는 A2를 반으로 접었을 때의 도면 크기이다.
③ 배선도는 전선의 종류, 굵기 등을 표시한 것이다.
④ 상세도는 도면의 일부를 확대하여 나타낸 도면이다.

쏙쏙 해설

실척은 도면상의 물체를 실물의 크기와 같이 그리는 방법이다.

정답 ❶

핵심만 콕

기계경비 설계의 기초

1. 도면의 기능
   - 정보의 작성 : 설계자의 의사를 도면으로 표현
   - 정보의 전달 : 설계자의 의사를 제작자에게 정확하게 전달
   - 정보의 보존 기능 : 도면으로 정보의 보존, 다른 설계에 참고
2. 도면의 종류
   - 용도에 따른 종류
     - 상세도 : 제작도와 같은 도면의 일부를 확대하여 나타낸 도면
     - 설명도 : 제품의 구조와 기능, 사용 방법 등을 나타낸 도면
     - 제작도 : 제품을 만들거나 건설 구조물을 지을 때에 필요한 정보를 나타낸 도면
   - 내용에 따른 종류
     - 조립도 : 제품을 구성하는 부품들의 조립 상태와 조립 치수 등을 나타낸 도면
     - 부품도 : 제품을 구성하는 부품들을 나타낸 도면
     - 배선도 : 배선 기구의 위치와 전선의 종류, 굵기, 가닥수 등을 나타낸 도면
     - 배치도 : 대지 위의 건물의 위치, 기계의 설치 위치 등을 나타낸 도면
3. 도면의 크기 : 처음 용지의 긴 변을 반으로 접으면 다음 용지가 된다. 예를 들어 A1은 A0을 반으로 접었을 때 도면의 크기이고, A2는 A1을 반으로 접었을 때 도면의 크기이다.
4. 척도 : 도면에 그린 물체의 크기와 실제 물체의 크기의 비
   - 축척 : 도면상의 물체를 실물보다 작게 그리는 방법이다.
   - 실척 : 도면상의 물체를 실물의 크기와 같이 그리는 방법이다.
   - 배척 : 도면상의 물체를 실물보다 크게 그리는 방법이다.

〈출처〉 이강열, 「기계경비개론」, 진영사, 2018, P. 513~515

50 기출 23

☑ 확인Check! ○ △ X

기계경비시스템 설계에서 도면상의 물체를 실물보다 작게 그리는 방법은?

① 실 척　　　　　② 축 척

③ 배 척　　　　　④ 압 척

쏙쏙 해설

도면상의 물체를 실물보다 작게 그리는 방법은 축척이다.

정답 ❷

51 기출 23

☑ 확인Check! ○ △ X

기계경비시스템 구축을 위한 주요 설계단계를 순서대로 옳게 나열한 것은?

> ㄱ. 경비대상물 조사
> ㄴ. 시스템 선정
> ㄷ. 설계도면 작성
> ㄹ. 배관, 배선방법 선정

① ㄱ → ㄴ → ㄹ → ㄷ

② ㄱ → ㄹ → ㄴ → ㄷ

③ ㄹ → ㄱ → ㄴ → ㄷ

④ ㄹ → ㄴ → ㄱ → ㄷ

쏙쏙 해설

기계경비시스템 구축을 위한 설계단계는 대상물의 기계경비 목적을 파악 → 경비대상물 조사(ㄱ) → 시스템 선정(ㄴ) → Block 구성 → 컨트롤러, 감지기 및 카메라 설정 → 취부위치 결정 → 배관, 배선 방법 설정(ㄹ) → 설계도면 작성(ㄷ) 순으로 진행된다.

정답 ❶

52 기출 20

☑ 확인Check! ○ △ X

기계경비 설계의 규제에 관한 설명으로 옳지 않은 것은?

① 환기구는 설치 규제 대상에서 제외한다.

② 입지 조건에 따라 차등하여 규제한다.

③ 귀중품, 현금 등은 정해진 금고에 보관 후 규제한다.

④ 경비대상물과 경비대상물에 이르는 통로를 규제한다.

쏙쏙 해설

환기구의 크기가 25cm 이상인 경우에는 반드시 규제를 해야 한다.

정답 ❶

53 기출 19

☑ 확인 Check! ○ △ ✕

A은행에 기계경비시스템 설계 시 유의사항으로 옳지 않은 것은?

① 중복규제는 피한다.

② 경비대상물은 규제한다.

③ 무감지 및 오동작이 없도록 경비계획을 수립한다.

④ 차등 규제는 지양하고 입지조건에 따라 일괄 규제를 한다.

쏙쏙 해설

기계경비시스템 설계 시 유의사항으로 옳지 않은 것은 ④이다. 즉, 일괄 규제는 지양하고, 입지조건에 따라 차등 규제를 해야 한다.

정답 ④

핵심만 콕

기계경비시스템 설계(≒ 기획) 시 유의사항
• 센서는 반드시 단일목적으로 사용한다.
• 무감지 및 오보가 없도록 경비계획을 수립한다.
• 중복(과잉)규제는 피한다.
• 경비대상물(목적물)은 반드시 규제한다.
• 귀중품, 현금 등은 규정된 금고를 설치하여 규제한다.
• 일괄 규제는 지양하고 입지조건에 따라 차등 규제를 한다.
• 위협의 정도, 규모, 업종에 따라 시스템을 결정한다.

---

54 기출 14

☑ 확인 Check! ○ △ ✕

기계경비시스템의 설계(security planning)에 관한 설명으로 옳지 않은 것은?

① 과잉, 중복 규제는 피해야 한다.

② 경비대상물(목적물)은 반드시 규제한다.

③ 귀중품, 현금 등은 규정된 금고를 설치하여 규제한다.

④ 입지조건에 따른 차등 규제는 지양하고 일괄 규제를 한다.

쏙쏙 해설

일괄 규제는 지양하고 입지조건에 따라 차등 규제를 한다.

정답 ④

55 기출 22

☑ 확인Check! ○ △ X

무인경비시스템 설계에 관한 설명으로 옳지 않은 것은?

① 상세도는 도면의 일부를 확대하여 상세하게 그린 도면이다.

② A2도면은 A1도면의 절반이다.

③ 실척은 물체를 실물보다 축소하여 그린 도면이다.

④ 배선도에는 전선의 종류, 굵기, 배선수를 나타낸다.

쏙쏙 해설

축척에 관한 설명이다. 실척은 도면상의 물체를 실물의 크기와 같이 그리는 방법이다.

정답 ③

56 기출문제

☑ 확인Check! ○ △ X

기계경비시스템 구성 및 설치 시 규제 조건으로 올바른 것은?

① 경비대상물에 대해서는 이중으로 감시체제를 구축한다.

② 위협의 정도, 규모, 업종에 따라 시스템을 결정한다.

③ 입지 조건에 따라 규제하며 경비대상물의 접근통로는 규제하지 않는다.

④ 현금 등 중요 물건은 금고에 보관하도록 하고 별도의 특약사항은 첨부하지 않아도 된다.

쏙쏙 해설

위협의 정도, 규모, 업종에 따라 기계경비시스템의 구성 및 설치 시 규제 조건을 결정하는 것이 옳다.

정답 ②

핵심만 콕

① 경비대상물에 대해서 이중(중복) 감시체제는 피한다.
③ 입지 조건에 따라 차등 규제하며 경비대상물의 접근통로도 규제해야 한다.
④ 현금 등 중요 물건은 규정된 금고를 설치하여 규제하며 별도의 특약사항을 첨부해야 한다.

57 기출 18

☑ 확인Check! ○ △ ✕

QAM 변조방식은 디지털 신호의 전송효율 향상, 대역폭의 효율적 이용, 낮은 에러율, 복조의 용이성을 위해 어떤 변조 방식을 결합한 것인가?

① FSK + PSK

② ASK + PSK

③ ASK + FSK

④ FSK + QPSK

58 기출 15

☑ 확인Check! ○ △ ✕

디지털 변조방식 중 높은 반송파 주파수와 낮은 반송파 주파수를 미리 정해 놓고 데이터가 0이면 낮은 주파수, 1이면 높은 주파수를 전송하는 변조방식은?

① 진폭위상 편이 변조(QAM)

② 진폭 편이 변조(ASK)

③ 위상 편이 변조(PSK)

④ 주파수 편이 변조(FSK)

59 기출 22

☑ 확인Check! ○ △ ✕

비트 값(0, 1)에 따라 반송파(carrier)의 주파수를 변화시키는 변조방식은?

① ASK

② FSK

③ PSK

④ QAM

핵심만 콕

① 진폭 편이 변조(ASK : Amplitude Shift Keying)는 반송파의 진폭을 변화시키는 디지털 변조 방식이다.

③ 위상 편이 변조(PSK : Phase Shift Keying)는 반송파의 위상(Phase)을 변화시키는 디지털 변조 방식이다.

④ 직교 진폭 변조(QAM : Quadrature Amplitude Modulation)는 반송파의 진폭과 위상을 상호 변환하여 데이터를 전송하는 디지털 변조 방식이다. ASK(진폭 편이 변조) 및 PSK(위상 편이 변조)를 결합한 방식이다.

60

☑ 확인 Check! ○ △ ✕

다음 중 수신기의 종류가 아닌 것은?

① P형 수신기
② T형 수신기
③ R형 수신기
④ GP형 수신기

쏙쏙 해설

수신기에는 P형, M형, R형, GP형, GR형이 있다.★

정답 ②

61

☑ 확인 Check! ○ △ ✕

다음은 수신장치에 대한 설명이다. 잘못 설명된 것은?

① 수신장치의 기본적인 기능은 단말장치에서 송신된 데이터를 수신, 가공하여 기계경비업무를 실시하기 위하여 필요한 정보로써 CRT 등에 표시하는 것이다.
② 상황본부는 기계경비업무를 운용하는 거점이 되기 때문에 일보·월보 작성, 시스템 전체를 관리하고, 경비정보를 프린터하여 정보를 기록하는 등의 기능이 필요하다.
③ 수신장치는 경비정보의 표시, 일보나 월보 작성, 시스템 감시를 행하는 등 다기능이 필요하기 때문에 퍼스널 컴퓨터를 사용한 시스템으로는 구성할 수 없다.
④ 상황본부 경비원은 표시된 경비정보에 응하여 적절한 조치를 강구하지 않으면 안 되는 일에서 이상발보 수신 시에는 부저를 작동시키고, 경비원의 주의를 환기하는 등 다양한 주의를 할 필요가 있다.

쏙쏙 해설

소규모의 시스템에서는 처리장치에 퍼스널 컴퓨터가 사용되어 일보·월보의 작성 및 시스템 감시를 위한 표시까지 행한다.

정답 ③

제1장
제2장
제3장
제4장
제5장
제6장

62

다음 중 중계기에 관한 설명으로 틀린 것은?

① 중계기관 감지기 또는 발신기로부터 신호를 받아 수신기로 발신하는 것이다.

② 소화설비, 제연설비 등 방재를 위한 설비의 제어신호를 수신하여 중계하는 것이다.

③ 주전원이 정전된 경우 즉시 예비전원으로 전환되고 예비전원의 양부를 시험할 수 있는 장치가 필요하다.

④ 중계기에서 지구 음향장치를 가동시키는 것에 있어서는 수신기에서 조작하지 않더라도 일정 시간이 경과하면 벨이 자동으로 끊겨야 한다.

☑ 확인Check! ○ △ ✕

쏙쏙 해설

수신기에서 조작하지 않으면 계속해서 벨이 울려야 한다.

정답 ④

63

R형 수신기의 특징에 해당되지 않는 것은?

① 전선의 가닥 수가 적게 든다.

② 증설 또는 이설이 용이하다.

③ 신호의 전달이 복잡하다.

④ 전선의 길이를 길게 할 수 있다.

☑ 확인Check! ○ △ ✕

쏙쏙 해설

R형은 신호의 전달이 용이(정확)하다.

정답 ③

64

감지기와 수신기 사이에 고유한 신호를 가진 중계기가 연결되어 있는 수신기는?

① R형 수신기

② P형 수신기

③ GP형 수신기

④ M형 수신기

☑ 확인Check! ○ △ ✕

쏙쏙 해설

R형 수신기는 중계기를 통해 고유신호를 수신하고, P형 수신기는 공통신호를 수신한다.

정답 ①

65

☑ 확인Check! ○ △ ✕

아날로그 가입전화회선용 장치에 관한 설명 중 맞지 않는 것은?

① 신호를 송신하는 경우에는 단말장치에서 특정의 번호(가입번호)를 송신하여 수신장치를 불러내지 않으면 안 된다.

② 다이얼신호에는 펄스신호(다이얼식)와 PB신호(Push식)가 있고 사용하는 국선에 따라 어느 쪽의 방식을 채용해야 하는가가 정해진다.

③ 일반적으로 단말장치 내장의 스위치에 의해 펄스신호 또는 PB신호의 어느 쪽인가에 변환이 가능하도록 되어 있다.

④ 데이터 전송에 있어서 확실하고도 고속으로 데이터를 전송하기에는 PB신호에 의한 방식이 뛰어나지만 현재로는 장치가 간단한 모뎀을 사용하는 방식이 주류이다.

쏙쏙 해설

확실하게 고속으로 데이터를 전송하기에는 모뎀을 사용한 방식이 더 낫지만, 현재는 장치가 간단하게 해결되는 PB신호에 의한 방식이 주류를 이룬다.

정답 ④

66

☑ 확인Check! ○ △ ✕

다음 중 발신기에 관한 설명으로 옳은 것은?

① 발신기에는 P형과 T형, S형의 3가지 종류가 있다.

② 방수성의 유무에 따라 옥내형과 옥외형으로 나누어진다.

③ 모든 발신기는 병렬로 접속된다.

④ 발신기에서 수신 완료까지의 소요시간은 약 20초에서 30초 정도이다.

쏙쏙 해설

제시된 내용 중 옳은 설명은 ②이다.
① 발신기에는 P형과 T형이 있다.
③ 모든 발신기는 하나의 배선에 의해 직렬로 접속된다.
④ 발신기에서 수신 완료까지의 소요시간은 약 10~20초이다.

정답 ②

67 기출 22

☑확인 Check! ○ △ ✕

인터넷 프로토콜 IPv6의 IP 주소 길이(Bit)는?

① 32　　　　　　　② 64

③ 128　　　　　　 ④ 256

쏙쏙 해설

IPv6의 주소 길이는 128Bit이다. 기존의 IPv4 주소 길이는 32Bit였다.

정답 ❸

68 기출 22

☑확인 Check! ○ △ ✕

인터넷 프로토콜 TCP(Transmission Control Protocol)가 해당되는 계층은?

① 물리 계층

② 데이터링크 계층

③ 네트워크 계층

④ 전송 계층

쏙쏙 해설

TCP(Transmission Control Protocol)란 서버와 클라이언트 간의 데이터를 신뢰성 있게 전달하기 위해 만들어진 규약이다. 이에 따라 TCP는 ISO(국제표준화기구)의 OSI(개방형 시스템 간 상호접속) 7계층 구조에서 Transport Layer(전송) 계층에 해당한다.

정답 ❹

핵심만 콕

ISO(국제표준화기구)의 OSI(개방형 시스템 간 상호접속) 7계층 구조

7	Application Layer(응용)	하위 계층과 더불어 사용자에게 편리한 응용 환경을 제공하고 데이터베이스 관리 및 기타 서비스를 제공	사용자 지원계층
6	Presentation Layer(표현)	데이터의 의미와 표현방법의 처리	
5	Session Layer(세션)	원격파일 전송 또는 원격 로그인 및 일시적 전송 장애 해결을 위한 동기 기능	
4	Transport Layer(전송)	최종 사용자 사이의 연결을 통해 데이터를 주고받도록 하는 기능	전송층
3	Network Layer(네트워크)	각 시스템 간의 연결통로 제공	네트워크 지원계층
2	Data Link layer(데이터링크)	물리 계층에서 발생할 수 있는 에러 감지 및 해결	
1	Physical Layer(물리)	데이터 전송을 위한 물리적 장치의 설정 및 유지	

69 기출 23

☑ 확인 Check! ○ △ ✕

OSI 7계층을 하위계층에서 상위계층의 순서로 옳게 나타낸 것은?

> ㄱ. 물리계층
> ㄴ. 네트워크계층
> ㄷ. 전송계층
> ㄹ. 데이터링크계층
> ㅁ. 표현계층
> ㅂ. 세션계층
> ㅅ. 응용계층

① ㄱ → ㄴ → ㄷ → ㄹ → ㅁ → ㅂ → ㅅ
② ㄱ → ㄷ → ㄴ → ㅁ → ㄹ → ㅅ → ㅂ
③ ㄱ → ㄹ → ㄴ → ㄷ → ㅂ → ㅁ → ㅅ
④ ㄱ → ㅁ → ㅂ → ㄷ → ㄹ → ㅅ → ㄴ

70 기출 16・13

☑ 확인 Check! ○ △ ✕

통신프로토콜의 3대 요소가 아닌 것은?

① 의미(semantics)
② 타이밍(timing)
③ 탬퍼(tamper)
④ 구문(syntax)

71 기출 15

☑ 확인Check! ○ △ ✕

ISO의 OSI 7계층 구조 중 4계층으로 종단과 종단 간 메시지 전달을 담당하는 계층은?

① 물리 계층
② 전송 계층
③ 네트워크 계층
④ 데이터 링크 계층

72 기출문제

☑ 확인Check! ○ △ ✕

데이터 통신을 위한 교환방식으로 옳지 않은 것은?

① 메시지 교환방식
② 패킷 교환방식
③ 신호 교환방식
④ 회선 교환방식

핵심만 콕

데이터통신을 위한 교환방식
- 메시지 교환방식 : 전송하는 메시지의 헤더에 목적지 주소를 표시하는 방식으로 데이터 전송 전 경로를 미리 설정하지 않아도 된다.
- 패킷 교환방식 : 모든 데이터를 패킷 단위로 분할하여 수신호스트로 전송하는 방식
- 회선 교환방식 : 데이터를 전송하기 전 데이터의 이동 경로를 먼저 설정하는 방식

73

☑ 확인Check! ○ △ ✕

기계경비시스템에서 탬퍼(Tamper)의 용어 설명으로 옳은 것은?

① 경비구역을 무단으로 출입하여 발생하는 신호이다.

② 감지 신호가 2회 이상 감지되었을 때 발생하는 신호이다.

③ 경보시스템에 대한 고의의 방해를 감지하기 위한 기능이다.

④ 경비구역에서 발생되는 정보를 수신하여 관제센터로 송신하는 기능이다.

쏙쏙 해설

경보시스템에 대한 고의의 방해를 감지하기 위한 기능이 탬퍼이다.

정답 ❸

핵심만 콕

기타 기계경비 용어
- 세트 : 기기를 감지할 수 있는 경계 상태로 조작
- 해제 : 기기를 감지할 수 없는 미경계 상태로 조작
- 경보 : 침입경보, 화재경보, 비상경보 등
- 오경보 : 비정상적인 신호
- 세트 실수 : 세트 시 완전한 확인 조치를 취하지 않은 상태에서 조작하여 경보가 발생하는 것
- 해제 실수 : 가입자가 해제 시 완전한 확인 조치를 취하지 않은 상태에서 조작하여 경보가 발생하는 것

74

☑ 확인Check! ○ △ ✕

다음 중 경비기획에 관한 설명 중 틀린 것은?

① 경비기획은 경비대상물에 경비를 제공하는 도입단계이다.

② 경비기획은 경비를 위탁하는 고객의 욕망을 충분히 반영하면서 경비를 제공하는 것이다.

③ 경비보장에 있어서는 경비를 위탁하는 고객 측의 주도권 획득이 중요하다.

④ 스스로 입안한 경비기획에 기초한 경비시스템을 제공하여야 한다.

쏙쏙 해설

경비보장에 있어서 경비를 제공하는 측의 주도권 획득이 중요하다.

정답 ❸

75

☑ 확인 Check! ○ △ ✕

경비기획의 사고에 대한 설명 중 맞지 않는 것은?

① 경비기획에 있어서는 고객의 요구를 충분히 반영하여 수립해야 한다.

② 금고가 있는 시설물일 경우 금고는 움직이기 쉽게 해야 한다.

③ 경비대상물이 경비구역 전역에 분포되어 있을 경우 전체적인 방호력을 강화하고 이상을 조기에 감지할 수 있도록 수립해야 한다.

④ 경비기획을 할 때는 안전의 질을 고려하여야 한다.

쏙쏙 해설

금고가 있는 시설물일 경우에는 금고가 노출되지 않도록 해야 하며, 동시에 금고가 움직이지 않도록 고정시켜야 한다.

정답 ❷

76 기출 17

☑ 확인 Check! ○ △ ✕

기계경비 조사설계(Security Planning) 방법 중 금고의 규제에 관한 설명으로 옳지 않은 것은?

① 귀중품이나 현금이 있는 경우 금고감지기로 규제한다.

② 눈에 잘 띄는 곳으로 옮기도록 고객에게 요청한다.

③ 층이나 방별로 분산되어 있는 경우에는 금고마다 단독으로 블록을 구성한다.

④ 창문이나 벽에 밀착하여 두는 것을 피하고 부득이한 경우에는 충격감지기 등으로 추가로 규제한다.

쏙쏙 해설

금고는 반드시 고정시키고 눈에 잘 띄지 않는 곳으로 옮기도록 고객에게 요청한다.

정답 ❷

핵심만 콕

기계경비 조사설계(security planning) − 금고의 규제★

• 금고에 귀중품이나 현금이 있는 경우 금고감지기로 규제한다.

• 금고는 반드시 고정시키고 눈에 잘 띄지 않는 곳으로 옮기도록 고객에게 요청한다.

• 동일한 장소에 여러 개의 금고가 설치될 경우 한 블록에 3개 이내로 구성한다.

• 금고가 층(層)이나 방(房)별로 분산되어 있는 경우에는 금고마다 단독으로 블록을 구성한다.

• 고가품과 중요물품이 많은 장소임에도 불구하고 금고가 설치되어 있지 않은 곳에는 금고를 설치하도록 요청하고 규제한다.

• 금고는 금고감지기로 규제하고, 금고에 접근하면 감지되는 열선감지기로 보강규제를 실시한다.

• 금고를 창문이나 벽에 밀착하여 두는 것을 피하고 부득이한 경우에는 충격감지기 등으로 추가 규제한다.

〈출처〉 이강열, 「기계경비개론」, 진영사, 2018, P. 523~524

77

확인Check! ○ △ ✕

다음 안전제공의 개념 중 순서가 맞는 것은?

① 고객의 요구 → 위협분석 → 운용의 검토 → 시스템선택 → 규제방
법의 선택 → 감지기의 선택

② 운용의 검토 → 위협분석 → 고객의 요구 → 시스템선택 → 규제방
법의 선택 → 감지기의 선택

③ 위협분석 → 시스템선택 → 고객의 요구 → 운용의 검토 → 규제방
법의 선택 → 감지기의 선택

④ 운용의 검토 → 위협분석 → 시스템선택 → 고객의 요구 → 규제방
법의 선택 → 감지기의 선택

고객의 요구에 따라 위협분석을 한 다
음 운용 검토를 하고 시스템을 선택해
서 규제방법을 보충하여 감지기를 선택
한다.

정답 ❶

78 기출 16

확인Check! ○ △ ✕

기계경비시스템 설계 시 고려사항이 아닌 것은?

① 경비대상물의 선정
② 침입요인과 침입위협의 분석
③ 침입자 체포
④ 경비계획 수립

침입자 체포는 경비원이나 경찰의 임무
이다.

정답 ❸

79

확인Check! ○ △ ✕

경비기획의 수립절차가 맞는 것은?

① 위협분석 → 경비수단 → 경비대상물 선정 → 최종 침입 위협분석
② 경비대상물 선정 → 위협분석 → 경비수단 → 최종 침입 위협분석
③ 경비수단 → 위협분석 → 경비대상물 선정 → 최종 침입 위협분석
④ 위협분석 → 최종 침입 위협분석 → 경비수단 → 경비대상물 선정

경비대상물 선정(제공업무의 결정) →
위협분석(침입경로·요인분석) → 경비
수단(경비계획수립·센서설정 등) →
최종 침입 위협의 분석(중복규제의 조정
등)

정답 ❷

80 기출 17

☑ 확인 Check! ○ △ ✕

로컬 기계경비시스템의 구성요소로 옳지 않은 것은?

① 감지장치

② 경보장치

③ 주변기기 심볼

④ 통제장치

81 기출 18

☑ 확인 Check! ○ △ ✕

기계경비시스템에서 컨트롤러를 구성하는 요소로 옳지 않은 것은?

① 제어부

② 출력부

③ 전원부

④ 감지부

82 기출문제

☑ 확인 Check! ○ △ ✕

기계경비시스템의 컨트롤러의 기본 구성이 아닌 것은?

① 제어부

② 출력부

③ 수광부

④ 표시부

83 기출 19

☑ 확인 Check! ○ △ ✕

기계경비시스템의 컨트롤러 기능으로 옳지 않은 것은?

① 신호전송

② 지역별 감시 및 제어

③ 감시신호의 수신과 판별

④ 인간의 감각을 대신하여 신호 검출

핵심만 콕

컨트롤러의 기능 및 구성

기 능	구 성
• 지역별 감시 및 제어 • 신호전송(통신) • 감지신호의 수신과 판별 • 키패드, 카드리더에 의한 세트 및 해제로 각종 출력 발생 • 세트 시 감지신호 수신에 의한 출력발생 및 이상 표시 기능 • 전원공급 : AC 220V, 110V를 정류하여 DC 12V의 출력발생	전원부, 제어부, 표시부, 조작부, 출력부, 감시부, 경보부 등으로 구성되며 기기에 따라 부가기능이나 편리기능(설비제어, 전등제어, HA시스템 등)과 연동될 수 있다.

84 기출 19

☑ 확인 Check! ○ △ ✕

기계경비시스템에서 비상버튼 설치위치로 옳은 것은?

① 조작하기 어려운 장소에 설치한다.

② 위험발생을 쉽게 확인할 수 없는 장소에 설치한다.

③ 문 근처에는 문이 열리는 쪽에 설치한다.

④ 사람이 누를 수 없도록 높이를 고정하여 설치한다.

핵심만 콕

비상버튼의 설치위치
• 역체크가 가능한 위치를 선정하여 사람이 가장 편안한 자세에서 누를 수 있도록 높이를 조정하여 설치한다.
• 사람의 유동이 거의 없는 장소를 선정하며 위험발생을 쉽게 확인할 수 있는 장소를 선정한다.
• 문 근처에 설치하는 경우에는 문이 열리는 쪽에 설치한다.
• 제3자나 아이들의 손이 닿기 쉬운 장소에는 설치할 수 없다.
• 고객이 사용하지 않는 장소나 조작하기 어려운 장소에는 설치할 수 없다.

제1장
제2장
제3장
제4장
제5장
제6장

03 감지기

제1절 감지기의 의의와 감지원리

I 감지기(센서)의 의의와 기능

1. 감지기의 의의

대상물이 가진 온도, 습도, 충격 등의 정보를 기계의 힘으로 감지하여 전자신호로 변환시켜 인간이 확인 가능하도록 하는 것이다.

2. 감지기의 기능

인간의 감각을 대신하고, 감각으로 대신할 수 없는 적외선 등의 전자파, 에너지가 작은 초음파 등을 검출할 수 있는 기기이며, 이를 다른 분야에 응용 가능하도록 되어 있다.

인간의 감각과 센서의 대응 기출 19

인간의 감각	감지기
시 각	광 감지기
청 각	음향 감지기
촉 각	압력 감지기, 온도 감지기, 습도 감지기
후 각	가스 감지기
미 각	바이오 감지기

3. 감지기의 분류★

① 응용 분야에 의한 분류 기출 23 · 21
  ㉠ 방범용(침입을 인지하기 위한 목적) : 자석 감지기, 적외선 감지기, 열선 감지기, 셔터 감지기, 유리(파괴) 감지기, 초음파 감지기, 마이크로웨이브 감지기 등
  ㉡ 방재용(화재, 가스누설 등을 감지하기 위한 목적) : 화재 감지기, 가스누설 감지기, 누전 감지기, 누수 감지기, 저산소 감지기 등
② 감지원리에 의한 감지기의 분류 기출 22
  ㉠ 광학적(光學的) 감지기 : 빛을 성질을 이용한 감지기로서 적외선 감지기, 열선 감지기, 연기 감지기가 있다.
  ㉡ 전자적(電磁的) 감지기 : 자기장, 자력을 이용한 감지기로서 대표적으로 자석 감지기, 셔터 감지기가 있다.

ⓒ **역학적(力學的) 감지기** : 물체 간에 작용하는 힘과 운동의 관계를 이용한 감지기로서 대표적으로 장력 감지기, 충격 감지기, 유리 감지기가 있다.

ⓔ **열학적(熱學的) 감지기** : 열에 의한 물질의 상태변화와 열전도, 대류, 복사 등 열이동 현상을 이용한 감지기로서 열선 감지기, 화재 감지기가 해당한다.

ⓜ **화학적(化學的) 감지기** : 물질의 성질·조성·구조 및 그 변화를 이용한 감지기로서 연기 감지기, 가스 감지기가 있다.

③ **감지대상에 의한 분류**

ⓐ **빛** : 적외선 감지기, 열선 감지기

ⓑ **자력** : 자석 감지기, 셔터 감지기

ⓒ **열** : 화재 감지기

ⓓ **충격** : 진동 감지기, 유리 감지기

④ **감지 구역에 의한 분류** `기출` 23 · 21 · 20 · 17

ⓐ **점 경계 감지기** : 자석 감지기, 셔터 감지기 등

ⓑ **면 경계 감지기** : 면 타입 열선 감지기, 장력 감지기, 유리(파괴) 감지기, 적외선 감지기

ⓒ **입체 경계 감지기** : 입체 타입 열선 감지기, 초음파 감지기, 음향 감지기, 마이크로웨이브 감지기 등

경계 형태별 설치 감지기 `기출` 23 · 20

형 태		종 류
옥내용	점 경계	열선 감지기, 자석 감지기, 셔터 감지기, 진동 감지기
	선 경계	적외선 감지기, 열선 감지기, 마이크로웨이브 감지기
	면 경계	열선 감지기, 다단형 적외선 감지기
	입체 경계	열선 감지기, 초음파 감지기, 마이크로웨이브 감지기, 음향 감지기
옥외용	선 경계	적외선 감지기, 장력 감지기, 마이크로웨이브 감지기
	면 경계	광케이블 감지기, 다단형 적외선 감지기

〈출처〉 이강열, 「기계경비개론」, 진영사, 2018, P. 211~212

⑤ **작동 형식에 의한 분류** `기출` 23 · 14

ⓐ **수동형 감지기** : 유리(파괴) 감지기, 음향 감지기, 충격 감지기, 열선 감지기 등 `기출` 17

ⓑ **능동형 감지기** : 적외선 감지기, 초음파 감지기, 셔터 감지기 등

⑥ **출력 형식에 의한 분류**

ⓐ 무전압 접점

ⓑ 아날로그, 디지털 방식

⑦ **송신 방법에 의한 분류** : 무선 감지기, 유선 감지기 `기출` 23

제1장
제2장
제3장
제4장
제5장
제6장

4. 감지기의 구비조건 `기출` 23 · 22 · 18 · 16 · 14

① 감도(Sensitivity) : 감지대상 측정치의 인식 민감도를 말한다.

② 선택도(Selectivity) : 외부로부터 발생되는 신호나 자극을 선택적으로 감지하는 정도를 말한다.

③ 안정도(Stability) : 환경의 변화에도 안정되게 감지하는 정도를 말한다.

④ 복귀도(Reversibility) : 감지 후 다시 감지할 수 있도록 하기 위한 원상태 복귀 정도를 말한다.

Ⅱ 감지기의 원리

1. 물리량을 전기량으로 전환

보통 변환 후의 신호 처리, 측정의 용이함·정밀도 등의 관계에서 모든 물리량을 전기적 출력(전류, 전압, 임피던스 등)으로써 측정하는 경우이다(협의의 감지기).

2. 물리량 상호 간의 변환

전기 및 온도, 소리, 변위, 압력 등의 물리량 상호 간의 변환을 행하는 것이다. 예를 들면 무게라는 물리량을 용수철 저울로 측정하면 '중량−변위 변환'이 행해지게 된다.

※ 기본 감지기(기본 센서) : '빛·자기·온도·압력·가스·습도·음향·바이오'라는 기본적인 물리량을 전기량 또는 다른 물리량으로 변환하는 감지기이다. 대표적인 3대 기본 센서는 '광 센서', '온도 센서', '자기 센서'이다.

3. 조립 센서

기본 센서가 다른 물리량 측정을 위한 수단이 되고 있는 것을 조립 센서라고 한다. 예를 들면 카메라의 노출계에서 거리 센서에 사용되고 있는 광 센서는 기본 센서이지만 빛의 강약 측정이 아니라, 거리를 측정하기 위한 수단으로 사용되고 있다. 또 자기 센서는 기구 자장(자기장)과 마그네트의 자장 등 자장의 강도 측정 그 자체를 대상으로 하지만 홀 소자 등 자기 센서를 이용한 회전각 센서, 변위 센서 등은 역학량의 측정이 목적이고, 자기 센서는 그 측정 수단으로 사용되고 있다.

4. 감지기에 응용되는 물리적 현상 `기출` 23 · 22 · 21 · 20 · 17 · 14 · 13 · 10

용 어	의 미	응용되는 감지기
열전효과	두 개의 다른 도체를 접합한 경우, 접촉부에 온도차가 생기면 열전류가 흐르는 현상을 말한다.	차동식 분포형 화재 감지기
초전효과	물질에 가해진 온도의 급격한 변화에 의해 전기분극의 크기가 변화하여 전압이 발생하는 현상을 말한다.	열선 감지기
자기저항효과	전기가 흐르고 있는 고체 소자에 자장을 가하면 소자의 전기저항이 증가하는 현상을 말한다.	자석식 셔터 감지기
도플러효과	파원과 관측자 사이의 상대적 운동 상태에 따라 관측자가 관측하는 진동수가 달라지는 현상을 말한다.	초음파 감지기, 마이크로웨이브 감지기

광전효과	일반적으로 물질이 빛을 흡수하여 자유로이 움직일 수 있는 전자, 즉 광전자를 방출하는 현상을 말한다. 광전효과는 튀어나온 전자의 상태에 따라 광이온화, 내부광전효과, 광기전력효과, 포톤효과(포톤 드래그효과), 뎀버효과 등으로 나뉜다. cf) 홀효과 : 자기장 속의 도체에서 자기장의 직각방향으로 전류가 흐르면, 자기장과 전류 모두에 직각방향으로 전기장이 나타나는 현상으로, 광전효과에 해당하지 않는다.	적외선 감지기, 적외선 반사식 셔터 감지기
압전효과	물체에 힘을 가하는 순간 전압이 발생하며, 물체에 변형이 일어나는 현상을 말한다. 압전성을 나타내는 물질에는 티탄산바륨, 지르콘산연, 티탄산연 등의 다결정 세라믹이 있다.	유리 감지기, 충격 감지기(진동 감지기), 초음파 감지기

a접점, b접점, c접점
- 평상시 열려 있는 상태를 a접점이라 하고 NO(Normal Open, 평상시 열림)라 한다. 방재용은 a접점 방식을 이용한다.
- 평상시 닫혀 있는 상태를 b접점이라 하고 NC(Normal Close, 평상시 닫힘)라 한다. 방범용은 b접점 방식을 이용한다.
- a접점과 b접점을 모두 갖고 있는 것을 c접점이라고 한다. common 접점이라고 부르기도 한다. 평상시에 붙어 있는 것과 떨어져 있는 두 가지 접점을 모두 가지고 있다. 평상시 NC와 붙어 있다가 동작시 NO로 붙는다.
- 대부분의 센서는 이상을 검지 또는 감지하면 내장되어 있는 접점이 열리는 구조로 되어 있다.

Ⅲ 미래의 센서 개발

1. 검출 한계에의 도전

센서의 극한적 검출 한계는 양자 역학적 효과 등에 의한다. 예를 들면, 핵자기 공명흡수를 이용한 자기 센서 및 SQUID라는 조셉슨 효과를 사용한 자기 센서가 있으며, 조셉슨 효과형 열잡음 온도계를 사용하면 상상할 수 없는 극저온까지 측정이 가능하다.

2. 집적화ㆍ다기능화

센서의 집적화	최근의 극한에 가까운 반도체 집적회로 기술을 도입하여 0차원인 점의 센싱으로부터 1차원, 2차원, 3차원의 검출로 그 센싱 공간을 넓히고 있다. 나아가 센서의 꿈은 4차원의 검출까지도 가능한 결과를 가져올 것으로 보인다.
센서의 다기능화	센서가 신호의 형태를 변환하는 기능을 보유하고 있는 것은 확실하나 단순하거나 단일기능이 아닌 보다 복잡한 또는 복합화된 기능을 동시에 가지는 검출 장치가 되는 것을 말한다.

3. 지능 센서

판단력 센서	현재 일반적인 센서이다.
학습력 센서	학습력 센서를 지향하면 학습 여부에 따라 감도 및 검출 방법도 달라진다. 예를 들면 설탕과 소금은 같은 하얀 가루이지만 학습에 따라 판단이 가능한 경우 등이다. 하지만 아직 센서로는 이 정도의 식별이 불가능하다.
창조력 센서	'생각하는 것'을 감지하는 것이다. 그러나 현대의 과학으로는 '생각한다'는 것의 과정을 아직 밝히지 못했다.

4. 미래의 센서 현황

분야에 따라서는 많은 발전을 해왔으나 아직까지는 개발이 미치지 않은 분야가 많다. 즉, 가스 센서 같은 경우 제작단계 시 시행착오적 방법으로부터 벗어나지 못하고 있으며, 물리 센서가 많다.

> **새로운 센서 원리**
> - 광섬유 : 이제까지의 전자 계측은 물리량을 전기량으로 변환하고 금속 전송로에 의해 전기신호를 전하는 것을 기본으로 한다. 그러나 금속 전송로는 간섭에 약하여 신호의 전달에 오류를 범하였고 고주파화, 다중화도 거의 한계에 다다르는 등의 문제를 낳고 있다. 따라서 광섬유를 이용한 신호 전송에 대한 연구가 실용화단계에 이르렀다.
> - 양자 효과 : 보통의 실용적인 계측을 벗어나 초정밀도를 요구하는 센서의 경우 양자 효과가 최적으로 요구된다. 이 양자 효과에는 조셉슨 효과와 핵사중극 공명현상이 있다.

제2절   감지기(센서)의 종류 및 특성

I   스위치 센서

1. 특 성

경비 분야에 가장 넓게 사용되는 스위치 센서는 어떤 특정한 조건을 초월하여 외부에서 영향을 받아 흐르는 전류를 갑자기 변환시키는 장치라고 말할 수 있다.

① 장점 : 스위치의 작용이 아주 명확하다. 즉, 확실히 열리고(전기 흐름이 차단되고) 확실히 닫힌다(전기가 흐른다)는 것이며, 열린 상태에서 닫히는 상태로의 전환이 아주 확실하여 한 상태에서 다른 상태로 잘 변화되지 않는다.

② 단 점

    ㉠ 스위치의 접점이 더러워질 수 있으며, 더러워지거나 부식된 부분으로 전류가 흐르게 하려면 접점을 더 힘 있게 눌러야 한다.

    ㉡ 꽤 높은 접촉압력으로 스위치를 작동하더라도 또 다른 접촉저항이 있다. 전류가 저항을 통과할 때 열이 발생하며, 접촉되는 좁은 부분에 열이 집중한다.

2. 스위치 유형

① 기계 스위치 : 기계 스위치는 문과 문틀 사이에 끼워 사용하는 형태로 경비기기에 가장 먼저 사용되었으며, 문이 열리고 닫히는 것을 스위치 작용에 의해 감지하여 필요한 사람에게 알려준다. 기계 스위치는 비교적 약하지만 튼튼하게 제작되어 비교적 높은 전류를 전달하는 접촉 스위치로 전자식 감지장치보다는 전기식 감지장치에 자주 사용된다. 한편 기계 스위치는 보이지 않게 감추기 어렵고 플런저의 구멍에 껌과 같은 이물질로 막아 쉽게 쓸모없게 만들 수 있다는 단점이 있다.

② 마그네트 스위치 : 마그네트 스위치는 자성에 의해 스위치의 접점을 단속하는 형태로 주로 문 윗부분에 설치하며 주의해야 할 점은 철문에 의한 과도한 영향으로부터 자성을 보호해야 한다는 것이다. 이를 위해 철문에 최소 자석 표면의 2배 정도 크기의 구멍을 내고 황동이나 알루미늄과 같은 비자성 물질을 사용하여 문의 자석을 지지하는 것이 바람직하다.

③ 리드 스위치

   ⊙ 전류가 낮고 접촉압력이 가능할 때 적절한 접촉성을 얻기 위하여 스위치의 접촉지점을 백금이나 금, 합금으로 씌운 좁은 금속조각으로 만들어 얇은 유리튜브 속에 봉인하여 사용하며, 이 부품이 리드 스위치가 된다.

   ⓛ 작은 자석이 리드로 접근할 때 스위치가 작동하며, 유리튜브 내에 있는 금속조각의 몇 mm 가깝게만 접근하여도 서로 붙어 접촉상태가 된다.

   ⓒ 플라스틱이나 금속보호박스 안에 깊이 보관된 리드 부품을 고정된 문틀이나 창문틀의 우묵한 곳에 설치하거나 자석을 열고 닫을 수 있는 문이나 창문의 우묵한 곳에 설치하면, 문이나 창문의 열림을 감지하는 스위치의 기능을 하게 된다.

④ 방해방지 리드 스위치 : 범인에 의해 방해받을 수 있는 가능성이 있을 때 다른 자석의 방해로부터 스위치를 보호하기 위해 자석보호물을 설치하거나 불필요한 자석이 접근하게 될 때 경보를 주는 보조 스위치를 갖춘 형태의 마그네틱 리드 스위치를 사용할 수 있다.

⑤ 관성 스위치

   ⊙ 관성 스위치는 접촉을 유지시켜 주는 금속 볼의 접촉부분을 갖게 되며, 금이나 다른 합금을 사용하여 접촉저항을 최소화할 수 있지만, 중력을 도와주기 위해 작은 자석을 사용할 수 있다.

   ⓛ 원리는 범인이 진동을 유발할 수 있는 상황에 넓게 적용할 수 있다. 가령 서류함이나 창문, 일반 출입문 등의 열림을 감지하기 위한 것부터 울타리에서 외부 침입을 감지하는 어려운 분야까지 적용할 수 있다.

⑥ 수은 스위치

   ⊙ 스위치의 접촉 물질을 수은으로 사용하는 방법으로 수은 스위치가 작동하기 위해 스위치가 비스듬히 기울어져야 하며, 범인이 수은 스위치가 설치된 창문을 통해 침입하게 되면 스위치가 작용하여 경보 장치가 작동하게 된다.

   ⓛ 수은 스위치는 바람의 영향으로 울타리의 철선에서 높은 주파수의 진동이 발생하여 다른 울타리 센서에 영향을 주어 문제가 될 경우, 이러한 문제를 방지하기 위해 선택될 수 있다.

⑦ 비상 스위치 : 긴박한 상황 시 사용자가 직접 스위치를 작동시켜 경보신호를 발생시키는 방법이다.

⑧ 공기압 스위치

   ⊙ 공기는 차고 앞이나 주유소와 같은 곳에서 차의 출현을 감지하기 위해 사용되는 기기의 스위치를 작동시키는 데 사용된다.

   ⓛ 차의 진입로상에 놓인 니어프린(합성고무의 일종)형의 긴 튜브 위에 차가 올라가면 튜브의 공기압이 변화하여 근무자가 대기하고 있는 장소에 설치된 공기압력밸브를 작동시켜 스위치가 접촉되어 경보 신호를 발생하여 근무자에게 손님이 왔다는 것을 알려주게 된다.

⑨ 튜브와 호일 : 창문을 통한 침입을 방지하기 위해 오랫동안 사용되고 있는 형태 중 하나가 튜브와 이 튜브에 내장된 감지선을 센서로 사용하는 방법이다.

⑩ 압력 매트

   ⊙ 일반적으로 압력 매트는 보호가 요구되는 지역 내에서 범인이 목적달성을 위해 이동하는 동안 밟을 수 있는 여러 곳에 설치한다. 또한 범인이 감지장치를 피해 보호받는 건물이나 지역 내부로 침입했을 때 이를 감지하기 위하여 주로 사용된다.

   ⓛ 압력 매트는 정상적으로 '열린 회로'이며 스위치가 닫힐 때 경보기가 작동한다.

⑪ 감지선 : 가늘고 약한 선을 여러 겹으로 취약한 문의 내부에 설치한 후, 그 감지선 위를 얇은 합판과 같은 것으로 덮어 보호하고 단정하게 보이게 하여 감지장치를 형성할 수 있다. 만약 침입을 위해 문에 구멍을 내면 문에 감추어진 감지선 중 한 선이 절단되면서 경보기를 작동시키게 된다.

방범용 센서 설치 장소별 일람

1. 옥내용
   - 창 : 마그네트 스위치, 유리파괴 센서, 진동 센서
   - 문 : 마그네트 스위치
   - 셔터 : 적외선(반사형) 센서, 마그네트 스위치
   - 통로·현관 : 감시 카메라, 적외선 센서
   - 벽·천장 : 진동 센서
   - 공간 : 적외선 센서, 열선 센서, 초음파 센서, 전자파 센서
2. 옥외용
   - 공간 : 적외선(대향형) 센서, 전자파(마이크로파) 센서, 감시 카메라
   - 펜스 : 단선 센서, 진동 센서, 전계 센서
   - 매설 : 루프코일(차량감지), 진동 센서
     - 방재용(옥내용) : 열 감지기, 연기 감지기, 가스누출 감지기
     - 설비용 : 감시용 카메라, 누수 감지기, 누전 감지기

Ⅱ **적외선 센서** 기출 17·16·09

1. 의 의★

투광기와 수광기로 구성되며, 빛의 물리량이 변화하는 것을 검출하여 감지한다. 또한 광전효과가 우수한 근적외선을 이용한다. 적외선 감지기는 지상설치형 감지기로 지하에 매설하여 사용할 수 없고 주로 주택의 담장 위를 규제하는 용도로 많이 사용된다. 기출 22·21·20·19·17

2. 적외선 감지 원리

① 적외선이란 전자파의 일종이며, 빛에는 눈에 보이는 가시광선 외에 눈에 보이지 않는 짧은 파장의 자외선, 그리고 긴 파장의 적외선, X선 등이 있다.

파장★
- 파장이란 파동이 한 번 진동할 때 빛은 몇 미터 진행하는가를 나타낸다. 즉, 파장은 전파의 속도(광속)/주파수이다.
- 전자파의 파장이 짧은 것에서 긴 순서대로 나열하면 X선 – 자외선 – 가시광선 – 적외선 – 마이크로웨이브 순이다.

---

② 적외선 감지방법은 적외선 빔을 발생하는 송신기와 이를 수용하는 수신기가 일직선으로 정렬되고 침입자가 이 사이를 통과하여 적외선 빔을 차단하게 되면 순간적으로 경보신호를 발생시킨다. 적외선 감지기는 광전효과(광기전력효과)를 이용한다.★ 기출 14·10

③ 적외선 빔은 적외선 전등에 의해 형성되어 렌즈를 통해 송신되며, 수신기는 그 빔의 맞은편에서 렌즈 뒤에 일직선으로 정렬되어 있다.

④ 빔 형태의 감지시스템은 경비목적에 실패하지 않는다는 장점이 있으며, 보통 적외선 빔을 형성하는 전등에 이상이 생겨 송신기능이 중단되는 경우 경보기가 울리게 설계된다.

3. 적외선 감지기의 감지응답속도 _{기출} 13·12

① 투·수광기 사이의 광축을 차단 시 감지하는 시간이다.

② 전력 질주할 수 있는 지역은 50ms로 설정한다.

③ 담장 위에 설치하는 경우 500ms로 설정한다.

④ 적외선 감지기의 감지응답속도는 보통 스위치나 볼륨으로 조정한다.

4. 적외선 센서의 유형

① 반사식(反射式)

    ㉠ 반사식 적외선 액티브 센서는 투광기와 수광기가 일체를 이루어, 투광기에서 발사된 적외선 펄스 빔(적외선의 단속광)이 벽이나 반사경에 반사되어 수광기로 들어가 안정상태를 유지한다. 침입자가 이 펄스 빔을 차단하면 수광기가 그 반사광을 포착하여 그때 들어오는 입사광의 변화량을 탐지하는 형태로 이상을 감지한다.

    ㉡ 반사에 의해 빛이 줄어드므로 주로 5~10m의 근거리를 경계하는 데 사용된다.

    ㉢ 옥내에서 사용된다.

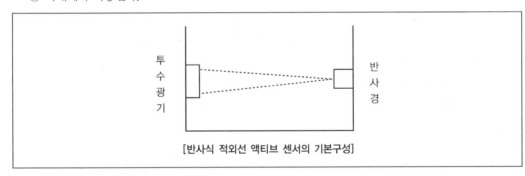

[반사식 적외선 액티브 센서의 기본구성]

반사식 적외선 액티브 센서 설치 시 유의사항

- 침입자가 가로지르게끔 설치하고, 옥외나 반옥외(反屋外)에는 설치하지 않도록 유의할 것
- 두 대의 센서를 서로 마주보게 설치하지 않도록 유의할 것
- 센서 앞으로 태양빛이나 자동차의 헤드라이트 등의 직사광선 및 강한 반사광선이 들어가는 곳에는 설치하지 않도록 유의할 것
- 창문을 경계하기 위해 창가에 설치하는 경우에는 빔(Beam)을 조금 안쪽으로 향하도록 설치할 것
- 편광식의 반사식 적외선 센서가 아닌 경우에는 반사율이 높은 물체가 투광기와 반사경 사이에 들어가면 오보가 되는 일이 있으므로 유의할 것
- 창문감지용으로 내부 창문에 설치할 때에는 창문바닥에서 30cm 높이에 설치할 것

② 대향식(對向式)

    ⊙ 대향식 적외선 액티브 센서는 투광기와 수광기가 분리되어 있으며, 투광기에서 발사되는 펄스 빔(Pulse Beam)을 수광기로 받는 형태로 펄스 빔이 침입자에 의해 차단되었을 때에 경보신호를 낸다.

    ⓒ 고양이 같은 작은 동물이나 새, 그리고 낙엽 등에 의한 발보(發報)를 예방하기 위해 2단 빔과 4단 빔의 센서도 개발되어 있어서, 동시에 2개 또는 4개 빔을 차단하지 않는 이상 경보가 울리지 않는다. 대향식은 30~200m의 원거리 경계에 사용되는 경우가 많다.

    ⓒ 주로 주택의 담장 위를 규제하는 용도(옥외용)로 많이 쓰인다. `기출` 21

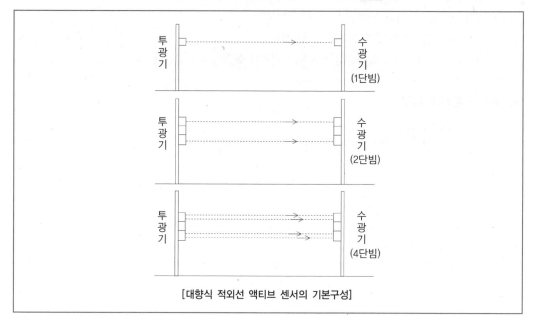

[대향식 적외선 액티브 센서의 기본구성]

Ⅲ. 초음파 센서 `기출` 09

1. 의 의 `기출` 23·20·14·13

① 움직이고 있는 물체에서 나오는 반사파의 주파수가, 그 운동방향에 따라 원래의 주파수와 달라지는 '도플러효과'를 이용한 감지기이다.

② 입체적으로 경계할 수 있는 감지기이다.

③ 송신기와 수신기로 이루어지며 불가청주파수의 특성을 이용하는 감지기이다.

④ 압전효과를 이용하는 감지기이기도 하다.

2. 특 징

① 20kHz~100kHz의 주파수를 사용한다. `기출` 13

② 송파부에서 초음파를 방사해서 그 반사파가 침입자에 의해 변화하는 것을 검지하는 것이다.

③ 초음파 센서는 공기진동으로 음파를 이용하는 것이고, 공기의 움직임으로부터 영향을 받기 때문에 설치 장소에 유의해야 한다. 음파의 전파 경로에 영향을 미칠 수 있으므로 외부의 잡음이 심하거나 냉난방 설비에 의한 바람 등이 있는 곳, 흔들림이 있는 곳 등은 설치 장소로 적당하지 않다.

3. 유형

도플러형	감지영역 내의 이동하는 물체의 존재를 반사파의 주파수 변화로 검지하는 방식이다.
펄스에코형	감지영역 내에 있는 정지 물체의 일정한 반사파 패턴을 기억해두고 침입이 있는 경우 반사파의 혼란을 검지하는 방식이다.

4. 초음파 감지형태

① **정상파 시스템** : 공기와 다른 모든 것들이 정지한 상태에서 침입자가 문을 통해 방으로 들어오면, 정지해 있던 문에서 반사되는 초음파 에너지의 일부가 움직이는 침입자에 반사된다. 이렇게 하여 정상파 형태가 자극을 받아 수신변조기가 불안정해지고 그 변화가 경보장치를 작동시키기 위해 사용될 수 있는 전기 에너지로 바뀌게 된다.

> **정상파 시스템의 장단점**
> 정상파 시스템은 송신기와 수신기가 전방향성으로 침입자에 대해 체적적으로 감지하므로 침입자가 건물 경계구역에 설치된 감지장치를 성공적으로 피하더라도 그 움직임에 의해 초음파를 이용한 체적감지를 피하기 어렵다. 한편 정상파 시스템은 만족스럽지 않은 상황 변화로 인하여 귀찮은 경보신호를 발생할 수 있다. 예를 들어 방에 바람이 들어가거나 중앙공급식 히터 또는 부분적으로 설치된 히터가 작동할 때 경보상태가 되기 쉽다.

② **레이더 시스템**

    ㉠ **원리** : 레이더 시스템에 관하여 특이한 것은 송신기와 수신기가 나란히 설치되어 사용된다는 것이다. 다시 말해 송신기와 수신기가 분리되어 벽의 반대편에서 서로 마주보게 설치하여 사용하는 정상파 감지 시스템과 달리 송신기와 수신기가 같은 방향을 보는 형태이다.

    ㉡ **특징**
- 방 안에 정지해 있는 벽이나 다른 물체로부터 반사되는 에너지에 의존하지 않으며, 방에서 침입자의 움직임에 의해 유발되는 주파수의 도플러 변화에 의존한다.
- 빛처럼 초음파 에너지를 집중시킬 수 있기 때문에 변조기를 적절히 선택하여 초음파 에너지 빔을 넓게 또는 좁게 조정하여 침입을 감시하고자 하는 지역으로 방사할 수 있다.
- 에너지 빔을 형성한다는 개념은 감지능력이 빔의 효과 범위만큼 더 멀리 확대된다는 것을 나타낸다. 빔의 효과는 수신기에 감지되는 반사신호나 반향되는 에너지에 달려 있으며, 또한 빔의 효과는 공기 중에서 계속 전달될 수 있는지에 달려 있다.
- 빔이 벽이나 문, 유리창, 마루, 천장 같은 딱딱한 면에 도착하면 효과가 중지된다. 많은 초음파 에너지는 이러한 장애물을 통과하지 못하며, 표면들과 초음파 센서 사이에 상대적 움직임이 없는 한 도플러신호가 발생하지 않는다. 또한 표면 반대편에서의 움직임에 의해서는 경보신호가 발생하지 않는다.
- 초음파 센서를 사용하기 위해 정부의 허가를 득할 필요가 없다.

ⓒ 초음파 레이더 센서의 적용 범위
- 건물 내 2차 감지 : 침입감지를 위해 감지장치를 단계적으로 사용할 경우, 초음파 레이더 센서는 일반적으로 울타리에 설치된 물리적인 보호장치나 침입감지장치를 성공적으로 통과한 침입자가 건물 내에서 이동하는 것을 감지하기 위하여 사용된다.
- 유리로 보호되는 지역 : 초음파 에너지는 유리를 통과하지 않으므로 감지장치에 의해 보호되는 지역 밖에서 움직이는 사람으로 인하여 귀찮은 경보가 발생하지 않으며, 건물 밖에는 유리를 통과하여 건물 내에 설치되어 있는 초음파 센서에 영향을 줄 수 있는 것이 많지 않다.
- 넓은 지역 : 초음파 센서를 사용하기 위해 정부로부터 통제를 받지 않고 송신주파수를 자유롭게 선택할 수 있으므로 여러 개의 다른 주파수로 몇 개의 센서를 사용하여 상당히 넓은 장소를 상호 간섭 없이 감시할 수 있다.
- 좁은 지역 : 전체적으로 담이나 벽으로 둘러싸여 있는 폐쇄된 좁은 지역에서 비교적 침입 위험이 높을 때 초음파 레이더 센서를 사용할 수 있다.

초음파 센서의 이상적인 조건 기출 19
- 구조가 간단한 것
- 흐름을 방해하지 않고 측정이 가능한 것
- 정밀도가 좋고 안정성이 있을 것
- 넓은 범위에서 측정 대상으로 사용 가능한 것
- 보수 점검이 쉬울 것

Ⅳ 마이크로웨이브 센서 기출 21·15·14·12

1. 의 의

마이크로웨이브 감지기는 물체의 크기와 움직임을 잘 탐지하여 어떠한 환경(열, 온도, 소음, 습기, 기류, 먼지 등에 의한 열악한 환경)에서도 사용이 가능하고, 오작동이 없으므로 안개가 있는 환경에서 울타리를 효과적으로 감지하기 위해 사용되는 공간형 감지기이다. 기출 21

2. 원 리

① 과학자 존 건은 아주 낮은 전압상태에서 작은 반도체 다이오드로부터 적은 양의 마이크로파 에너지가 발생한다는 사실을 발견했다.
② 향상된 방식으로 레이더 원리를 이용하여, 마이크로웨이브를 발생하는 물질이 계속 개선되면서 적은 전원으로도 감지장치를 작용시킬 수 있게 되었고 이렇게 하여 장비를 저렴하게 공급할 수 있게 되었다.
③ 마이크로웨이브 센서는 초음파 센서와 사용 목적이 동일하지만, 달리 사용할 수 있는 장점과 단점이 있으므로 초음파 센서와 마이크로웨이브 센서를 보완하는 것이 낫다.

3. 마이크로웨이브의 특성

① 에너지 형태 : 마이크로웨이브도 빛이나 열과 동일한 전자 에너지로, 음향 에너지와 같은 다른 형태의 에너지와 구별된다. 인공적인 빛을 만들 수 있듯이 마이크로웨이브 에너지도 인공적으로 만들 수 있다.

② 파장 : 마이크로웨이브는 빛이나 열의 주파수보다 파장이 길고, 빛과 열보다 인간의 신체나 다른 물질을 더 깊이 관통할 수 있다.

③ 안전성 : 마이크로웨이브 오븐에서는 kW 단위의 에너지를 사용하는 반면, 감지장치에 사용되는 마이크로웨이브 에너지는 $1 \sim 10 \mu W$ 로, 마이크로웨이브 오븐에 사용되는 에너지의 백만 분의 1 정도이므로 인체에 안전하다고 할 수 있다. 대부분의 나라에서 이를 초과하지 않도록 정부에서 규제하고 있다.

④ 속도 : 전자 에너지의 이동속도는 자연발생적인 것이든 사람이 만든 것이든 빛의 속도와 동일하다. 음속 (332m/s)을 넘어서는 초음속 항공기가 얼마나 빠른지를 생각해보면, 초속 3×108m라는 속도는 가늠이 어려울 정도로 빨라 보인다.

⑤ 공기의 효과 : 마이크로웨이브는 마치 공기가 존재하지 않는 것처럼 빛의 속도로 공기를 통과한다.

⑥ 광학적 특성 : 마이크로웨이브는 반사되고 굴절되며 집중될 수 있다. 그리고 마이크로웨이브는 직선으로 이동하므로 송신기와 수신기가 일직선상에 있어야 한다. 기출 19

⑦ 관통 : 마이크로웨이브 에너지는 빠른 속도 때문에 비금속 고체 물질은 통과하지만, 금속 물질을 통과하지 못한다. 한편 초음파 에너지는 한 장의 종이나 플라스틱 같은 아주 얇은 물질은 통과할 수 있지만, 아주 느린 속도로 인해 다른 것은 거의 통과하지 못한다.

마이크로웨이브 감지기의 특성 기출 22

• 마이크로파(일반적으로 10GHz 대역 또는 24GHz 대역)를 발신해 침입자의 움직임과 물체의 이동을 도플러효과에 의해 감지하는 방식이다.
• 초음파 감지기와 같이 건물 내에서 복수의 감지기를 사용하면 상호 간섭에 의해 오작동할 수 있다.
• 상대적으로 초음파 감지기에 비해 바람이나 빛의 변화 등 주위환경의 변화를 받지 않는 장점이 있으나, 진동에 약하다는 단점이 있다.

〈출처〉 이강열, 기계경비개론, 진영사, 2021, P. 214

V 마그네트(자석) 센서

1. 마그네트 센서의 원리

① 마그네트 센서는 문이나 창과 같이 여닫는 장소에 설치하여 자력의 변화를 이용하여 침입자를 감지하는 방범 센서로서, 창이나 문이 열리면 작동하는 센서이다. 마그네트(Magnet, 영구자석)부와 스위치(Reed Switch)부로 구성되는데, 리드 스위치는 출입문이나 창문의 틀에, 영구자석은 출입문이나 창문에 문을 닫은 상태에서 근접한 곳에 일직선으로 설치하는 구조이다. 기출 23・22・21

② 영구자석은 그 성분에 따라 여러 가지가 있으나 페라이트(Ferrite) 계통이 널리 사용되고 있으며, 리드 스위치부는 유리관에 2장의 리드가 불활성 가스와 함께 들어 있다.★

③ 자석 감지기는 감지기의 뚜껑을 열 때 감지하는 기능인 탬퍼(Tamper)기능이 없다. ★ 기출 11
④ 자석 감지기는 환풍기, 에어컨 등에도 사용할 수 있다. ★ 기출 14

2. 마그네트 센서의 장·단점

① 장 점
  ㉠ 마그네트 센서는 마지막으로 퇴실하는 사람이 시스템을 '경계'로 세트할 때에 창문 등이 제대로 닫혀 있는지 확인할 수 있다.
  ㉡ 평소에 간과하기 쉬운 창문 등에 마그네트 센서를 설치하면 보다 확실하게 폐쇄를 확인할 수 있다.
  ㉢ 마그네트 센서는 소형이고 비교적 가격이 저렴하며 전원이 필요 없고 확실하게 작동하는 이점이 있어 방범 센서로 가장 많이 사용한다. 기출 23
  ㉣ 리드(reed) 스위치의 접점도, 내식성, 내마모성이 뛰어나 반영구적 사용이 가능하다. 기출 22
  ㉤ 자석감지기는 바람이나 빛의 변화 등 외부 환경에 의한 영향을 덜 받는 특징이 있어 오경보가 거의 없다. 기출 22

② 단 점
  ㉠ 마그네트 센서는 점 경계용이므로, 선 경계방식 및 면 경계방식 혹은 입체 경계방식을 병용하여 설치할 필요가 있다. ★
  ㉡ 마그네트 센서는 가로방향의 움직임은 민감하게 감지하지만, 세로방향의 움직임에는 둔감하다는 문제점이 있다. ★
  ㉢ 여닫이 문에는 가로방향으로 움직이는 위치에 설치하는 것이 좋다.

3. 마그네트 센서 설치방법

① 리드 스위치는 떨어뜨리거나 충격을 주지 않도록 유의하여 설치한다. 기출 22
② 리드 스위치는 영구자석의 극성이 바뀌지 않도록 10~15mm 이내에 설치한다.
③ 리드 스위치와 마그네트부의 좌우가 어긋나지 않고 중심부가 일치되도록 설치한다.
④ 리드 스위치와 마그네트부의 전후가 어긋나지 않도록 설치하고, 그 범위는 5mm 이하로 한다.
⑤ 철문에 설치할 때는 자력 저하 방지를 위해 자석 부착면에 스페이서(spacer)를 부착한다. ★
⑥ 낙뢰 등이 있은 경우에는 리드 스위치의 접점이 융합되어 폐로(閉路)상태가 되어 버리는 일이 있으므로 반드시 점검하여야 한다.
⑦ 공용부 등에 설치한 경우에는 장난으로 폐로상태가 되는 일이 있으므로 보수와 점검의 주기를 짧게 하여야 한다.
⑧ 자석 감지기는 반드시 출입문 안쪽에 설치하여 외부에서 조작하지 못하도록 한다. ★
⑨ 창문이나 출입문의 틀에는 리드 스위치를 설치한다. 기출 21
⑩ 창문에 설치할 때는 내측 창이 열리면서 감지기가 파손될 수 있으므로 스토퍼(stopper)를 설치한다. ★
  기출 14
⑪ 방범용 자석 감지기인 경우 세트 시 b접점, c접점을 사용한다.

1. 원 리

점포의 쇼윈도나 주택의 유리창이 파괴되는 것을 감지하는 센서이다. 유리파괴 센서에는 유리에 직접 부착하는 타입(진동 센서, 압전 센서)과 실내의 천장이나 벽에 부착시켜 유리가 깨지는 소리를 감지하는 타입(마이크로폰 센서)이 있다.

2. 유리파괴 센서의 유형

① 진동 센서 : 유리의 진동·충격으로 접점이 열리는 구조로 되어 있으며, 바이브레이션(Vibration) 센서 혹은 쇼크(Shock) 센서라고도 한다. 유리파괴 이외에도 작동하므로 벽이나 천장 등의 감지에도 이용할 수 있다. 다만, 차량, 지진, 바람 등의 다른 요인에 의한 진동까지도 감지해 버리기 때문에 현재 기계경비에는 거의 사용되지 않고 있다.

② 압전 센서 : 진동의 검출소자에 압전체 세라믹스(Ceramics)를 사용한 센서이다. 유리가 파괴되는 때에 발생하는 진동에 의한 압력변화를 전기신호로 바꾸는 시스템으로 되어 있으며, 유리가 파괴될 때 발생하는 특유한 진동주파수(180~300MHz)만 포착하기 때문에 바람이나 노크에 의한 진동에는 반응하지 않는다. 현재 유리파괴 센서라고 하면 이 압전 센서를 의미한다.

압전 센서 설치 시 유의사항
- 압전 센서는 창틀에서 대략 10cm 이상 분리시켜 창의 안쪽에 설치한다.★
- 파괴된 부분에서 센서까지의 감지거리는 수신기나 통보기의 감도가 좋을수록 길어지며, 유리가 두꺼울수록 길어진다. 또 유리면이 넓을 때에는 복수의 센서를 설치하여야 하며 일반적으로 반경 약 1.8m 정도이므로 유리의 아래쪽에 설치한다.
- 파괴에 의해 발생하는 진동은 유리판의 압력이나 파괴규모, 파괴부분에서 센서까지의 거리에 의해 전달되는 방법이나 감소율에 차이가 나므로 경보출력 시간에도 1~5m/sec의 폭이 있다.
- 유리 창틀로부터 사방 5cm 이상 떨어진 장소에 설치한다.★
- 겹유리나 필름을 붙인 유리는 진동이 흡수되어 감지하는 감도가 둔해지므로 감지범위를 좁힐 필요가 있다.★
- 원칙적으로 접착면이 울퉁불퉁한 유리는 접착면에 틈새가 생겨서 감도가 극단적으로 떨어지므로 사용할 수 없다.★
- 센서에는 리드선이 연결되어 있으므로 움직이는 범위가 넓은 유리에는 설치할 수 없다.★

---

③ 마이크로폰 센서
  ㉠ 마이크로폰 센서의 원리
   - 마이크로폰은 작은 양의 음향 에너지와 기계 에너지를 증폭하여, 사용할 수 있는 전기적 에너지로 변화시켜 주는 일종의 변조기라 할 수 있다.
   - 마이크로폰 센서는 유리면 안쪽의 천장(수평부착)이나 맞은편의 벽면(수직부착)에 설치하여 유리가 깨질 때에 발생하는 소리를 감지하여 작동하도록 되어 있다.★
   - 설치된 장소의 거리와 구조 및 방해소음을 고려하여 센서 내부에 마이크로폰의 감도를 강약으로 조절할 수 있는 감도조절기가 내장되어 있다.
   - 감지범위가 넓어 18m 거리에 놓여 있는 유리창이 파괴될 때 들려오는 소리음을 분석·감지할 수 있다.

ⓛ 마이크로폰 센서의 장·단점
- 한 대의 센서로 여러 장의 유리를 경계할 수 있다.★
- 경비대상시설의 바닥에는 여러 가지 구조물이 놓여 있으므로 보호유리와 센서와의 공간이 구조물에 의해 차단되지 않고 직선으로 연결되도록 천장에 설치하는 것이 바람직하다.★
- 같은 공간 내의 여러 장의 유리창을 동시에 보호하고자 하는 경우에는 센서를 모든 유리가 공히 바라보이는 공간의 천장에 설치하는 것이 좋다.

Ⅶ 열선 센서 <small>기출 20·18·15·10·08</small>

1. 의 의

① 열선 감지기는 검지영역 내(경계영역)의 벽 등으로부터 표면온도를 검시해 두어, 검지영역 내에 침입자가 들어온 것에 대한 온도의 변화를 검지하는 것이다. 즉, 열선 감지기는 사람 체온에서 발생되는 원적외선 에너지(파장)를 검지한다. 이 때문에 급격한 온도 변화를 일으키는 창 등이 검지영역 내에 들어오지 않도록 할 필요가 있다. <small>기출 23·21·13</small>

② 열선 감지기는 금고에 설치하는 금고 감지기 이외에 추가로 보강규제를 실시하는 감지기로, 초전효과를 이용한다. <small>기출 23·13·12</small>

③ 열선 감지기는 적외선 에너지가 수동형으로 작용하는 감지기이며, 따라서 여러 개를 설치해도 상호 간에 영향을 주지 않는다.★

④ 이동인원이 많은 박물관의 유리 진열장 내부 침입자를 감지하는 등에 적합하다. <small>기출 16</small>

2. 특 징

① 감지지역의 주변 온도와 침입자의 체온 차이에 의한 적외선 에너지 변화를 전기 에너지로 변환하여 경보신호를 발생한다.★ <small>기출 19</small>

② 열선 감지기의 감지규제는 공간규제 방식이며, 벽이나 천장에 부착하여 내부 공간을 위해 사용한다.★

③ 열선 감지기의 경우 실내에서는 바닥에서 3m 이내 높이에 설치한다.★ <small>기출 21·09</small>

④ 열선 감지기를 설치할 때에는 직사광선의 영향을 받지 않도록 커튼이나 블라인드(Blind)로 차단하여야 하고, 가급적 창이나 창문을 향하여 설치하지 않는다.★

⑤ 열선 감지기가 인체 감지를 위하여 가장 민감하게 작용하는 적외선 파장의 범위는 $7\sim14\mu m$이고, 이 파장대역의 원적외선을 잘 투과하는 물질은 폴리에틸렌수지이다.★ <small>기출 13</small>

⑥ 열선 감지기는 전자파의 간섭이나 충격, 특히 온도 변화에 민감하다. 열선 감지기가 온도 변화가 적은 실내에서 많이 사용되는 것도 그 때문이다.★

⑦ 열선 감지기는 다수의 초전소자를 사용함으로써 자연발생적인 온도의 변화나 동물 등에 의한 오경보를 최소화할 수 있다. <small>기출 20·13·12</small>

⑧ 열선 감지기의 입력전원은 DC 12V를 많이 사용한다. <small>기출 13</small>

⑨ 열선 감지기에 사용되어 적외선 에너지를 감지소자에 집중할 수 있게 하기 위해 가장 널리 사용되는 물질은 프레넬 렌즈로, 프레넬 렌즈의 형태에 따라 감지 범위를 다양하게 할 수 있다. <small>기출 20·12</small>

▷ 프레넬(Fresnel) 렌즈는 볼록 렌즈처럼 빛을 모아주는 역할을 하면서도 두께는 줄인 렌즈로 주로 자동차 미등이나 OHP 등 빛을 집중시켜야 하는 곳에 사용하며 적외선 센서의 성능을 강화한다.

3. 열선 감지기 설치 시 주의사항

① 면 타입으로 창문경계 시 외부와 접하는 창이나 문의 유리창에 경계 zone이 닿지 않도록 한다.

② 열선 감지기는 옥내용이므로 건물 구조상 옥내일지라도 파이프 셔터만 설치된 장소와 같이 외부와 트여 있는 장소에는 설치하지 않는다.

③ 감지구역 안에 흔들리는 전시물이나 물체가 없도록 하고 고주파나 전자파가 발생되는 지역의 설치는 피한다.

④ 감지구역 안에 박스와 같은 물건을 적재하지 않도록 주의한다(박스 뒷부분은 감지가 불가능하기 때문이다).

〈출처〉 이강열, 「기계경비개론」, 진영사, 2018, P. 190

Ⅷ 셔터 센서

1. 셔터 센서의 원리

셔터나 대형문 등의 개폐를 감지하는 것으로, 적외선식, 자석식, 리미트 스위치식이 있다. 기계경비시스템이 개발된 초기에는 리미트 스위치식이 사용되었으나 미세한 움직임까지도 감지해서 오보의 원인이 되는 경우가 많아, 지금은 적외선식 또는 자기식이 사용되고 있다.

2. 셔터 센서의 유형

① 적외선 반사식 셔터 센서

    ㉠ 적외선 반사식 셔터 센서는 셔터를 닫은 상태에서 투광기에서 발사된 적외선 펄스 빔이 반사시트에 반사되어 수광기로 들어가도록 해 두었다가, 셔터가 열려 적외선 펄스 빔이 반사시트에서 반사되지 않을 때에 입사광의 변화량을 감지하여 이상을 감지한다.

    ㉡ 설치거리가 50~300mm이며, 가로나 상하의 감지범위는 붙이는 반사시트의 매수에 따라 넓어진다.

    ㉢ 겨울철에 반사시트가 갈라지거나 동결할 우려가 있다는 단점이 있다.

    ㉣ 동작거리가 길어서 이격거리가 많이 떨어진 대형 셔터문에 사용한다.

> **적외선 반사식 셔터 센서 설치 시 유의사항**
> • 반사판이 벗겨지거나 더러워지고 이슬이 맺히는 경우에는 적외선이 감소하여 오보의 원인이 되므로 주의할 것
> • 셔터면의 반사에 의해 경보를 발하는 경우가 있으므로 감도의 볼륨을 적정하게 조정하고 특히 반사율이 높은 흰색 계통의 셔터에는 주의할 것
> • 빗물 등이 직접 부딪치지 않는 장소에 설치할 것

② 자석식 셔터 센서★★

    ㉠ 특징 : 자석식 셔터 센서는 적외선 반사식 셔터 센서만큼의 설치거리는 감지할 수 없으나, 더러움이나 거미, 나방 그리고 이슬맺힘(결로)이나 결빙에도 영향을 받지 않는 이점이 있다.

    ㉡ 종 류 　기출　14·09

리드 스위치형	마그네트 센서와 동일한 원리로 작동하며 스위치 부분과 마그네트 시트 사이의 거리를 넓히도록 설계되어 있으며, 60mm 이내의 거리를 감지할 수 있다.
자기저항형	자력을 전기신호로 바꾸어 신호를 처리하는 것으로, 100mm 이내의 거리를 감지할 수 있다.

자기변조형	자기검출소자를 사용하여 자력으로 인해 전압이 변화하는 특성을 이용한 것으로서, 120mm 이내의 거리를 감지할 수 있다.
홀소자형	자계의 방향이나 강도를 측정할 수 있는 자전변환소자인 홀소자를 이용하여 자계를 감지하여 전압으로 변환하는 것으로서, 120mm 이내의 거리를 감지할 수 있다.

ⓒ **설치장소** : 자석식 셔터 감지기는 증기나 수분이 많이 발생되는 장소, 먼지 등이 많이 발생되는 공장, 쥐와 같은 소동물이 많은 곳에 설치한다.

Ⅸ 전기장 센서

1. 전기장 센서의 원리

① 침입감지를 위해 사용될 경우, 전기장 센서는 안전하게 낮은 전압만 간직하는 콘덴서와 같다고 할 수 있으며, 감지선에 형성된 전기장이 침입자에 의해 방해받을 때 경보신호를 발생한다.

② 침입감지적 관점에서 '전기장'이라는 말은 전기를 흐르게 한다는 것을 의미하는 것은 아니다. 즉, 가축들에게 전기 충격을 주어 가축들이 흩어져 다니는 것을 막기 위해 외양간 울타리에 사용했던 전기 울타리에서의 전기성과는 관계가 없다.

2. 전기장 센서의 적용★

① 펜스 감지

ⓐ 전기장 센서는 펜스에 설치하여 외부로부터의 침입을 1차적으로 감지하기 위해 사용할 수 있다.

ⓑ 더 많은 전선을 사용하여 전기장의 퍼짐을 감소시키고, 이로써 감지장치의 집중도를 증진시킬 수 있다.

ⓒ 실제 콘덴서의 한 전극을 만들기 위해 지면 자체에 의존하는 대신, 지면을 대신하는 전선을 추가로 설치하여 더 균일한 결과를 얻을 수 있다.

ⓓ 지면을 대신하는 전선이 전기적으로 균형을 유지하기 위해 물리적 펜스의 맨 윗부분 가까이 설치할 수 있다.

② 자유로운 형태로 설치

ⓐ 개방되어 있어 비교적 사람의 출입이 자유로운 지역에서 침입자의 접근에 대한 조기 경보를 위해 전기장 센서는 물리적인 펜스를 설치하지 않고 자유로운 형태의 지지대를 사용하여 설치할 수 있다.

ⓑ 노면이 거칠거나 기복이 있어 범인이 기는 움직임으로 감지기를 피할 가능성이 있는 장소에 설치할 수 있다.

③ **지붕침입감지** : 전기장 센서는 지붕에 접근하는 것을 방지하기 위해 효과적으로 사용할 수 있다. 지붕에 설치하여 사용할 경우, 침입자는 감지전선을 통과하지 않고 지붕 위를 오르기가 어려우므로 효과적으로 침입을 감지할 수 있다.

X 자기장 센서

1. 작동원리

① 이 시스템은 땅 속에 케이블을 묻어 무선주파수 에너지를 '누전'시켜 케이블 위를 걸어가는 사람으로부터 반사되는 에너지를 감지하는 방법이다.

② 침입자가 케이블 위를 움직이면 공간으로 나아가는 일부 에너지가 침입자로부터 수신 케이블로 다시 반사되고, 무선이 감쇠되는 것처럼 반사되는 일부 에너지는 수신기에 도착하는 직접 에너지와 함께 위상변화를 유발한다. 그러면 원격조정 위치에 있는 전자회로는 이러한 위상변화를 감지하여 경보기를 작동시킨다.

2. 외부감지

① 전형적으로 케이블은 몇 cm 정도 땅 속에 묻어 울타리나 벽과 나란히 설치하며, 이렇게 하여 약 2m 정도의 넓이를 감지하게 된다.

② 경비를 위해 경계구역의 공간을 충분히 활용할 수 있으면, 중앙 송신 케이블로부터 1m 정도 떨어진 곳에 추가로 수신 케이블을 설치하여 2배의 넓은 지역을 감지할 수 있다.

3. 오작동 통제

① 음향에너지 대신에 무선이나 자장에너지가 사용되기 때문에 공기의 이동으로 인한 오작동이 발생하지 않는다.

② 케이블 사이의 공간이 케이블의 길이(100m 정도)에 비해 아주 짧으므로, 정상파 형태는 오작동 경보를 유발할 정도로 많은 감쇠를 유발하지 않는다.

XI 화재감지 센서

1. 용어의 정의

> **정의(자동화재탐지설비 및 시각경보장치의 화재안전성능기준[NFPC 203] 제3조)** 기출 23
>
> 이 기준에서 사용되는 용어의 정의는 다음과 같다.
>
> 1. "경계구역"이란 특정소방대상물 중 화재신호를 발신하고 그 신호를 수신 및 유효하게 제어할 수 있는 구역을 말한다.
> 2. "수신기"란 감지기나 발신기에서 발하는 화재신호를 직접 수신하거나 중계기를 통하여 수신하여 화재의 발생을 표시 및 경보하여 주는 장치를 말한다.
> 3. "중계기"란 감지기・발신기 또는 전기적인 접점 등의 작동에 따른 신호를 받아 이를 수신기에 전송하는 장치를 말한다.
> 4. "감지기"란 화재 시 발생하는 열, 연기, 불꽃 또는 연소생성물을 자동적으로 감지하여 수신기에 화재신호 등을 발신하는 장치를 말한다.
> 5. "발신기"란 수동누름버튼 등의 작동으로 화재 신호를 수신기에 발신하는 장치를 말한다.
> 6. "시각경보장치"란 자동화재탐지설비에서 발하는 화재신호를 시각경보기에 전달하여 청각장애인에게 점멸형태의 시각경보를 하는 것을 말한다.
> 7. "거실"이란 거주・집무・작업・집회・오락 그 밖에 이와 유사한 목적을 위하여 사용하는 실을 말한다.

2. 열감지 센서 [기출] 21·20·15·13

열감지 센서는 천장면에 설치하며, 화재 시의 이상한 열을 감지하여 본체에 신호를 보내는 것이다. 감지방식에 따라 정온식, 차동식 및 보상식이 있다.

① **정온식 스포트형**

　㉠ 금속의 팽창계수와 다른 금속을 대립시킨 바이메탈(bimetal)과 금속, 액체, 기체의 팽창을 이용해서 접점이 닫혀지도록 한 것, 일정의 고온도가 되면 가용절연물이 녹아서 절연된 금속을 합선하도록 한 것이다. ★

　㉡ 어떤 부분의 주위 온도가 일정 온도 이상이 되었을 때에 작동하는 것으로, 열을 감열판으로 받아 원판 바이메탈로 전도한다. 이 온도가 감지기의 공칭 작동온도보다 높아졌을 때에 원판 바이메탈이 반전하여 인슐레이트 핀을 눌러서 접점을 닫아 신호를 보내는 것이다. 부엌 등 평소 불을 사용하는 곳에서 사용한다.

② **정온식 감지선형** : 주위 온도가 일정한 온도 이상이 되었을 때에 작동하는 것으로서 겉모양이 일반 전선과 같이 구성되어 있으며, 이때 전체의 선이 감열 부분인 것과 일부분이 감열 부분인 것이 있다. 규격상의 감도는 정온식 스포트형 감지기와 같다.

③ **차동식 스포트형** [기출] 19·13·09 : 차동식 스포트형 열감지 센서는 주위 온도가 일정한 온도 상승률 이상이 되었을 때에 온도 변화를 감지하여 작동한다. 감도에 따라 1종과 2종으로 구분한다.

　㉠ 온도가 급격하게 상승하면 공기가 팽창하여 다이어프램을 누르고 접점을 닫아 신호를 보낸다.

　㉡ 평상시 난방이나 스토브와 같은 완만한 온도변화에 대해서는 리크 구멍으로 공기가 외부로 빠져나가 접점이 닫히지 않는 구조로 되어 있으므로 정해진 범위 이상의 공기팽창 외에는 반응하지 않는다.

　㉢ 극히 완만한 온도상승일 경우 응답시간이 길어질 수 있다.

　㉣ 거실 등 평소 불기가 없는 곳에 부착시키고, 목욕탕 등 수증기가 많이 발생하는 장소에서의 사용은 부적합하다.

　㉤ 차동식 스포트형 화재감지기는 감열실, 다이아프램, 리크구멍, 접점으로 구성되어 있다. [기출] 18

④ **차동식 분포형** [기출] 22·16·11 : 주위 온도가 일정한 온도 상승률 이상이 되었을 때 작동하는 것으로서 광범위한 열효과의 누적에 의해 작동하는 것을 말하며 공기관식, 열전대식, 열반도체식이 있다.

　㉠ **공기관식** : 화재발생 시 천장에 설치되어 있는 공기관 내의 공기가 팽창하면 평상시 떨어져 있던 접점이 붙어 감지하는 방식

　㉡ **열전대식** : 화재로 인해 열이 발생하여 천장에 설치된 열전대를 급격히 가열하면 열기전력이 발생해 미터릴레이를 구동시킴으로써 평상시 떨어져 있는 접점을 붙여 감지하는 원리

　㉢ **열반도체식** : 열전대식과 마찬가지로 열기전력을 이용하나 감열부가 열반도체소자인 것이 다르다.

⑤ **보상식 스포트형** : 정온식 스포트형과 차동식 스포트형의 특성을 가진 감지기이다.

⑥ **열감지기 설치 장소**(자동화재탐지설비 및 시각경보장치의 화재안전성능기준[NFPC 203]에 따른 설치 장소)

감지기(자동화재탐지설비 및 시각경보장치의 화재안전성능기준[NFPC 203] 제7조) [기출] 19

③ 감지기는 다음 각호의 기준에 따라 설치하여야 한다. 다만, 교차회로방식에 사용되는 감지기, 급속한 연소 확대가 우려되는 장소에 사용되는 감지기 및 축적기능이 있는 수신기에 연결하여 사용하는 감지기는 축적기능이 없는 것으로 설치하여야 한다.

　1. 감지기(차동식분포형의 것을 제외한다)는 실내로의 공기유입구로부터 1.5m 이상 떨어진 위치에 설치할 것
　2. 감지기는 천장 또는 반자의 옥내에 면하는 부분에 설치할 것

---

3. 보상식 스포트형 감지기는 정온점이 감지기 주위의 평상시 최고온도보다 20℃ 이상 높은 것으로 설치할 것

4. 정온식 감지기는 주방 · 보일러실 등으로서 다량의 화기를 취급하는 장소에 설치하되, 공칭작동온도가 최고주위온도보다 20℃ 이상 높은 것으로 설치할 것

5~6. 생략

7. 공기관식 차동식 분포형 감지기는 다음의 기준에 따를 것
　가. 공기관의 노출부분은 감지구역마다 20m 이상이 되도록 할 것
　나. 공기관과 감지구역의 각 변과의 수평거리는 1.5m 이하가 되도록 하고, 공기관 상호 간의 거리는 6m(주요 구조부를 내화구조로 한 특정소방대상물 또는 그 부분에 있어서는 9m) 이하가 되도록 할 것
　다. 공기관은 도중에서 분기하지 아니하도록 할 것
　라. 하나의 검출부분에 접속하는 공기관의 길이는 100m 이하로 할 것
　마. 검출부는 5° 이상 경사되지 아니하도록 부착할 것
　바. 검출부는 바닥으로부터 0.8m 이상 1.5m 이하의 위치에 설치할 것

8~15. 생략

3. 연기감지 센서 [기출] 20 · 19 · 16

연기감지 센서는 화재발생 시의 연기를 감지하여 작동하는 것으로, 감지 방식에 따라 이온화식 스포트형, 광전식 스포트형, 광전식 분리형이 있다. 연기감지 센서는 축적형과 비축적형이 있으며, 원리적으로는 동일하지만 축적형은 연기를 어느 시간만 축적한 후에 작동하도록 설정되어 있다는 점에 차이가 있다.

① 이온화식 스포트형 [기출] 19 · 14 : 주위의 공기가 일정 온도 이상의 연기를 포함한 경우에 작동하는 것으로, 어떤 부분의 연기에 의한 이온(ion)의 화학반응에 의해 작동되는 것을 말한다.

② 광전식 스포트형 : 주위의 공기가 일정한 농도 이상의 연기를 포함한 경우에 작동하는 것으로, 어떤 부분의 연기에 의해 광전소자가 받는 수광량의 변화에 따라 작동한다. 또한 신호를 보낼 뿐만 아니라 스스로도 경보를 울리는 간이형 화재경보기도 사용되고 있다. 연기의 통로가 되는 계단이나 복도에 설치하는 것이 바람직하다.★

③ 광전식 분리형 : 주위의 공기가 일정한 농도 이상의 연기를 포함한 경우에 작동하는 것으로, 광범위한 연기의 누적에 의해 광전소자가 받는 수광량의 변화에 따라 작동하는 것을 말한다.★

감지기(자동화재탐지설비 및 시각경보장치의 화재안전성능기준[NFPC 203] 제7조) [기출] 23

③ 감지기는 다음 각호의 기준에 따라 설치해야 한다. 다만, 교차회로방식에 사용되는 감지기, 급속한 연소 확대가 우려되는 장소에 사용되는 감지기 및 축적기능이 있는 수신기에 연결하여 사용하는 감지기는 축적기능이 없는 것으로 설치하여야 한다.

15. 광전식 분리형감지기는 다음의 기준에 따라 설치할 것
　가. 감지기의 수광면은 햇빛을 직접 받지 않도록 설치할 것
　나. 광축(송광면과 수광면의 중심을 연결한 선)은 나란한 벽으로부터 0.6미터 이상 이격하여 설치할 것
　다. 감지기의 송광부와 수광부는 설치된 뒷벽으로부터 1미터 이내 위치에 설치할 것
　라. 광축의 높이는 천장 등(천장의 실내에 면한 부분 또는 상층의 바닥하부면을 말한다) 높이의 80퍼센트 이상일 것
　마. 감지기의 광축의 길이는 공칭감시거리 범위 이내일 것
　바. 그 밖의 설치기준은 형식승인 내용에 따르며 형식승인 사항이 아닌 것은 제조사의 시방에 따라 설치할 것

④ 연기 감지기 설치 장소 기출 15·08 : 다음에 해당하는 장소에는 연기 감지기를 설치하여야 한다.

  ㉠ 계단·경사로 및 에스컬레이터 경사로

  ㉡ 복도(30m 미만은 제외)★

  ㉢ 엘리베이터 승강로(권상기실이 있는 경우에는 권상기실)·린넨슈트·파이프 피트 및 덕트 기타 이와 유사한 장소

  ㉣ 천장 또는 반자의 높이가 15m 이상 20m 미만의 장소★

  ㉤ 다음 중 어느 하나에 해당하는 특정소방대상물의 취침·숙박·입원 등 이와 유사한 용도로 사용되는 거실

    • 공동주택·오피스텔·숙박시설·노유자시설·수련시설

    • 교육연구시설 중 합숙소

    • 의료시설, 근린생활시설 중 입원실이 있는 의원·조산원

    • 교정 및 군사시설

    • 근린생활시설 중 고시원

⑤ 연기 감지기 설치 기준 기출 21

  ㉠ 감지기는 복도 및 통로에 있어서는 보행거리 30m(3종에 있어서는 20m)마다, 계단 및 경사로에 있어서는 수직거리 15m(3종에 있어서는 10m)마다 1개 이상으로 할 것

  ㉡ 천장 또는 반자가 낮은 실내 또는 좁은 실내에 있어서는 출입구의 가까운 부분에 설치할 것

  ㉢ 천장 또는 반자부근에 배기구가 있는 경우에는 그 부근에 설치할 것

  ㉣ 감지기는 벽 또는 보로부터 0.6m 이상 떨어진 곳에 설치할 것

4. 불꽃감지 센서 기출 21·19

불꽃 감지기는 화재 시에 불꽃에서 나오는 자외선이나 적외선, 혹은 그 두 가지의 일정량을 감지하여, 내장된 마이크로프로세서(MPU : Microprocessor unit)가 신호를 처리한다. 불꽃감지 센서는 감지속도가 빠르고 확실하게 감지할 수 있다는 점과 옥외에서도 사용할 수 있다는 이점이 있다. 폐쇄되지 않고 천장이 높은 시설에 발생하는 화재를 초기에 감지할 수 있다.

감지기(자동화재탐지설비 및 시각경보장치의 화재안전성능기준[NFPC 203] 제7조)

③ 감지기는 다음 각호의 기준에 따라 설치하여야 한다. 다만, 교차회로방식에 사용되는 감지기, 급속한 연소 확대가 우려되는 장소에 사용되는 감지기 및 축적기능이 있는 수신기에 연결하여 사용하는 감지기는 축적기능이 없는 것으로 설치하여야 한다.

  10. 연기 감지기는 다음의 기준에 따라 설치할 것

    가. 감지기의 부착높이에 따라 다음 표에 따른 바닥면적마다 1개 이상으로 할 것

(단위 m^2)

감지기의 종류 부착높이	1종 및 2종	3종
4m 미만	150	50
4m 이상 20m 미만	75	–

    나. 감지기는 복도 및 통로에 있어서는 보행거리 30m(3종에 있어서는 20m)마다, 계단 및 경사로에 있어서는 수직거리 15m(3종에 있어서는 10m)마다 1개 이상으로 할 것

제1장

제2장

제3장 -

제4장

제5장

제6장

다. 천장 또는 반자가 낮은 실내 또는 좁은 실내에 있어서는 출입구의 가까운 부분에 설치할 것

라. 천장 또는 반자부근에 배기구가 있는 경우에는 그 부근에 설치할 것

마. 감지기는 벽 또는 보로부터 0.6m 이상 떨어진 곳에 설치할 것

13. 불꽃 감지기는 다음의 기준에 따라 설치할 것

가. 공칭감시거리 및 공칭시야각은 형식승인 내용에 따를 것

나. 감지기는 공칭감시거리와 공칭시야각을 기준으로 감시구역이 모두 포용될 수 있도록 설치할 것

다. 감지기는 화재감지를 유효하게 감지할 수 있는 모서리 또는 벽 등에 설치할 것

라. 감지기를 천장에 설치하는 경우에는 감지기는 바닥을 향하여 설치할 것

마. 수분이 많이 발생할 우려가 있는 장소에는 방수형으로 설치할 것

바. 그 밖의 설치기준은 형식승인 내용에 따르며 형식승인 사항이 아닌 것은 제조사의 시방에 따라 설치할 것

화재경보 센서 암기법

• 연기 센서 : 이온화식, 광전식 (🔒 연 · 화 · 광전)

• 열 센서 : 차동식, 정온식, 보상식 (🔒 열 · 차 · 정 · 보)

• 불꽃 센서 : 자외선, 적외선 (🔒 불 · 자 · 적)

5. 자동화재 탐지설비의 감지기 부착높이 `기출` 13

부착높이	감지기의 종류
4m 미만	차동식(스포트형, 분포형), 보상식 스포트형, 정온식(스포트형, 감지선형), 이온화식 또는 광전식(스포트형, 분리형, 공기흡입형), 열복합형, 연기복합형, 열연기복합형, 불꽃감지기
4m 이상 8m 미만	차동식(스포트형, 분포형), 보상식 스포트형, 정온식(스포트형, 감지선형) 특종 또는 1종, 이온화식 1종 또는 2종, 광전식(스포트형, 분리형, 공기흡입형) 1종 또는 2종, 열복합형, 연기복합형, 열연기복합형, 불꽃감지기
8m 이상 15m 미만	차동식 분포형, 이온화식 1종 또는 2종, 광전식(스포트형, 분리형, 공기흡입형) 1종 또는 2종, 연기복합형, 불꽃감지기
15m 이상 20m 미만	이온화식 1종, 광전식(스포트형, 분리형, 공기흡입형) 1종, 연기복합형, 불꽃감지기
20m 이상	불꽃감지기, 광전식(분리형, 공기흡입형) 중 아날로그 방식

6. 자동화재 탐지설비의 수신기 설치 기준 `기출` 13

① 수위실 등 상시 사람이 근무하는 장소에 설치할 것. 다만, 사람이 상시 근무하는 장소가 없는 경우에는 관계인이 쉽게 접근할 수 있고 관리가 용이한 장소에 설치할 수 있다.★

② 수신기가 설치된 장소에는 경계구역 일람도를 비치할 것. 다만, 모든 수신기와 연결되어 각 수신기의 상황을 감시하고 제어할 수 있는 수신기(주수신기)를 설치하는 경우에는 주수신기를 제외한 기타 수신기는 그러하지 아니하다.

③ 수신기의 음향기구는 그 음량 및 음색이 다른 기기의 소음 등과 명확히 구별될 수 있는 것으로 할 것★

④ 수신기는 감지기 · 중계기 또는 발신기가 작동하는 경계구역을 표시할 수 있는 것으로 할 것

⑤ 화재 · 가스 전기 등에 대한 종합방재반을 설치한 경우에는 해당 조작반에 수신기의 작동과 연동하여 감지기 · 중계기 또는 발신기가 작동하는 경계구역을 표시할 수 있는 것으로 할 것

⑥ 하나의 경계구역은 하나의 표시등 또는 하나의 문자로 표시되도록 할 것★

⑦ 수신기의 조작 스위치는 바닥으로부터의 높이가 0.8m 이상 1.5m 이하인 장소에 설치할 것★

⑧ 하나의 특정소방대상물에 2 이상의 수신기를 설치하는 경우에는 수신기를 상호 간 연동하여 화재발생
상황을 각 수신기마다 확인할 수 있도록 할 것

7. 자동화재 탐지설비 감지기의 설치 제외 장소 기출 13

① 천장 또는 반자의 높이가 20m 이상인 장소★

② 헛간 등 외부와 기류가 통하는 장소로서 감지기에 따라 화재발생을 유효하게 감지할 수 없는 장소

③ 부식성가스가 체류하고 있는 장소★

④ 고온도 및 저온도로서 감지기의 기능이 정지되기 쉽거나 감지기의 유지관리가 어려운 장소

⑤ 목욕실·욕조나 샤워시설이 있는 화장실·기타 이와 유사한 장소★

⑥ 파이프덕트 등 그 밖의 이와 비슷한 것으로서 2개 층마다 방화구획된 것이나 수평단면적이 $5m^2$ 이하
인 것

⑦ 먼지·가루 또는 수증기가 다량으로 체류하는 장소 또는 주방 등 평상시에 연기가 발생하는 장소(연기감
지기에 한한다)

⑧ 프레스공장·주조공장 등 화재발생의 위험이 적은 장소로서 감지기의 유지관리가 어려운 장소

⑨ 실내 용적 20m이하의 소규모 장소

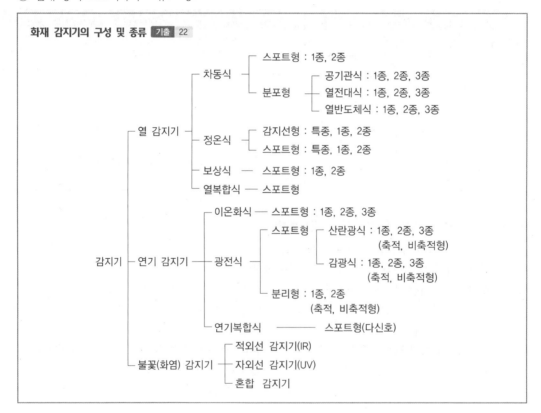

XII 가스누출감지 센서(가스화재경보기)

1. 접촉 연소식

가스연소에 의한 발열로 코일 형태로 감긴 백금 발열선의 저항치가 변화하는 것을 감지하는 원리이다.

2. 반도체식

반도체 소자에 가스가 흡착하면 전기저항이 변화하는 것을 감지하는 원리이다.

3. 감지대상 가스에 의한 감지기 분류

① 도시가스(LNG)용 : 도시가스는 공기보다도 비중이 가벼워서 천장 부근에 체류하므로, 천장에 설치하여 가스누출을 감지한다. 도시가스용 감지기는 반도체 방식을 채용하고 있으며, 금속산화물의 반도체에 가연성 가스가 흡착하면 전기저항이 변화하는 것을 응용하여 소정의 가스 농도에 의해 작동시키는 원리이다.

② 프로판가스(LPG)용 : 프로판가스는 공기보다도 비중이 무거워서 바닥에 체류하므로 바닥에 가까운 위치에 설치하여 누출가스를 감지한다. 작동원리나 출력방법은 도시가스용과 동일하지만 감지하는 가스의 농도는 다르다.

4. 설치 시 주의사항★★

① 가스누설 감지기는 4m²당 한 대씩 설치한다.
② 폭발 등의 위험이 있으므로 환풍기, 선풍기 주변에는 설치를 피한다.
③ 욕실과 같이 습기가 많은 장소, 매연 및 연기가 심한 곳은 설치하지 않는다.
④ 가스 취급기기(레인지)로부터 4m 이내의 천장(LNG) 또는 바닥(LPG)에 설치한다.
⑤ 가스누설 감지기는 LNG(도시가스)는 천장 면으로부터 30cm 이하, LPG(프로판가스)는 바닥 면으로부터 30cm 이하에 설치한다. 기출 14

XIII 기타 센서

1. 욕조 감지기

욕조에 물을 채울 때에 미리 생각한 수량이나 온도대로 채우기란 쉽지 않다. 욕조 감지기는 미리 정해 놓은 수위와 온도가 되었을 때 신호를 발생시키는 욕조 센서이다. 신호는 방범·방재정보와 마찬가지로 컨트롤러에 모여서 알리는 시스템으로 되어 있다.

2. 누수 감지기 기출 20

물이 넘치는데도 불구하고 눈치를 채지 못하여 바닥에 물이 가득 차거나 아래층으로 물이 떨어지는 경우가 있다. 이때 바닥에서 2~3cm 높이에 누수 센서를 설치하면 누수로 인하여 센서가 침수되었을 때 감지하여 작동한다.

3. 산소 감지기 `기출` 14

① 기능 : 겨울철 난방기구를 사용할 때에는 실내에 산소 농도가 저하하는 경우가 많다. 이러한 경우에 대비하여 실내의 산소 농도가 일정기준 이하가 되면 감지하여 경보를 발생시킨다.

② 설치장소

ㄱ) 사람이 많이 모이는 장소에 설치한다.

ㄴ) 가스기구를 사용하는 장소에 설치한다.

ㄷ) 연소를 이용한 난방기구를 사용하는 장소에 설치한다.

4. 누전경보기 `기출` 20

누전경보기란 사용전압 600V 이하인 경계전로의 누설전류를 검출하여 당해 소방대상물의 관계자에게 경보를 발하는 설비로서 변류기와 수신부로 구성된 것을 말한다.

누전경보기의 구성요소 및 기능(누전경보기의 형식승인 및 제품검사의 기술기준 제2조 참고)

구성요소	기 능
변류기	경계전로의 누설전류를 자동적으로 검출하여 수신기에 송신
수신부	변류기로부터 검출된 신호를 수신하여 누전의 발생을 당해 소방대상물의 관계자에게 경보
경종(음향장치)	경보음 발생
차단기구	경계전로에 누설전류가 흐르는 경우 이를 수신하여 그 경계전로의 전원을 자동으로 차단

제3절 감지기의 설치 및 운영

I 통상점검

1. 점검횟수

① 신규 고객에 대해서는 고객이 사용을 시작하여 3개월이 경과된 때에 단말장치, 센서, 발신기 등을 점검한다.

② 점검횟수는 연 1회 이상으로 한다. 다만, 오보가 있는 경우에만 그때마다 통상점검대상 중 센서, 발신기 등에 대해 점검할 것

2. 점검대상

① 예비전원 및 비상전원

ㄱ) 외형 : 변형, 손상, 현저한 부식 등이 없는지 확인할 것

ㄴ) 표시 : 적정하게 표시되어 있는지 확인할 것

② 수신기(기지국의 설비)

ㄱ) 주위상황 : 주위에 점검 및 사용상의 장애가 되는 것이 있는지 확인할 것

ㄴ) 경계구역의 표시장치 : 더럽혀지거나 선명하지 않은 부분 등이 있는지 확인할 것

ⓒ 전압계 : 변형이나 손상 등이 없으며, 전압이 적정한지 확인할 것

ⓔ 스위치류 : 개폐위치가 정상인지 확인할 것

ⓜ 표시 : 적정하게 표시되어 있는지 확인할 것

ⓗ 예비품 등 : 퓨즈, 전구 등의 예비품 및 회로도 등이 갖추어져 있는지 확인할 것

③ 단말장치(중계기)

ⓐ 주위상황 : 주위에 점검 및 사용상의 장애가 되는 것이 있는지 확인할 것

ⓛ 경계구역의 표시장치 : 더럽혀지거나 선명하지 않은 부분 등이 있는지 확인할 것

ⓒ 전압계 : 변형이나 손상 등이 없으며, 전압이 적정한지 확인할 것

ⓔ 스위치류 : 개폐위치가 정상인지 확인할 것

ⓜ 표시 : 적정하게 표시되어 있는지 확인할 것

ⓗ 예비품 등 : 퓨즈, 전구 등의 예비품 및 회로도 등이 구비되어 있는지 확인할 것

④ 센 서

ⓐ 외형 : 변형, 손상, 탈락, 현저한 부식 등이 있는지 확인할 것

ⓛ 경계상황

- 미경계부분 : 설치 후의 용도 변경, 칸막이 변경 등에 의해 미경계부분이 있는지 확인할 것
- 감지구역 : 적정하게 설정되어 있는지 확인할 것
- 적응성 : 설치장소에 적응한 센서가 설치되어 있는지 확인할 것
- 기능장애 : 감지부의 기능장애가 되는 도장 등이 있는지 확인할 것
- 환경변화 : 식물의 잎과 가지, 에어컨, 거울 등 오보의 요인이 되는 것이 설치되었는지 확인할 것

⑤ 발신기(Push Button식 등)

ⓐ 주위상황 : 주위에 점검 및 사용상의 장애가 되는 것이 있는지 확인할 것

ⓛ 외형 : 변형, 탈락, 현저한 부식, Push Button 보호판의 손상 등이 있는지 확인할 것

Ⅱ 감지기의 세부점검 요령과 판정기준

1. 점검횟수

점검횟수는 3년마다 1회 이상으로 한다. 그러나 오보가 많은 경우에는 그때마다 세부점검 대상 중 센서, 발신기에 대해 점검할 것

2. 예비전원 및 비상전원

① 점검방법

ⓐ 단자전압 : 예비전원 시험 스위치를 조작하여 전압계 등으로 확인할 것

ⓛ 절환장치 : 수신기 내부의 전원 스위치 조작 등으로 작동을 확인할 것

ⓒ 충전장치 : 변형, 손상, 발열 등이 없는지 확인할 것

ⓔ 결선접속 : 단선, 단자의 느슨함 등이 없는지 눈이나 드라이버 등으로 확인할 것

② 판정방법
  ㉠ **단자전압** : 전압계 등의 지시가 적정(전압계인 경우에는 빨간선 눈금 이상)하게 되어 있을 것
  ㉡ **절환장치** : 상용전원을 정전상태로 하였을 때 자동으로 비상전원으로 바뀌고, 상용전원을 복구하였을 때 자동으로 상용전원으로 바뀔 것
  ㉢ **충전장치** : 변형, 손상, 현저한 부식 등이 없고 비정상적인 발열 등이 없을 것
  ㉣ **결속접속** : 단선, 단자의 느슨함, 탈락, 손상 등이 없을 것
③ 유의사항
  ㉠ 예비전원이 비상전원의 용량을 상회할 경우에는 비상전원으로 바꿀 것
  ㉡ 충전회로에서 저항기가 사용되면 고온인 경우가 있으므로, 발열로 이상을 판정할 것이 아니라 변색 등이 있는지 확인할 것
  ㉢ 전압계 등의 지시가 적정하지 않은 경우에는 충전부족, 충전장치, 전압계의 고장 등을 생각할 수 있으므로 주의할 것

3. 수신기

① 스위치류
  ㉠ **점검방법** : 단자의 느슨함 등이 없으며 개폐기능이 정상인지의 여부를 드라이버 및 개폐조작에 의해 확인할 것
  ㉡ **판정방법** : 단자의 느슨함과 발열이 없을 것, 개폐가 정상적으로 행해질 것
② 퓨즈류
  ㉠ **점검방법** : 손상과 용단(녹아 끊김) 등이 없으며, 정해진 종류 및 용량이 사용되고 있는지의 여부를 확인할 것
  ㉡ **판정방법** : 손상과 용단 등이 없고 회로도 등에 정해진 종류 및 용량이 사용되고 있을 것
③ 계전기
  ㉠ **점검방법** : 탈락, 단자의 느슨함, 접점의 소손, 먼지 등의 부착이 없는지 확인하고, 시험장치 등으로 계전기를 작동시켜 기능이 정상인지의 여부를 확인할 것
  ㉡ **판정방법** : 탈락, 단자의 느슨함, 접점의 소손, 먼지 등의 부착이 없고 정상적으로 작동할 것
④ 표시등
  ㉠ **점검방법** : 스위치 등의 조작으로 점등을 확인할 것
  ㉡ **판정방법** : 현저하게 품질이 나빠지는 등의 현상이 없게 하고, 정상적으로 점등할 것
⑤ 통화장치
  ㉠ **점검방법** : 기지국 무선기 등을 조작하여 상대방(대처차량 등)을 호출하여 통화가 가능한지의 여부를 확인하고 상대방이 둘 이상인 경우에는 기지국과 상대방(대처차량 등)뿐만 아니라, 상대방(대처차량 등) 상호 간의 통화가 가능한지의 여부를 확인할 것
  ㉡ **판정방법** : 명료하게 통화가 가능할 것
  ㉢ **유의사항** : 유선(전화 등)에 의한 통화장치에 대해서도 점검할 것

⑥ 결선접속
　　㉠ 점검방법 : 단선, 단자의 느슨함 등이 없는지의 여부를 드라이버 등으로 확인할 것
　　㉡ 판정방법 : 단선, 단자의 느슨함, 탈락, 손상 등이 없을 것
⑦ 접 지
　　㉠ 점검방법 : 부식, 단선 등이 없는지 눈 또는 회로계에 의해 확인할 것
　　㉡ 판정방법 : 현저한 부식, 단선 등의 손상이 없을 것
⑧ 도난 등 신호 표시
　　㉠ 점검방법 : 수신기(센서)를 작동시켜서 적정하게 표시하고 프린트하는지 눈으로 확인할 것
　　㉡ 판정방법 : 표시 또는 프린트가 명료할 것
⑨ 회로도통(回路導通)
　　㉠ 점검방법 : 회로도통 시험(회로도통 시험장치가 있는 것에 한함)을 다음과 같이 확인할 것
　　　• 회로도통 시험용 스위치를 회로도통 쪽에 넣는다.
　　　• 회로선택 스위치를 순차 회전시킨다.
　　　• 각 회로별로 시험용 계기의 지시치가 정해진 범위 내에 있는지 도통표시등 등에 의해 확인할 것
　　㉡ 판정방법 : 시험용 계기의 지시치가 정해진 범위 내에 있을 것
　　㉢ 유의사항 : 단선표시등에 의한 것은 단선 시에 점등하므로 주의하고, 자동단선 감시방식인 경우에는
　　　　　회선을 단선상태로 하고 기능을 확인할 것

4. 단말장치(중계기)
수신기와 동일(통화장치는 제외)

5. 센 서
① 점검방법 : 침입동작을 하였을 때 확실하게 작동하는지 확인할 것
② 판정방법 : 도난 등의 신호 표시가 적정하게 표시될 것

6. 발신기(Push Button식 등)
① 점검방법 : Push Button 등을 조작하여 작동되는지 확인할 것
② 판정방법 : 도난 등의 신호 표시가 적정하게 표시될 것

03 감지기

01 기출 19

☑ 확인Check! ○ △ ✕

인간의 감각과 센서의 대응으로 옳지 않은 것은?

① 시각 : 압력 감지기
② 청각 : 음향 감지기
③ 후각 : 가스 감지기
④ 촉각 : 습도 감지기

쏙쏙 해설

압력 감지기에 대응하는 인간의 감각은 촉각이다.

정답 ❶

핵심만 콕

인간의 감각과 센서의 대응

인간의 감각	감지기
시 각	광 감지기
청 각	음향 감지기
촉 각	압력 감지기, 온도 감지기, 습도 감지기
후 각	가스 감지기
미 각	바이오 감지기

02 기출문제

☑ 확인Check! ○ △ ✕

다음 중 3대 기본 센서의 종류가 아닌 것은 어느 것인가?

① 진동 센서
② 자기 센서
③ 온도 센서
④ 광 센서

쏙쏙 해설

3대 기본 센서는 광 센서, 온도 센서, 자기 센서이다.

정답 ❶

03 기출 20

☑확인 Check! ○ △ ✕

송신기와 수신기로 이루어지며 불가청주파수의 특성을 이용한 입체 경계 감지기는?

① 열선 감지기
② 오디오 감지기
③ 적외선 감지기
④ 초음파 감지기

쏙쏙 해설

초음파(불가청주파수) 감지기는 송신기와 수신기가 나란히 설치되어 사용되며, 도플러효과를 이용한 입체적 경계 감지기이다.

정답 ❹

핵심만 콕

① 옥내용 열선 감지기는 침입자의 체온에서 방사되는 원적외선을 검지하는 감지기로서 점·선·면·입체 경계 감지기로 모두 사용가능하다.
② 오디오 감지기(음향 감지기)는 유리 파손음을 직접 마이크로폰으로 청취하여야 하므로 밀폐된 장소에만 설치해야 하는 입체 경계 감지기이다.
③ 적외선 감지기는 투광기와 수광기로 구성되며, 빛의 물리량이 변화하는 것을 검출하여 감지한다. 적외선 감지기는 선 경계 감지기이나, 다단형 적외선 감지기는 면 경계 감지기이다.

04 기출 22

☑확인 Check! ○ △ ✕

감지기의 감지원리에 관한 설명으로 옳은 것은?

① 자석 감지기는 광학적 감지원리를 이용한 감지기이다.
② 적외선 감지기는 역학적 감지원리를 이용한 감지기이다.
③ 가스 감지기는 화학적 감지원리를 이용한 감지기이다.
④ 진동 감지기는 후각적 감지원리를 이용한 감지기이다.

쏙쏙 해설

가스 감지기는 연기 감지기와 더불어 화학적(化學的) 감지원리(물질의 성질·조성·구조 및 그 변화를 이용)를 이용한 감지기에 해당한다.

정답 ❸

핵심만 콕

감지원리에 의한 감지기의 분류

- 광학적(光學的) : 빛을 성질을 이용한 감지기로서 적외선 감지기, 열선 감지기, 연기 감지기가 있다.
- 전자적(電磁的) : 자기장, 자력을 이용한 감지기로서 대표적으로 자석 감지기, 셔터 감지기가 있다.
- 역학적(力學的) : 물체 간에 작용하는 힘과 운동의 관계를 이용한 감지기로서 대표적으로 장력 감지기, 충격 감지기, 유리 감지기가 있다.
- 열학적(熱學的) : 열에 의한 물질의 상태변화와 열전도, 대류, 복사 등 열이동 현상을 이용한 감지기로서 열선 감지기, 화재 감지기가 해당한다.
- 화학적(化學的) : 물질의 성질·조성·구조 및 그 변화를 이용한 감지기로서 연기 감지기, 가스 감지기가 있다.

〈출처〉 이강열, 「기계경비개론」, 진영사, 2021, P. 165~166

제1장

제2장

제3장

제4장

제5장

제6장

05

☑ 확인Check! ○ △ ✕

입체 경계 감지기에 해당되지 않는 것은?

① 열선 감지기
② 자석 감지기
③ 초음파 감지기
④ 마이크로웨이브 감지기

쏙쏙 해설

입체 경계 감지기에는 입체 타입 열선 감지기, 초음파 감지기, 음향 감지기, 마이크로웨이브 감지기 등이 있다.

정답 ❷

핵심만 콕

감지기의 분류

1. 응용 분야에 의한 분류
   - 방범용(침입을 인지하기 위한 목적) : 자석 감지기, 적외선 감지기, 열선 감지기, 셔터 감지기, 유리(파괴) 감지기, 초음파 감지기, 마이크로웨이브 감지기 등
   - 방재용(화재, 가스누설 등을 감지하기 위한 목적) : 화재 감지기, 가스누설 감지기, 누전 감지기, 누수 감지기, 저산소 감지기 등
2. 감지원리에 의한 감지기의 분류
   - 광학적(光學的) 감지기 : 빛을 성질을 이용한 감지기로서 적외선 감지기, 열선 감지기, 연기 감지기가 있다.
   - 전자적(電磁的) 감지기 : 자기장, 자력을 이용한 감지지로서 대표적으로 자석 감지기, 셔터 감지기가 있다.
   - 역학적(力學的) 감지기 : 물체 간에 작용하는 힘과 운동의 관계를 이용한 감지기로서 대표적으로 장력 감지기, 충격 감지기, 유리 감지기가 있다.
   - 열학적(熱學的) 감지기 : 열에 의한 물질의 상태변화와 열전도, 대류, 복사 등 열이동 현상을 이용한 감지기로서 열선 감지기, 화재 감지기가 해당한다.
   - 화학적(化學的) 감지기 : 물질의 성질·조성·구조 및 그 변화를 이용한 감지기로서 연기 감지기, 가스 감지기가 있다.
3. 감지대상에 의한 분류
   - 빛 : 적외선 감지기, 열선 감지기
   - 자력 : 자석 감지기, 셔터 감지기
   - 열 : 화재 감지기
   - 충격 : 진동 감지기, 유리 감지기
4. 감지 구역에 의한 분류★★
   - 점 경계 감지기 : 자석 감지기, 셔터 감지기 등
   - 면 경계 감지기 : 면 타입 열선 감지기, 장력 감지기, 유리(파괴) 감지기, 적외선 감지기 등
   - 입체 경계 감지기 : 입체 타입 열선 감지기, 초음파 감지기, 음향 감지기, 마이크로웨이브 감지기 등
5. 작동 형식에 의한 분류★★
   - 수동형 감지기 : 유리(파괴) 감지기, 장력 감지기, 충격 감지기, 열선 감지기 등
   - 능동형 감지기 : 적외선 감지기, 초음파 감지기, 셔터 감지기 등
6. 출력 형식에 의한 분류
   - 무전압 접점
   - 아날로그, 디지털 방식
7. 송신 방법에 의한 분류 : 무선 감지기, 유선 감지기

06 기출 21

☑ 확인Check! ○ △ ✕

점 경계 감지기에 해당하는 것은?

① 적외선 감지기
② 자석 감지기
③ 열선 감지기
④ 음향 감지기

07 기출 23

☑ 확인Check! ○ △ ✕

감지기의 작용 형식에 따른 분류로 옳은 것은?

① 능동형 감지기, 수동형 감지기
② 옥내용 감지기, 옥외용 감지기
③ 방범용 감지기, 방재용 감지기
④ 유선 감지기, 무선 감지기

08 기출 23

☑ 확인Check! ○ △ ✕

점 경계 감지기로 옳은 것은?

① 음향 감지기
② 자석 감지기
③ 적외선 감지기
④ 초음파 감지기

감지 구역에 의한 감지기의 분류★★

감지 구역	종 류
점 경계	자석 감지기, 셔터 감지기
면 경계	면 타입 열선 감지기, 장력 감지기, 유리(파괴) 감지기, 적외선 감지기
입체 경계	입체 타입 열선 감지기, 초음파 감지기, 음향 감지기, 마이크로웨이브 감지기

〈참고〉이강열, 「기계경비개론」, 진영사, 2021, P. 167~168

경계 형태별 설치 감지기★

형 태		종 류
옥내용	점 경계	열선 감지기, 자석 감지기, 셔터 감지기, 진동 감지기
	선 경계	적외선 감지기, 열선 감지기, 마이크로웨이브 감지기
	면 경계	열선 감지기, 다단형 적외선 감지기
	입체 경계	열선 감지기, 초음파 감지기, 마이크로웨이브 감지기, 음향 감지기
옥외용	선 경계	적외선 감지기, 장력 감지기, 마이크로웨이브 감지기
	면 경계	광케이블 감지기, 다단형 적외선 감지기

〈출처〉이강열, 「기계경비개론」, 진영사, 2021, P. 219~220

09 기출 23

☑ 확인 Check! ○ △ ✕

수동형 감지기가 아닌 것은?

① 열선 감지기
② 장력 감지기
③ 적외선 감지기
④ 충격 감지기

쏙쏙 해설

적외선 감지기는 초음파 감지기, 셔터 감지기 등과 더불어 능동형 감지기에 해당한다.

정답 ❸

작동(작용) 형식에 의한 감지기의 분류★★

작동(작용) 형식	종 류
수동형	유리(파괴) 감지기, 음향 감지기, 장력 감지기, 충격 감지기, 열선 감지기
능동형	적외선 감지기, 초음파 감지기, 셔터 감지기

〈출처〉이강열, 「기계경비개론」, 진영사, 2021, P. 167~168

10 기출 17

☑ 확인 Check! ○ △ ✕

감지기의 작동 형식에 의한 분류에 해당되는 것은?

① 능동형, 수동형 감지기
② 아날로그, 디지털 감지기
③ 무선, 유선 감지기
④ 점 경계, 면 경계 감지기

11 기출 20

☑ 확인 Check! ○ △ ✕

기계적인 압력을 가하면 전압이 발생하고 전압을 가하면 기계적인 변형이 생기는 것은?

① 압전효과
② 초전효과
③ 홀효과
④ 광기전력효과

핵심만 콕

② 초전효과 : 물질에 가해진 온도의 급격한 변화에 의해 전기분극의 크기가 변화하여 전압이 발생하는 현상을 말한다.
③ 홀효과 : 자기장 속의 도체에서 자기장의 직각방향으로 전류가 흐르면, 자기장과 전류 모두에 직각방향으로 전기장이 나타나는 현상을 말한다.
④ 광기전력효과 : 특정 종류의 반도체에 빛을 조사하였을 때 기전력이 발생하는 현상을 말하며, 이때의 기전력을 광기전력이라 한다.

12 기출 23

☑ 확인Check! ○ △ ✕

압전효과를 이용하는 감지기로 옳은 것을 모두 고른 것은?

> ㄱ. 자석 감지기
> ㄴ. 유리 감지기
> ㄷ. 충격 감지기
> ㄹ. 열선 감지기
> ㅁ. 진동 감지기
> ㅂ. 적외선 감지기
> ㅅ. 초음파 감지기
> ㅇ. 마이크로웨이브 감지기

① ㄱ, ㄴ, ㄷ, ㄹ   ② ㄱ, ㄷ, ㄹ, ㅂ
③ ㄴ, ㄷ, ㅁ, ㅅ   ④ ㄴ, ㄹ, ㅁ, ㅇ

쏙쏙 해설

제시된 감지기 중 압전효과를 이용하는 것은 ㄴ, ㄷ, ㅁ, ㅅ이다. 이 중 ㅅ(초음파 감지기)은 도플러효과를 이용하는 대표적인 감지기이나, 압전효과를 이용하는 감지기이기도 하다.

* 초음파 감지기는 송신부와 수신부로 나누어져 있는데, 통상 송신부와 수신부 모두 압전소자가 쓰인다. 압전소자를 이용한 압전효과는 크게 정(正)압전효과와 역(逆)압전효과로 구분할 수 있는데, 송신부는 역(逆)압전효과를 이용하고, 수신부는 정(正)압전효과를 이용한다.

정답 ❸

핵심만 콕

감지기에 응용되는 물리적 현상

용 어	의 미	응용되는 감지기
열전효과	두 개의 다른 도체를 접합한 경우, 접촉부에 온도차가 생기면 열전류가 흐르는 현상을 말한다.	차동식 분포형 화재 감지기
초전효과	물질에 가해진 온도의 급격한 변화에 의해 전기분극의 크기가 변화하여 전압이 발생하는 현상을 말한다.	열선 감지기
자기저항효과	전기가 흐르고 있는 고체 소자에 자장을 가하면 소자의 전기저항이 증가하는 현상을 말한다.	자석식 셔터 감지기
도플러효과	파원과 관측자 사이의 상대적 운동 상태에 따라 관측자가 관측하는 진동수가 달라지는 현상을 말한다.	초음파 감지기, 마이크로웨이브 감지기
광전효과	일반적으로 물질이 빛을 흡수하여 자유로이 움직일 수 있는 전자, 즉 광전자를 방출하는 현상을 말한다. 광전효과는 튀어나온 전자의 상태에 따라 광이온화, 내부광전효과, 광기전력효과, 포톤효과(포톤드래그효과), 뎀버효과 등으로 나뉜다. cf) 홀효과 : 자기장 속의 도체에서 자기장의 직각방향으로 전류가 흐르면, 자기장과 전류 모두에 직각방향으로 전기장이 나타나는 현상으로, 광전효과에 해당하지 않는다.	적외선 감지기, 적외선 반사식 셔터 감지기
압전효과	물체에 힘을 가하는 순간 전압이 발생하며, 물체에 변형이 일어나는 현상을 말한다. 압전성을 나타내는 물질에는 티탄산바륨, 지르콘산연, 티탄산연 등의 다결정 세라믹이 있다.	유리 감지기, 충격 감지기(진동 감지기), 초음파 감지기

13 기출 21

☑ 확인Check! ○ △ ✕

감지기와 감지원리의 연결이 옳지 않은 것은?

① 열선 감지기 - 초전효과
② 유리 감지기 - 압전효과
③ 적외선 감지기 - 홀효과
④ 마이크로웨이브 레이더 감지기 - 도플러효과

14 기출 20

☑ 확인Check! ○ △ ✕

침입자 이동방향의 정면이나 배후에 설치하는 감지기가 이용하는 효과는?

① 압전효과
② 초전효과
③ 도플러효과
④ 광기전력효과

15 기출 21

☑ 확인Check! ○ △ ✕

금고에 설치한 진동 감지기의 동작원리에 관한 설명으로 옳은 것은?

① 경계 철선이 장력을 받거나 절단되면 감지한다.
② 진동이 발생하여 영향이 가해지면 압전효과에 의하여 감지한다.
③ 물체가 방사하는 열에너지의 파장 변화를 검출하고 감지한다.
④ 투광기와 수광기 사이의 적외선 빔을 차단하면 수광기의 전자회로에 의해 감지한다.

16 기출 18

☑ 확인 Check! ○ △ ✕

온도의 급격한 변화에 의해 전압이 발생하는 현상은?

① 압전효과
② 초전효과
③ 열전효과
④ 광기전력효과

17 기출 22

☑ 확인 Check! ○ △ ✕

도플러효과를 응용한 감지기는?

① 연기 감지기
② 초음파 감지기
③ 누전 감지기
④ 열선 감지기

18 기출 13

☑ 확인 Check! ○ △ ✕

감지기에 응용되는 물리적 현상에 관한 설명으로 옳지 않은 것은?

① 열전효과는 두 개의 다른 도체를 접합한 경우 접촉부에 온도차가 생기면 열전류가 흐르는 현상이다.
② 초전효과는 온도의 변화에 따라 전기분극의 크기가 변화하여 전압이 발생하는 현상이다.
③ 자기저항효과는 전기가 흐르고 있는 고체 소자에 자장을 가하면 소자의 전기저항이 증가하는 현상이다.
④ 도플러효과는 파원에 대해 상대속도를 가진 관측자에게 파동의 주파수가 파원에서 나온 수치와 동일하게 관측되는 현상이다.

19 기출 22

☑ 확인Check! ○ △ ✕

감지기 효과에 관한 설명으로 옳지 않은 것은?

① 초전효과는 유전체 온도의 급격한 변화에 따라 전압이 발생하는 현상이다.

② 자기저항효과는 전류가 흐르고 있는 고체 소자에 자장을 가하면 소자의 전기저항이 변화하는 현상이다.

③ 압전효과는 두 개의 다른 도체를 접합한 경우 접촉부에 온도차가 생기면 전류가 흐르는 현상이다.

④ 홀효과는 반도체에 전류를 흘려 이와 직각방향으로 자장을 가하면 전류와 자장 모두의 직각방향으로 기전력이 발생하는 현상이다.

쏙쏙 해설

열전효과에 관한 설명이다. 압전효과는 물체에 힘을 가하는 순간 전압이 발생하며, 물체에 변형이 일어나는 현상을 말한다.

정답 ❸

20 기출 16

☑ 확인Check! ○ △ ✕

인간의 오감 중 촉각을 대신하는 감지기는?

① 광 감지기

② 소리 감지기

③ 습도 감지기

④ 화학 감지기

쏙쏙 해설

습도 감지기는 표현하기 어려운 촉각의 정도를 수치화하여 보여준다.

정답 ❸

21 기출 23

☑ 확인Check! ○ △ ✕

감지기의 구비조건에 해당하지 않는 것은?

① 운영도

② 선택도

③ 감 도

④ 안정도

쏙쏙 해설

운영도는 감지기의 구비조건에 해당하지 않는다. 감지기의 구비조건은 감도(Sensitivity), 선택도(Selectivity), 안정도(Stability) 및 복귀도(Reversibility)이다.

정답 ❶

핵심만 콕

감지기의 구비조건
- 감도(Sensitivity) : 감지대상 측정치의 인식 민감도를 말한다.
- 선택도(Selectivity) : 외부로부터 발생되는 신호나 자극을 선택적으로 감지하는 정도를 말한다.
- 안정도(Stability) : 환경의 변화에도 안정되게 감지하는 정도를 말한다.
- 복귀도(Reversibility) : 감지 후 다시 감지할 수 있도록 하기 위한 원상태 복귀 정도를 말한다.

22 기출 18
☑ 확인 Check! ○ △ ✕

방범용 감지기의 구비조건으로 옳지 않은 것은?

① 감지대상 측정치의 인식 민감도

② 환경의 변화에도 동작이 안정되는 기능

③ 감지 후 감지상태 유지 기능

④ 외부로부터 발생되는 신호나 자극을 선택적으로 감지하는 기능

쏙쏙 해설

방범용 감지기는 오류가 발생하거나 동작의 감지 후 원상태로 되돌아가게 함으로써 다시 감지할 수 있는 복귀도(안정도)가 구비되어야 한다.

정답 ❸

23 기출 22
☑ 확인 Check! ○ △ ✕

감지기 구비조건에서 선택도에 관한 설명으로 옳은 것은?

① 신호나 자극을 선택적으로 감지하는 정도

② 감지대상 측정치의 인식 민감도

③ 환경 변화에도 안정되게 감지하는 정도

④ 감지 후 다시 감지할 수 있도록 하기 위한 원상태 복귀 정도

쏙쏙 해설

선택도(Selectivity)는 외부로부터 발생되는 신호나 자극을 선택적으로 감지하는 정도를 말한다.

정답 ❶

24 기출 16
☑ 확인 Check! ○ △ ✕

감지기 구비조건에 해당하지 않는 것은?

① 안정도(stability)

② 감도(sensitivity)

③ 안전도(safety)

④ 복귀도(reversibility)

쏙쏙 해설

안전도(safety)는 감지기의 구비조건에 해당하지 않는다. 감지기의 구비조건으로는 감도(Sensitivity), 선택도(Selectivity), 안정도(Stability), 복귀도(Reversibility)를 들 수 있다.

정답 ❸

25 [기출 17] ☑ 확인 Check! ○ △ ✕

감지 구역에 의한 분류에서 면 경계 감지기로 옳은 것은?

① 자석 감지기, 셔터 감지기

② 장력 감지기, 유리 감지기

③ 초음파 감지기, 음향 감지기

④ 유선 감지기, 무선 감지기

쏙쏙 해설

감지 구역에 의한 분류에서 면 경계 감지기는 면 타입의 열선 감지기, 장력 감지기, 유리 감지기, 적외선 감지기가 있다.

정답 ②

26 [기출 08] ☑ 확인 Check! ○ △ ✕

보행거리가 55m인 복도에 화재감지기(연기감지기 1종)를 설치할 경우 최소 몇 개 이상 설치해야 하는가?

① 2개   ② 3개

③ 4개   ④ 5개

쏙쏙 해설

감지기는 복도 및 통로에 있어서는 보행거리 30m(3종에 있어서는 20m)마다 1개 이상 설치해야 하므로, 보행거리가 55m인 복도의 경우에는 최소 2개 이상을 설치해야 한다.

정답 ①

27 [기출 20] ☑ 확인 Check! ○ △ ✕

프레넬 렌즈와 다수의 초전소자를 사용하는 감지기는?

① 열선 감지기

② 장력 감지기

③ 적외선 감지기

④ 정온식 화재 감지기

쏙쏙 해설

열선 감지기는 감지지역의 주변 온도와 침입자의 체온 차이에 의한 적외선 에너지 변화를 전기적 에너지로 변환하여 경보신호를 발생시키는 감지기이다.
다수의 초전소자를 사용함으로써 자연 발생적인 온도의 변화나 동물 등에 의한 오경보를 최소화할 수 있으며, 적외선 에너지를 감지소자에 집중할 수 있게 하기 위해 프레넬 렌즈가 사용된다.

정답 ①

② 장력 감지기는 물체에 작용하는 힘과 운동의 관계를 이용하여 침입자에 의해 발생하는 울타리의 장력 변화를 감지하며, 스위치 원리(장력의 당기는 힘에 의해 스위치가 접촉) 등에 의해 경보신호를 작동시킨다.

③ 적외선 감지기는 적외선 빔을 발생하는 송신기와 이를 수용하는 수신기가 일직선으로 정렬되고, 침입자가 이 사이를 통과하여 적외선 빔을 차단하게 되면 순간적으로 경보신호를 발생시킨다. 적외선 감지기는 광전효과(광기전력효과)를 이용한다.

④ 정온식 화재 감지기는 주위온도가 일정한 온도 이상이 되는 경우에 작동하며, 바이메탈의 열변형을 이용해 접점을 움직이는 바이메탈식과 전선이 접촉할 경우 신호를 발생시키는 감지선형이 있다.

28 기출 21

☑ 확인Check! ○ △ ✕

감지기를 올바르게 설치한 사람은?

- 갑 : 문틀에 자석부를 설치하고 문에 센서부를 평행하게 이격이 없도록 자석 감지기를 설치
- 을 : 오경보 방지를 위해 유리부분에 부착할 때 충격을 흡수할 수 있도록 접착 면에 스펀지를 받치고 유리 감지기를 설치
- 병 : 수풀이나 우거진 장소를 피하여 투광기와 수광기를 마주보도록 평행하게 장력 감지기를 설치
- 정 : 에어컨, 난방기의 영향을 피해 지면에서 2.5m 높이에 열선 감지기를 설치

① 갑

② 을

③ 병

④ 정

29 기출 23

☑ 확인 Check! ○ △ ✕

열선 감지기가 감지하는 적외선 종류와 이용하는 감지효과는?

① 근적외선, 광전효과

② 원적외선, 초전효과

③ 근적외선, 압전효과

④ 원적외선, 도플러효과

30 기출 18

☑ 확인 Check! ○ △ ✕

열선 감지기에 관한 설명으로 옳지 않은 것은?

① 침입 경로와 경계존(Zone)을 같은 방향으로 설치한다.

② 외부와 접하는 창이나 문의 유리창에 경계존(Zone)이 닿지 않도록 한다.

③ 주로 옥내용으로 사용하고 감지구역 안에 흔들리는 물체가 없도록 한다.

④ 감지구역 안에 박스와 같은 물건이 적재되지 않도록 한다.

핵심만 콕

열선 감지기 설치 시 주의사항

• 면 타입으로 창문경계 시 외부와 접하는 창이나 문의 유리창에 경계 zone이 닿지 않도록 한다.

• 열선 감지기는 옥내용이므로 건물 구조상 옥내일지라도 파이프 셔터만 설치된 장소와 같이 외부와 트여 있는 장소에는 설치하지 않는다.

• 감지구역 안에 흔들리는 전시물이나 물체가 없도록 하고 고주파나 전자파가 발생되는 지역의 설치는 피한다.

• 감지구역 안에 박스와 같은 물건을 적재하지 않도록 주의한다(박스 뒷부분은 감지가 불가능하기 때문이다).

• 난방기, 히터 위의 설치는 피하고 경계구역이 창문에 닿지 않도록 설치한다.

• 천장높이가 3m 이상이면 벽 취부용 감지기를 이용하여 3m 이내에 설치한다.

〈출처〉 이강열, 「기계경비개론」, 진영사, 2018, P. 190

31 기출 15

☑ 확인 Check! ○ △ ✕

열선 감지기에 관한 설명으로 옳은 것은?

① 투광기, 수광기로 구성된다.

② $0.38{\sim}0.72\mu\mathrm{m}$ 파장대역을 이용한다.

③ 능동형 감지기이므로 별도의 동작전원이 필요 없다.

④ 수동형 감지기이므로 여러 개의 감지기를 설치해도 상호 간에 영향을 주지 않는다.

32 기출 23

☑ 확인 Check! ○ △ ✕

방범용 감지기 중 자석 감지기의 설명으로 옳지 않은 것은?

① 방범용으로 사용 시 동작전원이 필요하다.

② 출입문 개폐(침입) 감시에 사용한다.

③ 창문 개폐(침입) 감시에 사용한다.

④ 리드스위치부는 고정된 문틀에 설치하여 사용한다.

33 기출 22

☑ 확인Check! ○ △ ✕

자석감지기에 관한 설명으로 옳지 않은 것은?

① 리드(reed)스위치와 영구자석으로 구성되어 있다.

② 리드(reed)스위치에 충격을 가하거나 떨어뜨리면 스위치가 파손되어 수명에 영향을 미칠 수 있다.

③ 리드(reed)스위치의 접점은 내식성, 내마모성이 좋아야 한다.

④ 오동작 방지를 위해 빛이 영구자석에 직접 받지 않도록 해야 한다.

34 기출 21

☑ 확인Check! ○ △ ✕

문이나 창문의 개폐를 리드 스위치로 감지하기 위해 설치하는 감지기는?

① 유리 감지기

② 진동 감지기

③ 자석 감지기

④ 열선 감지기

35 기출 17

☑ 확인Check! ○ △ ✕

자석감지기의 특징으로 옳은 것은?

① 방범용으로 사용시 동작전원이 필요하다.

② 영구자석과 리드(Reed)스위치로 구성되며 설치가 간단하다.

③ 가격이 비싸고 외부환경에 민감도가 크다.

④ 리드(Reed)스위치의 접점도, 내식성, 내마모성이 떨어진다.

핵심만 콕

① 마그네틱 센서는 전원이 필요 없다.

③ 마그네틱 센서는 소형이고 비교적 가격이 저렴하고, 확실하게 작동하는 이점이 있어 방범 센서로 가장 많이 사용한다.

④ 리드(Reed)스위치의 접점도, 내식성, 내마모성이 뛰어나 반영구적 사용이 가능하다.

36 기출문제

☑ 확인Check! ○ △ ✕

다음의 기계경비시스템에서 창문이나, 출입문의 열림을 효율적으로 감시하기 위한 감지기는 어느 것인가?

① 자석 감지기
② 열선 감지기
③ 충격 감지기
④ 적외선 감지기

쏙쏙 해설

열선 감지기는 공간, 충격 감지기는 벽면, 적외선은 주로 주택의 담장 위를 규제하는 용도로 많이 사용된다.

정답 ❶

37 기출문제

☑ 확인Check! ○ △ ✕

다음 중 자석 감지기에 대한 내용으로 옳지 않은 것은?

① 방범용 자석 감지기인 경우 세트 시 a접점을 사용한다.
② 문의 개폐를 감지하기 위한 감지기이다.
③ 자석 감지기는 영구 자석과 리드 스위치로 구성되어 있다.
④ 자석 감지기란 자력의 변화를 이용한 감지기이다.

쏙쏙 해설

방범용은 대부분 b, c접점을 사용하고, 방재용은 a접점을 사용한다.

정답 ❶

38 기출 14

☑ 확인Check! ○ △ ✕

자석식 셔터 감지기의 감지방식이 아닌 것은?

① 도플러형
② 자기변조형
③ 자기저항형
④ 홀소자형

쏙쏙 해설

도플러형은 검지영역 내의 이동하는 물체의 존재를 반사파의 주파수 변화에 의해 검지하는 방식으로, 초음파 감지기의 감지방식에 속한다.

정답 ❶

39 기출문제

☑ 확인 Check! ○ △ ✕

다음의 내용 중 자석식 셔터 감지기의 설치위치로서 잘못된 것은?

① 증기나 수분이 많이 발생되는 장소
② 이격거리가 많이 떨어진 대형 셔터문
③ 먼지 등이 많이 발생되는 공장
④ 쥐와 같은 소동물이 많은 곳

쏙쏙 해설

이격거리가 많이 떨어진 대형 셔터문에는 동작거리가 긴 적외선식 셔터 감지기를 사용한다.

정답 ❷

40 기출 14

☑ 확인 Check! ○ △ ✕

자석 감지기의 설치방법으로 옳지 않은 것은?

① 창문이나 출입문의 틀에는 리드 스위치를 설치한다.
② 리드 스위치는 영구자석의 극성이 바뀌도록 근접하여 설치한다.
③ 철문에 설치할 때에는 자력 저하 방지를 위해 자석 부착면에 스페이서(spacer)를 부착한다.
④ 창문에 설치할 때에는 내측 창이 열리면서 감지기가 파손될 수 있으므로 스토퍼(stopper)를 설치한다.

쏙쏙 해설

리드 스위치는 영구자석의 극성이 바뀌지 않도록 10~15mm 이내에 설치한다.

정답 ❷

41 기출문제

☑ 확인 Check! ○ △ ✕

다음의 감지기 중 탬퍼기능이 없는 감지기는 어느 것인가?

① 열선 감지기
② 초음파 감지기
③ 자석 감지기
④ 적외선 감지기

쏙쏙 해설

탬퍼(Tamper)란 감지기의 뚜껑을 열 때 감지하는 기능으로 자석 감지기는 탬퍼기능이 없다.

정답 ❸

42 기출문제

☑ 확인Check! ○ △ ✕

센서에 관한 기술 중 옳은 것은?

① 자석 스위치(마그네트 스위치)는 창이나 문이 닫히면 동작하는 센서다.

② 적외선 센서는 침입자 등에 의해 적외선광이 자외선으로 바뀌는 것을 이용하여 침입자를 감지하는 센서다.

③ 진동 센서는 진동, 충격 등으로 접점이 열리는 센서로서 벽, 천장 등의 파괴를 검출하는 데 사용된다.

④ 유리파괴 센서는 다른 물질의 파괴에도 이용된다.

센서에 관한 기술 중 옳은 것은 ③이다.
① 자석 스위치(마그네트 스위치)는 창이나 문이 열리면 작동하는 센서다.
② 적외선 감지기는 투광기와 수광기 사이를 차단하면 감지하는 원리이다.
④ 유리파괴 센서는 다른 물질을 파괴하는 것이 아니라, 유리 자체의 파괴를 감지하는 센서이다.

정답 ❸

43

☑ 확인Check! ○ △ ✕

다음 중 센서의 설명으로 알맞은 것은?

① 방범용 센서로 창문에 설치되는 것에는 마그네트(자석) 스위치, 유리파괴 센서 등이 있다.

② 방범용 센서로서 셔터에 설치되는 것에는 루프 코일, 적외선(반사형) 센서가 있다.

③ 방범용 센서로서 옥내 공간 감시용으로 설치하는 것에는 열선 센서, 초음파 센서, 전계 센서가 있다.

④ 방범용 센서로서 옥외 펜스에 설치되는 것에는 열선 센서, 단선 센서가 있다.

쏙쏙 해설

셔터에는 적외선(반사형) 센서와 마그네트(자석) 스위치가 사용되고, 펜스에는 단선 센서, 전계 센서, 진동 센서가 사용되며, 매설에는 루프 코일과 진동 센서가 사용된다.

정답 ❶

44 기출수정

☑ 확인Check! ○ △ ✕

센서에 관한 설명 중 옳은 것은?

① 접점이 열려 있는 상태를 평시상태로 하고, 접점이 닫혀 있는 상태를 이상상태로 하는 방식을 NC접점이라고 한다.

② 센서는 열, 충격, 진동 등을 감지할 수 없는 기기다.

③ 인간의 감각으로 감지할 수 있는 변화만 체크할 수 있다.

④ 대부분의 방범용 센서는 이상을 감지하면 내장되어 있는 접점이 열리는 구조로 되어 있다.

쏙쏙 해설

대부분의 방범용 센서는 평상시에는 닫혀 있다가 감지 시에 열리는 b접점 방식이고, 방재용은 a접점 방식이다.

정답 ❹

PART 2 기계경비개론

45

☑ 확인 Check! ○ △ ✕

다음 중 센서의 설명으로 틀린 것은?

① 센서는 대상물이 어떠한 정보를 가지고 있는가를 검지할 수 없다.

② 대부분의 방범용 센서는 이상을 검지 또는 감지하면 내장되어 있는 접점이 열리는 구조로 되어 있다.

③ 접점이 닫혀 있는 상태를 평시상태로 하고 접점이 끊어진 상태를 이상상태로 하는 접점 회로를 NO접점이라고 한다.

④ 초음파 센서는 도플러효과 등을 이용하여 침입자를 검지하는 센서이다.

쏙쏙 해설

접점이 열려 있는 상태를 평시상태로 하고, 접점이 닫혀 있는 상태를 이상상태로 하는 방식을 NO접점이라고 한다. 접점이 닫혀 있는 상태를 평시상태로 하고 접점이 끊어진 상태를 이상상태로 하는 접점 회로는 NC접점이다.

정답 ③

46

☑ 확인 Check! ○ △ ✕

다음과 같은 각각의 상황에서 경보가 발생할 수 있는 경우는?

① 자석 감지기가 설치된 출입문에 문 이격이 없는 흔들림이 발생되었다.

② 음향 감지기가 설치된 실내의 온도가 변화되었다.

③ 열선 감지기 근처에 초음파 기기가 설치되어 있다.

④ 적외선 감지기의 수광기 공급 전원이 차단되었다.

쏙쏙 해설

적외선 감지기는 송신기와 수신기 사이의 빔이 차단될 때 경보 신호를 발생시킨다.

정답 ④

47 기출문제

☑ 확인 Check! ○ △ ✕

다음 센서에 관한 설명으로 알맞은 것은?

① 전계 센서는 펜스로 둘러싸인 전선에 고주파의 전류를 흘려보내 침입자가 접근하거나 접촉에 의한 전계(電界)가 변화하는 것을 검지용의 전선에서 검지하는 것이다.

② 루프 코일은 펜스로 둘러싸인 전선에 전류를 흐르게 두고 침입자가 전선을 단절시킬 때에 전류가 끊어지는 것을 검지하는 것이다.

③ 단선 센서는 땅 속에 매설된 전선에 전류를 흐르게 두고 물체가 접근하는 경우에 전계가 영향을 받아 이 변화에 의해 검지하는 것이다.

④ 유리파괴 센서는 유리 이외의 물체도 파괴하는 것을 검지할 수 있다.

쏙쏙 해설

센서에 관한 설명으로 옳은 것은 ①이다.
② 단선 센서에 대한 설명이다.
③ 루프 코일에 대한 설명이다.
④ 압전 센서는 유리가 파괴되는 때에 발생하는 특유한 진동주파수(180~300MHz)만을 포착한다.

정답 ①

기출문제 ☑ 확인 Check! ○ △ ✕

다음 센서에 대한 설명 중 옳게 설명한 것은?

① 방범용 센서로서 옥외 펜스에 설치하는 것에는 단선 센서, 루프 코일 등이 사용된다.

② 전계 센서는 땅 속에 매설된 전선에 전류를 흐르게 두고 물체가 접근하는 경우에 전계가 영향을 받아 이 변화에 의해 감지하는 것이다.

③ 루프 코일은 펜스로 둘러싸인 전선에 고주파의 전류를 흘려보내 침입자의 접촉에 의한 전계가 변화하는 것을 감지하는 것이다.

④ 전자파센서 중 배리어형(Barrier Type)은 마이크로파의 직진성을 이용해 송신부와 수신부 사이에 마이크로파가 물체에 차단되면 감지하여 제어출력을 만들어낸다.

쏙쏙 해설

센서에 대한 설명으로 옳은 것은 ④이다.
① 방범용 센서로서 옥외 펜스에 설치하는 것에는 단선 센서, 진동 센서, 전계 센서 등이 사용된다.
②는 루프 코일, ③은 전계 센서에 대한 설명이다.

정답 ④

---

49 기출문제 ☑ 확인 Check! ○ △ ✕

침입자의 체표면(體表面)으로부터 방사되고 있는 원적외선 에너지를 검출하는 센서는?

① 충격 센서
② 진동 센서
③ 온도 센서
④ 열선 센서

쏙쏙 해설

열선 센서
검지영역 내(경계영역)의 벽 등으로부터 표면온도를 검시해 두어, 검지영역 내에 침입자가 들어온 것에 대한 온도의 변화를 검지하는 것이다. 즉, 열선 센서는 사람 체온에서 발생되는 원적외선을 감지한다. 이 때문에 급격한 온도의 변화를 일으키는 창 등이 검지영역 내에 들어오지 않도록 해야 한다.

정답 ④

---

50 기출 15

☑ 확인 Check! ○ △ ✕

자계에 의한 접점의 변화를 이용한 감지기에 해당하지 않는 것은?

① 자석 감지기
② 유리파괴 감지기
③ 자석식 셔터 감지기
④ 벤트 감지기

51 기출문제

☑ 확인 Check! ○ △ ✕

입체적으로 경계할 수 있는 감지기로 공간을 감시하는 감지기가 아닌 것은?

① 열선 감지기
② 초음파 감지기
③ 진동 감지기
④ 음향 감지기

52 기출문제

☑ 확인 Check! ○ △ ✕

다음 중 열선 센서에 사용되어 적외선 에너지를 감지소자에 집중할 수 있게 하기 위해 가장 널리 사용되는 물질은 무엇인가?

① 볼록 렌즈
② 투명 유리
③ 알루미늄
④ 프레넬 렌즈

제1장
제2장
제3장
제4장
제5장
제6장

53 기출문제

☑ 확인Check! ○ △ ✕

다음 중 열선 감지기에서 이용하는 7~14μm 파장대역의 원적외선을 잘 투과하는 물질은 어느 것인가?

① 나 무
② 종 이
③ 폴리에틸렌수지
④ 유 리

54 기출문제

☑ 확인Check! ○ △ ✕

다음 중 열선 감지기가 인체 감지를 위하여 가장 민감하게 작용하는 적외선 파장의 범위는?

① 7~14μm
② 15~17μm
③ 18~23μm
④ 24~28μm

55 기출 13

☑ 확인Check! ○ △ ✕

열선 감지기에서 다수의 초전소자를 사용하는 이유는?

① 넓은 범위를 감지하기 위하여
② 오경보를 최소화하기 위하여
③ 감지 감도를 쉽게 조절하기 위하여
④ 프레넬 렌즈의 기능을 보강하기 위하여

56 기출 20

☑ 확인Check! ○ △ ✕

옥외용 감지기 중 외란광의 영향에 민감한 감지기는?

① 장력 감지기
② 자력식 감지기
③ 수평전장 감지기
④ 적외선 감지기

쏙쏙 해설

적외선 감지기는 빛의 성질을 이용한 감지기로서 외란광(外亂光)으로 인해 오작동을 일으킬 수 있다.

정답 ❹

핵심만 콕

① 장력 감지기는 물체 간에 작용하는 힘과 운동의 관계를 이용한 감지기이다.
② 자력식 감지기는 자기장, 자력을 이용한 감지기이다.
③ 수평전장 감지기(horizontal electric field sensor)는 땅을 파고 침투하는 것을 감지하는 감지기로서 일정 간격을 유지하게 설치한 2개의 전선에 흐르는 고주파 전류의 변화를 감지한다.

57 기출 17

☑ 확인Check! ○ △ ✕

적외선 감지기에 관한 설명으로 옳지 않은 것은?

① 투광기와 수광기로 구성된다.
② 빛의 물리량이 변화하는 것을 검출하여 감지한다.
③ 반사형은 옥내, 옥외에 모두 사용된다.
④ 광전효과가 우수한 근적외선을 이용한다.

쏙쏙 해설

반사식 적외선 센서는 옥내에서 사용된다. 대향형은 옥내, 옥외에 사용된다.

정답 ❸

핵심만 콕

적외선 감지기는 투광기와 수광기로 구성되며, 빛의 물리량이 변화하는 것을 검출하여 감지한다. 또한 광전효과가 우수한 근적외선을 이용한다. 적외선 감지기는 지상설치형 감지기로 지하에 매설하여 사용할 수 없고 주로 주택의 담장 위를 규제하는 용도로 많이 사용된다.

제1장
제2장
제3장
제4장
제5장
제6장

58 기출 16

☑ 확인 Check! ○ △ ✕

적외선 감지기의 오보(오동작) 원인에 해당하지 않는 것은?

① 자연상의 외란광

② 흐린 날씨

③ 지진에 의한 진동

④ 소동물에 의한 차단

59 기출문제

☑ 확인 Check! ○ △ ✕

감지기에 이용한 각종 효과를 나타낸 것 중 맞는 것은?

① 적외선 감지기 – 압전효과

② 열선 감지기 – 초전효과

③ 초음파 감지기 – 광기전력효과

④ 적외선 감지기 – 도플러효과

60 기출 22

☑ 확인 Check! ○ △ ✕

마이크로파를 이용한 감지기 특성으로 옳지 않은 것은?

① 초음파 감지기와 같이 건물 내에 근접하게 복수의 감지기를 설치하면 상호 간섭으로 오작동할 수 있다.

② 초음파 감지기에 비해 주위환경의 소음이나 바람의 영향을 받지 않는 장점이 있다.

③ 진동에 강하여 진동 등에 의한 오동작이 없다.

④ 마이크로웨이브 감지기는 일반적으로 10GHz 또는 24GHz의 주파수대역을 사용한다.

61 기출 15

☑ 확인Check! ○ △ ✕

마이크로파를 이용하여 침입자의 움직임을 감지하는 방식의 감지기 특성으로 옳지 않은 것은?

① 한 장소에 근접하게 복수의 감지기를 설치하면 상호간섭으로 오작동할 수 있다.
② 실내에 유입되는 직사광선의 영향을 받지 않는다.
③ 능동형 감지기이며 동작전원이 필요하다.
④ 자기저항효과에 의한 감지방식이다.

쏙쏙 해설

마이크로파를 이용하는 감지기는 물체의 크기와 움직임을 잘 탐지하여 어떠한 환경(열, 온도, 소음, 습기, 빛, 먼지 등에 의한 열악한 환경)에서도 사용이 가능하고, 오작동이 없어 안개가 있는 환경에서 울타리를 효과적으로 감지하기 위해 사용되는 공간형 감지기이다. 그러나 복수의 감지기를 사용하면 상호 간섭으로 오작동할 수 있다. 자기저항효과를 이용하는 것으로는 자석 감지기 등이 있다.

정답 ❹

62 기출문제

☑ 확인Check! ○ △ ✕

다음 중 적외선 센서에 관한 설명으로 거리가 먼 것은?

① 광 센서에서는 투광부와 수광부가 중요 요소이다.
② 반사형은 투광부와 수광부가 분리된 구조이다.
③ 대향형은 투광부와 수광부 사이에 침입자가 들어왔을 때 적외선 광이 차단되는 것을 검지하도록 되어 있다.
④ 반사형은 투광부에서의 적외선 광을 마주보는 반사경에 반사시켜 수광부에서 빛을 받는 구조로 되어 있다.

쏙쏙 해설

반사형은 투광부와 수광부가 일체로 된 구조를 말한다.

정답 ❷

63 기출 08

☑ 확인Check! ○ △ ✕

다음 중 창문을 통한 침입을 감지하기 위해 외부에 설치된 적외선 감지기의 오작동 요인으로 가장 적합하지 않은 것은?

① 안 개
② 비
③ 눈
④ 바 람

쏙쏙 해설

적외선 감지기는 빛을 투광하고 수광하는 원리로서 안개, 비, 눈 등은 빛 투과에 직접적인 영향을 받는다. 따라서 바람이 적외선 감지기의 오작동 요인으로 가장 적합하지 않다.

정답 ❹

64 기출 22

☑ 확인 Check! ○ △ ✕

적외선 감지기에 관한 설명으로 옳은 것은?

① 적외선 감지기는 수동형으로 주로 실외에 사용한다.

② 자외선보다 열작용이 적고, 인체에 무해하다.

③ 가시광선보다 파장이 긴 근적외선 영역을 사용한다.

④ 정원에 설치할 때에는 유동성을 좋게 하기 위하여 유연한 폴을 이용한다.

쏙쏙 해설

적외선 감지기는 옥내뿐만 아니라 투·수광에 방해물이 많은 옥외에서도 사용되므로 대기를 잘 투과하는 근적외선을 이용하는데, 이는 가시광선보다 파장이 긴 적외선 영역 중 가시광선 가까이에 있는 대역을 이용한다.

정답 ❸

핵심만 콕

① 적외선 영역을 이용하는 감지기에는 수동형 적외선 방식과 능동형 적외선 방식이 있는데, 적외선 감지기는 능동형 적외선 방식의 감지기이며, 수동형 적외선 방식의 감지기에는 열선 감지기가 있다. 적외선 감지기는 옥외 침입 감지용으로 많이 사용되고 있다.

② 적외선은 자외선이나 가시광선에 비해 강한 열작용을 가지고 있다. 그러나 자외선보다 파장이 긴 적외선, 극초단파 (Microwave)나 전파(Radiowave)등은 열을 발생시킬 정도의 충분히 큰 양이 아니라면 생물체에 큰 영향을 미치지 않는다.

④ 정원에 적외선 감지기를 설치할 때에는 폴(Pole)을 이용하여 감지기를 부착하는데, 이 경우 폴(Pole)은 흔들림이 없도록 가급적 거푸집을 만들어 고정하여야 한다.

〈출처〉 기계경비시스템 설치기준, 한국경비협회규격

65 기출 13

☑ 확인 Check! ○ △ ✕

적외선 감지기의 감지응답속도에 관한 설명으로 옳은 것은?

① 투·수광기 사이의 광축을 차단 시 감지하는 시간이다.

② 전력 질주할 수 있는 지역은 500ms로 설정한다.

③ 담장 위에 설치하는 경우 50ms로 설정한다.

④ 보통 콘덴서의 정전용량으로 조정한다.

쏙쏙 해설

적외선 감지기의 감지응답속도에 관한 설명으로 옳은 것은 ①이다.

② 전력 질주할 수 있는 지역은 50ms로 설정한다.

③ 담장 위에 설치하는 경우 500ms로 설정한다.

④ 적외선 감지기의 감지응답속도는 보통 스위치나 볼륨으로 조정한다.

정답 ❶

66 기출문제

☑ 확인 Check! ○ △ ✕

다음 중 창문감지용으로 설치되는 적외선 감지기의 가장 이상적인 높이는 얼마인가?

① 창문바닥에서 30cm 높이

② 지면에서 50cm 높이

③ 창문바닥에서 1m 높이

④ 천장에서 1m 높이

쏙쏙 해설

창문감지용으로 설치 시에는 기어 들어올 수 없도록 창문바닥에서 30cm 높이가 가장 적합하다.

정답 ❶

67 기출 18

☑ 확인 Check! ○ △ ✕

A의류매장의 전면유리창에 부착형 유리감지기를 설치하려고 한다. 설치 시 주의사항으로 옳지 않은 것은?

① 유리창 외부 상단에 설치한다.

② 탈락 시 감지할 수 없으므로 부착유무를 수시로 점검한다.

③ 썬팅이나 필름이 부착된 유리는 부착면의 필름을 오려내고 부착한다.

④ 유리면에 부착 시 진동이 잘 전달되도록 밀착하여 부착한다.

쏙쏙 해설

부착형 유리감지기는 유리창 안쪽의 하단에 설치한다.

정답 ❶

핵심만 콕

부착형 유리 감지기 설치 시 주의사항
• 감지기를 유리면에 접착제로 부착 시 진동이 잘 전달되도록 밀착하여 부착한다.
• 감지범위는 감지기별로 차이가 있으나, 보통 반경 1~2m 정도이다.
• 감지기는 유리창 안쪽의 하단에 설치한다.
• 유리면에 썬팅이나 필름이 부착된 유리는 부착면의 필름을 오려내고 부착한다.
• 부착형 유리 감지기는 탈락 시 감지할 수 없고 탈락이 되어도 알 수가 없으므로 부착 시 접착제로 부착하고 수시로 점검한다.
• 열리는 창문에 설치 시에는 창문을 열 때 창문에 의해 감지기가 탈락되지 않도록 STOPPER를 설치한다.

68 기출 15

☑ 확인Check! ○ △ ✕

감지기의 동작효과를 바르게 연결한 것은?

① 벽 감지기 – 초전효과

② 적외선 감지기 – 열전효과

③ 마이크로웨이브 감지기 – 도플러효과

④ 셔터 감지기 – 압전효과

69 기출문제

☑ 확인Check! ○ △ ✕

빛과 물질의 상호작용 결과 물질의 전기적 성질이 변화하거나 물질에 가해진 전기에너지가 빛으로 변화하는 현상은?

① 자기저항효과

② 광기전력효과

③ 초전효과

④ 도플러효과

70 기출문제

☑ 확인Check! ○ △ ✕

다음 중 적외선 감지기의 사용 시 새나 소, 동물 등에 의한 오보를 예방하기 위한 방법으로 가장 좋은 것은?

① 투수광기의 광력을 2단 또는 4단과 같은 다광축 차단 감지 방식으로 전달한다.

② 감지기를 최대한 높게 설치한다.

③ 감지기에 공급하는 입력전원을 2배 이상으로 한다.

④ 감지기 주변에 그물을 설치하여 접근을 하지 못하도록 한다.

71 기출 14

☑ 확인Check! ○ △ ✕

지하에 매설하여 사용할 수 없는 외곽감지기는?

① 적외선 감지기
② 지진동 감지기
③ 균형 압력 감지기
④ 수평 전계 감지기

쏙쏙 해설

적외선 감지기는 지상설치형 감지기로 지하에 매설하여 사용할 수 없는 외곽 감지기이다.

정답 ❶

72 기출문제

☑ 확인Check! ○ △ ✕

다음 중 주택의 담장 위를 규제하기 위한 감지기 중 가장 적합한 것은?

① 적외선 감지기
② 초음파 감지기
③ 충격 감지기
④ 열선 감지기

쏙쏙 해설

충격, 열선, 초음파 감지기는 모두 옥내용이며, 적외선 감지기(대향식)는 주로 주택의 담장 위를 규제하는 용도로 많이 쓰인다.

정답 ❶

73 기출 14

☑ 확인Check! ○ △ ✕

광전효과를 이용한 감지기는?

① 자석 감지기
② 적외선 감지기
③ 초음파 감지기
④ 유리 감지기

쏙쏙 해설

광전효과는 일반적으로 물질이 빛을 흡수하여 자유로이 움직일 수 있는 전자, 즉 광전자를 방출하는 현상으로, 광전효과를 이용한 감지기는 적외선 감지기이다.

정답 ❷

74 기출 19

☑ 확인 Check! ○ △ ✕

A매장에 감지기를 설치하였다. 침입자의 체온에서 방사되는 원적외선을 감지하는 것은?

① 셔터 감지기
② 자석 감지기
③ 열선 감지기
④ 초음파 감지기

쏙쏙 해설

침입자의 체온에서 방사되는 원적외선을 감지하는 감지기는 열선 감지기이다.

정답 ❸

75 기출 14

☑ 확인 Check! ○ △ ✕

사무실이나 매장 등의 천장에 설치하여 침입자의 체온에서 방사되는 원적외선을 감지하는 감지기는?

① 열선 감지기
② 자석 감지기
③ 음향 감지기
④ 셔터 감지기

쏙쏙 해설

열선 감지기는 감지영역 내에 침입자가 들어올 경우 사람 체온에서 방사되는 원적외선 에너지를 감지하는 것으로 적외선 에너지가 수동형으로 작용하는 감지기를 말한다.

정답 ❶

핵심만 콕

- 자석 감지기 : 문이나 창과 같이 여닫는 장소에 설치하여 자력의 변화를 이용하여 침입자를 감지하는 방범센서이다.
- 음향 감지기 : 유리파괴 감지기의 일종으로, 직접 유리에 부착하지 않고 파괴 시 발생하는 소리, 즉 파괴음을 청취하는 감지기이다.
- 셔터 감지기 : 셔터나 대형문의 개폐를 감지하는 것으로 적외선식・자석식・리미트 스위치식이 있다.

76 기출문제

☑ 확인 Check! ○ △ ✕

다음의 감지기의 출력접점(무전압접점) 중 평상시 C와 NC가 붙어 있다가 동작 시 NO로 붙는 접점의 종류는?

① d접점

② c접점

③ b접점

④ a접점

77

☑ 확인 Check! ○ △ ✕

다음 반사형 적외선 센서에 관한 설명 중 맞지 않는 것은?

① 투광부와 수광부가 분리되어 있다.

② 현관, 낭하 등의 실내 통로에 설치하고 센서와 반사경 사이에 사람이 침입할 때 적외선 광이 차단되는 것을 검지하는 것이다.

③ 이 외에 셔터에 반사경을 붙여서 셔터가 열려 있을 때 반사경이 없게 된 것을 검지하도록 되어 있는 것도 있다.

④ 투광부에서의 적외선 광을 마주보는 반사경에 반사시켜 수광부에서 빛을 받는 구조로 되어 있다.

78

☑ 확인 Check! ○ △ ✕

다음 중 전파의 파장과 주파수의 관계를 적절하게 설명한 것은?

① 파장 = 1/2 × 전파의 속도 × 주파수

② 파장 = 전파의 속도 × 주파수

③ 파장 = 주파수/전파의 속도

④ 파장 = 전파의 속도/주파수

79

☑ 확인Check! ○ △ ✕

다음 중 전자파의 파장이 작은 것에서 큰 순서대로 나열된 것은?

① 마이크로웨이브 – 자외선 – X선
② 적외선 – 마이크로웨이브 – 자외선
③ 자외선 – 적외선 – 마이크로웨이브
④ 마이크로웨이브 – 자외선 – 적외선

80 기출문제

☑ 확인Check! ○ △ ✕

감지기는 수동형과 능동형으로 구분할 수 있는데 능동형 감지기에 해당되지 않는 것은?

① 적외선 감지기
② 초음파 감지기
③ 유리파괴 감지기
④ 셔터 감지기

81 기출 16

☑ 확인Check! ○ △ ✕

다음에서 수동형 감지기를 모두 고른 것은?

> ㄱ. 장력 감지기
> ㄴ. 충격 감지기
> ㄷ. 셔터 감지기
> ㄹ. 적외선 감지기
> ㅁ. 초음파 감지기
> ㅂ. 열선 감지기

① ㄱ, ㄴ, ㅂ
② ㄱ, ㅁ, ㅂ
③ ㄴ, ㄷ, ㄹ
④ ㄷ, ㄹ, ㅁ

82 기출 17

☑ 확인 Check! ○ △ ✕

수동형 감지기로 옳지 않은 것은?

① 초음파 감지기

② 음향 감지기

③ 장력 감지기

④ 충격 감지기

쏙쏙 해설

수동형 감지기로 유리 감지기, 장력 감지기, 충격 감지기, 열선 감지기 등을 들 수 있다. 초음파 감지기는 능동형 감지기이다.

정답 ❶

83 기출 14

☑ 확인 Check! ○ △ ✕

수동형 감지기가 아닌 것은?

① 유리파괴 감지기

② 충격 감지기

③ 열선 감지기

④ 적외선 감지기

쏙쏙 해설

적외선 감지기는 능동형 감지기이다.

정답 ❹

84 기출문제

☑ 확인 Check! ○ △ ✕

다음 중 유리파괴 감지기의 설치 시 주의사항이라고 보기 어려운 것은?

① 감지범위는 보통 반경 1~2m이다.

② 열리는 창문에 설치 시, 창문을 열 때 창문에 의해 감지되지 않도록 Stopper를 설치한다.

③ 부착형 유리 감지기는 부착제로 부착하고 수시로 점검한다.

④ 유리면에 썬팅이 되어 있거나 필름이 부착된 경우 부착면에 유리 감지기를 그대로 부착해야 한다.

쏙쏙 해설

유리면에 썬팅이 되어 있거나 필름이 부착된 경우 부착면의 필름을 오려내고 유리 감지기를 부착해야 한다.

정답 ❹

제1장 제2장 제3장 제4장 제5장 제6장

85 기출 15

☑ 확인Check! ○ △ X

송신기로부터 송출한 초음파가 이동물체에 반사되어 되돌아오는 주파수 변화량을 감지하는 데 이용되는 효과는?

① 도플러효과
② 초전효과
③ 열전효과
④ 감쇠효과

쏙쏙 해설

도플러효과는 파원과 관측자 사이의 상대적 운동 상태에 따라 관측자가 관측하는 진동수가 달라지는 현상으로 송신기로부터 송출한 초음파가 이동물체에 반사되어 되돌아오는 주파수 변화량을 감지하는 데 이용된다.

정답 ❶

핵심만 콕

• 초전효과 : 물질에 가해진 온도의 급격한 변화에 의해 전기분극의 크기가 변화하여 전압이 발생하는 현상
• 열전효과 : 두 종류의 도체로 구성된 회로의 접촉부에 온도차를 주면 이 회로에 전류가 발생하는 현상
• 감쇠효과 : 전파되는 파의 진폭이 시간 또는 공간에 따라 줄어드는 현상

86 기출문제

☑ 확인Check! ○ △ X

다음 중 음향 감지기에 대한 설명으로 바른 것은?

① 도플러효과를 이용한 감지기이다.
② 옥외에 설치하여 유리창 파손을 감지한다.
③ 유리파손 시 발생되는 외부충격음, 굴절음, 파열음 등의 복합음을 분석하여 감지한다.
④ 초음파 마이크로폰을 사용하고 있어 상시 진동이나 소음이 발생되는 장소에도 설치할 수 있다.

쏙쏙 해설

음향 감지기는 유리가 파손될 때 발생하는 소리의 주파수를 선별하여 감지하는데, 밀폐된 곳의 유리창 파손을 감지하기 위해 유리창 맞은편의 벽면이나 천장에 설치하여 유리가 파손될 때 발생되는 음을 마이크로폰으로 청취하여 감지하는 감지기이다.

정답 ❸

87 기출문제

☑ 확인Check! ○ △ X

다음 중 유리파괴 음향 감지기의 설치 시 주의사항이 아닌 것은?

① 주변에 고주파 성분의 음이 발생하는 것을 피하여 설치하여야 한다.
② 교통량이 많은 도로는 피한다.
③ 감지구역 내에 초음파를 발진하는 기기와 같이 설치하도록 한다.
④ 감지대상 유리창 앞에 커튼으로 가려져 있거나 유리가 코팅되어 있을 경우 유효감지거리의 단축을 고려한다.

88 기출 23

☑ 확인Check! ○ △ X

자동화재탐지설비 및 시각경보장치의 화재안전성능기준[NFPC 203] 상 용어의 정의로 옳지 않은 것은?

① 수신기 : 감지기나 발신기에서 발하는 화재신호를 직접 수신하거나 중계기를 통하여 수신하여 화재의 발생을 표시 및 경보하여 주는 장치
② 시각경보장치 : 감지기·발신기 또는 전기적인 접점 등의 작동에 따른 신호를 받아 이를 수신기에 전송하는 장치
③ 감지기 : 화재 시 발생하는 열, 연기, 불꽃 또는 연소생성물을 자동적으로 감지하여 수신기에 화재신호 등을 발신하는 장치
④ 발신기 : 수동누름버턴 등의 작동으로 화재 신호를 수신기에 발신하는 장치

관계법령

정의(자동화재탐지설비 및 시각경보장치의 화재안전성능기준[NFPC 203] 제3조)
이 기준에서 사용되는 용어의 정의는 다음과 같다.
 1. "경계구역"이란 특정소방대상물 중 화재신호를 발신하고 그 신호를 수신 및 유효하게 제어할 수 있는 구역을 말한다.
 2. "수신기"란 감지기나 발신기에서 발하는 화재신호를 직접 수신하거나 중계기를 통하여 수신하여 화재의 발생을 표시 및 경보하여 주는 장치를 말한다.
 3. "중계기"란 감지기·발신기 또는 전기적인 접점 등의 작동에 따른 신호를 받아 이를 수신기에 전송하는 장치를 말한다.
 4. "감지기"란 화재 시 발생하는 열, 연기, 불꽃 또는 연소생성물을 자동적으로 감지하여 수신기에 화재신호 등을 발신하는 장치를 말한다.
 5. "발신기"란 수동누름버턴 등의 작동으로 화재 신호를 수신기에 발신하는 장치를 말한다.
 6. "시각경보장치"란 자동화재탐지설비에서 발하는 화재신호를 시각경보기에 전달하여 청각장애인에게 점멸형태의 시각경보를 하는 것을 말한다.
 7. "거실"이란 거주·집무·작업·집회·오락 그 밖에 이와 유사한 목적을 위하여 사용하는 실을 말한다.

89 기출 23

☑확인 Check! ○ △ ✕

자동화재탐지설비 및 시각경보장치의 화재안전성능기준[NFPC 203] 상 광전식 분리형감지기의 설치 기준으로 옳지 않은 것은?

① 광축(송광면과 수광면의 중심을 연결한 선)은 나란한 벽으로부터 0.3미터 이상 이격하여 설치할 것

② 감지기의 송광부와 수광부는 설치된 뒷벽으로부터 1미터 이내 위치에 설치할 것

③ 광축의 높이는 천장 등(천장의 실내에 면한 부분 또는 상층의 바닥 하부면을 말한다) 높이의 80퍼센트 이상일 것

④ 감지기의 광축의 길이는 공칭감시거리 범위 이내일 것

쏙쏙 해설

광전식 분리형감지기의 광축(송광면과 수광면의 중심을 연결한 선)은 나란한 벽으로부터 0.6미터 이상 이격하여 설치하여야 한다([NFPC 203] 제7조 제3항 제15호 나목).

정답 ❶

관계법령

감지기(자동화재탐지설비 및 시각경보장치의 화재안전성능기준[NFPC 203] 제7조)

③ 감지기는 다음 각호의 기준에 따라 설치해야 한다. 다만, 교차회로방식에 사용되는 감지기, 급속한 연소 확대가 우려되는 장소에 사용되는 감지기 및 축적기능이 있는 수신기에 연결하여 사용하는 감지기는 축적기능이 없는 것으로 설치하여야 한다.

15. 광전식 분리형감지기는 다음의 기준에 따라 설치할 것

    가. 감지기의 수광면은 햇빛을 직접 받지 않도록 설치할 것

    나. 광축(송광면과 수광면의 중심을 연결한 선)은 나란한 벽으로부터 0.6미터 이상 이격하여 설치할 것

    다. 감지기의 송광부와 수광부는 설치된 뒷벽으로부터 1미터 이내 위치에 설치할 것

    라. 광축의 높이는 천장 등(천장의 실내에 면한 부분 또는 상층의 바닥하부면을 말한다) 높이의 80퍼센트 이상일 것

    마. 감지기의 광축의 길이는 공칭감시거리 범위 이내일 것

    바. 그 밖의 설치기준은 형식승인 내용에 따르며 형식승인 사항이 아닌 것은 제조사의 시방에 따라 설치할 것

90 기출 15

☑ 확인 Check! ○ △ ✕

자동화재탐지설비 및 시각경보장치의 화재안전성능기준[NFPC 203]에 의한 화재 감지기 설치 방법에 관한 설명으로 옳지 않은 것은?

① 화재 감지기는 천장 또는 반자의 옥내에 면하는 부분에 설치한다.
② 광전식 분리형 감지기의 수광면은 햇빛을 직접 받지 않도록 설치한다.
③ 화재 감지기(차동식 분포형 제외)는 실내로의 공기유입구로부터 1.5m 이상 떨어진 위치에 설치한다.
④ 정온식 감지기는 다량의 화기를 취급하는 장소에 설치하되, 공칭작동온도가 최고주위온도보다 10℃ 이하 낮은 것으로 설치한다.

쏙쏙 해설

정온식 감지기는 주방·보일러실 등 다량의 화기를 취급하는 장소에 설치하되, 공칭작동온도가 최고주위온도보다 20℃ 이상 높은 것으로 설치한다([NFPC 203] 제7조 제3항 제4호).

정답 ④

91 기출문제

☑ 확인 Check! ○ △ ✕

다음 중 열선 감지에 대한 설명 중 틀린 것은?

① 적외선 에너지가 능동형으로 작용하는 감지기이다.
② 감지지역의 주변 온도와 침입자의 체온 차이에 의한 적외선 에너지 변화를 전기적 에너지로 변환하여 경보신호를 발생한다.
③ 프레넬 렌즈의 형태에 따라 감지 범위를 다양하게 할 수 있다.
④ 벽이나 천장에 부착하여 내부 공간을 위해 사용되고 있다.

쏙쏙 해설

열선 감지기는 적외선식 수동형 감지기이다.

정답 ①

92 기출문제

☑ 확인 Check! ○ △ ✕

사무실과 인접한 경량벽에는 설치하지 말아야 할 감지기는?

① 초전 감지기
② 적외선 감지기
③ 충격 감지기
④ 자석 감지기

쏙쏙 해설

충격 감지기는 진동에 의한 압력변동을 압전현상으로 이용, 진동을 전압으로 변화시켜 전기적인 신호로 호환 증폭하는 원리의 감지기이므로 경량벽에는 설치하지 않아야 한다.

정답 ③

93 기출 13

☑ 확인Check! ○ △ ✕

기계경비용으로 사용되는 열선 감지기에 관한 설명으로 옳지 않은 것은?

① 인간 체온의 원적외선 파장을 검지한다.

② 7~14μm 파장대역을 이용한다.

③ 입력전원은 DC 12V를 많이 사용한다.

④ 열선 감지기는 투광기가 필요하다.

쏙쏙 해설

열선 감지기는 인체로부터의 적외선을 감지하여 작동하기 때문에 투광기가 필요 없다.

정답 ❹

94 기출문제

☑ 확인Check! ○ △ ✕

감지기의 감지규제 방식을 설명한 것이다. 맞는 것은?

① 자석 감지기는 면규제 방식이다.

② 열선 감지기는 입체규제 방식이다.

③ 유리 감지기는 선규제 방식이다.

④ 펜스 감지기는 점규제 방식이다.

쏙쏙 해설

② 열선 감지기는 공간규제 방식이다.
① 자석 감지기는 점규제 방식이다.
③ 유리파괴 감지기는 면규제 방식이다.
④ 펜스 감지기는 면규제 방식이다.

정답 ❷

95 기출 17

☑ 확인Check! ○ △ ✕

빛이 반도체에 조사되면 조사된 부분과 조사되지 않은 부분에 전위차(기전력)가 발생하는 현상을 의미하는 것으로 옳은 것은?

① 광전효과

② 열전효과

③ 초전효과

④ 압전효과

쏙쏙 해설

설문은 광전효과에 대한 내용이다.
② 열전효과 : 두 개의 다른 도체를 접합한 경우, 접촉부에 온도차가 생기면 열전류가 흐르는 현상
③ 초전효과 : 물질에 가해진 온도의 급격한 변화에 의해 전기분극의 크기가 변화하여 전압이 발생하는 현상
④ 압전효과 : 물체에 힘을 가하는 순간 전압이 발생하며, 물체에 변형이 일어나는 현상

정답 ❶

96 기출 20

☑ 확인 Check! ○ △ ✕

선 경계 감지기에 해당하지 않는 것은?

① 장력 감지기
② 자석 감지기
③ 적외선 감지기
④ 마이크로웨이브 감지기

핵심만 콕

경계 형태별 설치 감지기

형 태		종 류
옥내용	점 경계	열선 감지기, 자석 감지기, 셔터 감지기, 진동 감지기
	선 경계	적외선 감지기, 열선 감지기, 마이크로웨이브 감지기
	면 경계	열선 감지기, 다단형 적외선 감지기
	입체 경계	열선 감지기, 초음파 감지기, 마이크로웨이브 감지기, 음향 감지기
옥외용	선 경계	적외선 감지기, 장력 감지기, 마이크로웨이브 감지기
	면 경계	광케이블 감지기, 다단형 적외선 감지기

〈출처〉 이강열, 「기계경비개론」, 진영사, 2021, P. 219~220

제1장

제2장

제3장

제4장

제5장

제6장

97 기출문제

☑ 확인 Check! ○ △ ✕

다음의 감지기의 종류 중 '점' 형태로 규제되는 감지기는?

① 적외선 감지기
② 열선 감지기
③ 자석 감지기
④ 마이크로웨이브 감지기

98 기출문제

☑ 확인 Check! ○ △ ×

다음 중 초음파 레이더 감지가 민감하게 작용하여 오작동을 유발할 수 있는 장소와 거리가 먼 것은?

① 흔들리는 물체가 있는 곳
② 모터에 의해 회전하는 회전팬 주변
③ 조명이 약한 지하실
④ 진동이 발생하는 곳

99

☑ 확인 Check! ○ △ ×

초음파 센서에 관한 설명 중 틀린 것은?

① 펄스에코식은 검지영역 내의 이동하는 물체로부터 반사파의 패턴을 기억해 두고 그 패턴의 혼란을 검지하는 것이다.
② 송파부에서 초음파를 방사해서 그 반사파가 침입자에 의해 변화하는 것을 검지하는 것이다.
③ 도플러식과 펄스에코식의 2가지 방식이 있다.
④ 도플러식은 검지영역 내의 이동하는 물체의 존재를 반사파의 주파수 변화에 의해 검지하는 방식이다.

100 기출 19

☑ 확인 Check! ○ △ ×

초음파 센서의 장점이 아닌 것은?

① 구조가 간단하다.
② 보수 점검이 쉽다.
③ 정밀도가 낮고 안정성이 있다.
④ 흐름을 방해하지 않고 측정이 가능하다.

101 기출문제

☑ 확인Check! ○ △ ✕

다음 중 초음파 센서의 이상적인 조건에 해당되지 않는 것은?

① 구조가 간단한 것
② 정밀도가 좋은 것
③ 보수 점검이 쉬운 것
④ 좁은 범위에서 측정·사용이 가능한 것

쏙쏙 해설

초음파 센서의 이상적인 조건
안전성이 있고 넓은 범위에서 측정 대상으로 사용 가능한 것이어야 한다.

정답 ④

102 기출 13

☑ 확인Check! ○ △ ✕

초음파 감지기에 관한 설명으로 옳지 않은 것은?

① 도플러효과를 이용한 감지기이다.
② 송·수신용 소자는 초전효과를 이용한다.
③ 입체적으로 경계할 수 있는 감지기이다.
④ 20kHz~100kHz의 주파수를 사용한다.

쏙쏙 해설

초전효과를 이용한 감지기는 열선 감지기이다.

정답 ②

103 기출 15

☑ 확인Check! ○ △ ✕

반도체에 전류를 흘려 이와 직각방향으로 자장을 가하면 플레밍의 왼손법칙에 의해 전류와 자장 모두의 직각방향으로 기전력이 발생하는 효과는?

① 초전효과
② 홀효과
③ 열전효과
④ 도플러효과

쏙쏙 해설

전류를 흘려 직각 방향으로 자장을 가하면 플레밍의 왼손법칙에 의해 전류와 자장 모두 직각방향으로 기전력이 생기는 현상을 홀효과라 한다. 1879년 미국의 물리학자인 에드윈 홀이 발견하여 홀효과라 한다.

정답 ②

핵심만 콕

• 열전효과 : 두 개의 다른 도체를 접합한 경우 접촉부에 온도차가 생기면 열전류가 흐르는 현상이다.
• 초전효과 : 물질에 가해진 온도의 급격한 변화에 의해 전기분극의 크기가 변화하여 전압이 발생하는 현상이다.
• 도플러효과 : 파원과 관측자 사이의 상대적 운동 상태에 따라 관측자가 관측하는 진동수가 달라지는 현상이다.

104 기출문제

☑ 확인 Check! ○ △ ✕

움직이고 있는 물체가 음파나 전파 같은 이른바 파동을 방사하면 그 반사파는 원래의 주파수보다 높거나 아니면 낮은 주파수로 되돌아오며 주파수의 고, 저는 운동방향에 따라 달라지는데 이런 현상을 무엇이라고 하는가?

① 홀효과
② 열전효과
③ 도플러효과
④ 초전효과

쏙쏙 해설

도플러효과에 대한 설명으로 도플러효과를 이용한 감지기는 초음파 감지기이다.

정답 ❸

105 기출 21

☑ 확인 Check! ○ △ ✕

화재 감지기 중 열 감지기 감지방식에 해당하지 않는 것은?

① 차동식 분포형 감지기
② 광전식 분리형 감지기
③ 정온식 스포트형 감지기
④ 보상식 스포트형 감지기

쏙쏙 해설

광전식 분리형 감지기는 연기 감지기에 해당한다.

정답 ❷

핵심만 콕

화재경보 센서 암기법
• 연기 센서 : 이온화식, 광전식 (🔒 연·화·광전)
• 열 센서 : 차동식, 정온식, 보상식 (🔒 열·차·정·보)
• 불꽃 센서 : 자외선, 적외선 (🔒 불·자·적)

106 기출 17

☑ 확인 Check! ○ △ ✕

화재 감지기의 분류에 속하지 않는 것은?

① 열 감지기
② 연기 감지기
③ 불꽃 감지기
④ 진동 감지기

쏙쏙 해설

화재 감지기는 열 감지기, 연기 감지기, 불꽃 감지기로 구분되며, 진동 감지기는 외곽 침입감지 장치에 해당한다.

정답 ④

핵심만 콕

화재 감지기의 구성 및 종류

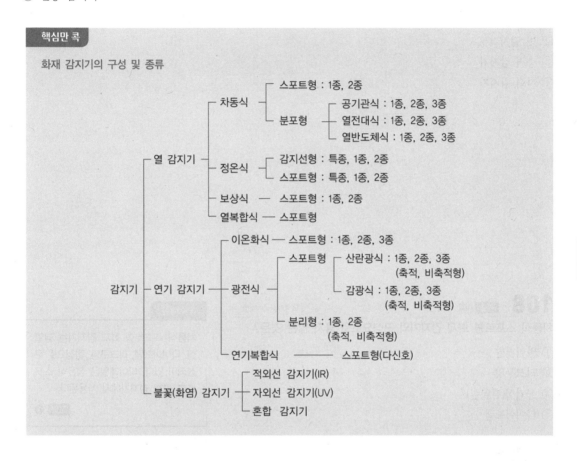

107 기출 22

☑ 확인Check! ○ △ ✕

다음 내용이 모두 포함되는 감지기 분류는?

> • 열 감지기
> • 연기 감지기
> • 불꽃 감지기

① 화재 감지기
② 빛 감지기
③ 충격 감지기
④ 자력 감지기

108 기출 18

☑ 확인Check! ○ △ ✕

차동식 스포트형 화재 감지기의 구성요소로 옳지 않은 것은?

① 바이메탈
② 리크구멍
③ 공기실(감열실)
④ 다이어프램

핵심만 콕

차동식 스포트형 화재 감지기의 동작원리

화재 발생 시 열이 발생되어 감지기 표면에 전달되면 감열부의 공기가 급격히 팽창되어 다이아프램을 밀어 올려 평상시 떨어져 있던 접점(a접점)을 붙여 감지하는 방식이다. 난방 시에는 완만한 온도상승이 발생되어 서서히 팽창된 공기는 리크구멍으로 빠져서 감지하지 않는다. 감지기는 감열실, 다이아프램, 리크구멍, 접점으로 구성되어 있다.

• 감열실 : 열을 유효하게 받는 부분이다.
• 다이아프램 : 인청동판이나 황동판으로서 신축성 있는 금속판이다.
• 리크구멍 : 난방에 의한 완만한 온도상승 시 열의 조절구멍이다.

〈출처〉 이강열, 「기계경비개론」, 진영사, 2021, P. 283

109 기출 20

☑ 확인Check! ○ △ ✕

감열실, 다이아프램, 리크구멍, 접점으로 구성되는 열 감지기가 아닌 것은?

① 광전식 스포트형 감지기
② 차동식 스포트형 감지기
③ 보상식 스포트형 감지기
④ 차동식 분포형 공기관식 감지기

110 기출 17

☑ 확인Check! ○ △ ✕

자동화재탐지설비의 열 감지기 중 일국소의 주위 온도가 일정 온도 이상이 되었을 때 작동하는 감지기는?

① 차동식 분포형 감지기
② 차동식 스포트형 감지기
③ 정온식 스포트형 감지기
④ 열전대형 차동식 감지기

핵심만 콕

화재 감지 센서
- 정온식 스포트형 감지기 : 온도가 감지기의 공칭 작동온도보다 높아졌을 때에 원판 바이메탈이 반전하여 인슐레이트 핀을 눌러서 접점을 닫아 신호를 보내는 방식의 감지기이다.
- 차동식 분포형 감지기 : 주위 온도가 일정한 온도 상승률 이상이 되었을 때 작동하는 것으로서 광범위한 열효과의 누적에 의해 작동하는 것을 말하며, 공기의 팽창을 이용하는 방법과 열기전력을 이용하는 방법이 있다.
- 차동식 스포트형 감지기 : 주위 온도가 일정한 온도 상승률 이상이 되었을 때에 작동하는 것으로 일국소의 열효과에 의해 작동하는 것을 말한다.
- 열전대형 차동식 감지기 : 두 종류의 도체의 접합부에 온도차를 주면 기전력이 발생하는 원리를 이용하여 화재발생 시 열로 급격한 온도상승을 받으면 천장에 설치된 열전대가 가열되어 열기전력이 발생되면서 미터릴레이를 구동시키는 방법이다.

111 기출 22

열을 가하면 열기전력이 발생하는 감지기 소자는?

① 압전대
② 광전대
③ 열전대
④ 공전대

☑ 확인 Check! ○ △ ✕

쏙쏙 해설

열전대는 열을 가하면 열기전력이 발생하는 감지기 소자이다.

정답 ❸

112 기출문제

초음파 센서에 관한 설명으로 옳지 않은 것은?

① 송파부에서 초음파를 방사하여 그 반사파가 침입자에 의해 변화하는 것을 감지하는 것이다.
② 도플러형과 펄스에코형의 2가지 방식이 있다.
③ 초음파 센서는 공기진동으로 음파를 이용하는 것이고, 공기의 움직임으로부터 영향을 받기 때문에 설치장소에 유의해야 한다.
④ 초음파 센서의 이상적인 조건은 좁은 범위에서 측정대상으로 사용 가능해야 한다.

☑ 확인 Check! ○ △ ✕

쏙쏙 해설

초음파 센서의 이상적인 조건은 넓은 범위에서 측정대상으로 사용 가능해야 한다.

정답 ❹

113 기출 21

5미터의 간격을 두고 2중으로 설치된 울타리 사이의 지상 공간 내 침입자의 이동을 감지할 수 있는 감지기는?

① 누수 감지기
② 자석 감지기
③ 스프링클러
④ 마이크로웨이브 감지기

☑ 확인 Check! ○ △ ✕

쏙쏙 해설

마이크로웨이브 감지기는 물체의 크기와 움직임을 잘 탐지하여 어떠한 환경(열, 온도, 소음, 습기, 기류, 먼지 등에 의한 열악한 환경)에서도 사용이 가능하고, 오작동이 거의 없으므로, 안개가 있는 환경에서도 울타리를 효과적으로 감지할 수 있는 공간형 감지기이다.

정답 ❹

114 기출 14

안개가 있는 환경에서 울타리를 효과적으로 감지하기 위해 사용되는 공간형 감지기는?

① 자석 감지기
② 열선 감지기
③ 충격 감지기
④ 마이크로웨이브 감지기

☑ 확인 Check! ○ △ ✕

쏙쏙 해설

물체의 크기와 움직임을 잘 탐지하는 마이크로웨이브 감지기는 어떠한 환경(열, 온도, 소음, 습기, 기류, 먼지 등에 의한 열악한 환경)에서도 사용이 가능하고, 오작동이 없으므로 안개가 있는 환경에서 울타리를 효과적으로 감지하기 위해 사용되는 공간형 감지기이다.

정답 ④

115 기출 11

연기 감지기 설치 기준이 옳지 않은 것은?

① 계단 및 경사로에 있어서는 수직거리 15m(3종은 10m)마다 1개 이상으로 할 것
② 천장 또는 반자 부근에 배기구가 있는 경우에는 그 부근에 설치할 것
③ 천장 또는 반자가 낮은 실내 또는 좁은 실내에 있어서는 출입구의 가까운 부분에 설치할 것
④ 감지기는 벽 또는 보로부터 1.5m 이상 떨어진 곳에 설치할 것

☑ 확인 Check! ○ △ ✕

쏙쏙 해설

감지기는 벽 또는 보로부터 0.6m 이상 떨어진 곳에 설치해야 한다.

정답 ④

116

다음 중 초음파 감지기 설치장소로 적합한 것은?

① 흔들림이 있는 곳
② 환풍기 근처
③ 소음이 있는 곳
④ 조명이 어두운 지하실

☑ 확인 Check! ○ △ ✕

쏙쏙 해설

초음파 감지기는 도플러효과에 따른 주파수의 변화를 감지하는 원리로 작동하므로, 환풍기 근처처럼 바람 등의 음파의 전파경로에 영향을 미칠 수 있는 곳, 외부 소음이 심한 곳, 흔들림이 있는 곳 등은 설치장소로 적합하지 않다.

정답 ④

117 기출 19

마이크로웨이브 센서의 광학적 특성은?

① 직진성
② 충격성
③ 압력성
④ 파괴성

☑ 확인Check! ○ △ ✕

118 기출문제

화재 감지기 중 연기 감지기에 해당하는 것은?

① 이온화식
② 공기관식
③ 열전대식
④ 열반도체식

☑ 확인Check! ○ △ ✕

119 기출문제

다음의 화재 감지기 중 연기 감지기의 형태가 아닌 것은?

① 이온화식 감지기
② 광전식 감지기
③ 보상식 감지기
④ 연기복합식 감지기

☑ 확인Check! ○ △ ✕

120 기출문제

☑ 확인 Check! ○ △ ✕

열 감지기에 관한 설명 중 잘못된 것은?

① 실내나 목욕물 온도의 이상을 감지하는 온도 스위치이다.

② 열 감지기에는 급격한 온도 변화를 감지하는 정온식과 일정 온도 이상이 되는 것을 감지하는 차동식이 있다.

③ 차동식은 공기관과 공기실내의 팽창을 이용한 것과 이종의 금속을 접합한 열전대 또는 반도체를 감지소자로서 양단의 온도차에 의해 초전력을 발생하는 현상을 이용한 것이 있다.

④ 정온식은 팽창계수와 다른 금속을 대립시킨 바이메탈과 금속, 액체, 기체의 팽창을 이용해서 접점이 닫히도록 한 것, 일정의 고온도가 되면 절연물이 녹아서 절연된 금속을 합선하도록 한 것이다.

121 기출 18

☑ 확인 Check! ○ △ ✕

코일 형태로 감겨진 백금선(발열선) 표면에 가스가 연소할 때, 발열에 의해 백금선의 저항치가 변화하는 것을 이용한 가스누설 감지기는?

① 반도체식

② 열전도식

③ 불꽃감지식

④ 접촉연소식

핵심만 콕

• 가스누설 감지기는 반도체식, 접촉연소식, 기체 열전도식이 있으며, 대부분은 접촉연소식이나 반도체식을 많이 사용한다.

• 반도체식 가스누설 감지기는 산화물 반도체 소자에 가스가 흡착하면 표면부에서 전자의 주고받는 현상이 일어나 전기저항이 변화하여 감지하는 원리이다.

122

☑ 확인 Check! ○ △ ✕

반도체식 가스 센서에 대한 설명으로 옳지 않은 것은?

① 온도·습도의 영향을 받아 열화하기 쉽다.

② 특성의 편차가 크고 재현성이 나쁘다.

③ 안전성이 나쁘고 신뢰도가 낮다.

④ 트랜지스터나 IC를 제조하는 것과 같은 방법으로 많이 만들 수 없다.

123

☑ 확인 Check! ○ △ ✕

이온화식 연기 감지기에 대한 설명 중 맞지 않는 것은?

① 연기에 의해서 이온 전류가 발생한다.

② 다량의 수증기와 먼지 등이 발생하는 장소에 적합하다.

③ 이온실 하나로 주기적 검출회로를 이용한 방식이다.

④ 연기가 이온화한 공기에 흡착되면 전류가 흐르기 어렵게 되는 현상을 이용한 것이다.

124

☑ 확인 Check! ○ △ ✕

가스누출 감지기에 대한 설명 중 맞지 않는 것은?

① 반도체와 백금의 전기저항이 변화하는 것을 이용해서 가스가 새는 것을 검지하는 것이다.

② 가스 센서는 가스에 따라 검지하는 방식이 같다.

③ 여기에는 연료 가스를 감지하는 센서와 배기 가스를 검지하는 센서가 있다.

④ 최근에 반도체를 사용한 것이나 세라믹을 사용한 것 등이 주류가 되고 있다.

125 기출문제

☑ 확인Check! ○ △ ✕

정온식 스포트형 열 감지기와 관련이 없는 것은?

① 가용절연물
② 이온(ion)의 화학반응
③ 금속의 팽창계수
④ 바이메탈(bimetal)

정온식 스포트형 열 감지기는 금속의 팽창계수와 다른 금속을 대립시킨 바이메탈(bimetal)과 금속, 액체, 기체의 팽창을 이용해서 접점이 닫혀지도록 한 것, 일정의 고온도가 되면 가용절연물이 녹아서 절연된 금속을 합선하도록 한 것이다. 이온(ion)의 화학반응은 연기 감지기 중 이온화식 스포트형과 관련된다.

정답 ❷

126

☑ 확인Check! ○ △ ✕

차동식 분포형 감지기 중 열전대식의 동작 원리는?

① 열전대부에 쓰이는 금속의 열팽창을 이용
② 바이메탈의 변형을 이용
③ 열기전력의 발생을 이용
④ 공기의 팽창을 이용

차동식 분포형 감지기 중 열전대식은 천장 판자면에 설치된 열전대부가 화재의 열기에 의해 가열되면 열기전력이 발생하여 미터릴레이에 전류가 흘러 접점을 붙게 함으로써 수신기에 화재신호를 보내는 원리이다.
④는 공기관식 방식이다.

정답 ❸

127

☑ 확인Check! ○ △ ✕

감지기의 겉모양이 전선과 같은 모양으로 되어 있는 것은?

① 정온식 감지선형
② 차동식 스포트형
③ 정온식 스포트형
④ 공기관식

정온식 감지선형 감지기는 2가닥의 피아노선을 전선처럼 꼰 것이다.

정답 ❶

128 기출문제

☑ 확인 Check! ○ △ ✕

차동식 스포트형 감지기에 관한 설명으로 옳지 않은 것은?

① 주위 온도가 일정한 온도 상승률 이상이 되었을 때 작동한다.

② 목욕탕 등 수증기가 많이 발생하는 장소에서의 사용은 부적합하다.

③ 극히 완만한 온도상승일 경우 응답시간이 길어질 수 있다.

④ 이온화식과 광전식으로 구분한다.

쏙쏙 해설

차동식 스포트형 감지기는 열감지 센서이고, 이온화식과 광전식으로 구분되는 것은 연기감지 센서이다. 차동식 스포트형 감지기는 감도에 따라 1종과 2종으로 구분한다.

정답 ❹

129

☑ 확인 Check! ○ △ ✕

공기의 팽창으로 떨어져 있던 접점이 붙어 열을 감지하는 방식의 감지기는?

① 열전대식

② 공기관식

③ 정온식

④ 열반도체식

쏙쏙 해설

화재발생 시 천장에 설치되어 있는 공기관 내의 공기가 팽창하면서 평상시 떨어져 있던 접점이 붙어 감지하는 방식의 감지기는 공기관식이다.

정답 ❷

130 기출 18

☑ 확인 Check! ○ △ ✕

자력식 케이블 감지시스템에 관한 설명으로 옳지 않은 것은?

① 센서케이블, 신호분석기, 신호모니터로 구성된다.

② 케이블 내부의 속심이 영구고무자석으로 되어 있다.

③ 실내·외 침입감지에 모두 적용할 수 있다.

④ 케이블에 충격이나 진동 발생 시 기전력의 변화를 이용한 것이다.

쏙쏙 해설

자력식 진동센서 케이블 내부의 속심이 영구고무자석이 아니라 속심을 둘러싼 부분이 영구고무자석이다.

정답 ❷

131 기출 13

☑ 확인 Check! ○ △ ✕

화재 감지기의 부착 높이가 8m 이상의 장소에 적합하지 않은 감지기는?

① 차동식 분포형

② 이온화식

③ 광전식

④ 정온식

쏙쏙 해설

정온식(스포트형, 감지선형) 감지기는 주위 온도가 일정 온도 이상이 되었을 때 감지하는 방식으로, 부착 높이가 4m 미만이다.

정답 ❹

제1장 제2장 **제3장** 제4장 제5장 제6장

132 기출 13

☑ 확인 Check! ○ △ ✕

자동화재 탐지설비 감지기의 설치 제외 장소가 아닌 곳은?

① 천장 또는 반자의 높이가 20m 이하인 장소

② 부식성가스가 체류하고 있는 장소

③ 실내 용적 20m 이하의 소규모 장소

④ 욕조나 샤워시설이 있는 화장실 등 이와 유사한 장소

쏙쏙 해설

천장 또는 반자의 높이가 20m 이상인 장소에는 감지기를 설치하지 않는다.

정답 ❶

133 기출 16

☑ 확인 Check! ○ △ ✕

화재 감지기 설치가 필요한 장소는?

① 헛간 등 외부와 기류가 통하는 장소로서 감지기가 유효하게 감지할 수 없는 장소

② 고온도 및 저온도로서 감지기의 기능이 정지되기 쉽거나 감지기의 유지관리가 어려운 장소

③ 부식성가스가 체류하고 있는 장소

④ 사무 공간 등 화재 발생의 위험이 많은 장소이나 유지관리가 어려운 장소

쏙쏙 해설

화재발생의 위험이 적은 장소로서 감지기의 유지관리가 어려운 장소는 설치가 제외되지만, 화재 발생의 위험이 많은 장소에는 설치해야 한다.

정답 ❹

핵심만 콕

설치 제외 장소

• 천장 또는 반자의 높이가 20m 이상인 장소
• 헛간 등 외부와 기류가 통하는 장소로서 감지기에 따라 화재발생을 유효하게 감지할 수 없는 장소
• 부식성가스가 체류하고 있는 장소
• 고온도 및 저온도로서 감지기의 기능이 정지되기 쉽거나 감지기의 유지관리가 어려운 장소
• 목욕실·욕조나 샤워시설이 있는 화장실·기타 이와 유사한 장소
• 파이프덕트 등 그 밖의 이와 비슷한 것으로서 2개 층마다 방화구획된 것이나 수평단면적이 $5m^2$ 이하인 것
• 먼지·가루 또는 수증기가 다량으로 체류하는 장소 또는 주방 등 평시에 연기가 발생하는 장소(연기감지기에 한한다)
• 프레스공장·주조공장 등 화재발생의 위험이 적은 장소로서 감지기의 유지관리가 어려운 장소

134 기출 19

☑ 확인Check! ○ △ ✕

자동화재탐지설비의 감지기 설치 기준으로 옳은 것은?

① 감지기(차동식 분포형 제외)는 실내로의 공기유입구로부터 1.5m 이상 떨어진 위치에 설치

② 공기관식 차동식 분포형 감지기의 공기관 노출부분은 감지구역마다 10m 이하에 설치

③ 정온식 감지기는 공칭 작동온도가 최고 주위온도보다 5℃ 이하에 설치

④ 보상식 스포트형 감지기는 정온점이 감지기 주위의 평상시 최고온도보다 10℃ 이하에 설치

쏙쏙 해설

자동화재탐지설비 및 시각경보장치의 화재안전성능기준[NFPC 203] 제7조 제3항 제1호

정답 ❶

관계법령

감지기(자동화재탐지설비 및 시각경보장치의 화재안전성능기준[NFPC 203] 제7조)

③ 감지기는 다음 각호의 기준에 따라 설치하여야 한다. 다만, 교차회로방식에 사용되는 감지기, 급속한 연소 확대가 우려되는 장소에 사용되는 감지기 및 축적기능이 있는 수신기에 연결하여 사용하는 감지기는 축적기능이 없는 것으로 설치하여야 한다.

1. 감지기(차동식분포형의 것을 제외한다)는 실내로의 공기유입구로부터 1.5m 이상 떨어진 위치에 설치할 것
2. 감지기는 천장 또는 반자의 옥내에 면하는 부분에 설치할 것
3. 보상식 스포트형 감지기는 정온점이 감지기 주위의 평상시 최고온도보다 20℃ 이상 높은 것으로 설치할 것
4. 정온식 감지기는 주방·보일러실 등으로서 다량의 화기를 취급하는 장소에 설치하되, 공칭작동온도가 최고주위온도보다 20℃ 이상 높은 것으로 설치할 것

5~6. 생략

7. 공기관식 차동식 분포형 감지기는 다음의 기준에 따를 것
    가. 공기관의 노출부분은 감지구역마다 20m 이상이 되도록 할 것
    나. 공기관과 감지구역의 각 변과의 수평거리는 1.5m 이하가 되도록 하고, 공기관 상호 간의 거리는 6m(주요구조부를 내화구조로 한 특정소방대상물 또는 그 부분에 있어서는 9m) 이하가 되도록 할 것
    다. 공기관은 도중에서 분기하지 아니하도록 할 것
    라. 하나의 검출부분에 접속하는 공기관의 길이는 100m 이하로 할 것
    마. 검출부는 5° 이상 경사되지 아니하도록 부착할 것
    바. 검출부는 바닥으로부터 0.8m 이상 1.5m 이하의 위치에 설치할 것

8~15. 생략

제1장

제2장

제3장

제4장

제5장

제6장

☑ 확인 Check! ○ △ ✕

차동식과 정온식의 특성을 가진 감지기는?

① 연기 감지기

② 차동식 분포형 감지기

③ 보상식 스포트형 감지기

④ 분리형 광전기 연기 감지기

쏙쏙 해설

차동식과 정온식의 특성을 가진 감지기는 보상식 스포트형 감지기이다(감지기의 형식승인 및 제품검사의 기술기준 제3조 제1호 마목).

정답 ❸

관계법령

감지기의 구분(감지기의 형식승인 및 제품검사의 기술기준 제3조)

감지기는 구조 및 기능에 따라 다음 각호와 같이 구분한다.

1. 열감지기는 각목과 같이 구분한다. 〈개정 2017.12.6.〉
    가. "차동식 스포트형"이란 주위온도가 일정 상승율 이상이 되는 경우에 작동하는 것으로서 일국소에서의 열 효과에 의하여 작동되는 것을 말한다.
    나. "차동식 분포형"이란 주위온도가 일정 상승율 이상이 되는 경우에 작동하는 것으로서 넓은 범위 내에서의 열 효과의 누적에 의하여 작동되는 것을 말한다.
    다. "정온식 감지선형"이란 일국소의 주위온도가 일정한 온도 이상이 되는 경우에 작동하는 것으로서 외관이 전선으로 되어 있는 것을 말한다.
    라. "정온식 스포트형"이란 일국소의 주위온도가 일정한 온도 이상이 되는 경우에 작동하는 것으로서 외관이 전선으로 되어 있지 아니한 것을 말한다.
    마. "보상식 스포트형"이란 가목와 라목 성능을 겸한 것으로서 가목의 성능 또는 라목의 성능 중 어느 한 기능이 작동되면 작동신호를 발하는 것을 말한다.
2. 연기감지기는 각목과 같이 구분한다. 〈개정 2017.12.6.〉
    가. "이온화식 스포트형"이란 주위의 공기가 일정한 농도의 연기를 포함하게 되는 경우에 작동하는 것으로서 일국소의 연기에 의하여 이온전류가 변화하여 작동하는 것을 말한다.
    나. "광전식 스포트형"이란 주위의 공기가 일정한 농도의 연기를 포함하게 되는 경우에 작동하는 것으로서 일국소의 연기에 의하여 광전소자에 접하는 광량의 변화로 작동하는 것을 말한다.
    다. "광전식 분리형"이란 발광부와 수광부로 구성된 구조로 발광부와 수광부 사이의 공간에 일정한 농도의 연기를 포함하게 되는 경우에 작동하는 것을 말한다.
    라. "공기흡입형"이란 감지기 내부에 장착된 공기흡입장치로 감지하고자 하는 위치의 공기를 흡입하고 흡입된 공기에 일정한 농도의 연기가 포함된 경우 작동하는 것을 말한다.

136 기출 19

다음 (   ) 안에 들어갈 용어를 순서대로 나열한 것은?

> 차동식 스포트형 화재감지기의 공기실은 (   )을(를) 통해 외기와 연결되어 있어 화재로 온도가 일정속도 이상 상승하면 공기가 팽창하여 얇은 금속판으로 된 (   )이(가) 변형되어 경보신호가 발생한다.

① 베이스, 접점
② 접점, 베이스
③ 다이어프램, 리크관
④ 리크관, 다이어프램

핵심만 콕

열감지 센서
천장면에 설치하며, 화재 시의 열을 감지하여 본체에 신호를 보내는 것이다. 감지방식에 따라 정온식과 차동식의 두 종류가 있다.

정온식	스포트형	어떤 부분의 주위 온도가 일정 온도 이상이 되었을 때에 작동하는 것으로, 열을 감열판으로 받아 원판 바이메탈로 전도한다. 이 온도가 감지기의 공칭 작동온도보다 높아졌을 때에 원판 바이메탈이 반전하여 인슐레이트 핀을 눌러서 접점을 닫아 신호를 보내는 것이다. 부엌 등 평소 불을 사용하는 곳에서 사용한다.
	감지선형	주위 온도가 일정한 온도 이상이 되었을 때에 작동하는 것으로서 겉모양이 일반 전선과 같이 구성되어 있다.
차동식	스포트형	• 차동식 스포트형 열감지 센서는 주위 온도가 일정한 온도 상승률 이상이 되었을 때에 온도 변화를 감지하여 작동한다. • 차동식 스포트형 화재감지기는 감열실, 다이아프램, 리크구멍, 접점으로 구성되어 있다. • 온도가 급격하게 상승하면 공기가 팽창하여 다이어프램을 누르고 접점을 닫아 신호를 보낸다.
	분포형	주위 온도가 일정한 온도 상승률 이상이 되었을 때 작동하는 것으로서 광범위한 열효과의 누적에 의해 작동하는 것을 말하며 공기관식, 열전대식, 열반도체식이 있다.
	공기관식	화재발생 시 천장에 설치되어 있는 공기관 내의 공기가 팽창하면 평상시 떨어져 있던 접점이 붙어 감지하는 방식이다.
	열전대식	화재로 인해 열이 발생하여 천장에 설치된 열전대를 급격히 가열하면 열기전력이 발생해 미터릴레이를 구동시킴으로써 평상시 떨어져 있는 접점을 붙여 감지하는 원리이다.
	열반도체식	열전대식과 마찬가지로 열기전력을 이용하나 감열부가 열반도체소자인 것이 다르다.

137

확인Check! ○ △ ✕

다음 중 화재 감지기인 열 감지기의 차동식 분포형의 종류가 아닌 것은?

① 공기관식
② 열전대식
③ 열반도체식
④ 압전식

쏙쏙 해설

화재 감지기인 열 감지기의 차동식 분포형의 종류에는 공기관식, 열전대식, 열반도체식이 있다.

정답 ❹

138 기출 13

☑ 확인Check! ○ △ ✕

자동화재 탐지설비의 수신기 설치 기준으로 옳지 않은 것은?

① 수위실 등 상시 사람이 근무하는 장소에 설치
② 수신기가 설치된 장소에 경계구역 일람도를 비치
③ 수신기의 음향기구는 음량 및 음색이 주위의 다른 기기와 동등한 것으로 설치
④ 하나의 경계구역은 하나의 표시등 또는 하나의 문자로 표시

쏙쏙 해설

수신기의 음향기구는 그 음량 및 음색이 다른 기기의 소음 등과 명확히 구별될 수 있어야 한다.

정답 ❸

139 기출 19

☑ 확인Check! ○ △ ✕

불꽃감지기의 작동원리에 관한 설명으로 옳은 것은?

① 주위 온도가 일정한 온도 상승률 이상이 되었을 때 작동한다.
② 주위의 공기가 일정 온도 이상의 연기를 포함한 경우에 작동한다.
③ 화재 시에 불꽃에서 나오는 자외선이나 적외선의 일정량을 감지하여 작동한다.
④ 셔터 틀의 감지기에 대응하는 위치에 자석 또는 자석판을 부착하여 작동한다.

쏙쏙 해설

불꽃감지기는 화재 시에 불꽃에서 나오는 자외선이나 적외선 혹은 그 두 가지의 일정량을 감지하여 내장된 마이크로프로세서(MPU : Microprocessor unit)가 신호를 처리한다.

정답 ❸

핵심만 콕

① 주위 온도가 일정한 온도 상승률 이상이 되었을 때 작동되는 감지기는 차동식 열 감지기이다.
② 주위의 공기가 일정한 온도 이상의 연기를 포함한 경우에 작동하는 감지기는 이온화식 연기 감지기이다.
④ 셔터 틀의 감지기에 대응하는 위치에 자석 또는 자석판을 부착하여 작동하는 감지기는 자석식 셔터 감지기이다.

140 기출 21

☑확인Check! ○ △ ×

자동화재탐지설비의 화재안전성능기준[NFPC 203]상 불꽃 감지기 설치기준으로 옳은 것은?

① 감지기는 벽 또는 보로부터 0.6m 이상 떨어진 곳에 설치할 것
② 천장 또는 반자가 낮은 실내 또는 좁은 실내에 있어서는 출입구의 가까운 부분에 설치할 것
③ 감지기는 공칭감시거리와 공칭시야각을 기준으로 감시구역이 모두 포용될 수 있도록 설치할 것
④ 감지기는 복도 및 통로에 있어서는 보행거리 30m마다, 계단 및 경사로에 있어서는 수직거리 15m마다 1개 이상으로 할 것

쏙쏙 해설

①, ②, ④는 연기 감지기의 설치기준에 해당하며, ③이 불꽃 감지기의 설치기준에 해당한다.

정답 ❸

관계법령

감지기(자동화재탐지설비 및 시각경보장치의 화재안전성능기준[NFPC 203] 제7조)
③ 감지기는 다음 각호의 기준에 따라 설치하여야 한다. 다만, 교차회로방식에 사용되는 감지기, 급속한 연소 확대가 우려되는 장소에 사용되는 감지기 및 축적기능이 있는 수신기에 연결하여 사용하는 감지기는 축적기능이 없는 것으로 설치하여야 한다.

10. 연기 감지기는 다음의 기준에 따라 설치할 것
   가. 감지기의 부착높이에 따라 다음 표에 따른 바닥면적마다 1개 이상으로 할 것

(단위 : m²)

부착높이 감지기의 종류	1종 및 2종	3종
4m 미만	150	50
4m 이상 20m 미만	75	–

   나. 감지기는 복도 및 통로에 있어서는 보행거리 30m(3종에 있어서는 20m)마다, 계단 및 경사로에 있어서는 수직거리 15m(3종에 있어서는 10m)마다 1개 이상으로 할 것
   다. 천장 또는 반자가 낮은 실내 또는 좁은 실내에 있어서는 출입구의 가까운 부분에 설치할 것
   라. 천장 또는 반자부근에 배기구가 있는 경우에는 그 부근에 설치할 것
   마. 감지기는 벽 또는 보로부터 0.6m 이상 떨어진 곳에 설치할 것
13. 불꽃 감지기는 다음의 기준에 따라 설치할 것
   가. 공칭감시거리 및 공칭시야각은 형식승인 내용에 따를 것
   나. 감지기는 공칭감시거리와 공칭시야각을 기준으로 감시구역이 모두 포용될 수 있도록 설치할 것
   다. 감지기는 화재감지를 유효하게 감지할 수 있는 모서리 또는 벽 등에 설치할 것
   라. 감지기를 천장에 설치하는 경우에는 감지기는 바닥을 향하여 설치할 것
   마. 수분이 많이 발생할 우려가 있는 장소에는 방수형으로 설치할 것
   바. 그 밖의 설치기준은 형식승인 내용에 따르며 형식승인 사항이 아닌 것은 제조사의 시방에 따라 설치할 것

141 기출 11

☑ 확인Check! ○ △ ✕

폐쇄되지 않고 천장이 높은 시설에 발생하는 화재를 초기에 감지할 수 있는 감지기는?

① 불꽃 감지기
② 연기 감지기
③ 온도 감지기
④ 열 감지기

쏙쏙 해설

불꽃 감지기
화재 시 불꽃에서 나오는 자외선이나 적외선, 혹은 그 두 가지의 일정량을 빠르고 확실하게 감지할 수 있고, 옥외에서도 사용할 수 있다.

정답 ❶

142 기출 14

☑ 확인Check! ○ △ ✕

화재안전성능기준[NFPC 203]에서 LPG를 감지하기 위한 가스누설 감지기의 설치 규정은?

① 천장 면으로부터 30cm 이하
② 바닥 면으로부터 30cm 이하
③ 천장 면으로부터 60cm 이하
④ 바닥 면으로부터 60cm 이하

쏙쏙 해설

가스누설 감지기는 LNG(도시가스)는 천장 면으로부터 30cm 이하, LPG(프로판가스)는 바닥 면으로부터 30cm 이하에 설치한다.

정답 ❷

143

☑ 확인Check! ○ △ ✕

LPG가스 또는 도시가스 등의 가스 누출을 감지하여 경보하는 장치는?

① 가스화재경보기
② 화재경보기
③ 화재탐지기
④ 누전경보기

쏙쏙 해설

가스화재경보기
LPG가스 또는 도시가스 등의 가연성 가스가 누설되어 공기 중에 폭발범위가 형성됨으로써 점화원에 의해 폭발하는 것을 방지하고 또한 독성가스로 인한 중독사고를 미연에 방지하고자 가스 저장소 및 대량 사용장소에 설치하여 가스가 누설되었을 때 자동적으로 경보를 발하여 가스로 인한 사고를 사전에 예방하여 주는 장치를 말한다.

정답 ❶

144

☑ 확인Check! ○ △ ✕

물체에 힘을 가하는 순간에 전압이 발생하고, 역으로 물체에 전압을 가했을 때 신축하는 효과는?

① 압전효과

② 자기저항효과

③ 광기전력효과

④ 열전효과

145 기출문제

☑ 확인Check! ○ △ ✕

다음 중 압전성을 나타내는 물질에 해당되지 않는 것은?

① 로젤산연

② 티탄산바륨

③ 지르콘산연

④ 티탄산연

146 기출 14

☑ 확인Check! ○ △ ✕

실내에 설치하는 산소 감지기의 설치 및 기능에 관한 설명으로 옳지 않은 것은?

① 사람이 많이 모이는 장소에 설치한다.

② 가스기구를 사용하는 장소에 설치한다.

③ 연소를 이용한 난방기구를 사용하는 장소에 설치한다.

④ 산소농도가 일정기준 이상이 되면 경보를 발생시킨다.

147 기출문제

☑ 확인Check! ○ △ ✕

다음 중 광전효과가 아닌 것은?

① 홀효과
② 광기전력효과
③ 포톤효과
④ 뎀버효과

쏙쏙 해설

홀효과는 자기장 속을 흐르는 전류에 관한 현상으로 광전효과가 아니다.
광전효과는 일반적으로 물질이 빛을 흡수하여 자유로이 움직일 수 있는 전자를 방출하는 현상이다. 방출하는 전자의 상태에 따라 광이온화효과, 내부광전효과, 광기전력효과, 포톤효과(포톤드래그효과), 뎀버효과 등으로 나뉜다.

정답 ❶

148 기출문제

☑ 확인Check! ○ △ ✕

다음 중 센서에 의한 실수의 원인에 해당하지 않는 것은?

① 센서의 유지 및 관리가 충분하지 않기 때문이다.
② 외래 잡음에 대한 센서의 내노이즈가 높고, 오작동하기 때문이다.
③ 센서의 동작 원리를 충분히 이해하지 않고 무리하게 사용을 하기 때문이다.
④ 센서를 설치할 때의 공사가 불완전했기 때문이다.

쏙쏙 해설

품질 저하된 센서는 내노이즈가 낮아 조그마한 노이즈나 외래 잡음에 오작동한다.

정답 ❷

149 기출문제

☑ 확인Check! ○ △ ✕

감지기의 설치 방법에 관한 설명으로 옳지 않은 것은?

① 자석 감지기는 창문이나 출입문의 내측에 설치한다.
② 열선 감지기의 경우 실내에서의 설치 높이는 바닥에서 3m 이내에 설치한다.
③ 자석 감지기의 리드 스위치와 영구 자석은 10~15mm 이내가 되도록 설치한다.
④ 적외선 감지기를 내부 창문에 설치 시에는 창문틀에서 50cm 이상이 적당하다.

쏙쏙 해설

적외선 감지기를 내부 창문에 설치할 때에는 창문틀에서 30~40cm 정도에 설치한다.

정답 ❹

150 기출 09

☑ 확인Check! ○ △ ×

가스 감지기를 설치하고자 할 때 주의사항으로 옳지 않은 것은?

① 가스누설 감지기는 $4m^2$당 한 대씩 설치한다.

② 폭발 등의 위험이 있으므로 환풍기, 선풍기 주변에 설치한다.

③ 욕실과 같이 습기가 많은 장소, 매연 및 연기가 심한 곳은 설치하지 않는다.

④ 가스 취급기기(렌지)로부터 4m 이내의 천장(LNG) 또는 바닥 (LPG)에 설치한다.

쏙쏙 해설

환풍기, 선풍기 주변에는 설치를 피한다.

정답 ❷

151 기출 16

☑ 확인Check! ○ △ ×

가스 감지기에 관한 설명으로 옳지 않은 것은?

① 가스취급 기기로부터 4m 이내에 설치한다.

② LNG를 사용하는 장소에는 천장 부근에 설치한다.

③ 가스 충전소는 감지기 설치 대상에서 제외한다.

④ 환풍기, 선풍기 주변에는 설치를 피한다.

쏙쏙 해설

가스 충전소도 감지기 설치 대상에 해당한다.

정답 ❸

핵심만 콕

가스 감지기 설치 시 주의사항
- 가스누설 감지기는 $4m^2$당 한 대씩 설치한다.
- 폭발 등의 위험이 있으므로 환풍기, 선풍기 주변에는 설치를 피한다.
- 욕실과 같이 습기가 많은 장소, 매연 및 연기가 심한 곳은 설치하지 않는다.
- 가스 취급기기(렌지)로부터 4m 이내의 천장(LNG) 또는 바닥(LPG)에 설치한다.
- 가스누설 감지기는 LNG(도시가스)는 천장 면으로부터 30cm 이하, LPG(프로판가스)는 바닥 면으로부터 30cm 이하에 설치한다.

152 기출 18

☑ 확인Check! ○ △ ✕

복합 감지(combination sensor) 시스템 선정 시 사후 관리적인 측면에 해당되지 않는 것은?

① 제품보증기간
② 자체 이상진단기능 여부
③ 경비신호 출동지원 여부
④ 원활한 유지보수 자재 지원 여부

쏙쏙 해설

경비신호 시 출동지원 여부는 사후 관리적인 측면에서 고려사항이 아니다. 복합 감지 시스템 선정 시 고려사항 중 사후 관리적 측면은 유지보수 소요시간 및 원활한 유지보수 자재 지원 여부, 즉각적인 고장지점 파악 여부와 고장 시 복구대책, 자체 이상 진단기능 보유여부 및 감도조절 기능, 경비신호 데이터의 저장성, 제품보증 기간을 들 수 있다.

정답 ❸

153 기출 17

☑ 확인Check! ○ △ ✕

자동화재탐지설비 및 시각경보장치의 화재안전성능기준[NFPC 203]에 의한 연기감지기의 설치장소에 해당하지 않는 것은?

① 복도(30m 미만은 제외한다)
② 부식성가스가 체류하고 있는 장소
③ 계단·경사로 및 에스컬레이터 경사로
④ 엘리베이터 승강로·린넨슈트·파이프 피트 및 덕트 기타 이와 유사한 장소

쏙쏙 해설

부식성가스가 체류하고 있는 장소는 자동화재탐지설비 및 시각경보장치의 화재안전성능기준[NFPC 203] 제7조 제5항 제3호에 따라 감지기를 설치하지 아니한다.

정답 ❷

핵심만 콕

화재안전성능기준[NFPC 203]에 따른 연기감지기 설치장소
• 계단·경사로 및 에스컬레이터 경사로
• 복도(30m 미만은 제외)
• 엘리베이터 승강로(권상기실이 있는 경우에는 권상기실)·린넨슈트·파이프 피트 및 덕트 기타 이와 유사한 장소
• 천장 또는 반자의 높이가 15m 이상 20m 미만의 장소
• 다음 중 어느 하나에 해당되는 특정소방대상물의 취침·숙박·입원 등 이와 유사한 용도로 사용되는 거실
  – 공동주택·오피스텔·숙박시설·노유자시설·수련시설
  – 의료시설, 근린생활시설 중 입원실이 있는 의원·조산원
  – 근린생활시설 중 고시원
  – 교육연구시설 중 합숙소
  – 교정 및 군사시설

154 기출 20

☑ 확인 Check! ○ △ ✕

누수 감지기 설치에 관한 설명으로 옳지 않은 것은?

① 제어기 사용 환경은 습도 80% 이하가 되도록 한다.

② 와이어 센서는 물이 직접 닿을 수 있는 곳을 피해 설치한다.

③ 누수를 감지하는 와이어 센서와 제어기로 구성하여 설치한다.

④ 누수나 침수를 조기에 발견하여 사고를 미연에 방지할 수 있다.

쏙쏙 해설

와이어 센서는 물이 직접 닿을 수 있는 바닥에서 2~3cm 높이에 설치한다.

정답 ❷

155 기출 20

☑ 확인 Check! ○ △ ✕

누전경보기의 구성에 해당하지 않는 것은?

① 차단기

② 변압기

③ 수신기

④ 변류기

쏙쏙 해설

누전경보기는 변류기, 수신기, 음향장치, 차단기로 구성된다.

정답 ❷

핵심만 콕

누전경보기의 구성요소 및 기능(누전경보기의 형식승인 및 제품검사의 기술기준 제2조 참고)

구성요소	기 능
변류기	경계전로의 누설전류를 자동적으로 검출하여 수신기에 송신
수신부	변류기로부터 검출된 신호를 수신하여 누전의 발생을 당해 소방대상물의 관계자에게 경보
경종(음향장치)	경보음 발생
차단기구	경계전로에 누설전류가 흐르는 경우 이를 수신하여 그 경계전로의 전원을 자동으로 차단

04 화상감시시스템

Ⅰ CCTV의 개념

1. 폐쇄회로 TV

카메라와 모니터 사이를 케이블로 연결하는 시스템으로 특정인만이 화상정보를 볼 수 있도록 하는 것이며 Closed Circuit Television이라 하고, TV 모니터를 통해 현장상황을 감시하는 시스템이다.

2. 개방회로 TV

카메라와 TV 수상기 사이를 VHF나 UHF 무선을 통해 연결해 일반인이 시청할 수 있는 TV 방송이다.

3. 네트워크 카메라 `기출` 18 · 15

① 의의 : 별다른 장비 없이 카메라에 공유기만 연결해 사용하는 감시카메라로, 별도 공간에 영상을 저장하고 유무선 통신망으로 연결해 실시간으로 스마트폰 · 인터넷으로 볼 수 있는 방식이다. 별도의 녹화기가 없어도 손쉽게 일정 장소를 감시할 수 있어 소규모 사업장이나 가정에서 사용하기 좋다.

② 영상처리 `기출` 14

ⓐ 카메라 모듈로부터 받은 아날로그 신호는 디코더를 통해 디지털로 바뀌고, 디지털 영상데이터를 영상압축칩으로 전달한다.

ⓑ 압축된 영상데이터를 통신포트를 통해 네트워크로 전송한다.

4. CCTV의 도입

① CCTV는 현재 무슨 일이 일어나고 있는가를 눈으로 확인하기 위해 사용하며, 현장의 변화를 인지하기 위해 상황실 운용요원이 모니터 화면을 주시하는 데만 의지할 수 없기 때문에 근무자의 주의를 끌기 위해 이동감지장치와 같은 보조장치를 CCTV와 연결하여 사용한다.

② CCTV 사용의 장점 중 하나는 현재의 활동을 감시하는 것보다는 녹화하여 후일 분석을 위해 유용하게 사용할 수 있다는 것이다.

③ CCTV를 감지장치와 함께 사용할 경우, 경보장치가 작동되는 상황에서 감시지역의 상황이 모니터 화면에 나타나게 되고, 경보음이 울려 운용요원이 모니터 화면에 주의를 기울일 수 있게 해준다.

5. CCTV의 적용과 사용분야

① **정보의 근원 제공** : 무슨 일이 일어나고 있는지 상황실 모니터를 통해 눈으로 직접 볼 수 있다면 그 경보가 사실이라는 것을 알 수 있다. 따라서 보는 것이 믿는 것 이상이라 할 수 있으며, CCTV는 이러한 믿을 수 있는 정보를 제공해준다.

② **인간의 시계 확장** : TV 카메라와 모니터 등을 통해 어느 지역에서 사고가 발생하는지 쉽게 인식할 수 있다. 즉, 이를 위해 지시등이나 이를 조작하는 장치와 현장위치를 나타내는 모의 배치도, 그래픽 배치도를 사용하여 상황실에서 현장을 쉽게 구분할 수 있다.

③ **영상변화의 감지** : 침입감지장치의 한 형태로 사용되며, 이를 위해 이동감지장치를 사용하여 모니터 화면에서 영상변화를 감지한다.

④ **출입인원의 확인** : 출입통제시스템에 사용되어 원격으로 출입인원을 확인하기 위해 사용한다.

⑤ **재생** : 은행과 같은 장소에서 녹화장치와 함께 사용하여 나중에 재생할 수 있다.

⑥ **직접 노출의 감소** : 상황실에서 현장상황을 직접 확인할 수 있기 때문에 안전근무자가 위해에 직접 노출되는 것을 감소시킬 수 있다.

6. CCTV 설치 시 준수사항 : 안내판 설치(공공기관 CCTV 관리 가이드라인 제9조) 기출 14 · 13

① 공공기관의 장은 CCTV를 설치할 경우 정보주체가 이를 쉽게 인식할 수 있도록 설치목적 및 장소, 촬영범위 및 시간, 관리책임자 및 연락처를 기재한 안내판을 설치하는 등 필요한 조치를 취하여야 한다.

② 안내판은 촬영범위 내에서 정보주체가 알아보기 쉬운 장소에 누구라도 용이하게 판독할 수 있게 설치되어야 한다. 또한 공공기관의 장은 CCTV를 설치한 장소마다 안내판을 설치하여야 한다.

③ 공공기관의 건물 안에 다수의 CCTV를 설치하는 경우에는 출입구 등 잘 보이는 곳에 해당 시설 또는 장소 전체가 CCTV 설치지역임을 표시하는 안내판을 설치할 수 있다.

④ 다음 중 어느 하나에 해당하는 경우에는 안내판 설치에 갈음하여 인터넷 홈페이지에 설치목적 및 장소, 촬영범위 및 시간, 관리책임자 및 연락처를 게재할 수 있다.
  ㉠ 원거리 촬영, 과속 · 신호위반단속 또는 교통흐름조사 등의 목적으로 CCTV를 설치하는 경우로서 개인정보침해의 위험이 적은 경우
  ㉡ 산불감시용 폐쇄회로 텔레비전 등 장소적 특성으로 인하여 안내판을 설치하는 것이 불가능하거나 안내판을 설치하더라도 정보주체가 이를 쉽게 알아볼 수 없는 경우

⑤ 공공기관의 장은 군사시설, 국가중요시설, 보안목표시설에 설치하는 CCTV에 대하여는 안내판을 설치하지 아니할 수 있다.

Ⅱ TV시스템의 구분

1. 폐쇄회로시스템(Closed Circuit System)

화상 정보를 특정의 목적으로 특정의 사용자에게 전달하는 시스템(System)을 말하고 Closed Circuit Television, 즉 CCTV라고 부른다.

① **공업용 TV** : 각종 산업현장의 공정 감시, 교통 관제, 방재 등 응용범위가 넓어 가장 많은 실적이 있는 분야로서, 일반적으로 CCTV와 같은 의미로 사용되는 경우가 많다.

② **교육용 TV** : 각종 교육 프로그램을 주목적으로 하는 TV 방송을 지칭하는 것으로 미국의 메릴랜드주의 공립학교에서 폐쇄회로로 연결한 것이 시초이다.

③ 의료용 TV : 원격 진찰, 수술 감시, 의학 교육용 TV, 환자 감시용 TV, 각종 데이터의 파일과 검색을 행하는 화상정보 뱅크와 검색 표시에 이용되는 TV기술, 원격진단회의, 내시경, 현미경, X선 TV 등에 사용된다.

④ TV 전화 : 영상 신호의 전송이 가능한 전화를 말하며 광의의 CCTV에 들어가나 앞으로는 독립분야를 형성할 것으로 보인다.

⑤ 회의용 TV : 격지간에 영상과 음성을 상호 전송함으로써 TV 화면을 통하여 동일 회의실에 모여 회의를 하는 것과 동일한 효과를 내는 것이다.

⑥ 유선 TV(CATV) : Community Antenna TV의 약자로서 처음에는 난시청 지역의 TV 방송 공시청 시설로서 케이블에 의한 영상 신호의 분배를 꾀한 것이나 지금은 자체 프로그램을 방송하는 경우가 대부분이다.

2. 개방회로시스템(Open Circuit System)

화상 정보를 불특정 다수에게 전달하는 것을 목적으로 하며 TV 방송이 여기에 속한다.

> **TV 관련 현상**
> * 고스트(ghost) : TV전파를 수신할 때 건물이나 지형에 의한 반사파가 시차에 따라 발생하여 중복 수신되기 때문에 발생하는 현상을 말한다. 기출 14
> * 모아레(moire) : 이미지센서가 규칙적인 모자이크 패턴으로 구성되어 있기 때문에 생기는 현상으로, 피사체가 센서와 같이 조밀하게 규칙적인 패턴으로 되어 있을 경우 잘 발생한다. 기출 20
> * 플리커(flicker) : TV 화면이 매 초 몇 매의 화상을 반복 표시하여 인간의 눈에 깜빡거림을 느끼지 않도록 하는 것을 말한다. 기출 20
> * 블루밍(blooming) : 광전면이 부분적으로 밝게 비춰지면 영상 부분이 번진 것처럼 밝아지며 상이 불선명하게 되는 현상으로, 브라운관의 화면을 밝게 하기 위하여 빔 전류를 크게 하면 빔의 단면적이 커져서 빔의 초점이 날카롭지 못하게 되어 화상의 하이라이트에서 주사선이 굵어져 화상이 선명하지 않게 되고, 과도한 신호가 가해진다. 기출 20 · 15
> * 스미어(Smear) : 실제 사람이 눈으로 보는 것과 촬상을 했을 때의 화상이 다르게 왜곡되는 현상으로 화소의 수광부 이외로의 빛의 누설, 신호 전자의 불완전한 이동 등에 의해 화면의 밝은 부분에 상하로 밝은 선이 보이는 현상이다. 기출 20

제2절 CCTV의 구성 요소

I 촬상계

1. 촬상계의 의의 기출 23 · 22

① 촬상계는 TV 카메라를 주체로 카메라, 렌즈 등으로 구성되며 피사체를 목적에 맞게 촬영하기 위한 부분으로, 피사체를 촬영한 영상신호를 전기적 신호로 변환하는 역할을 하는 장치이다.

② 목적에 따라 선택할 카메라의 종류, 렌즈 및 필터의 종류, 카메라를 고정하기 위한 브래킷(Bracket), 카메라 하우징, 카메라 본체, 렌즈계, 카메라와 피사체의 상호 위치 관계의 원격 제어가 필요한 경우에는 리모트 컨트롤, 조명이 필요한 경우에는 조명등이 포함된다.

2. CCTV 카메라 [기출] 15·14

① 역 할

ㄱ 이 시스템의 사용으로 획득하려는 정보를 파악, 수집한다.

ㄴ 작업 현장의 공정 감시, 도로 교통 감시 또는 빌딩이나 건물 내외에 설치된 방범·방재용 등을 총칭한 공업용 TV 분야의 카메라이다.

ㄷ 피사체는 가시광선에 의해 조명되고 촬상관으로는 비디콘을 사용하여 TV 방송에 준한 영상 신호를 생성한다.

② CCTV 카메라 설치 시 고려사항 [기출] 16

ㄱ 가능하면 역광을 피하는 것이 좋다.

ㄴ 가능하면 피사체의 배면(背面)이 아니라 정면에 설치한다.

ㄷ 카메라와 피사체의 거리를 조정하여 피사체는 정확히 잡히도록 해야 한다.

ㄹ 습기가 있는 곳이나 고압선 및 고주파 발생지역을 피해서 설치한다.

ㅁ 사람의 손이 직접 닿지 않는 높이에 설치한다.

ㅂ 모니터는 근무자의 눈높이보다 약간 낮게 설치해야 한다.

③ **촬상관** : CCTV 카메라는 가시광선에 의해 조명된 피사체를 찍는 것이며 여기서 가시광선이라는 것은 빛에 대해 사람의 눈이 감각할 수 있는 범위를 말한다. 또, 380nm 이하 파장의 빛을 자외선, 770nm 이상 파장의 빛을 적외선이라 한다. 가시영역의 빛에서도 눈에 대한 밝기를 느끼는 정도는 파장에 따라 현저히 달라진다.

④ **흑백 CCTV 카메라★** : 피사체에 관한 정보 중에서 밝기의 강약을 나타내는 명암 정보만을 영상 신호의 형태로 보여준다. 컬러 카메라에 비하면 색채에 관한 정보량이 적으나 물체의 유무, 운동량, 형상의 변화 등을 알 수 있다.

⑤ **컬러 CCTV 카메라★** : 흑백 카메라와 같은 명암 정보 외에 색채 정보도 제공한다. 색채 정보에는 색의 농담(Saturation) 및 색조의 차이(Hue)라는 2개의 요소가 포함되어 있다. 현재 적·청·녹의 3원색 신호를 가하여 모든 색을 표현하는 방법을 택하고 있다. [기출] 22·15·11

카메라 [기출] 19·14·13

• 열영상 카메라 : 빛의 파장은 $3\mu m$ 이상의 원적외선 대역이며, 온도의 높고 낮음의 농도변화를 영상으로 만들기 때문에 빛이 전혀 없는 곳에서도 사용할 수 있다.

• 가시광선 카메라 : 빛의 파장은 $0.4 \sim 0.7\mu m$대이며, 일반적인 CCTV 카메라용으로 많이 사용한다.

• 자외선 카메라 : $0.4\mu m$ 이하 빛의 파장을 사용한다.

• 적외선 카메라 : 파장대역이 가시광선보다 긴 $1\mu m$ 정도의 근적외선을 이용한다.

CCTV 카메라의 해상도 [기출] 20

• 픽셀(Pixel = 화소)의 크기가 클수록 해상도는 낮아진다.

• 단위 면적당 픽셀의 숫자가 많을수록 해상도는 높아진다.

• 지나치게 높은 압축률로 압축되어 품질이 낮아진 영상은 해상도가 떨어진다.

• CCTV 카메라 해상도가 높더라도 모니터 해상도가 낮으면 고화질의 영상을 얻을 수 없다.

3. 렌 즈 `기출` 18 · 15 · 14

① 일반 렌즈

　㉠ 카메라 앞부분에 장착되어 피사체로부터의 광정보를 모으기 위하여 사용되는 렌즈를 촬상 렌즈라고 한다. ★

　㉡ 일반 CCTV 카메라에서는 사진용 카메라 렌즈보다 구경이 적은 C마운트 렌즈가 사용되고 있으며, 직경은 25.4mm이고 렌즈 설치기준면에서 초점면까지의 거리(플랜지백)는 17.526mm로 정해져 있다.

C MOUNT `기출` 21
렌즈 결합부와 촬상소자 간의 거리가 17.526mm인 렌즈 마운트 유형이다.

　㉢ C마운트 렌즈의 기능과 조작면에 따른 분류

〈출처〉 이강열, 「기계경비개론」, 진영사, 2018, P. 404

② 특수 렌즈

　㉠ 광각 렌즈 : 1대의 카메라로 넓은 시야를 얻기 위해서 180° 이상의 화각을 갖는 광각 렌즈를 어안 렌즈라고 하는바 이렇게 화각을 넓히면 화상 찌그러짐이 크게 되어 CCTV 카메라용으로 부적당하다.

`기출` 15

　㉡ 핀 홀 렌즈(Pin Hole Lens) : 가늘고 긴 원통형 경동 끝에 만든 수 mmφ의 작은 구멍으로부터 빛을 받아 광학상을 얻는 것으로서 빛의 수(광수)가 아주 작은 것과 경동이 긴 것을 이용하여 비밀 카메라나 제철소의 각종 노내 감시 등에 사용된다.

　㉢ 프리즘 렌즈 : 렌즈 끝에 프리즘을 붙인 렌즈로서 프리즘 부분만을 천장이나 벽면에서 살피도록 설치한 것으로 크리스털, 유리와 같아 사람이 눈치챌 수 없기 때문에 접객업소에서 비밀 카메라용으로 적합하다.

　㉣ 옵티컬 스캐너(Optical Scanner) : 렌즈, 고정미러, 회전 미러를 조합시킨 것으로서 카메라 자체를 움직이지 않고 수평 방향의 시야를 확대하는 경우에 쓴다.

- 비구면 렌즈 : 렌즈의 곡면에 의해 나타나는 수차(광선 중 일부가 상점에 모이지 못하고 벗어나는 현상)를 줄이기 위해 사용되는 렌즈로서 상의 질 향상 등을 위해 사용되는 렌즈이다. 특히 렌즈의 구조가 복잡한 줌 렌즈나 왜곡이 많이 발생하는 광각 렌즈에 비구면 렌즈가 효율적으로 사용되고 있다. `기출` 20
- 2X Extender : 렌즈와 카메라 사이에 넣어 초점거리를 2배 확대하여 망원효과를 얻는 용도이다.

③ 심 도 `기출` 13

㉠ 피사체심도 : 찍으려는 피사체에 깊이가 있을 때 렌즈의 초점을 어느 한 점에 맞추면 그 점의 전후 일정 범위에서는 초점이 맞으나 그것보다 가깝거나 멀어지면 흐려지게 되는데 이 초점이 맞는 범위, 즉 초점의 선명도가 앞뒤로 확장된 것을 말한다. `기출` 11

㉡ 초점심도 : CCTV를 기준으로 일정거리에서 양호한 초점상태를 유지할 수 있는 거리로, 평면적인 피사체를 생각했을 때 가장 좋은 결상점의 전후에서 선명한 상을 얻게 되는 범위를 말한다. `기출` 10
- 전방의 초점심도보다 후방의 초점심도가 길다.
- 렌즈의 초점거리가 짧을수록 초점심도는 길어진다.
- 피사체까지의 거리가 떨어진 만큼 초점심도는 길어진다.
- 초점거리가 일정하면 F(렌즈의 밝기)값이 클수록 빛을 더 적게 받아들인다.
- 렌즈의 밝기(F)는 초점거리를 유효구경으로 나눈 수치, 즉 $F = \dfrac{f}{D}$ (F = 렌즈의 밝기, f = 초점 거리, D = 유효구경)인데, F값이 작을수록 밝은 렌즈이고, 클수록 어두운 렌즈이다. `기출` 22

카메라의 백 포커스(Back-focus) `기출` 20
백 포커스(Back-focus)는 렌즈의 최종 면에서 영상이 맺는 촬상 면까지의 거리를 말한다.

4. 피사체

① **밝기의 단위** : 일반 CCTV 흑백 카메라에서는 좋은 화상을 얻으려면 100Lux 이상이 필요하며, 그 자체가 빛을 방출하지 않기 때문에 태양광 등의 자연광이나 백열등, 형광등 같은 인공 조명을 요한다.

② **콘트라스트(흑백의 대비)의 범위** : 자연계에서 콘트라스트 범위는 구름 낀 날씨는 수십 대 1이고 맑은 날씨의 경우에는 수백 대 1에 달한다. TV로 재현된 화상에서 콘트라스트 범위는 30~40 대 1 정도밖에 되지 않는다. 따라서 카메라의 시야 내에 밝은 부분과 어두운 부분이 동시에 존재하면 카메라의 감도로 보아 충분히 볼 수 있는 어두운 부분이 보이지 않게 되므로 감시를 목적으로 하는 CCTV 시스템에서는 피사체의 콘트라스트 범위를 적극 좁히도록 카메라의 설치 위치나 조명 조건 등을 검토해야 한다.

③ **조명** : 주광원은 태양광이나 옥내에 설치할 경우는 인공광원으로 백열등, 할로겐전구, 형광등을 사용하며 바람직한 조건은 다음과 같다.
㉠ 발광 효율이 높고, 시동이 쉬운 순간점등이 가능한 것
㉡ 컬러의 경우에는 연색성(물체 색을 어떻게 자연스럽게 보이는가 하는 광원의 성질)이 좋은 것
㉢ 스포트라이트 등 국부 강조 조명이 되고, 밝기 조절이 쉬운 것

5. 촬상소자

① 의의 : 인간에 비유하면 망막에 해당하는 부분으로서 렌즈에 의해 결상된 광학상을 전자적 신호로 변환한다. 촬상소자는 촬상관과 고체 촬상소자로 구분되나, 촬상관은 최근에는 거의 사용되지 않고 소형, 경량이면서 수명이 길고 충격이나 진동에 강한 CCD형, MOS형, CMD형의 고체 촬상소자가 사용된다.

② 종 류 [기출] 23 · 21

㉠ CCD(Charge Coupled Device)형 : <u>CCTV 카메라에 많이 사용되는 것으로, CCTV 카메라 렌즈를 통해 모아진 빛을 받아 전기적 신호로 변환한다.</u> CCD방식은 아날로그 회로에 기반한 전형적인 광학시스템이다. 감광소자가 있는 포토 다이오드와 그곳에 빛의 강약을 통해서 발생하는 신호전하를 축적, 전송하기 위한 레지스터에 해당하는 CCD부를 수평상에 조합해서 배열한 촬상소자이다. CCD형은 감광부(빛을 전환하여 얻은 신호전하를 일시적으로 축적), 전송부, 출력부로 구성되며, 빛을 변환하여 신호전환을 얻는 형태에 따라 FT(Frame Transfer)-CCD, IT(Interlace Transfer)-CCD, FIT(Frame Interlace Transfer)-CCD로 분류된다. [기출] 13

종 류	특 징
IT (Interlace Transfer) - CCD	• <u>현재 대부분의 가정용 비디오 카메라나 산업용 카메라 등에 많이 사용</u> • 빛을 받아들이는 부분과 전송하는 부분이 하나의 기판에 구분되어 있음 • 칩 사이즈가 적고, 가격대비 성능이 우수하다는 장점이 있으나, 노이즈(noise)가 많이 발생하고 동적 범위가 좁으며, 스미어(Smear)현상이 발생할 수 있다는 단점이 있음
FT (Frame Transfer) - CCD	• <u>고화소화에 적합해서 적외선 카메라에 많이 사용</u> • 빛을 받아들이는 부분과 전송하는 부분이 기판의 윗부분과 아랫부분으로 구분되어 있는 방식 • 구조가 간단하다는 장점이 있으나, 칩 면적이 넓으며 스미어(Smear) 현상이 발생될 가능성이 높다는 단점이 있음
FIT (Frame Interlace Transfer) - CCD	• <u>고화질이 요구되는 방송용으로 많이 사용</u> • IT형과 FT형의 장점만 채택한 타입(촬상면은 IT 방식이고, 전하 축적은 FT 방식임) • 스미어 현상을 억제하고 전자 셔터에 의해 동작할 수 있다는 장점이 있으나, 칩 면적이 넓으며 동적 범위가 좁다는 단점이 있음

㉡ MOS(Metal Oxide Semiconductor)형 : 포토 다이오드와 MOS 트랜지스터 스위치를 조합해서 감광부의 화소가 형성된 것을 말한다. MOS형에는 TSL(Transversal Signal Line)-MOS, CID형이 있다.

• TSL(Transversal Signal Line)-MOS형 : MOS형 촬상디바이스의 각 화소에 수평 스위치의 트랜지스터를 설치한 것으로 고정 패턴의 잡음에 강하고 다기능 구현을 할 수 있는 방식이다.

• CID(Charge Injection Device)형 : 전하 주입형 소자로서 화상처리용에 적합하다.

㉢ CMD(Charge Modulation Device)형 : 증폭형 고체 촬상소자로서 일종의 전하 변조소자이며, X_Y Address 방식으로 주사의 자유도가 크고 소비전력이 작은 특징이 있다.

〈참고〉 이강열, 「기계경비개론」, 진영사, 2021, P. 422~424

6. 카메라 하우징(카메라 보호 케이스) 기출 21·17

① 카메라 보호 요건 기출 19

    ㉠ 사용 주위 온도가 0~40℃의 범위가 넘는 경우

    ㉡ 직사 일광이나 풍우를 맞거나, 먼지가 많은 장소

    ㉢ 습도가 높든지 부식성 가스나 염분이 있는 경우 또는 기계적 보호가 필요한 경우

    ㉣ 특수선 피복, 수중, 전기적 차폐를 요하거나 방폭 조치를 요하는 등 특수 환경에 설치하는 경우

② 일반용 카메라 하우징 : 옥내 카메라 하우징은 먼지를 막을 목적으로 사용되는 단순한 케이스에 가까우나 옥외용에는 직사 일광을 피하는 차광후드, 유리창의 물방울을 닦는 와이퍼, 유리창의 습기가 얼어붙는 것을 막는 디프로스터(Defroster), 저온에서 카메라를 보호하는 히터, 일광 직사에 의해 카메라가 타는 것을 막는 선 프로텍터(Sun Protector) 등이 장치되어 있다.

③ 특수용 카메라 하우징 기출 19

    ㉠ 강제공냉, 수냉형 카메라 하우징 : 2중 구조로 되어 있고 그 중간에 공기나 물을 통하게 하여 냉각시키며 내부 온도를 40℃ 이하로 유지한다. 전면 유리창 부분에는 열선 흡수형 강화 유리가 사용되고 표면에는 압축 공기에 의한 에어커튼을 만들어 먼지 부착 방지와 열 차단을 꾀하고 있다(온도가 높은 제철소 등에서 사용).

    ㉡ 방폭형 카메라 하우징 : 석유화학공장 등 가연성 가스나 가연성 액체 증기가 있는 장소에 카메라를 설치할 때에는 폭발이나 화재의 발생을 방지하기 위해 방폭형 카메라 사용이 의무화되어 있다.

기출 16

    ㉢ 특수선 보호형 카메라 하우징 : X선이나 감마선 등의 피폭을 받는 장소의 카메라 설치에는 두꺼운 납판의 재료를 사용하며 창유리에는 산화세륨(세슘)이 포함된 납유리를 사용한 특수하우징이 필요하다.

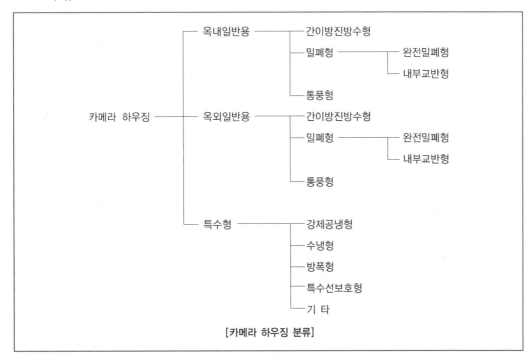

[카메라 하우징 분류]

7. 카메라의 지지장치(카메라 설치장치)

① **3각** : 사진 카메라 등에 사용되고 있는 것과 똑같은 장치로 소형으로부터 대형까지 적재 하중에 따라 여러 종류가 있다.

② **카메라 브래킷** : 카메라를 천장·벽면이나 기둥에 설치하는 경우에 사용하는 것으로, 백화점이나 점포에서 카메라를 손쉽게 고정할 때 쓰인다.

③ **팬틸트(Pan/Tilt)★** : 카메라의 촬상방향을 상하좌우로 원격조정하는 장치. 1대 카메라로 넓은 지역 감시 가능

　㉠ **고정 팬틸트** : 볼트를 늦추어서 방향을 조정한 후 최종적으로 고정한다.

　㉡ **전동 팬틸트** : 카메라의 촬상 방향을 원격 제어할 수 있는 것이다.

④ **특수한 카메라 지지장치**

　㉠ **프리세트형 전통 팬틸트** : 미리 감시할 장소가 정해져 있거나 정지화상 전송시스템과 같이 화면을 보면서 방향 조정을 할 수 없는 경우에 쓰인다.

　㉡ **전동주행장치** : 카메라 자체를 이동시켜 광범위하게 산재한 피사체에 카메라를 가깝게 하여 촬상하는 장치로 이동 촬영하려는 범위에 레일을 설치하여 모터로 직접 또는 와이어로프 등으로 카메라를 이동시킨다.

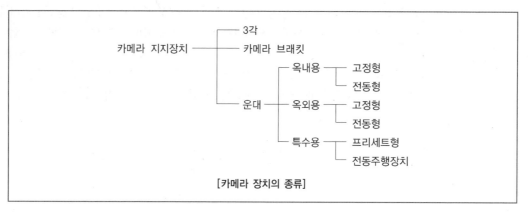

[카메라 장치의 종류]

Ⅱ 전송계

1. 의 의

화상을 필요로 하는 지점까지 영상 신호를 전송하는 것이 전송계이며, 크게 유선 전송과 무선 전송으로 나누어진다. 기출 23 통상 CCTV의 경우에는 유선에 의한 것이 많으며 무선의 경우는 무선 주파수의 할당을 필요로 하기 때문에 실제로는 실시가 곤란한 경우가 많다. 유선 전송의 경우에도 Base Band 전송, 반송파 전송, PCM 전송, 광통신 방식 등이 있으며 목적과 경제성에 따라서 가장 적당한 방식을 채용한다.

2. 전송 방식의 선정

현장의 영상을 전송하기 위해 카메라와 모니터를 연결하기 위한 결정은 거의 전적으로 카메라와 모니터 사이의 거리와 이들 사이의 환경적 특성에 의해 좌우되며, 카메라와 모니터를 연결하기 위해 케이블을 이용하는 보편적인 방법 외에 무선을 이용하기도 한다.

영상신호 전송 방식 `기출` 20

- 인터레이스(Interlace : 비월주사) 방식은 두 개의 가로형 주사선들이 서로 교차하면서 한 장의 이미지를 만드는 방식이다.
- 프로그레시브(Progressive : 순차주사) 방식은 비인터레이스 방식이라고도 하며, 주사선이 그대로 하나의 이미지에 담기는 방식이다.
- HDMI(High Definition Multimedia Interface) 방식은 디지털 방식의 영상과 음향신호를 하나의 케이블로 동시에 전달하는 방식이다. `기출` 23
- HD-SDI는 HD급 방송장비 간에 영상을 전송하는 표준 규격이다. HD-SDI는 High Definition Serial Digital Interface의 약어로 디지털 영상신호를 압축하지 않고, 직렬 신호로 변환하여 동축케이블로 전송하는 방식을 말한다.

---

3. 전송방식의 특징

① 여러 종류의 케이블을 이용할 수 있다.
② 중계단수는 30중계까지 가능하다.
③ 선로가 평형이기 때문에 저주파 잡음을 받기 어렵다.
④ 중계기의 전력을 멀리까지 급전할 수 있다.
⑤ 파일럿 신호에 의한 AGC 기능이 있다.
⑥ 파일럿 신호의 레벨 변화를 감시하여 경보를 발생하는 기능이 있고 중계기의 원격 감시를 할 수 있다.

샤논(Shannon)의 채널용량 `기출` 13

- 정해진 오류 발생률 내에서 채널을 통해 최대로 전송할 수 있는 정보의 양으로, 전송 속도와 대역폭의 관계를 보여준다. 측정 단위는 초당 전송되는 비트의 수가 된다.
- $C = B \times \log_2(1 + S/N)$
- B(Bandwidth) : 대역폭
- S/N(Signal to Noise ratio) : 신호 대 잡음 비 `기출` 22

> 신호 대 잡음 비(S/N비, S/N Ratio)를 구하는 공식은 다음과 같다.
>
> $$S/N(dB) = 10\log\frac{S}{N}[dB] = 10\log\frac{P_{S(avg)}}{P_{N(avg)}}[dB] = 10\log\frac{v_{s(rms)}^2}{v_{n(rms)}^2}[dB] = 20\log\frac{v_{s(rms)}}{v_{n(rms)}}[dB]$$
>
> $[S(평균신호전력) = P_{S(avg)} = v_{s(rms)}^2, \ N(평균잡음전력) = P_{N(avg)} = v_{n(rms)}^2]$

- C(Capacity) : 전송 속도(채널용량)

---

4. 일반 케이블

장 점	카메라와 모니터의 거리가 짧은 경우, 거의 기술적인 면을 고려할 필요가 없고, 낮은 직류 전원 공급선, 경보신호 조정회로 등과 함께 전화선과 같은 선을 사용할 수 있으며, TV방송이 처음 시작되었을 때 영상을 외부로 전송하기 위해 공중전화선망이 사용되었다.
단 점	• 가려지지 않은 선으로부터의 유도성과 충전성 때문에 전기적 방해가 발생한다. • 각 전선 사이에서 비교적 높은 충전성으로 인하여 영상의 섬세함이 손실을 받을 수 있다.

5. 동축 케이블★

① **구조** : 동축케이블의 구조는 내부도체 주위에 절연체, 외부도체를 감고 그 주위에 방식층인 PVC외장으로 되어 있다. 영상 신호는 중심부 도체를 통해 전달되며, 차폐부분은 중심부 도체를 외부의 불필요한 전자기 간섭(EMI)으로부터 보호해 주는 효과를 가지고 있다.

② **특징** : 동축케이블은 감쇠량이 적고 전자적(電磁的), 정전적 결합에 의한 누화가 적고, 고주파 특성이 우수하여 대용량 전송이나 광대역 신호 전송에 적합하다. 일반적으로 동축케이블의 특성 임피던스는 50Ω과 75Ω이 있다.

동축케이블의 표시 의미 기출 19

표시위치	기호 및 숫자	의 미
처음 숫자	3, 5, 7, 10	외부도체의 내경(mm)
첫 번째 기호	C	특성 임피던스가 75Ω
	D	특성 임피던스가 50Ω
두 번째 숫자	2	절연체 종류(폴리에틸렌 충실형)
끝 기호	V	1중 외부도체 + PVC 외피
	W	2중 외부도체 + PVC 외피

〈출처〉 이강열, 「기계경비개론」, 진영사, 2021, P. 437

6. 평형대 케이블

종래 주로 음성전화회선에 사용된 시내 또는 평형대 케이블을 이용하여 흑백 또는 컬러 텔레비전 신호를 전송하는 방식으로서 기존 가입자 케이블을 이용할 수 있기 때문에 경제적으로 영상 전송을 할 수 있으며, 기존 회선을 이용할 수 있기 때문에 통신 공사에서 시행하고 있는 영상 전송 서비스에 의한 것이 많으나 자체적으로 회선 설계를 하고 시스템을 설치하는 예도 있다.

7. 광케이블★ 기출 23 · 17

① 중심부에는 굴절이 높은 유리, 바깥부분은 굴절률이 낮은 유리를 사용하여 중심부 유리를 통과하는 빛이 전반사가 일어나도록 한 광학적 섬유인 광섬유를 케이블화하여 전송 속도가 빠르다. 기출 14

② CCTV 영상신호를 전달할 때 전송 손실을 가장 줄일 수 있는 망이다.

③ 낙뢰 · 전자유도 등의 방해를 받지 않아 장거리 송신과 고속 전송을 위해 사용된다.

8. 무선전송

① 무선 송·수신을 위해 모니터에 부착된 수신 안테나와 통할 수 있도록 무선 송신 안테나는 적당한 높이에 설치된다.

② 영상을 모든 방향으로 전송하는 대신, 송신기와 수신기 사이에서 연필 모양의 빔 형태로 정보를 전달할 수 있도록 방향성 있는 안테나를 사용하는 것이 보통이다.

③ 높은 방향성으로 송신 에너지를 유지하고 다른 전파에 의해 방해받는 가능성을 줄이기 위해 접시형 안테나를 사용할 수 있다.

CCTV 운용의 한 형태

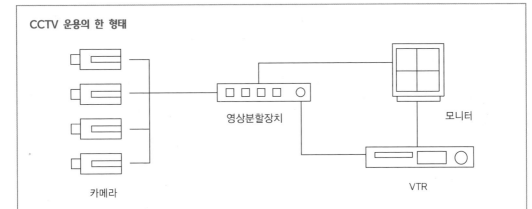

카메라   영상분할장치   모니터   VTR

UTP(Unshielded Twisted Pair cable : 비차폐연선) ★ 기출 23·20

• 트위스트 페어 케이블(TPC)의 한 형태로 차폐처리하지 않고 전선만 두 라인씩 꼬여 있다.
• CCTV 시스템의 전송계와 컴퓨터의 LAN에 주로 사용하는 케이블이다.
• 동축케이블에 비해 비용이 저렴하고, 작업이 용이하다.
• 동축케이블보다 장거리 송신이 가능하다는 장점이 있어 사용이 증가하고 있다.

FTP(Foil Screened Twisted Pair Cable : 금박연선) 기출 20
알루미늄 외장 속에 여러 가닥의 구리 실선이 들어 있는 케이블. 절연 특성이 강하여 인접 혼신이 심한 환경이나 건물의 배선 작업 시 사용된다.

STP(Shielded Twisted Pair Cable : 차폐연선) 기출 20
데이터를 보호하기 위해 쉴드 처리가 되어진 케이블. 안쪽에 꼬여 있는 2쌍의 케이블에 각각 쉴드 처리가 되어 있어 외부 노이즈로부터 데이터를 효과적으로 보호할 수 있다.

BNC(Bayonet Neil-Concelman Connector) 기출 20
동축(Coaxial) 케이블 커넥터로, 주로 CCTV network나 구식 Ethernet Network에 사용된다.

PoE(Power over Ethernet) 기출 23·22·20
PoE(Power over Ethernet)는 랜케이블(UTP)과 RJ–45포트를 이용하여 데이터와 전력을 동시에 보낼 수 있는 기술을 말한다. UTP 케이블에 통합된 전력과 데이터는 Category 5/5e 규격에서 최대 100m까지 전송이 가능하다. 2003년 6월에 IEEE 802.3af로 표준화되었으며, 현재 표준 전압은 직류로 약 48V이다.

Ⅲ 수상계(영상 처리계)

전송되어 온 영상신호를 수신, 재생하는 것이 수상계인데, 단지 화상만 이용되는 경우와 이들의 영상 신호에서 다시 제어 행동을 하도록 하는 경우가 있다. [기출 23] 수상계는 일반적으로 오직 화상의 재생만 하는 것보다는 교통 관제, 공정 관리 등과 조합하기 때문에 화상의 가공, 기록, 재생, 하드카피(Hard Copy)화, 정보처리 장치에 의한 화상처리계 등이 이용된다. [기출 22]

영상 신호의 기록 장치로서는 강자성체를 입힌 자기 테이프에 자기 헤드를 접촉시켜서 영상 신호와 음성 신호를 자기 패턴으로 기록하고 재생하는 VTR이 현재 가장 일반적으로 널리 사용되고 있다.

1. VTR 방식

VTR은 직각 주사방법이나 경사 주사방식 등의 회전 헤드 방식이 고안되었다. 경사 주사방식(비스듬하게 기록)은 현재 VTR의 주류를 이루고 있는 방식으로 방송용 VTR에서 가정용 VTR까지 모두 이 방식을 채택하고 있다.

2. VTR의 종류

① **방송용 VTR** : 현재 국제적으로 인정받고 있는 방송용 1인치 헬리컬 스캔 VTR의 테이프 포맷으로는 SMPTE타입, A타입, IEC/SMPTE타입, BI, EC/SMPTE타입, C, IEC타입 등의 종류가 있다.

② **가정용 VTR** : 가정용 VTR은 1965년에 출현하여 지금까지 발매된 것으로는 베타포맷과 VHS, 베타맥스, V코드Ⅱ 등이 있으나 실질적으로 VHS 방식과 베타포맷 방식의 양 방식이 주종을 이루고 있다.

③ **업무용·교육용 VTR** : 업무용 VTR과 교육용 VTR 모두 U매틱 VTR이 주류를 이루고 있다.

    ㉠ U매틱 VTR : 1976년경에 업무용, 학교용으로서 정착되어 왔으나 최근에는 디지털 기술의 진보에 따라 타임 베이스 컬렉터(TBC), 드롭 아웃(Drop Out)보상기, 프레임 싱크로나이저(Frame Synchronizer) 등이 개발되어 재생 영상신호를 방송 규격에 적합하도록 보정할 수 있게 되었고 다시 핸디 카메라의 소형 경량화, 고성능화로 방송 취재용으로서도 적극적으로 사용하게 되었다.

    ㉡ 카세트식 장시간 VTR
- 표준속도의 기록 재생 외에 슬로우 모션이나 스틸 재생 기능을 가지고 있다.
- 슬로우 모션 재생은 움직이는 것을 천천히 재생하여 분석하는 것으로서 기록은 표준속도로 하고 재생 시에 테이프 속도를 1/n로 감속하여 1필드의 기록 신호를 n회 반복하여 재생하는 것이다.
- 퀵 모션 재생은 느린 변화밖에 하지 못하는 것을 기록하여 뒤에 관찰하고자 할 때 적합하다.
- 필요에 따라 장시간 재생이나 정지 화상으로 하여 분석할 수 있어 교통량의 조사, 인간이나 동식물의 생태 연구, 은행이나 백화점 등의 일반 감시시스템, 기타에 널리 이용되고 있다.

3. VTR의 기능

기능으로서는 방송용이 최고이고, 이어 업무용(교육용), 가정용 순이다.

① **기록 재생기** : 가장 일반적인 것으로서 기록과 재생 기능을 갖추고 있다.

② **재생 전용기** : 당연히 기록은 할 수 없으나 기록 재생기보다 간편하며 잘못하여 소거할 염려가 없다. 가격도 싸서 교육, 세일즈, PR 활동 등에 적합하다.

③ **포터블형** : 휴대형으로 설계된 것으로, 소형·경량이고 소비 전력도 적으며 배터리로 동작이 가능하다.

4. VTR 선정 시 검토사항

호환성	기록 방식과 테이프의 호환성에 대하여 검토해야 한다.
기동성	카메라를 가지고 걸어가면서 기록하는 경우에는 포터블형 VTR을 사용한다. 이때는 모양, 치수, 중량, 소비전력, 최대 기록 시간, 빨리감기, 되감기 시간 등을 검토해야 한다.
동작 모드	스포츠의 연구, 공장의 작업 동작 연구 등 움직임이 있는 것을 천천히 재생하여 분석하는 경우에는 슬로우 모션 재생이나 스틸 재생 기능이 효과적이다. 반면 대단히 느린 변화밖에 없는 것을 기록하여 후에 관찰하고자 할 때, 즉 도로, 터널 내의 교통량 조사, 인간, 동식물의 생태 연구, 은행, 백화점 등의 주야 연속 감시 시스템에는 장시간 VTR이 효과적이다.
전자 편집 기능	카메라로 몇 커트 촬영하여 이것을 하나의 비디오 테이프에 기록하여 프로그램을 만드는 경우에는 커트의 이음부분에서 동기가 흔들리는데, 전자 편집 기능을 가진 VTR에서는 이 동기의 흔들림을 없앨 수 있다(자체 프로그램의 제작이나 비디오테이프 편집에서 사용).
기 타	리모트 컨트롤 기능, 내구성, 기록 시간, 화질, 음성계, 전원주파수, 경제성 등을 고려하여 검토한다.

VTR 이외의 기록 장치

- 디스크 기록 장치 : 디스크에는 레코드와 같은 영상과 음성을 재생하는 비디오 디스크와 VTR과 같이 스스로 녹화 재생되는 자기 디스크 장치가 있다.
  - 디지털 디스크 : 컴퓨터용의 자기 디스크 팩 장치를 이용한 정지화 파일 장치로서 암펙스의 ESS나 일본 전기의 DSS 등이 있다. 영상 신호를 A-D 변환하여 디지털 기록하는 것으로서 고화질이나 일반적으로 값이 비싸다.
  - 아날로그 디스크 : 알루미늄 원판에 금속 자성층을 도금한 도금 디스크, 얇은 플라스틱 원판에 자성분을 코팅한 플로피 디스크, 유리 원판에 페라이트의 얇은 막을 증착한 페라이트 디스크 등이 있다.
- 필름 녹화(키네스코프 레코딩) : 주로 방송용으로 쓰이는 방법으로서 브라운관에 비쳐진 화면을 16mm영화 필름을 써서 촬영하는 방법이다.
- EVR(Electronic Video Recording) : 전자 빔을 써서 필름 녹화의 결점을 개선한 것으로서 1967년 미국 CBS연구소에서 개발하였다.
- 하드 카피 장치 : 브라운관에 비쳐진 화상을 종이나 필름 등에 영구적인 형태로 인쇄하는 장치이다. 각종 방식이 있으나 대표적인 것으로서는 열현상 방식, 토너현상 방식, 특수방전파괴 기록을 하는 방식, 보통 종이에 제로그래피 (Xerography) 방식으로 기록하는 방법 등이 있다.
- ※ NVR(Network Video Recorder)는 네트워크상에 설치된 IP카메라를 통해 디지털 영상을 전송받아 압축 저장하는 녹화장치이다. 이론적으로 IP카메라 대수 제한은 없다. 반면 DVR(Digital Video Recorder)은 연결할 수 있는 최대 카메라 수의 제한이 있다. **기출** 20

Ⅳ 주변 기기 **기출** 22 · 21 · 19

1. 영상분배증폭기(VDA) **기출** 16

① 국제 회의장이나 각종 경기장의 CCTV 시스템에서 한 대의 TV 카메라 영상 신호를 다수의 영상 모니터에 공급할 필요가 있을 때 영상 분배 증폭기(VDA)가 사용된다.

② 영상모니터가 각 곳에 분산 설치되어 있는 경우 영상전송선로의 총연장을 절약하기 위해 이와 같은 분배 방법이 채택된다. 그러나 한 대의 VDA가 고장난 경우 후단에 나쁜 영향을 미치는 결점이 있다.

③ 이 접속 방식은 VDA군을 동일 래크 내에 집중 설치하여 가까이 있는 다수의 영상 모니터에 영상 신호를 분배하는 시스템이 적합하며, 10대까지 브리지 접속할 수 있다.

2. 영상절환기★

① 다수의 카메라 화상을 한 대의 모니터로 절환하는 기기를 말한다.

② n개의 영상신호 입력을 1개의 출력으로 절환한다고 하여 '$n:1$변환기'라고도 한다.

③ 영상절환기의 종류에는 반도체절환기, 순차절환기, 매트릭스절환기가 있다.

3. 화면분할기★

① 여러 대의 카메라 영상을 하나의 모니터에서 동시에 볼 수 있게 하는 기기이다.

② 4분할, 9분할, 16분할 등이 있으며, CCTV용으로는 16분할이 실용적이다.

고정형 영상정보처리기기의 설치·운영 제한(개인정보보호법 제25조)

① 누구든지 <u>다음 각호의 경우를 제외하고는</u> 공개된 장소에 고정형 영상정보처리기기를 설치·운영하여서는 아니 된다. 〈개정 2023.3.14.〉★ `기출` 21·17

  1. 법령에서 구체적으로 허용하고 있는 경우

  2. <u>범죄의 예방 및 수사를 위하여 필요한 경우</u>

  3. <u>시설의 안전 및 관리, 화재예방을 위하여 정당한 권한을 가진 자가 설치·운영하는 경우</u>

  4. 교통단속을 위하여 정당한 권한을 가진 자가 설치·운영하는 경우

  5. 교통정보의 수집·분석 및 제공을 위하여 정당한 권한을 가진 자가 설치·운영하는 경우

  6. 촬영된 영상정보를 저장하지 아니하는 경우로서 대통령령으로 정하는 경우

② <u>누구든지 불특정 다수가 이용하는 목욕실, 화장실, 발한실(發汗室), 탈의실 등 개인의 사생활을 현저히 침해할 우려가 있는 장소의 내부를 볼 수 있도록 고정형 영상정보처리기기를 설치·운영하여서는 아니 된다. 다만, 교도소, 정신보건 시설 등 법령에 근거하여 사람을 구금하거나 보호하는 시설로서 대통령령으로 정하는 시설에 대하여는 그러하지 아니하다.</u> 〈개정 2023.3.14.〉 `기출` 21

③ 제1항 각호에 따라 고정형 영상정보처리기기를 설치·운영하려는 공공기관의 장과 제2항 단서에 따라 고정형 영상정보처리기기를 설치·운영하려는 자는 공청회·설명회의 개최 등 대통령령으로 정하는 절차를 거쳐 관계 전문가 및 이해관계인의 의견을 수렴하여야 한다. 〈개정 2023.3.14.〉

④ 제1항 각호에 따라 고정형 영상정보처리기기를 설치·운영하는 자(이하 "고정형 영상정보처리기기 운영자"라 한다)는 정보주체가 쉽게 인식할 수 있도록 다음 각호의 사항이 포함된 안내판을 설치하는 등 필요한 조치를 하여야 한다. 다만, 「군사기지 및 군사시설 보호법」 제2조 제2호에 따른 군사시설, 「통합방위법」 제2조 제13호에 따른 국가중요시설, 그 밖에 대통령령으로 정하는 시설의 경우에는 그러하지 아니하다. 〈개정 2023.3.14.〉★★ `기출` 23·12·10

  1. 설치 목적 및 장소

  2. 촬영 범위 및 시간

  3. 관리책임자의 연락처

  4. 그 밖에 대통령령으로 정하는 사항

⑤ 고정형 영상정보처리기기 운영자는 고정형 영상정보처리기기의 설치 목적과 다른 목적으로 고정형 영상정보처리기기를 임의로 조작하거나 다른 곳을 비춰서는 아니 되며, 녹음기능은 사용할 수 없다. 〈개정 2023.3.14.〉★★ `기출` 13·12

⑥ 고정형 영상정보처리기기 운영자는 개인정보가 분실·도난·유출·위조·변조 또는 훼손되지 아니하도록 제29조에 따라 안전성 확보에 필요한 조치를 하여야 한다. 〈개정 2023.3.14.〉

⑦ 고정형 영상정보처리기기 운영자는 대통령령으로 정하는 바에 따라 고정형 영상정보처리기기 운영·관리 방침을 마련하여야 한다. 다만, 제30조에 따른 개인정보 처리방침을 정할 때 고정형 영상정보처리기기 운영·관리에 관한 사항을 포함시킨 경우에는 고정형 영상정보처리기기 운영·관리 방침을 마련하지 아니할 수 있다. 〈개정 2023.3.14.〉

---

⑧ 고정형 영상정보처리기기 운영자는 고정형 영상정보처리기기의 설치·운영에 관한 사무를 위탁할 수 있다. 다만, 공공기관이 고정형 영상정보처리기기 설치·운영에 관한 사무를 위탁하는 경우에는 대통령령으로 정하는 절차 및 요건에 따라야 한다. 〈개정 2023.3.14.〉★ 기출 13

[제목개정 2023.3.14.]

제3절   DVR시스템

I   DVR시스템 개요

1. DVR시스템의 개념

① DVR은 CCTV에서 입력되는 비디오 신호(아날로그 신호)를 영상 캡처 보드에서 캡처하여 컴퓨터 하드디스크에 고화질의 디지털 신호로 바꾸어 압축저장했다가 녹화된 디지털 영상을 사용자가 순간 검색할 수 있는 시스템이다. 기출 22

② 여러 대의 카메라 영상을 한 대의 모니터에서 분할하여 감시할 수 있도록 한 모니터링 기능, 원격지에서도 전화선이나 LAN, 전용선, 인터넷상에서 녹화검색 및 실시간 화면을 감시할 수 있는 화상 전송기능을 갖춘 비디오 디지털녹화 및 감시시스템 장비이다.

③ 디지털 감시시스템(Digital Video Recorder)은 기존 CCTV 시스템의 기술적 관리의 한계점을 개선·발전시킨 시스템(움직임 감지, 자동삭제, 디지털녹화)으로, CCTV 시스템에 있어서 테이프를 수시로 교체하는 불편함과 녹화화질의 열화현상 등을 개선했으며, 운영상 조작·관리가 간편하고 확장성이 뛰어나며 고용량·고선명의 방대한 분량의 화상을 장시간 압축해 저장할 수 있다.

2. DVR 시스템의 특징 및 주요기능 기출 21

디지털 녹화기능 (장기녹화)	비디오테이프를 이용하지 않고, 하드디스크를 통해서 장기간 비디오테이프 교체 없이 녹화가 가능하다.
동작감지 녹화기능	움직임이 감지되었을 때만 녹화가 가능하기 때문에 필요 없는 화면이 녹화되지 않는다.
인터넷 감시기능	기존 CCTV는 케이블로 연결되는 장소에서만 감시가 가능했지만, DVR은 인터넷을 이용하면 전 세계 어디서나 특정지역에 대한 감시가 가능하다.
예약 녹화기능	녹화가 필요한 날짜, 시간을 설정해서 설정된 시간만 녹화할 수 있다.
PC 겸용기능	DVR에서 PC의 일반적인 기능을 이용할 수 있다.
편리한 백업기능	저장된 영상화면을 확대하여 Print할 수 있으며 쉬운 Data Backup(HDD, FDD, CD-RW, DVD)이 가능하다.
디지털 카메라기능	저장된 영상화면 중 필요한 부분의 사진을 찍을 수 있으며, 디지털 카메라처럼 활용할 수 있다.
알람기능	움직임이 감지되었을 경우 감시자에게 소리로 알려준다.

자동 삭제기능	오래된 녹화영상부터 자동으로 삭제해서, 별도의 관리자가 필요 없이 일정기간 녹화영상을 보관할 수 있다(최대 3년간의 데이터를 자동으로 보관).
Pan / Tilt / Zoom기능	감시하고자 하는 곳으로 카메라 화면이동 및 줌기능을 이용할 수 있다.
암호 설정기능	외부인 및 내부범죄자의 접근을 예방할 수 있다.
일반적인 기능	화면분할 기능, 압축저장된 영상의 랜덤 검색, Schedule에 의한 화상 저장 등이 있다.

DVR의 영상저장 데이터 용량 `기출` 12
- Tera byte = 1조 byte
- Giga byte = 10억 byte
- Mega byte = 100만 byte
- Kilo byte = 1,000 byte

Ⅱ　DVR과 VCR의 차이★

1. 일반 VCR 운용 시의 문제점
① 장시간 연속가동으로 인한 화질저하 증상, 정지 화면 시 떨림 증상 발생
② 테이프를 장시간 보관해야 하므로 녹화테이프의 지속적인 구매비용 발생
③ 녹화테이프를 계속 교체해야 하는 번거로움 발생
④ 녹화테이프의 교체시기를 놓쳐 녹화를 못하는 문제 발생
⑤ 반복 재사용으로 인한 화질의 저하문제 발생
⑥ 단순 녹화기능만 수행(검색시 장시간 검색노력 발생)

2. DVR 운용 시의 장점
① 사용횟수가 많거나 반복 사용해도 선명한 고화질로 운영이 가능하며 디지털 방식이므로 고배율로 압축 저장이 가능해 장기간 녹화가 가능하다. `기출` 21
② 하드디스크에 장기간 저장이 가능하므로 교체에 따른 번거로움이 없고 영구 보존할 수 있다.
③ 하드디스크에 녹화영상이 가득 차게 되면 앞 장면부터 지우면서 새로운 영상이 계속 저장되기 때문에 장기적으로 특별한 관리 없이 사용할 수 있다.
④ 여러 대의 감시 카메라를 수용할 수 있으며 화면분할을 별도의 장비 없이 S/W만으로 해결함으로써 분할 화면으로 선명하게 감시할 수 있다.
⑤ 사고발생 시 녹화화면을 검색할 경우에는 날짜, 시간, 해당 카메라의 번호만 입력하면 대략 1초 이내에 필요한 화면을 순간 검색해서 보여주므로 녹화화면 검색시간이 빠르다. `기출` 21
⑥ 백업 및 프린트 기능이 있어 사고화면을 즉시 출력할 수 있다.
⑦ 전송기능이 있어 거리에 관계없이 녹화검색 및 원격감시가 가능하므로 검색이 편리하다.
⑧ 제어기능이 있어 별도의 장비 없이 각종 전기기기를 제어할 수 있다.

⑨ 카메라의 제어(팬/틸트/줌 컨트롤)를 소프트웨어에서 컨트롤하므로 고가인 별도의 컨트롤 장비가 불필요하다.

⑩ 녹화 장면 검색 중에도 녹화기능을 수행하기 때문에 보안장비로 최적이다(VCR은 테이프 검색 중에 녹화기능을 수행할 수 없음).

⑪ 별도의 외부 센서 없이도 모션 디텍션 기능(프로그램에서 움직이는 물체를 자동으로 감지)을 보유하고 있어 사람이나 차량의 움직임을 자동으로 포착할 수 있어 이벤트 녹화가 가능하다.

⑫ DVR을 인터넷에 연결하면 인터넷이 가능한 휴대폰을 통해 실시간 영상감시가 가능하다. 기출 21

⑬ 카메라와 DVR을 연결하기 위해 UTP(Unshielded Twisted Pair) 케이블을 사용할 수 있다. 기출 21

디지털 영상 압축방식

• JPEG(JOINT PHOTOGRAPHIC EXPERT GROUP) : 정지영상 전문가 그룹에서 만들어진 표준화 규격으로서 흑백 및 컬러 영상을 포함한 모든 정지영상의 디지털 압축 기술에 관한 표준 규정이다. 가격은 저렴하나 압축비가 낮아 검색시간이 늦고 특히 원격지 전송 시에는 속도가 느린 단점이 있다.

• MPEG(MOVING PICTURE EXPERT GROUP) : 음성이 포함된 동화상의 압축 표준으로 JPEG 정지화상 압축 알고리즘과 H.261 동화상 압축 알고리즘 등을 업그레이드한 방식으로 모든 프레임을 개별 정지화상으로 압축하지 않고 인접 프레임 사이에 유사점을 이용한다.

• M-JPEG(MOTION-JPEG) : 움직임 보상부분이 없어 압축률은 MPEG보다 약간 떨어지나 구현하는 방법이 용이하며, 각 화면을 JPEG로 부호화하여 화면단위의 편집이 가능하고 에러가 다음 화면으로 전파되지 않는 장점이 있다.

• H.264 기출 18 : 새로운 디지털 비디오 코덱의 표준으로 MPEG-4 AVC라고도 한다. 구현 시 설계상의 유연성도 고려해서 다양한 종류의 네트워크와 시스템에서 동작하는 코덱이며, 다른 코덱보다 적은 용량으로도 좋은 화질을 감상할 수 있지만 높은 데이터 압축률 때문에 재생과 편집을 위해서는 더 좋은 시스템이 필요하다.

디지털 영상 압축기술의 분류 기출 19

정지화상 압축기술	무손실	GIF, TIFF
	손 실	JPEG
동영상 압축기술	영상저장용	MPEG-1, MPEG-4
	영상방송용	MPEG-2
	영상통신용	LAN, H.261(전용선에 사용), H.263(PSTN에 사용) 등

〈출처〉이강열, 「기계경비개론」, 진영사, 2021, P. 456

지원 해상도 기출 22

해상도의 종류	가로픽셀	세로픽셀	픽셀수(가로×세로)
SD(Standard Definition)	720	480	345,600(35만 화소급)
HD(High Definition)	1,280	720	921,600(100만 화소급)
FHD(Full High Definition)	1,920	1,080	2,073,600(200만 화소급)
QHD(Quad High Definition)	2,560	1,440	3,686,400(360만 화소급)
UHD(Ultra High Definition)	3,840	2,160	8,294,400(800만 화소급)

Ⅲ DVR과 NVR의 비교

DVR과 NVR의 비교 기출 22 · 21

구 분	DVR(Digital Video Recorder)	NVR(Network Video Recorder)
녹화방식	Digital	Digital
저장 모드	일반 녹화, 이벤트 녹화, 예약 녹화 등	일반 녹화, 이벤트 녹화, 예약 녹화 등
비디오 데이터 처리	레코더에서 비디오 데이터를 처리	IP 카메라에서 비디오 데이터를 인코딩 및 처리한 다음 저장 및 원격보기에 사용되는 NVR 레코더로 스트리밍
카메라 연결방식	모든 카메라를 레코더에 직접 연결	동일한 IP 네트워크에 연결
카메라 유형	아날로그 카메라	IP 카메라
네트워크를 통한 원격지 모니터링	가 능	가 능
시스템 유연성	유선 보안카메라만 사용	유선 및 무선 보안카메라 통합 가능

제4절 화상감시시스템

Ⅰ 시공상의 주의

1. 설치 장소

높은 장소 설치에 대한 법적 안전대책과 작업자가 작업하기 쉽도록 발판을 설계하여야 하며, 교통 관계에서는 특히 건축한계가 엄격하게 규정되어 있으므로 이 한계 내에 기재가 설치되도록 설계하여야 한다.

2. 케이블 설치의 주의

케이블에 무리한 외력이 가해지지 않도록 설치해야 하며, 특히 수직 방향으로 설치하는 경우에는 케이블 자체의 무게 때문에 상부에 손상을 주기 때문에 적어도 1m 간격으로 래더 등의 보조물로 붙들어 매야 한다.

3. 케이블 접속법

CCTV 시스템에서는 동축케이블과 다심케이블을 많이 사용하므로 커넥터의 케이블 엔트리의 내경과 외경치수가 적합한 것을 사용하여야 하며, 접속 시 주의할 점은 다음과 같다.
① 동축케이블의 중심 도체와 외부 도체 간에는 폴리에틸렌이 사용되고 있으나 이것은 열에 약하다. 이 때문에 납땜인두는 80W 정도의 것을 사용하고 접속부분에는 인두의 끝을 몇 초 이상 계속 대면 안 된다.
② 접속 후에는 가볍게 당겨 보아 접속 상태를 확인하고, 땜납 찌꺼기나 전선 토막이 부착되어 있지는 않은지 확인한다.
③ 도통 및 중심도체와 외부도체간의 절연을 확인하고, 외관이상의 유무를 확인한다.

4. 공사 현장에서의 전선 접촉

① 전원이 마련되어 있지 않은 현장에서는 전선 접속에 압착단자, 래핑(Lapping)단자 등을 채택하는 것이 바람직하다.

② 부득이 납땜의 필요성이 생길 때는 발전기를 준비하고, 열용량이 큰 어스선단자의 접속 등은 가스버너를 사용한 납땜 쪽이 좋다.

5. 공사용 연락 장치

① 옥내는 구내전화를 이용할 수 있으나 옥외의 경우에는 트랜시버를 준비하는 것이 편리하다.

② 주파수는 일반 사업자용으로 220MHz대에서 222.820MHz, 222.860MHz, 222.940MHz이고 440MHz대에서는 444.025MHz, 444.050MHz, 444.100MHz, 444.125MHz, 공공 법인 사업자용으로는 140MHz에서 146.51MHz, 146.53MHz, 146.55MHz, 146.59MHz로서 출력은 모두 3W 이하의 소출력이다.

③ 주파수의 분배 및 할당에 관한 내용은 전파법에 명시되어 있다.

Ⅱ   안전대책

1. 설비에 대한 안전대책

① 피뢰기의 설치 : 일반적으로 높이 20m를 넘는 건축물에서 주위에 유효한 피뢰설비가 없는 경우에는 낙뢰 등을 방지하기 위하여 피뢰기를 설치하여야 한다.

② 접지(어스) 공사 : 감전 사고를 방지하기 위하여 접지 공사가 필요하다. 접지 공사에는 안전 목적 외에 잡음을 적게 하기 위해서 대지를 회로의 일부로서 이용하는 목적도 있다.

[접지공사] 기출 16

종 류	용 도
제1종 접지공사	고압, 특고압이 걸릴 위험이 있는 경우
제2종 접지공사	고압, 특고압이 저압과 혼촉사고가 일어날 위험이 있는 경우
제3종 접지공사	400 V 미만의 저압용 기기에 누선발생 시 감전 방지
특별 제3종 접지공사	400 V 이상의 저압용 기기에 누선발생 시 감전 방지

③ 방폭 조치 : 가연성 가스나 가연성 액체의 증기가 존재하는 경우에는 설치 설비에 의한 폭발이나 화재의 발생을 방지하기 위해 적절한 방폭 조치가 필요하다.

④ 내진 대책 : 화상 감시 장소에서는 설치 기기의 도괴나 낙하에 의한 사고를 방지하기 위해 천장 또는 벽에서의 현가 · 감시탁을 바닥에 고정, 화상 모니터나 VTR의 선반 고정, 이동 가대를 기둥에 매어 두는 것 등이 필요하다.

⑤ 지락 보호 : 지락은 전선로와 대지 간의 절연이 이상하게 저하하여 어스 또는 전도물질에 의해 양자가 연결되어 배선이나 전기기기의 외부에 위험한 전압이 나타난다든지 전류가 흐르는 상태를 말하며, CCTV 시스템을 구성하는 각 기기에 관해서는 어스 회로를 공통화하여 대지 어스와의 접속은 될 수 있는 대로 1점에서 행한다.

제1장

제2장

제3장

제4장

제5장

제6장

2. 작업상의 안전에 관한 사항

① **고소 작업의 안전** : 높은 곳에서의 작업 시 주변의 지상 작업자에 대해서 안전을 잊어서는 안 되며 고소 작업자는 지상 작업자와 연락을 잘하여 올바르게 작업을 하여야 한다.

② **도로상의 작업**

 ㉠ 고속도로변, 중앙 분리대, 터널 안 등에 기기를 설치하는 경우에는 그 장소에 대응한 안전 대책을 실시하여야 한다.

 ㉡ 필요한 경우에는 교통 규제를 실시하는 일도 있으나 기기의 설치에 있어서는 위험을 충분히 배려하여 장소를 선정하여야 한다.

③ **전기 작업에서 기본적인 안전 지식**

 ㉠ **배선방법** : 배선은 난잡하지 않도록 정리하고 마루 위 배선 등은 될 수 있는 한 피해야 하며, 단말 처리에서는 땜질 및 선 접속을 확실히 하며 전압의 인가부가 노출되어 접촉의 위험이 있는 경우는 커버 등으로 덮는다. 또 고압부에는 적절한 표시를 하여야 한다.

 ㉡ **사용 전압의 확인** : 특히 AC 입력 전압이 기기의 정격값에 합당한가를 접속 전에 확인하고 정전 작업 차단기가 열려 있어도 다시 전류전하를 방전시키고 테스터 등으로 전압의 유무를 조사하는 등의 사전 확인을 요한다.

 ㉢ **나선 작업** : 나선 작업은 피하는 것이 좋으며, 노출 충전 부분에 절연물에 의한 방호나 그 외 안전한 장소로의 이설, 어스하기 쉬운 물체의 절연 방호, 작업자 자신의 절연 방호구 착용, 절연 방호를 실시한 공구류의 사용 등이 필요하다.

 ㉣ **퓨즈의 적정 사용** : 퓨즈는 반드시 부하 및 전압에 대하여 적절한 것을 사용하여야 한다.

 ㉤ **배선 체크** : 배선 작업이 끝나면 스위치를 넣기 전에 틀린 곳이 없나를 확인하고, 스위치 투입 시에는 작업자에게 위험이 있는가를 확인하여야 한다.

Ⅲ 보수와 운용

1. 일상 보수

① **카메라 하우징 전면 유리 청소** : 도로나 제철소 등 분진이 많은 장소에 설치되어 있는 카메라 하우징의 전면 유리는 비교적 단시간에 더러워져 카메라의 시야가 방해받아 감시할 수 없기 때문에 항상 청소하여야 한다.

② **카메라의 조정** : 촬상관은 비교적 수명이 짧은 부품으로서 계절에 따른 기온의 변화에 의해서도 특성 변동을 가져온다. 따라서 빔, 포커스, 페더스털(혹 레벨) 등을 필요에 따라 조정하여야 한다.

③ **모니터의 조정과 브라운관 표면의 청소**

 ㉠ 보기 좋은 화면을 얻기 위해서는 콘트라스트, 휘도, 포커스 등의 조정이 필요하다.

 ㉡ 브라운관의 표면은 정전기를 띠어서 먼지를 흡착하기 쉽기 때문에 부드러운 천에 소량의 물을 묻혀 닦아낸 다음 마른 천으로 습기를 제거한다.

④ VTR의 청소와 주유
  ㉠ 테이프와 강하게 밀착되어 있는 비디오 헤드의 갭에는 자기 테이프나 갭에서 부스러져서 떨어진 자기 가루가 들어가 화면상에 송사리 무늬의 노이즈가 생긴다.
  ㉡ 닦는 천에 클리닝액(이소프로필 알코올)을 적셔 헤드 드럼을 손으로 좌우로 움직이면서 헤드 모터의 회전 방향을 따라 조심스럽게 헤드의 표면을 가볍게 닦는다. 똑같은 방법으로 헤드 드럼의 테이프의 주행시 닿는 면, 음성제어, 소거 헤드, 핀치 롤러, 아이들러(Idler) 등의 표면도 청소한다.
  ㉢ 모터의 회전이 각 부에 정확히 전달되지 않으면 회전 불안정을 일으켜 화상이 흐트러진다. 각종의 아이들러나 테이프의 감기 및 되감기 일대의 축에 정기적으로 주유하여야 한다.
⑤ 기 타
  ㉠ 전원 케이블이나 동축 케이블 등의 커넥터부가 충분히 조여져 있는가 또는 케이블의 열화나 손상이 없는가의 점검
  ㉡ 플러그 인 유닛류의 커넥터부 청소
  ㉢ 카메라 하우징의 방수 상황 점검
  ㉣ 렌즈의 핀트나 조리개 점검

2. 정기 보수

① 정기 보수는 연 1회 실시하며, 납품사와 계약하여 실시하는 것이 좋다.
② 정기 보수에서는 일상 보수 항목 외에 열화 부품의 교환이나 각부의 재조정, 특성 체크 등이 포함된다.

3. 운용 · 보수상의 주의사항

① 촬상관의 소손 : 촬상관은 일반적으로 사용 개시 이후 200시간 정도까지는 소손(불에 타서 부서짐)이 생기기 쉬우므로, 이 기간은 고정된 피사체의 장시간 촬상은 피하는 쪽이 좋다.
② 촬상관이나 브라운관의 소손 : 고정된 피사체를 늘 촬상 또는 수상하고 있으면 촬상관의 광전도면이나 브라운관의 형광면의 감도가 변화한다.
③ 예비 촬상관의 보관 : 촬상관은 고진공으로 되어 있어 잔류가스가 있으며 이것이 보관 중에 유리된다. 이와 같은 촬상관을 사용하면 유리가스 분자에 전자 빔이 부딪쳐 이온화하고 이 이온이 광전도면에 충돌하면 부분적인 변질이 생겨 감도 얼룩과 같은 현상이 생기므로 예비관의 보관 조건으로서 3개월에 1회는 히터를 점화시켜 유리가스를 게터로 모으도록 의무 사항으로 규정하고 있다.
④ 브라운관 교환시의 주의 : 브라운관을 교환하는 경우 모니터의 전원을 끊은 직후에는 애노드에 고전압이 충전되고 있기 때문에 감전의 위험이 있다. 따라서 손잡이 부분이 플라스틱 등의 절연체로 된 드라이버 및 한쪽이 악어클립이 붙은 30~40cm의 전선을 준비하여 악어클립으로 드라이버의 금속 부분을 꺾고 다른 쪽은 모니터의 새시 어스에 접속하여 드라이버 끝을 애노드캡 안에 접촉하여 2~3회 방전시킨다.
⑤ 렌즈의 백 포커스 조정 : 촬상관을 교환한 경우에는 렌즈에 대한 광전도면의 위치가 변하고, 줌 렌즈를 사용하고 있는 경우에는 0.05mm 정도 벗어나도 줌 인 도중에 포커스가 맞지 않게 된다. 따라서 전동 줌 렌즈의 백포커스를 한 사람으로 조정하고 싶을 때는 렌즈의 커버를 제거하고 수동 줌 렌즈와 같이 줌 인이나 포커스를 수동 조정한다.

⑥ 프린트 기판의 부품 교환상의 주의 : 프린트 기판은 베클라이트나 에폭시 유리 섬유판 위에 구리박을 특수한 접착제로 붙인 것으로 고온을 가하면 떨어진다. 따라서 프린트판 위의 부품을 교환하는 경우에는 인두 끝의 온도가 280~320℃로 관리된 40 W 전후의 납땜 인두를 사용하고, 납을 깨끗이 제거하도록 한다.

⑦ 케이블 내 물기 침투로 인한 특성 열화 : 영상신호를 장거리 전송하고자 하는 경우 전송 케이블은 통상 500m마다 접속시켜 연장하며, 습기나 물이 모세관현상에 의해 케이블 내에 깊숙이 침투하여 특성이 열화되므로 이를 방지하기 위해 케이블을 파이프에 넣고 파이프의 출입구를 밀폐하여 불활성 가스를 충전하는 방법이 있다. 이 같은 경우에는 가스 압력의 점검도 일상 보수항목이 된다.

⑧ 클리닝액 : 프린트 기판 위의 부품을 교환한 후의 플럭스에 의한 더러움이나 커넥터 접속 부분의 클리닝 또는 외관 도장의 더러움을 없애기 위한 클리닝액으로서는 클로센 VG를 사용하면 좋다. 벤젠 등을 사용하면 프린트막이 떨어지거나 도장이 떨어진다.

⑨ VCR 테이프의 사용 횟수 : VTR용 자기 테이프는 녹화, 재생을 반복함에 따라 화질이 현저히 떨어지므로 U 매틱 VCR에 사용하는 카세트테이프 녹화한도는 300 내지 400회 정도이다.

⑩ VCR 테이프의 보존 조건 : 테이프가 먼지를 흡착하여 드롭 아웃이 늘어나거나 실린더에 테이프가 붙어 주행 상태가 불량하게 된다든지 대전 전압이 높아지면 방전잡음이 나타나기 때문에 대전 방지제가 자성층에 섞여 있다. 이 방지제에는 습도 의존성이 있고 자체가 온도에 의해 신축한다. 이 때문에 테이프에 대한 가장 바람직한 보존 조건은 습도 40~70%, 온도 15~35℃이다. 또 자기 테이프를 TV 수상기 위에 놓는다든지 자석 등 자기를 띠고 있는 물체에 가까이 하는 것도 물론 피해야 한다.

카메라 설치불량에 의한 노이즈 발생의 원인 기출 17
- 동축케이블 외피가 손상되어 물이 들어간 경우
- 선로에서 다른 전력선과 상호 유기되는 경우
- 그라운드 루핑(looping) 현상에 의해 유도 전류가 발생한 경우

---

4. 구입 조건 및 보수 계약

① 구입 조건 : 기기 구성·부속품·예비품, 제출서류 내용, 입회 검사, 보증 조건, 보수계약 조건, 지불 조건, 공사 분담 범위 등을 명확히 하고 또 관계 관청에 신청 여부 등에 관해서도 충분히 조사한 후 구입하도록 한다.

② 보수계약

　㉠ 정기보수계약 : 보수원이 정기적으로 점검 정비하는 것으로 보수원의 인건비, 출장비만을 계약금으로 지불하고 부품 교환이 있는 경우에는 그때마다 부품비를 지불하는 방식이 많다(기계적인 마모를 수반하는 기기).

　㉡ ON CALL 계약 : 사고가 발생했을 때만 보수원을 불러 수리를 의뢰하는 것인데, 야간, 휴일 등의 대응에 대해서는 계약 시에 확인해 두어야 한다(전자회로가 주체인 기기).

5. 보수 운용에 필요한 기기

① **오실로스코프** : 각 부의 파형 관측에 쓰는 측정기로 능률적인 고장 점검에 사용된다. 가능한 한 입력 용량이 적은 광대역의 것이 바람직하나 보통 10MHz 정도의 대역을 가지는 휴대형이면 충분하다.

② **테스터** : 각 부의 전압이나 저항 등을 계측하는 데 사용한다.

③ **전자 전압계** : 임피던스가 높은 부분, 예를 들면 카메라나 모니터의 고압전부의 전압을 정확히 측정할 때 사용한다. 모니터의 애노드 전압 측정에는 고압용 프로부가 필요하다.

④ **테스트 차트** : 카메라부의 바른 조정을 위해 필요한 것으로 흑백 카메라의 경우에는 해상도 편향 직선성 테스트 차트를, 또 컬러 카메라의 경우에는 이외에 레지스트레이션, 계조 조정용, 테스트 차트를 필요로 한다.

⑤ **기타** : 휴대용 영상 모니터, 전화기, 트랜시버 등이 필요하다.

Ⅳ CCTV의 시공시스템

1. 금융 관계시스템

① **방문객 기록 감시시스템** : 이 시스템은 카운터 바깥쪽의 손님대기실, 로비, 금고 입구, 응접실 등의 상황을 촬영할 수 있도록 카메라를 설치하고 카메라에서 촬영된 영상 신호는 자동영상 전환기로 전송하여 그 출력에 비디오 타이머에 의해서 날짜, 시간이 혼합되어 장시간 VTR에 기록, 모니터되는 것이다.

② **CD, ATM 코너 감시시스템** : 금전 출납 코너나 야간 금고 등에 TV 카메라를 설치하여 영상을 장시간 VTR로 상시 기록하는 것이다. 장시간 VTR은 24~72시간의 기록 모드로 행해지고 있다. 이것은 감시 목적보다 기록에 중점을 두어 사건이 발생한 경우에 그 내용 분석에 효과를 발휘하고 있다.

③ **통용문 감시시스템** : 통용문 바깥쪽에 TV 카메라나 인터폰을 설치하여 방문자를 체크하는 것으로, 영상 모니터 및 인터폰 주기기를 경비실, 수위실 등에 설치하여 음성, 영상에 의해 확인한다. 출입문에 인터록 (Interlock)을 설치하여 그 동작을 인터폰 주기기에 설치된 버튼으로 감시할 수 있다. 옵션으로서 외부 센서나 비디오 센서와 조합시켜 경보와 연동하는 것도 고려되고 있다.

2. 철도역용 시스템

① **홍보용 시스템**

㉠ 넓은 구내의 여객에 대해 신속한 정보를 제공할 수 있고, 넓은 장소에 적합한 큰 화면 수상 장치를 채용하고 있다.

㉡ 문자를 읽기 쉽도록 하기 위해 RGB 방식으로 하며, 원화 제작을 쉽게 하기 위해 흰 바탕에 흑색 문자로 하고 전기적으로 흑백 반전 색부가를 하여 푸른 바탕에 흰 문자로 한다. 통상 컬러 화상도 사용할 수 있다.

② **방재용, 여객 유도용 시스템** : 지하역에서는 화재 등 비상 재해의 발생에 대비하여 중심에 있는 방재실에 모니터를 놓고 에스컬레이터의 승강구나 계단의 상하 통로 등을 TV 카메라에 의해 감시하여 비상시에 적절한 여객의 피난 유도를 하기 위한 것이다.

③ 열차 승무원용 시스템
  ㉠ 구부러진 플랫폼이나 길게 편성된 열차에서는 맨 마지막 칸의 승무원은 열차의 모든 승강구를 볼 수 없기 때문에 CCTV를 이용하게 된다.
  ㉡ 카메라와 모니터는 퀵스타트 기능을 가지고 있으며 이 기능은 퀵스타트 제어용 전원장치에 의해 제어되고, 동작은 전차가 역에 들어올 때 신호기의 신호에 의해서 시동되고 열차가 역을 벗어나면 대기(Stand-by) 상태로 하는 방식이다.
  ㉢ 플랫폼의 밤낮의 밝기가 다른 것은 EE 렌즈와 카메라의 전기적인 감도 조정회로에 의해 자동적으로 보상하나 조도차가 큰 플랫폼에서는 모니터의 콘트라스트도 밤낮으로 자동적으로 전환하여 화면을 보기 쉽게 하고 있다.

3. 도로교통상황 감시시스템
① 시가지
  ㉠ 서울 시내의 시가지 도로와 주요 교차점에 카메라가 설치되어 있으며, 시경 교통관제센터에서 감시토록 되어 있다.
  ㉡ 카메라는 일반적으로 1.7~2.54cm 비디오를 사용하고, 통상 한 교차로에 1~3대가 교통신호등용 폴을 이용하여 설치되며, 줌 선회방식이 널리 쓰이고 있다.
  ㉢ 신호는 교차점 부근에 설치된 카메라 제어상자 안의 영상 전환기에 임의의 한 신호가 선택된 후 전선공사의 1TV-4M 방식에 의해 시경 교통관제센터까지 전송되며 대형 및 소형 모니터로 수상된다.
② 선박 응용 : 선박에 있어서 감시시스템의 활용은 최근 선박이 대형화·합리화되어 배수량에 비해 승무원의 수가 적어지고 있는 것에 대해 운행의 안정성 및 경제성 확보에 특히 유효한 수단으로 되어 있다.

4. 점포 TV시스템
① 서점, 문구점, 슈퍼마켓, 귀금속점, 식료품점 등에서 도난 방지, 고객서비스, 업무의 효율화 등을 목적으로 사용되며, 이와 같은 경향은 장래 일반 가정의 현관 TV 보급에도 이어질 가능성이 있다.
② 가정 전기 제품과 똑같이 누구나 간단히 설치하기 위해 필요한 기재, 설치 철물 등이 포장되어 있다. 1팩(Pack)에서 TV 카메라 1대에 모니터 1대가 접속되는 구성으로 되어 있다.

5. 먼지 처리장 감시시스템
① 처리장 운영의 합리화·생력화, 보안, 공해방지 등의 목적으로 CCTV 시스템의 도입이 더욱 번성하고 있다.
② 이들 시스템은 인간의 눈의 연장으로서 쓰레기 소각로 내, 굴뚝의 배연, 쓰레기 피트 내 등을 중앙제어실(관리실)에서 집중 관리하는 것으로 합리화·생력화 외에 지역 주민에 대한 홍보 효과를 높이는 역할도 하고 있다.

6. 댐 감시시스템

① 취수구 부근에 설치된 컬러 카메라의 영상 신호를 A-D 변환하여 고능률 부호화에 의해 대역 압축하여 한 화면(1필드분)의 IC 메모리에 축적한 후 모뎀(Modem)에서 클릭 신호에 의해 메모리 정보를 읽어내어 전송로로 보내고 수신 측에서는 반대 순서로 컬러 정지 화상을 모니터에 재현하는 것이다.

② 이 시스템은 카메라 단말, 송신단국, 수신단국, 감시탑의 4개 부분으로 구성되어 있다.

7. 도매시장 내 감시시스템

① 시장의 관리를 1개소에서 원활히 하기 위해 CCTV 시스템이 도입되어 교통 상황, 위법 주차 적발, 물품 도난 예방 등 시장 전체의 상황 장악과 관리 운영을 한다.

② TV 카메라는 청과시장 천장, 수산시장 옥상 등에 12대가 설치되어 있다. 이 중 9대는 전동식 줌 렌즈와 전동식 선회 펜틸트를 조합하고 나머지 카메라는 고정 렌즈와 고정 펜틸트와의 조합으로 구성되어 있다.

8. 제철소 시스템

① 고온, 고압의 현장, 먼지가 많은 장소, 유독 가스 발생 장소 등의 감시나 원격 현장의 설비 운전을 위해 이용되어 보안이나 능률 향상에 도움이 되며 서류 전달, 계측 등에도 이용되고 있다.

② 노내감시시스템은 노벽에 들여다보이는 창을 설치하여 노내의 상황을 보는 것으로서, 카메라는 고온의 피사체에서 방사되는 열선을 방지하기 위해 수냉식 카메라 하우징에 넣어져 있다.

③ 카메라 하우징 전면에는 먼지가 부착되지 않도록 에어필터를 통하여 유분, 수분, 먼지 등을 제거한 압축 공기를 분출하고 있다. 또 강력한 열선을 피하기 위해 적외선 차단 필터를 장착하고 있다.

Ⅴ CCTV 시스템과 클라우드 기출 22

1. 영상감시 시스템의 진화

① 초기의 영상감시 시스템은 아날로그 방식으로 저해상도의 촬영 영상을 동축케이블을 이용하여 자기테이프(VCR ; Video Cassette Recorder)에 저장하였으며, 2000년대부터 디지털 방식으로 고해상도의 촬영 영상을 디지털 비디오 녹화기(DVR ; Digital Video Recorder)에 저장하였다.

② 2005년 이후 일반적인 네트워크와 결합(IP카메라)하여 인터넷으로 영상 신호를 전송할 수 있게 되었으며, 네트워크 비디오 녹화기(NVR ; Network Video Recorder)에 저장될 수 있게 되었다.

③ 이후 영상감시 시스템은 단순히 모니터링하고 영상을 저장하는 기술에서 나아가 지능형 영상감시 시스템(Intelligent Surveillance System)으로 영역을 넓혀 영상으로부터 사람을 탐지, 추적하며, 수상한 물체 및 행위에 따른 위험 방지 등을 사전에 대응할 수 있도록 점차 확대되고 있다.

④ 또한 영상감시 시스템이 클라우드, 모바일, 데이터 분석 등의 주요 IT 트렌드와 만나면서 데이터 보호와 관리, 초고해상도 영상, 지능형 영상분석 기술 등이 제공되는 클라우드 기반의 지능형 영상감시 시스템으로 진화하고 있다.

〈출처〉 최보성, 「영상감시 시스템 시장 및 기술 동향」, S&T Market Report Vol.51, 2017, P. 1~2

2. 클라우드 CCTV

클라우드 CCTV는 실시간 영상을 DVR·NVR 등 저장장치가 아닌 클라우드에 저장하고 영상보안 서비스를 받는 시스템이다.

[기존 CCTV와 클라우드 기반 CCTV 비교]

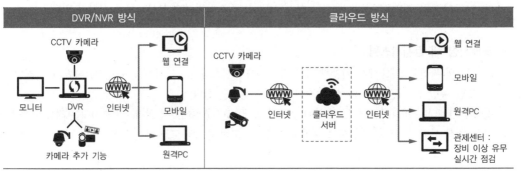

〈출처〉 CCTV의 패러다임 전환, SK브로드밴드

클라우드 컴퓨팅(Cloud Computing)

서버, 스토리지, 소프트웨어 등 필요한 IT 자원을 탄력적으로 제공받아 사용하는 컴퓨팅 환경으로, IT자원을 이용자가 직접 소유, 관리하는 기존 방식과 달리 이용자가 필요한 IT자원을 인터넷을 통해 제공받음으로써 소유(클라우드 제공자)와 관리(이용자)를 분리한 방식이다.

〈출처〉 금융보안원 보안연구부, 「클라우드 컴퓨팅 개념과 산업동향」, 2016, P. 1

스토리지 시스템의 의의

컴퓨터가 접근할 수 있는 데이터를 저장하기 위한 별도의 장소 또는 장치를 의미한다.

스토리지 시스템의 종류

DAS(Direct Attached Storage)
저장장치가 직접 개별 호스트(컴퓨터, 서버 등)에 연결되어 사용 및 관리되는 방식이다.
• 장점 : 각 호스트에서 저장장치까지 물리적으로 가까운 경우 활용이 가능하고, 확장이 비교적 쉽다. • 단점 : 호스트에 장애가 발생할 경우 저장장치의 접근이 제한되고, 물리적인 공간이 한계에 봉착한 경우 확장이 더 이상은 어렵다.

NAS(Network Attached Storage)
스토리지를 네트워크에 부착한 데이터 공유방식으로 스토리지가 다른 호스트 없이 직접 네트워크에 연결되는 방식이다.
• 장점 : 네트워크를 통해 데이터를 공유하므로, 높은 대역폭의 네트워크를 통한 전송속도 확보가 가능하며, 여러 다른 장치들의 데이터를 저장 및 읽기에 용이하다. • 단점 : 네트워크 병목 현상에 취약하고, 스케일 업(기존 NAS 장치 자체의 업그레이드)에는 한계가 있다.

SAN(Storage Area Network)
여러 스토리지들을 네트워크에 연결시킨 다음 스토리지 전용 네트워크로 구성을 하는 방식이다. 이에 따라 스토리지에 접근하기 위해서는 각 호스트들은 모두 SAN 전용 네트워크를 거쳐서 접근해야 한다.
• 장점 : 성능 및 용량 확장성이 좋고, 가상화 환경을 구축하기 좋다. • 단점 : 네트워크의 복잡도가 비교적 높아 상대적으로 비싸며, 관리 포인트가 많다.

① 장 점
  ㉠ IT자원의 효율적인 활용이 가능하다.
  ㉡ 클라우드 서비스를 사용하는 기업이나 이용자의 입장에서는 복잡한 과정 없이 간편하게 소프트웨어를 이용할 수 있다.
  ㉢ 이동성의 향상으로 언제 어디서나 자신의 정보에 접근할 수 있다.
  ㉣ 보안과 관련하여 상대적인 안정성과 신뢰의 증가를 기대할 수 있다.

② 단 점
  ㉠ IT 자원을 기업이 직접 서버를 운영하여 소유하고 있는 것이 아니라 전문 기업에게 아웃소싱하는 클라우드 서비스 모델은 필연적으로 서비스 중단의 위험이 제기될 수밖에 없다. 대표적인 예로 애플 모바일미 서비스 중단 사건과 정전사고로 인한 아마존 EC2 장애를 들 수 있다.
  ㉡ 클라우드 컴퓨팅은 인터넷을 기반으로 외부에 쉽게 노출이 되는 특성상 기술적·관리적 보안사고 가능성이 운영상의 가장 큰 위험 요소이다. → 신기술의 등장으로 인한 해킹, 보안침해, 개인정보침해 등의 범죄 위험성 증가(진화)
  ㉢ 나아가 사고가 발생하였을 경우의 규정, 즉 클라우드 컴퓨팅 서비스에 대한 합당한 SLA(Service Level Agreement ; 서비스 수준 협약서)의 부재를 들 수 있다.

〈출처〉 이원상·이성식, 「클라우드 컴퓨팅 환경에서의 사이버범죄와 대응방안 연구」, 한국형사정책연구원, 2012, P. 41~45

SLA(Service Level Agreement ; 서비스 수준 협약서)
고객이 아웃소싱할 대상 서비스에 대하여 정의하고, 고객이 해야 할 일과 서비스 공급업체에게 기대하는 일에 대하여 명확하게 기술하며, 제공 서비스를 평가할 측정기준을 설정하는 기술적인 계약서라 정의할 수 있으며, 목표달성 여부 및 손해배상청구 등에 대한 법적 증빙자료로서 고객과 서비스 공급업체 사이의 이해 조정을 위한 법률적 계약서의 성격을 가진다.

〈출처〉 곽규종·남기찬, 「서비스 수준 협약서(SLA)의 실행 단계별 성공요인」, 2005, P. 11~12

클라우드 영상감시시스템(VSaaS : Video Surveillance as a Service) 기출 22

1. 의 의
   클라우드 영상감시시스템(VSaaS)은 기본적으로 클라우드 컴퓨팅 환경에서 영상감시시스템을 구현한 것으로 클라우드 망에 감시영상을 저장, 관리하고 언제, 어디서나 원하는 위치의 카메라 영상을 PC나 모바일로 접속하여 실시간으로 스트리밍 할 수 있고, 통합 비디오 관리시스템(VMS)을 통해 감시와 제어를 할 수 있는 시스템이다.

2. 특 징
   • 클라우드 기반 서비스로 사업장 영상을 언제, 어디서나 원격 접속(PC, 스마트폰)할 수 있다.
   • 중요 감시구역, 장소, 시간에 따라 Full 녹화, 이벤트 녹화(움직임이 있을 때 영상을 저장하는 방식)를 선택 사용하여 요금을 절감할 수 있다.
   • 클라우드 서버의 DB 저장으로 데이터 유실의 위험이 없고, 백업을 쉽게 할 수 있다.
   • 인증을 통해 다른 사용자와 카메라 영상을 동시에 모니터링 할 수 있다.
   • 지능적인 영상분석서비스인 피플 카운팅, 침입탐지, 방문객 동선 분석, 카메라 훼손방지 등을 제공할 수 있다.

〈출처〉 이강열, 「기계경비개론」, 진영사, 2021, P. 477~479

① NVR(Network Video Recorder) 및 VMS(Video Management System)는 다수의 카메라로부터 전송되는 영상으로 실시간 관제를 수행하고 이를 저장 및 관리하는 기능을 수행한다.

② NVR은 일반적으로 수십 대 단위 CCTV 카메라를 통한 소규모 관제에 주로 활용되고 있으며, VMS는 영상관리 솔루션과 대규모 영상저장 관리시스템을 중심으로 수백 대의 CCTV 카메라 영상에 대한 관제를 할 수 있도록 하고, 지능형 영상분석 시스템과 연동된다.

지능형 영상감시 시스템 기출 21

의 의	지능형 영상감시 시스템은 기존 CCTV 카메라 영상신호를 입력받아 실시간으로 영상을 분석하여 사람, 자동차와 같은 움직이는 물체의 감지, 추적, 분류, 행동 분석을 수행하고 이를 바탕으로 경보 발생, 녹화, 검색 등을 수행하며, 사용자가 지정한 특정 이벤트에 대하여 실시간으로 감지하고 경보를 발생시킴으로써 즉각적인 상황 대처가 가능한 첨단 영상감시 시스템이다.
주요기능	• 영상분석, 내용분석, 내용분석에 의한 대응 등 3가지의 주요 기능이 있다. • 영상분석 기술은 획득된 영상에서 움직이는 객체를 탐색하여 객체의 종류를 분석하고, 분류된 객체가 사람이면 누구인지를 인식하고, 객체의 행동을 분석하고, 지정된 객체를 추적하는 기능을 수행한다.
요구 조건 기출 18	• 고품질의 영상 데이터를 구현할 수 있을 것 • 실시간 기록 및 빠른 검색이 가능할 것 • PTZ(Pan, Tilt, Zoom) 카메라 지원이 가능할 것 • 센서, DVR, CCTV, IP-CAMERA, NETWORK CAMERA 등과의 연동이 가능할 것 • 진보된 움직임을 감지할 수 있을 것 • 감지된 객체를 사람, 자동차, 사물로 구분하는 객체 인식 기술을 구현할 수 있을 것 • 객체의 움직임 통제를 이용한 비정상 행위 패턴 인식 기술을 구현할 수 있을 것 • 자동적·지능적 경보 및 알람기능을 구현할 수 있을 것 • 사용 편의성과 확장성이 있을 것 등

〈참고〉 이강열, 「기계경비개론」, 진영사, 2021, P. 471~474

③ NVR과 VMS는 기본적으로 카메라 영상을 저장 및 재생할 수 있는 기능을 갖추고 있으며, 원격지의 카메라에 대하여 PTZ(Pan, Tilt, Zoom) 제어를 할 수 있고, 특정 이벤트를 설정하여 이벤트 발생 시 자동으로 저장할 수 있으며, CCTV 카메라를 훼손하거나 영상 획득을 방해하는 것을 감지하는 기능 등을 갖추고 있다.

〈출처〉 최보성, 「영상감시 시스템 시장 및 기술 동향」, S&T Market Report Vol.51, 2017, P. 16

04 화상감시시스템

01 기출문제

☑ 확인 Check! ○ △ ✕

다음 중 일정 지역의 출입자 행동을 감시할 수 있으며, 일정 기간 내에 모든 출입자를 녹화할 수 있고, 또한 접근금지구역을 외부인이 무단출입 시 경보하여 감시할 수 있는 기계경비시스템은 어느 것인가?

① 감시케이블시스템
② CCTV 시스템
③ 거주자보호시스템
④ Time Control시스템

쏙쏙 해설

CCTV 시스템은 특정 대상에게 특정의 목적을 가지고 영상정보를 전달하는 시스템이다.

정답 ❷

02 기출문제

☑ 확인 Check! ○ △ ✕

공장, 댐, 은행, 백화점, 하역장 및 사람이 접근할 수 없는 산업현장 등의 감시용 시스템은?

① CATV
② CCTV
③ VRS
④ HDTV

쏙쏙 해설

설문은 CCTV에 대한 내용이다.
① CATV : 난시청 해소를 목적으로 케이블을 이용하여 텔레비전 신호를 전송하는 협송(Narrowcasting)시스템
③ VRS : 화상응답시스템, 전화선을 통해서 중앙의 컴퓨터에 있는 데이터베이스의 정보를 터미널 장치가 되어 있는 가정의 TV에 보내는 회화형 정보시스템으로 이용범위는 CAI 학습용 단말기, 의료정보, 증권이나 주식시세 보기, 제품 생산 관리용 등
④ HDTV : 고선명 TV(High Definition Television)

정답 ❷

03 기출 15

☑ 확인Check! ○ △ ✕

네트워크상에 설치된 IP 카메라를 통해 디지털 영상을 전송받아 압축 저장하는 녹화장치는?

① VCR

② VTR

③ NVR

④ CVR

04 기출 18

☑ 확인Check! ○ △ ✕

NVR에 관한 설명으로 옳지 않은 것은?

① 녹화된 영상을 다수가 동시에 감시 가능

② 화상은 물론 음성까지 동시에 저장 가능

③ IP카메라에서 출력되는 아날로그 스트림을 녹화

④ IP카메라에서 출력되는 인코딩된 스트림을 녹화

05 기출 18

☑확인 Check! ○ △ ✕

기기의 고유번호를 이용하여 네트워크상에서 카메라를 인식하고 자동으로 설정하는 기능은?

① TCP/IP
② LOGIN
③ Protocol
④ MAC Address

06 기출 18

☑확인 Check! ○ △ ✕

네트워크 카메라에 관한 설명으로 옳지 않은 것은?

① 다수의 사용자가 접속가능
② 아날로그 영상으로 화질 열화
③ 웹브라우저 없이는 감시 불가능
④ 원격지에서 회전 장치의 제어가능

07 기출 18

☑확인 Check! ○ △ ✕

CCTV 시스템에 관한 설명으로 옳지 않은 것은?

① IP카메라는 전송거리에 제한을 받는다.
② 중요한 고려사항은 환경적 요소와 광원이다.
③ 전송시스템은 유선의 사용이 보편적이나 무선을 사용하기도 한다.
④ 실내용과 실외용으로 구분되며, 실외용은 극한의 기후 및 환경을 견딜 수 있어야 한다.

제1장
제2장
제3장
제4장
제5장
제6장

08 기출 18

☑ 확인Check! ○ △ ✕

카메라의 용어에 관한 설명으로 옳지 않은 것은?

① 픽셀 : 화면을 구성하는 최소 단위의 하나

② 휘도 : 대상 면광원에 관한 측광량의 하나

③ 해상도 : 화면에서 이미지의 크기를 나타내는 지표

④ 조도 : 입사하는 광속을 단위면적당으로 환산한 값

쏙쏙 해설

해상도는 화상시스템에서 피사체의 세밀한 부분이 어느 정도까지 재현 가능한가를 나타내는 용어이다.

정답 ❸

09 기출 18

☑ 확인Check! ○ △ ✕

실리콘이나 게르마늄 렌즈를 사용하는 카메라는?

① 서멀(thermal) 카메라

② 적외선(infrared) 카메라

③ 자외선(ultraviolet) 카메라

④ 가시광선(visible ray) 카메라

쏙쏙 해설

서멀 카메라는 빛의 파장이 $3\mu m$ 이상의 원적외선 대역이므로 렌즈는 유리를 사용할 수 없고, 실리콘이나 게르마늄으로 만든 렌즈를 쓴다. 가시광선이나 적외선 카메라는 모두 피사체 표면의 콘트라스트(빛의 반사율)차를 이용해서 영상화하는 데 반해 서멀 카메라는 물체의 온도 차이를 농도변화로 받아들여 영상화하는 방식이다.

정답 ❶

10 기출 17

☑ 확인Check! ○ △ ✕

카메라 설치 불량에 의한 노이즈 발생의 원인으로 옳지 않은 것은?

① 동축케이블 외피가 손상되어 물이 들어간 경우

② 선로에서 다른 전력선과 상호 유기되는 경우

③ 그라운드 루핑(LOOPING) 현상에 의해 유도 전류가 발생한 경우

④ 카메라의 정격 전압·전류를 사용하는 경우

쏙쏙 해설

카메라와 시스템 간에 다른 위상의 전기를 사용한 경우가 노이즈 발생원인이다.

정답 ❹

11 기출 09

☑ 확인Check! ○ △ ✕

화상감시시스템(CCTV)을 설치한 후 고객의 시스템 관리자 혹은 사용자와 함께 공동으로 확인할 사항으로 적절하지 않은 것은?

① 시스템의 모든 구성요소에 적합한 전압의 전원이 공급되는가?
② 모든 배선의 단자 처리는 정확하게 되었는가?
③ 카메라와 렌즈는 각 위치에 정확하게 취부되었는가?
④ 카메라를 어디에 몇 대를 설치할 것인가?

12

☑ 확인Check! ○ △ ✕

다음 중 CCTV(폐쇄회로)의 주요기능에 대한 설명으로 틀린 것은?

① 접근금지 구역 무단 출입 시 경보
② 조명장치 자동 조정
③ 일정 지역의 출입자 행동 감시
④ 일정 기간에 모든 출입자 녹화

13 기출수정 21

☑ 확인Check! ○ △ ✕

개인정보보호법상 고정형 영상정보처리기기의 설치·운영 시 지켜야 할 사항이 아닌 것은?

① 화장실, 발한실, 탈의실 등 개인의 사생활을 현저히 침해할 우려가 있는 장소의 내부를 볼 수 있도록 설치·운영하면 아니 된다.
② 범죄의 예방 및 수사를 위해 필요한 시설에서 설치·운영할 수 있다.
③ 개인주택의 내부에 설치·운영하기 위해 개인정보보호법상 개인영상정보보호 규정을 준수해야 한다.
④ 시설안전 및 관리, 화재예방을 위하여 정당한 권한을 가진 자가 설치·운영할 수 있다.

고정형 영상정보처리기기의 설치·운영 제한(개인정보보호법 제25조)

① 누구든지 다음 각호의 경우를 제외하고는 공개된 장소에 고정형 영상정보처리기기를 설치·운영하여서는 아니 된다. 〈개정 2023.3.14.〉★
  1. 법령에서 구체적으로 허용하고 있는 경우
  2. 범죄의 예방 및 수사를 위하여 필요한 경우
  3. 시설의 안전 및 관리, 화재예방을 위하여 정당한 권한을 가진 자가 설치·운영하는 경우
  4. 교통단속을 위하여 정당한 권한을 가진 자가 설치·운영하는 경우
  5. 교통정보의 수집·분석 및 제공을 위하여 정당한 권한을 가진 자가 설치·운영하는 경우
  6. 촬영된 영상정보를 저장하지 아니하는 경우로서 대통령령으로 정하는 경우

② 누구든지 불특정 다수가 이용하는 목욕실, 화장실, 발한실(發汗室), 탈의실 등 개인의 사생활을 현저히 침해할 우려가 있는 장소의 내부를 볼 수 있도록 고정형 영상정보처리기기를 설치·운영하여서는 아니 된다. 다만, 교도소, 정신보건 시설 등 법령에 근거하여 사람을 구금하거나 보호하는 시설로서 대통령령으로 정하는 시설에 대하여는 그러하지 아니하다. 〈개정 2023.3.14.〉

③ 제1항 각호에 따라 고정형 영상정보처리기기를 설치·운영하려는 공공기관의 장과 제2항 단서에 따라 고정형 영상정보처리기기를 설치·운영하려는 자는 공청회·설명회의 개최 등 대통령령으로 정하는 절차를 거쳐 관계 전문가 및 이해관계인의 의견을 수렴하여야 한다. 〈개정 2023.3.14.〉

④ 제1항 각호에 따라 고정형 영상정보처리기기를 설치·운영하는 자(이하 "고정형 영상정보처리기기 운영자"라 한다)는 정보주체가 쉽게 인식할 수 있도록 다음 각호의 사항이 포함된 안내판을 설치하는 등 필요한 조치를 하여야 한다. 다만, 「군사기지 및 군사시설 보호법」 제2조 제2호에 따른 군사시설, 「통합방위법」 제2조 제13호에 따른 국가중요시설, 그 밖에 대통령령으로 정하는 시설의 경우에는 그러하지 아니하다. 〈개정 2023.3.14.〉★★
  1. 설치 목적 및 장소
  2. 촬영 범위 및 시간
  3. 관리책임자의 연락처
  4. 그 밖에 대통령령으로 정하는 사항

⑤ 고정형 영상정보처리기기 운영자는 고정형 영상정보처리기기의 설치 목적과 다른 목적으로 고정형 영상정보처리기기를 임의로 조작하거나 다른 곳을 비춰서는 아니 되며, 녹음기능은 사용할 수 없다. 〈개정 2023.3.14.〉★★

⑥ 고정형 영상정보처리기기 운영자는 개인정보가 분실·도난·유출·위조·변조 또는 훼손되지 아니하도록 제29조에 따라 안전성 확보에 필요한 조치를 하여야 한다. 〈개정 2023.3.14.〉

⑦ 고정형 영상정보처리기기 운영자는 대통령령으로 정하는 바에 따라 고정형 영상정보처리기기 운영·관리 방침을 마련하여야 한다. 다만, 제30조에 따른 개인정보 처리방침을 정할 때 고정형 영상정보처리기기 운영·관리에 관한 사항을 포함시킨 경우에는 고정형 영상정보처리기기 운영·관리 방침을 마련하지 아니할 수 있다. 〈개정 2023.3.14.〉

⑧ 고정형 영상정보처리기기 운영자는 고정형 영상정보처리기기의 설치·운영에 관한 사무를 위탁할 수 있다. 다만, 공공기관이 고정형 영상정보처리기기 설치·운영에 관한 사무를 위탁하는 경우에는 대통령령으로 정하는 절차 및 요건에 따라야 한다. 〈개정 2023.3.14.〉★

[제목개정 2023.3.14.]

14 기출수정 17

☑ 확인 Check! ○ △ ✕

개인정보보호법령상 공개된 장소에서 영상정보처리기기의 설치·운용이 허용되는 경우로 옳은 것을 모두 고른 것은?

> ㄱ. 범죄의 예방 및 수사를 위하여 필요한 경우
> ㄴ. 시설의 안전 및 관리, 화재예방을 위하여 필요한 경우
> ㄷ. 교통단속을 위하여 필요한 경우
> ㄹ. 교통정보의 수집·분석 및 제공을 위하여 정당한 권한을 가진 자가 설치·운영하는 경우

① ㄴ, ㄷ

② ㄱ, ㄴ, ㄹ

③ ㄱ, ㄷ, ㄹ

④ ㄱ, ㄴ, ㄷ, ㄹ

쏙쏙 해설

ㄱ, ㄴ, ㄷ, ㄹ 모두 개인정보보호법 제25조 제1항의 영상정보처리기기 설치·운영 제한사유에 해당한다.

정답 ④

15 기출 23

☑ 확인 Check! ○ △ ✕

개인정보보호법령상 고정형 영상정보처리기기를 설치할 때 안내판에 포함하여야 할 사항으로 옳지 않은 것은?

① 설치 목적 및 장소

② 촬영 범위 및 시간

③ 촬영 월별 기록 내용

④ 관리책임자의 연락처

쏙쏙 해설

③은 개인정보보호법령상 고정형 영상정보처리기기운영자가 고정형 영상정보처리기기를 설치할 때 안내판에 포함하여야 할 사항에 해당하지 않는다(개인정보보호법 제25조 제4항 본문 각호).

정답 ③

관계법령

고정형 영상정보처리기기의 설치·운영 제한(개인정보보호법 제25조)

④ 제1항 각호에 따라 고정형 영상정보처리기기를 설치·운영하는 자(이하 "고정형 영상정보처리기기 운영자"라 한다)는 정보주체가 쉽게 인식할 수 있도록 다음 각호의 사항이 포함된 안내판을 설치하는 등 필요한 조치를 하여야 한다. 다만, 「군사기지 및 군사시설 보호법」 제2조 제2호에 따른 군사시설, 「통합방위법」 제2조 제13호에 따른 국가중요시설, 그 밖에 대통령령으로 정하는 시설의 경우에는 그러하지 아니하다. 〈개정 2023.3.14.〉★★

1. 설치 목적 및 장소
2. 촬영 범위 및 시간
3. 관리책임자의 연락처
4. 그 밖에 대통령령으로 정하는 사항

16 기출 14

☑ 확인Check! ○ △ ✕

행정안전부의 '공공기관 CCTV 관리 가이드라인'에서 CCTV 관리에
관한 설명으로 옳지 않은 것은?

① CCTV를 설치한 장소마다 안내판을 설치하여야 한다.

② 안내판은 관계공무원 또는 시공담당자만 판독이 용이한 곳에 설치
해야 한다.

③ CCTV를 설치할 경우 정보주체가 이를 쉽게 인식할 수 있도록 안내
판을 설치하여야 한다.

④ 교통흐름 조사목적으로 CCTV 설치 시 안내판 설치에 갈음하여
인터넷 홈페이지에 게재할 수 있다.

17 기출 22

☑ 확인Check! ○ △ ✕

카메라 감광면이 같을 경우 렌즈의 밝기(F 값)가 가장 밝은 것은?

① $F\,1.2$ ② $F\,1.4$

③ $F\,1.8$ ④ $F\,2.4$

18 기출 18

☑ 확인Check! ○ △ ✕

주변 환경에 따라 개구율(APERTURE RATIO)이 변화되는 렌즈는?

① ZOOM LENS

② AUTO IRIS LENS

③ FIXED FOCUS LENS

④ VARIABLE FOCUS LENS

핵심만 콕

- 줌 렌즈(ZOOM LENS) : 초점거리를 수동으로 하거나 원격제어 모터로 조절하는 렌즈로 모터 줌렌즈는 2배, 4배, 6배, 10배가 일반적인 제품이다.
- 고정초점 렌즈(FIXED FOCUS LENS) : 피사체 또는 피사체 범위가 고정 형태로 된 단초점 렌즈로서 일반적으로 감시나 관찰 혹은 측정시스템에 주로 적용된다.
  - 수동 : 실내에 일정한 조명이 있는 곳에 적용
  - 자동 : 일정한 빛이 입력되도록 자동 개구율이 조절되는 렌즈
- 가변초점 렌즈(VARIABLE FOCUS LENS) : 줌 렌즈의 일종으로 가격이 저렴하고, 배율, 줌 비율이 보통의 약 2배로서 자동 조리개와 수동 조리개 2종류가 있다.

19 기출 16

☑ 확인Check! ○ △ ✕

CCTV 모니터 설치 시 주의 사항으로 옳은 것은?

① 모니터 배후가 어두운 장소는 피해서 설치한다.

② 자기를 발생하는 전기 기기와는 무관하므로 함께 설치하는 것이 좋다.

③ 모니터는 눈높이보다 약간 낮게 설치한다.

④ 자연광이나 조명 빛이 모니터에 직접 들어오도록 설치한다.

핵심만 콕

CCTV 카메라 설치 시 고려사항★
- 가능하면 역광을 피하는 것이 좋다.
- 가능하면 피사체의 배면(背面)이 아니라 정면에 설치한다.
- 카메라와 피사체의 거리를 조정하여 피사체는 정확히 잡히도록 해야 한다.
- 습기가 있는 곳이나 고압선 및 고주파 발생지역을 피해서 설치한다.
- 사람의 손이 직접 닿지 않는 높이에 설치한다.
- 모니터는 근무자의 눈높이보다 약간 낮게 설치해야 한다.

20 기출 14

CCTV 카메라의 설치에 관한 설명으로 옳은 것은?

① 역광이 최대가 되도록 설치한다.
② 가능한 한 피사체의 배면(背面)에 설치한다.
③ 고압선이나 고주파 발생지역에 설치한다.
④ 사람의 손이 직접 닿지 않는 높이에 설치한다.

21 기출문제

CCTV 시스템에서 카메라 설치 시 고려할 사항 중 거리가 먼 것은?

① 카메라 위치는 가능하면 역광을 피하는 것이 좋다.
② 카메라와 피사체의 거리를 조정하여 피사체는 정확히 잡히도록 해야 한다.
③ 습기가 있는 곳이나 강한 전압 및 자력의 영향이 있는 곳은 피한다.
④ 모니터는 근무자의 눈높이보다 약간 높게 설치한다.

22

다음 중 CCTV 설치에 관한 설명으로 맞는 것은?

① 카메라는 피사체의 좌우 범위가 3m를 넘지 않게 설치한다.
② 카메라는 가능한 한 피사체와 수평으로 설치하여야 한다.
③ 카메라는 파사체를 넓게 보기 위하여 비스듬하게 설치하여야 한다.
④ CCTV 카메라는 직사광선이 최대한 들어오게 설치한다.

23 [기출] 17

☑ 확인Check! ○ △ ✕

경비 목적을 위한 CCTV의 역할로 옳지 않은 것은?

① 현장에서 근무자가 위험에 직접 노출될 수 있다.

② 변화하는 상황을 녹화하여 나중에 다시 볼 수 있다.

③ 침입감지시스템의 감지기와 함께 보조 장치로 사용한다.

④ 출입통제시스템과 함께 사용되어 원격으로 출입인원을 확인할 수 있다.

쏙쏙 해설

상황실에서 현장상황을 직접 확인할 수 있기 때문에 안전근무자가 위해에 직접 노출되는 것을 감소시킬 수 있다.

정답 ❶

24

☑ 확인Check! ○ △ ✕

다음 CCTV 시스템의 선정방식 중 맞지 않는 것은?

① 복수의 목적을 조목별로 써서 중요도에 따라 순위를 부가하고 각각의 목적을 위해 필요한 방식을 선정한다.

② 종합적으로 판단하여 최종 방식을 결정하여야 한다.

③ 과거의 유사 시스템을 참고하여 전문가나 메이커의 의견을 들어보는 것도 필요하다.

④ 무조건 표준 방식을 선정한다.

쏙쏙 해설

일반적으로 표준 방식이 경제적이나, 경우에 따라서는 비표준 방식 쪽이 경제적일 수도 있기 때문에 방식 선정에는 충분한 주의가 필요하다.

정답 ❹

25

☑ 확인Check! ○ △ ✕

CCTV 시스템의 기본 구성요소에 포함되지 않는 것은?

① 피사체 및 이것을 촬영하여 전기신호로 변환하는 촬상계

② 전기신호를 원격지에 전송하는 전송계

③ 전송되어 온 영상신호를 재생·표시하는 수상계

④ 음성신호를 재생하는 스피커

쏙쏙 해설

CCTV 시스템의 기본 구성요소는 피사체 및 이것을 촬영하여 전기신호로 변환하는 촬상계, 이 전기신호를 원격지에 전송하는 전송계, 전송되어 온 영상신호를 재생·표시하는 수상계의 3가지계로 구성된다.

정답 ❹

26 기출문제

☑ 확인 Check! ○ △ ✕

CCTV 시스템의 기본 구성요소가 아닌 것은?

① 제어계

② 촬상계

③ 전송계

④ 수상계

쏙쏙 해설

CCTV의 기본 구성요소는 촬상계, 전송계, 수상계이다.

정답 ❶

27 기출 23

☑ 확인 Check! ○ △ ✕

CCTV 시스템의 전송부에 관한 설명으로 옳은 것은?

① 핵심 구성품은 카메라이다.

② 수신된 영상신호를 화상으로 표출한다.

③ 유선 또는 무선 통신을 이용하여 영상신호를 전송한다.

④ 구성요소로는 카메라 회전장치가 있다.

쏙쏙 해설

③ 전송부에 관한 설명으로 옳다.

① 촬상부는 카메라, 렌즈, 카메라 하우징, 회전기(Pan/Tilt)로 구성된다.

② 수상부(영상처리부)에 관한 설명이다.

④ 카메라 회전장치(Pan/Tilt)는 촬상부의 구성요소이다.

정답 ❸

28 기출 23

☑ 확인 Check! ○ △ ✕

이더넷 케이블을 이용하여 카메라의 전원과 영상신호를 동시에 전송하는 방식은?

① PoE

② NIC

③ DVR

④ NFC

쏙쏙 해설

이더넷 케이블(주로 근거리 통신망을 구축하기 위해 사용)을 이용하여 카메라의 전원과 영상신호를 동시에 전송하는 방식은 PoE이다.

정답 ❶

핵심만 콕

② NIC(Network Interface Controller)는 컴퓨터를 네트워크에 연결하여 통신하기 위해 사용하는 하드웨어 장치이다.

③ DVR(Digital Video Recorder)은 아날로그 영상신호를 디지털 방식으로 압축 저장하는 녹화장치이다.

④ NFC(Near Field Communication)는 근거리 무선통신을 의미하며, 13.56MHz의 대역을 가지며, 약 10cm 이내의 거리에서 무선통신을 하기 위한 비접촉식 통신기술이다.

29

수상장비에 속하지 않는 것은?

☑ 확인 Check! ○ △ ✕

① 컬러 모니터
② 프로젝션 TV
③ 흑백 모니터
④ 비디오 카메라

쏙쏙 해설

수상장비는 일반적으로 CRT를 사용한 영상 모니터가 이용되고 있으나 이것에만 그치지 않고 대형 벽면 투사형 디스플레이도 채용되고 있고 이들 기재의 조작을 포함하여 조작탁이 설치되는 경우도 있다. 비디오 카메라는 촬상계 장비에 해당한다.

정답 ④

30 기출 23

전선을 꼬아 서로 교차시켜 도선 상호 간의 간섭을 최소화하고 RJ-45 커넥터를 사용하는 케이블은?

☑ 확인 Check! ○ △ ✕

① UTP 케이블
② HDMI 케이블
③ 동축 케이블
④ 광섬유 케이블

쏙쏙 해설

UTP 케이블에 관한 설명이다.
UTP(Unshielded Twisted Pair Cable : 비차폐연선) 케이블은 차폐처리하지 않고 두 라인씩 꼬여 있는 케이블로 RJ-45 커넥터를 통해 CCTV 시스템의 전송계와 컴퓨터의 LAN에 주로 사용된다.

정답 ①

핵심만 콕

② HDMI(High Definition Multimedia Interface) 케이블은 디지털 방식의 영상신호와 음향신호를 압축하지 않고 하나의 케이블로 동시에 전송하여 TV 등 영상기기에 쓰이는 케이블이다.
③ 동축 케이블은 감쇠량이 적고, 전자적·정전적 결합에 의한 누화가 적고, 고주파 특성이 우수하여 대용량 전송이나 광대역 신호 전송에 적합한 특징이 있다.
④ 광섬유 케이블은 CCTV 영상신호를 전달할 때 전송 손실을 가장 줄일 수 있는 망으로, 낙뢰·전자유도 등의 방해를 받지 않아 장거리 송신과 고속 전송을 위해 사용된다.

31 기출 20

☑ 확인Check! ○ △ ✕

두 선간 전자기 유도를 줄이기 위해 서로 꼬여 있으며 일반적인 LAN 선에 사용되는 비차폐연선은?

① FTP
② UTP
③ STP
④ BNC

쏙쏙 해설

UTP(Unshielded Twisted Pair Cable : 비차폐연선)는 피복 없이 전선만 두 라인씩 꼬여 있는 케이블로 CCTV 시스템의 전송계와 컴퓨터의 LAN에 주로 사용하는 케이블이다.

정답 ❷

핵심만 콕

① FTP(Foil Screened Twisted Pair Cable : 금박연선) : 알루미늄 외장 속에 여러 가닥의 구리 실선이 들어 있는 케이블. 절연 특성이 강하여 인접 혼신이 심한 환경이나 건물의 배선 작업 시 사용된다.
③ STP(Shielded Twisted Pair Cable : 차폐연선) : 데이터를 보호하기 위해 쉴드 처리가 되어진 케이블. 안쪽에 꼬여 있는 2쌍의 케이블에 각각 쉴드 처리가 되어 있어 외부 노이즈로부터 데이터를 효과적으로 보호할 수 있다.
④ BNC(Bayonet Neil-Concelman Connector) : 동축(Coaxial) 케이블 커넥터로, 주로 CCTV network나 구식 Ethernet Network에 사용된다.

32

☑ 확인Check! ○ △ ✕

CCTV 시스템의 전송계와 컴퓨터의 LAN에 주로 사용하는 케이블은?

① 동축 케이블
② 로맥스 케이블
③ 캡타이어 케이블
④ 비차폐 꼬임쌍선 케이블

쏙쏙 해설

비차폐 꼬임쌍선 케이블에 대한 내용이다.

정답 ❹

핵심만 콕

비차폐 꼬임쌍선 케이블(UTP)★
• 트위스트 페어 케이블(TPC)의 한 형태로 피복 없이 전선만 두 라인씩 꼬여 있다.
• 동축케이블에 비해 비용이 저렴하고, 작업이 용이하다.
• 동축케이블보다 장거리 송신이 가능하다는 장점이 있어 사용이 증가하고 있다.

33 기출 20

☑ 확인Check! ○ △ ✕

디지털 비디오 전송에 관한 설명으로 옳지 않은 것은?

① 디지털 비디오 신호는 다른 디지털 신호와 동일하지 않은 데이터로 전송한다.
② 기존의 네트워크망을 사용하면 비용을 줄일 수 있다.
③ 동축케이블을 사용하는 로컬망에서는 거리에 제한이 있다.
④ 광·무선중계기를 사용하는 경우에는 네트워크 스위치 또는 라우터를 사용해야 한다.

쏙쏙 해설

디지털 비디오 신호는 오디오나 이미지, 텍스트 등과 같은 다른 디지털 신호와 마찬가지로 샘플링을 거쳐 0과 1의 두 가지 형태로 생성·저장·처리된 디지털 데이터로 전송한다. 디지털 데이터는 다양한 형태의 정보를 저장하거나 전달할 수 있으며, 이를 통해 두 종류 이상의 정보가 동시에 제공되는 것을 멀티미디어라 한다.

정답 ❶

34 기출문제

☑ 확인Check! ○ △ ✕

카메라로부터 전송된 영상신호를 수신, 재생하는 부분은?

① 촬상부
② 전송부
③ 제어부
④ 수상부

쏙쏙 해설

수상부란 카메라로부터 전송된 영상신호를 수신, 재생하는 부분이다.

정답 ❹

35 기출 20

☑ 확인Check! ○ △ ✕

영상신호 전송 방식에 관한 설명으로 옳은 것은?

① 인터레이스(Interlace) 방식은 순차주사 방식이다.
② 프로그레시브(Progressive) 방식은 비월주사 방식이다.
③ HDMI 방식은 영상과 음성신호를 각각 전송하는 방식이다.
④ HD-SDI 방식은 동축케이블을 이용하여 HD데이터를 전송하는 방식이다.

쏙쏙 해설

HD-SDI는 HD급 방송장비 간에 영상을 전송하는 표준 규격이다. HD-SDI는 High Definition Serial Digital Interface의 약어로 디지털 영상신호를 압축하지 않고, 직렬 신호로 변환하여 동축케이블로 전송하는 방식을 말한다.

정답 ❹

① 인터레이스(Interlace : 비월주사) 방식은 두 개의 가로형 주사선들이 서로 교차하면서 한 장의 이미지를 만드는 방식이다.
② 프로그레시브(Progressive : 순차주사) 방식은 비인터레이스 방식이라고도 하며, 주사선이 그대로 하나의 이미지에 담기는 방식이다.
③ HDMI(High Definition Multimedia Interface) 방식은 디지털 방식의 영상과 음향신호를 하나의 케이블로 동시에 전달하는 방식이다.

36 기출 17

☑ 확인 Check! ○ △ ✕

CCTV 감시부 구축장비의 구성으로 옳지 않은 것은?

① 모니터링장비
② 전송장비
③ 출입장비
④ 제어장비

쏙쏙 해설

출입장비는 CCTV 감시부의 구축장비의 구성으로 볼 수 없다.

정답 ❸

37 기출 22

☑ 확인 Check! ○ △ ✕

IP카메라의 영상신호를 전송받아 저장하는 장치는?

① VTR
② NVR
③ NCR
④ VCR

쏙쏙 해설

NVR(Network Video Recorder)은 네트워크상에 설치된 IP카메라를 통해 디지털 영상을 전송받아 압축 저장하는 IP 전용 저장장치이다. VTR(Video Tape Recorder)은 초기 기술수준이 낮아 주로 TV 방송국에서만 사용된 영상 저장장치이나, VCR(Video Cassette Recorder)은 주로 가정에서 TV 방송 프로그램을 녹화·재생하는 데 사용된 저장장치이다.

정답 ❷

38 기출 22

☑ 확인 Check! ○ △ ✕

LAN 케이블을 이용하여 카메라의 전원과 영상신호를 동시에 전송하는 방식은?

① AVR
② PoE
③ SMPS
④ RJ-45

쏙쏙 해설

PoE(Power over Ethernet) 방식은 영상신호를 전송하기 위해 사용되는 이더넷 케이블을 통해 데이터 전송과 함께 전원을 공급할 수 있는 방식이다.

정답 ②

핵심만 콕

① AVR(Automatic Voltage Regulator) : 전원 전압의 큰 변동은 기기의 효율을 떨어뜨리므로 전원 전압의 변동을 자동으로 제어하여 언제나 일정한 전압이 유지되도록 하는 장치이다.
③ SMPS(Switching Mode Power Supply) : 전력을 효율적으로 변환시키는 스위칭 레귤레이터가 포함된 전자식 전원공급장치이다. 이는 종래의 리니어 방식(Linear type)의 전원공급장치에 비해 효율이 높고 내구성이 강하며, 소형화 및 경량화에 유리하다.
④ RJ-45는 근거리 네트워크나 많은 회선을 갖춘 전화에 연결할 때 사용되는 커넥터이다.

39 기출 22

☑ 확인 Check! ○ △ ✕

CCTV 시스템의 촬상부에 관한 설명으로 옳은 것은?

① 카메라와 모니터로 구성된다.
② 피사체를 촬영하여 전기적 신호로 변환시킨다.
③ 전송된 영상신호를 재생하고 표출한다.
④ 원격제어용 장치와 조명등은 제외한다.

쏙쏙 해설

촬상부는 피사체를 촬영한 영상신호를 전기적 신호로 변환하는 역할을 하는 장치이다.

정답 ②

핵심만 콕

① 모니터는 촬상부가 아닌 수상부(영상처리부)의 구성 중 하나이다.
③ 전송된 영상신호를 수신, 재생하는 것은 수상부이다.
④ 촬상부는 카메라, 렌즈, 카메라 고정을 위한 브라켓, 하우징, 원격제어를 위한 리모트 제어기 등의 주변장치와 피사체 조도를 위한 조명도 포함된다. 즉, 촬상부는 단순히 카메라 본체만을 의미하는 것이 아닌 카메라 주변기기까지 포함한다.

40 기출 22

☑ 확인Check! ○ △ ✕

신호 전압이 10[V]이고 잡음 전압이 1[V]인 경우 신호 대 잡음 비 (dB)는?

① 10

② 20

③ 30

④ 40

41 기출 13

☑ 확인Check! ○ △ ✕

대역폭이 $B(\mathrm{Hz})$이고 신호 대 잡음 비가 S/N일 경우 사논(Shannon)의 채널용량 $C(bps)$는?

① $C = B\log_2(1 + S/N)$

② $C = B\log_{10}(1 + S/N)$

③ $C = B\log_2(1 + N/S)$

④ $C = B\log_{10}(1 + N/S)$

핵심만 콕

사논의 채널용량
- 전송 속도와 대역폭의 관계
- $C = B \times \log_2(1 + S/N)$
- B(Bandwidth) : 대역폭
- S/N(Signal to Noise ratio) : 신호 대 잡음 비
- C(Capacity) : 전송 속도(채널용량)

42 기출 16

☑ 확인 Check! ○ △ ×

피사체 후면에 밝은 광원이 있더라도 적정 노출로 최적의 영상을 얻도록 하는 기능은?

① 자동 이득 제어
② 신호 대 잡음 비
③ 블루밍
④ 역광 보정

쏙쏙 해설

설문은 역광 보정에 대한 내용이다.
① 신호증폭회로에서 출력을 일정하게 하거나 어떤 신호레벨을 초과하지 않게 자동적으로 조절하도록 만들어진 장치이다.
② 신호 전력과 잡음의 전력 비로, 단위는 보통 데시벨(dB)로 표시한다.
③ CCTV 영상 화면상 피사체의 고휘도 부분 주변이 번지는 것처럼 밝게 되는 현상이다.

정답 ④

43 기출 15

☑ 확인 Check! ○ △ ×

CCTV 카메라 영상신호 전송을 위한 동축케이블 "5C-2V"에 관한 설명으로 옳은 것은?

① 5는 외부도체의 내경(mm)을 나타낸다.
② C는 절연체의 종류를 나타낸다.
③ 2는 2중 외부도체를 나타낸다.
④ V는 특성 임피던스를 나타낸다.

쏙쏙 해설

5C-2V는 외부도체의 내경이 5mm이고, 특성 임피던스가 75Ω이며 폴리에틸렌 충실형 절연체인 PVC 1 중 외피 케이블을 의미한다.

정답 ①

핵심만 콕

동축케이블의 표시 의미

표시위치	기호 및 숫자	의 미
처음 숫자	3, 5, 7, 10	외부도체의 내경(mm)
첫 번째 기호	C	특성 임피던스가 75Ω
	D	특성 임피던스가 50Ω
두 번째 기호	2	절연체 종류(폴리에틸렌 충실형)
끝 기호	V	1중 외부도체 + PVC 외피
	W	2중 외부도체 + PVC 외피

〈출처〉 이강열, 「기계경비개론」, 진영사, 2021, P. 437

제1장 제2장 제3장 제4장 제5장 제6장

44 기출문제

☑ 확인Check! ○ △ ✕

CCTV의 영상신호를 전송하기 위한 방법 중 틀린 것은?

① 짧은 거리의 간단한 시스템에서는 일반 동축케이블을 사용한다.

② 영상신호에 대한 유도장해를 피하기 위해서는 전화선이 가장 적절하다.

③ 평형대케이블에 의한 전송은 기존 가입자 케이블을 이용한다.

④ 동축케이블은 내부 도체를 폴리에틸렌으로 피복하고 외피는 폴리염화비닐로 싸여 있어 연결 시 열에 주의해야 한다.

쏙쏙 해설

영상신호 전송은 동축케이블이나 광케이블이 제일 적합하다.

정답 ❷

45 기출 14

☑ 확인Check! ○ △ ✕

기계경비시스템에서 사용하는 통신선로 중 광케이블이 이용하는 빛의 성질은?

① 누 화
② 회 전
③ 흡 수
④ 전반사

쏙쏙 해설

광케이블이 이용하는 빛의 성질은 빛이 굴절률이 큰 매질에서 굴절률이 작은 매질로 진행할 때 입사각이 임계각보다 클 경우 경계면에서 전부 반사되는 현상인 전반사이다.

정답 ❹

46 기출 09

☑ 확인Check! ○ △ ×

CCTV 영상신호를 전달할 때 전송 손실을 가장 줄일 수 있는 망은?

① 광케이블망

② UTP 케이블망

③ PLMN(Public Land Mobile Network)

④ PSTN(Public Switch Telephone Network)

광케이블망

• 광섬유를 케이블화하여 전송 속도가 빠르다.

• CCTV 영상신호를 전달할 때 전송 손실을 가장 줄일 수 있는 망이다.

• 낙뢰·전자유도 등의 방해를 받지 않아 장거리 송신과 고속 전송을 위해 사용한다.

정답 ❶

47 기출 16

☑ 확인Check! ○ △ ×

광케이블에 관한 설명으로 옳지 않은 것은?

① 단일모드는 직경이 $50\mu m$인 코어를 사용한다.

② 저손실이며 다중전송이 가능하다.

③ 코어와 클래드로 구성되어 있다.

④ 단일모드가 다중모드보다 장거리 전송에 적합하다.

쏙쏙 해설

단일모드는 코어 직경이 약 $9\mu m$ 정도이다.

정답 ❶

48 기출 15

☑ 확인Check! ○ △ ×

CCTV 시스템에서 영상신호 전송에 사용되는 동축케이블의 특성 임피던스는?

① 25Ω

② 75Ω

③ 110Ω

④ 220Ω

쏙쏙 해설

CCTV 시스템에서 영상신호 전송에 사용되는 동축케이블의 특성 임피던스는 75Ω이다.

정답 ❷

제1장 제2장 제3장 제4장 제5장 제6장

49 기출 20

☑ 확인 Check! ○ △ ✕

다음 설명에 해당하는 것은?

> 촬상을 했을 때 화상이 다르게 왜곡되는 현상으로 화면의 밝은 부분에 수직이나 수평으로 밝은 줄이나 검은색의 꼬리가 나타나는 현상

① Moire
② Smear
③ Flicker
④ Blooming

핵심만 콕

TV 관련 현상
- 모아레(Moire) : 이미지 센서가 규칙적인 모자이크 패턴으로 구성되어 있기 때문에 생기는 현상으로, 피사체가 센서와 같이 조밀하게 규칙적인 패턴으로 되어 있을 경우 잘 발생한다.
- 플리커(Flicker) : TV 화면이 매 초 몇 매의 화상을 반복 표시하여 인간의 눈에 깜빡거림을 느끼지 않도록 하는 것을 말한다.
- 블루밍(Blooming) : 광전면이 부분적으로 밝게 비춰지면 영상 부분이 번진 것처럼 밝아지며 상이 불선명하게 되는 현상을 말한다.

50 기출 15

☑ 확인 Check! ○ △ ✕

CCTV 영상 화면상 피사체의 고휘도 부분 주변이 번지는 것처럼 밝게 되는 현상은?

① 고스트(ghost)
② 모아레(moire)
③ 블루밍(blooming)
④ 색온도(color temperature)

핵심만 콕

- 고스트(ghost) : 화면의 영상이 부적절한 전파 수신으로 인해 정상으로부터 벗어난 곳에 2~3중으로 겹쳐 나타나는 현상
- 모아레(moire) : 2개의 규칙적인 강도분포의 패턴을 겹쳤을 때 각각의 공간 주파수 차이로 인해 생기는 줄무늬 모양
- 색온도(color temperature) : 빛의 색을 온도로 표시하는 것으로 광원의 색도와 방사체의 색도가 일치할 때 방사체의 온도를 말한다.

51 기출 13

☑ 확인 Check! ○ △ ✕

CCTV 시스템의 촬상부에 관한 설명으로 옳지 않은 것은?

① 카메라, 렌즈 등으로 구성된다.

② 피사체를 촬영하여 전기적 신호로 변환시킨다.

③ 전송된 영상신호를 재생하고 표현한다.

④ 피사체를 목적에 맞게 촬영하기 위한 부분이다.

쏙쏙 해설

③은 수상계에 대한 설명이다.

정답 ❸

핵심만 콕

수상계

일반적으로 화상의 재생만 하는 것보다는 교통 관제, 공정관리 등과 조합하기 때문에 화상의 가공, 기록, 재생, 하드카피화, 정보처리장치에 의한 화상처리계와 함께 사용되고 있다.

---

52 기출문제

☑ 확인 Check! ○ △ ✕

CCTV 시스템의 구성요소 중 촬상부에 대한 설명으로 가장 적합한 것은?

① 전송된 전기신호를 영상신호로 재생하여 사람이 볼 수 있도록 한 장치이다.

② 수상부의 영상을 녹화하여 저장하는 장치이다.

③ 영상신호를 전기신호로 바꾸어 보내는 장치이다.

④ 피사체를 촬영한 영상신호를 전기신호로 변환하는 역할을 하는 장치이다.

쏙쏙 해설

촬상부는 영상신호를 전기적 신호로 변환하는 장치로 카메라, 렌즈 등이 있다.

정답 ❹

제4장 화상감시시스템 **565**

53 기출문제

☑ 확인Check! ○ △ ✕

CCTV에서 피사체 및 이것을 촬영하여 전기신호로 변환하는 것을 무엇이라고 하는가?

① 제어계
② 촬상계
③ 전송계
④ 수상계

54 기출문제

☑ 확인Check! ○ △ ✕

CCTV 시스템에서 사용되는 영상다중화 장치의 기능이 아닌 것은?

① 화면절환
② 화면다중화
③ 화면분배
④ 화면녹화

55 기출문제

☑ 확인Check! ○ △ ✕

4대의 CCTV 카메라를 1대의 모니터로 감시하며 녹화하려 한다. 이때 반드시 필요하지 않은 장비명은 무엇인가?

① 영상분배기
② 모니터
③ 영상절환기
④ 타임랩스(Time Lapse) VTR

56 기출 19

☑ 확인Check! ○ △ ✕

CCTV 카메라 영상을 다수의 모니터로 전송하는 장치는?

① 영상분배기
② 영상전환기
③ 영상분할기
④ 영상촬영기

쏙쏙 해설

CCTV 카메라 영상을 다수의 모니터로 전송하는 장치는 영상분배기이다.

정답 ❶

핵심만 콕

화상감시시스템 주변기기

주변기기	내용
영상절환기	2대 이상의 카메라 영상을 1대의 모니터로 선택 또는 절환하여 감시할 때 사용하며, 수동형과 정해진 시간에 절환되는 자동형이 있다.★
화면분할기	여러 대의 카메라 영상을 하나의 모니터에서 동시에 볼 수 있도록 하는 기기로, 4분할, 9분할, 16분할 등이 있으며 주로 집중 감시를 요하는 곳에 적합하다.★
영상다중기록기	최대 8대의 카메라 영상을 1/30초 단위로 1대의 VTR에 동시에 다중 녹화할 수 있는 기기이다.★
영상분배기	1대의 카메라 영상을 2대 이상의 영상으로 분기하여 모니터 할 수 있는 기기이다.★
영상증폭기	영상신호를 장거리로 전송할 때 케이블에서 감쇠될 영상신호를 증폭하는 기기이다.
매트릭스 스위쳐	N개 입력의 영상신호를 M개의 출력에 임의로 공급할 때 가장 효과적인 기기이다.
영상다중화 장치 (Multiplexers)	화면분배, 화면전환, 화면다중화 기능이 있으나 녹화 기능은 없다.★

제1장

제2장

제3장

제4장

제5장

제6장

---

57 기출문제

☑ 확인Check! ○ △ ✕

다음 중 CCTV 주변기기에서 일반적으로 n개의 영상신호 입력을 1개의 출력으로 절환하는 것은 어느 것인가?

① 영상절환기
② 영상분배기
③ 영상증폭기
④ 화면분할기

쏙쏙 해설

질문은 영상절환기에 대한 내용으로 $n:1$로 절환한다.

정답 ❶

58 기출 22 · 17

☑ 확인 Check! ○ △ ✕

다수의 카메라 영상을 하나의 모니터에서 동시에 볼 수 있는 기기는?

① 화면분할기
② 영상다중기
③ 영상분배기
④ 화면녹화기

59 기출문제

☑ 확인 Check! ○ △ ✕

다음 중 회전기의 특징이 아닌 것은 어느 것인가?

① 옥내, 옥외용으로 크게 구분한다.
② 원격조종을 한다.
③ 촬상방향은 좌, 우, 상, 하이다.
④ 1대의 카메라로 좁은 지역을 감시할 때 사용한다.

60

☑ 확인 Check! ○ △ ✕

다음 중 CCTV에서 4대의 카메라 영상을 한 모니터에 4분할해서 나타내는 장치는 어느 것인가?

① 영상절환기
② 영상분배기
③ 영상증폭기
④ 4분할기

61 기출문제

☑ 확인Check! ○ △ ✕

다음 중 2대 이상의 CCTV 카메라를 1대의 모니터로 선택 또는 절환하여 감지할 때 사용되는 기기는?

① 영상절환기
② 화면분할기
③ 영상분배기
④ 프레임스위치

쏙쏙 해설

영상절환기란 2대 이상의 CCTV 카메라를 1대의 모니터로 선택 또는 절환하여 감지할 때 사용되는 기기이다.

정답 ❶

62 기출문제

☑ 확인Check! ○ △ ✕

다음 중 CCTV의 카메라를 상, 하, 좌, 우로 자유로이 움직이도록 하여 주는 장비는?

① 팬·틸트(Pan·Tilt)
② 영상절환기
③ 화면분할기
④ 줌 렌즈

쏙쏙 해설

팬·틸트란 CCTV 카메라를 상하좌우로 움직이게 하는 기기이다.

정답 ❶

63

☑ 확인Check! ○ △ ✕

CCTV의 화질을 결정하는 요인으로서 가장 알맞은 것은?

① 전기신호
② 방식에 의해 결정되는 해상도
③ 신호의 변환방법
④ 기기의 성능

쏙쏙 해설

CCTV 시스템의 화질은 방식에 의해 결정되는 해상도가 지배적이나 화상을 전기신호로 변환, 전송하여 화상을 다시 변환하기 때문에 생기는 각종 잡음, 찌그러짐, 전기 특성 등에 의해서도 영향을 받는다.

정답 ❷

64 기출 20

☑확인 Check! ○ △ ✕

CCTV 카메라의 해상도에 관한 설명으로 옳은 것은?

① 픽셀의 크기가 클수록 해상도는 높아진다.

② 단위 면적당 픽셀의 숫자가 많을수록 해상도는 낮아진다.

③ 압축결함이 있으면 해상도는 낮아진다.

④ 카메라 해상도가 높으면 모니터 해상도는 낮더라도 고화질의 영상을 얻을 수 있다.

쏙쏙 해설

지나치게 높은 압축률로 압축되어 품질이 낮아진 영상은 해상도가 떨어진다.

정답 ❸

> **핵심만 콕**
>
> ① 픽셀의 크기가 클수록 해상도는 낮아진다.
> ② 단위 면적당 픽셀의 숫자가 많을수록 해상도는 높아진다.
> ④ CCTV 카메라 해상도가 높더라도 모니터 해상도가 낮으면 고화질의 영상을 얻을 수 없다.

65

☑확인 Check! ○ △ ✕

다음 중 색의 3요소는?

① 휘도, 채도, 명도

② 색상, 휘도, 명도

③ 색상, 채도, 명도

④ 색상, 채도, 파장

쏙쏙 해설

빛이 인간의 눈에 들어와서 망막을 자극하고 이 자극이 대뇌에서 지각됨으로써 빛을 느끼며 빛의 파장 혼합의 차이에 의해 다른 감각, 즉 색을 느낀다고 생각된다. 색 감각은 심리적인 것이나 이것을 물리량으로 표현할 수 있는데 그것은 색의 3요소라 부르는 3개의 독립된 양, 즉 색상(Hue), 채도(Saturation), 명도(Brightness)이다.

정답 ❸

66

☑확인 Check! ○ △ ✕

현재 실용화되고 있는 TV의 중요한 시스템에 해당하지 않는 것은?

① NTSC 방식

② PAL 방식

③ SECAM 방식

④ NATM 방식

쏙쏙 해설

현재 실용화되고 있는 중요한 시스템에는 NTSC 방식, PAL방식, SECAM 방식의 3가지 방식이 있으나 국내에서는 일반적으로 NTSC 방식만을 사용하고 있다. ④는 지하철 공사 시 굴착공법이다.

정답 ❹

67

☑ 확인 Check! ○ △ ✕

컬러 TV에서 이용되고 있는 가법 혼합의 방법이 아닌 것은?

① 동일 장소에 동시 혼합

② 동일 장소에 플리커를 느끼지 못할 만큼의 속도로 3원색을 순차 조사

③ 눈으로는 분간할 수 없는 정도의 가늘기로 3원색의 빛을 늘어놓은 경우

④ 적·청·녹 필터를 이용한 색의 혼합

쏙쏙 해설

④는 컬러 TV에서 이용하고 있는 가법 혼합의 방법에 해당하지 않는다.

정답 ④

핵심만 콕

컬러 TV에서 이용하고 있는 것은 가법 혼합으로 다음 중 한 방법으로 혼합시켰을 때 생기는 색의 혼합을 말한다.
- 동일 장소에 동시 혼합한 경우
- 동일 장소에 플리커를 느끼지 못할 만큼의 속도로 3원색을 순차 조사한 경우
- 눈으로는 분간할 수 없는 정도의 가늘기로 3원색의 빛을 늘어놓은 경우

68

☑ 확인 Check! ○ △ ✕

컬러 TV에서 3원색의 빛을 어떻게 혼합하면 좋은가를 수치적으로 표현하는 방법이 필요한데 색상, 채도를 표시하는 것으로 어떠한 색도도를 이용하고 있는가?

① 1931년 국제조명위원회(CIE)가 확립한 XYZ 색도도(色度圖)

② KBS가 1972년 확립한 색도도

③ MBC가 1988년 확립한 색도도

④ IOC가 1946년 확립한 색도도

쏙쏙 해설

컬러 TV에서 3원색의 빛을 어떻게 혼합하면 좋은가를 수치적으로 표현하는 방법이 필요한데 색상, 채도를 표시하는 것으로, 1931년 국제조명위원회(CIE)가 확립한 XYZ 색도도(色度圖)가 이용되고 있다.

정답 ①

제1장 제2장 제3장 제4장 제5장 제6장

69

본래 TV는 무슨 장비로 개발되었는가?

① 영상전송용 방송장비
② 음성녹음용 장비
③ 가정용 오락장비
④ 방범용 CCTV

☑ 확인Check! ○ △ ✕

70 기출문제

다음 중 CCTV 관련 내용이 틀린 것은 어느 것인가?

① NTSC 방식의 화면비(폭 : 높이)는 4 : 3이다.
② SN비가 낮을수록 잡음이 없고 깨끗한 화면이 된다.
③ ASC 회로는 TV 카메라에 내장되어 자동으로 강도를 조정하는 회로이다.
④ AGC 회로는 자동적으로 이득을 조정해서 출력신호의 레벨을 일정하게 유지한다.

☑ 확인Check! ○ △ ✕

71

보통 TV에서는 주사선을 어떤 방법으로 분해, 조립하고 있는가?

① 좌에서 우로 수평분해, 조립한다.
② 대각선으로 사선분해, 조립한다.
③ 우에서 좌로 수평분해, 조립한다.
④ 하에서 상으로 수직분해, 조립한다.

☑ 확인Check! ○ △ ✕

72

☑ 확인Check! ○ △ ✕

보통의 TV에서는 수평방향에 주사선을 잡고 이것을 수직방향으로 이동하는 방식이 채용되고 있다. 처음에 홀수 번째의 주사선을 주사하고 다음에 짝수 번째의 주사선을 주사하도록 한 비월(飛越)주사(Interlace주사) 방식의 사용 이유로 가장 옳은 것은?

① 화질을 좋게 하기 위해서
② 화질과 음질을 좋게 하기 위해서
③ 영상 전송의 주파수 대역을 넓히지 않고 화면의 깜박거림을 적게 하기 위해서
④ 비용이 적게 드므로

쏙쏙 해설

보통의 TV에서는 수평방향에 주사선을 잡고 이것을 수직방향으로 이동하는 방식이 채용되고 있다. 이것에는 위에서 순로로 1개씩 주사하는 순차주사와 처음에 홀수 번째의 주사선을 주사하고 다음에 짝수 번째의 주사선을 주사하도록 한 비월(飛越)주사(Interlace주사)의 2가지가 있다. 비월주사는 영상 전송의 주파수 대역을 넓히지 않고 화면의 깜박거림(Flicker)을 적게 하기 위해서 사용된다.★

정답 ❸

73

☑ 확인Check! ○ △ ✕

흑백 TV의 수상원리는?

① 브라운관의 형광면에 전자 빔으로 화상을 재현한다.
② 스피커로 영상을 재현한다.
③ 컬러로 화상을 재현한다.
④ 모니터만 있어도 수신이 가능하다.

쏙쏙 해설

흑백 TV는 피사체에서 나오는 빛의 강약을 촬상관에서 전기신호로 변환하여 전송하며 수신 측에서는 이와 반대로 브라운관의 형광면에서 전자 빔으로 화상을 재현한다.

정답 ❶

74

플리커(Flicker)란?

① 주사선의 수

② 스테레오

③ 음성다중방송

④ 깜빡거림을 느끼지 않도록 하는 것

☑ 확인 Check! ○ △ ✕

쏙쏙 해설

플리커란 TV 화면이 매 초 몇 매의 화상을 반복적으로 표시하여 인간의 눈에 깜빡거림을 느끼지 않도록 하는 것을 말한다. ★

정답 ④

75 기출 07

☑ 확인 Check! ○ △ ✕

다음 CCTV에 사용되는 동축케이블 규격표시 "5C-2V"에 대한 설명으로 옳은 것은?

① 외부도체의 직경이 5mm이고, 특성임피던스가 75Ω이며, PVC 1중 외피케이블

② 외부도체의 직경이 5mm이고, 특성임피던스가 75Ω이며, PVC 2중 외피케이블

③ 외부도체의 직경이 5mm이고, 특성임피던스가 50Ω이며, PVC 1중 외피케이블

④ 외부도체의 직경이 5mm이고, 특성임피던스가 50Ω이며, PVC 2중 외피케이블

쏙쏙 해설

5C-2V에서 5는 외부도체의 내경이 5mm이고, C는 특성 임피던스가 75Ω 임을 의미한다. 또한 2는 절연체의 종류로 폴리에틸렌 충실형 절연체를 의미하며 V는 1중 외부도체 PVC 외피케이블을 의미한다.

정답 ①

핵심만 콕

동축케이블의 표시 의미

표시위치	기호 및 숫자	의 미
처음 숫자	3, 5, 7, 10	외부도체의 내경(mm)
첫 번째 기호	C	특성 임피던스가 75Ω
	D	특성 임피던스가 50Ω
두 번째 기호	2	절연체 종류(폴리에틸렌 충실형)
끝 기호	V	1중 외부도체 + PVC 외피
	W	2중 외부도체 + PVC 외피

〈출처〉이강열, 「기계경비개론」, 진영사, 2021, P. 437

76

파형 찌그러짐은 어떤 부위에서 주로 발생하는가?

☑ 확인 Check! ○ △ ✕

① 모니터 내부에서 발생

② 카메라에서 발생

③ 회로에서 발생

④ 전송계에서 발생

쏙쏙 해설

파형 찌그러짐은 카메라, 모니터 내부에서도 발생하나 주로 전송계에서 발생하며 전송 대역의 어느 범위가 나빠지는가에 따라서 나타나는 현상이 다르다.

정답 ❹

77 기출 14

TV전파를 수신할 때 건물이나 지형에 의한 반사파가 시차에 따라 발생하여 중복 수신되기 때문에 발생하는 현상은?

☑ 확인 Check! ○ △ ✕

① 고스트(ghost)

② 모아레(moire)

③ 플리커(flicker)

④ 블루밍(blooming)

쏙쏙 해설

TV전파를 수신할 때 건물이나 지형에 의한 반사파가 시차에 따라 발생하여 중복 수신되기 때문에 발생하는 현상은 고스트이다. 고스트는 영상신호를 발생시키거나 전송하는 과정에서 화면에 대해 여러 가지의 방해를 주는 것을 총칭하는 잡음의 하나이다.★

정답 ❶

78

영상신호를 발생시키거나 전송하는 과정에서 화면에 대해 여러 가지의 방해를 주는 것을 총칭하여 무엇이라고 하는가?

☑ 확인 Check! ○ △ ✕

① 고스트

② 찌그러짐

③ 누 화

④ 잡 음

쏙쏙 해설

영상신호를 발생시키거나 전송하는 과정에서 화면에 대해 여러 가지의 방해를 주는 것을 총칭하여 잡음이라 한다. 잡음은 랜덤 잡음, 주기성 잡음, 누화, 고스트(Ghost) 등으로 구분된다.

정답 ❹

79

우리나라 방송국의 방송방식은?

① NTSC 방식

② PAL 방식

③ SECAM 방식

④ NTSC 방식과 PAL 방식

☑ 확인Check! ○ △ ✕

쏙쏙 해설

우리나라에서는 NTSC 방식을 채택하고 있으며, 유럽 각국에서는 PAL 방식을 채택하고 있다.

정답 ①

80

NTSC 방식의 사용은 어떤 면에서 가장 유리한가?

① 정부가 규정한 방식이므로

② 방송국에서 사용하고 있으므로

③ 화질이 좋아서

④ 경제성에서 유리하므로

☑ 확인Check! ○ △ ✕

쏙쏙 해설

CCTV 시스템에서는 전파법이나 방송법에서 표준 방식을 채용하지 않으면 안 된다는 법적인 규제는 없으나 특수한 사정이 없는 한 NTSC 방식을 이용하는 것이 기재·부품의 입수, 보수 부품의 확보, 경제성 등에서 유리하다.★

정답 ④

81 기출 19

디지털 영상 무손실 압축기술은?

① GIF

② JPEG

③ MPEG-2

④ MPEG-4

☑ 확인Check! ○ △ ✕

쏙쏙 해설

제시된 내용 중 디지털 영상(정지화상)의 무손실 압축기술은 GIF이다.

정답 ①

핵심만 콕

디지털 영상 압축기술의 분류

정지화상 압축기술	무손실	GIF, TIFF
	손 실	JPEG
동영상 압축기술	영상저장용	MPEG-1, MPEG-4
	영상방송용	MPEG-2
	영상통신용	LAN, H.261(전용선에 사용), H.263(PSTN에 사용) 등

〈출처〉이강열, 「기계경비개론」, 진영사, 2021, P. 456

82 기출 18

☑ 확인 Check! ○ △ ✕

다른 코덱보다 적은 용량으로 고화질 영상에 쓰이며, AVC라고도 하는 압축방식은?

① H.261

② H.262

③ H.263

④ H.264

83 기출문제

☑ 확인 Check! ○ △ ✕

다음 중 동영상 압축방식은?

① ABT

② DCT

③ JPEG

④ MPEG

84 기출 15

☑ 확인Check! ○ △ ✕

동영상 압축기술이 아닌 것은?

① JPEG

② H.263

③ H.264

④ MPEG-2

85

☑ 확인Check! ○ △ ✕

CCTV 카메라 지지장치의 종류에 해당하지 않는 것은?

① 옥외용

② 옥내용

③ 가정용

④ 특수용

86 기출 19

☑ 확인Check! ○ △ ✕

피사체로부터 렌즈까지의 거리가 5cm 이고, 렌즈로부터 결상 위치까지의 거리가 10cm인 촬상 렌즈의 초점거리는 약 몇 cm인가?

① 2.3cm

② 3.3cm

③ 5.3cm

④ 6.3cm

87 기출 20

□ 확인Check! ○ △ ✕

카메라의 백 포커스(Back-focus)에 관한 설명으로 옳은 것은?

① 표준렌즈보다 초점거리가 길다.

② 렌즈 최종 면에서 영상이 맺는 촬상 면까지의 거리이다.

③ 렌즈의 초점을 자동으로 조정하여 맞춘다.

④ 피사체에 초점을 맞출 수 있는 렌즈의 최소 근접거리이다.

> **쏙쏙 해설**
>
> 백 포커스는 렌즈와 필름면 사이의 거리, 즉 렌즈의 최종 면에서 영상이 맺는 촬상 면 사이의 거리를 말한다.
>
> **정답 ②**

> **핵심만 콕**
>
> ① 표준렌즈보다 초점거리가 긴 것은 망원렌즈이고, 표준렌즈보다 초점거리가 짧은 것은 광각렌즈이다.
> ③ 자동초점(Autofocus)에 관한 설명이다.
> ④ 최소 초점거리에 관한 설명이다.

88 기출문제

□ 확인Check! ○ △ ✕

CCTV 카메라와 렌즈에 관한 설명으로 옳지 않은 것은?

① 초점의 선명도가 앞뒤로 확장된 것을 피사체 심도라 한다.

② 컬러 카메라의 색채 정보는 적색, 녹색, 청색이다.

③ 초점거리가 일정하면 F값이 클수록 빛을 더 많이 받아들일 수 있다.

④ 해상도는 카메라가 촬상하여 어느 정도 상세하게 재생할 수 있는가를 정량적으로 표시하는 것이다.

> **쏙쏙 해설**
>
> 초점거리가 일정하면 F값이 클수록 빛을 더 적게 받아들인다.★
>
> $$밝기(F) = \frac{f(초점거리)}{D(구경)}$$
>
> **정답 ③**

89 기출 22·16

☑ 확인 Check! ○ △ ✕

CCTV 컬러 카메라에서 컬러영상신호를 정확히 표현하기 위해 기본이 되는 3원색의 구성으로 옳은 것은?

① 적색, 백색, 흑색
② 적색, 청색, 황색
③ 적색, 황색, 녹색
④ 적색, 녹색, 청색

90 기출 13

☑ 확인 Check! ○ △ ✕

CCTV 카메라 렌즈를 통해 모아진 빛을 받아 전기적 신호로 변환하는 것은?

① CCD(charge coupled device)
② 초전체
③ 압전체
④ 써미스터(thermister)

91 기출문제

☑ 확인 Check! ○ △ ✕

CCTV 카메라의 렌즈에 관한 설명으로 옳은 것을 모두 고른 것은?

> ㄱ. 전방의 초점심도보다 후방의 초점심도가 길다.
> ㄴ. 렌즈의 초점거리가 짧을수록 초점심도는 길어진다.
> ㄷ. 피사체까지의 거리가 떨어진 만큼 초점심도는 길어진다.
> ㄹ. CCTV를 기준으로 일정거리에서 양호한 초점상태를 유지할 수 있는 거리를 초점심도라 한다.

① ㄱ, ㄴ
② ㄴ, ㄹ
③ ㄱ, ㄷ, ㄹ
④ ㄱ, ㄴ, ㄷ, ㄹ

쏙쏙 해설

모두 옳은 설명이다. 초점심도는 평면적인 피사체를 생각했을 때 가장 좋은 결상점의 전후에서 선명한 상을 얻게 되는 범위를 말한다.

정답 ❹

92 기출문제

☑ 확인 Check! ○ △ ✕

CCTV카메라와 렌즈에 관한 설명으로 옳지 않은 것은?

① 화소 수가 클수록 화질이 좋다.
② 화각이 넓은 렌즈는 광각 렌즈이다.
③ 컬러카메라 색채정보는 적색, 백색, 청색이다.
④ 카메라가 피사체를 섬세히 볼 수 있는 정도를 정량적으로 표시하는 것이 해상도이다.

쏙쏙 해설

컬러카메라 색채정보는 적색, 녹색, 청색이다.

정답 ❸

93

☑ 확인 Check! ○ △ ✕

선명한 화상을 얻기 위한 것으로서 밝은 부분과 어두운 부분의 비율을 무엇이라 하는가?

① Lux
② 하우징
③ 콘트라스트
④ 렌즈의 조합

쏙쏙 해설

럭스는 조도이며, 하우징은 카메라를 넣는 케이스를 말한다.

정답 ❸

94 기출문제

☑ 확인Check! ○ △ ✕

다음의 CCTV 용어에서 'Lux'는 무엇의 단위인가?

① 색 도
② 화 소
③ 조 도
④ 해상도

쏙쏙 해설

'Lux'는 1m²의 평면에 1루멘(lm)의 광속이 입사한 면의 빛의 양인 조도의 단위이다.

정답 ❸

95 기출문제

☑ 확인Check! ○ △ ✕

다음 중 CCTV 조명으로 사용되는 광원 중 가장 빠르게 켜지는 전등은 어느 것인가?

① 형광등
② 수은등
③ 나트륨등
④ 텅스텐필라멘트등

쏙쏙 해설

텅스텐필라멘트등은 즉시 점등되며, 나트륨이나 수은등은 3~4분 정도 소요된다.

정답 ❹

96 기출 15

☑ 확인Check! ○ △ ✕

365 CD/ATM 코너의 CD/ATM 기기장애 정보수신 사항으로 옳은 것은?

① 잔류자 감지
② 용지 부족
③ 전기정 동작 이상
④ 공조기 이상

쏙쏙 해설

CD/ATM 기기장애 정보수신 사항에는 현금부족, 용지부족, 장애, 카드걸림이 있다.

정답 ❷

97 기출문제

☑ 확인Check! ○ △ ✕

CD · ATM 코너 감시시스템에 관한 설명 중 바르게 기술한 것은?

① 장시간 VTR은 24~72시간의 기록 모드로 행해지고 있다.

② 이것은 기록보다 감시 목적에 중점을 둔다.

③ 현금자동지급기 파손 방지를 위해 바닥과 지면은 분리시켜 안전장치를 해야 한다.

④ CCTV를 12시간 녹화 체제로 유지해야 한다.

핵심만 콕

① CD · ATM 코너의 감시시스템은 타임랩스 VTR과 프레임 스위치를 조합해서 여러 대의 카메라 화상을 장시간 녹화한다.

② 감시 목적보다 기록에 중점을 두어 사건이 발생한 경우에 그 내용 분석에 효과를 발휘하고 있다.

③ ATM 생산업체들은 도난 방지를 위해 ATM을 바닥에 단단히 고정하여 설치할 것을 권고하고 있다.

④ CCTV를 24시간 녹화 체제로 유지해야 한다.

98 기출 16

☑ 확인Check! ○ △ ✕

이동인원이 많은 박물관의 유리 진열장 내부 침입자를 감지하기 위한 감지기로 적합한 것은?

① 초음파 감지기

② 열선 감지기

③ 셔터 감지기

④ 마이크로웨이브 감지기

핵심만 콕

① 움직이고 있는 물체의 음파 · 전파 등 이른바 파동을 방사하면 그 반사파는 원래의 주파수보다 높거나 아니면 낮은 주파수로 되돌아오며 주파수의 고 · 저는 운동방향에 따라 달라지는 현상인 도플러효과를 이용한 감지기이다.

③ 셔터나 대형문 등의 개폐를 감지하는 것으로, 적외선식, 자석식, 리미트 스위치식이 있다.

④ 물체의 크기와 움직임을 잘 탐지하여 어떠한 환경(열, 온도, 소음, 습기, 기류, 먼지 등에 의한 열악한 환경)에서도 사용이 가능하고, 오작동이 없으므로 안개가 있는 환경에서 울타리를 효과적으로 감지하기 위해 사용되는 공간형 감지기이다.

99 기출 15

☑ 확인 Check! ○ △ ✕

365 CD/ATM 코너 설치 감지기 중 객실의 잔류자 확인을 위한 감지기로 적합한 것은?

① 자석감지기
② 적외선감지기
③ 유리감지기
④ 충격감지기

핵심만 콕

CD/ATM 코너 설치 감지기
• 기계실 침입 감지기 : 자석감지기, 적외선감지기, 유리감지기
• CD/ATM감시 감지기 : 충격, 불꽃, 열을 감지하는 복합감지기, 자석감지기
• 잔류자 검색 감지기 : 적외선감지기
• 객실침입 감지기 : 열선감지기

〈출처〉 이강열, 「기계경비개론」, 진영사, 2018 P. 128

100

☑ 확인 Check! ○ △ ✕

VTR 선정 시 고려해야 할 사항이 아닌 것은?

① 기록 방식
② 기동성
③ 오락성
④ 테이프 호환성

101 [기출 15]

☑ 확인Check! ○ △ ✕

동축케이블을 모니터나 CCTV카메라에 연결하기 위해 사용하는 커넥터는?

① BNC
② UTP
③ RJ-45
④ DIN

쏙쏙 해설

동축케이블을 모니터나 CCTV카메라에 연결하기 위해 사용하는 커넥터를 BNC (Bayonet Neill-Concelman connector) 라 한다. 커넥터를 한쪽 커넥터에 삽입하여 90도 회전하면 로크하는 동축 케이블용 커넥터이다.

정답 ❶

핵심만 콕

② UTP(Unshielded Twisted Pair cable) : 일반 전화선이나 랜에 주로 사용되는 비차폐연선을 말한다.
③ RJ-45 : 8개의 선으로, 랜선 또는 많은 회선을 갖춘 전화를 연결할 때 이용하는 커넥터이다.
④ DIN : DIN 규격에 의한 커넥터로 테이프 녹음 장치나 비디오 테이프 녹화장치의 입출력 단자에 사용된다.

102

☑ 확인Check! ○ △ ✕

업무용이나 교육용 VTR로서 주류를 이루고 있는 것은?

① U-matic
② VHS
③ BETA
④ PAL

쏙쏙 해설

가정용으로는 VHS가 주류를 이루고 있으나 업무용으로는 U-matic이 주류를 이루고 있다.

정답 ❶

103

☑ 확인Check! ○ △ ✕

U-matic VCR 테이프의 사용횟수로서 알맞은 것은?

① 50~70회
② 150~400회
③ 500회
④ 10~20회

쏙쏙 해설

녹화나 재생의 반복 사용 한도는 사용 조건이나 환경조건에 의해서 상당한 차이가 있으나 U-matic VCR에 사용하는 카세트 테이프는 맨발로 출입하지 않는 통상의 실내 환경에서 사용한 경우 150회까지는 거의 초기 성능을 유지하며 한도는 300 내지 400회 정도이다.

정답 ❷

제1장 제2장 제3장 제4장 제5장 제6장

104

현재 각종 VTR의 주류를 이루고 있는 방식은?

☑ 확인 Check! ○ △ X

① 직각주사 방식
② 회전헤드 방식
③ 경사주사 방식
④ 밀도배가 방식

쏙쏙 해설

경사주사 방식(Helical Scan 방식)
방송용 VTR에서 가정용 VTR까지 모두
이 방식을 채택하고 있으며, 현재 각종
VTR의 주류를 이루고 있다.

정답 ❸

105

일본 빅터가 개발 당시부터 2시간 기록을 목표로 하여 설계한 것은?

☑ 확인 Check! ○ △ X

① 베 타
② VHS
③ V-2
④ NTSC

쏙쏙 해설

VHS는 VHS 카세트를 이용해 디지털
방송신호를 저장하는 디지털 기록 미
디어 규격으로서, 1996년 JVC(Victor
Company of Japan)사가 제안하였다.

정답 ❷

106

VTR의 용도별 구분에 속하지 않는 것은?

☑ 확인 Check! ○ △ X

① 방송용
② 가정용
③ 업무용
④ 카세트식

쏙쏙 해설

VTR은 용도별로 방송용, 가정용, 업무
용으로 구분한다.

정답 ❹

107

현재까지 발매된 가정용 VTR 방식에 해당하지 않는 것은?

확인 Check! ○ △ ✕

① 베타 포맷

② VHS 포맷

③ V코드 2

④ PAL, NTSC

④는 TV의 방송 방식이다.

정답 ④

108

테이프 취급 방법에 따른 VTR의 종류에 포함되지 않는 것은?

확인 Check! ○ △ ✕

① 오픈릴식

② 카세트식

③ 카트리지식

④ 가정용

테이프의 취급 방법에 따라서는 ①·②·③으로 분류한다.

정답 ④

109 `기출` 15

영상신호를 전송하기 위해 사용되는 이더넷 케이블을 통해 IP 카메라에 전원을 안정적으로 공급하는 방식은?

확인 Check! ○ △ ✕

① PoE

② DHCP

③ SMPS

④ AVR

PoE(Power over Ethernet) 방식은 영상신호를 전송하기 위해 사용되는 이더넷 케이블을 통해 데이터 전송과 함께 전원을 공급할 수 있는 방식으로, 중요 제어장치에 안정적인 전원공급이 가능하다. ★

정답 ①

핵심만 콕

② DHCP(Dynamic Host Configuration Protocol) : 네트워크 관리자는 컴퓨터가 네트워크에 접속하면 호스트마다 IP주소를 할당하고 관리해야 하는데 이러한 작업을 자동으로 행할 수 있는 기술이다. 주로 LAN에서 이용된다.

③ SMPS(Switching Mode Power Supply) : 시스템에 전원을 공급하는 방식의 하나로 스위치 제어방식을 사용하여 고효율·소형 및 경량화에 유리하고 내구성이 강하다.

④ AVR(Automatic Voltage Regulator) : 전원전압의 큰 변동은 기기의 효율을 떨어뜨리므로 이러한 변동을 자동으로 제어하여 언제나 일정한 전압이 유지되도록 하는 장치이다.

제1장 제2장 제3장 제4장 제5장 제6장

110 기출 20

☑ 확인Check! ○ △ ✕

NVR의 특징이 아닌 것은?

① 데이터의 압축 및 재생 과정에서 시간 지연 현상이 발생한다.
② 이론적으로 IP카메라 대수 제한이 있다.
③ 기존에 구축된 LAN 기반을 사용할 수 있다.
④ 대용량 데이터 관리와 수시 검색이 가능하다.

쏙쏙 해설

NVR(Network Video Recorder)는 네트워크상에 설치된 IP카메라를 통해 디지털 영상을 전송받아 압축 저장하는 녹화장치이다. 이론적으로 IP카메라 대수 제한은 없다. 반면 DVR(Digital Video Recorder)은 연결할 수 있는 최대 카메라 수의 제한이 있다.

정답 ②

111 기출문제

☑ 확인Check! ○ △ ✕

열영상 카메라에 관한 설명으로 옳은 것은?

① 일반적인 CCTV 카메라용으로 많이 사용한다.
② $0.4\mu m$ 이하 빛의 파장을 사용한다.
③ 파장대역이 가시광선보다 긴 $1\mu m$ 의 근적외선을 이용한다.
④ 온도 변화를 이용하여 빛이 없는 곳에서 영상을 얻는다.

쏙쏙 해설

열영상 카메라에 관한 설명으로 제시된 내용 중 옳은 것은 ④이다.
① 가시광선 흑백카메라
② 자외선 카메라
③ 적외선 카메라

정답 ④

112 기출문제

☑ 확인Check! ○ △ ✕

다음 설명에 해당하는 카메라는?

> 온도의 높고 낮음의 농도변화를 영상으로 만들기 때문에 빛이 전혀 없는 곳에서도 사용할 수 있다.

① 자외선 카메라
② 열영상 카메라
③ 가시광선 카메라
④ X-ray 카메라

쏙쏙 해설

열영상 카메라는 온도 변화를 이용하여 빛이 없는 곳에서 영상을 얻는 것이다.

정답 ②

113 기출 19

☑ 확인Check! ○ △ ✕

가시광선 카메라에 관한 설명으로 옳은 것은?

① 빛의 파장이 $0.3\mu m$ 이하인 카메라

② 빛의 파장이 $0.4\mu m \sim 0.7\mu m$ 에 사용하는 카메라

③ 빛의 파장이 $0.1\mu m$ 에 가까운 영역에 사용하는 카메라

④ 온도변화를 이용하여 빛이 없는 곳에서 영상을 얻는 카메라

핵심만 콕

카메라

- 열영상 카메라 : $3\mu m$ 이상의 원적외선 대역의 빛의 파장을 사용하며, 온도의 높고 낮음의 농도변화를 영상으로 만들기 때문에 빛이 전혀 없는 곳에서도 사용할 수 있다.
- 가시광선 카메라 : $0.38 \sim 0.72\mu m$ 대의 빛의 파장을 사용하며, 일반적인 CCTV 카메라용으로 많이 사용한다.
- 자외선 카메라 : $0.01 \sim 0.38\mu m$ 이하의 빛의 파장을 사용한다.
- 적외선 카메라 : 적외선은 파장이 $0.72 \sim 100\mu m$ 로서 근적외선, 중간적외선, 원적외선으로 분리되며, 근적외선은 파장대역이 가시광선보다 긴 $0.71 \sim 1.5\mu m$ 정도이다.

제1장
제2장
제3장
제4장
제5장
제6장

114

☑ 확인Check! ○ △ ✕

비밀 카메라에 사용되는 렌즈는?

① 핀홀 렌즈

② 일반 렌즈

③ 광각 렌즈

④ 프리즘 렌즈

115

CCTV에 사용되는 렌즈의 종류가 아닌 것은?

① 고정초점 렌즈

② 줌 렌즈

③ 가변초점 렌즈

④ 전자 렌즈

☑ 확인 Check! ○ △ ✕

쏙쏙 해설

CCTV 카메라 렌즈의 종류는 C마운트 /CS마운트 방식에 따라 흔히 고정초점 렌즈와 가변초점 렌즈, 줌 렌즈 등 크게 3그룹으로 분류된다.

정답 ④

116

다음 중 흑백 카메라와 컬러 카메라와의 차이점은 무엇인가?

① 명 암

② 휘 도

③ 물체의 변화

④ 채 도

☑ 확인 Check! ○ △ ✕

쏙쏙 해설

컬러 카메라는 흑백 카메라와 같은 명암 정보 외에 색채 정보인 색의 채도 및 색상의 정보를 포함하여 받는다.

정답 ④

117 기출 20

PoE(Power over Ethernet)에 관한 설명으로 옳지 않은 것은?

① 표준 전압은 DC 48V이다.

② 2003년 IEEE 802.3af 표준으로 제정되었다.

③ RJ-45포트를 이용한다.

④ 광케이블을 이용한 장거리 전송에 적합하다.

☑ 확인 Check! ○ △ ✕

쏙쏙 해설

PoE(Power over Ethernet)는 랜케이블(UTP)과 RJ-45포트를 이용하여 데이터와 전력을 동시에 보낼 수 있는 기술을 말한다. UTP 케이블에 통합된 전력과 데이터는 Category 5/5e 규격에서 최대 100m까지 전송이 가능하다. 2003년 6월에 IEEE 802.3af로 표준화되었으며, 현재 표준 전압은 직류로 약 48V이다.

정답 ④

118 기출 23

☑ 확인 Check! ○ △ ✕

CCTV 시스템의 전원 안정화 장치가 아닌 것은?

① 절연형 복권 트랜스

② 자동 전압 조절기

③ 무정전 전원 공급기

④ 매트릭스 스위치

쏙쏙 해설

매트릭스 스위치는 화상감시시스템의 주변기기로 복수의 영상미디어 소스를 복수의 디스플레이로 출력하는데, 출력 화면을 매트릭스(가로와 세로로 일정한 규칙에 따라 늘어놓은 행렬을 의미)처럼 보여주는 장치이다. CCTV 시스템의 전원 안정화 장치에는 무정전 전원 공급기(UPS : Uninterruptible Power Supply), 자동 전압 조절기(AVR : Automatic Voltage Regulator), 절연형 복권 트랜스(변압기) 등이 있다.

정답 ④

119 기출 15

☑ 확인 Check! ○ △ ✕

정전 및 각종 전원 장애와 관계없이 항상 안정적인 교류(AC)전원을 출입 통제시스템에 공급할 수 있는 장치는?

① UPS

② SMPS

③ 충전기

④ 배터리

쏙쏙 해설

UPS(Uninterruptible Power Supply)
무정전 전원 장치로 전기의 공급중단, 전압 또는 주파수 변동 등의 장애가 발생하는 경우 컴퓨터와 주변 장치에 안정적인 전원을 공급해 주는 장치이다. ★
② SMPS(Switching Mode Power Supply) : 시스템에 전원을 공급하는 방식의 하나로 스위치 제어방식을 사용하여 고효율·소형 및 경량화에 유리하고 내구성이 강하다.

정답 ①

120 기출문제

무정전전원장치의 약자로 바른 것은?

① UPS

② AVR

③ DVR

④ CRT

☑ 확인Check! ○ △ ✕

① 무정전전원장치(Uninterruptible Power Supply)
② 자동정전압장치(Auto Voltage Regulator)
③ 디지털영상저장장치(Digital Video Recorder)
④ 음극선관(Cathode Ray Tube)

정답 ❶

121 기출 19

옥외용 CCTV 카메라 보호 요건이 아닌 것은?

① 사용 주위 온도가 0℃~30℃의 범위 이내인 경우

② 직사광, 풍우, 먼지가 많은 경우

③ 기계적 보호가 필요한 경우

④ 방폭 조치를 요하는 특수 환경에 설치하는 경우

☑ 확인Check! ○ △ ✕

쏙쏙 해설

옥외용 CCTV 카메라 보호 요건은 사용 주위 온도가 0℃~40℃의 범위를 넘는 경우이다.

정답 ❶

핵심만 콕

카메라 보호 요건(카메라 하우징)
• 사용 주위 온도가 0℃~40℃의 범위가 넘는 경우
• 직사 일광이나 풍우를 맞거나, 먼지가 많은 장소
• 습도가 높든지 부식성 가스나 염분이 있는 경우 또는 기계적 보호가 필요한 경우
• 특수선 피복, 수중, 전기적 차폐를 요하거나 방폭 조치를 요하는 등 특수 환경에 설치하는 경우 등

122 기출 17

☑ 확인 Check! ○ △ ✕

CCTV를 외부 환경으로부터 보호하는 데 사용하는 장치는?

① 영상 신호증폭기

② 음성 신호증폭기

③ PAN/TILT

④ 하우징

쏙쏙 해설

CCTV카메라의 적절한 보호를 위한 케이스를 카메라 하우징이라 한다. 펜틸트(PAN/TILT)는 카메라의 촬상방향을 상하좌우로 원격조정하는 장치이다.

정답 ④

123 기출 16

☑ 확인 Check! ○ △ ✕

석유화학공장이나 폭발성 가스 또는 증기가 존재하는 장소에 적합한 하우징은?

① 옥외 방진형 하우징

② 방폭형 하우징

③ 공냉식 하우징

④ 수냉식 하우징

쏙쏙 해설

석유화학 공장 등 가연성 가스나 가연성 액체 증기가 있는 장소에 카메라를 설치할 때에는 설치 설비에 의한 폭파 유기나 화재의 발생을 방지하기 위해 방폭형 카메라 사용이 의무화되어 있다.

정답 ②

124 기출 14

☑ 확인 Check! ○ △ ✕

옥외 일반용 카메라 하우징이 아닌 것은?

① 수냉형

② 통풍형

③ 밀폐형

④ 간이 방진 방수형

쏙쏙 해설

수냉형은 특수용 카메라 하우징이다.

정답 ①

125

옥외용 카메라 하우징에서 고려해야 할 내용이 아닌 것은?

☑ 확인 Check! ○ △ ✕

① 직사일광을 피하는 차광후두와 선 프로텍터(Sun Protector) 등
② 유리창의 물방울을 닦는 와이퍼
③ 온도에 영향을 받아도 무관한 재질
④ 유리창의 습기가 얼어붙는 것을 막는 디프로스터(Defroster)

쏙쏙 해설

옥외용 카메라 하우징의 재질로는 부식에 강하며 가볍고 방진효과가 뛰어나며, 견고하면서도 외관이 미려한 하우징이어야 한다. 하우징 내부의 온도를 일정하게 유지할 수 있도록 팬과 히터가 온도센서에 의해 자동으로 작동되어야 한다.

정답 ❸

126 _{기출 16}

전기 기기의 외함 접지에서 400V 미만의 저압용 접지공사는?

☑ 확인 Check! ○ △ ✕

① 제1종 접지공사
② 제2종 접지공사
③ 제3종 접지공사
④ 특별 제3종 접지공사

쏙쏙 해설

전기 기기의 외함 접지에서 400V 미만의 저압용 접지공사는 제3종 접지공사이다.

정답 ❸

핵심만 콕

접지공사★

종 류	용 도
제1종 접지공사	고압, 특고압이 걸릴 위험이 있는 경우
제2종 접지공사	고압, 특고압이 저압과 혼촉사고가 일어날 위험이 있는 경우
제3종 접지공사	400V 미만의 저압용 기기에 누선발생 시 감전 방지
특별 제3종 접지공사	400V 이상의 저압용 기기에 누선발생 시 감전 방지

127 기출 21

☑ 확인Check! ○ △ ✕

일반적으로 피뢰기는 어느 정도의 건물 높이 이상에 설치하는가?

① 30m
② 20m
③ 50m
④ 40m

128 기출 19

☑ 확인Check! ○ △ ✕

동축케이블 규격 "5D-2W"에서 W의 의미는?

① 외부도체의 내경 5mm
② 절연체의 종류(폴리에틸렌 충실형)
③ 2중 외부도체 + PVC 외피
④ 1중 외부도체 + PVC 외피

핵심만 콕

동축케이블의 표시 의미

표시위치	기호 및 숫자	의미
처음 숫자	3, 5, 7, 10	외부도체의 내경(mm)
첫 번째 기호	C	특성 임피던스가 75Ω
	D	특성 임피던스가 50Ω
두 번째 기호	2	절연체 종류(폴리에틸렌 충실형)
끝 기호	V	1중 외부도체 + PVC 외피
	W	2중 외부도체 + PVC 외피

〈출처〉 이강열, 「기계경비개론」, 진영사, 2021, P. 437

129 기출 16

☑ 확인 Check! ○ △ ✕

동축케이블 "10C-2V"에서 2의 의미는?

① 외부도체의 내경(mm)
② 특성 임피던스 75Ω
③ 절연체의 종류
④ 2중 외부도체 + PVC 외피

쏙쏙 해설

2는 절연체의 종류를 의미한다.

정답 ❸

130 기출 21

☑ 확인 Check! ○ △ ✕

CCTV 녹화장비인 DVR에 관한 설명으로 옳지 않은 것은?

① DVR을 인터넷에 연결하면 인터넷이 가능한 휴대폰을 통해 실시간 영상감시가 가능하다.
② DVR은 녹화된 영상을 재생하는 횟수가 증가할수록 화질이 떨어진다.
③ DVR을 이용하여 여러 대의 카메라 영상을 하나의 모니터에서 보기 위해 영상분할장치 대신 소프트웨어로 처리할 수 있다.
④ 카메라와 DVR을 연결하기 위해 UTP(Unshielded Twisted Pair) 케이블을 사용할 수 있다.

쏙쏙 해설

DVR은 사용 횟수가 많거나 반복 사용해도 선명한 고화질로 운영이 가능하며, 디지털 방식이므로 고배율로 압축저장이 가능해 장시간 녹화가 가능하다.

정답 ❷

131 기출문제

☑ 확인 Check! ○ △ ✕

다음 중 DVR에 관한 설명으로 맞는 것은?

① 영상신호를 디지털데이터로 압축저장하는 녹화장치로서 여러 번 녹화, 재생할 경우 화질이 변하는 것이 흠이다.
② 디지털신호이므로 원격지에서 감시 및 제어가 불가능하다.
③ 압축저장된 영상을 날짜, 시간, 카메라별로 즉시 검색이 가능하다.
④ 여러 개의 카메라를 하나의 모니터에서 보기 위해 별도의 장치를 설치하여야 한다.

쏙쏙 해설

DVR
감시 카메라로 입력된 여러 채널의 영상신호를 디지털로 변환하여, 고품질의 압축기술을 통해 선명한 화질로 저장, 재생, 검색하며, 필요시 네트워크를 이용하여 필요한 영상을 원격으로 감시 및 제어할 수 있는 장치이다.

정답 ❸

132 기출문제

☑ 확인 Check! ○ △ ✕

다음에 설명한 보기의 내용과 관련된 것은?

> 4분할, 8분할, 16분할의 화면을 동영상으로 디스플레이 센서 연동 시 감지 센서 지역으로 카메라를 회전시키는 Preset 기능

① VCR
② DVR
③ Time Generator
④ Distributer

쏙쏙 해설

보기의 내용은 DVR(Digital Video Recorder)의 기능에 대한 설명이다.

정답 ❷

133 기출문제

☑ 확인 Check! ○ △ ✕

다음 중 DVR의 특징이 아닌 것은?

① 디지털 저장, 영구 보존이 가능하다.
② 검색이 편리하다.
③ 장기간 녹화가 가능하다.
④ 아날로그방식이라 압축저장이 안 된다.

쏙쏙 해설

DVR은 디지털 방식으로 압축저장이 가능한 것이 특징이다.

정답 ❹

134 기출 13

☑ 확인 Check! ○ △ ✕

DVR의 영상저장 데이터 용량 중 가장 큰 것은?

① 1 Giga byte
② 10 Tera byte
③ 100 Mega byte
④ 1,000 Kilo byte

쏙쏙 해설

- Tera byte = 1조 byte
- Giga byte = 10억 byte
- Mega byte = 100만 byte
- Kilo byte = 1,000 byte

정답 ❷

135 기출 21

☑ 확인Check! ○ △ ×

여러 대의 CCTV 카메라 영상을 1대의 모니터에서 보기 위한 방법으로 옳은 것은?

① 영상분할 기능을 사용하는 방법
② 팬·틸트 기능을 사용하는 방법
③ 영상분배 기능을 사용하는 방법
④ 일체형 카메라 하우징을 사용하는 방법

쏙쏙 해설

DVR의 기능 중 여러 대의 카메라 영상을 하나의 모니터에서 동시에 볼 수 있게 하는 것은 화면(영상)분할 기능이다.
② PTZ(Pan-Tilt-Zoom)는 카메라의 동작 옵션(방향과 확대·축소)을 의미한다.
③ 영상분배는 한 대의 카메라 영상 신호를 다수의 영상 모니터에 공급하는 경우를 의미한다.
④ 카메라 하우징은 외부 환경으로부터 CCTV 카메라의 적절한 보호를 위한 장치(케이스)를 의미한다.

정답 ❶

136 기출 13

☑ 확인Check! ○ △ ×

DVR의 일반적인 기능이 아닌 것은?

① 화면분할 기능
② 압축저장된 영상의 랜덤 검색
③ Video Tape에 영상 저장
④ Schedule에 의한 화상 저장

쏙쏙 해설

DVR은 하드디스크에 장시간 동안 영상 저장이 가능하므로 Video Tape을 계속 교체해야 하는 번거로움이 없다. 하드디스크에 녹화된 영상이 가득 차게 되면 앞 장면부터 지워지면서 새로운 영상이 계속 저장되기 때문에 장기적으로 특별한 관리가 필요하지 않다.

정답 ❸

137 기출 20

☑ 확인Check! ○ △ ×

다음 설명에 해당하는 CCTV용 렌즈는?

- 보정해야 할 수차(aberration) 현상이 적어지기 때문에 조리개 개방을 좀 더 많이 할 수 있다.
- 광각을 사용할 수 있어 관찰대상도 넓힐 수 있는 효과가 있다.
- 피사체와의 최소 근접거리도 짧게 할 수 있다.

① 볼록 렌즈
② 오목 렌즈
③ 비구면 렌즈
④ 2X Extender

쏙쏙 해설

제시된 내용은 비구면 렌즈의 특징에 해당한다. 비구면 렌즈는 렌즈의 곡면에 의해 나타나는 수차(광선 중 일부가 상점에 모이지 못하고 벗어나는 현상)를 줄이기 위해 사용되는 렌즈로서 상의 질 향상 등을 위해 사용되는 렌즈이다. 특히 렌즈의 구조가 복잡한 줌 렌즈나 왜곡이 많이 발생하는 광각 렌즈에 비구면 렌즈가 효율적으로 사용되고 있다.

④ 2X Extender는 렌즈와 카메라 사이에 넣어 초점거리를 2배 확대하여 망원효과를 얻는 용도이다.

정답 ❸

138 기출 09

☑ 확인Check! ○ △ ×

CCTV 렌즈에 관한 설명으로 옳은 것은?

① 작은 구멍에 은폐하여 사용되는 렌즈를 광각 렌즈라 한다.
② 일반적으로 피사체와의 거리와 렌즈의 초점거리는 비례한다.
③ C마운트 렌즈의 결합부와 촬상소자 간 거리는 22.5mm이다.
④ 고정초점 렌즈는 수동만으로, 줌렌즈는 전동만으로 초점을 조정한다.

쏙쏙 해설

제시된 내용 중 CCTV 렌즈에 대한 설명으로 옳은 것은 ②이다.

① 핀 홀 렌즈에 대한 설명이다. 광각 렌즈는 넓은 시야를 얻기 위해 180도 이상의 화각을 갖는 렌즈를 말한다.★
③ C마운트 렌즈는 결합부와 촬상소자 간의 거리가 17.526mm이다.
④ 고정초점 렌즈는 수동으로, 줌렌즈는 수동·전동으로 초점을 조정한다.★

정답 ❷

139 기출 23

☑ 확인 Check! ○ △ ✕

CCTV 카메라에 사용되는 촬상소자가 아닌 것은?

① CCD
② MOS
③ OSD
④ CMD

쏙쏙 해설

CCTV 카메라에 사용되는 촬상소자에는 CCD(Charge Coupled Device)형, MOS(Metal Oxide Semiconductor)형, CMD(Charge Modulation Device)형의 고체 촬상소자가 있다. OSD(On Screen Display)는 TV나 모니터에 메뉴화면을 보여주는 것을 말한다.

정답 ❸

핵심만 콕

촬상소자

인간에 비유하면 망막에 해당하는 부분으로서 렌즈에 의해 결상된 광학상을 전자적 신호로 변환한다. 촬상소자는 촬상관과 고체 촬상소자로 구분되나, 촬상관은 최근에는 거의 사용되지 않고 소형, 경량이면서 수명이 길고 충격이나 진동에 강한 CCD형, MOS형, CMD형의 고체 촬상소자가 사용된다.

• CCD(Charge Coupled Device)형 : CCTV 카메라에 많이 사용되는 것으로, CCTV 카메라 렌즈를 통해 모아진 빛을 받아 전기적 신호로 변환한다. CCD방식은 아날로그 회로에 기반한 전형적인 광학 시스템이다. 감광소자가 있는 포토 다이오드와 그곳에 빛의 강약을 통해서 발생하는 신호전하를 축적, 전송하기 위한 레지스터에 해당하는 CCD부를 수평상에 조합해서 배열한 촬상소자이다. CCD형은 감광부(빛을 전환하여 얻은 신호전하를 일시적으로 축적), 전송부, 출력부로 구성되며, 빛을 변환하여 신호전환을 얻는 형태에 따라 FT(Frame Transfer)-CCD, IT(Interlace Transfer)-CCD, FIT(Frame Interlace Transfer)-CCD로 분류된다.

  – FT(Frame Transfer)-CCD : 구조가 간단하고, 고화소화에 적합하여 적외선 카메라에 많이 사용된다.
  – IT(Interlace Transfer)-CCD : 제조비용이 저렴하여 현재 대부분의 가정용 비디오 카메라나 산업용 등에 많이 사용된다.
  – FIT(Frame Interlace Transfer)-CCD : 고화질이 요구되는 방송용으로 많이 사용되며, IT형과 FT형의 장점만 채택한 타입이다.

• MOS(Metal Oxide Semiconductor)형 : 포토 다이오드와 MOS 트랜지스터 스위치를 조합해서 감광부의 화소가 형성된 것을 말한다. MOS형에는 TSL(Transversal Signal Line)-MOS, CID형이 있다.

  – TSL(Transversal Signal Line)-MOS : MOS형 촬상디바이스의 각 화소에 수평 스위치의 트랜지스터를 설치한 것으로 고정 패턴의 잡음에 강하고 다기능 구현을 할 수 있는 방식이다.
  – CID(Charge Injection Device)형 : 전하 주입형 소자로서 화상처리용에 적합하다.

• CMD(Charge Modulation Device)형 : 증폭형 고체 촬상소자로서 일종의 전하 변조소자이며, X_Y Address 방식으로 주사의 자유도가 크고 소비전력이 작은 특징이 있다.

〈참고〉 이강열, 「기계경비개론」, 진영사, 2021, P. 422~424

600 PART 2 기계경비개론

140 기출 21

CCTV 카메라에 사용되는 촬상소자가 아닌 것은?

① C MOUNT
② CCD(Charge Coupled Device)
③ MOS(Metal Oxide Semiconductor)
④ CMD(Charge Modulation Device)

☑ 확인 Check! ○ △ ✕

쏙쏙 해설

촬상소자는 인간에 비유하면 망막에 해당하는 부분으로서 렌즈에 의해 결상된 광학상을 전자적 신호로 변환하는 기능을 하며, CCD형, MOS형, CMD형은 고체 촬상소자에 해당한다. C MOUNT는 렌즈 결합부와 촬상소자 간의 거리가 17.526mm인 렌즈 마운트 유형이다.

정답 ❶

141 기출 18

빛을 전하 변조시켜 이미지 정보를 만들어 내는 촬상소자는?

① CID
② CCD
③ CMD
④ CMOS

☑ 확인 Check! ○ △ ✕

쏙쏙 해설

빛을 전하 변조시켜 이미지 정보를 만들어 내는 촬상소자는 CMD형이다.

정답 ❸

142 기출문제

CCTV 카메라의 렌즈를 특정 대상물에 초점을 맞추는 경우 초점의 선명도가 앞뒤로 확장되는 것을 무엇이라고 하는가?

① 피사체 심도
② 후 초점거리
③ 수평 해상도
④ 수직 해상도

☑ 확인 Check! ○ △ ✕

쏙쏙 해설

- 피사체 심도 : 렌즈 초점의 선명도가 앞뒤로 확장되는 것★
- 초점 심도 : 렌즈 초점을 맞출 때 가장 선명한 상을 얻게 되는 범위★

정답 ❶

143 기출 19

☑확인 Check! ○ △ ✕

두꺼운 납판, 산화세슘이 든 납유리를 사용하는 카메라 하우징 방식은?

① 방폭형
② 강제 수냉형
③ 강제 공냉형
④ 특수선 보호형

핵심만 콕

특수용 카메라 하우징
④ 특수선 보호형 : X선이나 감마선 등의 피폭을 받는 장소에 카메라를 설치하는 경우에는 두꺼운 납판의 재료를 사용하며, 창유리에는 산화세륨(세슘)이 포함된 납유리를 사용하는 형태이다.
① 방폭형 : 석유화학 공장이나 폭발성 가스나 증기가 존재하는 장소에 카메라를 설치하는 경우 설치설비에 의한 폭발이나 화재발생을 방지하는 형태이다.
②·③ 강제 수냉형·공냉형 : 제철소의 용광로 내에 설치한 경우 카메라 보호를 위해 물, 공기 등으로 강제 냉각시켜 내부온도를 40℃ 이하로 유지하고, 전면 유리창도 내열 내반사 유리가 사용된다.

144 기출 11

☑확인 Check! ○ △ ✕

석유화학 공장이나 폭발성 가스, 증기가 존재하는 장소에 카메라를 설치할 경우 사용되는 카메라 하우징은?

① 일반형 하우징
② 방폭형 하우징
③ 방수형 하우징
④ 공랭식 하우징

145 기출 09

☑확인 Check! ○ △ ✕

카메라 하우징은 일반형(옥내/옥외)과 특수형으로 구분된다. 다음 중 일반형이 아닌 하우징은?

① 방폭형 하우징
② 밀폐형 하우징
③ 통풍형 하우징
④ 간이방진방수형 하우징

핵심만 콕

특수용 카메라 하우징
• 강제공냉, 수냉형 하우징 : 온도가 높은 제철소 등에서 내부 온도를 40℃ 이하로 유지
• 방폭형 하우징 : 석유화학공장 등에서 폭파 또는 화재 발생을 방지
• 특수선 보호형 하우징 : X선이나 감마선 등의 피폭을 받는 장소에서 사용

---

146 기출 21

☑확인 Check! ○ △ ✕

DVR과 NVR에 관한 설명으로 옳지 않은 것은?

① DVR과 NVR 모두 디지털 영상신호를 녹화한다.
② DVR과 NVR 모두 이벤트 녹화와 일반 녹화 기능을 수행할 수 있다.
③ DVR과 NVR 모두 네트워크 카메라(IP 카메라)와 연결할 수 없다.
④ DVR과 NVR 모두 인터넷과 연결하여 사용할 수 있다.

핵심만 콕

DVR과 NVR의 비교

구 분	DVR(Digital Video Recorder)	NVR(Network Video Recorder)
녹화방식	Digital	Digital
저장 모드	일반 녹화, 이벤트 녹화, 예약 녹화 등	일반 녹화, 이벤트 녹화, 예약 녹화 등
비디오 데이터 처리	레코더에서 비디오 데이터를 처리	IP 카메라에서 비디오 데이터를 인코딩 및 처리한 다음 저장 및 원격보기에 사용되는 NVR 레코더로 스트리밍
카메라 연결방식	모든 카메라를 레코더에 직접 연결	동일한 IP 네트워크에 연결
카메라 유형	아날로그 카메라	IP 카메라
네트워크를 통한 원격지 모니터링	가 능	가 능
시스템 유연성	유선 보안카메라만 사용	유선 및 무선 보안카메라 통합 가능

147 기출 09

☑ 확인Check! ○ △ ✕

다음의 설명에서 빈칸에 들어갈 말로 알맞은 것은?

> 화상감시시스템에서 케이블 내의 물기 침투로 인한 특성열화를 막는 방법으로 영상신호의 장거리 전송시 전송 케이블을 통상 ( )m마다 접속시켜 연장하며, 습기나 물이 모세관 현상에 의해 케이블 내에 침투하여 특성이 열화되는 것을 막는 방법으로 불활성 가스를 충전한다.

① 300   ② 500
③ 700   ④ 1,000

쏙쏙 해설

CCTV의 운용과 보수에 관한 문제이다. 영상신호를 장거리 전송하고자 하는 경우 전송 케이블은 통상 500m마다 접속시켜 연장하며, 불활성 가스를 충전하여 케이블 내에 물기 침투로 인한 특성열화를 방지한다.

정답 ❷

---

148 기출 23

☑ 확인Check! ○ △ ✕

CCTV 시스템의 영상저장용 하드디스크에 관한 설명으로 옳지 않은 것은?

① 플래터, 헤드 및 제어기판의 구조를 가진다.
② 논리적 구조로 트랙과 섹터를 가진다.
③ 액세스 타임, RPM, 캐시 크기 등으로 하드디스크의 성능을 알 수 있다.
④ 하드디스크 인터페이스 표준은 RTSP이다.

쏙쏙 해설

RTSP(Real Time Streaming Protocol)은 스트리밍 미디어 서버를 제어할 목적으로 통신시스템 등에 사용하도록 설계된 네트워크 제어 프로토콜이다.

정답 ❹

149

녹화 장치에 관한 설명으로 옳지 않은 것은?

① VTR 방식보다 DVR 방식의 사용이 증가되고 있다.

② DVR 방식은 CD나 컴퓨터의 하드디스크에 저장한다.

③ DVR은 사용 횟수가 많아도 선명한 화질을 얻을 수 있다.

④ VTR 방식에서 화상의 질을 보상하기 위해 TIME LAPSE VTR을 사용한다.

쏙쏙 해설

TIME LAPSE VTR을 사용 시 테이프 소비량이 1/6로 줄어들어 녹화 기록 시간이 6배 정도 늘어나므로 화상의 질은 떨어진다.

정답 ④

핵심만 콕

TIME LAPSE★
- 일정하게 정해진 시간 간격으로 움직임을 촬영한 후 정상 속도로 플레이하는 것을 말한다.
- 꽃이 피는 과정 등의 움직임을 표현할 때 자주 쓰인다.
- 테이프 소비량이 1/6로 줄어들어 녹화 기록 시간이 6배 정도 늘어난다.

150

DVR의 기능에 대한 설명으로 옳지 않은 것은?

① 다양한 화면 분할을 설정할 수 있다.

② 내장된 기능으로 P/T/Z 제어가 가능하다.

③ 영상신호를 고주파로 변조해서 녹화가 가능하다.

④ 반복적 녹화, 재생 및 장시간 저장을 하여도 항상 선명한 화질을 유지한다.

쏙쏙 해설

DVR시스템의 녹화 기능
- 예약 녹화가 가능하다.
- 고배율로 압축 저장이 가능해 장기간 녹화가 가능하다.
- 검색 중에도 녹화 기능을 수행하기 때문에 보안 장비로 최적이다.

정답 ③

151 기출 21

☑확인 Check! ○ △ ✕

CCTV 시스템에 관한 설명으로 옳지 않은 것은?

① CCTV 시스템의 3대 요소는 촬상부, 전송부, 수상부로 구분한다.
② 현장 또는 원격지에서 보호대상의 침입상황을 감시한다.
③ 현장 또는 원격지의 영상을 녹화하고 재생한다.
④ 현장 또는 원격지에 설치된 방범용 감지기가 독자적으로 이상상황을 인지하고 경보한다.

쏙쏙 해설

현장 또는 원격지에 설치된 방범용 감지기가 독자적으로 이상상황을 인지하고 경보를 발생시키는 시스템은 기존의 CCTV 시스템이 아닌 지능형 영상감시 시스템(Intelligent Surveillance System)에 관한 설명이다.

정답 ④

핵심만 콕

지능형 영상감시 시스템

의의	지능형 영상감시 시스템은 기존 CCTV 카메라 영상신호를 입력받아 실시간으로 영상을 분석하여 사람, 자동차와 같은 움직이는 물체의 감지, 추적, 분류, 행동 분석을 수행하고 이를 바탕으로 경보 발생, 녹화, 검색 등을 수행하며, 사용자가 지정한 특정 이벤트에 대하여 실시간으로 감지하고 경보를 발생시킴으로써 즉각적인 상황 대처가 가능한 첨단 영상감시 시스템이다.
주요 기능	• 영상분석, 내용분석, 내용분석에 의한 대응 등 3가지의 주요 기능이 있다. • 영상분석 기술은 획득된 영상에서 움직이는 객체를 탐색하여 객체의 종류를 분석하고, 분류된 객체가 사람이면 누구인지를 인식하고, 객체의 행동을 분석하고, 지정된 객체를 추적하는 기능을 수행한다.
요구 조건	• 고품질의 영상 데이터를 구현할 수 있을 것 • 실시간 기록 및 빠른 검색이 가능할 것 • PTZ(Pan, Tilt, Zoom) 카메라 지원이 가능할 것 • 센서, DVR, CCTV, IP-CAMERA, NETWORK CAMERA 등과의 연동이 가능할 것 • 진보된 움직임을 감지할 수 있을 것 • 감지된 객체를 사람, 자동차, 사물로 구분하는 객체 인식 기술을 구현할 수 있을 것 • 객체의 움직임 통제를 이용한 비정상 행위 패턴 인식 기술을 구현할 수 있을 것 • 자동적 · 지능적 경보 및 알람기능을 구현할 수 있을 것 • 사용 편의성과 확장성이 있을 것 등

〈참고〉 이강열, 「기계경비개론」, 진영사, 2021, P. 471~474

152 기출 18

☑확인 Check! ○ △ ✕

지능형 영상감시 시스템의 요구조건에 해당하지 않는 것은?

① 객체 인식기술
② 주변기기와의 연동
③ 감시요원의 운용경력
④ 실시간 기록 및 빠른 검색

쏙쏙 해설

감시요원의 운용경력은 지능형 영상감시 시스템의 요구조건에 해당하지 않는다.

정답 ③

153 `기출` 22

다음 중 해상도가 가장 높은 것은?

① SD
② HD
③ FHD
④ UHD

쏙쏙 해설

해상도는 화면의 선명한 정도를 나타내는 말이며, 가로픽셀 × 세로픽셀로 표현된다. UHD의 해상도가 가장 높다.

정답 ④

핵심만 콕

해상도의 종류	가로픽셀	세로픽셀	픽셀수(가로 × 세로)
SD(Standard Definition)	720	480	345,600(35만 화소급)
HD(High Definition)	1,280	720	921,600(100만 화소급)
FHD(Full High Definition)	1,920	1,080	2,073,600(200만 화소급)
QHD(Quad High Definition)	2,560	1,440	3,686,400(360만 화소급)
UHD(Ultra High Definition)	3,840	2,160	8,294,400(800만 화소급)

154 `기출` 22

DVR(Digital Video Recorder)의 기능에 관한 설명으로 옳지 않은 것은?

① 사용자 특성에 맞게 화면분할이 가능하다.
② 자체 기능 중에 원격제어 기능이 있다.
③ 사용자가 임의로 화질설정이 가능하다.
④ 영상신호를 아날로그 신호로 변조하여 녹화한다.

쏙쏙 해설

DVR은 아날로그의 영상신호를 디지털 방식으로 압축 저장하는 녹화장치이다.

정답 ④

155 기출 23

☑ 확인Check! ○ △ ✕

CCTV 시스템에서 사용하는 스토리지 시스템이 아닌 것은?

① DAS
② DVI
③ NAS
④ SAN

쏙쏙 해설

CCTV 시스템에서 사용하는 스토리지 시스템은 연결방법에 따라 DAS(Direct Attached Storage), NAS(Network Attached Storage), SAN(Storage Area Network)으로 구분된다. DVI(Digital Visual Interface)는 디지털 디스플레이 장치의 화질에 최적화된 표준 영상 인터페이스이다. 즉, 영상을 디지털 신호로 전송할 수 있는 연결방식을 뜻한다.

정답 ❷

핵심만 콕

스토리지 시스템의 의의
컴퓨터가 접근할 수 있는 데이터를 저장하기 위한 별도의 장소 또는 장치를 의미한다.

스토리지 시스템의 종류

DAS(Direct Attached Storage)
저장장치가 직접 개별 호스트(컴퓨터, 서버 등)에 연결되어 사용 및 관리되는 방식이다. • 장점 : 각 호스트에서 저장장치까지 물리적으로 가까운 경우 활용이 가능하고, 확장이 비교적 쉽다. • 단점 : 호스트에 장애가 발생할 경우 저장장치의 접근이 제한되고, 물리적인 공간이 한계에 봉착한 경우 확장이 더 이상은 어렵다.
NAS(Network Attached Storage)
스토리지를 네트워크에 부착한 데이터 공유방식으로 스토리지가 다른 호스트 없이 직접 네트워크에 연결되는 방식이다. • 장점 : 네트워크를 통해 데이터를 공유하므로, 높은 대역폭의 네트워크를 통한 전송속도 확보가 가능하며, 여러 다른 장치들의 데이터를 저장 및 읽기에 용이하다. • 단점 : 네트워크 병목 현상에 취약하고, 스케일 업(기존 NAS 장치 자체의 업그레이드)에는 한계가 있다.
SAN(Storage Area Network)
여러 스토리지들을 네트워크에 연결시킨 다음 스토리지 전용 네트워크로 구성을 하는 방식이다. 이에 따라 스토리지에 접근하기 위해서는 각 호스트들은 모두 SAN 전용 네트워크를 거쳐서 접근해야 한다. • 장점 : 성능 및 용량 확장성이 좋고, 가상화 환경을 구축하기 좋다. • 단점 : 네트워크의 복잡도가 비교적 높아 상대적으로 비싸며, 관리 포인트가 많다.

156 기출 22

☑ 확인 Check! ○ △ ✕

클라우드 영상보안시스템에 관한 설명으로 옳지 않은 것은?

① 스마트폰으로 원격 접속할 수 있다.

② 데이터 유실의 위험이 없고, 백업을 할 수 없다.

③ 인증을 통해 다수의 이용자가 모니터링 할 수 있다.

④ 침입탐지, 방문객 동선 분석 등의 지능형 기능을 제공할 수 있다.

쏙쏙 해설

클라우드 영상보안시스템은 클라우드 서버의 DB 저장으로 데이터 유실의 위험이 없고, 백업을 쉽게 할 수 있다는 특징을 갖는다.

정답 ❷

핵심만 콕

클라우드 영상감시시스템(VSaaS : Video Surveillance as a Service)

1. **의 의**

   클라우드 영상감시시스템(VSaaS)은 기본적으로 클라우드 컴퓨팅 환경에서 영상감시시스템을 구현한 것으로 클라우드 망에 감시영상을 저장, 관리하고 언제, 어디서나 원하는 위치의 카메라 영상을 PC나 모바일로 접속하여 실시간으로 스트리밍 할 수 있고, 통합 비디오 관리시스템(VMS)을 통해 감시와 제어를 할 수 있는 시스템이다.

2. **특 징**
   - 클라우드 기반 서비스로 사업장 영상을 언제, 어디서나 원격 접속(PC, 스마트폰)할 수 있다.
   - 중요 감시구역, 장소, 시간에 따라 Full 녹화, 이벤트 녹화(움직임이 있을 때 영상을 저장하는 방식)를 선택 사용하여 요금을 절감할 수 있다.
   - 클라우드 서버의 DB 저장으로 데이터 유실의 위험이 없고, 백업을 쉽게 할 수 있다.
   - 인증을 통해 다른 사용자와 카메라 영상을 동시에 모니터링 할 수 있다.
   - 지능적인 영상분석서비스인 피플 카운팅, 침입탐지, 방문객 동선 분석, 카메라 훼손방지 등을 제공할 수 있다.

   〈출처〉 이강열, 「기계경비개론」, 진영사, 2021, P. 477~479

05 출입통제시스템

제1절 출입통제시스템의 개요

I 출입통제시스템의 개념

1. 의의와 목적

① 의의 : 각종 Reader기(비밀번호, RF CARD, 지문인식)를 이용, 불필요한 출입을 제한(소속인과 외부인 구별, 시설과 소속 인원 보호)하여 외부로부터 안전하고 독립적인 업무 수행이 가능하도록 설계된 시스템이다.

② 목적 : 출입통제시스템은 건물 내 중요 지역의 불필요한 출입을 제한하여 인명 및 재산, 정보를 보호하고 안전하고 쾌적한 활동공간 제공을 목적으로 하며, 일반적인 도난방지 및 기밀이 불법유출되지 않도록 허가받은 사람, 차량, 허가된 시간, 장소, 기간에만 출입을 허가하는 것이다. 기출 23 · 20

2. 시스템의 구성과 적용

시스템 구성	기본적으로 하나의 문들을 독립적으로 제어할 수 있는 단독형 시스템과 여러 단위의 출입문을 1개의 운영 PC를 중심으로 시스템을 구성할 수 있는 소규모형 시스템이 있고, 건물 단위별로 떨어져 있는 대규모형 시스템이 있다.
시스템의 적용	CCTV 시스템, 아파트 빌라 무인경비, 홈 시큐리티, 침입감지시스템, 조명제어시스템, 공조시스템, 엘리베이터제어시스템, 주차관리시스템, 근태관리시스템 등과의 연계 및 시스템 확장을 통한 통합방범시스템의 중추적 기능을 수행하며 상업용 건물뿐만 아니라 아파트, 연립 등의 공동 주택에도 적용·운영할 수 있는 시스템이다. 기출 23
출입통제시스템의 기본구성	메인호스트, 컨트롤러, 카드리더, 전기정, 퇴실감지기로 구성된다. 기출 23 · 20 · 17
출입통제시스템 저지장치의 기본기능	지도기능(direct), 지연기능(delay), 구분기능(define) 등이 있다. 기출 14

3. 출입통제시스템의 특징

① 통합방범시스템의 중심시스템(IBS 시스템과의 연동에 의한 통제범위 확대)

② 다양한 ID 인식 방법에 의한 다양한 어플리케이션 구현 가능

③ 다양한 정보통신 매체를 통한 시스템 구성 및 확장이 편리함(RS232/422, LAN, ISDN/PSDN, 전용선 등)

④ 운영 프로그램의 GUI(Graphic User Interface) 구현으로 적용성이 높고 다양한 형태의 정보표현으로 사용이 편리함

⑤ 중앙제어시스템과 분산제어시스템의 적절한 조화로 시스템의 효율성 높임(데이터의 관리 및 보호와 실시간 처리)

⑥ 보안 등급에 따라 필요한 적절한 출입 등급 적용

⑦ 각종 Event에 대한 다양한 조건 조회·검색 기능으로 원하는 정보 추출

4. 출입통제시스템의 종류

단독형 시스템	별도의 컨트롤러가 필요 없는 리더기(Stand-alone형)를 이용하여 보안을 필요로 하는 사무실이나 공장, 창고 등 특정 구역의 출입통제를 목적으로 사용하는 시스템으로 카드 또는 비밀번호를 이용하여 시설과 소속인원을 보호하고 외부인과 비인가자의 출입을 제한할 수 있다.
소규모 시스템	중소기업이나 연구소, 은행, 전산실, 학원 등에 적합한 시스템으로, 분산처리기능을 갖고 있어 보다 안정적이고 효율적인 시스템을 구축할 수 있다. 출입자의 출입 등급을 설정하여 출입 지역, 출입 시간 등을 관리할 수 있으며, 각종 시스템에 연계하여 사용할 수 있고 특히 각 출입문의 원격제어가 가능하여 출입자의 모든 현황을 중앙에서 관리할 수 있다.
대규모 시스템	중앙통제센터에서의 다른 건물의 출입통제시스템도 원격제어 및 관리가 가능한 대규모형 시스템은 1개의 Server PC와 각 단위의 Client PC(운영PC)로 구별하여 운영되며 출입자 정보 및 이벤트를 자동으로 Local의 출입 통제기(ACU)에 실시간으로 전달하여 항상 최근의 정보를 유지·운영할 수 있다. 또한 출입자의 출입 등급을 설정하여 출입 지역, 출입 시간 등을 관리할 수 있으며, 각종 시스템에 연계하여 사용할 수 있다.

5. 출입통제시스템 설치 시 주의사항 [기출] 23·20·14

① 안정적인 전원공급을 위해 UPS(무정전전원장치)를 설치한다.

② 전기정 설치문은 90°로 열어 놓아도 원위치로 닫히는 구조로 한다.

③ 외부노이즈나 근접전파의 영향을 받지 않도록 차폐케이블(Shielded Cable)을 사용한다.

④ EM(Electric Magnetic) Lock은 자성에 의해 개폐하는 구조로 자성의 영향이 없는 문에 설치해야 한다. 또한 락(Lock) 장치와 플레이트(Plate)를 최대한 근접되게 설치해야 한다.

Ⅱ 주요 기능

1. 중앙통제장치 [기출] 23·21·20

① 출입통제 관리기능

　㉠ 출입관리기능 : 출입자의 출입현황·자료관리·통제등급관리, 시간대별·그룹별·공간별 출입통제 기능이 있으며, 보안 등급을 설정하여 특정지역에 출입을 제한할 수 있다.

　㉡ 출입문관리 : 출입문의 부분 및 일괄 원격 개폐관리, 주차장의 차량통제관리 등

② 카드 및 경보관리

　㉠ 카드관리 : 카드의 발급·내용·분실관리 등

　㉡ 경보관리 : 실시간 발생상황점검, 경보발생상황기록

③ 연동장치관리 등 : CCTV, 전등, 방범시스템과 연동, 승강기제어, 라이트제어 등 [기출] 10

2. 카드리더 컨트롤러 [기출] 21

① 메인호스트와 연결하여 카드리더, 전기정, 퇴실감지기를 제어한다.

② 카드리더에서 수신된 데이터를 인식하여 메인호스트로 데이터 송신과 전기정을 제어한다.

③ 카드리더 컨트롤러가 데이터를 호스트 컴퓨터로 전송하는 방식은 RS-232C, RS-422, RS-485, Current Loop, LAN 방식이 있으나, 보통 RS-422, RS-485, RS-232 방식을 많이 사용한다.

3. 전기정(Electric Lock) [기출] 18 · 16

① 의의 : 전기에 의해 잠금장치가 잠기거나 풀리는 전자적 자물쇠의 총칭으로, 출입통제시스템에서 사용되는 일반적인 전기정의 사용 전압은 DC 12[V]이다. [기출] 15

② 종 류 [기출] 23 · 21 · 18 · 14 · 13 · 09

Dead Bolt (데드볼트)	유리 강화도어 및 방화도어의 출입통제용 전기정으로, 도어의 프레임 및 도어에 설치하면 카드리더와 연동하여 문의 실린더 래치와 스트라이크를 전기적으로 결합 · 해제한다. 안전 강화유리로 된 문이 하나이고 이것이 양쪽으로 열리는 문일 때 가장 적절한 잠금장치이다.
Electric Strike (전기 스트라이크)	평상시에는 잠김상태이며 Controller의 명령에 따라 전기적으로 잠금장치가 해제되는 방식의 잠금장치로, 철문, 목재문 전용 잠금장치이다. 손잡이가 있는 전기 스트라이크는 출입통제시스템에 자동문이나 전기정을 사용할 경우 실내에서 문을 통해 나갈 때 퇴실 감지기나 퇴실 조작기가 필요 없다.
EM (Electric Magnetic)	도어 아마추어 록의 전기적 자성에 의해 문과 문틀에 설치된 자성체를 붙이고 떨어지는 형태로 문을 잠그고 해제하는 잠금장치로, 단방향으로 열리는 강화유리문 및 방화문, 목재문에 사용된다.
Mortise Lock	일반 Lock의 형태에 전기코일 또는 모터를 첨부시킨 잠금장치로, 슬라이딩 도어에 사용된다.
Fail Secure Type	정전 시 문이 열리는 잠금장치이다.

③ 전기정의 해정 및 시정 [기출] 13

해정(open)	연계한 화재시스템에서 화재경보 발생 시, 퇴실장치로 사용한 열선감지기 오작동 시, 퇴실장치로 사용한 카드리더를 등록된 카드로 인식 시 전기정이 해정된다.
시정(close)	연계한 무인경비시스템에서 침입 경보가 발생할 경우 전기정이 시정된다.

액세스 컨트롤 시스템의 현장제어장치

- 카드리더 : 출입하고자 하는 사용자 정보를 입력받는 장비로, 카드의 사용방법에 따라 카드리더에 삽입하여 판독하는 삽입형(Entry Type), 카드를 가로 · 세로방향으로 접촉 · 진행하는 접촉진행형(Swipe Type), 카드를 밀착시켜 판독하는 접촉형(Touch Type), 카드리더와 일정거리 내에 접근하면 판독되는 근접형(Proximity Type) 등이 있다.
  - 보안관리용 출입카드 : 주로 카드 내부에 ID를 내장하는 인식카드에 따라 마그네틱카드, 바코드카드, 적외선 바코드카드, 위겐드카드, 바리움카드, RF카드, IC카드, 멀티카드 등 여러 가지 종류가 있다.
- 문 감지기 : 실질적인 문의 잠금상태 또는 개폐상태를 파악하기 위한 센서로, 문의 작동상태를 파악하여 경우에 따른 여러 가지 논리적 경보를 발생하기 위한 요소이다.
- 문 개폐용 스위치(Exit Button) : 전기를 이용하여 문의 잠금상태를 제어할 경우에 카드리더 등을 사용하지 않고 문을 제어할 수 있는 장치로, 일반적으로 카드리더가 설치된 문의 반대방향에 설치되어 양방향의 문 개폐에 따른 논리적인 판단을 가능하게 한다.
- 경보기기 : 리더기 이상발생, 불법침입 시도, 분실카드, 문열림 등 출입문에서 발생하는 경보 또는 감지기에서 발생하는 경보를 발생현장에서 즉각적으로 작동, 설비들을 작동시키거나 시청각 효과를 통해 주변인들에게 실시간으로 알려줄 수 있도록 설치되는 경음기, 사이렌, 경광등 등의 출력장치를 말한다.

- 차단기 : 1명씩 제한 통과시키는 장치의 총칭으로 지하철 등에서 사용하는 Turnstiles 차단기와 출입자 구분·선택에 의한 개방·차단하는 Rotate형 차단기, Gates형 차단기 등이 여기에 속한다. 액세스 컨트롤 시스템을 운영하는 프로그램의 대표적인 기능은 출입관리, 운영관리, 경보관리, 통합관리 등으로 시스템의 규모 및 종류에 따라 적용되는 내용이 달라질 수 있다.
- 출입관리 : 사용자 정보 등록, 카드판독 및 처리, 출입정보 기록·출력·색인, 카드 사용횟수 제한, 입·퇴실 순서관리, 방문자관리, 비인가카드 감시, 특정 카드추적, 재실관리, 소재파악, 엘리베이터 탑승 및 운행지역 통제
- 운영관리 : 장비의 원격진단, 장비와의 이중통신선로 사용기능, 스케줄에 의한 자동백업 및 보고서 출력, 감시지역에 따른 발생 내역의 선택적 통보, 데이터베이스의 외부통신기능, 이중운영기능, 이중관리기능
- 경보관리 : 각 출입문, 사무실, 시설물, 침입예상지역 등에 각종 보안감지기 설치 및 감시, 각 감지기의 컴퓨터 접속에 의한 경보탐지 및 관련기기 연동 제어, 경보내역 기록, 출력 및 색인, 경보지역 도면 표시(CAD 등), 시스템 연동(화재, 가스, 누수 등)
- 통합카드 : 신분증 및 출입카드, 식당카드, 직불·선불·후불카드, 자판기카드, 도서관 이용카드를 1매의 카드로 통합 운영
- 기타 관리 : 장비 수동제어(가동·중단) 기능, 사용자 리포트 디자인 기능, 주차관리, 자동호출 기능, 순찰관리, 인터컴 접속 운영 기능, 카드발급 기능

Ⅲ 카드리더와 카드의 분류

1. 형태에 따른 분류 [기출] 23·19·17

① 삽입형 : 카드를 리더기에 삽입하여 판독하는 카드(카드 공중전화, CD기)
② 접촉형 : 카드를 리더기에 접촉시켜 판독하는 카드(출입통제용)
③ 접촉진행형 : 카드를 리더기에 접촉·진행하여 판독하는 카드(신용카드 조회기, CD기)
④ 근접형 : 카드를 카드리더기 근처의 일정 거리에 근접하여 판독하는 카드(출입통제용)

2. 방식에 따른 분류 [기출] 18·14

① Magnetic Stripe [기출] 22·21·11 : 마그네틱 스트라이프는 카드의 후면에 부착된 짙은 띠를 일컫는다. 이 띠에는 가입자번호, 암호 등 개인 고유의 정보가 기록되어 있는데 카드를 긁으면서 정보가 노출되어 위조 및 변조가 쉽고, 손상이 잘 돼 주기적인 보수가 필요한 단점이 있다. 결국 최근에는 마그네틱 스트라이프(MS) 카드에서 IC카드로의 교체를 의무화하고 있다.
② Wiegand★ [기출] 22·21 : 데이터 소멸을 막기 위해 카드 내부에 미세한 원형선을 배열하여 고유번호화한 전자장을 발생하는 카드로 삽입형, 접촉진행형의 리더기에 사용된다. 카드 표면에 자기 테이프가 없는 것이 특징이다. Wiegand 와이어는 만들기가 복잡하기 때문에, Wiegand 카드는 사실상 복제될 수 없고 가장 안전한 액세스 제어기술 중 하나이다.
③ Infrared★ : 카드 내부에 적외선 투과대역을 설정하고 적외선 단속 규칙신호를 발생하여 Data를 인식하는 방식으로 상하좌우 판독이 가능하여 방향속도에 관계없고 온·습도의 영향이 없어 옥외 방풍용에 적합하다.

④ **근접식(RF식)** 기출 22·21·18·16·13·11·10 : 보통 RF카드라고도 하며 카드에 반도체와 코일을 내장하여 코일에서 발진하는 고유 주파수(125kHz)를 이용하는 것으로서 수동형(Passive)과 능동형(Active)이 있다. 현재 대부분의 출입통제용은 수동형 근접식 카드를 가장 많이 사용하며, IC카드(접촉식과 비접촉식)와 한 카드에 마그네트+근접식, 바코드+근접식, IC+근접식 등이 필요에 따라서 복합결합으로 사용되는 복합식도 있다.

ㄱ **수동형(Passive)** : 카드리더기에서 발진하는 전파를 흡수하여 에너지원으로 사용하여 카드의 고유 주파수를 발진하는 방식으로 장소에 따라 사무실의 경우 5~30cm 정도, 주차 출입통제용과 같이 떨어져야 할 경우는 50~100cm까지 판독하는 리더기도 있다. 수명은 반영구적이나 리더기 부착면이 금속으로 되어 있으면 전파방해를 받을 수 있다.

ㄴ **능동형(Active)** : 카드 내에 동작전원으로 배터리가 내장되어 카드의 고유 주파수를 발진하여 동작하며 보통 1~3m까지의 원거리에서도 사용이 가능하다. 배터리를 사용함으로써 수명에 제한이 있고 가격이 비싸다.

⑤ **IC카드(Smart Card : 접촉식)★** 기출 21 : 차세대 카드로 불리는 이 카드는 스마트카드 또는 칩카드로 불리며 마이크로 프로세서와 메모리를 통한 데이터 연산처리 기능과 데이터 저장 기능을 바탕으로 고도의 보안성, 이동성, 다용성 등의 이점을 제공하여 1990년 이후 본격적으로 유럽을 중심으로 전자상거래, 통신, 교통, 의료 등 다양한 응용 분야에 사용되고 있다.

⑥ **IC+RF 겸용(Multiple Card, Smart Prox Card)** : 개인 신상이나 기록유지수단으로 사용된다. 출입카드용은 Read Only이다.

R/F(Radio Frequency) Card와 Smart Card

• R/F(Radio Frequency) Card 기출 21·18·10 : 카드 내부에 IC Chip이 있으며, 이 IC Chip에 안테나가 부착되어 있어 리더기와 Data를 주고받으며 통신하므로 리더기와 접촉이 없이도 사용할 수 있어 비접촉식 카드 혹은 근접식 카드라고도 불린다. 지갑이나 주머니 속에서도 처리가 가능하다는 장점이 있다. 인식장치의 공명 전자파 발생에 의한 Data를 인식하며 반영구적 사용이 가능하고 다양한 형태로 제작할 수 있으며, 보안성이 탁월하여 버스카드, 도어록, 교통, 지하철카드, 출입증, 신분증 등으로 사용한다.

• Smart Card 기출 21·10 : 플라스틱카드에 CPU가 내장된 IC Chip을 이용하여 금융, 보안, 의료, 주차 등 다목적으로 사용되는 카드이다. 일반 신용카드 크기와 재질에 마이크로 프로세스와 메모리를 내장하고 정보의 저장과 처리가 가능한 전자카드를 말한다.

I   자물쇠의 기능과 종류

1. 자물쇠의 기능

자물쇠는 보호장치로서의 기능도 있지만 실제에 있어서 자물쇠는 범죄자의 침입시간을 지연시키는 시간지연장치로서의 역할이 강하다.

2. 자물쇠의 종류

① 돌기자물쇠(Warded Locks) : 열쇠의 구조가 간단하여 꼬챙이를 사용하면 쉽게 열리므로 안전성이 거의 없다.

② 판날름쇠자물쇠(Disc Tumbler Locks) : 일반적으로 가장 많이 사용되는 자물쇠이며, 이 자물쇠를 열기 위해서는 통상적으로 3분 정도가 소요된다.

③ 핀날름쇠자물쇠(Pin Tumbler Locks) : 판날름쇠자물쇠에 비해 복잡하며 보다 높은 안전성을 제공할 수 있다. 이 자물쇠를 푸는 데는 약 10분 정도가 소요된다.

④ 숫자맞춤식 자물쇠(Combination Locks) : 자물쇠에 달린 숫자조합을 맞추어 여는 자물쇠이다. ★

⑤ 암호사용자물쇠(Code Operated Locks) : 패널에 암호를 누르면 문이 열리는 전자제어방식으로 암호를 잘못 누르거나 모르는 경우에는 비상경고가 켜지게 된다. ★ 기출 20

⑥ 카드작동자물쇠(Card Operated Locks) : 카드에 일정한 암호가 들어 있어서 카드를 꽂게 되면 곧바로 이 카드 내의 암호를 인식하여 자물쇠가 열리는 것으로, 신분증의 기능을 같이 가지고 있다. 기출 20

⑦ 전자자물쇠(Electromagnetic Locks) : 전자자물쇠는 자력에 의해 문을 잠그는 잠금장치로 1,000파운드의 압력도 견뎌 내는 고강도 문에 많이 사용되며 종업원들의 출입이 많지 않은 제한구역에 주로 사용된다. ★

⑧ 지문인식 자물쇠(Fingerprint & Keypad Door Lock) : 내부에 초소형 컴퓨터가 설치되어 미리 입력된 지문인식을 통해 출입문이 열리도록 한 자물쇠이며, 열쇠, 카드식, 비밀번호의 분실 및 도용문제를 극복하고 본인 확인을 통해 자유롭게 입·출입할 수 있다. 기출 20

II   패드록(Pad-locks)

1. 의 의

패드록은 자물쇠와 유사한 기능을 가지고 있지만 문의 몸체 중간에 설치되어 키를 삽입하면 문이 열리는 장치를 말한다.

2. 잠금장치 기출 19

① 기억식 잠금장치(Recording Locking Devices) : 문에 전자장치가 설치되어 있어서 일정 시간에만 문이 열리는 방식이다.

② 전기식 잠금장치(Electric Locking Devices) : 문이 열리고 닫히는 것이 전기신호에 의해 이루어지는 장치를 말한다(가정집 내부에서 스위치를 누름으로써 외부의 문이 열리도록 하는 방식).

③ 일체식 잠금장치(Sequence Locking Devices) : 한 문이 잠길 경우에 전체의 문이 동시에 잠기는 방식을 말한다(일반적으로 교도소에서 사용).

④ 카드식 잠금장치 : 전기나 전자기방식으로 암호가 입력된 카드를 인식시킴으로써 출입문이 열리도록 한 장치이다.

상품도난방지시스템의 구성 `기출` 20 · 18
상품도난방지시스템은 감응장치, 태그 및 라벨, 소거기(Eraser), 휴대용 감응기로 구성된다.

상품도난방지시스템의 종류 `기출` 22 · 21
- RF(Radio Frequency) Type : 송신기의 안테나에서 특정 주파수(85MHz)를 송신하고 수신기의 안테나에서 수신하여 태그나 라벨이 지나가면 주파수가 변화되는 것을 감지하는 방식을 말한다. 일반적으로 오작동이 적어 할인점 등에서 많이 사용된다.
- EM(Electronic Magnetic) Type : 송신기와 수신기 안테나 사이에 발생되는 교류자기장에 태그나 라벨이 지나가면 포화상태가 되면서 고조파를 발생시켜 감지하는 방식을 말한다. 주로 도서관이나 서점에서 많이 사용된다.
- AT(Acoustic Technology) Type : 진동자장 방식으로 송신기에서 주파수(58KHz)를 진동형태로 송신하여 라벨(Label)과 태그(Tag)를 작동시키고 송신기의 신호 진동이 종료되면 라벨이 송신기 신호와 동일한 주파수를 보내는 방식을 말한다. `기출` 14
  - 공진하는 소프트 자석 재질로 만든 금속이 라벨에 내장되어 있고, 라벨의 두께가 일정하다.
  - 감지율이 다른 방식에 비해 높으며 상품의 재질에도 영향이 적다.
  - 신호가 독특하기 때문에 다른 방식에 비해 오경보가 발생할 확률이 매우 적어 백화점 등에서 많이 사용되나 가격이 비싸다는 단점이 있다.

〈출처〉 이강열, 「기계경비개론」, 진영사, 2021, P. 594

상품도난방지시스템의 감지방식은 상품에 부착되는 태그의 전원사용 유무에 따라 Passive방식과 Active방식으로 구분되며, Passive방식은 EM(Electronic Magnetic) 방식, RF(Radio Frequency) 방식, AM(Acoustic Magnetic) 방식으로 구분한다. `기출` 22
〈참고〉 최연석 · 김금석, 「듀얼밴드 무선통신기술을 이용한 지능형 자명식(自鳴式) 도난방지시스템 개발」, 한국산학기술학회논문지 Vol.11, No.5, 2010, P. 1616~1626

상품도난방지시스템 운영 시 주의사항★ `기출` 17
- 태그나 라벨이 부착된 상품은 안테나로부터 일정거리 이상 떨어진 곳에 진열, 보관한다.
- 컴퓨터 및 모니터는 안테나에 영향을 미치므로 일정거리 이상 떨어지도록 한다.
- 금속성 프레임 출입문은 재질 구조 등을 고려하여 설치한다.
- 오디오의 스피커는 스피커의 울림 신호가 시스템에 영향을 미치므로 안테나와 떨어지게 한다.
- 전자제품이나 자성체류 제품은 시스템에서 멀리한다.

〈출처〉 이강열, 「기계경비개론」, 진영사, 2018, P. 567

I 생체인식시스템의 개요

1. 생체인식시스템의 개념

① 생체인식 : 살아 있는 인간의 신체적 또는 행동학적 특징을 자동화된 장치로 측정하여 개인을 식별하는 학문 또는 기술을 의미한다.

  ※ 최근까지 개인인증 수단으로 사용되던 암호(Password)나 PIN(Personal Identification Number) 방식은 암기를 해야 하고 도난의 우려가 있었으나 생체인식의 경우는 암기를 할 필요가 없고 본인이 반드시 있어야 하므로 기존 방법을 실생활에서 급속도로 보완·대체하고 있다.

② 생체인식기술 : 지문, 얼굴, 홍채, 망막, 손바닥, 손등의 정맥, 음성인식, 귀의 모양, 필체, 서명, 키보드 타이핑 습관, 걸음걸이 습관 등 개인의 생리적 또는 행동상의 특징을 활용하는 기술로서, 생체정보를 추출하는 하드웨어기술, 검색 및 인식을 하는 소프트웨어기술, 활용을 위한 HW 및 SW시스템통합기술을 포함한다.

③ 생체인식시스템 : 사용자가 지니고 있는 생리적 또는 행동상의 특징을 측정해 그 결과를 사전에 측정한 특징과 비교하여 그 확실성을 결정함으로써 개인을 인식하는 패턴인식시스템이다.

2. 적용 분야

① 생체인식에서 가장 대표적으로 많이 이용되는 생체 부분은 지문, 홍채, 음성, 얼굴, 정맥을 이용하는 생체인식이다. ★ 기출 13

② 현재 생체인식기술은 컴퓨터 보안, 금융, 통신 부분, 의료, 사회복지, 출입국 관리, 군사 보안, 경찰 법조 등의 여러 분야에 활용되어 실제 적용되고 있다.

③ 생체인식산업은 정보화와 더불어 증가하고 있는 여러 정보화 역기능 문제를 해결해주는 새로운 전략 산업으로 부상하면서 선진국들은 생체인식기술의 표준화 및 생체인식제품의 평가 제도를 도입하고 있다.

3. 특 성 기출 23 · 21 · 16 · 13 · 12

① 보편성(Universality) : 모든 사람이 가지고 있는 생체 특성을 의미한다.

② 고유성(독특성, Uniqueness) : 동일한 특성을 가진 다른 사람이 존재하지 않음을 의미한다.

③ 영구성(Permanence) : 시간이 지나도 생체 특성이 변화하지 않고, 변경시킬 수도 없음을 의미한다.

④ 획득성(Collectability) : 센서로부터 생체 특성정보 추출 및 정량화가 용이함을 의미한다.

⑤ 수용성(Acceptability) : 시스템에 거부감을 느끼지 않는 정도를 의미한다.

⑥ 기만성(Circumvention) : 부정사용으로 시스템을 속이기가 용이한 정도를 의미한다.

⑦ 정확성(Performance) : 시스템의 정확도, 처리속도, 내구성 등을 의미한다.

1. 지문(Fingerprint)인식기술 기출 22·18

① 개 념

　㉠ 생체인식 분야 중에서 가장 널리 사용되고 있는 지문인식은 1684년 영국에서 N. Grew가 사람들의 지문이 서로 다르다는 것을 알게 되면서 시작되어 1968년 미국 월스트리트의 한 증권회사에서 상업적 용도로 최초로 사용하였다. ★

　㉡ 지문은 태어나면서 죽을 때까지 같은 형태를 유지하며, 외부 요인에 의해 상처가 생겨도 금방 기존 형태로 재생되기 때문에 타인과 같은 형태의 지문을 가질 확률은 10억 분의 1밖에 되지 않는다. ★

　㉢ 지문인식기술은 이러한 지문의 특성을 이용해 사용자의 손가락을 전자적으로 읽어 미리 입력된 데이터와 비교하여 본인 여부를 판별하여 사용자의 신원을 확인하는 기술이다.

② 적 용

　㉠ 지문인식기술은 신원 확인 분야, 금고 및 출입통제시스템의 물리적 접근 제어, 범죄자 색출을 위한 범죄수사 분야 등에 적용되어 왔다.

　㉡ 1990년대에 들어서면서 전자상거래상의 보안 및 인증을 위한 보안시스템으로 활용되고 있으며 네트워크를 통한 전자상거래 등의 응용 분야로 기술이 확대되어 가고 있다. 최근에는 휴대폰, PDA 단말기 등에도 적용 중에 있다.

　㉢ 최근 출시되는 지문인식장치들은 손가락을 스캔하면서 손가락이 살아 있는 사람의 것인지도 검사하는데, 이것은 불법 사용자가 절단된 손가락을 이용하여 정당한 사용자를 가장하는 것을 방지하기 위함이다.

> **지문인식시스템의 단점**
> - 지문인식시스템은 일반적으로 4~5개의 특징만으로 개인을 식별하기 때문에 지문인식시스템이 완벽한 개인 식별 수단이 될 수는 없다.
> - 땀이나 물기가 스캐너에 묻어 있는 사람의 지문은 에러 발생률이 높고, 여러 사람이 손을 접촉한 곳에 손가락을 댄다는 불쾌감, 지문이 닳아 없어진 사람이나 손가락이 없는 사람의 경우 사용이 불가능하다는 것이 지문인식시스템의 한계로 인식되고 있다.

③ 지문인식기술의 감식기술

　㉠ 반도체 방식(Chip Sensor) : 실리콘 칩 표면에 직접적으로 손끝을 접촉시키면 칩 표면에 접촉된 지문의 특수한 모양을 전기적 신호로 읽어 들이는 것으로써 칩 표면에 설치된 캐패시티의 전하량의 변화를 읽어서 지문정보를 얻는 방법과 초음파 및 전기장을 사용하여 얻은 지문이미지를 전기적 신호로 변환하여 지문을 획득하는 방법이 있다. 초음파 및 전기장을 사용하는 방법은 지문을 인식하기 위해 사람의 손이 직접적으로 실리콘 칩에 접촉하게 됨으로써 정전기 방전과 칩의 손상을 유발할 수 있는 단점이 있다. 따라서 CMOS를 이용한 방법, 즉 반도체 기판 위에 설치된 캐패시티의 전하량의 변화에 따른 지문 센싱 방법에 대한 연구가 활발히 진행되고 있다.

　㉡ 광학 방식(Optical Sensor) : 광학기를 이용한 방식은 가장 보편적으로 널리 사용되고 있는 방식으로 광원에서 발생된 입력광을 프리즘에 쏘아 프리즘에 놓여 있는 손끝의 지문형태를 반사하고 이 반사된 지문 이미지는 고굴절 렌즈를 통과하여 CCD(Charged Couple Device)에 입력된다. 기본적인 구조가 단순하여 가장 안정적이다. 광학 방식의 감식기는 적외선 센서, 인체 저항 센서 등을 이용하여 실제 사람의 손이 입력부에 닿았는지 확인하며, 정전기를 방지할 수 있는 이점을 가지고 있다.

ⓒ 혼합 방식(Hybrid Sensor) : 손가락 표면을 감싸 안고 있는 피부 아래 조직층에서 얻어낸 지문정보를 배열하는 방법인 E-영역 접근법은 손가락 표면의 상처나 변형에 영향을 받지 않는다. 혼합 방식은 E-영역, 전기 용량, 그리고 손가락치기 등의 요소로 구성되어 손상되거나 날조될 수 있는 지문감식의 위험성을 막을 수 있는 우수한 기술이다.

2. 홍채 · 망막인식기술 [기출] 18

① 홍채인식기술은 영국 케임브리지대학교의 John Daugman이 홍채 패턴을 256바이트로 코드화할 수 있는 Gabor Wavelet Transform을 기반으로 한 영상신호 처리 알고리즘을 제안하여 원천 특허를 가지고 있으며, 현재 모든 홍채인식시스템의 기초가 되고 있다.

② 홍채인식시스템은 다른 어떤 시스템보다 오인식률이 낮아 고도의 보안이 필요한 곳에 사용된다. 비슷해 보이는 눈의 홍채도 자세히 보면 색깔, 형태, 무늬 등이 사람마다 모두 다르다. ★

③ 사람의 홍채는 신체적으로 상당한 개별적 특징을 지닌 유기체 조직으로 쌍둥이들도 다른 홍채 형태들을 가지고 있고, 통계적으로도 DNA 분석보다 정확하다고 알려져 있다. 생체인식에서 홍채는 유일성(독특성)이 가장 좋다. ★ [기출] 13

④ 콘택트렌즈나 안경을 착용해도 인식이 가능하므로 활용 범위가 넓다. 사람의 눈을 이용한 생체인증에서는 홍채와 망막의 혈관이 인증의 목적으로 사용되고 있다.

⑤ 망막인식은 안구의 제일 뒷부분에 위치한 망막의 모세혈관 분포를 측정하는 것이다. 이것은 사용자가 눈을 측정기구에 정확히 밀착시켜서 초점을 맞추어야 한다. 이러한 망막 패턴 검색기술은 고도의 보안성을 만족시킬 수 있지만, 사용자의 불편과 레이저 빛에 대한 두려움을 유발하는 등 일반인을 대상으로 하여 사용하기에는 비효율적인 면이 있다.

3. 얼굴인식기술 [기출] 22 · 18 · 17 · 16

① 얼굴인식 방법은 생체인식 방법 중 가장 자연스러운 방법으로 얼굴인증 · 인식기술은 생체인식 애플리케이션 성장의 풍부한 토대를 제공해 줄 것이다.

② 얼굴인식의 장점은 특별한 접촉이나 행동을 요구하지 않기 때문에 사용자의 편의성 면에서 우수하며, 사진, 이미지 파일의 등록 및 저장이 가능하고, 감시 등 타 생체인식기술을 응용하기 어려운 분야에 적용 가능하다.

③ 조명 및 표정 변화에 민감하고, 변장, 수염의 변화, 안경이나 모자 착용, 성형에 의한 얼굴형 변화 등의 몇 가지 인식률 저하 문제를 안고 있음에도 불구하고 다른 생체인식기술에 비해 사용자의 거부감이 없는 등의 장점을 가지고 있고, 생체인식 분야 중 적용 범위가 가장 다양한 것으로 알려져 있다.

④ 기존 얼굴인식기술은 CCD 카메라를 사용한 2차원 이미지를 분석하는 것이었으나 최근에는 얼굴의 열분포를 이용하는 방식으로 얼굴 혈관에서 발생하는 열을 적외선 카메라로 촬영, 디지털 정보로 변환해 저장하고 있다. 또한 얼굴에 외과적인 손상이 발생하더라도 변하지 않는 얼굴의 열상을 이용하는 방식과 눈, 코, 입 등 얼굴의 특징을 나타낼 수 있는 곳에 점을 찍고 각 점들 사이의 관계를 이용하여 얼굴을 구분해내는 3차원 얼굴형을 구조화하는 연구가 이루어지고 있으며, 이를 통하여 심도 있는 정보를 얻을 수 있다.

4. 음성인식기술 기출 09

① 의 의
  ○ 음성을 이용한 개인인식은 화자인증이라고도 하며, 다른 생체인식에 비해 오인식률은 높지만 활발하게 연구되고 있다.
  ○ 음성인식시스템은 음성의 음소, 음절, 단어 등의 진동 및 특징을 분석한 후 가장 근접한 것을 찾아내는 방식으로 원격지에서도 전화나 인터넷을 이용하여 신분을 확인할 수 있고, 텔레뱅킹, 홈쇼핑 등 다른 생체인식 방법을 적용할 수 없는 응용 분야에서 사용될 수 있다.
② 장점 : 다른 생체획득장치와는 달리 음성취득장치인 마이크는 저가이고, 일반 PC, PDA, 휴대폰 등에 기본적으로 탑재될 수 있으므로 다른 생체인식에 비해 시스템 가격이 저렴하다.
③ 단점 : 감기나 목이 쉬었을 때, 타인의 목소리를 모방하거나 주변 환경에 큰 소음이 있을 경우에는 오인식을 할 수 있으며 처리속도가 매우 느리다.

5. 정맥인식기술 기출 22 · 18 · 11

① 의의 : 정맥인식기술은 적외선 조명과 필터를 사용해 손등의 피부에 대한 혈관의 밝기 대비를 최대화한 다음 입력된 디지털영상으로부터 정맥 패턴을 추출하는 기술이다.
② 장점 : 지문 또는 손가락이 없는 사람도 이용할 수 있다는 장점이 있으며, 사용이 편리하면서 사용자의 거부감이 적고, 지문보다 많은 정보를 가지고 있어 인식률이 높아 앞으로 응용 분야가 많을 것으로 예상된다. 특히 적외선을 사용하여 혈관을 투시한 후 잔영을 이용해 신분을 확인하는 방식이기 때문에 복제가 거의 불가능하여 보안성이 매우 높은 인식기술이다.

6. 손 · 장문인식기술 기출 22

① 의의 : 사람의 손은 수년 동안 생체인식과 같은 정보의 소스로 사용되어 왔으며, 생체인식 분야에서 가장 먼저 자동화된 기법으로 개인마다 손가락 길이와 두께, 손금의 무늬가 다르다는 점에 착안하여 손가락 형태 및 손금 무늬를 분석하여 이를 데이터화하여 만든 시스템이다.
② 손인식기의 사용 : 손인식기는 3차원 이미지 상태로 사람 손의 높이, 길이, 너비를 측정하며, 적외선 조명과 광학 필터를 사용하여 손의 혈관 분포 영상데이터를 인식하는 데 사용된다.
③ 장점 : 복제가 거의 불가능하며, 다른 인식기술에 비하여 사용자의 거부감도 적은 편이다. 또한 환경적인 요인에 큰 영향을 받지 않는다.
④ 단점 : 손을 올려놓을 수 있는 공간이 기본적으로 필요해 시스템의 크기를 어느 정도 이상으로 줄일 수 없다는 단점을 가지고 있다. 또한 오인식률이 높아 보안의 중요성이 요구되는 곳에서는 사용하기 어렵다.

7. 서명인식기술

① 의 의
  - ⊙ 서명인식기술은 필체 역학을 이용하여 압력이나 속도를 분석하여 인증하는 자연스럽고 전형적인 방법이다.
  - ⓒ 사람들의 서명은 변하기 쉬우나 나름대로 일관성을 가지고 있으며, 최종 서명의 패턴이나 손의 움직임에 의한 일종의 궤도에 의해서 식별이 가능하다.

② **장단점** : 서명인식시스템은 가격이 매우 경제적이지만 사용자의 대체가 가능하여 인증의 정확성이 떨어지고 매우 느린 처리속도와 별도의 인증도구가 필요하다는 단점이 있다.

③ **전망** : 컴퓨터, PDA, 휴대전화 시장의 이점을 살린 기술에 따라 성장세는 앞으로 꾸준히 지속될 것으로 보이며, 온라인 거래나 모바일 전자상거래 등은 서명인식기술이 성장할 수 있는 분야이다.

8. 다중(Multimodal) 생체인식기술

① 다중 생체인식기술은 단일 생체인식기술이 가지고 있는 단점을 보완하기 위하여 여러 가지의 생체인식기술을 함께 사용하여 성능을 향상시키고 신뢰성을 높이는 기술이다.

② 다중 생체인식기술은 다중 센서, 다중 생체특징, 동일 생체특징의 다중 유니트, 동일 생체특징을 여러 번 획득, 그리고 동일 입력 생체특징 신호에 대한 다중 표현과 매칭 알고리즘 등으로 구분할 수 있다.

생체인식시스템 - 인증(Verification)과 인식(Identification)

현재 입력된 생체정보를 등록된 모든 생체정보와 1:1로 비교하는 것은 인증(Verification)이고, 1:N으로 비교하는 것이 인식(Identification)이다. 기출 18

출입통제시스템의 인식 방법 기출 20

기억에 의한 인식		패스워드(키패드)
소유물에 의한 인식	카드 타입	접촉식(MS, IC), 근접식(RF, RF+IC)
	키 타입	기계적인 키, 키 스위치
신체적 특징에 의한 인식	물리적	생체인식(지문, 손모양, 얼굴, 홍채, 정맥)
	행동적	서명, 음성 등

〈출처〉이강열, 「기계경비개론」, 진영사, 2021, P. 587

05 출입통제시스템

01 기출 23

☑ 확인 Check! ○ △ ×

출입통제시스템에 관한 설명으로 옳지 않은 것은?

① 주요 시설물을 보호하기 위한 수단으로 사용한다.
② 출입이 허가된 사람에게 출입할 수 있도록 한다.
③ 출입문을 일괄적으로 원격 개폐할 수 없다.
④ 근태관리와 연계하여 사용할 수 있다.

쏙쏙 해설

출입통제시스템은 중앙통제장치를 통하여 출입문을 부분 또는 일괄적으로 원격 개폐할 수 있다.

정답 ❸

02 기출 14

☑ 확인 Check! ○ △ ×

출입통제시스템과 연동하여 운영하는 연계시스템으로 카드를 활용하여 운영하기 적합하지 않은 것은?

① 근태시스템
② 방송시스템
③ 주차시스템
④ 엘리베이터 제어시스템

쏙쏙 해설

출입통제시스템은 CCTV 시스템, 아파트 빌라 무인경비, 홈 시큐리티, 침입감지시스템, 조명제어시스템, 공조시스템, 엘리베이터 제어시스템, 주차관리시스템, 근태관리시스템 등과의 연계 및 시스템 확장을 통한 통합방범시스템의 중추적 기능을 수행하며 상업용 건물뿐만 아니라 아파트, 연립 등의 공동주택에도 적용·운영할 수 있는 시스템이다.

정답 ❷

03 기출 16

☑확인 Check! ○ △ ✕

출입통제시스템과 연계하여 사용하는 외부시스템이 아닌 것은?

① CCTV 시스템
② 수질제어 시스템
③ 주차관리 시스템
④ 근태관리 시스템

쏙쏙 해설

출입통제시스템은 CCTV 시스템, 아파트 빌라 무인경비, 홈 시큐리티, 침입감지시스템, 조명제어시스템, 공조시스템, 엘리베이터제어시스템, 주차관리시스템, 근태관리시스템 등과 연계하여 사용한다.

정답 ❷

04 기출 20

☑확인 Check! ○ △ ✕

출입통제시스템의 운용 목적이 아닌 것은?

① 보안등급을 설정하여 출입을 제한한다.
② 출입에 관련된 장치를 원격으로 일괄 개·폐되도록 한다.
③ 한 번 인증으로 여러 사람의 출입이 허용되게 한다.
④ 허가받은 사람, 차량 등을 허가된 장소와 시간에만 출입통제를 하게 한다.

쏙쏙 해설

인식 방법에 의한 인증 시 인증자 본인의 출입만 허용하여야 한다.

정답 ❸

핵심만 콕

출입통제시스템 설치 목적
• 단순 잡상인을 통제할 수 있다.
• 보안을 고려한 중요시설물을 통제할 수 있다.
• 보안등급을 설정하여 출입을 제한할 수 있다.
• 설치 시 인식장치 및 출입문 구조 결정이 수반된다(1회 1인 출입).

〈참고〉 이강열, 「기계경비개론」, 진영사, 2018, P. 558

05 기출 17

☑ 확인 Check! ○ △ ✕

출입통제시스템의 목적으로 옳지 않은 것은?

① 허가받지 않은 사람의 출입통제
② 허가받은 사람의 출입허용
③ 허가받은 차량의 출입허용
④ 허가와 무관한 물품의 반입

06 기출 23

☑ 확인 Check! ○ △ ✕

출입통제시스템의 구성요소가 아닌 것은?

① 카드리더
② 전기정
③ 퇴실 감지기
④ 스프링클러

07 기출 21

☑ 확인 Check! ○ △ ✕

출입통제시스템의 구성요소 중 ACU(Access Control Unit)에 관한 설명으로 옳은 것은?

① 출입문을 나갈 때 사용하는 카드리더 중 하나로 출입문 내부에 설치한다.
② 인식장치를 제어하고, 호스트 컴퓨터에 연결되어 저장된 데이터와 비교하여 출입허용 여부를 결정하는 역할을 한다.
③ 전자기 에너지를 이용한 출입문 잠금장치이며 유리문에 많이 사용된다.
④ 출입통제 수준을 높이기 위해 사용하는 출입문 중 하나로 주차장에 많이 사용된다.

08 기출 17

☑ 확인 Check! ○ △ ✕

출입통제장치의 구성요소로 옳지 않은 것은?

① 중앙통제장치
② 실내 유리 감지기
③ 컨트롤러
④ 전기정

쏙쏙 해설

출입통제시스템의 기본구성은 메인호스트(중앙통제장치), 컨트롤러, 카드리더, 전기정, 퇴실 감지기로 구성된다.

정답 ❷

09 기출문제

☑ 확인 Check! ○ △ ✕

다음 중 출입통제장치(Access Control Unit) 구성요소에 해당되지 않는 것은?

① EM방식 전기정(Electric Magnetic)
② 물품인식표(Tag)
③ 근접형 카드리더(RF C/R)
④ 스포트형 열선 감지기(Spot PIR)

쏙쏙 해설

출입통제시스템의 기본구성은 메인호스트, 컨트롤러, 카드리더, 전기정, 퇴실 감지기 등이다.

정답 ❷

10 기출 20

☑ 확인 Check! ○ △ ✕

출입통제시스템의 기능이 아닌 것은?

① 정보자산 관리
② 조명 및 공조
③ 식수 관리
④ 열전효과 관리

쏙쏙 해설

열전효과란 화재감지기 등에 응용되는 물리적 현상으로서 두 개의 다른 도체를 접합한 경우 접촉부에 온도차가 생기면 열전류가 흐르는 현상을 말한다. 이를 출입통제시스템의 기능으로 보기는 어렵다.

정답 ❹

핵심만 콕

출입통제시스템의 기능
• 출입관리 : 출입자의 출입 현황 및 자료 관리, 시간대별·그룹별·공간별 출입통제 기능 등
• 출입문관리 : 출입문의 부분적·일괄적 원격 개폐 관리, 주차장의 차량통제관리 등
• 카드관리 : 카드의 발급, 분실 관리 등
• 경보관리 : 실시간 발생상황 점검, 경보 발생상황 기록 등
• 연동장치관리 : CCTV 시스템 연동, 승강기 제어, 라이트 제어 등

11 기출 19

☑ 확인Check! ○ △ ✕

출입통제용 소프트웨어의 자료 관리기능으로 옳은 것은?

① 비상시 출입문을 원격으로 개폐

② 출입자들의 신상명세와 출입그룹을 조회

③ 각종 감지기와 연계하여 해당 계전기(relay)를 제어

④ 출입통제시스템과 CCTV 시스템기기 간에 통신

12 기출 21

☑ 확인Check! ○ △ ✕

출입통제시스템에서 사용하는 출입카드의 등록 및 삭제, 통제등급 설정 및 삭제 등의 기능을 하는 것은?

① 전기정

② 퇴실버튼

③ 호스트 컴퓨터(Host Computer)

④ 카드리더 인터페이스(Card Reader Interface)

13 기출 20

☑ 확인Check! ○ △ ✕

출입통제장치에 관한 설명으로 옳지 않은 것은?

① 출입통제 중앙장치는 출입통제 전체를 관리하는 기능을 수행한다.

② 퇴실버튼은 출입통제장치에 해당되지 않는다.

③ 출입통제 확인장치는 출입통제 인증장치와 출입통제 인식장치로 구분할 수 있다.

④ 출입통제 저지장치는 출입허가가 되지 않은 사람 등의 출입을 제한하는 기능이다.

14 기출문제 ☑ 확인Check! ○ △ ✕

다음 중 출입통제관리시스템의 관리기능이 아닌 것은?

① 출입관리
② 주차관리
③ 경보발생상황관리
④ 인사관리

15 기출 19 ☑ 확인Check! ○ △ ✕

출입통제시스템에서 저지장치의 개폐 기능이 아닌 것은?

① 차량의 출입을 개폐하는 기능
② 출입문에 설치된 전기정의 시·해정
③ 기기의 입력·출력 측 장애 유무 검출
④ 자동문을 제어하는 제어반에 개폐 신호 송신

16 기출 13 ☑ 확인Check! ○ △ ✕

출입통제시스템의 기능에 해당되지 않는 것은?

① 보안 등급을 설정하여 특정지역에 출입을 제한할 수 있다.
② 출입문을 일괄 또는 부분적으로 원격 개폐할 수 있다.
③ 퇴실 버튼을 조작하여 퇴실하는 사람의 신분을 식별한다.
④ CCTV, 전등, 방범시스템과 연동할 수 있다.

제1장

제2장

제3장

제4장

제5장

제6장

17 기출 23

☑ 확인 Check! ○ △ ✕

출입문에 설치하는 전기정의 종류가 아닌 것은?

① Dead Bolt
② Automatic Bollard
③ Electric Strike
④ Electric Magnetic

쏙쏙 해설

자동볼라드(Automatic Bollard)는 전기 또는 유압시스템을 통해 작동하며, 차량의 출입을 통제하는 장치로써, 주로 보안 목적이나 교통통제에 사용된다. Dead Bolt, Electric Strike, Electric Magnetic은 출입문에 설치하는 전기정이다.

정답 ❷

18 기출 18

☑ 확인 Check! ○ △ ✕

솔레노이드에 의해 실린더 래치를 풀고 잠그는 전기정은?

① EM Lock
② Turnstile
③ 정전형 전기정
④ Electric-Strike

쏙쏙 해설

ES 전기정이 솔레노이드에 의해 스트라이크를 결합, 해제하여 실린더 래치를 풀고 잠그는 원리를 이용한 전기정이다.

정답 ❹

19 기출 16

☑ 확인 Check! ○ △ ✕

전기적 자성에 의해 문틀의 장치와 문짝의 플레이트가 붙고(잠그고) 떨어지는(열리는) 형태의 전기정은?

① Electric Magnetic
② Electric Strike
③ Dead-Bolt Lock
④ Fail Lock

쏙쏙 해설

설문은 EM(Electric Magnetic) 방식의 전기정에 대한 설명이다.
② Electric Strike는 솔레노이드에 의해 스트라이크를 결합, 해제하여 실린더 래치를 풀고 잠그는 원리를 이용하는 전기정이다.
③ Dead-Bolt Lock은 솔레노이드에 의해 문틀에 있는 구멍에 래치볼트를 넣고 빼는 방법으로 문을 잠그고 여는 방식의 전기정이다. 양방향 강화유리, 금속나무 개폐문에 적합하다.
④ Fail Lock은 Electric Strike 중 솔레노이드에 여자[勵磁 ≒ 자기화(磁氣化), Excitation]가 되면 열리는 형태의 전기정이다.

정답 ❶

20 기출 18

☑ 확인 Check! ○ △ ✕

문의 재질 및 종류에 따른 전기정의 선택으로 옳지 않은 것은?

① 단(편)개문 – 강화유리 – 양방향 : Dead-Bolt
② 단(편)개문 – 철재문 – 단방향 : Electic-Strike
③ 양개문 – 강화유리 – 양방향 : Electic-Strike
④ 양개문 – 목재문 – 단방향 : EM Lock

쏙쏙 해설

양개문 – 강화유리 – 양방향
: Dead-Bolt가 올바른 연결이다.

정답 ❸

핵심만 콕

문의 종류에 따른 설치 전기정

문의 타입	문의 재질	개폐방향	해당 전기정
단개문	금속나무	단방향	ES, EM 방식
		양방향	DB
	강화유리	단방향	EM 방식
		양방향	DB
양개문	금속나무	단방향	ES, EM 방식
		양방향	DB
	강화유리	단방향	EM 방식
		양방향	DB

• ES(Electric strike) : 솔레노이드에 의해 스트라이크를 결합, 해제하여 실린더 래치를 풀고 잠그는 원리이다.
• DB(Dead-Bolt) : 솔레노이드에 의해 문틀구멍에 래치볼트를 넣고 빼어 잠그고, 여는 방식이다.
• EM(Electric Magnetic) : 전기적 자성에 의해 문틀의 장치와 문짝의 플레이트가 붙고 떨어지는 형태의 장치이다.

〈출처〉이강열, 「기계경비개론」, 진영사, 2021, P. 583

21 기출 13

출입통제시스템에서 양방향으로 열리는 강화유리문인 경우에 적합한 전기정은?

① 데드볼트 전기정
② EM 전기정
③ 전기 스트라이크 전기정
④ 전기 개폐기

쏙쏙 해설

단방향으로 열리는 강화유리문일 경우 EM 전기정, 양방향으로 열리는 강화유리문은 데드볼트 전기정이 적합하다.

정답 ❶

핵심만 콕

전기정
전기에 의해 잠금장치가 잠기거나 열리는 전자적 자물쇠의 총칭이다. 출입통제시스템에서 사용하는 일반적인 전기정의 사용 전압은 DC 12[V]이다.

22 기출 14

출입통제시스템에서 사용되는 전기정의 종류가 아닌 것은?

① Turn Style
② Dead Bolt
③ Electric Strike
④ Electric Magnetic

쏙쏙 해설

출입통제시스템에서 사용하는 전기정에는 Dead Bolt(데드볼트), Electric Strike(전기 스트라이크), EM(Electric Magnetic) 등이 있다.

정답 ❶

23 기출 13

출입통제시스템의 전기정이 해정(open)되는 경우가 아닌 것은?

① 연계한 화재시스템에서 화재경보 발생 시
② 연계한 무인경비시스템에서 침입 경보 발생 시
③ 퇴실장치로 사용한 열선감지기가 오작동 시
④ 퇴실장치로 사용한 카드리더를 등록된 카드로 인식 시

쏙쏙 해설

연계한 무인경비시스템에서 침입 경보가 발생할 경우 전기정이 시정(close)된다.

정답 ❷

24 기출 15

☑ 확인Check! ○ △ ✕

출입통제시스템의 효율적 설계를 위한 고려사항으로 옳지 않은 것은?

① 통제범위에 따라 시스템 용량을 결정한다.
② 출입빈도와 출입자 동선에 따라 입·퇴실장치를 결정한다.
③ 설치목적은 한 번 인식 시 2인 이상 출입하도록 설계한다.
④ 타 시스템과의 연동은 엘리베이터, 전등 제어 등을 결정한다.

25 기출문제

☑ 확인Check! ○ △ ✕

출입통제시스템에 사용되는 일반적인 전기정의 동작 전원은?

① DC 12[V]
② DC 48[V]
③ AC 110[V]
④ AC 220[V]

26 기출 21

☑ 확인Check! ○ △ ✕

출입통제시스템을 구성하는 장치 중 기능이 다른 것은?

① EM Lock
② Dead Bolt
③ Bollard
④ Electric Strike

27 기출문제

☑ 확인 Check! ○ △ ✕

출입통제제어기에 연결되어 사용되지 않는 것은?

① 카드리더

② 식별장치

③ 실내공간 감지기

④ 전기정

28 기출 21

☑ 확인 Check! ○ △ ✕

출입통제시스템에서 리더기가 생성하는 자기장 사이를 통과할 때 내부의 금속선(Wire)의 자극이 변하는 특성을 이용하는 카드는?

① IC 카드(IC Card)

② 위건드 카드(Wiegand Card)

③ 바코드 카드(Bar Code Card)

④ 마그네틱 카드(Magnetic Card)

핵심만 콕

② 위건드 카드(Wiegand Card) : 데이터 소멸을 막기 위해 카드 내부에 미세한 원형선을 배열하여 고유번호화한 전자장을 발생하는 카드로서 삽입형, 접촉진행형의 리더기에 사용된다. 카드 표면에 자기 테이프가 없는 것이 특징이다.

① IC(접촉식) 카드 : 스마트카드 또는 칩카드로 불리며 마이크로 프로세서와 메모리를 통한 데이터 연산처리 기능과 데이터 저장 기능을 바탕으로 고도의 보안성, 이동성, 다용성 등의 이점을 제공하여 1990년 이후 본격적으로 유럽을 중심으로 전자상거래, 통신, 교통, 의료 등 다양한 응용 분야에 사용되고 있다.

③ 바코드 카드(Bar Code Card) : 밝은 선과 어두운 선으로 구성되는 이진부호를 데이터화한 것으로 비교적 간단하고 비용이 저렴하여 간이 출입통제에 활용될 수 있다.

④ 마그네틱 카드(Magnetic Card) : 플라스틱 카드 뒷면에 정보가 기록된 마그네틱 띠(마그네틱 스트라이프)를 부착하여, 카드리더를 지나면서 정보를 인식하는 방식이다. 마그네틱 띠에는 가입자 번호, 암호 등 개인의 고유정보가 기록되어 있는데 카드를 긁으면서 정보가 노출되어 위조 및 변조가 쉽고, 손상이 잘 돼 주기적인 보수가 필요하다는 단점이 있다.

29 기출 18

☑ 확인Check! ○ △ ✕

카드에 반도체와 코일을 내장하여 코일에서 발진하는 고유 주파수를 이용하는 카드는?

① 위건드(WIEGAND) 카드
② 마그네틱 카드
③ IC(접촉식) 카드
④ RF(근접식) 카드

쏙쏙 해설

카드에 반도체와 코일을 내장하여 코일에서 발진하는 고유 주파수를 이용하는 카드는 RF(근접식) 카드이다.

정답 ❹

핵심만 콕

④ RF(근접식) 카드 : 보통 RF카드라고도 하며 카드에 반도체와 코일을 내장하여 코일에서 발진하는 고유 주파수(125kHz)를 이용하는 것으로서 수동형(Passive)과 능동형(Active)이 있다. 현재 대부분의 출입통제용은 수동형 근접식 카드를 가장 많이 사용하며, IC카드(접촉식과 비접촉식)와 한 카드에 마그네트＋근접식, 바코드＋근접식, IC ＋근접식 등이 필요에 따라서 복합결합으로 사용되는 복합식도 있다.
  - 수동형(Passive) : 카드리더기에서 발진하는 전파를 흡수하여 에너지원으로 사용하여 카드의 고유 주파수를 발진하는 방식으로 장소에 따라 사무실의 경우 5~30cm 정도, 주차 출입통제용과 같이 떨어져야 할 경우는 50~100cm까지 판독하는 리더기도 있다. 수명은 반영구적이나 리더기 부착면이 금속으로 되어 있으면 전파방해를 받을 수 있다.
  - 능동형(Active) : 카드 내에 동작전원으로 배터리가 내장되어 카드의 고유 주파수를 발진하여 동작하며 보통 1~3m까지의 원거리에서도 사용이 가능하다. 배터리를 사용함으로써 수명에 제한이 있고 가격이 비싸다.
① 위건드(Wiegand) 카드 : 데이터 소멸을 막기 위해 카드 내부에 미세한 원형선을 배열하여 고유번호화한 전자장을 발생하는 카드로 삽입형, 접촉진행형의 리더기에 사용된다. 카드 표면에 자기 테이프가 없는 것이 특징이다. Wiegand 와이어는 만들기가 복잡하기 때문에, Wiegand 카드는 사실상 복제될 수 없고 가장 안전한 액세스 제어기술 중 하나이다.
② 마그네틱 카드 : 마그네틱 스트라이프는 카드의 후면에 부착된 짙은 띠를 일컫는다. 이 띠에는 가입자번호, 암호 등 개인 고유의 정보가 기록되어 있는데 카드를 긁으면서 정보가 노출되어 위조 및 변조가 쉽고, 손상이 잘 돼 주기적인 보수가 필요한 단점이 있다. 결국 최근에는 마그네틱 스트라이프(MS) 카드에서 IC카드로의 교체를 의무화하고 있다.
③ IC(접촉식) 카드 : 차세대 카드로 불리는 이 카드는 스마트카드 또는 칩카드로 불리며 마이크로 프로세서와 메모리를 통한 데이터 연산처리 기능과 데이터 저장 기능을 바탕으로 고도의 보안성, 이동성, 다용성 등의 이점을 제공하여 1990년 이후 본격적으로 유럽을 중심으로 전자상거래, 통신, 교통, 의료 등 다양한 응용 분야에 사용되고 있다.

30 [기출] 21 ☑ 확인 Check! ○ △ ✕

출입통제시스템에 사용되는 RFID카드의 특징으로 옳은 것은?

① 비접촉식 방법을 사용하므로 카드 사용으로 인한 파손이 적은 편이다.
② 2.45GHz가 출입증에 사용되는 표준 주파수이다.
③ 바코드가 내장되어 있는 카드로 스마트카드라 불린다.
④ 마그네틱 띠에 정보를 저장하며, 보안성이 낮다.

31 [기출] 22 ☑ 확인 Check! ○ △ ✕

반도체와 안테나를 내장하여 전파를 송·수신하며, 수동형(Passive)과 능동형(Active)으로 구분하는 카드는?

① MS(Magnetic Stripe) 카드
② RFID 카드
③ 바코드(Barcode) 카드
④ Wiegand 카드

핵심만 콕

① MS(Magnetic Stripe) 카드는 플라스틱 카드 뒷면에 정보가 기록된 마그네틱 띠(마그네틱 스트라이프)를 부착하여, 카드리더를 지나면서 정보를 인식하는 방식이다. 마그네틱 띠에는 가입자 번호, 암호 등 개인의 고유정보가 기록되어 있는데 카드를 긁으면서 정보가 노출되어 위조 및 변조가 쉽고, 손상이 잘 돼 주기적인 보수가 필요하다는 단점이 있다.
③ 바코드((Bar Code) 카드는 밝은 선과 어두운 선으로 구성되는 이진부호를 데이터화한 것으로서 비교적 간단하고 비용이 저렴하여 간이 출입통제에 활용될 수 있다.
④ Wiegand 카드는 데이터 소멸을 막기 위해 카드 내부에 미세한 원형선을 배열하여 고유번호화한 전자장이 발생하는 카드로 삽입형, 접촉진행형의 리더기에 사용된다. 카드 표면에 자기 테이프가 없는 것이 특징이다. Wiegand 카드는 사실상 복제될 수 없고 가장 안전한 액세스 제어기술 중 하나이다.

32 기출 23

☑ 확인 Check! ○ △ ✕

출입통제시스템 구축 시 주의사항에 관한 설명으로 옳지 않은 것은?

① EM방식 전기정은 자성에 의해 개폐되는 구조이기 때문에 락(Lock) 장치와 플레이트(Plate)를 최대한 멀리 설치한다.

② 전기정 설치 시 문을 열어놓아도 원위치로 닫히도록 설치한다.

③ 무정전 전원장치를 설치하여 정전 시 안정된 전원을 공급하도록 한다.

④ 외부노이즈에 영향을 받지 않도록 차폐케이블을 사용한다.

쏙쏙 해설

EM방식 전기정은 자성에 의해 개폐되는 구조이기 때문에 <u>락(Lock) 장치와 플레이트(Plate)를 최대한 근접되게 설치해야 한다.</u>

정답 ①

핵심만 콕

출입통제시스템 설치 시 주의사항
• 안정적인 전원공급을 위해 UPS(무정전전원장치)를 설치한다.
• 전기정 설치문은 90°로 열어 놓아도 원위치로 닫히는 구조로 한다.
• 외부노이즈나 근접전파의 영향을 받지 않도록 차폐케이블(Shielded Cable)을 사용한다.
• EM(Electric Magnetic) Lock은 자성에 의해 개폐하는 구조로 자성의 영향이 없는 문에 설치해야 한다. 또한 락(Lock) 장치와 플레이트(Plate)를 최대한 근접되게 설치해야 한다.

33 기출 20

☑ 확인 Check! ○ △ ✕

출입통제시스템 설치 시 주의사항이 아닌 것은?

① 출입문에 락장치를 설치하는 경우 닫히지 않게 하여 설치해야 한다.

② 안정적인 전기 공급이 필요한 곳에 설치할 경우 무정전 장치를 해야 한다.

③ 출입통제 대상에 따라 적합한 방식으로 구성해야 한다.

④ 케이블의 사용은 외부 전파 등에 간섭을 받지 않는 것으로 사용해야 한다.

쏙쏙 해설

전기정 설치문은 90°로 열어 놓아도 원위치로 닫히는 구조로 설치해야 한다.

정답 ①

34 기출 15

☑ 확인Check! ○ △ ✕

출입통제시스템의 설치 시 주의사항에 관한 설명으로 옳지 않은 것은?

① 대규모 시스템은 무정전 전원장치를 설치하여 정전 시 안정된 전원을 공급한다.
② 전기정 설치 시 문 구조는 90°로 열어 놓아도 닫히지 않는 구조이어야 한다.
③ 전기적 자성에 의해 개폐하는 EM Lock은 문틀 장치와 플레이트를 근접하게 설치한다.
④ 기기 간의 배선은 차폐 케이블을 사용하여 외부 노이즈의 영향을 받지 않도록 한다.

35 기출 23

☑ 확인Check! ○ △ ✕

출입통제시스템의 카드인식 분류방법으로 옳지 않은 것은?

① 접촉형
② 삽입형
③ 밀폐형
④ 근접형

핵심만 콕

형태에 따른 카드의 분류
• 삽입형 : 카드를 리더기에 삽입하여 판독하는 타입(CD기, 카드 공중전화)
• 접촉형 : 카드를 리더기에 접촉시켜 판독하는 타입(출입통제용)
• 접촉진행형 : 카드를 리더기에 접촉 진행하여 판독하는 타입(신용카드 조회기, CD기)
• 근접형 : 카드를 카드리더기에 일정거리 근접하여 판독하는 타입(출입통제용)

36 기출 19

☑ 확인Check! ○ △ ✕

출입통제시스템에서 사용하는 카드의 판독 형태로 옳은 것은?

① 밀폐형
② 전동형
③ 접촉진행형
④ 인포커스형

37 기출 17

☑ 확인Check! ○ △ ✕

출입통제시스템에서의 전기정을 구동시켜 출입할 수 있도록 하는 카드의 형태에 따른 분류가 아닌 것은?

① 밀폐형
② 삽입형
③ 근접형
④ 접촉형

38 기출 19

☑ 확인Check! ○ △ ✕

컴퓨터에서 신호가 수신되면 자동문의 시 · 해정 역할을 하는 것은?

① 광 카드
② 스마트 카드
③ 비접촉식 카드
④ 출입통제시스템 제어기

39 기출 21

☑ 확인 Check! ○ △ X

출입통제용으로 사용되는 시큐리티 게이트(Security Gate) 방식으로 옳지 않은 것은?

① 비디콘(Vidicon) 방식
② 턴스타일(Turnstile) 방식
③ 슬라이딩(Sliding) 방식
④ 플랩(Flap) 방식

쏙쏙 해설

시큐리티 게이트(Security Gate) 방식에는 슬라이딩(Sliding) 방식, 턴스타일(Turnstile) 방식, 플랩(Flap) 방식 등이 있다. 비디콘(Vidicon)은 광전도효과를 이용한 TV용 카메라의 저속형 촬상관의 일종이다.

정답 ❶

40 기출 17

☑ 확인 Check! ○ △ X

출입통제시스템에서 차량의 출입을 저지하는 장치로 옳은 것은?

① 스피드게이트(Speed Gate)
② 턴스타일(Turnstile)
③ 자동볼라드(Automatic Bollard)
④ 에어록(Air Lock)

쏙쏙 해설

차량의 출입을 저지하는 장치는 자동볼라드이다.

정답 ❸

핵심만 콕

- 스피드게이트와 턴스타일은 사람의 출입을 저지하는 장치이다.
- 에어록은 원자로시설의 일부로 격납용기의 출입구 등을 이중문으로 하여 양쪽 문이 동시에 열리지 않도록 설계하여 용기 내외의 압력차를 유지하여 문 개방시 급속한 기체의 유출입을 막고 또한 내부 공기가 직접 외부공기와 접촉되지 않도록 되어 있는 구조를 말한다.

41 기출문제

☑ 확인 Check! ○ △ ✕

출입통제시스템에서 본인 식별을 위한 자기카드의 장점은?

① 자성체가 강하다.

② 가격이 저렴하고 보편화되어 있다.

③ 복제가 불가능하며 보안성이 뛰어나다.

④ 내구성이 강하다.

쏙쏙 해설

자기카드의 장점은 가격이 저렴하고 보편화되어 있다는 점이다.

정답 ②

핵심만 콕

자기카드의 장단점

장 점	단 점
• 가격이 제일 저렴 • 제작 및 발급 용이 • 제일 보편적으로 사용 • 물이나 정전기에 강함	• 메모리가 작음 • 복제 및 모조가 용이

제1장 제2장 제3장 제4장 제5장 제6장

42 기출문제

☑ 확인 Check! ○ △ ✕

다음 중 스마트카드의 정의로 바른 것은?

① 메모리만 내장된 단순 기능을 수행할 수 있는 카드이다.

② 접촉식 카드와 비접촉식 카드의 장점만을 이용한 카드이다.

③ 일반 신용카드 크기와 재질에 CPU가 내장된 IC칩을 이용한 다목적 카드이다.

④ 하나의 카드에 접촉식 카드와 비접촉식 카드가 각각 독립된 형태로 존재하는 카드이다.

쏙쏙 해설

스마트카드는 플라스틱카드에 CPU가 내장된 IC칩을 이용하여 금융, 보안, 의료, 주차 등 다목적으로 사용하는 카드로 일반 신용카드와 동일한 크기와 재질에 마이크로세스와 메모리를 내장하고 정보의 저장과 처리가 가능한 전자카드이다.

정답 ③

43

출입통제시스템에서 출입자인증용으로 카드를 많이 사용하고 있는데 이 중 정보의 저장용량이 가장 큰 것은?

① 마그네틱카드
② RF카드
③ IC Chip 내장 스마트카드
④ Bar Code카드

44 기출 19

출입통제시스템의 패드록(pad locks) 잠금장치가 아닌 것은?

① 차폐식
② 전기식
③ 기억식
④ 카드식

핵심만 콕

패드록 잠금장치

- 기억식 잠금장치 : 문에 전자장치가 설치되어 있어서 일정 시간에만 문이 열리는 방식
- 전기식 잠금장치 : 문이 열리고 닫히는 것이 전기신호에 의해 이루어지는 장치
- 일체식 잠금장치 : 한 문이 잠길 경우에 전체의 문이 동시에 잠기는 방식
- 카드식 잠금장치 : 전기나 전자기 방식으로 암호가 입력된 카드를 인식시킴으로써 출입문이 열리도록 한 장치

45 기출 20

☑ 확인 Check! ○ △ ✕

출입통제시스템의 인식 방법이 아닌 것은?

① 카드 인식
② 지문 인식
③ 교감 인식
④ 암호 인식

쓱쓱 해설

교감 인식은 출입통제시스템의 인식 방법에 해당하지 않는다.

정답 ❸

핵심만 콕

① 카드 인식은 소유물에 의한 인식 방법에 해당한다.
② 지문 인식은 신체적 특징에 의한 인식 방법에 해당한다.
④ 암호 인식은 기억(지식적 고유정보)에 의한 인식 방법에 해당한다.

46 기출 21

☑ 확인 Check! ○ △ ✕

출입통제시스템에서 카드리더 컨트롤러(Card Reader Controller)가 데이터를 호스트 컴퓨터(Host Computer)로 전송하는 방식이 아닌 것은?

① RS-422
② RS-485
③ RS-232
④ RS-245

쓱쓱 해설

카드리더 컨트롤러가 데이터를 호스트 컴퓨터로 전송하는 방식은 RS-232C, RS-422, RS-485, Current Loop, LAN 방식이 있으나, 보통 RS-422, RS-485, RS-232 방식을 많이 사용한다.

정답 ❹

47 기출 15

☑ 확인 Check! ○ △ ✕

출입통제시스템에서 메인서버(Main server)와 ACU(Access control unit) 간 통신 방식이 아닌 것은?

① RS-422
② RS-485
③ TCP/IP
④ RJ-45

쓱쓱 해설

RJ-45는 근거리 네트워크나 많은 회선을 갖춘 전화에 연결할 때 사용되는 커넥터로 메인서버와 ACU 간 통신 방식에 해당하지 않는다.

정답 ❹

48 기출 19

☑ 확인Check! ○ △ ✕

출입통제시스템의 바코드카드 인증 특성으로 옳지 않은 것은?

① 출입통제 목적 외에도 이용이 용이하다.

② 카드에 구멍을 뚫어 ON과 OFF에 의한 데이터를 만든다.

③ 비교적 간단하고 비용이 저렴하여 간이 출입통제에 활용될 수 있다.

④ 밝은 선과 어두운 선으로 구성되는 이진부호를 데이터화한 것이다.

49 기출 13

☑ 확인Check! ○ △ ✕

출입통제시스템에 사용되는 생체인식으로 상용화되지 않은 것은?

① DNA
② 홍 채
③ 지 문
④ 정 맥

50 기출 18

☑ 확인Check! ○ △ ✕

생체인식 기법의 특징으로 옳지 않은 것은?

① 홍채인식 : 비용이 저렴하고 복제가 쉽다.

② 정맥인식 : 인식률이 높고 복제가 거의 불가능하다.

③ 지문인식 : 지문의 변형에 의한 오작동의 가능성이 있다.

④ 얼굴인식 : 주변의 조명변화나 얼굴각도 및 표정에 영향을 받을 수 있다.

51 기출 23

☑ 확인Check! ○ △ ✕

생체인식의 특성에 관한 설명으로 옳지 않은 것은?

① 보편성 : 모든 사람이 가지고 있는 일반적 특성
② 독특성 : 개인별 고유의 특성
③ 수용성 : 정확도와 속도에 영향을 미치는 특성
④ 영구성 : 시간이 지나도 특징이 변화하지 않는 특성

핵심만 콕

생체인식시스템의 특성

구 분	특 성	내 용
일반적인 특성	보편성(Universality)	모든 사람이 가지고 있는 생체특성을 의미
	고유성(독특성, Uniqueness)	동일한 특성을 가진 다른 사람이 존재하지 않음을 의미
	영구성(Permanence)	시간이 지나도 생체특성이 변화하지 않고, 변경시킬 수도 없음을 의미
	획득성(Collectability)	센서로부터 생체특성정보 추출 및 정량화가 용이함을 의미
추가적인 특성 (신뢰성 향상)	정확성(Performance)	시스템의 정확도, 처리속도, 내구성 등을 의미
	수용성(Acceptability)	시스템에 거부감을 느끼지 않는 정도를 의미
	기만성(Circumvention)	부정사용으로 시스템을 속이기가 용이한 정도를 의미

〈참고〉 이강열, 「기계경비개론」, 진영사, 2021, P. 580

52 기출 21

☑ 확인Check! ○ △ ✕

생체인식기술 요구 특성이 아닌 것은?

① 영구성
② 고립성
③ 보편성
④ 독특성

53 기출 17

☑ 확인 Check! ○ △ ✕

생체인식시스템의 기술요구 특성으로 옳지 않은 것은?

① 모든 사람이 가지고 있는 생체 특성이어야 한다.

② 똑같은 특징을 가진 다른 사람이 존재하지 않아야 한다.

③ 시간이 지나도 특징이 변화하지 않으며 변경시킬 수 없는 특성이 있어야 한다.

④ 생체 특성이 유연하게 변경될 수 있는 특성이 있어야 한다.

쏙쏙 해설

시간이 지나도 특징이 변화하지 않으며 변경시킬 수 없는 특성이 있어야 한다.

정답 ④

54 기출문제

☑ 확인 Check! ○ △ ✕

다음 중 생체인식장치의 특성이 아닌 것은?

① 영구성

② 보편성

③ 특수성

④ 동일성

쏙쏙 해설

생체인식시스템의 특성으로는 보편성, 고유성, 영구성, 획득성, 수용성이 있다. 똑같은 특징을 가진 다른 사람이 존재하지 않는 독특함이 있어야 하므로 동일성은 특성에 속하지 않는다.

정답 ④

55 기출 13

☑ 확인 Check! ○ △ ✕

생체인식에서 유일성(독특성)이 가장 좋은 것은?

① 음 성　　　　② 손 모양

③ 홍 채　　　　④ 서 명

쏙쏙 해설

홍채인식시스템

• 다른 어떤 시스템보다 오인식률이 낮아 고도의 보안이 필요한 곳에 사용된다.

• 사람의 홍채는 신체적으로 상당한 개별적 특징을 지닌 유기체 조직으로, 통계적으로 DNA 분석보다 정확하다고 알려져 있다.

정답 ③

56 기출 15

☑확인 Check! ○ △ ✕

생체인식기술의 이상적인 생체특성이 아닌 것은?

① 시간이 지나도 특징이 변하지 않는 특성

② 모든 사람이 가지고 있는 일반적인 특성

③ 서로 똑같은 특징을 가진 사람이 존재하지 않는 고유의 특성

④ 인식센서가 쉽게 획득할 수 없고 정량화할 수 없는 특성

쏙쏙 해설

인식센서가 쉽게 획득할 수 있고 정량화가 용이하여야 한다.

정답 ④

57 기출문제

☑확인 Check! ○ △ ✕

다음 중 개인 고유의 특징을 구별할 수 있는 신체의 일부분을 이용한 생체인식시스템에 속하지 않는 것은?

① 정맥시스템

② 그림자인식시스템

③ 홍채시스템

④ 지문인식시스템

쏙쏙 해설

그림자인식시스템은 생체인식시스템에 속하지 않는다.

정답 ②

핵심만 콕

생체인식기술

지문, 얼굴, 홍채, 망막, 손바닥, 손등의 정맥, 음성인식, 귀 모양, 필체, 서명, 키보드 타이핑 습관, 걸음걸이 습관 등 개인의 생리적 또는 행동 상 특징을 활용하는 기술로, 생체정보를 추출하는 하드웨어기술, 검색 및 인식을 하는 소프트웨어기술, 활용을 위한 HW 및 SW시스템통합기술을 포함한다.

58

출입통제시스템(Access Control System) 중 정맥인식 방법에 대한 설명이 잘못된 것은?

① 카드 지참이나 번호 암기 등의 번거로움이 없고 분실의 염려가 없다.
② 보안성이 매우 낮다.
③ 확인오류율(Verification Error)이 비교적 작다.
④ 하드웨어의 구성이 복잡하고 전체적인 비용이 매우 크다.

☑ 확인Check! ○ △ ✕

쏙쏙 해설

정맥인식은 손등이나 손목 혈관의 형태를 인식하는 방법으로 복제가 불가능하여 보안성이 매우 높다. 단점은 하드웨어의 구성이 복잡하고 비용이 많이 든다는 것이다.

정답 ❷

59 기출 18

출입통제시스템의 기능 및 특징으로 옳지 않은 것은?

① 다양한 통신매체를 통한 시스템 구성이 가능하다.
② 다양한 조건의 조회·검색기능으로 원하는 정보 추출이 가능하다.
③ 출입문을 일괄적으로 원격 개폐할 수 없다.
④ 보안등급에 따라 적절한 출입등급의 적용이 가능하다.

☑ 확인Check! ○ △ ✕

쏙쏙 해설

출입통제시스템의 주요기능은 출입통제 관리기능과 카드 및 경보 관리기능을 들 수 있다. 출입통제 관리기능과 관련하여 사람의 입·출입관리와 출입문 관리가 있으며, 출입문은 부분적 또는 일괄적으로 원격 개폐가 가능하다.

정답 ❸

60 기출문제

☑ 확인 Check! ○ △ ×

출입통제시스템의 특징이 아닌 것은?

① 다양한 통신 매체를 통한 시스템 구성이 가능하다.

② 물리적 구조물 없이 출입 통제가 가능하다.

③ 보안 등급에 따라 적절한 출입 등급 적용이 가능하다.

④ 다양한 조건의 조회, 검색 기능으로 원하는 정보 추출이 가능하다.

쏙쏙 해설

물리적 구조물을 통한 출입 통제가 가능하다.

정답 ②

핵심만 콕

그 밖의 출입통제시스템의 특징

- 다양한 ID 인식 방법에 의한 다양한 애플리케이션 구현 가능
- 운영프로그램의 GUI(Graphic User Interface) 구현으로 적응성이 높고 다양한 형태의 정보 표현으로 사용이 편리
- 중앙제어시스템과 분산제어시스템의 적절한 조화로 시스템의 효율성을 높임
- IBS시스템과의 연동에 의한 통제 범위 확대

---

61 기출 20

☑ 확인 Check! ○ △ ×

전자상품감지시스템(EAS)의 기본 구성에 해당하지 않는 것은?

① 생성기

② 소거기

③ 태그 및 라벨

④ 감지시스템(감응장치)

쏙쏙 해설

전자상품감지시스템(상품도난방지시스템)은 감응장치, 태그 및 라벨, 소거기(Eraser), 휴대용 감응기로 구성되며, 생성기는 EAS의 기본 구성에 해당하지 않는다.

정답 ①

62 기출 18

☑ 확인 Check! ○ △ ✕

상품도난방지시스템에 해당하는 것을 모두 고른 것은?

> ㄱ. 휴대용 감응기   ㄴ. 바코드
> ㄷ. 소거기(Eraser)   ㄹ. 기록기
> ㅁ. 태그 및 라벨

① ㄱ, ㄴ, ㄷ   ② ㄱ, ㄷ, ㅁ
③ ㄴ, ㄷ, ㄹ   ④ ㄴ, ㄹ, ㅁ

63 기출 22

☑ 확인 Check! ○ △ ✕

상품도난방지시스템(E.A.S)의 감지방식 종류가 아닌 것은?

① EM(Electronic Magnetic)
② RF(Radio Frequency)
③ AM(Acoustic Magnetic)
④ Gate

64 기출 14

☑ 확인 Check! ○ △ ✕

상품도난방지시스템의 방식인 AT Type(Acoustic Technology)의 설명으로 옳지 않은 것은?

① 감지율이 다른 방식에 비해 높으며 상품의 재질에도 영향이 적다.
② 교류자기장에 태그나 라벨이 지나가면 포화상태가 되면서 고조파를 발생시킨다.
③ 공진하는 소프트 자석재질로 만든 금속라벨이 내장되어 있고 라벨의 두께가 일정하다.
④ 신호가 독특하기 때문에 다른 방식에 비해 오경보가 적다.

65 기출 21

☑ 확인Check! ○ △ ✕

상품도난방지시스템의 감지방식으로 옳지 않은 것은?

① SF(Safety Frequency)

② RF(Radio Frequency)

③ AM(Acoustic Magnetic)

④ EM(Electronic Magnetic)

쏙쏙 해설

SF(Safety Frequency)는 상품도난방지시스템의 감지방식에 해당하지 않는다. 상품도난방지시스템의 감지방식은 상품에 부착되는 태그의 전원사용 유무에 따라 Passive방식과 Active방식으로 구분되며, Passive방식은 EM(Electronic Magnetic) 방식, RF(Radio Frequency) 방식, AM(Acoustic Magnetic) 방식으로 구분한다.

〈참고〉 최연석·김금석, 「듀얼밴드 무선통신기술을 이용한 지능형 자명식(自鳴式) 도난방지시스템 개발」, 한국산학기술학회논문지 Vol.11, No.5, 2010, P. 1616~1626

정답 ❶

핵심만 콕

상품도난방지시스템의 종류

• RF(Radio Frequency) Type : 송신기의 안테나에서 특정 주파수(85MHz)를 송신하고 수신기의 안테나에서 수신하여 태그나 라벨이 지나가면 주파수가 변화되는 것을 감지하는 방식을 말한다. 일반적으로 오작동이 적어 할인점 등에서 많이 사용된다.

• EM(Electronic Magnetic) Type : 송신기와 수신기 안테나 사이에 발생되는 교류자기장에 태그나 라벨이 지나가면 포화상태가 되면서 고조파를 발생시켜 감지하는 방식을 말한다. 주로 도서관이나 서점에서 많이 사용된다.

• AT(Acoustic Technology) Type : 진동자장 방식으로 송신기에서 주파수(58KHz)를 진동형태로 송신하여 라벨(Label)과 태그(Tag)를 작동시키고 송신기의 신호 진동이 종료되면 라벨이 송신기 신호와 동일한 주파수를 보내는 방식을 말한다.

  – 공진하는 소프트 자석 재질로 만든 금속이 라벨에 내장되어 있고, 라벨의 두께가 일정하다.

  – 감지율이 다른 방식에 비해 높으며 상품의 재질에도 영향이 적다.

  – 신호가 독특하기 때문에 다른 방식에 비해 오경보가 발생할 확률이 매우 적어 백화점 등에서 많이 사용되나 가격이 비싸다는 단점이 있다.

〈출처〉 이강열, 「기계경비개론」, 진영사, 2021, P. 594

66 기출 11

☑ 확인 Check! ○ △ ✕

출입통제시스템의 기능이 아닌 것은?

① 카드 발급 관리

② 상황발생 예측 관리

③ 출입자의 출입 현황 관리

④ 출입문의 부분적 또는 일괄적 원격 개폐

핵심만 콕

출입통제시스템의 기능
- 출입관리 : 출입자의 출입 현황 및 자료 관리, 시간대별·그룹별·공간별 출입통제 기능
- 출입문관리 : 출입문의 부분적·일괄적 원격 개폐 관리, 주차장의 차량통제관리 등
- 카드관리 : 카드의 발급, 분실 관리
- 경보관리 : 실시간 발생상황 점검, 경보 발생상황 기록
- 연동장치관리 : CCTV 시스템 연동, 승강기 제어, 라이트 제어

67 기출 11

☑ 확인 Check! ○ △ ✕

출입통제시스템에서 사용하는 출입카드로 보안성이 가장 높은 것은?

① 바 코드 카드(Bar Code Card)

② IC 카드(Integrated Circuit Card)

③ RF 카드(Radio Frequency Card)

④ 마그네틱 스트라이프 카드(Magnetic Stripe Card)

68 기출 16

다음에서 설명하는 카드는?

- 다기능으로 활용된다.
- 사용이 편리하다.
- 복제가 어렵다.
- 다른 카드에 비해 고가이다.

① 마그네틱 카드
② IC 비접촉식 카드
③ 수동형 근접식(RF식) 카드
④ 능동형 근접식(RF식) 카드

핵심만 콕

① 마그네틱 카드는 플라스틱 카드 뒷면에 정보가 기록된 마그네틱 띠를 부착하여, 카드리더를 지나면서 정보를 인식하는 방식이다.
③ 카드리더기에서 발진하는 전파를 흡수하여 에너지원으로 사용하여 카드의 고유 주파수를 발진하는 방식이다.
④ 카드 내에 동작전원으로 배터리가 내장되어 카드의 고유 주파수를 발진하여 동작하는 방식이다.

69 기출문제

RF(Radio Frequency) 출입카드의 특징으로 옳지 않은 것은?

① 인식장치의 공명 전자파에 의해 데이터를 인식한다.
② 수동형 카드는 보통 3m 이상의 원거리에 사용된다.
③ 카드 내부에 IC Chip이 내장되어 있어 리더기와 비접촉으로 사용할 수 있다.
④ 수명은 반영구적이고 리더기 부착면이 금속이면 전파 방해를 받을 수 있다.

70 기출 13

☑ 확인Check! ○ △ ✕

출입통제시스템에서 RF카드에 사용하고 있는 주파수는?

① 300Hz

② 125kHz

③ 470MHz

④ 1.75GHz

쏙쏙 해설

RF카드는 125kHz카드, 13.356MHz카드가 있다.

정답 ❷

핵심만 콕

RF카드

- RF칩을 내장한 카드로서 카드를 리더기에 접촉할 필요가 없어 카드의 손상이 적다.
- 출입통제 목적 외에 교통, 신분 확인, 근태 관리 등 다양한 분야에서 적용되고 있다.
- 배터리 수명에 따라 카드의 사용이 제한되며, 가격이 비싸다는 단점이 있다.

---

71 기출 14

☑ 확인Check! ○ △ ✕

다음에서 설명하는 카드방식은?

> 적외선 단속 규칙신호를 발생하여 데이터를 인식하는 방식으로 상하좌우 판독이 가능하여 방향속도에 관계없고 온·습도의 영향이 없어 옥외 방풍용에 적합하다.

① Infrared

② Wiegand

③ Barrium Ferrite

④ Magnetic Stripe

쏙쏙 해설

카드 내부에 적외선 투과대역을 설정하고 적외선 단속 규칙신호를 발생하여 Data를 인식하는 방식으로 상하좌우 판독이 가능하여 방향속도에 관계없고 온·습도의 영향이 없어 옥외 방풍용에 적합한 것은 Infrared이다.

정답 ❶

72 기출 18

☑ 확인Check! ○ △ ✕

생체인식시스템에서 현재 입력된 생체정보를 등록된 모든 생체정보와 1 : N으로 비교하는 것을 무엇이라 하는가?

① Verification
② Identification
③ Acceptability
④ Permanence

쏙쏙 해설

현재 입력된 생체정보를 등록된 모든 생체정보와 1 : 1로 비교하는 것은 인증 (Verification)이고, 1 : N으로 비교하는 것이 인식(Identification)이다.

정답 ❷

73 기출 20

☑ 확인Check! ○ △ ✕

생체인식 기술 중 행동적 인식에 해당하지 않는 것은?

① 걸음걸이 인식
② 동작 인식
③ 서명 인식
④ 얼굴 인식

쏙쏙 해설

얼굴 인식은 행동적 인식이 아닌 물리적 인식 방법에 해당한다.

정답 ❹

핵심만 콕

출입통제시스템의 인식 방법

기억에 의한 인식		패스워드(키패드)
소유물에 의한 인식	카드 타입	접촉식(MS, IC), 근접식(RF, RF + IC)
	키 타입	기계적인 키, 키 스위치
신체적 특징에 의한 인식	물리적	생체인식(지문, 손모양, 얼굴, 홍채, 정맥)
	행동적	서명, 음성 등

〈출처〉 이강열, 「기계경비개론」, 진영사, 2021, P. 587

74 기출 11

☑ 확인 Check! ○ △ ✕

생체인식 출입통제시스템에서 인간의 물리적 특징을 인식하는 방법이 아닌 것은?

① 음성 인식
② 얼굴 인식
③ 지문 인식
④ 홍채 인식

쏙쏙 해설

음성 인식이나 서명 인식은 인간의 물리적 특징을 인식하는 방법이 아니다.

정답 ❶

핵심만 콕

음성 인식
오인식률이 높지만 원격지에서도 신분을 확인할 수 있는 등 다른 생체인식 방법에서는 적용할 수 없는 여러 응용 분야에서 쓰일 수 있다.

75 기출문제

☑ 확인 Check! ○ △ ✕

생체인식의 종류에 관한 설명으로 옳지 않은 것은?

① 망막인식은 망막의 모세혈관 패턴을 데이터화하여 식별하는 방식이다.
② 홍채인식은 홍채농도변화를 추출하여 수치화함으로써 식별하는 방식이다.
③ 정맥인식은 자외선을 사용하여 손가락의 혈관을 투시한 후 잔영을 이용하는 방식이다.
④ 지문인식은 융선의 끝점, 분기점의 위치좌표와 그 점에서의 융선 방향 등의 정보를 추출하여 식별하는 방식이다.

쏙쏙 해설

정맥인식은 적외선 조명과 필터를 사용해 손등의 피부에 대한 혈관의 밝기 대비를 최대화한 다음 입력된 디지털 영상으로부터 정맥 패턴을 추출하는 기술이다.

정답 ❸

76 기출 22

☑ 확인 Check! ○ △ ✕

감염의 위험으로부터 상대적으로 안전한 인증 방식은?

① 장문 인증

② 지문 인증

③ 얼굴 인증

④ 정맥 인증

쓱쓱 해설

얼굴 인증 방식과 정맥 인증 방식은 신체를 접촉하는 인증 방식인 장문 인증 방식과 지문 인증 방식보다는 감염의 위험으로부터 상대적으로 안전하다.

정답 ❸ · ❹

핵심만 콕

③ 얼굴 인증 : 얼굴의 전체적인 구성요소나 얼굴표정을 여섯 개의 감정 표현으로 분류하는 방식 또는 MPEG 등 알고리즘을 이용한 화상 전송에서 자연스런 얼굴 동작을 추출하여 데이터화하는 방식 등이 있다. 신체를 접촉하지 않고 인증할 수 있다는 장점이 있다.

④ 정맥 인증 : 손등의 정맥을 대상으로 적외선을 사용하여 혈관을 투시한 후 잔영을 이용하여 인식하는 방식이다.

① 장문 인증 : 5개의 손가락 길이와 두께 등의 기하학적인 손의 구조를 데이터화하여 인식하는 방식이다. 즉, 손 모양 인식 방법이다. 오인식률이 높아 보안성이 높은 장소에서의 사용은 문제가 될 수 있다.

② 지문 인증 : 지문에 있는 산모양의 곡선을 분석해 점이나 끊어지는 부분 등의 특징을 파악하는 방식으로 프리즘이나 홀로그램을 이용한 광학식과 전기장, 열, 압력을 이용한 반도체식이 있다.

77 기출 15

☑ 확인 Check! ○ △ ✕

출입통제시스템에서 퇴실 시 문 앞에 근접하는 경우 감지하여 전기정을 동작시키는 퇴실용 감지기가 아닌 것은?

① 적외선 감지기

② 열선 감지기

③ 매트 스위치

④ 리드 스위치

쓱쓱 해설

퇴실 시 문 앞에 근접하는 경우 감지하여 전기정을 동작시키는 퇴실 감지기는 근적외선을 투광하여 물질에 의해 반사되는 반사광을 감지하는 것으로 적외선 감지기, 열선 감지기, 매트 스위치가 있다.

정답 ❹

핵심만 콕

매트 스위치

개방형 문이나 출입구에 간편하게 일종의 안전장치 용으로 설치하는 것이다. 인간이 구역 내에 들어가려면 반드시 이것을 밟아서 동력을 차단시켜 정지하도록 되어 있다.

리드 스위치

플라스틱이나 금속보호박스 안에 깊이 보관된 리드 부품을 고정된 문틀이나 창문틀의 우묵한 곳에 설치하고 자석을 열고 닫을 수 있는 문이나 창문의 우묵한 곳에 설치하면, 문이나 창문의 열림을 감지하는 스위치의 기능을 한다.

제1장 제2장 제3장 제4장 제5장 제6장

78 기출 17

☑ 확인Check! ○ △ ✕

카메라를 바라보기만 하면 되는 생체인식시스템으로 옳은 것은?

① 지문인식시스템

② 정맥인식시스템

③ 음성인식시스템

④ 얼굴인식시스템

쏙쏙 해설

얼굴인식시스템은 생체인식 방법 중 가장 자연스러운 방법으로 특별한 접촉이나 행동을 요구하지 않기 때문에 사용자의 편의성 면에서 우수하며, 사진, 이미지 파일의 등록 및 저장이 가능하고, 감시 등 타 생체인식기술을 응용하기 어려운 분야에 적용 가능하다는 장점이 있다.

정답 ❹

핵심만 콕

① 생체인식 분야 중에서 가장 널리 사용되고 있으며, 사용자의 손가락을 전자적으로 읽어 미리 입력된 데이터와 비교하여 본인 여부를 판별하여 사용자의 신원을 확인하는 기술이다.

② 정맥인식기술은 적외선 조명과 필터를 사용해 손등의 피부에 대한 혈관의 밝기 대비를 최대화한 다음 입력된 디지털 영상으로부터 정맥 패턴을 추출하는 기술이다.

③ 음성인식시스템은 음성의 음소, 음절, 단어 등의 진동 및 특징을 분석한 후 가장 근접한 것을 찾아내는 방식이다.

79 기출 19

☑ 확인Check! ○ △ ✕

사물인터넷을 통해 운영되고 있는 (　　)의 홈 네트워크 제공 서비스를 순서대로 나열한 것은?

- (　　) : 출입자 관리, 방재 관리
- (　　) : 엔터테인먼트, 원격학습, 재택 근무
- (　　) : 기기제어 및 환경 제어, 에너지 관리

① 홈 시큐리티, 인포테인먼트, 홈 컨트롤

② 홈 시큐리티, 홈 컨트롤, 인포테인먼트

③ 홈 컨트롤, 인포테인먼트, 홈 시큐리티

④ 홈 컨트롤, 홈 시큐리티, 인포테인먼트

쏙쏙 해설

홈 네트워크 제공 서비스 중 (　　) 안에 들어갈 내용은 순서대로 홈 시큐리티, 인포테인먼트, 홈 컨트롤이다.

정답 ❶

핵심만 콕

- 홈 시큐리티 : 주택에 설치하는 방범ㆍ전원 제어ㆍ정보와 재해를 막는 일 등을 한 곳에서 집중적으로 관리하는 서비스이다.
- 인포테인먼트 : 정보(information)와 오락(entertainment)의 합성어로, 정보오락이라는 의미의 서비스이다.
- 홈 컨트롤 : 가정 내의 보안, 통신, 조명, 환기 냉난방, 급탕용 기기나 시스템 등을 유무선으로 자동 제어하는 서비스이다.

핵심이론

06 외곽감지시스템

제1절 외곽감지시스템의 개요

I 외곽감지시스템의 개념

1. 의 의

외곽감지시스템은 주요 시설물 외곽부터 침입을 인지하기 위해 설치하는 장비로 외부 침입자에 의한 절단 또는 월담 시 발생하는 신호를 신호분석기에서 분석 처리하여 경보신호를 중앙경보장치를 통하여 외부의 침입을 감시·탐지하는 것이다. 기출 21

2. 특 징★

① 외곽감지시스템은 과거에는 적외선, 펜스 감지기 등의 제품을 주로 이용하였으나, 최근에는 케이블형 감지기를 활용하여 첨단의 전자적 원리를 이용한 제품들이 주로 사용되고 있다.
② 이러한 시스템은 옥외의 환경적인 영향에 덜 민감하여 오보 발생이 적고, 옥외 외곽지역 설치 시 침입지역을 쉽게 확인할 수 있다.
③ 전파나 외부 노이즈에 영향을 받지 않아 외곽의 다양한 지형 구조에 적합하게 설치할 수 있는 특징을 갖고 있으며, 감지방식에 따라 크게 다섯 가지로 구분할 수 있다. 기출 23·21·19·17
  ㉠ 복합형
  ㉡ 광망형
  ㉢ 장력형
  ㉣ 전자계형
  ㉤ 케이블 진동 감지형(광섬유 센서 케이블)

> 접지 감지기는 전기 회로에 접지가 있는지 여부를 나타내는 장치로 경비용 감지기에 해당하지 않는다.

3. 외곽경비시스템 도입 목적

① 주요 시설의 외곽 울타리에 감지기를 설치하고 중앙통제실의 경보장치에 연결하여 외부자의 침투 시 자동경보를 통해 침투상황과 침투위치를 확인하여 즉시 대처할 수 있도록 하는 주요 시설물 보호를 목적으로 설치한다.
② 음성, 영상 및 적외선 감지 등과 연계되어 효율성 및 안정성을 바탕으로 디지털 음성, 데이터, 이미지 저장 등을 통합 관리한다.

Ⅱ 외곽감지시스템의 기능 및 원리

1. 외곽감지시스템의 기본요소★ 기출 23

① 센서 : 침입을 감지하여 시스템통제장치에 신호를 발생시키는 역할을 한다.
② 통제장치 : 내부의 기본회로와 센서에 이르는 경비회로를 통제하며, 센서에서의 경보신호상태를 인지한다.
③ 경보장치 : 센서의 상태와 경비회로, 방해방지장치를 감시하는 역할을 수행한다.
④ CCTV : 현장을 감시하는 카메라와 연결된 일련의 TV 모니터를 통해 현장상황을 감시할 수 있게 도와준다.

2. 외곽침입감지장치의 선정 원칙★ 기출 22·21·19·18

① 내구성이 양호하여야 한다.
② 사용과 조작이 간편하고 경보 시 식별이 용이하여야 한다.
③ 침투 시 틀림없이 경보하고 침투위치 및 상황자료를 보존하여야 한다.
④ 오경보, 오작동을 최소화하여야 한다.
⑤ 설치 및 유지보수가 용이하여야 한다.
⑥ 가능한 한 국가공인기관의 품질인증 또는 전문 연구기관의 시험 결과를 합격한 제품을 사용하도록 한다.

〈출처〉 이강열, 「기계경비개론」, 진영사, 2021, P. 392

3. 외곽침입감지시스템의 경보신호 전달 순서★

감지기 → 통제장치(제어기) → 경보장치

4. 외곽침입감지기의 감지 원리★★ 기출 13

① 장력감지기는 도체 기울기에 의한 전기접점을 이용한다.
② 광섬유감지기는 광량의 변화를 검출하는 방식이다.
③ 지진동변환감지기는 기전력의 변화를 감지한다.
④ 수평전계감지기는 일정 간격을 유지하여 설치한 2개의 전선에 흐르는 고주파 전류의 변화를 감지하는 외곽감지시스템으로, 펜스로 둘러싸인 전선에 고주파의 전류를 흘려보내 침입자가 접근하거나 접촉에 의한 전계가 변화하는 것을 검지용의 전선에서 검지한다. 기출 17·14

5. 외곽침입감지시스템 설계 시 고려대상 기출 18·17·15·13

① 울타리 설치 지역 지표면의 각종 식물과 다른 물체 등 주위 환경을 고려하여 시스템을 설계한다.
② 주위를 질주하는 차량 등 자연적인 요동 상태를 파악하여 침입 시의 요동과 구별한다.
③ 감지 영역의 거리, 경비 대상물의 상태 등을 고려하여 시스템 설정치 값을 산정한다.

6. 외곽감지기 사용자의 요구사양서(최소기준) 기출 20·19·18·14

① 기본성능 : 침투유형 설정, 탐지 확률, 침입 표시구역, 경보기능, 자체점검기능, 작동상황 자동기록 등
② 설정지역 적합성 : 지역의 지면의 경사도 및 굴곡, 주위 초목상태, 주변의 잡음 및 전자파 발생요인, 야생동물 등에 의한 센서의 정상작동에 대한 영향 고려, 지역 지반 변화에 따른 장치의 성능 저하 여부 및 대책, 바닷가의 경우 염분에 대한 내구성 여부 등

③ **정비성** : 장치의 구성품별 교체시간, 구성품별 보수시간, 구성품 교체 시 호환성 여부, 구성품 뭉치 또는 구성품 보수에 필요한 부품 구입의 용이성, 유지보수 비용 적정성 등

④ **신뢰성** : 오경보율 최소화, 적정수명 보장 여부 고려, 고장률이 낮도록 내구성이 있는지 여부 등

⑤ **운용 용이성** : 사용자 교범, 장치조작의 단순성 및 논리성 등

⑥ **환경성** : 작동온도 범위, 방습·방수 기능 여부, 강우·강설·강풍 시의 정상작동 여부, 폭우·폭설·폭풍 등에 의한 손상 가능성 여부

제2절 외곽감지시스템의 구성 및 운영 [기출] 21·17

I 케이블형

1. 개 념

① 펜스에 감지케이블을 설치하여 담장을 넘어오거나 절단 시 발생되는 충격을 감지하는 방식이다.

② 케이블형 감지 센서는 실내와 실외의 침입감지에 모두 적용할 수 있으며 울타리나 방호물의 진동, 압력 변화, 절단을 탐지하는 것으로 울타리에 직접 설치하여 침입 시 전달되는 신호를 Zone 프로세서에서 분석하는 원리이다.★

③ 대표적인 센서로는 광(Fiber-optic)을 이용한 광케이블 센서와 자계변화의 기전력을 발생시키는 자력식 케이블 센서, 자석의 $N·S$극의 원리를 이용한 Guard Wired와 E-Flex 등이 있다. 최근에는 광케이블 방식이 가장 많이 사용되고 있다.

2. 광케이블 센서 [기출] 22·21·20·18·16·14·12·09

① 개 념

㉠ 광을 이용한 원리로 전자파나 외부 노이즈에 강하며, 1개의 감지 구역을 100m로 설정하였을 때 이상 지역을 10m 단위까지로 표시가 가능한 감지시스템이다.

㉡ 다중 통신과 광대역 통신이 가능하며, 저손실로 장거리 전송이 가능하다.

㉢ 광섬유(Optical Fiber)는 정보통신 분야에서 신호의 송신장치로 사용되어 왔는데, 구조물의 변형률과 변형을 계측하기 위한 광섬유 센서가 개발되어 상용화되었다.★

㉣ 광섬유 센서의 재질은 순수한 석영(Pure Quartz)이며, 빛의 속도로 정보를 전달한다.★

㉤ 광섬유 센서에서 감지된 신호는 전자기적으로 중성인 광섬유케이블을 통해 컴퓨터로 전송된다.

㉥ 능형망 울타리 지역에 주로 설치하는 것으로 물리적 요동에 매우 민감하며 침입 시 센서케이블의 요동(광 패턴의 변화)은 존 프로세서(zone processor)에 의해 처리되고 존 프로세서의 접촉출력은 경보상태의 신호로 주컨트롤러에 전송되어 작동한다.★

㉦ 센서케이블은 존 프로세서의 송신기로부터 Chain-link 펜스의 상단을 따라 펜스면에 부착하고, 이것을 다시 하단을 따라 존 프로세서의 수신기로 들어오도록 설치한다.

② 광섬유 센서의 장점

　　㉠ **민감성** : 외부에서 작용하는 힘이나 압력에 대해 빛의 경로가 수십 nm(나노미터 : 10억 분의 1m)만 변화해도 신호가 발생한다.

　　㉡ **내구성** : 재질이 석영이므로 부식이 되지 않아 장기계측에 적합하다. ★

　　㉢ **전자기적 중성(Electro-magnetic Neutrality)** : 광섬유 센서는 센서로서의 기능을 수행하기 위해 빛 또는 광파가 필요한데, 빛의 가장 중요한 특성 중의 하나는 번개, 전파탐지기, 무선송신기 등에 의한 전자기파에 의해 영향을 받지 않는다는 점이다. 따라서 측정값이 방해 · 간섭을 받지 않으므로 계측의 안정성이 높다. 즉, 지능적인 침입자의 경우 침입자 탐지 센서를 피해가기 위한 보조장치를 사용하는 경우가 많은데, 광섬유 센서는 전자기적인 검색장치에 감응하지 않아서 인지가 불가능하다는 것이다. ★

　　㉣ **측정정보 전달능력** : 정보가 빛의 속도로 전달되므로 엄청난 양의 정보처리가 가능하다.

　　㉤ **작은 크기** : 광섬유의 직경이 1mm보다 작으므로 측정범위와 정도에 따라 여러 개의 센서가 사용될 수 있다.

③ 광섬유 센서의 종류

　　㉠ **광학 시간영역 반사방식(Optical Time Domain Reflectometry)의 광섬유 센서** : 원래는 광통신 광케이블의 이상 유무를 탐지하기 위해 개발됐으나 다양한 센서로도 사용이 가능하다. 수십 km의 광섬유 내부를 진행하는 빛의 후방 산란광을 10~6mW 정도의 작은 범위까지 측정, 그 변화를 알아내면 침입자의 침입위치를 알 수 있다.

　　㉡ **광세기 방식의 광섬유 그물망 방식의 센서** : 이 센서는 광섬유를 그물망처럼 울타리나 벽, 천장 등에 설치하고 이 그물망이 끊어지거나 심하게 굽혀지면 광손실이 발생하는 것을 검출해 침입여부를 탐지하게 된다. 가장 실용적인 센서라고 할 수 있다.

　　㉢ **광간섭 방식의 광섬유 센서** : 이 센서는 수십 nm 정도의 광경로 변화만 있어도 최대 신호를 얻을 수 있다. 사용하는 광섬유의 전체 길이는 수백 m 이내에서 작동하는 것이 안정적인데, 외부자극을 가장 민감하게 검출할 수 있다는 것이 큰 장점이다. 주로 울타리나 실내의 침입자 활동 예상 부분에 설치 · 초기 탐지를 할 수 있도록 사용한다.

광섬유 진동 센서 케이블 시스템 설계 시 고려사항 `기출` 20

- 시설물 상태 및 재질에 의한 경보 발생치를 설정한다.
- 평상시 자연적인 요동상태를 파악하여 위협이나 침입 시의 요동과 구분한다.
- 주위 환경을 고려한 시스템 설치로 외부 환경을 파악하여 사각지역을 파악한다.

〈출처〉 이강열, 「기계경비개론」, 진영사, 2018, P. 363

---

3. **자력식 케이블 센서** `기출` 21 · 18 · 09

① 센서 케이블 내의 자석 사이를 관통하는 도체가 진동이나 충격을 받으면 일정한 기전력이 발생하는데, 이를 증폭 처리하여 감지하는 원리이다. 또한 센서 케이블을 절단, 쇼트 시에도 감지한다.

② 펜스가 튼튼하고 단단할수록 기후 조건에 의한 진동 신호는 더 크게 감지된다.

II 광망형

1. 광망시스템의 개요 기출 21

① 광케이블로 된 펜스로서 별도의 울타리를 설치하지 않고 광망으로 울타리를 대신하여 침입 시 끊거나 충격을 가하면 감지하는 방식이다.

② 광케이블망에 적외선 레이저를 쏘아 침입자가 절단하거나 잡아당길 때 반사광으로부터 침입을 감지하여 경보하고 침입 위치를 정확히 탐지하는 원리로 작동된다. ★

2. 광망시스템의 특징 ★★

① 광망은 바람, 비, 눈, 안개, 낙뢰, 기온변화 등의 기상변화나 수목의 흔들림, 통행차량 진동, 연약지반 등 주변요인에 영향을 받지 아니하여 오경보가 없고 장기간(10년 정도)의 수명이 유지된다. ★

② 광망탐지기는 적외선 레이저를 입사 순환하게 하다가 침입과정에서 절단하거나 외력을 가할 때 경보를 발령하고 반사광으로부터 침투지점을 탐지하여 모니터상 10m 이하 정확도로 위치정보 및 상황정보를 표시한다.

③ 광망탐지기의 동작상태 등은 원격으로 동작제어가 가능하다.

④ 광망의 접속이나 설치손실 등으로 광학적 상태가 불균일할 경우 탐지기는 이를 자동보정한다.

⑤ 현장 재원(설치구간, 현장위치번호 등)이 변하여도 광망탐지기는 이를 자유로이 입력하여 탐지 및 위치 표시 기능에 지장이 없도록 설계되었다.

3. 설치 시 주의사항

① 광케이블에 손상을 입힐 수 있으므로 광망이나 광케이블 위에 무거운 물건을 올려놓거나 압력을 가하지 않는다.

② 케이블 내부에 손상을 입힐 수 있으므로 과도하게 잡아당기거나 충격을 주지 않는다.

③ 광망에 손상을 입힐 수 있으므로 광망 상자 운반 시 조심해서 이동한다.

④ 광망 준비작업 중 케이블에 손상이 가지 않도록 주의한다.

III 장력형 기출 21 · 20 · 16

1. 장력 센서의 개요

① 장력 센서는 물체에 작용하는 힘과 운동의 관계를 이용하여 침입자에 의해 발생하는 울타리의 장력 변화를 감지하며, 스위치 원리에 의해 경보신호를 작동시킨다.

② 장력 센서는 울타리 형태와 상관없이 블록담, 망형 울타리 등에 자유롭게 설치할 수 있으며, 특히 장력 센서 자체가 하나의 울타리 기능을 수행함으로써 이중 울타리 형태의 보안 효과를 높일 수 있다. ★

장력 센서의 감지 범위

- 인장 철책 또는 철망에 오르는 행위
- 인장 철책을 자르는 행위 또는 철망을 벌리는 행위
- Processor를 파손하려는 행위
- 사다리와 같은 물체를 Post에 기대어 월담하려는 행위
- Post를 제거하려는 행위
- Processor의 전원 또는 Processor와 컨트롤러(주장치)의 통신선을 끊는 행위

---

③ 장력 센서는 펜스형태로 설치된 wire(와이어)에 일정량의 힘이 가해지거나 끊어지면 감지하는 센서로서 일반적으로 Taut Wire(토트 와이어)장치라고도 한다. 감지선의 종류에 따라 철선을 이용한 방식과 광케이블을 이용한 방식으로 나눌 수 있다.★

2. 철선을 이용한 방식

① **동작 원리** : 우선 인장 철선에 힘이 가해지면 센서기둥 방향으로 같은 크기의 움직임을 발생시키는데, 이 움직임이 일정량 이상이 되면 전기-기계적인 변환기에 의해 물리적인 움직임을 전기적 신호로 변환시킨다. 다음으로 Processor에서는 이를 분석하여 미리 프로그램된 범위를 벗어난 경우와 편향력(코리올리 힘)이 지나치게 움직이면 경보릴레이를 작동시키는 구조이다.

② **설치(구성요소)** 기출 21
  ㉠ Anchor Post : Trip Wire를 고정하여 장력을 유지시키며, 한 구간을 구분하여 주는 기준이 된다.
  ㉡ Detector Post : Sector의 중앙 지점에 설치되며, Trip Wire와 Collector Wire가 교차하여 고정되며, 감지기의 감지부와 연결할 수 있도록 구성되어 있다.
  ㉢ Spiral Post : Spiral을 일정한 간격으로 고정 배치시켜, Trip Wire의 자체 중량에 의한 장력의 변화를 방지하며, 침투에 의한 변화된 장력을 수평으로 Detector Post에 전달하도록 한다.
  ㉣ Trip Wire : 상·하로 15cm 이상 변화한 장력을 감지하도록 조정하여 작은 동물의 충격으로 인한 오경보를 방지한다.

3. 광케이블을 이용한 방식

① **동작 원리** : 발광부에서 투광한 빛이 펜스형태로 배열된 광케이블을 거쳐 Processor의 수광부에 수신된 것을 감시하는 방식으로, 침입자가 철망을 월담하거나 절단 등의 방법에 의하여 침입을 시도한 경우 광섬유 케이블의 광 Loop가 Open 형태로 감지되는 원리이다.

② **특 징**
  ㉠ 광섬유 케이블이 내장되어 있는 가시철망의 철띠를 각각의 Post에 수평으로 고정배치하여 독립적인 펜스형태로 운용할 수 있다.
  ㉡ 가시철망 광케이블의 센서 구성은 철조망형의 형철 내에 광섬유 케이블이 들어 있고, 광섬유 케이블은 접착제와 접착테이프를 형철 안에 삽입하여 제작한 것으로, 형철은 아주 날카로운 형태의 프레스로 연속적으로 제작되어 외부의 물리적인 방해물로도 사용될 수 있다.

〈출처〉 이강열, 「기계경비개론」, 진영사, 2021, P. 383~387

Ⅳ 전자계형

1. 개 요

① 고도의 보안성이 요구되는 곳에 사용하기 위해 설계된 보안시스템으로 용적 측정의 침입감지기술을 사용했으며 기존의 Chain Fence, 담장 또는 보통 2개의 물리적 장벽 사이의 공간에 설치되는 Free Standing Sensor를 말한다.★

② Wire를 자극(전기를 발생)하는 Field Generator로 구성된 Active Sensor System으로, 병렬식 Sense Wire는 침입자가 정전기에 들어오면, Wire로부터 연결된 변화를 감지하고 사전에 설정된 프로그램에 의하여 Alarm Signal이 발생하게 된다.

2. 구 성★

① Field와 Sensor Wire, 하드웨어(담장, Pole, 건물), Terminator(모든 Wire 통합을 통제)
② Sensor Filter : Wire와 Signal Processor 간의 기계적ㆍ전기적 Interface를 보조
③ Processor : Field Generator, Signal Processing회로, 통제회로, Alarm회로, 전원장치

3. 복합감지 범위 `기출` 19

① 다수의 침입자(Amplitude Change)
② 침입자의 움직임(Rate of Change)
③ 침입자의 동요시간(Time of Disturbance) : 침입자가 Electrostatics 지역에 머무른 시간

Ⅴ 복합형

1. 복합형 센서의 개념

옥외 환경에서의 적외선 감지기의 단점과 마이크로파의 단점을 상호 보완하는 형태의 복합 감지기이다. 어떤 담장에도 설치할 수 있으며 자립식으로도 설치가 가능하다.

2. 복합 센서의 기능★

① AND출력과 OR출력 구성 가능 : 마이크로파 센서와 적외선 센서가 동시에 검지했을 경우에 출력하는 AND출력과 어느 쪽이든 하나가 검지되었을 때 출력하는 OR출력 구성이 가능하다(거리여유는 10배).

`기출` 22

② 4단계로 주파수 절환 : 적외선의 반사와 상호 간섭의 방지를 위해 4단계로 주파수를 절환할 수 있다.
③ 감도여유의 자동 설정 : 최대 경계거리 이내에서 어떠한 경계거리에 있어서도 최적의 감도여유를 자동 설정할 수 있다.
④ 환경악화 신호 출력 : 진한 안개, 강우, 강설 등 기후의 변화에 따라 수광 레벨이 저하된 경우 환경악화 신호를 출력한다.
⑤ 4단 빔 동시차단 방식 : 작은 동물 등에 의한 오동작을 방지하기 위하여 4단 빔 동시차단 방식이며 감도 여유는 10배이다.
⑥ 응답속도의 가변기능 : 새, 신문지 등에 의한 오동작을 방지하기 위해 응답속도를 가변하는 기능이 있다.

시스템 선정 시 고려해야 할 점

• 성능 및 내구성 측면 : 침입에 대한 감지 성능, 음밀한 침투에 대한 방지 성능, 24시간 동작 시 평균수명, 급격한 환경변화에 대한 오경보 발생 여부, 외부 환경 사용에 적합한 동작온도, 타 시스템과의 연동성 및 시스템의 확장성을 고려해야 한다.
• 사후 관리적 측면 `기출` 18 : 유지보수 소요시간 및 원활한 유지보수 자재 지원 여부, 즉각적인 고장지점 파악 여부와 고장 시 복구대책, 자체 이상 진단기능 여부 및 감도조절 기능, 경비신호 데이터의 저장성, 제품보증 기간을 고려해야 한다.
• 운용상 편리성 측면 : 관리자의 사용상 편리성과 운영 매뉴얼 및 교육문제를 고려해야 한다.
• 경제성 측면 : 시스템 가격 및 유지보수료 등을 고려해야 한다.

[외곽감시시스템의 비교]

구 분	전자계감지	적외선감지	진동감지	장력변화감지	광케이블망감지
감지 원리	일정한 전장이나 자장을 형성해 두어 침입자출현에 의한 교란현상을 감지	인체방출 원적외선(10μm)감 지나 기발송된 근적외선(0.85μm) 차단을 감지	울타리를 넘거나(월담) 절단하려 할 때 발생되는 진동, 변형을 감지	팽팽한 철선이나 광 테이프를 절단 또는 벌릴 때 감지	광케이블망의 절단이나 변형을 감지★
탐지 성능	양호한 날씨, 정상 보행자를 감지하여 경보, 200m 내 구역표시	양호한 날씨, 정상 보행자를 감지하여 경보하고, 200m 내의 구역표시	펜스의 진동을 케이블 센서를 이용하여 탐지, 전자기계형 감지기와 압전형 감지기 등	평지에서 절단이나 벌리고 침입 시 경보하고 200~300m 구역표시	망을 절단하거나 잡아당기거나 월장 시 경보하고 10m 단위 지점표시★
은밀 침투 취약성	느린 속도/낮은 포복/강풍/우천/적 설시 감시제한	느린 속도/낮은 포복/악천후/ 고온 시 침투/ 알루미늄호일, 거울로 차단가능/ 하단, 접속부 취약	양호한 날씨, 통상적 절단이나 월책 시 경보하고 수백m 구역표시	감지기 좌우 균형 절단/Spiral Wire 제거 후 침투/하단 침투	망교차점을 자르거나 철책으로부터 분리하는 방식의 은밀한 침투를 방지
기상 영향 기출 20 · 13	바람, 안개, 눈, 비, 낙뢰, 정전기 등에 오경보/오동작★	바람, 안개, 눈, 비, 낙뢰, 정전기 등에 오경보/오동작, 대기 중에서 산란의 영향을 가장 많이 받음	바람과 기온변화에 의한 오경보	바람, 비, 기온변화, 낙뢰, 정전기, Ground Loop에 오경보/오동작	각종 기상변화에 무영향★
지형 영향	굴곡지에 기능 저하/지반 및 울타리 자재에 영향	굴곡지에 기능 저하/센서 수효 증가/소요지반, 울타리 자재에 영향	지형에 적응	굴곡지 설치 불가 /연약지반에 취약	굴곡지, 연약지반에도 무영향★
주변 여건	주변 수목, 동물, 통행 차량, 사람, 고압선 등에 오경보/오동작	전방 수목, 동물, 통행 차량, 사람, 이동 중의 물체 등에 오경보/오동작	주변 수목, 동물, 통행 차량, 사람 등에 오경보/오동작	칡넝쿨, 장미 등의 수목, 통행 차량, 사람에 취약	철책 이외의 주변영향에 무관
유지 보수	기상변화에 따른 감도 수시조정 필요	적외선 소자 고장 빈발/방향조정, 점검 필요	감도 수시조정 필요	텐션조정 필요/설치 시 많은 인력 소요/절단시 복구 곤란	감도조정 불필요 /망 손상 시 현장 접속 복구 가능★
설치 지역	보호된 공간	보호된 공간	콘크리트 기반, 사막블록담	콘크리트 기반, 사막	평지, 굴곡지, 철책, 담장, 철주, 지하, 수중 등

[보안시스템의 종류]

시스템명	기능과 특징	세분류	시스템 내용
침입감지	외부침입을 탐지, 경보발령	외곽감지	광망형, 광케이블형, 장력형, 전자계, 적외선, 마이크로웨이브
		실내감지	열선, 자석, 유리, 금고, 벽
화상감시	카메라를 이용하여 원격에서 감시·녹화	렌 즈	고정초점, 가변초점, 줌 렌즈
		카메라	일반, 저조도, Web, 일체형, 적외선
		저장매체	Analog 방식-VCR, Multiplexer, Digital 방식-DVR
		전시장치	일반(흑백·컬러), CRT, LCD, 대형(PDP)
		제어장치	컨트롤러, 매트릭스, DVR
출입통제	출입인가 확인, 비인가자 출입통제	시큐리티 게이트	스피드게이트, 턴스타일, 윙스타일, 튜브게이트 `기출` 17
		카 드	마그네틱, RF, 스마트
		카드리더기	슬라이드식, 삽입식, 근접식, Ten Key, Ten Key+RF
		생체인식	지문, 홍채, 망막, 정맥, 장문, 얼굴, 음성, 서명, DNA
		Lock장치	자물쇠, Electric Strike, Electric Magnetic, Dead Bolt, Mortise
		주차관리	차단기, 카드리더기
		차량차단	차량게이트, 로드블로커, 볼라드, 타이어킬러 `기출` 17
검색탐지	출입인원/차량 등의 위험/불법물 소지 여부 검색/탐지	고정형 검색장비	대물검색(금속, 폭발물·마약, X-ray 검색), 대인검색(X-ray)
		휴대용 검색장비	금속탐지기, 폭발물·마약 검색, 화학물질 검측, X-ray 검색
		자산관리	Bar Code, EAS, RFID
		순찰관리시스템	Key관리, 통신장비, 순찰시스템, 개인대처장비
전 송	데이터전송	배관배선	배관-Flexible/Steel, 배선, PIT, 광링크

[각종 센서의 비교]

항 목	자력식 케이블 센서	광케이블 센서	광망케이블 센서	E-FLEX	비 고
동작원리	자석 사이를 관통하는 도체가 진동이나 충격을 받아 움직일 경우 일정한 기전력이 발생하는데 이를 증폭 신호처리하여 절단, 충격, 쇼트 시에 감지하는 방식	울타리나 방호물의 요동에 의한 진동을 탐지하여 전기적 신호로 전환되어 존프로세서에 의하여 분석하는 방식	광케이블을 망으로 엮어 레이저를 입사시켜 순환케 하여 잡아당기거나 절단 시 빛의 변화 굴절을 계산하여 탐지하는 방식(진동과 충격에 의한 빛의 굴절로 파장의 변화를 감지하는 방식)	진동이나 충격 시 정전용량의 변화에 의한 감지방식(신호 대 잡음 비가 가장 작음)	동작원리는 신호 대 잡음 비에 의해 제품 성능이 결정되기에 아주 중요한데, 신호 대 잡음 비가 작을수록 오동작 발생이 큼
신호전송 방식	코드 방식	릴레이접점 방식	422나 485방식 응용	릴레이접점 방식	릴레이접점 방식의 단점은 단거리밖에 전송할 수 없으며, 485통신 방식은 옥외에서 낙뢰에 치명적이다. 코드 방식은 속도가 다소 느리다.

06 외곽감지시스템

01 기출문제 ☑확인 Check! ○ △ ✕

다음 침입감지시스템(무인경비시스템)의 경보형태 중 가장 먼저 도입되어 가장 쉽게 적용할 수 있는 형태는?

① 경보신호를 전화로 직접 걸어주는 형태
② 현장에서 경보신호를 수신하는 형태
③ 경보신호를 경찰기관으로 직접 통보해주는 형태
④ 원거리에 있는 일정한 장소에서 경보신호를 수신하는 형태

쏙쏙 해설

외곽감지시스템은 주요 시설물 외곽부터 침입을 인지하기 위해 설치하는 장비로 외부 침입자에 의한 절단 또는 담을 넘을 때 발생하는 신호를 신호분석기에서 분석 처리하여 경보신호를 중앙경보장치를 통하여 외부의 침입을 감시, 탐지하는 것이다.

정답 ❷

02 기출 19 ☑확인 Check! ○ △ ✕

외곽침입감지기 원리에 관한 설명으로 옳지 않은 것은?

① 울타리를 넘거나 절단 시에 발생되는 진동을 감지
② 침입시도 시 발생하는 케이블의 요동에 의한 광 패턴의 변화를 감지
③ 일정한 전자계를 형성해 두어 침입자에 의한 교란 현상을 감지
④ 계절과 무관하게 설치하여 오경보를 감지

쏙쏙 해설

외곽침입감지기는 작동온도 범위, 기후·계절에 따른 정상작동 여부 등의 환경성을 고려하여 오경보율을 최소화할 수 있어야 한다.

정답 ❹

핵심만 콕

외곽감지기 요구사양서(최소기준)
- 기본성능 : 침투유형 설정, 탐지 확률, 침입 표시구역, 경보기능, 자체점검기능, 작동상황 자동기록 등
- 설정지역 적합성 : 지역의 지면의 경사도 및 굴곡, 주위 초목상태, 주변의 잡음 및 전자파 발생요인, 야생동물 등에 의한 센서의 정상작동에 대한 영향 고려, 지역 지반 변화에 따른 장치의 성능 저하 여부 및 대책, 바닷가의 경우 염분에 대한 내구성 여부 등
- 정비성 : 장치의 구성품별 교체시간, 구성품별 보수시간, 구성품 교체 시 호환성 여부, 구성품 뭉치 또는 구성품 보수에 필요한 부품 구입의 용이성, 유지보수 비용 적정성 등
- 신뢰성 : 오경보율 최소화, 적정수명 보장 여부 고려, 고장률이 낮도록 내구성이 있는지 여부 등
- 운용 용이성 : 사용자 교범, 장치조작의 단순성 및 논리성 등
- 환경성 : 작동온도 범위, 방습·방수 기능 여부, 강우·강설·강풍 시의 정상작동 여부, 폭우·폭설·폭풍 등에 의한 손상 가능성 여부

03 기출 21

☑ 확인 Check! ○ △ ✕

외곽감지시스템 운용 시 옳지 않은 것은?

① 내구성이 양호하도록 유지 및 관리한다.

② 오동작이나 오경보의 발생을 최소화하도록 운용한다.

③ 기상, 기후 등의 영향에 민감하게 반응하도록 설치한다.

④ 사용조작이 간편하고 경보발생 시 식별이 용이하도록 한다.

핵심만 콕

외곽침입감지장치의 선정 원칙

• 내구성이 양호하여야 한다.

• 사용과 조작이 간편하고 경보 시 식별이 용이하여야 한다.

• 침투 시 틀림없이 경보하고 침투위치 및 상황자료를 보존하여야 한다.

• 오경보, 오작동을 최소화하여야 한다.

• 설치 및 유지보수가 용이하여야 한다.

• 가능한 한 국가공인기관의 품질인증 또는 전문 연구기관의 시험 결과를 합격한 제품을 사용하도록 한다.

〈출처〉이강열, 「기계경비개론」, 진영사, 2021, P. 392

---

04 기출 18

☑ 확인 Check! ○ △ ✕

B정유회사는 저유소가 포화되어 인근에 신축하고자 한다. 저유소 외곽에 설치할 침입감지장치를 선정하려고 할 때, 고려사항이 아닌 것은?

① 운용상 편리성

② 성능 및 내구성

③ 사후 관리적 측면

④ 개인정보 활용성

제1장

제2장

제3장

제4장

제5장

제6장

05 기출 21

☑ 확인Check! ○ △ ✕

외곽감지시스템에서 사용하는 감지기의 종류가 아닌 것은?

① 연기 감지기

② 적외선 감지기

③ 광케이블 감지기

④ 마이크로웨이브 감지기

핵심만 콕

외곽침입감지시스템의 분류

구 분	특 징
독립형	감지기 자체로 눈에 보이지 않는 경계면을 설정할 수 있으며, 이 구역을 침입자가 침입하는 경우 감지할 수 있는 시스템으로 마이크로웨이브(MR : Microwave) 센서, PIR(Passive Infrared : 수동형 적외선) 센서, AIR(Active Infrared : 능동형 적외선) 센서, 정전기(Electrostatic) 센서 등이 이에 해당한다.
펜스형	2차원적인 물리적인 펜스를 제작하여 침입자가 펜스를 타고 올라가면서 발생하는 장력이나 진동으로 침입을 감지하는 시스템으로 마이크로폰 센서, 광섬유(Fiber-optic) 센서 , 장력 센서, 진동 센서, 지진파(Seismic) 센서 등이 이에 해당한다.
매립형	땅속에 센서를 매립하여 설치하고, 이곳을 밟고 지나가는 경우 알람(경보)을 발생하는 감지 시스템으로 지진파(Seismic) 센서, 자기장 센서, 동축케이블 센서, 광섬유(Fiber-optic) 센서 등이 이에 해당한다.

〈참고〉류대현·최태완, 「외곽침입감지를 위한 스마트 디바이스의 개발」, Journal of the KIECS, 2021, Vol.16, No.2, P. 364~365

---

06 기출 23

☑ 확인Check! ○ △ ✕

외곽침입감지시스템의 감지형식에 따른 분류가 아닌 것은?

① 주소형

② 전자계형

③ 장력형

④ 광망형

07 기출 21

☑ 확인Check! ○ △ ✕

외곽감지시스템의 감지방식으로 옳지 않은 것은?

① 차동형 감지방식
② 광망형 감지방식
③ 장력형 감지방식
④ 케이블형 감지방식

쏙쏙 해설

외곽감지시스템의 감지방식은 케이블형, 광망형, 장력형, 전자계형, 복합형이 있으며, 차동형 감지방식은 화재 감지기(열감지)의 감지방식이다.

정답 ❶

08 기출 19

☑ 확인Check! ○ △ ✕

외곽침입감지장치의 감지방식으로 옳지 않은 것은?

① 광망형
② 탐색형
③ 복합형
④ 장력형

쏙쏙 해설

외곽감지시스템은 감지방식에 따라 복합형, 광망형, 장력형, 전자계형, 케이블 진동 감지형(광섬유 센서 케이블)으로 구분할 수 있다. 따라서 외곽침입감지장치의 감지방식으로 옳지 않은 것은 탐색형이다.

정답 ❷

09 기출 19

☑ 확인Check! ○ △ ✕

외곽침입감지장치의 선정 원칙으로 옳지 않은 것은?

① 내구성이 양호
② 오경보, 오작동의 최소화
③ 설치 및 유지보수의 어려움
④ 사용, 조작이 간편하고 경보 식별이 용이

쏙쏙 해설

외곽침입감지장치는 설치 및 유지보수가 용이해야 한다. 따라서 옳지 않은 것은 ③이다.

정답 ❸

10 기출문제

☑확인 Check! ○ △ ✕

외곽침입감지장치 설치 시 선정 원칙으로 옳지 않은 것은?

① 오경보, 오작동의 최소화

② 설치 및 유지보수 용이

③ 감지장비 설계의 공공기관 승인여부

④ 침입위치 표시 및 상황자료 보존

쏙쏙 해설

감지장비 설계의 공공기관 승인여부는 외곽침입감지장치 설치 시 선정 원칙에 해당하지 않는다.

정답 ❸

11 기출 22

☑확인 Check! ○ △ ✕

외곽침입감지시스템 선정 시 고려사항으로 옳지 않은 것은?

① 오작동, 오경보가 최소화되어야 한다.

② 경보상황의 식별이 용이해야 한다.

③ 사용과 조작이 복잡해야 한다.

④ 온도나 자외선 노출 등에 의한 부식성이 없어야 한다.

쏙쏙 해설

사용과 조작의 간편함이 외곽침입감지시스템 선정 시 고려사항에 해당한다.

정답 ❸

12 기출 23

☑확인 Check! ○ △ ✕

침입감지시스템의 구성요소로 옳지 않은 것은?

① 감지기

② 통제장치

③ 경보장치

④ 배기장치

쏙쏙 해설

외곽감지시스템은 센서(감지기), 통제장치, 경보장치, CCTV로 구성된다. 배기장치는 연소가스의 원활한 배출과 대기오염 물질을 정화하는 역할을 한다.

정답 ❹

핵심만 콕

침입감지시스템의 기본요소
- 센서 : 침입을 감지하여 시스템통제장치에 신호를 발생시키는 역할
- 통제장치 : 내부의 기본회로와 센서에 이르는 경비회로를 통제하며, 센서에서의 경보신호상태를 인지한다.
- 경보장치 : 센서의 상태와 경비회로, 방해방지장치를 감시하는 역할을 수행한다.
- CCTV : 현장을 감시하는 카메라와 연결된 일련의 TV 모니터를 통해 현장상황을 감시할 수 있게 도와준다.

13 기출문제

☑확인 Check! ○ △ ✕

다음 중 침입감지시스템의 구성요소가 아닌 것은?

① 출동지시무선망
② 경보장치
③ 통제장치
④ 센 서

14

☑확인 Check! ○ △ ✕

다음 중 침입감지시스템(무인경비시스템)을 사용하는 데 있어서의 장점으로 보기 어려운 것은?

① 경비업무 외에 부가적인 서비스가 가능하다.
② 인력경비에 비해 신속한 현장대응조치가 가능하다.
③ 근무자가 범인에게 직접 노출될 기회가 줄어 근무자의 안전에 유리하다.
④ 인력경비에 비해 경비업무에 소요되는 비용을 줄일 수 있다.

15

☑확인 Check! ○ △ ✕

침입감지시스템의 통제장치의 구성요소별 주요기능에 대한 설명 중 잘못된 것은?

① 전원부는 통제장치가 요구하는 전원을 공급할 뿐 아니라 감지기나 경보기 등을 작동시키기 위한 전원을 공급한다.
② 조작부는 사용자가 경비를 개시하거나 해제를 위해 조작, 설치자가 통제장치를 설정하는 부분이다.
③ 출력부는 경보신호 발생 시 버저(Buzzer)나 경보등과 같은 현장 경보장치를 작동시키고 통신장치를 통해 필요한 곳으로 경보신호나 필요한 정보를 전달한다.
④ 제어부는 시스템의 작동을 정지시키는 기능을 한다.

16 기출 13

☑ 확인Check! ○ △ ✕

외곽침입감지기의 감지 원리에 관한 설명으로 옳지 않은 것은?

① 수평전계감지기는 저주파 전압의 변화를 감지한다.

② 장력감지기는 도체 기울기에 의한 전기접점을 이용한다.

③ 광섬유감지기는 광량의 변화를 검출하는 방식이다.

④ 지진동변환감지기는 기전력의 변화를 감지한다.

쏙쏙 해설

수평전계감지기는 펜스로 둘러싸인 전선에 고주파의 전류를 흘려보내 침입자가 접근하거나 접촉에 의한 전계가 변화하는 것을 검지용의 전선에서 검지한다.

정답 ❶

17 기출 20

☑ 확인Check! ○ △ ✕

광섬유 진동 센서 시스템 설계 시 고려사항으로 옳지 않은 것은?

① 평상시 자연적인 요동상태를 파악한다.

② 외부 환경을 파악하여 사각지역을 파악한다.

③ 자연장해물에 영향이 적어 주위 환경은 제외한다.

④ 시설물 상태 및 재질에 의한 경보 발생치를 설정한다.

쏙쏙 해설

광섬유 진동 센서 시스템 설계 시 주위 환경을 고려하여 시스템을 설치하여야 한다.

정답 ❸

핵심만 콕

광섬유 진동 센서 케이블 시스템 설계 시 고려사항
• 시설물 상태 및 재질에 의한 경보 발생치를 설정한다.
• 평상시 자연적인 요동상태를 파악하여 위험이나 침입 시의 요동과 구분한다.
• 주위 환경을 고려한 시스템 설치로 외부 환경을 파악하여 사각지역을 파악한다.

〈출처〉 이강열, 「기계경비개론」, 진영사, 2018, P. 363

18 기출 20

☑ 확인 Check! ○ △ ✕

외곽감지시스템 설계 시 고려사항이 아닌 것은?

① 감지장비의 성능
② 성능대비 경제성
③ 실내 비상 조명등의 밝기
④ 운용상 편리성

핵심만 콕

외곽감지기 요구사양서(최소기준)
- 기본성능 : 침투유형 설정, 탐지 확률, 침입 표시구역, 경보기능, 자체점검기능, 작동상황 자동기록 등
- 설정지역 적합성 : 지역의 지면의 경사도 및 굴곡, 주위 초목상태, 주변의 잡음 및 전자파 발생요인, 야생동물 등에 의한 센서의 정상작동에 대한 영향 고려, 지역 지반 변화에 따른 장치의 성능 저하 여부 및 대책, 바닷가의 경우 염분에 대한 내구성 여부 등
- 정비성 : 장치의 구성품별 교체시간, 구성품별 보수시간, 구성품 교체 시 호환성 여부, 구성품 뭉치 또는 구성품 보수에 필요한 부품 구입의 용이성, 유지보수 비용 적정성 등
- 신뢰성 : 오경보율 최소화, 적정수명 보장 여부 고려, 고장률이 낮도록 내구성이 있는지 여부 등
- 운용 용이성 : 사용자 교범, 장치조작의 단순성 및 논리성 등
- 환경성 : 작동온도 범위, 방습·방수 기능 여부, 강우·강설·강풍 시의 정상작동 여부, 폭우·폭설·폭풍 등에 의한 손상 가능성 여부

19 기출 15

☑ 확인 Check! ○ △ ✕

외곽침입감지시스템 설계 시 고려사항이 아닌 것은?

① 시스템의 소비전류에 따른 배선 설계
② 감지영역의 범위에 따른 시스템 설계
③ 동물이나 외부 행인에 의한 오작동 대책
④ 광섬유 센서 케이블의 EMI 대책

핵심만 콕

외곽침입감지시스템 설계 시 고려사항
- 주위 환경을 고려한 시스템 설계 : 나무나 다른 물체를 이용한 침입 고려
- 자연적인 요동 상태를 파악하여 침입 시의 요동과 구별
- 경비대상물의 상태 등을 고려하여 시스템 설정치 값 산정

20 기출 14

☑ 확인Check! ○ △ ✕

외곽감지기 사용자의 요구사양서(최소기준) 중에서 사용자 교범, 장치조작의 단순성 및 논리성 등이 해당하는 항목은?

① 신뢰성
② 환경성
③ 운영 용이성
④ 설정지역 적합성

21 기출 19

☑ 확인Check! ○ △ ✕

다음 A경비회사에서 구축한 외곽침입감지기는?

- 침입자의 수, 움직임, 머무른 시간 등을 감지할 수 있게 하였다.
- 바람, 눈, 비, 안개 등에 오작동의 원인이 있었다.

① 관측형
② 전력형
③ 전자계형
④ 평행2선식형

핵심만 콕

전자계형 감지기의 복합감지 범위
- 다수의 침입자(Amplitude Change)
- 침입자의 움직임(Rate of Change)
- 침입자의 동요시간(Time of Disturbance) : 침입자가 Electrostatics 지역에 머무른 시간

22 기출문제

☑ 확인Check! ○ △ ✕

외곽감지시스템에서 사용되는 전자계 시스템의 구성요소가 아닌 것은?

① Field와 Sensor Wire
② Sensor Filter
③ Processor
④ Photo Transmition

쏙쏙 해설

Photo Transmition은 전자계 시스템의 구성요소가 아니다.

정답 ④

핵심만 콕

외곽감지시스템에서 사용되는 전자계 시스템의 구성요소
• Field와 Sensor Wire, 하드웨어(담장, Pole, 건물), Terminator(모든 Wire 통합을 통제)
• Sensor Filter : Wire와 Signal Processor 간의 기계적 · 전기적 Interface를 보조
• Processor : Field Generator, Signal Processing회로, 통제회로, Alarm회로, 전원장치 등

---

23 기출문제

☑ 확인Check! ○ △ ✕

다음 중 침입감지시스템의 경보신호 전달 순서를 적절하게 나열한 것은?

① 감지기 → 통제장치(제어기) → 경보장치
② 통제장치(제어기) → 감지기 → 경보장치
③ 감지기 → 경보장치 → 통제장치(제어기)
④ 경보장치 → 감지기 → 통제장치(제어기)

쏙쏙 해설

침입감지시스템의 경보신호 전달 순서
감지기 → 통제장치(제어기) → 경보장치

정답 ①

---

24 기출문제

☑ 확인Check! ○ △ ✕

정지화상 전송을 위한 통신 네트워크 선정에 있어 가장 효율성이 떨어지는 것은?

① ISDN
② PSDN
③ 전용선망(Leased Line Net work)
④ 다이얼 업 네트워크(Dial-up Network)

쏙쏙 해설

다이얼 업 네트워크
공중회선을 사용할 때에만 통신망에 접속하는 방식으로 교환회선이므로 다이얼링하여 회선을 접속하고 신호를 송신하기 때문에 신호 송 · 수신이 느리다.

정답 ④

25 기출 17

☑ 확인 Check! ○ △ ✕

출입통제를 위한 장거리 통신을 할 경우 사용되는 광섬유케이블의 장점으로 옳지 않은 것은?

① 대역폭이 넓다.

② 신호의 감쇠가 크다.

③ 광섬유 상호 간의 누설이 적다.

④ 외부의 전자기 방해에 영향을 받지 않는다.

핵심만 콕

광케이블의 특성

• 광섬유케이블이라고도 한다.

• 신호를 부호로 만든 광선을 내부 반사로 전송하는데, 다른 유선 전송매체에 비하여 대역폭이 넓어 데이터 전송률이 뛰어나다.

• 전자 유도나 낙뢰에 의한 방해를 받지 않는다.

• 데이터 전송속도는 약 1Gbit이다.

• 근거리와 광역 통신망, 장거리 통신, 군사용, 가입자회선 등에 많이 쓰인다.

26 기출 20 · 16

☑ 확인 Check! ○ △ ✕

낙뢰에 영향을 받지 않는 센서는?

① 전자계 센서

② 적외선 센서

③ 장력 센서

④ 광섬유 센서

27 기출 22

☑확인 Check! ○ △ ✕

외곽감지시스템용 광섬유 케이블에 관한 설명으로 옳지 않은 것은?

① 능형담장에 사용 가능하다.

② 옥외는 물론 옥내에서도 사용 가능하다.

③ 광 패턴의 변화는 Zone Processor에 의해 처리된다.

④ 광섬유케이블은 전기적 반응에 민감하게 작용하는 특성이 있다.

28 기출 19

☑확인 Check! ○ △ ✕

울타리에 진동센서 설치 시 오작동 원인이 아닌 것은?

① 바람이 강한 지역

② 인구가 적은 조용한 주변

③ 오래되어 느슨해진 울타리나 도로 주변

④ 나뭇가지나 소동물의 이동이 많은 지역

29

☑확인 Check! ○ △ ✕

철조망에 일정한 압력이 가해지면 감지하는 센서로 울타리 형태와 상관없이 망형 울타리 등에 자유롭게 설치하여 사용할 수 있는 센서는?

① 장력형 센서

② 광망형 센서

③ 케이블형 진동 센서

④ 전자계형 센서

30 기출 15

☑ 확인Check! ○ △ ✕

땅 속에 케이블을 매설하여 침입행위로 발생하는 진동이나 압력의
변화를 감지하는 센서는?

① UTP케이블 센서

② 로맥스케이블 센서

③ 광섬유케이블 센서

④ STP케이블 센서

쏙쏙 해설

광섬유케이블 센서는 진동이나 압력의
변화에 대해 초정밀 광대역 측정이 가
능하고 전자파의 영향을 받지 않으며
내부식성이 뛰어나 사용 환경에 대한
제약을 거의 받지 않는다.

정답 ❸

31 기출 20

☑ 확인Check! ○ △ ✕

적외선 감지기에 사용되며 광전효과가 있는 파장은?

① 가시광선

② 원적외선

③ 근적외선

④ 마이크로파

쏙쏙 해설

적외선 감지기는 광전효과(물질이 광
을 흡수하여 광전자를 방출하는 현상)
가 우수한 근적외선을 이용한다. 근적
외선은 가시광선보다 파장이 길어 대기
중의 먼지나 안개에 의한 감쇠가 적기
때문에 외곽용 적외선 감지기에 아주
적합하다.

정답 ❸

32 기출 19

☑ 확인Check! ○ △ ✕

감지장치의 설명으로 옳지 않은 것은?

① 적외선 감지기는 자력 효과를 이용한다.

② 전계 감지기는 지중에 매설하여 감지한다.

③ 수평 전계 감지기는 땅을 파고 침투하는 것을 감지한다.

④ 장력 감지기는 장력변화를 감지하며 스위치원리를 이용한다.

쏙쏙 해설

적외선 감지기는 광전효과가 우수한 근
적외선을 이용한다.

정답 ❶

33 기출 13

☑ 확인Check! ○ △ ✕

대기 중에서 산란의 영향을 가장 많이 받는 감지기는?

① 광섬유 망 감지기
② 수평 전계 감지기
③ 외곽용 적외선 감지기
④ 장력 감지기

쏙쏙 해설

빛은 대기를 통과할 때 흔들림 현상이 있어 점차 약해진다. 이는 산란에 의해 나타나며 대기의 성분이나 농도에 의해 많은 차이를 보인다. 근적외선은 가시광선보다 파장이 길어 대기 중의 먼지나 안개에 의한 감쇠가 적기 때문에 외곽용 적외선 감지기에 아주 적합하다.

정답 ❸

34 기출문제

☑ 확인Check! ○ △ ✕

외곽감시용 감지기 중 공간을 감시하는 데 가장 적합한 감지기는?

① 광케이블 센서
② 장력 센서
③ 광망시스템
④ 옥외형 열선 감지기

쏙쏙 해설

외곽감시용 감지기 중 공간을 감시하는 감지기에는 마이크로웨이브 센서, 마이크로웨이브 레이더 센서, 옥외형 열선 센서, 적외선 센서 등이 있다.

정답 ❹

35

☑ 확인Check! ○ △ ✕

담장을 넘을 때 진동, 절단 등을 모두 감지할 수 있는 외곽감시용 감지기는?

① 케이블형
② 광망형
③ 전계형
④ 장력형

쏙쏙 해설

광케이블 센서는 침입자의 행위로 인한 진동, 압력 변화, 광케이블 절단을 감지할 수 있다.

정답 ❶

36 기출 21

☑확인Check! ○ △ ✕

장력 감지기 섹터의 중앙 지점에 설치되며, Trip Wire와 Collector Wire가 교차하여 고정되고, 감지기의 감지부와 연결되는 구성요소는?

① Spiral Post
② Anchor Post
③ Encoder Post
④ Detector Post

쏙쏙 해설

설문은 철선 방식의 장력 감지기 중 Detector Post에 관한 설명에 해당한다.

정답 ❹

핵심만 콕

철선 방식의 장력 센서(감지기)

• 동작 원리 : 우선 인장 철선에 힘이 가해지면 센서기둥 방향으로 같은 크기의 움직임을 발생시키는데, 이 움직임이 일정량 이상이 되면 전기-기계적인 변환기에 의해 물리적인 움직임을 전기적 신호로 변환시킨다. 다음으로 Processor에서는 이를 분석하여 미리 프로그램된 범위를 벗어난 경우와 편향력(코리올리 힘)이 지나치게 움직이면 경보릴레이를 작동시키는 구조이다.

• 설치(구성요소)

- Anchor Post : Trip Wire를 고정하여 장력을 유지시키며, 한 구간을 구분하여 주는 기준이 된다.
- Detector Post : Sector의 중앙 지점에 설치되며, Trip Wire와 Collector Wire가 교차하여 고정되며, 감지기의 감지부와 연결할 수 있도록 구성되어 있다.
- Spiral Post : Spiral을 일정한 간격으로 고정 배치시켜, Trip Wire의 자체 중량에 의한 장력의 변화를 방지하며, 침투에 의한 변화된 장력을 수평으로 Detector Post에 전달하도록 한다.
- Trip Wire : 상・하로 15cm 이상 변화한 장력을 감지하도록 조정하여 작은 동물의 충격으로 인한 오경보를 방지한다.

〈출처〉 이강열, 「기계경비개론」, 진영사, 2021, P. 385~387

37 기출 20

☑확인Check! ○ △ ✕

장력의 변화를 감지하는 것은?

① L2
② L3
③ Taut Wire Sensor
④ Fiber Optic Sensor

쏙쏙 해설

토트 와이어 센서(Taut Wire Sensor)는 장력의 변화를 감지하는 장력 센서로서, 펜스형태로 설치된 Wire에 일정량의 힘이 가해지거나 끊어지면 동작하는 원리로 작동한다.

정답 ❸

38 기출 17

☑ 확인Check! ○ △ ✕

장력 감지기의 설명으로 옳지 않은 것은?

① 장력감지소자(taut-wire switch)가 철조망 지주에 고정되어 있다.

② 일반적인 감지기보다 설치비용이 크다.

③ 전기적 신호를 사용하지 않고 LED에서 나오는 빛이 광섬유를 통과하는 것을 이용한다.

④ 지하매설 감지기를 추가로 설치하여 지하 침투에 대비한다.

39

☑ 확인Check! ○ △ ✕

다음은 광케이블 센서에 대한 내용이다. ( ) 안에 들어갈 내용으로 올바르게 연결된 것은?

광케이블 센서는 광을 이용한 원리로 전자파나 외부 노이즈에 ( )하며, 1개의 감지 구역을 ( )m로 설정하였을 때, 이상 지역을 ( )m 단위까지 표시할 수 있는 감지시스템이다.

① 약 − 50 − 10

② 강 − 50 − 10

③ 강 − 100 − 10

④ 약 − 100 − 10

40 기출 13

☑ 확인Check! ○ △ ✕

펜스 진동 감지기에 관한 설명으로 옳지 않은 것은?

① 펜스에 설치되어 절단, 월담, 들기 등의 침입 시도를 감지한다.

② 전자기계형 감지기와 압전형 감지기 등이 있다.

③ 지하 땅굴로의 침입과 펜스 침입을 구분하여 감지한다.

④ 동물, 식물 등의 펜스 접촉에도 오경보가 발생한다.

41 기출 21

☑ 확인 Check! ○ △ ✕

외곽감지시스템에서 감지 케이블 내 미세한 전류에 의해 형성된 균일한 전자계가 외부의 충격을 받으면 변화가 발생하는 감지기는?

① 광망 감지기

② 광케이블 감지기

③ 자력식 케이블 감지기

④ 정온식 감지선형 감지기

42

☑ 확인 Check! ○ △ ✕

다음 내용과 관련 있는 외곽감지시스템은?

- 고도의 보안성이 요구되는 곳에 사용하기 위해 설계된 시스템이다.
- 침입자의 수, 움직임, 머무른 시간 등을 감지할 수 있다.

① 전자계형

② 장력형

③ 케이블형

④ 광망형

43 기출 14

☑확인 Check! ○ △ ✕

다음이 설명하는 외곽감지시스템은?

> 일정간격을 유지하게 설치한 2개의 전선에 흐르는 고주파 전류의 변화를 감지한다.

① 장력 감지기
② 초음파 감지기
③ 수평 전계 감지기
④ 분극케이블 감지기

쏙쏙 해설

수평 전계 감지기는 일정 간격을 유지하여 설치한 2개의 전선에 흐르는 고주파 전류의 변화를 감지하는 외곽감지시스템으로, 펜스로 둘러싸인 전선에 고주파의 전류를 흘려보내 침입자가 접근하거나 접촉에 의한 전계가 변화하는 것을 검지용의 전선에서 검지한다.

정답 ❸

44 기출 11

☑확인 Check! ○ △ ✕

외곽감지시스템에서 땅을 파고 침투하는 것을 감지하기에 적합한 감지기는?

① 장력 감지기(Tension Sensor)
② 광케이블 감지기(Fiber Optic Sensor)
③ 커패시턴스 감지기(Capacitance Sensor)
④ 수평 전계 감지기(Horizontal Electric Field Sensor)

쏙쏙 해설

설문은 지하매설 감지기에 대한 내용으로 수평 전계 감지기는 지하매설 감지기의 일종이다.

정답 ❹

45 기출문제

☑확인 Check! ○ △ ✕

외곽침입감지시스템에서 1개의 감지 구역을 100m로 설정하였을 때 이상 지역을 10m 단위까지로 표시가 가능한 감지시스템은?

① 진동 감지시스템
② 전자계 감지시스템
③ 장력 변화 감지시스템
④ 광케이블 망 감지시스템

쏙쏙 해설

광케이블 망은 망을 절단하거나 잡아당기거나 월장 시 경보하고 10m 단위 지점을 표시한다.

정답 ❹

46 기출 18

☑ 확인Check! ○ △ ✕

외곽감지시스템에서 광케이블 센서에 관한 설명으로 옳지 않은 것은?

① 실내·외에 모두 적용할 수 있다.
② 능형 울타리에 주로 사용한다.
③ 전자파나 외부 노이즈에 약하다.
④ 광신호의 변화는 존 프로세서(Zone processor)에 의해 처리된다.

쏙쏙 해설

광케이블 센서는 광을 이용한 원리로 전자파나 외부 노이즈에 강하며, 1개의 감지 구역을 100m로 설정하였을 때, 이상 지역을 10m 단위까지 표시할 수 있는 감지시스템이다.

정답 ❸

핵심만 콕

광케이블 센서의 개념
- 광을 이용한 원리로 전자파나 외부 노이즈에 강하며, 1개의 감지 구역을 100m로 설정하였을 때 이상 지역을 10m 단위까지 표시할 수 있는 감지시스템이다.
- 실내와 실외의 침입감지에 모두 적용할 수 있으며 울타리나 방호물의 진동, 압력 변화, 절단을 탐지하는 것으로 울타리에 직접 설치하여 침입 시 전달되는 신호를 Zone 프로세서에서 분석하는 원리이다.
- 다중 통신과 광대역 통신이 가능하며, 저손실로 장거리 전송이 가능하다.
- 능형망 울타리지역에 주로 설치하는 것으로 물리적 요동에 매우 민감하며 침입 시 센서케이블의 요동(광 패턴의 변화)은 존 프로세서(zone processor)에 의해 처리되고 존 프로세서의 접촉출력은 경보상태의 신호로 주 컨트롤러에 전송되어 작동한다.
- 센서케이블은 존 프로세서의 송신기로부터 Chain-link 펜스의 상단을 따라 펜스면에 부착하고, 이것을 다시 하단을 따라 존 프로세서의 수신기로 들어오도록 설치한다.

광케이블 센서의 장점
- 민감성 : 외부에서 작용하는 힘이나 압력에 대해 빛의 경로가 수십 nm(나노미터 ; 10억 분의 1m)만 변화해도 신호가 발생한다.
- 내구성 : 재질이 석영이므로 부식이 되지 않아 장기계측에 적합하다.
- 전자기적 중성(Electro-magnetic Neutrality) : 광섬유 센서는 센서로서의 기능을 수행하기 위해 빛 또는 광파가 필요한데, 빛의 가장 중요한 특성 중의 하나는 번개, 전파탐지기, 무선송신기 등에 의한 전자기파에 의해 영향을 받지 않는다는 점이다. 따라서 측정값이 방해·간섭을 받지 않으므로 계측의 안정성이 높다. 즉, 지능적인 침입자의 경우 침입자 탐지 센서를 피해가기 위한 보조장치를 사용하는 경우가 많은데, 광섬유 센서는 전자기적인 검색장치에 감응하지 않아서 인지가 불가능하다는 것이다.
- 측정정보 전달능력 : 정보가 빛의 속도로 전달되므로 엄청난 양의 정보처리가 가능하다.
- 작은 크기 : 광섬유의 직경이 1mm보다 작으므로 측정범위와 정도에 따라 여러 개의 센서가 사용될 수 있다.

47 기출 14

☑ 확인Check! ○ △ ✕

외곽감지시스템에서 광섬유 센서 케이블에 관한 설명으로 옳지 않은 것은?

① 능형 울타리 지역에 주로 사용한다.
② 실내·외의 침입감지에 모두 적용할 수 있다.
③ 광섬유 센서 케이블은 화학적 반응에 민감하다.
④ 광 패턴의 변화는 존 프로세서(zone processor)에 의해 처리된다.

48 기출 10

☑ 확인Check! ○ △ ✕

광섬유 센서 케이블 감지시스템에 관한 설명으로 옳은 것은?

① 1대의 감지 구역은 최대 500m이다.
② 광을 이용한 원리로 전자파나 외부 노이즈에 강하다.
③ 진동, 충격에 의한 빛의 굴절로 전류의 변화를 감지한다.
④ 기어오르기를 제외하고 울타리 파손, 절단의 침투 시도를 감지한다.

핵심만 콕

광섬유 센서의 장점
• 외부에서 작용하는 힘이나 압력에 매우 민감하다.
• 재질이 부식되지 않아 장기 계측에 적합하다.
• 번개, 전파탐지기 등 전자기파에 의해 영향을 받지 않는다.
• 엄청난 양의 정보를 빠른 시간 내에 전달 가능하다.
• 광섬유는 크기가 작아 여러 개의 센서를 사용할 수 있다.

49

장력 센서에 대한 설명으로 옳은 것은?

확인 Check! ○ △ ✕

① 장력 센서 자체로 울타리를 만들 경우 울타리를 넘는 침입은 감지할 수 있다.

② 장력 센서 자체로 울타리를 만들 경우 땅을 파는 침입은 감지할 수 있다.

③ 장력 센서를 울타리 상단부에 설치할 경우 울타리를 관통하는 침입은 감지하기 어렵다.

④ 설치가 쉽고, 유지 비용이 적게 소요된다는 장점이 있다.

쏙쏙 해설

제시된 내용 중 장력 센서에 대한 설명으로 옳은 것은 ③이다.
① · ② 장력 센서 자체로 울타리를 만들 경우 울타리를 넘거나 땅을 파는 침입은 감지하지 못한다.
④ 장력 센서는 바람, 비, 기온, 낙뢰, 정전기 등에 의해 오경보 · 오동작을 일으키기 쉽고, 다른 센서에 비해 설치가 까다로우며 유지를 위한 비용이 많이 소요된다.

정답 ❸

50 기출 15

외곽침입감지시스템은 펜스동요센서, 펜스접근센서, 지하매설센서 등으로 구분된다. 다음 중 펜스접근센서에 해당하는 것은?

☑ 확인 Check! ○ △ ✕

① 광섬유케이블 센서

② 정전용량 센서

③ 광망 센서

④ 장력 센서

쏙쏙 해설

• 침입자가 건물 내부로 침입하려는 2단계에 감지하는 펜스접근센서에 해당하는 것은 정전용량 센서이다.
• 광섬유케이블 센서, 광망 센서, 장력 센서는 1단계의 펜스동요 센서로 사용될 수 있는 것들이다.

정답 ❷

51 기출 13

☑ 확인 Check! ○ △ ✕

감지기의 감지원리에 관한 설명으로 옳은 것은?

① 가스 감지기는 빛의 성질을 이용한다.

② 열선 감지기는 물질의 화학적 성질을 이용한다.

③ 적외선 감지기는 주파수의 파동 변화를 이용한다.

④ 장력 감지기는 물체에 작용하는 힘과 운동의 관계를 이용한다.

52 기출문제

☑ 확인 Check! ○ △ ✕

외곽침입감지기로 사용하는 대향식 마이크로웨이브 감지기에 관한 설명으로 옳은 것은?

① 땅을 파고 침입하는 경우에도 감지한다.

② 감지영역에 동물이 지나가도 감지하지 않는다.

③ 침입자가 감지영역을 통과할 때 수신하는 전파량의 변화를 감지하는 원리이다.

④ 적외선 감지기에 비해 환경에 민감하므로 안개가 심한 장소에 설치를 피한다.

핵심만 콕

① 마이크로웨이브는 빛이나 열과 같은 전파를 감지하는 것이므로 땅을 파고 침입하는 경우 감지할 수 없다.

② 동물이 지나갈 때도 전파량이 변화되므로 감지하게 된다.

④ 적외선 감지기는 적외선 빛이 안개에 흡수되어 오작동을 유발할 수 있으나 마이크로웨이브는 짙은 안개도 통과할 수 있다.

53 기출 11

☑ 확인Check! ○ △ ✕

다음의 외곽감지시스템 감지기 중에서 기온 변화에 가장 민감한 것은?

① 장력 변화를 이용하는 감지기
② 펜스 충격을 이용하는 감지기
③ 적외선 변화를 이용하는 감지기
④ 전자계 시스템을 이용하는 감지기

54 기출 17

☑ 확인Check! ○ △ ✕

외곽침입감지기의 장치 중 감지방식에 따른 분류가 아닌 것은?

① 반도체형
② 케이블 진동 감지형
③ 장력형
④ 전자계형

55 기출 22

☑ 확인Check! ○ △ ✕

복수의 감지기 사용 시 어느 한쪽이 감지를 하여도 경보가 발생되는 결선방법은?

① AND 결선
② OR 결선
③ NOT 결선
④ NC 결선

56 기출 17 ☑확인Check! ○ △ ✕

외곽침입감지시스템 중 펜스 진동 감지기의 침입시도 감지 유형으로 옳지 않은 것은?

① 절단(cutting)

② 접근(approaching)

③ 넘기(climbing)

④ 들기(lifting)

57 기출 17 ☑확인Check! ○ △ ✕

외곽침입감지시스템의 고려사항으로 옳지 않은 것은?

① 지표를 덮고 있는 식물

② 방수, 방우

③ 동작온도

④ 실내 비상조명등 위치

핵심만 콕

외곽침입감지시스템 설계 시 고려대상
- 울타리 설치 지역 지표면의 각종 식물과 다른 물체 등 주위 환경을 고려하여 시스템을 설계한다.
- 주위를 질주하는 차량 등 자연적인 요동 상태를 파악하여 침입 시의 요동과 구별한다.
- 감지 영역의 거리, 경비 대상물의 상태 등을 고려하여 시스템 설정치 값을 산정한다.

외곽침입감지기 사용자의 요구사양서(최소기준)
- 기본성능 : 침투유형 설정, 탐지 확률, 침입 표시구역, 경보기능, 자체점검기능, 작동상황 자동기록 등
- 설정지역 적합성 : 지역의 지면의 경사도 및 굴곡, 주위 초목상태, 주변의 잡음 및 전자파 발생요인, 야생동물 등에 의한 센서의 정상작동에 대한 영향 고려, 지역 지반 변화에 따른 장치의 성능 저하 여부 및 대책, 바닷가의 경우 염분에 대한 내구성 여부 등
- 정비성 : 장치의 구성품별 교체시간, 구성품별 보수시간, 구성품 교체 시 호환성 여부, 구성품 뭉치 또는 구성품 보수에 필요한 부품 구입의 용이성, 유지보수 비용 적정성 등
- 신뢰성 : 오경보율 최소화, 적정수명 보장 여부 고려, 고장률이 낮도록 내구성이 있는지 여부 등
- 운용 용이성 : 사용자 교범, 장치조작의 단순성 및 논리성 등
- 환경성 : 작동온도 범위, 방습·방수 기능 여부, 강우·강설·강풍 시의 정상작동 여부, 폭우·폭설·폭풍 등에 의한 손상 가능성 여부

58 기출 17

☑ 확인Check! ○ △ ✕

외곽침입감지기를 분류할 때 담장 접근(fence approach) 감지기로 옳지 않은 것은?

① 적외선 감지기
② 정전용량 감지기
③ 전계 감지기
④ 자석 감지기

쏙쏙 해설

자석 감지기는 옥내용 감지기로 주로 창문이나 문에 설치하여 창문이나 문을 열고 침입하는 유형을 감지한다.

정답 ④

59 기출 18

☑ 확인Check! ○ △ ✕

지하매설 감지기에 해당하는 것은?

① 장력 감지기
② 적외선 감지기
③ 수평 전계 감지기
④ 마이크로웨이브 감지기

쏙쏙 해설

지하매설 감지기에는 수평 전계 감지기, 균형 압력 감지기, 지진동 감지기, 케이블 진동 감지기, 광섬유 진동 감지기 등이 있다.

정답 ③

핵심만 콕

외곽침입감지기의 분류

울타리 동요 감지기	담장 접근 감지기	지하매설 감지기
• 전기접점 변환 감지기 • 압전 변환 감지기 • 지진동 변환 감지기 • 장력 감지기 • 케이블 진동 감지기 • 광섬유 진동 감지기 • 광섬유 망 감지기 • 광 라인형 보안시스템	• 적외선 감지기 • 마이크로웨이브 감지기 • 전계 감지기 • 정전용량 감지기	• 수평 전계 감지기 • 균형 압력 감지기 • 지진동 감지기 • 케이블 진동 감지기 • 광섬유 진동 감지기

〈참고〉 신상엽, 「기계경비개론」, 백산출판사, 2004

60 기출 17 ☑ 확인 Check! ○ △ ✕

땅에 매설하여 땅굴을 뚫고 침투하는 것을 감지하는 감지기로 옳은 것은?

① 펜스 진동 감지기
② 자석 감지기
③ 장력 감지기
④ 수평 전계 감지기

쏙쏙 해설

설문은 지하매설 감지기에 대한 내용으로 수평 전계 감지기는 지하매설 감지기의 일종이다.

정답 ❹

61 기출 20 ☑ 확인 Check! ○ △ ✕

외곽감지시스템 경비용 감지기가 아닌 것은?

① 접지 감지기
② 전장 감지기
③ 광케이블 감지기
④ 수평전장 감지기

쏙쏙 해설

접지 감지기는 전기 회로에 접지가 있는지 여부를 나타내는 장치로 경비용 감지기에 해당하지 않는다.

정답 ❶

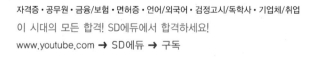

SD에듀 최강교수진!

합격에 최적화된 수험서와 최고 교수진의 名品 강의를 확인하세요!

SD에듀만의 경비지도사 수강혜택

1:1 맞춤
학습 제공
+
모바일강의
서비스 제공
+
기출문제
특강 제공

한눈에 보이는 경비지도사 동영상 합격 커리큘럼

1차		2차	
기본이론	과목별 필수개념 수립	기본이론	과목별 필수개념 수립
문제풀이	예상문제를 통한 실력 강화	문제풀이	예상문제를 통한 실력 강화
모의고사	동형 모의고사로 실력 점검	모의고사	동형 모의고사로 실력 점검
기출특강	기출문제를 통한 유형 파악	기출특강	기출문제를 통한 유형 파악

※ 과정별 커리큘럼 및 강사진은 내부사정에 따라 변경될 수 있습니다.

경비지도사

합격을 꿈꾸는 **수험생**들에게...

**이론 파악으로
기본 다지기**

**기출문제 정복으로
실력 다지기**

1단계

기본서 + 종합본

시험의 중요개념과
핵심이론을 파악하고
기초를 잡고 싶은 수험생!

2단계

기출문제집

최신 기출문제와 상세한
해설을 통해 학습내용을
확인하고 실전감각을
키우고 싶은 수험생!

2024

경비지도사 2차 [기계경비]

한권으로 끝내기

편저 | SD에듀 경비지도사 교수진

SD에듀

SUCCESS

기계경비시스템 설치기준 | 최신 3개년 기출문제해설

안심도서
항균99.9%

SD에듀
(주)시대고시기획

기계경비시스템 설치기준
(무인경비시스템, 로컬경비시스템)

기계경비시스템 설치기준
(무인경비시스템, 로컬경비시스템)

서문

이 규격은 국제 규격 IEC 60839-1-1(Alarm system Par 1 : General requirements-Section 1 : General)과 KS C 6571-1(경보시스템 일반 요구사항 제1부 : 일반 사항)을 참조하여 작성하였으며 국내의 기계경비시스템(무인경비시스템, 로컬경비시스템)에 적용되는 설치기준에 대하여 기술한다.

1　　적용범위

이 규격은 사람의 생명과 재산, 정보 보호를 위하여 사용되는 기계경비시스템 중 무인 및 로컬경비시스템의 설치에 대한 규격을 명시한다. 용어 및 심볼 관련 규격은 별도의 규격에 명시되어 있으며 그 규격은 이 규격과 연계하여 사용해야 한다. 이 규격은 외곽경보장치를 다루지 않고 있으며 주로 원격관제센터가 있는 무인경비시스템을 다루고 있다.

1.1　　기본 시스템 구성도

1.1.1 기계경비시스템
기계장치에 의해 감시하고 사람에 의해 조치하는 경비시스템

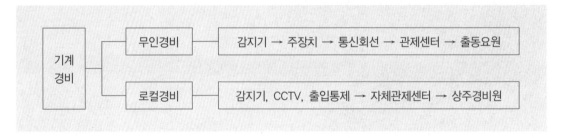

1.1.2 무인경비시스템

경비대상 시설물에 각종 감지기를 설치하여 이상 발생 시 원격지의 관제센터에서 신호를 수신, 출동요원이 대처하는 시스템

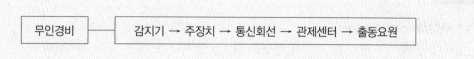

1.1.3 로컬경비시스템

경비대상 시설물에 감지기, 출입통제장치, 영상감시장치 등을 설치하여 이상이 발생할 경우 자체관제센터에서 신호를 수신, 상주경비원이 대처하는 시스템

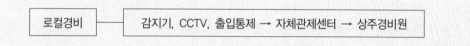

2 인용규격

다음에 나타내는 규격은 이 규격에 인용됨으로써 이 규격의 규정 일부를 구성한다. 이러한 인용규격은 그 최신판을 적용한다.

IEC 60839-1-1(Alarm system Par 1 : General requirements-Section 1 : General)

KS C 6571-1(경보시스템 일반요구사항 제1부 : 일반사항)

3 정의

이 규격에서 사용하는 주된 용어의 정의는 별도의 규격인 기계경비시스템(무인경비시스템, 로컬경비시스템) 용어 및 심볼에 명시되어 있다.

4.1 무인경비시스템 설치규격

4.1.1 주장치(control panel)

a) 인테리어, 공사의 편리성, 주장치 성능을 최대한 발휘할 수 있는 곳에 설치한다.

b) 콘크리트 벽면에 설치할 경우 칼블럭*을 이용하여 고정한다.

c) 외부 침입자가 쉽게 접근할 수 없는 곳에 설치하여 기기파손을 방지한다.

d) 가스배관으로부터 3m 이상 떨어진 곳에 설치한다.

e) 연결된 선은 최소 15~30cm 정도 여유가 있어야 한다.

f) 주전원 박스 또는 전기 분전반으로부터 60cm 이상 떨어진 곳에 설치한다.

g) 배수관, 습기가 있는 곳, 화기 근처에는 설치하지 않는다.

h) 전원은 상시 전원이 들어오는 곳에서 분기하며 누전차단기를 사용한다.

i) 전원부의 FG(frame ground)는 분전반 접지와 결선한다.

j) 뚜껑을 쉽고 안전하게 열 수 있도록 한다.

k) 경비구역 내에 설치하는 것을 원칙으로 한다.

*칼블럭 : 시멘트나 벽돌로 된 벽에 나사를 고정시키기 위해 박는 플라스틱 앙카(앵커)

4.1.2 로컬 주장치(local control panel)

a) 로컬 주장치는 4.1.1항의 "주장치" 설치규격과 동일하다.

4.1.3 출입 관리기(console)

a) 사각지대와 지연신호를 없애기 위하여 경비구역 밖에 설치하는 것이 좋다.

b) 경비구역 내 설치 시 세트, 해제 실수가 발생되지 않도록 설치한다.

c) 어린이 등이 장난으로 조작을 할 수 있으므로 밑 부분을 바닥에서 1.2m 이상의 위치에 설치한다.

d) 벽면이나 콘크리트에 설치할 경우 견고하게 고정한다.

e) 유리면에 출입 관리기 설치 시 탈락되지 않도록 견고하게 붙인다.

f) 간섭이나 노이즈 등의 영향이 없는 곳에 설치한다.

4.1.4 사이렌(siren)

a) 보안이 취약한 지역이나 경비 목적물 근처에 부착한다.

b) 특별한 사항이 없으면 주장치의 윗부분에 부착한다.

c) 주택에는 고객과 협의하여 부착한다.

d) 보안이 취약한 지역은 필요시 외부에 2중으로 부착한다.

e) 벽면이나 콘크리트에 설치할 경우 견고하게 부착한다.

f) 고객의 요구가 없더라도 범죄가 우려되는 경비구역에는 부착할 수 있다.

4.1.5 경보등(strobe light)

a) 보안이 취약지점이나 침입을 알리기 쉬운 곳에 부착한다.

b) 외부에서 잘 보이는 곳에 부착한다.

c) 이상 발생 시 경보등이 동작하도록 주장치의 알람 단자에 결선한다.

d) 벽면이나 콘크리트에 설치할 경우 견고하게 부착한다.

e) 가능한 경비구역 외부에 부착한다.

4.1.6 전원장치(power supply)

a) 전압강하의 영향이 없는 한 주장치와 동일 지역에 설치한다.

b) 콘크리트 벽면에 설치할 경우 칼블럭을 이용하여 고정한다.

c) 가스배관으로부터 3m 이상 떨어진 곳에 설치한다.

d) 연결된 선은 최소 15cm 정도 여유분이 있어야 한다.

e) 배수관, 습기가 있는 곳, 싱크대 위쪽에는 설치하지 않는다.

f) 전원은 상시 전원이 들어오는 곳에서 분기하며 누전차단기를 사용한다.

g) 전원부의 FG는 분전반 접지와 결선한다.

h) 뚜껑을 쉽고 안전하게 열 수 있도록 한다.

4.1.7 365 분전반(365 distribution switch board)

a) 365 코너의 기계실 내에 설치한다.

b) 고객 측 분전반 인근에 설치한다.

c) 전원은 반드시 UPS(uninterruptible power supply : 무정전전원장치) 전원을 사용한다.

d) 벽면이나 콘크리트에 설치할 경우 칼블럭을 이용하여 고정한다.

e) 마그네틱 용량을 감안하여 분전반을 추가 설치한다.

f) 분전반의 외함은 고객 측 분전반 접지에 결선한다.

g) 뚜껑을 쉽고 안전하게 열 수 있도록 한다.

4.1.8 프린터(printer)

a) 고객이 요구하는 장소에 설치한다.

b) 고객이 용지를 쉽게 절단할 수 있는 높이에 설치하되 어린이 등이 장난으로 만질 수 없도록 특별한 경우가 아니면 밑 부분이 바닥에서 1.2m 이상의 위치에 설치한다.

c) 벽면이나 콘크리트에 설치할 경우 견고하게 부착한다.

d) 설치위치가 지정되지 않으면 주장치와 동일위치에 설치한다.

e) 뚜껑을 쉽고 안전하게 열 수 있도록 한다.

4.1.9 차단기(circuit breaker)

a) 분전반 내부에 부착한다.

b) 차단기는 ELB(earth leakage breaker : 누전차단기)를 부착한다.

c) 내부에 공간이 없으면 분전반 외부에 차단기 박스를 설치 후 부착한다.

d) 외부 부착 시 차단기박스 상단이 분전반 상단 우측과 나란하도록 부착한다.

e) 차단기는 가능한 한 분전반과 가까운 거리에 부착한다.

f) 설치 완료 후 테스트 버튼을 눌러 정상 동작 여부를 확인한다.

4.1.10 무선수신기(wireless receiver)

a) 벽면에 노출하여 설치하며 가구 내부에는 설치하지 않는다.

b) TV, 오디오, 에어컨 및 사무기기 등으로부터 최대한 먼 곳에 설치한다.

c) 콘크리트나 벽에 파묻히도록 설치하지 않는다.

d) 설치 위치가 콘크리트일 경우 천장 면과 벽면으로부터 20cm 이상 떨어진 곳에 설치한다.

e) 사람이나 기타 물체와 접촉되지 않도록 바닥에서 1.5m 이상 떨어진 곳에 설치한다.

f) 벽면이나 콘크리트에 설치할 경우 칼블럭을 이용하여 고정한다.

4.1.11 자석감지기(magnetic sensor)

a) 창문이나 출입문 틀에는 센서부를 문짝에는 자석부를 부착한다.

b) 선로 인출부는 부싱(bushing) 등을 끼워 깔끔하게 처리한다.

c) 센서부와 자석부의 거리는 10mm 내로 한다.

d) 철문에는 자력상실을 방지하기 위하여 반드시 스페이셔(spacer)를 사용한다.

e) 센서부와 자석부는 일직선이 되도록 부착한다.

f) 내측 창이 열리면서 센서부가 파손될 수 있으므로 필요시 스토퍼(stopper)를 부착한다.

g) 감지기 설치완료 후 동작시켜 작동여부를 확인한다.

4.1.12 열선감지기(passive infrared sensor)

a) 설치 높이는 지면으로부터 2~3m에 설치함을 원칙으로 한다.

b) 센서가 외부의 영향으로 오작동 할 수 있는 장소는 부착을 피한다(무선국 설비, 고주파 발생지역, 고압선).

c) 급격한 온도변화를 일으킬 수 있는 에어컨, 환풍기, 난방기 등 주위에서는 물체로부터 최대한 멀리 떨어진 곳에 부착한다.

d) 햇빛이나 자동차의 헤드라이트 등의 영향을 받을 수 있으므로 센서에 외부광선이 직접 닿지 않는 곳에 부착한다.

e) 가급적 창이나 창문을 향하여 부착하지 않는다.

f) 감지기 경계 존(zone)을 가로지르는 방향으로 부착한다.

g) 옥외에는 설치할 수 없으며 차광물이 있는 곳에는 부착을 피한다.

h) 선로인입 부분은 실리콘 등으로 막아 바퀴벌레 및 공기가 유입되지 못하게 한다.

i) 감지기 설치완료 후 동작시켜 작동여부를 확인한다.

4.1.13 적외선감지기(infrared sensor)

a) 벽면에 설치할 경우

    1) 배관 공사 시 주변색상과 어울리는 몰드(mold)나 파이프(pipe) 등을 이용하여 바닥이나 천장으로 배관한다.

    2) 감지기로 내려가거나 올라가는 부분은 몰드 등을 이용하여 배관한다.

    3) 파이프의 연결 부분은 방수박스를 사용하여 방수가 되게 한다.

    4) 감지기 설치높이는 창틀에서부터 감지기 중앙까지 하단은 20~30cm, 상단은 50~90cm 정도로 한다.

    5) 흔들림이 없도록 견고하게 고정한다.

b) 담장에 설치할 경우

    1) 폴(pole) 사용을 원칙으로 한다.

    2) 폴(pole)은 앵커나 볼트 등을 이용하여 흔들림 없도록 고정한다.

    3) 폴(pole)은 내 측면 설치가 원칙이나 부득이한 경우 담장 위에 설치한다.

    4) 배관 배선은 경비구역 안쪽으로 한다.

    5) 감지기 설치높이는 담 위에서 감지기 중앙까지 하단은 20~30cm, 상단은 50~90cm 정도로 한다.

    6) 필요한 경우에는 탬퍼(tamper)를 설치한다.

c) 평지나 정원에 설치할 경우

    1) 폴(pole)을 이용하여 감지기를 부착한다.

    2) 폴(pole)은 흔들림이 없도록 가급적 거푸집을 만들어 고정한다.

    3) 배관 배선은 가급적 노출되지 않도록 매립하여 배관 배선한다.

    4) 거푸집은 시멘트 자갈 모래를 1 : 2 : 3의 비율로 배합하여 넣고 양생이 되면 폴(pole) 밑면의 고정구멍과 일치하게 볼트를 매입한다.

    5) 콘크리트가 완전히 양생되면 와셔 등으로 폴(pole)을 단단히 고정한다.

    6) 폴(pole)이 고정되면 박스와 폴(pole)간에 배관을 한 다음 폴(pole)의 인출구로 선을 인출하여 감지기를 부착한다.

    7) 감지기 설치 높이는 지면에서부터 감지기 중앙까지 하단은 20~40cm, 상단은 70~100cm 정도로 한다.

    8) 필요한 경우에는 탬퍼(tamper)를 설치한다.

    9) 수풀을 피하여 설치한다.

4.1.14 셔터감지기(자석식)(shutter sensor(magnetic type))

a) 지면으로부터 2m 이상인 곳에 설치한다.

b) 벽면에 센서부를 부착하고 셔터 면에 자석부를 부착한다.

c) 센서부가 설치되는 곳은 칼블럭을 사용하여 흔들림이 없어야 한다.

d) 센서부와 자석부의 거리는 전면 9cm 상하 1cm 이내로 부착한다.

e) 센서부와 자석부는 볼트와 너트를 이용하여 흔들림이 없이 고정한다.

4.1.15 금고감지기(vault sensor)

a) 금고문의 개방을 최우선적으로 감지하도록 부착한다.

b) 감지기를 부착할 곳의 표면을 깨끗이 닦아 이물질을 제거한다.

c) 접착력을 높이기 위해 실리콘이나 접착제 등을 사용하여 부착한다.

d) 선로는 반드시 결선 박스에서 결선한다.

e) 감지기 선로는 최대한 팽팽하게 하여야 하며, 늘어짐이 없어야 한다.

4.1.16 벽 충격감지기(wall shock sensor)

a) 감지기 부착위치는 현장 상황에 따라 적절히 부착한다.

b) 설치 완료 후 감지대상 벽면 부위에 충격을 가하여 감지하는지 확인한다.

c) 금고 내부의 철판이 등분되어 있을 경우는 각각의 철판에 감지기를 부착한다.

d) 고정식 금고(은행 등)의 외부와 접하는 모든 면에 감지기를 부착한다.

4.1.17 CD충격감지기(cash dispenser shock sensor)

a) CD(cash dispenser : 현금지급기), ATM(automatic teller machine : 현금자동입출금기)기의 파손을 감지할 수 있도록 부착한다.

b) 액정 판 주위에 접착제 등을 이용하여 견고하게 부착한다.

c) 부착한 감지기는 기계 내부의 고열로 떨어질 우려가 있으므로 접착 상태를 재확인한다.

d) 기기 내부 배선 시 선로에 손상이 되지 않도록 케이블 타이나 마운트 등을 이용하여 고정시킨다.

e) 현금 방출구를 열 때 감지기가 방출구에 장애가 되지 않도록 설치한다.

4.1.18 벤트감지기(vent sensor)

a) 센서 설치는 내측 창 안쪽 틀과 일직선이 되는 위쪽에 설치한다.

b) 내측, 외측 창 모두 벤트 스위치(vent switch)를 설치할 수 없으므로 내측 창에는 벤트 스위치(vent switch)를 설치하며 외측 창에는 일반 자석 감지기를 설치한다.

c) 오픈(open)거리 초과를 방지하기 위하여 스토퍼(stopper) 및 고정걸이를 설치한다.

d) 센서부는 반드시 수직으로 설치되어야 하며 센서부와 자석부의 설치 각도는 90도가 되어야 한다.

4.1.19 유리감지기(glass break sensor)

a) 부착 부분을 깨끗이 닦는다.

b) 유리면에 선팅(tinting)이 되어있으면 감지거리가 짧아지므로 썬팅을 제거하고 부착한다.

c) 감지기는 유리 모서리의 상단이나 하단에 3~6cm 정도 떨어진 곳에 부착한다.

d) 유리의 가로 또는 세로의 길이가 2m가 넘으면 감지기를 추가한다.

e) 양면테이프를 사용하여 감지기를 부착하면 유리에 충격이 가해지더라도 흡수되어 감지될 수 없으므로 유의한다.

f) 감지기는 떨어지지 않도록 견고하게 부착한다.

4.1.20 음향감지기(audio sensor)

a) 최적위치는 유리창 쪽과 같은 벽면이다.

b) 가능하면 유리 가까이 설치하며, 감도는 현장에 맞게 조정한다.

c) 공기의 막힘이 없는 곳으로 천장이나 맞은편 벽면에 부착한다.

d) 음파와 충격파를 방해하는 장애물이 없는 곳에 부착한다.

e) 진동이나 음을 발생하는 에어컨이나, 팬, 환풍기, 스피커 등을 피하여 부착한다.

f) 창문 커버가 있다면 음파와 충격파를 커버가 흡수하므로 주의하여야 한다.

g) 이중유리나 필름을 붙인 유리는 진동이 흡수되어 감지범위가 1/2 정도 저하되므로 음향 감지기 부착을 피하여야 한다.

h) 주택 내부에는 부착하지 않는다.

4.1.21 누수감지기(leakage water sensor)

a) 건물의 지하실 및 펌프실, 문서고 등에 부착한다.

b) 감지기는 누수를 감지하고자 하는 위치에 부착한다.

c) 누수 존(zone)에 다른 감지기를 혼용하여 사용하지 않는다.

d) 가입자가 잘못 취급하거나 물청소를 할 때 오보가 발생할 수 있다.

e) 감지기를 바닥 가까이 설치하면 파손될 염려가 있으므로 통행량이 적은 곳에 설치한다.

4.1.22 장력감지기(tension sensor)

a) 광범위한 지역의 외곽경비 울타리, 담장, 벽에 설치한다.

b) 옥외용 적외선 감지기 부착이 곤란한 풀밭, 곡선으로 된 곳 등에 설치한다.

c) 와이어를 2m 간격으로 지지했을 경우 경계 와이어로프(wire rope)의 어느 위치에 있더라도 1.5kg의 하중을 걸어서 동작하지 않아야 한다.

d) 브라켓(bracket)은 견고하게 부착하여 움직이지 않도록 한다.

e) 계절에 따라 셋팅(setting) 위치를 조절할 필요가 있다.

4.1.23 비상스위치(유선)(emergency switch(wire type))

a) 사용자가 쉽게 사용할 수 있는 곳에 부착한다.

b) 문 근처에 설치하는 경우는 문이 열리는 쪽에 부착한다.

c) 바닥으로 배선할 때 금속 몰드 등을 사용하며 몰드가 깨져서 선이 눌리지 않도록 한다.

d) 제3자나 아이들의 손이 닿기 쉬운 곳에는 부착하지 않는다.

4.1.24 화재감지기(fire sensor)

a) 화재감지기는 화재를 효과적으로 감지할 수 있는 천장 부근에 설치한다.

b) 부착 높이는 바닥으로부터 8m를 넘지 않아야 한다.

c) 공기 배출구로부터 1.5m 이상 떨어진 장소에 부착한다.

d) 열 감지기의 하단은 부착 면으로부터 30cm 이내로 설치해야 한다.

e) 보 등의 두께가 40cm 이상이면 별개의 감지구역으로 한다.

f) 감지기는 45° 이상 경사가 되지 않도록 부착한다.

g) 기타 설치는 소방법에 준하여 부착한다.

4.1.25 가스감지기(gas sensor)

a) 가스 취급 기기로부터 4m 이내에 부착한다.

b) 가스의 종류를 구분하여 부착위치를 정한다.

c) LNG(liquefied natural gas : 액화천연가스)는 천장에서 30cm 부근에 부착하고, LPG(liquefied petroleum gas : 액화석유가스)는 바닥에서 30cm 부근에 부착한다.

d) 공기의 흐름이 거의 없는 장소에 부착한다.

e) 수증기가 발생하는 곳이나 통풍이 잘 되는 곳(환풍기, 선풍기)은 부착하지 않는다.

f) 부착 완료 후 감지부에 가스(가스라이터 사용)를 주입 경보 LED(light emitting diode : 발광 다이오드)가 점멸과 동시에 경보음이 나는지 확인한다.

g) 기타 설치는 소방법에 준하여 설치한다.

4.1.26 무선열선감지기(wireless passive infrared sensor)

a) 콘크리트 벽면에 부착 시 흔들림이 없도록 견고하게 부착한다.

b) 설치 높이는 지면으로부터 2~3m에 설치함을 원칙으로 한다.

c) 센서가 외부의 영향으로 오작동 할 수 있는 장소는 부착을 피한다(무선국설비, 고주파 발생지역, 고압선 등).

d) 급격한 온도를 일으킬 수 있는 장소인 에어컨, 환풍기, 난방기 등 주위에서는 최대한 먼 곳에 설치한다.

e) 햇빛이나 자동차의 헤드라이트 등의 영향을 받을 수 있으므로 센서에 외부광선이 직접 닿지 않는 위치로 부착한다.

f) 가급적 창이나 창문을 향하여 부착하지 않는다.

g) 감지기 경계 존(zone)을 가로지르는 방향으로 부착해야 한다.

h) 옥외에는 설치할 수 없으며 차광물이 있는 곳에는 부착을 피한다.

i) 감지기 설치 완료 후 동작시켜 작동여부를 확인한다.

j) 배터리 수명연장을 위하여 가능한 서늘한 곳에 설치한다.

4.1.27 무선자석감지기(wireless magnetic sensor)

a) 출입문에 부착 시 문과 문틀이 잘 맞지 않아 틈새가 발생할 경우 브라켓(bracket)을 사용하여 부착한다.

b) 자석부를 철문에 부착 시 자력상실을 방지하기 위하여 1개 이상의 스페이서를 사용한다.

c) 감지기에 충격을 주지 말아야 한다.

d) 감지기가 외부의 영향으로 오동작 할 수 있는 장소인 무선국 설비, 고주파발생지역, 고압선등이 위치한 곳에는 부착을 피한다.

e) 감지기는 경비구역 내에만 부착한다.

f) 배터리는 저온에서보다 고온에서 방전이 심하여 수명이 짧아지기 때문에, 기기를 설치할 경우에는 가능한 서늘한 곳에 위치하여야 한다.

g) 부착 완료 후 감지기를 작동하여 동작하는지 확인한다.

4.1.28 비상스위치(무선)[emergency switch(wireless type)]

a) 수신기는 주장치 주변에 부착하는 것을 원칙으로 한다.

b) 수신불가 지역이 없는지 방문을 닫고 확인한다.

c) 수신불가 지역이 있으면 수신기를 수신가능 지역으로 이동하여 부착한다.

d) 감지기 설치완료 후 동작시켜 작동여부를 확인한다.

4.2 로컬경비시스템 설치규격

4.2.1 카메라(camera)

a) 흔들림이 없도록 견고하게 설치한다.

b) 사람이 손이 직접 닿지 않는 높이에 설치한다.

c) 카메라의 위치는 가능한 한 피사체의 정면에 설치한다.

d) 역광이 최소화되도록 설치한다.

e) 카메라는 최대한 하우징 유리쪽에 가까이 설치한다.

f) 고압선이나 고주파 발생지역에는 설치하지 않는다.

g) 사각 지역이 발생하지 않도록 설치한다.

h) 유지보수가 용이하게 설치한다.

4.2.2 하우징(housing)

a) 지지대에 흔들림이 없도록 견고하게 설치한다.

b) 현장상황에 맞게 노출형이나 돔형 하우징을 설치한다.

c) 옥외에 설치할 때는 온도조절용 팬히터가 장착된 하우징을 권장한다.

d) 유지보수가 용이하도록 설치한다.

4.2.3 지지대(bracket)

a) 흔들리거나 떨어지지 않도록 견고하게 설치한다.

b) 부식되거나 녹슬지 않는 재질을 사용한다.

c) 현장 상황에 맞는 지지대를 선택한다.

4.2.4 회전기(pan/tilt)

a) 회전기에 부착하는 각종 보조 장치의 무게를 고려하여 설치한다.

b) 옥외에 설치할 때는 기본적으로 눈이나 비를 피할 수 있는 것을 설치한다.

c) 회전반경을 고려하여 설치한다.

규격

2023년

2022년

2021년

4.2.5 투광등(search light)

a) 카메라 사양에 알맞은 밝기의 조명을 사용한다.
b) 불빛이 직접 입사되지 않도록 설치한다.
c) 알람 연동용 조명은 즉시 켜지는 조명을 사용한다.

4.2.6 수신기(receiver)

a) 수신기는 제3자의 접근이 어려운 곳에 설치한다.
b) 비, 먼지, 눈과 같은 환경의 영향을 받지 않도록 외함을 설치한다.
c) 외함에는 반드시 잠금장치를 설치한다.
d) 인입 케이블은 수신기 밑으로 끌어넣는다.

4.2.7 조정기(controller)

a) 감시자가 조작하기 쉬운 곳에 설치한다.

4.2.8 수상기(monitor)

a) 감시 거리를 감안하여 수상기의 크기를 선택한다.
b) 적절한 시야를 확보할 수 있도록 높이를 고려하여 설치한다.
c) 통풍이 용이한 곳에 설치하여 방열이 잘 되도록 한다.
d) 벽면에서 15cm 이상 떨어진 곳에 시킨다.
e) 강전이나 자성체가 발생되는 곳은 피한다.
f) 배후가 밝은 장소는 피한다.
g) 직사광선이나 조명이 수상기에 직접 들어오지 않도록 설치한다.
h) 평평하고 흔들리지 않는 장소에 설치한다.
i) 습기나 화기가 있는 곳은 피한다.

4.2.9 분할기(splitter)

a) 감시자가 조작하기 쉬운 곳에 설치한다.
b) 제3자의 조작방지를 위해 기기수용함에 설치한다.
c) 기기수용함이 없는 경우는 수상기와 가까운 곳 하단에 설치한다.
d) 평평하고 흔들리지 않는 장소에 설치한다.
e) 습기나 화기가 있는 곳은 피한다.
f) 기기 사이에 일정 간격을 유지하여 통풍이 잘 되도록 한다.

4.2.10 순차표시기(auto selector)

a) 감시자가 조작하기 쉬운 곳에 설치한다.
b) 제3자의 조작방지를 위해 기기수용함에 설치한다.
c) 기기수용함이 없는 경우는 수상기와 가까운 곳 하단에 설치한다.

d) 평평하고 흔들리지 않는 장소에 설치한다.

e) 습기나 화기가 있는 곳은 피한다.

f) 기기 사이에 일정 간격을 유지하여 통풍이 잘 되도록 한다.

4.2.11 문자, 시간표시기(ID time date generator)

a) 감시자가 조작하기 쉬운 곳에 설치한다.

b) 제3자의 조작방지를 위해 기기수용함에 설치한다.

c) 기기수용함이 없는 경우는 수상기와 가까운 곳 하단에 설치한다.

d) 평평하고 흔들리지 않는 장소에 설치한다.

e) 습기나 화기가 있는 곳은 피한다.

f) 기기 사이에 일정 간격을 유지하여 통풍이 잘 되도록 한다.

4.2.12 다중영상표시기(Multiplexer)

a) 감시자가 조작하기 쉬운 곳에 설치한다.

b) 제3자의 조작방지를 위해 기기수용함에 설치한다.

c) 기기수용함이 없는 경우는 수상기와 가까운 곳 하단에 설치한다.

d) 평평하고 흔들리지 않는 장소에 설치한다.

e) 습기나 화기가 있는 곳은 피한다.

f) 기기 사이에 일정 간격을 유지하여 통풍이 잘 되도록 한다.

4.2.13 영상분배기(video distribution amplifier)

a) 감시자가 조작하기 쉬운 곳에 설치한다.

b) 제3자의 조작방지를 위해 기기수용함에 설치한다.

c) 기기수용함이 없는 경우는 수상기와 가까운 곳 하단에 설치한다.

d) 평평하고 흔들리지 않는 장소에 설치한다.

e) 습기나 화기가 있는 곳은 피한다.

f) 기기 사이에 일정 간격을 유지하여 통풍이 잘 되도록 한다.

4.2.14 녹화기(recorder)

a) 감시자가 조작하기 쉬운 곳에 설치한다.

b) 제3자의 조작방지를 위해 기기수용함에 설치한다.

c) 기기수용함이 없는 경우는 수상기와 가까운 곳 하단에 설치한다.

d) 평평하고 흔들리지 않는 장소에 설치한다.

e) 습기나 화기가 있는 곳은 피한다.

f) 기기 사이에 일정 간격을 유지하여 통풍이 잘 되도록 한다.

4.2.15 전기정(electronic lock)

a) 출입문에 견고하게 설치한다.

b) 케이블이 쉽게 절단될 수 없도록 한다.

c) 출입문이 손상되지 않도록 설치한다.

d) 접속 부분은 결선용 박스를 사용하고 박스를 사용할 수 없는 곳은 수축튜브를 이용하여 결선한다.

4.2.16 퇴실버튼(egress button)

a) 설치 높이는 바닥에서 1.2m 이상의 높이에 설치한다.

b) 출입문의 손잡이로부터 반경 1.5m 이내에 설치한다.

〈출처〉 한국표준협회 / 한국경비협회규격

최신 3개년 기출문제해설

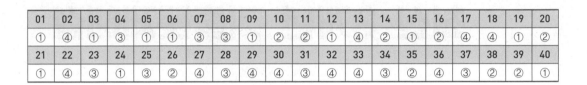

01	02	03	04	05	06	07	08	09	10	11	12	13	14	15	16	17	18	19	20
①	④	①	③	①	①	③	③	①	②	②	①	④	②	①	②	④	④	①	②
21	22	23	24	25	26	27	28	29	30	31	32	33	34	35	36	37	38	39	40
①	④	③	①	③	②	④	③	④	④	③	④	④	③	②	④	③	②	②	①

01   난이도 하   ▌경비업법 제2조 - 정의

☐☐☐   경비업법령상 용어의 정의이다. ( )에 들어갈 내용이 바르게 나열된 것은?

- 신변보호업무 : 사람의 생명이나 신체에 대한 (ㄱ)의 발생을 방지하고 그 신변을 보호하는 업무
- 특수경비업무 : 공항(항공기를 포함) 등 대통령령이 정하는 국가중요시설의 (ㄴ) 및 도난·화재 그 밖의 위험발생을 방지하는 업무
- 기계경비업무 : 경비대상시설에 설치한 기기에 의하여 감지·송신된 정보를 그 경비대상시설 외의 장소에 설치한 (ㄷ)의 기기로 수신하여 도난·화재 등 위험발생을 방지하는 업무

① ㄱ : 위해, ㄴ : 경비, ㄷ : 관제시설

> ( )에 들어갈 내용은 ㄱ : 위해, ㄴ : 경비, ㄷ : 관제시설이다(경비업법 제2조 제1호).

② ㄱ : 위해, ㄴ : 보호, ㄷ : 관제시설

③ ㄱ : 침해, ㄴ : 경비, ㄷ : 감지시설

④ ㄱ : 침해, ㄴ : 보호, ㄷ : 감지시설

관계법령

정의(경비업법 제2조)
이 법에서 사용하는 용어의 정의는 다음과 같다.
1. "경비업"이라 함은 다음 각목의 1에 해당하는 업무(이하 "경비업무"라 한다)의 전부 또는 일부를 도급받아 행하는 영업을 말한다.
   가. 시설경비업무 : 경비를 필요로 하는 시설 및 장소(이하 "경비대상시설"이라 한다)에서의 도난·화재 그 밖의 혼잡 등으로 인한 위험발생을 방지하는 업무
   나. 호송경비업무 : 운반 중에 있는 현금·유가증권·귀금속·상품 그 밖의 물건에 대하여 도난·화재 등 위험발생을 방지하는 업무

다. 신변보호업무 : 사람의 생명이나 신체에 대한 위해의 발생을 방지하고 그 신변을 보호하는 업무
라. 기계경비업무 : 경비대상시설에 설치한 기기에 의하여 감지·송신된 정보를 그 경비대상시설 외의 장소에 설치한 관제시설의 기기로 수신하여 도난·화재 등 위험발생을 방지하는 업무
마. 특수경비업무 : 공항(항공기를 포함한다) 등 대통령령이 정하는 국가중요시설(이하 "국가중요시설"이라 한다)의 경비 및 도난·화재 그 밖의 위험발생을 방지하는 업무

02 난이도 하   ▌경비업법 제5조 – 법인 임원의 결격사유

□□□ **경비업법령상 특수경비업을 영위하는 법인 임원의 결격사유를 모두 고른 것은?**

> ㄱ. 경비업법에 위반하여 벌금형의 선고를 받고 3년이 지나지 아니한 자
> ㄴ. 「대통령 등의 경호에 관한 법률」에 위반하여 벌금형의 선고를 받고 3년이 지나지 아니한 자
> ㄷ. 금고 이상의 형의 선고를 받고 그 형이 실효되지 아니한 자

① ㄷ
② ㄱ, ㄴ
③ ㄴ, ㄷ
④ ㄱ, ㄴ, ㄷ

제시된 내용은 모두 특수경비업을 영위하는 법인 임원의 결격사유에 해당한다(경비업법 제5조 제3호·제4호).

관계법령

임원의 결격사유(경비업법 제5조) ★
다음 각호의 어느 하나에 해당하는 자는 경비업을 영위하는 법인(제4호에 해당하는 자의 경우에는 특수경비업무를 수행하는 법인, 제5호에 해당하는 자의 경우에는 허가취소사유에 해당하는 경비업무와 동종의 경비업무를 수행하는 법인)의 임원이 될 수 없다. 〈개정 2021.1.12.〉
1. 피성년후견인
2. 파산선고를 받고 복권되지 아니한 자
3. 금고 이상의 형의 선고를 받고 그 형이 실효되지 아니한 자
4. 이 법 또는 「대통령 등의 경호에 관한 법률」에 위반하여 벌금형의 선고를 받고 3년이 지나지 아니한 자
5. 이 법(제19조 제1항 제2호 및 제7호는 제외) 또는 이 법에 의한 명령에 위반하여 허가가 취소된 법인의 허가취소 당시의 임원이었던 자로서 그 취소 후 3년이 지나지 아니한 자
6. 제19조 제1항 제2호(허가받은 경비업무 외의 업무에 경비원을 종사하게 한 때) 및 제7호(소속 경비원으로 하여금 경비업무의 범위를 벗어난 행위를 하게 한 때)의 사유로 허가가 취소된 법인의 허가취소 당시의 임원이었던 자로서 허가가 취소된 날부터 5년이 지나지 아니한 자

□□□ **경비업법령상 경비업 허가를 받으려는 자가 신청서에 첨부하여야 하는 서류를 모두 고른 것은?**

> ㄱ. 법인의 정관 1부
> ㄴ. 법인 임원의 이력서 1부
> ㄷ. 법인 임원의 인감증명서 1부

① ㄱ, ㄴ

> <u>ㄷ(법인 임원의 인감증명서 1부)은</u> ㄱ(법인의 정관 1부), ㄴ(법인 임원의 이력서 1부)과 달리 <u>경비업법령상 경비업 허가를 받으려는 자가 신청서에 첨부하여야 할 서류에 해당하지 않는다.</u>

② ㄱ, ㄷ

③ ㄴ, ㄷ

④ ㄱ, ㄴ, ㄷ

관계법령

허가신청 등(경비업법 시행규칙 제3조)
① 법 제4조 제1항 및 「경비업법 시행령」(이하 "영"이라 한다) 제3조 제1항에 따라 경비업의 허가를 받으려는 경우 또는 경비업자가 허가를 받은 경비업무를 변경하거나 새로운 경비업무를 추가하려는 경우에는 별지 제2호 서식의 경비업 허가신청서 또는 변경허가신청서(전자문서로 된 신청서를 포함한다)에 다음 각호의 서류(전자문서를 포함한다)를 첨부하여 법인의 주사무소를 관할하는 시·도 경찰청장 또는 해당 시·도 경찰청 소속의 경찰서장에게 제출하여야 한다. 이 경우 신청서를 제출받은 경찰서장은 지체 없이 관할 시·도 경찰청장에게 보내야 한다.
1. 법인의 정관 1부
2. 법인 임원의 이력서 1부
3. 경비인력·시설 및 장비의 확보계획서 각 1부(경비업 허가의 신청 시 이를 갖출 수 없는 경우에 한한다)

□□□ 경비업법령상 기계경비업자가 오경보의 방지를 위해 계약상대방에게 설명하여야 하는 사항이 아닌 것은?

① 당해 기계경비업무와 관련된 관제시설 및 출장소의 명칭·소재지

> 경비업법 시행령 제8조 제1항 제1호

② 기계경비업무용 기기의 설치장소 및 종류와 그 밖의 기계장치의 개요

> 경비업법 시행령 제8조 제1항 제3호

③ **기계경비지도사의 명단·배치일자·배치장소와 출동차량의 대수**

> 기계경비업자가 출장소별로 갖추어 두어야 하는 서류의 기재사항에 해당한다(경비업법 시행령 제9조 제1항 제2호).

④ 기계경비업자가 경비대상시설에서 발생한 경보를 수신한 경우에 취하는 조치

> 경비업법 시행령 제8조 제1항 제2호

관계법령

오경보의 방지를 위한 설명 등(경비업법 시행령 제8조)

① 법 제9조 제1항의 규정에 의하여 <u>기계경비업자가 계약상대방에게 하여야 하는 설명은 다음 각호의 사항을 기재한 서면 또는 전자문서</u>(이하 "서면등"이라 하며, 이 조에서 전자문서는 계약상대방이 원하는 경우에 한한다)를 교부하는 방법에 의한다.
  1. <u>당해 기계경비업무와 관련된 관제시설 및 출장소</u>(제5조 제3항의 규정에 의한 출장소를 말한다. 이하 같다)<u>의 명칭·소재지</u>
  2. <u>기계경비업자가 경비대상시설에서 발생한 경보를 수신한 경우에 취하는 조치</u>
  3. <u>기계경비업무용 기기의 설치장소 및 종류와 그 밖의 기계장치의 개요</u>
  4. <u>오경보의 발생원인과 송신기기의 유지·관리방법</u>

② 기계경비업자는 제1항 각호의 사항을 기재한 서면등과 함께 법 제26조의 규정에 의한 손해배상의 범위와 손해배상액에 관한 사항을 기재한 서면등을 계약상대방에게 교부하여야 한다.

기계경비업자의 관리 서류(경비업법 시행령 제9조)

① <u>기계경비업자는 법 제9조 제2항의 규정에 의하여 출장소별로 다음 각호의 사항을 기재한 서류를 갖추어 두어야 한다.</u>
  1. 경비대상시설의 명칭·소재지 및 경비계약기간
  2. <u>기계경비지도사의 명단·배치일자·배치장소와 출동차량의 대수</u>
  3. 경보의 수신 및 현장도착 일시와 조치의 결과
  4. 오경보인 경우 오경보가 발생한 경비대상시설 및 그 오경보에 대한 조치의 결과

② 제1항 제3호 및 제4호의 규정에 의한 사항을 기재한 서류는 당해 경보를 수신한 날부터 1년간 이를 보관하여야 한다.

05 난이도 하

□□□ **경비업법령상 특수경비원의 결격사유로 옳지 않은 것은?**

① 심신미약자

> 심신미약자가 아닌 심신상실자가 특수경비원의 결격사유에 해당한다(경비업법 제10조 제2항 제2호, 동법 시행령 제10조의2 제1호).

② 마약 · 대마 · 향정신성의약품 또는 알코올 중독자

> 경비업법 시행령 제10조의2 제2호

③ 경비업법에 따른 명령을 위반하여 벌금형을 선고받은 날부터 5년이 지나지 아니한 자

> 경비업법 제10조 제2항 제3호 – 제1항 제8호

④ 인질강도죄(「형법」 제336조)를 범하여 벌금형을 선고받은 날부터 5년이 지나지 아니한 자

> 경비업법 제10조 제2항 제3호 – 제1항 제6호 가목

관계법령

경비지도사 및 경비원의 결격사유(경비업법 제10조)★★
① 다음 각호의 1에 해당하는 자는 경비지도사 또는 일반경비원이 될 수 없다. 〈개정 2021.1.12.〉
  1. 18세 미만인 사람, 피성년후견인
  2. 파산선고를 받고 복권되지 아니한 자
  3. 금고 이상의 실형의 선고를 받고 그 집행이 종료(집행이 종료된 것으로 보는 경우를 포함한다)되거나 집행이 면제된 날부터 5년이 지나지 아니한 자
  4. 금고 이상의 형의 집행유예선고를 받고 그 유예기간 중에 있는 자
  5. 다음 각목의 어느 하나에 해당하는 죄를 범하여 벌금형을 선고받은 날부터 10년이 지나지 아니하거나 금고 이상의 형을 선고받고 그 집행이 종료된(종료된 것으로 보는 경우를 포함한다) 날 또는 집행이 유예 · 면제된 날부터 10년이 지나지 아니한 자
    가. 「형법」 제114조의 죄
    나. 「폭력행위 등 처벌에 관한 법률」 제4조의 죄
    다. 「형법」 제297조, 제297조의2, 제298조부터 제301조까지, 제301조의2, 제302조, 제303조, 제305조, 제305조의2의 죄
    라. 「성폭력범죄의 처벌 등에 관한 특례법」 제3조부터 제11조까지 및 제15조(제3조부터 제9조까지의 미수범만 해당한다)의 죄
    마. 「아동 · 청소년의 성보호에 관한 법률」 제7조 및 제8조의 죄
    바. 다목부터 마목까지의 죄로서 다른 법률에 따라 가중처벌되는 죄
  6. 다음 각목의 어느 하나에 해당하는 죄를 범하여 벌금형을 선고받은 날부터 5년이 지나지 아니하거나 금고 이상의 형을 선고받고 그 집행이 유예된 날부터 5년이 지나지 아니한 자
    가. 「형법」 제329조부터 제331조까지, 제331조의2 및 제332조부터 제343조까지의 죄
    나. 가목의 죄로서 다른 법률에 따라 가중처벌되는 죄
    다. 삭제 〈2014.12.30.〉
    라. 삭제 〈2014.12.30.〉
  7. 제5호 다목부터 바목까지의 어느 하나에 해당하는 죄를 범하여 치료감호를 선고받고 그 집행이 종료된 날 또는 집행이 면제된 날부터 10년이 지나지 아니한 자 또는 제6호 각목의 어느 하나에 해당하는 죄를 범하여 치료감호를 선고받고 그 집행이 면제된 날부터 5년이 지나지 아니한 자

8. 이 법이나 <u>이 법에 따른 명령을 위반하여 벌금형을 선고받은 날부터 5년이 지나지 아니하거나</u> 금고 이상의 형을 선고받고 그 집행이 유예된 날부터 5년이 지나지 아니한 자

② 다음 각호의 어느 하나에 해당하는 자는 특수경비원이 될 수 없다.★ 〈개정 2021.1.12.〉

1. 18세 미만이거나 60세 이상인 사람, 피성년후견인
2. <u>심신상실자, 알코올 중독자 등 대통령령으로 정하는 제약이 있는 자</u>

> **특수경비원의 결격사유(경비업법 시행령 제10조의2)**
> 법 제10조 제2항 제2호에서 "심신상실자, 알코올 중독자 등 대통령령으로 정하는 정신적 제약이 있는 자"란 다음 각호의 사람을 말한다.
> 1. 심신상실자
> 2. 마약·대마·향정신성의약품 또는 알코올 중독자
> 3. 「치매관리법」 제2조 제1호에 따른 치매, 조현병·조현정동장애·양극성정동장애(조울병)·재발성우울장애 등의 정신질환이나 정신 발육지연, 뇌전증 등이 있는 사람. 다만, 해당 분야 전문의가 특수경비원으로서 적합하다고 인정하는 사람은 제외한다.
> [본조신설 2021.7.13.]

3. 제1항 제2호부터 제8호까지의 어느 하나에 해당하는 자
4. 금고 이상의 형의 선고유예를 받고 그 유예기간 중에 있는 자
5. 행정안전부령이 정하는 신체조건에 미달되는 자

> **특수경비원의 신체조건(경비업법 시행규칙 제7조)**
> 법 제10조 제2항 제5호에서 "행정안전부령이 정하는 신체조건"이라 함은 팔과 다리가 완전하고 두 눈의 맨눈시력 각각 0.2 이상 또는 교정시력 각각 0.8 이상을 말한다.

06 <난이도 하>

■ 경비업법 시행령 제11조~제13조 − 경비지도사 시험 등

경비업법령상 경비지도사 시험 등에 관한 설명으로 옳지 않은 것은?

① <u>경비업법에 따른 일반경비업무에 3년 이상 종사하고 행정안전부령으로 정하는 교육과정을 이수한 사람은 경비지도사 제1차 시험을 면제한다.</u>

> 경비업무에 3년 이상 종사하고 행정안전부령으로 정하는 교육과정을 이수한 경우 경비지도사 제1차 시험이 면제되는 업무는 **특수경비업무이다**(경비업법 시행령 제13조 제4호).

② 경비지도사 시험은 필기시험의 방법에 의하되 제1차 시험과 제2차 시험으로 구분하여 실시한다.

> 경비업법 시행령 제12조 제1항 전문

③ 경비지도사 시험의 공고는 관보게재와 각 시·도 경찰청 게시판 및 인터넷 홈페이지에 게시하는 방법에 의한다.

> 경비업법 시행령 제11조 제3항

④ 「대통령 등의 경호에 관한 법률」에 따른 경호공무원 또는 별정직공무원으로 7년 이상 재직한 사람은 경비지도사 제1차 시험을 면제한다.

> 경비업법 시행령 제13조 제2호

07 난이도 **하**　　　　　　　　　　　　　　　　　　　　▌경비업법 시행령 제16조·제17조, [별표 3] − 경비지도사

☐☐☐ **경비업법령상 경비지도사에 관한 설명으로 옳지 않은 것은?**

① 경비지도사는 경비원의 지도·감독·교육에 관한 계획의 수립·실시 및 그 기록의 유지를 월 1회 이상 수행하여야 한다.

　　경비업법 시행령 제17조 제2항

② 경비업자는 선임·배치된 경비지도사에 결원이 있는 경우에는 15일 이내에 경비지도사를 새로이 충원하여야 한다.

　　경비업자는 제1항의 규정에 의하여 <u>선임·배치된 경비지도사에 결원이 있거나 자격정지 등의 사유로 그 직무를 수행할 수 없는 때에는 15일 이내에 경비지도사를 새로이 충원하여야 한다</u>(경비업법 시행령 제16조 제2항).

③ <u>경비지도사는 경비원에 대한 교육을 실시하고, 행정안전부령으로 정하는 경비원 직무교육 실시대장에 그 내용을 기록하여 1년간 보존하여야 한다.</u>

　　경비지도사는 법 제12조 제2항 제1호에 따라 경비원에 대한 교육을 실시하고, 행정안전부령으로 정하는 경비원 직무교육 실시대장에 그 내용을 기록하여 <u>2년간</u> 보존하여야 한다(경비업법 시행령 제17조 제3항).

④ 경비지도사가 선임·배치된 시·도 경찰청의 관할구역과 경계를 맞닿아 인접한 시·도 경찰청의 관할구역에 배치된 경비원이 30명 이하인 경우에는 경비지도사를 따로 선임·배치하지 않을 수 있다.

　　경비업법 시행령 [별표 3] 제2호 전문

08 난이도 **하**　　　　　　　　　　　　▌경비업법 시행령 제18조·제19조, 동법 시행규칙 제15조 − 경비원의 교육 등

☐☐☐ **경비업법령상 경비원의 교육 등에 관한 설명으로 옳지 않은 것은?**

① 「경찰공무원 교육훈련규정」에 따른 경찰교육기관은 일반경비원 신임교육이 가능하다.

　　경비업법 시행령 제18조 제1항 제2호

② 「군인사법」에 따른 부사관 이상으로 근무한 경력이 있는 사람은 일반경비원 신임교육대상에서 제외할 수 있다.

　　경비업법 시행령 제18조 제2항 제4호

③ <u>특수경비업자는 채용 전 5년 이내에 특수경비업무에 종사하였던 경력이 있는 사람을 특수경비원으로 채용한 경우에는 해당 특수경비원을 특수경비원 신임교육대상에서 제외할 수 있다.</u>

　　특수경비업자는 <u>채용 전 3년 이내에 특수경비업무에 종사하였던 경력이 있는 사람을 특수경비원으로 채용한 경우에는 해당 특수경비원을 특수경비원 신임교육대상에서 제외할 수 있다</u>(경비업법 시행령 제19조 제2항).

④ 경비업자는 특수경비원이 신임교육을 받은 때에는 경비원의 명부에 그 사실을 기재하여야 한다.

　　경비업법 시행규칙 제15조 제3항

난이도 **하** 경비업법 제14조, 동법 시행령 제20조, 동법 시행규칙 제18조 − 특수경비원의 직무 및 무기사용 등

□□□ **경비업법령상 특수경비원의 직무 및 무기사용 등에 관한 설명으로 옳은 것을 모두 고른 것은?**

> ㄱ. 시·도 경찰청장이 시설주의 신청에 의하여 무기를 구입한 경우, 시설주는 그 무기의 구입대금을 지불하고, 구입한 무기를 국가에 기부채납하여야 한다.
>
> > (O) 경비업법 제14조 제3항
>
> ㄴ. 시설주는 관할 경찰관서장으로부터 대여받은 무기를 특수경비원에게 휴대하게 하는 경우에는 관할 경찰관서장의 사전승인을 얻어야 한다.
>
> > (O) 경비업법 시행령 제20조 제2항
>
> ㄷ. 무기를 대여받은 시설주는 관할 경찰관서장이 정하는 바에 의하여 무기의 관리실태를 매월 파악하여 다음 달 5일까지 관할 경찰관서장에게 통보하여야 한다.
>
> > (×) 무기를 대여받은 국가중요시설의 시설주 또는 관리책임자는 관할 경찰관서장이 정하는 바에 의하여 무기의 관리실태를 매월 파악하여 <u>다음 달 3일까지</u> 관할 경찰관서장에게 통보하여야 한다(경비업법 시행규칙 제18조 제1항 제5호).
>
> ㄹ. 무기를 대여받은 시설주는 수리가 필요한 무기가 있는 때에는 그 목록과 무기장비운영카드를 첨부하여 특수경비업자에게 수리를 요청하여야 한다.
>
> > (×) 무기를 대여받은 국가중요시설의 시설주 또는 관리책임자는 수리가 필요한 무기가 있는 때에는 그 목록과 무기장비운영카드를 첨부하여 <u>관할 경찰관서장에게</u> 수리를 요청하여야 한다(경비업법 시행규칙 제18조 제3항 제4호).

① ㄱ, ㄴ

> 제시된 내용 중 경비업법령상 특수경비원의 직무 및 무기사용 등에 관한 설명으로 옳은 것은 ㄱ, ㄴ이다.

② ㄱ, ㄷ

③ ㄴ, ㄹ

④ ㄷ, ㄹ

10 난이도 **하**

□□□ **경비업법령상 특수경비원의 의무에 관한 설명으로 옳지 않은 것은?**

① 특수경비원은 소속상사의 허가 또는 정당한 사유 없이 경비구역을 벗어나서는 아니 된다.

> 경비업법 제15조 제2항

② **특수경비원은 쟁의행위 유형 중 태업은 할 수 있지만, 파업은 할 수 없다.**

> 특수경비원은 **파업 · 태업 그 밖에 경비업무의 정상적인 운영을 저해하는 일체의 쟁의행위를 하여서는 아니 된다**(경비업법 제15조 제3항).

③ 특수경비원은 총기 또는 폭발물을 가지고 대항하는 경우를 제외하고는 14세 미만의 자 또는 임산부에 대하여는 권총 또는 소총을 발사하여서는 아니 된다.

> 경비업법 제15조 제4항 제3호

④ 특수경비원은 사람을 향하여 권총 또는 소총을 발사하고자 하는 때에는 미리 구두 또는 공포탄에 의한 사격으로 상대방에게 경고하는 것이 원칙이다.

> 경비업법 제15조 제4항 제1호 본문

11 난이도 **하**

□□□ **경비업법령상 경비업자 및 경비원의 의무에 관한 설명으로 옳지 않은 것은?**

① 경비업자는 경비대상시설의 소유자 또는 관리자의 관리권의 범위 안에서 경비업무를 수행하여야 한다.

> 경비업법 제7조 제1항 전단

② **경비업자는 도급을 의뢰받은 경비업무가 위법 또는 부당한 것일 때에는 시 · 도 경찰청장에게 보고하여야 한다.**

> **경비업자는** 경비업무를 성실하게 수행하여야 하고, **도급을 의뢰받은 경비업무가 위법 또는 부당한 것일 때에는 이를 거부하여야 한다**(경비업법 제7조 제2항).

③ 경비업자의 임 · 직원이거나 임 · 직원이었던 자는 다른 법률에 특별한 규정이 있는 경우를 제외하고는 그 직무상 알게 된 비밀을 누설하거나 다른 사람에게 제공하여 이용하도록 하는 등 부당한 목적을 위하여 사용하여서는 아니 된다.

> 경비업법 제7조 제4항

④ 경비원은 직무를 수행함에 있어 타인에게 위력을 과시하거나 물리력을 행사하는 등 경비업무의 범위를 벗어난 행위를 하여서는 아니 된다.

> 경비업법 제15조의2 제1항

□□□ **경비업법령상 경비원의 복장 · 장비 등에 관한 설명으로 옳지 않은 것은?**

① <u>경비원은 근무 중 경비업무 수행에 필요한 것으로서 공격적인 용도로 제작된 장비를 휴대할 수 있다.</u>

> <u>경비원은 근무 중</u> 경적, 단봉, 분사기, 안전방패, 무전기 및 그 밖에 <u>경비업무 수행에 필요한 것으로서 공격적인 용도로 제작되지 아니하는 장비를 휴대할 수 있으며,</u> 안전모 및 방검복 등 안전장비를 착용할 수 있다(경비업법 시행규칙 제20조 제1항).

② 경비업자는 출동차량 등의 도색 및 표지를 정하고 이를 확인할 수 있는 사진을 첨부하여 주된 사무소를 관할하는 시 · 도 경찰청장에게 행정안전부령으로 정하는 바에 따라 신고하여야 한다.

> 경비업법 제16조의3 제2항

③ 경비원이 휴대할 수 있는 장비의 종류는 경적 · 단봉 · 분사기 등 행정안전부령으로 정하되, 근무 중에만 이를 휴대할 수 있다.

> 경비업법 제16조의2 제1항

④ 누구든지 장비를 임의로 개조하여 통상의 용법과 달리 사용함으로써 다른 사람의 생명 · 신체에 위해를 가하여서는 아니 된다.

> 경비업법 제16조의2 제3항

13 난이도 하

▎경비업법 제17조, 동법 시행규칙 제22조 – 결격사유 확인을 위한 범죄경력조회 등

□□□ **경비업법령상 결격사유 확인을 위한 범죄경력조회 등에 관한 설명으로 옳지 않은 것은?**

① 시·도 경찰청장 또는 관할 경찰관서장은 경비업자의 임원, 경비지도사 또는 경비원이 결격사유에 해당하는 사실을 알게 된 때에는 경비업자에게 그 사실을 통보하여야 한다.

> 경비업법 제17조 제4항

② 범죄경력조회 요청을 받은 관할 경찰관서장은 경비업자에게 그 결과를 통보할 때에는 경비업자의 임원, 경비지도사 또는 경비원이 결격사유에 해당하는지 여부만을 통보하여야 한다.

> 경비업법 제17조 제3항

③ 경비업자는 선출하려는 임원, 경비지도사 또는 경비원이 결격사유에 해당하는지를 확인하기 위하여 주된 사무소, 출장소 또는 배치장소를 관할하는 시·도 경찰청장 또는 경찰관서장에게 「형의 실효 등에 관한 법률」 제6조에 따른 범죄경력조회를 요청할 수 있다.

> 경비업법 제17조 제2항

④ **경비업자는 범죄경력조회를 요청하는 경우 취업자 또는 취업예정자 범죄경력조회 동의서와 주민등록 초본을 첨부하여야 한다.**

> 경비업자가 법 제17조 제2항에 따른 **범죄경력조회 요청 시** 범죄경력조회 신청서에 첨부하여야 할 서류는 경비업 허가증 사본과 취업자 또는 취업예정자 범죄경력조회 동의서이다(경비업법 시행규칙 제22조 제2항).

관계법령

결격사유 확인을 위한 범죄경력조회 등(경비업법 제17조)

① 경찰청장, 시·도 경찰청장 또는 관할 경찰관서장은 직권으로 또는 제2항에 따른 범죄경력조회 요청이 있는 경우에는 경비업자의 임원, 경비지도사 또는 경비원이 제5조 제3호·제4호, 제10조 제1항 제3호부터 제8호까지 또는 같은 조 제2항 제3호·제4호에 따른 결격사유에 해당하는지를 확인하기 위하여 「형의 실효 등에 관한 법률」 제6조에 따른 범죄경력조회를 할 수 있다. 〈개정 2021.1.12.〉

② 경비업자는 선출·선임·채용 또는 배치하려는 임원, 경비지도사 또는 경비원이 제5조 제3호·제4호, 제10조 제1항 제3호부터 제8호까지 또는 같은 조 제2항 제3호·제4호에 따른 결격사유에 해당하는지를 확인하기 위하여 주된 사무소, 출장소 또는 배치장소를 관할하는 시·도 경찰청장 또는 경찰관서장에게 「형의 실효 등에 관한 법률」 제6조에 따른 범죄경력조회를 요청할 수 있다. 〈개정 2021.1.12.〉

③ 제2항에 따른 범죄경력조회 요청을 받은 시·도 경찰청장 또는 관할 경찰관서장은 경비업자에게 그 결과를 통보할 때에는 경비업자의 임원, 경비지도사 또는 경비원이 제5조 제3호·제4호, 제10조 제1항 제3호부터 제8호까지 또는 같은 조 제2항 제3호·제4호에 따른 결격사유에 해당하는지 여부만을 통보하여야 한다. 〈개정 2021.1.12.〉

④ 시·도 경찰청장 또는 관할 경찰관서장은 경비업자의 임원, 경비지도사 또는 경비원이 제5조 각호, 제10조 제1항 각호 또는 제2항 각호의 결격사유에 해당하는 사실을 알게 되거나 이 법 또는 이 법에 따른 명령을 위반한 때에는 경비업자에게 그 사실을 통보하여야 한다.

14 난이도 하

┃ 경비업법 제18조 제8항 - 경비원 배치폐지명령

□□□ **경비업법령상 관할 경찰관서장이 배치폐지를 명할 수 있는 경우가 아닌 것은?**

① 경비원 명단 및 배치일시·배치장소 등 배치허가 신청의 내용을 거짓으로 한 때

> 경비업법 제18조 제8항 제1호

② **70세인 일반경비원을 경비업무에 종사하게 한 때**

> 관할 경찰관서장이 배치폐지를 명할 수 있는 사유에 해당하지 않는다. 참고로 **경비업법령상 일반경비원은 특수경비원과 달리 '60세 이상'이라는 나이 상한의 결격사유가 존재하지 않는다**(경비업법 제10조 제1항 제1호·제2항 제1호 참조).

③ 상해죄(「형법」 제257조 제1항)로 벌금형을 선고받고 5년이 지나지 아니한 자를 집단민원현장에 일반경비원으로 배치한 때

> 경비업법 제18조 제8항 제2호

④ 경비업자 또는 경비원이 위력이나 흉기 또는 그 밖의 위험한 물건을 사용하여 집단적 폭력사태를 일으킨 때

> 경비업법 제18조 제8항 제4호

관계법령

경비원의 명부와 배치허가 등(경비업법 제18조)★★

⑥ 경비업자는 다음 각호의 어느 하나에 해당하는 죄를 범하여 벌금형을 선고받고 5년이 지나지 아니하거나 금고 이상의 형을 선고받고 그 집행이 유예된 날부터 5년이 지나지 아니한 자를 집단민원현장에 일반경비원으로 배치하여서는 아니 된다.
  1. 「형법」 제257조부터 제262조까지, 제264조, 제276조부터 제281조까지의 죄, 제284조의 죄, 제285조의 죄, 제320조의 죄, 제324조 제2항의 죄, 제350조의2의 죄, 제351조의 죄(제350조, 제350조의2의 상습범으로 한정한다), 제369조 제1항의 죄
  2. 「폭력행위 등 처벌에 관한 법률」 제2조 또는 제3조의 죄
⑧ 관할 경찰관서장은 경비업자가 다음 각호의 어느 하나에 해당하는 때에는 배치폐지를 명할 수 있다.
  1. 제2항 각호 외의 부분 단서를 위반하여 배치허가를 받지 아니하고 경비원을 배치하거나 경비원 명단 및 배치일시·배치장소 등 배치허가 신청의 내용을 거짓으로 한 때
  2. 제6항의 결격사유에 해당하는 자를 집단민원현장에 일반경비원으로 배치한 때
  3. 제7항을 위반하여 신임교육을 이수하지 아니한 자를 제2항 각호의 경비원으로 배치한 때
  4. 경비업자 또는 경비원이 위력이나 흉기 또는 그 밖의 위험한 물건을 사용하여 집단적 폭력사태를 일으킨 때
  5. 경비업자가 제2항 각호 외의 부분 본문을 위반하여 신고하지 아니하고 일반경비원을 배치한 때

2023년 2022년 2021년

□□□ **경비업법령상 경비업 허가를 취소하여야 하는 경우가 아닌 것은?**

① <u>정당한 사유 없이 최종 도급계약 종료일의 다음 날부터 1년 이내에 경비 도급실적이 없을 때</u>

> 허가관청은 경비업자가 정당한 사유 없이 <u>최종 도급계약 종료일의 다음 날부터 2년 이내</u>에 경비 도급실적이 없을 때 그 허가를 취소하여야 한다(경비업법 제19조 제1항 제5호).

② 정당한 사유 없이 허가를 받은 날부터 2년 이내에 경비 도급실적이 없거나 계속하여 1년 이상 휴업한 때

> 경비업법 제19조 제1항 제4호

③ 영업정지처분을 받고 계속하여 영업을 한 때

> 경비업법 제19조 제1항 제6호

④ 관할 경찰관서장의 배치폐지명령에 따르지 아니한 때

> 경비업법 제19조 제1항 제8호

핵심만 콕

경비업 허가의 취소 등(경비업법 제19조)

절대적(필요적) 허가취소사유 (제1항)	허가관청은 경비업자가 다음의 어느 하나에 해당하는 때에는 그 허가를 취소하여야 한다. 1. 허위 그 밖의 부정한 방법으로 허가를 받은 때 2. 경비업자가 허가받은 경비업무 외의 업무에 경비원을 종사하게 한 때 – 적용중지 헌법불합치 결정(2020헌가19) 3. 특수경비업자가 경비업 및 경비관련업 외의 영업을 한 때 4. <u>정당한 사유 없이 허가를 받은 날부터 2년 이내에 경비 도급실적이 없거나 계속하여 1년 이상 휴업한 때</u> 5. <u>정당한 사유 없이 최종 도급계약 종료일의 다음 날부터 2년 이내에 경비 도급실적이 없을 때</u> 6. <u>영업정지처분을 받고 계속하여 영업을 한 때</u> 7. 소속 경비원으로 하여금 경비업무의 범위를 벗어난 행위를 하게 한 때 8. <u>관할 경찰관서장의 배치폐지명령에 따르지 아니한 때</u>

□□□ **경비업법령상 2차 위반 시 행정처분의 기준이 가장 중한 행위는?**

① 경비업자가 경비원의 복장 등에 관한 규정을 위반한 때

> 2차 위반 시 행정처분은 '1개월 영업정지'이다(경비업법 시행령 [별표 4] 제2호 자목). (답 : 경·1·3)

② **경비업자가 결격사유에 해당하는 일반경비원을 집단민원현장에 배치한 때**

> 2차 위반 시 행정처분은 '3개월 영업정지'이다(경비업법 시행령 [별표 4] 제2호 하목). (답 : 1·3·취)

③ 경비업자가 경비원의 출동차량 등에 관한 규정을 위반한 때

> 2차 위반 시 행정처분은 '1개월 영업정지'이다(경비업법 시행령 [별표 4] 제2호 카목). (답 : 경·1·3)

④ 기계경비업자가 관련서류를 작성·비치하지 않은 때

> 2차 위반 시 행정처분은 '경고'이다(경비업법 시행령 [별표 4] 제2호 마목). (답 : 경·경·1)

관계법령

행정처분 기준(경비업법 시행령 [별표 4])

2. 개별기준

위반행위	해당 법조문	행정처분 기준		
		1차 위반	2차 위반	3차 이상 위반
가. 법 제4조 제1항 후단을 위반하여 시·도 경찰청장의 허가 없이 경비업무를 변경한 때	법 제19조 제2항 제1호	경 고	영업정지 6개월	허가취소
나. 법 제7조 제2항을 위반하여 도급을 의뢰받은 경비업무가 위법한 것임에도 이를 거부하지 않은 때	법 제19조 제2항 제2호	영업정지 1개월	영업정지 3개월	허가취소
다. 법 제7조 제6항을 위반하여 경비지도사를 집단민원현장에 선임·배치하지 않은 때	법 제19조 제2항 제3호	영업정지 1개월	영업정지 3개월	허가취소
라. 법 제8조를 위반하여 경비대상시설에 관한 경보 대응체제를 갖추지 않은 때	법 제19조 제2항 제4호	경 고	경 고	영업정지 1개월
마. 법 제9조 제2항을 위반하여 관련 서류를 작성·비치하지 않은 때	법 제19조 제2항 제5호	경 고	경 고	영업정지 1개월
바. 법 제10조 제3항을 위반하여 결격사유에 해당하는 경비원을 배치하거나 결격사유에 해당하는 경비지도사를 선임·배치한 때	법 제19조 제2항 제6호	영업정지 1개월	영업정지 3개월	허가취소
사. 법 제12조 제1항을 위반하여 경비지도사를 선임한 때	법 제19조 제2항 제7호	영업정지 1개월	영업정지 3개월	허가취소
아. 법 제13조를 위반하여 경비원으로 하여금 교육을 받게 하지 않은 때	법 제19조 제2항 제8호	경 고	경 고	영업정지 1개월
자. 법 제16조에 따른 경비원의 복장 등에 관한 규정을 위반한 때	법 제19조 제2항 제9호	경 고	영업정지 1개월	영업정지 3개월

차. 법 제16조의2에 따른 경비원의 장비 등에 관한 규정을 위반한 때	법 제19조 제2항 제10호	경 고	영업정지 1개월	영업정지 3개월
카. 법 제16조의3에 따른 경비원의 출동차량 등에 관한 규정을 위반한 때	법 제19조 제2항 제11호	경 고	영업정지 1개월	영업정지 3개월
타. 법 제18조 제1항 단서를 위반하여 집단민원현장에 일반경비원 명부를 작성·비치하지 않은 때	법 제19조 제2항 제12호	영업정지 1개월	영업정지 3개월	허가취소
파. 법 제18조 제2항 각호 외의 부분 단서를 위반하여 배치허가를 받지 아니하고 경비원을 배치하거나 경비원 명단 및 배치일시·배치장소 등 배치허가 신청의 내용을 거짓으로 한 때	법 제19조 제2항 제13호	영업정지 1개월	영업정지 3개월	허가취소
하. 법 제18조 제6항을 위반하여 결격사유에 해당하는 일반경비원을 집단민원현장에 배치한 때	법 제19조 제2항 제14호	영업정지 1개월	영업정지 3개월	허가취소
거. 법 제24조에 따른 감독상 명령에 따르지 않은 때	법 제19조 제2항 제15호	경 고	영업정지 3개월	허가취소
너. 법 제26조를 위반하여 손해를 배상하지 않은 때	법 제19조 제2항 제16호	경 고	영업정지 3개월	영업정지 6개월

17 난이도 **하** ▌경비업법 제20조 - 경비지도사자격의 취소 등

☐☐☐ **경비업법령상 경비지도사자격의 취소사유를 모두 고른 것은?**

> ㄱ. 경비지도사자격증을 다른 사람에게 양도한 때
> ㄴ. 자격정지 기간 중에 경비지도사로 선임되어 활동한 때
> ㄷ. 파산선고를 받고 복권되지 아니한 자
> ㄹ. 금고 이상의 형의 집행유예선고를 받고 그 유예기간 중에 있는 자

① ㄱ, ㄴ

② ㄱ, ㄷ, ㄹ

③ ㄴ, ㄷ, ㄹ

④ ㄱ, ㄴ, ㄷ, ㄹ

> 제시된 내용은 모두 경비업법령상 경비지도사자격의 취소사유에 해당한다(경비업법 제20조 제1항). 참고로 ㄷ은 경비업법 제10조 제1항 제2호, ㄹ은 경비업법 제10조 제1항 제4호 사유에 해당한다.

경비지도사자격의 취소 등(경비업법 제20조)

① 경찰청장은 경비지도사가 다음 각호의 어느 하나에 해당하는 때에는 그 자격을 취소하여야 한다. 〈2024.2.13.〉

1. 제10조 제1항 각호의 결격사유에 해당하게 된 때
2. 허위 그 밖의 부정한 방법으로 경비지도사자격증을 교부받은 때
3. 경비지도사자격증을 다른 사람에게 빌려주거나 양도한 때
4. 자격정지 기간 중에 경비지도사로 선임되어 활동한 때

② 경찰청장은 경비지도사가 다음 각호의 어느 하나에 해당하는 때에는 대통령령이 정하는 바에 따라 1년의 범위 내에서 그 자격을 정지시킬 수 있다. 〈2024.2.13.〉

1. 제12조 제3항의 규정에 위반하여 직무를 성실하게 수행하지 아니한 때
2. 제24조의 규정에 의한 경찰청장 또는 시·도 경찰청장의 명령을 위반한 때

18 난이도 하 ▌경비업법 제21조 - 청문

□□□ 경비업법령상 경찰청장 또는 시·도 경찰청장이 행정처분을 하기 위하여 청문을 실시하여야 하는 경우를 모두 고른 것은?

ㄱ. 경비업자가 허위 그 밖의 부정한 방법으로 허가를 받아 그 허가를 취소하는 경우
ㄴ. 허위 그 밖의 부정한 방법으로 경비지도사자격증을 교부받아 그 자격을 취소하는 경우
ㄷ. 경비지도사가 경찰청장 또는 시·도 경찰청장의 명령을 위반하여 그 자격을 정지하는 경우

① ㄱ, ㄴ
② ㄱ, ㄷ
③ ㄴ, ㄷ
④ ㄱ, ㄴ, ㄷ

경찰청장 또는 시·도 경찰청장은 경비업 허가의 취소(ㄱ) 또는 영업정지, 경비지도사자격의 취소(ㄴ) 또는 정지(ㄷ) 처분을 하려는 경우 반드시 청문을 실시하여야 한다(경비업법 제21조).

관계법령

청문(경비업법 제21조)

경찰청장 또는 시·도 경찰청장은 다음 각호의 어느 하나에 해당하는 처분을 하고자 하는 경우에는 청문을 실시하여야 한다. 〈개정 2020.12.22., 2024.2.13.〉

1. 제11조의4에 따른 경비지도사 교육기관의 지정취소 또는 업무의 정지
2. 제13조의3에 따른 경비원 교육기관의 지정취소 또는 업무의 정지
3. 제19조의 규정에 의한 경비업 허가의 취소 또는 영업정지
4. 제20조 제1항 또는 제2항의 규정에 의한 경비지도사자격의 취소 또는 정지

□□□ **경비업법령상 경비협회의 공제사업에 관한 설명으로 옳지 않은 것은?**

① **경비협회는 공제사업을 하는 경우 공제사업의 회계는 다른 사업의 회계와 통합하여 경리하여야 한다.**

> 협회는 법 제23조 제1항의 규정에 의하여 공제사업을 하는 경우 공제사업의 회계는 다른 사업의 회계와 구분하여 경리하여야 한다(경비업법 시행령 제27조 제1항).

② 경비협회는 경비원의 복지향상과 업무상 재해로 인한 손실을 보상하는 공제사업을 할 수 있다.

> 경비업법 제23조 제1항 제3호

③ 경비협회는 경비업자의 손해배상책임을 보장하기 위한 공제사업을 할 수 있다.

> 경비업법 제23조 제1항 제1호

④ 경비협회는 경비업을 운영할 때 필요한 입찰보증, 계약보증(이행보증 포함), 하도급 보증을 위한 공제사업을 할 수 있다.

> 경비업법 제23조 제1항 제2호

관계법령

공제사업(경비업법 제23조)
① 경비협회는 다음 각호의 공제사업을 할 수 있다.
   1. 제26조에 따른 경비업자의 손해배상책임을 보장하기 위한 사업
   2. 경비업자가 경비업을 운영할 때 필요한 입찰보증, 계약보증(이행보증을 포함한다), 하도급보증을 위한 사업
   3. 경비원의 복지향상과 업무상 재해로 인한 손실을 보상하는 사업
   4. 경비업무와 관련한 연구 및 경비원 교육·훈련에 관한 사업

▌경비업법 제22조, 동법 시행령 제26조 - 경비협회

□□□ **경비업법령상 경비협회에 관한 설명으로 옳은 것은?**

① 경비업자는 행정안전부령이 정하는 바에 따라 경비협회를 설립할 수 있다.

> 경비업자는 경비업무의 건전한 발전과 경비원의 자질향상 및 교육훈련 등을 위하여 대통령령이 정하는 바에 따라 경비협회를 설립할 수 있다(경비업법 제22조 제1항).

② 경비협회는 경비업법에 특별한 규정이 있는 경우를 제외하고는 「민법」 중 사단법인에 관한 규정을 준용한다.

> 경비업법 제22조 제4항

③ 경비협회는 회원으로부터 회비를 징수할 수 없다.

> 협회는 정관이 정하는 바에 의하여 회원으로부터 회비를 징수할 수 있다(경비업법 시행령 제26조 제2항).

④ 경비진단에 관한 사항은 경비협회의 업무가 아니다.

> 경비진단에 관한 사항도 경비협회의 업무에 해당한다(경비업법 제22조 제3항 제4호).

관계법령

경비협회(경비업법 제22조)

① 경비업자는 경비업무의 건전한 발전과 경비원의 자질향상 및 교육훈련 등을 위하여 대통령령이 정하는 바에 따라 경비협회를 설립할 수 있다.

② 경비협회는 법인으로 한다.

③ 경비협회의 업무는 다음과 같다.

   1. 경비업무의 연구

   2. 경비원 교육·훈련 및 그 연구

   3. 경비원의 후생·복지에 관한 사항

   4. 경비진단에 관한 사항

   5. 그 밖에 경비업무의 건전한 운영과 육성에 관하여 필요한 사항

④ 경비협회에 관하여 이 법에 특별한 규정이 있는 것을 제외하고는 민법 중 사단법인에 관한 규정을 준용한다.

□□□ 경비업법령상 경찰청장이 3년마다 타당성을 검토하여 개선 등의 조치를 해야 하는 것을 모두 고른 것은?

ㄱ. 경비업의 시설 등의 기준
ㄴ. 집단민원현장 배치 불허가 기준
ㄷ. 행정처분 기준
ㄹ. 과태료 부과기준

---

① ㄱ, ㄴ

> 제시된 내용 중 경비업법령상 경찰청장이 3년마다 타당성을 검토하여 개선 등의 조치를 해야 하는 것은 ㄱ과 ㄴ이다(경비업법 시행령 제31조의3). ㄷ과 ㄹ은 2021.3.2. 동조 개정 시 규제의 재검토 사항에서 삭제되었다.

② ㄱ, ㄷ, ㄹ
③ ㄴ, ㄷ, ㄹ
④ ㄱ, ㄴ, ㄷ, ㄹ

관계법령

규제의 재검토(경비업법 시행령 제31조의3)
경찰청장은 다음 각호의 사항에 대하여 다음 각호의 기준일을 기준으로 3년마다(매 3년이 되는 해의 기준일과 같은 날 전까지를 말한다) 그 타당성을 검토하여 개선 등의 조치를 해야 한다. 〈개정 2021.3.2.〉
1. 제3조 제2항 및 [별표 1]에 따른 경비업의 시설 등의 기준 : 2014년 6월 8일
2. 제22조에 따른 집단민원현장 배치 불허가 기준 : 2014년 6월 8일
3. 제24조 및 [별표 4]에 따른 행정처분 기준 : 2014년 6월 8일 → 삭제 〈2021.3.2.〉
4. 제32조 제1항 및 [별표 6]에 따른 과태료의 부과기준 : 2014년 6월 8일 → 삭제 〈2021.3.2.〉

22 난이도 하 ┃경비업법 시행령 제31조의2 – 민감정보 및 고유식별정보의 처리

□□□ 경비업법령상 경찰청장 등이 불가피한 경우 민감정보 및 고유식별정보를 처리할 수 있는 사무가 아닌 것은?

① 경비지도사 시험 등에 관한 사무

> 경비업법 시행령 제31조의2 제2호

② 특수경비원의 직무 및 무기사용 등에 관한 사무

> 경비업법 시행령 제31조의2 제4호

③ 경비업자 및 경비지도사의 지도·감독에 관한 사무

> 경비업법 시행령 제31조의2 제8호

④ **경비업자의 손해배상책임에 관한 사무**

> 경비업자의 손해배상책임에 관한 사무는 경찰청장 등이 불가피하게 민감정보 및 고유식별정보를 처리할 수 있는 사무에 해당하지 않는다(경비업법 시행령 제31조의2 참조).

관계법령

민감정보 및 고유식별정보의 처리(경비업법 시행령 제31조의2)

경찰청장, 시·도 경찰청장, 경찰서장 및 경찰관서장(제31조에 따라 경찰청장 및 경찰관서장의 권한을 위임·위탁받은 자를 포함한다)은 다음 각호의 사무를 수행하기 위하여 불가피한 경우「개인정보보호법」제23조에 따른 건강에 관한 정보(제1호의2 및 제4호의 사무로 한정한다), 같은 법 시행령 제18조 제2호에 따른 범죄경력자료에 해당하는 정보(제1호의2 및 제9호의 사무로 한정한다), 같은 영 제19조 제1호 또는 제4호에 따른 주민등록번호 또는 외국인등록번호가 포함된 자료를 처리할 수 있다. 〈개정 2021.7.13., 2022.12.20.〉

1. 법 제4조 및 제6조에 따른 경비업의 허가 및 갱신허가 등에 관한 사무
1의2. 법 제5조 및 제10조에 따른 임원, 경비지도사 및 경비원의 결격사유 확인에 관한 사무
2. 법 제11조에 따른 경비지도사 시험 등에 관한 사무
3. 법 제13조에 따른 경비원의 교육 등에 관한 사무
4. 법 제14조에 따른 특수경비원의 직무 및 무기사용 등에 관한 사무
5. 삭제 〈2021.7.13.〉
6. 법 제18조에 따른 경비원 배치허가 등에 관한 사무
7. 법 제19조 및 제20조에 따른 행정처분에 관한 사무
8. 법 제24조에 따른 경비업자 및 경비지도사의 지도·감독에 관한 사무
9. 법 제25조에 따른 보안지도·점검 및 보안측정에 관한 사무
10. 삭제 〈2022.12.20.〉

□□□ **경비업법령상 경찰청장이 시·도 경찰청장에게 위임하는 권한은?**

① 경비협회의 공제사업에 대한 금융감독원장의 검사요청권한

> 경비협회의 공제사업에 대한 금융감독원장의 검사요청권한은 위임사항이 아니다. 경찰청장은 제1항에 따른 공제사업에 대하여 「금융위원회의 설치 등에 관한 법률」에 따른 금융감독원의 원장에게 검사를 요청할 수 있다 (경비업법 제23조 제6항).

② 경비지도사자격증의 교부권한

> 경비지도사자격증의 교부권한은 위임사항이 아니다. 경찰청장은 법 제11조에 따른 경비지도사 시험에 합격하고 제9조에 따른 경비지도사 교육을 받은 사람에게는 별지 제9호 서식의 경비지도사자격증 교부대장에 정해진 사항을 기재한 후, 별지 제10호 서식의 경비지도사자격증을 교부해야 한다(경비업법 시행규칙 제11조).

③ **경비지도사자격의 취소에 관한 권한**

> 경비업법 제27조 제1항, 동법 시행령 제31조 제1항 제2호

④ 경비지도사 시험의 관리에 관한 권한

> 경비지도사 시험의 관리에 관한 권한은 위탁사항에 해당한다(경비업법 제27조 제2항, 동법 시행령 제31조 제2항).

관계법령

위임 및 위탁(경비업법 제27조)
① 이 법에 의한 경찰청장의 권한은 대통령령이 정하는 바에 따라 그 일부를 시·도 경찰청장에게 위임할 수 있다.

> **권한의 위임 및 위탁(경비업법 시행령 제31조)**
> ① 경찰청장은 법 제27조 제1항의 규정에 의하여 다음 각호의 권한을 시·도 경찰청장에게 위임한다.
> 1. 법 제20조의 규정에 의한 경비지도사자격의 취소 및 정지에 관한 권한
> 2. 법 제21조 제2호의 규정에 의한 경비지도사자격의 취소 및 정지에 관한 청문의 권한

② 경찰청장은 제11조의 규정에 의한 경비지도사의 시험에 관한 업무를 대통령령이 정하는 바에 따라 관계 전문기관 또는 단체에 위탁할 수 있다. 〈개정 2024.2.13.〉

> **권한의 위임 및 위탁(경비업법 시행령 제31조)**
> ② 경찰청장 또는 경찰관서장은 법 제27조 제2항의 규정에 의하여 법 제11조 제1항의 규정에 의한 경비지도사 시험의 관리와 경비지도사의 교육에 관한 업무를 경비업무에 관한 인력과 전문성을 갖춘 기관으로서 경찰청장이 지정하여 고시하는 기관 또는 단체에 위탁한다.

□□□ **경비업법령상 허가증 등의 수수료에 관한 설명으로 옳지 않은 것은?**

① <u>경비업 허가사항의 변경신고로 인한 허가증 재교부의 경우에는 1만원의 수수료를 납부하여야 한다.</u>

> 경비업 허가사항의 변경신고로 인한 허가증 재교부의 경우에는 <u>2천원의 수수료</u>를 납부하여야 한다(경비업법 시행령 제28조 제1항 제2호).

② 경찰청장은 시험 시행기관의 귀책사유로 시험에 응시하지 못한 경우 납부한 응시수수료 전액을 반환하여야 한다.

> 경비업법 시행령 제28조 제4항 제2호

③ 경찰청장 및 시·도 경찰청장은 정보통신망을 이용하여 전자화폐·전자결제 등의 방법으로 수수료를 납부하게 할 수 있다.

> 경비업법 시행령 제28조 제5항

④ 경비지도사 시험에 응시하고자 하는 자는 경찰청장이 정하여 고시하는 수수료를 납부하여야 한다.

> 경비업법 시행령 제28조 제3항

관계법령

허가증 등의 수수료(경비업법 시행령 제28조)
① 법에 의한 경비업의 허가를 받거나 허가증을 재교부받고자 하는 자는 다음 각호의 수수료를 납부하여야 한다.
   1. 법 제4조 제1항 및 법 제6조 제2항의 규정에 의한 <u>경비업의 허가(추가·변경·갱신허가를 포함한다)의 경우에는 1만원</u>
   2. <u>허가사항의 변경신고로 인한 허가증 재교부의 경우에는 2천원</u>
② <u>제1항의 규정에 의한 수수료는 허가 등의 신청서에 수입인지를 첨부하여 납부한다.</u>
③ <u>시험에 응시하고자 하는 자는 경찰청장이 정하여 고시하는 수수료를 납부하여야 한다.</u>
④ 경찰청장은 다음 각호의 어느 하나에 해당하는 경우에는 제3항에 따라 받은 응시수수료의 전부 또는 일부를 다음 각호의 구분에 따라 반환하여야 한다.
   1. 응시수수료를 과오납한 경우 : 과오납한 금액 전액
   2. <u>시험 시행기관의 귀책사유로 시험에 응시하지 못한 경우 : 응시수수료 전액</u>
   3. 시험 시행일 20일 전까지 접수를 취소하는 경우 : 응시수수료 전액
   4. 시험 시행일 10일 전까지 접수를 취소하는 경우 : 응시수수료의 100분의 50
⑤ <u>경찰청장 및 시·도 경찰청장은 제2항 및 제3항의 규정에 불구하고 정보통신망을 이용하여 전자화폐·전자결제 등의 방법으로 수수료를 납부하게 할 수 있다.</u>

25 난이도 중

경비업법령상 2회 위반 시 과태료 부과기준의 금액이 다른 경우는?

① 기계경비업자가 계약상대방에게 설명의무를 이행하지 않은 경우

> 2회 위반 시 부과되는 과태료는 200만원이다(경비업법 시행령 [별표 6] 제3호).

② 경비업자가 결격사유에 해당하는 경비지도사를 선임·배치한 경우

> 2회 위반 시 부과되는 과태료는 200만원이다(경비업법 시행령 [별표 6] 제4호).

③ **경비업자가 경비원의 근무상황을 기록하여 보관하지 않은 경우**

> 2회 위반 시 부과되는 과태료는 100만원이다(경비업법 시행령 [별표 6] 제14호).

④ 경비업자가 경비원의 복장 등에 관한 신고규정을 위반하여 신고를 하지 않은 경우

> 2회 위반 시 부과되는 과태료는 200만원이다(경비업법 시행령 [별표 6] 제7호).

관계법령

과태료 부과기준(경비업법 시행령 [별표 6])★★★

위반행위	해당 법조문	과태료 금액(단위 : 만원)		
		1회 위반	2회 위반	3회 이상
3. 법 제9조 제1항을 위반하여 설명의무를 이행하지 않은 경우	법 제31조 제2항 제3호	100	200	400
4. 법 제10조 제3항을 위반하여 결격사유에 해당하는 경비원을 배치하거나 결격사유에 해당하는 경비지도사를 선임·배치한 경우	법 제31조 제2항 제6호	100	200	400
7. 법 제16조 제1항을 위반하여 복장 등에 관한 신고규정을 위반하여 신고를 하지 않은 경우	법 제31조 제2항 제7호	100	200	400
14. 법 제18조 제5항을 위반하여 경비원의 근무상황을 기록하여 보관하지 않은 경우	법 제31조 제2항 제10호	50	100	200

26 난이도 하

경비업법령상 특수경비원이 무기를 휴대하고 경비업무 수행 중에 경비업법령의 규정에 의한 무기의 안전수칙을 위반하여 형법에 규정된 범죄를 범한 경우, 그 법정형의 2분의 1까지 가중처벌하는 범죄가 아닌 것은?

① 특수상해죄(「형법」 제258조의2 제1항)

② **특수폭행죄(「형법」 제261조)**

> **특수폭행죄(「형법」 제261조)는 경비업법 제29조 제1항이 아닌 제2항에 의하여 가중처벌되는 형법상 대상범죄에 해당한다**(경비업법 제29조 제2항).

③ 특수강요죄(「형법」 제324조 제2항)

④ 특수공갈죄(「형법」 제350조의2)

형의 가중처벌(경비업법 제29조)★

① 특수경비원이 무기를 휴대하고 경비업무를 수행 중에 제14조 제8항의 규정 및 제15조 제4항의 규정에 의한 무기의 안전수칙을 위반하여 형법 제258조의2(특수상해죄) 제1항(제257조 제1항의 상해죄로 한정, 존속상해죄는 제외)·제2항(제258조 제1항·제2항의 중상해죄로 한정, 존속중상해죄는 제외), 제259조 제1항(상해치사죄), 제260조 제1항(폭행죄), 제262조(폭행치사상죄), 제268조(업무상과실·중과실치사상죄), 제276조 제1항(체포 또는 감금죄), 제277조 제1항(중체포 또는 중감금죄), 제281조 제1항(체포·감금등의 치사상죄), 제283조 제1항(협박죄), 제324조 제2항(특수강요죄), 제350조의2(특수공갈죄) 및 제366조(재물손괴등죄)의 죄를 범한 때에는 그 죄에 정한 형의 2분의 1까지 가중처벌한다.

② 경비원이 경비업무 수행 중에 제16조의2 제1항에서 정한 장비 외에 흉기 또는 그 밖의 위험한 물건을 휴대하고 형법 제258조의2(특수상해죄) 제1항(제257조 제1항의 상해죄로 한정, 존속상해죄는 제외)·제2항(제258조 제1항·제2항의 중상해죄로 한정, 존속중상해죄는 제외), 제259조 제1항(상해치사죄), <u>제261조(특수폭행죄)</u>, 제262조(폭행치사상죄), 제268조(업무상과실·중과실치사상죄), 제276조 제1항(체포 또는 감금죄), 제277조 제1항(중체포 또는 중감금죄), 제281조 제1항(체포·감금등의 치사상죄), 제283조 제1항(협박죄), 제324조 제2항(특수강요죄), 제350조의2(특수공갈죄) 및 제366조(재물손괴등죄)의 죄를 범한 때에는 그 죄에 정한 형의 2분의 1까지 가중처벌한다.

---

27 난이도 하 ┃경비업법 제30조 - 양벌규정

경비업법령상 양벌규정이 적용될 수 없는 자는?

① 법인의 대표자

② 법인의 대리인

③ 사용인

④ **사용인의 배우자**

사용인의 배우자는 경비업법령상 양벌규정이 적용될 수 없다(경비업법 제30조).

양벌규정(경비업법 제30조)★

법인의 대표자나 법인 또는 개인의 대리인, 사용인, 그 밖의 종업원이 그 법인 또는 개인의 업무에 관하여 법 제28조(벌칙)의 위반행위를 하면 그 행위자를 벌하는 외에 그 법인 또는 개인에게도 해당 조문의 벌금형을 과(科)한다. 다만, 법인 또는 개인이 그 위반행위를 방지하기 위하여 해당 업무에 관하여 상당한 주의와 감독을 게을리하지 아니한 경우에는 그러하지 아니하다.

□□□ **청원경찰법령에 관한 설명으로 옳지 않은 것은?**

① 청원경찰법은 청원경찰의 직무·임용·배치·보수·사회보장 및 그 밖에 필요한 사항을 규정함으로써 청원경찰의 원활한 운영을 목적으로 한다.

> 청원경찰법 제1조

② 청원경찰은 청원주가 경비(經費)를 부담할 것을 조건으로 사업장 등의 경비(警備)를 담당하게 하기 위하여 배치하는 경찰을 말한다.

> 청원경찰법 제2조

③ **청원경찰의 직무상 불법행위에 대한 배상책임에 관하여는 「경찰관직무집행법」의 규정을 따른다.**

> **청원경찰**(국가기관이나 지방자치단체에 근무하는 청원경찰은 제외한다)**의 직무상 불법행위에 대한 배상책임에 관하여는 「민법」의 규정을 따른다**(청원경찰법 제10조의2).

④ 청원경찰은 형의 선고, 징계처분 또는 신체상·정신상의 이상으로 직무를 감당하지 못할 때를 제외하고는 그 의사에 반하여 면직되지 아니한다.

> 청원경찰법 제10조의4 제1항

□□□ **청원경찰법령상 청원경찰에 관한 설명으로 옳지 않은 것은?**

① 청원경찰이 그 배치지의 특수성 등으로 특수복장을 착용할 필요가 있을 때에는 청원주는 시·도 경찰청장의 승인을 받아 특수복장을 착용하게 할 수 있다.

> 청원경찰법 시행령 제14조 제3항

② 청원주는 배치폐지나 배치인원 감축으로 과원(過員)이 되는 청원경찰 인원을 그 기관·시설 또는 사업장 내의 유사 업무에 종사하게 하거나 다른 시설·사업장 등에 재배치하는 등 청원경찰의 고용이 보장될 수 있도록 노력하여야 한다.

> 청원경찰법 제10조의5 제3항

③ 청원경찰이 배치된 사업장이 하나의 경찰서의 관할구역에 있는 경우에는 시·도 경찰청장은 청원주에 대한 지도 및 감독상 필요한 명령의 권한을 관할 경찰서장에게 위임한다.

> 청원경찰법 시행령 제20조 제3호

④ **청원경찰이 직무를 수행할 때 직권을 남용하여 국민에게 해를 끼친 경우에는 1년 이하의 징역이나 금고에 처한다.**

> 청원경찰이 직무를 수행할 때 직권을 남용하여 국민에게 해를 끼친 경우에는 **6개월 이하의 징역이나 금고에 처한다**(청원경찰법 제10조 제1항).

청원경찰법령상 청원경찰의 근무요령에 관한 설명으로 옳은 것은 모두 몇 개인가?

- 대기근무자는 소내근무에 협조하거나 휴식하면서 불의의 사고에 대비한다.

  (○) 청원경찰법 시행규칙 제14조 제4항

- 순찰근무자는 청원주가 지정한 일정한 구역을 순회하면서 경비 임무를 수행한다. 이 경우 순찰은 단독 또는 복수로 정선순찰을 하되, 청원주가 필요하다고 인정할 때에는 요점순찰 또는 난선순찰을 할 수 있다.

  (○) 청원경찰법 시행규칙 제14조 제3항

- 소내근무자는 근무 중 특이한 사항이 발생하였을 때에는 지체 없이 청원주 또는 관할 경찰서장에게 보고하고 그 지시에 따라야 한다.

  (○) 청원경찰법 시행규칙 제14조 제2항

- 입초근무자는 경비구역의 정문이나 그 밖의 지정된 장소에서 경비구역의 내부, 외부 및 출입자의 움직임을 감시한다.

  (○) 청원경찰법 시행규칙 제14조 제1항

① 1개
② 2개
③ 3개
④ <u>4개</u>

　　제시된 내용은 모두 청원경찰법령상 청원경찰의 근무요령에 관한 설명으로 옳다.

관계법령

근무요령(청원경찰법 시행규칙 제14조)★★★
① <u>자체경비를 하는 입초근무자</u>는 경비구역의 정문이나 그 밖의 지정된 장소에서 경비구역의 내부, 외부 및 출입자의 움직임을 감시한다.
② <u>업무처리 및 자체경비를 하는 소내근무자</u>는 근무 중 특이한 사항이 발생하였을 때에는 지체 없이 청원주 또는 관할 경찰서장에게 보고하고 그 지시에 따라야 한다.
③ <u>순찰근무자</u>는 청원주가 지정한 일정한 구역을 순회하면서 경비 임무를 수행한다. 이 경우 순찰은 단독 또는 복수로 정선순찰(정해진 노선을 규칙적으로 순찰하는 것을 말한다)을 하되, 청원주가 필요하다고 인정할 때에는 요점순찰(순찰구역 내 지정된 중요지점을 순찰하는 것을 말한다) 또는 난선순찰(임의로 순찰지역이나 노선을 선정하여 불규칙적으로 순찰하는 것을 말한다)을 할 수 있다. 〈개정 2021.12.31.〉
④ <u>대기근무자</u>는 소내근무에 협조하거나 휴식하면서 불의의 사고에 대비한다.

31 난이도 하 ┃청원경찰법 제3조, 동법 시행령 제18조, 동법 시행규칙 제21조·제22조 − 청원경찰의 직무

청원경찰법령상 청원경찰의 직무에 관한 설명으로 옳지 않은 것은?

① 청원경찰은 청원주와 관할 경찰서장의 감독을 받아 그 경비구역만의 경비를 목적으로 필요한 범위에서 「경찰관직무집행법」에 따른 경찰관의 직무를 수행한다.

> **청원경찰법 제3조**

② 청원경찰이 직무를 수행할 때에 「경찰관직무집행법」 및 같은 법 시행령에 따라 하여야 할 모든 보고는 관할 경찰서장에게 서면으로 보고하기 전에 지체 없이 구두로 보고하고 그 지시에 따라야 한다.

> **청원경찰법 시행규칙 제22조**

③ **청원경찰은 「형법」이나 그 밖의 법령에 따른 벌칙을 적용하는 경우와 청원경찰법 및 같은 법 시행령에서 특별히 규정한 경우를 제외하고는 공무원으로 본다.**

> 청원경찰은 「형법」이나 그 밖의 법령에 따른 벌칙을 적용하는 경우와 법 및 이 영에서 특별히 규정한 경우를 제외하고는 공무원으로 보지 아니한다(청원경찰법 시행령 제18조).

④ 청원경찰은 「경찰관직무집행법」에 따른 직무 외의 수사활동 등 사법경찰관리의 직무를 수행해서는 아니 된다.

> **청원경찰법 시행규칙 제21조 제2항**

청원경찰법령상 청원경찰의 배치 및 이동에 관한 설명으로 옳은 것은?

① 청원경찰 배치신청서 제출 시, 배치 장소가 둘 이상의 도(道)일 때에는 경찰청장에게 한꺼번에 신청할 수 있다.

> 청원경찰 배치신청서 제출 시, 배치 장소가 둘 이상의 도(道)일 때에는 <u>주된 사업장의 관할 경찰서장을 거쳐 시·도 경찰청장에게 한꺼번에 신청할 수 있다</u>(청원경찰법 시행령 제2조 후문).

② 청원경찰의 배치를 받으려는 자는 청원경찰 배치신청서에 경비구역 평면도 1부와 청원경찰 명부 1부를 첨부하여야 한다.

> 청원경찰의 배치를 받으려는 자는 <u>청원경찰 배치신청서에 경비구역 평면도 1부와 배치계획서 1부를 첨부하여야 한다</u>(청원경찰법 시행령 제2조 전문).

③ 청원경찰을 배치받으려는 자는 대통령령으로 정하는 바에 따라 경찰청장에게 청원경찰 배치를 신청하여야 한다.

> 청원경찰을 배치받으려는 자는 대통령령으로 정하는 바에 따라 <u>관할 시·도 경찰청장에게</u> 청원경찰 배치를 신청하여야 한다(청원경찰법 제4조 제1항).

④ <u>청원주는 청원경찰을 신규로 배치하거나 이동배치하였을 때에는 배치지(이동배치의 경우에는 종전의 배치지)를 관할하는 경찰서장에게 그 사실을 통보하여야 한다.</u>

> 청원경찰법 시행령 제6조 제1항

관계법령

청원경찰의 배치(청원경찰법 제4조)
① 청원경찰을 배치받으려는 자는 <u>대통령령으로 정하는</u> 바에 따라 관할 시·도 경찰청장에게 청원경찰 배치를 신청하여야 한다.

> **청원경찰의 배치신청 등(청원경찰법 시행령 제2조)**
> 「청원경찰법」 제4조 제1항에 따라 <u>청원경찰의 배치를 받으려는 자는 청원경찰 배치신청서에 다음 각호의 서류를 첨부하여 법 제2조 각호의 기관·시설·사업장 또는 장소(이하 "사업장"이라 한다)의 소재지를 관할하는 경찰서장(이하 "관할 경찰서장"이라 한다)을 거쳐 시·도 경찰청장에게 제출하여야 한다. 이 경우 배치 장소가 둘 이상의 도(특별시, 광역시, 특별자치시 및 특별자치도를 포함한다. 이하 같다)일 때에는 주된 사업장의 관할 경찰서장을 거쳐 시·도 경찰청장에게 한꺼번에 신청할 수 있다.</u>
> 1. <u>경비구역 평면도 1부</u>
> 2. <u>배치계획서 1부</u>

□□□ 청원경찰법령상 청원경찰의 배치대상 기관·시설·사업장 등에 해당하는 것은 모두 몇 개인가?

> • 학교 등 육영시설
> • 언론, 통신, 방송 또는 인쇄를 업으로 하는 시설 또는 사업장
> • 「의료법」에 따른 의료기관
> • 선박, 항공기 등 수송시설
> • 금융 또는 보험을 업(業)으로 하는 시설 또는 사업장

① 2개
② 3개
③ 4개
④ **5개**

> 제시된 내용은 모두 청원경찰법령상 청원경찰이 배치되는 기관·시설·사업장 등에 해당한다(청원경찰법 시행규칙 제2조).

관계법령

정의(청원경찰법 제2조)
이 법에서 "청원경찰"이란 다음 각호의 어느 하나에 해당하는 기관의 장 또는 시설·사업장 등의 경영자가 경비{이하 "청원경찰경비(請願警察經費)"라 한다}를 부담할 것을 조건으로 경찰의 배치를 신청하는 경우 그 기관·시설 또는 사업장 등의 경비(警備)를 담당하게 하기 위하여 배치하는 경찰을 말한다.
1. 국가기관 또는 공공단체와 그 관리하에 있는 중요시설 또는 사업장
2. 국내 주재(駐在) 외국기관
3. 그 밖에 행정안전부령으로 정하는 중요시설, 사업장 또는 장소

> **배치대상(청원경찰법 시행규칙 제2조)★**
> 「청원경찰법」 제2조 제3호에서 "그 밖에 행정안전부령으로 정하는 중요시설, 사업장 또는 장소" 란 다음 각호의 시설, 사업장 또는 장소를 말한다.
> 1. 선박, 항공기 등 수송시설
> 2. 금융 또는 보험을 업(業)으로 하는 시설 또는 사업장
> 3. 언론, 통신, 방송 또는 인쇄를 업으로 하는 시설 또는 사업장
> 4. 학교 등 육영시설
> 5. 「의료법」에 따른 의료기관(의원급 의료기관, 조산원, 병원급 의료기관)
> 6. 그 밖에 공공의 안녕질서 유지와 국민경제를 위하여 고도의 경비(警備)가 필요한 중요시설, 사업체 또는 장소

□□□ **청원경찰법령상 청원경찰의 징계에 관한 설명으로 옳은 것은?**

① 청원경찰에 대한 징계의 종류는 파면, 해임, 정직, 감봉 및 경고로 구분한다.

> 청원경찰에 대한 징계의 종류는 파면, 해임, 정직, 감봉 및 견책으로 구분한다(청원경찰법 제5조의2 제2항).

② 청원주는 청원경찰이 품위를 손상하는 행위를 한 때 행정안전부령으로 정하는 징계절차를 거쳐 징계처분을 할 수 있다.

> 청원주는 청원경찰이 품위를 손상하는 행위를 한 때에는 대통령령으로 정하는 징계절차를 거쳐 징계처분을 하여야 한다(청원경찰법 제5조의2 제1항 제2호).

③ **관할 경찰서장은 청원경찰이 직무를 태만히 한 것으로 인정되면 청원주에게 해당 청원경찰에 대하여 징계처분을 하도록 요청할 수 있다.**

> 청원경찰법 시행령 제8조 제1항

④ 청원주는 청원경찰 배치결정의 통지를 받았을 때에는 통지를 받은 날부터 30일 이내에 청원경찰에 대한 징계규정을 제정하여 관할 시·도 경찰청장에게 신고하여야 한다.

> 청원주는 청원경찰 배치결정의 통지를 받았을 때에는 통지를 받은 날부터 15일 이내에 청원경찰에 대한 징계규정을 제정하여 관할 시·도 경찰청장에게 신고하여야 한다(청원경찰법 시행령 제8조 제5항 전문).

관계법령

청원경찰의 징계(청원경찰법 제5조의2) ★
① 청원주는 청원경찰이 다음 각호의 어느 하나에 해당하는 때에는 대통령령으로 정하는 징계절차를 거쳐 징계처분을 하여야 한다.
　1. 직무상의 의무를 위반하거나 직무를 태만히 한 때
　2. 품위를 손상하는 행위를 한 때
② 청원경찰에 대한 징계의 종류는 파면, 해임, 정직, 감봉 및 견책으로 구분한다.
③ 청원경찰의 징계에 관하여 그 밖에 필요한 사항은 대통령령으로 정한다.

> **징계(청원경찰법 시행령 제8조)**
> ① 관할 경찰서장은 청원경찰이 법 제5조의2 제1항 각호의 어느 하나에 해당한다고 인정되면 청원주에게 해당 청원경찰에 대하여 징계처분을 하도록 요청할 수 있다.
> ② 법 제5조의2 제2항의 정직(停職)은 1개월 이상 3개월 이하로 하고, 그 기간에 청원경찰의 신분은 보유하나 직무에 종사하지 못하며, 보수의 3분의 2를 줄인다.
> ③ 법 제5조의2 제2항의 감봉은 1개월 이상 3개월 이하로 하고, 그 기간에 보수의 3분의 1을 줄인다.
> ④ 법 제5조의2 제2항의 견책(譴責)은 전과(前過)에 대하여 훈계하고 회개하게 한다.
> ⑤ 청원주는 청원경찰 배치결정의 통지를 받았을 때에는 통지를 받은 날부터 15일 이내에 청원경찰에 대한 징계규정을 제정하여 관할 시·도 경찰청장에게 신고하여야 한다. 징계규정을 변경할 때에도 또한 같다.
> ⑥ 시·도 경찰청장은 제5항에 따른 징계규정의 보완이 필요하다고 인정할 때에는 청원주에게 그 보완을 요구할 수 있다.

□□□ **청원경찰법령상 청원경찰 임용승인신청서의 첨부서류에 해당하지 않는 것은?**

① 이력서 1부

② **주민등록등본 1부**

> 주민등록등본이 아닌 주민등록증 사본 1부가 청원경찰법령상 청원경찰 임용승인신청서의 첨부서류에 해당한다
> (청원경찰법 시행규칙 제5조 제1항 제2호).

③ 가족관계등록부 중 기본증명서 1부

④ 최근 3개월 이내에 발행한 채용신체검사서 1부

관계법령

임용승인신청서 등(청원경찰법 시행규칙 제5조)
① 법 제4조 제2항에 따라 청원경찰의 배치결정을 받은 자[이하 "청원주"(請願主)라 한다]가 영 제4조 제1항에 따라 시·도 경찰청장에게 청원경찰 임용승인을 신청할 때에는 별지 제3호 서식의 청원경찰 임용승인신청서에 그 해당자에 관한 다음 각호의 서류를 첨부해야 한다. 〈개정 2021.3.30.〉
1. 이력서 1부
2. 주민등록증 사본 1부
3. 민간인 신원진술서(「보안업무규정」 제36조에 따른 신원조사가 필요한 경우만 해당한다) 1부
4. 최근 3개월 이내에 발행한 채용신체검사서 또는 취업용 건강진단서 1부
5. 가족관계등록부 중 기본증명서 1부

□□□ **청원경찰법령상 청원경찰의 보상금 지급사유가 아닌 것은?**

① 청원경찰이 직무수행으로 인하여 부상을 입은 경우

② 청원경찰이 직무수행으로 인하여 질병에 걸린 경우

③ 청원경찰이 직무수행으로 인하여 사망한 경우

④ **청원경찰이 직무상의 부상으로 인하여 퇴직 후 3년 이내에 사망한 경우**

> 청원경찰이 직무상의 부상으로 인하여 퇴직 후 2년 이내에 사망한 경우가 청원경찰의 보상금 지급사유에 해당
> 한다(청원경찰법 제7조 제2호).

관계법령

보상금(청원경찰법 제7조)
청원주는 청원경찰이 다음 각호의 어느 하나에 해당하게 되면 대통령령으로 정하는 바에 따라 청원경찰 본인 또는 그 유족에게 보상금을 지급하여야 한다.
1. 직무수행으로 인하여 부상을 입거나, 질병에 걸리거나 또는 사망한 경우
2. 직무상의 부상·질병으로 인하여 퇴직하거나, 퇴직 후 2년 이내에 사망한 경우

---

37 난이도 **하** ┃청원경찰법 제9조의3, 동법 시행령 제17조, 동법 시행규칙 제19조 – 청원경찰의 감독 등

□□□ **청원경찰법령상 청원경찰의 감독에 관한 설명으로 옳지 않은 것은?**

① 청원주는 항상 소속 청원경찰의 근무상황을 감독하고, 근무 수행에 필요한 교육을 하여야 한다.

> 청원경찰법 제9조의3 제1항

② 시·도 경찰청장은 청원경찰의 효율적인 운영을 위하여 청원주를 지도하며 감독상 필요한 명령을 할 수 있다.

> 청원경찰법 제9조의3 제2항

③ **관할 경찰서장은 매주 1회 이상 청원경찰을 배치한 경비구역에 대하여 복무규율과 근무상황, 무기의 관리 및 취급사항을 감독하여야 한다.**

> 관할 경찰서장은 **매달 1회 이상** 청원경찰을 배치한 경비구역에 대하여 복무규율과 근무상황, 무기의 관리 및 취급사항을 감독하여야 한다(청원경찰법 시행령 제17조).

④ 2명 이상의 청원경찰을 배치한 사업장의 청원주는 청원경찰의 지휘·감독을 위하여 청원경찰 중에서 유능한 사람을 선정하여 감독자로 지정하여야 한다.

> 청원경찰법 시행규칙 제19조 제1항

38 난이도 **하** ┃청원경찰법 제12조, 동법 시행령 제21조 – 과태료 등

□□□ **청원경찰법령상 과태료에 관한 설명으로 옳지 않은 것은?**

① 과태료는 대통령령으로 정하는 바에 따라 시·도 경찰청장이 부과·징수한다.

> 청원경찰법 제12조 제2항

② **정당한 사유 없이 경찰청장이 고시한 최저부담기준액 이상의 보수를 지급하지 아니한 자에게는 300만원 이하의 과태료를 부과한다.**

> 정당한 사유 없이 경찰청장이 고시한 최저부담기준액 이상의 보수를 지급하지 아니한 자에게는 **500만원 이하의 과태료를 부과한다**(청원경찰법 제12조 제1항 제2호).

③ 시·도 경찰청장의 배치결정을 받지 아니하고 청원경찰을 배치하거나 시·도 경찰청장의 승인을 받지 아니하고 청원경찰을 임용한 자에게는 500만원 이하의 과태료를 부과한다.

> 청원경찰법 제12조 제1항 제1호

④ 시·도 경찰청장은 위반행위의 동기, 내용 및 위반의 정도 등을 고려하여 과태료 금액의 100분의 50의 범위에서 그 금액을 줄이거나 늘릴 수 있다.

> 청원경찰법 시행령 제21조 제2항 본문

□□□ **청원경찰법령상 무기관리수칙에 관한 설명으로 옳지 않은 것은?**

① 무기고와 탄약고에는 이중 잠금장치를 하고, 열쇠는 관리책임자가 보관하되, 근무시간 이후에는 숙직 책임자에게 인계하여 보관시켜야 한다.

> 청원경찰법 시행규칙 제16조 제1항 제5호

② <u>소총의 탄약은 1정당 10발 이내, 권총의 탄약은 1정당 5발 이내로 출납하여야 한다.</u>

> <u>소총의 탄약은 1정당 15발 이내, 권총의 탄약은 1정당 7발 이내로 출납하여야 한다</u>(청원경찰법 시행규칙 제16조 제2항 제2호 전문).

③ 청원주는 무기와 탄약이 분실되거나 도난당하거나 빼앗기거나 훼손되었을 때에는 경찰청장이 정하는 바에 따라 그 전액을 배상하는 것이 원칙이다.

> 청원경찰법 시행규칙 제16조 제1항 제8호 본문

④ 청원경찰에게 지급한 무기와 탄약은 매주 1회 이상 손질하게 하여야 한다.

> 청원경찰법 시행규칙 제16조 제2항 제3호

□□□ **청원경찰법령상 청원주가 갖추어야 할 문서와 장부가 아닌 것은?**

① **청원경찰 임용승인 관계철**

> **청원경찰 임용승인 관계철은 시·도 경찰청장이 갖춰 두어야 할 문서와 장부에 해당한다**(청원경찰법 시행규칙 제17조 제3항 제2호).

② 청원경찰 명부

③ 경비구역 배치도

④ 무기·탄약 출납부

핵심만 콕

문서와 장부의 비치(청원경찰법 시행규칙 제17조)★★

청원주(제1항)	관할 경찰서장(제2항)	시·도 경찰청장(제3항)
• 청원경찰 명부 • 근무일지 • 근무 상황카드 • 경비구역 배치도 • 순찰표철 • 무기·탄약 출납부 • 무기장비 운영카드 • 봉급지급 조서철 • 신분증명서 발급대장 • 징계 관계철 • 교육훈련 실시부 • 청원경찰 직무교육계획서 • 급여품 및 대여품 대장 • 그 밖에 청원경찰의 운영에 필요한 문서와 장부	• 청원경찰 명부 • 감독 순시부 • 전출입 관계철 • 교육훈련 실시부 • 무기·탄약 대여대장 • 징계요구서철 • 그 밖에 청원경찰의 운영에 필요한 문서와 장부	• 배치결정 관계철 • 청원경찰 임용승인 관계철 • 전출입 관계철 • 그 밖에 청원경찰의 운영에 필요한 문서와 장부

2023년 기계경비개론

41	42	43	44	45	46	47	48	49	50	51	52	53	54	55	56	57	58	59	60
③	②	②	④	①	③	④	②	③	①	②	②	①	①	②	③	③	①	③	②

61	62	63	64	65	66	67	68	69	70	71	72	73	74	75	76	77	78	79	80
④	④	③	①	④	②	④	④	③	①	②	③	④	①	③	①	③	②	④	④

41 난이도 하 　　　　　　　　　　　　　　┃기계경비의 기초이론 – 기계경비 관련 법규

☐☐☐ **경비업법령상 다음 (　　)에 들어갈 숫자는?**

> 법 제2조 제1호 라목의 규정에 의한 기계경비업무를 수행하는 경비업자(이하 "기계경비업자"라 한다)는 법 제8조의 규정에 의하여 관제시설 등에서 경보를 수신한 때에는 경보를 수신한 때부터 늦어도 (　　)분 이내에는 도착시킬 수 있는 대응체제를 갖추어야 한다.

① 15

② 20

③ **25**

　　제시문의 (　　)에 들어갈 숫자는 25이다(경비업법 시행령 제7조).

④ 30

□□□ 반도체 기억소자에 관한 설명으로 옳지 않은 것은?

① ROM은 읽기 전용 기억소자이다.

> ROM(Read Only Memory)은 읽기 전용 기억소자이다.

② ROM은 재충전해야 하는 휘발성 기억소자이다.

> ROM은 전원이 차단되어도 기록된 메모리들이 소멸되지 않는 비휘발성 메모리이다.

③ RAM은 읽기와 쓰기가 모두 가능한 기억소자이다.

> RAM(Random Access Memory)은 읽고 쓰기가 가능한 기억소자이다. ROM과 달리 전원이 끊어지면 기억되어 있는 데이터들이 소멸되므로 휘발성 메모리(Volatile Memory)이다.

④ RAM은 SRAM과 DRAM으로 구분한다.

> RAM은 크게 SRAM(Static RAM, 정적램)과 DRAM(Dynamic RAM, 동적램)으로 구분되며, 세부적으로는 PSRAM(Pseudo SRAM), SDRAM(Synchronous DRAM), DDR SDRAM(Double Data Rate SDRAM) 등으로 구분할 수 있다.

□□□ 2진수 $(11001)_2$를 10진수로 옳게 변환한 것은?

① 24

② 25

> 2진수 $(11001)_2$를 10진수로 변환하면, $1 \times 2^4 + 1 \times 2^3 + 0 \times 2^2 + 0 \times 2^1 + 1 \times 2^0 = 16 + 8 + 1 = (25)_{10}$이다.

③ 49

④ 50

□□□ 임의의 회로에서 $3mA$의 전류가 흐를 때, 저항 $5K\Omega$에 소비되는 전력(W)은? 기출수정

① 0.8

② 1.6

③ 15

④ 45

> 소비전력 $P = VI = I^2 R = \dfrac{V^2}{R}$ 이대[옴의 법칙($V = IR$)이용].
>
> 여기에 설문의 내용[$I = 3mA$, $R = 5K\Omega$]을 대입하면, 소비전력 $P = I^2(0.009A) \times R(5000\Omega) = 45[W]$이다.
> ($\because$ $1A = 1000mA$이고, $1K\Omega = 1000\Omega$)

□□□ 전선을 꼬아 서로 교차시켜 도선 상호 간의 간섭을 최소화하고 RJ-45 커넥터를 사용하는 케이블은?

① UTP 케이블

> UTP 케이블에 관한 설명이다. UTP(Unshielded Twisted Pair Cable : 비차폐연선) 케이블은 차폐처리하지 않고 두 라인씩 꼬여 있는 케이블로 RJ-45 커넥터를 통해 CCTV 시스템의 전송계와 컴퓨터의 LAN에 주로 사용된다.

② HDMI 케이블

> HDMI(High Definition Multimedia Interface) 케이블은 디지털 방식의 영상신호와 음향신호를 압축하지 않고 하나의 케이블로 동시에 전송하여 TV 등 영상기기에 쓰이는 케이블이다.

③ 동축 케이블

> 동축 케이블은 감쇠량이 적고, 전자적·정전적 결합에 의한 누화가 적고, 고주파 특성이 우수하여 대용량 전송이나 광대역 신호 전송에 적합한 특징이 있다.

④ 광섬유 케이블

> 광섬유 케이블은 CCTV 영상신호를 전달할 때 전송 손실을 가장 줄일 수 있는 망으로, 낙뢰·전자유도 등의 방해를 받지 않아 장거리 송신과 고속 전송을 위해 사용된다.

□□□ OSI 7계층을 하위계층에서 상위계층의 순서로 옳게 나타낸 것은?

> ㄱ. 물리계층
> ㄴ. 네트워크계층
> ㄷ. 전송계층
> ㄹ. 데이터링크계층
> ㅁ. 표현계층
> ㅂ. 세션계층
> ㅅ. 응용계층

① ㄱ → ㄴ → ㄷ → ㄹ → ㅁ → ㅂ → ㅅ

② ㄱ → ㄷ → ㄴ → ㅁ → ㄹ → ㅅ → ㅂ

③ ㄱ → ㄹ → ㄴ → ㄷ → ㅂ → ㅁ → ㅅ

> 제시된 OSI 7계층을 하위계층에서 상위계층의 순서로 나열하면, ㄱ → ㄹ → ㄴ → ㄷ → ㅂ → ㅁ → ㅅ 순이다.

④ ㄱ → ㅁ → ㅂ → ㄷ → ㄹ → ㅅ → ㄴ

47 난이도 상

┃기계경비의 기초이론 - 논리회로

☐☐☐ 다음 디지털 논리회로에서 입력신호 A, B에 대한 출력 C의 논리식을 간소화한 것은?

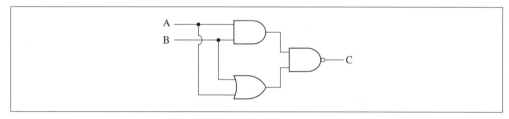

① $A + B$

② $A + \overline{B}$

③ $\overline{A} + B$

④ $\overline{A} + \overline{B}$

$C = \overline{(A \times B) \cdot (B + A)} = \overline{(ABB) + (ABA)} = \overline{(AB) + (ABA)} = \overline{AB(1 + A)} = \overline{AB(1)}$
$= \overline{AB} = \overline{A} + \overline{B}$ (드모르간의 법칙 적용)

48 난이도 상

□□□ **교류회로에서 역률(power factor)에 관한 설명으로 옳은 것은?**

① 평균전력의 최댓값을 의미한다.

> 평균전력의 최댓값을 의미하는 것은 피상전력이다.

② **평균전력과 피상전력의 비율을 의미한다.**

> 교류회로에서 역률은 피상전력(Apparent Power) 중에서 유효전력[Active Power, 평균전력]으로 사용되는 비율을 의미한다.

③ 시간에 대하여 순간의 전력값을 의미한다.

> 순시전력에 관한 설명이다. 즉, 순시전력은 특정한 시점의 전력을 의미한다.

④ 평균전력과 무효전력의 벡터합으로 나타낸다.

> 평균전력(유효전력)과 무효전력(Reactive Power)의 벡터합을 피상전력이라고 한다.

49 난이도 상

□□□ **압전효과를 이용하는 감지기로 옳은 것을 모두 고른 것은?**

ㄱ. 자석 감지기
ㄴ. 유리 감지기
ㄷ. 충격 감지기
ㄹ. 열선 감지기
ㅁ. 진동 감지기
ㅂ. 적외선 감지기
ㅅ. 초음파 감지기
ㅇ. 마이크로웨이브 감지기

---

① ㄱ, ㄴ, ㄷ, ㄹ

② ㄱ, ㄷ, ㄹ, ㅂ

③ **ㄴ, ㄷ, ㅁ, ㅅ**

> 제시된 감지기 중 압전효과를 이용하는 것은 ㄴ, ㄷ, ㅁ, ㅅ이다. 이 중 ㅅ(초음파 감지기)은 도플러효과를 이용하는 대표적인 감지기이나, 압전효과를 이용하는 감지기이기도 하다.
> * 초음파 감지기는 송신부와 수신부로 나누어져 있는데, 통상 송신부와 수신부 모두 압전소자가 쓰인다. 압전소자를 이용한 압전효과는 크게 정(正)압전효과와 역(逆)압전효과로 구분할 수 있는데, 송신부는 역(逆)압전효과를 이용하고, 수신부는 정(正)압전효과를 이용한다.

④ ㄴ, ㄹ, ㅁ, ㅇ

감지기에 응용되는 물리적 현상

용 어	의 미	응용되는 감지기
열전효과	두 개의 다른 도체를 접합한 경우, 접촉부에 온도차가 생기면 열전류가 흐르는 현상을 말한다.	차동식 분포형 화재 감지기
초전효과	물질에 가해진 온도의 급격한 변화에 의해 전기분극의 크기가 변화하여 전압이 발생하는 현상을 말한다.	열선 감지기
자기저항효과	전기가 흐르고 있는 고체 소자에 자장을 가하면 소자의 전기저항이 증가하는 현상을 말한다.	자석식 셔터 감지기
도플러효과	파원과 관측자 사이의 상대적 운동 상태에 따라 관측자가 관측하는 진동수가 달라지는 현상을 말한다.	초음파 감지기, 마이크로웨이브 감지기
광전효과	일반적으로 물질이 빛을 흡수하여 자유로이 움직일 수 있는 전자, 즉 광전자를 방출하는 현상을 말한다. 광전효과는 튀어나온 전자의 상태에 따라 광이온화, 내부광전효과, 광기전력효과, 포톤효과(포톤드래그효과), 뎀버효과 등으로 나뉜다. cf) 홀효과 : 자기장 속의 도체에서 자기장의 직각방향으로 전류가 흐르면, 자기장과 전류 모두에 직각방향으로 전기장이 나타나는 현상으로, 광전효과에 해당하지 않는다.	적외선 감지기, 적외선 반사식 셔터 감지기
압전효과	물체에 힘을 가하는 순간 전압이 발생하며, 물체에 변형이 일어나는 현상을 말한다. 압전성을 나타내는 물질에는 티탄산바륨, 지르콘산연, 티탄산연 등의 다결정 세라믹이 있다.	유리 감지기, 충격 감지기(진동 감지기), 초음파 감지기

50 난이도 하 ▌감지기 – 감지기의 분류

□□□ 감지기의 작용 형식에 따른 분류로 옳은 것은?

① 능동형 감지기, 수동형 감지기

　능동형 감지기, 수동형 감지기가 작용 형식에 따른 분류에 해당한다.

② 옥내용 감지기, 옥외용 감지기

　경계 형태에 따른 분류에 해당한다.

③ 방범용 감지기, 방재용 감지기

　응용 분야에 따른 분류에 해당한다.

④ 유선 감지기, 무선 감지기

　송신 방법에 따른 분류에 해당한다.

□□□ **열선 감지기가 감지하는 적외선 종류와 이용하는 감지효과는?**

① 근적외선, 광전효과

② **원적외선, 초전효과**

> 열선 감지기는 사람의 체온에서 발생하는 원적외선 에너지를 검지하며, 초전효과를 이용한다.

③ 근적외선, 압전효과

④ 원적외선, 도플러효과

□□□ **자동화재탐지설비 및 시각경보장치의 화재안전성능기준[NFPC 203]상 용어의 정의로 옳지 않은 것은?**

① 수신기 : 감지기나 발신기에서 발하는 화재신호를 직접 수신하거나 중계기를 통하여 수신하여 화재의 발생을 표시 및 경보하여 주는 장치

② **시각경보장치 : 감지기·발신기 또는 전기적인 접점 등의 작동에 따른 신호를 받아 이를 수신기에 전송하는 장치**

> ②는 중계기에 관한 정의이다. 시각경보장치는 자동화재탐지설비에서 발하는 화재신호를 시각경보기에 전달하여 청각장애인에게 점멸형태의 시각경보를 하는 장치이다.

③ 감지기 : 화재 시 발생하는 열, 연기, 불꽃 또는 연소생성물을 자동적으로 감지하여 수신기에 화재신호 등을 발신하는 장치

④ 발신기 : 수동누름버턴 등의 작동으로 화재 신호를 수신기에 발신하는 장치

관계법령

정의(자동화재탐지설비 및 시각경보장치의 화재안전성능기준[NFPC 203] 제3조)
이 기준에서 사용되는 용어의 정의는 다음과 같다.

1. "경계구역"이란 특정소방대상물 중 화재신호를 발신하고 그 신호를 수신 및 유효하게 제어할 수 있는 구역을 말한다.
2. "수신기"란 감지기나 발신기에서 발하는 화재신호를 직접 수신하거나 중계기를 통하여 수신하여 화재의 발생을 표시 및 경보하여 주는 장치를 말한다.
3. "중계기"란 감지기·발신기 또는 전기적인 접점 등의 작동에 따른 신호를 받아 이를 수신기에 전송하는 장치를 말한다.
4. "감지기"란 화재 시 발생하는 열, 연기, 불꽃 또는 연소생성물을 자동적으로 감지하여 수신기에 화재 신호 등을 발신하는 장치를 말한다.
5. "발신기"란 수동누름버턴 등의 작동으로 화재 신호를 수신기에 발신하는 장치를 말한다.
6. "시각경보장치"란 자동화재탐지설비에서 발하는 화재신호를 시각경보기에 전달하여 청각장애인에게 점멸형태의 시각경보를 하는 것을 말한다.
7. "거실"이란 거주·집무·작업·집회·오락 그 밖에 이와 유사한 목적을 위하여 사용하는 실을 말한다.

☐☐☐ 자동화재탐지설비 및 시각경보장치의 화재안전성능기준[NFPC 203]상 광전식 분리형감지기의 설치 기준으로 옳지 않은 것은?

① 광축(송광면과 수광면의 중심을 연결한 선)은 나란한 벽으로부터 0.3미터 이상 이격하여 설치할 것

> 광전식 분리형감지기의 광축(송광면과 수광면의 중심을 연결한 선)은 나란한 벽으로부터 <u>0.6미터 이상</u> 이격하여 설치하여야 한다([NFPC 203] 제7조 제3항 제15호 나목).

② 감지기의 송광부와 수광부는 설치된 뒷벽으로부터 1미터 이내 위치에 설치할 것

③ 광축의 높이는 천장 등(천장의 실내에 면한 부분 또는 상층의 바닥하부면을 말한다) 높이의 80퍼센트 이상일 것

④ 감지기의 광축의 길이는 공칭감시거리 범위 이내일 것

관계법령

감지기(자동화재탐지설비 및 시각경보장치의 화재안전성능기준[NFPC 203] 제7조)

③ 감지기는 다음 각호의 기준에 따라 설치해야 한다. 다만, 교차회로방식에 사용되는 감지기, 급속한 연소 확대가 우려되는 장소에 사용되는 감지기 및 축적기능이 있는 수신기에 연결하여 사용하는 감지기는 축적기능이 없는 것으로 설치하여야 한다.

15. 광전식 분리형감지기는 다음의 기준에 따라 설치할 것

　가. 감지기의 수광면은 햇빛을 직접 받지 않도록 설치할 것

　나. 광축(송광면과 수광면의 중심을 연결한 선)은 나란한 벽으로부터 0.6미터 이상 이격하여 설치할 것

　다. 감지기의 송광부와 수광부는 설치된 뒷벽으로부터 1미터 이내 위치에 설치할 것

　라. 광축의 높이는 천장 등(천장의 실내에 면한 부분 또는 상층의 바닥하부면을 말한다) 높이의 80퍼센트 이상일 것

　마. 감지기의 광축의 길이는 공칭감시거리 범위 이내일 것

　바. 그 밖의 설치기준은 형식승인 내용에 따르며 형식승인 사항이 아닌 것은 제조사의 시방에 따라 설치할 것

□□□ 방범용 감지기 중 자석 감지기의 설명으로 옳지 <u>않은</u> 것은?

① 방범용으로 사용 시 동작전원이 필요하다.

> 자석 감지기는 문이나 창과 같이 여닫는 장소에 설치하여 자력의 변화를 이용하여 침입자를 감지하는 방범 센서이다. 마그네트(Magnet, 영구자석)부와 스위치(Reed Switch)부로 구성되는데, 리드스위치는 출입문이나 창문의 틀에, 영구자석은 출입문이나 창문에 문을 닫은 상태에서 근접한 곳에 일직선으로 설치하는 구조이다. 전원이 필요 없고 방범용으로 많이 사용된다.

② 출입문 개폐(침입) 감시에 사용한다.

③ 창문 개폐(침입) 감시에 사용한다.

④ 리드스위치부는 고정된 문틀에 설치하여 사용한다.

□□□ 점 경계 감지기로 옳은 것은?

① 음향 감지기

② 자석 감지기

> 자석 감지기가 점 경계 감지기에 해당한다. 음향 감지기와 초음파 감지기는 입체 경계 감지기에 해당하고, 적외선 감지기는 감지 구역에 의한 분류에 따르면 면 경계 감지기에 해당하나, 경계 형태별 설치에 따른 분류에 따르면 선 경계 또는 면 경계(다단형 적외선 감지기의 경우) 감지기에 해당한다.

③ 적외선 감지기

④ 초음파 감지기

핵심만 콕

감지 구역에 의한 감지기의 분류★★

감지 구역	종 류
점 경계	자석 감지기, 셔터 감지기
면 경계	면 타입 열선 감지기, 장력 감지기, 유리(파괴) 감지기, 적외선 감지기
입체 경계	입체 타입 열선 감지기, 초음파 감지기, 음향 감지기, 마이크로웨이브 감지기

〈참고〉 이강열, 「기계경비개론」, 진영사, 2021, P. 167~168

경계 형태별 설치 감지기★

형 태		종 류
옥내용	점 경계	열선 감지기, 자석 감지기, 셔터 감지기, 진동 감지기
	선 경계	적외선 감지기, 열선 감지기, 마이크로웨이브 감지기
	면 경계	열선 감지기, 다단형 적외선 감지기
	입체 경계	열선 감지기, 초음파 감지기, 마이크로웨이브 감지기, 음향 감지기
옥외용	선 경계	적외선 감지기, 장력 감지기, 마이크로웨이브 감지기
	면 경계	광케이블 감지기, 다단형 적외선 감지기

〈출처〉이강열, 「기계경비개론」, 진영사, 2021, P. 219~220

56

난이도 **중**

┃감지기 – 감지기의 분류(수동형 감지기)

수동형 감지기가 아닌 것은?

① 열선 감지기

② 장력 감지기

③ **적외선 감지기**

> 적외선 감지기는 초음파 감지기, 셔터 감지기등과 더불어 능동형 감지기에 해당한다.

④ 충격 감지기

핵심만 콕

작동(작용) 형식에 의한 감지기의 분류★★

작동(작용) 형식	종 류
수동형	유리(파괴) 감지기, 음향 감지기, 장력 감지기, 충격 감지기, 열선 감지기
능동형	적외선 감지기, 초음파 감지기, 셔터 감지기

〈출처〉이강열, 「기계경비개론」, 진영사, 2021, P. 167~168

57 난이도 하 █ 화상감지시스템 – CCTV의 구성 요소(전송부)

☐☐☐ **CCTV 시스템의 전송부에 관한 설명으로 옳은 것은?**

① 핵심 구성품은 카메라이다.

> 촬상부는 카메라, 렌즈, 카메라 하우징, 회전기(Pan/Tilt)로 구성된다.

② 수신된 영상신호를 화상으로 표출한다.

> 수상부(영상처리부)에 관한 설명이다.

③ <u>유선 또는 무선 통신을 이용하여 영상신호를 전송한다.</u>

> 전송부에 관한 설명으로 옳다.

④ 구성요소로는 카메라 회전장치가 있다.

> 카메라 회전장치(Pan/Tilt)는 촬상부의 구성요소이다.

58 난이도 하 █ 화상감지시스템 – 전송부(PoE)

☐☐☐ **이더넷 케이블을 이용하여 카메라의 전원과 영상신호를 동시에 전송하는 방식은?**

① <u>PoE</u>

> 이더넷 케이블(주로 근거리 통신망을 구축하기 위해 사용)을 이용하여 카메라의 전원과 영상신호를 동시에 전송하는 방식은 PoE이다.

② NIC

> NIC(Network Interface Controller)는 컴퓨터를 네트워크에 연결하여 통신하기 위해 사용하는 하드웨어 장치이다.

③ DVR

> DVR(Digital Video Recorder)은 아날로그 영상신호를 디지털 방식으로 압축 저장하는 녹화장치이다.

④ NFC

> NFC(Near Field Communication)는 근거리 무선통신을 의미하며, 13.56MHz의 대역을 가지며, 약 10cm 이내의 거리에서 무선통신을 하기 위한 비접촉식 통신기술이다.

□□□　CCTV 카메라에 사용되는 촬상소자가 아닌 것은?

① CCD

② MOS

③ <u>OSD</u>

> CCTV 카메라에 사용되는 촬상소자에는 CCD(Charge Coupled Device)형, MOS(Metal Oxide Semiconductor)형, CMD(Charge Modulation Device)형의 고체 촬상소자가 있다. <u>OSD(On Screen Display)는 TV나 모니터에 메뉴화면을 보여주는 것을 말한다.</u>

④ CMD

핵심만 콕

촬상소자

인간에 비유하면 망막에 해당하는 부분으로서 렌즈에 의해 결상된 광학상을 전자적 신호로 변환한다. 촬상소자는 촬상관과 고체 촬상소자로 구분되나, 촬상관은 최근에는 거의 사용되지 않고 소형, 경량이면서 수명이 길고 충격이나 진동에 강한 CCD형, MOS형, CMD형의 고체 촬상소자가 사용된다.

- CCD(Charge Coupled Device)형 : <u>CCTV 카메라에 많이 사용되는 것으로, CCTV 카메라 렌즈를 통해 모아진 빛을 받아 전기적 신호로 변환한다. CCD방식은 아날로그 회로에 기반한 전형적인 광학 시스템이다.</u> 감광소자가 있는 포토 다이오드와 그곳에 빛의 강약을 통해서 발생하는 신호전하를 축적, 전송하기 위한 레지스터에 해당하는 CCD부를 수평상에 조합해서 배열한 촬상소자이다. <u>CCD형은 감광부(빛을 전환하여 얻은 신호전하를 일시적으로 축적), 전송부, 출력부로 구성되며, 빛을 변환하여 신호전환을 얻는 형태에 따라 FT(Frame Transfer)-CCD, IT(Interlace Transfer)-CCD, FIT(Frame Interlace Transfer)-CCD로 분류된다.</u>
  - FT(Frame Transfer)-CCD : <u>구조가 간단하고, 고화소화에 적합하여 적외선 카메라에 많이 사용된다.</u>
  - IT(Interlace Transfer)-CCD : <u>제조비용이 저렴하여 현재 대부분의 가정용 비디오 카메라나 산업용 등에 많이 사용된다.</u>
  - FIT(Frame Interlace Transfer)-CCD : <u>고화질이 요구되는 방송용으로 많이 사용되며, IT형과 FT형의 장점만 채택한 타입이다.</u>
- MOS(Metal Oxide Semiconductor)형 : <u>포토 다이오드와 MOS 트랜지스터 스위치를 조합해서 감광부의 화소가 형성된 것을 말한다. MOS형에는 TSL(Transversal Signal Line)-MOS, CID형이 있다.</u>
  - TSL(Transversal Signal Line)-MOS형 : MOS형 촬상디바이스의 각 화소에 수평 스위치의 트랜지스터를 설치한 것으로 <u>고정 패턴의 잡음에 강하고 다기능 구현을 할 수 있는</u> 방식이다.
  - CID(Charge Injection Device)형 : <u>전하 주입형 소자로서 화상처리용에 적합하다.</u>
- CMD(Charge Modulation Device)형 : <u>증폭형 고체 촬상소자로서 일종의 전하 변조소자이며, X_Y Address 방식으로 주사의 자유도가 크고 소비전력이 작은 특징이 있다.</u>

〈참고〉 이강열, 「기계경비개론」, 진영사, 2021, P. 422~424

60 난이도 상

□□□ CCTV 시스템에서 사용하는 스토리지 시스템이 아닌 것은?

① DAS

② DVI

> CCTV 시스템에서 사용하는 스토리지 시스템은 연결방법에 따라 DAS(Direct Attached Storage), NAS(Network Attached Storage), SAN(Storage Area Network)으로 구분된다. DVI(Digital Visual Interface)는 디지털 디스플레이 장치의 화질에 최적화된 표준 영상 인터페이스이다. 즉, 영상을 디지털 신호로 전송할 수 있는 연결방식을 뜻한다.

③ NAS

④ SAN

핵심만 콕

스토리지 시스템의 의의
컴퓨터가 접근할 수 있는 데이터를 저장하기 위한 별도의 장소 또는 장치를 의미한다.

스토리지 시스템의 종류

DAS(Direct Attached Storage)
저장장치가 직접 개별 호스트(컴퓨터, 서버 등)에 연결되어 사용 및 관리되는 방식이다. • 장점 : 각 호스트에서 저장장치까지 물리적으로 가까운 경우 활용이 가능하고, 확장이 비교적 쉽다. • 단점 : 호스트에 장애가 발생할 경우 저장장치의 접근이 제한되고, 물리적인 공간이 한계에 봉착한 경우 확장이 더 이상은 어렵다.

NAS(Network Attached Storage)
스토리지를 네트워크에 부착한 데이터 공유방식으로 스토리지가 다른 호스트 없이 직접 네트워크에 연결되는 방식이다. • 장점 : 네트워크를 통해 데이터를 공유하므로, 높은 대역폭의 네트워크를 통한 전송속도 확보가 가능하며, 여러 다른 장치들의 데이터를 저장 및 읽기에 용이하다. • 단점 : 네트워크 병목 현상에 취약하고, 스케일 업(기존 NAS 장치 자체의 업그레이드)에는 한계가 있다.

SAN(Storage Area Network)
여러 스토리지들을 네트워크에 연결시킨 다음 스토리지 전용 네트워크로 구성을 하는 방식이다. 이에 따라 스토리지에 접근하기 위해서는 각 호스트들은 모두 SAN 전용 네트워크를 거쳐서 접근해야 한다. • 장점 : 성능 및 용량 확장성이 좋고, 가상화 환경을 구축하기 좋다. • 단점 : 네트워크의 복잡도가 비교적 높아 상대적으로 비싸며, 관리 포인트가 많다.

□□□ **CCTV 시스템의 전원 안정화 장치가 아닌 것은?**

① 절연형 복권 트랜스

② 자동 전압 조절기

③ 무정전 전원 공급기

④ **매트릭스 스위치**

> 매트릭스 스위치는 화상감시시스템의 주변기기로 복수의 영상미디어 소스를 복수의 디스플레이로 출력하는데,
> 출력 화면을 매트릭스(가로와 세로로 일정한 규칙에 따라 늘어놓은 행렬을 의미)처럼 보여주는 장치이다.
> CCTV 시스템의 전원 안정화 장치에는 무정전 전원 공급기(UPS : Uninterruptible Power Supply), 자동 전압
> 조절기(AVR : Automatic Voltage Regulator), 절연형 복권 트랜스(변압기) 등이 있다.

□□□ **CCTV 시스템의 영상저장용 하드디스크에 관한 설명으로 옳지 않은 것은?**

① 플래터, 헤드 및 제어기판의 구조를 가진다.

② 논리적 구조로 트랙과 섹터를 가진다.

③ 액세스 타임, RPM, 캐시 크기 등으로 하드디스크의 성능을 알 수 있다.

④ 하드디스크 인터페이스 표준은 RTSP이다.

> RTSP(Real Time Streaming Protocol)은 스트리밍 미디어 서버를 제어할 목적으로 통신시스템 등에 사용하도
> 록 설계된 네트워크 제어 프로토콜이다.

□□□ **개인정보보호법령상 고정형 영상정보처리기기를 설치할 때 안내판에 포함하여야 할 사항으로 옳지 않은**
것은?

① 설치 목적 및 장소

② 촬영 범위 및 시간

③ **촬영 월별 기록 내용**

> ③은 개인정보보호법령상 고정형 영상정보처리기기운영자가 고정형 영상정보처리기기를 설치할 때 안내판에
> 포함하여야 할 사항에 해당하지 않는다(개인정보보호법 제25조 제4항 본문 각호).

④ 관리책임자의 연락처

고정형 영상정보처리기기의 설치·운영 제한(개인정보보호법 제25조)

④ 제1항 각호에 따라 고정형 영상정보처리기기를 설치·운영하는 자(이하 "고정형 영상정보처리기기 운영자"라 한다)는 정보주체가 쉽게 인식할 수 있도록 다음 각호의 사항이 포함된 안내판을 설치하는 등 필요한 조치를 하여야 한다. 다만, 「군사기지 및 군사시설 보호법」 제2조 제2호에 따른 군사시설, 「통합방위법」 제2조 제13호에 따른 국가중요시설, 그 밖에 대통령령으로 정하는 시설의 경우에는 그러하지 아니하다. 〈개정 2023.3.14.〉★★

1. 설치 목적 및 장소
2. 촬영 범위 및 시간
3. 관리책임자의 연락처
4. 그 밖에 대통령령으로 정하는 사항

[제목개정 2023.3.14.]

---

64 난이도 하 ┃외곽감시시스템 – 감지형식에 따른 분류

외곽침입감지시스템의 감지형식에 따른 분류가 아닌 것은?

① 주소형

> 외곽침입감지시스템은 감지방식에 따라 케이블 진동 감지형(Cable Type), 광망형(Fiber Optic Net Type), 장력형(Tension Type), 전자계형(Electric Type), 복합형(Combination Type)으로 구분할 수 있다.

② 전자계형
③ 장력형
④ 광망형

---

65 난이도 하 ┃외곽감시시스템 – 침입감지시스템의 기본요소

침입감지시스템의 구성요소로 옳지 않은 것은?

① 감지기
② 통제장치
③ 경보장치
④ 배기장치

> 외곽감시시스템은 센서(감지기), 통제장치, 경보장치, CCTV로 구성된다. 배기장치는 연소가스의 원활한 배출과 대기오염 물질을 정화하는 역할을 한다.

☐☐☐ **기계경비시스템의 용어에 관한 설명으로 옳지 않은 것은?**

① 세트(Set) : 출입관리기로 주장치를 조작하여 기기를 감지할 수 있는 경계 상태로 조작하는 것

② **존(Zone) : 감지기나 주장치의 뚜껑이 무단 개방되는 것을 감지하는 것**

> **탬퍼(Tamper)에 관한 설명이다.** 존(Zone)은 경비계획에 따라 감시 구역별로 구분해 놓은 일정영역을 의미한다.

③ 해제실수(Open Miss) : 가입자가 해제 시 완전한 확인조치를 취하지 않은 상태에서 조작하여 경보가 발생하는 것

④ 세트실수(Set Miss) : 가입자가 세트 시 완전한 확인조치를 취하지 않은 상태에서 조작하여 경보가 발생하는 것

핵심만 콕

기계경비 관련 용어★★

용 어	의 미
세트(Set)	기기를 감지할 수 있는 경계 상태로 조작하는 것★
해제(Reset)	기기를 감지할 수 없는 미경계 상태로 조작하는 것★
경보(Alarm)	침입, 화재, 비상, 가스누출, 설비이상 등을 알리는 것
오경보(False Alarm)	조작자 실수, 주변 환경 문제, 소동물 등에 의한 경보 ※ 오보의 원인 : 조작자 실수, 설계 실수, 공사 실수, 기기품질 이상, 공사설계 실수, 환경변화, 소동물, 노후 시설로 인한 흔들림, 기기신뢰성 저하
세트 실수(Setmiss)	세트 시 완전한 확인 조치를 취하지 않은 상태에서 조작하여 경보가 발생하는 것
해제 실수(Open miss)	해제 시 완전한 확인 조치를 취하지 않은 상태에서 조작하여 경보가 발생하는 것
탬퍼(Tamper)	경보시스템 기기 자체에 대한 고의의 방해를 감지하기 위한 기능★
NC상태(Normaly Close)	평상시 닫혀 있는 상태의 접점. b접점, 방범용 감지기★
NO상태(Normaly Open)	평상시 열려 있는 상태의 접점. a접점, 방재용 감지기★
노 세트(no-set)	약정된 시간에 통보 없이 세트(set)시키지 않는 것★
비정기 해제(irregular open)	약정된 시간 외에 해제를 하는 것★

67 난이도 **하** ┃기계경비시스템 – 무인 기계경비시스템의 업무

□□□ **기계경비시스템의 업무로 옳지 않은 것은?**

① 방범 업무

② 비상통보 업무

③ 설비감시 업무

④ **범죄수사 업무**

> (무인) 기계경비시스템의 제공 업무는 방범 업무, 방재 업무, 비상통보 업무, 설비제어 업무, 설비감시 업무이다. 범죄수사 업무는 이에 해당하지 않는다.

68 난이도 **하** ┃기계경비시스템 – 컨트롤러(주장치)의 구성

□□□ **기계경비시스템에서 주장치의 구성으로 옳지 않은 것은?**

① 전원부

② 제어부

③ 표시부

④ **촬상부**

> 기계경비시스템에서 주장치는 기본적으로 전원부, 제어부, 표시부, 조작부, 출력부로 구성된다. 촬상부는 피사체, 전송부, 수상부와 더불어 CCTV 시스템의 구성요소이다.

69 난이도 **하** ┃기계경비시스템 – 통신회선(전용회선)

□□□ **전용회선에 관한 설명으로 옳지 않은 것은?**

① 직통회선, 분기회선, 집중분기회선 등이 있다.

② 독자적인 통신망 구축이 가능하다.

③ **회선 교환과 축적 교환으로 구분할 수 있다.**

> 회선 교환(공간 분할, 시간 분할)과 축적 교환(메시지 교환, 패킷 교환)은 전용회선이 아닌 교환회선에 관한 분류이다.

④ 특정 상대방과 회선으로 항상 접속되어 있다.

70 ▌기계경비시스템 – 기계경비시스템 구축을 위한 설계단계

□□□ **기계경비시스템 구축을 위한 주요 설계단계를 순서대로 옳게 나열한 것은?**

> ㄱ. 경비대상물 조사
> ㄴ. 시스템 선정
> ㄷ. 설계도면 작성
> ㄹ. 배관, 배선방법 선정

① ㄱ → ㄴ → ㄹ → ㄷ

> 기계경비시스템 구축을 위한 설계단계는 대상물의 기계경비 목적을 파악 → 경비대상물 조사(ㄱ) → 시스템 선정(ㄴ) → Block 구성 → 컨트롤러, 감지기 및 카메라 설정 → 취부위치 결정 → 배관, 배선 방법 설정(ㄹ) → 설계도면 작성(ㄷ) 순으로 진행된다.

② ㄱ → ㄹ → ㄴ → ㄷ

③ ㄹ → ㄱ → ㄴ → ㄷ

④ ㄹ → ㄴ → ㄱ → ㄷ

71 ▌기계경비시스템 – 기계경비 설계의 기초(척도)

□□□ **기계경비시스템 설계에서 도면상의 물체를 실물보다 작게 그리는 방법은?**

① 실 척

② **축 척**

> 도면상의 물체를 실물보다 작게 그리는 방법은 축척이다.

③ 배 척

④ 압 척

핵심만 콕

척 도★
척도는 도면에 그린 물체의 크기와 실제 물체의 크기의 비로, 척도의 종류에는 축척, 실척, 배척이 있다.
• 축척 : 도면상의 물체를 실물보다 작게 그리는 방법이다.
• 실척 : 도면상의 물체를 실물의 크기와 같이 그리는 방법이다.
• 배척 : 도면상의 물체를 실물보다 크게 그리는 방법이다.

〈출처〉 이강열, 「기계경비개론」, 진영사, 2021, P. 541

72

출입통제시스템에 관한 설명으로 옳지 않은 것은?

① 주요 시설물을 보호하기 위한 수단으로 사용한다.

② 출입이 허가된 사람에게 출입할 수 있도록 한다.

③ **출입문을 일괄적으로 원격 개폐할 수 없다.**

> **출입통제시스템은 중앙통제장치를 통하여 출입문을 부분 또는 일괄적으로 원격 개폐할 수 있다.**

④ 근태관리와 연계하여 사용할 수 있다.

73

출입통제시스템의 구성요소가 아닌 것은?

① 카드리더

② 전기정

③ 퇴실 감지기

④ **스프링클러**

> **스프링클러는 출입통제시스템의 구성요소가 아니다.** 출입통제시스템은 메인호스트(중앙통제장치), 카드리더 컨트롤러, 카드리더, 전기정, 퇴실감지기로 구성된다.

74

감지기의 구비조건에 해당하지 않는 것은?

① **운영도**

> **운영도는 감지기의 구비조건에 해당하지 않는다.** 감지기의 구비조건은 감도(Sensitivity), 선택도(Selectivity), 안정도(Stability) 및 복귀도(Reversibility)이다.

② 선택도

③ 감 도

④ 안정도

75 난이도 하 ┃출입통제시스템 – 생체인식시스템의 특성

생체인식의 특성에 관한 설명으로 옳지 않은 것은?

① 보편성 : 모든 사람이 가지고 있는 일반적 특성
② 독특성 : 개인별 고유의 특성
③ **수용성 : 정확도와 속도에 영향을 미치는 특성**

③은 정확성에 관한 설명이다. 수용성은 시스템에 거부감을 느끼지 않는 정도를 의미한다.

④ 영구성 : 시간이 지나도 특징이 변화하지 않는 특성

핵심만 콕

생체인식시스템의 특성

구 분	특 성	내 용
일반적인 특성	보편성(Universality)	모든 사람이 가지고 있는 생체특성을 의미
	고유성(독특성, Uniqueness)	동일한 특성을 가진 다른 사람이 존재하지 않음을 의미
	영구성(Permanence)	시간이 지나도 생체특성이 변화하지 않고, 변경시킬 수도 없음을 의미
	획득성(Collectability)	센서로부터 생체특성정보 추출 및 정량화가 용이함을 의미
추가적인 특성 (신뢰성 향상)	정확성(Performance)	시스템의 정확도, 처리속도, 내구성 등을 의미
	수용성(Acceptability)	시스템에 거부감을 느끼지 않는 정도를 의미
	기만성(Circumvention)	부정사용으로 시스템을 속이기가 용이한 정도를 의미

〈참고〉 이강열, 「기계경비개론」, 진영사, 2021, P. 580

□□□ **출입통제시스템 구축 시 주의사항에 관한 설명으로 옳지 않은 것은?**

① EM방식 전기정은 자성에 의해 개폐되는 구조이기 때문에 락(Lock) 장치와 플레이트(Plate)를 최대한 멀리 설치한다.

> EM방식 전기정은 자성에 의해 개폐되는 구조이기 때문에 락(Lock) 장치와 플레이트(Plate)를 최대한 근접되게 설치해야 한다.

② 전기정 설치 시 문을 열어놓아도 원위치로 닫히도록 설치한다.

③ 무정전 전원장치를 설치하여 정전 시 안정된 전원을 공급하도록 한다.

④ 외부노이즈에 영향을 받지 않도록 차폐케이블을 사용한다.

□□□ **출입통제시스템의 카드인식 분류방법으로 옳지 않은 것은?**

① 접촉형

② 삽입형

③ **밀폐형**

> 접촉형, 접촉진행형, 삽입형, 근접형이 형태에 따른 카드인식 분류방법에 해당한다.

④ 근접형

□□□ **출입문에 설치하는 전기정의 종류가 아닌 것은?**

① Dead Bolt

② **Automatic Bollard**

> 자동볼라드(Automatic Bollard)는 전기 또는 유압시스템을 통해 작동하며, 차량의 출입을 통제하는 장치로써, 주로 보안 목적이나 교통통제에 사용된다. Dead Bolt, Electric Strike, Electric Magnetic은 출입문에 설치하는 전기정이다.

③ Electric Strike

④ Electric Magnetic

□□□ **공개키 암호 시스템에 관한 설명으로 옳지 않은 것은?**

① 공개키 암호는 암호화 키와 복호화 키가 서로 다르다.

> 공개키 암호(비대칭키 암호)는 암호화에 사용되는 키와 복호화에 사용되는 키가 서로 다르다.

② 공개키 암호는 소인수 분해의 어려움에 기반을 두고 설계되었다.

> 소인수 분해의 어려움에 기반을 두고 설계된 공개키 암호(비대칭키 암호)는 RSA 방식이다.

③ 공개키 암호는 암호화 키를 공개함으로써 키의 생성과 분배가 쉽다.

> 공개키 암호(비대칭키 암호)는 암호화 키를 공개함으로써 비밀키 암호(대칭키 암호)보다 키의 생성과 분배가 쉽다는 장점이 있으나, 처리속도가 느리다는 단점이 있다.

④ <u>공개키 암호의 대표적인 알고리즘으로는 RSA, DES 방식이 있다.</u>

> 공개키 암호의 대표적인 알고리즘인 RSA 방식과 달리 DES 방식은 대표적인 비밀키 암호(대칭키 암호)의 알고리즘이다.

□□□ **정보보호의 목적으로 옳지 않은 것은?**

① 기밀성

② 무결성

③ 인 증

④ **변 조**

> <u>변조는 정보보호의 목적에 해당하지 않는다.</u> 기밀성, 무결성, 가용성을 정보보호의 3대 핵심목표(CIA)라고 하고, 인증, 무결성, 기밀성, 부인방지, 책임추적성, 권한부여를 정보보호(보안)의 요구사항이라고 한다.

2022년 경비업법

01	02	03	04	05	06	07	08	09	10	11	12	13	14	15	16	17	18	19	20
②	①	②	④	④	①	①	③	①	①	②	③	①	①	③	④	④	④	②	②
21	22	23	24	25	26	27	28	29	30	31	32	33	34	35	36	37	38	39	40
③	③	②	④	①	②	③	③	①	④	④	①	②	①·④	④	④	①·②	①	③	②

01

난이도 **하**   ▌경비업법 제2조 제5호 – 집단민원현장

☐☐☐ **경비업법령상 집단민원현장으로 옳지 않은 것은?**

① 「노동조합 및 노동관계조정법」에 따라 노동관계 당사자가 노동쟁의 조정신청을 한 사업장 또는 쟁의행위가 발생한 사업장

> 경비업법 제2조 제5호 가목의 집단민원현장이다.

② 「공유토지분할에 관한 특례법」에 따라 공유토지에 대한 소유권행사와 토지의 이용에 문제가 있는 장소

> 경비업법 제2조 제5호의 집단민원현장에 해당하지 않는다.

③ 「도시 및 주거환경정비법」에 따른 정비사업과 관련하여 이해대립이 있어 다툼이 있는 장소

> 경비업법 제2조 제5호 나목의 집단민원현장이다.

④ 「행정대집행법」에 따라 대집행을 하는 장소

> 경비업법 제2조 제5호 사목의 집단민원현장이다.

관계법령

정의(경비업법 제2조)

이 법에서 사용하는 용어의 정의는 다음과 같다.

　5. "집단민원현장"이란 다음 각목의 장소를 말한다.

　　가. 「노동조합 및 노동관계조정법」에 따라 노동관계 당사자가 노동쟁의 조정신청을 한 사업장 또는 쟁의행위가 발생한 사업장

　　나. 「도시 및 주거환경정비법」에 따른 정비사업과 관련하여 이해대립이 있어 다툼이 있는 장소

다. 특정 시설물의 설치와 관련하여 민원이 있는 장소

라. 주주총회와 관련하여 이해대립이 있어 다툼이 있는 장소

마. 건물·토지 등 부동산 및 동산에 대한 소유권·운영권·관리권·점유권 등 법적 권리에 대한 이해대립이 있어 다툼이 있는 장소

바. 100명 이상의 사람이 모이는 국제·문화·예술·체육 행사장

사. 「행정대집행법」에 따라 대집행을 하는 장소

---

02 난이도 **하** ▮경비업법 시행규칙 제5조 제2항 − 경비업 허가사항 등의 변경신고서 제출 시 첨부서류

□□□ **경비업법령상 경비업 허가사항 등의 변경신고서 제출 시 첨부서류로 허가증 원본을 필요로 하는 경우가 아닌 것은?**

① 법인의 임원 변경

> 법인의 임원이 변경되어 신고를 하는 경우에는 경비업 허가사항 등의 변경신고서에 법인 임원의 이력서 1부를 첨부하여 법인의 주사무소를 관할하는 시·도 경찰청장 또는 해당 시·도 경찰청 소속의 경찰서장에게 제출하여야 한다(경비업법 시행규칙 제5조 제2항 전문). 이와 달리 법인의 대표자 변경, 법인의 명칭 변경, 법인의 주사무소 또는 출장소 변경의 경우에는 허가증 원본을 첨부하여야 한다.

② 법인의 대표자 변경

③ 법인의 명칭 변경

④ 법인의 주사무소 또는 출장소 변경

관계법령

폐업 또는 휴업 등의 신고(경비업법 시행규칙 제5조)

② 법 제4조 제3항 제2호에 따른 법인의 명칭·대표자·임원, 같은 항 제3호에 따른 주사무소·출장소나 영 제5조 제4항에 따른 정관의 목적이 변경되어 법 제4조 제3항에 따른 신고를 하는 경우에는 별지 제6호 서식의 경비업 허가사항 등의 변경신고서(전자문서로 된 신고서를 포함한다)에 다음 각호의 서류(전자문서를 포함한다)를 첨부하여 법인의 주사무소를 관할하는 시·도 경찰청장 또는 해당 시·도 경찰청 소속의 경찰서장에게 제출하여야 한다. 변경신고서를 제출받은 경찰서장은 이를 지체 없이 관할 시·도 경찰청장에게 보내야 한다.

1. 명칭 변경의 경우 : 허가증 원본
2. 대표자 변경의 경우
   가. 삭제 〈2006.9.7.〉
   나. 법인 대표자의 이력서 1부
   다. 허가증 원본
3. 임원 변경의 경우 : 법인 임원의 이력서 1부
4. 주사무소 또는 출장소 변경의 경우 : 허가증 원본
5. 정관의 목적 변경의 경우 : 법인의 정관 1부

☐☐☐ **경비업법령상 경비업을 영위하는 법인의 임원 결격사유에 해당하지 않는 것은?**

① 피성년후견인

② **피한정후견인**

> 피한정후견인은 2021.1.12. 경비업법 개정 시 법인의 임원 결격사유에서 삭제되어 현행법상 법인의 임원이 될 수 있다.

③ 파산선고를 받고 복권되지 아니한 자

④ 금고 이상의 형의 선고를 받고 그 형이 실효되지 아니한 자

관계법령

임원의 결격사유(경비업법 제5조) ★

다음 각호의 어느 하나에 해당하는 자는 경비업을 영위하는 법인(제4호에 해당하는 자의 경우에는 특수경비업무를 수행하는 법인, 제5호에 해당하는 자의 경우에는 허가취소사유에 해당하는 경비업무와 동종의 경비업무를 수행하는 법인)의 임원이 될 수 없다. 〈개정 2021.1.12.〉

　1. 피성년후견인

　2. 파산선고를 받고 복권되지 아니한 자

　3. 금고 이상의 형의 선고를 받고 그 형이 실효되지 아니한 자

　4. 이 법 또는 「대통령 등의 경호에 관한 법률」에 위반하여 벌금형의 선고를 받고 3년이 지나지 아니한 자

　5. 이 법(제19조 제1항 제2호 및 제7호는 제외) 또는 이 법에 의한 명령에 위반하여 허가가 취소된 법인의 허가취소 당시의 임원이었던 자로서 그 취소 후 3년이 지나지 아니한 자

　6. 제19조 제1항 제2호(허가받은 경비업무 외의 업무에 경비원을 종사하게 한 때) 및 제7호(소속 경비원으로 하여금 경비업무의 범위를 벗어난 행위를 하게 한 때)의 사유로 허가가 취소된 법인의 허가취소 당시의 임원이었던 자로서 허가가 취소된 날부터 5년이 지나지 아니한 자

---

04 난이도 하

□□□ 경비업법령상 기계경비업자가 오경보의 방지를 위해 계약상대방에게 설명하여야 할 사항으로 옳지 않은 것은?

① 당해 기계경비업무와 관련된 관제시설 및 출장소의 명칭 · 소재지

> 경비업법 시행령 제8조 제1항 제1호

② 기계경비업자가 경비대상시설에서 발생한 경보를 수신한 경우에 취하는 조치

> 경비업법 시행령 제8조 제1항 제2호

③ 기계경비업무용 기기의 설치장소 및 종류와 그 밖의 기계장치의 개요

> 경비업법 시행령 제8조 제1항 제3호

④ **기계경비지도사의 명단 · 배치일자 · 배치장소와 출동차량의 대수**

> ④는 기계경비업자가 출장소별로 갖추어 두어야 하는 서류의 기재사항에 해당한다(경비업법 시행령 제9조 제1항 제2호).

관계법령

오경보의 방지를 위한 설명 등(경비업법 시행령 제8조)
① 법 제9조 제1항의 규정에 의하여 기계경비업자가 계약상대방에게 하여야 하는 설명은 다음 각호의 사항을 기재한 서면 또는 전자문서(이하 "서면등"이라 하며, 이 조에서 전자문서는 계약상대방이 원하는 경우에 한한다)를 교부하는 방법에 의한다.
  1. 당해 기계경비업무와 관련된 관제시설 및 출장소(제5조 제3항의 규정에 의한 출장소를 말한다. 이하 같다)의 명칭 · 소재지
  2. 기계경비업자가 경비대상시설에서 발생한 경보를 수신한 경우에 취하는 조치
  3. 기계경비업무용 기기의 설치장소 및 종류와 그 밖의 기계장치의 개요
  4. 오경보의 발생원인과 송신기기의 유지 · 관리방법
② 기계경비업자는 제1항 각호의 사항을 기재한 서면등과 함께 법 제26조의 규정에 의한 손해배상의 범위와 손해배상액에 관한 사항을 기재한 서면등을 계약상대방에게 교부하여야 한다.

기계경비업자의 관리 서류(경비업법 시행령 제9조)
① 기계경비업자는 법 제9조 제2항의 규정에 의하여 출장소별로 다음 각호의 사항을 기재한 서류를 갖추어 두어야 한다.
  1. 경비대상시설의 명칭 · 소재지 및 경비계약기간
  2. 기계경비지도사의 명단 · 배치일자 · 배치장소와 출동차량의 대수
  3. 경보의 수신 및 현장도착 일시와 조치의 결과
  4. 오경보인 경우 오경보가 발생한 경비대상시설 및 그 오경보에 대한 조치의 결과
② 제1항 제3호 및 제4호의 규정에 의한 사항을 기재한 서류는 당해 경보를 수신한 날부터 1년간 이를 보관하여야 한다.

□□□ 경비업법령상 경비지도사 및 경비원의 결격사유로 옳지 않은 것은?

① 「형법」 제114조(범죄단체 등의 조직)의 죄를 범하여 벌금형을 선고받은 날부터 10년이 지나지 아니하거나 금고 이상의 형을 선고받고 그 집행이 종료된(종료된 것으로 보는 경우를 포함한다) 날 또는 집행이 유예·면제된 날부터 10년이 지나지 아니한 자

> 경비업법 제10조 제1항 제5호 가목의 결격사유에 해당한다.

② 「형법」 제330조(야간주거침입절도)의 죄를 범하여 벌금형을 선고받은 날부터 5년이 지나지 아니하거나 금고 이상의 형을 선고받고 그 집행이 유예된 날부터 5년이 지나지 아니한 자

> 경비업법 제10조 제1항 제6호 가목의 결격사유에 해당한다.

③ 「아동·청소년의 성보호에 관한 법률」 제7조(아동·청소년에 대한 강간·강제추행 등)의 죄를 범하여 치료감호를 선고받고 그 집행이 종료된 날 또는 집행이 면제된 날부터 10년이 지나지 아니한 자

> 경비업법 제10조 제1항 제7호 전단의 결격사유에 해당한다.

④ <u>「성폭력범죄의 처벌 등에 관한 특례법」 제3조(특수강도강간 등)의 죄를 범하여 벌금형을 선고받은 날부터 5년이 지나지 아니하거나 금고 이상의 형을 선고받고 그 집행이 유예된 날부터 5년이 지나지 아니한 자</u>

> 「성폭력범죄의 처벌 등에 관한 특례법」 제3조(특수강도강간 등)의 죄를 범하여 벌금형을 선고받은 날부터 <u>10년</u>이 지나지 아니하거나 금고 이상의 형을 선고받고 그 집행이 유예된 날부터 <u>10년</u>이 지나지 아니한 자가 경비업법 제10조 제1항 제5호 라목의 결격사유에 해당한다.

관계법령

경비지도사 및 경비원의 결격사유(경비업법 제10조)★★
① 다음 각호의 어느 하나에 해당하는 자는 경비지도사 또는 일반경비원이 될 수 없다. 〈개정 2021.1.12.〉
 1. 18세 미만인 사람, 피성년후견인
 2. 파산선고를 받고 복권되지 아니한 자
 3. 금고 이상의 실형의 선고를 받고 그 집행이 종료(집행이 종료된 것으로 보는 경우를 포함)되거나 집행이 면제된 날부터 5년이 지나지 아니한 자
 4. 금고 이상의 형의 집행유예선고를 받고 그 유예기간 중에 있는 자
 5. <u>다음 각목의 어느 하나에 해당하는 죄를 범하여 벌금형을 선고받은 날부터 10년이 지나지 아니하거나 금고 이상의 형을 선고받고 그 집행이 종료된(종료된 것으로 보는 경우를 포함) 날 또는 집행이 유예·면제된 날부터 10년이 지나지 아니한 자</u>
  가. <u>「형법」 제114조의 죄</u>
  나. 「폭력행위 등 처벌에 관한 법률」 제4조의 죄
  다. 「형법」 제297조, 제297조의2, 제298조부터 제301조까지, 제301조의2, 제302조, 제303조, 제305조, 제305조의2의 죄
  라. <u>「성폭력범죄의 처벌 등에 관한 특례법」 제3조부터 제11조까지 및 제15조(제3조부터 제9조까지의 미수범만 해당)의 죄</u>
  마. 「아동·청소년의 성보호에 관한 법률」 제7조 및 제8조의 죄
  바. 다목부터 마목까지의 죄로서 다른 법률에 따라 가중처벌되는 죄

6. 다음 각목의 어느 하나에 해당하는 죄를 범하여 벌금형을 선고받은 날부터 5년이 지나지 아니하거나 금고 이상의 형을 선고받고 그 집행이 유예된 날부터 5년이 지나지 아니한 자

　가.「형법」제329조부터 제331조까지, 제331조의2 및 제332조부터 제343조까지의 죄

　나. 가목의 죄로서 다른 법률에 따라 가중처벌되는 죄

　다. 삭제〈2014.12.30.〉

　라. 삭제〈2014.12.30.〉

7. 제5호 다목부터 바목까지의 어느 하나에 해당하는 죄를 범하여 치료감호를 선고받고 그 집행이 종료된 날 또는 집행이 면제된 날부터 10년이 지나지 아니한 자 또는 제6호 각목의 어느 하나에 해당하는 죄를 범하여 치료감호를 선고받고 그 집행이 면제된 날부터 5년이 지나지 아니한 자

8. 이 법이나 이 법에 따른 명령을 위반하여 벌금형을 선고받은 날부터 5년이 지나지 아니하거나 금고 이상의 형을 선고받고 그 집행이 유예된 날부터 5년이 지나지 아니한 자

06 난이도 **하** ▌경비업법 제11조, 동법 시행령 제11조·제13조 – 경비지도사 시험 등

□□□ **경비업법령상 경비지도사 시험 등에 관한 설명으로 옳은 것은?**

① 경비지도사 시험은 매년 1회 이상 시행한다.

　경비업법 제11조 제3항 전단

② 경비지도사 시험에 관하여 필요한 사항은 행정안전부령으로 정한다.

　경비지도사 시험에 관하여 필요한 사항은 대통령령으로 정한다(경비업법 제11조 제3항 후단).

③ 경찰청장은 경비지도사 시험의 실시계획에 따라 시험을 실시하고자 하는 때에는 응시자격·시험과목·시험일시·시험장소 및 선발예정인원 등을 시험 시행일 6개월 전까지 공고하여야 한다.

　경찰청장은 경비지도사 시험의 실시계획에 따라 시험을 실시하고자 하는 때에는 응시자격·시험과목·시험일시·시험장소 및 선발예정인원 등을 시험 시행일 90일 전까지 공고하여야 한다(경비업법 시행령 제11조 제2항).

④ 「경비업법」에 따른 특수경비업무에 2년 이상 종사하고 행정안전부령으로 정하는 교육과정을 이수한 사람은 경비지도사 제1차 시험을 면제한다.

　「경비업법」에 따른 특수경비업무에 3년 이상 종사하고 행정안전부령으로 정하는 교육과정을 이수한 사람이 경비지도사 제1차 시험 면제대상이다(경비업법 시행령 제13조 제4호).

□□□ **경비업법령상 경비지도사의 직무로 규정되지 않은 것은?**

① **경비업체와의 연락방법에 대한 지도**

> 경비업체와의 연락방법에 대한 지도가 아닌 경찰기관 및 소방기관과의 연락방법에 대한 지도가 경비업법령상 경비지도사의 직무이다(경비업법 제12조 제2항 제3호).

② 경비현장에 배치된 경비원에 대한 순회점검 및 감독

> 경비업법 제12조 제2항 제2호

③ 경비원의 지도·감독·교육에 관한 계획의 수립·실시 및 그 기록의 유지

> 경비업법 제12조 제2항 제1호

④ 집단민원현장에 배치된 경비원에 대한 지도·감독

> 경비업법 제12조 제2항 제4호

관계법령

경비지도사의 선임 등(경비업법 제12조)
① 경비업자는 대통령령이 정하는 바에 따라 경비지도사를 선임하여야 한다.
② 제1항의 규정에 의하여 선임된 경비지도사의 직무는 다음과 같다.
　1. 경비원의 지도·감독·교육에 관한 계획의 수립·실시 및 그 기록의 유지
　2. 경비현장에 배치된 경비원에 대한 순회점검 및 감독
　3. 경찰기관 및 소방기관과의 연락방법에 대한 지도
　4. 집단민원현장에 배치된 경비원에 대한 지도·감독
　5. 그 밖에 대통령령이 정하는 직무

> **경비지도사의 직무 및 준수사항(경비업법 시행령 제17조)**
> ① 법 제12조 제2항 제5호에서 "대통령령이 정하는 직무"란 다음 각호의 직무를 말한다.
> 　1. 기계경비업무를 위한 기계장치의 운용·감독(기계경비지도사의 경우에 한한다)
> 　2. 오경보방지 등을 위한 기기관리의 감독(기계경비지도사의 경우에 한한다)

③ 선임된 경비지도사는 제2항 각호의 규정에 의한 직무를 대통령령이 정하는 바에 따라 성실하게 수행하여야 한다.

□□□ **경비업법령상 일반경비원 신임교육의 제외대상이 아닌 사람은?**

① 「경찰공무원법」에 따른 경찰공무원으로 근무한 경력이 있는 사람

> 경비업법 시행령 제18조 제2항 제2호

② 「대통령 등의 경호에 관한 법률」에 따른 경호공무원 또는 별정직공무원으로 근무한 경력이 있는 사람

> 경비업법 시행령 제18조 제2항 제3호

③ **「소방공무원법」에 따른 소방공무원으로 근무한 경력이 있는 사람**

> 경비업법령상 일반경비원 신임교육의 제외대상에 해당하지 않는다(경비업법 시행령 제18조 제2항 참조).

④ 「군인사법」에 따른 부사관 이상으로 근무한 경력이 있는 사람

> 경비업법 시행령 제18조 제2항 제4호

관계법령

일반경비원에 대한 교육(경비업법 시행령 제18조)
② 경비업자는 법 제13조 제1항 단서에 따라 다음 각호의 어느 하나에 해당하는 사람을 일반경비원으로 채용한 경우에는 해당 일반경비원을 일반경비원 신임교육 대상에서 제외할 수 있다.
1. 법 제13조 제1항 본문 및 같은 조 제3항에 따른 일반경비원 또는 특수경비원 신임교육을 받은 사람으로서 채용 전 3년 이내에 경비업무에 종사한 경력이 있는 사람
2. 「경찰공무원법」에 따른 경찰공무원으로 근무한 경력이 있는 사람
3. 「대통령 등의 경호에 관한 법률」에 따른 경호공무원 또는 별정직공무원으로 근무한 경력이 있는 사람
4. 「군인사법」에 따른 부사관 이상으로 근무한 경력이 있는 사람
5. 경비지도사자격이 있는 사람
6. 채용 당시 법 제13조 제2항에 따른 일반경비원 신임교육을 받은 지 3년이 지나지 아니한 사람

□□□ 경비업법령상 특수경비원의 무기관리수칙 등에 관한 설명으로 옳은 것은?

① 무기를 대여받은 국가중요시설의 시설주는 무기를 지급받은 특수경비원으로 하여금 무기를 매주 1회 이상 손질하게 하여야 한다.

> 경비업법 시행규칙 제18조 제3항 제3호

② 무기를 대여받은 국가중요시설의 시설주는 특수경비원에게 무기를 출납하고자 하는 때에는 탄약의 출납은 권총에 있어서는 1정당 15발 이내, 소총에 있어서는 1정당 7발 이내로 하여야 한다.

> 무기를 대여받은 국가중요시설의 시설주가 특수경비원에게 무기를 출납하고자 하는 때에는 <u>탄약의 출납은 소총에 있어서는 1정당 15발 이내, 권총에 있어서는 1정당 7발 이내로 하여야 한다</u>(경비업법 시행규칙 제18조 제3항 제2호 전단).

③ 무기를 대여받은 국가중요시설의 시설주는 고의 또는 과실로 무기(부속품을 포함한다)를 빼앗기거나 무기가 분실·도난 또는 훼손되도록 한 특수경비원에 대하여 특수경비업자에게 교체 또는 징계 등의 조치를 요청하여야 한다.

> 무기를 대여받은 국가중요시설의 시설주는 고의 또는 과실로 무기(부속품을 포함한다)를 빼앗기거나 무기가 분실·도난 또는 훼손되도록 한 특수경비원에 대하여 특수경비업자에게 교체 또는 징계 등의 조치를 <u>요청할 수 있다</u>(경비업법 시행규칙 제18조 제2항 전문).

④ 무기를 대여받은 국가중요시설의 시설주는 무기를 수송하는 때에는 출발하기 전에 관할 경찰서장에게 그 사실을 통보하여야 하며, 통보를 받은 관할 경찰서장은 2인 이상의 무장경찰관을 무기를 수송하는 자동차 등에 함께 타도록 하여야 한다.

> 무기를 대여받은 국가중요시설의 시설주는 무기를 수송하는 때에는 출발하기 전에 관할 경찰서장에게 그 사실을 통보하여야 하며, 통보를 받은 관할 경찰서장은 <u>1인 이상의 무장경찰관</u>을 무기를 수송하는 자동차 등에 함께 타도록 하여야 한다(경비업법 시행규칙 제18조 제6항).

□□□ **경비업법령상 특수경비원의 의무에 관한 설명으로 옳은 것은?**

① 특수경비원은 직무를 수행함에 있어 시설주·관할 경찰관서장 및 소속 상사의 직무상 명령에 복종하여야 한다.

경비업법 제15조 제1항

② 특수경비원은 시설주의 허가 또는 정당한 사유 없이 경비구역을 벗어나서는 아니 된다.

특수경비원은 소속 상사의 허가 또는 정당한 사유 없이 경비구역을 벗어나서는 아니 된다(경비업법 제15조 제2항).

③ 특수경비원은 경비업무의 정상적인 운영을 저해한다 하더라도 파업·태업이 아닌 다른 방법에 의한 쟁의행위는 가능하다.

특수경비원은 파업·태업 그 밖에 경비업무의 정상적인 운영을 저해하는 일체의 쟁의행위를 하여서는 아니 된다(경비업법 제15조 제3항).

④ 특수경비원은 14세 미만의 자 또는 임산부에 대하여는 어떠한 경우라도 소총을 발사하여서는 아니 된다.

특수경비원은 총기 또는 폭발물을 가지고 대항하는 경우를 제외하고는 14세 미만의 자 또는 임산부에 대하여는 권총 또는 소총을 발사하여서는 아니 된다(경비업법 제15조 제4항 제3호).

11 난이도 하　　　　　　　　■ 경비업법 제16조·제16조의2 - 경비원의 복장과 장비

경비업법령상 경비원의 복장과 장비에 관한 설명으로 옳지 않은 것은?

① 경비업자는 경찰공무원 또는 군인의 제복과 색상 및 디자인 등이 명확히 구별되는 소속 경비원의 복장을 정하여야 한다.

> 경비업법 제16조 제1항

② **경비업자는 집단민원현장이 아닌 곳에서 신변보호업무를 수행하는 경비원에게도 소속 경비업체를 표시한 이름표를 부착하도록 해야 한다.**

> 집단민원현장이 아닌 곳에서 신변보호업무를 수행하는 경우 또는 경비업무의 성격상 부득이한 사유가 있어 관할 경찰관서장이 허용하는 경우에는 소속 경비업체를 표시한 이름표를 부착하지 아니할 수 있다(경비업법 제16조 제2항 단서).

③ 누구든지 경비원이 휴대할 수 있는 장비를 임의로 개조하여 통상의 용법과 달리 사용함으로써 다른 사람의 생명·신체에 위해를 가하여서는 아니 된다.

> 경비업법 제16조의2 제3항

④ 경비원은 경비업무를 위하여 필요하다고 인정되는 상당한 이유가 있을 때에는 필요한 최소한도에서 경비업법령에서 정한 장비를 사용할 수 있다.

> 경비업법 제16조의2 제4항

12 난이도 하　　　　　　　　■ 경비업법 제16조의3 - 출동차량 등

경비업법령상 출동차량에 관한 내용이다. (　　)에 들어갈 내용으로 옳은 것은?

> 경비업자는 출동차량 등의 도색 및 표지를 (ㄱ)차량 및 (ㄴ)차량과 명확히 구별될 수 있게 하여야 한다.

① ㄱ : 소방, ㄴ : 군

② ㄱ : 소방, ㄴ : 구급

③ **ㄱ : 경찰, ㄴ : 군**

> 제시문의 (　　)에 들어갈 내용은 ㄱ : 경찰, ㄴ : 군이다(경비업법 제16조의3 제1항).

④ ㄱ : 경찰, ㄴ : 구급

□□□ 경비업법령상 결격사유 확인을 위한 범죄경력조회 등에 관한 설명으로 옳지 않은 것은?

① 관할 경찰관서장은 범죄경력조회 요청이 있는 경우에만 범죄경력조회를 할 수 있다.

> 경찰청장, 시·도 경찰청장 또는 <u>관할 경찰관서장은 직권으로 또는</u> 제2항에 따른 <u>범죄경력조회 요청이 있는</u> <u>경우</u>에는 경비업자의 임원, 경비지도사 또는 경비원이 제5조 제3호·제4호, 제10조 제1항 제3호부터 제8호까지 또는 같은 조 제2항 제3호·제4호에 따른 결격사유에 해당하는지를 확인하기 위하여 「형의 실효 등에 관한 법률」 제6조에 따른 <u>범죄경력조회를 할 수 있다</u>(경비업법 제17조 제1항).

② 경비업자는 선출하려는 임원이 결격사유에 해당하는지를 확인하기 위하여 범죄경력조회를 요청할 수 있다.

> 경비업법 제17조 제2항

③ 범죄경력조회 요청을 받은 시·도 경찰청장 또는 관할 경찰관서장은 경비업자에게 그 결과를 통보할 때에는 결격사유에 해당하는지 여부만을 통보하여야 한다.

> 경비업법 제17조 제3항

④ 시·도 경찰청장 또는 관할 경찰관서장은 경비업자의 임원, 경비지도사 또는 경비원이 결격사유에 해당하는 사실을 알게 된 때에는 경비업자에게 그 사실을 통보하여야 한다.

> 경비업법 제17조 제4항

관계법령

결격사유 확인을 위한 범죄경력조회 등(경비업법 제17조)

① <u>경찰청장, 시·도 경찰청장 또는 관할 경찰관서장은 직권으로 또는</u> 제2항에 따른 <u>범죄경력조회 요청이 있는 경우</u>에는 경비업자의 임원, 경비지도사 또는 경비원이 제5조 제3호·제4호, 제10조 제1항 제3호부터 제8호까지 또는 같은 조 제2항 제3호·제4호에 따른 결격사유에 해당하는지를 확인하기 위하여 「형의 실효 등에 관한 법률」 제6조에 따른 <u>범죄경력조회를 할 수 있다.</u> 〈개정 2021.1.12.〉

② <u>경비업자는 선출·선임·채용 또는 배치하려는 임원, 경비지도사 또는 경비원이</u> 제5조 제3호·제4호, 제10조 제1항 제3호부터 제8호까지 또는 같은 조 제2항 제3호·제4호에 따른 <u>결격사유에 해당하는지를 확인하기 위하여 주된 사무소, 출장소 또는 배치장소를 관할하는 시·도 경찰청장 또는 경찰관서장에게</u> 「형의 실효 등에 관한 법률」 제6조에 따른 <u>범죄경력조회를 요청할 수 있다.</u> 〈개정 2021.1.12.〉

③ 제2항에 따른 <u>범죄경력조회 요청을 받은 시·도 경찰청장 또는 관할 경찰관서장은 경비업자에게 그 결과를 통보할 때에는</u> 경비업자의 임원, 경비지도사 또는 경비원이 제5조 제3호·제4호, 제10조 제1항 제3호부터 제8호까지 또는 같은 조 제2항 제3호·제4호에 따른 <u>결격사유에 해당하는지 여부만을 통보하여야 한다.</u> 〈개정 2021.1.12.〉

④ <u>시·도 경찰청장 또는 관할 경찰관서장은 경비업자의 임원, 경비지도사 또는 경비원이</u> 제5조 각호, 제10조 제1항 각호 또는 제2항 각호의 <u>결격사유에 해당하는 사실을 알게 되거나 이 법 또는 이 법에 따른 명령을 위반한 때에는 경비업자에게 그 사실을 통보하여야 한다.</u>

□□□ 경비업법령상 경비원의 명부와 배치허가 등에 관한 설명으로 옳지 않은 것은?

① 경비업자는 시설경비업무 또는 신변보호업무 중 집단민원현장에 일반경비원을 배치하는 경우에는 경비원을 배치하기 24시간 전까지 행정안전부령으로 정하는 바에 따라 배치허가를 신청하여야 한다.

> 경비업자가 시설경비업무 또는 신변보호업무 중 집단민원현장에 일반경비원을 배치하는 경우에는 경비원을 배치하기 48시간 전까지 행정안전부령으로 정하는 바에 따라 배치허가를 신청하고, 관할 경찰관서장의 배치허가를 받은 후에 경비원을 배치하여야 한다(경비업법 제18조 제2항 단서 제1호).

② 경비업자가 집단민원현장이 아닌 곳에서 신변보호업무를 수행하는 일반경비원을 배치하는 경우에는 경비원을 배치하기 전까지 관할 경찰관서장에게 신고하여야 한다.

> 경비업법 제18조 제2항 단서 제2호

③ 경비업자가 특수경비원을 배치하는 경우에는 경비원을 배치하기 전까지 관할 경찰관서장에게 신고하여야 한다.

> 경비업법 제18조 제2항 단서 제3호

④ 경비업자는 경비원을 배치하여 경비업무를 수행하게 하는 때에는 배치된 경비원의 인적 사항과 배치일시・배치장소 등 근무상황을 기록하여 보관하여야 한다.

> 경비업법 제18조 제5항

관계법령

경비원의 명부와 배치허가 등(경비업법 제18조)
② 경비업자가 경비원을 배치하거나 배치를 폐지한 경우에는 행정안전부령으로 정하는 바에 따라 관할 경찰관서장에게 신고하여야 한다. 다만, 다음 제1호의 경우에는 경비원을 배치하기 48시간 전까지 행정안전부령으로 정하는 바에 따라 배치허가를 신청하고, 관할 경찰관서장의 배치허가를 받은 후에 경비원을 배치하여야 하며(제2호 및 제3호의 경우에는 경비원을 배치하기 전까지 신고하여야 한다), 이 경우 관할 경찰관서장은 배치허가를 함에 있어 필요한 조건을 붙일 수 있다.
  1. 제2조 제1호 가목에 따른 시설경비업무 또는 같은 호 다목에 따른 신변보호업무 중 집단민원현장에 배치된 일반경비원
  2. 집단민원현장이 아닌 곳에서 제2조 제1호 다목의 규정에 의한 신변보호업무를 수행하는 일반경비원
  3. 특수경비원

☐☐☐ **경비업법령상 경비원의 배치신고에 관한 내용이다. (　　)에 들어갈 숫자로 옳은 것은?**

> 경비업자는 경비업무를 수행하기 위하여 (ㄱ)일 이상 경비원을 배치하거나 그 기간을 연장하려는 때에는 경비원을 배치한 후 (ㄴ)일 이내에 경비원 배치신고서를 배치지를 관할하는 경찰관서장에게 제출해야 한다.

① ㄱ : 10, ㄴ : 7

② ㄱ : 15, ㄴ : 10

③ **ㄱ : 20, ㄴ : 7**

　　제시문의 (　　)에 들어갈 숫자는 ㄱ : 20, ㄴ : 7이다(경비업법 시행규칙 제24조 제1항 본문).

④ ㄱ : 30, ㄴ : 10

관계법령

경비원의 배치 및 배치폐지의 신고(경비업법 시행규칙 제24조)

① 경비업자는 법 제18조 제2항에 따라 경비업무를 수행하기 위하여 <u>20일 이상 경비원을 배치하거나 그 기간을 연장하려는 때에는 경비원을 배치한 후 7일 이내에</u> 별지 제15호 서식의 <u>경비원 배치신고서</u>(전자문서로 된 신고서를 포함하며, 이하 "배치신고서"라 한다)를 <u>배치지를 관할하는 경찰관서장에게 제출해야 한다.</u> 다만, 법 제18조 제2항 제2호 및 제3호에 해당하는 경비원을 배치하는 경우에는 경비원을 배치하는 기간과 관계없이 경비원을 배치하기 전까지 제출해야 한다. 〈개정 2021.7.13.〉

16 난이도 하

□□□ **경비업법령상 경비업 허가의 취소사유로 옳지 않은 것은?**

① 경비업자가 허위 그 밖의 부정한 방법으로 허가를 받은 때

> 경비업법 제19조 제1항 제1호

② 특수경비업자가 경비업 및 경비관련업 외의 영업을 한 때

> 경비업법 제19조 제1항 제3호

③ 경비업자가 소속 경비원으로 하여금 경비업무의 범위를 벗어난 행위를 하게 한 때

> 경비업법 제19조 제1항 제7호

④ **경비업자가 정당한 사유 없이 최종 도급계약 종료일의 다음 날부터 1년 이내에 경비 도급실적이 없을 때**

> 허가관청은 경비업자가 정당한 사유 없이 최종 도급계약 종료일의 다음 날부터 2년 이내에 경비 도급실적이 없을 때 그 허가를 취소하여야 한다(경비업법 제19조 제1항 제5호).

핵심만 콕

경비업 허가의 취소 등(경비업법 제19조)★★

절대적(필요적) 허가취소사유 (제1항)	허가관청은 경비업자가 다음 중 어느 하나에 해당하는 때에는 그 허가를 취소하여야 한다. 1. 허위 그 밖의 부정한 방법으로 허가를 받은 때 2. 경비업자가 허가받은 경비업무 외의 업무에 경비원을 종사하게 한 때 – 적용중지 헌법불합치 결정(2020헌가19) 3. 특수경비업자가 경비업 및 경비관련업 외의 영업을 한 때 4. 정당한 사유 없이 허가를 받은 날부터 2년 이내에 경비 도급실적이 없거나 계속하여 1년 이상 휴업한 때 5. 정당한 사유 없이 최종 도급계약 종료일의 다음 날부터 2년 이내에 경비 도급실적이 없을 때 6. 영업정지처분을 받고 계속하여 영업을 한 때 7. 소속 경비원으로 하여금 경비업무의 범위를 벗어난 행위를 하게 한 때 8. 관할 경찰관서장의 배치폐지명령에 따르지 아니한 때

☐☐☐ **경비업법령상 경비지도사자격의 취소 등에 관한 설명으로 옳지 않은 것은?**

① 경찰청장은 기계경비지도사가 오경보방지 등을 위한 기기관리 감독의 직무를 위반하여 직무를 성실하게 수행하지 아니한 때에는 1년의 범위 내에서 그 자격을 정지시킬 수 있다.

> 경비업법 제20조 제2항 제1호

② 경찰청장은 경비지도사의 자격을 정지한 때에는 그 정지기간 동안 경비지도사자격증을 회수하여 보관하여야 한다.

> 경비업법 제20조 제3항 후단

③ 경찰청장은 경비지도사가 경찰청장 또는 시·도 경찰청장의 명령을 위반한 때에는 1년의 범위 내에서 그 자격을 정지시킬 수 있다.

> 경비업법 제20조 제2항 제2호

④ <u>경찰청장은 경비지도사가 자격정지 기간 중에 경비지도사로 선임되어 활동한 때에는 1년의 범위 내에서 그 자격을 정지시킬 수 있다.</u>

> 경찰청장은 경비지도사가 자격정지 기간 중에 경비지도사로 선임되어 활동한 때에는 <u>그 자격을 취소하여야 한다</u>(경비업법 제20조 제1항 제4호).

관계법령

경비지도사자격의 취소 등(경비업법 제20조)
① <u>경찰청장은</u> 경비지도사가 다음 각호의 어느 하나에 해당하는 때에는 <u>그 자격을 취소하여야 한다.</u>
〈개정 2024.2.13.〉
1. 제10조 제1항 각호의 결격사유에 해당하게 된 때
2. 허위 그 밖의 부정한 방법으로 경비지도사자격증을 교부받은 때
3. 경비지도사자격증을 다른 사람에게 빌려주거나 양도한 때
4. <u>자격정지 기간 중에 경비지도사로 선임되어 활동한 때</u>
② <u>경찰청장은</u> 경비지도사가 다음 각호의 어느 하나에 해당하는 때에는 <u>대통령령이 정하는 바에 따라 1년의 범위 내에서 그 자격을 정지시킬 수 있다.</u> 〈개정 2024.2.13.〉
1. 제12조 제3항의 규정에 위반하여 <u>직무를 성실하게 수행하지 아니한 때</u>
2. 제24조의 규정에 의한 <u>경찰청장 또는 시·도 경찰청장의 명령을 위반한 때</u>
③ 경찰청장은 제1항의 규정에 의하여 <u>경비지도사의 자격을 취소한 때에는 경비지도사자격증을 회수하여야 하고,</u> 제2항의 규정에 의하여 <u>경비지도사의 자격을 정지한 때에는 그 정지기간 동안 경비지도사자격증을 회수하여 보관하여야 한다.</u>

18

□□□ 경비업법령상 경찰청장 또는 시·도 경찰청장이 청문을 실시해야 하는 행정처분에 해당하는 것을 모두 고른 것은?

> ㄱ. 경비업 허가의 취소
> ㄴ. 경비업 영업정지
> ㄷ. 경비지도사자격의 취소
> ㄹ. 경비지도사자격의 정지

① ㄱ, ㄷ

② ㄴ, ㄹ

③ ㄱ, ㄴ, ㄷ

④ ㄱ, ㄴ, ㄷ, ㄹ

제시된 내용은 모두 경비업법령상 경찰청장 또는 시·도 경찰청장이 청문을 실시해야 하는 행정처분에 해당한다(경비업법 제21조).

관계법령

청문(경비업법 제21조)
경찰청장 또는 시·도 경찰청장은 다음 각호의 어느 하나에 해당하는 처분을 하고자 하는 경우에는 청문을 실시하여야 한다. 〈개정 2020.12.22., 2024.2.13.〉
  1. 제11조의4에 따른 경비지도사 교육기관의 지정취소 또는 업무의 정지
  2. 제13조의3에 따른 경비원 교육기관의 지정취소 또는 업무의 정지
  3. 제19조의 규정에 의한 경비업 허가의 취소 또는 영업정지
  4. 제20조 제1항 또는 제2항의 규정에 의한 경비지도사자격의 취소 또는 정지

☐☐☐ **경비업법령상 경비협회에 관한 설명으로 옳지 않은 것은?**

① 경비업자는 경비업무의 건전한 발전과 경비원의 자질향상 및 교육훈련 등을 위하여 대통령령이 정하는 바에 따라 경비협회를 설립할 수 있다.

> 경비업법 제22조 제1항

② **경비협회에 관하여 경비업법에 특별한 규정이 있는 것을 제외하고는 민법 중 조합에 관한 규정을 준용한다.**

> 경비협회에 관하여 경비업법에 특별한 규정이 있는 것을 제외하고는 <u>민법 중 사단법인에 관한 규정을 준용한다</u> (경비업법 제22조 제4항).

③ 경비협회의 업무로는 경비원의 후생·복지에 관한 사항도 포함된다.

> 경비업법 제22조 제3항 제3호

④ 경비협회는 법인으로 한다.

> 경비업법 제22조 제2항

관계법령

경비협회(경비업법 제22조)
① <u>경비업자는</u> 경비업무의 건전한 발전과 경비원의 자질향상 및 교육훈련 등을 위하여 <u>대통령령이 정하는 바에 따라 경비협회를 설립할 수 있다.</u>
② <u>경비협회는 법인으로 한다.</u>
③ 경비협회의 업무는 다음과 같다.
  1. 경비업무의 연구
  2. 경비원 교육·훈련 및 그 연구
  3. <u>경비원의 후생·복지에 관한 사항</u>
  4. 경비진단에 관한 사항
  5. 그 밖에 경비업무의 건전한 운영과 육성에 관하여 필요한 사항
④ 경비협회에 관하여 이 법에 특별한 규정이 있는 것을 제외하고는 <u>민법 중 사단법인에 관한 규정을 준용한다.</u>

☐☐☐ **경비업법령상 경비협회의 공제사업에 관한 내용으로 옳지 않은 것은?**

① 경비협회는 경비업자의 손해배상책임을 보장하기 위한 공제사업을 할 수 있다.

> 경비업법 제23조 제1항 제1호

② **경비협회는 경비원의 복지향상을 위한 공제사업을 할 수 없다.**

> 경비협회는 경비원의 복지향상을 위한 공제사업을 할 수 있다(경비업법 제23조 제1항 제3호).

③ 경비협회는 공제사업을 하고자 하는 때에는 공제규정을 제정하여야 한다.

> 경비업법 제23조 제2항

④ 경비협회는 경비업자가 경비업을 운영할 때 필요한 입찰보증, 계약보증(이행보증을 포함한다), 하도급보증을 위한 공제사업을 할 수 있다.

> 경비업법 제23조 제1항 제2호

관계법령

공제사업(경비업법 제23조)
① 경비협회는 다음 각호의 공제사업을 할 수 있다.
   1. 제26조에 따른 경비업자의 손해배상책임을 보장하기 위한 사업
   2. 경비업자가 경비업을 운영할 때 필요한 입찰보증, 계약보증(이행보증을 포함한다), 하도급보증을 위한 사업
   3. 경비원의 복지향상과 업무상 재해로 인한 손실을 보상하는 사업
   4. 경비업무와 관련한 연구 및 경비원 교육·훈련에 관한 사업
② 경비협회는 제1항의 규정에 의한 공제사업을 하고자 하는 때에는 공제규정을 제정하여야 한다.
③ 제2항의 공제규정에는 공제사업의 범위, 공제계약의 내용, 공제금, 공제료 및 공제금에 충당하기 위한 책임준비금 등 공제사업의 운영에 관하여 필요한 사항을 정하여야 한다.
④ 경찰청장은 제1항에 따른 공제사업의 건전한 육성과 가입자의 보호를 위하여 공제사업의 감독에 관한 기준을 정할 수 있다.
⑤ 경찰청장은 제2항에 따른 공제규정을 승인하거나 제4항에 따라 공제사업의 감독에 관한 기준을 정하는 경우에는 미리 금융위원회와 협의하여야 한다.
⑥ 경찰청장은 제1항에 따른 공제사업에 대하여 「금융위원회의 설치 등에 관한 법률」에 따른 금융감독원의 원장에게 검사를 요청할 수 있다.

□□□ **경비업법령상 감독 및 보안지도·점검에 관한 설명으로 옳지 않은 것은?**

① 시·도 경찰청장 또는 관할 경찰관서장은 소속 경찰공무원으로 하여금 관할구역 안에 있는 경비업자의 주사무소 및 출장소와 경비원 배치장소에 출입하여 근무상황 및 교육훈련상황 등을 감독하며 필요한 명령을 하게 할 수 있다.

> 경비업법 제24조 제2항 전문

② 시·도 경찰청장 또는 관할 경찰관서장은 경비업자 또는 배치된 경비원이 「폭력행위 등 처벌에 관한 법률」을 위반하는 행위를 하는 경우 그 위반행위의 중지를 명할 수 있다.

> 경비업법 제24조 제3항

③ **관할 경찰서장은 특수경비업자에 대하여 연 2회 이상의 보안지도·점검을 실시하여야 한다.**

> 시·도 경찰청장은 법 제25조의 규정에 의하여 특수경비업자에 대하여 연 2회 이상의 보안지도·점검을 실시하여야 한다(경비업법 시행령 제29조).

④ 경찰청장 또는 시·도 경찰청장은 경비업무의 적정한 수행을 위하여 경비업자 및 경비지도사를 지도·감독하며 필요한 명령을 할 수 있다.

> 경비업법 제24조 제1항

관계법령

감독(경비업법 제24조)
① 경찰청장 또는 시·도 경찰청장은 경비업무의 적정한 수행을 위하여 경비업자 및 경비지도사를 지도·감독하며 필요한 명령을 할 수 있다.
② 시·도 경찰청장 또는 관할 경찰관서장은 소속 경찰공무원으로 하여금 관할구역 안에 있는 경비업자의 주사무소 및 출장소와 경비원 배치장소에 출입하여 근무상황 및 교육훈련상황 등을 감독하며 필요한 명령을 하게 할 수 있다. 이 경우 출입하는 경찰공무원은 그 권한을 표시하는 증표를 관계인에게 내보여야 한다.
③ 시·도 경찰청장 또는 관할 경찰관서장은 경비업자 또는 배치된 경비원이 이 법이나 이 법에 따른 명령, 「폭력행위 등 처벌에 관한 법률」을 위반하는 행위를 하는 경우 그 위반행위의 중지를 명할 수 있다.
④ 시·도 경찰청장 또는 관할 경찰관서장은 경비업무 장소가 집단민원현장으로 판단되는 경우에는 그때부터 48시간 이내에 경비업자에게 경비원 배치 허가를 받을 것을 고지하여야 한다.

보안지도·점검 등(경비업법 제25조)
시·도 경찰청장은 대통령령이 정하는 바에 따라 특수경비업자에 대하여 보안지도·점검을 실시하여야 하고, 필요한 경우 관계기관에 보안측정을 요청하여야 한다.

> **보안지도점검(경비업법 시행령 제29조)**
> 시·도 경찰청장은 법 제25조의 규정에 의하여 특수경비업자에 대하여 연 2회 이상의 보안지도·점검을 실시하여야 한다.

22 　난이도 하

경비업법령상 경비업자의 손해배상책임이 발생하는 것은?

① 경비원이 업무수행 중이 아닌 때에 고의로 경비대상에 손해가 발생하는 것을 방지하지 못한 경우

> 경비업자의 손해배상책임은 <u>경비원이 업무수행 중 고의 또는 과실로</u> 경비대상에 손해가 발생하는 것을 방지하지 못한 때 발생한다(경비업법 제26조 제1항).

② 경비원이 업무수행 중 무과실로 경비대상에 손해가 발생하는 것을 방지하지 못한 경우

> 경비업자의 손해배상책임은 <u>경비원이 업무수행 중 고의 또는 과실로</u> 경비대상에 손해가 발생하는 것을 방지하지 못한 때 발생하며(경비업법 제26조 제1항), <u>무과실책임이 아니다.</u>

③ **경비원이 업무수행 중 고의로 제3자에게 손해를 입힌 경우**

> 경비업자는 경비원이 업무수행 중 고의 또는 과실로 제3자에게 손해를 입힌 경우에는 이를 배상하여야 한다(경비업법 제26조 제2항).

④ 경비원이 업무수행 중이 아닌 때에 과실로 제3자에게 손해를 입힌 경우

> 경비업자의 손해배상책임은 <u>경비원이 업무수행 중 고의 또는 과실로</u> 제3자에게 손해를 입힌 경우에 발생한다(경비업법 제26조 제2항).

23 　난이도 하

경비업법령상 경찰청장이 시·도 경찰청장에게 위임할 수 있는 사항에 해당하지 않는 것은?

`기출수정`

① 경비지도사의 자격의 취소 및 정지에 관한 청문
② **경비지도사의 시험에 관한 업무**

> 경비지도사의 시험에 관한 업무는 경찰청장이 위임할 수 있는 사항이 아닌 <u>대통령령이 정하는 바에 따라 관계전문기관 또는 단체에 위탁할 수 있는 사항이다</u>(경비업법 제27조 제2항).

③ 경비지도사의 자격의 취소
④ 경비지도사의 자격의 정지

관계법령

위임 및 위탁(경비업법 제27조)
① 이 법에 의한 경찰청장의 권한은 대통령령이 정하는 바에 따라 그 일부를 시·도 경찰청장에게 위임할 수 있다.

> **권한의 위임 및 위탁(경비업법 시행령 제31조)**
> ① 경찰청장은 법 제27조 제1항의 규정에 의하여 <u>다음 각호의 권한을 시·도 경찰청장에게 위임한다.</u>
> 1. 법 제20조의 규정에 의한 <u>경비지도사의 자격의 취소 및 정지에 관한 권한</u>
> 2. 법 제21조 제2호의 규정에 의한 <u>경비지도사자격의 취소 및 정지에 관한 청문의 권한</u>

② 경찰청장은 제11조의 규정에 의한 경비지도사의 시험에 관한 업무를 대통령령이 정하는 바에 따라 관계 전문기관 또는 단체에 위탁할 수 있다. 〈개정 2024.2.13.〉

> **권한의 위임 및 위탁(경비업법 시행령 제31조)**
> ② 경찰청장 또는 경찰관서장은 법 제27조 제2항의 규정에 의하여 법 제11조 제1항의 규정에 의한 경비지도사 시험의 관리와 경비지도사의 교육에 관한 업무를 경비업무에 관한 인력과 전문성을 갖춘 기관으로서 경찰청장이 지정하여 고시하는 기관 또는 단체에 위탁한다.

2023년
2022년
2021년

24 난이도 하 ┃경비업법 시행령 제28조 − 허가증 등의 수수료

☐☐☐ **경비업법령상 허가증 등의 수수료에 관한 설명으로 옳은 것은?**

① 경비업 허가사항의 변경신고로 인한 허가증 재교부의 경우에는 1만원의 수수료를 납부하여야 한다.

> 경비업 허가사항의 변경신고로 인한 허가증 재교부의 경우에는 2천원의 수수료를 납부하여야 한다(경비업법 시행령 제28조 제1항 제2호).

② 경비지도사 시험 응시수수료를 과오납한 경우에는 경찰청장은 과오납한 금액의 100분의 50을 반환하여야 한다.

> 응시수수료를 과오납한 경우에는 경찰청장은 과오납한 금액 전부를 반환하여야 한다(경비업법 시행령 제28조 제4항 제1호).

③ 경비업의 갱신허가를 받고자 하는 경우에는 2천원의 수수료를 납부하여야 한다.

> 경비업의 갱신허가를 받고자 하는 경우에는 1만원의 수수료를 납부하여야 한다(경비업법 시행령 제28조 제1항 제1호).

④ **경비지도사 시험 시행일 20일 전까지 접수를 취소하는 경우에는 경찰청장은 응시수수료 전액을 반환하여야 한다.**

> 경비업법 시행령 제28조 제4항 제3호

허가증 등의 수수료(경비업법 시행령 제28조)

① 법에 의한 경비업의 허가를 받거나 허가증을 재교부받고자 하는 자는 다음 각호의 수수료를 납부하여야 한다.

    1. 법 제4조 제1항 및 법 제6조 제2항의 규정에 의한 경비업의 허가(추가·변경·갱신허가를 포함한다)의 경우에는 1만원

    2. 허가사항의 변경신고로 인한 허가증 재교부의 경우에는 2천원

② 제1항의 규정에 의한 수수료는 허가 등의 신청서에 수입인지를 첨부하여 납부한다.

③ 시험에 응시하고자 하는 자는 경찰청장이 정하여 고시하는 수수료를 납부하여야 한다.

④ 경찰청장은 다음 각호의 어느 하나에 해당하는 경우에는 제3항에 따라 받은 응시수수료의 전부 또는 일부를 다음 각호의 구분에 따라 반환하여야 한다.

    1. 응시수수료를 과오납한 경우 : 과오납한 금액 전액

    2. 시험 시행기관의 귀책사유로 시험에 응시하지 못한 경우 : 응시수수료 전액

    3. 시험 시행일 20일 전까지 접수를 취소하는 경우 : 응시수수료 전액

    4. 시험 시행일 10일 전까지 접수를 취소하는 경우 : 응시수수료의 100분의 50

⑤ 경찰청장 및 시·도 경찰청장은 제2항 및 제3항의 규정에 불구하고 정보통신망을 이용하여 전자화폐·전자결제 등의 방법으로 수수료를 납부하게 할 수 있다.

25

난이도 중

∥경비업법 제28조 – 벌칙

경비업법령상 위반행위를 한 행위자에 대한 법정형이 다른 것은?

① 경비업무 도급인이 그 경비업무를 수급한 경비업자의 경비원 채용 시 무자격자나 부적격자 등을 채용하도록 관여하거나 영향력을 행사한 경우

  3년 이하의 징역 또는 3천만원 이하의 벌금에 처한다(경비업법 제28조 제2항 제6호).

② 경비원이 경비업법령에서 정한 장비 외에 흉기 또는 그 밖의 위험한 물건을 휴대하고 경비업무를 수행한 경우

  1년 이하의 징역 또는 1천만원 이하의 벌금에 처한다(경비업법 제28조 제4항 제4호).

③ 경비원이 직무를 수행함에 있어 타인에게 위력을 과시하는 등 경비업무의 범위를 벗어난 행위를 한 경우

  1년 이하의 징역 또는 1천만원 이하의 벌금에 처한다(경비업법 제28조 제4항 제3호).

④ 경비업자가 배치허가 신청의 내용을 거짓으로 한 것이 발각되어 경찰관서장이 배치폐지명령을 하였으나 이에 따르지 아니한 경우

  1년 이하의 징역 또는 1천만원 이하의 벌금에 처한다(경비업법 제28조 제4항 제5호).

벌칙(경비업법 제28조)★★

5년 이하의 징역 또는 5천만원 이하의 벌금(제1항)	국가중요시설의 정상적인 운영을 해치는 장해를 일으킨 특수경비원
3년 이하의 징역 또는 3천만원 이하의 벌금(제2항)	1. 허가를 받지 아니하고 경비업을 영위한 자 2. 직무상 알게 된 비밀을 누설하거나 부당한 목적을 위하여 사용한 자 3. 경비업무의 중단을 통보하지 아니하거나 경비업무를 즉시 인수하지 아니한 특수경비업자 또는 경비대행업자 4. 집단민원현장에 경비원을 배치하면서 허가를 받지 아니한 자에게 경비업무를 도급한 자 5. 집단민원현장에 20명 이상의 경비인력을 배치하면서 그 경비인력을 직접 고용한 자 6. 경비업자의 경비원 채용 시 무자격자나 부적격자 등을 채용하도록 관여하거나 영향력을 행사한 도급인 7. 과실로 인하여 국가중요시설의 정상적인 운영을 해치는 장해를 일으킨 특수경비원 8. 특수경비원으로서 경비구역 안에서 시설물의 절도, 손괴, 위험물의 폭발 등의 사유로 인한 위급사태가 발생한 때에 명령에 불복종한 자 또는 경비구역을 벗어난 자 9. 경비원에게 경비업무의 범위를 벗어난 행위를 하게 한 자
2년 이하의 징역 또는 2천만원 이하의 벌금(제3항)	정당한 사유 없이 무기를 소지하고 배치된 경비구역을 벗어난 특수경비원
1년 이하의 징역 또는 1천만원 이하의 벌금(제4항)	1. 시설주로부터 무기의 관리를 위하여 지정받은 관리책임자가 법이 정한 의무를 위반한 경우 2. 파업·태업 그 밖에 경비업무의 정상적인 운영을 저해하는 일체의 쟁의행위를 한 특수경비원 3. 직무를 수행함에 있어 타인에게 위력을 과시하거나 물리력을 행사하는 등 경비업무의 범위를 벗어난 행위를 한 경비원 4. 제16조의2 제1항에서 정한 장비 외에 흉기 또는 그 밖의 위험한 물건을 휴대하고 경비업무를 수행한 경비원 또는 경비원에게 이를 휴대하고 경비업무를 수행하게 한 자 5. 경찰관서장의 배치폐지명령을 따르지 아니한 자 6. 시·도 경찰청장 또는 관할 경찰관서장의 중지명령에 따르지 아니한 자

□□□ **경비업법령상 과태료의 부과기준에 관한 설명으로 옳은 것은?**

① 경비원의 복장에 관한 신고를 하지 않고 집단민원현장에 경비원을 배치한 경우에는 위반 횟수가 2회이면 부과되는 과태료 금액은 600만원이다.

> 1,200만원의 과태료가 부과된다(경비업법 시행령 [별표 6] 제8호).

② **관할 경찰관서장이 무기의 적정 관리를 위하여 무기를 대여받은 시설주에 대하여 감독상 필요한 명령을 하였으나 정당한 이유 없이 이행하지 않은 경우에는 위반 횟수에 관계없이 부과되는 과태료 금액은 500만원이다.**

> 경비업법 시행령 [별표 6] 제6호

③ 이름표를 부착하게 하지 않거나, 신고된 동일 복장을 착용하게 하지 않고 집단민원현장에 경비원을 배치한 경우에는 위반 횟수가 1회이면 부과되는 과태료 금액은 300만원이다.

> 600만원의 과태료가 부과된다(경비업법 시행령 [별표 6] 제10호).

④ 집단민원현장에 배치되는 일반경비원의 명부를 그 배치 장소에 비치하지 않은 경우에는 위반 횟수가 3회 이상이면 부과되는 과태료 금액은 1200만원이다.

> 2,400만원의 과태료가 부과된다(경비업법 시행령 [별표 6] 제12호 가목).

관계법령

과태료 부과기준(경비업법 시행령 [별표 6])★★★

위반행위	해당 법조문	과태료 금액(단위 : 만원)		
		1회 위반	2회 위반	3회 이상
6. 법 제14조 제6항에 따른 감독상 필요한 명령을 정당한 이유 없이 이행하지 않은 경우	법 제31조 제2항 제5호		500	
8. 법 제16조 제1항을 위반하여 경비원의 복장에 관한 신고를 하지 않고 집단민원현장에 경비원을 배치한 경우	법 제31조 제1항 제1호	600	1,200	2,400
10. 법 제16조 제2항을 위반하여 이름표를 부착하게 하지 않거나, 신고된 동일 복장을 착용하게 하지 않고 집단민원현장에 경비원을 배치한 경우	법 제31조 제1항 제2호	600	1,200	2,400
12. 법 제18조 제1항 단서를 위반하여 집단민원현장에 배치되는 일반경비원의 명부를 그 배치 장소에 작성·비치하지 않은 경우 가. 경비원 명부를 비치하지 않은 경우 나. 경비원 명부를 작성하지 않은 경우	법 제31조 제1항 제3호	600 300	1,200 600	2,400 1,200

□□□ 경비업법령상 경비원이 경비업무 수행 중에 경비업법령에서 정한 장비 외에 흉기 또는 그 밖의 위험한 물건을 휴대하고 죄를 범한 경우, 그 죄에 정한 형의 2분의 1까지 가중처벌되는 형법상의 범죄가 아닌 것은?

① 특수폭행죄(형법 제261조)

② 폭행치사상죄(형법 제262조)

③ **특수협박죄(형법 제284조)**

> **특수협박죄(형법 제284조)**가 아닌 협박죄(형법 제283조 제1항)가 경비업법 제29조 제2항의 가중처벌되는 형법상 대상범죄에 해당한다(경비업법 제29조 제2항).

④ 특수공갈죄(형법 제350조의2)

관계법령

형의 가중처벌(경비업법 제29조) ★

① 특수경비원이 무기를 휴대하고 경비업무를 수행 중에 제14조 제8항의 규정 및 제15조 제4항의 규정에 의한 무기의 안전수칙을 위반하여 형법 제258조의2(특수상해죄) 제1항(제257조 제1항의 상해죄로 한정, 존속상해죄는 제외)·제2항(제258조 제1항·제2항의 중상해죄로 한정, 존속중상해죄는 제외), 제259조 제1항(상해치사죄), 제260조 제1항(폭행죄), 제262조(폭행치사상죄), 제268조(업무상과실·중과실치사상죄), 제276조 제1항(체포 또는 감금죄), 제277조 제1항(중체포 또는 중감금죄), 제281조 제1항(체포·감금등의 치사상죄), 제283조 제1항(협박죄), 제324조 제2항(특수강요죄), 제350조의2(특수공갈죄) 및 제366조(재물손괴등죄)의 죄를 범한 때에는 그 죄에 정한 형의 2분의 1까지 가중처벌한다.

② 경비원이 경비업무 수행 중에 제16조의2 제1항에서 정한 장비 외에 흉기 또는 그 밖의 위험한 물건을 휴대하고 형법 제258조의2(특수상해죄) 제1항(제257조 제1항의 상해죄로 한정, 존속상해죄는 제외)·제2항(제258조 제1항·제2항의 중상해죄로 한정, 존속중상해죄는 제외), 제259조 제1항(상해치사죄), 제261조(특수폭행죄), 제262조(폭행치사상죄), 제268조(업무상과실·중과실치사상죄), 제276조 제1항(체포 또는 감금죄), 제277조 제1항(중체포 또는 중감금죄), 제281조 제1항(체포·감금등의 치사상죄), 제283조 제1항(협박죄), 제324조 제2항(특수강요죄), 제350조의2(특수공갈죄) 및 제366조(재물손괴등죄)의 죄를 범한 때에는 그 죄에 정한 형의 2분의 1까지 가중처벌한다.

28 난이도 하

□□□ **청원경찰법령상 청원경찰의 배치대상 기관·시설·사업장에 해당하는 것을 모두 고른 것은?**

> ㄱ. 금융을 업으로 하는 시설 또는 사업장
> ㄴ. 국내 주재(駐在) 외국기관
> ㄷ. 인쇄를 업으로 하는 시설 또는 사업장
> ㄹ. 대통령령으로 정하는 중요시설, 사업장 또는 장소

① ㄱ, ㄴ

② ㄴ, ㄷ

③ ㄱ, ㄴ, ㄷ

> 대통령령이 아닌 행정안전부령으로 정하는 중요시설, 사업장 또는 장소가 청원경찰의 배치대상에 해당한다(청원경찰법 제2조 제3호).

④ ㄱ, ㄴ, ㄹ

관계법령

정의(청원경찰법 제2조)
이 법에서 "청원경찰"이란 다음 각호의 어느 하나에 해당하는 기관의 장 또는 시설·사업장 등의 경영자가 경비{이하 "청원경찰경비"(請願警察經費)라 한다}를 부담할 것을 조건으로 경찰의 배치를 신청하는 경우 그 기관·시설 또는 사업장 등의 경비(警備)를 담당하게 하기 위하여 배치하는 경찰을 말한다.
  1. 국가기관 또는 공공단체와 그 관리하에 있는 중요시설 또는 사업장
  2. 국내 주재(駐在) 외국기관
  3. 그 밖에 행정안전부령으로 정하는 중요시설, 사업장 또는 장소

> **배치대상(청원경찰법 시행규칙 제2조)★**
> 「청원경찰법」 제2조 제3호에서 "그 밖에 행정안전부령으로 정하는 중요시설, 사업장 또는 장소"란 다음 각호의 시설, 사업장 또는 장소를 말한다.
>   1. 선박, 항공기 등 수송시설
>   2. 금융 또는 보험을 업(業)으로 하는 시설 또는 사업장
>   3. 언론, 통신, 방송 또는 인쇄를 업으로 하는 시설 또는 사업장
>   4. 학교 등 육영시설
>   5. 「의료법」에 따른 의료기관(의원급 의료기관, 조산원, 병원급 의료기관)
>   6. 그 밖에 공공의 안녕질서 유지와 국민경제를 위하여 고도의 경비(警備)가 필요한 중요시설, 사업체 또는 장소

29 난이도 하

청원경찰법령상 청원경찰의 직무에 관한 설명으로 옳지 않은 것은?

① 청원경찰은 청원경찰의 배치결정을 받은 자와 배치된 기관·시설 또는 사업장 등의 구역을 관할하는 시·도 경찰청장의 감독을 받는다.

> 청원경찰은 청원경찰의 배치결정을 받은 자(청원주)와 배치된 기관·시설 또는 사업장 등의 구역을 관할하는 경찰서장의 감독을 받아 그 경비구역만의 경비를 목적으로 필요한 범위에서 「경찰관직무집행법」에 따른 경찰관의 직무를 수행한다(청원경찰법 제3조).

② 청원경찰은 「경찰관직무집행법」에 따른 직무 외의 수사활동 등 사법경찰관리의 직무를 수행해서는 아니 된다.

> 청원경찰법 시행규칙 제21조 제2항

③ 청원경찰은 그 경비구역만의 경비를 목적으로 필요한 범위에서 「경찰관직무집행법」에 따른 경찰관의 직무를 수행한다.

> 청원경찰법 제3조

④ 청원경찰이 직무를 수행할 때에는 경비 목적을 위하여 필요한 최소한의 범위에서 하여야 한다.

> 청원경찰법 시행규칙 제21조 제1항

30 난이도 하

청원경찰법령상 청원경찰의 근무요령에 관한 설명으로 옳은 것은?

① 소내근무자는 근무 중 특이한 사항이 발생하였을 때에는 지체 없이 청원주 또는 시·도 경찰청장에게 보고하고 그 지시에 따라야 한다.

> 업무처리 및 자체경비를 하는 소내근무자는 근무 중 특이한 사항이 발생하였을 때에는 지체 없이 청원주 또는 관할 경찰서장에게 보고하고 그 지시에 따라야 한다(청원경찰법 시행규칙 제14조 제2항).

② 대기근무자는 입초근무에 협조하거나 휴식하면서 불의의 사고에 대비한다.

> 대기근무자는 소내근무에 협조하거나 휴식하면서 불의의 사고에 대비한다(청원경찰법 시행규칙 제14조 제4항).

③ 순찰근무자는 청원주가 지정한 일정한 구역을 단독 또는 복수로 난선순찰을 하되, 청원주가 필요하다고 인정할 때에는 정선순찰 또는 요점순찰을 할 수 있다.

> 순찰근무자는 청원주가 지정한 일정한 구역을 단독 또는 복수로 정선순찰을 하되, 청원주가 필요하다고 인정할 때에는 요점순찰 또는 난선순찰을 할 수 있다(청원경찰법 시행규칙 제14조 제3항).

④ 입초근무자는 경비구역의 정문이나 그 밖의 지정된 장소에서 경비구역의 내부, 외부 및 출입자의 움직임을 감시한다.

> 청원경찰법 시행규칙 제14조 제1항

근무요령(청원경찰법 시행규칙 제14조)

① 자체경비를 하는 입초근무자는 경비구역의 정문이나 그 밖의 지정된 장소에서 경비구역의 내부, 외부 및 출입자의 움직임을 감시한다.

② 업무처리 및 자체경비를 하는 소내근무자는 근무 중 특이한 사항이 발생하였을 때에는 지체 없이 청원주 또는 관할 경찰서장에게 보고하고 그 지시에 따라야 한다.

③ 순찰근무자는 청원주가 지정한 일정한 구역을 순회하면서 경비 임무를 수행한다. 이 경우 순찰은 단독 또는 복수로 정선순찰(정해진 노선을 규칙적으로 순찰하는 것을 말한다)을 하되, 청원주가 필요하다고 인정할 때에는 요점순찰(순찰구역 내 지정된 중요지점을 순찰하는 것을 말한다) 또는 난선순찰(임의로 순찰지역이나 노선을 선정하여 불규칙적으로 순찰하는 것을 말한다)을 할 수 있다. 〈개정 2021.12.31.〉

④ 대기근무자는 소내근무에 협조하거나 휴식하면서 불의의 사고에 대비한다.

---

31 난이도 **하**　　　　　　■ 청원경찰법 제4조, 동법 시행령 제2조 – 청원경찰의 배치

□□□ 청원경찰법령상 청원경찰의 배치에 관한 설명으로 옳지 않은 것은?

① 청원경찰을 배치받으려는 자는 대통령령으로 정하는 바에 따라 관할 시·도 경찰청장에게 청원경찰 배치를 신청하여야 한다.

> 청원경찰법 제4조 제1항

② 시·도 경찰청장은 청원경찰 배치신청을 받으면 지체 없이 그 배치 여부를 결정하여 신청인에게 알려야 한다.

> 청원경찰법 제4조 제2항

③ 시·도 경찰청장은 청원경찰 배치가 필요하다고 인정하는 기관의 장 또는 시설·사업장의 경영자에게 청원경찰을 배치할 것을 요청할 수 있다.

> 청원경찰법 제4조 제3항

④ 청원경찰의 배치를 받으려는 자는 청원경찰 배치신청서에 경비구역 평면도 1부 또는 배치계획서 1부를 첨부해야 한다.

> 청원경찰의 배치를 받으려는 자는 청원경찰 배치신청서에 경비구역 평면도 1부와 배치계획서 1부를 첨부하여 사업장의 소재지를 관할하는 경찰서장을 거쳐 시·도 경찰청장에게 제출하여야 한다(청원경찰법 시행령 제2조 전문).

32 난이도 하   ▌청원경찰법 제5조 – 청원경찰의 임용 등

□□□ **청원경찰법령상 청원경찰의 임용권자로 옳은 것은?**

① <u>청원주</u>

> <u>청원경찰법령상 청원경찰의 임용권자는 청원주이다.</u> 다만, 임용할 때 미리 시·도 경찰청장의 승인을 받아야 한다는 제한이 있을 뿐이다(청원경찰법 제5조 제1항 참고).

② 경찰서장

③ 경찰청장

④ 시·도 경찰청장

33 난이도 하   ▌청원경찰법 제5조의2 – 청원경찰의 징계

□□□ **청원경찰법령상 청원경찰에 대한 징계의 종류로 옳은 것은?**

① 강 등

② <u>견 책</u>

> <u>청원경찰법령상 청원경찰에 대한 징계의 종류는 파면, 해임, 정직, 감봉 및 견책으로 구분한다</u>(청원경찰법 제5조의2 제2항).

③ 면 직

④ 직위해제

□□□ **청원경찰법령상 청원경찰의 퇴직에 관한 설명으로 옳지 않은 것은?**

① 임용결격사유에 해당될 때 당연 퇴직된다.

> 청원경찰은 제5조 제2항에 따른 임용결격사유에 해당될 때 당연 퇴직된다(청원경찰법 제10조의6 제1호 본문).
> 그러나, 제5조 제2항에 의한 국가공무원법 제33조 제5호(금고 이상의 형의 선고유예를 받은 경우에 그 선고유예 기간 중에 있는 자)에 관한 부분은 헌법에 위반(헌재결 2018.1.25. 2017헌가26)되므로 <u>답항 ①이 옳은 내용이 되려면 임용결격사유에 해당될 때 원칙적으로 당연 퇴직된다고 표현하거나 헌법재판소 단순위헌 결정의 내용이 추가되어야 한다.</u>
> * 출제자는 답항 ①의 용어 표현이 미흡하거나 부정확하여 평균 수준의 응시자에게 답항의 종합 · 분석을 통해서도 진정한 출제의도의 파악과 정답 선택에 있어 장애를 주었다고 판단하여 복수정답을 인정한 것으로 보인다(대판 2009.9.10. 2008두2675 참고).

② 청원경찰의 배치가 폐지되었을 때 당연 퇴직된다.

> 청원경찰법 제10조의6 제2호

③ 나이가 60세가 되었을 때 당연 퇴직된다.

> 청원경찰법 제10조의6 제3호 본문

④ 국가기관이나 지방자치단체에 근무하는 청원경찰의 명예퇴직에 관하여는 「경찰공무원법」을 준용한다.

> 국가기관이나 지방자치단체에 근무하는 청원경찰의 휴직 및 명예퇴직에 관하여는 <u>「국가공무원법」 제71조부터 제73조까지 및 제74조의2를 준용한다</u>(청원경찰법 제10조의7).

관계법령

당연 퇴직(청원경찰법 제10조의6)
청원경찰이 다음 각호의 어느 하나에 해당할 때에는 당연 퇴직된다. 〈개정 2022.11.15.〉
  1. 제5조 제2항에 따른 <u>임용결격사유에 해당될 때</u>. 다만, 「국가공무원법」 제33조 제2호는 파산선고를 받은 사람으로서 「채무자 회생 및 파산에 관한 법률」에 따라 신청기한 내에 면책신청을 하지 아니하였거나 면책불허가 결정 또는 면책 취소가 확정된 경우만 해당하고, 「국가공무원법」 제33조 제5호는 「형법」 제129조부터 제132조까지, 「성폭력범죄의 처벌 등에 관한 특례법」 제2조, 「아동 · 청소년의 성보호에 관한 법률」 제2조 제2호 및 직무와 관련하여 「형법」 제355조 또는 제356조에 규정된 죄를 범한 사람으로서 금고 이상의 형의 선고유예를 받은 경우만 해당한다.
  2. 제10조의5에 따라 <u>청원경찰의 배치가 폐지되었을 때</u>
  3. <u>나이가 60세가 되었을 때</u>. 다만, 그날이 1월부터 6월 사이에 있으면 6월 30일에, 7월부터 12월 사이에 있으면 12월 31일에 각각 당연 퇴직된다.
[단순위헌, 2017헌가26, 2018.1.25., 청원경찰법(2010.2.4. 법률 제10013호로 개정된 것) 제10조의6 제1호 중 제5조 제2항에 의한 국가공무원법 제33조 제5호에 관한 부분은 헌법에 위반된다.]

□□□ **청원경찰법령상 청원경찰의 봉급 산정의 기준이 되는 경력에 산입되지 않는 것은?**

① 청원경찰로 근무한 경력

> 청원경찰법 시행령 제11조 제1항 제1호

② 군 또는 의무경찰에 복무한 경력

> 청원경찰법 시행령 제11조 제1항 제2호

③ 수위·경비원·감시원 또는 그 밖에 청원경찰과 비슷한 직무에 종사하던 사람이 해당 사업장의 청원 주에 의하여 청원경찰로 임용된 경우에는 그 직무에 종사한 경력

> 청원경찰법 시행령 제11조 제1항 제3호

④ 국가기관 또는 공공단체에서 근무하는 청원경찰에 대해서는 국가기관 또는 공공단체에서 비상근(非 常勤)으로 근무한 경력

> 국가기관 또는 지방자치단체에서 근무하는 청원경찰에 대해서는 국가기관 또는 지방자치단체에서 상근(常勤) 으로 근무한 경력이 봉급 산정의 기준이 되는 경력에 산입된다(청원경찰법 시행령 제11조 제1항 제4호).

관계법령

보수 산정 시의 경력 인정 등(청원경찰법 시행령 제11조)
① 청원경찰의 보수 산정에 관하여 그 배치된 사업장의 취업규칙에 특별한 규정이 없는 경우에는 다음 각호 의 경력을 봉급 산정의 기준이 되는 경력에 산입(算入)하여야 한다.
 1. 청원경찰로 근무한 경력
 2. 군 또는 의무경찰에 복무한 경력
 3. 수위·경비원·감시원 또는 그 밖에 청원경찰과 비슷한 직무에 종사하던 사람이 해당 사업장의 청원 주에 의하여 청원경찰로 임용된 경우에는 그 직무에 종사한 경력
 4. 국가기관 또는 지방자치단체에서 근무하는 청원경찰에 대해서는 국가기관 또는 지방자치단체에서 상근(常勤)으로 근무한 경력

36 난이도 하

□□□ **청원경찰법령상 청원주가 부담하여야 하는 청원경찰경비에 해당하지 않는 것은?**

① 청원경찰에게 지급할 봉급과 각종 수당

② 청원경찰의 피복비

③ 청원경찰의 교육비

④ **청원경찰의 업무추진비**

> **청원경찰의 업무추진비**는 청원경찰법령상 청원주가 부담하여야 하는 청원경찰경비에 해당하지 **않는다**(청원경찰법 제6조 제1항 참조).

관계법령

청원경찰경비(청원경찰법 제6조)

① 청원주는 다음 각호의 청원경찰경비를 부담하여야 한다.

  1. 청원경찰에게 지급할 봉급과 각종 수당

  2. 청원경찰의 피복비

  3. 청원경찰의 교육비

  4. 제7조에 따른 보상금 및 제7조의2에 따른 퇴직금

---

37 난이도 하

□□□ **청원경찰법령상 청원경찰의 효율적인 운영을 위하여 청원주를 지도하며 감독상 필요한 명령을 할 수 있는 자는?**

① 경찰서장

② **시·도 경찰청장**

> **시·도 경찰청장**은 청원경찰의 효율적인 운영을 위하여 청원주를 지도하며 감독상 필요한 명령을 할 수 있으며(청원경찰법 제9조의3 제2항), 관할 경찰서장은 청원경찰을 배치하고 있는 사업장이 하나의 경찰서의 관할구역에 있는 경우 청원경찰법 제9조의3 제2항에 따른 청원주에 대한 지도 및 감독상 필요한 명령에 관한 권한을 시·도 경찰청장의 위임을 받아 행사할 수 있다(청원경찰법 시행령 제20조 제3호). 따라서 「청원경찰법령상」 청원경찰의 효율적인 운영을 위하여 청원주를 지도하며 감독상 필요한 명령을 할 수 있는 자는 시·도 경찰청장 또는 관할 경찰서장이다.

③ 지구대장 또는 파출소장

④ 경찰청장

청원경찰법령상 벌칙과 과태료에 관한 설명으로 옳은 것은?

① 파업, 태업 또는 그 밖에 업무의 정상적인 운영을 방해하는 쟁의행위를 한 청원경찰은 1년 이하의 징역 또는 1천만원 이하의 벌금에 처한다.

　청원경찰법 제11조

② 시·도 경찰청장의 배치결정을 받지 아니하고 청원경찰을 배치하거나 시·도 경찰청장의 승인을 받지 아니하고 청원경찰을 임용한 청원주는 1년 이하의 징역 또는 1천만원 이하의 벌금에 처한다.

　500만원 이하의 과태료가 부과된다(청원경찰법 제12조 제1항 제1호).

③ 정당한 사유 없이 경찰청장이 고시한 최저부담기준액 이상의 보수를 지급하지 아니한 청원주는 1년 이하의 징역 또는 1천만원 이하의 벌금에 처한다.

　500만원 이하의 과태료가 부과된다(청원경찰법 제12조 제1항 제2호).

④ 시·도 경찰청장의 감독상 필요한 명령을 정당한 사유 없이 이행하지 아니한 청원주는 1년 이하의 징역 또는 1천만원 이하의 벌금에 처한다.

　500만원 이하의 과태료가 부과된다(청원경찰법 제12조 제1항 제3호).

관계법령

벌칙(청원경찰법 제11조)
제9조의4를 위반하여 파업, 태업 또는 그 밖에 업무의 정상적인 운영을 방해하는 쟁의행위를 한 사람은 1년 이하의 징역 또는 1천만원 이하의 벌금에 처한다.

과태료(청원경찰법 제12조)
① 다음 각호의 어느 하나에 해당하는 자에게는 500만원 이하의 과태료를 부과한다.
  1. 제4조 제2항에 따른 시·도 경찰청장의 배치결정을 받지 아니하고 청원경찰을 배치하거나 제5조 제1항에 따른 시·도 경찰청장의 승인을 받지 아니하고 청원경찰을 임용한 자
  2. 정당한 사유 없이 제6조 제3항에 따라 경찰청장이 고시한 최저부담기준액 이상의 보수를 지급하지 아니한 자
  3. 제9조의3 제2항에 따른 감독상 필요한 명령을 정당한 사유 없이 이행하지 아니한 자
② 제1항에 따른 과태료는 대통령령으로 정하는 바에 따라 시·도 경찰청장이 부과·징수한다.

□□□ **청원경찰법령상 청원주의 무기관리수칙에 관한 설명으로 옳지 않은 것은?**

① 청원주가 무기와 탄약을 대여받았을 때에는 경찰청장이 정하는 무기·탄약 출납부 및 무기장비 운영 카드를 갖춰 두고 기록하여야 한다.

> 청원경찰법 시행규칙 제16조 제1항 제1호

② 청원주는 무기와 탄약의 관리를 위하여 관리책임자를 지정하고 관할 경찰서장에게 그 사실을 통보하여야 한다.

> 청원경찰법 시행규칙 제16조 제1항 제2호

③ **무기고와 탄약고에는 이중 잠금장치를 하고, 열쇠는 숙직책임자가 보관하되, 근무시간 이후에는 관리책임자에게 인계하여 보관시켜야 한다.**

> 무기고와 탄약고에는 이중 잠금장치를 하고, 열쇠는 관리책임자가 보관하되, 근무시간 이후에는 숙직책임자에게 인계하여 보관시켜야 한다(청원경찰법 시행규칙 제16조 제1항 제5호).

④ 청원주는 경찰청장이 정하는 바에 따라 매월 무기와 탄약의 관리실태를 파악하여 다음 달 3일까지 관할 경찰서장에게 통보하여야 한다.

> 청원경찰법 시행규칙 제16조 제1항 제6호

관계법령

무기관리수칙(청원경찰법 시행규칙 제16조)

① 영 제16조에 따라 무기와 탄약을 대여받은 청원주는 다음 각호에 따라 무기와 탄약을 관리해야 한다. 〈개정 2021.12.31.〉

1. 청원주가 무기와 탄약을 대여받았을 때에는 경찰청장이 정하는 무기·탄약 출납부 및 무기장비 운영 카드를 갖춰 두고 기록하여야 한다.
2. 청원주는 무기와 탄약의 관리를 위하여 관리책임자를 지정하고 관할 경찰서장에게 그 사실을 통보하여야 한다.
3. 무기고 및 탄약고는 단층에 설치하고 환기·방습·방화 및 총받침대 등의 시설을 갖추어야 한다.
4. 탄약고는 무기고와 떨어진 곳에 설치하고, 그 위치는 사무실이나 그 밖에 여러 사람을 수용하거나 여러 사람이 오고 가는 시설로부터 격리되어야 한다.
5. 무기고와 탄약고에는 이중 잠금장치를 하고, 열쇠는 관리책임자가 보관하되, 근무시간 이후에는 숙직책임자에게 인계하여 보관시켜야 한다.
6. 청원주는 경찰청장이 정하는 바에 따라 매월 무기와 탄약의 관리실태를 파악하여 다음 달 3일까지 관할 경찰서장에게 통보하여야 한다.
7. 청원주는 대여받은 무기와 탄약이 분실되거나 도난당하거나 빼앗기거나 훼손되는 등의 사고가 발생했을 때에는 지체 없이 그 사유를 관할 경찰서장에게 통보해야 한다.
8. 청원주는 무기와 탄약이 분실되거나 도난당하거나 빼앗기거나 훼손되었을 때에는 경찰청장이 정하는 바에 따라 그 전액을 배상해야 한다. 다만, 전시·사변·천재지변이나 그 밖의 불가항력적인 사유가 있다고 시·도 경찰청장이 인정하였을 때에는 그렇지 않다.

□□□ **청원경찰법령상 청원주와 관할 경찰서장이 공통으로 갖춰 두어야 할 문서와 장부로 옳은 것은?**

① 무기·탄약 출납부

② **교육훈련 실시부**

> **청원경찰 명부와 교육훈련 실시부**가 청원경찰법령상 청원주와 관할 경찰서장이 공통으로 갖춰 두어야 할 문서와 장부에 해당한다(청원경찰법 시행규칙 제17조 제1항·제2항 참조).

③ 무기장비 운영카드

④ 무기·탄약 대여대장

핵심만 콕

문서와 장부의 비치(청원경찰법 시행규칙 제17조)★★

청원주(제1항)	관할 경찰서장(제2항)	시·도 경찰청장(제3항)
• 청원경찰 명부 • 근무일지 • 근무 상황카드 • 경비구역 배치도 • 순찰표철 • 무기·탄약 출납부 • 무기장비 운영카드 • 봉급지급 조서철 • 신분증명서 발급대장 • 징계 관계철 • 교육훈련 실시부 • 청원경찰 직무교육계획서 • 급여품 및 대여품 대장 • 그 밖에 청원경찰의 운영에 필요한 문서와 장부	• 청원경찰 명부 • 감독 순시부 • 전출입 관계철 • 교육훈련 실시부 • 무기·탄약 대여대장 • 징계요구서철 • 그 밖에 청원경찰의 운영에 필요한 문서와 장부	• 배치결정 관계철 • 청원경찰 임용승인 관계철 • 전출입 관계철 • 그 밖에 청원경찰의 운영에 필요한 문서와 장부

2022년 기계경비개론

✓ 각 문항별로 회독수를 체크해 보세요. ☑☐☐

41	42	43	44	45	46	47	48	49	50	51	52	53	54	55	56	57	58	59	60
③	②	②	②	①	③	③·④	④	④	①	①	③	②	③	③	④	①	①	①	③
61	62	63	64	65	66	67	68	69	70	71	72	73	74	75	76	77	78	79	80
①	②	②	④	②	③	④	②	④	②	③	④	③	②	②	②	②	②	④	②

41
난이도 하　　　　　　　　　　　　　　　■기계경비 기초이론 – 경비업의 시설 등의 기준

☐☐☐ 경비업법령상 기계경비사업자가 갖추어야 할 항목으로 옳지 않은 것은?

① 출장소별 출동차량 2대 이상 보유

② 기준 경비인력 수 이상을 동시에 교육할 수 있는 교육장

③ **전자·통신분야 기술자격자 3명 이상**

> 경비업법령상 기계경비업자는 <u>전자·통신분야 기술자격증소지자 5명</u>을 포함한 일반경비원 10명 이상을 경비인력으로 갖추어야 한다(경비업법 시행령 [별표 1] 제4호).

④ 기계경비지도사 1명 이상

관계법령

경비업의 시설 등의 기준(경비업법 시행령 [별표 1]) 〈개정 2023.5.15.〉

시설 등 기준 / 업무별	경비인력	자본금	시설	장비 등
1. 시설경비 업무	• 일반경비원 10명 이상 • 경비지도사 1명 이상	1억원 이상	기준 경비인력 수 이상을 동시에 교육할 수 있는 교육장	기준 경비인력 수 이상의 경비원 복장 및 경적, 단봉, 분사기
2. 호송경비 업무	• 무술유단자인 일반경비원 5명 이상 • 경비지도사 1명 이상	1억원 이상	기준 경비인력 수 이상을 동시에 교육할 수 있는 교육장	• 호송용 차량 1대 이상 • 현금호송백 1개 이상 • 기준 경비인력 수 이상의 경비원 복장 및 경적, 단봉, 분사기

3. 신변보호 업무	• 무술유단자인 일반경비원 5명 이상 • 경비지도사 1명 이상	1억원 이상	기준 경비인력 수 이상을 동시에 교육할 수 있는 교육장	• 기준 경비인력 수 이상의 무전기 등 통신장비 • 기준 경비인력 수 이상의 경적, 단봉, 분사기	
4. 기계경비 업무	• <u>전자ㆍ통신 분야 기술자격증 소지자 5명을 포함한 일반 경비원 10명 이상</u> • <u>경비지도사 1명 이상</u>	1억원 이상	• 기준 경비인력 수 이상을 동시에 교육할 수 있는 교육장 • 관제시설	• 감지장치ㆍ송신장치 및 수신장치 • 출장소별 출동차량 2대 이상 • 기준 경비인력 수 이상의 경비원 복장 및 경적, 단봉, 분사기	
5. 특수경비 업무	• 특수경비원 20명 이상 • 경비지도사 1명 이상	3억원 이상	기준 경비인력 수 이상을 동시에 교육할 수 있는 교육장	기준 경비인력 수 이상의 경비원 복장 및 경적, 단봉, 분사기	

42 난이도 하

기계경비시스템의 컨트롤러에서 사용하는 종단저항에 관한 설명으로 옳지 않은 것은?

① 회로의 마지막 부분에 설치한다.

② <u>a접점 감지회로에서는 사용하지 않는다.</u>

　　a접점 감지회로에서도 종단저항이 사용된다.

③ 선로 감시(open, short)에 사용된다.

④ 컨트롤러에서 요구하는 저항값은 각각 상이할 수 있다.

43 난이도 하

물리보안과 정보보안 간의 통합 또는 보안기술이 비(非) IT 기술과 통합되는 서비스는?

① 방화벽

② <u>융합보안</u>

　　융합보안은 물리보안과 정보보안의 융합이라는 통합보안 관점과 비 IT 산업에 보안을 적용하는 복합보안 관점
　　등을 통칭한다.

③ CCTV시스템

④ 시설보안

44 　　　　　　　　　　　　　　　　　　 ▌출입통제시스템 – 방식에 따른 카드의 분류

□□□ 반도체와 안테나를 내장하여 전파를 송·수신하며, 수동형(Passive)과 능동형(Active)으로 구분하는 카드는?

① MS(Magnetic Stripe) 카드

> MS(Magnetic Stripe) 카드는 플라스틱 카드 뒷면에 정보가 기록된 마그네틱 띠(마그네틱 스트라이프)를 부착하여, 카드리더를 지나면서 정보를 인식하는 방식이다. 마그네틱 띠에는 가입자 번호, 암호 등 개인의 고유정보가 기록되어 있는데 카드를 긁으면서 정보가 노출되어 위조 및 변조가 쉽고, 손상이 잘 돼 주기적인 보수가 필요하다는 단점이 있다.

② RFID 카드

> RFID 카드에 관한 설명이다.

③ 바코드(Barcode) 카드

> 바코드(Barcode) 카드는 밝은 선과 어두운 선으로 구성되는 이진부호를 데이터화한 것으로서 비교적 간단하고 비용이 저렴하여 간이 출입통제에 활용될 수 있다.

④ Wiegand 카드

> Wiegand 카드는 데이터 소멸을 막기 위해 카드 내부에 미세한 원형선을 배열하여 고유번호화한 전자장이 발생하는 카드로 삽입형, 접촉진행형의 리더기에 사용된다. 카드 표면에 자기 테이프가 없는 것이 특징이다. Wiegand 카드는 사실상 복제될 수 없고 가장 안전한 액세스 제어기술 중 하나이다.

45 　　　　　　　　　　　　　　　　　　 ▌기계경비의 기초이론 – 통신이론

□□□ 통신선로에서 전송하는 거리가 멀어 신호가 약해질 때 전송거리를 연장시키는 것은?

① 리피터(Repeater)

> 리피터(Repeater)는 네트워크를 통해서 전송되는 신호의 감쇄문제를 해결하기 위한 장치이다. 즉, 장거리 전송을 위해서 신호를 증폭시키는 장치이다.

② 잡음(Noise) 제거기

> 잡음(Noise) 제거기는 초단파대(30~300MHz)를 사용하는 무선국 수신기, 자동차 엔진의 점화 따위에 의한 충격성 잡음을 방지하기 위하여 개발된 장치이다.

③ 서지보호구(Surge Protector)

> 서지보호구(Surge Protector)는 과도전압과 노이즈를 감쇄시키는 장치이다.

④ 리니어(Linear)

> 리니어(Linear)는 전자회로에서 입력과 출력 관계가 비례관계인 것을 의미한다.

무인경비시스템 설계에 관한 설명으로 옳지 않은 것은?

① 상세도는 도면의 일부를 확대하여 상세하게 그린 도면이다.

② A2도면은 A1도면의 절반이다.

③ **실척은 물체를 실물보다 축소하여 그린 도면이다.**

> 축척에 관한 설명이다. 실척은 도면상의 물체를 실물의 크기와 같이 그리는 방법이다.

④ 배선도에는 전선의 종류, 굵기, 배선수를 나타낸다.

감염의 위험으로부터 상대적으로 안전한 인증 방식은?

① 장문 인증

> 5개의 손가락 길이와 두께 등의 기하학적인 손의 구조를 데이터화하여 인식하는 방식이다. 즉, 손 모양 인식 방법이다. 오인식률이 높아 보안성이 높은 장소에서의 사용은 문제가 될 수 있다.

② 지문 인증

> 지문에 있는 산모양의 곡선을 분석해 점이나 끊어지는 부분 등의 특징을 파악하는 방식이다.

③ **얼굴 인증**

> 얼굴 인증 방식은 신체를 접촉하지 않고 인증할 수 있으므로 신체를 접촉하는 인증 방식(장문 인증, 지문 인증)보다는 상대적으로 감염의 위험으로부터 안전하다고 볼 수 있다.

④ **정맥 인증**

> 손등의 정맥을 대상으로 적외선을 사용하여 혈관을 투시한 후 잔영을 이용하여 인식하는 방식인 정맥 인증 방식도 신체를 접촉하는 인증 방식보다는 상대적으로 감염의 위험으로부터 안전하다고 볼 수 있다. 가답안은 ③이었으나, ④도 최종정답으로 발표되었다.

□□□ 전류(I)에 관한 설명으로 옳지 않은 것은?

① 전자의 흐름을 말한다.

② 전자가 이동하는 방향과 반대방향으로 흐른다.

③ 전류의 세기는 1초 동안 이동한 전기량을 의미한다.

④ 전류의 측정은 부하에 병렬로 연결하여 측정한다.

전류의 측정은 전원에 연결된 부하(Load)와 직렬로 연결하여 측정한다.

□□□ 상품도난방지시스템(E.A.S)의 감지방식 종류가 아닌 것은?

① EM(Electronic Magnetic)

② RF(Radio Frequency)

③ AM(Acoustic Magnetic)

④ Gate

Gate는 상품도난방지시스템의 감지방식 종류에 해당하지 않는다. 상품도난방지시스템의 감지방식은 상품에 부착되는 태그의 전원사용 유무에 따라 Passive방식과 Active방식으로 구분되며, Passive방식은 EM(Electronic Magnetic) 방식, RF(Radio Frequency) 방식, AM(Acoustic Magnetic) 방식으로 구분한다.
〈참고〉 최연석·김금석, 「듀얼밴드 무선통신기술을 이용한 지능형 자명식(自鳴式) 도난방지시스템 개발」, 한국산학기술학회논문지 Vol.11, No.5, 2010, P. 1616~1626

□□□ 카메라 감광면이 같을 경우 렌즈의 밝기(F값)가 가장 밝은 것은?

① F 1.2

렌즈의 밝기(F)는 초점거리를 유효구경으로 나눈 수치, 즉 $F = \dfrac{f}{D}$ (F=렌즈의 밝기, f=초점거리, D=유효구경)인데, F값이 작을수록 밝은 렌즈이고, 클수록 어두운 렌즈이다. 따라서 렌즈의 밝기는 F 1.2 > F 1.4 > F 1.8 > F 2.4 순으로 밝다.

② F 1.4

③ F 1.8

④ F 2.4

51

다음 내용이 모두 포함되는 감지기 분류는?

> • 열 감지기
> • 연기 감지기
> • 불꽃 감지기

① **화재 감지기**

열 감지기, 연기 감지기, 불꽃 감지기는 모두 화재 감지기의 분류에 해당한다.

② 빛 감지기

빛 감지기에는 적외선 감지기, 열선 감지기가 있다.

③ 충격 감지기

충격 감지기에는 진동 감지기와 유리 감지기가 있다.

④ 자력 감지기

자력 감지기에는 자석 감지기와 셔터 감지기가 있다.

52

열을 가하면 열기전력이 발생하는 감지기 소자는?

① 압전대
② 광전대
③ **열전대**

열전대는 열을 가하면 열기전력이 발생하는 감지기 소자이다.

④ 공전대

53 난이도 하

□□□ **도플러효과를 응용한 감지기는?**

① 연기 감지기

② **초음파 감지기**

> 초음파 감지기는 마이크로웨이브 감지기와 더불어 도플러효과를 응용한 감지기이다.

③ 누전 감지기

④ 열선 감지기

핵심만 콕

감지기에 응용되는 물리적 현상

용 어	의 미	응용되는 감지기
열전효과	두 개의 다른 도체를 접합한 경우, 접촉부에 온도차가 생기면 열전류가 흐르는 현상을 말한다.	차동식 분포형 화재 감지기
초전효과	물질에 가해진 온도의 급격한 변화에 의해 전기분극의 크기가 변화하여 전압이 발생하는 현상을 말한다.	열선 감지기
자기저항효과	전기가 흐르고 있는 고체 소자에 자장을 가하면 소자의 전기저항이 증가하는 현상을 말한다.	자석식 셔터 감지기
도플러효과	파원과 관측자 사이의 상대적 운동 상태에 따라 관측자가 관측하는 진동수가 달라지는 현상을 말한다.	초음파 감지기, 마이크로웨이브 감지기
광전효과	일반적으로 물질이 빛을 흡수하여 자유로이 움직일 수 있는 전자, 즉 광전자를 방출하는 현상을 말한다. 광전효과는 튀어나온 전자의 상태에 따라 광이온화, 내부광전효과, 광기전력효과, 포톤효과(포톤드래그효과), 뎀버효과 등으로 나뉜다. cf) 홀효과 : 자기장 속의 도체에서 자기장의 직각방향으로 전류가 흐르면, 자기장과 전류 모두에 직각방향으로 전기장이 나타나는 현상으로, 광전효과에 해당하지 않는다.	적외선 감지기, 적외선 반사식 셔터 감지기
압전효과	물체에 힘을 가하는 순간 전압이 발생하며, 물체에 변형이 일어나는 현상을 말한다. 압전성을 나타내는 물질에는 티탄산바륨, 지르콘산연, 티탄산연 등의 다결정 세라믹이 있다.	유리 감지기, 충격 감지기(진동 감지기), 초음파 감지기

54 난이도 하

감지기의 감지원리에 관한 설명으로 옳은 것은?

① 자석 감지기는 광학적 감지원리를 이용한 감지기이다.

> 자석 감지기는 전자적(電磁的) 감지원리를 이용한 감지기이다. 광학적(빛의 성질) 감지원리를 이용한 감지기로는 적외선 감지기, 열선 감지기, 연기 감지기가 있다.

② 적외선 감지기는 역학적 감지원리를 이용한 감지기이다.

> 적외선 감지기는 광학적(光學的) 감지원리를 이용한 감지기이다. 역학적(力學的) 감지원리를 이용한 감지기는 대표적으로 장력 잠기기, 충격 감지기, 유리 감지기가 있다.

③ **가스 감지기는 화학적 감지원리를 이용한 감지기이다.**

> 가스 감지기는 연기 감지기와 더불어 화학적(化學的) 감지원리(물질의 성질·조성·구조 및 그 변화를 이용)를 이용한 감지기에 해당한다.

④ 진동 감지기는 후각적 감지원리를 이용한 감지기이다.

> 진동 감지기는 충격 감지기로서 역학적(力學的) 감지원리를 이용한 감지기이다.

핵심만 콕

감지원리에 의한 감지기의 분류★
- 광학적(光學的) : 빛을 성질을 이용한 감지기로서 적외선 감지기, 열선 감지기, 연기 감지기가 있다.
- 전자적(電磁的) : 자기장, 자력을 이용한 감지기로서 대표적으로 자석 감지기, 셔터 감지기가 있다.
- 역학적(力學的) : 물체 간에 작용하는 힘과 운동의 관계를 이용한 감지기로서 대표적으로 장력 감지기, 충격 감지기, 유리 감지기가 있다.
- 열학적(熱學的) : 열에 의한 물질의 상태변화와 열전도, 대류, 복사 등 열이동 현상을 이용한 감지기로서 열선 감지기, 화재 감지기가 해당한다.
- 화학적(化學的) : 물질의 성질·조성·구조 및 그 변화를 이용한 감지기로서 연기 감지기, 가스 감지기가 있다.

〈출처〉 이강열, 「기계경비개론」, 진영사, 2021, P. 165~166

---

55 난이도 중

감지기 효과에 관한 설명으로 옳지 않은 것은?

① 초전효과는 유전체 온도의 급격한 변화에 따라 전압이 발생하는 현상이다.

② 자기저항효과는 전류가 흐르고 있는 고체 소자에 자장을 가하면 소자의 전기저항이 변화하는 현상이다.

③ **압전효과는 두 개의 다른 도체를 접합한 경우 접촉부에 온도차가 생기면 전류가 흐르는 현상이다.**

> 열전효과에 관한 설명이다. 압전효과는 물체에 힘을 가하는 순간 전압이 발생하며, 물체에 변형이 일어나는 현상을 말한다.

④ 홀효과는 반도체에 전류를 흘려 이와 직각방향으로 자장을 가하면 전류와 자장 모두의 직각방향으로 기전력이 발생하는 현상이다.

56 난이도 하

□□□ **자석감지기에 관한 설명으로 옳지 않은 것은?**

① 리드(reed)스위치와 영구자석으로 구성되어 있다.

② 리드(reed)스위치에 충격을 가하거나 떨어뜨리면 스위치가 파손되어 수명에 영향을 미칠 수 있다.

③ 리드(reed)스위치의 접점은 내식성, 내마모성이 좋아야 한다.

④ **오동작 방지를 위해 빛이 영구자석에 직접 받지 않도록 해야 한다.**

> 자석감지기는 바람이나 빛의 변화 등 외부 환경에 의한 영향을 덜 받는 특징이 있어 오경보가 거의 없다.

57 난이도 하

□□□ **감지기 구비조건에서 선택도에 관한 설명으로 옳은 것은?**

① **신호나 자극을 선택적으로 감지하는 정도**

> 선택도(Selectivity)는 외부로부터 발생되는 신호나 자극을 선택적으로 감지하는 정도를 말한다.

② 감지대상 측정치의 인식 민감도

> 감도(Sensitivity)에 관한 설명이다.

③ 환경 변화에도 안정되게 감지하는 정도

> 안정도(Stability)에 관한 설명이다.

④ 감지 후 다시 감지할 수 있도록 하기 위한 원상태 복귀 정도

> 복귀도(Reversibility)에 관한 설명이다.

핵심만 콕

감지기의 구비조건
- 감도(Sensitivity) : 감지대상 측정치의 인식 민감도를 말한다.
- 선택도(Selectivity) : 외부로부터 발생되는 신호나 자극을 선택적으로 감지하는 정도를 말한다.
- 안정도(Stability) : 환경의 변화에도 안정되게 감지하는 정도를 말한다.
- 복귀도(Reversibility) : 감지 후 다시 감지할 수 있도록 하기 위한 원상태 복귀 정도를 말한다.

□□□ 암호화 과정의 역과정으로 암호문을 평문으로 변화시키는 과정은?

① 복호화

> 암호화 과정의 역과정으로 암호문을 평문으로 변화시키는 과정을 복호화라고 한다. 즉, 복호화(Decryption) 또는 디코딩(Decoding)은 부호화(Encoding)된 정보를 부호(Code)화되기 전으로 되돌리는 처리 혹은 그 처리 방식을 말한다.

② 양자화

> 양자화는 표본화된 표본 값을 정수화하는 단계이다. 예를 들면 표본화에서 구해진 표본 값이 1.1234567… 이라 면 1로 '정수화'하는 단계이다.

③ 표본화

> 아날로그 신호를 디지털 신호로 바꿔주는 첫 번째 단계로서 주기적인 간격으로 아날로그 신호의 표본 값을 구하는 과정을 의미한다.

④ 부호화

> 부호화(Encoding)는 양자화된 표본 값을 디지털 신호 '0'과 '1'의 조합으로 변환하는 과정이다. 즉, 암호화 과정이다.

59 난이도 하

□□□ **정보보호의 기밀성에 관한 설명으로 옳은 것은?**

① 허가된 사람 이외에는 그 내용을 알 수 없게 한다.

> 기밀성(비밀성)에 관한 설명이다.

② 외부의 요인으로 데이터가 변조되었는지 알 수 있게 한다.

> 무결성에 관한 설명이다.

③ 정보의 송수신 과정에서 몰래 보거나 도청하여 정보를 유출하는 행위를 말한다.

> 가로채기에 관한 설명이다. 이는 기밀성(비밀성)에 대한 위협에 해당한다.

④ 허가되지 않는 사람이 시스템에 거짓 정보를 삽입하여 수신자가 착각하게 만드는 것을 말한다.

> 위조에 관한 설명이다. 이는 무결성에 대한 위협에 해당한다.

핵심만 콕

정보보호의 기본 3원칙(CIA)
- 기(비)밀성(Confidentiality) : 비인가된 접근이나 지능적 차단으로부터 중요한 정보를 보호하고, 허가받은 사람만이 정보와 시스템을 사용할 수 있다는 원칙이다.
- 무결성(Integrity) : 정보와 정보처리 방법의 완전성·정밀성·정확성을 유지하기 위해 한 번 생성된 정보는 원칙적으로 수정되어서는 안 되고, 만약 수정이 필요한 경우에는 허가받은 사람에 의해 허용된 절차와 방법에 따라 수정되어야 한다는 원칙이다.
- 가용성(Availability) : 정보와 시스템의 사용을 허가받은 사람이 이를 사용하고자 할 경우, 언제든지 사용할 수 있도록 보장되어야 한다는 원칙이다.

---

60 난이도 하

□□□ **마이크로파를 이용한 감지기 특성으로 옳지 않은 것은?**

① 초음파 감지기와 같이 건물 내에 근접하게 복수의 감지기를 설치하면 상호 간섭으로 오작동할 수 있다.

② 초음파 감지기에 비해 주위환경의 소음이나 바람의 영향을 받지 않는 장점이 있다.

③ 진동에 강하여 진동 등에 의한 오동작이 없다.

> 마이크로웨이브 감지기는 진동에 약하다는 단점이 있다.

④ 마이크로웨이브 감지기는 일반적으로 10GHz 또는 24GHz의 주파수대역을 사용한다.

□□□ 다음 사인파 신호의 주파수(Hz)는?

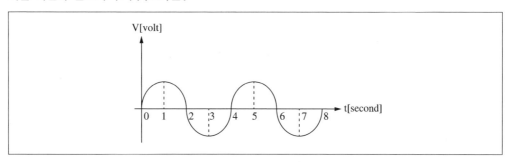

① <u>0.25</u>

> 주파수는 초당 생성되는 사이클의 수를 의미하고, 주기는 신호가 한 사이클을 이루는 데 걸린 시간을 의미한다.
> 주기와 주파수의 관계는 $T = \dfrac{1}{f}[s]$, $f = \dfrac{1}{T}[Hz]$ 이다[T=주기, f=주파수].
> 제시된 내용을 위 식에 대입해 보면, $T = 4[s]$이므로 $4 = \dfrac{1}{f}[s]$, $f = \dfrac{1}{4}[Hz] = 0.25[Hz]$ 이다.

② 2.5

③ 25

④ 250

□□□ 십진수 $(9)_{10}$를 이진수로 변환한 것은?

① $(1000)_2$

② <u>$(1001)_2$</u>

> 10진수 9를 이진수로 바꾸는 방법은 10진수 9를 2로 몫이 0이 될 때까지 나누면서 나오는 나머지를 역순으로
> 정렬하면 된다.
>
> 2) 9
> 2) 4 → 1
> 2) 2 → 0
> 2) 1 → 0
>   0 → 1
> $(9)_{10} = (1001)_2$

③ $(1010)_2$

④ $(1011)_2$

63 난이도 하

□□□ 다음 전기회로에서 저항에 흐르는 전류 $I(A)$는?

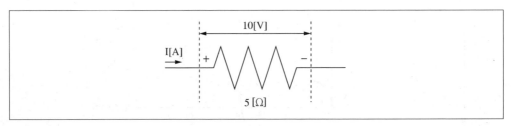

① 0.5

② **2**

> 옴의 법칙은 전류, 전압, 저항 사이의 관계를 나타낸 것으로 도체에 흐르는 전류는 전압에 비례하고, 저항에 반비례한다는 법칙이다. 이를 식으로 표현하면 $I=\dfrac{V}{R}$이다[I=전류(A), V=전압(V), R=저항(Ω)].
> 제시된 내용을 위 식에 대입해 보면 전류 $I=\dfrac{V}{R}=\dfrac{10}{5}=2[A]$이다.

③ 4

④ 50

64 난이도 중

□□□ 인터넷 프로토콜 TCP(Transmission Control Protocol)가 해당되는 계층은?

① 물리 계층

② 데이터링크 계층

③ 네트워크 계층

④ **전송 계층**

> TCP(Transmission Control Protocol)란 서버와 클라이언트 간의 데이터를 신뢰성 있게 전달하기 위해 만들어진 규약이다. 이에 따라 TCP는 ISO(국제표준화기구)의 OSI(개방형 시스템 간 상호접속) 7계층 구조에서 Transport Layer(전송) 계층에 해당한다.

ISO(국제표준화기구)의 OSI(개방형 시스템 간 상호접속) 7계층 구조

7	Application Layer(응용)	하위 계층과 더불어 사용자에게 편리한 응용 환경을 제공하고 데이터베이스 관리 및 기타 서비스를 제공	사용자 지원계층
6	Presentation Layer(표현)	데이터의 의미와 표현방법의 처리	
5	Session Layer(세션)	원격파일 전송 또는 원격 로그인 및 일시적 전송 장애 해결을 위한 동기 기능	
4	Transport Layer(전송)	최종 사용자 사이의 연결을 통해 데이터를 주고받도록 하는 기능	전송층
3	Network Layer(네트워크)	각 시스템 간의 연결통로 제공	네트워크 지원계층
2	Data Link Layer(데이터링크)	물리 계층에서 발생할 수 있는 에러 감지 및 해결	
1	Physical Layer(물리)	데이터 전송을 위한 물리적 장치의 설정 및 유지	

65 난이도 상 　　　　　　　　　　　　　　　　　　　　　　▌기계경비시스템 – 디지털 변조 방식

□□□ 비트 값(0, 1)에 따라 반송파(carrier)의 주파수를 변화시키는 변조 방식은?

① ASK

　진폭 편이 변조(ASK : Amplitude Shift Keying)는 반송파의 진폭을 변화시키는 디지털 변조 방식이다.

② **FSK**

　비트 값(0, 1)에 따라 반송파의 주파수를 변화시키는 디지털 변조 방식은 주파수 편이 변조(FSK : Frequency Shift Keying) 방식이다.

③ PSK

　위상 편이 변조(PSK : Phase Shift Keying)는 반송파의 위상(Phase)을 변화시키는 디지털 변조 방식이다.

④ QAM

　직교 진폭 변조(QAM : Quadrature Amplitude Modulation)는 반송파의 진폭과 위상을 상호 변환하여 데이터를 전송하는 디지털 변조 방식이다. ASK(진폭 편이 변조) 및 PSK(위상 편이 변조)를 결합한 방식이다.

66

□□□ **인터넷 프로토콜 IPv6의 IP 주소 길이(Bit)는?**

① 32

② 64

③ **128**

> IPv6의 주소 길이는 128Bit이다. 기존의 IPv4 주소 길이는 32Bit였다.

④ 256

67

□□□ **다음 중 해상도가 가장 높은 것은?**

① SD

② HD

③ FHD

④ **UHD**

> 해상도는 화면의 선명한 정도를 나타내는 말이며, 가로픽셀×세로픽셀로 표현된다. UHD의 해상도가 가장 높다.

핵심만 콕

지원 해상도

해상도의 종류	가로픽셀	세로픽셀	픽셀수(가로×세로)
SD(Standard Definition)	720	480	345,600(35만 화소급)
HD(High Definition)	1,280	720	921,600(100만 화소급)
FHD(Full High Definition)	1,920	1,080	2,073,600(200만 화소급)
QHD(Quad High Definition)	2,560	1,440	3,686,400(360만 화소급)
UHD(Ultra High Definition)	3,840	2,160	8,294,400(800만 화소급)

68 난이도 상

신호 전압이 10[V]이고 잡음 전압이 1[V]인 경우 신호 대 잡음 비(dB)는?

① 10

② **20**

> 신호 대 잡음 비(S/N 비, S/N Ratio)를 구하는 공식은 다음과 같다.
>
> $$S/N(dB) = 10\log\frac{S}{N}[dB] = 10\log\frac{P_{S(avg)}}{P_{N(avg)}}[dB] = 10\log\frac{v_{s(rms)}^2}{v_{n(rms)}^2}[dB] = 20\log\frac{v_{s(rms)}}{v_{n(rms)}}[dB]$$
>
> [S (평균신호전력) $= P_{S(avg)} = v_{s(rms)}^2$, N (평균잡음전력) $= P_{N(avg)} = v_{n(rms)}^2$]
>
> 제시된 내용을 위 식에 대입해 보면 $S/N(dB) = 20\log\dfrac{10}{1} = 20[dB]$ 이다.

③ 30

④ 40

69 난이도 상

다음 디지털 논리회로에서 출력신호(C) 값이 '0'이 되게 하는 입력신호(A, B) 값은?

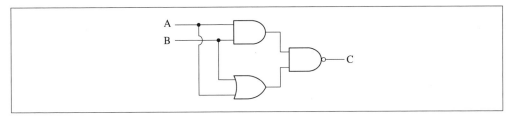

① 0, 0

② 0, 1

③ 1, 0

④ **1, 1**

> AND 회로와 OR 회로가 결합된 회로의 A와 B에 답항의 숫자를 각각 대입한 후 NAND 회로를 연결한 경우 결론은 NAND 회로에 답항의 숫자를 대입한 것과 동일하다. 즉, ①~③은 모두 출력신호(C) 값이 '1'이 되나, ④만 '0'이 된다.

핵심만 콕

기본 논리회로의 진리표

AND 회로			OR 회로			NAND(AND + NOT) 회로			NOR(OR + NOT) 회로		
입력		출력	입력		출력	입력		출력	입력		출력
A	B	C	A	B	C	A	B	C	A	B	C
0	0	0	0	0	0	0	0	1	0	0	1
0	1	0	0	1	1	0	1	1	0	1	0
1	0	0	1	0	1	1	0	1	1	0	0
1	1	1	1	1	1	1	1	0	1	1	0

70 난이도 하

□□□ 외곽감지시스템용 광섬유 케이블에 관한 설명으로 옳지 않은 것은?

① 능형담장에 사용 가능하다.

② 옥외는 물론 옥내에서도 사용 가능하다.

③ 광 패턴의 변화는 Zone Processor에 의해 처리된다.

④ **광섬유케이블은 전기적 반응에 민감하게 작용하는 특성이 있다.**

> 광섬유케이블의 기본원리는 실내와 실외의 침입감지에 모두 사용할 수 있고, 능형 울타리나 방호물의 요동에 의한 진동을 탐지하여 전기적 신호로 전환되며, 이 신호를 존 프로세서(Zone Processor)에서 분석한다는 것이다. 특히 광섬유케이블은 물리적 요동에 고도로 민감하게 작용한다는 특성이 있다.

71 난이도 중

□□□ 적외선 감지기에 관한 설명으로 옳은 것은?

① 적외선 감지기는 수동형으로 주로 실외에 사용한다.

> 적외선 영역을 이용하는 감지기에는 수동형 적외선 방식과 능동형 적외선 방식이 있는데, 적외선 감지기는 능동형 적외선 방식의 감지기이며, 수동형 적외선 방식의 감지기에는 열선 감지기가 있다. 적외선 감지기는 옥외 침입 감지용으로 많이 사용되고 있다.

② 자외선보다 열작용이 적고, 인체에 무해하다.

> 적외선은 자외선이나 가시광선에 비해 강한 열작용을 가지고 있다. 그러나 자외선보다 파장이 긴 적외선, 극초단파(Microwave)나 전파(Radiowave)등은 열을 발생시킬 정도의 충분히 큰 양이 아니라면 생물체에 큰 영향을 미치지 않는다.

③ **가시광선보다 파장이 긴 근적외선 영역을 사용한다.**

> 적외선 감지기는 옥내뿐만 아니라 투·수광에 방해물이 많은 옥외에서도 사용되므로 대기를 잘 투과하는 근적외선을 이용하는데, 이는 가시광선보다 파장이 긴 적외선 영역 중 가시광선 가까이에 있는 대역을 이용한다.

④ 정원에 설치할 때에는 유동성을 좋게 하기 위하여 유연한 폴을 이용한다.

> 정원에 적외선 감지기를 설치할 때에는 폴(Pole)을 이용하여 감지기를 부착하는데, 이 경우 폴(Pole)은 흔들림이 없도록 가급적 거푸집을 만들어 고정하여야 한다.
>
> 〈출처〉 기계경비시스템 설치기준, 한국경비협회규격

☐☐☐ **외곽침입감지시스템 선정 시 고려사항으로 옳지 않은 것은?**

① 오작동, 오경보가 최소화되어야 한다.

② 경보상황의 식별이 용이해야 한다.

③ **사용과 조작이 복잡해야 한다.**

　　사용과 조작이 간편해야 한다.

④ 온도나 자외선 노출 등에 의한 부식성이 없어야 한다.

핵심만 콕

외곽침입감지장치의 선정 원칙

• 내구성이 양호하여야 한다.
• 사용과 조작이 간편하고 경보 시 식별이 용이하여야 한다.
• 침투 시 틀림없이 경보하고 침투위치 및 상황자료를 보존하여야 한다.
• 오경보, 오작동을 최소화하여야 한다.
• 설치 및 유지보수가 용이하여야 한다.
• 가능한 한 국가공인기관의 품질인증 또는 전문 연구기관의 시험 결과를 합격한 제품을 사용하도록 한다.
〈출처〉 이강열, 「기계경비개론」, 진영사, 2021, P. 392

☐☐☐ **DVR(Digital Video Recorder)의 기능에 관한 설명으로 옳지 않은 것은?**

① 사용자 특성에 맞게 화면분할이 가능하다.

② 자체 기능 중에 원격제어 기능이 있다.

③ 사용자가 임의로 화질설정이 가능하다.

④ **영상신호를 아날로그 신호로 변조하여 녹화한다.**

　　DVR은 아날로그의 영상신호를 디지털 방식으로 압축 저장하는 녹화장치이다.

74 난이도 **하**

□□□ 컬러 영상을 얻기 위한 빛의 3원색은?

① 적색, 청색, 백색

② 적색, 청색, 녹색

> 컬러 영상을 얻기 위한 빛의 3원색은 적색, 청색, 녹색이다.

③ 적색, 흑색, 백색

④ 적색, 황색, 청색

75 난이도 **하**

□□□ 복수의 감지기 사용 시 어느 한쪽이 감지를 하여도 경보가 발생되는 결선방법은?

① AND 결선

② OR 결선

> 복수의 감지기 사용 시 어느 한쪽이 감지를 하여도 경보신호를 출력하는 결선방법은 OR 결선이다.

③ NOT 결선

④ NC 결선

76 난이도 **하**

□□□ CCTV 시스템의 촬상부에 관한 설명으로 옳은 것은?

① 카메라와 모니터로 구성된다.

> 모니터는 촬상부가 아닌 수상부(영상처리부)의 구성 중 하나이다.

② 피사체를 촬영하여 전기적 신호로 변환시킨다.

> 촬상부는 피사체를 촬영한 영상신호를 전기적 신호로 변환하는 역할을 하는 장치이다.

③ 전송된 영상신호를 재생하고 표출한다.

> 전송된 영상신호를 수신, 재생하는 것은 수상부이다.

④ 원격제어용 장치와 조명등은 제외한다.

> 촬상부는 카메라, 렌즈, 카메라 고정을 위한 브라켓, 하우징, 원격제어를 위한 리모트 제어기 등의 주변장치와 피사체 조도를 위한 조명도 포함된다. 즉, 촬상부는 단순히 카메라 본체만을 의미하는 것이 아닌 카메라 주변기기까지 포함한다.

77 ▮화상감시시스템 − CCTV의 구성 요소[수상계(녹화장치 NVR)]

☐☐☐ IP카메라의 영상신호를 전송받아 저장하는 장치는?

① VTR

② **NVR**

> NVR(Network Video Recorder)은 네트워크상에 설치된 IP카메라를 통해 디지털 영상을 전송받아 압축 저장하는 IP 전용 저장장치이다. VTR(Video Tape Recorder)은 초기 기술수준이 낮아 주로 TV 방송국에서만 사용된 영상 저장장치이나, VCR(Video Cassette Recorder)은 주로 가정에서 TV 방송 프로그램을 녹화·재생하는 데 사용된 저장장치이다.

③ NCR

④ VCR

78 ▮화상감시시스템 − CCTV의 구성 요소(전송부)

☐☐☐ LAN 케이블을 이용하여 카메라의 전원과 영상신호를 동시에 전송하는 방식은?

① AVR

> AVR(Automatic Voltage Regulator) : 전원 전압의 큰 변동은 기기의 효율을 떨어뜨리므로 전원 전압의 변동을 자동으로 제어하여 언제나 일정한 전압이 유지되도록 하는 장치이다.

② **PoE**

> PoE(Power over Ethernet) 방식은 영상신호를 전송하기 위해 사용되는 이더넷 케이블을 통해 데이터 전송과 함께 전원을 공급할 수 있는 방식이다.

③ SMPS

> SMPS(Switching Mode Power Supply) : 전력을 효율적으로 변환시키는 스위칭 레귤레이터가 포함된 전자식 전원공급장치이다. 이는 종래의 리니어 방식(Linear type)의 전원공급장치에 비해 효율이 높고 내구성이 강하며, 소형화 및 경량화에 유리하다.

④ RJ−45

> RJ−45는 근거리 네트워크나 많은 회선을 갖춘 전화에 연결할 때 사용되는 커넥터이다.

□□□ **하나의 모니터로 다수의 카메라 영상을 표출하는 기기는?**

① 영상분배기
② 영상증폭기
③ 화상검출기
④ **화면분할기**

> 여러 대의 카메라 영상을 하나의 모니터로 동시에 볼 수 있도록 하는 기기는 화면분할기이다.

핵심만 콕

화상감시시스템 주변기기

주변기기	내 용
영상절환기	2대 이상의 카메라 영상을 1대의 모니터로 선택 또는 절환하여 감시할 때 사용하며, 수동형과 정해진 시간에 절환되는 자동형이 있다. ★
화면분할기	여러 대의 카메라 영상을 하나의 모니터에서 동시에 볼 수 있도록 하는 기기로, 4분할, 9분할, 16분할 등이 있으며 주로 집중 감시를 요하는 곳에 적합하다. ★
영상다중기록기	최대 8대의 카메라 영상을 1/30초 단위로 1대의 VTR에 동시에 다중 녹화할 수 있는 기기이다. ★
영상분배기	1대의 카메라 영상을 2대 이상의 영상으로 분기하여 모니터 할 수 있는 기기이다. ★
영상증폭기	영상신호를 장거리로 전송할 때 케이블에서 감쇠될 영상신호를 증폭하는 기기이다.
매트릭스 스위쳐	N개 입력의 영상신호를 M개의 출력에 임의로 공급할 때 가장 효과적인 기기이다.
영상다중화 장치 (Multiplexers)	화면분배, 화면전환, 화면다중화 기능이 있으나 녹화 기능은 없다. ★

☐☐☐ **클라우드 영상보안시스템에 관한 설명으로 옳지 않은 것은?**

① 스마트폰으로 원격 접속할 수 있다.

② 데이터 유실의 위험이 없고, 백업을 할 수 없다.

> 클라우드 영상보안시스템은 클라우드 서버의 DB 저장으로 데이터 유실의 위험이 없고, 백업을 쉽게 할 수 있다는 특징을 갖는다.

③ 인증을 통해 다수의 이용자가 모니터링 할 수 있다.

④ 침입탐지, 방문객 동선 분석 등의 지능형 기능을 제공할 수 있다.

핵심만 콕

클라우드 영상감시시스템(VSaaS : Video Surveillance as a Service)

1. 의 의

   클라우드 영상감시시스템(VSaaS)은 기본적으로 클라우드 컴퓨팅 환경에서 영상감시시스템을 구현한 것으로 클라우드 망에 감시영상을 저장, 관리하고 언제, 어디서나 원하는 위치의 카메라 영상을 PC나 모바일로 접속하여 실시간으로 스트리밍 할 수 있고, 통합 비디오 관리시스템(VMS)을 통해 감시와 제어를 할 수 있는 시스템이다.

2. 특 징

   - 클라우드 기반 서비스로 사업장 영상을 언제, 어디서나 원격 접속(PC, 스마트폰)할 수 있다.
   - 중요 감시구역, 장소, 시간에 따라 Full 녹화, 이벤트 녹화(움직임이 있을 때 영상을 저장하는 방식)를 선택 사용하여 요금을 절감할 수 있다.
   - 클라우드 서버의 DB 저장으로 데이터 유실의 위험이 없고, 백업을 쉽게 할 수 있다.
   - 인증을 통해 다른 사용자와 카메라 영상을 동시에 모니터링 할 수 있다.
   - 지능적인 영상분석서비스인 피플 카운팅, 침입탐지, 방문객 동선 분석, 카메라 훼손방지 등을 제공할 수 있다.

   〈출처〉 이강열, 「기계경비개론」, 진영사, 2021, P. 477~479

2021년 경비업법

각 문항별로 회독수를 체크해 보세요. ☑☐☐

01	02	03	04	05	06	07	08	09	10	11	12	13	14	15	16	17	18	19	20
②	①	④	①	④	④	②	③	①	②	④	④	②	④	③	③	③	②	③	①
21	22	23	24	25	26	27	28	29	30	31	32	33	34	35	36	37	38	39	40
②	④	②	④	④	①	①	③	②	④	③	②	②	②	②	②	①	③	③	①	③

01   난이도 **하**   ▮경비업법 제14조, 동법 시행령 제20조 · 제21조 – 특수경비원의 직무 및 무기사용 등

☐☐☐ **경비업법령상 특수경비원의 직무 및 무기사용 등에 관한 설명으로 옳은 것은?**

① 시 · 도 경찰청장은 국가중요시설에 대한 경비업무의 수행을 위하여 필요하다고 인정하는 때에는 경비업자의 신청에 의하여 무기를 구입한다.

> 시 · 도 경찰청장은 국가중요시설에 대한 경비업무의 수행을 위하여 필요하다고 인정하는 때에는 <u>시설주의 신청</u>에 의하여 무기를 구입한다(경비업법 제14조 제3항 전문).

② 시설주가 대여받은 무기에 대하여 시설주 및 관할 경찰관서장은 무기의 관리책임을 지고, 관할 경찰관서장은 시설주 및 특수경비원의 무기관리상황을 대통령령이 정하는 바에 따라 지도 · 감독하여야 한다.

> 시설주가 제4항의 규정에 의하여 대여받은 무기에 대하여 <u>시설주 및 관할 경찰관서장</u>은 무기의 관리책임을 지고, <u>관할 경찰관서장</u>은 시설주 및 특수경비원의 무기관리상황을 대통령령이 정하는 바에 따라 지도 · 감독하여야 한다(경비업법 제14조 제5항).

③ 시설주는 무기지급의 필요성이 해소되었다고 인정되는 때에는 특수경비원으로부터 24시간 이내에 무기를 회수하여야 한다.

> <u>시설주</u>는 제3항의 규정에 의한 무기지급의 필요성이 해소되었다고 인정되는 때에는 특수경비원으로부터 <u>즉시</u> 무기를 회수하여야 한다(경비업법 시행령 제20조 제4항).

④ 관할 경찰관서장은 시설주 및 특수경비원의 무기관리상황을 매주 1회 이상 점검하여야 한다.

> <u>관할 경찰관서장</u>은 법 제14조 제5항의 규정에 의하여 시설주 및 특수경비원의 무기관리상황을 <u>매월 1회 이상</u> 점검하여야 한다(경비업법 시행령 제21조).

02 난이도 **하** ▮경비업법 제13조, 동법 시행령 제18조·제19조 - 경비원의 교육 등

경비업법령상 경비원의 교육 등에 관한 설명으로 옳은 것은?

① **경비업자는 일반경비원 신임교육을 받은 사람으로서 채용 전 3년 이내에 경비업무에 종사한 경력이 있는 사람을 일반경비원 신임교육대상에서 제외할 수 있다.**

> 경비업법 시행령 제18조 제2항 제1호

② 경비원이 되려는 사람은 경비협회에서 미리 일반경비원 신임교육을 받을 수 없다.

> 경비원이 되려는 사람은 대통령령으로 정하는 교육기관(법 제22조 제1항에 따른 경비협회 등)에서 미리 일반경비원 신임교육을 받을 수 있다(경비업법 제13조 제2항, 동법 시행령 제18조 제1항·제4항).

③ 특수경비업자는 특수경비원으로 하여금 특수경비원 신임교육을 받게 하여서는 아니 된다.

> 특수경비업자는 특수경비원을 채용한 경우 법 제13조 제3항에 따라 해당 특수경비원에게 특수경비업자의 부담으로 일정한 기관 또는 단체에서 실시하는 특수경비원 신임교육을 받도록 하여야 한다(경비업법 시행령 제19조 제1항).

④ 특수경비원의 교육 시 경비업자가 교육기관에 입회하여 행정안전부령이 정하는 바에 따라 지도·감독하여야 한다.

> 특수경비원의 교육 시 관할 경찰서 소속 경찰공무원이 교육기관에 입회하여 대통령령이 정하는 바에 따라 지도·감독하여야 한다(경비업법 제13조 제4항).

□□□ **경비업법령상 특수경비업의 경비인력 및 자본금의 허가요건으로 옳은 것은?**

① 특수경비원 10명 이상, 경비지도사 1명 이상, 자본금 1억원 이상
② 특수경비원 20명 이상, 경비지도사 1명 이상, 자본금 1억원 이상
③ 특수경비원 10명 이상, 경비지도사 1명 이상, 자본금 3억원 이상
④ **특수경비원 20명 이상, 경비지도사 1명 이상, 자본금 3억원 이상**

특수경비업은 경비인력으로 특수경비원 20명 이상과 경비지도사 1명 이상, 자본금으로 3억원 이상이 요구된다 (경비업법 시행령 [별표 1] 제5호).

관계법령

경비업의 시설 등의 기준(경비업법 시행령 [별표 1])★ 〈개정 2023.5.15.〉

시설 등 기준 업무별	경비인력	자본금	시 설	장비 등
1. 시설경비 업무	• 일반경비원 10명 이상 • 경비지도사 1명 이상	1억원 이상	기준 경비인력 수 이상을 동시에 교육할 수 있는 교육장	기준 경비인력 수 이상의 경비원 복장 및 경적, 단봉, 분사기
2. 호송경비 업무	• 무술유단자인 일반경비원 5명 이상 • 경비지도사 1명 이상	1억원 이상	기준 경비인력 수 이상을 동시에 교육할 수 있는 교육장	• 호송용 차량 1대 이상 • 현금호송백 1개 이상 • 기준 경비인력 수 이상의 경비원 복장 및 경적, 단봉, 분사기
3. 신변보호 업무	• 무술유단자인 일반경비원 5명 이상 • 경비지도사 1명 이상	1억원 이상	기준 경비인력 수 이상을 동시에 교육할 수 있는 교육장	• 기준 경비인력 수 이상의 무전기 등 통신장비 • 기준 경비인력 수 이상의 경적, 단봉, 분사기
4. 기계경비 업무	• 전자 · 통신 분야 기술자격증 소지자 5명을 포함한 일반 경비원 10명 이상 • 경비지도사 1명 이상	1억원 이상	• 기준 경비인력 수 이상을 동시에 교육할 수 있는 교육장 • 관제시설	• 감지장치 · 송신장치 및 수신장치 • 출장소별로 출동차량 2대 이상 • 기준 경비인력 수 이상의 경비원 복장 및 경적, 단봉, 분사기
5. 특수경비 업무	• 특수경비원 20명 이상 • 경비지도사 1명 이상	3억원 이상	기준 경비인력 수 이상을 동시에 교육할 수 있는 교육장	기준 경비인력 수 이상의 경비원 복장 및 경적, 단봉, 분사기

□□□ **경비업법령상 특수경비원의 의무에 관한 설명으로 옳은 것은?**

① 소속상사의 허가 또는 정당한 사유 없이 경비구역을 벗어나서는 아니 된다.

> 특수경비원은 소속상사의 허가 또는 정당한 사유 없이 경비구역을 벗어나서는 아니 된다(경비업법 제15조 제2항).

② 사람을 향하여 권총 또는 소총을 발사하고자 하는 때에는 인질사건에 있어서 은밀히 작전을 수행하는 경우로서 부득이한 때에도 공포탄에 의한 사격으로 상대방에게 경고하여야 한다.

> 특수경비원은 사람을 향하여 권총 또는 소총을 발사하고자 하는 때에는 미리 구두 또는 공포탄에 의한 사격으로 상대방에게 경고하여야 한다. 다만, 특수경비원을 급습하거나 타인의 생명·신체에 대한 중대한 위험을 야기하는 범행이 목전에 실행되고 있는 등 상황이 급박하여 경고할 시간적 여유가 없는 경우, 인질·간첩 또는 테러사건에 있어서 은밀히 작전을 수행하는 경우로서 부득이한 경우에는 경고하지 아니할 수 있다(경비업법 제15조 제4항 제1호).

③ 무기를 사용하지 아니하고는 타인의 생명·신체에 대한 중대한 위협을 방지할 수 없다고 인정되는 때에는 필요한 최대한의 범위 안에서 이를 사용하여야 한다.

> 특수경비원은 무기를 사용하는 경우에 있어서 범죄와 무관한 다중의 생명·신체에 위해를 가할 우려가 있는 때에는 이를 사용하여서는 아니 된다. 다만, 무기를 사용하지 아니하고는 타인 또는 특수경비원의 생명·신체에 대한 중대한 위협을 방지할 수 없다고 인정되는 때에는 필요한 최소한의 범위 안에서 이를 사용할 수 있다(경비업법 제15조 제4항 제2호).

④ 임산부가 총기 또는 폭발물을 가지고 대항하는 경우에도 임산부에 대하여 소총을 발사하여서는 아니 된다.

> 특수경비원은 임산부가 총기 또는 폭발물을 가지고 대항하는 경우에는 임산부에 대하여 권총 또는 소총을 발사할 수 있다(경비업법 제15조 제4항 제3호 반대해석).

05 난이도 하 ┃경비업법 제4조 제3항, 동법 시행령 제5조 제4항 – 경비업의 허가(경비업자의 신고사항)

□□□ **경비업법령상 경비업자가 시·도 경찰청장에게 신고하여야 하는 경우가 아닌 것은?**

① 법인의 출장소를 신설·이전한 경우

> 경비업법 제4조 제3항 제3호

② 정관의 목적을 변경한 경우

> 경비업법 제4조 제3항 제6호, 동법 시행령 제5조 제4항

③ 영업을 폐업하거나 휴업한 경우

> 경비업법 제4조 제3항 제1호

④ <u>시설경비업무를 개시하거나 종료한 경우</u>

> 시설경비업무가 아닌 <u>특수경비업무를 개시하거나 종료한 때</u>가 경비업자(경비업의 허가를 받은 법인)가 시·도 경찰청장에게 신고하여야 할 경우에 해당한다(경비업법 제4조 제3항 제5호).

관계법령

경비업의 허가(경비업법 제4조)

③ 제1항의 규정에 의하여 <u>경비업의 허가를 받은 법인</u>은 다음 각호의 어느 하나에 해당하는 때에는 <u>시·도 경찰청장에게 신고하여야 한다.</u> 〈개정 2024.2.13.〉

1. <u>영업을 폐업하거나 휴업한 때</u>
2. <u>법인의 명칭이나 대표자·임원을 변경한 때</u>
3. <u>법인의 주사무소나 출장소를 신설·이전 또는 폐지한 때</u>
4. 기계경비업무의 수행을 위한 관제시설을 신설·이전 또는 폐지한 때
5. <u>특수경비업무를 개시하거나 종료한 때</u>
6. 그 밖에 대통령령이 정하는 중요사항을 변경한 때

> **폐업 또는 휴업 등의 신고(경비업법 시행령 제5조)**
> ④ 법 제4조 제3항 제6호에서 "<u>그 밖에 대통령령이 정하는 중요사항</u>"이라 함은 <u>정관의 목적</u>을 말한다.

□□□ **경비업법령상 경비업을 영위하는 법인의 임원이 될 수 없는 자는?**

① 징역형의 선고를 받고 형이 실효된 자

② 파산선고를 받고 복권된 자

③ 허위의 방법으로 허가를 받아 허가가 취소된 법인의 허가취소 당시의 임원이었던 자로서 그 취소 후 3년이 지난 자

④ **허가받은 경비업무 외의 업무에 경비원을 종사하게 하여 허가가 취소된 법인의 허가취소 당시의 임원이었던 자로서 그 취소 후 3년이 지난 자**

> 허가받은 경비업무 외의 업무에 경비원을 종사하게 하여(경비업법 제19조 제1항 제2호) 허가가 취소된 법인의 허가취소 당시의 임원이었던 자로서 허가가 취소된 날부터 5년이 지나지 아니한 자는 경비업을 영위하는 법인의 임원이 될 수 없다(경비업법 제5조 제6호).

관계법령

임원의 결격사유(경비업법 제5조)★
다음 각호의 어느 하나에 해당하는 자는 경비업을 영위하는 법인(제4호에 해당하는 자의 경우에는 특수경비업무를 수행하는 법인, 제5호에 해당하는 자의 경우에는 허가취소사유에 해당하는 경비업무와 동종의 경비업무를 수행하는 법인)의 임원이 될 수 없다. 〈개정 2021.1.12.〉

   1. 피성년후견인
   2. 파산선고를 받고 복권되지 아니한 자
   3. 금고 이상의 형의 선고를 받고 그 형이 실효되지 아니한 자
   4. 이 법 또는 「대통령 등의 경호에 관한 법률」에 위반하여 벌금형의 선고를 받고 3년이 지나지 아니한 자
   5. 이 법(제19조 제1항 제2호 및 제7호는 제외) 또는 이 법에 의한 명령에 위반하여 허가가 취소된 법인의 허가취소 당시의 임원이었던 자로서 그 취소 후 3년이 지나지 아니한 자
   6. 제19조 제1항 제2호(허가받은 경비업무 외의 업무에 경비원을 종사하게 한 때) 및 제7호(소속 경비원으로 하여금 경비업무의 범위를 벗어난 행위를 하게 한 때)의 사유로 허가가 취소된 법인의 허가취소 당시의 임원이었던 자로서 허가가 취소된 날부터 5년이 지나지 아니한 자

□□□ **경비업법령상 경비지도사의 시험 등에 관한 설명으로 옳지 않은 것은?** 기출수정

① 경비지도사는 경비지도사의 결격사유가 없는 자로서 경찰청장이 시행하는 경비지도사 시험에 합격하고 대통령령으로 정하는 바에 따라 경찰청장이 실시하는 기본교육을 받은 자이어야 한다.

> 경비업법 제11조 제1항

② 「군인사법」에 따른 각 군 전투병과 또는 군사경찰병과 부사관 이상 간부로 6년 재직한 사람은 경비지도사 제1차 시험을 면제한다.

> 「군인사법」에 따른 각 군 전투병과 또는 군사경찰병과 부사관 이상 간부로 7년 이상 재직한 사람은 경비지도사 제1차 시험을 면제한다(경비업법 시행령 제13조 제3호).

③ 일반경비지도사의 자격을 취득한 후 기계경비지도사의 시험에 응시하는 사람은 경비지도사 제1차 시험을 면제한다.

> 경비업법 시행령 제13조 제7호

④ 「고등교육법」에 따른 전문대학을 졸업한 사람으로서 재학 중 경비지도사 시험과목을 3과목 이상을 이수하고 졸업한 후 경비업무에 6년 종사한 사람은 경비지도사 제1차 시험을 면제한다.

> 「고등교육법」에 따른 전문대학을 졸업한 사람으로서 재학 중 제12조 제3항에 따른 경비지도사 시험과목을 3과목 이상을 이수하고 졸업한 후 경비업무에 종사한 경력이 5년 이상인 사람은 경비지도사 제1차 시험을 면제한다(경비업법 시행령 제13조 제6호).

관계법령

시험의 일부면제(경비업법 시행령 제13조)★
법 제11조(경비지도사의 시험 등) 제3항에 따라 다음 각호의 어느 하나에 해당하는 사람은 경비지도사 제1차 시험을 면제한다.
1. 「경찰공무원법」에 따른 경찰공무원으로 7년 이상 재직한 사람
2. 「대통령 등의 경호에 관한 법률」에 따른 경호공무원 또는 별정직공무원으로 7년 이상 재직한 사람
3. 「군인사법」에 따른 각 군 전투병과 또는 군사경찰병과 부사관 이상 간부로 7년 이상 재직한 사람
4. 「경비업법」에 따른 경비업무에 7년 이상(특수경비업무의 경우에는 3년 이상) 종사하고 행정안전부령으로 정하는 교육과정을 이수한 사람

> **경비지도사 시험의 일부면제(경비업법 시행규칙 제10조)★**
> 영 제13조 제4호에서 "행정안전부령으로 정하는 교육과정을 이수한 사람"이란 다음 각호의 하나에 해당하는 사람을 말한다.
> 1. 고등교육법에 의한 전문대학 이상의 교육기관(경비지도사의 시험과목 3과목 이상이 개설된 교육기관에 한한다)에서 1년 이상의 경비업무 관련과정을 마친 사람
> 2. 경찰청장이 지정하는 기관 또는 단체에서 실시하는 64시간 이상의 경비지도사 양성과정을 마치고 수료시험에 합격한 사람

5. 「고등교육법」에 따른 대학 이상의 학교를 졸업한 사람으로서 재학 중 제12조 제3항에 따른 경비지도사 시험과목을 3과목 이상을 이수하고 졸업한 후 경비업무에 종사한 경력이 3년 이상인 사람
6. 「고등교육법」에 따른 전문대학을 졸업한 사람으로서 재학 중 제12조 제3항에 따른 경비지도사 시험과목을 3과목 이상을 이수하고 졸업한 후 경비업무에 종사한 경력이 5년 이상인 사람

7. 일반경비지도사의 자격을 취득한 후 기계경비지도사의 시험에 응시하는 사람 또는 기계경비지도사의 자격을 취득한 후 일반경비지도사의 시험에 응시하는 사람
8. 「공무원임용령」에 따른 행정직군 교정직렬 공무원으로 7년 이상 재직한 사람

08 난이도 하

■ 경비업법 제2조 – 정의

□□□ **경비업법령상 용어에 관한 설명으로 옳은 것은?**

① "시설경비업무"란 경비대상시설에 설치한 기기에 의하여 감지·송신된 정보를 수신하여 도난·화재 등 위험발생을 방지하는 업무를 말한다.

> 시설경비업무는 경비를 필요로 하는 시설 및 장소(경비대상시설)에서의 도난·화재 그 밖의 혼잡 등으로 인한 위험발생을 방지하는 업무이다(경비업법 제2조 제1호 가목).

② "경비지도사"란 경비원을 지도·감독 및 교육하는 자를 말하며 일반경비지도사와 특수경비지도사로 구분한다.

> "경비지도사"라 함은 경비원을 지도·감독 및 교육하는 자를 말하며 일반경비지도사와 기계경비지도사로 구분 한다(경비업법 제2조 제2호).

③ **"특수경비원"은 공항(항공기 포함) 등 대통령령이 정하는 국가중요시설의 경비 및 도난·화재 그 밖의 위험발생을 방지하는 경비업무를 수행하는 자이다.**

> 경비업법 제2조 제3호 나목

④ 110명의 사람이 모이는 문화 행사장은 "집단민원현장"이 아니다.

> 100명 이상의 사람이 모이는 국제·문화·예술·체육 행사장은 집단민원현장에 해당한다(경비업법 제2조 제5 호 바목).

관계법령

정의(경비업법 제2조)★

이 법에서 사용하는 용어의 정의는 다음과 같다.

1. "경비업"이라 함은 다음 각목의 1에 해당하는 업무(경비업무)의 전부 또는 일부를 도급받아 행하는 영업을 말한다.
   가. 시설경비업무 : 경비를 필요로 하는 시설 및 장소(경비대상시설)에서의 도난·화재 그 밖의 혼잡 등으로 인한 위험발생을 방지하는 업무
   나. 호송경비업무 : 운반 중에 있는 현금·유가증권·귀금속·상품 그 밖의 물건에 대하여 도난·화 재 등 위험발생을 방지하는 업무
   다. 신변보호업무 : 사람의 생명이나 신체에 대한 위해의 발생을 방지하고 그 신변을 보호하는 업무
   라. 기계경비업무 : 경비대상시설에 설치한 기기에 의하여 감지·송신된 정보를 그 경비대상시설 외 의 장소에 설치한 관제시설의 기기로 수신하여 도난·화재 등 위험발생을 방지하는 업무
   마. 특수경비업무 : 공항(항공기를 포함) 등 대통령령이 정하는 국가중요시설의 경비 및 도난·화재 그 밖의 위험발생을 방지하는 업무

2. "경비지도사"라 함은 경비원을 지도·감독 및 교육하는 자를 말하며 일반경비지도사와 기계경비지도사로 구분한다.
3. "경비원"이라 함은 제4조 제1항의 규정에 의하여 경비업의 허가를 받은 법인(경비업자)이 채용한 고용인으로서 다음 각목의 1에 해당하는 자를 말한다.
    가. 일반경비원 : 제1호 가목 내지 라목의 경비업무를 수행하는 자
    나. 특수경비원 : 제1호 마목의 경비업무를 수행하는 자
4. "무기"라 함은 인명 또는 신체에 위해를 가할 수 있도록 제작된 권총·소총 등을 말한다.
5. "집단민원현장"이란 다음 각목의 장소를 말한다.
    가. 「노동조합 및 노동관계조정법」에 따라 노동관계 당사자가 노동쟁의 조정신청을 한 사업장 또는 쟁의행위가 발생한 사업장
    나. 「도시 및 주거환경정비법」에 따른 정비사업과 관련하여 이해대립이 있어 다툼이 있는 장소
    다. 특정 시설물의 설치와 관련하여 민원이 있는 장소
    라. 주주총회와 관련하여 이해대립이 있어 다툼이 있는 장소
    마. 건물·토지 등 부동산 및 동산에 대한 소유권·운영권·관리권·점유권 등 법적 권리에 대한 이해대립이 있어 다툼이 있는 장소
    바. 100명 이상의 사람이 모이는 국제·문화·예술·체육 행사장
    사. 「행정대집행법」에 따라 대집행을 하는 장소

09 난이도 중   ▌경비업법 제10조 - 경비지도사 및 경비원의 결격사유

□□□ **경비업법령상 경비지도사 및 경비원의 결격사유에 해당하지 않는 것은?**

① 벌금형의 선고유예를 받고 그 유예기간이 끝난 날부터 5년이 지나지 아니한 자

> 금고 이상의 형의 선고유예를 받고 그 유예기간 중에 있는 자가 특수경비원의 결격사유에 해당한다(경비업법 제10조 제2항 제4호).

② 징역 3년의 실형의 선고를 받고 그 집행이 면제된 날부터 5년이 지나지 아니한 자

> 금고 이상의 실형의 선고를 받고 그 집행이 면제된 날부터 5년이 지나지 아니한 자는 경비지도사 또는 경비원이 될 수 없다(경비업법 제10조 제1항 제3호·제2항 제3호).

③ 「형법」 제114조(범죄단체 등의 조직)의 죄를 범하여 벌금형을 선고받은 날부터 5년이 지나지 아니한 자

> 「형법」 제114조의 죄를 범하여 벌금형을 선고받은 날부터 10년이 지나지 아니한 자는 경비지도사 또는 경비원이 될 수 없다(경비업법 제10조 제1항 제5호 가목·제2항 제3호).

④ 「형법」 제297조(강간)의 죄를 범하여 치료감호를 선고받고 그 집행이 종료된 날 또는 집행이 면제된 날부터 5년이 지나지 아니한 자

> 「형법」 제297조의 죄를 범하여 치료감호를 선고받고 그 집행이 종료된 날 또는 집행이 면제된 날부터 10년이 지나지 아니한 자는 경비지도사 또는 경비원이 될 수 없다(경비업법 제10조 제1항 제7호·제2항 제3호).

관계법령

경비지도사 및 경비원의 결격사유(경비업법 제10조)★★

① 다음 각호의 어느 하나에 해당하는 자는 <u>경비지도사 또는 일반경비원</u>이 될 수 없다. 〈개정 2021.1.12.〉

1. <u>18세 미만인 사람, 피성년후견인</u>

2. <u>파산선고를 받고 복권되지 아니한 자</u>

3. <u>금고 이상의 실형의 선고를 받고 그 집행이 종료</u>(집행이 종료된 것으로 보는 경우를 포함)되거나 집행이 면제된 날부터 <u>5년</u>이 지나지 아니한 자

4. <u>금고 이상의 형의 집행유예선고를 받고 그 유예기간 중에 있는 자</u>

5. 다음 각목의 어느 하나에 해당하는 죄를 범하여 <u>벌금형을 선고받은 날부터 10년이 지나지 아니하거나 금고 이상의 형을 선고받고 그 집행이 종료된</u>(종료된 것으로 보는 경우를 포함) 날 또는 집행이 유예·면제된 날부터 10년이 지나지 아니한 자

   가. 「형법」 제114조의 죄

   나. 「폭력행위 등 처벌에 관한 법률」 제4조의 죄

   다. 「형법」 제297조, 제297조의2, 제298조부터 제301조까지, 제301조의2, 제302조, 제303조, 제305조, 제305조의2의 죄

   라. 「성폭력범죄의 처벌 등에 관한 특례법」 제3조부터 제11조까지 및 제15조(제3조부터 제9조까지의 미수범만 해당)의 죄

   마. 「아동·청소년의 성보호에 관한 법률」 제7조 및 제8조의 죄

   바. 다목부터 마목까지의 죄로서 다른 법률에 따라 가중처벌되는 죄

6. 다음 각목의 어느 하나에 해당하는 죄를 범하여 <u>벌금형을 선고받은 날부터 5년이 지나지 아니하거나 금고 이상의 형을 선고받고 그 집행이 유예된 날부터 5년이 지나지 아니한 자</u>

   가. 「형법」 제329조부터 제331조까지, 제331조의2 및 제332조부터 제343조까지의 죄

   나. 가목의 죄로서 다른 법률에 따라 가중처벌되는 죄

   다. 삭제 〈2014.12.30.〉

   라. 삭제 〈2014.12.30.〉

7. <u>제5호 다목부터 바목까지의 어느 하나에 해당하는 죄를 범하여 치료감호를 선고받고 그 집행이 종료된 날 또는 집행이 면제된 날부터 10년이 지나지 아니한 자</u> 또는 <u>제6호 각목의 어느 하나에 해당하는 죄를 범하여 치료감호를 선고받고 그 집행이 면제된 날부터 5년이 지나지 아니한 자</u>

8. <u>이 법이나 이 법에 따른 명령을 위반하여 벌금형을 선고받은 날부터 5년이 지나지 아니하거나 금고 이상의 형을 선고받고 그 집행이 유예된 날부터 5년이 지나지 아니한 자</u>

② 다음 각호의 어느 하나에 해당하는 자는 특수경비원이 될 수 없다. 〈개정 2021.1.12.〉

1. 18세 미만이거나 60세 이상인 사람 또는 피성년후견인

2. 심신상실자, 알코올 중독자 등 대통령령으로 정하는 정신적 제약이 있는 자

3. 제1항 제2호부터 제8호까지의 어느 하나에 해당하는 자

4. 금고 이상의 형의 선고유예를 받고 그 유예기간 중에 있는 자

5. 행정안전부령으로 정하는 신체조건에 미달되는 자

10 난이도 하 ┃경비업법 제12조, 동법 시행령 제16조·제17조·[별표 3] - 경비지도사의 선임 등

□□□ **경비업법령상 경비지도사의 선임 등에 관한 설명으로 옳지 않은 것은?** 기출수정

① 경비현장에 배치된 경비원에 대한 순회점검 및 감독의 직무는 선임된 경비지도사의 직무에 해당한다.

> 경비업법 제12조 제2항 제2호

② **경비업자는 선임·배치된 경비지도사가 자격정지의 사유로 그 직무를 수행할 수 없는 때에는 7일 이내에 경비지도사를 새로이 충원하여야 한다.**

> 경비업자는 선임·배치된 경비지도사에 결원이 있거나 자격정지 등의 사유로 그 직무를 수행할 수 없는 때에는 15일 이내에 경비지도사를 새로이 충원하여야 한다(경비업법 시행령 제16조 제2항).

③ 경비지도사는 경비원에 대한 교육을 실시하고, 행정안전부령으로 정하는 경비원 직무교육 실시대장에 그 내용을 기록하여 2년간 보존하여야 한다.

> 경비업법 시행령 제17조 제3항

④ 경비지도사가 선임·배치된 시·도 경찰청의 관할구역과 경계를 맞닿아 인접한 시·도 경찰청의 관할구역에 배치된 경비원이 30명 이하인 경우에는 경비지도사를 따로 선임·배치하지 않을 수 있다.

> 경비업법 시행령 [별표 3] 제2호 전문

11 난이도 하 ┃경비업법 시행령 제9조 - 기계경비업자의 관리 서류

□□□ **경비업법령상 기계경비업자의 출장소별 관리 서류에 관한 설명으로 옳지 않은 것은?**

① 기계경비지도사의 명단·배치일자·배치장소와 출동차량의 대수를 기재한 서류를 갖추어 두어야 한다.

> 경비업법 시행령 제9조 제1항 제2호

② 오경보인 경우 오경보가 발생한 경비대상시설 및 그 오경보에 대한 조치의 결과를 기재한 서류를 갖추어 두어야 한다.

> 경비업법 시행령 제9조 제1항 제4호

③ 경보의 수신 및 현장도착 일시와 조치의 결과를 기재한 서류를 갖추어 두어야 한다.

> 경비업법 시행령 제9조 제1항 제3호

④ **오경보에 대한 조치의 결과를 기재한 서류는 당해 경보를 수신한 날부터 2년간 이를 보관하여야 한다.**

> 제1항 제3호(경보의 수신 및 현장도착 일시와 조치의 결과) 및 제4호(오경보인 경우 오경보가 발생한 경비대상시설 및 그 오경보에 대한 조치의 결과)의 규정에 의한 사항을 기재한 서류는 당해 경보를 수신한 날부터 1년간 이를 보관하여야 한다(경비업법 시행령 제9조 제2항).

기계경비업자의 관리 서류(경비업법 시행령 제9조)

① 기계경비업자는 출장소별로 다음 각호의 사항을 기재한 서류를 갖추어 두어야 한다.
   1. 경비대상시설의 명칭·소재지 및 경비계약기간
   2. 기계경비지도사의 명단·배치일자·배치장소와 출동차량의 대수
   3. 경보의 수신 및 현장도착 일시와 조치의 결과(1년)
   4. 오경보인 경우 오경보가 발생한 경비대상시설 및 그 오경보에 대한 조치의 결과(1년)

② 제1항 제3호 및 제4호의 규정에 의한 사항을 기재한 서류는 당해 경보를 수신한 날부터 1년간 이를 보관하여야 한다.

---

12 난이도 **하** ▌경비업법 시행령 제31조의2 – 민감정보 및 고유식별정보의 처리

경비업법령상 경찰청장 등이 처리할 수 있는 민감정보 및 고유식별정보가 아닌 것은?

① 건강에 관한 정보
② 범죄경력자료에 해당하는 정보
③ 주민등록번호 또는 외국인등록번호가 포함된 자료
④ **신용카드사용내역이 포함된 자료**

> 신용카드사용내역이 포함된 자료는 경비업법령상 경찰청장 등이 처리할 수 있는 민간정보 및 고유식별정보에 해당하지 않는다(경비업법 시행령 제31조의2).

관계법령

민감정보 및 고유식별정보의 처리(경비업법 시행령 제31조의2)

경찰청장, 시·도 경찰청장, 경찰서장 및 경찰관서장(제31조에 따라 경찰청장 및 경찰관서장의 권한을 위임·위탁받은 자를 포함한다)은 다음 각호의 사무를 수행하기 위하여 불가피한 경우 「개인정보보호법」 제23조에 따른 건강에 관한 정보(제1호의2 및 제4호의 사무로 한정한다), 같은 법 시행령 제18조 제2호에 따른 범죄경력자료에 해당하는 정보(제1호의2 및 제9호의 사무로 한정한다), 같은 영 제19조 제1호 또는 제4호에 따른 주민등록번호 또는 외국인등록번호가 포함된 자료를 처리할 수 있다. 〈개정 2021.7.13., 2022.12.20.〉
   1. 법 제4조 및 제6조에 따른 경비업의 허가 및 갱신허가 등에 관한 사무
   1의2. 법 제5조 및 제10조에 따른 임원, 경비지도사 및 경비원의 결격사유 확인에 관한 사무
   2. 법 제11조에 따른 경비지도사 시험 등에 관한 사무
   3. 법 제13조에 따른 경비원의 교육 등에 관한 사무
   4. 법 제14조에 따른 특수경비원의 직무 및 무기사용 등에 관한 사무
   5. 삭제 〈2021.7.13.〉
   6. 법 제18조에 따른 경비원 배치허가 등에 관한 사무
   7. 법 제19조 및 제20조에 따른 행정처분에 관한 사무
   8. 법 제24조에 따른 경비업자 및 경비지도사의 지도·감독에 관한 사무
   9. 법 제25조에 따른 보안지도·점검 및 보안측정에 관한 사무
   10. 삭제 〈2022.12.20.〉

13 난이도 **하**　　　　　　　　　　　　■ 경비업법 제18조 제2항 – 경비원의 명부와 배치허가 등(경비원의 배치허가)

☐☐☐ **경비업법령상 경비원의 배치에 관한 설명으로 옳지 않은 것은?**

① 시설경비업무 중 집단민원현장에 일반경비원을 배치하는 경우에는 배치하기 48시간 전까지 배치허가를 신청하여야 한다.

> 경비업법 제18조 제2항 단서 제1호

② **신변보호업무 중 집단민원현장에 일반경비원을 배치하는 경우에는 배치하기 전까지 배치허가를 신청하여야 한다.**

> 신변보호업무 중 집단민원현장에 일반경비원을 배치하는 경우에는 배치하기 48시간 전까지 행정안전부령으로 정하는 바에 따라 배치허가를 신청하여야 한다(경비업법 제18조 제2항 단서 제1호).

③ 집단민원현장이 아닌 곳에서 신변보호업무를 수행하는 일반경비원을 배치하는 경우에는 경비원을 배치하기 전까지 신고하여야 한다.

> 경비업법 제18조 제2항 단서 제2호

④ 특수경비원을 배치하는 경우에는 경비원을 배치하기 전까지 신고하여야 한다.

> 경비업법 제18조 제2항 단서 제3호

관계법령

경비원의 명부와 배치허가 등(경비업법 제18조)

② 경비업자가 경비원을 배치하거나 배치를 폐지한 경우에는 행정안전부령으로 정하는 바에 따라 관할 경찰관서장에게 신고하여야 한다. 다만, 다음 제1호의 경우에는 경비원을 배치하기 48시간 전까지 행정안전부령으로 정하는 바에 따라 배치허가를 신청하고, 관할 경찰관서장의 배치허가를 받은 후에 경비원을 배치하여야 하며(제2호 및 제3호의 경우에는 경비원을 배치하기 전까지 신고하여야 한다), 이 경우 관할 경찰관서장은 배치허가를 함에 있어 필요한 조건을 붙일 수 있다.

1. 제2조 제1호 가목에 따른 시설경비업무 또는 같은 호 다목에 따른 신변보호업무 중 집단민원현장에 배치된 일반경비원
2. 집단민원현장이 아닌 곳에서 제2조 제1호 다목의 규정에 의한 신변보호업무를 수행하는 일반경비원
3. 특수경비원

14 난이도 **하** ┃경비업법 제18조 제3항, 동법 시행령 제22조 - 경비원의 명부와 배치허가 등(배치 불허가 기준)

☐☐☐ 경비업법령상 관할 경찰관서장이 집단민원현장에 일반경비원 배치허가 신청을 받은 경우에 배치허가를 하여서는 아니 되는 경우로 옳지 않은 것은?

① 경비업무의 범위를 벗어난 행위를 할 우려가 있는 경우

> 경비업법 제18조 제3항 제1호

② 결격자가 100분의 21 이상 포함되어 있는 경우

> 경비업법 제18조 제3항 제2호, 동법 시행령 제22조

③ 경비원의 복장·장비 등에 대하여 내려진 필요한 명령을 이행하지 아니하는 경우

> 경비업법 제18조 제3항 제3호

④ 직무교육을 받지 아니한 사람이 대통령령으로 정하는 기준 이상으로 포함되어 있는 경우

> 직무교육이 아닌 <u>신임교육을 받지 아니한</u> 사람이 대통령령으로 정하는 기준 이상으로 포함되어 있는 경우가 배치 불허가 기준에 해당한다(경비업법 제18조 제3항 제2호).

관계법령

경비원의 명부와 배치허가 등(경비업법 제18조)★

③ 관할 경찰관서장은 제2항 각호 외의 부분 단서에 따른 배치허가 신청을 받은 경우 <u>다음 각호의 사유에 해당하는 때에는 배치허가를 하여서는 아니 된다.</u> 이 경우 관할 경찰관서장은 다음 각호의 사유를 확인하기 위하여 <u>소속 경찰관으로 하여금 그 배치장소를 방문하여 조사하게 할 수 있다.</u>

1. 제15조의2 제1항 및 제2항을 위반하여 <u>경비업무의 범위를 벗어난 행위를 할 우려가 있는 경우</u>
2. <u>경비원 중 제10조 제1항 또는 제2항에 해당하는 결격자나</u> 제13조에 따른 <u>신임교육을 받지 아니한 사람이 대통령령으로 정하는 기준 이상으로 포함되어 있는 경우</u>

> **집단민원현장 배치 불허가 기준(경비업법 시행령 제22조)**
> 법 제18조 제3항 제2호에서 <u>"대통령령으로 정하는 기준"이란 100분의 21을 말한다.</u>

3. 제24조에 따라 <u>경비원의 복장·장비 등에 대하여 내려진 필요한 명령을 이행하지 아니하는 경우</u>

15

┃경비업법 제16조 내지 제16조의3 - 경비원의 복장, 장비, 출동차량 등

경비업법령상 경비원의 복장, 장비, 출동차량 등에 관한 설명으로 옳지 않은 것은?

① 경비원은 근무 중 경적, 단봉, 분사기 등 장비를 휴대할 수 있다.

> 경비원이 휴대할 수 있는 장비의 종류는 경적·단봉·분사기 등 행정안전부령으로 정하되, 근무 중에만 이를 휴대할 수 있다(경비업법 제16조의2 제1항).

② 경비업자는 경비업무 수행 시 경비원에게 소속 경비업체를 표시한 이름표를 부착하도록 하여야 한다.

> 경비업자는 경비업무 수행 시 경비원에게 소속 경비업체를 표시한 이름표를 부착하도록 하고, 제1항에 따라 신고된 동일한 복장을 착용하게 하여야 하며, 복장에 소속 회사를 오인할 수 있는 표시를 하거나 다른 회사의 복장을 착용하게 하여서는 아니 된다(경비업법 제16조 제2항 본문).

③ **집단민원현장에서 신변보호업무를 수행하는 경우에는 동일한 복장을 착용하지 아니할 수 있다.**

> 경비업법 제16조 제2항 단서(집단민원현장이 아닌 곳에서 신변보호업무를 수행하는 경우 또는 경비업무의 성격상 부득이한 사유가 있어 관할 경찰관서장이 허용하는 경우에는 그러하지 아니하다)의 반대해석상 경비업자는 경비원이 집단민원현장에서 신변보호업무를 수행하는 경우에는 동일한 복장을 착용하게 하여야 한다.

④ 경비업자는 출동차량 등의 도색 및 표지를 경찰차량 및 군차량과 명확히 구별될 수 있게 하여야 한다.

> 경비업법 제16조의3 제1항

16

┃경비업법 제23조, 동법 시행령 제27조 - 공제사업

경비업법령상 경비협회의 공제사업에 관한 설명으로 옳지 않은 것은?

① 경비협회는 경비업자가 경비업을 운영할 때 필요한 입찰보증을 위한 공제사업을 할 수 있다.

> 경비업법 제23조 제1항 제2호

② 공제규정에는 공제사업의 범위, 공제계약의 내용 등 공제사업의 운영에 관하여 필요한 사항을 정하여야 한다.

> 경비업법 제23조 제3항

③ **경찰청장은 공제규정을 승인하는 경우에는 미리 금융감독원과 협의하여야 한다.**

> 경찰청장은 공제규정을 승인하거나 공제사업의 감독에 관한 기준을 정하는 경우에는 미리 금융위원회와 협의하여야 한다(경비업법 제23조 제5항).

④ 공제사업을 하는 경우 공제사업의 회계는 다른 사업의 회계와 구분하여 경리하여야 한다.

> 협회는 법 제23조 제1항의 규정에 의하여 공제사업을 하는 경우 공제사업의 회계는 다른 사업의 회계와 구분하여 경리하여야 한다(경비업법 시행령 제27조 제1항).

공제사업(경비업법 제23조) ★

① 경비협회는 다음 각호의 공제사업을 할 수 있다.
  1. 제26조에 따른 경비업자의 손해배상책임을 보장하기 위한 사업
  2. 경비업자가 경비업을 운영할 때 필요한 입찰보증, 계약보증(이행보증을 포함), 하도급보증을 위한 사업
  3. 경비원의 복지향상과 업무상 재해로 인한 손실을 보상하는 사업
  4. 경비업무와 관련한 연구 및 경비원 교육·훈련에 관한 사업
② 경비협회는 제1항의 규정에 의한 공제사업을 하고자 하는 때에는 공제규정을 제정하여야 한다.
③ 제2항의 공제규정에는 공제사업의 범위, 공제계약의 내용, 공제금, 공제료 및 공제금에 충당하기 위한 책임준비금 등 공제사업의 운영에 관하여 필요한 사항을 정하여야 한다.
④ 경찰청장은 제1항에 따른 공제사업의 건전한 육성과 가입자의 보호를 위하여 공제사업의 감독에 관한 기준을 정할 수 있다.
⑤ 경찰청장은 제2항에 따른 공제규정을 승인하거나 제4항에 따라 공제사업의 감독에 관한 기준을 정하는 경우에는 미리 금융위원회와 협의하여야 한다.
⑥ 경찰청장은 제1항에 따른 공제사업에 대하여 「금융위원회의 설치 등에 관한 법률」에 따른 금융감독원의 원장에게 검사를 요청할 수 있다.

17 난이도 하 ▌경비업법 시행령 [별표 4] – 행정처분 기준(일반기준)

경비업법령상 행정처분의 일반기준에 관한 설명으로 옳은 것은?

① 행정처분이 영업정지인 경우에는 가중하거나 감경할 수 없다.

> 제2호(개별기준)에 따른 행정처분이 영업정지인 경우에는 위반행위의 동기, 내용 및 위반의 정도 등을 고려하여 가중하거나 감경할 수 있다(경비업법 시행령 [별표 4] 제1호 가목).

② 위반행위가 2 이상인 경우로서 그에 해당하는 각각의 처분기준이 다른 경우에는 그중 경한 처분기준에 따른다.

> 위반행위가 2 이상인 경우로서 그에 해당하는 각각의 처분기준이 다른 경우에는 그중 중한 처분기준에 따른다 (경비업법 시행령 [별표 4] 제1호 나목 본문 전단).

③ 위반행위의 횟수에 따른 행정처분 기준 적용일은 위반행위에 대한 행정처분일과 그 처분 후의 위반행위가 다시 적발된 날을 기준으로 한다.

> 경비업법 시행령 [별표 4] 제1호 다목 후문

④ 영업정지처분에 해당하는 위반행위가 적발된 날 이전 최근 2년간 같은 위반행위로 3회 이상 영업정지처분을 받은 경우에는 그 위반행위에 대한 행정처분 기준은 허가취소로 한다.

> 영업정지처분에 해당하는 위반행위가 적발된 날 이전 최근 2년간 같은 위반행위로 2회 영업정지처분을 받은 경우에는 제2호(개별기준)의 기준에도 불구하고 그 위반행위에 대한 행정처분 기준은 허가취소로 한다(경비업법 시행령 [별표 4] 제1호 라목).

행정처분 기준(경비업법 시행령 [별표 4])★

1. 일반기준

가. 제2호(개별기준)에 따른 행정처분이 영업정지인 경우에는 위반행위의 동기, 내용 및 위반의 정도 등을 고려하여 가중하거나 감경할 수 있다.

나. 위반행위가 2 이상인 경우로서 그에 해당하는 각각의 처분기준이 다른 경우에는 그중 중한 처분 기준에 따르며, 2 이상의 처분기준이 동일한 영업정지인 경우에는 중한 처분기준의 2분의 1까지 가중할 수 있다. 다만, 가중하는 경우에도 각 처분기준을 합산한 기간을 초과할 수 없다.

다. 위반행위의 횟수에 따른 행정처분 기준은 최근 2년간 같은 위반행위로 행정처분을 받은 경우에 적용한다. 이 경우 기준 적용일은 위반행위에 대한 행정처분일과 그 처분 후의 위반행위가 다시 적발된 날을 기준으로 한다.

라. 영업정지처분에 해당하는 위반행위가 적발된 날 이전 최근 2년간 같은 위반행위로 2회 영업정지 처분을 받은 경우에는 제2호(개별기준)의 기준에도 불구하고 그 위반행위에 대한 행정처분 기준 은 허가취소로 한다.

---

18 난이도 중 　　　　　　　　　　　　　　❚경비업법 시행령 [별표 4] – 행정처분 기준(개별기준)

□□□ **경비업법령상 행정처분의 기준이 3차 위반 시 영업정지 3개월인 위반행위에 해당하는 것은?**

① 집단민원현장에 일반경비원 명부를 작성·비치하지 않은 때

> 3차 위반 시 행정처분은 허가취소이다(경비업법 시행령 [별표 4] 제2호 타목). [🔁 : 1·3·취]

② **경비원의 복장 등에 관한 규정을 위반한 때**

> 3차 위반 시 행정처분은 영업정지 3개월이다(경비업법 시행령 [별표 4] 제2호 자목). [🔁 : 경·1·3]

③ 손해를 배상하지 않은 때

> 3차 위반 시 행정처분은 영업정지 6개월이다(경비업법 시행령 [별표 4] 제2호 너목). [🔁 : 경·3·6]

④ 경비대상시설에 관한 경보 대응체제를 갖추지 않은 때

> 3차 위반 시 행정처분은 영업정지 1개월이다(경비업법 시행령 [별표 4] 제2호 라목). [🔁 : 경·경·1]

행정처분 기준(경비업법 시행령 [별표 4])★

2. 개별기준

위반행위	해당 법조문	행정처분 기준		
		1차 위반	2차 위반	3차 이상 위반
가. 법 제4조 제1항 후단을 위반하여 시·도 경찰청장의 허가 없이 경비업무를 변경한 때	법 제19조 제2항 제1호	경 고	영업정지 6개월	허가취소
나. 법 제7조 제2항을 위반하여 도급을 의뢰받은 경비업무가 위법한 것임에도 이를 거부하지 않은 때	법 제19조 제2항 제2호	영업정지 1개월	영업정지 3개월	허가취소
다. 법 제7조 제6항을 위반하여 경비지도사를 집단민원현장에 선임·배치하지 않은 때	법 제19조 제2항 제3호	영업정지 1개월	영업정지 3개월	허가취소
라. 법 제8조를 위반하여 경비대상시설에 관한 경보 대응체제를 갖추지 않은 때	법 제19조 제2항 제4호	경 고	경 고	영업정지 1개월
마. 법 제9조 제2항을 위반하여 관련 서류를 작성·비치하지 않은 때	법 제19조 제2항 제5호	경 고	경 고	영업정지 1개월
바. 법 제10조 제3항을 위반하여 결격사유에 해당하는 경비원을 배치하거나 결격사유에 해당하는 경비지도사를 선임·배치한 때	법 제19조 제2항 제6호	영업정지 1개월	영업정지 3개월	허가취소
사. 법 제12조 제1항(선임규정)을 위반하여 경비지도사를 선임한 때	법 제19조 제2항 제7호	영업정지 1개월	영업정지 3개월	허가취소
아. 법 제13조를 위반하여 경비원으로 하여금 교육을 받게 하지 않은 때	법 제19조 제2항 제8호	경 고	경 고	영업정지 1개월
자. 법 제16조에 따른 경비원의 복장 등에 관한 규정을 위반한 때	법 제19조 제2항 제9호	경 고	영업정지 1개월	영업정지 3개월
차. 법 제16조의2에 따른 경비원의 장비 등에 관한 규정을 위반한 때	법 제19조 제2항 제10호	경 고	영업정지 1개월	영업정지 3개월
카. 법 제16조의3에 따른 경비원의 출동차량 등에 관한 규정을 위반한 때	법 제19조 제2항 제11호	경 고	영업정지 1개월	영업정지 3개월
타. 법 제18조 제1항 단서를 위반하여 집단민원현장에 일반경비원 명부를 작성·비치하지 않은 때	법 제19조 제2항 제12호	영업정지 1개월	영업정지 3개월	허가취소
파. 법 제18조 제2항 각호 외의 부분 단서를 위반하여 배치허가를 받지 아니하고 경비원을 배치하거나 경비원 명단 및 배치일시·배치장소 등 배치허가 신청의 내용을 거짓으로 한 때	법 제19조 제2항 제13호	영업정지 1개월	영업정지 3개월	허가취소
하. 법 제18조 제6항을 위반하여 결격사유에 해당하는 일반경비원을 집단민원현장에 배치한 때	법 제19조 제2항 제14호	영업정지 1개월	영업정지 3개월	허가취소
거. 법 제24조에 따른 감독상 명령에 따르지 않은 때	법 제19조 제2항 제15호	경 고	영업정지 3개월	허가취소
너. 법 제26조를 위반하여 손해를 배상하지 않은 때	법 제19조 제2항 제16호	경 고	영업정지 3개월	영업정지 6개월

□□□ **경비업법령상 경비지도사자격의 취소사유에 해당하지 않는 것은?**

① 허위 그 밖의 부정한 방법으로 경비지도사자격증을 교부받은 때

② 경비지도사자격증을 다른 사람에게 빌려주거나 양도한 때

③ **경찰청장 또는 시·도 경찰청장의 명령을 위반한 때**

> 경찰청장 또는 시·도 경찰청장의 명령을 위반한 때는 <u>경비지도사자격의 정지사유에 해당한다</u>(경비업법 제20조 제2항 제2호).

④ 자격정지 기간 중에 경비지도사로 선임되어 활동한 때

관계법령

경비지도사자격의 취소 등(경비업법 제20조)
① 경찰청장은 경비지도사가 <u>다음 각호의 어느 하나에 해당하는 때</u>에는 <u>그 자격을 취소하여야 한다.</u>
〈개정 2024.2.13.〉
　1. <u>제10조 제1항 각호의 결격사유에 해당하게 된 때</u>
　2. <u>허위 그 밖의 부정한 방법으로 경비지도사자격증을 교부받은 때</u>
　3. <u>경비지도사자격증을 다른 사람에게 빌려주거나 양도한 때</u>
　4. <u>자격정지 기간 중에 경비지도사로 선임되어 활동한 때</u>
② 경찰청장은 경비지도사가 다음 각호의 어느 하나에 해당하는 때에는 <u>대통령령이 정하는 바에 따라 1년의 범위 내에서 그 자격을 정지</u>시킬 수 있다. 〈개정 2024.2.13.〉
　1. 제12조 제3항의 규정에 위반하여 <u>직무를 성실하게 수행하지 아니한 때</u>
　2. 제24조의 규정에 의한 <u>경찰청장 또는 시·도 경찰청장의 명령을 위반한 때</u>

□□□ **경비업법령상 허가관청이 의무적으로 경비업 허가를 취소해야 하는 사유가 아닌 것은?**

① <u>도급을 의뢰받은 경비업무가 위법한 것임에도 이를 거부하지 아니한 때</u>

> 상대적 허가취소·영업정지사유이다(경비업법 제19조 제2항 제2호).

② 정당한 사유 없이 허가를 받은 날부터 2년 이내에 경비 도급실적이 없거나 계속하여 1년 이상 휴업한 때

> 절대적 허가취소사유이다(경비업법 제19조 제1항 제4호).

③ 소속 경비원으로 하여금 경비업무의 범위를 벗어난 행위를 하게 한 때

> 절대적 허가취소사유이다(경비업법 제19조 제1항 제7호).

④ 관할 경찰관서장의 배치폐지명령에 따르지 아니한 때

> 절대적 허가취소사유이다(경비업법 제19조 제1항 제8호).

경비업 허가의 취소 등(경비업법 제19조)★★★

절대적(필요적) 허가취소사유 (제1항)	허가관청은 경비업자가 다음 중 어느 하나에 해당하는 때에는 그 허가를 취소하여야 한다. 1. 허위 그 밖의 부정한 방법으로 허가를 받은 때 2. 경비업자가 허가받은 경비업무 외의 업무에 경비원을 종사하게 한 때 – 적용중지 헌법불합치 결정(2020헌가19) 3. 특수경비업자가 경비업 및 경비관련업 외의 영업을 한 때 4. 정당한 사유 없이 허가를 받은 날부터 2년 이내에 경비 도급실적이 없거나 계속하여 1년 이상 휴업한 때 5. 정당한 사유 없이 최종 도급계약 종료일의 다음 날부터 2년 이내에 경비 도급실적이 없을 때 6. 영업정지처분을 받고 계속하여 영업을 한 때 7. 소속 경비원으로 하여금 경비업무의 범위를 벗어난 행위를 하게 한 때 8. 관할 경찰관서장의 배치폐지명령에 따르지 아니한 때
상대적(임의적) 허가취소· 영업정지사유 (제2항)	허가관청은 경비업자가 다음 중 어느 하나에 해당하는 때에는 대통령령으로 정하는 행정처분의 기준에 따라 그 허가를 취소하거나 6개월 이내의 기간을 정하여 영업의 전부 또는 일부에 대하여 영업정지를 명할 수 있다. 1. 시·도 경찰청장의 허가 없이 경비업무를 변경한 때 2. 도급을 의뢰받은 경비업무가 위법한 것임에도 이를 거부하지 아니한 때 3. 경비지도사를 집단민원현장에 선임·배치하지 아니한 때 4. 경비대상시설에 관한 경보 대응체제를 갖추지 아니한 때 5. 관련 서류를 작성·비치하지 아니한 때 6. 결격사유에 해당하는 경비원을 배치하거나 결격사유에 해당하는 경비지도사를 선임·배치한 때 7. 대통령령이 정하는 바에 따르지 아니하고 이를 위반하여 경비지도사를 선임한 때 8. 경비원으로 하여금 교육을 받게 하지 아니한 때 9. 경비원의 복장 등에 관한 규정을 위반한 때 10. 경비원의 장비 등에 관한 규정을 위반한 때 11. 경비원의 출동차량 등에 관한 규정을 위반한 때 12. 집단민원현장에 일반경비원 명부를 작성·비치하지 아니한 때 13. 배치허가를 받지 아니하고 경비원을 배치하거나 경비원 명단 및 배치일시·배치장소 등 배치허가 신청의 내용을 거짓으로 한 때 14. 결격사유에 해당하는 일반경비원을 집단민원현장에 배치한 때 15. 경찰청장, 시·도 경찰청장, 관할 경찰관서장의 감독상 명령에 따르지 아니한 때 16. 업무수행 중 고의 또는 과실로 발생한 경비대상 및 제3자의 손해를 배상하지 아니한 때

□□□ **경비업법령상 감독 및 보안지도·점검 등에 관한 설명으로 옳지 않은 것은?**

① 시·도 경찰청장은 경비업무의 적정한 수행을 위하여 경비업자 및 경비지도사를 지도·감독하며 필요한 명령을 할 수 있다.

> 경비업법 제24조 제1항

② **시·도 경찰청장은 경비업무 장소가 집단민원현장으로 판단되는 경우에는 그때부터 24시간 이내에 경비업자에게 경비원 배치허가를 받을 것을 고지하여야 한다.**

> 시·도 경찰청장 또는 관할 경찰관서장은 경비업무 장소가 집단민원현장으로 판단되는 경우에는 **그때부터 48시간 이내에** 경비업자에게 경비원 배치허가를 받을 것을 고지하여야 한다(경비업법 제24조 제4항).

③ 시·도 경찰청장은 특수경비업자에 대하여 연 2회 이상의 보안지도·점검을 실시하여야 한다.

> 경비업법 제25조, 동법 시행령 제29조

④ 시·도 경찰청장은 배치된 경비원이 「폭력행위 등 처벌에 관한 법률」을 위반하는 행위를 하는 경우 그 위반행위의 중지를 명할 수 있다.

> 경비업법 제24조 제3항

관계법령

감독(경비업법 제24조)★
① 경찰청장 또는 시·도 경찰청장은 경비업무의 적정한 수행을 위하여 경비업자 및 경비지도사를 지도·감독하며 필요한 명령을 할 수 있다.
② 시·도 경찰청장 또는 관할 경찰관서장은 소속 경찰공무원으로 하여금 관할구역 안에 있는 경비업자의 주사무소 및 출장소와 경비원배치장소에 출입하여 근무상황 및 교육훈련상황 등을 감독하며 필요한 명령을 하게 할 수 있다. 이 경우 출입하는 경찰공무원은 그 권한을 표시하는 증표를 관계인에게 내보여야 한다.
③ 시·도 경찰청장 또는 관할 경찰관서장은 경비업자 또는 배치된 경비원이 이 법이나 이 법에 따른 명령, 「폭력행위 등 처벌에 관한 법률」을 위반하는 행위를 하는 경우 그 위반행위의 중지를 명할 수 있다.
④ 시·도 경찰청장 또는 관할 경찰관서장은 경비업무 장소가 집단민원현장으로 판단되는 경우에는 그때부터 48시간 이내에 경비업자에게 경비원 배치허가를 받을 것을 고지하여야 한다.

보안지도·점검 등(경비업법 제25조)
시·도 경찰청장은 대통령령이 정하는 바에 따라 특수경비업자에 대하여 보안지도·점검을 실시하여야 하고, 필요한 경우 관계기관에 보안측정을 요청하여야 한다.

> **보안지도점검(경비업법 시행령 제29조)**
> 시·도 경찰청장은 법 제25조의 규정에 의하여 특수경비업자에 대하여 연 2회 이상의 보안지도·점검을 실시하여야 한다.

☐☐☐ **경비업법령상 경찰청장의 권한이 시·도 경찰청장에게 위임되어 있는 것을 모두 고른 것은?**

> ㄱ. 경비지도사자격의 정지
> ㄴ. 경비지도사자격의 취소
> ㄷ. 경비지도사자격의 취소 및 정지에 관한 청문

① ㄱ

② ㄱ, ㄴ

③ ㄴ, ㄷ

④ ㄱ, ㄴ, ㄷ

> 제시된 내용은 모두 경비업법령상 시·도 경찰청장에게 위임되어 있는 경찰청장의 권한에 해당한다.

관계법령

위임 및 위탁(경비업법 제27조)

① 이 법에 의한 경찰청장의 권한은 대통령령이 정하는 바에 따라 그 일부를 시·도 경찰청장에게 위임할 수 있다.

> **권한의 위임 및 위탁(경비업법 시행령 제31조)★**
>
> ① 경찰청장은 법 제27조 제1항의 규정에 의하여 다음 각호의 권한을 시·도 경찰청장에게 위임한다.
>   1. 법 제20조의 규정에 의한 경비지도사자격의 취소 및 정지에 관한 권한
>   2. 법 제21조 제2호의 규정에 의한 경비지도사자격의 취소 및 정지에 관한 청문의 권한

② 경찰청장은 제11조의 규정에 의한 경비지도사의 시험에 관한 업무를 대통령령이 정하는 바에 따라 관계 전문기관 또는 단체에 위탁할 수 있다. 〈개정 2024.2.13.〉

□□□ **경비업법령상 양벌규정이 적용되는 경우에 해당하지 않는 것은?(단, 법인 또는 개인이 그 위반행위를 방지하기 위하여 해당 업무에 관하여 상당한 주의와 감독을 게을리하지 아니한 경우는 고려하지 않음)**

① 경비업자의 경비원 채용 시 부적격자 등을 채용하도록 관여한 도급인

> 경비업법 제28조 제2항 제6호 위반

② **배치허가를 받지 아니하고 경비원을 배치한 자**

> 배치허가를 받지 아니하고 경비원을 배치한 자는 과태료 부과대상(경비업법 제31조 제1항 제4호)이므로, 경비업법령상 양벌규정이 적용되는 경우에 해당하지 않는다. 양벌규정은 경비업법 제28조(벌칙) 위반행위를 전제로 적용한다.

③ 허가를 받지 아니하고 경비업을 영위한 자

> 경비업법 제28조 제2항 제1호 위반

④ 경비업무의 범위를 벗어난 행위를 한 경비원

> 경비업법 제28조 제4항 제3호 위반

관계법령

양벌규정(경비업법 제30조)★
법인의 대표자나 법인 또는 개인의 대리인, 사용인, 그 밖의 종업원이 그 법인 또는 개인의 업무에 관하여 법 제28조(벌칙)의 위반행위를 하면 그 행위자를 벌하는 외에 그 법인 또는 개인에게도 해당 조문의 벌금형을 과(科)한다. 다만, 법인 또는 개인이 그 위반행위를 방지하기 위하여 해당 업무에 관하여 상당한 주의와 감독을 게을리하지 아니한 경우에는 그러하지 아니하다.

□□□ **경비업법령상 법정형의 최고한도가 높은 것부터 순서대로 나열된 것은?(단, 가중처벌 등은 고려하지 않음)**

> ㄱ. 경찰관서장의 배치폐지명령을 따르지 아니한 자
> ㄴ. 경비원에게 경비업무의 범위를 벗어난 행위를 하게 한 자
> ㄷ. 국가중요시설의 정상적인 운영을 해치는 장해를 일으킨 특수경비원

① ㄴ - ㄱ - ㄷ
② ㄴ - ㄷ - ㄱ
③ ㄷ - ㄱ - ㄴ
④ ㄷ - ㄴ - ㄱ

> 경비업법령상 법정형의 최고한도가 높은 것부터 순서대로 나열하면 ㄷ(5년 이하의 징역 또는 5천만원 이하의 벌금) - ㄴ(3년 이하의 징역 또는 3천만원 이하의 벌금) - ㄱ(1년 이하의 징역 또는 1천만원 이하의 벌금) 순이다.

벌칙(경비업법 제28조)★★

5년 이하의 징역 또는 5천만원 이하의 벌금(제1항)	국가중요시설의 정상적인 운영을 해치는 장해를 일으킨 특수경비원
3년 이하의 징역 또는 3천만원 이하의 벌금(제2항)	1. 허가를 받지 아니하고 경비업을 영위한 자 2. 직무상 알게 된 비밀을 누설하거나 부당한 목적을 위하여 사용한 자 3. 경비업무의 중단을 통보하지 아니하거나 경비업무를 즉시 인수하지 아니한 특수경비업자 또는 경비대행업자 4. 집단민원현장에 경비원을 배치하면서 허가를 받지 아니한 자에게 경비업무를 도급한 자 5. 집단민원현장에 20명 이상의 경비인력을 배치하면서 그 경비인력을 직접 고용한 자 6. 경비업자의 경비원 채용 시 무자격자나 부적격자 등을 채용하도록 관여하거나 영향력을 행사한 도급인 7. 과실로 인하여 국가중요시설의 정상적인 운영을 해치는 장해를 일으킨 특수경비원 8. 특수경비원으로서 경비구역 안에서 시설물의 절도, 손괴, 위험물의 폭발 등의 사유로 인한 위급사태가 발생한 때에 명령에 불복종한 자 또는 경비구역을 벗어난 자 9. 경비원에게 경비업무의 범위를 벗어난 행위를 하게 한 자
2년 이하의 징역 또는 2천만원 이하의 벌금(제3항)	정당한 사유 없이 무기를 소지하고 배치된 경비구역을 벗어난 특수경비원
1년 이하의 징역 또는 1천만원 이하의 벌금(제4항)	1. 시설주로부터 무기의 관리를 위하여 지정받은 관리책임자가 법이 정한 의무를 위반한 경우 2. 파업·태업 그 밖에 경비업무의 정상적인 운영을 저해하는 일체의 쟁의행위를 한 특수경비원 3. 직무를 수행함에 있어 타인에게 위력을 과시하거나 물리력을 행사하는 등 경비업무의 범위를 벗어난 행위를 한 경비원 4. 제16조의2 제1항에서 정한 장비 외에 흉기 또는 그 밖의 위험한 물건을 휴대하고 경비업무를 수행한 경비원 또는 경비원에게 이를 휴대하고 경비업무를 수행하게 한 자 5. 경찰관서장의 배치폐지명령을 따르지 아니한 자 6. 시·도 경찰청장 또는 관할 경찰관서장의 중지명령에 따르지 아니한 자

25 난이도 하 ▌경비업법 제31조 - 과태료

□□□ **경비업법령상 과태료의 부과기준이 다른 것은?**

① 경비업자가 경비원의 복장에 관한 신고를 하지 않고 집단민원현장에 경비원을 배치한 경우

② 경비업자가 집단민원현장에 배치되는 일반경비원의 명부를 그 배치장소에 비치하지 않은 경우

③ 경비업자가 신임교육을 이수하지 않은 자를 특수경비원으로 배치한 경우

④ **경비업자가 결격사유에 해당하는 경비지도사를 선임·배치한 경우**

> 경비업자가 결격사유에 해당하는 경비지도사를 선임·배치한 경우는 500만원 이하의 과태료 부과대상(경비업법 제31조 제2항 제6호), 나머지는 모두 3천만원 이하의 과태료 부과대상에 해당한다(경비업법 제31조 제1항 제1호·제3호·제5호).

과태료(경비업법 제31조)★★★

① 다음 각호의 어느 하나에 해당하는 경비업자에게는 3천만원 이하의 과태료를 부과한다.

1. 제16조 제1항을 위반하여 경비원의 복장에 관한 신고를 하지 아니하고 집단민원현장에 경비원을 배치한 자

2. 제16조 제2항을 위반하여 이름표를 부착하게 하지 아니하거나, 신고된 동일 복장을 착용하게 하지 아니하고 집단민원현장에 경비원을 배치한 자

3. 제18조 제1항 단서를 위반하여 집단민원현장에 일반경비원을 배치하면서 경비원의 명부를 배치장소에 작성·비치하지 아니한 자

4. 제18조 제2항 각호 외의 부분 단서를 위반하여 배치허가를 받지 아니하고 경비원을 배치하거나 경비원 명단 및 배치일시·배치장소 등 배치허가 신청의 내용을 거짓으로 한 자

5. 제18조 제7항을 위반하여 제13조에 따른 신임교육을 이수하지 아니한 자를 제18조 제2항 각호의 경비원으로 배치한 자

② 다음 각호의 어느 하나에 해당하는 경비업자, 경비지도사 또는 시설주에게는 500만원 이하의 과태료를 부과한다. 〈개정 2024.2.13.〉

1. 제4조 제3항(시·도 경찰청장에게 신고의무) 또는 제18조 제2항(관할 경찰관서장에게 배치신고의무)의 규정에 위반하여 신고를 하지 아니한 자

2. 제7조 제7항(특수경비업자의 경비대행업자 지정신고의무)의 규정에 위반하여 경비대행업자 지정신고를 하지 아니한 자

3. 제9조 제1항(기계경비업자의 계약자에 대한 오경보를 막기 위한 기기설명의무)의 규정에 위반하여 설명의무를 이행하지 아니한 자

3의2. 제11조의2(경비지도사의 보수교육)를 위반하여 정당한 사유 없이 보수교육을 받지 아니한 경비지도사

4. 제12조 제1항(경비지도사의 선임·배치기준)의 규정에 위반하여 경비지도사를 선임하지 아니한 자

4의2. 제12조의2를 위반하여 경비지도사의 선임 또는 해임의 신고를 하지 아니한 자

5. 제14조 제6항의 규정에 의한 감독상 필요한 명령을 정당한 이유 없이 이행하지 아니한 자

6. 제10조 제3항을 위반하여 결격사유에 해당하는 경비원을 배치하거나 결격사유에 해당하는 경비지도사를 선임·배치한 자

7. 제16조 제1항의 복장 등에 관한 신고규정을 위반하여 신고를 하지 아니한 자

8. 제16조 제2항을 위반하여 이름표를 부착하게 하지 아니하거나, 신고된 동일 복장을 착용하게 하지 아니하고 경비원을 경비업무에 배치한 자

9. 제18조 제1항 본문을 위반하여 명부를 작성·비치하지 아니한 자

10. 제18조 제5항을 위반하여 경비원의 근무상황을 기록하여 보관하지 아니한 자

③ 제1항 및 제2항의 규정에 의한 과태료는 대통령령이 정하는 바에 의하여 시·도 경찰청장 또는 경찰관서장이 부과·징수한다.

경비업법령상 특수경비원이 무기를 휴대하고 경비업무를 수행 중에 경비업법의 규정에 의한 무기의 안전수칙을 위반하여 범죄를 범한 경우 그 법정형의 2분의 1까지 가중처벌되는 형법상의 범죄가 아닌 것은?

① 형법 제261조(특수폭행죄)

> 형법 제261조(특수폭행죄)는 경비업법 제29조 제1항이 아닌 **경비업법 제29조 제2항에 의해 가중처벌되는 형법상 대상범죄에 해당한다.**

② 형법 제268조(업무상과실・중과실치사상죄)

③ 형법 제350조의2(특수공갈죄)

④ 형법 제366조(재물손괴죄)

관계법령

형의 가중처벌(경비업법 제29조)★

① 특수경비원이 무기를 휴대하고 경비업무를 수행 중에 제14조 제8항의 규정 및 제15조 제4항의 규정에 의한 무기의 안전수칙을 위반하여 형법 제258조의2(특수상해죄) 제1항(제257조 제1항의 상해죄로 한정, 존속상해죄는 제외)・제2항(제258조 제1항・제2항의 중상해죄로 한정, 존속중상해죄는 제외), 제259조 제1항(상해치사죄), 제260조 제1항(폭행죄), 제262조(폭행치사상죄), 제268조(업무상과실・중과실치사상죄), 제276조 제1항(체포 또는 감금죄), 제277조 제1항(중체포 또는 중감금죄), 제281조 제1항(체포・감금등의 치사상죄), 제283조 제1항(협박죄), 제324조 제2항(특수강요죄), 제350조의2(특수공갈죄) 및 제366조(재물손괴등죄)의 죄를 범한 때에는 그 죄에 정한 형의 2분의 1까지 가중처벌한다.

② 경비원이 경비업무 수행 중에 제16조의2 제1항에서 정한 장비 외에 흉기 또는 그 밖의 위험한 물건을 휴대하고 형법 제258조의2(특수상해죄) 제1항(제257조 제1항의 상해죄로 한정, 존속상해죄는 제외)・제2항(제258조 제1항・제2항의 중상해죄로 한정, 존속중상해죄는 제외), 제259조 제1항(상해치사죄), 제261조(특수폭행죄), 제262조(폭행치사상죄), 제268조(업무상과실・중과실치사상죄), 제276조 제1항(체포 또는 감금죄), 제277조 제1항(중체포 또는 중감금죄), 제281조 제1항(체포・감금등의 치사상죄), 제283조 제1항(협박죄), 제324조 제2항(특수강요죄), 제350조의2(특수공갈죄) 및 제366조(재물손괴등죄)의 죄를 범한 때에는 그 죄에 정한 형의 2분의 1까지 가중처벌한다.

경비업법령상 경찰청장으로부터 경비지도사의 시험에 관한 업무를 위탁받은 단체의 임직원이 공무원으로 의제되어 적용받는 형법상의 규정에 해당하지 않는 것은? 기출수정

① 형법 제127조(공무상 비밀의 누설)

> 형법 제127조는 벌칙 적용에서 공무원으로 의제되는 형법상 대상범죄에 해당하지 않는다(경비업법 제27조의3).

② 형법 제129조(수뢰, 사전수뢰)

③ 형법 제130조(제3자뇌물제공)

④ 형법 제132조(알선수뢰)

---

28 난이도 **하** ▮청원경찰법 제2조, 동법 시행규칙 제2조 − 배치대상

☐☐☐ **청원경찰법령상 청원경찰의 배치대상이 아닌 것은?**

① 「의료법」에 따른 의료기관

② 인쇄를 업으로 하는 사업장

③ **「사회복지사업법」에 따른 사회복지시설**

> 「사회복지사업법」에 따른 사회복지시설은 청원경찰법령상 청원경찰의 배치대상에 해당하지 않는다(청원경찰법 제2조, 동법 시행규칙 제2조).

④ 학교 등 육영시설

관계법령

정의(청원경찰법 제2조)

이 법에서 "청원경찰"이란 다음 각호의 어느 하나에 해당하는 기관의 장 또는 시설・사업장 등의 경영자가 청원경찰경비를 부담할 것을 조건으로 경찰의 배치를 신청하는 경우 그 기관・시설 또는 사업장 등의 경비(警備)를 담당하게 하기 위하여 배치하는 경찰을 말한다.

1. 국가기관 또는 공공단체와 그 관리하에 있는 중요시설 또는 사업장
2. 국내 주재(駐在) 외국기관
3. 그 밖에 행정안전부령으로 정하는 중요시설, 사업장 또는 장소

> **배치대상(청원경찰법 시행규칙 제2조) ★**
> 청원경찰법 제2조 제3호에서 "그 밖에 행정안전부령으로 정하는 중요시설, 사업장 또는 장소"란 다음 각호의 시설, 사업장 또는 장소를 말한다.
> 1. 선박, 항공기 등 수송시설
> 2. 금융 또는 보험을 업(業)으로 하는 시설 또는 사업장
> 3. 언론, 통신, 방송 또는 인쇄를 업으로 하는 시설 또는 사업장
> 4. 학교 등 육영시설
> 5. 의료법에 따른 의료기관(의원급 의료기관, 조산원, 병원급 의료기관)
> 6. 그 밖에 공공의 안녕질서 유지와 국민경제를 위하여 고도의 경비(警備)가 필요한 중요시설, 사업체 또는 장소

□□□ **청원경찰법령상 청원경찰에 관한 설명으로 옳지 않은 것은?**

① 청원주 등이 경비(經費)를 부담할 것을 조건으로 사업장 등의 경비(警備)를 담당하게 하기 위하여 배치하는 경찰이다.

> 청원경찰법 제2조

② 청원주와 배치된 사업장 등의 구역을 관할하는 시·도지사 및 시·도 경찰청장의 감독을 받는다.

> 청원경찰은 제4조 제2항에 따라 청원경찰의 배치결정을 받은 자[청원주(請願主)]와 배치된 기관·시설 또는 사업장 등의 구역을 관할하는 경찰서장의 감독을 받아 그 경비구역만의 경비를 목적으로 필요한 범위에서 「경찰관직무집행법」에 따른 경찰관의 직무를 수행한다(청원경찰법 제3조).

③ 선박, 항공기 등 수송시설에도 배치될 수 있다.

> 청원경찰법 시행규칙 제2조 제1호

④ 배치된 경비구역만의 경비를 목적으로 필요한 범위에서 「경찰관직무집행법」에 따른 경찰관의 직무를 수행한다.

> 청원경찰법 제3조

□□□ **청원경찰법령상 청원경찰의 근무요령으로 옳지 않은 것은?**

① 자체경비를 하는 입초근무자는 경비구역의 정문이나 그 밖의 지정된 장소에서 경비구역의 내부, 외부 및 출입자의 움직임을 감시한다.

> 청원경찰법 시행규칙 제14조 제1항

② 업무처리 및 자체경비를 하는 소내근무자는 근무 중 특이한 사항이 발생하였을 때에는 지체 없이 청원주 또는 관할 경찰서장에게 보고하고 그 지시에 따라야 한다.

> 청원경찰법 시행규칙 제14조 제2항

③ 대기근무자는 소내근무에 협조하거나 휴식하면서 불의의 사고에 대비한다.

> 청원경찰법 시행규칙 제14조 제4항

④ 순찰근무자는 단독 또는 복수로 요점순찰을 하되, 청원주가 필요하다고 인정할 때에는 정선순찰 또는 난선순찰을 할 수 있다.

> 순찰근무자는 단독 또는 복수로 정선순찰을 하되, 청원주가 필요하다고 인정할 때에는 요점순찰 또는 난선순찰을 할 수 있다(청원경찰법 시행규칙 제14조 제3항 후문).

근무요령(청원경찰법 시행규칙 제14조)

① 자체경비를 하는 입초근무자는 경비구역의 정문이나 그 밖의 지정된 장소에서 경비구역의 내부, 외부 및 출입자의 움직임을 감시한다.

② 업무처리 및 자체경비를 하는 소내근무자는 근무 중 특이한 사항이 발생하였을 때에는 지체 없이 청원주 또는 관할 경찰서장에게 보고하고 그 지시에 따라야 한다.

③ 순찰근무자는 청원주가 지정한 일정한 구역을 순회하면서 경비 임무를 수행한다. 이 경우 순찰은 단독 또는 복수로 정선순찰(정해진 노선을 규칙적으로 순찰하는 것)을 하되, 청원주가 필요하다고 인정할 때 에는 요점순찰(순찰구역 내 지정된 중요지점을 순찰하는 것) 또는 난선순찰(임의로 순찰지역이나 노선을 선정하여 불규칙적으로 순찰하는 것)을 할 수 있다. 〈개정 2021.12.31.〉

④ 대기근무자는 소내근무에 협조하거나 휴식하면서 불의의 사고에 대비한다.

---

31 난이도 하

▌청원경찰법 제5조의2, 동법 시행령 제8조 – 청원경찰의 징계

청원경찰법령상 청원경찰의 징계에 관한 설명으로 옳은 것은?

① 시・도 경찰청장은 청원경찰이 품위를 손상하는 행위를 한 때에는 대통령령으로 정하는 징계절차를 거쳐 징계처분을 할 수 있다.

> 청원주는 청원경찰이 품위를 손상하는 행위를 한 때에는 대통령령으로 정하는 징계절차를 거쳐 징계처분을 하여야 한다(청원경찰법 제5조의2 제1항 제2호).

② 청원경찰에 대한 징계의 종류는 파면, 해임, 강등, 정직, 감봉 및 견책으로 구분한다.

> 청원경찰에 대한 징계의 종류는 파면, 해임, 정직, 감봉 및 견책으로 구분한다(청원경찰법 제5조의2 제2항).

③ **청원주는 청원경찰 배치결정의 통지를 받았을 때에는 통지를 받은 날부터 15일 이내에 청원경찰에 대한 징계규정을 제정하여 관할 시・도 경찰청장에게 신고하여야 한다.**

> 청원경찰법 시행령 제8조 제5항 전문

④ 정직은 1개월 이상 3개월 이하로 하고, 그 기간에 청원경찰의 신분은 보유하나 직무에 종사하지 못하며, 보수는 전액을 감한다.

> 정직(停職)은 1개월 이상 3개월 이하로 하고, 그 기간에 청원경찰의 신분은 보유하나 직무에 종사하지 못하며, 보수의 3분의 2를 줄인다(청원경찰법 시행령 제8조 제2항).

청원경찰의 징계(청원경찰법 제5조의2)★
① 청원주는 청원경찰이 다음 각호의 어느 하나에 해당하는 때에는 대통령령으로 정하는 징계절차를 거쳐 징계처분을 하여야 한다.
　1. 직무상의 의무를 위반하거나 직무를 태만히 한 때
　2. 품위를 손상하는 행위를 한 때
② 청원경찰에 대한 징계의 종류는 파면, 해임, 정직, 감봉 및 견책으로 구분한다.
③ 청원경찰의 징계에 관하여 그 밖에 필요한 사항은 대통령령으로 정한다.

> **징계(청원경찰법 시행령 제8조)**
> ① 관할 경찰서장은 청원경찰이 법 제5조의2 제1항 각호의 어느 하나에 해당한다고 인정되면 청원주에게 해당 청원경찰에 대하여 징계처분을 하도록 요청할 수 있다.
> ② 법 제5조의2 제2항의 정직(停職)은 1개월 이상 3개월 이하로 하고, 그 기간에 청원경찰의 신분은 보유하나 직무에 종사하지 못하며, 보수의 3분의 2를 줄인다.
> ③ 법 제5조의2 제2항의 감봉은 1개월 이상 3개월 이하로 하고, 그 기간에 보수의 3분의 1을 줄인다.
> ④ 법 제5조의2 제2항의 견책(譴責)은 전과(前過)에 대하여 훈계하고 회개하게 한다.
> ⑤ 청원주는 청원경찰 배치결정의 통지를 받았을 때에는 통지를 받은 날부터 15일 이내에 청원경찰에 대한 징계규정을 제정하여 관할 시·도 경찰청장에게 신고하여야 한다. 징계규정을 변경할 때에도 또한 같다.
> ⑥ 시·도 경찰청장은 제5항에 따른 징계규정의 보완이 필요하다고 인정할 때에는 청원주에게 그 보완을 요구할 수 있다.

32 난이도 하　　　　▌청원경찰법 시행규칙 제16조 - 무기관리수칙

다음 중 청원경찰법령상 청원주가 명시적으로 무기와 탄약을 지급해서는 안 되는 사람을 모두 고른 것은? 기출수정

> ㄱ. 직무상 비위로 징계대상이 된 사람
> ㄴ. 사직 의사를 밝힌 사람
> ㄷ. 형사사건으로 조사대상이 된 사람
> ㄹ. 변태적 성벽(性癖)이 있는 사람

① ㄱ, ㄴ

② **ㄱ, ㄴ, ㄷ**

> 제시된 내용 중 청원경찰법령상 청원주가 명시적으로 무기와 탄약을 지급해서는 안 되는 사람은 ㄱ, ㄴ, ㄷ이다 (청원경찰법 시행규칙 제16조 제4항).

③ ㄴ, ㄷ, ㄹ

④ ㄱ, ㄴ, ㄷ, ㄹ

무기관리수칙(청원경찰법 시행규칙 제16조)

④ 청원주는 다음 각호의 어느 하나에 해당하는 청원경찰에게 무기와 탄약을 지급해서는 안 되며, 지급한 무기와 탄약은 즉시 회수해야 한다. 〈개정 2022.11.10.〉

1. 직무상 비위(非違)로 징계대상이 된 사람
2. 형사사건으로 조사대상이 된 사람
3. 사직 의사를 밝힌 사람
4. 치매, 조현병, 조현정동장애, 양극성 정동장애(조울병), 재발성 우울장애 등의 정신질환으로 인하여 무기와 탄약의 휴대가 적합하지 않다고 해당 분야 전문의가 인정하는 사람
5. 제1호부터 제4호까지의 규정 중 어느 하나에 준하는 사유로 청원주가 무기와 탄약을 지급하기에 적절하지 않다고 인정하는 사람
6. 삭제 〈2022.11.10.〉

---

33 난이도 하 ▌청원경찰법 시행규칙 [별표 4] - 감독자 지정기준

청원경찰법령상 감독자 지정기준에 관한 내용으로 옳은 것은?

① 근무인원이 10명 이상 29명 이하 : 반장 1명, 조장 1명

근무인원이 10명 이상 29명 이하인 경우, 감독자로서 반장 1명, 조장 2~3명이 지정된다.

② **근무인원이 30명 이상 40명 이하 : 반장 1명, 조장 3~4명**

근무인원이 30명 이상 40명 이하인 경우, 감독자로서 반장 1명, 조장 3~4명이 지정된다.

③ 근무인원이 41명 이상 60명 이하 : 대장 1명, 반장 2명, 조장 4~5명

근무인원이 41명 이상 60명 이하인 경우, 감독자로서 대장 1명, 반장 2명, 조장 6명이 지정된다.

④ 근무인원이 61명 이상 120명 이하 : 대장 1명, 반장 3명, 조장 10명

근무인원이 61명 이상 120명 이하인 경우, 감독자로서 대장 1명, 반장 4명, 조장 12명이 지정된다.

관계법령

감독자 지정기준(청원경찰법 시행규칙 [별표 4])★

근무인원	직급별 지정기준		
	대 장	반 장	조 장
9명까지	-	-	1명
10명 이상 29명 이하	-	1명	2~3명
30명 이상 40명 이하	-	1명	3~4명
41명 이상 60명 이하	1명	2명	6명
61명 이상 120명 이하	1명	4명	12명

□□□ 청원경찰법령상 청원주가 갖추어 두어야 할 문서와 장부에 해당하는 것을 모두 고른 것은?

> ㄱ. 청원경찰 명부
> ㄴ. 경비구역 배치도
> ㄷ. 청원경찰 직무교육계획서
> ㄹ. 전출입 관계철

① ㄱ, ㄷ

② ㄱ, ㄴ, ㄷ

> 전출입 관계철은 청원경찰법령상 <u>관할 경찰서장 또는 시·도 경찰청장</u>이 갖추어 두어야 할 문서와 장부에 해당한다(청원경찰법 시행규칙 제17조 제2항 제3호·제3항 제3호).

③ ㄱ, ㄴ, ㄹ

④ ㄴ, ㄷ, ㄹ

핵심만 콕

문서와 장부의 비치(청원경찰법 시행규칙 제17조)★★

청원주(제1항)	관할 경찰서장(제2항)	시·도 경찰청장(제3항)
• <u>청원경찰 명부</u> • 근무일지 • 근무 상황카드 • <u>경비구역 배치도</u> • 순찰표철 • 무기·탄약 출납부 • 무기장비 운영카드 • 봉급지급 조서철 • 신분증명서 발급대장 • 징계 관계철 • 교육훈련 실시부 • <u>청원경찰 직무교육계획서</u> • 급여품 및 대여품 대장 • 그 밖에 청원경찰의 운영에 필요한 문서와 장부	• 청원경찰 명부 • 감독 순시부 • 전출입 관계철 • 교육훈련 실시부 • 무기·탄약 대여대장 • 징계요구서철 • 그 밖에 청원경찰의 운영에 필요한 문서와 장부	• 배치결정 관계철 • 청원경찰 임용승인 관계철 • 전출입 관계철 • 그 밖에 청원경찰의 운영에 필요한 문서와 장부

□□□ **청원경찰법령상 청원경찰의 임용자격에 관한 내용이다. (   )에 들어갈 숫자가 순서대로 옳은 것은?**

청원경찰의 임용자격은 (   )세 이상으로 신체가 건강하고 팔다리가 완전하며 시력(교정시력을 포함한다)은 양쪽 눈이 각각 (   ) 이상인 사람이다.

① 18, 0.5

② **18, 0.8**

(   )에 들어갈 숫자는 순서대로 18, 0.8이다(청원경찰법 시행령 제3조, 동법 시행규칙 제4조).

③ 19, 0.8

④ 19, 1.0

관계법령

임용자격(청원경찰법 시행령 제3조)★

법 제5조 제3항에 따른 청원경찰의 임용자격은 다음 각호와 같다. 〈개정 2021.8.24.〉

　1. 18세 이상인 사람

　2. 행정안전부령으로 정하는 신체조건에 해당하는 사람

> **임용의 신체조건(청원경찰법 시행규칙 제4조)**
> 영 제3조 제2호에 따른 신체조건은 다음 각호와 같다.
> 　1. 신체가 건강하고 팔다리가 완전할 것
> 　2. 시력(교정시력을 포함)은 양쪽 눈이 각각 0.8 이상일 것

▌청원경찰법 시행령 제14조, 동법 시행규칙 제9조 − 복제

청원경찰법령상 청원경찰의 복제에 관한 설명으로 옳은 것은?

① 청원경찰의 기동모와 기동복의 색상은 진한 청색으로 한다.

> 청원경찰법 시행규칙 제9조 제2항 제1호 단서

② 청원경찰은 평상근무 중에는 정모, 근무복, 단화, 호루라기를 착용하거나 휴대하여야 하고, 경찰봉 및 포승은 휴대하지 아니할 수 있다.

> 청원경찰은 평상근무 중에는 정모, 근무복, 단화, 호루라기, 경찰봉 및 포승을 착용하거나 휴대하여야 하고, 총기를 휴대하지 아니할 때에는 분사기를 휴대하여야 하며, 교육훈련이나 그 밖의 특수근무 중에는 기동모, 기동복, 기동화 및 휘장을 착용하거나 부착하되, 허리띠와 경찰봉은 착용하거나 휴대하지 아니할 수 있다(청원경찰법 시행규칙 제9조 제3항).

③ 청원경찰이 그 배치지의 특수성 등으로 특수복장을 착용할 필요가 있을 때에는 청원주는 관할 경찰서장의 승인을 받아 특수복장을 착용하게 할 수 있다.

> 청원경찰이 그 배치지의 특수성 등으로 특수복장을 착용할 필요가 있을 때에는 청원주는 시·도 경찰청장의 승인을 받아 특수복장을 착용하게 할 수 있다(청원경찰법 시행령 제14조 제3항).

④ 청원경찰 장구의 종류는 경찰봉, 호루라기, 수갑 및 포승이다.

> 청원경찰 장구의 종류는 허리띠, 경찰봉, 호루라기 및 포승(捕繩)이다(청원경찰법 시행규칙 제9조 제1항 제2호).

□□□ 청원경찰법령상 과태료의 부과기준에서 과태료 금액이 다른 것은?

① 시·도 경찰청장의 배치결정을 받지 않고 국가중요시설(국가정보원장이 지정하는 국가보안목표시설을 말한다)에 청원경찰을 배치한 경우

> 500만원의 과태료 부과대상이다(청원경찰법 시행령 [별표 2] 제1호 가목).

② 시·도 경찰청장의 승인을 받지 않고 임용결격사유에 해당하는 청원경찰을 임용한 경우

> 500만원의 과태료 부과대상이다(청원경찰법 시행령 [별표 2] 제2호 가목).

③ **시·도 경찰청장의 감독상 필요한 복무규율과 근무상황에 관한 명령을 정당한 사유 없이 이행하지 않은 경우**

> 300만원의 과태료 부과대상이다(청원경찰법 시행령 [별표 2] 제4호 나목).

④ 정당한 사유 없이 경찰청장이 고시한 최저부담기준액 이상의 보수를 지급하지 않은 경우

> 500만원의 과태료 부과대상이다(청원경찰법 시행령 [별표 2] 제3호).

관계법령

과태료의 부과기준(청원경찰법 시행령 [별표 2])★

위반행위	해당 법조문	과태료 금액
1. 법 제4조 제2항에 따른 시·도 경찰청장의 배치결정을 받지 않고 다음 각목의 시설에 청원경찰을 배치한 경우 가. 국가중요시설(국가정보원장이 지정하는 국가보안목표시설)인 경우 나. 가목에 따른 국가중요시설 외의 시설인 경우	법 제12조 제1항 제1호	500만원 400만원
2. 법 제5조 제1항에 따른 시·도 경찰청장의 승인을 받지 않고 다음 각목의 청원경찰을 임용한 경우 가. 법 제5조 제2항에 따른 임용결격사유에 해당하는 청원경찰 나. 법 제5조 제2항에 따른 임용결격사유에 해당하지 않는 청원경찰	법 제12조 제1항 제1호	500만원 300만원
3. 정당한 사유 없이 법 제6조 제3항에 따라 경찰청장이 고시한 최저부담기준액 이상의 보수를 지급하지 않은 경우	법 제12조 제1항 제2호	500만원
4. 법 제9조의3 제2항에 따른 시·도 경찰청장의 감독상 필요한 다음 각목의 명령을 정당한 사유 없이 이행하지 않은 경우 가. 총기·실탄 및 분사기에 관한 명령 나. 가목에 따른 명령 외의 명령	법 제12조 제1항 제3호	500만원 300만원

□□□ **청원경찰법령상 청원경찰의 대여품에 해당하는 것은?**

① 기동모

② 방한화

③ **허리띠**

> 기동모, 방한화, 근무복은 급여품(청원경찰법 시행규칙 [별표 2]), 허리띠는 대여품(청원경찰법 시행규칙 [별표 3])에 해당한다.

④ 근무복

관계법령

청원경찰 급여품표(청원경찰법 시행규칙 [별표 2])

품 명	수 량	사용기간	정기지급일
근무복(하복)	1	1년	5월 5일
근무복(동복)	1	1년	9월 25일
한여름 옷	1	1년	6월 5일
외투·방한복 또는 점퍼	1	2~3년	9월 25일
기동화 또는 단화	1	단화 1년 기동화 2년	9월 25일
비 옷	1	3년	5월 5일
정 모	1	3년	9월 25일
기동모	1	3년	필요할 때
기동복	1	2년	필요할 때
방한화	1	2년	9월 25일
장 갑	1	2년	9월 25일
호루라기	1	2년	9월 25일

청원경찰 대여품표(청원경찰법 시행규칙 [별표 3])

품 명	수 량
허리띠	1
경찰봉	1
가슴표장★	1
분사기	1
포 승	1

39 난이도 하 ┃청원경찰법 제6조·제7조, 동법 시행규칙 제8조 – 청원경찰경비 및 보상금

□□□ **청원경찰법령상 청원경찰의 경비에 관한 설명으로 옳은 것은?**

① 국가기관 또는 지방자치단체에 근무하는 청원경찰의 보수는 재직기간 15년 이상 23년 미만인 경우 같은 재직기간에 해당하는 경찰공무원 '경장'의 보수를 감안하여 대통령령으로 정한다.

> 청원경찰법 제6조 제2항 제2호

② 청원경찰의 피복비는 청원주가 부담하여야 하는 청원경찰경비에 해당하지 않는다.

> 청원경찰의 피복비는 청원주가 부담하여야 하는 청원경찰경비에 해당한다(청원경찰법 제6조 제1항 제2호).

③ 청원경찰이 직무상의 부상·질병으로 인하여 퇴직 후 3년 이내에 사망한 경우 청원주는 대통령령으로 정하는 바에 따라 그 유족에게 보상금을 지급하여야 한다.

> 청원경찰이 직무상의 부상·질병으로 인하여 퇴직하거나, 퇴직 후 2년 이내에 사망한 경우 청원주는 대통령령으로 정하는 바에 따라 그 유족에게 보상금을 지급하여야 한다(청원경찰법 제7조 제2호).

④ 교육비는 청원주가 경찰교육기관 입교(入校) 3일 전에 해당 청원경찰에게 지급하여 납부하게 한다.

> 교육비는 청원주가 해당 청원경찰의 입교(入校) 3일 전에 해당 경찰교육기관에 낸다(청원경찰법 시행규칙 제8조 제3호).

40 난이도 하

청원경찰법령상 청원경찰의 배치와 이동에 관한 설명으로 옳지 않은 것은?

① 청원경찰을 배치받으려는 자는 대통령령으로 정하는 바에 따라 관할 시·도 경찰청장에게 청원경찰 배치를 신청하여야 한다.

> 청원경찰법 제4조 제1항

② 시·도 경찰청장은 청원경찰 배치가 필요하다고 인정하는 기관의 장 또는 시설·사업장의 경영자에게 청원경찰을 배치할 것을 요청할 수 있다.

> 청원경찰법 제4조 제3항

③ **청원주는 청원경찰을 이동배치하였을 때에는 전입지를 관할하는 경찰서장에게 그 사실을 통보하여야 한다.**

> 청원주는 청원경찰을 이동배치하였을 때에는 종전의 배치지를 관할하는 경찰서장에게 그 사실을 통보하여야 한다(청원경찰법 시행령 제6조 제1항).

④ 청원주는 청원경찰이 배치된 기관·시설 또는 사업장 등이 배치인원의 변동사유 없이 다른 곳으로 이전하는 경우에는 청원경찰의 배치인원을 감축할 수 없다.

> 청원경찰법 제10조의5 제1항 단서 제2호

관계법령

청원경찰의 배치(청원경찰법 제4조)
① 청원경찰을 배치받으려는 자는 대통령령으로 정하는 바에 따라 관할 시·도 경찰청장에게 청원경찰 배치를 신청하여야 한다.
② 시·도 경찰청장은 제1항의 청원경찰 배치신청을 받으면 지체 없이 그 배치 여부를 결정하여 신청인에게 알려야 한다.
③ 시·도 경찰청장은 청원경찰 배치가 필요하다고 인정하는 기관의 장 또는 시설·사업장의 경영자에게 청원경찰을 배치할 것을 요청할 수 있다.

배치 및 이동(청원경찰법 시행령 제6조)
① 청원주는 청원경찰을 신규로 배치하거나 이동배치하였을 때에는 배치지(이동배치의 경우에는 종전의 배치지)를 관할하는 경찰서장에게 그 사실을 통보하여야 한다.
② 제1항의 통보를 받은 경찰서장은 이동배치지가 다른 관할구역에 속할 때에는 전입지를 관할하는 경찰서장에게 이동배치한 사실을 통보하여야 한다.

배치의 폐지 등(청원경찰법 제10조의5)
① 청원주는 청원경찰이 배치된 시설이 폐쇄되거나 축소되어 청원경찰의 배치를 폐지하거나 배치인원을 감축할 필요가 있다고 인정하면 청원경찰의 배치를 폐지하거나 배치인원을 감축할 수 있다. 다만, 청원주는 다음 각호의 어느 하나에 해당하는 경우에는 청원경찰의 배치를 폐지하거나 배치인원을 감축할 수 없다.
  1. 청원경찰을 대체할 목적으로 「경비업법」에 따른 특수경비원을 배치하는 경우
  2. 청원경찰이 배치된 기관·시설 또는 사업장 등이 배치인원의 변동사유 없이 다른 곳으로 이전하는 경우

2021년 기계경비개론

✔ 각 문항별로 회독수를 체크해 보세요. ☑☐☐

41	42	43	44	45	46	47	48	49	50	51	52	53	54	55	56	57	58	59	60
①	④	③	②	②	③	①	②	③	③	③	①	②	①	①	①	②	③	①
61	62	63	64	65	66	67	68	69	70	71	72	73	74	75	76	77	78	79	80
①	①	③	③	④	④	④	②	③	②	③	①	①	②	④	④	④	④	④	①

41　난이도 하　　　　■ 외곽감지시스템 − 감지기의 종류

☐☐☐ 외곽감지시스템에서 사용하는 감지기의 종류가 아닌 것은?

① **연기 감지기**

> 외곽침입감지시스템은 독립형, 펜스형, 매립형으로 구분되는데, 적외선 감지기(PIR, AIR), 마이크로웨이브 감지기는 독립형, 광케이블 감지기는 펜스형 또는 매립형에 해당한다. 연기 감지기는 방재용으로 사용되며, 주로 방범용으로 사용되는 외곽침입감지시스템의 감지기 분류에 해당하지 않는다. 참고로 외곽침입감지시스템을 감지방식에 따라 케이블 진동 감지형, 광망형, 장력형, 전자계형, 복합형으로 구분하기도 한다.

② 적외선 감지기

③ 광케이블 감지기

④ 마이크로웨이브 감지기

핵심만 콕

외곽침입감지시스템의 분류

독립형	감지기 자체로 눈에 보이지 않는 경계면을 설정할 수 있으며, 이 구역을 침입자가 침입하는 경우 감지할 수 있는 시스템으로 마이크로웨이브(MR : Microwave) 센서, PIR(Passive Infrared : 수동형 적외선) 센서, AIR(Active Infrared : 능동형 적외선) 센서, 정전기(Electrostatic) 센서 등이 있다.
펜스형	2차원적인 물리적인 펜스를 제작하여 침입자가 펜스를 타고 올라가면서 발생하는 장력이나 진동으로 침입을 감지하는 시스템으로 마이크로폰 센서, 광섬유(Fiber-optic) 센서 , 장력 센서, 진동 센서, 지진파(Seismic) 센서 등이 있다.
매립형	땅속에 센서를 매립하여 설치하고, 이곳을 밟고 지나가는 경우 알람(경보)을 발생하는 감지 시스템으로 지진파(Seismic) 센서, 자기장 센서, 동축케이블 센서, 광섬유(Fiber-optic) 센서 등이 있다.

〈참고〉류대현·최태완, 「외곽침입감지를 위한 스마트 디바이스의 개발」, Journal of the KIECS, 2021, Vol.16

☐☐☐ **감지기를 올바르게 설치한 사람은?**

> • 갑 : 문틀에 자석부를 설치하고 문에 센서부를 평행하게 이격이 없도록 자석 감지기를 설치
> • 을 : 오경보 방지를 위해 유리부분에 부착할 때 충격을 흡수할 수 있도록 접착 면에 스펀지를 받치고 유리 감지기를 설치
> • 병 : 수풀이나 우거진 장소를 피하여 투광기와 수광기를 마주보도록 평행하게 장력 감지기를 설치
> • 정 : 에어컨, 난방기의 영향을 피해 지면에서 2.5m 높이에 열선 감지기를 설치

① 갑

> (×) 자석 감지기 설치 시 문틀에 센서부를 설치하고 문에 자석부를 평행하게 이격이 없도록 설치하여야 한다.

② 을

> (×) 접착 면에 스펀지를 받치고 유리 감지기를 설치하면 유리에 충격이 가해지더라도 흡수되어 감지되지 않을 수 있으므로 설치 시 유의하여야 한다.

③ 병

> (×) 장력 감지기는 옥외용 적외선 감지기(투·수광기가 별개로 있는 대향형 감지기)의 부착이 곤란한 풀밭, 곡선으로 된 곳 등에 철선 방식 또는 광케이블 방식으로 설치된다.

④ 정

> (○) 열선 감지기는 급격한 온도변화를 일으킬 수 있는 에어컨, 환풍기, 난방기 등으로부터 최대한 멀리 떨어진 곳에 부착하며, 설치 높이는 지면으로부터 2 ~ 3m에 설치함을 원칙으로 한다.

☐☐☐ **외곽감지시스템 운용 시 옳지 않은 것은?**

① 내구성이 양호하도록 유지 및 관리한다.

② 오동작이나 오경보의 발생을 최소화하도록 운용한다.

③ **기상, 기후 등의 영향에 민감하게 반응하도록 설치한다.**

> 외곽감지시스템은 외부에 설치되므로 오작동 방지를 위해서 기상, 기후 등에 민감하게 반응하도록 설치해서는 안 된다.

④ 사용조작이 간편하고 경보발생 시 식별이 용이하도록 한다.

핵심만 콕

외곽침입감지장치의 선정 원칙
- 내구성이 양호하여야 한다.
- 사용과 조작이 간편하고 경보 시 식별이 용이하여야 한다.
- 침투 시 틀림없이 경보하고 침투위치 및 상황자료를 보존하여야 한다.
- 오경보, 오작동을 최소화하여야 한다.
- 설치 및 유지보수가 용이하여야 한다.
- 가능한 한 국가공인기관의 품질인증 또는 전문 연구기관의 시험 결과를 합격한 제품을 사용하도록 한다.

〈출처〉 이강열, 「기계경비개론」, 진영사, 2021, P. 392

☐☐☐ **화재 감지기 중 열 감지기 감지방식에 해당하지 않는 것은?**

① 차동식 분포형 감지기

② **광전식 분리형 감지기**

> 광전식 분리형 감지기는 연기 감지기에 해당한다.

③ 정온식 스포트형 감지기

④ 보상식 스포트형 감지기

핵심만 콕

화재경보 센서 암기법
- 연기 센서 : 이온화식, 광전식 (🔒 : 연·화·광전)
- 열 센서 : 차동식, 정온식, 보상식 (🔒 : 열·차·정·보)
- 불꽃 센서 : 자외선, 적외선 (🔒 : 불·자·적)

☐☐☐ **점 경계 감지기에 해당하는 것은?**

① 적외선 감지기

② **자석 감지기**

> 감지 구역에 의한 분류에 따를 때 자석 감지기는 점 경계 감지기, 적외선 감지기는 면 경계 감지기, 음향 감지기는 입체 경계 감지기, 열선 감지기는 면 타입 또는 입체 타입 열선 감지기로 분류할 수 있다.

③ 열선 감지기

④ 음향 감지기

핵심만 콕

감지기의 분류

1. 응용 분야에 의한 분류
   - 방범용(침입을 인지하기 위한 목적) : 자석 감지기, 적외선 감지기, 열선 감지기, 셔터 감지기, 유리(파괴) 감지기, 초음파 감지기, 마이크로웨이브 감지기 등
   - 방재용(화재, 가스누설 등을 감지하기 위한 목적) : 화재 감지기, 가스누설 감지기, 누전 감지기, 누수 감지기, 저산소 감지기 등
2. 감지원리에 의한 감지기의 분류
   - 광학적(光學的) 감지기 : 빛을 성질을 이용한 감지기로서 적외선 감지기, 열선 감지기, 연기 감지기가 있다.
   - 전자적(電磁的) 감지기 : 자기장, 자력을 이용한 감지기로서 대표적으로 자석 감지기, 셔터 감지기가 있다.
   - 역학적(力學的) 감지기 : 물체 간에 작용하는 힘과 운동의 관계를 이용한 감지기로서 대표적으로 장력 감지기, 충격 감지기, 유리 감지기가 있다.
   - 열학적(熱學的) 감지기 : 열에 의한 물질의 상태변화와 열전도, 대류, 복사 등 열이동 현상을 이용한 감지기로서 열선 감지기, 화재 감지기가 해당한다.
   - 화학적(化學的) 감지기 : 물질의 성질·조성·구조 및 그 변화를 이용한 감지기로서 연기 감지기, 가스 감지기가 있다.
3. 감지대상에 의한 분류
   - 빛 : 적외선 감지기, 열선 감지기
   - 자력 : 자석 감지기, 셔터 감지기
   - 열 : 화재 감지기
   - 충격 : 진동 감지기, 유리 감지기
4. 감지 구역에 의한 분류★★
   - 점 경계 감지기 : 자석 감지기, 셔터 감지기 등
   - 면 경계 감지기 : 면 타입 열선 감지기, 장력 감지기, 유리(파괴) 감지기, 적외선 감지기 등
   - 입체 경계 감지기 : 입체 타입 열선 감지기, 초음파 감지기, 음향 감지기, 마이크로웨이브 감지기 등
5. 작동 형식에 의한 분류★★
   - 수동형 감지기 : 유리(파괴) 감지기, 장력 감지기, 충격 감지기, 열선 감지기 등
   - 능동형 감지기 : 적외선 감지기, 초음파 감지기, 셔터 감지기 등
6. 출력 형식에 의한 분류
   - 무전압 접점
   - 아날로그, 디지털 방식
7. 송신 방법에 의한 분류 : 무선 감지기, 유선 감지기

46 난이도 중

감지기 – 감지기에 응용되는 물리적 현상

□□□ **감지기와 감지원리의 연결이 옳지 않은 것은?**

① 열선 감지기 – 초전효과

② 유리 감지기 – 압전효과

③ **적외선 감지기 – 홀효과**

> 적외선 감지기는 광전효과와 연결된다.

④ 마이크로웨이브 레이더 감지기 – 도플러효과

핵심만 콕

감지기에 응용되는 물리적 현상

용어	의미	응용되는 감지기
열전효과	두 개의 다른 도체를 접합한 경우, 접촉부에 온도차가 생기면 열전류가 흐르는 현상을 말한다.	차동식 분포형 화재 감지기
초전효과	물질에 가해진 온도의 급격한 변화에 의해 전기분극의 크기가 변화하여 전압이 발생하는 현상을 말한다.	열선 감지기
자기저항효과	전기가 흐르고 있는 고체 소자에 자장을 가하면 소자의 전기저항이 증가하는 현상을 말한다.	자석식 셔터 감지기
도플러효과	파원과 관측자 사이의 상대적 운동 상태에 따라 관측자가 관측하는 진동수가 달라지는 현상을 말한다.	초음파 감지기, 마이크로웨이브 감지기
광전효과	일반적으로 물질이 빛을 흡수하여 자유로이 움직일 수 있는 전자, 즉 광전자를 방출하는 현상을 말한다. 광전효과는 튀어나온 전자의 상태에 따라 광이온화, 내부광전효과, 광기전력효과, 포톤효과(포톤드래그효과), 뎀버효과 등으로 나뉜다. cf) 홀효과 : 자기장 속의 도체에서 자기장의 직각방향으로 전류가 흐르면, 자기장과 전류 모두에 직각방향으로 전기장이 나타나는 현상으로, 광전효과에 해당하지 않는다.	적외선 감지기, 적외선 반사식 셔터 감지기
압전효과	물체에 힘을 가하는 순간 전압이 발생하며, 물체에 변형이 일어나는 현상을 말한다. 압전성을 나타내는 물질에는 티탄산바륨, 지르콘산연, 티탄산연 등의 다결정 세라믹이 있다.	유리 감지기, 충격 감지기(진동 감지기), 초음파 감지기

172 부 록 | 기출문제해설

47 난이도 **하**   ▌감지기 − 마그네트(자석) 센서

□□□ 문이나 창문의 개폐를 리드 스위치로 감지하기 위해 설치하는 감지기는?

① 유리 감지기

② 진동 감지기

③ **자석 감지기**

> 출입문이나 창문의 틀에 리드 스위치를 부착하고, 출입문이나 창문에 영구자석을 문을 닫은 상태에서 근접한 곳에 일직선으로 설치하는 감지기는 자석 감지기이다.

④ 열선 감지기

48 난이도 **하**   ▌출입통제시스템 − 상품도난방지시스템(EAS System)의 종류

□□□ 상품도난방지시스템의 감지방식으로 옳지 않은 것은?

① **SF(Safety Frequency)**

> SF(Safety Frequency)는 상품도난방지시스템의 감지방식에 해당하지 않는다. 상품도난방지시스템의 감지방식은 상품에 부착되는 태그의 전원사용 유무에 따라 Passive방식과 Active방식으로 구분되며, Passive방식은 EM(Electronic Magnetic) 방식, RF(Radio Frequency) 방식, AM(Acoustic Magnetic) 방식으로 구분한다.
> 〈참고〉 최연석·김금석, 「듀얼밴드 무선통신기술을 이용한 지능형 자명식(自鳴式) 도난방지시스템 개발」, 한국산학기술학회논문지 Vol.11, No.5, 2010, P. 1616~1626

② RF(Radio Frequency)

③ AM(Acoustic Magnetic)

④ EM(Electronic Magnetic)

핵심만 콕

상품도난방지시스템의 종류

- RF(Radio Frequency) Type : 송신기의 안테나에서 특정 주파수(85MHz)를 송신하고 수신기의 안테나에서 수신하여 태그나 라벨이 지나가면 주파수가 변화되는 것을 감지하는 방식을 말한다. 일반적으로 오작동이 적어 할인점 등에서 많이 사용된다.
- EM(Electronic Magnetic) Type : 송신기와 수신기 안테나 사이에 발생되는 교류자기장에 태그나 라벨이 지나가면 포화상태가 되면서 고조파를 발생시켜 감지하는 방식을 말한다. 주로 도서관이나 서점에서 많이 사용된다.
- AT(Acoustic Technology) Type : 진동자장 방식으로 송신기에서 주파수(58KHz)를 진동형태로 송신하여 라벨(Label)과 태그(Tag)를 작동시키고 송신기의 신호 진동이 종료되면 라벨이 송신기 신호와 동일한 주파수를 보내는 방식을 말한다.
  - 공진하는 소프트 자석 재질로 만든 금속이 라벨에 내장되어 있고, 라벨의 두께가 일정하다.
  - 감지율이 다른 방식에 비해 높으며 상품의 재질에도 영향이 적다.
  - 신호가 독특하기 때문에 다른 방식에 비해 오경보가 발생할 확률이 매우 적어 백화점 등에서 많이 사용되나 가격이 비싸다는 단점이 있다.

〈출처〉 이강열, 「기계경비개론」, 진영사, 2021, P. 594

□□□ **금고에 설치한 진동 감지기의 동작원리에 관한 설명으로 옳은 것은?**

① 경계 철선이 장력을 받거나 절단되면 감지한다.

> 장력 센서의 동작원리에 관한 설명이다. 장력 센서는 펜스형태로 설치된 Wire에 일정량의 힘이 가해지거나
> 끊어지면 감지하는 센서로서 일반적으로 Taut Wire 장치라고도 한다.

② **진동이 발생하여 영향이 가해지면 압전효과에 의하여 감지한다.**

> 압전효과는 물체에 힘을 가하는 순간 전압이 발생하며, 물체에 변형이 일어나는 현상을 말하는데, 진동 감지기
> (충격 감지기), 유리 감지기에 압전효과가 응용된다.

③ 물체가 방사하는 열에너지의 파장 변화를 검출하고 감지한다.

> 열선 감지기의 동작원리에 관한 설명이다. 열선 감지기는 침입자의 체온에서 방사되는 원적외선을 검지하는
> 감지기로서 적외선 수동센서라고도 한다. 실내 경계감지용으로 가장 많이 사용한다.

④ 투광기와 수광기 사이의 적외선 빔을 차단하면 수광기의 전자회로에 의해 감지한다.

> 적외선 감지기의 동작원리에 관한 설명이다.

□□□ **자동화재탐지설비의 화재안전성능기준[NFPC 203]상 불꽃 감지기 설치기준으로 옳은 것은?**

① 감지기는 벽 또는 보로부터 0.6m 이상 떨어진 곳에 설치할 것

② 천장 또는 반자가 낮은 실내 또는 좁은 실내에 있어서는 출입구의 가까운 부분에 설치할 것

③ **감지기는 공칭감시거리와 공칭시야각을 기준으로 감시구역이 모두 포용될 수 있도록 설치할 것**

　　①, ②, ④는 연기 감지기의 설치기준에 해당하며, ③이 불꽃 감지기의 설치기준에 해당한다.

④ 감지기는 복도 및 통로에 있어서는 보행거리 30m마다, 계단 및 경사로에 있어서는 수직거리 15m마다
1개 이상으로 할 것

관계법령

감지기(자동화재탐지설비 및 시각경보장치의 화재안전성능기준[NFPC 203] 제7조)
③ 감지기는 다음 각호의 기준에 따라 설치하여야 한다. 다만, 교차회로방식에 사용되는 감지기, 급속한
연소 확대가 우려되는 장소에 사용되는 감지기 및 축적기능이 있는 수신기에 연결하여 사용하는 감지기
는 축적기능이 없는 것으로 설치하여야 한다.
10. 연기 감지기는 다음의 기준에 따라 설치할 것
　가. 감지기의 부착높이에 따라 다음 표에 따른 바닥면적마다 1개 이상으로 할 것

(단위 m²)

감지기의 종류 부착높이	1종 및 2종	3종
4m 미만	150	50
4m 이상 20m 미만	75	–

　나. 감지기는 복도 및 통로에 있어서는 보행거리 30m(3종에 있어서는 20m)마다, 계단 및 경사로에
　　있어서는 수직거리 15m(3종에 있어서는 10m)마다 1개 이상으로 할 것
　다. 천장 또는 반자가 낮은 실내 또는 좁은 실내에 있어서는 출입구의 가까운 부분에 설치할 것
　라. 천장 또는 반자부근에 배기구가 있는 경우에는 그 부근에 설치할 것
　마. 감지기는 벽 또는 보로부터 0.6m 이상 떨어진 곳에 설치할 것
13. 불꽃 감지기는 다음의 기준에 따라 설치할 것
　가. 공칭감시거리 및 공칭시야각은 형식승인 내용에 따를 것
　나. 감지기는 공칭감시거리와 공칭시야각을 기준으로 감시구역이 모두 포용될 수 있도록 설치할 것
　다. 감지기는 화재감지를 유효하게 감지할 수 있는 모서리 또는 벽 등에 설치할 것
　라. 감지기를 천장에 설치하는 경우에는 감지기는 바닥을 향하여 설치할 것
　마. 수분이 많이 발생할 우려가 있는 장소에는 방수형으로 설치할 것
　바. 그 밖의 설치기준은 형식승인 내용에 따르며 형식승인 사항이 아닌 것은 제조사의 시방에 따라
　　설치할 것

□□□ **개인정보보호법상 고정형 영상정보처리기기의 설치 · 운영 시 지켜야 할 사항이 아닌 것은?**

① 화장실, 발한실, 탈의실 등 개인의 사생활을 현저히 침해할 우려가 있는 장소의 내부를 볼 수 있도록 설치 · 운영하면 아니 된다.

② 범죄의 예방 및 수사를 위해 필요한 시설에서 설치 · 운영할 수 있다.

③ **개인주택의 내부에 설치 · 운영하기 위해 개인정보보호법상 개인영상정보보호 규정을 준수해야 한다.**

> 개인정보보호법상 고정형 영상정보처리기기(CCTV)의 설치 · 운영 제한의 내용에 해당하지 않는다.

④ 시설안전 및 관리, 화재예방을 위하여 정당한 권한을 가진 자가 설치 · 운영할 수 있다.

관계법령

고정형 영상정보처리기기의 설치 · 운영 제한(개인정보보호법 제25조)

① 누구든지 다음 각호의 경우를 제외하고는 공개된 장소에 고정형 영상정보처리기기를 설치 · 운영하여서는 아니 된다. 〈개정 2023.3.14.〉★
  1. 법령에서 구체적으로 허용하고 있는 경우
  2. 범죄의 예방 및 수사를 위하여 필요한 경우
  3. 시설의 안전 및 관리, 화재예방을 위하여 정당한 권한을 가진 자가 설치 · 운영하는 경우
  4. 교통단속을 위하여 정당한 권한을 가진 자가 설치 · 운영하는 경우
  5. 교통정보의 수집 · 분석 및 제공을 위하여 정당한 권한을 가진 자가 설치 · 운영하는 경우
  6. 촬영된 영상정보를 저장하지 아니하는 경우로서 대통령령으로 정하는 경우

② 누구든지 불특정 다수가 이용하는 목욕실, 화장실, 발한실(發汗室), 탈의실 등 개인의 사생활을 현저히 침해할 우려가 있는 장소의 내부를 볼 수 있도록 고정형 영상정보처리기기를 설치 · 운영하여서는 아니 된다. 다만, 교도소, 정신보건 시설 등 법령에 근거하여 사람을 구금하거나 보호하는 시설로서 대통령령으로 정하는 시설에 대하여는 그러하지 아니하다. 〈개정 2023.3.14.〉

③ 제1항 각호에 따라 고정형 영상정보처리기기를 설치 · 운영하려는 공공기관의 장과 제2항 단서에 따라 고정형 영상정보처리기기를 설치 · 운영하려는 자는 공청회 · 설명회의 개최 등 대통령령으로 정하는 절차를 거쳐 관계 전문가 및 이해관계인의 의견을 수렴하여야 한다. 〈개정 2023.3.14.〉

④ 제1항 각호에 따라 고정형 영상정보처리기기를 설치 · 운영하는 자(이하 "고정형 영상정보처리기기 운영자"라 한다)는 정보주체가 쉽게 인식할 수 있도록 다음 각호의 사항이 포함된 안내판을 설치하는 등 필요한 조치를 하여야 한다. 다만, 「군사기지 및 군사시설 보호법」 제2조 제2호에 따른 군사시설, 「통합방위법」 제2조 제13호에 따른 국가중요시설, 그 밖에 대통령령으로 정하는 시설의 경우에는 그러하지 아니하다. 〈개정 2023.3.14.〉★★
  1. 설치 목적 및 장소
  2. 촬영 범위 및 시간
  3. 관리책임자의 연락처
  4. 그 밖에 대통령령으로 정하는 사항

⑤ 고정형 영상정보처리기기 운영자는 고정형 영상정보처리기기의 설치 목적과 다른 목적으로 고정형 영상정보처리기기를 임의로 조작하거나 다른 곳을 비춰서는 아니 되며, 녹음기능은 사용할 수 없다. 〈개정 2023.3.14.〉★★

⑥ 고정형 영상정보처리기기 운영자는 개인정보가 분실 · 도난 · 유출 · 위조 · 변조 또는 훼손되지 아니하도록 제29조에 따라 안전성 확보에 필요한 조치를 하여야 한다. 〈개정 2023.3.14.〉

⑦ 고정형 영상정보처리기기 운영자는 대통령령으로 정하는 바에 따라 고정형 영상정보처리기기 운영·관리 방침을 마련하여야 한다. 다만, 제30조에 따른 개인정보 처리방침을 정할 때 고정형 영상정보처리기기 운영·관리에 관한 사항을 포함시킨 경우에는 고정형 영상정보처리기기 운영·관리 방침을 마련하지 아니할 수 있다. 〈개정 2023.3.14.〉

⑧ 고정형 영상정보처리기기 운영자는 고정형 영상정보처리기기의 설치·운영에 관한 사무를 위탁할 수 있다. 다만, 공공기관이 고정형 영상정보처리기기 설치·운영에 관한 사무를 위탁하는 경우에는 대통령령으로 정하는 절차 및 요건에 따라야 한다. 〈개정 2023.3.14.〉★

[제목개정 2023.3.14.]

52 난이도 하

화상감시시스템 – DVR과 NVR

□□□ **DVR과 NVR에 관한 설명으로 옳지 않은 것은?**

① DVR과 NVR 모두 디지털 영상신호를 녹화한다.

② DVR과 NVR 모두 이벤트 녹화와 일반 녹화 기능을 수행할 수 있다.

③ **DVR과 NVR 모두 네트워크 카메라(IP 카메라)와 연결할 수 없다.**

> 모든 카메라를 레코더에 직접 연결해야 하는 DVR과 달리 NVR은 동일한 주소를 갖는 네트워크 카메라(IP 카메라)에 연결할 수 있다.

④ DVR과 NVR 모두 인터넷과 연결하여 사용할 수 있다.

핵심만 콕

DVR과 NVR의 비교

구 분	DVR(Digital Video Recorder)	NVR(Network Video Recorder)
녹화방식	Digital	Digital
저장 모드	일반 녹화, 이벤트 녹화, 예약 녹화 등	일반 녹화, 이벤트 녹화, 예약 녹화 등
비디오 데이터 처리	레코더에서 비디오 데이터를 처리	IP 카메라에서 비디오 데이터를 인코딩 및 처리한 다음 저장 및 원격보기에 사용되는 NVR 레코더로 스트리밍
카메라 연결방식	모든 카메라를 레코더에 직접 연결	동일한 IP 네트워크에 연결
카메라 유형	아날로그 카메라	IP 카메라
네트워크를 통한 원격지 모니터링	가 능	가 능
시스템 유연성	유선 보안카메라만 사용	유선 및 무선 보안카메라 통합 가능

53 난이도 하

경비업법상 기계경비업자가 갖추어야 할 사항으로 옳지 않은 것은?

① 계약상대방에게 감지장치·송신장치·수신장치의 설치 방법 및 고장 시 조치 방법에 대해 서면으로 설명해야 한다.

> 감지장치·송신장치·수신장치의 설치 방법 및 고장 시 조치 방법은 경비업법령상 기계경비업자가 계약상대방에게 설명 시 교부하는 "서면등"에 기재하는 내용에 해당하지 않는다(경비업법 시행령 제8조 제1항).

② 손해배상의 범위와 손해배상액에 관한 사항을 기재한 서면등을 계약상대방에게 교부하여야 한다.

> 경비업법 시행령 제8조 제2항

③ 기계경비업 허가를 받기 위해 출장소별로 출동차량 2대 이상을 갖추어야 한다.

> 경비업법 시행령 [별표 1] 제4호

④ 기계경비업 허가를 받기 위해 기준 경비인력 수 이상의 경비원 복장 및 경적, 단봉, 분사기를 갖추어야 한다.

> 경비업법 시행령 [별표 1] 제4호

54 난이도 하

CCTV 녹화장비인 DVR에 관한 설명으로 옳지 않은 것은?

① DVR을 인터넷에 연결하면 인터넷이 가능한 휴대폰을 통해 실시간 영상감시가 가능하다.

② DVR은 녹화된 영상을 재생하는 횟수가 증가할수록 화질이 떨어진다.

> DVR은 사용 횟수가 많거나 반복 사용해도 선명한 고화질로 운영이 가능하며, 디지털 방식이므로 고배율로 압축저장이 가능해 장시간 녹화가 가능하다.

③ DVR을 이용하여 여러 대의 카메라 영상을 하나의 모니터에서 보기 위해 영상분할장치 대신 소프트웨어로 처리할 수 있다.

④ 카메라와 DVR을 연결하기 위해 UTP(Unshielded Twisted Pair) 케이블을 사용할 수 있다.

□□□ **여러 대의 CCTV 카메라 영상을 1대의 모니터에서 보기 위한 방법으로 옳은 것은?**

① **영상분할 기능을 사용하는 방법**

> DVR의 기능 중 여러 대의 카메라 영상을 하나의 모니터에서 동시에 볼 수 있게 하는 것은 화면(영상)분할 기능이다.

② 팬·틸트 기능을 사용하는 방법

> PTZ(Pan-Tilt-Zoom)는 카메라의 동작 옵션(방향과 확대·축소)을 의미한다.

③ 영상분배 기능을 사용하는 방법

> 영상분배는 한 대의 카메라 영상 신호를 다수의 영상 모니터에 공급하는 경우를 의미한다.

④ 일체형 카메라 하우징을 사용하는 방법

> 카메라 하우징은 외부 환경으로부터 CCTV 카메라의 적절한 보호를 위한 장치(케이스)를 의미한다.

□□□ **출입통제용으로 사용되는 시큐리티 게이트(Security Gate) 방식으로 옳지 않은 것은?**

① **비디콘(Vidicon) 방식**

> 시큐리티 게이트(Security Gate) 방식에는 슬라이딩(Sliding) 방식, 턴스타일(Turnstile) 방식, 플랩(Flap) 방식 등이 있다. 비디콘(Vidicon)은 광전도효과를 이용한 TV용 카메라의 저속형 촬상관의 일종이다.

② 턴스타일(Turnstile) 방식
③ 슬라이딩(Sliding) 방식
④ 플랩(Flap) 방식

57 난이도 중

□□□ CCTV 카메라에 사용되는 촬상소자가 아닌 것은?

① C MOUNT

> 촬상소자는 인간에 비유하면 망막에 해당하는 부분으로서 렌즈에 의해 결상된 광학상을 전자적 신호로 변환하는 기능을 하며, CCD형, MOS형, CMD형은 고체 촬상소자에 해당한다. C MOUNT는 렌즈 결합부와 촬상소자 간의 거리가 17.526mm인 렌즈 마운트 유형이다.

② CCD(Charge Coupled Device)

③ MOS(Metal Oxide Semiconductor)

④ CMD(Charge Modulation Device)

핵심만 콕

촬상소자

인간에 비유하면 망막에 해당하는 부분으로서 렌즈에 의해 결상된 광학상을 전자적 신호로 변환한다. 촬상소자는 촬상관과 고체 촬상소자로 구분되나, 촬상관은 최근에는 거의 사용되지 않고 소형, 경량이면서 수명이 길고 충격이나 진동에 강한 CCD형, MOS형, CMD형의 고체 촬상소자가 사용된다.

- CCD(Charge Coupled Device)형 : CCTV 카메라에 많이 사용되는 것으로, CCTV 카메라 렌즈를 통해 모아진 빛을 받아 전기적 신호로 변환한다. CCD방식은 아날로그 회로에 기반한 전형적인 광학 시스템이다. 감광 소자가 있는 포토 다이오드와 그곳에 빛의 강약을 통해서 발생하는 신호전하를 축적, 전송하기 위한 레지스터에 해당하는 CCD부를 수평상에 조합해서 배열한 촬상소자이다. CCD형은 감광부(빛을 전환하여 얻은 신호전하를 일시적으로 축적), 전송부, 출력부로 구성되며, 빛을 변환하여 신호전환을 얻는 형태에 따라 FT(Frame Transfer)-CCD, IT(Interlace Transfer)-CCD, FIT(Frame Interlace Transfer)-CCD로 분류된다.
  - FT(Frame Transfer)-CCD : 구조가 간단하고, 고화소화에 적합하여 적외선 카메라에 많이 사용된다.
  - IT(Interlace Transfer)-CCD : 제조비용이 저렴하여 현재 대부분의 가정용 비디오 카메라나 산업용 등에 많이 사용된다.
  - FIT(Frame Interlace Transfer)-CCD : 고화질이 요구되는 방송용으로 많이 사용되며, IT형과 FT형의 장점만 채택한 타입이다.
- MOS(Metal Oxide Semiconductor)형 : 포토 다이오드와 MOS 트랜지스터 스위치를 조합해서 감광부의 화소가 형성된 것을 말한다. MOS형에는 TSL(Transversal Signal Line)-MOS, CID형이 있다.
  - TSL(Transversal Signal Line)-MOS형 : MOS형 촬상디바이스의 각 화소에 수평 스위치의 트랜지스터를 설치한 것으로 고정 패턴의 잡음에 강하고 다기능 구현을 할 수 있는 방식이다.
  - CID(Charge Injection Device)형 : 전하 주입형 소자로서 화상처리용에 적합하다.
- CMD(Charge Modulation Device)형 : 증폭형 고체 촬상소자로서 일종의 전하 변조소자이며, X_Y Address 방식으로 주사의 자유도가 크고 소비전력이 작은 특징이 있다.

〈참고〉 이강열, 「기계경비개론」, 진영사, 2021, P. 422~424

▎출입통제시스템 – 출입통제용 컨트롤러(ACU : Access Control Unit)

□□□ **출입통제시스템의 구성요소 중 ACU(Access Control Unit)에 관한 설명으로 옳은 것은?**

① 출입문을 나갈 때 사용하는 카드리더 중 하나로 출입문 내부에 설치한다.

　RFID 카드리더기(카드인식, 지문인식 등)에 관한 설명이다.

② <u>인식장치를 제어하고, 호스트 컴퓨터에 연결되어 저장된 데이터와 비교하여 출입허용 여부를 결정하는 역할을 한다.</u>

　출입통제용 컨트롤러(ACU : Access Control Unit)에 관한 설명으로 옳다.

③ 전자기 에너지를 이용한 출입문 잠금장치이며 유리문에 많이 사용된다.

　EM(Electric Magnetic) 방식의 전기정에 관한 설명에 해당한다.

④ 출입통제 수준을 높이기 위해 사용하는 출입문 중 하나로 주차장에 많이 사용된다.

　차량 출입통제시스템에 관한 설명에 해당한다. 이에는 리모컨 작동 방식, 카드 회수 작동 방식, RF카드 작동 방식, 무인정산 시스템과 번호인식 작동 방식 등이 있다.

---

59 난이도 **하** ▎출입통제시스템 – 시스템의 구성 장치와 기능

□□□ **출입통제시스템을 구성하는 장치 중 기능이 다른 것은?**

① EM Lock

② Dead Bolt

③ <u>Bollard</u>

　Bollard는 차량의 출입을 통제하는 장치이나, 나머지는 모두 사람의 출입을 통제하는 출입문 관련 보안장치이다.

④ Electric Strike

---

60 난이도 **하** ▎출입통제시스템 – RFID카드의 특징

□□□ **출입통제시스템에 사용되는 RFID카드의 특징으로 옳은 것은?**

① <u>비접촉식 방법을 사용하므로 카드 사용으로 인한 파손이 적은 편이다.</u>

　RFID카드(근접식)는 카드에 반도체와 코일을 내장하여 코일에서 발진하는 고유 주파수를 이용하는 것으로서 수동형과 능동형이 있다. 현재 대부분의 출입통제용으로 사용되는 RFID카드는 수동형 근접식 카드이다.

② 2.45GHz가 출입증에 사용되는 표준 주파수이다.

　능동형 근접식 카드에 관한 특징이다. 현재 RFID카드에서 가장 광범위하게 활용되는 주파수는 13.56MHz이다.

③ 바코드가 내장되어 있는 카드로 스마트카드라 불린다.

　일반적으로 RFID카드는 바코드가 내장되어 있지 않으며, 스마트카드로 불리우는 것도 IC카드이다.

④ 마그네틱 띠에 정보를 저장하며, 보안성이 낮다.

　마그네틱카드에 관한 특징이다.

복합형 감지기의 적외선 감지기능이 침입을 감지하고, 마이크로웨이브 감지기능은 침입을 감지하지 못하는 경우에 출력을 발생하는 논리회로는?

① OR

> 설문은 논리합(OR) 회로에 관한 설명에 해당한다. 논리합(OR) 회로는 2개의 입력 변수가 모두 0일 때 출력은 0이 되고, 하나라도 1이면 출력은 1이 되는 회로이다.

② NOT

③ XAND

④ XNOT

핵심만 콕

기본 논리회로
- AND 회로(논리곱) : 2개(A, B)의 입력 변수가 모두 1일 때 출력도 1이 되며, 입력 변수가 어느 하나라도 0인 경우 출력은 0이 된다. 환경이 열악하여 오경보가 수시로 발생하는 지역에 방범용 감지기를 다수 설치할 경우에 적합한 경보신호 구성방식이다.
- OR 회로(논리합) : 2개(A, B)의 입력 변수가 모두 0일 때 출력은 0이 되고, 하나라도 1이면 출력은 1이 된다. 2개의 감지기능을 가진 콤비네이션 감지기가 설치된 장소에서 1개의 감지기능이 감지를 하더라도 경보신호를 출력하는 결선(회로) 방법이다.
- NOT 회로(논리 부정) : 입력 변수가 0이면 출력은 1로, 입력 변수가 1이면 출력은 0이 된다.
- NOR 회로(부정논리합) : 2개(A, B)의 입력 변수가 모두 0일 때에는 출력은 1이고, 입력 변수가 하나라도 1일 때에는 출력은 0이 된다.
- NAND 회로(부정논리곱) : 2개(A, B)의 입력 변수가 어느 하나라도 0인 경우 출력은 1이 되고, 1을 동시에 공급하면 출력은 0이 된다.
- XOR 회로(배타논리합) : 2개(A, B)의 입력 변수가 다른 경우 출력은 1이 되고, 같은 경우 출력은 0이 된다.
- XNOR 회로(배타부정논리합) : 2개(A, B)의 입력 변수가 서로 같으면 출력은 1이 되고, 다른 경우 출력은 0이 된다. XOR 회로의 역을 나타내는 회로이다.
- 버퍼 회로 : 입력과 출력의 결과가 같은 회로이다.

외곽감지시스템의 감지방식으로 옳지 않은 것은?

① 차동형 감지방식

> 외곽감지시스템의 감지방식은 케이블형, 광망형, 장력형, 전자계형, 복합형이 있으며, 차동형 감지방식은 화재 감지기(열감지)의 감지방식이다.

② 광망형 감지방식

③ 장력형 감지방식

④ 케이블형 감지방식

63 난이도 중

외곽감지시스템에서 감지 케이블 내 미세한 전류에 의해 형성된 균일한 전자계가 외부의 충격을 받으면 변화가 발생하는 감지기는?

① 광망 감지기

> 광케이블을 펜스 형태로 만든 감지기로서 별도의 울타리를 설치하지 않고 광망으로 울타리를 대신하여 케이블을 자르거나 기어오르는 형태를 감지하는 방식이다.

② 광케이블 감지기

> 능형 울타리 지역에 주로 설치하는 것으로 물리적 요동에 매우 민감하며 침입 시 센서케이블의 요동(광 패턴의 변화)은 존 프로세서(Zone Processor)에 의해 탐지되고 존 프로세서의 접촉 출력은 경보 상태의 신호로 주컨트롤러에 전송되는 원리이다.

③ <u>자력식 케이블 감지기</u>

> 설문은 자력식 케이블 감지기(센서)에 관한 설명이다. 철조망 또는 펜스 울타리 등에 설치되며, 외부 침입자에 의한 절단 또는 월담 시 발생하는 진동신호를 분석하여 침입을 감지한다.

④ 정온식 감지선형 감지기

> 화재감지 센서 중 열감지 센서로서 주위 온도가 일정한 온도 이상이 되었을 때에 작동한다.

64 난이도 하

출입통제시스템에서 사용하는 출입카드의 등록 및 삭제, 통제등급 설정 및 삭제 등의 기능을 하는 것은?

① 전기정
② 퇴실버튼
③ <u>호스트 컴퓨터(Host Computer)</u>

> 중앙통제장치(Main Host)는 PC급에서부터 서버급까지 있으며, 주요 기능으로는 출입통제기능, 제어기능, 감시기능, 데이터 저장기능이 있다. 이 중 출입통제기능으로는 개인에게 할당된 ID카드의 등록 및 삭제와 ID카드별 통제등급 설정 및 삭제가 있다.

④ 카드리더 인터페이스(Card Reader Interface)

65

난이도 중

□□□ 출입통제시스템에서 카드리더 컨트롤러(Card Reader Controller)가 데이터를 호스트 컴퓨터(Host Computer)로 전송하는 방식이 아닌 것은?

① RS-422

② RS-485

③ RS-232

④ **RS-245**

> 카드리더 컨트롤러가 데이터를 호스트 컴퓨터로 전송하는 방식은 RS-232C, RS-422, RS-485, Current Loop, LAN 방식이 있으나, 보통 RS-422, RS-485, RS-232 방식을 많이 사용한다.

66

난이도 하

□□□ 5미터의 간격을 두고 2중으로 설치된 울타리 사이의 지상 공간 내 침입자의 이동을 감지할 수 있는 감지기는?

① 누수 감지기

② 자석 감지기

③ 스프링클러

④ **마이크로웨이브 감지기**

> 마이크로웨이브 감지기는 물체의 크기와 움직임을 잘 탐지하여 어떠한 환경(열, 온도, 소음, 습기, 기류, 먼지 등에 의한 열악한 환경)에서도 사용이 가능하고, 오작동이 거의 없으므로, 안개가 있는 환경에서도 울타리를 효과적으로 감지할 수 있는 공간형 감지기이다.

67

난이도 중

□□□ 장력 감지기 섹터의 중앙 지점에 설치되며, Trip Wire와 Collector Wire가 교차하여 고정되고, 감지기의 감지부와 연결되는 구성요소는?

① Spiral Post

② Anchor Post

③ Encoder Post

④ **Detector Post**

> 설문은 철선 방식의 장력 감지기 중 Detector Post에 관한 설명에 해당한다.

철선 방식의 장력 센서(감지기)

- 동작 원리 : 우선 인장 철선에 힘이 가해지면 센서기둥 방향으로 같은 크기의 움직임을 발생시키는데, 이 움직임이 일정량 이상이 되면 전기-기계적인 변환기에 의해 물리적인 움직임을 전기적 신호로 변환시킨다. 다음으로 Processor에서는 이를 분석하여 미리 프로그램된 범위를 벗어난 경우와 편향력(코리올리 힘)이 지나치게 움직이면 경보릴레이를 작동시키는 구조이다.
- 설치(구성요소)
  - Anchor Post : Trip Wire를 고정하여 장력을 유지시키며, 한 구간을 구분하여 주는 기준이 된다.
  - Detector Post : Sector의 중앙 지점에 설치되며, Trip Wire와 Collector Wire가 교차하여 고정되며, 감지기의 감지부와 연결할 수 있도록 구성되어 있다.
  - Spiral Post : Spiral을 일정한 간격으로 고정 배치시켜, Trip Wire의 자체 중량에 의한 장력의 변화를 방지하며, 침투에 의한 변화된 장력을 수평으로 Detector Post에 전달하도록 한다.
  - Trip Wire : 상·하로 15cm 이상 변화한 장력을 감지하도록 조정하여 작은 동물의 충격으로 인한 오경보를 방지한다.

〈출처〉 이강열, 「기계경비개론」, 진영사, 2021, P. 385~387

68 난이도 하 ┃출입통제시스템 – 생체인식시스템의 특징

생체인식기술 요구 특성이 아닌 것은?

① 영구성

② **고립성**

> **고립성**은 생체인식기술 요구 특성에 해당하지 않는다. 생체인식시스템에서 생체인식기술이 요구하는 특성은 보편성(Universality), 고유성(독특성, Uniqueness), 영구성(Permanence), 획득성(Collectability), 정확성(Performance), 수용성(Acceptability), 기만성(Circumvention) 등이다.

③ 보편성

④ 독특성

생체인식시스템의 특성

구 분	특 성	내 용
일반적인 특성	보편성(Universality)	모든 사람이 가지고 있는 생체특성을 의미
	고유성(독특성, Uniqueness)	동일한 특성을 가진 다른 사람이 존재하지 않음을 의미
	영구성(Permanence)	시간이 지나도 생체특성이 변화하지 않고, 변경시킬 수도 없음을 의미
	획득성(Collectability)	센서로부터 생체특성정보 추출 및 정량화가 용이함을 의미
추가적인 특성 (신뢰성 향상)	정확성(Performance)	시스템의 정확도, 처리속도, 내구성 등을 의미
	수용성(Acceptability)	시스템에 거부감을 느끼지 않는 정도를 의미
	기만성(Circumvention)	부정사용으로 시스템을 속이기가 용이한 정도를 의미

〈참고〉 이강열, 「기계경비개론」, 진영사, 2021, P. 580

□□□ 침해행위에 대응하기 위하여 요구되는 정보보호의 기본사항이 아닌 것은?

① 기밀성

② 무결성

③ **실용성**

> 실용성은 정보보안(보호)의 기본 3원칙(CIA)에 해당하지 않는다. CIA는 Confidentiality(기밀성), Integrity(무결성), Availability(가용성)를 뜻한다.

④ 가용성

□□□ 출입통제시스템에서 리더기가 생성하는 자기장 사이를 통과할 때 내부의 금속선(Wire)의 자극이 변하는 특성을 이용하는 카드는?

① IC 카드(IC Card)

② **위건드 카드(Wiegand Card)**

> 설문의 내용은 위건드 카드(Wiegand Card)에 관한 특성에 해당한다.

③ 바코드 카드(Bar Code Card)

④ 마그네틱 카드(Magnetic Card)

핵심만 콕

② 위건드 카드(Wiegand Card) : 데이터 소멸을 막기 위해 카드 내부에 미세한 원형선을 배열하여 고유번호화한 전자장을 발생하는 카드로서 삽입형, 접촉진행형의 리더기에 사용된다. 카드 표면에 자기 테이프가 없는 것이 특징이다.

① IC(접촉식) 카드 : 스마트카드 또는 칩카드로 불리며 마이크로 프로세서와 메모리를 통한 데이터 연산처리 기능과 데이터 저장 기능을 바탕으로 고도의 보안성, 이동성, 다용성 등의 이점을 제공하여 1990년 이후 본격적으로 유럽을 중심으로 전자상거래, 통신, 교통, 의료 등 다양한 응용 분야에 사용되고 있다.

③ 바코드 카드(Bar Code Card) : 밝은 선과 어두운 선으로 구성되는 이진부호를 데이터화한 것으로서 비교적 간단하고 비용이 저렴하여 간이 출입통제에 활용될 수 있다.

④ 마그네틱 카드(Magnetic Card) : 플라스틱 카드 뒷면에 정보가 기록된 마그네틱 띠(마그네틱 스트라이프)를 부착하여, 카드리더를 지나면서 정보를 인식하는 방식이다. 마그네틱 띠에는 가입자 번호, 암호 등 개인의 고유정보가 기록되어 있는데 카드를 긁으면서 정보가 노출되어 위조 및 변조가 쉽고, 손상이 잘 돼 주기적인 보수가 필요하다는 단점이 있다.

□□□ **기계경비업 허가의 취소사유가 아닌 것은?**

① 허위 그 밖의 부정한 방법으로 허가를 받은 때

② 영업정지처분을 받고 계속하여 영업을 한 때

③ <u>정당한 사유 없이 허가를 받은 날부터 1년 이내에 경비 도급실적이 없을 때</u>

> 정당한 사유 없이 허가를 받은 날부터 2년 이내에 경비 도급실적이 없을 때가 기계경비업 허가의 취소사유에 해당한다(경비업법 제19조 제1항 제4호 전단).

④ 정당한 사유 없이 허가를 받은 날부터 계속하여 1년 이상 휴업한 때

관계법령

경비업 허가의 취소 등(경비업법 제19조)
① 허가관청은 경비업자가 다음 각호의 어느 하나에 해당하는 때에는 그 허가를 취소하여야 한다.
1. 허위 그 밖의 부정한 방법으로 허가를 받은 때
2. 제7조 제5항의 규정에 위반하여 허가받은 경비업무 외의 업무에 경비원을 종사하게 한 때 – 적용중지 헌법불합치 결정(2020헌가19)
3. 제7조 제9항의 규정에 위반하여 경비업 및 경비관련업 외의 영업을 한 때
4. 정당한 사유 없이 허가를 받은 날부터 2년 이내에 경비 도급실적이 없거나 계속하여 1년 이상 휴업한 때
5. 정당한 사유 없이 최종 도급계약 종료일의 다음 날부터 2년 이내에 경비 도급실적이 없을 때
6. 영업정지처분을 받고 계속하여 영업을 한 때
7. 제15조의2 제2항을 위반하여 소속 경비원으로 하여금 경비업무의 범위를 벗어난 행위를 하게 한 때
8. 제18조 제8항에 따른 관할 경찰관서장의 배치폐지명령에 따르지 아니한 때

□□□ **기억소자에 관한 설명으로 옳은 것은?**

① **ROM : 읽기만 가능한 비휘발성 기억소자**

> ROM(Read Only Memory) : 읽기 전용 비휘발성 기억소자이다.

② **PROM : 기억된 내용을 지울 수 있는 기억소자**

> PROM(Programmable Read Only Memory) : ROM에 사용자가 한 번만 내용을 기입할 수 있으며, 이후에는 읽기만 가능한 기억소자이다.

③ **RAM : 쓰기만 가능한 비휘발성 기억소자**

> RAM(Random Access Memory) : 읽고 쓰기가 가능한 휘발성(전원 공급이 차단되면 기억하고 있는 데이터가 삭제) 기억소자이다.

④ **DRAM : 가시광선으로 정보를 지울 수 있는 기억소자**

> DRAM(Dynamic Random Access Memory) : 플립플롭(Flip-Flop) 방식으로 작동하여 전류신호가 오기 전에는 상태가 변화하지 않는 SRAM과 달리 축전지(Capacitor) 방식으로 작동하는 DRAM은 시간의 흐름에 따라 메모리가 자연적으로 변화한대[주기적으로 재충전(Refresh)해 주어야 기억된 정보가 유지됨].

□□□ **보조기억장치에 해당하지 않는 것은?**

① **마이크로프로세서**

> 마이크로프로세서(Microprocessor)는 컴퓨터의 중앙처리장치(CPU)에 해당한다.

② 자기 테이프

③ 컴팩트 디스크

④ USB메모리

> **핵심만 콕**
>
> 주기억장치는 컴퓨터 내부에서 현재 CPU가 처리하고 있는 데이터를 읽거나 쓸 수 있는 기억장치로서 ROM과 RAM이 있다. 반면 보조기억장치는 컴퓨터 외부에서 연결되는 물리적 기억장치로서 컴퓨터의 전원이 차단되더라도 저장된 데이터가 사라지지 않고, 영구적으로 보관할 수 있다. 보조기억장치의 종류에는 HDD(Hard Disk Driver), 플래시 메모리(USB, SD카드 등), 자기 테이프, 광디스크(CD) 등이 있다.

74 난이도 중

□□□ 1초 동안에 신호의 반복 회수가 500회일 때 신호의 반복 주기는?

① 0.2[s]

② **2[ms]**

> 주기는 신호가 한 사이클을 이루는 데 걸린 시간을 의미하며, 주파수는 초당 생성되는 사이클의 수를 의미한다.
>
> 주기와 주파수의 관계는 $T = \dfrac{1}{f}[s]$, $f = \dfrac{1}{T}[Hz]$이다[T : 주기, f : 주파수].
>
> 설문의 경우를 대입하면 $T = \dfrac{1}{500} = 0.002$초($= 2ms$)이다.
>
> 참고로 1초 $= 1,000ms$(밀리초) $= 1,000,000\mu s$(마이크로초) $= 1,000,000,000ns$(나노초)이다.

③ 20[μs]

④ 200[ns]

75 난이도 하

□□□ 다음과 같이 저항을 접속할 경우 합성저항용량(R_t) 식은?

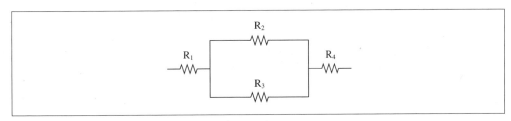

① $R_t = R_1 + R_2 + R_3 + R_4$

② $R_t = R_1 + R_2/(R_2 + R_3) + R_4$

③ $R_t = R_1 + R_3/(R_2 + R_3) + R_4$

④ **$R_t = R_1 + (R_2 \times R_3)/(R_2 + R_3) + R_4$**

> 같은 크기 값을 갖는 저항 R을 n개 직렬연결 시 합성저항 $R_t = nR[\Omega]$로서 n배만큼 저항값이 증가하는 반면,
>
> 병렬연결 시 합성저항 $R_t = \dfrac{1}{n}R[\Omega]$로서 $\dfrac{1}{n}$배만큼 저항값이 감소한다. 따라서 그림과 같이 저항을 직렬과
>
> 병렬로 연결한 경우 합성저항용량 $R_t = R_1 + [\dfrac{1}{\dfrac{1}{R_2} + \dfrac{1}{R_3}} = \dfrac{1}{\dfrac{R_2 + R_3}{R_2 \times R_3}} = \dfrac{R_2 \times R_3}{R_2 + R_3}] + R_4[\Omega]$이다.

□□□ **CCTV 시스템에 관한 설명으로 옳지 않은 것은?**

① CCTV 시스템의 3대 요소는 촬상부, 전송부, 수상부로 구분한다.

② 현장 또는 원격지에서 보호대상의 침입상황을 감시한다.

③ 현장 또는 원격지의 영상을 녹화하고 재생한다.

④ **현장 또는 원격지에 설치된 방범용 감지기가 독자적으로 이상상황을 인지하고 경보한다.**

> 현장 또는 원격지에 설치된 방범용 감지기가 독자적으로 이상상황을 인지하고 경보를 발생시키는 시스템은 기존의 CCTV 시스템이 아닌 지능형 영상감시 시스템(Intelligent Surveillance System)에 관한 설명이다.

핵심만 콕

지능형 영상감시 시스템

의 의	지능형 영상감시 시스템은 기존 CCTV 카메라 영상신호를 입력받아 실시간으로 영상을 분석하여 사람, 자동차와 같은 움직이는 물체의 감지, 추적, 분류, 행동 분석을 수행하고 이를 바탕으로 경보 발생, 녹화, 검색 등을 수행하며, 사용자가 지정한 특정 이벤트에 대하여 실시간으로 감지하고 경보를 발생시킴으로써 즉각적인 상황 대처가 가능한 첨단 영상감시 시스템이다.
주요 기능	• 영상분석, 내용분석, 내용분석에 의한 대응 등 3가지의 주요 기능이 있다. • 영상분석 기술은 획득된 영상에서 움직이는 객체를 탐색하여 객체의 종류를 분석하고, 분류된 객체가 사람이면 누구인지를 인식하고, 객체의 행동을 분석하고, 지정된 객체를 추적하는 기능을 수행한다.
요구 조건	• 고품질의 영상 데이터를 구현할 수 있을 것 • 실시간 기록 및 빠른 검색이 가능할 것 • PTZ(Pan, Tilt, Zoom) 카메라 지원이 가능할 것 • 센서, DVR, CCTV, IP-CAMERA, NETWORK CAMERA 등과의 연동이 가능할 것 • 진보된 움직임을 감지할 수 있을 것 • 감지된 객체를 사람, 자동차, 사물로 구분하는 객체 인식 기술을 구현할 수 있을 것 • 객체의 움직임 통제를 이용한 비정상 행위 패턴 인식 기술을 구현할 수 있을 것 • 자동적 · 지능적 경보 및 알람기능을 구현할 수 있을 것 • 사용 편의성과 확장성이 있을 것 등

〈참고〉 이강열, 「기계경비개론」, 진영사, 2021, P. 471~474

□□□ **경비업법상 기계경비업의 허가를 받기 위하여 갖추어야 할 장비가 아닌 것은?**

① 감지장치

② 송신장치

③ 수신장치

④ **기록장치**

> 경비업법령상 기계경비업의 허가를 받기 위하여 갖추어야 할 장비 등은 감지장치·송신장치 및 수신장치, 출장소별 출동차량 2대 이상, 기준 경비인력 수 이상의 경비원 복장, 경적, 단봉 및 분사기이다(경비업법 시행령 [별표 1]).

□□□ **경비업법상 다음 (   )에 들어가는 시설은?**

> 경비대상시설에 설치한 기기에 의하여 감지·송신된 정보를 그 경비대상시설 외의 장소에 설치한 (   )의 기기로 수신하여 도난·화재 등 위험발생을 방지하는 업무

① 통제시설

② 출동시설

③ 통신시설

④ **관제시설**

> 제시된 내용은 경비업법상 기계경비업무에 대한 정의로서 (   )에 들어가는 시설은 관제시설이다(경비업법 제2조 제1호 라목).

관계법령

정의(경비업법 제2조)
이 법에서 사용하는 용어의 정의는 다음과 같다.
1. "경비업"이라 함은 다음 각목의 1에 해당하는 업무(이하 "경비업무"라 한다)의 전부 또는 일부를 도급받아 행하는 영업을 말한다.
    라. 기계경비업무 : 경비대상시설에 설치한 기기에 의하여 감지·송신된 정보를 그 경비대상시설 외의 장소에 설치한 관제시설의 기기로 수신하여 도난·화재 등 위험발생을 방지하는 업무

□□□ **주장치(콘트롤러)의 제어부에 관한 설명으로 옳지 않은 것은?**

① 조작부에서 입력되는 신호에 따라 모드를 변경

② 감시부에서 입력되는 이상신호를 제어

③ 표시부, 경보부, 출력부 및 통신부를 제어

④ **각종 물리량이나 화학량을 신호로 변환**

> 각종 물리량, 화학량, 자계량, 전기량 등의 변화를 감지하여 변화상태를 전기적 출력으로 발생시키는 기기는 감지기(Sensor)이다.

□□□ **컴퓨터의 연산기능에 관한 설명으로 옳은 것은?**

① **데이터 가공, 처리 및 계산을 수행하는 기능**

> 연산기능에 관한 설명에 해당한다.

② 입출력장치, 연산장치, 기억장치 등을 관리하는 기능

> 제어기능에 관한 설명이다.

③ 외부의 데이터를 내부로 읽어 들이는 기능

> 입력기능에 관한 설명이다.

④ 각종 프로그램이나 정보를 저장하는 기능

> 저장기능에 관한 설명이다.

"간절"하면 이루어지는 것이 아니라,

"하면" 이루어지는 것이다.

– 작가 이동영 –

참고문헌

[기계경비개론]
- 이강열, 기계경비개론, 진영사, 2021
- 이강열, 기계경비개론, 진영사, 2018
- 정태황, 기계경비개론, 백산출판사, 2011
- 박성수, 민간경비론, 윤성사, 2021
- 김두현·박형규, 新민간경비론, 솔과학, 2018
- 최선우, 민간경비론, 진영사, 2015
- 법제처 홈페이지, www.law.go.kr

2024 SD에듀 경비지도사 2차 한권으로 끝내기 [기계경비]

개정15판1쇄 발행	2024년 07월 05일(인쇄 2024년 05월 28일)
초 판 발 행	2007년 01월 20일(인쇄 2006년 09월 26일)
발 행 인	박영일
책 임 편 집	이해욱
편 저	SD에듀 경비지도사 교수진
편 집 진 행	이재성 · 백승은
표 지 디 자 인	박종우
편 집 디 자 인	표미영 · 채현주
발 행 처	(주)시대고시기획
출 판 등 록	제10-1521호
주 소	서울시 마포구 큰우물로 75 [도화동 538 성지 B/D] 9F
전 화	1600-3600
팩 스	02-701-8823
홈 페 이 지	www.sdedu.co.kr
I S B N	979-11-383-7159-9 (13350)
정 가	38,000원

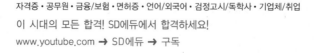

경비지도사 대표브랜드, SD에듀

정성을 다해 만든 경비지도사 도서들을
꿈을 향해 도전하는 수험생 여러분들께 드립니다.

도서 및 동영상 강의 안내
1600 - 3600
www.sdedu.co.kr

**관계법령+기출지문
완벽 공략**

**꼼꼼하게
실전 마무리**

**고난도 문제로
완전 정복**

경비지도사 합격

3단계

관계법령집
+ 핵지총

관계법령과 기출지문을
달달달 외우면서 완벽히
공략하고 싶은 수험생!

4단계

최종점검
FINAL모의고사

모의고사를 통해 기출문제를
보완하고 시험 전 완벽한
마무리를 원하는 수험생!

5단계

고득점 심화
모의고사

고난도의 심화 모의고사를 통해
실력을 최종 점검하고 확실하게
합격하고 싶은 수험생!

※ 본 도서의 세부 구성 및 이미지는 변동될 수 있습니다.